Inhaltsverzeichnis

1	**Was ihr in der Schule auch lernen könnt**	**5**
1.1	Die fast perfekte Schule	6
1.2	Vom Zusammenraufen - Konfliktregelung in der Schule	8
1.3	Demokratie in der Schule	12
1.4	Lernen - aber wie?	17
1.5	Gewalt und Mut	22
2	**Familie - nur Privatsache?**	**25**
2.1	Zuhause	26
2.2	Familie im Wandel	28
2.3	Verantwortung für die Familien	31
3	**Die Frauen wollen mehr**	**35**
3.1	Die Mädchen: nur klug und fleißig, lieb und hilfsbereit?	36
3.2	„Irgendwie schwierig, Kinder und Beruf zusammen"	42
3.3	Karriere-Knick im doppelten Lebensentwurf	44
4	**Freizeit - mehr als Leerzeit**	**47**
4.1	Jetzt geht's los!	48
4.2	Im bunten Alltagstrott	53
4.3	Ferien! Auf und davon!	58
5	**Drogen: Verführung und Verbot, Elend und Genuss**	**61**
5.1	Erwartungen und Erfahrungen	62
5.2	Süße Verführung	62
5.3	Riskantes Leben	64
5.4	Unterschiedliche Auswege	71
5.5	Vorbeugen - aber wie?	74
	EXTRA-Zeitung	**77**
6	**Schöne, neue Medienwelt**	**85**
6.1	Wie alle mit allen verbunden sind	86
6.2	Auf dem Medienmarkt	90
6.3	Bilderfluten und Datenberge	96
6.4	Mediennutzung - im Wechselbad der Gefühle	99
6.5	Der Hinterwäldler	104
7	**Markt und Konsum**	**105**
7.1	Bedürfnisse, Bedarf, Nachfrage und Güter	106
7.2	Konkurrenz der Bedürfnisse	107
7.3	Wie sich Bedürfnisse wandeln	109
7.4	Bedürfnisweckung und Konsumverhalten	111
7.5	Der Markt	113
7.6	Das Recht des Kunden (Verbrauchers)	117
8	**Einblicke in die Arbeitswelt**	**121**
8.1	Die Arbeit schafft den Menschen	122
8.2	Plötzlich „weg vom Fenster"	128
8.3	Ausbildung: Schutz vor Arbeitslosigkeit?	133
9	**Lohn und Arbeitszeit**	**137**
9.1	„Uns fehlt nur eine Kleinigkeit"	138
9.2	Die Arbeit muss sich lohnen	141
9.3	Partner oder Gegner? - Mitbestimmung in Unternehmen	146
9.4	Das letzte Mittel: Streik	150
10	**Staat und Wirtschaft**	**155**
10.1	Soziale Marktwirtschaft	156
10.2	Außenwirtschaftliche Verflechtungen der deutschen Wirtschaft	162
10.3	„Standort Deutschland"	167
11	**Deutschland: ein Sozialstaat**	**171**
11.1	Soziale Verhältnisse in Deutschland	172
11.2	Die Grundlagen des Sozialstaats	176
11.3	Auch in Notlagen geschützt	180
11.4	Diskussion um den Sozialstaat	185
12	**Wirtschaft - Umwelt - Technologie**	**187**
12.1	Ohne Auto bewegungslos?	189
12.2	Ohne Auto - gar nichts los?	192
12.3	Ohne Auto - besser drauf?	195
12.4	Zukunftsmusik	199
13	**Kommunalpolitik**	**203**
13.1	Grundlagen der Kommunalpolitik	204
13.2	Das Geld der Städte und Gemeinden	209
13.3	Die Bürgerinnen und Bürger wollen mitentscheiden	210
14	**Der Staat, in dem wir leben**	**215**
14.1	Teilung und Einigung Deutschlands	216
14.2	Der Schutz der Grund- und Menschenrechte - eine Hauptaufgabe des Staates	224
14.3	Das Grundgesetz - die Verfassung der Bundesrepublik Deutschland	227
14.4	Von der Ausübung politischer Macht	231
14.5	Formen direkter Beteiligung: Widerspruch erlaubt	238
14.6	Ist die Kontrolle nötig? - Ist sie möglich?	242
15	**Wahlen und Parteien**	**243**
15.1	Wahlen: Alle sollen mitentscheiden	244
15.2	Die Wahlen zum Deutschen Bundestag	249
15.3	Warum Parteien?	254
15.4	Die Interessenverbände in der Demokratie	260
16	**Die Bundesrepublik Deutschland: ein Rechtsstaat**	**263**
16.1	Ein Recht, viele Gerichte, unzählige Gesetze	264
16.2	Der starke Arm des Gesetzes	269
16.3	Coladiebe und Millionenbetrüger	272
16.4	„Strafe muss sein" - warum?	280
17	**Deutschland nur für Deutsche?**	**285**
17.1	Vorurteil sucht Sündenbock	286
17.2	Fremde in Deutschland: Die einen sind willkommen, die anderen nur geduldet	289
17.3	Alltäglicher Rassismus und bescheidene Hilfe	297
17.4	Wenn du der andere wärst	300
17.5	Wie bunt soll Deutschland sein?	303
18	**Europa: Ein Kontinent wächst zusammen**	**307**
18.1	Europa: gestern und heute	308
18.2	Wirtschaftsmacht EU	316
18.3	Wie die EU regiert wird	321
18.4	„Das Wichtigste ist der Frieden"	324
19	**Eine Welt für alle**	**325**
19.1	Begriffe, Zahlen, Bilder	326
19.2	Die großen Unterschiede	329

19.3 Wie viele Menschen erträgt die Erde? 332	**20 Frieden und Krieg** 347	20.4 Abrüstung und Rüstungskontrolle 358
19.4 Ohne Frauen keine Entwicklung 337	20.1 Krieg und Frieden – (k)ein Streit um Worte 348	20.5 Internationale Organisationen: Wächter des Friedens? 359
19.5 Die Ärmsten bezahlen 339	20.2 Was Krieg und Rüstung „kosten" 350	**Register** 365
19.6 Gerechtigkeit – der Ruf des Südens 343	20.3 Mehr Chancen für einen dauerhaften Frieden? 352	

Erst einmal die Werkzeuge!

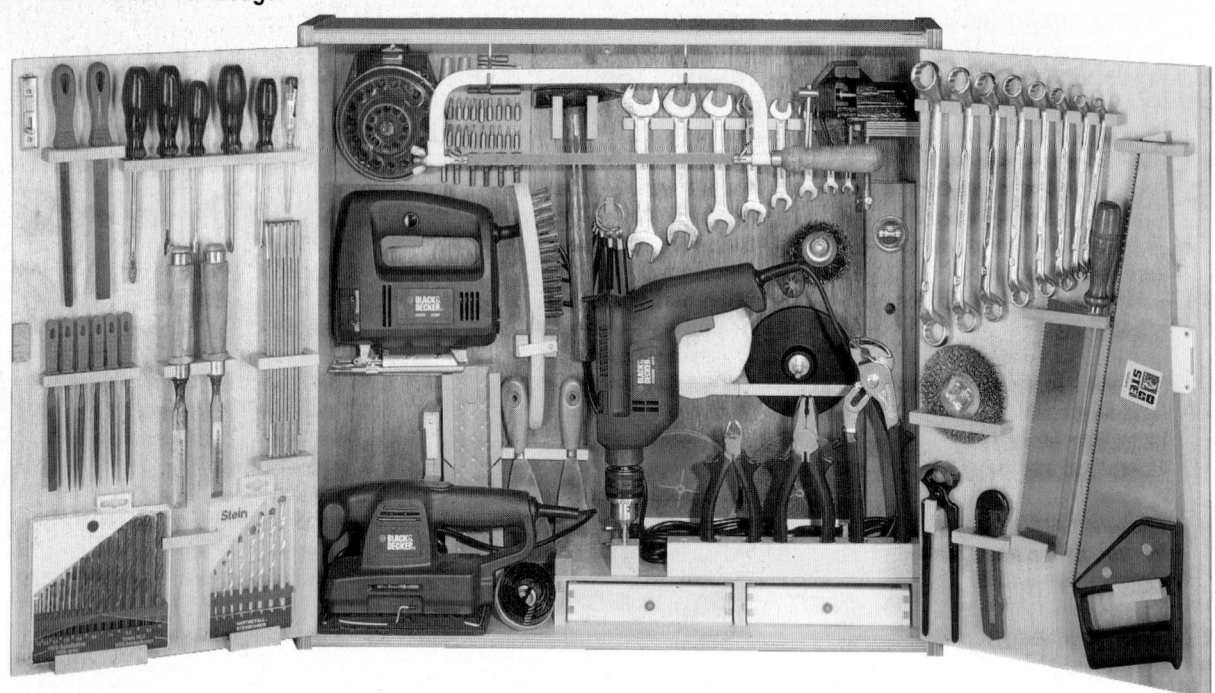

Augen und Ohren aufsperren, neugierig sein und fragen, den „gesunden Menschenverstand" gebrauchen – all das ist notwendig, aber nicht genug, um in und mit „der Politik" zurechtzukommen.
Die Fachleute in den Wissenschaften (Politik, Wirtschaft, Recht, Psychologie, Soziologie usw.), aber auch Politikerinnen und Politiker nebst ihren Beraterstäben nutzen zusätzliche Werkzeuge um die gesellschaftliche Wirklichkeit besser zu verstehen und zu verändern.
Wichtige Werkzeuge sind die Methoden: Verfahrensweisen, mit deren Hilfe das Gewirr von Informationen, Meinungen, Vermutungen, Ahnungen, Lügen und Wahrheiten geordnet, überblickt, durchschaut, bewertet, genutzt werden kann.

Wie bei den Werkzeugen im Hobbykeller ist es allerdings auch bei den Methoden: Das Hantieren mit ihnen will gelernt sein. Schraubenschlüssel sind keine Brecheisen, Rollenspiele keine Interviews.
Einige Methoden sind recht einfach, sie eignen sich mehr fürs Grobe; andere sind fein und kompliziert, verhelfen aber auch zu genaueren Ergebnissen.
Im Arbeitsbuch Politik stellen wir euch eine Reihe solcher Methoden – bezogen auf den Politikunterricht – vor.
Bei vielen Aufgaben in den folgenden Kapiteln des Buches könnt ihr diese Methoden einsetzen, ihr könnt sie im Laufe der Zeit verfeinern, sie können auch außerhalb des Unterrichts von Nutzen sein. Greift zu!

Auf den folgenden Seiten findet ihr Methodenkästen:

Fallstudie	11
Beobachtung	27
Rollenspiel	37
Befragung	55
Dokumentation	68
Spielfilm-Analyse	103
Erkundung	125
Expertenbefragung	132
Offenes Interview	173
Statistik	197
Pro- und Kontra-Diskussion	237
Besuch einer Gerichtsverhandlung	275
Projekt	294

1 Was ihr in der Schule auch lernen könnt

1400 Schülerinnen und Schüler einer Schule in Bad Homburg/Taunus

Die Schule ist ein Stück eures Lebens. In ihr geschieht viel mehr und oft sogar Wichtigeres als Vokabeln pauken, Mathematikaufgaben lösen oder Aufsätze schreiben.

In der Schule entstehen Freundschaften; es gibt Solidarität (= Zusammenhalten) und Hilfsbereitschaft, vertraute Gespräche und gemeinsames Vergnügen. Doch es gibt auch Kummer und Streit, alltägliche, manchmal schmerzliche Konflikte, die zwischen so vielen unterschiedlichen Menschen mit ihren vielfältigen Wünschen und Interessen nie ganz ausbleiben.

Um das gemeinsame Ziel – erfolgreiches Lernen – aber zu erreichen, ist es wichtig, dass alle Beteiligten in der Schule immer wieder den fairen Kompromiss, den Ausgleich, suchen, sich immer wieder zur gemeinsamen Arbeit „zusammenraufen". Darum geht es im folgenden Kapitel unter der Überschrift „Konfliktregelung in der Schule". Helfen können dabei die demokratischen „Spielregeln", die in Schulgesetzen und Schulordnungen als Grundsätze formuliert sind.

Diese Grundsätze bieten darüber hinaus Möglichkeiten, dass alle Beteiligten in der „mündigen" Schule mitsprechen, mitwirken, mitentscheiden können (siehe Abschnitt „Demokratie in der Schule").

Dazu bedarf es selbstbewusster, selbstständiger, verantwortungsbereiter Menschen. Besonders dann, wenn die Spannungen in der Schule und um sie herum allzu heftig werden, wenn es zur Gewalt kommt. Dann ist eine der wichtigsten politischen Fähigkeiten gefragt: Zivilcourage, Mut (siehe Abschnitt „Gewalt und Mut").

Im Mittelpunkt des Alltags in der Schule steht das Lernen – allerdings nicht als stumpfsinnige Anhäufung von möglichst viel „unverdautem" Wissen im rücksichtslosen Konkurrenzkampf um die besseren Noten. Die gemeinsame Arbeit im „Haus des Lernens" soll vielmehr jede Einzelne und jeden Einzelnen immer mehr befähigen, zunehmend selbstständiger zu lernen, neugierig zu sein, Fragen zu stellen, Neues auszuprobieren und das Erlernte zu nutzen (siehe Abschnitt „Lernen – aber wie?").

Solches „Lernen für die Zukunft" gelingt sicherlich dann am besten, wenn die Schule als ganze, wenn alle Beteiligten lernbereit, veränderungswillig sind. Damit aus der „fast perfekten Schule", mit der wir uns gleich am Anfang beschäftigen, doch noch eure „Traumschule" wird ...

1 Was ihr in der Schule auch lernen könnt

1.1 Die fast perfekte Schule

1.1.1 Schulfantasien

In der Politik geht es nicht nur um das Bewahren und Erhalten dessen, was schon besteht, sondern oft auch um das Verändern.

Wer aber etwas verändern will, muss – zuerst einmal – gute Ideen haben. Fantasie und Kreativität, also schöpferische Kraft, sind gefragt.

Allerdings kommt dann auch rasch die Frage: „Geht das denn überhaupt, was du da vorschlägst?" Diese Frage kann zweierlei Wirkung haben:
- Sie kann nützlich sein, denn in der Politik geht es um die Gestaltung der Wirklichkeit. Immer muss auch geprüft werden, was „machbar", was zu verwirklichen ist.
- Andererseits aber kann die Frage sich auch als hinderliche Bremse erweisen: Jede gute Idee wird von vornherein abgewürgt, nur weil sie auf den ersten Blick ungewöhnlich ist, und alles bleibt beim Alten ...

Auf die Frage: „Wie stellen wir uns die fast perfekte Schule vor?", haben die Schülerinnen und Schüler einer 10. Klasse ihre Fantasie spielen lassen und die folgende Schilderung zusammengetragen.

Schon fast perfekt? Wandgemälde von Abiturienten

In der Traumschule

Gut ausgeschlafen betreten wir morgens um 8.30 Uhr die Schule und begeben uns erst einmal in die Cafeteria um dort zu frühstücken. Dieser Bereich ist von den Schülern selbst geplant und eingerichtet: Graffiti-Art an den Wänden, bequeme, selbst gestylte Möbel: gutes, vielfältiges Nahrungsangebot, gesund und vor allen Dingen durch Subventionen [= Zuschüsse] reichlich preiswert.

Um 9.00 Uhr beginnt der erste Unterrichtsblock. Bei gut gelaunten Lehrern ist Eigenaktivität der Schüler gefragt. Gemeinsam haben sie den Unterrichtsstoff ausgewählt, der jetzt mit Hilfe abwechslungsreicher Methoden und Materialien bearbeitet wird. Daneben bleibt genügend Zeit, sich in kleinen, persönlicheren Diskussionsrunden mit dem Lehrer zu unterhalten und aktuelle Probleme mit ihm zu besprechen. Von 11.45 bis 12.20 Uhr ist große Pause, die wir auf einem parkähnlichen Schulhof oder in verschiedenen Aufenthaltsräumen verbringen. Für diejenigen, die es absolut nicht lassen können, gibt es einen Raucherbereich, für „Abfahrer" Räume, in denen Musik – je nach Geschmack des DJs – gespielt wird. Der zweite Unterrichtsblock hat noch einmal drei Unterrichtsstunden mit nur kurzen Unterbrechungen zwischendurch. Nach dem offiziellen Unterrichtsschluss um 15.00 Uhr können wir im schuleigenen „Lunch-Counter" Mittag essen, uns im „Ruheraum" auf Matratzen oder Sofas ausruhen oder die große Schulbibliothek mit Hausaufgabenbetreuung nutzen. Gleichzeitig werden auf freiwilliger Basis zahlreiche AGs angeboten – von Raumgestaltung bis Theater reicht das Programm. Aktiven Sportlern stehen Turnhalle, Tennisplatz, Schwimmbad sowie eine Miniramp mit Spine zur Verfügung. Auch sonst ist unsere Schule gut ausgestattet, vor allem in den naturwissenschaftlichen Fächern gibt es modernes Gerät. Die Räume sind groß und hell und bieten eine optisch attraktive, zugleich praktische Möblierung, in der es sich angenehm arbeiten lässt. Jede Klasse kann ihren Raum individuell gestalten. Alljährlich findet eine Projektwoche statt und die 10. Klassen können ein Betriebspraktikum machen. Viele Schüler sind in der SV aktiv und planen mit den Lehrern die Umsetzung ihrer Ideen in die Praxis. Die Schulleitung ist für (fast!) alle Vorschläge offen. Außerdem werden von SV und Schülern außerschulische Aktionen veranstaltet. Das allgemeine Unterrichtsklima ist gut, die meisten Schüler gehen gern in die Schule und können hier effektiv arbeiten.

Wie stellen wir uns die fast perfekte Schule vor? Fantasien einer 10. Klasse, zusammengefasst von Nikolaus Winter, aus: Pädagogisches Forum der Humboldtschule (Bad Homburg/Ts.) 1993

1 Welches sind die „Markenzeichen" der „fast perfekten" Schule in dem Text? Notiert Stichwörter.

2 Und eure eigene Fantasie? Versucht auch eine Beschreibung der „fast perfekten" Schule, wie ihr sie euch wünscht.

3 Ihr könnt auch eine Collage zu diesem Thema machen oder im Kunstunterricht ein Wandbild entwerfen: Vielleicht habt ihr ja auf dem Schulhof oder in der Pausenhalle noch eine leere graue Wand und die anderen – Mitschülerinnen und Mitschüler, Lehrerinnen und Lehrer – wären mit eurer „Kunst am Bau" einverstanden?

4 Wie weit ist eure Traumschule von der Wirklichkeit eurer Schule entfernt? Welche Veränderungen der Schulwirklichkeit hin zur Traumschule erscheinen euch machbar?

5 Erklärt das Wandgemälde der Abiturienten. Welche Erfahrungen in der Schule waren für sie besonders eindrucksvoll?

1.1.2 Schulangebote – jede Schule ist anders

Viele Schulen werben bei den Eltern um Schülerinnen und Schüler – in Elternversammlungen, beim „Tag der offenen Tür", mit Broschüren und in Zeitungsanzeigen.

Die Lehrerinnen und Lehrer informieren über die Eigenart der jeweiligen Schule, über das „Lernklima", über besondere Lernziele und zusätzliche Unterrichtsangebote, über Gemeinschaftsveranstaltungen und regelmäßige Unternehmungen (z. B. Theater, Musik, Klassenfahrten).

Die folgenden Texte aus Informationsschriften und Zeitungsanzeigen für verschiedene Schulen zeigen, wie unterschiedlich und vielfältig Schule gestaltet werden kann. Die auf dieser Seite auszugsweise abgedruckten Zeitungsanzeigen machen auf Privatschulen aufmerksam. Die Textauszüge auf der folgenden Seite stammen aus einer Informationsbroschüre, in der sich öffentliche Schulen vorstellen (siehe hierzu auch die Kurzinformation im Kasten „Öffentliche und private Schulen").

Öffentliche und private Schulen

Die meisten Schulen in Deutschland sind öffentliche Schulen. Sie werden vom „Staat", das heißt: von einem Bundesland oder einer Stadt oder einer Gemeinde, eingerichtet und betrieben. Neben den öffentlichen Schulen gibt es aber auch Privatschulen, eingerichtet und betrieben von Privatpersonen oder Gruppen (z. B. den Kirchen).

Die Privatschulen sind als „Ersatzschulen" den öffentlichen Schulen gleichgestellt, wenn sie sich an die allgemein geltenden Lehrpläne halten, genügend ausgebildete Lehrpersonen beschäftigen usw.

Die Eltern der Schülerinnen und Schüler an Privatschulen bezahlen – anders als bei den „kostenlosen" öffentlichen Schulen – teilweise recht hohe Geldbeträge für den Schulbesuch ihrer Kinder. Auch deshalb sind Privatschulen häufig besser ausgestattet als öffentliche Schulen, zum Beispiel bei den Lehr- und Lernmitteln, bei der Zahl der Lehrerinnen und Lehrer, bei den Unterrichts- und Arbeitsräumen sowie bei den Sport- und Freizeitanlagen.

Werbung für private Schulen

Unsere Schule: ein unbequemer – fröhlicher Ort

1. Weil Ihr Kind verpflichtet wird, an die anderen zu denken.
2. Weil wir uns hier gegenseitig bestärken einander zu vertrauen.
3. Weil alle ermutigt werden, die Freiheit des Einzelnen in unserer Gemeinschaft zu schützen.
4. Weil wir den Widerspruch erwarten.
5. Weil wir uns zur Einübung von Pflichten bekennen, denn nur so lernt der Mensch Bindungen einzugehen.
6. Weil wir im Interesse unserer Schüler auch dem Machtmissbrauch beherzt entgegentreten.
7. Weil wir den Mut haben miteinander fröhlich zu sein.

DIE ZEIT vom 22.1.1993, S. 43

Was erfolgreiche Eltern für den Erfolg ihrer Kinder tun können

Hier erwerben junge Menschen Wissen und die Motivation zu guten Leistungen – Weltoffenheit, Kommunikationsfähigkeit und Lebensart, die ihnen später wichtige Türen öffnen.

Das Konzept des privaten Internatsgymnasiums baut auf einer dreißigjährigen Internatserfahrung in Baden-Württemberg auf.

Effizienter Unterricht in Klassen von höchstens 12 Schülern ermöglicht ein hochwertiges Abitur nach 12 Schuljahren.

Die Welt vom 23.4.1994, S. JM 18

Wir sind die Schule für Jungen und Mädchen

– die sich in einer gesunden Umwelt fernab großstädtischer Einflüsse entwickeln wollen
– die eine besondere schulische Unterstützung benötigen
– deren Begabungen bisher nicht genügend gefördert wurden
– die besondere musische und sportliche Angebote in den Arbeitsgemeinschaften suchen (für die u. a. Chor, instrumentale Ausbildung, Sport, Ballett wichtig ist)
– die Schule und Reiten auf einem Gelände verwirklichen wollen
– deren Eltern beruflich besonders engagiert sind und sich eine Erziehung vor dem Hintergrund der christlichen Werthaltung wünschen.

DIE ZEIT vom 26.11.1993, S. 81

Aus dem Flugblatt einer Jugendgruppe

Werbung für öffentliche Schulen

Schule A:
Die Schule ist ein Neubau, in herrlicher Waldlage gelegen, und verfügt über ideale Sportstätten. Die Ausstattung ist auf dem modernsten Stand.
Mädchen und Jungen lernen gerade in der Arbeitslehre die gesellschaftlich noch verwurzelten Rollenklischees [Klischee = eingefahrene Vorstellung] zu durchschauen. Mädchen werden mit moderner Technik vertraut, und Jungen üben sich in hauswirtschaftlichen Fähigkeiten und Fertigkeiten.

Schule B:
Es kommt „nicht oft, aber immer öfter" vor, dass wir am Ende der 10. Klasse Schülerinnen und Schüler nicht in die Berufsausbildung, sondern in weiterführende Schulen entlassen können, weil sie durch die Arbeit in der Realschule zu „Lust auf mehr Schule" motiviert wurden.

Schule C:
Unsere pädagogische Arbeit orientiert sich am Motto „Freude am Lernen – Erfolg durch Leistung".

Schule D:
Neben der intensiven Wissensvermittlung stehen auch andere Bereiche der Bildung im Zentrum unserer Bemühungen: Kreativität, Sozialverhalten und gesellschaftliches Engagement. Partnerschaften bestehen mit Schulen in England, Frankreich, Russland und Estland.

Zum Übergang an die Oberschule. Oberschulen in Reinickendorf. Hg. Bezirksamt Reinickendorf von Berlin, Abteilung Volksbildung, Schulamt, Berlin 1992, S. 13–18 (Auszüge)

1 Stellt anhand der Texte fest, welche besonderen Eigenschaften/Merkmale bei den einzelnen Schulen jeweils hervorgehoben sind.
Unterscheidet
- die räumliche Beschaffenheit,
- die für wichtig gehaltenen Lernziele,
- zusätzliche Veranstaltungen über den üblichen Unterricht hinaus.

2 In den hier abgedruckten Texten bieten die Schulen allerhand, aber eure Schule hat ja auch einiges zu bieten. Stellt gegenüber.

3 Ist deine „Traumschule" unter den Schulen, die in den Texten für sich werben?
Begründe deine Wahl.

4 Vergleicht die Schulen aus den Werbetexten mit eurer „fast perfekten" Traumschule (siehe Aufgabe 2 in Abschnitt 1.1.1).

5 Schreibt einen werbenden Informationstext über eure Schule: kurz für eine Zeitungsanzeige, etwas ausführlicher für eine Broschüre.
Was meint eure Schulleitung zu euren Texten?

1.2 Vom Zusammenraufen – Konfliktregelung in der Schule

Ihr habt euch für euer Zusammensein in der Schule weder die Lehrerinnen und Lehrer noch die Mitschülerinnen und Mitschüler aussuchen können. Auf die Zusammensetzung eurer Schulklasse habt ihr keinen Einfluss ausüben können, aber:
Ihr müsst nun eine Zeit lang miteinander auskommen, wenn ihr das - gemeinsame - Ziel, nämlich möglichst viel und möglichst erfolgreich in der Schule zu lernen, erreichen wollt.
Doch die Unterschiede sind ziemlich groß.
Jede und jeder von euch kommt aus einem anderen Elternhaus; jede und jeder von euch hat eine unverwechselbare Eigenart (Individualität), Vorzüge (und manchmal auch kleine „Macken"), unterschiedliche Wünsche, Ideen und Interessen.

Da bleiben Konflikte, Auseinandersetzungen darüber, welche Interessen jeweils den Vorrang haben sollen, nicht aus.
Wichtig bei allen Interessenkonflikten ist es, Regelungen zu finden, die möglichst alle Beteiligten und Betroffenen zufrieden stellen.
Es gibt verschiedene Möglichkeiten, wie man regeln kann, Konflikte auszutragen. Und: Der erfolgreiche Umgang mit Konflikten kann erlernt werden.
In den beiden folgenden Abschnitten 1.2.1 und 1.2.2 werden zwei ziemlich schwierige schulische Konflikte vorgestellt - zwei Fälle für Schülerinnen und Schüler also, die schon einige Erfahrungen mit dem „Zusammenraufen" in der Schule, im Umgang mit Konflikten, haben.

1.2.1 Der lange Weg vom Chaos zur Ordnung

Manchmal ist es günstig für das Lernen, an einem besonders krassen, ausgefallenen Beispiel etwas Wichtiges zu erkennen.
Im Folgenden wird ein Vorfall aus einer Schule geschildert, die den heutigen Schulen fast gar nicht ähnlich ist. Die Konflikte in dieser Schule sind anfangs riesengroß. Auswege aus dem Durcheinander sind kaum zu sehen.
Klar ist: Es muss etwas geschehen. Aber: Welche Schritte sind nötig und möglich, um vom Chaos zur (Schul-)Ordnung zu gelangen?
Die folgende Geschichte passierte in einer Schule für Waisenkinder in Wien im Jahr 1919. Die Schule gehörte zu einem Kinderheim. Die Kinder kamen aus allen Teilen des ehemaligen Österreich-

Ungarn, der Krieg hatte sie heimat- und elternlos gemacht.
Im Kinderheim versuchten die Lehrer und Erzieher eine Erziehung ohne Strafe, Verbote, Drohungen.
Eine Lehrerin berichtet:

„... ein großes Geschrei – ich ging aus der Klasse"

Ich hatte für meine Klasse Rechenbücher und Lesebücher bekommen, die nicht alle gleich waren. Ich komme mit dem Stoß Bücher ins Klassenzimmer und lege ihn aufs Fenster. Ich sage ihnen, dass sie jedes ein Buch bekommen werden, ich werde es ihnen geben. „Aber vor allem Ruhe und auf die Plätze." Unmöglich, das zu erreichen.

Ich beginne trotzdem die Rechenbücher unter allgemeiner Aufregung zu verteilen, jeder will zuerst ein Buch bekommen, alle schreien durcheinander. Zwei vergleichen ihre Bücher, sie sind nicht gleich, der eine wirft mir das Buch zurück: „So eines brauch' ich nicht". Ein anderer nimmt es auf; einer bekommt ein zerrissenes Buch, wirft es fort.

Nun stellt sich heraus, dass um zwei Bücher zu wenig sind. Die beiden Benachteiligten schreien und schimpfen.

Ich [...] bat die Kinder, die beiden, die keines hatten, einstweilen hineinschauen zu lassen. Das war unmöglich, überall wurden sie weggejagt, jeder legte die Hand auf sein Buch, damit man ihm nur ja nicht hineinschaue. Plötzlich erhob einer die Stimme: „Wir wollen die Lesebücher." Das wurde sofort aufgenommen. An Rechnen war nicht mehr zu denken; wie sehr ich mich bemühte, sie schrien mit unglaublicher Ausdauer nach den Lesebüchern.

In dieser Stunde wurde meine Stimme überschrien, zwei holten sich selbst die Bücher, gaben sie natürlich nicht mehr her; ich war erledigt. Die Kinder stürzten auf den Stoß, prügelten und rauften sich um jedes Buch, obzwar genug da waren, weinten über jeden Hieb, warfen zerrissene Bücher beleidigt und trotzend fort – die Klasse bot ein erschreckendes Bild, ein Durcheinander von Bänken, Kindern, Raufenden, ein großes Geschrei – ich ging aus der Klasse. Sie rauften eine Zeit lang weiter, dann gingen sie weg. Nach kurzer Zeit kam ich in das Zimmer und fand die Bücher achtlos herumliegen – fast keiner wollte sie behalten.

S. Bernfeld: Antiautoritäre Erziehung und Psychoanalyse, Bd. 1. Darmstadt 1969, S. 159 f. (Auszug)

1 *Wie erklärt ihr euch den Streit um die Bücher – zuerst um die Rechenbücher, dann um die Lesebücher? Versucht, euch in die streitenden Schülerinnen und Schüler hineinzuversetzen.*
  Versucht zu erklären, warum die Lehrkräfte an der Schule eine Erziehung ohne Strafe, Verbote oder Drohungen anstrebten.
2 *Welche Interessen stoßen in der geschilderten Schulklasse aufeinander:*
  - *Interessen der einzelnen Schülerinnen und Schüler;*
  - *Interessen der Lehrerin?*
3 *Welche gemeinsamen Interessen haben alle Beteiligten in jeder Schule und in jedem Unterricht?*
4 *Welche Grundregeln müssen alle Beteiligten mindestens einhalten, damit es zum Unterricht und zum Lernen in einer Schulklasse überhaupt kommen kann?*
5 *Wie könnte es in der geschilderten Schulklasse am nächsten Tag weitergehen?*
  - *Welche Schritte gäbe es, um aus dem Durcheinander herauszukommen?*
  - *Wer könnte was tun? Wer sollte was tun?*
6 *Wie regelt ihr – normalerweise – Konflikte in eurer Klasse? Nach welchen Regeln richtet ihr euch im Umgang mit Konflikten? Wer tut bei der Konfliktregelung in eurer Schulklasse was? Von wem wird entschieden?*

1.2.2 Teure Brötchen – ein schwieriger Fall für die ganze Schule

Unterschiedliche Interessen und Auseinandersetzungen gibt es nicht nur in einzelnen Schulklassen, sondern auch in der ganzen Schule.
Manchmal helfen zur Beilegung solcher Interessenkonflikte die bestehenden rechtlichen Regelungen (siehe Abschnitt 1.3.3) nicht weiter.
Nur ein guter Kompromiss kann die Sache für alle zufriedenstellend aus der Welt schaffen.
Bei Kompromissen geht es darum, dass
- alle Beteiligten bereit sind, Zugeständnisse zu machen;
- der Interessenausgleich fair ist, also keine/r dabei „zu kurz kommt";
- der Ausgleich zur Befriedung führt, also nicht weiterhin Unzufriedenheit herrscht und so neuer Streit vorprogrammiert ist.

Vordergründig geht es in folgendem Text nur um eine Nebensächlichkeit: den Brötchenverkauf.

Ein halber Aufstand

Preiserhöhung und Lösungsvorschlag. Der Schulwart [= Hausmeister der Schule] erhöhte die Preise für Brötchen, Getränke und Süßigkeiten. Dagegen protestierten die Schüler, besonders die Absolventen der Abschlussklasse.

Der Schulwart antwortete mit einer sehr globalen [hier: allgemein gehaltenen] Kalkulation, die kaum Gewinne auswies und an gut sichtbarer Stelle für alle lesbar ausgehängt wurde.

Daraufhin trafen sich sämtliche Schülervertreter zu einer Beratungssitzung und erarbeiteten einen Lösungsvorschlag.

Sie schlugen vor, künftig selbst im kostengünstigeren Großhandel für den Schulwart einzukaufen.

Zurückweisung und Boykott. Der Schulwart lehnte den Vorschlag ab. Nach dieser Zurückweisung riefen die Schülervertreter aller Klassen ihre Mitschüler zum Boykott auf.

Sie richteten einen offenen Brief an die Direktion, in welchem sie um ein gemeinsames Gespräch aller Beteiligten baten. Die Direktion nahm zum Inhalt des Briefes nicht Stellung, hob jedoch mehrfach hervor, dass er Kommafehler enthalte, und sprach deshalb den Schülern jegliche Qualifikation ab in der Preisgestaltungsfrage mitzureden.

Trotz Informationspostens vor der Imbissausgabe war der Boykott nur schwer durchzuhalten.

Die Abschlussklasse beschloss daher, zur Selbstversorgung zu schreiten. Alle zahlten lückenlos in einen gemeinsamen Topf ein, man tätigte günstige Einkäufe und zog in der eigenen Klasse einen Verkauf nach dem Kostendeckungsprinzip auf. Die Selbstversorgung funktionierte klaglos etwa zwei Wochen lang.

Die Lehrer beklagten allerdings die Verzögerung des Unterrichtsbeginns.
[Sie waren weder vom Direktor noch von den Schülern „offiziell" über die ganze Sache informiert worden. Sie bekamen nur zufällig und bruchstückhaft mit was passierte, und hielten sich heraus.]

1 Was ihr in der Schule auch lernen könnt

Preissenkung und erzwungener Frieden. Um die Sache zu bereinigen, berief der Direktor nun jeweils ausgesuchte Schüler zu kurzen Gesprächen, zu denen der Schulwart nicht zugezogen wurde. Letzterer reagierte kurze Zeit hindurch mit „Dienst nach Vorschrift", was sich zum Beispiel im Nicht-Aufsperren des Schulgebäudes äußerte, sodass die Fahrschüler morgens frieren mussten.
Schließlich stellte der Direktor der Abschlussklasse ein Ultimatum zur Einstellung der Selbstversorgung, die seiner Meinung nach jeder gewerberechtlichen Basis entbehre. [Die Schüler stellten die Selbstversorgung ein.]
Der Schulwart senkte nun geringfügig die Preise. Der Alltagsfriede war zunächst wieder hergestellt.

U. Schneider: Aufstand der Plebejer – ein Konflikt, aus dem sich eine Menge lernen ließe. In: arbeiten + lernen, 4. Jahrgang, Nr. 20, 1982, S. 25ff; gekürzt, Zwischenüberschriften nachträglich eingefügt

1 Stellt die (unterschiedlichen) Interessen der Beteiligten/Betroffenen in einer Übersicht einander gegenüber.
2 Wo liegen die Hauptschwierigkeiten in diesem Fall für die einzelnen Beteiligten? Erörtert anhand des Schaubilds.
3 Welche Rolle hätten die – besser informierten – Lehrer spielen können?
4 Wo wären im Verlauf des Konflikts Erfolg versprechende Lösungsansätze gewesen? Wer hätte wie handeln müssen? Lest hierzu auch den Text im Kasten „Konfliktregelung: offen und fair".
5 Spielt verschiedene andere Möglichkeiten (Alternativen) der Lösung des Konflikts durch.
Wie müssten dann die Beteiligten jeweils handeln?
6 Wie ist der Imbissverkauf an eurer Schule geregelt? Welche Mitsprache hat eure Schülervertretung dabei?
7 Welche Möglichkeiten bietet eure Schulordnung zur Regelung von Konflikten wie dem geschilderten?

Konfliktregelung: offen und fair

Konflikte und Spannungen sind normale Erscheinungen des schulischen Lebens. Es wäre undemokratisch diese Konflikte zu unterdrücken oder zu verschleiern. Sie können jedoch nur ausgetragen werden, wenn Lehrerinnen und Lehrer und Schülerinnen und Schüler in gleicher Weise bereit sind, offen und fair miteinander zu diskutieren, sachlich zu argumentieren, Vorurteile abzubauen, die Interessen des Partners anzuerkennen und die eigene Position selbstkritisch zu überprüfen.

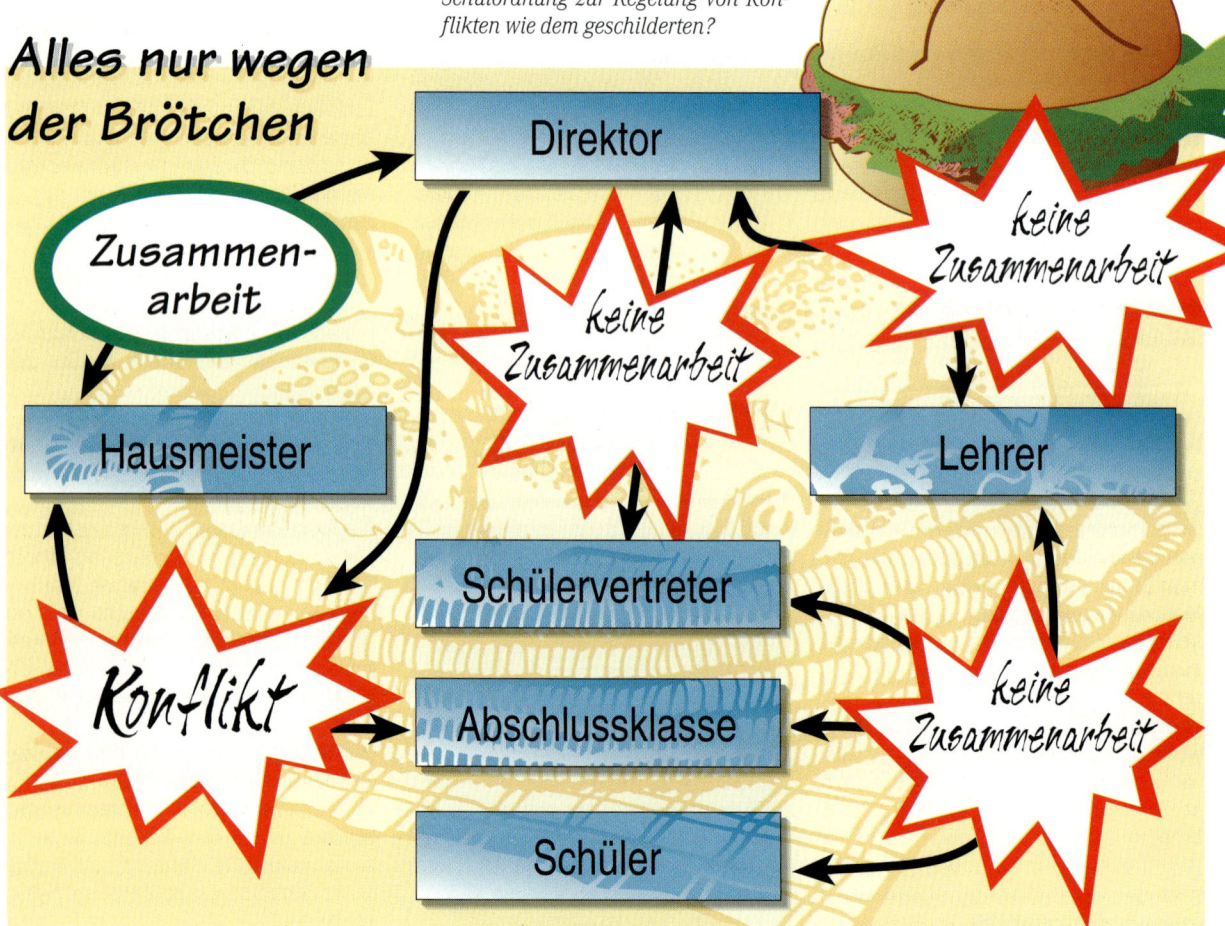

Alles nur wegen der Brötchen

Methode: Fallstudie

Fälle wie den „Brötchen-Fall" in diesem Abschnitt kennt ihr auch aus eurem Schulalltag – mehr oder weniger aufregend, mal folgenreicher, mal harmloser.

Meist neigen wir bei solchen Fällen dazu, gleich eine Bewertung, ein Urteil abzugeben: „War die aber gemein!", „Das find ich ungerecht!".

Zu kurz kommt dabei oft das genaue Hinschauen, Untersuchen, Erkennen und Abwägen vor jeder Bewertung.

Sozialwissenschaftlerinnen und -wissenschaftler interessieren sich normalerweise weniger für das wertende Urteil als vielmehr für die genaue Untersuchung des Verlaufs eines Prozesses, einer Entwicklung:
- Welche Eigenart hat der Fall, welche Besonderheiten?
- Aber auch: Was ist hier genauso wie bei ähnlichen Fällen, was ist typisch? Wird ein Grundmuster [= eine Struktur] sichtbar?

In Fallstudien werden diese und ähnliche Fragen gestellt und zu beantworten versucht.

Der erste Schritt: die Wahl des Themas

Thema (Gegenstand) einer Fallstudie könnte zum Beispiel sein:
- das Handeln einzelner Personen oder Gruppen (z. B. Schulsprecherin, Lehrerkonferenz) in einem bestimmten Fall;
- die Arbeit gesellschaftlicher politischer Einrichtungen (z. B. Parteien, Fußballvereine, Behörden, Regierungen, TV-Anstalten) in einem bestimmten Zeitraum;
- einzelne Konflikte und Probleme in und zwischen diesen Einrichtungen;
- bedeutsame politische und gesellschaftliche Vorgänge (z. B. eine Wahl, ein Gesetzgebungsverfahren, eine Bürgerinitiative).

Der zweite Schritt: die Sammlung von Informationen

Am Beginn jeder Fallstudie steht die möglichst umfangreiche, ausgiebige und sorgfältige *Informationssammlung* zu diesem Fall.

Dabei kann es sich um eigene Beobachtungen oder Berichte aus den Medien ebenso handeln wie um Befragungsergebnisse, Interviews, Statistiken und ähnliches Material.

Wichtig schon hierbei ist es, nicht einseitig, sondern nach allen Seiten hin zu sammeln!

Und: Auch solche Informationen gehören dazu, die zunächst vielleicht nebensächlich, uninteressant, belanglos erscheinen!

Der dritte Schritt: die Darstellung des Falls

Der Sammlung, Sichtung und (vorläufigen) Ordnung aller Informationen folgt als nächster Schritt die *Falldarstellung*: Alles, was wir über den Fall wissen, wird möglichst ausführlich, aber übersichtlich dargestellt: erzählend, berichtend, beschreibend.

Wichtig sind die Einzelheiten, das Besondere des Falls, z. B. die erkennbaren Beweggründe [= Motive] der Handelnden, die Regeln, denen sie folgen (oder nicht folgen), die besonderen Umstände, die Wahlmöglichkeiten [= Optionen bzw. Alternativen] bei einzelnen Entscheidungen, aber auch die Unklarheiten, das, was wir „von außen" nicht verstehen können.

Der vierte Schritt: die Untersuchung des Falls

Anhand der *Falldarstellung* ist dann – im vierten Schritt – die *Fallanalyse* möglich: die Untersuchung und Gewichtung der einzelnen Personen und ihrer Handlungen im Zusammenhang des ganzen Falles, die Beziehungen untereinander usw.

In der Fallanalyse geht es auch um die genauere Betrachtung der „Knackpunkte":

Wo ist warum etwas schief gegangen; wer war daran beteiligt (nicht: wer war schuld)?

Musste das schief gehen oder lag es nur an einem Zufall?

Wie wäre der normale Ablauf gewesen, wenn nicht ...?

Woran hat es in diesem Fall gefehlt?

Aber auch: Warum ist dies und jenes gelungen, welcher Lösungsweg ist neu und ungewöhnlich, aber offenbar erfolgreich?

Der fünfte Schritt: die Deutung des Falls

Die Ergebnisse der Fallanalyse münden in den letzten Schritt der Fallstudie: die *Interpretation* des Falls. Hier wird gedeutet, erklärt, verglichen.

Der einzelne Fall wird in einen größeren Zusammenhang gestellt, das Besondere wird vom Allgemeinen, Typischen getrennt.

Es können Vermutungen [= Hypothesen] angestellt werden, wie ähnliche Fälle möglicherweise verlaufen werden, wenn sie denn so ablaufen „wie im vorliegenden Fall".

1.3 Demokratie in der Schule

In demokratisch verfassten Staaten (siehe hierzu Kapitel 14) gilt, dass grundsätzlich alle Bürgerinnen und Bürger gleichberechtigt sind.
Sie können gleichberechtigt an den Entscheidungen über die Lösung der gemeinsamen staatlichen Aufgaben mitwirken. Alle Erwachsenen können sich an den Wahlen und Abstimmungen beteiligen und dabei auch selbst gewählt werden.
Der Wille der Mehrheit gilt; aber die Minderheit hat auch die Chance, zur Mehrheit werden zu können.
Die im staatlichen, im unmittelbar politischen Bereich geltenden demokratischen Grundsätze und Verfahrensweisen werden – teilweise – auch in anderen Bereichen des Zusammenlebens angewandt, z. B. in Vereinen und Verbänden, in den Gewerkschaften, in den Betrieben (vergleiche Kapitel 8) und auch in der Schule.
Bei der Festlegung von Zielen und bei allen Interessenkonflikten soll ein gerechter Ausgleich (Kompromiss) unter Beteiligung der Betroffenen gesucht werden. Alle sollen möglichst an den Entscheidungen mitwirken, mitbestimmen können.
In der *Schule* ist die Anwendung demokratischer Grundsätze und Verfahrensweisen allerdings eingeschränkt,
- weil wirkliche Gleichberechtigung der Beteiligten (z. B. Schulleitung, Lehrkräfte, Schülerinnen und Schüler unterschiedlichen Alters) nicht gegeben ist,
- weil die Beteiligten (noch) zu wenig an demokratischen „Spielregeln" in der Schule interessiert sind – aus welchen Gründen auch immer.

1.3.1 Vom „augenblicklichen und pünktlichen" Gehorsam

In der Schule soll nicht nur unterrichtet und gelernt, es soll auch erzogen werden. Der „Erziehungsauftrag" der Schule steht in allen Schulgesetzen, er wird von den allermeisten Bürgerinnen und Bürgern bejaht.
Dabei war jahrhundertelang eines der wichtigsten Ziele schulischer Erziehung der Gehorsam der Schüler (und später auch der Schülerinnen). Der folgende Text ist vor mehr als 200 Jahren entstanden.

Regeln für artiges Betragen
Gewöhne dich zu einem augenblicklichen und pünktlichen Gehorsam gegen deine Lehrer und Vorgesetzte: Das wird dir alle Geschäfte leicht, dich zufrieden, brauchbar für die Welt und glücklich machen.
Begegne deinen Lehrern und Vorgesetzten, sollten sie auch merkliche Fehler an sich haben oder dir, nach deiner Einbildung, Unrecht tun, immer ehrerbietig mit Gebärden und Worten und führe dich so gegen sie auf, als ob du deine Eltern oder Gott selbst vor dir hättest.

J.P. Voit: Der höfliche Schüler oder Regeln zu einem höflichen und artigen Betragen für junge Leute, 1792, in: Kultusminister des Landes NRW (Hrsg.): Politik. Arbeitsmaterial für den Politischen Unterricht IV, Düsseldorf 1974, S. 3

1 *Erscheinen dir die hier genannten Gründe für den „augenblicklichen und pünktlichen" Gehorsam einleuchtend? Begründe deine Stellungnahme.*
2 *Welche Bedeutung hat die Forderung nach einem unbedingten Gehorsam, wenn dabei Lehrer und Vorgesetzte in die Nähe Gottes gerückt werden?*
3 *Wem – und wozu – nützt blinder Gehorsam?
Wohin kann er führen? Welche Folgen kann er für die Beteiligten haben?
Wenn ihr im Geschichtsunterricht schon über die Zeit des Nationalsozialismus gesprochen habt, könnt ihr die Fragen auch anhand von Beispielen aus dieser Zeit bearbeiten.*
4 *Sprecht miteinander über eure Erfahrungen:*
  - *Wem und warum gehorchen Jugendliche normalerweise?*
  - *Welche Gründe für die Forderung nach Gehorsam akzeptieren sie am wenigsten?*
5 *Wozu ist Gehorsam in der Schule und im Unterricht, in der Erziehung überhaupt nötig?*
6 *Zum Comic auf Seite 13:*
  - *Wie kommt es, dass Erziehungsziele und erzieherisches Handeln im Alltag oft nicht miteinander übereinstimmen?*
  - *Statt „Ja, Papa" könnte der Sohn dem Vater auch etwas anderes antworten. Was würdest du antworten?*

1.3.2 Demokratischer Erziehungsstil – mehr als tausend Worte

In den letzten Jahrzehnten hat sich in der Erziehung ein Wandel vollzogen. Der Gehorsam ist als oberstes Ziel von Erziehung zurückgedrängt worden.
Vorherrschend ist das Ziel, Kinder und Jugendliche zu freien und selbstbewussten, selbstständigen und selbstverantwortlichen Persönlichkeiten zu erziehen.

1 *Was bedeutet es, frei, selbstbewusst, selbstständig, selbstverantwortlich zu sein*
  - *für dich,*
  - *für ein Kind von fünf Jahren?*
  Schildert Beispiele.
2 *Sammelt weitere Erziehungsziele, die euch erstrebenswert erscheinen.
Versucht gemeinsam eine Rangfolge solcher Ziele aufzustellen.*

Den zuvor genannten Zielen der Erziehung soll auch die *Art und Weise des Erziehens* gemäß sein.
Weite Anerkennung findet in den 90er-Jahren ein so genannter „demokratischer Erziehungsstil".

Gegenseitige Achtung, faire Kompromisse
Ein demokratischer Erziehungsstil ist [...] durch Offenheit und Aufrichtigkeit gekennzeichnet, durch gleichberechtigte Umgangsformen ohne Betonung des Machtgefälles, durch gegenseitiges Vertrauen und gegenseitige Achtung und nicht zuletzt durch das Aushandeln und Austauschen von Bedürfnissen zwischen den Erwachsenen und dem Kind.
Der Erwachsene versucht dabei nicht der Überlegene zu sein, sondern er versucht ein Partner zu sein, der möglichst viel von seinen eigenen Vorstellungen und Wünschen in die erzieherische Beziehung einfließen lässt.
Demokratischer Erziehungsstil – das ist nicht ein ewiges und nicht enden wollendes Disku-

Karikatur: Rauschenbach

1 Was ihr in der Schule auch lernen könnt

„Tut mir leid, Herr Direktor – aber wir haben darüber abgestimmt." Karikatur: Markus

1.3.3 Alle sind beteiligt, alle sollen mitwirken können

Die Forderung nach möglichst weit reichender Partizipation (= Teilhabe, demokratische Mitwirkung aller Beteiligten) wird auch in der Schule seit vielen Jahren erhoben.

In einem Interview macht die Leiterin einer Gesamtschule jedoch darauf aufmerksam, dass es mit der Demokratisierung in der Schule oft noch Probleme gibt. Sie wünscht sich – unter anderem – mehr Initiative, also mehr tatkräftige Anregungen, mehr Unternehmungsgeist.

Eine Schülerin schreibt Ähnliches in einem Zeitschriftenaufsatz.

Die dann folgenden Auszüge aus Schulgesetzen machen deutlich, dass Schülerinnen und Schüler durchaus Möglichkeiten zur demokratischen Mitwirkung (Partizipation) in der Schule haben.

tieren und Argumentieren darüber, was in der gegenseitigen Beziehung möglich und was nicht möglich ist, sondern vielmehr eine entschiedene und konsequente Suche nach fairen Kompromissen, die dann von beiden Seiten eingehalten werden und deren Verletzung ebenso konsequent zum Thema gemacht wird.

Der demokratische Erziehungsstil hat nichts mit einem permissiven [= nachgiebigen] Stil zu tun, bei dem das Verhalten des Kindes einfach angenommen und geduldet wird.

Im Gegenteil wird bei der demokratischen Erziehung jeder Impuls [= Anstoß, Äußerung] des Kindes, der dem Erwachsenen nicht erwünscht ist, sofort aufgenommen und angesprochen und zum Gegenstand einer Kommunikation gemacht.

Andererseits arbeitet der demokratische Erziehungsstil auch nicht mit autoritären [= unbedingten Gehorsam fordernden] Strafen und Belohnungen, sondern mit persönlichen Botschaften, die die eigene Situation als Erwachsener offen legen und zugleich den Versuch machen, sich in die Situation des Kindes zu vertiefen und aus der Abwägung der Bedürfnislage beider Personen eine geeignete, von beiden getragene Lösung zu finden.

K. Hurrelmann: Mut zur demokratischen Erziehung! In: Pädagogik, Heft 7–8/1994, S. 16 (Auszüge)

3 Welche Aufgabe und welche Stellung hat die/der Erwachsene, welche Aufgabe und Stellung hat das Kind in der Beziehung zwischen beiden nach diesem Text?

4 Worin besteht das Machtgefälle zwischen den Kindern/Jugendlichen und den Erwachsenen, von dem im Text die Rede ist?

5 Welche der im Text genannten Verhaltensweisen begünstigen welche Erziehungsziele?

6 Der Text ist für Erwachsene geschrieben, er benennt vor allem ihre Aufgaben.
Macht ein Experiment, versucht die Sache umzudrehen: Wo vom Erwachsenen gesprochen wird, steht „das Kind", wo vom Kind gesprochen wird, steht „der Erwachsene".

7 Vergleicht die Kritik des Karikaturisten mit dazu passenden Aussagen des Textes.

8 Vergleicht den an eurer Schule vorherrschenden Erziehungsstil mit dem demokratischen: Inwieweit gibt es Übereinstimmungen, inwieweit Abweichungen? (Namen spielen hier keine Rolle.)

Rektorin: mehr Mitsprache und Eigeninitiative

Frage: Vielen Schulen wird vorgeworfen, sie seien zu undemokratisch, die Kinder könnten dort nicht lernen sich mit anderen auseinanderzusetzen.

Antwort: Leider gilt das für Schüler und Lehrer. Oft wird in der Schule Lehren und Lernen nur verordnet. Es muss mehr Mitsprache und Eigeninitiative zugelassen und praktiziert werden.

Enja Engel in: Der Spiegel Nr. 35/1994, S. 50 (Auszug)

Schülerin: mehr selbst gestalten

Demokratie muss in die Schulen einziehen. Zukunft hat nicht die Schule, die SchülerInnen gestaltet, sondern die Schule, die SchülerInnen gestalten!

Annegret Dahm: SchülerInnen vertreten – Schule verändern! In: Jugendpolitik, Heft 2–3/1994, S. 35

1 Vergleicht eure Erfahrungen in eurer Schule/Klasse mit der Aussage der Rektorin.
Beachtet: Es ist auch vom „verordneten" Lehren die Rede, also auch von den Arbeitsbedingungen der Lehrerinnen und Lehrer.

2 Eine einfache, aber vielleicht nicht wirkungslose Umfrage:

Ihr schreibt die Interview-Frage und die Antwort der Rektorin auf ein Blatt, darunter drei Spalten mit den Texten:
- *„Ich stimme der Aussage der Rektorin uneingeschränkt zu."*
- *„Ganz so schlimm wie die Rektorin sehe ich die Situation zumindest an unserer Schule nicht."*
- *„Wir lassen genug Mitsprache und Eigeninitiative zu und handeln auch entsprechend."*

Bittet eure Lehrerinnen und Lehrer im Lehrerzimmer, anonym auf dem Blatt jeweils in der Spalte ein Kreuzchen zu machen, wo sie am ehesten zustimmen.

Worin könnte die Wirkung einer solchen kleinen Umfrage liegen?
Erörtert das Ergebnis der Umfrage.

3 *Erörtert, was die Schülerin wohl im Einzelnen meint, und nehmt Stellung zu ihrer Äußerung!*

4 *Wer und was wird in der Karikatur kritisiert?*
Was meinst du zu dieser spöttisch übertreibenden Kritik?
Was würdest du, wenn du Anna wärst, dem Lehrer antworten?

5 *Vergleicht die Karikatur in diesem Abschnitt mit der Karikatur in Abschnitt 1.4.3:*
- *Welche Auffassung zur Demokratisierung der Schule und des Unterrichts vertreten die beiden Lehrer?*
- *Welche Rolle spielen die Schülerinnen und Schüler?*

Karikatur: Tonn

In Schulgesetzen und anderen Bestimmungen (Verordnungen und Erlassen) ist in allen Bundesländern die Mitwirkung der Beteiligten an Schule und Unterricht – jeweils mit gewissen Unterschieden – geregelt.
Die folgenden Texte stammen aus NRW. Ihr könnt sie mit den Regelungen eures Bundeslandes vergleichen.

Mitwirkung in der Schule – ein Blick ins Gesetz

Im Schulordnungsgesetz des Landes Nordrhein-Westfalen (NRW) von 1952 heißt es in § 1, Absatz 4:
Unterricht und Gemeinschaftsleben der Schule sind so zu gestalten, dass sie zu tätiger und verständnisvoller Anteilnahme am öffentlichen Leben vorbereiten.

Im Schulmitwirkungsgesetz des Landes NRW von 1977 lautet der § 1:
Mitwirkung und Mitwirkungsberechtigte
(1) Ziel der Mitwirkung ist es, die Eigenverantwortung in der Schule zu fördern und das notwendige Zusammenwirken aller Beteiligten in der Bildungs- und Erziehungsarbeit der Schule zu stärken.
(2) Die Mitwirkung umfasst die Entscheidung, die Beteiligung sowie die dazu erforderliche Information. Die Beteiligung umfasst Anhörungs-, Beratungs-, Anregungs- und Vorschlagsrechte.
(3) Lehrer, Erziehungsberechtigte und entsprechend ihrer altersgemäßen Urteilsfähigkeit die Schüler sowie die sonstigen am Schulwesen Beteiligten wirken nach Maßgabe dieses Gesetzes an der Gestaltung des Schulwesens mit.

Erläuternd und ergänzend heißt es in einer Verwaltungsvorschrift zu dem Paragraphen:
Dies erfordert, dass das Zusammenwirken der am Schulleben Beteiligten partnerschaftlich und vertrauensvoll geschieht.

Im SV-Erlass des Kultusministers von NRW zur Mitwirkung der Schülervertretung (SV) in der Schule von 1979 heißt es:
(1.2) Der Wirkungsbereich der SV [= Schülervertretung] ergibt sich aus dem Auftrag der Schule. Zu diesem gehört neben der Vermittlung von Fachwissen auch, Schüler zu selbstständigem kritischem Urteil, zu eigenverantwortlichem Handeln und zur Wahrnehmung von Rechten und Pflichten im politischen und gesellschaftlichen Leben zu befähigen. Seine Verwirklichung erfordert bei Anerkennung unterschiedlicher Interessen partnerschaftliches Zusammenwirken sowie die Bereitschaft, durch offene und faire Diskussion und sachliche Argumentation in Konfliktfällen nach gemeinsamen Lösungsmöglichkeiten zu suchen.
(1.3) Ebenso wie die Mitwirkung der Lehrer und der Eltern ist auch die Mitwirkung der Schüler in der SV unverzichtbarer Bestandteil bei der Verwirklichung des Bildungs- und Erziehungsauftrags der Schule. Deshalb sollen Lehrer, Eltern und Schulaufsichtsbehörden sie bei ihrer Tätigkeit unterstützen.

Sie wollen nicht locker lassen: Andreas und Ruben, Schülersprecher

(1.4) Art und Umfang der Mitwirkung sowie der Grad der Selbstständigkeit und Verantwortlichkeit bei der Wahrnehmung der Aufgaben hängen von der Entwicklung der Schüler ab.

6 Versucht gemeinsam zu klären, was diese Texte im Einzelnen genau besagen. Was bedeuten im Schulmitwirkungsgesetz die Begriffe und Formulierungen „Eigenverantwortung", „alle Beteiligten", „nach Maßgabe dieses Gesetzes" usw.?

7 Im Schulordnungsgesetz ist vom „Vorbereiten" die Rede. Versucht diese Gesetzesbestimmung genau zu erklären und nehmt Stellung.

8 Beschafft euch (bei eurer Schulleitung, bei eurer SV) die vollständigen Gesetzestexte oder die entsprechenden schulrechtlichen Bestimmungen eures Bundeslandes.
Ihr könnt daraus ermitteln:

- die (unmittelbaren) Mitwirkungsmöglichkeiten jeder Schülerin und jedes Schülers in der Schule und im Unterricht;
- die Mitwirkungsmöglichkeiten der Schülervertretung (SV);
- das Zusammenwirken der Schülerschaft mit der Lehrerschaft und der Elternschaft in Schule und Unterricht.

9 Wie aber sieht es mit der demokratischen Wirklichkeit an eurer Schule aus?
Tauscht eure Erfahrungen hierzu aus (erst in Kleingruppen, anschließend in der ganzen Klasse).
Besprecht, welche Erfolge es gibt, welche Kritik und welche Verbesserungswünsche.
Ladet eure Schulsprecherin/euren Schulsprecher zu diesem Gespräch ein (siehe dazu auch den nächsten Abschnitt).

1.3.4 „Streiten statt meckern"

Eine Zeitung stellte zwei Schülersprecher vor. Sie erklären in einem Interview, wie sie ihr Amt verstehen.

Interview mit zwei Schülersprechern
Was macht ihr eigentlich als Schülersprecher?
Andreas: Einfach gesagt: Unsere Schule soll ein annehmbarer Ort sein. Wir bringen Ideen unserer Mitschüler zur Sprache. Zum Beispiel nervten wir unseren Direktor mit einem Getränkeautomaten. Denn gerade wenn wir durstig sind, hat die Pausenversorgung geschlossen. Bald soll so ein Automat aufgestellt werden. 14-tägig treffen sich die Klassensprecher zur Schülerratssitzung. Hier kommen alle Fragen auf den Tisch: Zensurenverteilung, Themen für Projekttage, die Disziplin, wann die nächste Disko steigt ...
Ruben: Wichtig ist noch, dass wir die Klassensprecher genau darüber informieren, was in Gesprächen mit Lehrern oder auf der Schulkonferenz beraten wurde. Hierbei lerne ich übrigens, die Erwachsenen besser zu verstehen. Denn sie haben auch ihre Fragen und Zweifel. Versuche ich, das meinen Leuten klarzumachen, meinen manche, ich krieche den Paukern in den ...
Andreas: Als Schülersprecher muss man gleichermaßen von Mitschülern und Lehrern akzeptiert werden, beiden Seiten zuhören, auch mal Zugeständnisse machen. Aber auch mancher Lehrer fürchtet um seine Autorität, wenn er uns voll als Partner anspricht.
Als Schülersprecher habt ihr ja einen tollen Stand. Leider gibt es noch viele, die in ihrer Schule erst auf die Beine kommen müssen ...
Andreas: Geschenkt wird einem nichts. Ein Schülersprecher muss vor allem einen guten Draht zum Direktor finden, hartnäckig mit Forderungen bleiben, den Verantwortlichen immer wieder auf den Geist gehen. Wichtig: Sich selbst klug machen, ein Problem früh erkennen.
Ruben: Man muss streiten statt meckern. Und nicht aufgeben, wenn's mal nicht klappt.

Märkische Allgemeine vom 26.3.1993, S. 12, gekürzt

1 Seid ihr einverstanden mit der „Stellenbeschreibung", die Andreas und Ruben geben?
2 Wie sind die Beziehungen eurer Klasse zur Schülervertretung und zur Schulsprecherin/zum Schulsprecher?

Was klappt gut, was wünscht ihr euch mehr und besser?

3 Manche sagen: „Das ist sowieso alles nur Spielerei. In Wirklichkeit haben die Schülerinnen und Schüler in der Schule eh' nichts zu bestellen. Und wenn überhaupt, dann führen die aus den oberen Klassen das Wort, die Jüngeren kommen doch gegen die gar nicht an."
Andere meinen: „Die Beteiligung von Schülerinnen, Schülern und Eltern an der Gestaltung der Schule ist ein echter Fortschritt. So fängt Demokratie an."
Vergleicht mit euren Erfahrungen und erörtert, was zu tun ist.

1.4 Lernen – aber wie?

Lernen kann - ganz allgemein - verstanden werden als das gezielte Bemühen, zweckmäßig und nutzbringend mit den Dingen, mit Wissen und Gefühlen, mit Ereignissen und Menschen umzugehen.

Erfolgreiches Lernen zu ermöglichen ist die wichtigste Aufgabe der Schule. Es ist nicht belanglos, wie das Lernen in der Schule sich vollzieht, zum Beispiel:
- welche Beziehungen die Lernenden beim Lernen zueinander haben und welche Kontrollen es beim Lernen gibt
- mit welchen Arbeitsmitteln (z. B. Computern) gelernt wird und wie die Arbeitsmittel das Lernen beeinflussen
- wie die Lehrenden und Lernenden sich beim Lernen miteinander verständigen und (gegenseitig) beeinflussen.

1.4.1 Alle in einem Boot oder alle gegen alle?

Wirtschaftsfachleute ebenso wie Bildungsfachleute halten die Fähigkeit zur Zusammenarbeit in Gruppen für eine der wichtigsten *Qualifikationen* (= Befähigungen) im Arbeitsleben.
Entsprechend wird in den Richtlinien und Lehrplänen für den Schulunterricht Wert darauf gelegt, dass die Schülerinnen und Schüler beim Lernen in der Schule möglichst viel miteinander *kooperieren* (= zusammenarbeiten).
Doch bei Tests und Klassenarbeiten hört die Teamarbeit auf: Jede und jeder sitzt allein vor den Aufgaben, müht sich allein damit ab und erhält für seine Einzelarbeit seine Einzelbenotung. Wie aber schlagen sich die Fähigkeit und Bereitschaft zur Teamarbeit in den Zeugnisnoten nieder?
In der Karikatur „Konkurrenzklettern" und in dem Gespräch zwischen Mutter und Tochter am Frühstückstisch kommen einige Gesichtspunkte der Konkurrenz in der Schule zum Ausdruck.

Frühstücksgespräch vor der Klassenarbeit

Schreibt ihr nicht heute die Französischarbeit?
Ja, direkt in der ersten Stunde.
Na, dann iss mal wenigstens etwas.
Kein Hunger, vielleicht mach ich mir noch 'nen Spickzettel.
Wieso, du hast doch regelmäßig mit der Daniela ...
Ja, aber diese unmöglichen Verben ...
Ist der Französischlehrer sehr scharf?
Geht so.
Lass es lieber mit dem Pfuschen, geh ganz ruhig dran.
Ja, aber ich kann mir jetzt echt überhaupt keine Fünf mehr leisten!

1 Vielleicht kennst du diese Situation am Morgen vor einer besonders wichtigen Klassenarbeit.
  - *Beschreibe in einem kleinen Text, was du da empfindest.*
  - *Wer und was hilft dir vor einer solchen „schweren Stunde"? Berichte, wenn du willst.*
  - *Welche guten Tips kannst du deinen „Leidensgefährtinnen" und „-gefährten" für die Stunden vor der Klassenarbeit geben?*
2 Welchen Anteil an den Zeugnisnoten haben bei euch die schriftlichen Tests und Klassenarbeiten im Vergleich zu den anderen Leistungen im Unterricht?

Konkurrenzklettern.
Karikatur: Marcks

1 Was ihr in der Schule auch lernen könnt

Lasst euch von eurer Klassenlehrerin/eurem Klassenlehrer über die schulrechtlichen Vorschriften informieren.
Sprecht auch darüber, wie sich eure Fähigkeit zur Teamarbeit in der Benotung niederschlägt.
3 Welche Erfahrungen hast du mit der Konkurrenz in der Schule gemacht? Berichte, wenn du magst.
Oder schreibt jede/r anonym (= ohne Namensnennung) einen kleinen Text dazu.
4 Zur Karikatur „Konkurrenzklettern":
- An welcher Stelle in der Klettergruppe möchtest du stehen? Begründe.
- Suche dir eine Schülerin oder einen Schüler aus der Klettergruppe heraus und schildere ihre/seine Empfindungen.
- Versucht herauszufinden – etwa im Sportunterricht –, wie Klettersportler gemeinsam Berge bezwingen.
5 Welche Erfahrungen hast du mit der Teamarbeit in der Schule gemacht?
- Fiel dir das Lernen leichter?
- War das Arbeiten angenehmer und erfolgreicher?
- Wünschst du dir mehr oder weniger Teamarbeit?
- Sollte die Kooperation in der Gruppe vielleicht auch auf Tests und Klassenarbeiten ausgeweitet werden? Begründe.
6 Arbeite eine kleine Rede aus. Dauer: etwa fünf Minuten, Thema: „In der Schule – alle in einem Boot oder alle gegen alle?"
Trage diese Rede vor der Klasse vor.
Arbeitet zu dritt eine solche Rede aus und tragt sie gemeinsam vor der Klasse vor.

1.4.2 Das Wissen der ganzen Welt im „Haus des Lernens"

Die vielfältige Nutzung von Computern im Arbeitsleben (siehe Kapitel 8) hat seit den 80er-Jahren in den Schulen zu neuen Formen des Lernens geführt, vor allem im Unterrichtsfach „Informatik" sowie bei der „informations- und kommunikationstechnischen Grundbildung".

Ziel dieses Lernens war und ist es, die Schülerinnen und Schüler mit der Arbeitsweise, mit den Einsatzmöglichkeiten sowie mit der praktischen – und kritischen, überlegten – Handhabung von Computern vertraut zu machen.

Zudem wurden und werden die Computer aber auch als „Lernhelfer" – etwa beim Vokabel- oder Rechtschreibtraining, in den naturwissenschaftlichen Fächern oder im Politikunterricht – eingesetzt.

Seit Anfang der 90er-Jahre „können" die Computer mehr: Über jeden Telefonanschluss lassen sie sich verbinden mit weltweiten elektronischen Datennetzen, zum Beispiel dem „Internet". So ist es „auf der Datenautobahn" möglich geworden,

- mit Hilfe der „elektronischen Post" (E-Mail) von Computer zu Computer elektronische Briefe oder andere Texte zu versenden und zu empfangen,
- sich rund um die Welt miteinander „online", also direkt von Computer zu Computer, schriftlich zu „unterhalten",
- aus unzähligen Datenbanken, aus elektronischen Zeitungen, Zeitschriften, Büchern, Fahrplänen, Statistiken, Katalogen, Bild- und Filmarchiven in aller Welt Informationen auf den eigenen Computer zu holen.

Immer mehr Schulklassen haben in ihrer Schule Anschluss an das weltweite Datennetz, Unterricht und Lernen verändern sich.

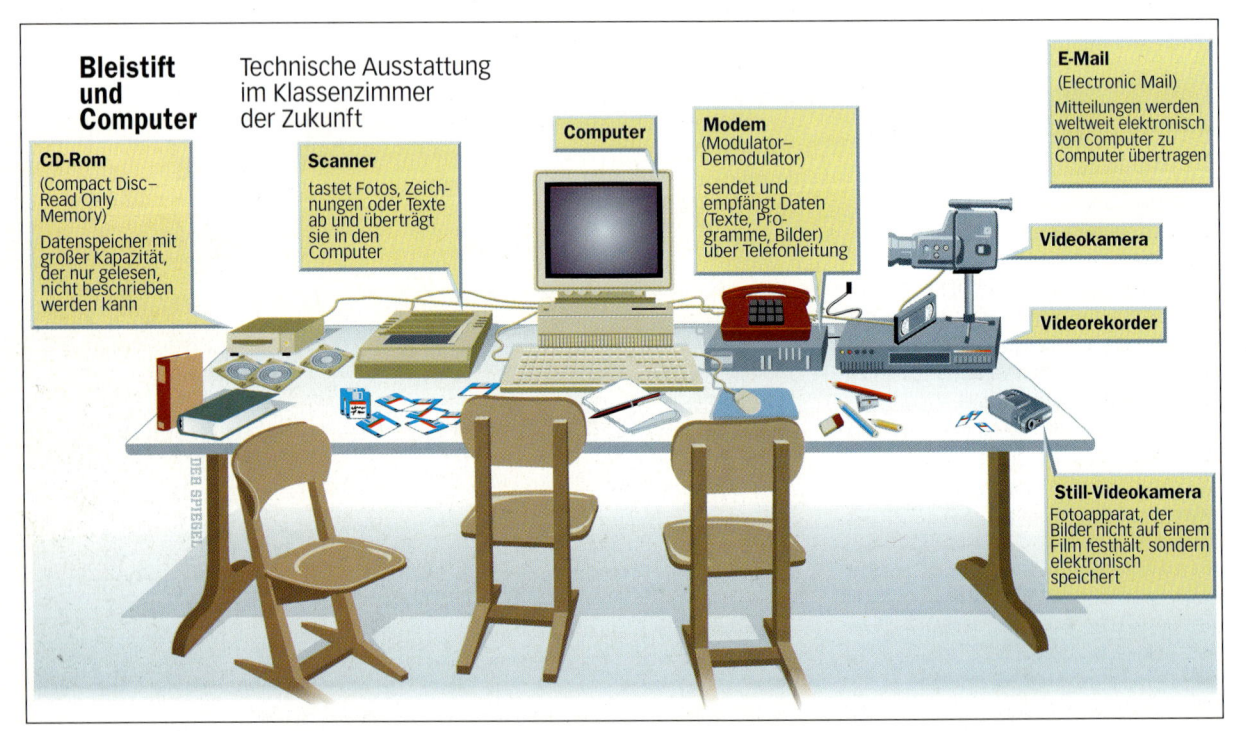

Bleistift und Computer — Technische Ausstattung im Klassenzimmer der Zukunft

CD-Rom (Compact Disc – Read Only Memory)
Datenspeicher mit großer Kapazität, der nur gelesen, nicht beschrieben werden kann

Scanner
tastet Fotos, Zeichnungen oder Texte ab und überträgt sie in den Computer

Computer

Modem (Modulator–Demodulator)
sendet und empfängt Daten (Texte, Programme, Bilder) über Telefonleitung

E-Mail (Electronic Mail)
Mitteilungen werden weltweit elektronisch von Computer zu Computer übertragen

Videokamera

Videorekorder

Still-Videokamera
Fotoapparat, der Bilder nicht auf einem Film festhält, sondern elektronisch speichert

18

Drei Beispiele zeigen, wie das geschehen kann:

Diskussion über Rassismus und den Lebensstil von Jugendlichen

Als der israelische Ministerpräsident Rabin ermordet wurde, erlebten 18 Düsseldorfer Zehntklässler die Verzweiflung der Israelis hautnah mit – am Computer. Sei November vergangenen Jahres tauscht der Erweiterungskurs Englisch der Gesamtschule am Kikweg elektronische Briefe mit der Rotberg Highschool in der Nähe von Tel Aviv aus. Die ersten Nachrichten waren noch belanglos. Über „I play football, what is your hobby?" hinaus hatten sich die Kids kaum etwas zu sagen.

Doch dann platzte die Weltpolitik ins Klassenzimmer. Deutsche und Israelis kamen sich näher und begannen ein gemeinsames E-Mail-Projekt. Beide Klassen interpretierten die gleichen Kurzgeschichten der israelischen Autorin Ida Fink, einer Überlebenden des Holocaust*, und diskutierten miteinander per Computer über Rassismus und Toleranz. Kein Wunder, dass der Englischlehrer Volker Hansen seine Schüler für stereotype [= gleichförmige] Texte aus dem Lehrbuch nicht mehr begeistern kann. Jetzt wollen die E-Mail-Partner über das Datennetz den Lebensstil von Jugendlichen in beiden Ländern diskutieren.

Nach: Frankfurter Rundschau vom 30. 4./1. 5. 1996, S. 12 (Auszug)

* Holocaust = Völkermord der Deutschen an den Juden zur Zeit der nationalsozialistischen Herrschaft

Wasserproben aus Japan und den USA

Schulfachleute in den USA haben aus der unüberschaubaren Fülle von Informationen, die das weltweite Datennetz bereithält, „Pakete" mit Materialien für verschiedene Unterrichtsfächer zusammengestellt.

Diese Materialien, die dem Lehrplan entsprechen, lesen sich wie eine Schatzsuche. Sie sollen Schüler veranlassen, ständig aktualisierte Quellen im Internet zu erforschen, um auf diese Weise Experimente in den Klassen durchzuführen. Eines der ersten wissenschaftlichen Experimente zweier Schulklassen war ein Vergleich von Wasserproben aus dem Teich eines öffentlichen Parks in Jersey City (USA) mit den Wasserproben aus dem Taihei Fluss in Akita, Japan. Der Austausch ging langsam vor sich und manchmal waren die japanisch geschriebenen Mitteilungen durcheinander wie %$$&*. Schließlich – wie auch immer – kamen beide Seiten zu dem Ergebnis, dass sie ähnliche mikroskopische Organismen haben.

Die Homepage für das Wasserexperiment enthält nun die Zeichnung einer Fliegenlarve, erstellt von Gevris Pujols, 8. Klasse, und jeder in der Welt, der das Bild anklickt, kann ihn sagen hören: „Eine Eintagsfliegenlarve ist normalerweise im Unkraut zu finden. Sie ist recht eklig und sieht aus wie eine Schabe mit einem langen Schwanz und Augen seitlich an den Ecken des Kopfes."

Nach: Lernwelt Schule, Nr. 4/1996, S. 7 (Auszug)

Online-Suche nach Jupiter und anderen Himmelskörpern

[Die Schülerinnen und Schüler im Wahlpflichtkurs Physik der 9. Jahrgangsstufe eines Gymnasiums in Berlin haben sich für ihr Unterrichtsprojekt „Sonnensystem" im „Internet" auf die Suche nach brauchbaren Informationen gemacht.

In einem Erfahrungsbericht ihres Fachlehrers heißt es unter anderem:]

Ein wichtiger Nebenaspekt beim „Surfen" im Internet: Unsere Schüler lassen sich von der Verkehrssprache Englisch kaum abschrecken. Schnell entdecken sie für sich die Technik, Texte sinnerfassend zu lesen. Für ihre anstehenden Referate zu den Planeten des Sonnensystems verwenden sie – obwohl deutschsprachige Bücher zur Verfügung stehen – freiwillig auch englischsprachige Texte, die wir aus dem Datennetz herunterladen.

Wir merken, dass wir locker Stunden, Tage, Wochen bei den astronomischen Quellen verbringen könnten ohne alle Informationen abgerufen, geschweige denn gelesen und ausgewertet zu haben. Damit sind wir bei einem uns weiter begleitenden Problem: der wahnsinnigen Datenfülle, die das Internet bietet. Wie auswählen? Was ist wichtig? Immer wieder haben wir das Gefühl, dass das, was wir gefunden haben, doch nur ein Bruchstück von dem ist, was in den Weiten des Internet vorhanden ist. Und die zahlreich in die Texte eingestreuten Verweise auf andere Materialien im Datennetz verführen dazu, wie mit einer Fernbedienung von einer Seite zur nächsten zu „zappen", ohne die gerade noch sichtbare Information ausgewertet und darüber womöglich vergessen zu haben, was eigentlich gesucht werden sollte …

Die Verführung, auch abseits vom Wege etwas zu holen, was die Neugierde und den Spieltrieb geweckt hat, kostet Zeit. Und schließlich: Der Zeitunterschied zwischen den Kontinenten macht sich bemerkbar. Der dadurch manchmal sehr langsam zu Stande kommende Verbindungsaufbau zwischen unserem Computer und dem Netz erfordert Geduld – und kostet. Einiges an vorher nicht geahnter Zeit müssen wir aufwenden um die notwendige Routine für ein gezieltes Suchen und Finden zu gewinnen.

Nach: Deutsche Lehrerzeitung vom 25. 7. 1996, S. 6 (Auszug)

Lehrer oder Computer? Lehrer und Computer? Computer als Lehrer?

1 Was ihr in der Schule auch lernen könnt

Karikatur: Wössner

4 Welchen „Gewinn" haben die Schülerinnen und Schüler aus ihrer Nutzung der „Datenautobahn"?
Welcher dieser neuen Lernwege erscheint dir besonders interessant und Erfolg versprechend? Begründe deine Meinung.

5 Welche Schwierigkeiten/Probleme bei der „Fahrt auf der Datenautobahn" klingen in den Berichten an? Welche eigenen Erfahrungen habt ihr damit?

6 Wie ist eure Schule für die „Fahrt auf der Datenautobahn" gerüstet? Lest hierzu auch den Text im Kasten „Schulen am Netz".
Ihr könnt eine Fallstudie machen. Euer Thema: „Die Nutzung der Datenautobahn an unserer Schule im vergangenen Schuljahr".

Methode: *Fallstudie, S. 11*

7 Wünscht ihr euch in eurem Unterricht mehr (oder weniger) „Fahrten auf der Datenautobahn"? Ihr könnt dazu ein Gespräch mit eurer Klassenlehrerin/eurem Klassenlehrer führen.

1 Wie werden die in den Berichten genannten Themen „normalerweise", also ohne Nutzung des Computers, im Unterricht behandelt? Schildert ein Beispiel aus einem der hier genannten Fächer.

2 Stellt zusammen, welche Möglichkeiten der „Datenautobahn" in den hier geschilderten Beispielen von den Schülerinnen und Schülern genutzt wurden.

3 Was ist anders beim Lernen am Computer und auf der „Datenautobahn" als bei eurem herkömmlichen Unterricht:
- im Verhältnis Lehrer – Schüler;
- im Verhältnis der Schülerinnen und Schüler untereinander;
- in deiner Beziehung zum Unterrichtsthema?

Vergleicht hierzu auch die Abbildungen in diesem Abschnitt.

1.4.3 Sprechen lernen in der Schule

Die Sprache ist für das menschliche Zusammenleben, also auch beim Lernen und Arbeiten, eines der wichtigsten Mittel – trotz aller Computer, Multimedia-Systeme und Maschinen. So gilt denn

---

Schulen am Netz

Mitte 1996 begann das Bundesbildungsministerium zusammen mit einigen Privatunternehmen mehrere tausend Schulen in Deutschland mit Computern und dem nötigen Zubehör auszurüsten, damit die Schülerinnen und Schüler im Unterricht auch mit Hilfe der weltweiten Datennetze lernen können.

Das Ziel dieser Initiative „Schulen ans Netz" ist es, innerhalb weniger Jahre 10 000 Schulen an die „Datenautobahn" heranzuführen.

Ebenfalls im Jahr 1996 startete das Schulministerium Nordrhein-Westfalen eine eigene Initiative, um bis zum Jahr 2000 den mehr als 3000 Schulen des Landes (zumindest jeweils einen) Zugang zum internationalen Datennetz zu verschaffen.

Zugleich begann unter Führung des Schulministeriums in NRW der Aufbau eines „Bildungsservers": Aus diesem

Karikatur: Rademacher

elektronischen „Haus des Lernens" sollen Schülerinnen und Schüler sowie Lehrerinnen und Lehrer vielfältig geeignete – und vorsortierte – Informationen und Materialien für ihren Unterricht in ihre Computer laden können.

die Fähigkeit zur Kommunikation, zum (sprachlichen) Austausch, als eine der wichtigsten Qualifikationen für das Arbeitsleben.
Beim Sprechen vollziehen die Sprechenden bestimmte sprachliche „Handlungen" und sie treten miteinander in bestimmte Beziehungen. Das geschieht auch im Unterricht und beim schulischen Lernen. Im Folgenden geht es um zwei Gesichtspunkte bei diesem sprachlichen Geschehen:
- das unterschiedliche Sprachverhalten der Lehrenden und Lernenden,
- die Schwierigkeit der Lernenden mit dem Sprechen im Unterricht.

1 Untersucht die Äußerungen im Kasten „Moment mal, bitte!":
   - Wer spricht hier zu wem?
   - Warum sind diese Äußerungen so ungewöhnlich?
   Versucht die einzelnen Äußerungen so umzuformulieren, dass sie „normal" und angemessen klingen.
2 Gegenüber euren Lehrerinnen und Lehrern sprecht ihr anders als gegenüber euren Mitschülerinnen und Mitschülern, gegenüber Lehrer A sprecht ihr anders als gegenüber Lehrerin B:
   - Wie ist dieses unterschiedliche Sprachverhalten zu erklären?
   - Liegt es nur an den jeweiligen Personen?
3 Manchmal versagt dir im Unterricht die Stimme, du kriegst einfach nicht raus, was du loswerden willst.
   Oder: Es rutscht dir eine Bemerkung raus, die du nie und nimmer so gemeint hast, wie sie beim Lehrer und den Mitschülerinnen/Mitschülern angekommen ist.
   Warum ist das so? Was ist zu tun?

„Ich rede und rede, aber denkst du denn, einer arbeitet mit!" Karikatur: Neumann

Zeichnung: v. Seidlein

Moment mal, bitte!

„Sprechen Sie bitte laut und deutlich, wir können Sie sonst hier hinten nicht verstehen."
„Wir sprachen vom Wahlrecht. Wollen mal sehen, was Sie noch behalten haben. Drei Probleme hatten wir herausgestellt. Erstens ..."
„Warum reden Sie denn so drumherum, wir merken schon, dass Sie's nicht wissen."
„Jetzt stehen Sie doch mal endlich still und laufen nicht immer hin und her, was soll denn das!"
„Nehmen Sie die Hände aus der Tasche, wenn Sie mit uns reden."
„Ihre Schrift kann kein vernünftiger Mensch lesen!"
„Jetzt tuscheln Sie nicht mit dem Rektor, jetzt wird hier vorn gerechnet."
„Immer wollen Sie alles besser wissen. Dabei ist es haargenau so, wie ich eben gesagt habe. Und damit Schluss jetzt!"

In einer Lehrerzeitung wurden die mangelnde Sprachfähigkeit und Sprechbereitschaft vieler Kinder und Jugendlichen beklagt. Es hieß dort unter anderem:

Nur Satzbrocken
Sie tun sich schwer, überhaupt eine eigene Meinung sachbezogen und kompetent [= fachkundig] zu äußern. Und wenn sie sie äußern, dann oftmals nur in Stichworten und Satzbrocken, kaum noch in vollständigen Sätzen. Und so sind denn auch in zahlreichen deutschen Klassenzimmern vornehmlich Schweigen und Zuhören angesagt – jedenfalls von Schülerseite aus.

Deutsche Lehrerzeitung vom 16.11.1995, S. 2

Die Schülerin Gabi J. kam in einer anderen Lehrerzeitung zu Wort. Sie ärgert sich über das, was sie im Unterricht erlebt:

Keine Chance

Ich könnte ausflippen, ich sitz in manchen Stunden nur so da, weil, der Lehrer erzählt einen vom Bär, der diskutiert einen platt, der hat dann soundsoviel Daten mehr als du im Kopf, da hat man keine Chance und der gibt einem auch gar keine Chance dazu, über was zu diskutieren.

Demokratische Erziehung Nr. 11/1986, S. 8

Bei wissenschaftlichen Untersuchungen zum Sprechen in Schule und Unterricht fand ein Experte unter anderem heraus:

Schwächen und Ängste

Die Schüler selbst gestehen eigene Schwächen und Ängste durchaus ein. Der Mehrheit der befragten 800 Schülerinnen und Schüler fällt es nach eigenem Bekunden eher schwer (a) vor der Klasse frei zu reden, (b) nach Stichworten einen kleinen Vortrag zu halten, (c) an der Tafel etwas zu erläutern, (d) trotz Unsicherheit etwas zu sagen, (e) so zu reden, dass die Mitschüler zuhören, (f) einem Vortrag aufmerksam zu folgen oder (g) ein Gespräch oder eine Diskussion zu leiten. Auch das Zuhören und Miteinanderreden bereiten vielen Schülern erhebliche Probleme.

Deutsche Lehrerzeitung vom 16.11.1995, S. 4 (Auszug)

4 Wie ist es in eurem Unterricht: Ist auch meist *„Schweigen und Zuhören angesagt"*?
Wovon hängt das *„Gesprächsklima"* in eurer Klasse ab:

- von der *„Tagesform"* einzelner sprachgewandter Mitschülerinnen und Mitschüler;
- von den Lehrerinnen und Lehrern;
- vom jeweiligen Unterrichtsfach oder Thema?

5 Die Äußerung von Gabi J. (*„Keine Chance"*) und die Karikatur in diesem Abschnitt geben Hinweise auf eine Ursache für das *„Gesprächsklima"* in manchen Schulklassen.
Nehmt Stellung und erörtert mögliche andere Ursachen.

6 Ihr könnt anhand des Textes *„Schwächen und Ängste"* anonym (= ohne Namensnennung) eine schriftliche Umfrage in eurer Klasse machen. Thema dieser Umfrage:
„Meine Schwächen und Ängste beim Sprechen in unserer Klasse".

1.5 Gewalt und Mut

Seit Anfang der 90er-Jahre wird in der Zeitung und im Fernsehen, von Politikern und Polizeifachleuten, von Eltern sowie von Lehrerinnen und Lehrern immer wieder behauptet, dass die Gewalt auch in den Schulen erschreckend zugenommen habe. Beweise für die Allgemeingültigkeit dieser Behauptungen gibt es jedoch nicht. Das hängt auch damit zusammen, dass nicht eindeutig definiert (= inhaltlich bestimmt) ist, was denn unter „Gewalt" genau zu verstehen ist. Wenn in der Öffentlichkeit Gewalttaten geschehen, halten sich die „unbeteiligten" Zuschauerinnen und Zuschauer meist heraus, kaum jemand greift zu Gunsten der Opfer ein.
Mut ist eher selten. Warum?

1.5.1 Unterschiedliche Erfahrungen

Manche Zeitungen, Illustrierten und Fernsehsender berichten immer wieder einmal gern über bestimmte Themen und Probleme aus der Schule. Das hört sich dann oft so an:

Schule zum Gruseln

„Tollhaus Schule" – „Chaos Schule" – „Tyrannei im Klassenzimmer" – „Prügelei als Pausenfüller" – „Terror in der Schule" – „Messer im Rücken" – „Mit Axt auf Lehrer eingehackt" – „Kartenständer als Galgen" – „Fallbeil Zeugnis" – „Gewalt, Gehampel und Null-Bock"

1 Wie erklärt ihr euch solche Überschriften („Schlagzeilen") und Berichte? Vergleicht hierzu auch Abschnitt 6.4.3.
2 Kennst du aktuelle TV-Serien, in denen der Alltag in einer Schule und Schülerinnen und Schüler geschildert werden? Welche Rolle spielen dabei gewaltsame Zusammenstöße zwischen Jugendlichen?

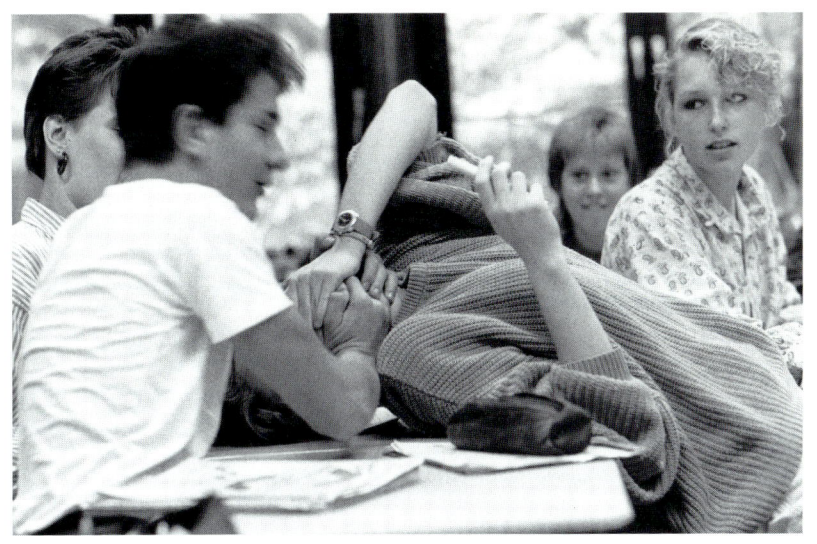

Mary ist empört: Wieso nimmt der sich das raus, ihr einfach die Luft abzudrücken!
Siggi wiegelt ab: Ey, stellt euch doch nicht so an, ist doch harmlos!
Ruth vermutet: Der will ja eigentlich ganz was anderes von ihr.
Andi behauptet: Eben, die hat ihn ja auch die ganze Zeit schon provoziert.

Ruben, ein Schülersprecher, berichtet zum Thema „Gewalt in der Schule" von den Erfahrungen, die er an seiner Schule gemacht hat:

Zum Glück noch kein Thema
Zum Glück ist das noch kein Thema bei uns. Auf dem Schulhof gibt's kaum große Kloppereien. Auch Waffen wie Messer kommen nicht zum Vorschein. Klar, es wird mal geschubst, sich angeschrien, aber extrem ist das nicht. Außerdem sind da immer Lehrer zur Stelle. Ich fürchte aber, dass die Kleineren, die unteren Klassen, mit mehr Gewalt aufwachsen und dann selber frecher werden.

Märkische Allgemeine vom 26.3.1993, S. 12

Lehrerinnen und Lehrer berichten über ihre Erfahrungen mit Gewalt in der Schule:

Schmierereien und Erpressung
„Vereinzelt wird das Eigentum von Mitschülern weggenommen, versteckt, beschädigt und zerstört. Bänke und Wände werden ‚bemalt'."
„Man streitet sich wegen Kleinigkeiten, verliert rasch die Kontrolle und tritt noch zu, wenn der Schwächere schon auf dem Boden liegt."
„Ein Schüler, der von mehreren anderen bedroht wird, wehrt sich mit einem Spraygas."
„Unsere Schüler haben oft kein Unrechtsbewusstsein mehr, etwa nach einer Schlägerei. Dann heißt es: Das muss ich mir doch nicht gefallen lassen. Der hat zuerst geschlagen. Ich habe das Recht mich zu wehren. Der hat mich ja beleidigt."
„Schüler haben oft kein Mitleid mit den Opfern von Gewalt; sie unterstützen den Stärkeren. Man reagiert sich an Schwächeren und Außenseitern ab."
„Von einigen Schülern werden Gewaltspiele und Pornos mitgebracht, ausgetauscht und weitergereicht."
„In zwei Fällen sind Mitschüler zu Ladendiebstählen angestiftet worden. In einem Fall hat es Erpressung von Taschengeld (‚Schutzgeld') gegeben."

Arbeitsgemeinschaft Jugend & Bildung e.V. (Hrsg.): basta. Nein zur Gewalt. Pädagogische Handreichung, Wiesbaden 1994, S. 14f.

Ein Lehrer schildert, was während der Pause auf einem Schulhof passierte:

Gewalt mit Worten
Gernot schlendert an seinen Mitschülern vorbei, die im Kreis zusammenstehen und über Lehrer lästern oder sich für den Nachmittag verabreden. Gernot hofft, dass diejenigen, die sein Matheheft verschmiert, seine Schultasche versteckt haben, auf ihn zukommen, sich bei ihm entschuldigen.

Saskia bemerkt ihn. Für Gernot ist sie die Hübscheste aus der Klasse. Sie ist auch nicht so gemein zu ihm wie die anderen. Er ist sicher, dass sie ihn manchmal anlächelt. „Hast du Lust heute Abend mit mir ins Kino zu gehen?", fragt Saskia. Plötzliche Stille in der Gruppe.
Gernot errötet. Er spürt, dass alle Augen auf ihn gerichtet sind. „Ja, warum nicht?", antwortet er kaum hörbar, weil er unsicher ist, ob die Frage ernst gemeint ist.
„Warum nicht, kann ich dir sagen", entgegnet Saskia, „weil ich mit einem pickligen Arschgesicht nicht ins Kino gehe." „Volltreffer!", ruft eine Jungenstimme aus der Gruppe, lautes Gelächter bei den anderen.
Mehmet wird sauer, geht auf Gernot zu, packt ihn am Arm: „Hör zu, Pickelface, nach der Schule polieren wir dir die Fresse: Damit du dich das nächste Mal wehrst, wenn ein Mädchen dich anpisst."

Deutsche Lehrerzeitung Nr. 29/1994, S. 9

Ein Wissenschaftler berichtet in einem Interview über Forschungsergebnisse zum Thema „Gewalt unter Jugendlichen":

Die meisten wollen keine Gewalt
Die Masse der Jugendlichen, etwa 80 Prozent, will keine Gewalt. Die Behauptung vom „Schlachtfeld Schulhof" stimmt einfach nicht.
Das klingt nach Entwarnung.
Wir wollen nicht entwarnen, sondern Klischees [= gängigen Vorurteilen] entgegenwirken. Dass man der Jugend Gewalt nicht einredet, sondern differenziert [hier: unterscheidend] mit ihr arbeitet. Wenn sich zwei Gleichstarke auf dem Schulhof prügeln, dann ist das für mich noch keine Gewalt. Man muss Gewalt genauer definieren.
Früher war bei Schulhofprügeleien Schluss, wenn der Unterlegene am Boden lag. Heute nicht mehr, sagt die Polizei.
Das stimmt, ist aber für mich noch kein Beleg dafür, dass die Jugend verroht.

Wochenpost vom 16.9.1992, S. 19

„Man muss Gewalt genauer definieren", sagt der Wissenschaftler.
Versucht es: Was versteht ihr unter Gewalt?
Welche Gesten, sprachlichen Äußerungen, Handlungen sind noch eher harmlos, welche sind gewalttätig?

4 *Lässt sich der Übergang von der kleinen Rauferei oder Hänselei zur Gewalttat genau bezeichnen? Begründe deine Meinung.*
5 *Wer definiert (bestimmt) in einer schwierigen Situation oder danach, was harmlos und was gewalttätig ist bzw. war? Mit welcher Berechtigung?*
6 *Wie deutet ihr (die Mädchen – die Jungen) die Situation in der Abbildung auf S. 23? Was meint ihr zu den Äußerungen von Mary, Siggi, Ruth und Andi?*
7 *Zwischen „harmlos" und „gewalttätig" ist ein weites Feld, in dem es auch sehr ungemütlich und bedrückend sein kann. Erklärt.*
8 *Welche Erfahrungen mit Gewalt macht ihr in eurer Schule?*
   – *Ist es eher wie in der Schilderung von Ruben oder ist es eher wie in den Äußerungen der Lehrerinnen und Lehrer?*
   – *Wächst die Gewalt an eurer Schule oder ist sie in den letzten zwei, drei Jahren eher zurückgegangen?*
   – *Was sagen eure Lehrerinnen und Lehrer dazu?*
9 *Wie könnt ihr die Aussagen in den Medien über die Zunahme (oder den Rückgang) von Gewalt*
   – *in eurem Umfeld,*
   – *an eurer Schule,*
   – *an Nachbarschulen,*
   – *an allen Schulen in eurer Stadt zuverlässig überprüfen?*
10 *Versucht gemeinsam, den Vorfall mit Gernot und den anderen zu erklären. Versucht Antworten auf Fragen wie:*
   – *Warum geschieht so etwas?*
   – *Warum täuscht sich Gernot so sehr in seinen Mitschülerinnen und Mitschülern?*
   – *Warum ist nur höhnisches Gelächter und eine wüste Drohung zu hören, aber kein „Hört doch auf damit!" oder Ähnliches?*

1.5.2 Eine mutige Frau

Schülerinnen und Schüler vom Gymnasium in Hohen Neuendorf (bei Berlin) haben zusammen mit ihrem Studienrat Dietmar Z. im Unterricht eine besondere Art von Theaterspiel eingeübt.
Eine Lokalzeitung berichtete über das „Spiel" an ungewöhnlichem Ort.

Theater in der S-Bahn

Eine Bierpulle fliegt durch den S-Bahnwagen. Drei Jugendliche um die 18, besoffen, klopfen Sprüche.
Dann stellen sie sich zu einem jungen Mädchen und fangen an sie zu belegen. „Wat liest'n da?" Die Bedrängte will sich der billigen Anmache entziehen, doch die Halbstarken lassen nicht ab.
Die Fahrgäste im Wagen schauen desinteressiert weg, kramen in ihren Taschen, vertiefen sich in Zeitung oder Buch. Ein Junge, der eingreifen will, wird von seiner Mutter unauffällig daran gehindert. Sie schaut ängstlich in die Runde, rutscht unsicher auf ihrer Sitzbank umher.
Dies alles geschieht am Dienstagnachmittag auf der S-Bahn-Strecke zwischen Blankenburg und Mühlenbeck. Als der Zug in Schönfließ hält, steigen einige der Fahrgäste um in einen anderen Waggon. Dem Mädchen hilft immer noch keiner.
Der Zug rollt wieder. Die Pöbeleien nehmen zu. Die jungen Männer haben das Mädchen mittlerweile in Richtung Tür geschubst. Es wehrt sich lautstark. Die Jungen umringen es, ziehen es an den Haaren.
Da, plötzlich steht eine Frau auf und kommt der jungen Dame zu Hilfe. Wortlos schiebt sie den Arm eines Belagerers beiseite und zieht das Mädchen aus der gefährlichen Situation. Die Randalierer sind verdutzt und lassen von ihrem Opfer ab.
Zum Glück war alles, bis auf das Eingreifen der resoluten Frau, es war Heidrun M. aus Hohen Neuendorf, gespielt. Sie war die Einzige, die Anja aus ihrer Opferrolle befreite.

„Mit unserem Theaterspiel wollten wir die Reaktionen der Fahrgäste testen und sie zum Eingreifen bewegen", so Studienrat Z. Dabei ist es für die Angreifer wie für das Opfer gar nicht so einfach ihre Rollen richtig zu spielen. Die anderen Schülerinnen und Schüler sitzen als Fahrgäste im S-Bahn-Wagen und achten unbemerkt auf die Reaktionen der anderen Reisenden. Diese reichten vom Aussteigen über totale Nichtbeachtung bis hin zum Ruf nach der Stasi.
Dabei saßen im Wagen durchaus kräftige Männer, die die Situation schnell hätten klären können. Doch das starke Geschlecht hielt sich auffallend zurück.

Nach: Märkische Allgemeine vom 10. 11. 1993

1 *Wer von euch hätte Lust, an einem solchen Theaterspiel teilzunehmen? Warum?*
2 *Warum will die junge Theatergruppe die Fahrgäste zum Eingreifen bewegen, wo doch sowieso alles nur ein Spiel ist?*
3 *Der Junge, der eigentlich eingreifen wollte, und seine Mutter unterhalten sich zu Hause noch einmal über den Vorfall in der S-Bahn. Macht ein Rollenspiel zu diesem Gespräch.*
Methode: *Rollenspiel, S. 37*
4 *Wie werden andere Fahrgäste von ihrem Erlebnis in der S-Bahn zu Hause erzählen?*
5 *Welche Gründe gibt es, bei gewaltsamen Vorfällen als „Unbeteiligte/r" einzugreifen oder nicht einzugreifen?*
6 *Erklärt, warum „Unbeteiligte/r" hier in Anführungszeichen steht.*
7 *Feigheit steckt an, Mut steckt an. Manchmal, nicht immer. Warum ist das so? Wie kann man sich gegenseitig Mut machen?*

2 Familie – nur Privatsache?

Die Familie ist für die meisten Menschen der erste und auf lange Zeit dann wichtigste Ort um Erfahrungen im Zusammenleben mit anderen Menschen zu sammeln.

Im familiären Zusammenleben bilden sich die je eigenen Wünsche und Verhaltensweisen, die Einstellung zu den Mitmenschen und zur Umwelt sowie die Handlungsfähigkeit des Einzelnen aus; sie werden durch die Reaktionen der anderen Familienmitglieder beeinflusst, verstärkt (bekräftigt), aber auch zurückgewiesen oder unterdrückt.

So kann zum Beispiel aus herzlicher Zuwendung, aus Vertrauen und gegenseitiger Ermutigung Selbstvertrauen, Selbstbewusstsein und Solidarität (= Zusammenhalten, füreinander Einstehen) hervorgehen.

Andererseits können aus Egoismus, Zurückweisung und Unterdrückung Unsicherheit, Minderwertigkeitsgefühle, Gewalttätigkeit erwachsen.

Die Familie ist für den Einzelnen gleichsam ein „Trainingsplatz" für sein Leben in der Gesellschaft. Die Familie ist der erste, möglicherweise sogar der wichtigste Ort der *Sozialisation* (= Erziehung/Bildung für das Zusammenleben mit anderen): Was in der Familie „gelernt" wird, wird anderswo – in der Schule, im Beruf, im Verein, in der Politik – „angewendet".

Allerdings wirken die Erfahrungen in diesen Bereichen auch nachhaltig ein auf die Familie selbst – eine wechselseitige Beeinflussung findet statt.

Zu Beginn dieses Kapitels könnt ihr stille Gäste in drei unterschiedlichen Familien sein. Momentaufnahmen einer ganz alltäglichen Situation verraten einiges über typische Umgangsweisen in Familien. Aufgaben, Werte und Ziele von Familien sind zu erörtern. Doch auch die „dunkle Seite" mancher Familien kommt zur Sprache.

Im zweiten Abschnitt des Kapitels folgt einem Blick auf den geschichtlichen Wandel der Familie der Blick auf die gegenwärtige Vielfalt von Haushalts- und Familienformen in Deutschland.

Um die gesellschaftliche Bedeutung der Familie und um die Familienpolitik im Sozialstaat geht es im letzten Teil des Kapitels.

2.1 Zuhause

So wie jeder einzelne Mensch sich von jedem anderen unterscheidet, so ist auch jede Familie von jeder anderen unterschieden.

Aber Familien ähneln sich auch. So gibt es zum Beispiel typische Umgangsformen in Familien, typische Formen, wie Gespräche miteinander geführt werden. Erkennbar ist daran beispielsweise, in welchem Verhältnis die einzelnen Familienmitglieder zueinander stehen oder welche (gemeinsamen oder gegensätzlichen) Interessen sie haben.

Allerdings ist das „Innenleben" einer Familie nicht statisch (= starr, unbeweglich). Es verändert sich – häufig durch Einwirkungen von außen.

Eine wachsende Zahl von Familien in Deutschland scheitert, zerbricht.

2.1.1 Geborgenheit und mehr

Die Gespräche zwischen Familienmitgliedern haben typische Merkmale. Sie verlaufen, auch wenn die Gesprächsanlässe und Gesprächsinhalte unterschiedlich sind, nach bestimmten Mustern. Je nach Familie sind diese Grundmuster verschieden.

Drei Frühstücksgespräche

Erstes Gespräch
- So, die vom Auslieferungslager werde ich mir heute mal vorknöpfen. Da klappt ja überhaupt nichts mehr. Ständig Beschwerden von der Kundschaft.
- Ach, bei uns im Büro ist auch der Teufel los. Die Müller und die Meier sind jetzt schon seit zwei Wochen krank. Ich weiß gar nicht mehr, wo mir der Kopf steht. Ich bin die Einzige, die noch Bescheid weiß.
- So, ich muss jetzt fahren. Was gibt's denn bei dir heute?
- Wir schreiben heute die Englischarbeit.
- Dafür lief der Fernseher aber ganz schön lange gestern Abend.
- War Europapokal.
- Na, dann man los! Und vergesst nicht, das alte Stinksofa rauszustellen, morgen ist Sperrmüllabfuhr!
- Sollen wir heute Abend mit dem Essen auf dich warten?
- Nein, nein, danke, meine Liebe. Wiedersehen!
- Hier, dein Schulbrot, mach's gut!
- Danke, tschüss, bis heute Mittag!

Zweites Gespräch
- Ach, war das gestern wieder spät mit dem Fußball!
- Hat sich aber gelohnt, super spannend!
- Eure Borussia hat ja dann doch noch gewonnen.
- Sowieso!
- Na ja, war aber ziemlich knapp!
- Egal, gewonnen ist gewonnen!
- Und was gibt's heute Schönes?
- Morgen ist Sperrmüllabfuhr.
- Das passt ja wieder prima, da hab ich Frühschicht. Aber ich fang heute Nachmittag schon mal an im Keller.
- Wir schreiben heute die Englischarbeit, jetzt gleich in der Ersten.
- Und, wie steht's?
- Ach, es geht so. Wenn ich 'ne Drei schaffe, krieg ich wahrscheinlich noch 'ne Drei auf'm Zeugnis.
- Das schaffst du bestimmt, hier, dein Schulbrot.
- Nur keine Panik, geh ganz ruhig dran.
- Jetzt aber los!
- Mach's gut!
- Schönen Tag!
- Viel Erfolg!

Drittes Gespräch
- Morgen ist Sperrmüll. Da musst du mir heute Nachmittag mal helfen, den alten Kühlschrank rauszuschleppen.
- Wir haben heute Nachmittag aber Training.
- Dann eben danach. Ich komm sowieso heute etwas später, ich muss ja noch die Brille abholen.
- Endlich! Meine neue Super-Brille! Jetzt mit dem vollen Durchblick!
- Wegen der Englischarbeit mach dir mal keine Sorgen. Die Vokabeln sitzen ja wirklich gut.
- Hm, mal sehen.
- Nur die Ruhe bewahren.
- Aber das Fußballspiel war doch wirklich klasse gestern! Jetzt holen wir garantiert den Europapokal!
- Du bestimmt! Ich drück dir die Daumen!
- Kommt, wir müssen los! Herzblättchen, sei vorsichtig an der Baustelle!
- Bin schon weg, macht's gut, meine Damen!
- Tschüss, Kurzer!
- Tschüss, ihr beiden! Und viel Erfolg!
- Nach dem Training helf ich dir. Tschüss!

1 Stellt fest, wer jeweils in den einzelnen Szenen spricht!
  - Sind die Zuordnungen zu Vater, Mutter, Tochter, Sohn immer eindeutig zu treffen? Wo könnten jeweils verschiedene Personen die Sprecherin/der Sprecher sein?
  - Mit welchen Gesten werden die einzelnen sprachlichen Äußerungen wohl begleitet?

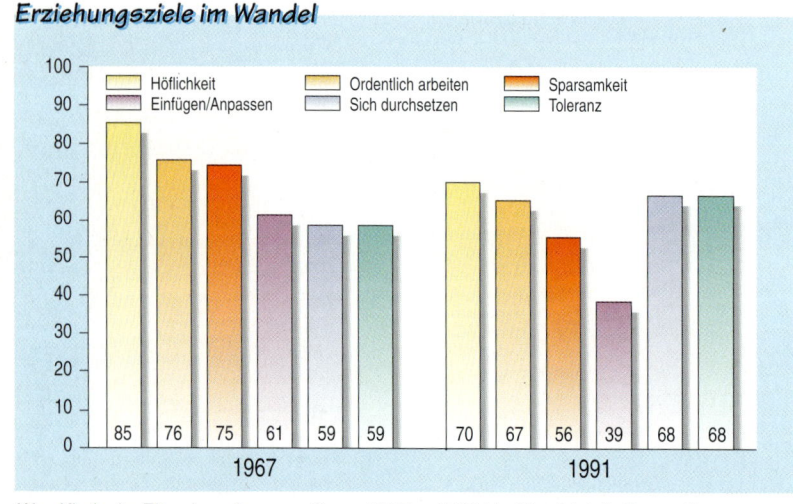

Erziehungsziele im Wandel

Erziehungsziel	1967	1991
Höflichkeit	85	70
Einfügen/Anpassen	76	67
Ordentlich arbeiten	75	56
Sich durchsetzen	61	39
Sparsamkeit	59	68
Toleranz	59	68

Was Kinder im Elternhaus lernen sollten – 1967 und 1991 im Vergleich (in Prozent)

Methode: Beobachtung

Eine wichtige Methode zur möglichst genauen Erfassung der Wirklichkeit ist die Beobachtung, das aufmerksame, konzentrierte Hinschauen auf das, was geschieht.

Gegenstand und Ziel der Beobachtung

Bevor du eine Beobachtung anstellst, musst du dir klar darüber werden, welchem Ziel deine Beobachtung dienen soll.
Zum Beispiel:
Willst du eine einzelne Person oder das Zusammenspiel aller Beteiligten, einer ganzen Gruppe, beobachten?
Willst du die Sprache einzelner Menschen beobachten? Oder vor allem ihre Gesten und anderen Handlungen?
Welche Vermutungen über das Ergebnis deiner Beobachtung hast du? Aus welchen Gründen?

Standort der Beobachtung

Je nach dem Ziel deiner Beobachtung wirst du dich entscheiden müssen,
- ob du in der Gruppe, bei der du deine Beobachtungen anstellen willst, selbst mit drinsteckst (= teilnehmende Beobachtung) oder
- ob du von außen das Geschehen in der Gruppe beobachtest,
- ob die Beobachteten wissen sollen, dass und warum du sie beobachten willst.

Beispiele: Gedrängel beim Einlass zu einem Rockkonzert; spielende Kinder im Sandkasten; Packerinnen neben der Kasse in einem großen Kaufhaus; das Abendessen bei deiner Freundin zu Hause.

Beobachtung nach Plan

Mach dir einen kleinen Plan für deine Beobachtung. Du musst z. B. entscheiden:
- Wann führst du die Beobachtung am besten durch?
- Wie lange soll deine Beobachtung dauern?
- Wann und nach welchen Gesichtspunkten machst du die Auswertung deiner Beobachtung?

Schwierigkeiten und Hilfen

Typische Schwierigkeiten bei Beobachtungen sind zum Beispiel:
- Das Verhalten der Beobachteten ist anders als sonst üblicherweise, weil sie sich beobachtet fühlen.
- Die Beobachterin/der Beobachter wirkt (unbewusst) zu stark auf das Geschehen in der Gruppe ein.
- Die Beobachtung ist nicht zuverlässig, weil die Beobachterin/der Beobachter nur das wahrnimmt, was sie/er wahrnehmen will, oder die beobachtete Gruppe und die dort typischen Abläufe nicht genug kennt.

Hilfreich kann es sein,
- das Beobachten an einfachen, leicht überschaubaren Situationen/Vorgängen zu üben,
- bestimmte, wiederkehrende Situationen oder Vorgänge mehrmals zu beobachten (z. B. heimliche Raucher in der Schulhofecke),
- zu zweit oder zu dritt dieselbe Beobachtungsaufgabe auszuführen, auch arbeitsteilig, und die Ergebnisse der Beobachtung nachher zu vergleichen.

---

2 Kennzeichnet in ein paar Stichwörtern oder Sätzen die Personen, die in den Frühstücksgesprächen reden:
  - persönliche Eigenschaften/Verhaltensweisen,
  - Verhältnis zu den anderen Familienmitgliedern,
  - Einstellung zu gemeinsamen, familiären Angelegenheiten,
  - Einstellung zu den Angelegenheiten einzelner Familienmitglieder.

3 Stellt Unterschiede zwischen den drei Familien fest!

4 Wenn in den drei Familien mal ein Streitfall aufkommt, zum Beispiel:
  Die Fernbedienung vom Fernseher ist kaputt, und keine(r) ist's gewesen ...
  - Überlegt euch anhand der Stichwörter (siehe Aufgabe 2), welche Person im Gespräch über die schadhafte Fernbedienung wie reagieren wird!
  - Spielt jeweils eine Szene beim Abendessen als Rollenspiel.

Methode: Rollenspiel, S. 37

5 Ausgehend von den drei Frühstücksgesprächen könnt ihr miteinander erörtern:
  - Was wirkt von außen auf eine Familie (nachhaltig) ein?
  - Welche Aufgaben sollten die Mitglieder einer Familie gemeinsam (miteinander/füreinander) lösen?

Methode: Befragung, S. 55

6 Schreibt in einigen Sätzen die Informationen aus dem Schaubild „Erziehungsziele im Wandel" nieder.
Versucht zu erklären, warum es zu dem Wandel in der Bewertung einzelner Erziehungsziele gekommen ist. Ihr könnt hierzu auch in Abschnitt 1.3.2 nachlesen.

7 Wozu sollte eine Familie vor allem erziehen? Neben den im Schaubild genannten Erziehungszielen/Werten hier eine kleine Auswahl:
Aktivität, Aufmüpfigkeit, Aufrichtigkeit, Dominanzstreben (=Streben nach Vorherrschaft), Einfühlungsvermögen, Egoismus, Fairness, Genussfreude, Gerechtigkeitsempfinden, Großzügigkeit, Grundsatztreue, Hilfsbereitschaft, Kompromissbereitschaft, Kreativität, Mitleid, Neugier, Offenheit, Opportunismus (= bedenkenlose Anpassung aus Egoismus), Risikobereitschaft, Rücksichtnahme, Selbstachtung, Selbstbeherrschung, Solidarität, Treue, Vaterlandsliebe, Verantwortungsbereitschaft, Wehrhaftigkeit, Zivilcourage ...

Ihr könnt dazu in eurer Klasse eine kleine Umfrage (anonym, also ohne Namensnennung) machen und die Ergebnisse in einem Schaubild darstellen.

2.1.2 Die dunkle Seite mancher Familie

Die Familie ist nicht nur ein lieblicher Ort der Geborgenheit. Sie hat auch, wie es in einer Zeitung hieß, „eine dunkle Seite, von der niemand gerne spricht".
Damit ist nicht gemeint, dass in allen Familien hin und wieder Zank und Streit vorkommen oder manches schief geht. Gemeint ist, dass es in nicht wenigen Familien *Gewalt der Familienmitglieder gegeneinander* gibt (egal zu welcher sozialen Schicht sie gehören).
Das Ausmaß der Familiengewalt (von der Ohrfeige bis zum Knochenbruch) ist nur annäherungsweise bekannt.
Mitte der 90er-Jahre ermittelte ein Forschungsinstitut bei einer repräsentativen Befragung unter 16- bis 60-jährigen Deutschen, dass fast 16 % von ihnen im Laufe der letzten fünf Jahre in engen sozialen Beziehungen (also in der Familie, in der Partnerschaft) Opfer von körperlicher, auch sexueller Gewalt gewesen sind. Eine andere Umfrage ergab eine noch höhere Prozentzahl.
Eine Zeitung meldete Mitte der 90er-Jahre, dass nach Schätzungen von Fachleuten die Zahl der Kindesmisshandlungen in Deutschland zwischen 20 000 und 500 000 pro Jahr schwankt. Ähnliche Zahlen wurden bereits Anfang der 80er-Jahre veröffentlicht.
Die jeweiligen Ursachen dieser Gewalt sind unterschiedlich. Sie können in Unbeherrschtheit und Rücksichtslosigkeit ebenso liegen wie in Verzweiflung (z. B. über Arbeitslosigkeit, Geldnot) oder auch in psychischer (seelischer) Krankheit, zum Beispiel Alkoholismus (siehe Abschnitt 5.3.3). Immer ist die Gewalttätigkeit eines Menschen ein Ausdruck seiner Ohnmacht.
Ob Bestrafung, also neuerliche Anwendung von Gewalt, wirksam gegen Gewalttätigkeit helfen kann, ist umstritten. Hilfreich für Kinder und Erwachsene, die im Dunkel einer gewalttätigen Familie leben, können Gespräche mit einem vertrauten Menschen oder die Beratung in einer Familienberatungsstelle sein. Schweigen löst kein Problem.
Beratungsstellen für Kinder, Jugendliche und Erwachsene gibt es in jeder Stadt/Gemeinde.
Zum Beispiel bei:
- Arbeiterwohlfahrt
- Deutscher Caritasverband
- Deutscher Kinderschutzbund

0800 – 1110333
Die Nummer gegen Kummer

Das Kinder- und Jugendtelefon für alle Fragen, Sorgen und Probleme.
Wir hören zu –
solange ihr wollt –
und alles bleibt unter uns.
Ihr erreicht uns
montags bis freitags 15–19 Uhr

Der Anruf ist kostenlos, aber bestimmt nicht umsonst!

- Deutsches Rotes Kreuz
- Diakonisches Werk/Innere Mission.

Die Telefonnummern und Adressen dieser und anderer Beratungsstellen stehen im Telefonbuch, sie können aber auch erfragt werden
- bei der Bürgerinformation im Rathaus,
- beim Jugendamt oder beim Sozialamt der Stadt/Gemeinde.

1 Ermittelt die Telefonnummern und Adressen von mehreren Familienberatungsstellen in eurer Stadt/Gemeinde. Hängt sie, zusammen mit der „Nummer gegen Kummer" am schwarzen Brett in eurer Schule gut sichtbar aus.

2.2 Familie im Wandel

In allen Gesellschaften und Staaten wird der Familie eine große Bedeutung für das Zusammenleben der Menschen beigemessen.
Dabei hat es zu verschiedenen Zeiten und in den verschiedenen Kulturkreisen unterschiedliche Familien- und Haushaltsformen gegeben, die teilweise auch nebeneinander bestehen.
Die Familien- und Haushaltsformen hängen wesentlich ab von der jeweils vorherrschenden Wirtschaftsweise (z.B. Landwirtschaft, Industrie), aber auch von den jeweils vorherrschenden religiösen Auffassungen in einer Gesellschaft. Tief greifende Veränderungen im Wirtschafts- und Arbeitsleben – neue Technik, neue Arbeitsorganisation, geänderte Arbeitszeiten usw. – wirken auf die Familien und Haushalte ein. Ebenso führen veränderte Einstellungen der Menschen zur Religion und zur Tradition (= herkömmliche Denk- und Lebensweise) zum Wandel der Familie und der Formen des Haushalts.
Solcher Wandel vollzieht sich meist langsam, doch kaum ein Mensch bleibt unberührt davon.

2.2.1 Vom „ganzen Haus" zur Kernfamilie

Bis zu Beginn des 20. Jahrhunderts lebte in Deutschland die große Mehrheit der Menschen auf dem Lande; die meisten arbeiteten in der Landwirtschaft und im Kleinhandwerk.
Hier umfassten zahlreiche Familien nicht nur Eltern und Kinder, sondern oft auch noch Großeltern und andere Verwandte, z.B. unverheiratete Tanten oder Onkel. Sie gehörten, wie die Mägde und Knechte, zur Hausgemeinschaft, zur bäuerlichen Großfamilie, die allerdings

nicht typisch für die Mehrzahl aller Familien war.
Auch in den Städten gehörten in früheren Jahrhunderten in den Handwerker- und Kaufmannsfamilien einzelne Verwandte und die Bediensteten häufig mit zur Familie, zum „ganzen Haus".
Familien waren nicht nur Lebensgemeinschaften, sondern vor allem gemeinsam wirtschaftende Produktions- und Versorgungsgemeinschaften.
Mit der industriellen Revolution verlagerte sich um die Mitte des 19. Jahrhunderts die Erwerbsarbeit aus dem Haus in die Fabriken und in die anderen Arbeitsstätten.
Die Familie wurde zum räumlich abgetrennten, privaten Bereich des Zusammenlebens von Eltern und (ledigen) Kindern.
Leitbild, ja „Idealfamilie" war im 19. und bis weit in das 20. Jahrhundert hinein die bürgerliche Familie der Beamten, Fabrikanten, Kaufleute, Offiziere, Lehrer, Ärzte:
Hier war nur der Ehemann berufstätig; er sicherte den Unterhalt der ganzen Familie. Die Ehefrau war nicht berufstätig, sondern führte – zusammen mit Hausangestellten („Dienstmädchen") – den Haushalt und kümmerte sich um die Kinder. In sehr vielen Arbeiterfamilien mussten die Ehefrauen allerdings wegen der geringen Löhne „mitverdienen"; häufig mussten auch die Kinder schon arbeiten.
Die Kindererziehung in Familie und Schule war ganz auf die bürgerliche Familie ausgerichtet.
Die Jungen wurden vorbereitet auf ihre Rolle als Familienoberhaupt und Ernährer der Familie, die Mädchen wurden vorbereitet auf ihre Rolle als Hausfrau und Mutter.
Dabei bildeten sich in diesen Klein- bzw. Kernfamilien viel engere und intensivere Gefühlsbeziehungen der Familienmitglieder untereinander heraus. Dies wird z. B. deutlich an der gefühlvollen Gestaltung von Festen „im Kreis der Familie", etwa zu Weihnachten mit Lichterbaum und Geschenken für die Kinder.
Lange noch, bis zur Mitte des 20. Jahrhunderts, blieb der Vater rechtlich das „Oberhaupt" der Familie. Ihm waren – nach dem Gesetz und oft auch in der Alltagswirklichkeit – die Ehefrau und die

Familie um 1880

Kinder untergeordnet. In allen wichtigen Angelegenheiten der Familie konnte er allein entscheiden. Die finanzielle Abhängigkeit der nicht berufstätigen Ehefrau stärkte ebenso wie die damalige christliche Lehre von der Familie das Patriarchat (= Herrschaft des Vaters). Erst vor rund 30 Jahren wurde in der Bundesrepublik Deutschland die Ehefrau ihrem Ehemann rechtlich völlig gleichgestellt. Erst 1980 wurde im Bürgerlichen Gesetzbuch (BGB) die veraltete Formulierung „elterliche Gewalt" (über die Kinder) umgeändert in die Formulierung „elterliche Sorge" (für die Kinder).

1 Versucht einmal selbst, die Gliederung des Textes durch Zwischenüberschriften zu verdeutlichen.
Welche Zwischenüberschriften passen zu welchen Abschnitten des Textes?
2 Damit ihr unterschiedliche Familienformen aus früherer Zeit genauer kennen lernen könnt, können euch der Geschichtsunterricht und/oder der Deutschunterricht helfen:

- Besprecht mit eurer Lehrerin/eurem Lehrer, wie ihr eine Unterrichtsreihe „Familien früher" gestalten könntet – zusammen mit dem Geschichts- und Deutschunterricht.
- Ihr könnt – zum Beispiel – in Kleingruppen eure Schulbücher aus den letzten zwei, drei Jahren durchschauen: Was wird im Geschichtsbuch über die damalige Familie berichtet? Welche Texte im Lesebuch schildern Familien in früherer Zeit?

3 „Ganzes Haus"/Großfamilie – Kernfamilie: Welche Vorzüge/Nachteile bieten jeweils diese beiden Familienformen wohl
- für die darin lebenden Erwachsenen,
- für die darin lebenden Kinder?
4 Würdest du gern in einem „ganzen Haus" oder lieber in einer Kernfamilie leben wollen? Begründe.
5 Im Text heißt es, dass die „Gefühlsbeziehungen" in der Kernfamilie enger sind als in der Großfamilie. Versucht – an Beispielen – zu erklären.

2 Familie – nur Privatsache?

Familie und Haushalt

Wenn es um das Zuhause der Menschen geht, sind zwei Begriffe zu unterscheiden: Familie und Haushalt.
Als Familie im engeren Sinne (auch: „Kernfamilie" oder „Kleinfamilie") bezeichnet man die Gemeinschaft von Vater und Mutter mit ihren Kindern. Auch wenn nur noch ein Elternteil da ist, handelt es sich um eine Familie. Meistens sind Vater und Mutter miteinander verheiratet.
Als Familie im weiteren Sinne wird die Gruppe der Menschen bezeichnet, die miteinander verwandt oder verschwägert sind.
Als Haushalt (oder: Privathaushalt) wird die Gruppe der Menschen bezeichnet, die – mehr oder weniger lange – zusammen wohnen und zusammen wirtschaften. Die Haushaltsmitglieder müssen nicht miteinander verwandt sein.
Der kleinste Haushalt ist der „Einpersonenhaushalt" („Single"-Haushalt). Mehr als ein Drittel aller Haushalte besteht heute in Deutschland aus jeweils einer Kernfamilie. „Mehr-Generationen-Haushalte", also Haushalte, in denen eine Kernfamilie mit Großeltern zusammenlebt, sind selten.

Enge Gefühlsbeziehungen in der Familie sind meist schön, können aber auch zu Schwierigkeiten führen: Versucht zu erklären.

2.2.2 Von der Kernfamilie zum Single-Haushalt

In den letzten zehn, fünfzehn Jahren sind die Familien- und Haushaltsformen in Deutschland vielfältiger geworden:
- Die Zahl der allein Erziehenden (= Mutter oder Vater mit einem oder mehreren Kindern) hat zugenommen.
- Die Zahl der jungen und alten allein Lebenden (= Singles) hat zugenommen.
- Die Zahl unverheiratet zusammenlebender Paare (mit und ohne Kinder) hat zugenommen.
- Die Zahl der Kinder in den Familien nimmt ab.
- Durch die Wiederverheiratung Geschiedener wachsen zunehmend mehr Kinder in Familien mit einem nicht blutsverwandten Elternteil auf.

In den 90er-Jahren wurden in Deutschland jährlich etwa 130 000 Ehen geschieden. Betroffen waren davon etwa 100 000 Kinder.

1 Erläutert die beiden Statistiken in diesem Abschnitt. Was meint ihr zu der Überschrift „Schrumpf-Familien"?
2 Versucht zu erklären, woran es wohl liegt, dass die Kinderzahl in den Familien sinkt.
3 Wie groß sollte deine „Traumfamilie" (dein „Traumhaushalt") sein? Wie viele Kinder sollten dazu gehören? Sollten auch die Großeltern mit in dieser Familie leben? Begründe deine Antworten.
4 Die Zunahme der kleinen Haushalte hat teilweise recht weit gehende Folgen, zum Beispiel für den Wohnungsbau, den Einzelhandel (z. B. Möbel, TV-Geräte), den Verkehr, die Betreuung und Pflege von Kindern, alten Menschen und Kranken.
Erläutert anhand einiger Beispiele!
5 Ein Familienforscher gibt auf die Frage: „Braucht der Mensch Familie?" die knappe Antwort: „Nein."
Diskutiert darüber.

Haushalt in Zahlen

In Deutschland gab es Mitte der 90er-Jahre rund 35 Millionen Haushalte unterschiedlicher Größe und Zusammensetzung.

Haushaltsmitglieder	Anzahl der Haushalte
Allein lebende Frauen	7,7 Millionen
Allein lebende Männer	3,8 Millionen
Allein Erziehende (Frauen/Männer) mit einem oder mehreren Kindern	2,2 Millionen
Ehepaare ohne Kinder	8,0 Millionen
Ehepaare mit einem Kind	4,9 Millionen
Ehepaare mit zwei Kindern	4,2 Millionen
Ehepaare mit drei und mehr Kindern	1,4 Millionen
Wohngemeinschaften, Mehr-Generationen-Haushalte, nicht eheliche Lebensgemeinschaften	2,8 Millionen

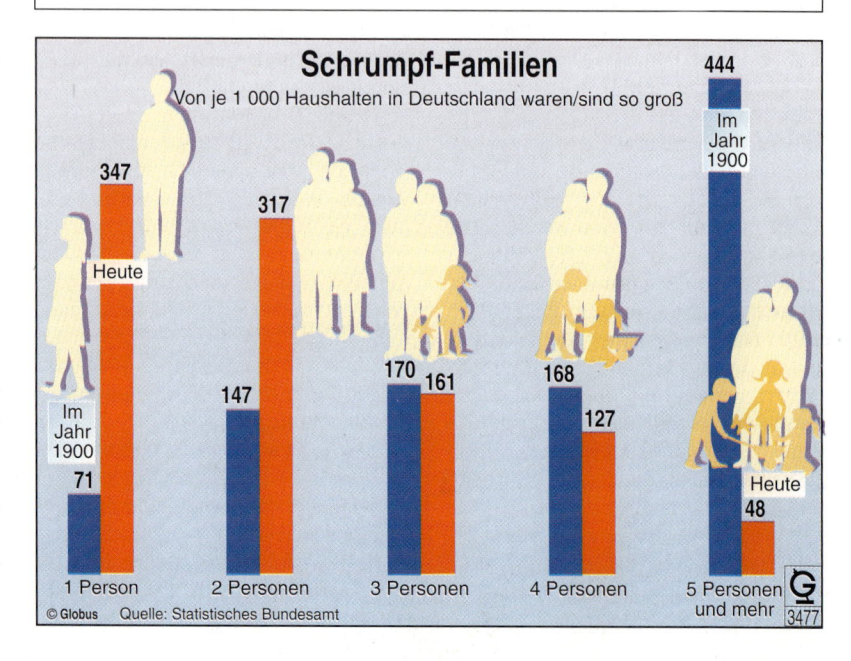

Statistisches Bundesamt (1993)

Schrumpf-Familien

Von je 1 000 Haushalten in Deutschland waren/sind so groß

	1 Person	2 Personen	3 Personen	4 Personen	5 Personen und mehr
Im Jahr 1900	71	147	170	168	444
Heute	347	317	161	127	48

© Globus Quelle: Statistisches Bundesamt 3477

2.3 Verantwortung für die Familien

Von allen Politikerinnen und Politikern wird die Familie hoch gelobt und als sehr wichtig, ja: unverzichtbar für die Gesellschaft und den Staat bezeichnet.
Dieser großen Wertschätzung der Familie entspricht die Wirklichkeit aber nur teilweise.
Familien finden in der Gegenwart zwar mehr öffentliche Anerkennung und Hilfe als in früheren Jahrzehnten. Doch alle Politikerinnen und Politiker stimmen darin überein, dass die Familien in Deutschland
- zahlreiche Schwierigkeiten zu bewältigen und Lasten zu tragen haben, von denen die Kinderlosen verschont sind
- noch zu wenig wirksame Hilfe von Staat und Gesellschaft erhalten.

2.3.1 Familie als Zukunftswerkstatt

Häufig wird die Familie als Fundament (= Grundlage) der Gesellschaft und des Staates bezeichnet. Damit ist nicht nur gemeint, dass die Kinder von heute, wenn sie erst erwachsen und berufstätig sind, die Renten der alten Menschen sichern müssen („Generationenvertrag", siehe Abschnitt 11.3.4).
In den folgenden Texten kommen auch noch andere Erwartungen an die Familie zur Sprache. Bundespräsident Roman Herzog erklärte 1994:

Wo lernt man besser

Was Gemeinschaft – soziales Leben mit Geben und Nehmen – bedeutet, das lernt man zuerst in der Familie, und zwar am besten in einer Familie mit mehreren Kindern. Und was „Solidarität zwischen den Generationen" ist, das erfährt man ebenfalls zuerst in der Familie. Und wo lernt man besser Rücksichtnahme und Toleranz kennen, Geborgenheit, Helfen und Verzeihen? Wo lernt man besser mit Schwächen und Behinderungen umzugehen? Leben mit Kindern verstärkt das Verantwortungsgefühl für eine friedliche, gesunde und lebenswerte Zukunft.

Zitiert nach: Informationen für Familien, Hrsg. Presse- und Informationsamt der Bundesregierung, Bonn 1995, S. 4

Staat und Gesellschaft

Eine wirklich genaue, unter Fachleuten unstrittige Begriffsbestimmung (Definition) der Begriffe „Staat" und „Gesellschaft" gibt es nicht. Weil beide Begriffe aber häufig gebraucht werden, geben wir hier - vorläufige - Worterklärungen.
Als *Staat* wird im alltäglichen Sprachgebrauch die Gesamtheit aller Einrichtungen eines Volkes bezeichnet, die notwendig sind, um das Zusammenleben zu regeln und zu sichern - also zum Beispiel: Parlament und Regierung, Behörden, Gerichte, Polizei und Militär. Der Staat steht nicht „über" der Gesellschaft, sondern er ist ein Teil von ihr. Im weiteren Sinne gehören zum Staat auch das Staatsvolk und das Staatsgebiet.

Als *Gesellschaft* wird im alltäglichen Sprachgebrauch die Gesamtheit der in einem Gebiet (z. B. Staat) zusammenlebenden Menschen bezeichnet. Diese Gesellschaftsmitglieder verfolgen einerseits unterschiedliche persönliche Ziele - in ihrem Privatleben, im Beruf, im Wirtschaftsleben.
Andererseits regeln sie bestimmte Aufgaben auch gemeinsam, zum Beispiel in der Politik durch staatliche Einrichtungen. Um ihre je unterschiedlichen Interessen wahrzunehmen, bilden die Gesellschaftsmitglieder zahlreiche Interessengruppen, zum Beispiel Vereine, Verbände, Bürgerinitiativen, Gewerkschaften, Kirchen, Parteien.

Bundeskanzler Helmut Kohl (CDU) sagte (ebenfalls 1994) in seiner Regierungserklärung vor dem Deutschen Bundestag:

An die Zukunft denken

An die Zukunft zu denken ist nicht nur ein Erfordernis für Wirtschaft, Arbeitswelt, Wissenschaft und Technik.
Zukunftsorientierung zeigt sich vor allem in unserer *Einstellung zu Kindern*. Ohne Kinder verarmt eine Gesellschaft.
Wer sich für Kinder entscheidet und Kinder erzieht, erbringt zugleich eine unverzichtbare Leistung für das ganze Land. Er legt Fundamente für die Gesellschaft von morgen.

Zitiert in: Familien-Lastenausgleich/Leistungsausgleich, Hrsg. Bundesministerium für Familie, Senioren, Frauen und Jugend, Bonn 1995, o. S.

Die besondere Bedeutung der Familie für die Wirtschaft, das Arbeitsleben macht der folgende Text deutlich:

Allergrößte Bedeutung für die Wirtschaft

Die Familie trägt dazu bei, dass einer lernt, einer geregelten Arbeit nachzugehen, sich in seinem Beruf zu behaupten.

Allergrößte Bedeutung gewinnt die Familie für die industrielle Arbeitswelt dadurch, dass sie die Arbeitenden, die in ihren Schoß zurückkehren, regeneriert [= erneuert], sodass die kostbarste Ressource [= Rohstoffquelle] einer industriellen Leistungsordnung, die Arbeitsmoral, nicht dem Raubbau täglicher Disziplinierungszwänge zum Opfer fällt.
[Wissenschaftler] haben erkannt, dass Menschen, die das von Sachgesetzlichkeiten beherrschte und von Verzicht und Einordnung bestimmte industrielle Erwerbsleben über längere Zeit aushalten und mitmachen sollen, auf die Ausgleichsdienste der Familie vital [= lebensnotwendig] angewiesen sind.

P.-L. Weinacht: Die Bedeutung der Familie für unsere freiheitliche Gesellschaftsordnung, in: Wie viel Familie braucht das Kind? München 1979, S. 87f. (Auszüge)

1 Stellt aus den Texten zusammen, wozu die Kinder und Jugendlichen in der Familie erzogen werden sollen.
  Worin besteht die „unverzichtbare Leistung [der Eltern] für das ganze Land"?
2 Erklärt im Einzelnen, welchen Nutzen von der Familie die Gesellschaft und der Staat haben. (Zur Erklärung von Staat und Gesellschaft s. Infokasten.)

2.3.2 Kinderkosten – Familienleistungen

Kinder und Jugendliche sind ihren Eltern lieb – und teuer.

Die *durchschnittlichen* monatlichen Ausgaben einer *Durchschnittsfamilie* für ein Kind werden von Statistikern Mitte der 90er-Jahre mit etwa 830,- DM angegeben.

Die Wirklichkeit sieht natürlich anders aus:
- Viele Familien können nicht so viel ausgeben.
- Manche Familien können deutlich mehr ausgeben.

Fachleute haben versucht auszurechnen, wie viel die Versorgung und Betreuung von zwei Kindern/Jugendlichen bis zu ihrem 18. Lebensjahr kosten würde, wenn – neben den direkten Kosten (Nahrung, Kleidung usw.) – für all die Zeit, die die Eltern aufwenden,
- eine Kindergärtnerin für die Betreuung und
- eine Hausangestellte für die kinderbezogene Hausarbeit

bezahlt werden müssten.

Auch diese Modellrechnungen fußen wieder auf *Durchschnittswerten*.

Im Ergebnis kamen die Fachleute auf einen Versorgungs- und Betreuungsaufwand von rund 450 000 DM pro Kind bis zur Vollendung des 18. Lebensjahres. Die staatlichen finanziellen Zuwendungen für Familien (siehe auch Abschnitt 2.3.3) machen – ebenfalls in Modellrechnungen – alles in allem höchstens 25 % dieser Kosten aus.

Berücksichtigt werden muss jedoch dabei, dass die Familien durch ihre Steuerzahlungen an den Staat fast ein Drittel der Finanzhilfen selbst bezahlen.

Falls ein Elternteil während der Jahre der Kinderversorgung 10 Jahre lang nicht berufstätig ist, entgehen der Familie außerdem zwischen 300 000,- DM und 540 000,- DM Einkommen (je nach beruflicher Qualifikation).

1 *Befragt Eltern, warum sie Kinder haben und großziehen. Notiert die Gründe, die sie nennen, und vergleicht sie.*
2 *Ihr könnt diese Eltern auch danach befragen, ob sie sich zusätzliche staatliche Hilfen zur Entlastung wünschen (wenn ja: welche?).*
Notiert wieder die Antworten und hebt sie für den folgenden Abschnitt auf.

2.3.3 Staatliche Hilfen

Ehe und Familie werden durch das *Grundgesetz* ausdrücklich geschützt:

Artikel 6 [Ehe und Familie; nicht eheliche Kinder]

(1) Ehe und Familie stehen unter dem besonderen Schutze der staatlichen Ordnung.

(2) Pflege und Erziehung der Kinder sind das natürliche Recht der Eltern und die zuvörderst ihnen obliegende Pflicht. Über ihre Betätigung wacht die staatliche Gemeinschaft.

[...]

Zwar sind die Pflege und Erziehung der Kinder „zuvörderst" Pflicht der Eltern; doch es herrscht in der Bundesrepublik Einigkeit darüber, dass der Staat – gemäß dem Sozialstaatsgebot (siehe Abschnitt 11.2.1) und wegen der wichtigen Leistungen, die Familien für die Gesellschaft erfüllen – gehalten ist, die Familien in besonderer Weise zu unterstützen.

Doppelter Ausgleich

Einerseits sollen durch finanzielle Unterstützung mindestens teilweise die zahlreichen Belastungen und Nachteile ausgeglichen werden, die Eltern gegenüber kinderlosen Erwachsenen haben.

Andererseits sollen durch staatliche Finanzhilfen für einkommensschwächere Familien die Unterschiede zu den einkommensstarken Familien ausgeglichen werden, um so möglichst allen Kindern annähernd gleiche Entwicklungschancen zu ermöglichen („jedes Kind soll dem Staat gleich viel wert sein").

Geld

Die wichtigsten Geldleistungen des Staates an die Familien sind
- das Kindergeld: Es beträgt (1995) monatlich DM 70,- für das erste Kind, DM 130,- für das zweite, DM 220,- für das dritte und DM 240,- für das vierte und jedes weitere Kind einer Familie; bei Familien mit höheren Einkommen wird dieses Kindergeld jedoch gemindert;
- das Erziehungsgeld: Es beträgt (1995) höchstens DM 600,- pro Monat für die Dauer von zwei Jahren nach der Geburt eines Kindes, wenn die Mutter oder der Vater während dieser Zeit nicht erwerbstätig (berufstätig) ist;
- die Ausbildungsförderung: nach dem Bundesausbildungsförderungsgesetz (BAföG) für Schülerinnen/Schüler ab der 10. Klasse und für Studierende, je nach Einkommenshöhe der Eltern;
- steuerliche Erleichterungen, also Abzüge von den zu zahlenden Steuern;

Familienpolitik im Wahlkampf. Karikatur: Marcks

– eine gewisse Berücksichtigung der Erziehungszeiten (vor allem von Frauen) bei der Berechnung der zukünftigen Rente.

Die Gesamtheit der staatlichen Finanzleistungen an Familien wird als *Familienlastenausgleich* bzw. *Familienleistungsausgleich* bezeichnet.

Kritik

Die Kritik an der Familienpolitik in den 90er-Jahren richtet sich vor allem darauf, dass
- nach wie vor Kinderlose gegenüber Familien vor allem im Hinblick auf die Rente deutlich bevorzugt sind: Familien tragen durch ihre Rentenbeiträge die Renten der Kinderlosen mit;
- die Vielzahl der familienbezogenen staatlichen Geldleistungen, vor allem bei den Steuern, undurchschaubar kompliziert ist;
- vor allem durch die Steuererleichterungen meist die Besserverdienenden noch mehr bevorzugt werden, statt dass vordringlich die einkommensschwachen Familien begünstigt würden;
- Familien mit besonderen Belastungen, zum Beispiel allein Erziehende und arbeitslose Eltern, zu wenig unterstützt werden;
- der staatliche Lastenausgleich für die gesellschaftlichen Leistungen der Familien gemessen an den ständig steigenden Kosten insgesamt noch viel zu gering ist.

Weitere staatliche Leistungen

Neben den Geldleistungen an Familien werden von der Familienpolitik, vor allem in den Städten/Gemeinden, noch weitere Leistungen für Familien erbracht – etwa mit der Einrichtung und der finanziellen Unterstützung von Kinderkrippen, Kindergärten, Familienberatungsstellen, Freizeiteinrichtungen für Kinder und Eltern usw.

1 *Nichts für den Unterricht, nur zu deiner Privatinformation: Erkundige dich bei deinen Eltern,*
  - *wie viel sie durchschnittlich für dich (und deine Geschwister) pro Monat aufwenden müssen;*
  - *welche staatlichen Leistungen sie für dich (und deine Geschwister) erhalten.*
2 *Bei den hier genannten Anschriften könnt ihr aktuelle Informationen zur Familienpolitik der Bundesregierung anfordern.*
   - *Vergleicht mit den Informationen in diesem Abschnitt: Welche Änderungen oder Neuerungen hat es unterdessen gegeben?*
   - *Vergleicht die Informationen der Regierung mit den Aussagen und Forderungen der Parteien (Anschriften siehe Abschnitt 14.5.3).*
3 *Informationen zu familienbezogenen Hilfen und Angeboten in eurer Gemeinde/Stadt könnt ihr erhalten bei der Bürgerinformation im Rathaus, beim Jugendamt und beim Sozialamt.*
4 *Wenn Wahlkampf ist: Welche familienbezogenen Aussagen/Versprechungen machen die Parteien? Vergleicht mit der Karikatur links.*

2.3.4 Gesellschaftliche Rücksichtslosigkeit

Der von der Bundesregierung in Auftrag gegebene Fünfte Familienbericht („Familie und Familienpolitik im geeinten Deutschland") wurde im Sommer 1994 dem Deutschen Bundestag vorgelegt. Solche Berichte zu wichtigen Feldern der Politik (z. B. auch: Lage der Jugend) werden von Fachleuten ausgearbeitet. Sie enthalten eine Bestandsaufnahme dessen, was in den zurückliegenden Jahren von der Politik in dem betreffenden Bereich geleistet (und versäumt) worden ist, benennen die grundlegenden und aktuellen Probleme und geben Empfehlungen.

Neben den direkten staatlichen Leistungen und Versäumnissen beschäftigt sich der Fünfte Familienbericht auch mit der Rolle, die die Familien in der Gesellschaft, also „jenseits" des staatlichen Bereichs, spielen.

Infos zur Familienpolitik

Bundesministerium für Familie, Senioren, Frauen und Jugend, Postfach 201551, 53145 Bonn; oder Außenstelle des Ministeriums in Berlin:
Postfach 110207, 10832 Berlin

Presse- und Informationsamt der Bundesregierung,
Postfach, 53105 Bonn;
oder Außenstelle in Berlin:
Postfach 110161, 10831 Berlin

„Bellen dürft ihr ein bisschen, aber keine menschlichen Töne, sonst kriegen wir die Wohnung nie!" Karikatur: Wolter

1 Versucht zunächst gemeinsam die folgenden Begriffe zu erklären:
   - Zeithaushalt der Eltern,
   - Sonderumwelten,
   - Konstruktionsfehler unserer gesellschaftlichen Verhältnisse,
   - strukturelle Rücksichtslosigkeit,
   - Privatisierung der Elternverantwortung.
2 Wenn du unterschiedliche Familien in deinem näheren Umfeld genauer betrachtest (auch deine eigene Familie, wenn du willst):
   - Inwieweit sind diese Familien von der behaupteten „strukturellen Rücksichtslosigkeit" betroffen?
   Schildere Beispiele.
   Namen tun hier natürlich nichts zur Sache!
3 Ihr könnt bei kinderlosen Erwachsenen eine kleine Umfrage machen:
   Wie denken sie über die „strukturelle Rücksichtslosigkeit" unserer Gesellschaft gegenüber den Familien?
   Besprecht in der Klasse, welche Fragen ihr bei dieser Umfrage im Einzelnen stellen wollt.
4 Befragt Eltern und allein Erziehende, wo sie Ansatzpunkte sehen, um die „strukturelle Rücksichtslosigkeit" gegen die Familien abzubauen.
   Was erscheint ihnen besonders dringlich?

Unter anderem heißt es dazu in dem Bericht:

Benachteiligung vorprogrammiert

Familienleben gilt als Tatsache, die in den übrigen Gesellschaftsbereichen keine Rolle spielt. Am grundlegendsten wird dies am leistungsbezogenen Individuallohn sichtbar, der keine familienbezogene Bedarfskomponente* kennt. Aber auch staatliche Rechte und Pflichten nehmen auf den Unterschied, ob Menschen eine Verantwortung als Eltern und Erzieher oder als Kinder gegenüber ihren pflegebedürftigen Eltern bzw. anderen Verwandten übernehmen, im Regelfalle keine Rücksicht.

Eine typische Ausnahme bildet etwa der allein erziehende Vater, der von der Pflicht zum Wehrdienst freigestellt wird.

Die öffentlichen Dienste des Bildungs- und Gesundheitswesens orientieren sich ebenfalls an Individuen*, für die sie unmittelbare Leistungen erbringen, ohne Rücksicht auf deren familiäre Verhältnisse. Schulen oder Kindergärten nehmen in der Gestaltung ihrer Zeiten keine Rücksicht auf den Zeithaushalt der Eltern; Krankheiten werden lediglich am Individuum behandelt, ohne Rücksicht auf ihre möglicherweise familiäre Verursachung; die Verkehrsverhältnisse werden so gestaltet, dass sich Kinder in ihnen nicht ohne den Schutz Erwachsener bewegen können.

Und überhaupt sind die öffentlichen Verhältnisse heute zunehmend so angelegt, dass Kinder und ältere Menschen von der Welt der aktiven Erwachsenen ausgeschlossen und auf spezifische Sonderumwelten wie Schulen, Spielplätze, Altersheime oder spezifische Freizeitangebote verwiesen werden.

Der dominierende Tatbestand in unserer Gesellschaft ist somit nicht die Ablehnung von Kindern, sondern die Indifferenz* gegenüber dem Umstand, ob Menschen die Verantwortung für Kinder übernehmen oder nicht, also die fehlende Anerkennung der Tatsache, inwieweit Menschen familiale Leistungen erbringen oder nicht.

Es sind die gesellschaftlichen Strukturen*, welche primär* die Benachteiligung der Familien bedingen. Es handelt sich [also] primär um einen Konstruktionsfehler unserer gesellschaftlichen Verhältnisse.

Diesem Sachverhalt soll der Begriff strukturelle Rücksichtslosigkeit gegenüber Familien Ausdruck geben. Elternschaft gilt als „Privatsache", Eltern werden daher im Regelfall „wie jedermann" behandelt.

Diese Privatisierung der Elternverantwortung bringt jedoch den Kinderlosen im Regelfall Konkurrenzvorteile und vor allem bedeutet die Übernahme von Elternverantwortung zunehmend Verzicht auf andere Möglichkeiten des Lebens.

Fünfter Familienbericht. Hrsg. Bundesministerium für Familie und Senioren. Bonn 1994, S. 21 f. (Auszüge)

* Komponente = Bestandteil; Individuen (Mehrzahl von Individuum) = einzelne Personen; Indifferenz = Gleichgültigkeit; primär = vorrangig, in erster Linie; Struktur = inneres Gefüge eines Ganzen, Gliederung

3 Die Frauen wollen mehr

Nicht wenige Mädchen und Frauen sagen: „Den Angehörigen des weiblichen Geschlechts geht es in vieler Hinsicht schlechter als den Angehörigen des männlichen Geschlechts." Dabei sind sich Mädchen- und Frauengruppen, Gewerkschaften, politische Parteien und auch viele Jungen und Männer schon seit vielen Jahren einig in dem Ziel:
Beide Geschlechter sollen in der Gesellschaft gleichberechtigt zusammenleben, die Mädchen und Frauen sollen den Jungen und Männern in allen Lebensbereichen auch tatsächlich gleichgestellt sein.
In den letzten 150 Jahren haben die Mädchen und Frauen in Deutschland einige wichtige Fortschritte erreicht: das aktive und passive Wahlrecht, den gleichberechtigten Zugang zu allen Schulen, Hochschulen und (fast allen) Berufen sowie zu allen politischen Ämtern, schließlich auch weitgehend gleiche Rechte wie die Männer im Berufsleben.
Aber nach wie vor ist das Ziel nicht nur der *rechtlichen*, sondern der *tatsächlichen* Gleichstellung der Mädchen und Frauen nicht erreicht. Darum geht es - in Ausschnitten - auf den folgenden Seiten.
Es beginnt bei der Arbeitsteilung zu Hause, dann wird die unterschiedliche Situation der Mädchen und Jungen in der Schule beleuchtet. Zu den anschließenden Erfahrungen aus einem Selbstverteidigungskurs für Mädchen werden Empfehlungen zum richtigen Streiten gleich mitgeliefert.
Im zweiten Teil des Kapitels kommen unterschiedliche Rollenerwartungen bei weiblichen und männlichen Jugendlichen zur Sprache, ebenso Überlegungen von Mädchen zu ihrem „doppelten Lebensentwurf".
Ausblicke auf die berufliche Situation von Frauen in Deutschland im dritten Teil des Kapitels zeigen:
Es gibt für Mädchen und Frauen, die mehr wollen, noch viel zu tun.

3 Die Frauen wollen mehr

3.1 Die Mädchen: nur klug und fleißig, lieb und hilfsbereit?

Eine Elternzeitschrift fragte mehr als 2000 Mädchen und Jungen im Alter von 9 bis 15 Jahren, was ihnen am anderen Geschlecht (bei den Gleichaltrigen) besonders gefällt und was sie stört.
Ein Ergebnis der Befragung: Den Jungen gefällt an ihren Altersgefährtinnen besonders, dass sie klug und fleißig, lieb und hilfsbereit sind.
Die Mädchen könnten sich durch solches Lob geehrt und bestätigt fühlen. Aber: In der Alltagswirklichkeit nützen diese guten Eigenschaften den Mädchen selbst oft weniger als anderen – beispielsweise zu Hause oder in der Schule.
Schwierige Fragen, auf die es (noch) keine endgültigen Antworten gibt:
Warum ist das so?
Wie wäre es zu ändern?

Wie lange geht das noch gut?

3.1.1 „Die Jungen sind eben faul"
Bei der zuvor erwähnten Befragung der Elternzeitschrift beschwerte sich eine Dreizehnjährige, dass ihr Bruder nur unter Zwang im Haushalt hilft.
Sie meinte: „Jungen sind eben faul, frech und fies."

1 Macht in eurer Klasse eine Diskussion über die Behauptung des Mädchens. Achtung: Wer darf dabei mitdiskutieren? Nur die Mädchen, die einen Bruder haben, oder alle Mitschülerinnen und Mitschüler?
2 Macht eine anonyme Umfrage in eurer Klasse/in den Parallelklassen. Thema: Wer hilft wie viel zu Hause?
Zur Arbeitserleichterung haben wir hier den (unvollständigen!) Entwurf für einen Fragebogen abgedruckt.
Methode: *Befragung, S. 55*
3 Welche Erklärungen habt ihr für die Ergebnisse aus eurer Umfrage?
Wie bewerten die Mädchen und wie bewerten die Jungen diese Ergebnisse?
Eine Zusatzfrage für dich privat (nichts für den Unterricht): Würde es sich für dich vielleicht lohnen, eure Umfrageergebnisse bei dir zu Hause einmal zur Sprache zu bringen?
4 Wenn du meinst, dass du zu viel im Haushalt helfen musst – wie wehrst du dich dagegen?

Fragebogen: Wer hilft wie viel im Haushalt?

1 Zu unserem Haushalt gehören insgesamt ...... Personen.
(Bitte die Zahl aller ständig im Haushalt lebenden Personen eintragen!)

2 In unserem Haushalt gibt es
❑ Mutter
❑ Vater
(Bitte ankreuzen!)
...... Schwestern
...... Brüder
...... weitere Personen (Oma, Opa usw.)
(Bitte jeweils Anzahl angeben!)

3 Meine tägliche Hilfe in unserem Haushalt beträgt durchschnittlich ...... Minuten.
4 Meine Schwester/mein Bruder hilft täglich in unserem Haushalt durchschnittlich ...... Minuten.
5 Ich helfe vor allem beim
❑ Putzen, Schneeschippen und Ähnlichem
❑ Kochen
❑ Einkaufen
❑ Reparieren
❑ Beaufsichtigen kleinerer Geschwister
❑ Aufräumen

Was hilft es? Wie kannst du deine Position dauerhaft verbessern?
Ihr könnt ein Rollenspiel dazu machen:
Yvonne, 14 Jahre alt, ist nicht länger einverstanden damit, dass sie im Haushalt immer viel mehr mithelfen muss als ihr jüngerer Bruder Michael. Beim Abendessen der dreiköpfigen Familie will Yvonne das Problem endlich mal klären.
Methode: *Rollenspiel, S. 37*

Methode: Rollenspiel

Wozu Rollenspiele?
Rollenspiele eignen sich dazu, konfliktträchtige Situationen spielerisch zu erleben, genauer kennen und bewältigen zu lernen.
Die Situation kann zum Beispiel sein wie in Aufgabe 4 auf Seite 36 oder wie in Aufgabe 8 auf Seite 42.
Oder: Ein Schüler wird vom Lehrer aufgefordert, sich bei der Schulleitung zu melden, weil er angeblich den Unterricht andauernd und unerträglich gestört hat. Der Schüler hält die Maßnahme des Lehrers für nicht gerechtfertigt und ungerecht.
Im Rollenspiel kann ausprobiert werden, wie die Beteiligten mit ihrem Konflikt am besten fertig werden können.

Zum Rollenspiel gehören ...
... der konfliktträchtige Fall: Worin besteht der Konflikt eigentlich? Was ist der Anlass, was der Auslöser? Wer ist beteiligt?
... die möglichst genaue Beschreibung/Charakterisierung der Beteiligten: Was kennzeichnet sie (z. B. Gefühlslage, Selbstbewusstsein, Selbstbeherrschung, „Macken", sprachliches Geschick usw.)? Was erwartet ihre Umgebung, was ihr Kontrahent/Gegenspieler von ihnen?
... Rollenkarten, auf denen die Charakterisierung der einzelnen Spielerinnen/Spieler in Stichworten festgehalten ist ...
... das mehrfache Durchspielen des Falles mit jeweiligem Rollenwechsel: Wer beim ersten Mal den Schüler gespielt hat, spielt beim zweiten Mal den Lehrer; auch die Spieler/innen wechseln:

Wer erst zugeschaut hat, versucht es beim zweiten Durchgang selbst einmal als Mitspieler/in ...
... das „Feed-back", die Rückmeldung: Die beteiligten Spieler/innen äußern sich darüber, wie es ihnen beim Spiel und nach dem Rollenwechsel zu Mute war; die Zuschauer/innen äußern sich, wie sie das Spiel und die Spieler/innen im Spiel erlebt haben ...
... das Ausprobieren unterschiedlicher Spielverläufe ...
... das Improvisieren: Nur der Fall und die Charakterisierung der Spielenden sind vorgegeben, alles Weitere soll sich im Spiel selbst entwickeln ...
... das Laienspiel: Es geht nicht um die Vorführung von Showtalenten ...
... das Lockerbleiben: Jede/r kann mitmachen, keine/r muss mitmachen. Zensuren gibt es nicht.

3.1.2 Mehr Männerhände für Hausarbeit gesucht!
Über die Arbeitsteilung zwischen Männern und Frauen im Haushalt berichtete eine Tageszeitung:

Die Arbeit im Haushalt bleibt überwiegend an den Frauen hängen
Selbst in einer kinderlosen Ehe mit zwei berufstätigen Partnern verbringt die Frau eineinhalbmal so viel Zeit mit Hausarbeit wie ihr Mann.
Das geht aus der ersten Untersuchung der Zeitverwendung der westdeutschen Bevölkerung hervor, die Bundesfamilienministerin Hannelore Rönsch (CDU) und der Präsident des Statistischen Bundesamtes, Hans Günther Merk, am Donnerstag in Bonn vorstellten.
Nach der Untersuchung, für die 16 000 Personen in 7200 Haushalten ein exaktes Fünf-Minuten-Tagebuch führten, braucht durchschnittlich jeder Bundesbürger pro Woche 28 Stunden für unbezahlte Arbeit in Familie, Haushalt und Ehrenamt, aber nur 22 Stunden für seine Erwerbstätigkeit. Die Arbeit im Haushalt werde dabei zwar abhängig von Alter, Berufstätigkeit und Familienstruktur unterschiedlich, aber immer zu Lasten der Frauen aufgeteilt, hieß es.

Wer macht den Haushalt?
Arbeiten im Haushalt, die gemeinsam oder vom Mann allein verrichtet werden ...
... nach Aussagen von Männern
... nach Aussagen von Frauen

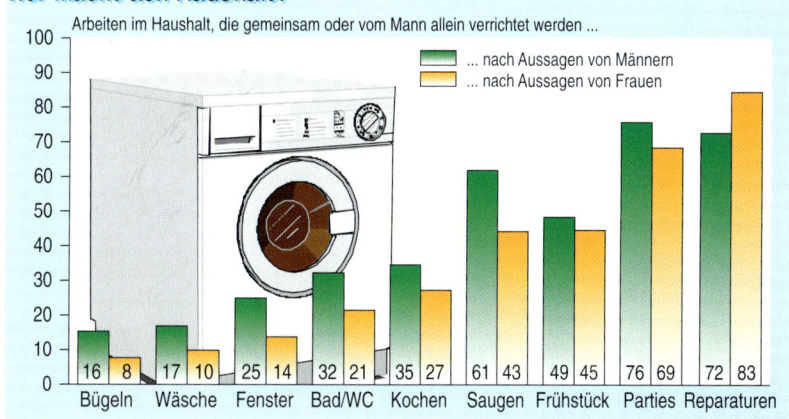

	Bügeln	Wäsche	Fenster	Bad/WC	Kochen	Saugen	Frühstück	Parties	Reparaturen
Männer	16	17	25	32	35	61	49	76	72
Frauen	8	10	14	21	27	43	45	69	83

Nach: Gesellschaft für Konsumforschung, Nürnberg

Eine berufstätige Ehefrau ohne Kind arbeitet pro Tag durchschnittlich fünf Stunden, ihr Mann dagegen nur drei Stunden im Haushalt. Kommt ein Kind hinzu, steigt die Arbeitsbelastung der Frau auf achteinhalb Stunden. Frauen mit der Doppelbelastung von Vollzeitarbeit und Kindern unter sechs Jahren arbeiten mehr als elfeinhalb Stunden pro Tag und haben damit eine höhere „Gesamtarbeitszeitbelastung" als ihre Männer.
Den überwiegenden Teil der unbezahlten Arbeit machen nach der Untersuchung die „hauswirtschaftlichen Aktivitäten" wie Kochen, Spülen und Putzen aus. Sie verschlingen 76 Prozent dieser Zeit. Elf Prozent des Zeitbudgets werden für die Betreuung von Kindern, Kranken und älteren Menschen genutzt. Auf handwerkliches Tun wie Wohnungsrenovierung oder Autoreparatur entfallen neun, auf ehrenamtliche Tätigkeiten in Organisationen und Vereinen vier Prozent.

Frankfurter Rundschau vom 12.8.1994, S. 4; Auszug

1. Vergleicht die Ergebnisse der Untersuchung in 7200 Haushalten mit den Ergebnissen eurer Umfrage (Aufgabe 2 im vorangegangenen Abschnitt):
   - Anteile der Mädchen und der Frauen an der Hausarbeit,
   - Anteile der Jungen und Männer an der Hausarbeit.
2. Erläutert in einigen Sätzen die wichtigsten Aussagen des Schaubilds „Wer macht den Haushalt?"
   Wie erklärt ihr euch die Unterschiede zwischen den Aussagen der befragten Frauen und Männer?
3. Ihr könnt die Zahlen des Schaubilds auch in Beziehung setzen zu den Zahlen im Bericht der Tageszeitung: Betrachtet den gesamten Zeitaufwand und den Anteil der Männer an den
   - „hauswirtschaftlichen Aktivitäten",
   - häuslichen Reparaturen.
4. Versucht euch vorzustellen, wie wohl ein „exaktes Fünf-Minuten-Tagebuch" zur Hausarbeit aussieht!
   Wer sollte die Eintragungen in einem solchen Tagebuch vornehmen:
   - jedes Haushaltsmitglied für sich,
   - alle Haushaltsmitglieder gemeinsam?
5. Nehmt Stellung zu der folgenden Aussage einer Ministerin:
   „Wir benötigen Väter, die ihren Söhnen und Töchtern Vorbild sind und zeigen, dass Männerhände für Hausarbeit und Kindererziehung ebenso geeignet sind [wie Frauenhände]." (Zitiert nach: Deutsche Lehrerzeitung, Nr. 46/1994, S. 3)

3.1.3 Die Besten sitzen in der zweiten Reihe

Seit Mitte der Sechzigerjahre werden in der Bundesrepublik die Mädchen und Jungen an den Schulen gemeinsam unterrichtet (Koedukation). In der DDR war die Trennung der Geschlechter im Schulunterricht schon von Anfang an aufgehoben.

Ziel der Koedukation ist es, für Mädchen wie für Jungen gleich gute Bildungsmöglichkeiten zu gewährleisten und damit die Benachteiligungen auszuräumen, die die Mädchen früher durch das nach Geschlechtern getrennte Schulsystem hinnehmen mussten. Zugleich soll die Koedukation auch zum gleichberechtigten Zusammenleben der Geschlechter beitragen.

Dieser Abschnitt beginnt wie der Abschnitt 3.1.1 - mit einem großen Lob für die Mädchen.

Dann aber wird die Kehrseite dieser Medaille beleuchtet:
- Wie ist die alltägliche Situation der Mädchen im Unterricht?
- Wie nutzen sie ihre guten schulischen Leistungen, wenn es auf die Entscheidung über die Berufswahl zugeht?
- Welche Erfahrungen, welche Interessen, welche Vorschläge in Bezug auf die Koedukation habt ihr: die Mädchen, die Jungen?

Eine Tageszeitung meldete:

Mädchen haben die besseren Schulabschlüsse

Mädchen machen sowohl im Westen als auch im Osten Deutschlands die besseren Schulabschlüsse, schaffen viel häufiger das Abitur oder den Realschulabschluss und brechen auch viel seltener die Schule ab [als die Jungen]. Dies geht aus der neuen Schulabschlussstatistik des Dortmunder Instituts für Schulentwicklungsforschung (IFS) hervor.

Berliner Zeitung vom 30.8.1995, S. 48 (Auszug)

Zu den Gründen für die besseren Leistungen der Mädchen meinte ein Erziehungswissenschaftler:

Mädchen sind beweglicher

Die Hintergründe liegen nach meiner Einschätzung darin, dass Mädchen im Schulsystem offensichtlich leichter mit den Anforderungen zurechtkommen und sich auch beweglicher auf die sozialen [= gesellschaftsbezogenen] Anforderungen einstellen, die sich aus dem komplizierten Beziehungsgefüge in der Schule ergeben. Hier kommt ihnen ihre hohe soziale Virtuosität und Sensibilität [= Feinfühligkeit] zugute.

Deutsche Lehrerzeitung Nr. 17/1993, S. 7 (Auszug)

1. Wie ist es an eurer Schule
   - mit den erfolgreichen Abschlüssen (nach der 10. Klasse, beim Abitur),
   - mit dem Abbruch der Schullaufbahn?
   Wie hoch ist jeweils der prozentuale Anteil der Mädchen, der prozentuale Anteil der Jungen?
   Versucht von eurer Schulleitung hierzu Auskunft zu bekommen.
2. Erklärt an Beispielen, was der Erziehungswissenschaftler meint mit „kompliziertem Beziehungsgefüge", „sozialer Virtuosität", „Sensibilität" der Schülerinnen.

Viel mehr Interesse beim Physikunterricht ohne die Jungen

Obwohl die Mädchen in der koedukativen Schule im Durchschnitt bessere Leistungen als die Jungen erbringen, wird der gemeinsame Unterricht der Mädchen mit den Jungen kritisiert, weil die Mädchen auch in diesem Unterricht benachteiligt würden.

Das Verhältnis der Geschlechter zueinander im Unterricht ist von Schulexpertinnen und -experten vielfach genau unter die Lupe genommen worden. Die Ergebnisse solcher Untersuchungen fasste eine Zeitschrift so zusammen:

Herrschaft der Jungen im Klassenzimmer
- Jungen werden im Unterricht doppelt so häufig aufgerufen wie Mädchen;
- Jungen werden öfter gelobt oder getadelt, weil sie sich aggressiv in den Vordergrund drängen, erfahren dadurch mehr Beachtung;
- Mädchen werden häufiger unterbrochen, ihre Beiträge werden von den Jungen abgekanzelt;
- Jungen mit guten Noten werden von Lehrern für aufgeweckt und intelligent gehalten, entsprechende Schülerinnen für fleißig und ordentlich.

Viele Pädagogen [...] setzen brave und fleißige Mädchen neben rüpelhafte Jungen, damit die kleinen Rambos ruhig gestellt werden. Um die meist männlichen Radaumacher zu zähmen, fördern die Pädagogen sie besonders [...]. Die Mädchen und deren Interessen vernachlässigen sie nur allzu leicht. Den Kampf um die Herrschaft im Klassenzimmer gewinnen meist die Jungen, sie bestimmen, was im Unterricht läuft.

Der Spiegel Nr. 19/1996, S. 116 (Auszüge)

In einer anderen Zeitschrift hieß es zum Thema „Mädchen und Jungen im koedukativen Unterricht":

Kooperation unterliegt der Konkurrenz
Zwar gibt es zweifellos zwischen den Jungen selbst und auch zwischen den Mädchen untereinander ganz erhebliche Unterschiede, denn nicht jeder Junge ist vorlaut, dominant (= vorherrschend) oder Platzhirsch und längst nicht jedes Mädchen lässt sich zurückdrängen. Aber eine Reihe von Untersuchungen belegt, dass der Stil der Mädchen eher kooperativ, der der Jungen eher konkurrent ist und dass sich im schulischen Geschehen – wie später im Berufsleben auch – weitgehend der konkurrente Stil durchsetzt.

Psychologie heute, Dezember 1995, S. 54 (Auszug)

3 Klärt die Begriffe „Kooperation" und „Konkurrenz". Nennt Beispiele aus dem Schulalltag. Ihr könnt hierzu auch noch einmal in Abschnitt 1.4.1 nachlesen.

4 Überlege für dich selbst: Entsprechen deine Erfahrungen im Unterricht dem, was in den beiden Texten gesagt wird, oder hast du andere Erfahrungen gemacht?

5 Wie diskutiert ihr über das Unterrichtsgeschehen in eurer Klasse:
- gemeinsam im Unterricht,
- nur „privat" auf dem Schulweg oder in der Pause, mit der Freundin oder dem Freund?

Welche Rolle spielt bei solchen Diskussionen das Geschlechterverhältnis?
Wünschst du dir gemeinsame Gespräche im Unterricht über das Verhältnis Mädchen - Junge? Begründe.

6 Diskutiert die Behauptung: Koedukation bringt auch für die Jungen erhebliche Nachteile, denn sie haben zu wenig Möglichkeiten, Wichtiges zu lernen.

Die Kritik an der Koedukation richtet sich nicht nur auf das Unterrichtsgeschehen selbst, sondern auch auf die Lehrpläne und die Schulbücher, die teilweise immer noch ein traditionelles, veraltetes, falsches Bild von „der" Frau und „dem" Mann widerspiegeln.

Koedukation bleibt also häufig nur auf den äußeren Rahmen, ohne inhaltliche Konsequenzen (= Folgen), beschränkt. Als schwer wiegende Folgen der bisherigen Koedukation werden benannt, dass
- Schülerinnen im Laufe der Schulzeit vor allem an den naturwissenschaftlichen Fächern und am Fach Mathematik das Interesse verlieren, obwohl ihre Leistungen im Durchschnitt gar nicht schlechter sind als die der Jungen;
- Schülerinnen diese Fächer vergleichsweise selten als Leistungskurse in der gymnasialen Oberstufe wählen (allenfalls Biologie);
- Schülerinnen wesentlich seltener als Schüler Berufe ergreifen oder Studiengänge wählen, bei denen Naturwissenschaften, Technik, Mathematik oder Informatik wichtig sind;
- Schülerinnen damit die am meisten zukunftsträchtigen Berufe verfehlen und oft in Berufen landen, die nur wenige Entwicklungs- und kaum Aufstiegsmöglichkeiten bieten.

Die meisten Schülerinnen und Schüler wünschen sich gemeinsam die Schule zu besuchen

3 Die Frauen wollen mehr

Alle Frauen sind mutig! stark! schön!

Der Unabhängige Frauenverband

Grafik: Feuchtenberger

7 Macht in eurer Klasse den anonymen Test, also ohne Namensnennung, aber mit einem M (für Mädchen) oder J (für Junge):
Schreibe auf
- deine drei Lieblingsfächer,
- den Beruf, den du wahrscheinlich anstreben wirst,
- die drei für dich interessantesten Themenbereiche (Kapitel) im „Arbeitsbuch Politik" und im Fach Physik.

8 Versucht bei eurer Schulleitung Informationen darüber zu bekommen, welche Fächer von den Mädchen/von den Jungen bevorzugt werden (Leistungskurse, Wahlpflichtkurse, Arbeitsgemeinschaften u. ä.).

Bei der Diskussion über die Nachteile bisheriger Koedukation, vor allem für die Mädchen, wird nicht verlangt, die Koedukation wieder ganz abzuschaffen. Vorgeschlagen (und praktisch erprobt) wird aber immer häufiger, den Unterricht in bestimmten Fächern zeitweise (z.B. einige Monate pro Schuljahr) getrennt für Mädchen und Jungen zu erteilen.
In Nordrhein-Westfalen haben Bildungsfachleute für die „Schule der Zukunft" vorgeschlagen: Der gemeinsame Unterricht für Mädchen und Jungen soll nicht aufgegeben, sondern gründlicher durchdacht und teilweise neu gestaltet werden. Sie empfehlen eine „reflexive [= nachdenkliche] Koedukation".

9 Was meint ihr zu dem Vorschlag, Mädchen und Jungen zeitweise getrennt zu unterrichten?
Welche Vorteile können sich ergeben, welche Nachteile möglicherweise aber auch?
Welche anderen Möglichkeiten findet ihr beim Nachdenken darüber, wie die Koedukation besser gestaltet werden könnte?
Versucht gemeinsam „Zehn Grundsätze zur Koedukation" auszuarbeiten!

10 Befragt (in Kleingruppen, gut vorbereitet) sechs oder acht Lehrerinnen und Lehrer eurer Schule,
- ob sie in ihrer Arbeit bezüglich der Koedukation Probleme/Benachteiligungen von Mädchen oder Jungen sehen,
- wann in der Lehrerkonferenz das letzte Mal ausführlich (mit eigenem „Tagesordnungspunkt") über Koedukation an eurer Schule gesprochen worden ist und welche Ergebnisse diese Besprechung hatte.

Methode: *Befragung, S. 55*

3.1.4 „Ihr müsst es laut sagen!"

Es gibt für die Mädchen unterschiedlich wirkungsvolle Mittel und Wege, um Benachteiligungen zu vermeiden oder auszugleichen, denen sie zu Hause, in der Schule und anderswo ausgesetzt sind. Nicht wenige Mädchen und junge Frauen besuchen Selbstverteidigungskurse, um ihre körperliche Unterlegenheit gegenüber dem männlichen Geschlecht zu überwinden. Dabei spielt aber keineswegs nur Kraft oder Geschicklichkeit eine Rolle, wie aus dem folgenden Bericht von Nicole hervorgeht.
Doch es muss nicht immer Selbstverteidigung „mit Händen und Füßen" sein: Bei den allermeisten Auseinandersetzungen sind – zum Glück – nur Worte die „Waffen". In einer Broschüre für Jugendliche gibt es dazu Empfehlungen. – Nicole dachte: „Als Mädchen ist man sowieso ziemlich wehrlos."
Nicole hat dann an einem – allerdings nur recht kurzen – Selbstverteidigungskurs für Mädchen teilgenommen und dort noch viel mehr als Schlagen und Treten gelernt. Sie berichtet:

Zu krass?
Bei einer Sitzung mit dem Bürgermeister lernte ich Ute, die Gleichstellungsbeauftragte, kennen. Sie fragte, worauf wir Mädchen aus dem Internat Lust hätten. Was wir gerne machen würden. Was es noch nicht gibt. Auf Anhieb fiel uns ein: Selbstverteidigung.
Nun ist es nicht so, dass ich mich in L. nicht sicher fühle. Oder in Z., woher ich komme. Bei uns im Gymnasium ist es auch nicht gefährlich. Trotzdem habe ich das Gefühl, dass Gewalt und Kriminalität zunehmen. Das wird einem hauptsächlich über die Medien vermittelt. Im Fernsehen gibt es immer mehr Gewalt. Und alle haben immer mehr Angst. Ich auch. Als Mädchen ist man sowieso ziemlich wehrlos. Deshalb fand ich es gut, dass Ute versprach eine Frau zu suchen, die mit uns Selbstverteidigung übt.
Wir trafen uns noch einmal mit ihr, um zu besprechen, was wir machen wollen. Die totale Kämpferin wollte keine werden. Aber sich verteidigen im Notfall.
Es sollte eine Frau sein, die mit uns übt. Männer kennen die Bedürfnisse von Mädchen nicht und wissen nicht, wie wir uns fühlen, was wir brauchen. Ich zum Beispiel habe wenig Kraft, kaum Muskeln. Wilde Sprünge und Hebewürfe sind nichts für mich.

40

Acht goldene Streitregeln

Streiten muss (gelernt) sein!
Streiten muss sein, weil jeder ganz eigene Wünsche und Interessen hat, über die man erst mal reden muss, bevor man sie durchsetzen kann. Streiten muss gelernt sein, weil „die Kunst des Streitens" gar nicht so einfach ist. Das Dschungelgesetz vom Sieg des Stärkeren gilt hier nämlich nicht.

1. Für leicht überhitzte Gemüter: ruhig Blut!
Erst mal tief Luft holen und in Ruhe nachdenken: Worüber genau habe ich mich geärgert? Lohnt es sich wirklich wegen dieser Sache einen Streit vom Zaun zu brechen? Wer gleich an die Decke geht und um sich schlägt, kommt nicht weiter und kann auf sein Gegenüber nicht eingehen.

2. Für Supercoole: Lass es raus, Mensch!
Es nützt nichts, alles in sich hineinzufressen. Wenn ich wütend bin oder mich ärgere, sollte ich auch aussprechen, worum es geht. Nur wenn ich sage, was ich will oder nicht will, können andere sich darauf einstellen.

3. Beschreibe ehrlich dein Gefühl!
Hinter dem Wut- oder Ärgernebel oder den sachlichen Argumenten liegen oft andere Gefühle verborgen, z. B. die Angst, nicht beachtet oder ernst genommen zu werden. Denk in Ruhe darüber nach und sei ehrlich zu dir selbst. Das hilft, sich über eigene Gefühle klar zu werden, und hilft auch, Probleme zu lösen.

4. Gib deinem Gegenüber ein Chance!
Wer seinem Gegenüber unterstellt, an der Lösung des Problems gar nicht interessiert zu sein, hat von vornherein Wut und Misstrauen im Bauch. Dann kann man nicht mehr gemeinsam überlegen, wie man seine Schwierigkeiten aus der Welt räumt.

5. Sei kein Starrkopf!
Sich gegenseitig zu überschreien, stur auf der eigenen Meinung zu beharren und unbedingt seine Vorstellungen durchzusetzen, bringt gar nichts. Wer ein Problem lösen will, muss bereit sein, sein Gegenüber als Persönlichkeit mit eigenen Bedürfnissen und Vorstellungen zu akzeptieren und ernst zu nehmen. Das bedeutet auch, sich mit den Argumenten des anderen wirklich auseinander zu setzen.

6. Lieber laut als stumm!
Still und stumm über seinen Problemen zu brüten hilft niemandem. Nur wer sich austauscht, hat die Möglichkeit, Schwierigkeiten zu klären und herauszufinden, wie man mit anderen klarkommt.

7. Üben – üben – üben!
Streiten kann man üben: „Hausgemachte" Regeln helfen Ordnung ins Chaos zu bringen. Zeitlich begrenzte „Redezeiten", eine allen vertraute Person hinzuziehen oder auch der bekannte „Kummerkasten" geben jedem die Möglichkeit, sich seinen Ärger von der Seele zu reden – nicht nur den schlagfertigen oder lauten Streitern.

8. Streiten verbindet!
Wo Reibung ist, entsteht auch Wärme - vorausgesetzt, Kontakt und Berührung bleiben. Und schließlich: Nur wer sich streitet, kann sich auch wieder vertragen.

Nach: Up and down. Fetzen, frusten, locker bleiben, Hrsg. Bundeszentrale für gesundheitliche Aufklärung, Köln 1995, S. 11

Wir informierten die Mädchen in der Gesamtschule und in der Realschule. Vierzig waren wir beim ersten Treffen mit Ines, der Trainerin. Gleich als Erstes sagte sie uns: „Also, Schlägerinnen mach ich nicht aus euch. Wenn eine sich denkt, sie kann die Jungs dann aufs Kreuz legen, ist sie hier falsch. Ich bringe euch bei, euch zu verteidigen, einen Angreifer so außer Gefecht zu setzen, dass ihr Zeit zum Wegrennen habt. Okay?"
Ines erklärte uns, sie werde nicht nur alle möglichen Griffe mit uns üben. Genauso wichtig sei es, dass man sich traut, einen Griff tatsächlich anzuwenden. Wenn eine sich vor Angst fast in die Hosen macht, hat sie schon verloren.
Bei unserer ersten Trainingsrunde tauchte ein Mann von der Zeitung auf, sprang herum und fotografierte uns einfach. Einigen Mädchen war das unangenehm. Das sagten sie auch. Aber leise. „Ihr müsst es laut sagen", meinte Ute. „Er darf das gar nicht, wenn ihr nicht damit einverstanden seid."
Der Fotograf hörte es und sagte beleidigt: „Wer sich die Presse einlädt, muss schon damit rechnen, dass Bilder gemacht werden." Trotzdem habe er gefälligst zu fragen, ob er fotografieren dürfe und wen, verteidigte uns Ute.
Diese Auseinandersetzung war die richtige Einstimmung für das folgende Rollenspiel. Wir bildeten Paare. Eine ging vor, die andere hinterher, als Verfolger. Es kam darauf an, sich im richtigen Moment umzudrehen, sich sicher hinzustellen und zu brüllen: „Verpiss dich!"
Das war gar nicht so einfach. Manche Mädchen verknoteten sich die Beine fast beim Umdrehen. Kein Problem, die hinzuschubsen. Andere piepsten wie die Küken, als wollten sie sagen: „Ach, lieber Verfolger, könntest du nicht einen anderen Weg einschlagen? Wenn es möglich wäre?" Zum Totlachen. Das schreckt natürlich keinen ab. Ganz im Gegenteil.
Beim nächsten Kurs tauchten nur noch zwölf Mädchen auf. Zwölf von vierzig. Einige fanden die Art von Ines zu krass, erfuhr ich später. Mir ging es nicht so.
Diesmal zeigte Ines uns, wie man schlägt. Man darf das Handgelenk dabei nicht verdrehen, sonst bricht es womöglich. Und der Schlag muss immer vom Körper ausgehen, nicht nur vom Arm. Ines sagte, er muss von uns selbst kommen und nicht von einem Körperteil allein. Genau wie beim Schreien ist es wichtig, dass man sicher und fest steht.
Zweimal haben wir uns nun schon mit Ines getroffen. Noch dreimal, dann ist der Kurs zu Ende. Seit ich da trainiere, habe ich nicht mehr so

viel Angst. Wenn mir jetzt einer doof kommt, weiß ich, was ich machen kann. Obwohl ich nicht viel Kraft und keine großen Muskeln habe.

Nicole M. erzählt: Selbstverteidigung, in: E. Berthold/C. von Zglinicki: Ich zwischen Liebe und Hass, Potsdam 1993, S. 34 ff.; Auszug

Ihr könnt die folgenden Gesprächsfragen/Aufgaben erst einmal in getrennten Gruppen (Mädchen/Jungen) behandeln und dann überlegen, ob ihr anschließend gemeinsam über diese Fragen und eure Erfahrungen weiter sprechen wollt.

1 Nur für Mädchen: Teilst du die Meinung von Nicole, dass ihr „als Mädchen ... sowieso ziemlich wehrlos" seid?
Nimmst du bei deinen Freundinnen oder bei anderen Mädchen Wehrlosigkeit wahr? In welchen Lebensbereichen, in welchen konkreten Situationen?

2 Nur für Jungen: Teilst du die Meinung von Nicole, dass „Mädchen ... sowieso ziemlich wehrlos" sind? Welche Erfahrungen hast du diesbezüglich?

3 Wo seht ihr (die Mädchen – die Jungen) den wichtigsten Gewinn aus einem Selbstverteidigungskurs wie dem, den Nicole mitgemacht hat?

4 Hast du das Gefühl, häufiger nachgiebig zu sein als die Menschen um dich herum?
Aus welchen Gründen bist du nachgiebig:
– weil sonst die Freundschaft bricht?
– weil sonst schlechte Stimmung aufkommt? Bei wem?
– weil du Angst hast? Wovor?
– weil es dir egal ist?
Gibt es noch andere Gründe, die dich zum Nachgeben bringen können?

5 Welche Möglichkeiten/Fähigkeiten hast du (als Mädchen – als Junge), um dich ohne Schläge und Tritte zu wehren?
Zum Beispiel dann, wenn jemand in der Schule, zu Hause oder beim gemeinsamen Freizeitvergnügen etwas von dir will, was du nicht willst?

6 Sprecht im Einzelnen über die „acht goldenen Streitregeln". Nehmt Stellung zu den Erklärungen/Begründungen, die zu den einzelnen Regeln gegeben werden.

7 Welche Wirkungen stellen sich bei den anderen ein, wenn du dich erfolgreich wehrst? Zum Beispiel:
– Zustimmung und in Zukunft größere Anerkennung?
– Zähneknirschen und in Zukunft größerer Abstand zu dir?

8 Nicole hat auch von einem Rollenspiel erzählt, das ihr nachspielen könnt:
Ein guter Bekannter/Mitschüler hat dir, seiner netten Bekannten/Klassenkameradin versprochen, dass er dich nach der Disko mit dem Auto nach Hause bringt: „Fährt los und biegt in einen einsamen Waldweg ein. Will einen Kuss. Dann fährt er auch gleich weiter, schwört er." Du willst ihn aber nicht küssen.

Methode: Rollenspiel, S. 37

3.2 „Irgendwie schwierig, Kinder und Beruf zusammen"

Wer denkt denn nicht an seine Zukunft mit 14 oder 15 oder 16 Jahren? Im ersten Teil dieses Abschnitts laden wir euch dazu ein, euch etwas von eurer Zukunft auszumalen. Im zweiten Teil des Abschnitts wird berichtet von Zukunftsüberlegungen, die rund 600 Schülerinnen und Schüler angestellt haben. Was aber wird wirklich sein?

3.2.1 Zukunftsbilder

Dorian, eine 19-jährige Studentin, sagt in einem Gespräch:

Freie Auswahl

Eine Frau soll Kinder bekommen und sich um sie kümmern, aber gleichzeitig soll sie einen tollen Beruf haben und auch noch klasse aussehen. Die Erwartungen sind total widersprüchlich. [...] Mich stört das aber gar nicht. Ich picke mir eben das heraus, was ich gerne möchte, wie in 'nem Selbstbedienungsladen.

Zeitmagazin vom 7. 4. 1995, S. 30

1 Wer hat eigentlich solche Erwartungen an Frauen, wie Dorian sie beschreibt? Wo werden diese Erwartungen geäußert?

2 Wie stellst du dir dein Leben in zehn, fünfzehn Jahren vor
(a) im Hinblick auf dein Verhältnis zum anderen Geschlecht,
(b) im Hinblick auf deine Berufstätigkeit,
(c) im Hinblick auf eine eigene Familie (z. B. Familiengröße, Arbeitsteilung im Haushalt),
(d) im Hinblick auf deine Verbindung von Beruf und Familie?
Schreibe einige Sätze dazu auf oder mache eine Collage, die Auskunft zu diesen Fragen gibt.

3 Sortiert eure Antworten zur Frage 2 und vergleicht
– die Zukunftsvorstellungen der Mädchen,
– die Zukunftsvorstellungen der Jungen.

3.2.2 Was Fergül und Friederike, Onur und Rüdiger sich vorstellen

Eine Wissenschaftlerin hat rund 600 deutsche und türkische Schülerinnen und Schüler im Alter zwischen 13 und 18 Jahren ausführlich schriftlich befragt. Es ging darum:
– Wie bewerten die Jugendlichen das Verhältnis zwischen Männern und Frauen (= das Geschlechterverhältnis) in Familie und Berufsleben?
– Was meinen sie zu den traditionellen (= herkömmlichen) Geschlechtsrollen, also zu den Vorstellungen über „Weiblichkeit" und „Männlichkeit"?
In einem Bericht heißt es dazu:

Frauen und Männer gleichwertig

Sowohl deutsche als auch türkische Mädchen [vertreten] weitaus eher als ihre männlichen Klassenkameraden die Einstellung, Frauen und Männer verfügten über gleiche Fähigkeiten und sollten sich im öffentlichen und privaten Bereich gleichermaßen betätigen.

Davon, dass Frauen im Beruf die gleichen Chancen wie Männer erhalten und die Männer sich am Haushalt beteiligen sollten, sind deutsche Mädchen am meisten überzeugt.
Aber auch die türkischen Mädchen vertreten diese Meinung noch deutlicher als deutsche Jungen.
Türkische und deutsche Jungen wollen ihrem Antwortverhalten zufolge am bestehenden Geschlechterverhältnis lieber nicht zu viel ändern.
Die Aufrechterhaltung traditioneller Rollen – der Mann als berufstätiger Familienversorger, die Frau als Hausfrau und Kindererzieherin – wird von deutschen und türkischen Mädchen deutlicher abgelehnt als von ihren männlichen Mitschülern.
Türkische Mädchen vertreten auch im Vergleich zu deutschen Jungen egalitärere [= mehr Gleichheit anstrebende] Einstellungen. Am radikalsten weisen die deutschen Schülerinnen traditionelle Geschlechtsrollen für ihre Zukunft zurück.

Die Wissenschaftlerin hat neben der schriftlichen Befragung auch lange Gespräche mit einigen Jugendlichen geführt. In diesen Gesprächen ergab sich unter anderem:

Familie ja, Beruf vielleicht
Bei den türkischen Jungen ist eine ausgeprägte Familienorientierung anzutreffen, sie haben zum momentanen [= gegenwärtigen] Zeitpunkt schon feste Vorstellungen über ihre berufliche Tätigkeit, über Eheschließung und die künftige Anzahl ihrer Kinder. Wenn der Frau im Falle einer Familiengründung genügend Zeit für eine Erwerbstätigkeit bleibt, dann könne sie arbeiten.
„Das muss sie wissen dann. Wenn sie möchte, wenn sie zu viel Zeit hat, ja. [...] Den Haushalt, also, kann sie ja, nachdem sie (von der Arbeit) gekommen ist, machen. [...] (Die Frau sollte zu Hause bleiben), wenn wir keinen Kindergarten haben [...], Kindergarten kriegt man ja nicht so schnell" (Onur, 16 Jahre).
Wie verhält es sich bei den türkischen Mädchen? Sie möchten nicht so früh heiraten und in Zukunft berufstätig sein. Eine Familiengründung planen auch sie fest in ihre Zukunft ein.
Fergül spricht bei dem Thema über die Schwierigkeit, Kindererziehung und Berufstätigkeit miteinander zu vereinbaren.
„Verheiratet möchte ich auch sein, Kinder auch, aber es ist auch irgendwie schwierig, Kinder und Beruf zusammen, [...] sehr schwer stelle ich mir das vor. Ich sehe das ja auch mit Leuten, die [...] jetzt einen Beruf haben und Kinder. Die erzählen ja auch, dass es immer sehr schwer ist, [...] das werde ich mir bestimmt überlegen, wenn ich älter bin, wenn mir in dem Moment mein Beruf wichtiger ist, dann kommt es darauf an, ob ich Kinder dann haben will oder nicht" (Fergül, 15 Jahre).
Rüdigers Auffassung zufolge hängt es vom Einkommen der Frau ab, ob sie neben der Kinderbetreuung weiter arbeitet oder nicht.

Karikatur: Kurowski

Von der Rolle
Wenn es umgangssprachlich heißt: „Fall nicht aus der Rolle!", dann ist gemeint, dass die/der Angesprochene sich entsprechend den Erwartungen verhalten soll, die auf sie/ihn gerichtet sind.
Eine „soziale Rolle" umfasst all das, was „man" – die Gesellschaft – vom Einzelnen als Inhaber/in einer sozialen Position erwartet.
Zur Lehrerrolle gehören z. B. pädagogisches Geschick, ausgeprägtes Gerechtigkeitsempfinden, Ordnungsliebe: All das wird von der Lehrerin und vom Lehrer erwartet. Zur Gastgeberrolle gehören Aufmerksamkeit, Freundlichkeit, Großzügigkeit usw.
Vom Mädchen werden Sanftheit, Einfühlsamkeit, Geschick und Fleiß erwartet, vom Jungen Elan, Kühnheit, Stärke. Die/der Einzelne versucht als Rollenträger/in, bewusst oder unbewusst, mehr oder weniger, diesen Rollenerwartungen zu entsprechen, also rollenkonform (= rollengemäß) zu handeln.
Sie/er macht sich die Rolle mehr oder weniger zu Eigen, verinnerlicht (= internalisiert) sie.
Dieser Vorgang der Rollenübernahme ist Teil der Persönlichkeitsentwicklung. Dabei kann die/der Rollenträger/in die Rolle in gewissem Maße natürlich auch selbst gestalten, sie ganz ablehnen oder einzelne Rollenerwartungen zurückweisen (Rollendistanz). Bei widersprüchlichen Rollenerwartungen kann es zu Rollenkonflikten kommen.
Rollenüberlastung stellt sich ein, wenn ein/e Rollenträger/in so viele Rollen zu spielen hat, dass sie/er ihnen nicht mehr gerecht werden kann (z. B. die berufstätige Mutter).

3 Die Frauen wollen mehr

„Solange wir keine Kinder dann hätten, könnten ja sicher beide Teile Geld reinbringen, das wäre nicht schlecht. Wenn dann die Kinder da sind, ich weiß ja nicht, was für eine Frau ich dann hätte und was für'n Einkommen das bei der ist, [...] was die dann arbeiten würde. Wenn die meinetwegen nur an der Kasse sitzen würde und dann Kinder hat, dann würd' die sicher zu Hause bleiben. Aber wenn die irgendwie, genauso wie ich auch, meinetwegen Juristin ist, dann könnten wir das Geld schon gebrauchen, und damit könnte man dann auch einen Babysitter [...] finanzieren" (Rüdiger, 14 Jahre).

Im Haushalt jeden Tag abwechseln

Die türkischen Mädchen nehmen sich ihren Äußerungen zufolge als hauptverantwortlich für den Bereich Haushalt und Familie wahr. Aber [...] die türkischen Mädchen verlangen ausdrücklich, dass ihre künftigen Partner im Haushalt helfen, und finden es nicht richtig, wenn eine Frau diese Arbeit alleine verrichten muss.

Den türkischen Mädchen sind eine gute Berufsausbildung, eigenes Einkommen und Erwerbstätigkeit sehr wichtig. Hierin unterscheiden sich ihre Bedürfnisse nicht von denen der deutschen Mädchen.

„Also da bin ich ganz rigoros. Arbeitsteilung. Da gibt's nicht: ‚Du bleibst zu Hause und ich geh arbeiten; da gibt's nur: ‚Wir arbeiten und wir machen den Haushalt' [...] Und wenn ein Kind da wär', dann würd' das halt heißen [...] jeden Tag abwechselnd [...] Ich denke mir, das wäre am besten, die Lösung" (Friederike, 15 Jahre).

Friederike wünscht sich nicht nur eine gleichberechtigte Verteilung der häuslichen Arbeit, sondern will auch die Berufstätigkeit partnerschaftlich organisiert haben, damit beide gleichermaßen Zeit für eine künftige Familie aufbringen können. Die anderen deutschen Mädchen stellen sich eine Halbtagsarbeit für den Fall ihrer Familiengründung vor, wünschen aber von ihren künftigen Partnern Unterstützung im Haushalt. Die deutschen Jungen sind konkreten Äußerungen zum Problem der geschlechtsspezifischen Arbeitsteilung im Gespräch ausgewichen.

Ulrike Popp: Kultur ist nicht geschlechtslos. Geschlechterverhältnisse aus der Sicht deutscher und türkischer Mädchen und Jungen, in: Pädagogik, Heft 7/8, 1994, S. 62 ff.; Auszüge

1 Ordnet die einzelnen Äußerungen in einer Übersicht/Tabelle stichwortartig zu:
   - Auffassungen der türkischen Mädchen,
   - Auffassungen der deutschen Mädchen,
   - Auffassungen der türkischen Jungen,
   - Auffassungen der deutschen Jungen.
2 Wie ist eure Auffassung zu den Fragen, um die es hier geht?
   - Vergleicht dazu eure Aussagen zu Aufgabe 2 in Abschnitt 3.2.1.
   - Sprecht darüber in Kleingruppen oder
   - schreibt eure Antwort zu den Fragen in einem (kurzen) Text nieder und vergleicht eure Texte.
3 Fergül spricht ein zentrales Problem der (jungen) Frauen an: die Schwierigkeiten des „doppelten weiblichen Lebensentwurfs". Versucht zu erläutern, was damit gemeint ist.
4 Fergül spricht auch davon, dass ihr berufstätige Eltern erzählt haben, „dass es immer sehr schwer ist", Beruf und Familie miteinander zu vereinbaren.
   - Erklärt im Einzelnen.
   - Vergleicht hierzu auch die Abschnitte 2.3.2 und 2.3.4 sowie den folgenden Abschnitt 3.3.

3.3 Karriere-Knick im doppelten Lebensentwurf

Mädchen und Frauen wollen heute in ihrer Mehrheit
- einerseits in einer Partnerschaft oder Familie leben und auch ein oder mehrere Kinder haben und aufziehen;
- andererseits aber wollen sie mehrheitlich nicht darauf verzichten, einen interessanten, anspruchsvollen Beruf zu erlernen und - zumindest zeitweise - auch auszuüben.

Die zufrieden stellende Vereinbarung dieser beiden Wünsche gelingt den Frauen allerdings häufig nicht.

Selbst wenn sie in einer Partnerschaft ohne Kinder leben, stellen sie oft die eigenen Berufswünsche zurück, um die erfolgreiche Berufslaufbahn („Karriere") des Partners nicht zu behindern.

Und wenn Frauen Kinder haben, dann geht das meist damit einher, dass sie entweder für längere Zeit ganz aus dem Erwerbsleben ausscheiden oder - in Teilzeitarbeit - beruflich nicht recht weiterkommen. Denn nach wie vor werden die meisten Familien ja weitgehend von den Frauen/Müttern „in Gang gehalten" (siehe hierzu Abschnitt 3.1.2).

Die Ehefrau eines Politikers äußerte sich zum Thema „Berufskarriere" in einem Interview:

Ich natürlich

Sie gelten als die selbstbewusste und kritische Frau eines höchst eigenwilligen Politikers. Knistert es deshalb nicht manchmal zwischen Ihnen?

Beruflich muss man Kompromisse eingehen. Es ist nicht möglich, dass Mann und Frau Karriere machen, wenn man eine gute Ehe führen will, in der man intensiv zusammenlebt. In unserem Falle habe ich natürlich die größeren Kompromisse gemacht, mein Mann andere.

Zeitmagazin vom 12.1.1996, S. 6 (Auszug)

Die Benachteiligung von Frauen in Zahlen

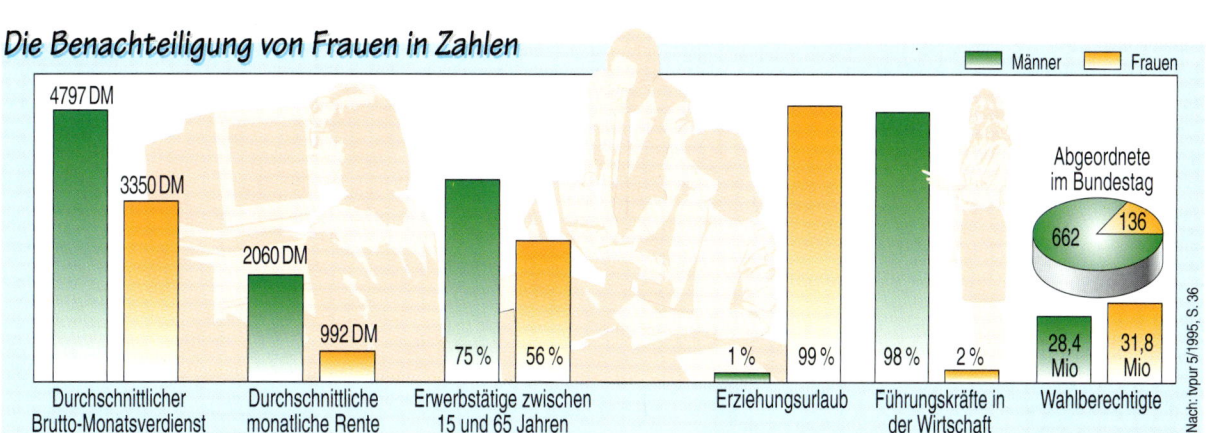

	Männer	Frauen
Durchschnittlicher Brutto-Monatsverdienst	4797 DM	3350 DM
Durchschnittliche monatliche Rente	2060 DM	992 DM
Erwerbstätige zwischen 15 und 65 Jahren	75 %	56 %
Erziehungsurlaub	1 %	99 %
Führungskräfte in der Wirtschaft	98 %	2 %
Wahlberechtigte	28,4 Mio	31,8 Mio
Abgeordnete im Bundestag	662	136

Nach: tvpur 5/1995, S. 36

Bei einer Umfrage in Unternehmen stellte sich zum Thema „Frauen in Familie und Beruf" heraus:

Immer Ärger mit den Chefs

In zwei Dritteln deutscher Unternehmen haben weibliche Mitarbeiter ständig Ärger mit der Geschäftsleitung. Der Streitfall: kranke Kinder. Von den Arbeitgebern wird gerügt, dass ihre Mitarbeiterinnen deswegen häufig zu spät oder gar nicht kommen. Auch würden sie allzu oft aus familiären Verpflichtungen Führungspositionen ablehnen. Zu diesem Ergebnis kommt eine Umfrage des Instituts der deutschen Wirtschaft (IW). In der Teilzeitarbeit, so das Ergebnis der Kölner, sehen 90 Prozent der befragten Unternehmen eine Chance, den Interessenkonflikt zwischen Beruf und Familie besser in den Griff zu bekommen.

Wirtschaftswoche vom 17.11.1994, S. 110

Zum Thema „Frauen in Chefetagen" meldete eine Tageszeitung:

Selten an der Spitze

Was die Spitzenpositionen im Berufsleben angeht, haben Frauen noch einen großen Nachholbedarf. So arbeiteten 1993 nur 2,4 Prozent aller Frauen mit Hochschulabschluss in Spitzenjobs.
Bei den Männern hatte dagegen beinahe jeder zehnte Akademiker (= Hochschulabsolvent) eine Führungsposition als Direktor, Betriebsleiter oder Amtsleiter. Diese Zahlen teilte das Statistische Bundesamt in Wiesbaden am Dienstag mit.
Rund 6,6 Prozent der Frauen mit Hochschulabschluss erreichten eine Beschäftigung auf der Ebene von Sachgebietsleitern oder Handlungsbevollmächtigten, bei den Männern waren es fast doppelt so viele.

Frankfurter Rundschau vom 17. 1. 1996, S. 30

In einem Aufruf zum „Internationalen Frauentag" am 8. März hieß es:

Ohne Frauen geht es nicht

„Es reicht! – Frauen setzen sich zur Wehr". Unter diesem Motto bereiten Frauen verschiedenster Organisationen und Initiativen Deutschlands ersten FrauenStreikTag am 8. März 1994 vor. Warum?
- Weil trotz aller gewerkschaftlichen Erfolge Frauenlöhne immer noch 30 Prozent unter denen der Männer liegen;
- weil Frauen, obwohl sie im Schnitt die besseren Schulabschlüsse haben, bei der Vergabe von zukunftsorientierten Ausbildungsplätzen den Kürzeren ziehen;
- weil Frauen sich an Weiterbildungskursen und Umschulungsmaßnahmen beteiligen, um sich fit für ihren Arbeitsplatz oder den Arbeitsmarkt zu machen, um dann doch eher als der männliche Kollege den „blauen Brief" zu bekommen oder sich auf dem Arbeitsamt oder beim Bewerbungsgespräch sagen lassen zu müssen, dass frau mit Kindern sowieso nicht ... oder frau ab 45 schon zu alt sei für einen Neuanfang;
- weil allen Kindern ab 1996 das Recht auf einen Kindergartenplatz zusteht und zu befürchten ist, dass die dafür nötigen Finanzmittel nicht von der Bundesregierung zur Verfügung gestellt werden;
- weil Millionen von Frauen, vor allem im Osten, ihre Arbeitsplätze verlieren. 62 Prozent der Arbeitslosen in den neuen Bundesländern sind Frauen. Hinzu kommen die vielen Frauen, die in Kurzarbeit oder so genannten Arbeitsbeschaffungsmaßnahmen tätig sind;
- weil Frauen in Ost und West besonders vom Abbau der Sozialleistungen betroffen sind;
- weil ungefähr drei Viertel aller Rentnerinnen weniger als 1000 DM Rente im Monat zur Verfügung stehen;
- weil immer noch Männer die Strukturen von Parteien und Gewerkschaften prägen und dort mit ihrer Mehrheit über frauenpolitische Fragen bestimmen.

UNS REICHT'S! – Frauen rufen auf zum FrauenStreikTag am 8. März 1994.
Sie wollen die Teilhabe an allen gesellschaftlichen Entscheidungen entsprechend ihrem zahlenmäßigen Anteil an der Bevölkerung.
Sie wollen die gleichmäßige Verteilung der bezahlten und unbezahlten Arbeit unter Männern und Frauen. Sie wollen eine eigenständige Existenzsicherung für jeden erwachsenen Menschen. Sie fordern Gleichberechtigung aller Lebensformen. Sie wollen, dass alle Menschen, nichtweiß oder weiß, angstfrei und sicher bei und mit uns leben können.
Am 8. März 1994 wollen Frauen sich in den Betrieben, auf der Straße, auf Arbeits- und

Sozialämtern, in Kaufhäusern und in Pornoläden in phantasievoller Weise sichtbar und hörbar machen.
FrauenStreikTag, das heißt: Frauen verweigern die ihnen zugeordneten Tätigkeiten, damit die Gesellschaft endlich erkennt: Ohne Frauen geht es nicht!

Zitiert nach: Kunst & Kultur, Nr. 1/1994, S. 27

1 Woran liegt es, dass oft nicht beide Eheleute eine zufrieden stellende Berufskarriere machen können? Versucht im Einzelnen zu erklären.
2 Schildert im Einzelnen den Tagesablauf in unterschiedlichen Familien mit berufstätigen Eltern. Versucht gemeinsam einen mehrteiligen Comic dazu zu machen. Als „Musterfamilien" könnt ihr beispielsweise auch die Familien aus den „Frühstücksgesprächen" in Abschnitt 2.1.1 nehmen.
3 Vor welchen Problemen stehen vor allem die berufstätigen Mütter?
Zu welchen Zeitpunkten im Leben einer berufstätigen Mutter gibt es einen „Karriere-Knick"? Erklärt.
4 Welche Karriere-Möglichkeiten stehen bei Teilzeitarbeit offen?
- Erfragt Erfahrungen dazu von Frauen im Bekanntenkreis, vergleicht die Informationen.
- Erkundigt euch auch beim Arbeitsamt oder im Büro der örtlichen Gleichstellungsbeauftragten.
5 Thema „FrauenStreikTag":
- Welche direkte Wirkung soll er haben? Auf wen?
- Vergleicht: ein Streik (= Arbeitskampf) im herkömmlichen Sinn (siehe Abschnitt 9.4) und der „FrauenStreikTag".
- Wenn du den streikenden Frauen am „Internationalen Frauentag" in deinem Lieblingskaufhaus begegnen würdest – was würdest du dann tun?
6 Vergleicht die Situationsschilderung im Aufruf zum 8. März mit den Forderungen in diesem Aufruf.
Vergleicht die Angaben im Aufruf auch mit den Angaben im Schaubild „Die Benachteiligung von Frauen in Zahlen". Versucht zu klären, welche Forderungen von der Politik und welche von den Unternehmern erfüllt werden müssten.

Besondere Hilfen für die Hälfte der Bevölkerung

Ende der 60er-Jahre begannen zahlreiche junge, aber auch ältere Frauen in der Bundesrepublik auf die vielfältigen, großen Benachteiligungen der Mädchen und Frauen im privaten und gesellschaftlichen, im wirtschaftlichen und politischen Bereich aufmerksam zu machen. Sie forderten die Emanzipation der Frau, das heißt die Ermöglichung ihrer vollständigen, freien Selbstbestimmung und die Aufhebung jedweder Unterdrückung und Benachteiligung. Die Kritik und die Forderungen dieser außerparlamentarischen Frauenbewegung wurden (zumindest teilweise) von Gewerkschafterinnen und Politikerinnen in den Parteien aufgegriffen, sodass die Mädchen und Frauen in den folgenden drei Jahrzehnten mehr Gleichberechtigung und etwas mehr tatsächliche Gleichstellung erreichen konnten.
1986 wurde in der Bundesrepublik erstmals auf Bundesebene ein Frauenministerium eingerichtet. Inzwischen haben alle Bundesländer ebenfalls Frauenministerien bzw. Landesfrauenbeauftragte (in NRW: Ministerium für die Gleichstellung von Frau und Mann). In den Städten und Gemeinden gibt es Frauenbüros oder Gleichstellungsbeauftragte, in vielen Behörden Frauenbeauftragte.

Karikatur: Hogli

Der Anteil weiblicher Mitglieder in den Parteien ist deutlich geringer als der Männeranteil. Der Anteil weiblicher Abgeordneter in den Parlamenten ist ebenfalls vergleichsweise gering (im Bundestag Mitte der 90er-Jahre 26,3 %; in den Landesparlamenten zwischen 11 % und 38 %). Umso wichtiger sind die zuvor genannten Einrichtungen.
Sie sollen sich in allen Bereichen des gesellschaftlichen Lebens für die Gleichstellung von Frau und Mann einsetzen, insbesondere
- Mädchen und Frauen über ihre Rechte und Fördermöglichkeiten (etwa bei der Berufsausbildung, im Beruf und bei der geplanten Rückkehr in den Beruf) informieren, sie beraten und unterstützen;
- behördliche Planungen und staatliche Maßnahmen daraufhin überprüfen, ob sie mit dem Grundsatz der Gleichberechtigung von Mann und Frau vereinbar sind;
- auf Benachteiligungen von Mädchen und Frauen aufmerksam machen;
- Vorschläge zur Förderung von Mädchen und Frauen ausarbeiten.

4 Freizeit – mehr als Leerzeit

Schule und Arbeit sind längst nicht alles. Die Zeit danach – am Nachmittag, am Abend, an den Wochenenden, in den Ferien –, die verspricht Aufregung und Anregung, Neues und Interessantes, Freiheit und Abenteuer. Oder doch nicht? Nicht immer? Nicht für alle?
In den zurückliegenden Jahrzehnten seit Bestehen der (früheren) Bundesrepublik Deutschland hat die durchschnittliche Wochenarbeitszeit der Erwerbstätigen stetig abgenommen, gleichzeitig ist die Zahl der jährlichen Urlaubstage angestiegen (siehe hierzu Abschnitt 9.1.1).
Auch sind in Deutschland die Ausgaben der Bevölkerung für die Freizeit seit vielen Jahren angewachsen. Insofern kann gesagt werden, dass Freizeit in Deutschland immer mehr an Bedeutung gewonnen hat.
Dabei soll hier unter „Freizeit" diejenige Zeit verstanden werden, die nicht mit Pflichten wie z. B. Berufs- und Hausarbeit, Schule und Weiterbildung, Essen und Schlafen verplant und fremdbestimmt, sondern zur selbstgewählten, freien Verfügung ist.
Auf den folgenden Seiten dieses Kapitels werden einige Teilbereiche von Freizeit beleuchtet:
- die oft hartnäckigen und einfallsreichen Bemühungen von Mädchen und Jungen um bessere (äußere) Bedingungen zur Freizeitgestaltung;
- die vielen unterschiedlichen, manchmal vielleicht zu wenig beachteten Freizeitangebote in den meisten Städten/Gemeinden;
- im letzten Teil des Kapitels aber auch: Probleme rund um die Freizeit und den Tourismus.

Von einem großen Problem mancher Mädchen und Jungen ist allerdings hier nicht die Rede: von der Langeweile ...

4 Freizeit – mehr als Leerzeit

4.1 Jetzt geht's los!

Das Fernsehen gehört bei Kindern und Jugendlichen zu den beliebtesten – und zeitaufwendigsten – Freizeitbeschäftigungen. (Näheres zum Thema „Fernsehen" in Kapitel 6.)
Aber: Es gibt ja auch noch ein Leben jenseits des Fernsehens.
Und: Es gibt (zunehmend mehr) Kinder und Jugendliche, die sich vielfältige Möglichkeiten der Freizeitgestaltung wünschen – und selbst mit dafür sorgen, dass aus den Wünschen Wirklichkeit wird.
Auf den folgenden Seiten könnt ihr einige Mädchen und Jungen kennen lernen, die nicht länger auf Angebote warten wollten, sondern selbst etwas getan haben für ihre Freizeitinteressen.
Sind Tipps für euch dabei?

4.1.1 Freie Zeit hätten wir schon …

Die Schülerinnen und Schüler der Klasse 7g^2 sprachen über ihre Freizeit. Es stellte sich heraus, dass sie zwar genug freie Zeit haben, dass aber in ihrem Stadtteil – einer Neubau-Trabantenstadt am Rande einer Großstadt – kaum Möglichkeiten gegeben sind, die freie Zeit auch so zu nutzen, dass es Spaß macht. Ob die anderen Kinder und Jugendlichen im Stadtteil auch so dachten?
Die Schülerinnen und Schüler der 7g^2 wollten es wissen. Sie machten Interviews und werteten die Antworten der befragten Kinder und Jugendlichen aus. Das Ergebnis: Den meisten geht es wie den Schülerinnen und Schülern der 7g^2: „Im Stadtteil ist nichts los. Unser Stadtviertel ist eine langweilige Schlafstadt."
Die Klasse 7g^2 aber hatte schon begriffen: Etwas zu wissen nützt noch nicht viel, um das, was den meisten nicht gefällt, zu ändern.
Darum malten die Schülerinnen und Schüler der 7g^2 Plakate und hängten sie in der Schule auf; sie verfassten ein Flugblatt und verteilten es unter den Mitschülerinnen und Mitschülern der anderen Klassen; sie schrieben an den Stadtrat [= Kommunalparlament]; sie luden einen Reporter der Lokalzeitung ein und berichteten ihm über ihre Untersuchung und über Änderungsvorschläge.
Die Schülerinnen und Schüler aus der 7g^2 wollten einen Anstoß dazu geben, die missliche Lage in ihrem Viertel zu verändern: eine Freizeit-Initiative.

„Wir sind neu hier, deshalb hängt meine Frau abends immer die Fahne raus."
Karikatur: Toussaint

Sehr geehrte Damen und Herren!

Wir, die Klasse 7g2 der Norbert Hauptschule untersuchten im Deutschunterricht die vorhandenen Möglichkeiten für unsere Freizeitgestaltung. Wir befragten hierzu 75 Schüler unserer Schule.

Das Ergebnis unserer Befragung zeigt deutlich, daß Freizeitmöglichkeiten kaum vorhanden sind: über 81% der Befragten sind mit dem Angebot nicht zufrieden. Sie können nur auf der Straße spielen oder zuhause. Nach unseren Befragungen sehen 66% die meiste Zeit fern oder hören Musik. Zwar finden 58% das Jugendheim (707) gut, aber auch nur wieder teilweise, weil es nur an 3 Tagen geöffnet ist. 75% der Befragten fordern ein Hallenbad. Weitere Wünsche sind ein Kino und eine Discothek.

Bitte schreiben Sie uns, was für uns Jugendliche in nächster Zeit von Ihnen geplant ist.

Mit freundlichen Grüßen im Auftrage der Klasse 7g2.

[...] nnt ihr Stadtteile wie auf der Abbildung hier?

[...] as fehlt solchen Stadtteilen – außer [vi]elleicht einem Hallenbad, einem Kino oder einer Disko?

[Ste]llt zusammen: Freizeitmöglichkeiten in unserem Stadtteil.
[Un]terscheidet:
- drinnen (z. B. Jugendheim) und draußen (z. B. Sportplatz);
- für Jüngere – für Ältere;
- öffentliche Einrichtungen (z. B. Stadt oder Kirchengemeinde als Träger) und Privatunternehmen.

3 Fehlen dir in eurem Stadtteil Freizeiteinrichtungen? Welche? Ließe sich das ändern? Lest hierzu auch Aufgabe 3 im nächsten Abschnitt.

4.1.2 Anfangen ist gar nicht so einfach

Die Wünsche der Klasse 7g² sind groß. Meistens aber kommt von den Politikerinnen und Politikern der Hinweis, dass es an Geld fehlt um alle Wünsche der Menschen in einer Stadt zu befriedigen. Denn das Geld, das für ein neues Jugendheim oder ein Hallenbad nötig ist, wird vielleicht dringender gebraucht, um ein, zwei Schulen endlich zu renovieren (vgl. Abschnitt 7.2.2 und 13.2.1). Und wenn Geld vorhanden ist, um im Freizeitbereich etwas Neues zu schaffen, melden sich aus allen Stadtteilen Bürgerinnen und Bürger, um auf ihre besondere Situation in ihrem Stadtteil hinzuweisen ...

Die Freizeit-Initiative der 7g² stieß auch auf Schwierigkeiten:
- Der Rektor gestattete nicht, dass die Plakate außen an der Schule so aufgehängt wurden, dass auch die Vorübergehenden sie lesen können.
- Einige Mitschülerinnen und Mitschüler behaupteten: „Das hat ja doch keinen Zweck."
- Der Stadtrat antwortete nicht auf den Brief der Schülerinnen und Schüler.
- Der Zeitungsbericht war nicht sehr gut, weil der Reporter teilweise falsch berichtete und wichtige Informationen weggelassen hatte.

1 Überlegt Gründe, die der Rektor geltend gemacht haben könnte.
2 Was könnten die Schüler und Schülerinnen der 7g² denen sagen, die die Initiative von vornherein für zwecklos halten?
3 Wenn ihr es genau wissen wollt: Ihr könnt – in kleinen Gruppen – eine Untersuchung machen:
- Wie teuer ist der Bau eines Hallenbades mittlerer Größe und Ausstattung?
- Wie teuer ist der Bau eines Jugendzentrums?
- Welche Kosten fallen regelmäßig an um solche Einrichtungen zu betreiben (z. B. Löhne und Gehälter)?
- Für wie viele Kinder/Jugendliche werden solche Einrichtungen geplant, damit sie ausgelastet sind, also immer von vielen genutzt werden und nicht leer stehen?
- Wie viel an Eintrittspreisen kann von den Benutzerinnen und Benutzern erhoben werden?
- Wie hoch ist der Anteil der Einnahmen aus Eintrittspreisen an den Gesamtkosten der Einrichtung?

Im Rathaus (z. B. bei der Bürgerinformation oder beim Amt für Öffentlichkeitsarbeit) könnt ihr herausfinden, wie ihr an die Fachleute herankommt, die euch solche und ähnliche Fragen beantworten können.

Methode: Expertenbefragung, S. 132

4 Hallenbäder, Kinos, Diskotheken und andere Freizeiteinrichtungen werden auch von Privatunternehmen gebaut und betrieben – oft größer und glitzernder als städtische Einrichtungen.

49

4 Freizeit – mehr als Leerzeit

Half-Pipe – selbst gebaut

Jan und Max und 48 andere haben ihrem Stadtrat geschrieben

4.1.3 Glück gehabt? Nicht nur!

Jan und seine Freunde in Berlin-Reinickendorf sind wie die Schülerinnen und Schüler der 7g^2 aktiv geworden und – sie hatten Erfolg.

Die Unterschriftensammlung

Die Reinickendorfer Spielplatzkommission hatte zu ihrer jüngsten Sitzung nicht alltäglichen Besuch. Jan W. (13) war auf Einladung von Jugendstadtrat Wolfgang B. mit seinen Freunden erschienen.

Jan und seine Freunde haben an ihrem Spielplatz eine Menge auszusetzen. Bei ihnen gibt es auf dem Falkenplatz nur ein Kletterhäuschen und Spielgerät für die Kleinen. „Für uns – und wir werden bald 14 – ist da gar nichts. Zum nächsten Spielplatz müsste ich mit dem Bus fahren, das fänden meine Eltern bestimmt nicht gut", erzählt Jan. Nach Meinung der Kids fehlt für ihren Treffpunkt ein Feld für Streetball und eine Half-Pipe zum Skateboard-Fahren. Mit einer Unterschriftensammlung in seiner Schule wollte Jan der Forderung Nachdruck verleihen. Er schrieb einen Brief an den Jugendstadtrat, den er zusammen mit der Unterschriftenliste in der Schule aushängte. Mit Unterschriften von 50 Kindern ging der Brief auf die Reise ins Bezirksamt.

„Die Kids haben sich ganz schön gewundert, dass sie sofort eine Antwort erhalten haben. Dabei sollte diese Möglichkeit des direkten Kontaktes viel mehr genutzt werden", so der Jugendstadtrat. Er habe die Jugendlichen eingeladen um mit ihnen über eine Lösung des Problems zu beraten.

In der Spielplatzkommission wurde entschieden, dass das Bezirksamt die gewünschte Streetballanlage bauen wird. Außerdem wird den Jugendlichen das Material für die Half-Pipe bereitgestellt. Die Anlage können sie sich mit Unterstützung nach ihren Vorstellungen selbst bauen.

Nach: Berliner Zeitung vom 16.12.1994, S. 22

Warum wünschen sich die Schülerinnen und Schüler der 7g^2 diese Einrichtungen aber von der Stadt?
5 Was meint ihr zu dem Brief der Klasse 7g^2 an den Stadtrat?
Warum wohl kam keine Antwort? Wie hättet ihr einen solchen Brief formuliert?
Wie könnte die 7g^2 doch noch eine Antwort bekommen?

1 Vergleicht die Aktion von Jan und seinen Freunden mit dem Vorgehen der Klasse 7g^2: Wo sind die Unterschiede, wo ähneln sich die Vorgehensweisen?
2 Sind Skateboards noch „in"? Wo sind in eurem Stadtteil die Plätze, auf denen ihr euren Lieblingssport treiben könnt? Wie sieht es auf diesen Plätzen aus? Werden sie viel genutzt? Könnt ihr sie weiterempfehlen?

Lest hierzu auch die folgende Frage 5.

3. *Auch eine Art von Bürgerbeteiligung: Jan und seine Freunde sollen beim Bau der Half-Pipe mit Hand anlegen.*
   Hättest du Lust, beim Bau einer Half-Pipe oder eines anderen Spielgeräts mitzuhelfen?
4. *Was meint ihr zu der Reaktion der Spielplatzkommission und des Jugendstadtrats auf die Initiative von Jan und seinen Freunden?*
   Welche Erfahrungen in Sachen „Freizeiteinrichtungen" habt ihr mit Politikerinnen oder Politikern in eurer Stadt/Gemeinde gemacht?
5. *Erörtert miteinander das folgende Vorhaben:*
   - *Ihr untersucht möglichst genau jeden einzelnen Spiel- und Sportplatz in eurem Stadtviertel:*
     Wie ist der Allgemeinzustand? Welche Möglichkeiten zum Spielen und zu sportlicher Betätigung (außerhalb eines Vereins) gibt es für welche Altersgruppen von Kindern und Jugendlichen? Was müsste repariert oder erneuert werden? Welche zusätzlichen Spiel- und Sportmöglichkeiten gäbe es auf dem jeweiligen Platz?
   - *Ihr macht einen Bericht – wenn möglich auch mit Fotos, einer Lageskizze und Ähnlichem – und schickt diesen Bericht an die verantwortlichen Politikerinnen und Politiker eures Stadtteils.*

Methode: *Dokumentation, S. 68*

Ganz gute Erfahrungen mit Politikerinnen und Politikern haben auch die 14- bis 18-jährigen Nadin, Marianne, Peter, Robert, Julia und ihre Freundinnen und Freunde gemacht.
Unser folgendes Beispiel stammt – zufällig – noch einmal aus Berlin, diesmal aus dem Stadtbezirk Treptow.

Projekt FUN FUN

Ein Kinder- und Jugendbüro für Acht- bis 16-jährige ist am vergangenen Sonnabend in der Defregger Straße 2 eröffnet worden. Das vom Senat [= Landesregierung Berlins] geförderte Projekt des Vereins „FUN FUN – Kinder in Treptow" will ein Anlaufpunkt sein und die Kreativität der Jugendlichen fördern.
Bunte Luftballons an der Tür, im Schaufenster der Schriftzug FUN FUN in den Farben des Regenbogens. Dichtes Gedränge im Eingangsraum – zahlreiche Jugendliche wollen bei der Eröffnung ihres Büros dabei sein.
„Wir sind zufrieden, dass wir diese Einrichtung geschaffen haben", betont Jugendstadtrat Joachim Stahr. Hier könne man sehen, dass mit wenig Geld viel zu machen sei.
Etwa 20 Kinder und Jugendliche hatten bei der Renovierung der drei Räume, Küche und Toilette kräftig mit angepackt.
Mehrere Treptower Firmen unterstützten das Projekt mit Spenden, preisgünstigem oder kostenlosem Material. „Auch zahlreiche Bürger aus der Nachbarschaft haben geholfen", bestätigt Rosel Däuble vom Verein. Nach anfänglichen Bedenken der Hausbewohner besteht jetzt ein guter Kontakt.
Nadin, Marianne, Peter und Robert gehören zu einer Gruppe 14- bis 19-Jähriger, die gemalt haben. „Wir wollten nicht auf der Straße sein und uns langweilen", sagen sie. Eigentlich fühlen sie sich schon zu alt für das Büro, sie möchten am liebsten etwas Eigenes auf die Beine stellen.
„Ich finde es super hier, so etwas hatten wir bisher nicht", freut sich Julia. Die 15-Jährige möchte gern in der Reportergruppe mitmachen, die eine eigene Zeitung herausgeben will.
Ein „Runder Tisch der Kinder" soll die Politiker anregen, stärker die Bedürfnisse junger Menschen zu berücksichtigen.
Es soll ein offener Ort sein, wo Kinder auf ihre Art zusammenkommen, sich „ausquatschen" können.
„Wir wollen für sie da sein, für ihre Probleme, wenn sie Partner brauchen", versprechen Sascha Grammann und Alexandra Friedo vom Vorstand des Vereins.

Nach: Berliner Zeitung vom 27.2.1995, S. 19

6. *Stellt zusammen: wichtige Aufgaben eines Kinder- und Jugendbüros. Einige Aufgaben werden im Zeitungsbericht ja bereits genannt.*
7. *Warum wohl unterstützen Firmen und Nachbarn das neue Büro in Treptow? Was versprechen sie sich davon?*
   Welche Folgen hat die Hilfe aus der Umgebung für die Jugendlichen, die dort verkehren?
8. *Das Kinder- und Jugendbüro in Treptow betreibt ein privater, vom Berliner Senat (= Landesregierung) unterstützter Verein. Warum betreibt der Staat das Büro nicht selbst?*
9. *Gibt es in eurem Stadtteil/in eurer Stadt auch ein Kinder- und Jugendbüro? Erkundigt euch, zum Beispiel beim Jugendamt im Rathaus. Du könntest das Kinder- und Jugendbüro in deiner Stadt ja mal aufsuchen und dann im Unterricht von deinem Besuch berichten.*
10. *Unsere beiden Beispiele hier stammen – zufällig – aus Berlin. Wer sich umhört und umsieht, kann Ähnliches auch anderenorts erfahren. Was habt ihr in eurer Stadt erfahren?*
11. *Erläutert die Überschrift zu diesem Abschnitt anhand der beiden Zeitungsberichte.*

4.1.4 Wie ein Stein ins Rollen kommt

Was die Schülerinnen und Schüler der Klasse $7g^2$, was Jan und seine Freunde, was Nadin, Marianne, Julia und all die anderen versucht haben (siehe die vorangegangenen Abschnitte), das geschieht recht häufig:
Menschen, die ein gemeinsames Problem lösen wollen, schließen sich in einer Bürgerinitiative zusammen und legen los.
Zwar gibt es die Politikerinnen und Politiker in den Parlamenten, die Parteien und Behörden, die sich um vieles kümmern; doch häufig hilft ihnen erst eine Bürgerinitiative „auf die Sprünge".
Wie so etwas anfangen kann, ist im Kasten „Eine Initiative entsteht" zu lesen.

1. *Die Darstellung im Kasten „Eine Initiative entsteht" (S. 52) ist natürlich nicht vollständig. Ihr könnt sie an verschiedenen Punkten ergänzen.*
   Nehmt konkrete Beispiele dazu, etwa aus den vorhergehenden Abschnitten.
2. *Bezieht die Darstellung im Kasten „Eine Initiative entsteht" auf*
   - *die Klasse $7g^2$,*
   - *Jan und seine Freunde,*
   - *das Projekt „FUN FUN":*
   Welche einzelnen Schritte wurden jeweils von wem getan?
3. *Wenn ihr Erfahrungen mit einer Bürgerinitiative in eurem Stadtteil habt, berichtet darüber.*
   Versucht Mitglieder einer Initiative aus eurem Stadtteil einzuladen und befragt sie. Oder: Geht hin und berichtet in der Klasse von eurem Besuch.

51

Eine Initiative entsteht

Ein Problem wird erkannt

Gespräche über ein gemeinsames Problem; erste Fragen und Ideen zur Lösung des Problems

Ist das nur unser Problem oder ein Problem von vielen?
Können wir es selbst lösen?
Wer ist politisch verantwortlich für die Lösung des Problems?
Gibt es schon Lösungsvorschläge?
Was wird es kosten?
Lohnt sich der Aufwand?
Gibt es dringlichere Probleme für die Verantwortlichen, für uns?

Ist unsere Idee zur Problemlösung überhaupt machbar?
Würde jemand anderes dadurch Nachteile haben?
Welche Hilfen brauchen wir?
Welche Schwierigkeiten sind zu erwarten? Von welcher Seite?
Werden wir selbst Nachteile haben?
Ist unsere Lösung dauerhaft?

Eine Initiative wird gegründet

Der Entschluss, das Problem gemeinsam anzugehen; Pläne werden geschmiedet

Wir müssen uns regelmäßig treffen.
Wir brauchen vielleicht etwas Geld.
Wir müssen noch andere für unsere Pläne gewinnen.
Wir müssen mit den anderen Betroffenen ins Gespräch kommen.

Die Pläne der politisch Verantwortlichen sind zu prüfen.
Die Arbeit muss auf alle verteilt werden.
Wir brauchen einen Zeitplan für die Arbeit.
Wir brauchen fachkundige Hilfe und Beratung.

Andere werden einbezogen

Andere, die von dem Problem auch betroffen sind, werden befragt:
Wen wollen wir befragen?
Wie viele wollen wir befragen?
Wonach fragen wir genau?
Wer hilft uns den Fragebogen zu machen?
Wann muss die Befragung beendet sein?

Die Befragung wird ausgewertet:
Wie viele haben unsere Fragen beantwortet?
Waren unsere Vermutungen richtig?
Hat es neue gute Vorschläge gegeben?
Wie viele wollen mit uns mitmachen?
Wie informieren wir die Befragten darüber, wie es weitergeht?
Hat es Zweck, an der ganzen Sache weiterzuarbeiten?

Fachkenntnisse werden gesammelt.

Erfahrungen anderer werden ausgewertet.

Vorschläge zur Lösung des Problems werden erörtert.

Die Öffentlichkeit wird informiert

Direkt und indirekt Betroffene, z. B.
- Mitschüler/innen der eigenen Schule
- Schülervertretung
- die Schülerinnen und Schüler anderer Schulen im Stadtteil
- alle Jugendlichen im Stadtteil

Die politisch Verantwortlichen, z. B.
- die Abgeordneten des Stadtparlaments, die im Stadtteil wohnen
- alle Abgeordneten des Stadtparlaments

- der Jugendausschuss des Stadtparlaments
- die politischen Parteien in der Stadt

Mittel der Öffentlichkeitsarbeit, z. B.
- persönliche Gespräche
- Leserbriefe in der Lokalzeitung
- Gespräche mit der Redaktion des Lokalfunks
- Flugblätter und Plakate
- öffentliche Versammlungen
- Videos

Mögliche Verbündete, z. B.
- Lehrerinnen und Lehrer
- Eltern
- Sozialarbeiterinnen/Sozialarbeiter im Stadtteil
- Pastor/Pastorin und Kirchenvorstand
- Jugendverbände und Vereine im Stadtteil
- Geschäftsleute
- ältere Geschwister
- Besucher/innen in Jugendklubs/Jugendtreffs

4.2 Im bunten Alltagstrott

Befragungsergebnisse bei Kindern und Jugendlichen über ihre Freizeitmöglichkeiten und die Freizeitangebote in ihrer Umgebung muten oft widersprüchlich an:
- Einerseits sind die meisten im Großen und Ganzen mit den Freizeitangeboten zufrieden.
- Andererseits wünschen sich die meisten doch noch dies und das – meistens ein Kino, eine Disko.

Für diejenigen, die Lust auf mehr als auf Kino und Disko haben und ihre Alltagsfreizeit bunter färben möchten, gibt es in diesem Abschnitt einige Anregungen.
Beim näheren Hinschauen sind in jeder Gemeinde/Stadt allerhand Freizeitangebote zu entdecken – auch solche, die nicht gleich gar zu viel vom Taschengeld verschlingen.
Doch abgesehen vom Geld gibt es für Jugendliche (und Eltern) nicht selten auch noch ganz andere Probleme: vor oder nach dem Freizeiterlebnis ...

4.2.1 Bitte schön – Freizeitangebote

In einem „normalen" Landkreis mit ca. 150 000 Einwohnerinnen und Einwohnern werden von den Gemeinden, Kirchen und (Jugend-)Verbänden mindestens die folgenden Freizeitangebote für Kinder und Jugendliche gemacht.

Backen	Fotokurs	Kirchliche Gruppentreffen	Popgymnastik
Basketball	Fußball		Puppenspiel
Basteln	Ernährungsberatung	Klassenfeten	Reportergruppe
Beratung für junge Arbeitslose	Gitarrenkurs	Kochkurs	Schach
	Graffitiprojekt	Kraftsport	Schreibwerkstatt
Bildungsveranstaltungen	Halma	Kreativkurse	Schülerselbsthilfe
Billard	Holzwerkstatt	Laienspiel	Skatgruppe
Briefmarkenzirkel	Infothek für Jugendliche	Mädchengruppe	Spielabende
Clubchronik	Jugendberatung	Malen	Spiele draußen
Computerclub	Jugendcafé	Medienprojekt	Sport
Computerkurs	Jugendmusik	Münzenzirkel	Sprachkurse
Disko	Jugendreisen	Musikcafé	Tagescafé
Diskussionsrunden	Jugend- und Rentnertreff	Musikveranstaltungen	Tanzkurs
Dritte-Welt-Laden	Jugendzeitung	Musikwerkstatt	Teestube
Erste-Hilfe-Kurs	Kegelbillard	Naturschutz-Projektarbeit	Tischtennis
Fahrradwerkstatt	Keramikkurs		Töpferkurs
Ferienlager	Kinderberatung	Ökologiekurs	Videokurs
Fernsehabende	Kinderdisko	PC-Spiele	Volleyball
Feste	Kinderfeste	Plakatwerkstatt	Zeitungsprojekt
Filme	Kindermusiktheater	Pool-Billard	Zweiradwerkstatt

Organisiertes Vergnügen

Anfang der 90er-Jahre finden sich fast 60 % der Deutschen in mehr als 280 000 Vereinen zusammen. Nicht wenige gehören gleich mehreren Vereinen an.
Den größten Zuspruch haben die Sportvereine mit etwa 23 Millionen Mitgliedern.
Beispielsweise hat der Deutsche Fußball-Bund 5,3 Millionen Mitglieder, der Deutsche Turner-Bund 4,3 Millionen, der Deutsche Tennis-Bund 2,3 Millionen, der Deutsche Schützenbund 1,4 Millionen und der Deutsche Leichtathletik-Verband 850 000 Mitglieder.

Mehr als ein Drittel (35 %) der Mitglieder des Deutschen Sportbundes ist jünger als 22 Jahre. Mädchen und Frauen sind in Sportvereinen noch in der Minderheit: Gut 60 % der Vereinsmitglieder sind männlichen Geschlechts.
Auf die Sportvereine folgen nach der Zahl ihrer Mitglieder z.B. Automobilclubs mit knapp 13 Millionen, Jugendvereinigungen mit 8,5 Millionen, Musikvereinigungen mit 6,5 Millionen, Umweltvereinigungen mit 4 Millionen, Traditions- und Brauchtumsvereine mit 3,6 Millionen, Wandervereine mit 2 Millionen, Tierliebhaberclubs mit 1,25 Millionen, Kleingartenvereine mit 750 000 Mitgliedern.

4 Freizeit – mehr als Leerzeit

Meine Freizeit

Klasse .... Datum der Umfrage..................

Mädchen ☐   Junge ☐   Mein Alter ☐ Jahre

① Meine tägliche Freizeit insgesamt   ☐ Minuten

② Meine Lieblingsbeschäftigungen in der Freizeit

.... ☐ Minuten täglich
.... ☐ Minuten täglich
.... ☐ Minuten täglich
.... ☐ Minuten täglich

③ Ins Jugendzentrum gehe ich
   ☐ regelmäßig   ☐ manchmal   ☐ nie

④ Vereinen, Clubs oder Jugendgruppen gehöre ich *nicht* an, weil
   ☐ meine Freundinnen/Freunde dort auch nicht sind
   ☐ die Mitgliedsbeiträge und sonstigen Kosten zu hoch sind
   ☐ es in der Nähe keine interessanten Angebote gibt
   ☐ mir die Zeit dazu fehlt

Außer den zuvor genannten Angeboten gibt es in vielen Städten und Gemeinden auch noch:
Musikschulen, Ballettschulen, Malschulen, Computer- und Hackerclubs, Malteser-Hilfsdienst, Deutsches Jugendrotkreuz, Arbeiter-Samariter-Bund, Umweltschutz-Jugendgruppen, Gewerkschaftsjugend, Modelleisenbahner und andere Modellbauer, Jugendorganisationen der Parteien, Nähkurse, Ikebana-Kurse bei der Volkshochschule, Amateurfunker, Fitnesscenter, Kirchenchöre, Rotary-Jugendclubs, Ahnenforscher, Hobby-Imker, Drehorgelfreunde, Glockenspieler, Goldwäscher, Indianer- und Cowboyclubs, Magierclubs, Zinnfigurensammler ...

1 Ist schon etwas dabei, was dich zum Mitmachen reizen würde? Mehrfachnennungen sind möglich!
2 Welche Erfahrungen hast du mit den Freizeitangeboten in Jugendzentren, Jugendclubs und ähnlichen Einrichtungen?
3 Über Vereine, die Kinder und Jugendliche meist auch gern aufnehmen, könnt ihr euch im Kasten „Organisiertes Vergnügen" auf der vorigen Seite informieren.
4 Findet heraus, welche der hier aufgezählten Vereine, Clubs, Freizeitzirkel es in eurer Stadt/Gemeinde gibt und ob sie Jugendgruppen haben.
5 Schreibe auf:
Gruppen, Clubs und Vereine zur Freizeitgestaltung finde ich gut, denn ...
oder:
Organisierte Vereinsfreizeit passt mir nicht, weil ...
Diskutiert miteinander über eure Texte.
6 Weißt du inzwischen, was du demnächst mit deiner Langeweile anfangen wirst?
7 Ihr könnt in eurer Klasse eine Umfrage über eure Freizeitbeschäftigungen machen.
Zur Arbeitserleichterung ist hier ein (unvollständiger!) Entwurf für einen Fragebogen abgedruckt.

– *Wie sollen die einzelnen Fragen eurer Freizeitumfrage lauten?*
Methode: Befragung, S. 55
– *Die Statistik, also das Ergebnis eurer Umfrage, könnt ihr in einem Schaubild darstellen. Macht einen Entwurf.*
– *Ob es sich lohnt, dieses Schaubild anderen Klassen in eurer Schule zu zeigen?*

4.2.2   Kaufkraft und Kaufrausch
Ganz ohne einen Pfennig Geld ist heutzutage kaum noch ein Freizeitvergnügen zu haben.
Das Taschengeld aber scheint immer zu knapp bemessen ...
Ein Freizeitforscher berichtet, dass zahlreiche Jugendliche in ihrer Freizeitgestaltung vom Konsum (= Verbrauch, Verzehr) beherrscht werden.
Geldausgeben als Freizeitvergnügen?

**Samstagnachmittag
mit Biggi und Tobias**
Biggi und Tobias sind Fußballfans. Zum Glück für sie gibt es in ihrer Stadt eine Bundesligamannschaft und am Samstagnachmittag wollen sie bei einem „ganz wichtigen" Spiel dabei sein.
Das kostet für sie und für ihn:
Straßenbahn   je DM 3,–
Eintrittskarte   je DM 10,–
ein Eis für Biggi   DM 3,–
Anschließend gehen Biggi und Tobias in die *Lila Eule*, weil es da die beste Musik gibt und ihre Freundinnen und Freunde auch dort sind. Das Jugendzentrum, in dem sie sich sonst öfter treffen, hat samstags zu.
Vor dem Besuch in der *Lila Eule* muss der hungrige Tobias noch was essen:
ein Döner für Tobias   DM 4,70
In der Disko wird auch was getrunken:
zwei Limos für Biggi   DM 7,80
zwei Cola für Tobias   DM 7,80
Und um zehn müssen beide zu Hause sein: Straßenbahn   je DM 3,–

1 Meint ihr, dass Biggi und Tobias sehr anspruchsvoll oder verschwenderisch gewesen sind? Wo wäre zu sparen gewesen?
2 Im Jugendzentrum ist das Freizeitvergnügen meistens billiger als in einer Disko oder in einer Gaststätte. Warum?

Methode: Befragung

Umfragen sind sehr beliebte Hilfsmittel in Politik und Werbung.
Meist werden solche Befragungen bei einer bestimmten Zielgruppe (z.B. kaufkräftigen Jugendlichen) durchgeführt. Es geht um Vorlieben und Abneigungen, Meinungen und Einstellungen zu bestimmten Sachverhalten, Ereignissen, Produkten. Über das tatsächliche Handeln und Verhalten der Befragten können Umfragen nur begrenzt Auskunft geben (Wer wird schon zugeben, dass er sich zu selten die Zähne putzt ...).
Nach den Befragungsergebnissen richten die Frager bzw. deren Auftraggeber ihre nächsten Handlungen ein: Sie bieten mehr ökologische Marmelade an, sie versprechen Steuererleichterungen nach der nächsten Wahl ...
In Aufgabe 9 des Abschnitts 4.2.3 regen wir euch zu einer Befragung eurer Eltern zum Themenfeld „Disko, Jugendzentrum, Freizeitgestaltung von Jugendlichen heute" an.
Hier schlagen wir euch einige Schritte zu einer solchen Befragung vor.

Was wollt ihr wissen, was vermutet ihr?
Erster Schritt: Erörtert und legt fest, was ihr genau von wem wissen wollt, zum Beispiel: Wie beurteilen unsere Eltern Diskobesuche von 14- bis 16-Jährigen? Stellt auch begründete Vermutungen (= *Hypothesen*) an, mit welchen Ergebnissen bei eurer Befragung zu rechnen ist!

Wozu wollt ihr es wissen?
Zweiter Schritt: Klärt miteinander, warum ihr das wissen wollt und was ihr mit eurem neuen Wissen anfangen wollt!
Verständigt euch darauf, wem und wie ihr eure Befragungsergebnisse mitteilen wollt! Zum Beispiel: Information der befragten Eltern (auf jeden Fall), etwa durch einen Rundbrief oder beim nächsten Elternabend, Artikel in der Schülerzeitung, Brief an die Diskothekenbesitzer.

Wonach wollt ihr fragen?
Dritter Schritt: Sammelt mehrere Hauptfragen und einige Zusatzfragen; insgesamt nicht zu viele, sonst wird die Auswertung zu kompliziert, aber auch nicht zu wenige, denn sonst lohnt sich der ganze Aufwand nicht.

Wie wollt ihr fragen?
Vierter Schritt: Entscheidet, ob ihr anonyme *Fragebogen* (also ohne Namensnennung) oder Interviews, also eine persönliche *mündliche Befragung*, einsetzen wollt!
Der Fragebogen hat Vorteile, aber wichtig ist dabei, wie beim Interview, zum Beispiel
- die genaue, unmissverständliche Formulierung der Fragen,
- die Reihenfolge der Fragen, damit die Befragten nicht in eine bestimmte Richtung gedrängt werden,
- ob nur Ja/Nein-Fragen oder auch Antworten zur Auswahl oder ganz frei zu beantwortende „offene" Fragen gestellt werden sollen,
- dass nicht nur „sozial erwünschte" (was „man" so meint) Antworten gegeben werden, sondern die wirklich ehrliche Meinung der Befragten herauskommt,
- ob auch Alter, Geschlecht, Anzahl und Alter der eigenen Kinder, Beruf und andere Merkmale der Befragten abgefragt werden sollen,
- wann und mit wem die Befragten den Fragebogen ausfüllen sollen (allein für sich oder in Gegenwart der Interviewer/innen).

Erst ausprobieren!
Fünfter Schritt: Macht bei Mitschülerinnen oder Mitschülern Tests, ob eure Fragensammlung brauchbar ist!
Trainiert im Rollenspiel in der Klasse die mündliche Befragung, damit ihr auf schwierige Situationen bei der späteren Befragung („Zu solchen Fragen sage ich sowieso überhaupt gar nichts!") gut vorbereitet seid!

An die Kleinigkeiten denken!
Sechster Schritt: Organisiert in Kleingruppen die praktische Vorbereitung!
Zum Beispiel: die Bereitstellung (funktionierender!) Kassettenrekorder, das Schreiben und Vervielfältigen des Fragebogens, die Verteilung und Einsammlung der Fragebögen.
Legt die Termine für die einzelnen Arbeitsschritte fest!

Auswertung – aber wie?
Siebter Schritt: Macht die Auswertung gründlich und bald nach der Befragung!
Stellt die Befragungsergebnisse unterschiedlich dar: z. B. wie „Sensationsreporter" als „Enthüllung" oder sachlich-nüchtern als wissenschaftliche Fachleute!
Vergleicht die Ergebnisse der Befragung mit euren Hypothesen (siehe oben, *Erster Schritt*)!

Bevor alles losgeht
Letzter Schritt: Bevor ihr loslegt, überprüft noch einmal gemeinsam, wie viel Zeit euch das ganze Vorhaben kosten wird, wie kompliziert es werden kann, wo Hindernisse bei der Durchführung auftauchen können.
Fragt lieber weniger, aber dafür genauer!

3 Der nicht mehr ganz junge, sehr kostenbewusste Bankangestellte Guido D. - seine Freunde nennen ihn „Ritchie" - protestiert:
„Wieso eigentlich soll ich den jungen Leuten ihren Freizeitspaß im städtischen Jugendzentrum mitfinanzieren?"
Erklärt, was er meint.
Was würden Biggi und Tobias ihm sagen?
Was meint ihr zu seinem Protest?
4 Nichts für den Unterricht:
Was kosten dich deine Wochenendvergnügen? Siehst du Sparmöglichkeiten?

Eine Tageszeitung berichtete über eine Untersuchung zum Verbraucherverhalten von Kindern und Jugendlichen in der Bundesrepublik.
Veranlasst hatten diese Untersuchung drei große Verlage, die auch Zeitschriften für Kinder und Jugendliche herausbringen.
In dem Zeitungsbericht heißt es:

Kaufkraft: mehr als 5 Milliarden

Kinder zwischen sechs und 17 Jahren können durchschnittlich 47 Mark im Monat ausgeben. Die insgesamt 9,6 Millionen Mädchen und Jungen hier zu Lande verfügen damit über eine jährliche Kaufkraft von 5,4 Milliarden Mark. Ausgeben dürften die jungen Leute ihr Geld fast immer ohne Kontrolle. Erst bei Beträgen von mehr als 100 Mark wollten die Eltern ein Wörtchen mitreden, heißt es in der Untersuchung. Ein Großteil der Kinder legt auch ein paar Mark auf die hohe Kante. Drei von vier Jungen und Mädchen haben ein Sparkonto, auf dem im Schnitt 1500 Mark liegen.

Frankfurter Rundschau vom 14.8.1996, S. 11 (Auszüge)

5 Ihr könnt anonym (= ohne Namensnennung) in eurer Klasse eine Statistik machen. Wozu kann sie nützen?
Methode: Statistik, S. 197
- Sammelt zunächst 12 Bereiche, in denen ihr Taschengeld ausgebt, zum Beispiel: Sport, Computer, Getränke, Video, Bücher, Zeitschriften, Foto usw.
- Notiert anschließend jede/jeder für sich auf einem Blatt Papier, in welchen drei (oder fünf) Bereichen ihr euer Taschengeld überwiegend ausgebt.
- Vermerkt auf eurem Blatt M (für Mädchen) und J (für Junge).

Das Geld, über das die Kinder und Jugendlichen verfügen können, lockt - selbstverständlich - die Hersteller und Händler von Konsumgütern an. Sie verlocken die junge Kundschaft zum Kaufen.
Ein Freizeitforscher berichtet von den Folgen für manche Jugendliche:

Kaum zu bremsen?

Die wachsende Freizeit- und Konsumorientierung des Lebens bleibt nicht ohne Folgen: Bereits jeder fünfte Jugendliche im Alter von vierzehn bis siebzehn Jahren (1995: 21 Prozent) gibt unumwunden zu: „Manchmal kaufe ich wie im Rausch." Fast ein Drittel der Jugendlichen sind in ihrem Freizeitkonsum „kaum zu bremsen: Ich muss immer mehr haben" (1995: 28 Prozent). Und für knapp zwei Drittel der Vierzehn- bis Siebzehnjährigen wird die Konsumlust zum Konsumzwang: Sie sind in ihrer Freizeitgestaltung „zunehmend von Angeboten, die Geld kosten, abhängig" (1995: 60 Prozent).

Deutsche Lehrerzeitung vom 18.1.1996, S. 3 (Auszug)

6 Wie sind deine Wahrnehmungen in deinem Bekanntenkreis (Namen spielen hier gar keine Rolle!):
- Wird in der Freizeit zu viel konsumiert?
- Geschieht das auch zwanghaft, wie im Text berichtet?
7 Wie erklärst du dir den Konsumzwang bei manchen Jugendlichen?
Welche Möglichkeiten gäbe es diesen „Zwang" zu bremsen?

4.2.3 In der Disko und zu Hause

1 Was erzählst du deinen Eltern über deine Erlebnisse in der Disko?
2 Was erzählen deine Eltern dir über ihre Erlebnisse, die sie als Jugendliche in der Disko hatten?

Natürlich gab es auch zu der Zeit, als ihr geboren wurdet, schon Diskos.
Eine Zeitschrift aus einem Kultusministerium warnte die damaligen Eltern:

Disko '82

Vom blutjungen Teenager bis zum angereiften Twen folgen Hunderttausende dem Lockruf der Diskotheken. Nacht für Nacht. Was dort eigentlich gespielt wird, wissen die meisten Eltern nur vom Hörensagen. Überall die glei-

Disko in den 80er-Jahren

che dämonische Szene, eine Tortur für Trommelfell und Netzhaut. Wer eintritt, den umfängt zunächst schummrige Dunkelheit. Rauchgeschwängerte, stickige Luft und Höllenlärm schlagen ihm entgegen.

Vom Mischpult aus steuert ein Diskjockey das Licht- und Lärminferno. Im Zentrum des Infernos laden Lichtblitze und Lärm die Atmosphäre auf. Aufgepeitscht von Beat und hartem Rock fallen die Tänzer fast in Trance.

Wenn Eltern also beunruhigt sind, wissen sie schon, warum. Aus gutem Grund versuchen sie den Nachwuchs vom Diskobesuch abzuhalten. Mit Recht sind sie der Meinung, dass das Glück ihrer Kinder auch abhängt von ein paar Nein, die ihnen zwischen 13 und 17 geboten werden.

Das führt in den Familien zu heftigen Debatten. Dem Krach in der Disko geht oft der Krach zu Hause vorher.

S & W [= Schule & Wir] Nr. 1/1982, S. 12 ff. (Auszüge)

In einer Zeitung für Lehrerinnen und Lehrer hieß es zwölf Jahre später:

Disko '94

1,5 Millionen Jugendliche zwischen 12 und 25 sammeln sich in deutschen Diskos zur quietschend kreischenden rumpelnden pulsierenden Techno-Musik, zum stundenlang anhaltenden Bewegungsmarathon, zur restlosen, atemlosen Verausgabung ihrer körperlichen und seelischen Kräfte, zu Licht und Laser, Dröhnen und Schwitzen. 1,5 Millionen versetzen sich jedes Wochenende in einen nachtlangen Rauschzustand, aus dem sie erst im Lauf des späten Sonntags aufwachen, um sich dann ganz langsam wieder in der Realität zurechtzufinden und zu dem zurückzukehren, was unsereiner für Vernunft hält.

Diese Musik versteht nur, wer „in ihr drin" ist, wer ihre Verführung zur Trance mitempfindet – von außen hört und versteht man nur Monotonie. Insofern ist Techno ein typisches Produkt von Jugendkultur – oberhalb einer gewissen Altersgrenze hat man schon rein konditionelle Probleme zu begreifen, worum es überhaupt geht.

Wir müssen es auch nicht verstehen, obwohl es uns, wenn wir's denn erstmal recht wahrgenommen haben, beunruhigen wird. Schon heute hält sich [...] hartnäckig das Gerücht, dass Techno und Ecstasy, dass Tanz und Glückspille und vielleicht noch andere Drogen zusammengehören.

Diese jungen Tänzer – Millionen sind es, nicht irgendwelche Teilkulturen – lassen sich in Rauschzustände bewusst hineinfallen, hineinsinken und lösen sich konfliktlos wieder aus ihnen.

Sie zerreißen die Grenzen der Individualität für eine Nacht, für sechs oder acht oder zehn Stunden in Bewegung, Lärm und Gleichklang, und kehren umstandslos in den Alltag, den Montag in Schule oder Büro, zurück. Sie integrieren rauschhafte Elemente in unsere Alltäglichkeit.

Deutsche Lehrerzeitung Nr. 42/1994, S. 1 (Auszüge)

3 *Warum macht es so vielen Jugendlichen so viel Spaß in die Disko zu gehen? Was möchten sie da erleben? Unterscheidet: Diskos im Jugendzentrum, andere beliebte Diskos in eurer Stadt/Gemeinde.*

4 *Welche Risiken siehst du bei Diskobesuchen? Wie gehst du damit um?*

5 *Vergleicht die beiden Schilderungen:*
   - *Wer sind – in den 80er-Jahren, in den 90er-Jahren – die „Verführer" der Jugendlichen in den Diskos?*
   - *Was beunruhigt/verwirrt die Verfasser der beiden Texte besonders?*
   - *Welche Sorgen machen sie sich?*
   - *Welche Anregungen/Empfehlungen geben sie?*

6 *Was meint ihr zu den Bemerkungen über die Erwachsenen im zweiten Text?*

7 *Wie ist es mit den Debatten und dem Krach bei dir zu Hause, wenn du in die Disko gehen möchtest? (Natürlich musst du das nicht im Unterricht erzählen, wenn du nicht willst!)*

8 *Macht ein Rollenspiel:*
   Gespräch zwischen Tochter Marlies (fast 16 Jahre alt), Mutter und Vater über einen geplanten Diskobesuch.
   - *Ist es wirklichkeitsnah, wenn die Eltern so (oder ähnlich) argumentieren, wie es der Text aus den 80er-Jahren nahe legt? Wie sonst werden sie wohl argumentieren?*
   - *Wie argumentiert wohl der Verfasser des Textes aus den 90er-Jahren als Vater gegenüber seiner Tochter?*

Methode: *Rollenspiel, S. 37*

9 *Eine anonyme Umfrage bei euren Eltern zu den Themen „Disko, Jugendzentrum, Freizeitgestaltung von Jugendlichen heute" – von euch vorbereitet, durchgeführt und ausgewertet: Wäre das was für euch?*
   - *Wie müssten die Fragen im Einzelnen lauten?*
   - *Was hättet ihr von einer solchen Umfrage?*
   - *Was könnten eure Eltern davon haben?*

Methode: *Befragung, S. 55*

Disko in den 90er-Jahren

4.3 Ferien! Auf und davon!

Wahrscheinlich ist die Ferienzeit, der Urlaub, für die meisten Menschen die schönste Zeit des Jahres – sehnlichst erwartet.
Für viele gehört eine Reise dazu.
Aber: Nicht alle Versprechungen und Erwartungen werden erfüllt.
In jenen Regionen, die von den Urlaubsreisenden besonders gern aufgesucht werden, haben die dort ansässigen Menschen nicht nur Gewinn vom Tourismus.

4.3.1 Wie war's?

Mitte der 50er-Jahre machte lediglich ein Viertel der Deutschen der (damaligen) Bundesrepublik eine Urlaubsreise. Mitte der 90er-Jahre verreisten drei Viertel der Deutschen mindestens einmal für fünf Tage pro Jahr, die Reisedauer betrug durchschnittlich 14 Tage.
Die beliebtesten Reiseziele in Deutschland sind Mitte der 90er-Jahre die Bundesländer Bayern, Schleswig-Holstein, Baden-Württemberg und Mecklenburg-Vorpommern.
Die beliebtesten ausländischen Reiseziele liegen in Spanien, Italien, Österreich und Frankreich.
Erste Bekanntschaft mit ihrem Urlaubsziel machen viele Touristen in den bunten Katalogen der Reiseveranstalter. Verlockend werden da die Hotels und Strände, die Skipisten und Naturschönheiten angepriesen.
Aber Achtung: In den Reisekatalogen kommt die ganze Wahrheit nicht selten zu kurz.
Und auch auf den bunten Postkarten mit den Urlaubsgrüßen an die Lieben zu Hause ist nicht selten so manches „geschönt".
Ein Satiriker (= Spötter) zeigt, wie man solche Karten oder Briefe lesen (oder schreiben ...) muss:

Grüße aus dem Super-Urlaub

Ihr Lieben *(die ihr euch eine Auslandsreise nicht leisten könnt)*, herzlichen *(schadenfrohen)* Gruß aus dem Urlaub!
Es ist wundervoll *(voll)*. Ein schöner weißer Sandstrand *(mit Zivilisationsmüll)* lockt. Das Wasser ... direkt mollig *(und die Medusen überall)*. Unser Hotel *(Absteige)* hat hintenheraus einen hübschen Pinienwald *(und vorneraus die röhrende Straße)*. Das Essen schmeckt wie bei Muttern *(wenn sie zum Kochen gerade mal keine Lust hat)*.
Fast jeden Tag machen wir herrliche *(langweilige)* Ausflüge, die meist mit einem Picknick im Freien *(und auf einer Rheumadecken-Verkaufsschau)* enden. Mit dem Geld kommen wir prima zurecht *(nachdem wir unser Postsparbuch geplündert haben)*. Schade *(Gott sei Dank)*, dass diese Zeit bald wieder vorbei ist! Aber der Rückflug wird sicher auch wieder so unterhaltsam *(drei Stunden Verspätung, einer auf dem anderen, keine Beinfreiheit)* sein wie der Charterflug hierher mit Landung auf einem hochmodernen Airport *(Feldflugplatz)*.
Ich muss jetzt schließen, weil unten gerade Tonio mit Gelati vorbeikommt, der auch einem kleinen Flirt *(Trinkgeld)* nicht abgeneigt ist. Da wird Ingo wieder eifersüchtig *(gelangweilt)* gucken *(wegschauen)*! Er hat übrigens viele nette *(grünstichige)* Farbdias geschossen, die ihr sicher gern sehen werdet *(mit denen wir euch quälen werden)*.
Bis bald denn!
Euro *(keines Menschen)*
Tina-Katrin *(Name stimmt)*

Bernd Katsch, in: Süddeutsche Zeitung vom 24./25.8.1991, S. 136

1. Warum ist so vielen Menschen eine Ferien-/Urlaubsreise so wichtig?
   Wenn sie dir wichtig ist: Warum?
   Was meint ihr zu der Karikatur?
2. Ihr könnt eine Klassenstatistik anlegen. Macht eine anonyme Umfrage:
   - mein Ferienort vor drei Jahren, vor zwei Jahren, im letzten Jahr, in diesem Jahr, lag im Land ...
   - Dauer meiner Ferienreisen (jeweilige Anzahl der Tage).
   Weitere Fragen findet ihr selbst.
3. Welche Erwartungen hast du an deine Ferienreise: zum Beispiel Unterkunft, Umgebung, Spiel und Sport, Unterhaltung, Beschäftigungsmöglichkeiten? Welche Bedeutung hat für dich bei deiner Ferienreise die Entfernung von zu Hause (in Kilometern)?
4. Wenn du dir das Ziel deiner nächsten Ferienreise aussuchen könntest (ohne jede Bedingung) – wohin würde es dich ziehen? Was erträumst du dir dort?
5. Allein verreisen – mit Freundinnen und Freunden verreisen – mit Eltern und Geschwistern verreisen: Was sagt dir am meisten zu? Warum?
6. Warum „schummelt" Tina-Katrin in ihrem Urlaubsbrief?
   Übrigens: Die Urlaubsgrüße vieler Ferienreisenden ähneln einander häufig sehr!
7. Kennst du das: eine Ferienreise, die enttäuschend war?

„Fühlst du dich schon etwas freier, Hugo?" Karikatur: Großkreuz

Wenn du willst, berichte: Aus welchen Gründen war die Reise enttäuschend?
- *Waren deine Erwartungen zu hoch gespannt?*
- *Waren die Versprechungen des Reiseunternehmens zu schönfärberisch?*
- *Lag es an deinen Reisegefährtinnen/gefährten?*
- *Lag es vielleicht auch an dir?*

Wie lassen sich Urlaubsenttäuschungen vermeiden?

8 *Wenn du willst, berichte: Meine wunderschönste Ferienreise.*

4.3.2 Traumstrände und Bierdosenberge

Der Tourismus hat sich in vielen europäischen und außereuropäischen Ländern in den letzten Jahrzehnten zu einem bedeutsamen Wirtschaftszweig entwickelt.

In den Zentren (= Mittelpunkten) des Tourismus entstehen zahlreiche Arbeitsplätze, denn es werden z. B. Hotels und Ferienwohnungen, Straßen und Flugplätze gebaut.

Welche Nachteile der Tourismus für die Einheimischen jedoch vielfach auch hat, wird aus der folgenden Reportage „Tourismus statt Fischfang" über den Tourismus auf den Malediven ersichtlich.

Die Malediven sind ein kleiner Staat mit etwa 250 000 Einwohnern. Dieser Staat liegt im Indischen Ozean und besteht aus fast 1200 Inseln.

Da die meisten dieser Inseln nur ein, zwei Meter aus dem Meer ragen, würden die Malediven von den Fluten überspült, falls es zur weiteren Erwärmung der Erdatmosphäre und damit zum Anstieg des Meeresspiegels käme. Das ist Mitte der 90er-Jahre – zum Glück – noch nicht geschehen. Aber der Inselstaat im Paradies hat schon ein anderes Problem und das heißt: Tourismus.

Im Reisekatalog ist die Inselwelt noch in Ordnung. Im Zeitungsbericht entsteht ein etwas anderes Bild der Malediven.

Heile Welt im Reisekatalog

Eine fantastische Inselwelt mit einmalig schönen Stränden und hervorragenden Tauchrevieren, die Ihnen die faszinierende Unterwasserwelt nahe bringen.

Auf Ausflügen zu anderen Inseln bekommen Sie einen Einblick in das Leben der Einheimischen. Tauchausflüge vermitteln überwältigende Eindrücke der großartigen Unterwasserwelt. Außerdem werden Trips nach Male, eine der kleinsten Hauptstädte der Welt, und Ausfahrten zum Nachtfischen arrangiert.

Neckermann Reisen: Sommer 1995. Fernreisen, S. 127

Tourismus statt Fischfang

„Man kann auf alles verzichten, außer auf ein bisschen Luxus." Diesem Anspruch maßgeschneidert ist jedenfalls die Malediveninsel Full Moon Beach.

Dort wo einst ein kleines Feriendorf mit einfachen, palmengedeckten Hütten stand, schufen die Tourismusplaner eine topmoderne Ferienanlage.

Swimmingpool am Ozean. Die Urlaubs-Jetsetter brauchen in den geräumigen Zimmern der auf Stelzen in die Lagune gebauten Bungalows auf keinen Komfort zu verzichten – heiße Dusche und Badewanne, Satelliten-TV und Selbstwähltelefon, Fön und Klimaanlage, alles steht bereit.

Die Gäste können auswählen, ob sie ihr Dinner in einem feinen italienischen, einem exotisch-thailändischen Restaurant einnehmen oder das Barbecue auf der ins Meer gebauten Terrasse unterm Sternenhimmel genießen. Zum Aperitif lockt die klimatisierte Piano-Bar, in der für japanische Gäste eine Karaoke-Ecke selbstverständlich nicht vergessen wurde.

Doch der Clou der gestylten Ferienlandschaft ist der mehr als 300 000 Liter Süßwasser fassende 34 mal 10 Meter große Swimmingpool. Organisierten Tourismus gibt es auf den Malediven erst, seit der traditionelle Erwerbszweig der Insulaner, der Handel mit Trockenfisch, Anfang der siebziger Jahre stagnierte [= stockte] und neue Einnahmequellen erschlossen werden mussten.

Innerhalb weniger Jahre vervielfachten sich die Touristenzahlen: Von 1000 Gästen 1972 über 74 000 Urlauber 1983 bis zu heute mehr als 200 000 Besuchern auf mittlerweile siebzig [Urlaubs]-Inseln.

Längst hat der Tourismus den Fischfang als Einnahmequelle abgehängt, erwirtschaftet er vier Fünftel aller Devisen.

Bierdosenberge. Mit der zunehmenden Touristenschar multiplizierten sich auch die ökologischen Probleme in einer Weltgegend, die Naturschutz gar nicht kannte, weil sie bis dahin kein Umweltproblem hatte.

Zwar sind – auch wegen Klagen von Touristen und Reiseveranstaltern über von ihnen selbst verursachte Müllberge im Urlaubsparadies – auf den neuen Klubinseln Meerwasserentsalzungs- und Kläranlagen zwingend vorgeschrieben, werden bestehende Anlagen – wenn auch schleppend – nachgerüstet. Deutsche Umwelttechnik in der Müllverbrennung und Pressmaschinen für Blechdosen helfen die Müllberge zu verringern. Schwerer aber wiegt, dass bei neuen Projekten nicht mehr

Paradies im Reisekatalog

die vorhandene Umwelt Gestalt und Lage der Urlaubsanlagen bestimmt.
Neu zu gestaltende Hotelinseln werden nach Plänen vom Reißbrett modelliert und ohne Rücksicht auf die Natur errichtet. Dafür planiert man, wie beispielsweise auf Full Moon Beach, schon mal ganze Inselteile mit Stumpf und Stiel.

Künstliche Inseln, neue Menschen. Die perfekt inszenierte Traumwelt der Luxusgettos zieht die Malediver magisch an. Für die Möglichkeit, die Urlauber auf ihren exklusiven Robinsonaden bedienen zu dürfen, nehmen die Einheimischen die Trennung von der Familie in Kauf, akzeptieren sie, elf Monate des Jahres zwölf Stunden am Tag zu arbeiten und mit fünfzig anderen Bediensteten in eine Baracke gepfercht zu werden. Ein Kellner kann auf einer Touristeninsel mit Trinkgeld bis zu 500 Dollar im Monat verdienen, mehr als ein Fischer im ganzen Jahr.
Das ursprüngliche Konzept, Touristen und Einheimische strikt voneinander zu trennen, funktioniert nicht mehr.
Die Maßstäbe westlicher und zunehmend fernöstlicher Lebensart, von den Touristen in ihren Enklaven gelebt, halten mindestens einmal im Jahr Einzug auch auf den entferntesten Inseln. Dann nämlich, wenn die Kellner, Putzmänner, Küchenhilfen und Gärtner – beladen mit Fernsehgeräten, Automatikuhren und Stereo-Kassettenrecordern – für einen Urlaub zu ihren Familien heimkehren.

Was übrig bleibt. Gottfried Mücke, Honorarkonsul der Malediven in Deutschland, warnt davor, „nicht alles nur auf die Karte Tourismus zu setzen". Zwar stammen inzwischen mehr als achtzig Prozent der Deviseneinnahmen aus dem Tourismus. Doch mit steigendem Hotelkomfort wachsen auch die Ausgaben für die ohnehin hohen Importe.
Schon immer mussten, außer Fisch, Kokosnüssen und wenigen Früchten, alle Lebensmittel für die Touristen eingeführt werden. Je nobler die Hotelanlagen, um so teurer die Betten, Matratzen, Badewannen, Klimaanlagen und Satellitenanschlüsse, die über den Seeweg aus Sri Lanka und Singapur herbeigeschifft oder aus Europa eingeflogen werden. „Weil der Luxustourismus einen Großteil der Deviseneinnahmen wieder verschlingt", glaubt Konsul Mücke, „kommt unterm Strich sogar beim Fischfang für die Malediven mehr heraus."

Bernd Loppow: Robinson im Seidenblazer. In: Die Zeit vom 18.6.1993, S. 59f. (Auszüge; Zwischenüberschriften neu eingefügt)

Wasserbungalows mit allem Komfort

1 Was alles hat der Massentourismus auf den Malediven einschneidend verändert? Macht eine stichwortartige Aufstellung.
2 In einer Zwischenüberschrift ist von „neuen Menschen" die Rede. Erklärt, was gemeint ist.
3 Beschafft euch aktuelle Reiseprospekte mehrerer Tourismusunternehmen:
  - Lest nach, wie die Malediven darin als Urlaubsziel angepriesen werden. Welche Freizeitaktivitäten werden angeboten?
  - Vergleicht mit den Werbetexten zu Urlaubszielen auf Gran Canaria, Mallorca oder in der Karibik (Strände, Ausstattung der Hotels, Freizeitmöglichkeiten und Ähnliches).
  - Warum sollen es gerade die Malediven sein?
4 Ihr könnt die Umweltbeauftragten der Tourismusunternehmen, die die Malediven im Programm haben, schriftlich fragen,
  - wie lange die Malediven noch wie viele Touristen aufnehmen können;
  - wie sie, die Umweltbeauftragten, die Zukunft der Malediver einschätzen.
5 Was bleibt auf den Malediven für die Einheimischen?

5 Drogen: Verführung und Verbot, Elend und Genuss

Zu allen Zeiten und bei allen Völkern haben Menschen Umgang mit den unterschiedlichsten Drogen gehabt. (Was unter dem Begriff „Drogen" zu verstehen ist, wird in Abschnitt 5.3.1 geklärt.)

Früher wurden Drogen meist im religiösen Bereich, in Tempeln und an anderen geweihten, manchmal sogar geheimen Orten vor allem von Priesterinnen und Priestern benutzt. Heute konsumieren (= verzehren, verbrauchen) viele Menschen große Mengen an Drogen, sei es heimlich, sei es in aller Öffentlichkeit.

Die Auseinandersetzungen um den Drogengebrauch werden häufig sehr emotional (= gefühlsbeladen) geführt: Die einen geißeln alle – oder zumindest einige – Drogen und fordern Einschränkungen und Verbote, die anderen befürworten den freien Gebrauch aller Drogen. Kritisiert wird einerseits die Verharmlosung des Drogengebrauchs, andererseits die Verteufelung.

Unter den Fachleuten und auch unter den Politikerinnen und Politikern gibt es große Meinungsverschiedenheiten beim Thema „Drogen" – nicht zuletzt deshalb, weil viele Fragen noch ungeklärt sind. Zum Beispiel: Welche medizinischen und sozialen Ursachen sind für die Drogenabhängigkeit allgemein maßgebend? Welche Hilfen für Süchtige sind am besten?

Am Anfang des folgenden Kapitels sind eure Erfahrungen gefragt, anschließend geht es um den „Einstieg" in die „Alltagsdrogen" Nikotin und Alkohol.

„Nüchterne" Zahlen über das – immer riskante – Leben mit Drogen schließen sich an. Es folgen Hinweise auf wirtschaftliche, rechtliche und politische Gesichtspunkte.

Der letzte Abschnitt informiert über unterschiedliche Versuche Drogenprobleme zu bewältigen.
Am Ende steht die Frage: Was könnt ihr tun?

61

5.1 Erwartungen und Erfahrungen

1 Welche Erwartungen hast du an Erwachsene, die mit dir über Drogen, ihren Gebrauch, ihren Missbrauch, über Sucht, Vorbeugung und Ähnliches sprechen wollen?
2 Sprichst du lieber mit Jugendlichen oder lieber mit Erwachsenen (Eltern, Lehrerinnen, Lehrern, Drogenberaterinnen oder -beratern) über diese Themen?
Warum?
3 Was erwartest und wünschst du dir von der Beschäftigung mit diesen Themen in der Schule oder bei anderen Gelegenheiten (Jugendclubs)?
Sollten diese Themen in der Schule besser gar nicht behandelt werden? Begründe.
4 Welche Bedingungen müssten gegeben sein, damit ihr über diese Themen in der Schule/im Unterricht so sprechen könnt, dass du etwas davon hast?
5 Wenn Fälle von Drogenhandel oder Drogengebrauch an eurer Schule bekannt geworden sind: Wie verhielten sich nach Bekanntwerden des Falles
- die beteiligten und die nicht beteiligten Schülerinnen/Schüler,
- die Lehrerinnen/Lehrer und die Schulleitung,
- die Schülervertretung (SV), die Schulkonferenz und andere Gremien eurer Schule?
Welche Verfahrensweisen wären in solchen Fällen deiner Meinung nach am besten?
6 Viele Eltern neigen zu Aussagen wie dieser: „Unser Kind ist wirklich nicht so erzogen. Es muss in schlechte Gesellschaft geraten sein und da ist es zum Biertrinken (oder zum Rauchen oder zu anderen Drogen) verführt worden." Nehmt Stellung.
Welche Erfahrungen habt ihr mit der „schlechten Gesellschaft" gemacht?

5.2 Süße Verführung

Dass das Rauchen und das Alkoholtrinken die Gesundheit gefährden (können), weiß jedes Kind.
Aber viele Kinder und Jugendliche versuchen es trotzdem irgendwann. Für den „Einstieg" gibt es verschiedene Gründe, einige werden in den folgenden Texten genannt.
Die Gründe für den „Einstieg" zu kennen kann wichtig für den „Ausstieg" sein.

5.2.1 Schlimme Freundinnen

Wie alles anfing
Lars ist 16 Jahre alt und hat vor drei Jahren eine halb volle Packung auf der Straße gefunden und die Zigaretten ausprobiert – einfach aus Neugierde. Heute raucht er zehn Zigaretten am Tag.
Er kann stolz sagen, er habe sich die Sucht schon einmal abgewöhnt, aber Ärger mit seiner Freundin ließ ihn wieder zum Glimmstengel greifen. Nun möchte er vielleicht nach dem Abitur aufhören, doch bis dahin sind noch drei Jahre Zeit.
Anders erging es der fünfzehnjährigen Laura. „Zigaretten habe ich mit 13 bei Papa geklaut, aber es hatte keinen Reiz für mich", sagt sie. Ein Jahr später kam sie in einen neuen Freundeskreis, dem auch Lars und Thomas angehören. Die meisten rauchten dort. Aller Abneigung zum Trotz beginnt sich Laura an den blauen Dunst zu gewöhnen und raucht heute, ein Jahr später, kräftig mit. „Ich habe letzten Monat versucht aufzuhören", berichtet sie, „aber wenn mir jemand eine Zigarette anbietet, kann ich nicht widerstehen – man kommt sich dann so blöd vor."

Frankfurter Allgemeine Zeitung vom 24.4.1994 (Auszug)

Karikatur: Schmucker

1 Aus dem Bericht lassen sich Gründe für und gegen das Rauchen entnehmen. Macht eine Aufstellung. Welche Gründe kannst du außerdem noch nennen?
2 Wo wird in deiner Umgebung meistens geraucht? Wo kaum oder gar nicht? Wer bestimmt jeweils, ob geraucht werden darf oder nicht?
3 Welche Gründe wirken am besten, wenn das Rauchen (bei einer Zusammenkunft, in der Clique, drinnen oder draußen) verhindert werden soll?
Ihr könnt eine kleine Szene spielen: Miteinander befreundete Raucherinnen/Raucher und Nichtraucherinnen/Nichtraucher gehen zusammen in ein Café mit Raucher- und Nichtraucherzone. Wo werden sie sich hinsetzen?
4 Welches sind – nach deiner Erfahrung – die wirksamsten Gründe, eine angebotene Zigarette abzulehnen, ohne blöd angesehen zu werden?

Warum hört es nicht auf?
In einem Interview erzählt die Schülerin Ines, wie sie zum Zigarettenrauchen verführt wird:

Ist Rauchen schick?
Eigentlich finde ich ja, Rauchen ist out. Das macht ja jetzt jeder. Die ganz Kleenen hier, die rauchen doch alle, die fühlen sich damit viel-

leicht älter. Das find ich inzwischen doof. Das hab ich nich' nötig.
Wenn du die Zigarettenwerbung siehst, macht dich das an?
O Mann, ja, das ist schon verlockend.
Weil die Frauen alle so gut aussehen?
Nee, das nich'. So die Gesichtsausdrücke auf den Plakaten, die sind irgendwie so anders, das sieht jut aus, das macht schon an.
Und kostet kräftig?
Na ja, das geht schon gehörig aufs Geld und manchmal hab ich deshalb auch keine Zigarette. Da frag ich dann meine Freundin, ob sie eine hat.
Warum ist es so schwer aufzuhören mit dem Rauchen?
Wenn ich das zum Beispiel mal geschafft hab, einen oder zwei Tage, dann kommt eine Freundin und raucht mir vor der Nase was vor, meine Freundinnen rauchen ja fast alle. Wenn man das schon riecht, kriegt man Lust drauf.

Die Zeit vom 15.1.1993, S. 68 (Auszüge)

Geständig: Ein Zigarettenhersteller gibt auf großen Plakatwänden offen zu, dass er zum Rauchen verführen will

5 *Wie können sich Freundinnen und Freunde am besten gegenseitig helfen, wenn es um Rauchen und Nichtrauchen geht?*
6 *Was verspricht die Zigarettenwerbung (auf Plakaten, in Zeitungen und Zeitschriften, in Werbefilmen im Kino) den Raucherinnen und Rauchern?*
Was könnten Plakate, die für das Nicht- oder Wenigrauchen werben, versprechen? Versucht solche Plakate zu entwerfen.
Was meint ihr zu der Zigarettenwerbung in unserer EXTRA-Zeitung?

Jugendschutz
Die deutsche Zigarettenindustrie hat über sich nachgedacht, ein bisschen (Zigaretten-)Asche aufs Haupt gestreut und rechtzeitig vor dem Welt-Nichtrauchertag (31. Mai) gesprochen: Plakatwerbung für Zigaretten soll es nun im Umkreis von 100 Metern um Schulen und Jugendzentren nicht mehr geben. Zudem will man dem Warnhinweis künftig zehn Prozent der Plakatfläche reservieren.
Alles entwickelt sich. Damit es sich wirklich entwickelt, sollte vor Ort ruhig nachgemessen werden.

Deutsche Lehrerzeitung Nr. 20/1993, S. 13

7 *Wie beurteilt ihr das Versprechen der Zigarettenindustrie?*

In welcher Entfernung von eurer Schule entdeckt ihr die nächste Zigarettenwerbung, wo die nächsten Plakate mit Zigarettenwerbung?
Wie weit ist es von eurer Schule bis zum nächsten Zigarettenautomaten oder Tabakladen?
8 *Wie sind die Regeln bezüglich Rauchen und Nichtrauchen an eurer Schule:*
  – *Werden die, die nicht rauchen, von denen, die rauchen, belästigt?*
  – *Wird gegen die, die rauchen, zu streng vorgegangen?*
9 *Wer ist verantwortlich dafür, ob du rauchst oder nicht rauchst oder wenig rauchst: du selbst, jemand anders?*

5.2.2 Böse Herzbuben
Vor allem in den „volkstümlichen" Schlagern geht es häufig um Alkohol.
Die sehr beliebten „Wildecker Herzbuben" singen auf ihrer sehr erfolgreichen Platte „Herzilein" zum Beispiel ausführlich davon:

Weinselig
„A letztes Glasl mit alten Freunden (...) ich seh auf einmal den Mond gleich zweimal, das hat der Wein gemacht (...) und schuld war doch nur der Wein" „träumst an einer kleinen Bar, genießt dein Gläschen Wein"; „An mei'm Hausl steht a Bankl, da sitz i gern und trink mein Wein (...) und i lad sie ein zum Weine,

und schon bald sind wir per Du"; „Dann schmeckt die Maß doppelt so gut."

In einer Werbeschrift preisen die deutschen Bierbrauer ihr Produkt:

Abschalten beim Bier
Abschalten von der Hektik des Alltags, Freunde, Nachbarn, Kollegen treffen, über Gott und die Welt reden und das am besten bei einem frisch gezapften Bier – all das ist ein Stück vom kleinen Glück des Alltags.

Gesellschaft für Öffentlichkeitsarbeit der Deutschen Brauwirtschaft e.V. (Hrsg.): Vom Halm zum Glas. Deutsches Bier – reines Bier

1 *Welche Gründe nennen euch Jugendliche (Mädchen – Jungen) für und wider den Alkoholkonsum? Welche Gründe nennen euch Erwachsene?*
2 *Die Bierbrauer versprechen „ein Stück vom kleinen Glück des Alltags" – was meint ihr zu diesem Versprechen? Welche Rolle soll das Bier dabei spielen?*
3 *Wo begegnet euch im Umfeld eurer Schule auf Plakaten, Schildern usw. Werbung für alkoholische Getränke? Gelten ähnliche Beschränkungen wie bei der Tabakwerbung? Erkundigt euch beim örtlichen Gewerbeaufsichtsamt.*
4 *Sammelt aus Illustrierten und anderen Zeitschriften Werbeanzeigen verschiedener Brauereien:*

5 Drogen: Verführung und Verbot, Elend und Genuss

Das Foto mit den drei Jugendlichen beim Drogenkonsum veröffentlichte eine Tageszeitung auf ihrer ersten Seite. Im Begleittext zu diesem Foto heißt es unter anderem: „Dieses Trio macht es richtig."

Welche Gründe für den Bierkonsum werden genannt bzw. angedeutet? An welche Zielgruppen sind die Anzeigen gerichtet?

5 Bei Sportübertragungen im Fernsehen (z. B. Fußball) spielt die Alkoholwerbung eine große Rolle. Erklärt, warum das so ist.

6 Versucht zu erklären: Werbung für das Rauchen ist im Fernsehen verboten, Werbung für Alkohol ist im Fernsehen erlaubt.

7 Zum Foto auf dieser Seite: Warum zeigt und lobt die Tageszeitung den Drogenkonsum der Jugendlichen?

8 Ist es leicht oder schwer für dich, an Alkohol heranzukommen? Ist es leicht oder schwer, sich gegen die Verführung zum Alkoholtrinken zu wehren? Warum?

Berichte, wenn du willst:
- von Schützenfesten,
- von Karnevalsveranstaltungen,
- von Schulfesten,
- von Partys,
- von Familienfesten,
- von der „dritten Halbzeit" nach Sportwettkämpfen im Verein.

9 Welche Regeln – für dich persönlich und für alle anderen – erscheinen dir in Bezug auf das Alkoholtrinken sinnvoll
- im Bereich der Schule,
- im Jugendzentrum,
- in der Öffentlichkeit, z. B. Sportplätze, Straßen, Plätze, Parks?

Sollte es unterschiedliche Regeln für Kinder, Jugendliche oder Erwachsene bezüglich des Alkoholkonsums in der Öffentlichkeit geben? Begründe deine Auffassung!

10 Erläutert die Karikatur und nehmt Stellung.

11 Wer ist verantwortlich dafür, ob du Alkohol trinkst, wenig trinkst oder gar nicht trinkst: du selbst, jemand anders?

5.3 Riskantes Leben

In diesem Abschnitt werden Informationen gegeben, die hilfreich sein können, wenn über den Umgang mit Drogen und über Drogenpolitik (siehe die folgenden Abschnitte dieses Kapitels) gesprochen wird. In den Massenmedien wird oft „reißerisch", einseitig und übertreibend über Drogen berichtet. Und teilweise sind zu Hause, in der Schule, im Freundeskreis, in der Werbung und in der Politik die Aussagen zur Drogenproblematik sehr widersprüchlich.

Deshalb sollen hier vor allem
- einige Begriffe geklärt,
- weitgehend unstrittige Tatsachen und
- „nüchterne" Zahlen mitgeteilt werden.

Es geht um Gemeinsamkeiten und Unterschiede zwischen erlaubten (legalen) und verbotenen (illegalen) Drogen. Es geht auch um einige wirtschaftliche und politische Gesichtspunkte. Riskant ist der Umgang mit Drogen immer!

5.3.1 Angebot

Alle Drogen versprechen Genuss und Glück, erzeugen allzu häufig aber Schwierigkeiten und Elend.
Viele Ursachen und Wirkungen bei den Drogen sind noch nicht erforscht, vielfach sind sich die Expertinnen und Experten nicht einig.
Weithin unstrittig ist:
Alle in der Übersicht auf Seite 66/67 genannten Stoffe können durch falschen Gebrauch zur Sucht führen.

Keiner der hier genannten Stoffe bewirkt zwangsläufig Sucht; bei einigen Drogen, wie z. B. Heroin oder Crack, ist die Gefahr rascher Abhängigkeit und schwerer Gesundheitsschäden sehr groß.

Bei keiner der hier genannten Drogen führt der Konsum zwangsläufig – als „Einstiegsdroge" – zum Konsum einer anderen Droge.

Kein Drogengebrauch ist risikofrei. Die Gefährlichkeit oder Ungefährlichkeit des Konsums (= des Verzehrs, Verbrauchs) von Drogen hängt wesentlich ab von
- der Menge (Dosis), in der sie konsumiert werden,
- der Häufigkeit des Konsums,
- der körperlichen und seelischen (psychischen) Verfassung und der Lebensumstände der Konsumentin/des Konsumenten,
- der Situation, in welcher die Droge genommen wird.

Große zusätzliche Gefahren beim Drogenkonsum liegen häufig darin, dass die jeweiligen Stoffe oder Hilfsmittel (wie Spritzen u.ä.) verschmutzt, durch Zusatzstoffe verunreinigt oder falsch dosiert sind – vor allem bei den illegalen Drogen.

In der Übersicht „Drogen in Auswahl" auf S. 66/67 werden die Mitte der 90er-Jahre in Deutschland am meisten verbreiteten Drogen genannt.

Die Hinweise zum „Genuss" und zu den „Gefahren", die ihr in der Übersicht findet, geben wieder, was – nach der Erfahrung von Fachleuten – beim Konsum der jeweiligen Droge häufig oder regelmäßig (aber nicht in jedem Fall) eintritt; es stellen sich auch nicht immer alle der genannten Folgen ein.

1 Legt euch in der Klasse eine „Drogen-Infokiste" an (siehe den Text im Kasten „Drogen: Informationen", Seite 69).
2 Vergleicht die Informationen in diesem Kapitel mit den aktuellen Informationen aus eurer Drogen-Infokiste.
3 Drogenkonsum unterliegt auch verschiedenen „Moden":
Von welchen Drogen wisst ihr, die in unserer Liste nicht aufgeführt sind? Sammelt dazu Medienberichte, und stellt eine Wandzeitung zusammen.

Im Drogenrausch malte ein peruanischer Künstler dieses Bild

Drogen: Grundbegriffe

Drogen sind Stoffe, die in natürliche Abläufe im menschlichen Körper eingreifen, dabei (zeitweise) angenehme, bei Missbrauch aber auch schwer schädigende körperliche und seelische (psychische) Wirkungen haben und zu Abhängigkeit bzw. Sucht führen können. Statt des umgangssprachlichen Ausdrucks „Sucht" verwenden Expertinnen/Experten zumeist den Begriff „(Drogen-)Abhängigkeit".

Drogenabhängigkeit ist das zwanghafte, unabweisbare Verlangen nach wiederholtem, regelmäßigem Konsum einer Droge und deren Beschaffung um jeden Preis.

Bei Nichtkonsum hat die abhängige Person körperliche und/oder psychische Entzugserscheinungen, z.B. Angstzustände, starke Schmerzen, große Unruhe.

Drogenabhängigkeit verändert häufig die Persönlichkeit, zerstört die sozialen Bindungen und Entfaltungsmöglichkeiten der/des Süchtigen und beeinträchtigt oft auch die Angehörigen.

Zu den Drogen gehören
- Arzneimittel (z.B. viele Schlafmittel),
- Genussmittel (z.B. Alkohol),
- Rauschmittel (z.B. Heroin).

Die Unterscheidung zwischen „weichen" Drogen (z.B. Marihuana) und „harten" Drogen ist umstritten, da sie nahe legt, die einen seien grundsätzlich weniger gefährlich als die anderen. Unterschieden wird auch zwischen stoffgebundener (z.B. Drogen) und nicht stoffgebundener Sucht, z.B. Spielsucht, Magersucht (... Fernsehsucht ...?).

Drogenabhängigkeit gilt in den meisten Fällen (z.B. Alkoholabhängigkeit) als Krankheit, die – bei vollständigem Verzicht auf weiteren Drogenkonsum (Abstinenz) – zu stoppen ist.

Wichtig ist die rechtliche (und damit politische) Unterscheidung zwischen erlaubten (legalen) und unerlaubten (illegalen) Drogen. Siehe hierzu die Übersicht auf S. 66/67 und den Abschnitt 5.4.

Drogen in Auswahl

	Genuss	Gefahren	Rechtslage
Alkohol z. B. Bier, Wein, Sekt, Spirituosen (= Schnaps)	heitere Stimmung, Abbau von Hemmungen, größere Kontaktfreudigkeit, gesteigertes Selbstwertgefühl, Unbeschwertheit und Glücksgefühl im Rausch	stark erhöhte Unfallgefahr, z. B. im Straßenverkehr, Gedächtnisverlust, Gewalttätigkeit, Kontrollverlust über Sprache und Bewegungen, Bewusstlosigkeit, Gesundheitsschäden (z. B. Leber, Herz, Gehirn), Tod durch Überdosierung, Wahnvorstellungen, körperliche und seelische Abhängigkeit	Besitz und Konsum straffrei, Einschränkungen für Kinder und Jugendliche in der Öffentlichkeit sowie für Verkehrsteilnehmer
Arzneimittel vor allem Aufputschmittel (Muntermacher, Amphetamine), Beruhigungs- und Schlafmittel (Tranquilizer), schmerzstillende Mittel	Minderung oder (zeitweilige) Beseitigung von Angst, Anspannung, Schmerz, Verstimmung; Aufmunterung oder Beruhigung; (zeitweilige) Steigerung der Leistungskraft und des Selbstwertgefühls	Angstzustände, Appetitminderung, Bewusstseinstrübung, dauerhafte Gesundheitsschäden (z. B. Herz, Kreislauf, Leber, Nieren), Depressionen, Gereiztheit, Konzentrations- und Reaktionsschwäche, Tod durch Überdosierung, Vergiftungen, Wahnvorstellungen, starke seelische und körperliche Abhängigkeit	Besitz und Konsum straffrei, teilweise ärztliche Verschreibungspflicht, häufig freier Verkauf
Cannabis Haschisch („Shit"; Harz aus der Hanfpflanze), Marihuana („Gras"; Blüten und Blätter der Hanfpflanze, geringerer Wirkstoffgehalt als bei Haschisch)	Aufheiterung, Entspannung, gesteigerte Kontaktfreudigkeit, rauschhafte Sinneswahrnehmungen, verändertes Raum- und Zeitgefühl	Angst- und Panikzustände, Antriebsverlust, Depressionen, Echo-Rausch (siehe LSD), Halluzinationen, Konzentrations- und Reaktionsschwäche, Ruhelosigkeit, erhöhte Unfallgefahr, verstärkte Wirkung von Alkoholkonsum, seelische Abhängigkeit möglich	illegal
Ecstasy „Designerdroge", aus chemischen Substanzen künstlich (synthetisch) hergestellt, „Partydroge"	belebende, aufputschende Wirkung, gesteigerte Sinneswahrnehmung, stärkeres Lustempfinden, Abbau von Hemmungen, Steigerung der Kontaktfreudigkeit	Hitzschlag (starker Wasserverlust in Verbindung mit Tanzen), Depressionen, Gesundheitsschäden (z. B. Gehirn, Leber, Herz), Unverträglichkeit, z. B. bei Herz-, Asthma- und anderen Leiden, Psychosen	illegal
Heroin auf chemischem Weg aus Opium bzw. Morphium gewonnen, ursprünglich als Arzneimittel (z. B. auch gegen Husten) genutzt; gilt als das stärkste Suchtmittel; Ersatzstoff: Methadon (Polamidon)	Angst- und Schmerzgefühle werden (vorübergehend) blockiert, körperliche und seelische Beschwerden verschwinden (vorübergehend), Wohlbefinden, Entspannung, besonderes Hochgefühl	sehr bald starke körperliche und seelische Abhängigkeit, Zwang zu ständig steigender Dosierung, soziale Isolierung, Begleitkrankheiten (z. B. durch Verunreinigung der Hilfsmittel), Beschaffungskriminalität, Persönlichkeitsveränderung, Tod durch Überdosierung	illegal

Drogen in Auswahl

	Genuss	Gefahren	Rechtslage
Koffein z. B. Cola, Kaffee, Tee	belebende und aufputschende Wirkung	gesteigerte Herzinfarktanfälligkeit, Herzschmerzen, Kreislaufbeschwerden, Magenleiden, Migräne, Müdigkeit, Nervosität, Schlaflosigkeit	Besitz und Konsum straffrei
Kokain / Crack Kokain wird aus den Blättern des Kokastrauchs gewonnen; Crack, eine Mischung aus Kokain und Zusatzstoffen, gilt bei Fachleuten als die „wirkungsvollste Form der Selbstzerstörung"	stark belebende, enthemmende, aufputschende Wirkung, Unterdrückung des Müdigkeitsgefühls, rauschhaftes Glücksgefühl, gesteigerte Kontaktfreudigkeit, Gefühl besonders großer Leistungsfähigkeit, erhöhtes Selbstbewusstsein, Wohlbefinden	Aggressivität, Depressionen, Gesundheitsschäden (z. B. Atmung, Herz, Leber, Verdauung), Halluzinationen, Zwang zur Höherdosierung, Psychose, Realitätsverlust, Schlaflosigkeit, Tod durch Überdosierung, Wahnvorstellungen, starke seelische Abhängigkeit schon nach kurzer Zeit, besonders bei Crack	illegal
LSD (Trip, Acid) künstlich (synthetisch) auf chemischem Weg hergestellt	rauschhaftes, intensives Erleben von Farben, Formen, Geräuschen, Steigerung von Geschmacks- und Geruchssinn, „Reise" in eine phantastische „andere Welt"	Ungewissheit über die Wirkung, Angst- und Panikzustände („Horrortrip"), erneuter Rauschzustand kürzere oder längere Zeit nach dem Konsum (Echo-Rausch, „Flash back"), Geisteskrankheit, Kurzschlusshandlungen, Tod durch Überdosierung, Wahnvorstellungen	illegal
Nikotin in reinem Zustand hochgiftiger Wirkstoff im Tabak	(zeitweise) anregende oder entspannende Wirkung	Durchblutungsstörungen (Gefäßverengungen), Gehirnschlag, Herzerkrankungen, Magenschmerzen, Kopfschmerzen, Krebs (Lunge, Kehlkopf, Mundhöhle), Minderung der körperlichen Leistungsfähigkeit, Nervosität, Raucherhusten, „Raucherbein", Übelkeit, körperliche und seelische Abhängigkeit	Besitz und Konsum straffrei, Konsum für Kinder und Jugendliche unter 16 Jahren in der Öffentlichkeit untersagt
Schnüffelstoffe Lösungsmittel und Verdünner aus leicht flüchtigen Kohlenwasserstoffen	rauschhaft gesteigerte Sinneswahrnehmung, Bewusstseinstrübung, teilweise ähnliche Wirkung wie beim Alkoholkonsum	Atemlähmung mit Todesfolge, Angst- und Panikzustände, Bewusstlosigkeit, Gesundheitsschäden (Atmung, Gehirn, Leber, Nerven, Nieren), Kopfschmerzen, Übelkeit, Vergiftungen, Schlaflosigkeit, seelische Abhängigkeit	Besitz und Konsum straffrei

Zusammenstellung nach: Auf und davon. Laune, Lust und Langeweile. Hrsg. Bundeszentrale für gesundheitliche Aufklärung im Auftrag des Bundesministeriums für Gesundheit, Köln 1995, S. 14f.; Der Spiegel Nr. 9/1996, S. 223; Drogen und Sucht, Hrsg. Deutsche Hauptstelle gegen die Suchtgefahren e.V. und Fachverband Drogen und Rauschmittel e.V. Hannover 1993

Methode: Dokumentation

Was ist eine Dokumentation?
In einer Dokumentation (von lat. documentum = Lehre, Beispiel, Beweis) werden Gegenstände, Schriftstücke, Statistiken, Modelle, Schaubilder, Fotos, Dias, Videos und Ähnliches zusammengestellt, um einen Vorgang oder Zustand, ein Problem und mögliche Lösungen, aber auch Menschen und ihre Lebensgeschichte möglichst umfassend, genau, anschaulich, beweiskräftig und wirkungsvoll darzustellen.

Woraus besteht eine Dokumentation?
Mittel der Dokumentation können sein:
Bücher, Broschüren, Wandzeitungen, Bilder- und Fotoserien, Schautafeln, Collagen, Hörbilder, Videos, Filme, Multimedia-Darstellungen mittels Computer oder alles Genannte in Kombination ...
Die Begleittexte der Produzentinnen und Produzenten einer Dokumentation sind kurz und knapp, die sinnvoll angeordneten Materialien sollen „für sich sprechen".
Die Gestaltung sollte Rücksicht nehmen auf die Rezeptionsgewohnheiten [Rezeption = Aufnehmen, Verstehen, Sich-Aneignen] der Zielgruppe(n).

Wie entsteht eine Dokumentation?
In Abschnitt 5.2.1 geht es in Aufgabe 7 auf S. 63 um die Werbung für das Rauchen. Wenn ihr dokumentieren wollt, für welche legalen Drogen (siehe die Übersicht auf den Seiten 66/67) auf welche Weise in welchem Umfang welche Werbung im Umkreis von 500 m rund um eure Schule gemacht wird, dann könnt ihr so vorgehen:
Erörtert miteinander und einigt euch darauf
- was genau dokumentiert werden soll (nur „Zigarettenwerbung" oder „Drogenwerbung und die Folgen des Drogenkonsums");
- wen ihr mit eurer Dokumentation erreichen wollt;
- welche Wirkungen ihr euch bei wem versprecht;
- welche Folgen abzusehen sind;
- welche Form eure Dokumentation haben soll (z. B. Broschüre, Extra-Ausgabe der Schülerzeitung, eine oder mehrere Schautafeln, Videofilm);
- wie und wo, wann und wie lange ihr eure Dokumentation zeigen wollt;
- ob ihr eure Dokumentation mit einer kleinen Veranstaltung begleiten wollt und wen ihr dazu einladet (z. B. Mitschülerinnen und Mitschüler, Eltern, Lehrerschaft, Presse);
- welchen Umfang eure Dokumentation haben soll und welcher Zeitaufwand euch möglich ist;
- welche Sachinformationen ihr braucht und woher ihr sie bekommt;
- welche Arbeitsgruppen sich mit welchen Teilthemen befassen;
- wann ihr die Zwischenergebnisse eurer Arbeit austauscht und Entwürfe für die Form der Dokumentation diskutiert;
- welche Gruppen welche Arbeiten bei der Ausarbeitung der Dokumentation übernehmen, z. B. Fotos machen, Straßenplan kopieren und Standorte einzeichnen, Schaubilder entwerfen und zeichnen, Statistiken berechnen, kurze Informationstexte schreiben, Pappe, Papier und Filzschreiber besorgen, Geld besorgen;
- welche Gruppe bis wann eine Einladungsliste und einen Einladungsbrief für die Ausstellungseröffnung bzw. die festliche Vorstellung eurer Broschüre entwirft, zur Diskussion stellt, (abändert und) schreibt;
- wann und wie ihr die Eröffnungsveranstaltung durchführt (... und dokumentiert ...);
- wie ihr die ganze Arbeit nachher auswerten könnt.

5.3.2 Nachfrage

Trotz der Schäden und Verbote, die mit dem Konsum von Drogen verbunden sind (siehe die Abschnitte 5.3.3 und 5.4.1), ist die Nachfrage nach ihnen sehr hoch.
Zwar konsumieren in den 90er-Jahren z. B. deutlich weniger Jugendliche als in früheren Jahren Nikotin und Alkohol, doch die insgesamt konsumierte Menge bleibt über Jahre hinweg ungefähr gleich, weil die anderen umso mehr rauchen und trinken.
Statistische Angaben im Bereich des Drogenkonsums sind häufig ungenau, da es keine Methoden gibt, exakte Zahlen zu ermitteln.
Oft sind die Expertinnen/Experten auf Schätzungen, Befragungen und Hochrechnungen (Verallgemeinerungen) angewiesen. Die „Dunkelziffern", also die vermuteten wirklichen Zahlen, sind recht hoch. Die folgenden Zahlen beziehen sich auf die Bundesrepublik Deutschland Mitte der 90er-Jahre. Sie entstammen Berichten über wissenschaftliche Untersuchungen und Pressemeldungen.
Sie sollen einen ungefähren Eindruck vom Umfang der Drogennachfrage in Deutschland vermitteln.

Nikotin
- Sechs Prozent der Dreizehnjährigen rauchen regelmäßig.
- 44 % der 14- und 15-Jährigen geben bei einer Befragung an, gelegentlich zu rauchen; 31 % geben an, nie zu rauchen. Die Zahl der jugendlichen Nichtraucherinnen und Nichtraucher ist in den letzten Jahren deutlich gestiegen.
- Die 15-jährigen Mädchen in Deutschland rauchen mehr als die gleichaltrigen Mädchen in den anderen Staaten der Europäischen Union. Nach einer Studie der Weltgesundheitsorganisation (WHO) rauchen fast 30 % der 15-jährigen Mädchen, aber nur 21 % der gleichaltrigen Jungen in Deutschland mindestens einmal wöchentlich eine Zigarette.
- Insgesamt gibt es in Deutschland etwa 18 Millionen Raucherinnen und Raucher, die Zahl ist rückläufig.
- Lehrer liegen auf dem 30. Platz einer Rangliste, in der Raucher nach Be-

rufsgruppen aufgeführt sind – hinter Ärzten oder Krankenpflegern ...
- Mehr als 30 Milliarden DM werden jährlich für das Rauchen ausgegeben.
- Die Tabakindustrie gibt jährlich etwa 220 Millionen DM für Anzeigen und Plakatwerbung aus.

Alkohol
- Beim Bier beträgt der jährliche Pro-Kopf-Verbrauch (einschließlich der Säuglinge und der Kranken) rund 138 Liter, beim Wein 17, beim Schnaps 7 und beim Sekt 5 Liter. Deutschland ist beim Alkoholkonsum „Weltspitze".
- Jugendliche beginnen immer früher mit dem regelmäßigen Alkoholkonsum, das Einstiegsalter liegt bei 14 Jahren.
- 38 % der Kinder und Jugendlichen bis zu 18 Jahren trinken nach eigenen Angaben zumindest gelegentlich Alkohol, 10 % regelmäßig.
- Die Herstellerfirmen alkoholischer Getränke geben für Werbung in den Massenmedien jährlich etwa 500 Millionen DM aus; hinzu kommen noch etwa dreimal so hohe finanzielle Aufwendungen für Sportveranstaltungen und ähnliche Werbeaktionen der Alkoholhersteller.

Arzneimittel
- Mehr als 50 % der Eltern befürworteten bei einer Befragung die Einnahme von Arzneimitteln durch ihre Kinder, wenn damit schulische Probleme gelöst werden könnten.
- Jeder dritte Jugendliche zwischen 12 und 17 Jahren nimmt regelmäßig Arzneimittel ein.

Illegale Drogen
- Der Einstieg in den Konsum illegaler Drogen beginnt bei den Jugendlichen in Deutschland immer früher: bereits mit 14 Jahren.
- Mindestens 25 % der Jugendlichen von 12 bis 24 Jahren haben schon einmal illegale Drogen (vor allem Cannabis oder Ecstasy) konsumiert, männliche Jugendliche deutlich mehr als weibliche.
- Nach Schätzung von Fachleuten soll es in Deutschland etwa 540 000 Ecstasy-Konsumenten geben; weitaus

Drogen: Informationen
Informationen über Drogen und alle Fragen, die damit zusammenhängen, könnt ihr anfordern z. B. von:

Bundesverband für akzeptierende Drogenarbeit und humane Drogenpolitik
Am Roggenkamp 48
48165 Münster

Bundesgesundheitsamt
Thielallee 88–92, 14195 Berlin

Bundesdrogenbeauftragter
beim Bundesministerium des Innern
Postfach 120609, 53048 Bonn

Bundeszentrale für gesundheitliche Aufklärung
Postfach 910252, 51071 Köln

Deutsche Hauptstelle gegen die Suchtgefahren e. V. (DHS)
Westring 2, 59065 Hamm

Deutscher Paritätischer Wohlfahrtsverband, Gesamtverband e. V.
Referat Gefährdetenhilfe
Heinrich-Hoffmann-Str. 3
60528 Frankfurt

INDRO e.V.
Bremer Platz 18–20
48155 Münster

Auf Landesebene könnt ihr Informationen (auch weitere Adressen) erhalten beim jeweiligen Landes-Gesundheits- oder Sozialministerium, in Nordrhein-Westfalen beispielsweise:

Landesdrogenbeauftragter beim Ministerium für Arbeit, Gesundheit und Soziales NRW, 40190 Düsseldorf

Vor Ort, in eurer Stadt/Gemeinde, könnt ihr Informationen und Materialien bekommen bei:
- Drogen- bzw. Suchtberatungsstellen
- Krankenkassen
- Schulämtern
- Selbsthilfegruppen (Adressen zu erfragen z. B. über das Sozialamt, Jugendamt oder die Bürgerinformation im Rathaus)
- Wohlfahrtsverbänden (z. B. Arbeiterwohlfahrt, Deutscher Caritasverband, Diakonisches Werk der Evangelischen Kirche).

Ihr könnt in eurer Drogen-Infokiste auch sammeln
- Adressen für den Notfall (Arzt, Krankenhaus),
- Berichte aus Zeitungen, Zeitschriften, Broschüren, Fachbüchern,
- Erzählungen und Romane zum Thema (Informationen im Buchhandel),
- Videos.

Drogerie der Zukunft? Zeichnung: Seyfried + Ziska

mehr Menschen, vor allem jüngere, haben die Droge schon ausprobiert.
- Der Umsatz mit illegalen Drogen betrug Anfang der 90er-Jahre in Deutschland nach Schätzungen jährlich zwischen 4,4 und 5,8 Milliarden DM. Weltweit werden mit illegalen Drogen schätzungsweise 750 Milliarden DM jährlich umgesetzt.
  Mit keiner Handelsware lassen sich vergleichbar hohe Gewinne erzielen (bei Heroin z. B. bis zu 20 000 %).

1 Versucht einige der statistischen Angaben zu erklären, z. B.
  - das sinkende „Einstiegsalter",
  - die Zunahme der jugendlichen Nichtraucherinnen und Nichtraucher,
  - den Werbeaufwand der Tabakindustrie,
  - den Arzneimittelkonsum bei Kindern und Jugendlichen.
2 „Die Konsumgesellschaft [der Bundesrepublik Deutschland] ist eine Drogengesellschaft."
  Nehmt Stellung zu dieser Behauptung.

5.3.3 Folgen

Die vielfältigen Folgen des Drogenkonsums betreffen nicht nur die Konsumentinnen und Konsumenten selbst. Oft sind auch die Angehörigen und ganz unbeteiligte Mitbürgerinnen und Mitbürger betroffen und geschädigt.
Darüber hinaus sind z. B. die Krankenversicherungen und die Rentenversicherung, Polizei und Justiz sowie Privatunternehmen betroffen.
Die folgenden Zahlenangaben beziehen sich wiederum auf Deutschland Mitte der 90er-Jahre. Sie sollen einen ungefähren Eindruck vom Ausmaß der wirtschaftlichen und politischen Folgen des Drogenkonsums geben.
Dabei weichen die in den Statistiken der Fachleute genannten Zahlen teilweise deutlich voneinander ab.
So gibt es z. B. nach Erhebungen der Bundesregierung Mitte der 90er-Jahre in Deutschland rund 3,8 Millionen Drogenabhängige (2,5 Millionen Alkoholabhängige, 1,2 Millionen Medikamentenabhängige und 120 000 Abhängige von illegalen Drogen).
Eine Vereinigung von Fachärztinnen und Fachärzten teilte hingegen etwa zur gleichen Zeit (Mitte 1996) mit, es gebe in Deutschland rund 10 Millionen Alkoholabhängige, 1 Million Medikamentenabhängige und 50 000 Abhängige von illegalen Drogen.

Einige Folgen des Nikotinkonsums

- Nach Angaben der Bundesregierung muss jährlich mit etwa 90 000 Todesfällen auf Grund des Rauchens gerechnet werden. In einer Wochenzeitschrift war die Rede von mehr als 100 000 Toten.
- Die Deutsche Krebshilfe schätzt, dass an den Folgen des „Passivrauchens" (= Einatmen des Tabakqualms von anderen) pro Jahr 400 Menschen sterben.
- Etwa 6 Millionen der Raucherinnen und Raucher sind behandlungsbedürftig.
- In Deutschland nimmt der Staat jährlich etwa 20 Milliarden DM an Tabaksteuer ein.

Einige Folgen des Alkoholkonsums

- Jährlich müssen schätzungsweise 5 000 Kinder wegen Alkoholvergiftungen ärztlich behandelt werden.
- Nach Angaben der „Deutschen Hauptstelle gegen die Suchtgefahren" sind 500 000 Kinder und Jugendliche zwischen 12 und 21 Jahren alkoholsüchtig oder stark suchtgefährdet.
- Es wird geschätzt, dass jeder 20. Arbeitnehmer Alkoholiker ist und jeder zehnte als akut gefährdet gilt.
- Durch Alkoholmissbrauch sterben in Deutschland jährlich etwa 40 000 Menschen.
- Die gesellschaftlichen Folgekosten des Alkoholkonsums – neben der Krankenbehandlung z. B. auch die Kosten wegen Arbeits- und Verkehrsunfällen, vorzeitigen Rentenzahlungen usw. – werden auf jährlich 30 bis 80 Milliarden DM geschätzt.
- An Branntwein- und Schaumweinsteuer nimmt der Staat jährlich etwa 8 Milliarden DM ein.
- Nach Auskunft eines Forschers werden in Deutschland jährlich 1,25 Pfennig je Einwohner für die wissenschaftliche Erforschung der medizinischen und wirtschaftlichen Folgen des Alkoholismus (= Alkoholkrankheit) aufgewendet. In den USA seien es je Einwohner mehr als eine DM, in Finnland 5 DM je Einwohner.
- Die „Deutsche Hauptstelle gegen die Suchtgefahren" weist darauf hin, dass die Bundesregierung der Spirituosenindustrie jährlich über 330 Millionen DM an Subventionen (= Finanzhilfen) gewährt.

Einige Folgen des Konsums illegaler Drogen

- Die Zahl der Toten im Zusammenhang mit illegalen Drogen ist schwankend; sie sank in der ersten Hälfte der 90er-Jahre von 2125 (1991) auf 1565 (1995) und stieg 1996 wieder an.

- Ein erheblicher Teil der Straftaten in Deutschland, wie z. B. Diebstahl, Einbruch und Raubüberfall, wird von Drogenabhängigen begangen, um sich das Geld für die Droge zu beschaffen („Beschaffungskriminalität").
  Dabei sind Gewaltverbrechen gegen Personen, die nicht zur „Drogenszene" gehören, eher selten.
- In den Ländern der Europäischen Union sind schätzungsweise 150 000 Menschen im illegalen Drogenhandel tätig, der ein wichtiger Teil der „organisierten Kriminalität" ist.

1 Verfolgt zwei Wochen lang die Berichterstattung eurer Lokalzeitung(en) zum Thema „Folgen des Drogenkonsums".
   - Was wird über illegale Drogen berichtet?
   - Was wird über legale Drogen berichtet, z. B. Alkohol als Unfallursache, Ursache bei Straftaten?
2 Welche Rolle spielen (legale/illegale) Drogen in aktuellen Kinofilmen oder TV-Serien? Berichtet.
   Wie berichten Illustrierte und Programmzeitschriften (z. B. in der Vorschau auf die Filme) zu diesem Thema?
3 Stellt gegenüber: Folgen des Missbrauchs
   - bei legalen Drogen,
   - bei illegalen Drogen.
4 Erkundet in eurem Bekanntenkreis, welche Wirkungen eine deutliche Erhöhung der Tabak- und Alkoholsteuern bei den Konsumentinnen/Konsumenten haben würde.
5 Für dich persönlich, nichts für den Unterricht: Du kannst eine Woche lang ein „Drogenprotokoll" führen. Notiere dir jeden Tag, welche Droge du in welcher Menge konsumiert hast.
   Was sagt dir deine Privatstatistik?

5.4 Unterschiedliche Auswege

Aus den vorangegangenen Abschnitten dieses Kapitels ist deutlich geworden, dass der Missbrauch legaler oder illegaler Drogen zahlreiche private, aber auch politische Probleme aufwirft.
Aufgabe der Politik ist es,
- Drogenabhängigkeit nach Möglichkeit zu verhindern, sie zumindest einzudämmen;
- Drogenabhängigen Möglichkeiten zur Therapie (= Heilbehandlung) zu geben.

Allerdings ist unter den Politikerinnen und Politikern ebenso wie unter den Fachleuten umstritten, auf welchen Wegen diese Ziele am besten zu erreichen seien:
- Sollen gesetzliche und polizeiliche Maßnahmen im Vordergrund stehen?
- Sollen vorbeugende und heilende Maßnahmen im Vordergrund stehen?
- Wie können alle diese Maßnahmen am besten miteinander verbunden werden?

Im *Gespräch mit Expertinnen und Experten* könnt ihr am besten die nötigen Informationen, die unterschiedlichen Erfahrungen, Meinungen und Lösungsvorschläge zu all diesen schwierigen Problemen kennen lernen und zu eigenen Einschätzungen kommen.

5.4.1 Strafen und Strafmilderung

Was umgangssprachlich „illegale Droge" oder „Rauschgift" heißt, wird in den einschlägigen Gesetzen als „Betäubungsmittel" bezeichnet.
Jede Berührung illegaler Drogen ist strafbar; allenfalls zu medizinischen, wissenschaftlichen oder polizeilichen Zwecken darf ungestraft damit hantiert werden.
Die wichtigsten Strafbestimmungen sind im *Betäubungsmittelgesetz* (BtMG) aufgeführt. Danach ist zwar nicht der Konsum, wohl aber der Besitz* von illegalen Drogen strafbar.
Außerdem strafbar sind bei illegalen Drogen z. B. der Anbau, die Anstiftung Minderjähriger, die Ein- und Ausfuhr, der Erwerb (durch Kauf, Diebstahl o.ä.), der Handel, die Herstellung, der Verkauf, die Weitergabe, die Werbung.
Das Strafmaß reicht bis zu Freiheitsstrafen in Höhe von 15 Jahren.

Möglich ist aber auch
- *Strafmilderung* oder Absehen von Strafe, wenn (die Täterin oder) der Täter „durch freiwillige Offenbarung seines Wissens wesentlich dazu beigetragen hat, dass die Tat über seinen eigenen Tatbeitrag hinaus aufgedeckt werden konnte", oder Straftaten im Zusammenhang mit illegalen Drogen noch verhindert werden können (BtMG §31);
- *Absehen von der Verfolgung*, „wenn die Schuld des Täters als gering anzusehen wäre, kein öffentliches Interesse an der Strafverfolgung besteht und der Täter die Betäubungsmittel lediglich zum Eigenverbrauch in geringer Menge" erwirbt, sich in sonstiger Weise verschafft oder besitzt (BtMG §31a).

Möglich ist auch die Anwendung von Sonderregelungen, wenn die Straftäterin/der Straftäter sich in einer Drogentherapie befindet oder zusagt, sie zu beginnen (vgl. BtMG §§35–38).
Eine Minderheit unter den Fachleuten und unter den Politikerinnen und Politikern ist der Auffassung, dass die strafrechtliche Verfolgung der Konsumentinnen/Konsumenten (nicht der Händler) illegaler Drogen nicht sinnvoll sei. Sie könne Drogenabhängigkeit nicht eindämmen und verschärfe außerdem manche Probleme bei vielen Drogenabhängigen eher noch, zum Beispiel: Beschaffungskriminalität, Begleitkrankheiten, soziale Ausgrenzung.

---

* Achtung: „Besitz" im rechtlichen Verständnis heißt: „tatsächliche Herrschaft einer Person über eine Sache", egal ob die Person Eigentümerin dieser Sache ist. Es genügt, dass die Person über die Sache verfügen kann oder könnte, wenn sie wollte. Eine Haschzigarette in deiner Tasche, egal wie sie dahin gekommen ist, ist in deinem Besitz – ob du das willst oder nicht, ob du es weißt oder nicht!

1 *Erklärt, warum im Drogenstrafrecht Vorschriften zur Strafmilderung und zum Absehen von Strafe und Strafverfolgung vorgesehen sind.*

5 Drogen: Verführung und Verbot, Elend und Genuss

- *Ist das Betäubungsmittelgesetz brauchbar, erfolgreich bei der Bekämpfung des illegalen Drogenkonsums?*
- *Ist es zu milde oder zu scharf?*
- *Wird es zu milde oder zu scharf von den Gerichten gehandhabt?*
- *Sollten die bislang illegalen Drogen legalisiert (= erlaubt) werden?*

Notiert die Antworten und bezieht sie in eure Arbeit beim folgenden Abschnitt ein.

5.4.2 Helfen oder strafen – oder beides?

Die beiden Wörter „geringe Menge" in §31a des Betäubungsmittelgesetzes (BtMG) führten Mitte der 90er-Jahre in der Bundesrepublik Deutschland zu einer ziemlich heftigen politischen Auseinandersetzung.

Das Bundesverfassungsgericht hatte die Bundesländer aufgefordert sich darauf zu einigen, was unter einer „geringen Menge" an illegalen Drogen zu verstehen sei.

Als die Bundesländer sich über eine längere Zeit hin nicht einigen konnten, erließ das Justizministerium des Landes Nordrhein-Westfalen eigene Richtlinien, die von Politikerinnen und Politikern anderer Bundesländer scharf kritisiert wurden.

Der damalige Justizminister des Landes NRW, R. Krumsiek (SPD), erklärte:

Hilfe vor Strafe

Unsere Richtlinien mit den Grenzwerten von 10 Gramm für Haschisch und 0,5 Gramm für Heroin ändern nichts an der im Betäubungsmittelgesetz festgesetzten Strafbarkeit des Umgangs mit Drogen. Von einer auch nur partiellen „Freigabe", von einer „Herabstufung" oder gar „Legalisierung" kann daher keine Rede sein. In Nordrhein-Westfalen werden daher – wie bisher und wie in allen anderen Bundesländern auch – in jedem Fall Ermittlungsverfahren eingeleitet, Drogen und Konsumutensilien sichergestellt sowie Beschuldigte vernommen.

Sicher wäre es schön, wenn Gesetze, Erlasse und Richtlinien dazu beitragen könnten, auch dem so genannten tödlichen Kreislauf der Drogensucht Einhalt zu gebieten. Die Erfahrungen nicht nur auf diesem Gebiete zeigen jedoch seit Jahrzehnten, dass die Justiz bei bestem Willen und Bemühen die Probleme der Gesellschaft nicht lösen kann. Sie kann nur versuchen die Auswüchse einzudämmen. Deshalb muss Justizpolitik eingebettet sein in eine Drogenpolitik.

Nordrhein-Westfalen setzt in der Gesamtstrategie auf Aufklärung, Prävention, Therapie und konsequente Strafverfolgung. Wir wollen die Menschen vor Drogen schützen. Wir wollen Suchtkranken helfen, statt sie zu bestrafen und in die Verelendung zu treiben. Nordrhein-Westfalen hat ein breites, der Krankheit angemessenes Hilfsangebot entwickelt. Seine Kernpunkte lauten:

Hilfe vor Strafe für suchtkranke Menschen und Konzentration der Strafverfolgung auf die Händler, die ihre international organisierten Geschäfte mit der Neugier junger Menschen und dem Leid suchtkranker Bürger betreiben und dabei sind, Wirtschaft und Staat mit mafiosen Praktiken zu untergraben.

Die Zeit vom 27.5.1994, S. 4 (Auszug)

Der damalige Innenminister von Bayern, G. Beckstein (CSU), erwiderte:

Verstärkte Überwachung

Ich lehne die jüngste Vorgabe des Düsseldorfer Justizministeriums entschieden ab.

Das Einzige, was diese Richtlinien erreichen, ist das verheerende Signal an die Jugendlichen, selbst Heroin oder ähnliche harte Drogen seien gar nicht so gefährlich. Auch die internationale Drogenmafia wird solche Signale aufgreifen und ihre Taktik sofort auf diese neue Entwicklung einstellen.

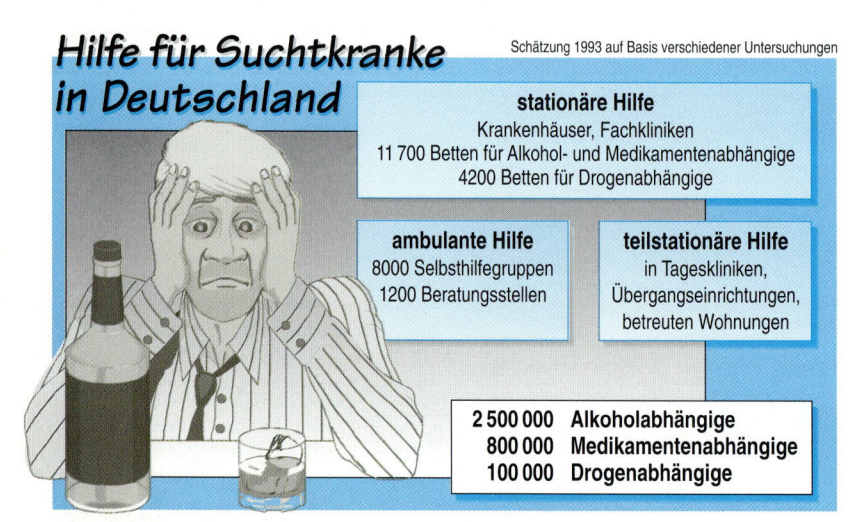

2 Versucht im Expertengespräch bei einer Drogenberatungsstelle oder bei Gericht zu klären
  - in welchem Umfang die Regelungen nach §§ 31 und 31a BtMG angewendet werden,
  - in welchem Umfang die Vorschriften nach den §§35-38 BtMG angewendet werden,
  - welche Erfolge mit der Anwendung dieser Vorschriften erzielt werden.

Methode: *Expertenbefragung, S. 132*

3 Welche Auffassungen vertreten die von euch befragten Expertinnen/Experten (siehe Aufgabe 2):

Hilfe für Suchtkranke in Deutschland

Schätzung 1993 auf Basis verschiedener Untersuchungen

stationäre Hilfe
Krankenhäuser, Fachkliniken
11 700 Betten für Alkohol- und Medikamentenabhängige
4200 Betten für Drogenabhängige

ambulante Hilfe
8000 Selbsthilfegruppen
1200 Beratungsstellen

teilstationäre Hilfe
in Tageskliniken, Übergangseinrichtungen, betreuten Wohnungen

2 500 000	Alkoholabhängige
800 000	Medikamentenabhängige
100 000	Drogenabhängige

ambulante Behandlung = Behandlung in der ärztlichen Sprechstunde;
stationäre Behandlung = Behandlung bei Unterbringung im Krankenhaus

Oberstes Ziel der Drogenprävention muss die Suchtfreiheit bleiben. Zielgruppe aller Präventionsbemühungen sind diejenigen, die noch nicht süchtig sind. Straffreiheit bei kleinen Mengen harter Drogen signalisiert gerade ihnen die scheinbare Ungefährlichkeit des betreffenden Rauschgifts und die Möglichkeit zum angeblich kontrollierten Umgang mit der Droge. Letztlich wird so nur die Hemmschwelle zum „Ausprobieren" in unverantwortlicher Weise gesenkt. Die Bayerische Staatsregierung jedenfalls wird auch weiterhin ihre konsequente Linie gegen den Drogenmissbrauch auf der Grundlage der Drei-Säulen-Politik von Prävention, Therapie und auch Repression fortsetzen. Die bayerische Polizei wird deshalb auch künftig Besitz und Erwerb selbst kleinster Mengen Haschisch und natürlich auch von Heroin konsequent verfolgen. Rechtsfreie Räume dulden wir aus wohlverstandener Verantwortung in Bayern nicht. Die Drogenszene soll nicht glauben, in bestimmten Bereichen und an bestimmten Orten Gesetze übertreten zu dürfen. Vielmehr wird die Polizei durch verstärkte Überwachung die Einhaltung der Gesetze sicherstellen.

Die Zeit vom 27.5.1994, S. 4 (Auszug)

---

partiell = teilweise; Legalisierung = hier: Aufhebung der Strafbarkeit; Strategie = umfassend geplante Vorgehensweise; Taktik = Vorgehensweise im Einzelnen; Prävention = Vorbeugung, Verhütung; Repression = Unterdrückung, strafrechtliche Verfolgung.

1 Lest noch einmal nach, was im vorigen Abschnitt zum Inhalt von §31a BtMG ausgeführt wird.
2 Erörtert die Folgen einer unterschiedlichen Auslegung des Begriffs „geringe Menge" in den verschiedenen Bundesländern
   - für Drogenkonsumentinnen/Drogenkonsumenten,
   - für die Polizei als Strafverfolgungsbehörde,
   - für Staatsanwaltschaft und Richterschaft, die bei §31a BtMG zu entscheiden haben.
3 Erkundigt euch bei einer Richterin/einem Richter, welche gemeinsame Festlegung über die „geringe Menge" die Bundesländer inzwischen getroffen haben.
4 Erläutert, was unter dem „tödlichen Kreislauf der Drogensucht" zu verstehen ist.

„So, jetzt reden wir mal in aller Ruhe über deine Drogenprobleme!" Karikatur: Schrader

5 Die Äußerungen der Minister R. Krumsiek und G. Beckstein verdeutlichen ein unterschiedliches Verständnis davon, wie Staat und Gesellschaft mit den (illegalen) Drogen umgehen sollten: Welche Rangfolge bei staatlichen Maßnahmen in der Drogenpolitik benennt R. Krumsiek, welche Rangfolge wird bei G. Beckstein deutlich?

5.4.3 Aussteigen, notfalls umsteigen

Weitgehende Einigkeit besteht darin, dass die Abhängigkeit von Drogen (egal ob Alkohol oder Heroin) eine *Krankheit* ist. Entsprechend ist der (Sozial-)Staat (siehe Kapitel 11) verpflichtet, für Möglichkeiten der Therapie (= Heilbehandlung) zu sorgen.
Die unterschiedlichen Therapien erstrecken sich meist auf die medizinische Behandlung, die Behandlung der seelischen (psychischen) Krankheit der Betroffenen und die schrittweise Rückkehr in das „normale" Leben (Rehabilitation). Die Drogenfachleute sind sich darin einig, dass eine wesentliche Voraussetzung für die dauerhafte Heilung einer Drogenabhängigkeit der vollständige Verzicht (= Abstinenz) auf jeden weiteren Drogenkonsum ist.
Unterschiedlich sind die Auffassungen, wenn es um den *Beginn einer Therapie* geht. Die einen fordern, dass die/der Abhängige den Drogenkonsum sofort beenden muss, wenn sie/er in eine Therapie aufgenommen werden will.
Andere verabreichen der/dem Abhängigen zu Beginn der Therapie noch eine gewisse Zeit lang unter ärztlicher Kontrolle die Droge („warmer Entzug"). Damit sollen auch diejenigen zu einer Therapie bewegt werden, die sich einen sofortigen völligen Verzicht nicht zutrauen oder Angst vor den oft sehr heftigen Beschwerden beim Entzug haben.
Manche Heroinabhängigen haben entweder noch nicht oder nicht mehr die Kraft, eine Therapie zu beginnen, sind gesundheitlich aber sehr stark gefährdet, etwa durch Begleitkrankheiten.
Ihnen wird in manchen Städten der Bundesrepublik die Möglichkeit gegeben, „umzusteigen", zum Beispiel auf den Ersatzstoff Methadon.
Sie erhalten diesen Suchtstoff regelmäßig unter ärztlicher Kontrolle (Substitution = Ersatz).
So sind sie nicht länger auf illegale Drogen und deren kriminelle Beschaffung angewiesen, können ihre Gesundheit wiederherstellen und nicht selten auch ins Berufsleben zurückkehren.

1 „Lest" und interpretiert (= deutet) das Schaubild auf S. 72. Zieht die Informationen aus dem vorangegangenen Abschnitt 5.3 hinzu.
2 Erkundigt euch im Expertengespräch bei einer Drogenberatungsstelle über

die einzelnen Schritte, Schwierigkeiten und Erfolge beim Ausstieg aus einer Drogenabhängigkeit:
- Wie lange dauert eine solche Therapie?
- Wer trägt die Kosten?
- Wo liegen typische Schwierigkeiten für die Ausstiegswilligen (zu Beginn, im Verlauf der Therapie)?
- Wie häufig gelingt der Ausstieg? Wenn er fehlschlägt – woran liegt es?

3 Informiert euch bei der Drogenberatung, beim örtlichen Sozialamt oder beim Gesundheitsamt über verschiedene Hilfen für Drogenabhängige:
- Wie wird die Entwicklung der letzten Jahre bewertet?
- Bezieht das Schaubild auf S. 72 mit ein.
4 Informiert euch im Expertengespräch über den Umfang der so genannten „Methadon-Programme".

Welche Erfolge werden erzielt? Welche Probleme sind mit der Substitution verbunden?
5 Erläutert die Aussage des Karikaturisten auf S. 73.
Beschafft euch Informationen darüber, welche Hilfen Angehörige, Freundinnen oder Freunde Drogenabhängigen oder Gefährdeten am besten geben können. Nutzt dazu eure „Drogen-Infokiste" (Abschnitt 5.3.1).

5.5 Vorbeugen – aber wie?

Ein Schwergewicht der Drogenpolitik in Deutschland liegt auf der *Prävention* (= Vorbeugung) gegen die Drogenabhängigkeit.
Sie soll in der Familie, aber auch in der Schule, in Jugendzentren und in der Öffentlichkeit geschehen.
Häufig lautet das Ziel: *Abstinenz* (= völliger Verzicht) gegenüber allen illegalen und möglichst auch gegenüber den legalen Drogen.
Viele bezweifeln, ob ein solches Ziel für alle überhaupt erreichbar ist.
So sind auch die Maßnahmen und Vorschläge zur Prävention recht unterschiedlich und umstritten.

5.5.1 Werbung – wofür?

Viel beachtet wird in der Öffentlichkeit eine Anti-Drogen-Aktion, die von der Bundesregierung eingeleitet wurde. Die Aufmerksamkeit für diese Aktion rührt auch daher, dass zahlreiche bekannte und beliebte erfolgreiche Sportlerinnen und Sportler dabei mitmachen.

1 Sammelt Anzeigen aus Zeitungen, Zeitschriften, Illustrierten, die auf Sucht- bzw. Drogenprävention gerichtet sind. Macht Fotos von entsprechenden Plakaten.
2 An welche Zielgruppe/n richten sich die Plakate und die Anzeigen?
Um welche Drogen geht es?
Welche Informationen werden gegeben?
Welche Ursachen für Drogenabhängigkeit werden benannt?
Welche Forderungen werden erhoben?

3 Wie wirken die Plakate, die auf S. 74 abgedruckt sind, auf dich?
- Erläutere: „Sucht hat immer eine Geschichte".
- Welche „Botschaften" sind außerdem in den Plakaten enthalten?
4 Wie beurteilt ihr die Kampagne „Keine Macht den Drogen" (vgl. die Fragen in Aufgabe 2)?
Was meint ihr zu der Abstinenzforderung „Leben ohne Drogen"?
5 Erkundet vor Ort, im Sportstadion und bei Sportberichten im Fernsehen:
- Für welche Drogen wird auf welche Weise in welchem Umfang geworben?
- Wie steht es mit der „Anti"-Drogenwerbung bei dieser Gelegenheit?
- Vergleicht und erklärt.

Methode: Erkundung, S. 125

6 Aufklärung im Sportunterricht: die Bedeutung von Arzneimitteln im Hochleistungs- bzw. Profisport.
7 Die Einnahmen der Sportvereine, der TV-Anstalten und der Zeitungsverlage aus der Werbung für Drogen sind sehr hoch. Was wäre, wenn alle Drogenwerbung verboten würde?

5.5.2 Begleitung in schwierigem Gelände

Manche Drogenfachleute ziehen aus den bisher oft nur geringen Erfolgen der Drogenpolitik, der Suchtprävention und der Therapie sehr weit gehende Schlussfolgerungen.
Bei einer Fachkonferenz des Ministers für Arbeit, Gesundheit und Soziales des Landes Nordrhein-Westfalen mit Drogenexpertinnen und -experten wurde unter anderem Folgendes diskutiert*:
Vorgeschlagen wurde, den Besitz, Erwerb und Konsum von illegalen Drogen nicht länger strafrechtlich zu verfolgen (Legalisierung), um so das Absinken der Abhängigen in Kriminalität und Elend zu stoppen. Diese Drogen würden unter staatlicher Kontrolle verkauft; damit wäre der Schwarzhandel gestoppt und so die „organisierte Kriminalität" eingedämmt. Außerdem wäre es möglich, vor allem junge Menschen verantwortungsvoll und sachkundig mit den (bislang noch illegalen) Drogen bekannt und vertraut zu machen. Fachkundige Personen könnten den Jugendlichen bei ihrem

Risikobegleitung? Karikatur: Marcks

Ausprobieren und Sammeln von Erfahrungen im Umgang mit den Drogen helfen (Risikobegleitung, Erziehung zur „Drogenkultur").
So könnten besser als bisher dem Missbrauch von Drogen, der oft aus Unwissenheit entsteht, vorgebeugt und Abhängigkeit in einzelnen Fällen möglicherweise verhindert werden.

* Vgl.: Der Minister für Arbeit, Gesundheit und Soziales des Landes Nordrhein-Westfalen (Hrsg.): Prävention zwischen Genuss und Sucht, Düsseldorf 1991

1 Erörtert mit Expertinnen und Experten:
- Wie werden die politischen Aussichten für die Legalisierung bislang illegaler Drogen beurteilt?
- Welche Risiken - für wen - würde der freie Umgang mit den (bisher illegalen) Drogen bringen?

Methode: Expertenbefragung, S. 132

2 In den „Leitsätzen für die Drogenpolitik" der Stadt Essen heißt es:
„Die Bewältigung des Drogenproblems ist eine gesamtgesellschaftliche Aufgabe. Die suchtfreie Gesellschaft ist eine Utopie*." Nehmt Stellung.

* Utopie = ein erwünschter, aber wohl unerreichbarer zukünftiger Zustand

5.5.3 Drei Schulbeispiele

Alle Schulen sollen - vom ersten Schuljahr an - im Unterricht zur Prävention gegen Drogenmissbrauch und Drogenabhängigkeit beitragen.
Dazu gibt es zahlreiche Möglichkeiten. Die hier kurz vorgestellten Beispiele können zu eigenen Vorhaben anregen - in eurer Klasse, in eurer Schule.
Im Jugendschutzgesetz betreffen einige Bestimmungen auch die (legalen) Drogen. Schülerinnen und Schüler im Berliner Bezirk Weißensee haben selbst überprüft, wie das Jugendschutzgesetz in der Praxis befolgt wird.
Die Schülerinnen und Schüler berichten in einer Tageszeitung unter anderem:

Kaum Probleme mit dem Drogenkauf

Wir – Schülerinnen und Schüler der Klasse 10.3 der 1. Realschule Weißensee – wollten herausfinden, inwieweit sich Händler und Verkäufer an das Jugendschutzgesetz halten. Dazu sind wir auf eine „Einkaufstour" in unserem Bezirk gegangen. Noch nicht einmal die Hälfte von uns ist 16 Jahre alt.
Wir waren in vier Läden. In zwei wäre uns anstandslos hochprozentiger Alkohol verkauft worden. In einem kleinen Laden hat sich die Verkäuferin aufgeregt, dass wir sie auf die Einhaltung des Jugendschutzgesetzes aufmerksam gemacht haben.
Mandy, Daniela

Leichter gesagt als getan?

Wir waren in vier verschiedenen Läden. Die Verkäufer zeigten kein Interesse, auch nur an das Jugendschutzgesetz zu denken. In einem Geschäft bot man uns sogar mehrere Sorten von hochprozentigen Getränken an.
Britta, Daniela, Ramona

Martin war in einem Supermarkt und konnte Zigaretten erwerben, ohne dass er nach dem Ausweis gefragt wurde. Bei dem Angebot an Zigarettenautomaten ist das auch nicht so wichtig, da kommt sowieso jeder an die Ware.
Regine

Unser Test ergab, dass uns drei von vier Läden Alkohol verkauft hätten. Die einzigen Verkaufseinrichtungen, die sich halbwegs an das Jugendschutzgesetz halten, sind die Supermärkte. Wir sind der Meinung, dass es strengere Kontrollen geben muss.
Marco, Robert

Nach dem Besuch von sieben Einzelhandelsgeschäften hätten wir in fünf hochprozentigen Alkohol bekommen.
Nicole, Thomas, Katrin, Nicole, Michael

Berliner Zeitung vom 15.12.1994, S. 41 (Auszüge)

An einem Gymnasium in Stuttgart hat die Schülervertretung (SMV) mit einer Podiumsdiskussion sehr großen Anklang gefunden.
In einer Tageszeitung wurde darüber unter anderem berichtet:

Heikle Fragen, hitzige Debatte

Am Dillmann-Gymnasium wird gerne und heftig diskutiert. Das haben die jährlichen Podiumsdiskussionen, die von der SMV [= Schülermitverwaltung] regelmäßig organisiert werden, immer wieder gezeigt.

So war es auch in diesem Jahr, zumal die Schüler sich in einer Abstimmung ziemlich eindeutig für ein Thema entschieden haben, das viele interessiert: „Drogenpolitik im Wandel?!" Die Experten auf dem Podium – Vertreter aus der Politik, Drogenarbeit und Polizei – waren von der SMV sorgfältig ausgewählt worden, sodass ein breites Meinungsspektrum vertreten war.

So war es schließlich auch kein Wunder, dass sich die Wortmeldungen der Schülerinnen und Schüler aller Klassenstufen im völlig überfüllten Musiksaal des Gymnasiums häuften.

Die Schüler haben jede sich bietende Gelegenheit genutzt und die Experten in Sachen Drogen mit ihren direkten und oft heiklen Fragen konfrontiert. Sie haben nicht locker gelassen, bis sie zumindest einigermaßen zufrieden stellende Antworten bekommen haben – und die Podiumsteilnehmer haben sich dabei redlich bemüht.

Stuttgarter Zeitung vom 1.2.1996, S. 30 (Auszug)

1 Lest zur Aktion der Kinder gegen den Arzneimittel-Missbrauch noch einmal nach in Abschnitt 5.3. Auch Abschnitt 1.4.1 im ersten Kapitel passt hierher.
2 Beschafft euch den Text des Jugendschutzgesetzes und studiert die einzelnen auf Drogen bezogenen Bestimmungen.
   Wer will, kann berichten von eigenen Erfahrungen oder Beobachtungen zum Thema: „Verkauf von Zigaretten und Alkohol an Kinder und Jugendliche".
3 Welche bohrenden Fragen hättest du in einer Gesprächsrunde an Drogenfachleute?
   Sammelt eure Fragen.
   Vielleicht lohnt es sich, eure Beratungslehrerin/euren Beratungslehrer zu einem Gespräch in die Klasse einzuladen.
4 Welche Aktionen gibt es bei eurer Schülervertretung zum Thema „Drogen"?
   Welche Vorschläge habt ihr?
   Was erhofft ihr euch, wenn sie verwirklicht würden?

EXTRA-Zeitung • Seite 1

**Einmalig!
Jetzt mit TV- und PC-Tipps**

ExTRA

Zeitung für Leserinnen und Leser des „Arbeitsbuch Politik"

Gestern alle geschockt

Blutiger Kampf in der Nacht

Kinder sahen zu – Der Unversöhnliche räumte auf – Oma war eingeschlafen

EXTRA-Exklusivbericht
Angefangen hatte es, als Joe sich mit der Beute vom letzten Banküberfall aus dem Staube machte. Und als Jim ihm die Freundin ausspannte, sah Billy nur noch rot.

„Nicht mit mir!" schwor er, der „Unversöhnliche". Gestern Abend am Bildschirm wurden wir Zeugen, wie Billy seinen blutroten Weg zu Ende ging. Auch Kinder sahen zu, wie da gemordet und geflucht, erwürgt, erschossen und erstochen wurde. Manche Oma saß dabei: im Sessel eingeschlafen, weil der Gangsterfilm bis spät in die Nacht hinein lief.

Politiker, Eltern, Kinder, Pädagogen und Fernsehmacher streiten noch darüber, ob Brutalität im Fernsehen Kindern schadet.

Mathilde komm schnell, der Krieg fängt an!
Schießt doch endlich ihr Flaschen

Harald
[1]

Toll, Tina!

Das hast du toll gemacht, Tina: Glückwunsch! Tina sollte einen Maulkorb verpasst kriegen. Aber sie hat sich gewehrt. Mit Erfolg! Weiter auf der nächsten Seite!

Alle sind glücklich

Jeden Abend Verführung

Weil sie sich so leicht verführen lässt, stürzen sie allabendlich über die ermattete Hausfrau her: der Admiral, der Meister Saubermann, der reinliche Riese und wie sie sonst noch alle heißen.

Erst reden sie den Hausfrauen ein schlechtes Gewissen ein wegen matter Fußböden und grauer Hemden. **Dann kommt die Erlösung.** Mit dem strahlendsten Weiß aus der Tube zum einmaligen Sonderpreis. Vor lauter Superweiß strahlen dann auch alle Kinder beim Schlafengehen, alle Schwiegermütter beim Kaffeeklatsch und alle Ehemänner beim Frühstück, zumindest im Fernsehen.

Die Werbemonster haben uns glücklich gemacht. Auch das **Fernsehen ist froh,** denn es lebt von den Werbeeinnahmen. Und die Waschmittel-, Kosmetik- und Nahrungsmittelindustrie strahlt auch.

Werbung kann auch nützlich sein!

Guten Morgen, liebe Leser!

Nun schimpfen sie wieder, die Grünschnäbel und Rotkehlchen. Sie wollen uns einreden, viele kleinere Zeitungen seien besser als wenige große Zeitungen.

Ich bitte Sie, liebe Leser: Wenige Zeitungen sind natürlich besser! Jedenfalls hab ich lieber ein paar große Scheine im Portmonee als eine Menge Kleingeld. Und wenn die Kleinen gegen die Großen nicht bestehen können: Der Leser will es so, er stimmt am Kiosk ab!

Und mal ehrlich: Mehr als eine Zeitung am Tag können wir, Sie und ich, ja sowieso nicht lesen.

Was in der Welt geschieht, geschieht für alle Leser gleich. Das brauchen nicht drei oder dreißig Zeitungen zu berichten, da genügt auch eine.

Mit dem Grundrecht der Pressefreiheit hat das alles überhaupt nichts zu tun.

Ganz was anderes ist es natürlich mit dem Fernsehen. Da brauchen wir natürlich 20, 30 oder 250 Programme. Damit wir mal richtig auswählen können als freie Bürger!

Aber das ist den grün-roten Miesmachern auch wieder nicht recht. Mir schon.

Ihr Politikus

Kein Maulkorb
für Tina – super!   Dann aber fast Berufsverbot

Tina, Schülerin aus Regensburg, „kann rührend verlegen lächeln, doch inzwischen hat sie gelernt, vor Fernsehkameras zu bestehen, mit Politikern zu diskutieren und auch einmal ganz kräftig aufzumucken, wenn es sein muss". [2]

Im Unterricht trug Tina eine Politplakette. Dafür flog sie von der Schule. *Aber Tina wehrte sich.* Mit Berufung auf das Grundrecht der Meinungsfreiheit ging sie bis zum höchsten bayerischen Gericht. Dort bekam sie Recht.

Inzwischen hat Tina ihr Abitur bestanden, Jura (!) studiert und ein prima Examen gemacht. Als sie Rechtsanwältin werden wollte, gab es wieder Schwierigkeiten. *Wieder hat Tina sich gewehrt, wieder hat sie Recht bekommen.*

Rat & Tat

EXTRA-Tipps für SchülerInnen und Schüler

– *Vorsicht, wenn ihr in der Schule eine Plakette o. ä. tragen wollt!*

– *Es gibt Schulgesetze, Verordnungen und Erlasse, in denen das Plakettentragen ausführlich, aber oft nicht eindeutig klar, geregelt ist.*

– *Deshalb vor Gebrauch des Grundrechts auf Meinungsfreiheit in der Schule lieber erst Erkundigungen einziehen.*

– *Aber auch ein Test kann lohnend sein.*

• **Die EXTRA-Zeitung kämpft an eurer Seite! Für Meinungsfreiheit, gegen Maulkörbe!**

Tinas Original-Polit-Plakette hier abzudrucken – das hat sich die EXTRA-Redaktion echt nicht getraut: wegen Ärger mit den Politikern ... Darum unser EXTRA-Modell „Stop Schule".

Redakteure unter Druck – Bauchweh

Wer nicht spurt, der fliegt raus!

Was in den Zeitungen gedruckt und in den privaten TV-Anstalten gesendet wird, bestimmen letztlich deren Eigentümer.

So erfahren wir von manchen Ereignissen, Personen und Meinungen wenig oder gar nichts. Andere Meldungen sind verstümmelt oder gar verfälscht, weil das besser ins Weltbild der Eigentümer und ihrer Freunde passt. Aufrechte Journalistinnen und Journalisten haben da nicht selten einen schweren Stand. Sie müssen sich einen neuen Arbeitsplatz suchen, wenn sie diese Einseitigkeit nicht mitmachen wollen. **Aber wohin, wenn nur wenige Medienkonzerne alles beherrschen?**

Heute schon gewählt? Jeden Tag tolle Preise zu gewinnen!

Demokratie –
jetzt endlich im Cyberspace

Nur gute Nachrichten: ExTRA war wieder mal beim Kanzler – alles in Ordnung!

(EXTRA-Exklusiv) Während die Langsamen noch am Joystick rütteln, haben ganz Ausgeschlafene schon ihren VR-Helm aufgesetzt und sich auf der Datenautobahn sekundenschnell in Richtung Bundeshauptstadt begeben.
Sie durchstreifen die Büros der Ministerien, schauen per Cyberstick mal eben beim Bundeskanzler rein und plaudern am Bildschirm interaktiv mit ihrem Abgeordneten.
Alles in bester 3D-Grafik mit dem Suuuper-Multimedia-Sound von CompuFuzzis! Zwischendurch gibt's Spaß bei den neuesten Werbespots der Parteien oder in den Datenbanken des Finanzministeriums.
Im Rechtsausschuss des Deutschen Bundestags toben Debatten über die Entwicklung der Computerkriminalität (Grusel).
Und am Ende dann die TEB, die tägliche elektronische Bundestagswahl nach dem Motto: Unsere Politik – wie hätten Sie's denn gerne? Ab sofort jeden Tag mit dem tollen Gewinnspiel!

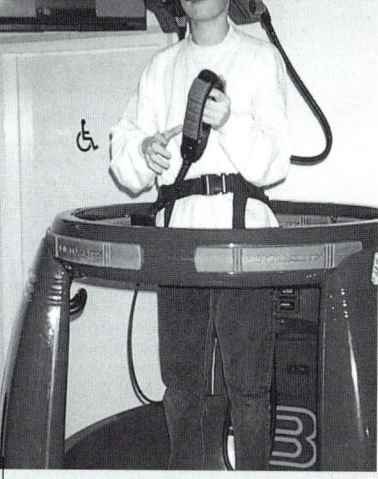

Unser EXTRA-Reporter im Gespräch mit dem Bundeskanzler

Das Letzte
Demonstration von Umweltschützern in Frankfurt/M.
Reporter und Kameraleute einer Fernsehanstalt aus der Nachbarstadt fehlen.
Ein Umweltschützer berichtet: „Die haben gefragt, ob wir Randale machen würden, und als ich denen sagte: ‚Nein, das läuft friedlich, die Polizei ist dabei', da haben die mir erwidert: ‚Dann kommen wir auch nicht'." [3]

Im Süden keine ExTRA-Zeitung
Schul-Notstand! In West und Ost ist es anders

Von unserer EXTRA-Korrespondentin Marlies Hellwach–München
Schulbücher müssen von den Kultusministerien der einzelnen Bundesländer vor Gebrauch im Unterricht genehmigt werden. Maßstab: die Verfassung, die Gesetze, die Lehrpläne.
Die EXTRA-Zeitung ist Teil eines Schulbuchs, kann also nur dort im Unterricht genutzt werden, wo auch das *Arbeitsbuch Politik* zugelassen ist. Das aber ist nicht überall der Fall: wegen der unterschiedlichen Lehrpläne für den Politikunterricht in den einzelnen Bundesländern. Mancherorts können deshalb nur Raubkopien der EXTRA-Zeitung heimlich unter der Schulbank weitergegeben werden, ermittelte unsere Korrespondentin!

Der Spruch des Tages:
Wenn politische Diskussionen und Berichte auf dem Programm stehen, in denen nur immer wieder viel Negatives über unsere Zeit oder die Zukunft verbreitet wird, dann schalte ich ganz schnell ab. [4]

EXTRA-Zeitung • Seite 4

Unsere neue Serie! Exklusiv in ExTRA

Andi (15):
Ich weine
in mein Bier – was soll ich tun?
Dipl.-Psych. Maja Klug berät Sie in allen Lebensfragen!

Diplom-Psychologin Maja Klug kennt das Leben. Seine Höhen und Tiefen. Das Hin und Her. Das ganze Drum und Dran. Nur in der EXTRA-Zeitung sagt sie, worum es wirklich geht.

Andi, 15 Jahre alt, schreibt: „Ich weiß nicht mehr, was ich machen soll. Immer, wenn ich Bier trinke, muss ich weinen. Die Tränen fließen in mein Bier und dann schmeckt es mir nicht mehr. Letztens konnte ich ein nettes Mädchen, das mir gegenübersaß, vor lauter Tränen überhaupt nicht mehr erkennen. Als ich wieder trocken war, war sie schon verschwunden. Dabei hatte ich mich doch gerade erst unheimlich toll in sie verliebt."

Dipl.-Psych. Maja Klug antwortet:

„Lieber Andi, du darfst das nicht so schwer nehmen. Vielen geht es genauso wie dir. Mir kommen zum Beispiel auch immer die Tränen, wenn ich im Fernsehen unsere Politiker reden höre. Aber vielleicht denkst du, wenn dir die Tränen kommen, einfach mal an etwas Lustiges: an dein letztes Zeugnis, zum Beispiel, oder an einen Streich, den du deinem Lehrer mal gespielt hast. Du kannst dir natürlich auch ein Bierglas mit Deckel anschaffen. Aber dann musst du das Ding ja überall mit hinschleppen. **Oder hör doch einfach mit dem Biertrinken auf. Du bist ja noch jung und findest sicher bald eine neue Freundin."**

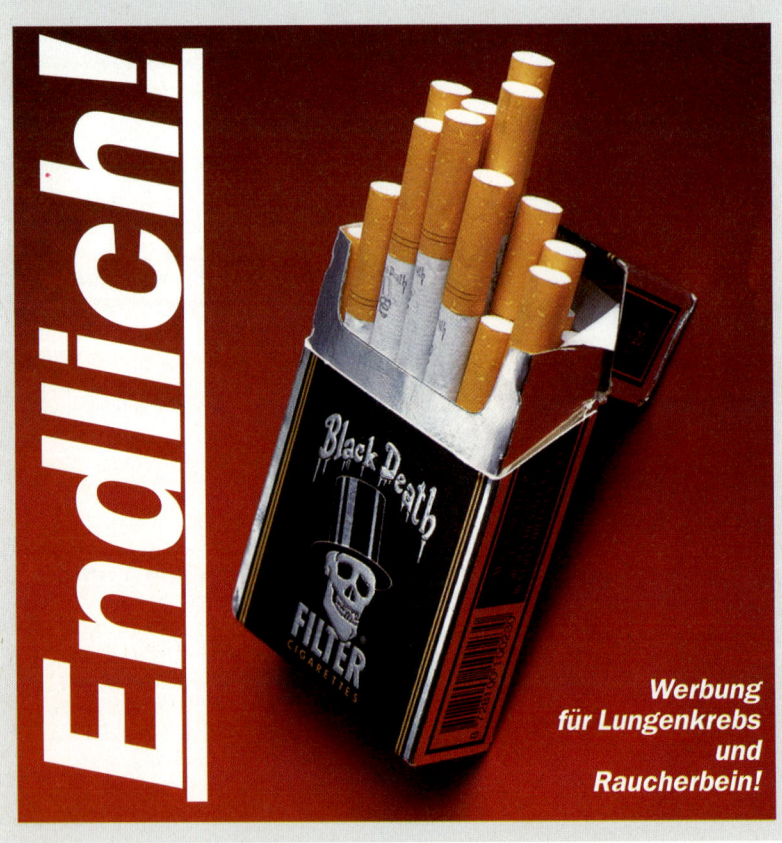

Endlich!

Black Death FILTER CIGARETTES

Werbung für Lungenkrebs und Raucherbein!

Wer bietet mehr?

• In Hessen hat ein Mann frisch und munter **vier Tage und Nächte vor dem laufenden Fernseher** verbracht, bis die Polizei einschritt. Nachbarn hatten befürchtet, dem Mann sei etwas passiert, und die Ordnungshüter alarmiert. [5]

• Ein Mann in Franken hat in elf Jahren rund **18000 Videokassetten mit Fernsehsendungen aufgenommen**. Er müsste mehr als acht Jahre lang jeden Tag 24 Stunden vor dem Bildschirm sitzen, um das alles anzuschauen. Bisher hat der „Videokönig" kein einziges von seinen Videos ganz gesehen. [6]

• Ein Amerikaner hat ein Gerät erfunden, mit dem sämtliche Werbespots aus Fernsehsendungen herausgeschnitten werden, wenn man die Sendung auf Video aufzeichnet. Eine Wochenzeitung meinte, das sei „**der größte Fortschritt der Menschheit**". [7]

• Er sieht aus wie ein Biedermann. Aber er hat **eines der ekelhaftesten Computerspiele** – mit Blutspritzern an der Kettensäge usw. – ausgebrütet. Meinungen zum Spiel: „Horrorprogramm" – „Nichts für kleine Kinder" – „Das Spiel überhaupt" – „Schnell, hart, gut" – „Blutrünstig". [8]

• Eine Computerzeitschrift erkannte, dass bei einem Computerspiel die **Monster „halbwegs realistisch"** dargestellt seien. [9]

• Auf die neueste CD-ROM passen Mitte der 90er-Jahre mehr als eine Million Druckseiten Text = mehr als zweitausendmal das **Arbeitsbuch Politik**. [10]

80

ExTRA für Sie gesehen

Das Fernsehen macht keinen Spaß mehr. Gestern Abend war's wieder ganz schlimm unausgewogen. Bei den Nachrichten fing es an: Der Sprecher trug schon wieder einen rotkarierten Schlips und dauernd macht er Schleichwerbung für ein deutsches Gemüse. Und dann: der Herzog, der Kaiser, die Gräfin. Aber, wo bleibt Boris!? Schließlich noch die Wetterkarte: Regen, Sturmtief, Nebel – nicht ein grüner Punkt und Morgenrot schon gar nicht! Ist das etwa ausgewogen?
Millionen Fernsehzuschauer haben ein Recht auf Sonnenschein! Der muss doch auch mal gezeigt werden! **Dr. T. V. Wachsam**

Beifall auf Kommando – Lachen auf Befehl
Zuschauer mussten als Statisten bei TV-Show mitmachen

Münster (stw) – „Gefilmt" kamen sich manche Zuschauer bei **Roberto Blancos Show-Spektakel vor.**
Für die Fernsehaufzeichnung der Veranstaltung musste das Publikum auf Befehl der Regie erst kräftig klatschen, dann in Gelächter ausbrechen und schließlich – Höhepunkt der unbezahlten Mitarbeit – klatschen und lachen zugleich, **obwohl es gar nichts zu lachen gab**. *Gelächter und Applaus wurden „auf Vorrat" aufgenommen und später passend in die Show-Aufzeichnung eingemischt.* [11]

Heute nicht vergessen!
Jeder hat das Recht, seine Meinung in Wort, Schrift und Bild frei zu äußern und zu verbreiten und sich aus allgemein zugänglichen Quellen ungehindert zu unterrichten. Die Pressefreiheit und die Freiheit der Berichterstattung durch Rundfunk und Film werden gewährleistet. Eine Zensur findet nicht statt. Art. 5 (1) GG

Bericht der EXTRA-Jugendredaktion

Spaß
für Jung und Alt – bis die Finger lahm werden

**Nutzen oder schaden Video- und Computerspiele?
Alles noch umstritten – ExTRA im Stress**

Eltern, Pfarrer und Lehrer fürchten das Schlimmste. Die Wissenschaftler tappen noch im Dunkeln. Die einen loben das Geschicklichkeitstraining und die Schulung von Reaktions- und Konzentrationsfähigkeit. Die anderen geißeln die Verblödung und Verrohung, die von diesen Spielen ausgeht.
Derweil knobeln die hochbezahlten Elektronikspielmacher immer neue und immer raffiniertere Spiele aus. Dabei denken sie längst nicht mehr nur an Kinder und Jugendliche als Kunden. Sie haben inzwischen auch gelangweilte Rentner und verzweifelte Manager als Zielgruppen im Visier.
Auch in der Redaktion der EXTRA-Zeitung bebt der Mousepad. Horror-Edutainment ist angesagt!

Gegen Erröten hilft jetzt der PC
Liebesbriefe aus der Mailbox
Schulen schon bis Tokio vernetzt

(Eig. Bericht) Anne* (15 J.) ist in ihren Reli-Lehrer Dr. W. so schwer verknallt, dass ihr das Herz im Leibe fast zerspringen möchte. Doch: Zu zeigen traut sie sich das nicht. Schon gar nicht ihrem still Angebeteten ...
Jetzt aber hat Anne die voll coole Lösung: Aus ihrem PC jagt sie einen Liebesbrief nach dem anderen an Dr. W. – in die Mailbox ihrer Schule. Natürlich mit der neuen Super-Software „Sweet young love" von der Firma CompuFuzzis!
Ob Dr. W. wohl reagiert? Oh, ihr himmlischen Gefühle banger Sehnsucht! Süßes Warten am Modem. Andere Schülerinnen und Schüler nutzen die Mailbox ihrer Schule für Computerkontakte bis nach New York oder Ruhpolding. Kann auch sehr interessant sein. Nicht nur für die Freaks aus der Informatik-AG.
*Namen von der Redaktion geändert

[12]

(Sprechblase: SCHEINT WIEDER EINE SENDUNG ZU SEIN, DIE FÜR UNS NICHT GEEIGNET IST...)

Dumm geblieben – nichts dazugelernt!

Familie A. sieht TV-Nachrichen regelmäßig: vergebens

Schreckliches Familiendrama? – Happy End mit Gameshow

Bericht vom **EXTRA**-Sonderdienst. Jeden Abend Punkt 19 Uhr wird es totenstill in der Hafenstraße 11. Bei Familie A., von den Nachbarn als bieder und solide geschildert, geht das Licht aus. Nur ein bläulicher Schimmer dringt nach außen. Familie A. sieht Nachrichten.

Fünf Minuten, zehn, ja zwanzig Minuten starren Herr A. (45), seine Gattin Elfi und die Kinder Rolf (13) und Anika (8) in die Röhre.

Sie hören und sehen und – begreifen kaum etwas.

Unverständliche Sätze, Abkürzungen, Fremdwörter, Namen schwirren um ihre Ohren. Manches klingt vertraut, als hätten sie es schon irgendwo einmal gehört. Doch sie wissen nicht, was es bedeutet! Und manches klingt sogar bedrohlich, obwohl die Politiker so freundlich dreinschauen.

Ja, wie das Wetter werden wird: Diese schwierigen Zeichen haben sie sich inzwischen gemerkt. Und das können sie ja auch am nächsten Tag kontrollieren.

Am Ende wird trotzdem noch alles gut in der Hafenstraße. Wenn die munteren Mainzelmännchen kommen und die Gameshows. Da streicht Elfi A. erleichtert ihrer Anika über die Goldlocken und über das ernste Gesicht von Vati sieht Rolf ein Lächeln huschen.

Medienexperten raten:
Hände aus den Hosentaschen!
Bart ab, Brille runter, locker bleiben.

U n g e s c h m i n k t

... sagen uns die Politiker im Fernsehen fast nie mehr etwas.

Immer werden sie erst einmal gepudert und geföhnt, frisch gekämmt und adrett herausgeputzt, um sich und ihre Politik ins rechte Licht zu rücken.

Und alle haben sie ihre Medienberater, die ganz genau wissen, was gut ankommt auf dem Bildschirm. Die Verpackung entscheidet, sie ist die Botschaft. Der Inhalt ist fast egal.

Die Journalisten – ebenfalls locker und fresh – fragen sowieso nur noch das, worauf die Politiker eine Antwort parat haben. Kritische Nachfragen oder gar Widerworte sind nicht beliebt.

Am schönsten aber ist es doch in der Talkshow, live, wenn auch Politiker mal ins Schwitzen kommen. Natürlich nur die von der anderen Partei, die wir überhaupt nicht leiden können!

Unsere EXTRA-Aufklärungsserie – heute:

Trickbetrüger am Werk

Aber: Fälschungen können entlarvt werden!

Berlin (ABP) Es ist längst nicht alles wahr, was uns in der Zeitung und im Fernsehen so aufgetischt wird. Bilder können prima lügen! Besonders in Boulevardzeitungen, in Illustrierten und in allerhand Fernsehsendungen nimmt man es mit der Wahrheit oft nicht sehr genau. EXTRA enthüllt einige Tricks der hoch bezahlten Journalisten:

- Nur die halbe Wahrheit wird gebracht, die andere Hälfte wird verschwiegen.
- Gerüchte werden als wahr verkauft, Zeugen(aussagen) werden erfunden.
- Showstars, auch Politikern, werden Sätze in den Mund gelegt, die sie nie gesagt haben.

Besonders fies:

- Gewaltszenen und Straftaten werden – gegen Honorar natürlich – gestellt und dann als wirklich geschehen verkauft.
- Vor allem im Krieg wird gelogen. Dafür sorgen die Politiker und Militärs: Nachrichtenunterdrückung, Verharmlosung, Zensur und Horrormeldungen über den Feind sind gang und gäbe.

Millionen Zuschauer sollen das alles glauben („Bilder lügen nicht"). Doch es gibt auch viele ehrliche Journalistinnen und Journalisten.

Und: EXTRA-Leserinnen und -Leser durchschauen die Fälschungen. Dank EXTRA!

Täglich präsentiert von der Brauerei Schluck & Specht:

EXTRA-Sport mit EXTRA-Spaß

Ein Profi packt aus

Bombenstimmung gab es auch auf den Zuschauerrängen beim gestrigen Schlagerspiel der Arminia gegen die Borussia. Aber: Polizei und Fans waren sich nicht immer einig. [14]

Der Mann weiß, wovon er redet. Er war jahrelang einer der besten Stürmer in der Fußball-Bundesliga. Wenn es um Brutalität auf dem grünen Rasen geht, zieht der Profi stramm vom Leder:

- Im Kampf um Stammplätze, Prämien, Gehälter und Karrieren werden Gegenspieler nicht als Mitmenschen behandelt, sondern als feindliche Konkurrenten, die eine Bedrohung für die eigenen egoistischen Ziele sind.
- Das Risiko auch ernsthafter Verletzungen des Gegners wird bewusst eingegangen.
- Die Fußball-Bundesliga ist ein Spiegelbild unserer unmenschlichen Leistungs- und Konsumgesellschaft. Brutalität ist eines ihrer Markenzeichen.

Dann wurde der Kritiker selbst Trainer bei den Profis. [13]

Arminia knallhart: müde Borussen mit 4:1 vom Platz gefegt

Erst als die Fäuste flogen, kam Stimmung in die Bude

EXTRA Sportbericht
Es begann ziemlich friedlich im Kampf der Giganten. Doch dann gab es ein saftiges Foul und – zum Aufwärmen – eine muntere Boxeinlage bei Spielern und Fans. Der anschließende Elfmeter der Borussen schlug wie eine Bombe ein. Doch damit hatten die Gäste ihr Pulver auch schon verschossen. Bis zur Halbzeitpause traf die Arminia mit zwei Granaten (31. und 40. Minute).

Nach dem Seitenwechsel überrollte ihre brandgefährliche Angreifertruppe die schlappen Borussen mit einem pausenlosen Sturmlauf.
Aus allen Rohren wurde gefeuert und in der 73. Minute landete der Gästetorwart mit dem Ball im Netz.
Zwei Minuten vor dem Abpfiff dann der Gnadenschuss für die Borussen. Die können froh sein, dass es nicht noch schlimmer kam. [15]

Baller-Pils ⚽ Jeder will's

EXTRA-Zeitung • Seite 8

Zu guter Letzt: Die schönste Nachricht des Tages!

Fünfjährige überlebte
Sturz
aus dem 6. Stock
Beim Spielen nicht aufgepasst – schon ist es passiert

Köln (Eig. Bericht) Wie die Wilden toben die Kinder durchs Klassenzimmer in der Pause vor der letzten Stunde. Plötzlich geschieht es: Sabines Schultasche, die auf dem Fensterbrett liegt, bekommt einen Stoß und fliegt durchs offene Fenster runter auf den Schulhof. Zum Glück steht unten niemand. Und die fünf Jahre alte Tasche bleibt auch heil.

Das geht ab:
Brigitte hat gut lachen!

**Die aktuelle Sommermode mit den kurzen langen Röcken und den heißen coolen Hosen von der Firma Chic & Fesch steht ihr echt saugut.
Die neuen Sachen werden Brigitte wieder mal ein hübsches Sümmchen kosten.
Aber wer will schon altmodisch sein!
Meint die EXTRA-Zeitung.** [16]

Jetzt
zugreifen!
Für die, die immer noch nicht genug haben:

Alles, was Sie über Medien und Politik schon längst mal wissen wollten, sich aber nicht zu fragen trauten, steht auf den folgenden Seiten des Arbeitsbuch Politik.
Schauen Sie ruhig mal rein!
Alles kostenlos, nichts umsonst!
Unser Super-Sonderangebot

ExTRA
Leserbrief

Der EXTRA-Leserbrief des Tages kommt von Till aus Hannover:
Meine Mutti hat meinem Vati vor Jahren mal Turnschuhe gekauft. Wir haben gekichert, weil diese Teile schon damals mega-out waren. Jetzt sind sie aber plötzlich der Super-Hit. Was soll ich machen?

Antwort der Redaktion:
Hör auf deine Mutti!

Bist du
unglücklich?

Hast du Kummer mit dem „Arbeitsbuch Politik"? Oder kommst du mit der EXTRA-Zeitung nicht mehr klar? Ab jetzt wird dir Dr. Al. S. Wisser helfen.
Seine Adresse:
Cornelsen Verlag, Redaktion AP2
Mecklenburgische Straße 53,
14197 Berlin
E-mail: C-mail @ Cornelsen. de

Quellennachweis EXTRA-Zeitung: [1] Harald Juck, Berlin;[2] vgl. Bericht in: Die Zeit v. 24.10.1980; [3] Zitiert aus: Frankfurter Rundschau Nr. 193 vom 20.8.1994, S. 15; [4] Der Ausspruch stammt von einem TV-Quizmaster. Zitiert nach: Der Spiegel Nr. 8, 1980, S. 193; [5] Nach: Berliner Morgenpost Nr. 218 vom 11.8.94, S. 30; [6] Nach: Oranienburger Generalanzeiger Nr. 186 vom 11.8.94, S. 16; [7] Nach: Die Woche Nr. 8 vom 17.2.94, S. 10; [8] Zitiert nach: Der Spiegel Nr. 32, 1994, S. 94; PC Player Nr. 2, 1994, S. 36 ff.; [9] In: PC Player Nr. 5, 1993, S. 6; [10] Nach: bild der wissenschaft Nr. 6, 1994, S. 12; [11] Nach: Westfälische Nachrichten Nr. 205 v. 5.9.1983; [12] Erik Liebermann, Hagen-Riegsee; [13] Foto aus: Der Spiegel Nr. 36, 1985, S. 218; Text nach: elan Nr. 10, 1980, S. 14 f.; [14] Lutz Bongarts, Hamburg; [15] Schlagzeile aus: Bild am Sonntag vom 28.3.1971; [16] Foto: B. Rothenberg

6 Schöne, neue Medienwelt

Fernsehen und Radio, Telefon und Computer stellen ebenso wie Zeitungen, Zeitschriften oder Bücher Verbindungen zwischen Menschen her. Sie sind aus dem Alltagsleben, aus der Berufsarbeit und aus der Freizeit nicht mehr wegzudenken.

Während ein Brief oder ein Telefonat meist nur zwei, drei Menschen miteinander in Kontakt bringt, können Massenmedien wie Fernsehen, Radio oder Zeitung viele Millionen zusammenführen und deren Denken, Fühlen und Handeln beeinflussen und formen.

Die Reichweite der Massenmedien in Deutschland ist sehr groß, ihr Angebot ist bei den meisten Kindern, Jugendlichen und Erwachsenen tagaus, tagein sehr begehrt.

Auf diesem Medienmarkt will die Wirtschaft mit ihren zahllosen Produkten möglichst viele kauffreudige Kundinnen und Kunden anlocken. Die Massenmedien sollen die entsprechenden „Werbe-Botschaften" verkünden und sie tun es nach dem Geschmack des Publikums.

Die Politikerinnen und Politiker nutzen einerseits die Massenmedien, um für sich selbst, für ihre politischen Auffassungen und Ziele bei den Wählerinnen und Wählern zu werben.

Andererseits haben sie die Aufgabe, im freien Wettbewerb der Massenmedien dafür zu sorgen, dass das Grundrecht der Informations- und Meinungsfreiheit für alle gewährleistet ist.

Viele der von den Massenmedien umworbenen Leserinnen und Leser, Zuschauerinnen und Zuschauer haben angesichts des Riesenangebots schon Mühe mit der Auswahl, sie zappen von einem Programm zum anderen ...

Aber: Die stürmische Entwicklung der Fernseh- und Computertechnik in den 90er-Jahren, die Verbindung von Fernsehen, Computer und Telefon, verheißt noch sehr viel mehr Möglichkeiten der Information, der Bildung und der Unterhaltung.

Die Fachleute sind sich einig: Das „Informationszeitalter" ist angebrochen. Doch niemand weiß, wie stark die neue Technik das Zusammenleben der Menschen weltweit verändern wird.

6 Schöne, neue Medienwelt

6.1 Wie alle mit allen verbunden sind

Zeichnung: Kurowski

6.1.1 Massenkommunikation und Massenmedien

Kommunikation bedeutet ganz allgemein Verständigung.
Medien (Mittel) zur Verständigung können sein: die Sprache (gesprochen oder geschrieben), Zeichen, Gesten, Gesichtsausdruck, Töne oder Handlungen. Als Sender bezeichnet man die Person, von der Äußerungen (Zeichen, Informationen) ausgehen, als Empfänger die Person, die die Äußerungen aufnimmt. Verständigung geschieht nicht nur zwischen zweien, sondern sehr oft zwischen vielen.
Typisch für die Massenkommunikation ist es, dass ein oder wenige Sender sich an eine Masse von Empfängern wenden (der Schlagersänger im Radio; das Straßenverkehrsamt an der Straßenkreuzung; der Zeitungsverleger beim Zeitungsleser). Die Empfänger können nicht direkt antworten: eine einseitige Kommunikation.

Massenmedien sind alle Mittel, mit deren Hilfe die Massenkommunikation sich vollzieht, also z. B. Zeitungen, Zeitschriften, Bücher (= Printmedien) sowie Radio und Fernsehen (= elektronische Medien). Durch die Verknüpfung der elektronischen Medien mit dem Telefon und dem Computer gibt es vielfältige zusätzliche Möglichkeiten einer teilweise ganz neuen Art von Massenkommunikation (Multimedia).
Über so genannte Datenautobahnen können fast überall auf der Welt fast alle Menschen mit fast allen in Verbindung treten ... (Mehr dazu in Abschnitt 6.3.)

Unterscheidungen
Bei den Zeitungen und Zeitschriften kann so unterschieden werden:
- Straßenverkaufszeitungen (so genannte Boulevardzeitungen),
- Lokal- und Regionalzeitungen (Tageszeitungen, die nur in einer Stadt oder Region erscheinen),
- überregionale Tages- und Wochenzeitungen (sie erscheinen im ganzen deutschen Sprachraum),
- Programmzeitschriften (Radio- und Fernsehzeitschriften),
- Illustrierte und Nachrichtenmagazine,
- Special-Interest-Zeitschriften (für spezielle Interessen und Zielgruppen, z. B. Kinder-, Jugend-, Mädchen-, Frauenzeitschriften; Musik-, Sport-, Computerzeitschriften; Tier- und Hobbyzeitschriften).

(Mehr zu den Zeitungen und Zeitschriften in Abschnitt 6.2.3.)
Bei den Fernsehsendern werden unterschieden:
- TV-Anstalten mit Vollprogramm (sie bringen von jedem etwas),
- Spartenprogramme (sie strahlen z. B. nur Spielfilme, nur Kindersendungen, nur Sportreportagen aus).

Außerdem wird bei Radio und Fernsehen unterschieden zwischen
- öffentlich-rechtlichen Rundfunkanstalten,
- privaten Radio- und TV-Anbietern.

(Mehr zu den elektronischen Medien in den Abschnitten 6.2 und 6.3)

1 Sucht aus der Zeichnung die verschiedenen Kommunikationssituationen heraus. Unterscheidet: Massenkommunikation – Kommunikation zwischen wenigen.
2 Welche Medien werden (in der Zeichnung) bei der Massenkommunikation eingesetzt?
Welche Massenmedien vermisst ihr in der Zeichnung?
3 Ordnet die Fernsehsender, die ihr empfangen könnt, zu:
- Vollprogramme,
- Spartenprogramme.

6.1.2 Massenmedien: unentbehrlich und einflussreich

Die Massenmedien gehören zu den wichtigsten Hilfsmitteln in Politik und Wirtschaft:
- Die Bürgerinnen und Bürger sind auf die Informationen aus den Massen-

medien angewiesen. So bieten die Massenmedien in vielen Bereichen (Politik, Wirtschaft, Recht, Wissenschaft usw.) Orientierung. Vielen Menschen bieten sie sogar Lebenshilfe.
- Außerdem schätzen sehr viele Menschen das riesengroße Angebot an Unterhaltung in den Massenmedien.
- Als „Türhüter" können die Massenmedien wichtige (und unwichtige ...) Themen/Probleme in der Öffentlichkeit zur Sprache bringen, aber auch aus der öffentlichen Diskussion fern halten.
- Des Weiteren liefern die Massenmedien Kritik und Meinung; sie ermöglichen so den Meinungsstreit, der für eine demokratische Gesellschaft unverzichtbar ist.
- Erwartet wird von den Massenmedien auch, dass sie das Handeln der Mächtigen in Politik und Wirtschaft kontrollieren. Sie sollen Fehler und Verfehlungen der Verantwortlichen aufdecken und auf Abhilfe drängen.
- Durch all das können Massenmedien das politische Klima, das Denken und Handeln von Bürgern und Politikern mit beeinflussen.
- Die Politikerinnen und Politiker wollen in den Massenmedien möglichst oft dabei sein (Medienpräsenz), um ihre politischen Auffassungen und Leistungen massenhaft bekannt zu machen und dafür zu werben.
- Für die Wirtschaftsunternehmen sind die Massenmedien unentbehrlich als Werbeträger für all die Waren und Dienstleistungen, die sie verkaufen wollen.

1 Ganz ehrlich: Wie (un)entbehrlich sind die Massenmedien für dich?
Begründe.
2 Welche Einflüsse von Massenmedien kannst du bei dir feststellen?
Wie wirken bestimmte Medien, die unterschiedlichen Texte, Bilder, Sendungen, Spots auf dich?
Mach den Selbsttest:
- Unsere Tageszeitung wirkt auf mich ..., weil ...;
- Fernsehen wirkt auf mich ..., weil ...;
Unterscheide dabei:
- einzelne Artikel und Fotos in den Printmedien;
- einzelne Sendungen in Radio und Fernsehen.
3 Beobachte Erwachsene in deiner Umgebung:
Welche Wirkungen haben (welche) Massenmedien auf sie?
Namen und Verwandtschaftsgrade spielen keine Rolle, wenn du über deine Beobachtungen berichtest!
Methode: Beobachtung, S. 27
4 Ermittelt die Mediennutzung in eurer Klasse. Vergleicht eure Ergebnisse mit den Angaben im Kasten „Immer auf Empfang".
In eurem anonymen Fragebogen könnte z. B. gefragt werden:
- Welche Medien nutzt du (Zeitungen, Zeitschriften, Radio, TV)?
- Nutzt du diese Medien regelmäßig, manchmal, nie?
- Wie lange (Minuten, Stunden pro Tag) nutzt du sie durchschnittlich?
Und so weiter ...
Methode: Befragung, S. 55
5 Sammelt eine Woche lang Zeitungen und Zeitschriften und sortiert sie nach der Unterscheidung in Abschnitt 6.1.1.
Hebt eure Zeitungs- und Zeitschriftensammlung gut auf, denn bei der weiteren Arbeit in diesem Kapitel könnt ihr sie hin und wieder noch gebrauchen.
6 Vergleicht:
Welche Zeitungen und Zeitschriften in eurer Sammlung sind einander ähnlich, welche unterscheiden sich deutlich voneinander? Wodurch?
7 Versucht zu bestimmen, für welchen Leserkreis, für welche Zielgruppen die einzelnen Zeitungen und Zeitschriften gemacht werden. Woran erkennt ihr das?
8 Ihr könnt euch eine Tabelle anlegen. Sie gibt z. B. Auskunft über:
den Namen der Zeitung/Zeitschrift; die Zielgruppe(n); das Besondere in der Gestaltung (z. B. die Schriftgröße, der Umfang der Artikel, die Farbe, die Abbildungen, die Schlagzeilen); die Erscheinungsweise (z. B. täglich, wöchentlich); die Verbreitung und Beliebtheit in eurer Klasse.
9 Ihr könnt einen solchen Vergleich auch bei verschiedenen TV-Sendern oder -Programmen anstellen.
Wie sollten da die einzelnen Merkmale zur Unterscheidung aussehen?
10 Versucht am Beispiel einzelner Beiträge in der EXTRA-Zeitung die verschiedenen Aufgaben und Leistungen (Funktionen) eines Massenmediums zu zeigen:
Etwa: Der Kommentar auf Seite 78 („Guten Morgen, liebe Leser!") dient dem öffentlichen Meinungsstreit ...

Immer auf Empfang

- Sechs Stunden täglich nutzt der Durchschnittsbürger in Deutschland die audiovisuellen (= aufs Hören und Sehen bezogenen) Massenmedien: 178 Minuten Fernsehen, 168 Minuten Radio, 13 Minuten CD, Tonkassette, Schallplatte, 4 Minuten Video.
- Eine halbe Stunde über diesem Durchschnitt liegen die 60- bis 69-Jährigen, eine halbe Stunde unter dem Durchschnitt liegen die 14- bis 19-Jährigen.
- Sieben Millionen Menschen in Deutschland sitzen nie oder selten vor dem TV-Gerät, meist handelt es sich um eher jüngere und gebildete. Drei Millionen Menschen in Deutschland verbringen täglich zehneinhalb Stunden vor dem eingeschalteten Fernseher, meist ältere und kranke.
- „Mediennutzung" heißt allerdings nicht: ausschließliche Beschäftigung mit dem Medium. So befassen sich z. B. nur 16 % der Fernsehzuschauerinnen und -zuschauer ausschließlich mit der jeweiligen TV-Sendung. Die anderen lesen, bügeln oder tun sonst was, während das Fernsehgerät eingeschaltet ist.
- Für die Lektüre von Zeitungen und Zeitschriften wendet der Durchschnittsbürger in Deutschland täglich 71 Minuten auf, für das Bücherlesen 45 Minuten.

6.1.3 Medienpolitik: Freiheit und Verantwortung

Die Aufgaben der Politikerinnen und Politiker im Hinblick auf die Massenmedien und die Massenkommunikation lassen sich herleiten aus Artikel 5 des Grundgesetzes (Textauszug siehe EXTRA-Zeitung).

Die Grundrechte der Meinungs- und Informationsfreiheit, der Presse- und Rundfunkfreiheit sind für das Gelingen einer demokratischen Staats- und Gesellschaftsordnung unverzichtbar.

Aufgaben der Medienpolitik

Doch die Massenmedien und die Massenkommunikation sind nicht nur im unmittelbar politischen Bereich bedeutsam, sondern auch im Arbeitsleben, für die Bildung und Ausbildung, für den Handel und die Produktion sowie im kulturellen Leben (Kunst, Wissenschaft, Forschung).

Da die „neuen Medien" in all diesen Bereichen zukünftig - in der „Informationsgesellschaft" - noch sehr viel mehr Bedeutung haben werden (siehe Abschnitt 6.3), ist Medienpolitik umso wichtiger.

Medienpolitik hat sich einerseits um die tatsächliche, uneingeschränkte Geltung und Sicherung der genannten Grundrechte zu kümmern und andererseits um die Rahmenbedingungen der immer mehr expandierenden (= sich ausweitenden) Massenkommunikation.

Bildung, Arbeit, Wirtschaft

In der Schul- und Bildungspolitik spielen die „neuen Medien" eine wachsende Rolle (siehe auch Abschnitt 1.4.2).

Im Arbeitsleben wird die Ausweitung des Medienbereichs zu weit reichenden Veränderungen führen: Viele bisherige Arbeitsplätze werden überflüssig, neue Arbeitsplätze entstehen. Die „neuen Medien" machen eine neue Art von Heimarbeit („Telearbeit") möglich, hier müssen die Arbeitsbedingungen neu geregelt werden (Arbeitszeit, Kündigungsschutz usw.).

Wirtschaftspolitisch geht es um die Ordnung des Wettbewerbs, also z. B. darum, die übergroße Konzentration von wirtschaftlicher Medienmacht in wenigen Händen zu verhindern (siehe hierzu auch Abschnitt 6.2). Außerdem sollen die Erforschung und der Einsatz neuer Technologien im zukunftsträchtigen Multimedia-Bereich gefördert werden.

Informationsgesellschaft

Wie aber werden die Chancen der Menschen in der „Informationsgesellschaft" tatsächlich verteilt sein?
- Werden alle Zugang zu mehr Information, zu mehr Wissen und zu mehr Bildungsmöglichkeiten haben?
- Oder werden die sozialen Unterschiede sogar noch wachsen (siehe Abschnitt 6.3.2)?

Freie Entfaltung – soziale Ungleichheit

Umstritten ist, wie stark die Politik auf die Entwicklung der Massenkommunikation und der Massenmedien einwirken soll.

Die einen sagen: Alles soll sich auch im Medienbereich in größtmöglicher Freiheit, im Wettbewerb und ohne staatliche Regulierung und Bevormundung entwickeln. Auf diese Weise haben alle die Chance zur Entfaltung und können ihr Leben durch die Angebote auf dem Medienmarkt bereichern.

Die anderen sagen: Ungezügelte, immer stärker konzentrierte Wirtschaftsmacht im Medienbereich wird zur kulturellen (geistigen) Macht, zur „Macht über die Köpfe und Herzen" der Menschen. Sie vertieft die soziale Ungleichheit. Bildung und Kultur sind keine Waren. Daher muss die Politik steuernd und ausgleichend eingreifen.

1 Was bedeuten für dich, in deinem Alltag, die Grundrechte der Meinungs- und Informationsfreiheit?
Wo spielen sie eine Rolle für dich? Empfindest du, dass sie für dich eingeschränkt sind? (Zur Meinungsfreiheit in der Schule siehe Abschnitt 6.1.4)

2 Verständigt euch über die beiden Begriffe „Bildung" und „Kultur".
- Was meinst du, wenn du diese Begriffe gebrauchst?
- Wie werden diese Begriffe im Lexikon erklärt?

3 Die Massenmedien sollen und wollen durch ihr vielfältiges Angebot nicht nur zur Unterhaltung, sondern auch zur Information und Bildung beitragen.
- Wie groß sind - nach eurem Eindruck - jeweils die zeitlichen Anteile von Bildung und Unterhaltung im Fernsehen? Sollte es mehr oder weniger Bildungsangebote, mehr oder weniger Unterhaltungsangebote geben?
- Wie bewertest du das Bildungsangebot der Massenmedien im Vergleich zu dem, was die Schule dir bietet? Wo lernst du mehr, wo verstehst du mehr?
- Wie sind die Angebote von Schule und Massenmedien aufeinander bezogen: Ergänzen sie sich, stehen sie gegeneinander? Erkläre.

4 Im Gespräch miteinander könnt ihr versuchen, euch eine (vorläufige) Meinung über die Rolle der Politik im Bereich von Massenmedien und Massenkommunikation zu bilden.
- Versucht einige Begriffe anhand von Beispielen zu klären: Was bedeuten „staatliche Regulierung und Bevormundung", „Entfaltung", „Macht über die Köpfe und Herzen", „soziale Ungleichheit"?

5 Bewahrt die Ergebnisse eures Gesprächs auf. Wenn ihr die weiteren Abschnitte dieses Kapitels durchgearbeitet habt, könnt ihr zu der Diskussion zurückkehren: Welche Rolle soll die Politik im Medienbereich spielen?

6.1.4 Die Schere im Kopf

Die Informations- und Meinungsfreiheit gehört zu den wichtigsten Grundrechten im demokratischen Staat. Sie ist durch Artikel 5 des Grundgesetzes allen Bürgerinnen und Bürgern und auch allen Massenmedien in Deutschland zugesagt (siehe auch Abschnitt 6.1.3).

Ebenso ist in Artikel 5 des Grundgesetzes bestimmt:

„Eine Zensur findet nicht statt."

Gemeint ist hier mit „Zensur" ein Eingriff (Verbot) des Staates - etwa der Regierung, der Polizei oder einer Behörde - gegen jede Art von Veröffentlichungen.

Verbote von Medienerzeugnissen oder Einschränkungen des Handels mit solchen Medienerzeugnissen sind allenfalls möglich, wenn diese gegen gesetzliche Vorschriften verstoßen, zum Beispiel bei jugendgefährdenden Schriften.

Das Verbot der Zensur im Grundgesetz soll die Informations- und Meinungsfreiheit gewährleisten helfen, die Macht des Staates gegenüber den Bürgerinnen und Bürgern und deren Medien einschränken.

Im politischen Alltag sind zensurähnliche, die Informations- und Meinungsfreiheit gefährdende Handlungsweisen bei Politikerinnen und Politikern, Parteien und Behörden jedoch nicht ganz ungewöhnlich. Etwa wenn es darum geht, einzelne Medien bevorzugt mit „Hintergrund"-Informationen zu füttern, andere aber „links liegen" zu lassen.

Ein erfahrener Zeitungsredakteur macht im folgenden Text – ganz vorsichtig – auf das Problem aufmerksam. Außerhalb der Politik gibt es ebenfalls immer wieder Versuche zur Einschränkung der Informations- und Meinungsfreiheit – in allen Bereichen.

Diese Versuche können bei den in den Medien Beschäftigten zur „Selbstzensur", zur „Schere im Kopf" führen. Die von uns ausgedachte Journalistin Rosa Grün steht vor einem solchen Problem.

Informationspolitik

Psychologen würden die Affinität [= Nähe, Verwandtschaft] zwischen Journalisten und Politikern als Hassliebe beschreiben – man findet die anderen schrecklich und beneidet sie gleichzeitig. Was aber noch wichtiger ist: Man braucht einander.

Die Frage ist nun, was so schlimm ist an der Symbiose [= Zusammenleben in wechselseitiger Abhängigkeit]. Nicht viel – nur dass die Aufklärung auf der Strecke bleibt. Der Ministerpräsident, der uns auf die Reise nach China einlädt, möchte, dass wir unseren Lesern mitteilen, welch großartige Aufträge er an Land gezogen hat, auch wenn er sich in Wahrheit nur in drei Goldene Bücher eingetragen hat. Und der Bürgermeister, der den jungen Lokalreporter mit ein paar kleinen Informationen füttert, tut das auch nicht umsonst. Es soll sich lohnen – und meistens lohnt es sich. Für alle Beteiligten, außer für den Leser.

Herbert Riehl-Heyse in: Capital Nr. 10/1993, S. 116; gekürzt

1 *Erläutert den Text „Informationspolitik" im Einzelnen. Zum Beispiel:*
   – *Was ist hier mit „Aufklärung" gemeint?*
   – *Was heißt: „meistens lohnt es sich" im Zusammenhang des Textes?*

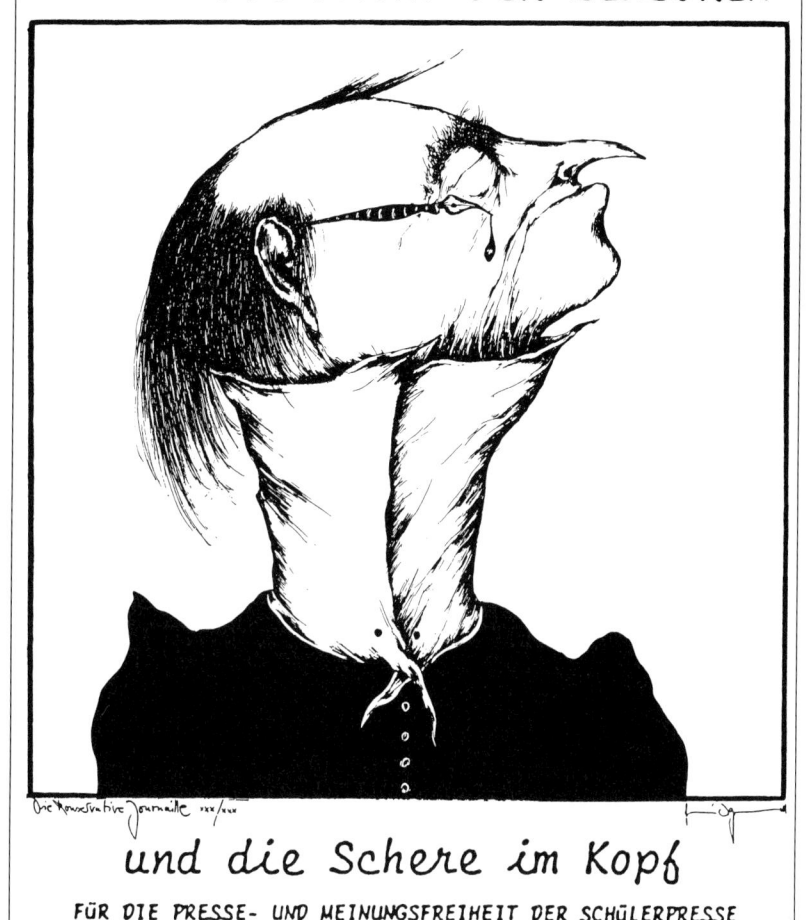

Zeichnung: Degenhardt

2 *Lest noch einmal im Abschnitt 6.1.2 nach, welche Aufgaben die Massenmedien zu erfüllen haben, und bezieht die Aussagen in euer Gespräch über den Text hier ein.*

Ein Fall für Rosa Grün

Die mutige Redakteurin Rosa Grün arbeitet bei einer Frauenzeitschrift. Sie plant eine Reportage über gesundheitsgefährdende Stoffe in einem neuen Haartönungsmittel. Dabei hat sie auch herausgefunden, dass es die Herstellerfirma, ein großes Chemieunternehmen, mit dem Umweltschutz häufig nicht so genau nimmt. In der Frauenzeitschrift, bei der Rosa Grün arbeitet, erscheinen regelmäßig große Werbeanzeigen des Chemiekonzerns (für Kosmetika und Ähnliches).

Es kommt zum Gespräch zwischen Frau Grün und der erfahrenen Redaktionsleiterin der Frauenzeitschrift. Die Redaktionsleiterin hat Bedenken wegen der Reportage.
Wie soll es weitergehen?
– Wird die Redaktionsleiterin ihre Kollegin Rosa Grün davon überzeugen die geplante Reportage zu vergessen?
– Wird die mutige und wahrheitsliebende Rosa Grün auf der Reportage bestehen?

6 Schöne, neue Medienwelt

– Welche Gründe und Gegengründe werden die beiden Journalistinnen im Gespräch geltend machen?

3 Ihr könnt ein Rollenspiel zu diesem Fall machen. Euer Rollenspiel kann auch Vorbereitung sein für ein Vorhaben im Deutschunterricht:
- Entwerft gemeinsam das Drehbuch zu einer neuen, spannenden und unterhaltsamen Vorabendserie im Fernsehen.
- Vielleicht würde aus der Redaktionsleiterin dann in eurer TV-Serie doch eher ein sympathischer, kluger Redaktionsleiter (eventuell allein erziehend, mit 8-jährigem Sohn)?
- Werden Rosa Grün und der sympathische, kluge, allein erziehende Redaktionsleiter sich vielleicht auch menschlich näher kommen?
- Gibt es ein doppeltes Happyend?

Methode: Rollenspiel, S. 37

4 Es gibt in der EXTRA-Zeitung mehrere Beiträge zum Thema „Meinungsfreiheit". Sucht sie heraus und diskutiert darüber.

5 Was ist unter der „Schere im Kopf" zu verstehen? Arbeitet sie in deinem Kopf auch manchmal? Berichte.

Die „Schere im Kopf" kann auch nützlich sein. Erkläre.

6 Manche in der Schule sagen:
- Ich halt lieber den Mund und denk mir meinen Teil.
- Reden ist Silber, Schweigen ist Gold.
- Ich werd mir doch hier in der Schule nicht den Mund verbrennen.
- Wer's Maul aufreißt, der kriegt auch leicht was drauf.
- Die Gedanken sind frei. Nur die.

Wie könnt ihr im Unterricht über diese Meinungen diskutieren?
Fragt eure Lehrerinnen und Lehrer, ob sie über solche Schülermeinungen schon einmal in der Lehrerkonferenz gesprochen haben.

7 Welche Rolle spielt das Grundrecht der Meinungsfreiheit in der Schule? Oder gilt es nur in der Politik und für die Massenmedien?
Stellt fest, was die Schulgesetze und Erlasse in eurem Bundesland zur Informations- und zur Meinungsfreiheit der Schülerinnen und Schüler in der Schule aussagen.
Die entsprechenden Gesetzestexte könnt ihr von eurer Schulleitung oder bei der SV bekommen.

8 Was sagen die Schulgesetze und Erlasse eures Bundeslandes zur Herausgabe von Schülerzeitungen? Welche Regelungen gibt es dazu in eurer Schulordnung?

9 Wenn es an eurer Schule eine Schülerzeitung gibt:
- Gibt es (gab es einmal) Probleme mit der „Zensur" bzw. mit der Presse- und Meinungsfreiheit? Ihr könnt die Redakteurinnen und die Redakteure fragen. Ihr könnt die Schulleitung fragen.
- Welche Erfahrungen hat eure Schülerzeitungsredaktion mit der „Schere im Kopf"?

Eine italienische TV-Journalistin forderte:
Journalisten müssen die Wachhunde des Bürgers, nicht die Schoßhunde der Mächtigen sein.

Lilli Gruber in: Der Spiegel 24/1994, S. 148

10 Wie steht es eurer Meinung nach mit den Redakteurinnen und Redakteuren eurer Schülerzeitung: Sind sie eher „Wachhunde" oder sind sie eher „Schoßhunde"?
Ihr könnt mit ihnen darüber sprechen.

6.2 Auf dem Medienmarkt

6.2.1 Radio und Fernsehen für alle

Bis Anfang der 80er-Jahre wurde in der Bundesrepublik Deutschland der Rundfunk (= Radio und Fernsehen) ausschließlich in „Anstalten des öffentlichen Rechts" betrieben.

Anstalten des öffentlichen Rechts erfüllen in der Bundesrepublik solche Aufgaben, die für die Bevölkerung zwar wichtig sind, aber nicht dem Staat oder gar einzelnen Privatunternehmen überlassen werden sollen. Durch Gesetz sind die Rechte und Pflichten bestimmt, welche diese Anstalten selbstständig (autonom) wahrnehmen.

Wenn Anstalten des öffentlichen Rechts Einnahmen (Gewinn) erzielen, dürfen diese Einnahmen nur zum Betrieb der Anstalt verwendet werden.

Die öffentlich-rechtlichen Rundfunkanstalten ARD und ZDF sollen für alle Bürgerinnen und Bürger sicherstellen, dass sie sich ohne staatliche Einflussnahme und ohne privatwirtschaftliches Gewinnstreben durch Radio und Fernsehen möglichst umfassend informieren, bilden und unterhalten können.

Die in der ARD (= Arbeitsgemeinschaft der Rundfunkanstalten Deutschlands) zusammengeschlossenen Anstalten betreiben neben Radiosendern gemeinsam das „Erste Deutsche Fernsehen" und die Regionalprogramme („Dritte Programme").

Das ZDF betreibt das „Zweite Deutsche Fernsehen".

ARD und ZDF finanzieren ihre Programme vor allem aus Gebühren, aber auch aus Werbeeinnahmen. Die Höhe der Gebühren wird von den Politikerinnen und Politikern der Bundesländer gemeinsam festgelegt.

Grundsätze für die Programmgestaltung
Für die Gestaltung der Radio- und Fernsehprogramme gelten vor allem die Grundsätze der Staats- und Parteiferne, der Informations- und Meinungsfreiheit und der Programmvielfalt:
- Die Grundrechte der Informationsfreiheit und der Meinungsfreiheit (vgl. Artikel 5 GG) müssen gewährleistet sein. Staat und Parteien dürfen auf die Rundfunkanstalten keinen Einfluss nehmen, der diese Grundrechte einschränken würde.
- Möglichst alle Interessen, Meinungen und Bedürfnisse in der Gesell-

schaft sollen im Gesamtprogramm ihren angemessenen Platz finden (Pluralismus). Insgesamt soll das Programm nicht einseitig, sondern ausgewogen sein.
- Recht und Gesetze, z. B. der Jugendschutz, sind stets zu beachten.
- ARD und ZDF sollen mit ihren Programmen die Grundversorgung der Bevölkerung mit Informationen, Kultur und Unterhaltung leisten, nicht nur eine Mindestversorgung.
- Bei der Aufsicht/Kontrolle über ARD und ZDF sollen die gesellschaftlich wichtigen Gruppen, z. B. Kirchen und Gewerkschaften, gleichberechtigt neben den politischen Parteien tätig werden.

Vertreter dieser Gruppen bilden bei den einzelnen Rundfunkanstalten so genannte „Rundfunkräte".

1 Aus welchen Gründen werden bestimmte Gemeinschaftsaufgaben in einem Staat nicht Privatunternehmen, sondern „Anstalten des öffentlichen Rechts" überlassen?
Erörtert anhand des Fernsehens.
2 Bei welchen Aufgaben, die die Massenmedien erfüllen sollen, ist es besonders wichtig, dass Staat und Parteien sich „heraushalten"?
3 Diskutiert, ob ein staatlich betriebener Fernsehsender mit einer Demokratie vereinbar wäre.
4 Nenne zwei oder drei Grundsätze für die Programmgestaltung bei Radio und Fernsehen, die dir besonders wichtig erscheinen. Begründe deine Auffassung.

6.2.2 Konkurrenzkampf der Medienriesen

1984 wurde das Monopol (= die Vorrangstellung) von ARD und ZDF aufgehoben durch die Zulassung privater Radio- und Fernsehanstalten wie RTL, Sat 1 und anderer.
Seither spricht man von einem dualen (= zweigeteilten) System in der elektronischen Medienlandschaft der Bundesrepublik.
Die Privatsender verfolgen das Ziel, für ihre Eigentümer Gewinn zu erwirtschaften – genau wie eine Schuhfabrik oder eine Metzgerei.

Sie finanzieren (= bezahlen) ihre Programme aus dem Geld, das sie für die Ausstrahlung von Werbespots von den Werbekunden erhalten.
In ihrer Programmgestaltung sind die privaten TV-Anstalten an ähnliche Grundsätze wie ARD und ZDF gebunden, doch eine Kontrolle wie durch die „Rundfunkräte" bei ARD und ZDF gibt es bei ihnen nicht.

1 Erörtert Gründe, warum neben ARD und ZDF auch private Rundfunkanstalten zugelassen sind. Welche Vorteile – für die Zuschauerinnen und Zuschauer – bietet ein duales System?
2 Öffentlich-rechtliche Fernsehanstalten konkurrieren mit privaten Fernsehanstalten um die Zuschauerinnen und Zuschauer und damit um Werbeeinnahmen: Welche Auswirkungen hat das auf die Programmgestaltung? Welche Art von Sendungen wird bevorzugt ausgestrahlt?
3 Macht den Vergleich beim Abendprogramm (20.00 bis 23.00 Uhr):
Stellt an mehreren Tagen die Sendungen einiger privater und einiger öffentlich-rechtlicher Fernsehsender einander gegenüber:
 - Was wird welchen Zielgruppen angeboten?
 - Wie werden die angebotenen Themen dargeboten (präsentiert)?
 - Achtet darauf, ob (und gegebenenfalls: warum) sich die Zeiten der einzelnen Sendungen überschneiden.
4 Eine genauere Untersuchung möglicher Unterschiede (oder Gemeinsamkeiten) zwischen ARD, ZDF und privaten TV-Sendern könnte sich auf die abendliche Hauptnachrichtensendung konzentrieren.
Zu ermitteln und zu vergleichen wären beispielsweise dabei:
 - die Dauer der Sendungen,
 - die Moderation durch Sprecherinnen/Sprecher,
 - die Anteile von Text, Fotos, Grafiken, Filmen, Musik,
 - die Themenauswahl und -reihenfolge,
 - die inhaltlichen Schwerpunkte,
 - die Länge der einzelnen Beiträge,
 - die Verständlichkeit (Einfachheit) und die Genauigkeit der Sprache,
 - die Werbespots drum herum usw.

Wie viele schauen wohin?

Sender	Zuschaueranteil in %
RTL	17,0
ARD (erstes Programm)	14,7
ZDF	14,4
SAT 1	13,2
ARD (3. Programme)	10,1
Pro 7	9,5
RTL 2	4,5
Kabel 1	3,6
VOX	3,0

Daten: Gesellschaft für Konsumforschung (GfK, Nürnberg), Stand: 1997

5 Wie unterscheidet sich – nach euren Eindrücken – das Programmangebot der verschiedenen privaten TV-Sender voneinander?
Welche sind – warum – beliebter als andere?
6 Welche Folgen kann es haben
 - für die Beschäftigten in den Medienunternehmen,
 - für die Nutzerinnen und Nutzer dieser Medien,
 - für das politische Leben im Staat,
wenn die meisten Massenmedien in der Verfügungsgewalt von wenigen sind?
Lest und erörtert dazu auch die entsprechenden Artikel in der EXTRA-Zeitung.

6.2.3 Presseriesen – vor Ort befragt

Bis zu einhundert Millionen DM kann es kosten, bis eine neue Zeitung oder Zeitschrift nach ein paar Jahren seit der Gründung erstmals Gewinn abwirft.
Bei einem neuen TV-Sender liegen die Kosten noch höher. Schon deshalb sind es nur wenige Unternehmen, die auf dem Medienmarkt bestehen können.
In der Geschichte der Bundesrepublik hat sich bei der Presse – wie im Verlagswesen überhaupt – ein sehr starker Konzentrationsprozess abgespielt:
- Die Zahl der Presseverlage, die nicht zu einem großen Medienkonzern gehören, ist immer kleiner geworden.

6 Schöne, neue Medienwelt

Genug?

- Die Zahl der eigenständigen Tageszeitungen („publizistischen Einheiten") hat sich ebenfalls verringert.
- In vielen Regionen Deutschlands gibt es nur noch eine Lokalzeitung.
- In den östlichen Bundesländern verkaufen einige wenige westdeutsche Großverlage mehr als 80 % aller dortigen Tageszeitungen.
- Bei den Programmzeitschriften liefert ein einziger Verlag knapp die Hälfte der rund 22 Millionen wöchentlichen Exemplare in Deutschland.

Eine Tageszeitung meldete:

Großverlage werden immer größer
In der deutschen Medienlandschaft werden die Großen immer größer.
Allein im Jahr 1995 konnten die 50 größten deutschen Verlage ihren Umsatz um 8,7 Prozent auf gut 55 Milliarden DM erhöhen, deutlich stärker als in den drei vorangegangenen Jahren.
Auf die ersten zehn Unternehmen der Rangliste entfallen zwei Drittel des Gesamtumsatzes. Dies geht aus der jüngsten Branchenübersicht des Fachblattes *Horizont* hervor.
Bertelsmann baute seine Spitzenstellung aus: Der Branchenführer erzielte mit mehr als 20 Milliarden DM rund 37 Prozent des Umsatzes der 50 größten Verlage – und damit mehr als die zehn in der Rangliste folgenden Unternehmen.

Durch Zukäufe überholte die Stuttgarter Verlagsgruppe *Holtzbrinck* 1995 mit einem Umsatz von 2,8 Milliarden DM den Essener *WAZ*-Konzern. Dessen Erlöse blieben mit 2,55 Milliarden DM in etwa auf dem Niveau des Vorjahres – genauso wie beim *Heinrich Bauer Verlag* (2,88 Milliarden DM) und beim *Süddeutschen Verlag* (1,12 Milliarden DM).

Nach: Süddeutsche Zeitung vom 25.7.1996, S. 22

1 *Einige Artikel in der EXTRA-Zeitung sind bezogen auf die Themen „Pressekonzentration" und „journalistische Arbeit".
Sucht diese Beiträge heraus und bezieht sie in eure Überlegungen ein.*
2 *Welche Lokalzeitungen gibt es in eurer Stadt/Gemeinde? Findet heraus, wie viele es vor 20 oder 30 Jahren waren. Tragen eure Lokalzeitungen einen „Mantel" oder sind sie selbstständig?*
3 *Welche Beiträge in eurer Lokalzeitung interessieren dich am meisten? Welche interessieren dich gar nicht? Begründe deine Wahl.*
4 *Welche Vorteile bieten Lokalzeitungen gegenüber den überregionalen Zeitungen, den Illustrierten und dem Fernsehen?*
5 *Versucht mit Redakteurinnen/Redakteuren eurer Lokalzeitung(en) ins Gespräch zu kommen und lasst euch von ihnen berichten.*

Wer mit wem?

Der *Bertelsmann-Konzern* ist (1996) der drittgrößte Medienkonzern der Welt. Außer der Beteiligung an TV-Sendern gehören dazu auch Radiosender, der Verlag Gruner & Jahr (einer der größten Verlage in Deutschland), weitere Presse-, Buch und Musikverlage, Buch- und Schallplattenclubs, Druckereien, Video- und Musikfirmen und der Online-Dienst AOL. Verbündet ist der Bertelsmann-Konzern mit dem größten französischen Pay-TV-Sender Canal Plus und dem TV-Anbieter CLT aus Luxemburg. Zeitungen und Zeitschriften aus dem Bertelsmann-Konzern sind z. B.: Brigitte, Capital, Frau im Spiegel, Geo, Impulse, Sports, Manager Magazin, Max, Der Spiegel, Stern, Morgenpost (in Chemnitz, Dresden, Hamburg und Leipzig), Berliner Kurier, Berliner Zeitung, Wochenpost.
Zur *CLT-Gruppe* aus Luxemburg gehören neben TV-Sendern mehrere Radiosender in Europa sowie Produktions- und Vertriebsfirmen im Medienbereich. Zusammen mit dem Bertelsmann-Konzern ist CLT Eigentümer des größten Radio- und TV-Unternehmens in Europa.
Die *Kirch-Gruppe* ist nicht nur beteiligt an TV-Anstalten, sondern auch an Radiosendern in mehreren europäischen Ländern, Unternehmen der Film- und Fernsehproduktion, Firmen, die mit Film- und Videorechten handeln und am Berliner Springer-Konzern, einem der größten europäischen Presseunternehmen.
Darüber hinaus ist die Kirch-Gruppe verbunden mit dem größten italienischen Medienriesen Fininvest (Berlusconi), dem australischen Medienkonzern von R. Murdoch, dem größten europäischen Handelsunternehmen „Metro" und dem deutschen Stromkonzern Vebacom.
Zeitungen und Zeitschriften aus dem Springer-Konzern sind u. a.: Bild, Bild am Sonntag, Bild der Frau, Sport Bild, Auto Bild, Computer Bild, Bildwoche, Die Welt, Welt am Sonntag, Hamburger Abendblatt, Berliner Morgenpost.

6 Schöne, neue Medienwelt

Was gehört wem? Wer verdient daran?

Da der Aufbau und Betrieb einer Radio- oder TV-Anstalt sehr kostspielig ist, können sich nur sehr finanzkräftige – also: wenige – Medienunternehmen daran beteiligen.
In Deutschland haben sich Mitte der 90er-Jahre zwei Medienriesen, zwei große Unternehmensgruppen, herausgebildet, die um die Vormachtstellung auf dem deutschen (und europäischen) Medienmarkt konkurrieren:
- der Bertelsmann-Konzern zusammen mit der luxemburgischen Gruppe CLT;
- die so genannte Kirch-Gruppe zusammen mit dem Axel Springer Verlag.

Die genannten Konzerne (= Zusammenschlüsse verschiedener Unternehmen) bzw. Großunternehmen bestehen aus zahlreichen unterschiedlichen „Tochterfirmen", die durch gegenseitiges Miteigentum untereinander und mit „Töchtern" anderer Konzerne verbunden sind.
Die beiden Medienriesen erreichen mit ihren Sendern und Produkten (Presse, Bücher, Filme usw.) praktisch die gesamte Bevölkerung in Deutschland.
Die Eigentumsverhältnisse bei den Medienunternehmen ändern sich auf dem sehr stark wachsenden Medienmarkt in den 90er-Jahren häufig: Alle bereiten sich vor auf den Eintritt in das neue Zeitalter der „Informationsgesellschaft" mit Milliarden-Umsätzen (siehe auch Abschnitt 6.3).
So verbünden sich auf dem Medienmarkt ehemalige Konkurrenten, bislang verbündete Unternehmen trennen sich, teilweise werden Konkurrenten sogar gemeinsam Eigentümer eines Unternehmens/Senders.

So bietet das Schaubild „Senderfamilien" nur eine Momentaufnahme (1996), kann aber die Stärke der einzelnen Konzerne deutlich machen.

Senderfamilien

Die Zahlen im Schaubild nennen jeweils den prozentualen Eigentumsanteil der wichtigsten Miteigentümer.

Bertelsmann Konzern	CLT		Kirch-Gruppe	A. Springer Verlag

89 %	33,4 %	37,5 %	25 %	83 %	
RTL	RTL 2	Premiere	SAT.1	PRO 7
WAZ: 10 %	Bauer: 33,1 % Tele München: 33,1 %	Canal Plus: 37,5 %	Holtzbrink: 15 %	

50 %	24,9 %		49,4 %	50 %
Super RTL	VOX	EUROSPORT	DSF	DF1
Walt Disney: 50 %	Murdoch: 49,9 % Canal Plus: 25 %	Canal Plus: 33,3 % ABC: 33 %	Berlusconi: 33,5 %	Murdoch: 50 %

Bauer, Holtzbrink, WAZ = Großverlage in Deutschland; Walt Disney (USA) und Murdoch (Australien) = zwei der weltweit größten Medienkonzerne; Berlusconi = größter italienischer Medienkonzern; Canal Plus = größtes Pay-TV-Unternehmen Frankreichs; ABC = Medienkonzern in den USA; Tele München = gehört zu Walt Disney.

Die publizistische Einheit „Taunuskurier" und die in diesen „Mantel" gehüllten redaktionellen Ausgaben:
Die zentrale Redaktion stellt den „Mantel", das heißt die erste Seite und ein paar weitere Seiten des allgemeinen Teils der Zeitung, her.
In den einzelnen Städten/Gemeinden der Region fügen Lokalredaktionen diesem Mantel einige Seiten mit Lokalnachrichten, Kleinanzeigen und Werbung hinzu.

Beispielsweise darüber
- wer Eigentümer der Zeitung ist,
- ob der oder die Eigentümer bei der Gestaltung der Zeitung mitwirken oder das der Chefredaktion überlassen,
- welche Meinungen in der Redaktion zur Kommunalpolitik in eurer Stadt/Gemeinde vorherrschen,
- ob es regelmäßige gemeinsame politische Diskussionen in der Redaktion gibt,
- wie weit die Freiheit der einzelnen Redakteurin/des einzelnen Redakteurs reicht, zu strittigen Themen in der Gemeinde/Stadt eigene Beiträge für die Zeitung zu liefern,
- worüber die Zeitung nie oder nur ganz selten berichtet und warum das so ist,
- wie sich eure Gesprächspartnerinnen/Gesprächspartner die ideale Leserin und den idealen Leser vorstellen,
- welche Leserbriefe sie nie veröffentlichen würde,
- ob ihr als Klasse die Möglichkeit habt, auch Beiträge für die Zeitung zu liefern,
- ob die Redakteurinnen/Redakteure die Schülerzeitungen in eurer Stadt kennen.

Methode: *Expertenbefragung, S. 132*

6 Vereinbart einen Besuch bei eurem Lokalfunk. Informiert euch z. B. über
- *die Eigentumsverhältnisse,*
- *die Reichweite des Senders,*
- *die Zielgruppen,*
- *die Programmgestaltung: z. B. Anteil der Eigenproduktionen, Anteil der Werbung, Möglichkeiten der Bürgerbeteiligung.*

Vielleicht könnt ihr bei eurem Lokalfunk ja auch eine Sendung zum Thema „Mediendschungel" mitgestalten ...

6.2.4 Werbung: vom Untermieter zum Hausherrn

Presseverleger sind in erster Linie daran interessiert, Informationen unterschiedlichster Art, Meinungen und Unterhaltung zu verkaufen.

Anzeigenwerbung in der Zeitung oder Zeitschrift soll einen Teil der Kosten und des Gewinns einbringen.

Dieses Verhältnis kehrt sich um, wenn der Anteil an Werbung in dem Medium umfangreicher wird als der redaktionelle Teil, die Werbung wichtiger als die anderen Informationen oder Meinungen. Das Extrem (= das Äußerste) ist erreicht, wenn sogenannte „Anzeigenblätter" fast nur noch Werbung enthalten und nicht mehr verkauft, sondern kostenlos verteilt werden ...

Da aber die meisten Menschen noch Wert legen auf gedruckte aktuelle Informationen, Meinungen und Unterhaltung, gibt es weiterhin die Zeitungen und Zeitschriften, wie ihr sie kennt.

Keine Zeitung oder Illustrierte, kein Radio- oder Fernsehsender kann auf Werbeeinnahmen verzichten. Die Rundfunkgebühren oder der Kaufpreis einer Zeitung decken nur den geringeren Teil der Kosten in den Medienunternehmen. So sind die Werbeausgaben (bzw. -einnahmen) in Milliardenhöhe gestiegen (siehe Schaubild S. 95). Von den TV-Anstalten in Deutschland wurden 1995 fast

1,2 Millionen Werbespots gesendet. Sie hätten ausgereicht, um damit acht Monate lang ein Fernsehprogramm auszufüllen (24 Stunden täglich).

Aber: Marktforscher der Gesellschaft für Konsumforschung (Nürnberg) haben ermittelt, dass fast 98% der Zuschauerinnen und Zuschauer TV-Werbung lästig finden ...

Um möglichst viele Werbeeinnahmen zu erzielen, müssen die Medien als Werbeträger geeignet sein.

Beim Fernsehen heißt das: Es muss nicht nur die Einschaltquote „stimmen" (also möglichst viele Zuschauerinnen und Zuschauer), sondern es müssen auch die „richtigen" Zuschauerinnen und Zuschauer vor dem Bildschirm sitzen.

Zur neuen Rolle der Werbung in den Medien heißt es in einer Wochenzeitung:

Die Werbung formt die Medien

Einst war die Werbung Untermieter in den Medien. Nun hat sie sich zum heimlichen Hausherrn aufgeschwungen.

Die Werbung formt den Medienmarkt nach ihren Bedürfnissen. Und keine Zeitung, keine Fernsehanstalt ist so mächtig, dass sie allen Versuchungen widerstehen könnte.

Die Werbung erwartet von den Medien bestimmte Qualifikationen [= Befähigungsnachweise] und nimmt entsprechenden Einfluss, mal offen, mal verdeckt, mal nur atmosphärisch.

Die Kriterien [= Prüfsteine] dafür sind schlicht und klar. Auf dreierlei vor allem kommt es der werbenden Wirtschaft an, wenn sie die Medien nutzt: Kaufkraft, Zielgruppen und freundliches Umfeld.

Wie viel Leistung ein Medium in diesen drei Disziplinen bringt, danach bemisst sich seine Wertigkeit auf dem Werbemarkt. Hier auch offenbaren sich der Grad der Abhängigkeit und das publizistische Selbstverständnis.

Man kann beim Programm- oder Blattmachen die Kriterien der Werbung am Rande mit berücksichtigen, man kann ihnen dosierte Zugeständnisse machen, man kann sie aber auch als die eigenen übernehmen, soll heißen, das Medium als Werbeträger optimieren [= bestmöglich gestalten] und auf unabhängigen Journalismus gänzlich verzichten.

Jörn Kraft: Die Medien im Treibhaus der Werbung, in: Die Zeit vom 10.2.1995, S. 55 (Auszüge)

In dem Zeitungsbericht wird außerdem dargestellt:
- Selbstverständlich wünscht sich die Werbewirtschaft kaufkräftige Leser und Zuschauer nach der Losung: „Wer als Verbraucher uninteressant ist, ist es auch als Zuschauer."
- Die Zielgruppen sollen nach dem Willen der Werbewirtschaft möglichst schon durch die Programmgestaltung „vorsortiert" sein – damit z. B. bei einem Werbespot nicht Zuschauer angesprochen werden, die die entsprechende Ware sowieso nie kaufen würden.
- Die redaktionellen Beiträge im Umfeld der Werbeanzeigen oder Werbespots sollen möglichst gefällig, harmonisch sein und dürfen keinesfalls im Widerspruch zur „Werbebotschaft" stehen.

Am besten ist es natürlich, wenn die Waren scheinbar zufällig, aber wirkungsvoll schon im redaktionellen Teil des Mediums präsentiert werden (Product-Placement; Schleichwerbung).

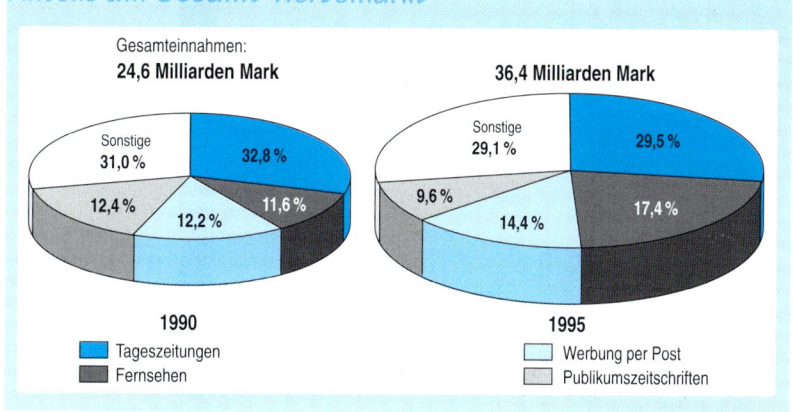

Anteile am Gesamt-Werbemarkt

Gesamteinnahmen:

1990 – 24,6 Milliarden Mark
- Tageszeitungen: 32,8%
- Fernsehen: 11,6%
- Werbung per Post: 12,2%
- Publikumszeitschriften: 12,4%
- Sonstige: 31,0%

1995 – 36,4 Milliarden Mark
- Tageszeitungen: 29,5%
- Fernsehen: 17,4%
- Werbung per Post: 14,4%
- Publikumszeitschriften: 9,6%
- Sonstige: 29,1%

Nach: Der Spiegel 22/1996, S. 99

---

1 Ermittelt an einem Exemplar einer Zeitung oder Illustrierten, wie hoch der Seitenanteil der Werbung gegenüber dem redaktionellen Teil ist.

2 Im Einleitungstext dieses Abschnitts ist die Rede von den „richtigen" Zuschauerinnen und Zuschauern. Erklärt, was gemeint ist.

3 Vergleicht, für welche Produkte geworben wird
   - in einer Tageszeitung,
   - in einer Programmzeitschrift,
   - in einer Frauenzeitschrift,
   - in der EXTRA-Zeitung.

4 Findet die Schleichwerbung aus der EXTRA-Zeitung heraus.
Vergleicht mit „echter" Werbung in Zeitungen oder Illustrierten.

5 Auch bei Talkshows und in TV-Spielfilmen gibt es Schleichwerbung: Macht eine kleine Dokumentation mit Hilfe des Videorecorders dazu.

6 Macht mal zwischendurch einen Nonsens-Wettbewerb in eurer Klasse: Welche Werbespots passen am allerwenigsten zu welcher Sendung?
Beispiel: Werbung für Gesichtscreme in der Boxkampf-TV-Übertragung.

6.3 Bilderfluten und Datenberge

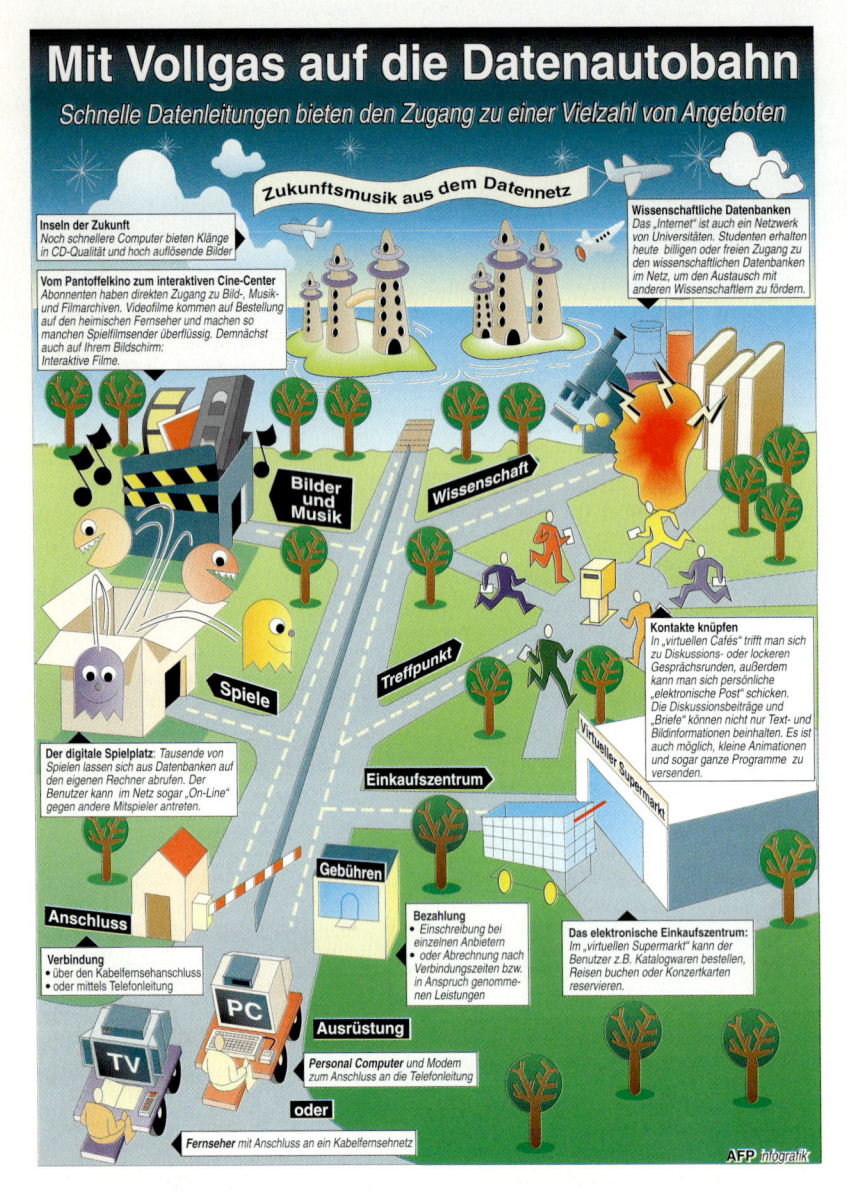

Mit Vollgas auf die Datenautobahn
Schnelle Datenleitungen bieten den Zugang zu einer Vielzahl von Angeboten

Zukunftsmusik aus dem Datennetz

Inseln der Zukunft
Noch schnellere Computer bieten Klänge in CD-Qualität und hoch auflösende Bilder

Vom Pantoffelkino zum interaktiven Cine-Center
Abonnenten haben direkten Zugang zu Bild-, Musik- und Filmarchiven. Videofilme kommen auf Bestellung auf den heimischen Fernseher und machen so manchen Spielfilmsender überflüssig. Demnächst auch auf Ihrem Bildschirm: Interaktive Filme.

Wissenschaftliche Datenbanken
Das „Internet" ist auch ein Netzwerk von Universitäten. Studenten erhalten heute billigen oder freien Zugang zu wissenschaftlichen Datenbanken im Netz, um den Austausch mit anderen Wissenschaftlern zu fördern.

Bilder und Musik

Wissenschaft

Spiele

Der digitale Spielplatz: Tausende von Spielen lassen sich aus Datenbanken auf den eigenen Rechner abrufen. Der Benutzer kann im Netz sogar „On-Line" gegen andere Mitspieler antreten.

Treffpunkt

Kontakte knüpfen
In „virtuellen Cafés" trifft man sich zu Diskussions- oder lockeren Gesprächsrunden, außerdem kann man sich persönliche „elektronische Post" schicken. Die Diskussionsbeiträge und „Briefe" können nicht nur Text- und Bildinformationen beinhalten. Es ist auch möglich, kleine Animationen und sogar ganze Programme zu versenden.

Einkaufszentrum

Virtueller Supermarkt

Anschluss

Verbindung
• über den Kabelfernsehanschluss
• oder mittels Telefonleitung

Gebühren

Bezahlung
Einschreibung bei einzelnen Anbietern oder Abrechnung nach Verbindungszeiten bzw. in Anspruch genommenen Leistungen.

Das elektronische Einkaufszentrum:
Im „virtuellen Supermarkt" kann der Benutzer z.B. Katalogwaren bestellen, Reisen buchen oder Konzertkarten reservieren.

Ausrüstung
Personal Computer und Modem zum Anschluss an die Telefonleitung

oder

Fernseher mit Anschluss an ein Kabelfernsehnetz

AFP Infografik

Die stürmische technische Entwicklung im Bereich der Computer, der elektronischen Medien und der Telekommunikation beginnt die Arbeit ebenso wie den Handel und die Wirtschaft, aber auch das Privatleben der Menschen in den Industrienationen mehr und mehr zu verändern (siehe auch Abschnitt 8.1).
Die rasche Verbreitung von Multimedia-Systemen kündigt nach Meinung der Fachleute ein neues Zeitalter – das Informationszeitalter – an.

Die grundlegenden technischen Neuerungen führen, so die Fachleute, in die „Informationsgesellschaft".
Wie wird sich das Zusammenleben der Menschen verändern?
Noch wird viel vorhergesagt und wenig sicher gewusst.

6.3.1 Zauberwort Multimedia

Im Jahr 1995 wurde in Deutschland der Begriff „Multimedia" zum „Wort des Jahres" gewählt. Multimedia und alles, was damit zusammenhängt oder zusammengedacht wird, begeistert den leidenschaftlichen Fernsehzuschauer ebenso wie den Technikfan, die Computer- und Software-Hersteller ebenso wie die Aktionäre (Eigentümer) von Telefongesellschaften.
Gemeint ist mit „Multimedia" das Zusammenwirken bislang getrennter technischer Systeme:
Computer, Telekommunikation (Telefonleitungen und andere Leitungen zur Datenfernübertragung) sowie elektronische Medien (Fernsehen, Radio, Video) werden integriert (= vereinigt, zusammengeführt). Dann bieten sie – als Multimedia-Systeme – neue Möglichkeiten der (Zusammen-)Arbeit und der Unterhaltung.
Multimedia-Systeme werden seit Mitte der 90er-Jahre sowohl beruflich als auch privat zunehmend genutzt.
Erwartet wird für die nächsten Jahre eine massenhafte Ausweitung der Multimedia-Anwendungen, doch (noch) sind dies eher Vermutungen und Hoffnungen als wohl begründete Voraussagen.

Eine Tageszeitung meldete erfreuliche Aussichten für den deutschen Arbeitsmarkt im Multimedia-Bereich:

Zehn Jahre lang Wachstum
Die deutsche Kommunikationswirtschaft wird nach Expertenmeinung zur Jobmaschine. Durch den Einsatz neuer Medien und Technologien sollen bis zum Jahr 2005 in den Wirtschaftsbereichen Medien, Werbung, Telekommunikation und Informationstechnik insgesamt rund 500 000 neue Arbeitsplätze entstehen.
Das geht aus einer vom Deutschen Kommunikationsverband in Düsseldorf vorgestellten Studie hervor, für die insgesamt 149 Fachleute aus dem Kommunikationsbereich befragt wurden.
Da jedoch gleichzeitig etwa in Druckereien, beim öffentlich-rechtlichen Rundfunk und bei der Deutschen Telekom mehrere hunderttausend Stellen verloren gingen, würden unter dem Strich nur rund 200 000 neue Stellen übrig bleiben, sagte der Verfasser der Untersuchung. Allein die Deutsche Telekom AG,

Multimedia-Zukunft

Medien- und Kommunikationsausgaben in Deutschland von 1993 bis 2010

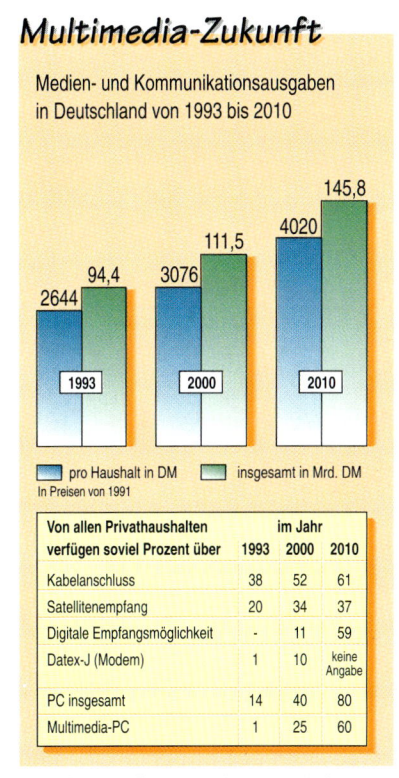

	1993	2000	2010
pro Haushalt in DM	2644	3076	4020
insgesamt in Mrd. DM	94,4	111,5	145,8

In Preisen von 1991

Von allen Privathaushalten verfügen soviel Prozent über	im Jahr 1993	2000	2010
Kabelanschluss	38	52	61
Satellitenempfang	20	34	37
Digitale Empfangsmöglichkeit	-	11	59
Datex-J (Modem)	1	10	keine Angabe
PC insgesamt	14	40	80
Multimedia-PC	1	25	60

Nach: S. Pitzer: Stichwort Information-Highway, München 1996, S. 19

Drei Zeitalter

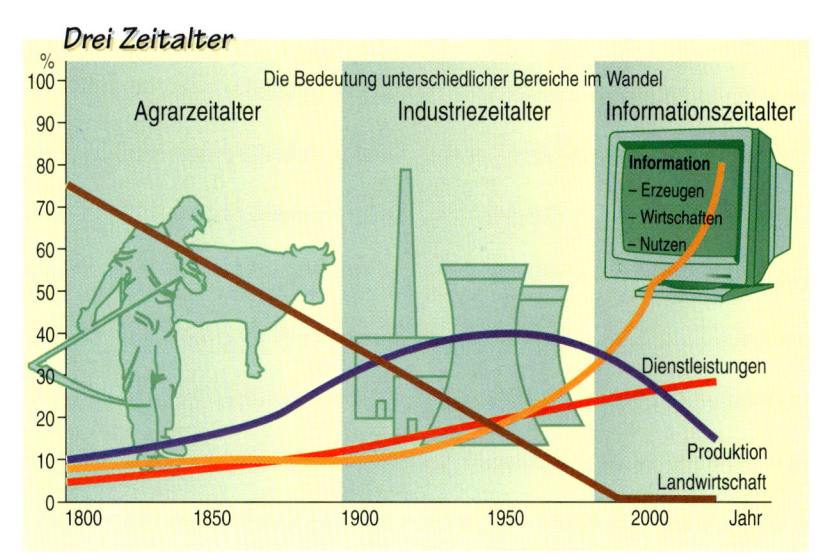

Die Bedeutung unterschiedlicher Bereiche im Wandel

Agrarzeitalter – Industriezeitalter – Informationszeitalter

Information
– Erzeugen
– Wirtschaften
– Nutzen

Dienstleistungen
Produktion
Landwirtschaft

Nach: Süddeutsche Zeitung vom 18./19.5.1996, S. VI/1

Europas größter Telefonkonzern, hat angekündigt noch 50 000 Stellen zu streichen. Insgesamt soll die Zahl der Beschäftigten in der Kommunikationswirtschaft von derzeit knapp 1,3 Millionen auf rund 1,5 Millionen im Jahr 2005 steigen.
Damit werde dann allerdings der Höhepunkt der Entwicklung erreicht sein, sagte der Kommunikationswissenschaftler weiter. Bis zum Jahr 2010 wird die Zahl der Beschäftigten im Kommunikationsbereich der Prognose zufolge wieder auf 1,3 Millionen sinken.

Nach: Berliner Morgenpost vom 30.7.1996, S. 27 (Auszug)

In einer anderen Veröffentlichung hieß es im Hinblick auf die zu erwartenden neuen Arbeitsplätze in Deutschland und anderswo:

Bäume wachsen nicht in den Himmel

Dass aber auch hier die Bäume nicht so schnell in den Himmel wachsen dürften, verdeutlicht eine Schätzung des Bundesinstituts für Berufsbildung, derzufolge im gesamten neu entstehenden Berufsfeld „Multimedia" in den nächsten Jahren in Deutschland ein jährlicher Zusatzbedarf von allenfalls 5000 Arbeitsplätzen entstehen werde.
Auch wenn es an präzisen Analysen und Prognosen zu den Beschäftigungswirkungen von Multimedia fehlt, so sprechen diese Trendaussagen doch für die Richtigkeit der skeptischen Einschätzung des für Telekommunikation zuständigen Generaldirektors der EU-Kommission, Michel Carpentier, der „nicht glaubt, dass die neuen Jobs die alten ausgleichen werden, die auf dem Weg in die Informationsgesellschaft verloren gehen".

M. Schwemmle: Das größte Geschäft des 21. Jahrhunderts. In: K. van Haaren/D. Hensche (Hrsg.): Multimedia. Die schöne neue Welt auf dem Prüfstand. Hamburg 1995, S. 27

1 Erläutert die Schaubilder. Klärt zunächst die Begriffe, dann die Zusammenhänge. Schreibt die Informationen aus dem Schaubild „Drei Zeitalter" in einigen Sätzen auf.
2 Auf welche Weise bist du schon mit einem Multimedia-System verbunden? Berichte von deinen Erfahrungen.
3 Was berichten deine Eltern und deine Bekannten über die Anwendung der „neuen Medien" an ihrem Arbeitsplatz, in ihrem Berufsfeld? Welche Geräte werden benutzt, inwieweit sind die Arbeitsplätze schon vernetzt?
4 Ihr könnt im Rathaus eurer Gemeinde/Stadt nachfragen, inwieweit die städtischen Behörden bereits mit Multimedia-Systemen arbeiten und was für die nähere Zukunft geplant ist.
Wie hat sich die Zahl der Arbeitsplätze bei den städtischen Behörden im Zusammenhang mit den „neuen Medien" in den letzten fünf Jahren verändert?
Mit welchen neuen Medien arbeitet eure Schulleitung/Schulverwaltung?
Methode: Erkundung, S. 125
5 Versucht zu erklären, warum die Prognosen im Multimedia-Bereich Mitte der 90er-Jahre noch so weit voneinander abweichen.
Überlegt gemeinsam Möglichkeiten, zu diesem Thema aktuelle Informationen zu bekommen.
Inwiefern können solche Informationen über die voraussichtliche Entwicklung eines Wirtschaftsbereichs für euch nützlich sein?

6.3.2 Neue Medien – neue Gesellschaft?

Die Beschreibungen und Bewertungen der neuen Multimedia-Welt klingen Mitte der 90er-Jahre noch eher wie Zukunftsmusik. Misstrauisches Abwarten und begeisterte Hoffnungen halten sich die Waage. Die erste der folgenden Beschreibungen entstammt einer Werbeschrift aus den USA.
Die darauf folgende Schilderung ist schon in den 80er-Jahren entstanden, als ein eher skeptisches (= misstrauisches), spöttisches Märchen.

Neue Medien: Pro und Contra

Der Ausbau und Einsatz der elektronischen Kommunikationsmittel verändert nicht nur die Arbeitsplätze sehr vieler Menschen, sondern auch das Zusammenleben und die Lebensgewohnheiten eines jeden Einzelnen. Die Optimisten malen die Chancen dieses technischen Fortschritts in bunten Farben, die Pessimisten beleuchten die Schattenseiten.

- Die neuen Medien bieten jedem eine Fülle von Informationen: zum aktuellen Geschehen daheim und in der Welt, zur Aus- und Weiterbildung, für Hobby und Freizeit. Das trägt zur allgemeinen Bildung und geistigen Bereicherung der Menschen bei.

- Die vielfältigen und unterschiedlichen Angebote der neuen Medien zur Unterhaltung verhelfen den Menschen zur angenehmen, abwechslungsreichen Gestaltung ihrer Freizeit.

- Behörden und Privatunternehmen können mit Hilfe der neuen Medien ihre wachsenden Aufgaben gegenüber den Bürgern immer besser und rascher erfüllen, es gibt weniger Reibungen und Konflikte.

- Die neuen Medien können auch in Zukunft keineswegs von allen Bürgern in gleicher Weise genutzt werden. So bildet sich eine Kluft heraus zwischen denen, die über viele Informationen – und damit Einflussmöglichkeiten – verfügen können, und jenen, denen der Zugang zu den Informationen versperrt ist.

- Die neuen Medien isolieren die Menschen noch viel mehr als früher voneinander. Soziale Beziehungen werden durch die neuen Medien gelockert und zerstört, die Menschen verarmen in ihrem Denken und Empfinden.

- Die neuen Medien machen aus den Bürgern gläserne Menschen. Behörden und Arbeitgeber wissen alles über alle; der Staat wird zum allgegenwärtigen Überwachungsstaat.

In einer Wochenzeitung waren völlig düstere Zukunftsaussichten eines Kritikers zu lesen. Dagegen zeigte die Untersuchung eines Freizeit-Forschungsinstituts, dass junge Menschen die Multimedia-Zukunft recht optimistisch (= hoffnungsvoll) erwarten.
Wie ist es heute, wie wird es sein?

Familienalltag auf der Datenautobahn

Justin, der zehnjährige Sohn, holt sich schon vor dem Frühstück aus dem Archiv des amerikanischen Kongresses [= Parlament der USA] Informationen für eine Klassenarbeit. Seiner Mutter liefert er zwischendurch die Abflugdaten für ihren Trip nach Miami; sein Vater, ein Architekt, erledigt die Bankgeschäfte von seinem Arbeitszimmer aus. Danach überspielt er den dreidimensionalen Plan eines Neubaus an ein junges Ehepaar, das im rechten oberen Eck des Bildschirms mit ihm kommuniziert. („Die Lösung mit der Dusche gefällt mir besonders gut ...") Die Tochter, im Teenageralter, sucht am Bildschirm ein Kleid für ihren Klassenball.

Zitiert nach: Die Weltwoche vom 6.10.1994, S. 67

Der alte Mann sieht jetzt mehr

Es war einmal ein älterer Herr. Er lebte in einer kleinen Wohnung in einem großen Haus in Dortmund. Meist war er traurig; denn er war einsam, kannte im ganzen Haus niemanden außer seinem Goldfisch. Aber eines Tages kam ein freundlicher Herr von der Post und verkaufte ihm einen Kabelfernsehanschluss mit Bildschirmtext und all den schönen Möglichkeiten der neuen Medien, die man sich extra ausgedacht hatte, um ihm das Leben zu erleichtern.

Von nun an brauchte er nicht mehr einkaufen zu gehen oder zur Bank oder gar zur Behörde; denn alles, was er brauchte, konnte er vom Bildschirm aus bestellen, und alles, was er wissen wollte, konnte er in einer großen Datenbank nachsehen. Über das Bürgerfernsehen erfuhr er, was in seinem Stadtteil um ihn herum vor sich ging, und lernte so endlich seine Nachbarn kennen. Sie telefonierten miteinander über Bildtelefon oder spielten gemeinsam Skat oder Rommé – jeder in seinem Wohnzimmer. So waren seine Tage jetzt ausgefüllt und glücklich, und wenn er nicht gestorben ist, so sitzt er heute noch vorm Fernseher.

Jugend und Gesellschaft Nr. 4/1984, S. 25

„Hilfe! Ich hab schon wieder ein Schlagloch auf unserer neuen Super-Datenautobahn erwischt!" Karikatur: Gorrell

Nur du und dein Fernseher

Verlassene Einkaufszentren, geschlossene Kinos, leere Zeitungsstände. Alles tot. Die Zukunft ist einsam: nur du und dein Fernseher. Einkaufen per Knopfdruck, Filme nach Maß, flimmernde Zeitschriften. Alles kommt aus der Kiste. Das Leben wird zum Programm. Interaktives Fernsehen verändert die Welt.

Die Zeit vom 4.3.1994, S. 17 (Auszug)

Das Leben wird angenehmer und leichter

Chancen für die multimediale Zukunft dürften in der jungen Generation liegen, so das Ergebnis der BAT-Untersuchung. Die Bundesbürger unter 30 Jahren haben eine überwiegend positive Einstellung gegenüber dem zukünftigen Multimedia-Zeitalter. Etwa zwei von fünf haben die Hoffnung, dass dadurch das private Leben „bereichert" wird (39 %), die neuen Technologien das Leben „angenehmer und leichter machen" (39 %) und dass neue Arbeitsplätze geschaffen werden (38 %). Besonders die beruflichen Chancen, die sich durch die neuen Medien öffnen, werden von den Jugendlichen positiv eingeschätzt: Knapp ein Drittel (31 %) hofft auf Vorteile im Job.

Lernwelt Schule, Nr. 6/1996, S. 5

1 *Wie sieht es in eurem elektronischen Familienalltag aus? Fahrt ihr schon auf der „Datenautobahn"?*
2 *Welche Multimedia-Möglichkeiten sind für dich persönlich besonders interessant?*
Abgesehen vom Geld - wovon hängt es ab sie zu verwirklichen?
Wann wirst du sie verwirklichen können?
3 *Ein Zauberwort in der Multimedia-Welt lautet: „interaktiv".*
Worin bestehen eure interaktiven Möglichkeiten im Einzelnen?
4 *Sind die Einkaufszentren schon leerer als früher? Sind die Kinos schon ganz verschwunden?*
Verbringst du mehr Zeit am Bildschirm als vor zwei, drei Jahren?
5 *Du kannst deine Eltern nach ihren Erfahrungen fragen:*
 - *Welche Auswirkungen der „neuen Medien" auf ihr Privatleben halten sie für wichtig?*
 - *Wenden sie selbst, ihre Bekannten und ihre Freundinnen/Freunde mehr Freizeit für die Mediennutzung auf als vor zehn Jahren?*
 - *Fühlen sie sich eher bereichert durch die neuen Möglichkeiten der Multimedia-Anwendungen oder sind sie eher gleichgültig dagegen?*

Methode: *Befragung, S. 55*
Natürlich musst du über die Erfahrungen deiner Eltern nicht im Unterricht berichten.

6 *Wird das Für und Wider der neuen Medien eigentlich noch diskutiert (in Zeitungen/Zeitschriften, im Fernsehen)?*
Nehmt Stellung zu dem Argument:
Die elektronischen Medien werden immer weiter vordringen - egal, ob wir das gut finden oder nicht. Das ist ein unaufhaltsamer Fortschritt, also verändern wir uns eben auch.

6.4 Mediennutzung – im Wechselbad der Gefühle

Der Umgang mit den Massenmedien hat sehr viel mit Gefühlen zu tun.
Diejenigen, die die Medienprodukte (z. B. die Schlagzeilen für die Zeitung, den Werbespot fürs Radio oder die TV-Reportage) ausarbeiten, richten sich - bewusst oder unbewusst - auch (oder sogar vor allem) an die Gefühle der Medienkonsumenten.
Alle, die sich von ihrem Auftritt in den Medien Erfolg versprechen - z. B. Politikerinnen und Politiker - zielen ebenfalls auf die Gefühle der Zuschauerinnen und Zuschauer.
Und die Mediennutzerinnen und -nutzer, „daheim an den Bildschirmen" oder über ihre Zeitung gebeugt, haben bei ihrem Medienkonsum ebenfalls mit Gefühlen zu tun. Emotional (= gefühlsmäßig) verteilen sie Sympathie und Missbilligung, regen sich tierisch auf oder heben beseligt ab …
An drei Beispielen in diesem Abschnitt ist das Wechselbad der Gefühle in den Medien zu erleben.

6.4.1 Schlagzeilen zu verkaufen!

Wie es sein sollte: In der idealen Zeitung, aber auch im Fernsehen, sollen Nachrichten und Meinungen deutlich erkennbar voneinander geschieden sein.
Die Nachrichten und alle anderen Informationen sollen nicht nur möglichst umfassend und wahrheitsgetreu, sondern auch immer sachlich (objektiv) übermittelt werden.
Die Leserinnen und Leser sollen sich ihr Bild von der Wirklichkeit und ihre Meinung zu den mitgeteilten Sachverhalten selbst bilden. Keine vorgefasste Meinung, kein zurechtgebogener Ausschnitt aus der Wirklichkeit soll ihnen aufgedrängt werden.
Die Medien-Wirklichkeit ist aber vielfach anders: Nicht nur die Kommentare, die die Meinung der Redakteurinnen und Redakteure widerspiegeln, sondern auch die Nachrichten sind häufig parteilich ausgewählt und aufbereitet. So versuchen die Medien Meinung zu „machen". Sie erzeugen eine bestimmte „Wirklichkeit", formen sie nach ihren Interessen.
Ziel ist nicht die möglichst objektive Information, sondern die klammheimliche Beeinflussung (Manipulation) der Leserinnen und Leser, der Zuschauerinnen und Zuschauer.
Schon in den Überschriften werden Gefühle (Emotionen) geweckt, z. B. Empörung, Stolz, Schadenfreude, aber auch Angst und Wut.

1 *Schaut euch die Bilderfolge „So macht man Schlagzeilen" (S. 100) an. Erklärt,*
 - *wie und*
 - *in welcher Absicht*
solche Schlagzeilen gemacht werden.
2 *Sammle die Schlagzeilen aus der EXTRA-Zeitung.*
Welche Gedanken kommen dir spontan beim Lesen einzelner dieser Schlagzeilen? Welche Gefühle?
3 *Liefern die einzelnen Artikel der EXTRA-Zeitung, was in ihren Schlagzeilen versprochen wird?*

6 Schöne, neue Medienwelt

So macht man Schlagzeilen

Schulleiter schlägt schwangere Mutter

Mit 90 bei Nebel auf dem Bürgersteig

Bischof verflucht Finanzminister

4 Überlegt euch andere Schlagzeilen zu den Artikeln der EXTRA-Zeitung für andere Zielgruppen.

5 Untersucht auch die Schlagzeilen in den Zeitungen und Zeitschriften eurer Sammlung. Zum Beispiel:
   - Welche Schlagzeilen sind eher sachlich-nüchtern, welche eher gefühlsbetont?
   - Welche Schlagzeilen machen neugierig, welche versprechen zu viel?

6 Auch im Fernsehen, im Radio, in der Werbung gibt es „Schlagzeilen". Sammelt mit dem Video- oder Kassettenrekorder einige und vergleicht sie miteinander.

6.4.2 Politik: nur noch im Bildschirm-Format?

Für Politikerinnen und Politiker ist es ziemlich einfach und meistens nützlich, über die Massenmedien Millionen von Menschen, mögliche Wählerinnen und Wähler also, zu erreichen. Das Fernsehen ist dabei besonders begehrt, weil Menschen stärker durch das beeindruckt und beeinflusst werden, was sie sehen, als durch das, was sie nur hören oder lesen.

Im Fernsehen soll es möglichst immer unterhaltsam, spannend, abwechslungsreich zugehen. Auch bei der Politik?

Interessanter als wortreiche Erklärungen komplizierter Sachfragen sind für viele die Personen: Wie sprechen sie, wie sind sie gekleidet, wie bewegen sie sich? Wie geistreich, witzig, angriffslustig oder verbiestert sind sie?

Kaum je werden Politikerinnen und Politiker im Fernsehen bei ihrer Alltagsarbeit gezeigt, sondern sie treten meistens fast so auf wie Schauspieler, spielen ihre Rolle.

Kritiker sagen: Hinter der Fernsehinszenierung von Politik verschwinden die politischen Inhalte; die Medien bewirken eine „Entpolitisierung".

Politik im Fernsehen

Wo eine Fernsehkamera steht, ändert sich das Verhalten der Menschen – so oder so. Die einen schauspielern angestrengt, als ob nichts wäre, die anderen winken dümmlich in die Kamera.

Nicht nur Demonstranten inszenieren ihr Tun für die Fernsehkameras. Das tun auch die Stars und Sternchen der Unterhaltungsbranche. Das tun die Fußballtrainer. Das tun die Politiker – Tag für Tag.

PZ Nr. 75/1993, S. 31 (Auszug)

1 Mit dem Videorekorder könnt ihr TV-Auftritte von Politikerinnen und Politikern – in einer Nachrichtensendung, in einer Sendung eines politischen Magazins, in einer Talkshow – mitschneiden und dann auswerten:
Redeweise, Körpersprache, Kleidung und Frisur, Gesamteindruck ...
Apropos: Was haben diese Politikerinnen und Politiker überhaupt gesagt?

2 Ihr könnt euch im Bekanntenkreis bei einigen Erwachsenen umhören mit der

„Bitte sehr – unser Entwurf für das optimale Politiker-Profil in Wahlkampfzeiten!"
Karikatur: Mester

100

*Frage: Ist die Politikerin X (oder der Politiker Y) für dich/Sie wählbar?
Zusatzfragen z.B.:*
- *Was gefällt dir/Ihnen an der Politikerin X, am Politiker Y?*
- *Was gefällt dir/Ihnen an den beiden nicht? Erläutere!*
- *Erinnerst du dich/erinnern Sie sich noch, in welcher TV-Sendung sie die Politikerin X/den Politiker Y einmal etwas ausführlicher erlebt haben? usw.*

Notiert die Äußerungen der Befragten (vielleicht als Interview mit dem Kassettenrekorder) und berichtet im Unterricht.

Methode: *Befragung, S. 55*
Sprecht auch darüber, welche Äußerungen eurer Gesprächspartner/innen auf die Person und welche auf die Politik bezogen waren.

3 *Versucht es selbst bei einer Talkshow oder einem Interview in der Klasse: Drückt mit eurem Körper sprachlos etwas aus, z.B. Siegeszuversicht, Bescheidenheit, Aufmerksamkeit, Anteilnahme ...*

4 *In einem Beitrag der EXTRA-Zeitung heißt es: „Die Verpackung entscheidet, sie ist die Botschaft." Nehmt Stellung.*

5 *Das Besondere an der kleinen Katze auf unserem Foto ist nur, dass sie der Familie des US-Präsidenten gehört und auf dessen Amtssitz herumstreift. Warum stürzen sich so viele Medienvertreter auf sie?*

Körpersprache
Es sind nicht nur Worte, die beeindrucken. Jeder Mensch, der Macht und Einfluss über seine Mitmenschen hat oder erringen will, z.B. Politiker, Lehrer ..., setzt bewusst oder unbewusst auch seinen Körper ein, bringt ihn ohne Worte (nonverbal) zum „Sprechen":
Entschlossenheit und vorsichtiges Abwarten, Überlegenheit und Wohlwollen kannst du mit deinem Körper ebenso ausdrücken wie Zaghaftigkeit und Furcht, Abwehr und Verachtung. Oft allerdings geschieht es dabei, dass die Worte eine ganz andere „Botschaft" vermitteln als die Sprache des Körpers ...

Die Katze des neuen Präsidenten der USA wird in allen Zeitungen und Fernsehsendern des Landes vorgestellt

Warum ist ihr Miauen sogar im Internet zu hören?

6.4.3 Gewalt kommt – meistens – prima an

Im wirklichen Leben gibt es ziemlich viel Gewalt, in den verschiedensten Formen: offen und versteckt, zugelassen und verboten, schleichend und plötzlich, roh und verfeinert.
Am meisten Gewalt aber gibt es anscheinend auf dem Bildschirm. Neben Pornos (vgl. Sexualkundeunterricht) sind Horror-, Zombie- und ähnliche Filme die Publikumslieblinge.
Manche Eltern und Lehrer, Pfarrer und Politiker fordern schärfere Jugendschutzbestimmungen, denn offenbar sehen viele Kinder und Jugendliche Gewaltdarstellungen im Film recht gern und ausdauernd. Warum?

Aus dem PC-Software-Katalog
Jetzt können Sie ihre schlimmsten Alpträume auf dem PC zum Leben erwecken! Die giftigen Gnome, grinsenden Schädel und grimmigen Knochenmänner dieser schaurig-schönen Clipart-Kollektion dürften selbst eingefleischten Fantasy- und Horrorfans eine Gänsehaut bescheren.

Aus: Data Becker Super News für PC-Fans

Einladung
Unter dem Motto „Wir drehen unser Horrorvideo selbst" bietet das Jugendzentrum heute in der Zeit von 16 bis 18 Uhr allen Jugendlichen ab 14 Jahren die Möglichkeit, erste Erfahrungen mit der Videokamera zu sammeln.

Zitiert aus: Der Spiegel Nr. 50/1993, S. 218

Aus dem Video-Katalog
Diesen Film bezahlen Sie nicht mit Geld, sondern mit einem Nervenzusammenbruch.
Ein Schocker für ganz Abgebrühte – atemberaubend und ausgefallen grauenhaft.

Im Interview mit einer Wochenzeitung hat Daniela, 15 Jahre alt, Auskunft gegeben:

Hast du dich hinterher gut gefühlt?
Daniela, was machst du in deiner Freizeit am liebsten?

6 Schöne, neue Medienwelt

„Die interessanten Kassetten sollen Sie unterm Ladentisch verkaufen, sagt man..."

Kumpels besuchen, mit denen was unternehmen. Fernsehgucken find ich auch ganz Interessant, am liebsten Horrorfilme.
Warum Horrorfilme?
Na, nicht, dass da so was Brutales drin is, obwohl, das ist ja meistens so, sondern eher so was, dass man sich gruseln kann, so was mit Werwölfen oder so. Wo man sich eben mal schauert. Ich find das schön, sich mal zu fürchten.
Weshalb fürchtest du dich so gerne?
Na, fürchten nicht so richtig, aber bei den Filmen hat man so ein komisches Gefühl. Weeß nich, kann man nicht so sagen, wie das ist, das sitzt so im Bauch. Das ist so schön gruselig.
Wann ist ein Horrorfilm richtig gut?
Na ja, wenn, ist 'ne gute Frage, na ja, es muss halt so richtig spannend sein.
Aber Krimis sind ja auch spannend.
Da steh ich nicht so drauf. Ich steh eher so auf Fiction-mäßig. Es scheint irgendwie unwirklich und trotzdem hat man Angst davor, weil man das noch nicht kennt. Krimis ist meistens immer das Gleiche: Immer wird da jemand gesucht oder verfolgt oder umgebracht. Aber bei Horrorfilmen wird jemand mal von 'nem Monster ermordet oder irgendwas ganz Ungewöhnliches passiert.
Die Filme sind oft sehr brutal. Magst du das?
Na ja, nicht so, aber solange es nur im Film ist, schon. Ich hab auch schon mal ganz wüste Horrorfilme gesehen, das war nicht so mein Fall. Da konnt ich nicht hingucken. Auf der Straße mag ich das nicht so brutal.
Bist du eher friedlich?
Kommt drauf an. Es gibt schon öfter mal Situationen, wo ich jemanden schlagen möchte.
Hast du schon mal zugeschlagen?
Ja. Standen wir mit meiner Freundin an der U-Bahn, hat so ein Mädel blöd rübergeguckt und so gezeigt, guck dir die mal an, und dann haben die andern Weiber aus der Clique uns auch noch blöde angequatscht, jedenfalls, als die in die U-Bahn stiegen, hab' ich der ein Bein gestellt, hat die mir auf den Arm gehaun und da hab' ich zurückgeschlagen.
Hast du dich hinterher gut gefühlt?
Ehrlich gesagt: ja.

Die Zeit vom 29.1.1993, S. 77; gekürzt

1 In den Kapiteln
 „Was ihr in der Schule auch lernen könnt",
 „Die Bundesrepublik Deutschland: ein Rechtsstaat",
 „Deutschland nur für Deutsche?",
 „Frieden und Sicherheit"
 geht es auch um Gewalt. Ihr könnt die entsprechenden Abschnitte zuziehen.
2 Welche Vorlieben hast du bei Spielfilmen (Themen, Machart, Typen von Schauspielerinnen und Schauspielern)?
 Wie erklärst du dir deine Vorlieben?
3 Was meinst du zu Danielas Fernseherlebnissen? Geht es dir ähnlich? Berichte.
4 Vom Film zur Wirklichkeit: Nimmst du an dir oder an anderen (ohne Namen, bitte) wahr, dass Filmerlebnisse in dein/euer Leben hineinwirken? Schildere gegebenenfalls Beispiele.
5 Die Interviewerin hat mit Daniela auch darüber gesprochen,
 - welche Situationen es denn gewesen sind, in denen Daniela schon mal zuschlagen möchte;
 - dass es ja eher ungewöhnlich ist, dass Mädchen sich prügeln;
 - ob Daniela sich auch gegen Jungen handgreiflich wehrt.
 Sprecht miteinander über eure Erfahrungen zu diesen Problemen.
6 Gewalt ist auch: Ohrfeigen, Strafarbeiten, Schlägerei auf dem Schulhof oder Schulweg, Ausschimpfen, Hetzparolen an Häuserwänden, Autofahren auf deutschen Autobahnen, Streik, Aussperrung.
 Was kommt davon in den Massenmedien (in Filmen, auf Bildern, in Texten) vor: häufig, eher selten, nie?
 Versucht zu erklären.
7 Lest den Sportbericht aus der EXTRA-Zeitung. Was fällt an der Sprache auf? Was meint ihr zu der Überschrift? (Wir haben sie wörtlich aus einer Sonntagszeitung übernommen.)
 Man könnte den Artikel über das Fußballspiel auch anders schreiben: Versucht es einmal.
8 Warum wird eigentlich so viel Gewaltsames in den Massenmedien berichtet/gesendet? Wer hat etwas davon?
 Versucht Antworten auf diese Fragen aus eurer Erfahrung zu finden.

Alles halb so schlimm?

Die Frage, ob Gewalt im Fernsehen, auf Videokassetten oder in Computerspielen schädliche Auswirkungen auf Kinder und Jugendliche hat, ist so alt wie diese Medien.
Die Antworten der Fachleute sind unterschiedlich.
Behauptet wird ...,
... dass Gewaltdarstellungen auf dem Bildschirm bei Zuschauern aggressive (gewalttätige) Verhaltensweisen fördern;

Zu viel Gewalt?

Zeigen die deutschen Fernsehsender Ihrer Meinung nach zu viele Gewaltszenen?
 ja 79,6 % nein 15,6 % weiß nicht 4,8 %

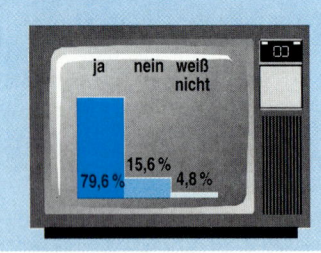

Glauben Sie, dass sich der Konsum von Sendungen mit hohem Gewaltanteil negativ auf das Verhalten von Kindern und Jugendlichen auswirkt?
 ja 91,7 % nein 5,9 % weiß nicht 2,4 %

Nach: Focus 26/1994, S. 145

Methode: Spielfilm-Analyse

Die beabsichtigten (erst recht die unbeabsichtigten) Wirkungen von Medien – eines Fotos in der Illustrierten, eines Beitrags in der Tageszeitung, eines Films im Fernsehen – beruhen oft gar nicht so sehr auf dem, was ausdrücklich geschrieben, gesagt oder abgebildet wird.

Die Art der Darstellung
Es ist auch die Art und Weise, *wie* etwas dargestellt wird, die (bewusst oder unbewusst) auf die Leserin oder den Hörer oder die Zuschauer einwirkt.
Die Analyse (= Untersuchung) eines Films kann – wie die Interpretation eines Gedichts oder einer Geschichte im Deutschunterricht – nicht nur Antwort geben auf die berüchtigte Frage: „Was wollte der Autor uns damit sagen?"

Wirkungen
Die Analyse kann auch zu mehr Klarheit darüber verhelfen, welche Wirkung ein Film auf das Denken, Fühlen, Handeln eines Publikums anstrebt und welche Wirkung er tatsächlich (oder vermutlich) hat.
Damit wird dann auch eine Bewertung möglich, die etwas reichhaltiger, informativer ist als das knappe „Echt geil" oder „Kannste vergessen".

Typisch Film
Um einen Film – seinen Inhalt und seine Form – angemessen beurteilen zu können, ist es nötig, die spezifischen (= besonderen) filmischen Gestaltungsmöglichkeiten etwas genauer zu kennen. (Im *Kunstunterricht* wäre die Möglichkeit sie kennenzulernen.)

Der erste Schritt zur Analyse
Sucht euch gemeinsam aus Programmzeitschriften oder aus dem Videokatalog zwei unterschiedliche Spielfilme (oder Folgen von TV-Serien) heraus, die euch interessant erscheinen.
Wählt dabei die Filme unter einem bestimmten inhaltlichen Gesichtspunkt aus, zum Beispiel: Gewalt, Familienbeziehungen, junge Liebe ...
Seht euch die beiden Filme im Laufe der kommenden Woche gemeinsam in der Schule an.

Der zweite Schritt bei der Analyse
Wenn ihr das Thema „Gewalt" als inhaltlichen Gesichtspunkt für die Untersuchung der beiden Filme gewählt habt, wäre – beispielsweise – auf Folgendes zu achten:
- Welche Verhaltensweisen/Eigenschaften zeigt die Heldin/der Held des Films im Umgang mit anderen? Könntet ihr euch so gegenüber euren Nachbarn, Freunden, Lehrern, Eltern benehmen?
- Wie löst die Heldin/der Held, wie lösen die anderen Personen im Film ihre Probleme? Wären das Lösungsmöglichkeiten auch für dich?
- Wie werden Schwache, Alte, Frauen, Kinder und Außenseiter in dem Film behandelt: von der Heldin/vom Helden, von anderen Personen des Films?
- In welchem Handlungszusammenhang wird Gewalt angewendet? In welcher Form? Ginge es auch ohne Gewaltanwendung?
- Wie wird im Film Gewalt dargestellt? Welche Texte werden bei Gewaltszenen gesprochen? Welche Musik ist solchen Szenen unterlegt?
- Wie werden die Gewalthandlungen im Film von den Darstellerinnen oder Darstellern kommentiert?
- Welche typisch filmischen Gestaltungsmöglichkeiten werden eingesetzt im Zusammenhang mit den Gewaltszenen: Kameraeinstellung, Kameraführung, Beleuchtung, Farben, Geräusche, Schnittfolge usw. (siehe Kunstunterricht).
- Welche Wirkungen auf die Zuschauerin/den Zuschauer werden mit diesen Mitteln angestrebt/erreicht?
- Wird im Film deutlich, wie die Drehbuchautorin/der Drehbuchautor und die Regisseurin/der Regisseur zum Thema „Gewalt" stehen?
- Wird aus dem Film als ganzem deutlich, warum gewalttätige Handlungen gezeigt werden, warum sie ausgespart werden?

Kleiner Zusatztest
- Wie werden die Filme, die ihr untersucht habt, von unterschiedlichen Programmzeitschriften angekündigt oder im Video-Shop angepriesen?
- Ist auf der Fernsehseite eurer Tageszeitung von den Filmen die Rede?
- Wie beliebt sind die Filme bei den Kundinnen und Kunden der Videothek (Ausleihhäufigkeit)?

... dass Gewaltdarstellungen auf dem Bildschirm bei Zuschauern aggressive Verhaltensweisen mindern, die Bereitschaft zu gewalttätigem Verhalten verringern;
... dass Gewaltdarstellungen auf dem Bildschirm bei Zuschauern zur Gewöhnung an Gewalt und damit auch zur Abstumpfung gegenüber verschiedenen Formen von Gewalt im alltäglichen Leben führen;

... dass Gewaltdarstellungen auf dem Bildschirm bei Zuschauern übertriebene Furcht und Angst auslösen.

Unstreitig ist:
- Es ist unmöglich, eine allgemein gültige Antwort auf die Frage der Wirkungen von Fernsehgewalt zu geben.
- Eine Vielzahl von Faktoren (= einzelnen Bedingungen und Umständen) ist daran beteiligt, wie Gewaltdarstellungen vom Bildschirm auf Zuschauer wirken.
- Wichtige Faktoren sind z.B. die Persönlichkeit des Zuschauers (Alter, Bildungsstand, geistige und seelische Entwicklung, aktuelle Lebenslage und Ähnliches), die Häufigkeit und Dauer des Fernseh- bzw. Videokonsums, die familiäre und soziale Situation.

9 Welche Erfahrungen mit der Gewalt auf dem Bildschirm hast du selbst vor dem Bildschirm gemacht:
   - als du noch im Kindergartenalter warst;
   - als du in der Grundschule warst;
   - beim letzten Fernseh- oder Videofilm, den du dir angeschaut hast?
10 Versucht, im Gespräch über eure Erfahrungen Antworten auf die im Schaubild auf S. 102 gestellten Fragen zu geben.
11 Ihr könnt eine Befragung bei den Lehrerinnen und Lehrern eurer Schule machen und dabei die Fragen aus dem Schaubild stellen.
Welche Zusatzfragen (und -antworten) könnten bei dieser Befragung aufschlussreich sein?
12 Zum Deutschunterricht:
   - Welche Texte (Lektüren) habt ihr gelesen, in denen Gewalt eine Rolle spielt?
   - Eine kleine Unterrichtsreihe: „Gewalt in Märchen".
   - Was ergibt eure Analyse, wenn ihr an diese Texte aus dem Deutschunterricht entsprechende Fragen stellt, wie sie im Kasten „Methode: Spielfilm-Analyse" vorgeschlagen werden?

6.5 Der Hinterwäldler

Der Hinterwäldler meidet die Medienlandschaft. Wie sein Name sagt, wohnt er im Wald. Weit hinten, kurz vor dem Ende der Welt. Seine Musik ist das Wipfelrauschen oder der Regen und an schönen Tagen der Gesang der Vögel. Was die Stunde geschlagen hat, erkennt er am Stand der Sonne. Sein Nachtprogramm liefern Mond, Sterne und Wolken. Das Knarren alter Äste, die sich in den Baumkronen aneinander reiben, und der Ruf des Waldkauzes sorgen für den Gruseleffekt, der den Hinterwäldler entspannt einschlafen lässt.
Sein tägliches Fernsehprogramm endet am Horizont. Bisweilen auch an der dichten Fichtenhecke hinter dem Haus. Alle Bilder, die er sieht, erreichen ihn live und sind total ungeschnitten. Die tägliche Serie trägt den Titel „In Gottes freier Natur". Sie läuft ohne Gebühren- und Werbeeinnahmen und das über volle 365 Tage im Jahr. Der Hinterwäldler benötigt keine Fernbedienung. Wenn er abschalten möchte, schließt er die Augen.

G. Karpe: Der Hinterwäldler, in: Frankfurter Rundschau vom 20.8.1994, S. 188; gekürzt

1 Wie gefällt dir das Leben des „Hinterwäldlers"?
2 Wenn du dort lebtest, wo der „Hinterwäldler" lebt - welche Massenmedien würden dir fehlen, welche nicht? Begründe deine Wahl.
3 Erläutere, was - nach deiner Meinung - der Zeichner mit seiner Karikatur aussagt.
4 Für den Kunstunterricht:
Kunst und neue Medien - Kunst für alle?

Karikatur: Cork

7 Markt und Konsum

Wir Menschen brauchen so einiges um leben zu können. Zum Beispiel Luft und Sonnenlicht. Oder Lebensmittel und Kleider. Aber am liebsten möchten wir noch viel mehr haben: ein neues Fahrrad, einen Walkman, CDs und und ... Alle diese Dinge haben eines gemeinsam: Sie sind Güter, die Bedürfnisse befriedigen.

Um die Bedürfnisse – wie sie entstehen und sich wandeln, aber auch: wie sie geweckt werden – geht es in den ersten Abschnitten dieses Kapitels.

Außerdem geht es um jene Güter, die man kaufen und verkaufen kann. Als Kunde oder Kundin habt ihr oft die Qual der Wahl: Welche Produkte soll ich für das mir zur Verfügung stehende Geld kaufen? Was benötige ich dringend, auf welche Waren kann ich verzichten? Wo kaufe ich am günstigsten ein? Bei wem bekomme ich die beste Qualität?

Wenn Käufer und Verkäufer von Waren zusammentreffen, spricht man von einem Markt. Auf einem Wochenmarkt eurer Stadt könnt ihr im Kleinen beobachten, wie sich Käufer und Verkäufer zueinander verhalten. Im großen Maßstab funktioniert der internationale Markt z.B. für Fernsehgeräte, Mineralöl oder Kaffee ähnlich.

In diesem Kapitel geht es außerdem um die Frage, wie ihr als Konsumenten (Verbraucher) am Markt teilnehmt. Ihr erfahrt, wie Preise entstehen. Und es geht um die Gesetze des Marktes. Wie funktioniert er? Was haben die Teilnehmer am Marktgeschehen zu beachten? Dazu gehört auch der Schutz der Verbraucher: Was tun, wenn der neue Walkman nach drei Tagen den Geist aufgibt? Wie ist das mit dem Kleingedruckten in Kaufverträgen? Welche Macht haben die Kunden? Aber beginnen wir zunächst ganz am Anfang ...

7 Markt und Konsum

7.1 Bedürfnisse, Bedarf, Nachfrage und Güter

Jeder Mensch benötigt zum Leben Nahrung, Kleidung und Wohnung. Fehlt ihm etwas davon, dann hat er das Bedürfnis, diesen Mangel zu beseitigen.
Es gibt eine Vielzahl von Bedürfnissen; so verschieden die Menschen sind, so unterschiedlich sind die Bedürfnisse. Es gibt aber auch Bedürfnisse, die bei allen Menschen gleich sind.
Die Wirtschaftswissenschaftler (Ökonomen) unterscheiden die Bedürfnisse nach verschiedenen Gesichtspunkten (Siehe Übersicht unten).

1 Welchen Bedürfnissen würdet ihr die folgenden Begriffe zuordnen?
Nahrung Modeartikel Sportwaren
Reisen Schule Theaterbesuch
Weiterbildung Wohnung Segeljacht
Schwimmbad Kleidung Krankenhaus
Polizei Auto Fernsehen

2 Nennt weitere Beispiele zu den verschiedenen Arten von Bedürfnissen.

Jeder Mensch ist zeit seines Lebens Konsument [= Verbraucher], d.h. er kauft Waren und nimmt Dienstleistungen in Anspruch.
Die Bedürfnisse der Menschen sind nahezu unbegrenzt, dagegen sind die finanziellen Mittel zur Befriedigung dieser Bedürfnisse meistens recht knapp. Diejenigen Bedürfnisse, die der Konsument/Verbraucher tatsächlich auch finanzieren kann, nennen wir Bedarf. Bedarf ist also die finanziell abgesicherte Möglichkeit, ein Produkt zu kaufen. Das

Bedürfnis, Bedarf, Nachfrage

Bedürfnis: Gefühl eines Mangels mit dem Bestreben, ihn zu beseitigen – z. B. Herr Kugel fühlt sich unwohl und hat das Bestreben, körperlich fit zu werden.
Bedarf: Finanziell gesicherte Möglichkeit, ein bestimmtes Produkt zu kaufen – z. B. Herr Kugel möchte den Badmintonschläger der Marke XY kaufen.
Nachfrage: Bedarf, der am Markt wirksam wird – z. B. Herr Kugel geht in ein Sportgeschäft und trägt dort nach dem Schläger aus dem Sonderangebot. Für diesen Schläger existiert eine Nachfrage.

bedeutet allerdings noch nicht, dass es tatsächlich erworben wird.
Erst dann wird der Bedarf zur Nachfrage, wenn er tatsächlich am Markt (siehe Abschnitt 7.5) wirksam wird, z. B. durch den Kauf eines Produkts. Wirtschaften nennt man das Bemühen, die begrenzten finanziellen Mittel im Hinblick auf die Verwendungsmöglichkeiten möglichst wirkungsvoll einzusetzen.

3 Nehmt einen Zettel und schreibt einen Wunsch auf, den ihr euch gerne erfüllen würdet, wenn ihr DM 1000 zur Verfügung hättet. Sammelt alle Wünsche und schreibt sie an die Tafel.

4 Welche von den an die Tafel geschriebenen Wünschen rechnet ihr den verschiedenen Arten von Bedürfnissen zu?
5 Könnt ihr eure Wünsche vom eigenen Taschengeld bezahlen?
6 Erklärt, weshalb die einzelnen Bedürfnisse für euch unterschiedliche Bedeutung haben.
7 Wie sind eure Bedürfnisse entstanden, wie seid ihr auf sie gekommen?
8 Wodurch unterscheiden sich eure Wünsche von den Wünschen von Schülern in Entwicklungsländern?

Güter sind jene materiellen Dinge und Dienste, die der Befriedigung menschlicher Bedürfnisse und Wünsche dienen. Wirtschaftliche Güter sind immer knappe Güter. Weil sie von vielen benötigt werden, um Bedürfnisse zu erfüllen, kosten sie einen Preis – und der ist um so höher, je begehrter ein Gut ist.
Freie Güter (z.B. Luft) hingegen sind meist in großen Mengen vorhanden, sie kosten nichts, haben also keinen Preis – und viele glauben, sie seien deshalb auch nichts wert.

9 Was folgt aus der Knappheit der Güter (und Rohmaterialien) für den Umgang der Menschen mit ihnen?
10 Wasser ist an der Meeresküste ein freies Gut, in der Wüste ein wirtschaftliches Gut. Erklärt.
11 Luft wird heute noch als freies Gut angesehen. Erklärt, warum das problematisch ist.

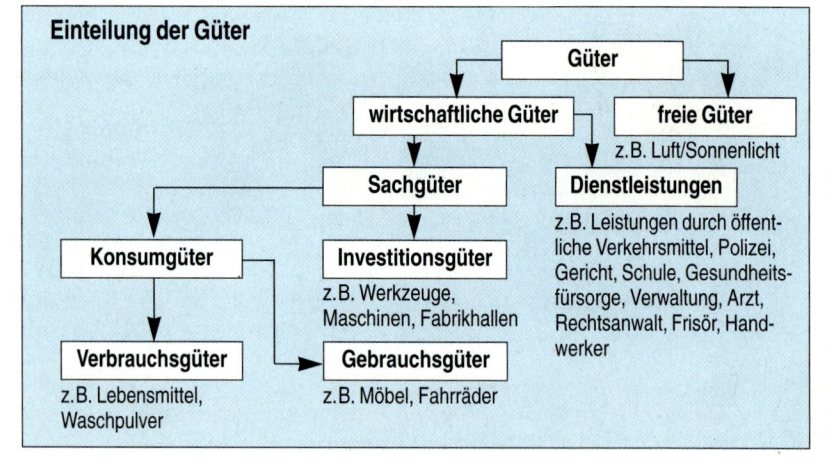

---

1. **Bedürfnisse**
- dringende Bedürfnisse (Primärbedürfnisse)
- weniger dringende Bedürfnisse (Sekundärbedürfnisse)

2. **Bedürfnisse**
- Einzelbedürfnisse (Individualbedürfnisse)
- Gemeinschaftsbedürfnisse (Kollektivbedürfnisse)

Einteilung der Güter

- Güter
  - wirtschaftliche Güter
    - Sachgüter
      - Konsumgüter
        - Verbrauchsgüter (z.B. Lebensmittel, Waschpulver)
        - Gebrauchsgüter (z.B. Möbel, Fahrräder)
      - Investitionsgüter (z.B. Werkzeuge, Maschinen, Fabrikhallen)
    - Dienstleistungen (z.B. Leistungen durch öffentliche Verkehrsmittel, Polizei, Gericht, Schule, Gesundheitsfürsorge, Verwaltung, Arzt, Rechtsanwalt, Frisör, Handwerker)
  - freie Güter (z.B. Luft/Sonnenlicht)

12 Die niedersächsische Ministerin für Umweltfragen erklärte 1991 in einem Interview:
„Ordnungsrechtliche Instrumente [Gebote und Verbote] allein bringen es nie. Die ökonomischen Instrumente gehören zwingend dazu. Wir müssen die Energie, also insbesondere das Mineralöl, und auch das Wasser teurer machen, damit die Verschwendung aufhört" (MM Spezial 2/1991, S. 34). Was bedeutet in diesem Zusammenhang der Beschluss einer Gemeinde, den Wasserpreis zu verdoppeln? Welches sind die zu erwartenden Konsequenzen aufseiten der Verbraucher:
a) bei den Einwohnern?
b) bei den Unternehmen am Ort?

7.2 Konkurrenz der Bedürfnisse

7.2.1 Konkurrenz von Einzelbedürfnissen

Da die wirtschaftlichen Güter und die finanziellen Mittel der Konsumenten knapp sind, können die Menschen nicht alle Bedürfnisse befriedigen, d.h. sie müssen wirtschaften, sie müssen sich zugunsten einiger Bedürfnisse, gegen andere, entscheiden: Die Bedürfnisse stehen in Konkurrenz zueinander.

1 Was will der Karikaturist zum Ausdruck bringen? Weshalb wird so oft gesagt, das Auto sei der Deutschen liebstes Kind? Welche Bedürfnisse haben sich in dieser Familie durchgesetzt?

2 Verdeutlicht anhand anderer Beispiele, wie Bedürfnisse untereinander konkurrieren können.

7.2.2 Konkurrenz von Gemeinschaftsbedürfnissen

Öffentliche Güter (Bibliotheken, Schwimmanstalten, Verkehrswege und vieles andere mehr) sind Leistungen des Staates und für diese Leistungen müssen wir Bürgerinnen und Bürger zahlen - in Form von Gebühren und Steuern. Schon wenn der Staat viel Geld (= Steuern) zur Verfügung hat, also mehr Gemeinschaftsbedürfnisse befriedigen kann, wird heftig darum gestritten, welche Bedürfnisse Vorrang haben sollen vor anderen. Viel heftiger aber wird der Streit, wenn der Staat z.B. wegen wirtschaftlicher Schwierigkeiten weniger Einnahmen hat und seine Leistungen kürzen oder verteuern muss. Soll die Leihgebühr in der Stadtbücherei erhöht oder lieber das Schwimmbad eine Stunde eher geschlossen werden? Braucht die Gemeinde eher ein Jugendzentrum oder vielmehr ein neues Gewerbegebiet? Usw. usw. ... Auch der Staat, die Gemeinden, die Bundesländer, die Bundesrepublik, muss also wirtschaften, muss versuchen, die konkurrierenden Gemeinschaftsbedürfnisse mit den Finanzen in Einklang zu bringen.

Eine Stadt muss sparen

Genau ein Wochenende lang hatte der Beschluss Bestand: Den Frankfurter Brunnen sollte das Wasser abgedreht werden. Ein Sachbearbeiter im Kulturamt wollte auf diese Weise seinen Beitrag zur Sanierung der städtischen Finanzen leisten, denn für die Wartung der Brunnen ist kein Geld mehr da. Doch im Wahljahr 94 war die Sache den Stadtoberen zu heiß. Oberbürgermeister Andreas von Schoeler meldete sich aus seinem Urlaubsdomizil auf der Insel Elba. „Ein Brunnen ohne Wasser ist kein Brunnen", beruhigte er die verunsicherten Bürger. Die Sparmaßnahme fiel ins Wasser. Frankfurts Brunnen plätschern weiter, vorerst.

Die Finanzknappheit zwingt Frankfurt zu ungewöhnlichen Maßnahmen. Ausgerechnet zum 1200-jährigen Stadtjubiläum müssen viele Gäste bei Empfängen im Römer ihr Festessen selber zahlen. [...] Der grüne Kämmerer Tom Koenigs musste seinen knapp kalkulierten Etat [= städtischer Haushalt] noch einmal um vierzig Millionen Mark zusammenstreichen – und hat ihn für das kommende Jahr gleich um achtzig Millionen Mark niedriger angesetzt.

Was das bedeutet, bekommen alle Frankfurter schon jetzt zu spüren. Schlaglöcher in den Straßen werden nicht mehr ausgebessert, Gebäude nur noch bei Gefahr in Verzug saniert. Eine baufällige Brücke mit mehreren Autospuren bekam einen Schwingungsmesser eingebaut, der mit einem Telefon verbunden ist. Wenn es in der Behörde klingelt, droht die Brücke einzustürzen und muss gesperrt werden. Hunderte von Ampeln im Stadtgebiet werden langfristig abgebaut, weil es zu teuer geworden ist, sie zu warten. Auf Friedhöfen wird Grünzeug nicht länger kompostiert. Das zum Sparen gezwungene Gartenamt häckselt an Ort und Stelle – und ruft die Bürger zu Parkputzaktionen auf. Handschuhe, Säcke und Abfuhrservice stellt die Behörde. Der Weg aus den roten Zahlen ist mit dornigen Rosen gepflastert. Sie wachsen nun ganzjährig in städtischen Blumenkübeln. Wechselnde Bepflanzung mit Tulpen und Narzissen im Frühjahr und Tausendschön und Goldlack im Herbst ist zu teuer. [...]

Ein richtiger Volksaufstand entzündete sich an der erhöhten Pacht für Kleingärtner. 20000 Frankfurter buddeln und ackern auf städtischem Gartenland. Mit Familien ergibt das ein beachtliches Wählerpotential von 100000 Gartenfreunden. Sie mussten bislang lächerliche zwölf Pfennig Pacht je Quadratmeter zahlen, das deckte nicht einmal die Verwaltungskosten. Deshalb wurde die Pacht kräftig angehoben, auf bis zu eine Mark. Doch als der höhere Betrag erstmals von 4000 Kleingärtnern verlangt wurde, zahlten 3000 nur unter Protest. Ein heilloses Durcheinander begann. Am Ende gab die Behörde nach und verschob die Einführung der neuen Pacht auf den November. Das bereits zusätzlich eingenommene Geld wird in einer umständlichen Prozedur zurückerstattet.

Auch bei Eintrittspreisen machte die Stadt die Rechnung ohne ihre Bürger. Die müssen neuerdings zahlen, wenn sie ins Museum besuchen wollen, während es früher nichts kostete. Ein Nachmittag im Zoo, im Palmengarten oder im städtischen Rebstockbad hatte auch bislang schon seinen Preis, ist aber zum Jahresbeginn noch teurer geworden. Ein Erwachsener zahlt zum Beispiel für eine Zoovisite 11 Mark statt 9,50 Mark. Der Erfolg: Alle Einrichtungen klagen über Besucherrückgang. In den Zoo zum Beispiel kamen im ersten Halbjahr 40000 Tierfreunde weniger als im Vorjahr. Nun denkt die SPD im Römer darüber nach, die Eintrittspreise wieder zu senken. [...]

107

Kein Pardon gibt es dagegen für die Frankfurter Sportvereine. Weil Geld und Personal fehlen, kann die Stadt 20 ihrer 55 Sportanlagen nicht mehr betreuen. Nun sollen die Vereine selber ihre Tornetze aufbauen, Umkleidekabinen reinigen, Spielfelder markieren und Rasen mähen. Dafür will die Stadt ihnen ein kleines Entgelt zahlen.

Martina Keller in: Die Zeit vom 9.9.1994, S. 20

1 *Wodurch werden nach Meinung der Verfasserin die Entscheidungen des Stadtrats für oder gegen bestimmte Einsparungen beeinflusst?*
2 *Ihr könnt selbst den Stadtrat spielen, der sich zum Ziel gesetzt hat, 1 Million einzusparen. Zur Diskussion stehen an Einsparungen:*
   - *220 000,- DM weniger für ein Jugendzentrum in einem „schwierigen" Stadtviertel;*
   - *1 000 000,- DM weniger für die Städtischen Bühnen;*
   - *200 000,- DM weniger für die Volkshochschule;*
   - *250 000,- DM weniger für die öffentlichen Schwimmbäder;*
   - *100 000,- DM weniger für die Pflege der öffentlichen Grünanlagen, Brunnen, Spielplätze etc.*

   Bildet Gruppen und sammelt Argumente für bzw. gegen die Kürzungen in den jeweiligen Bereichen. Welche Interessen welcher Bevölkerungsgruppen spielen jeweils eine Rolle? Entscheidet euch in der Gruppe anschließend für einen Kürzungsplan und bestimmt einen Sprecher/eine Sprecherin, die diesen Kürzungsplan in der Stadtratssitzung vertritt.
3 *Erklärt, warum es bei Gemeinschaftsbedürfnissen notwendig ist, die Öffentlichkeit von der Wichtigkeit des Anliegens zu überzeugen.*

Karikatur: Kurze

7.2.3 Konkurrenz von Einzel- und Gemeinschaftsbedürfnissen

Der Staat hat an den vielen Gemeinschaftsaufgaben schwer zu tragen und sammelt dafür von seinen Bürgern einen erheblichen Betrag an Steuern ein. Viele fragen gerade in Zeiten sinkender staatlicher Leistungen und steigender Belastungen der Bürgerinnen und Bürger durch den Staat, ob dieser denn eigentlich alles selbst erledigen muss oder ob nicht aus öffentlichen Gütern auch private werden könnten. Muss die Müllabfuhr von städtischen Bediensteten betrieben werden, muss der Staat die Eisenbahn organisieren, und kann nicht ein einzelner Gutverdienender selbst viel besser für sein Alter vorsorgen, als es der Staat vermag?

Doch wie auch immer, zahlen muss der Bürger für die Erledigung dieser Aufgaben. Da bleibt ihm natürlich weniger für die Befriedigung seiner privaten Bedürfnisse (z. B. Urlaub, Wohnungseinrichtung etc.). Die Einzelinteressen stehen auch hier in Konkurrenz zu den Interessen der Gemeinschaft und wollen berücksichtigt werden.

Kein Geld für die Klassenräume – Die Klasse 8c greift selbst zu Farbe und Pinsel

Die Max-Planck-Schule ist eine von vielen Schulen in einer Großstadt. In den 60er-Jahren erhielt sie ein neues Schulgebäude, das im Stil der damaligen Zeit errichtet wurde; nun ist es „in die Jahre gekommen", ohne dass notwendige Renovierungen stattfanden. Das gilt insbesondere für die Klassenräume, die sich zum Teil in einem erbärmlichen Zustand befinden: Tische und Stühle sind abgenutzt und wackelig und von mehreren Schülergenerationen „gekennzeichnet", der Anstrich der Wände ist durch abblätternde Farbe und unansehnliche Schmutzstellen, insbesondere in Höhe der Füße, kaum noch zu erkennen. Seit Jahren schon fordern Schulleitung, Lehrerkonferenz und die Vertretungen der Eltern und Schüler von der Stadt, dass endlich ein Auftrag für die Renovierung erteilt und neues Schulmobiliar angeschafft wird.

Doch seit vielen Jahren lautet die Antwort immer gleich: Dem Kämmerer (das ist der „Finanzminister" einer Gemeinde) fehlen die Mittel, um auch nur die dringlichsten Aufgaben zu bestreiten. Es ist noch nicht einmal genug Geld vorhanden, um an den Schulen der Stadt die notwendigsten Unterhaltsarbeiten für bauliche Maßnahmen durchzuführen. So regnet es an einer anderen Schule sogar durch das Dach und der Hausmeister ist ständig bemüht, durch Aufstellen von Eimern das Eindringen von Wasser bis in die Klassenräume zu verhindern.

Der Stadtkämmerer weist alle Antragsteller darauf hin, dass immer mehr zusätzliche Aufgaben auf die Städte zukommen, die den Haushalt belasten, sodass das Geld an allen Ecken und Enden fehlt. Die Eltern, die schließlich versucht haben, den Rat der Stadt für ihre Interessen zu gewinnen und so Geld aus dem Stadtsäckel für die Sanierung der Schule zu bekommen, erhalten als Antwort, dass man „einem nackten Mann nicht in die Tasche fassen könne". Mit anderen Worten: Wo kein Geld vorhanden ist, kann man auch keines bekommen und das Stadtsäckel bleibt geschlossen!

Die Schülerinnen und Schüler der Klasse 8c haben die Nase jedoch gestrichen voll von ihrem hässlichen Klassenraum. Sie starten eine Initiative, um gemeinsam mit ihrer Klassenlehrerin und den Eltern den Klassenraum selbst zu renovieren. Die Eltern erklären sich bereit, die notwendige Farbe, Farbrollen und Pinsel, Schutzfolie für den Fußboden usw. zur Verfügung zu stellen. Die Schülerinnen und Schüler der 8c wollten jedoch die Klasse nur dann streichen, wenn sie auch im folgenden Schuljahr in diesem Raum bleiben können. Die Schulleitung, deren Einwilligung ohnehin erforderlich ist, war bereit, diese Zusage zumindest für das folgende Jahr zu geben; ihr war klar, dass eine Klasse, die aus Eigeninitiative zu Pinsel und Farbe greift, nicht bereits im nächsten Jahr in einen anderen heruntergekommenen Raum gelegt werden kann.

An einem Samstagmorgen ist es soweit: Alle Schülerinnen und Schüler, die bereit sind, an der Streichaktion teilzunehmen, treffen sich in ihrem Klassenraum. Nach vier Stunden gemeinsamer Arbeit erstrahlen die Wände in neuem Glanz, die Schülerinnen und Schüler allerdings ebenso: Auch sie sind voller Farbe. Nachdem alle in der folgenden Woche das gemeinsame Werk begutachtet haben, wird beschlossen, künftig besonders sorgsam mit dem Klassenraum umzugehen, damit er nicht so schnell wieder unansehnlich wird.

Damit andere Klassen, die diesen Klassenraum ebenfalls hin und wieder mitbenutzen, ähnlich pfleglich mit dem Raum umgehen, hat die 8c ein Plakat angefertigt, das sowohl die eigenen als auch die anderen Mitschüler und -schülerinnen ständig an die erforderliche Rücksichtnahme und den pfleglichen Umgang mit dem Raum erinnert.

Bei Schülern, Eltern und Lehrern in der ganzen Schule ist das Vorgehen der Klasse 8c keineswegs unumstritten. In der Sitzung der Elternvertretung, in der dieses Thema diskutiert wird, wird mehrfach drauf hingewiesen, dass es nicht Aufgabe der Schüler, Eltern oder Lehrer sein könne, die Schule aus eigener Kraft und auf eigene Kosten zu renovieren. Auch bei den Schülerinnen und Schülern der 8c war die Neugestaltung des Klassenraums nicht unumstritten; da das Freiwilligkeitsprinzip herrschte, haben nur diejenigen aktiv mitgemacht, die das Vorgehen auch guthießen.

1 Führt eine Pro- und Kontra-Diskussion zur Initiative der Klasse 8c durch.
Methode: *Pro- und Kontra-Diskussion, S. 237*

7.3 Wie sich Bedürfnisse wandeln

Die Bedürfnisse der Menschen wandeln sich. Das liegt an veränderten Lebensverhältnissen. In den 50er-Jahren, also wenige Jahre nach dem Zweiten Weltkrieg, gaben die meisten Haushalte in der Bundesrepublik Deutschland einen großen Teil ihres Einkommens für Nahrungsmittel aus.

Man sprach von der „Fresswelle": Nach der entbehrungsreichen Zeit während des Krieges und den Hungerjahren danach wollten sich die Menschen endlich wieder richtig satt essen. Zu viel mehr reichten die meist kargen Löhne allerdings auch nicht.

Als die Durchschnittseinkommen langsam anstiegen, konnten weitere Grundbedürfnisse befriedigt werden: Die Ausstattung der Haushalte mit Kleidung und Möbeln wurde reichhaltiger, mehr moderne Wohnungen wurden gebaut. So kam es zur „Bekleidungswelle" und zur „Wohnungswelle".

Mit wachsendem Wohlstand in den 60er-Jahren stiegen die Ansprüche vieler Verbraucher; sie verlangten nun bessere, höherwertige Produkte: Das neue Hemd sollte nicht nur preiswert sein, sondern auch modisch und knitterfrei. Diese Phase des Konsumentenverhaltens begann, als die Grundbedürfnisse befriedigt waren. Sie wird von Sozialwissenschaftlern als „Qualitätsphase" bezeichnet, im Gegensatz zur „Quantitätsphase" in den Fünfzigerjahren. Einige Jahre später achteten die Verbraucher nicht nur auf die Qualität: Es sollte auch der „richtige" Markenname auf dem T-Shirt stehen.

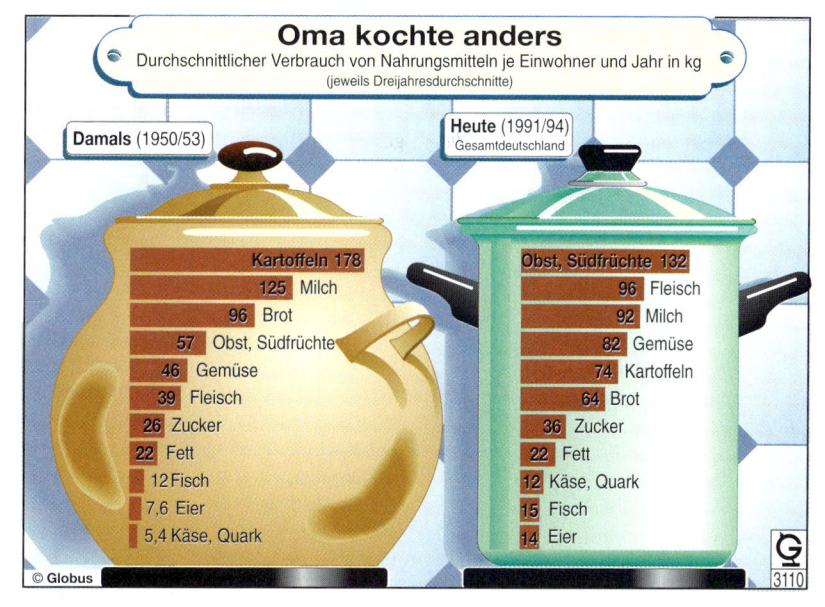

Oma kochte anders
Durchschnittlicher Verbrauch von Nahrungsmitteln je Einwohner und Jahr in kg
(jeweils Dreijahresdurchschnitte)

Damals (1950/53)
- Kartoffeln 178
- Milch 125
- Brot 96
- Obst, Südfrüchte 57
- Gemüse 46
- Fleisch 39
- Zucker 26
- Fett 22
- Fisch 12
- Eier 7,6
- Käse, Quark 5,4

Heute (1991/94) Gesamtdeutschland
- Obst, Südfrüchte 132
- Fleisch 96
- Milch 92
- Gemüse 82
- Kartoffeln 74
- Brot 64
- Zucker 36
- Fett 22
- Käse, Quark 12
- Fisch 15
- Eier 14

© Globus

Neben dem verfügbaren Einkommen beeinflussen Moden, Trends, Werbung, veränderte Wertvorstellungen, neue wissenschaftliche Erkenntnisse und die technische Entwicklung unsere Bedürfnisse. So hat sich das veränderte Bewusstsein zu Umwelt und Gesundheit in unseren Verbraucherbedürfnissen niedergeschlagen. Während früher Produkte vor allem praktisch und preiswert sein sollten, achten heute viele Verbraucher auch auf die gesundheitliche und ökologische Verträglichkeit: Putzmittel sollen z. B. nicht nur für blitzblanke Kacheln sorgen, sondern auch verträglich für die Haut und unschädlich für die Flüsse sein. Ein Beispiel für den Bedürfniswandel sind auch die veränderten Ernährungsgewohnheiten.

1 Nennt Gründe für die Reihenfolge der „Wellen" des Verbraucherverhaltens im Deutschland der Fünfzigerjahre.
2 Beschreibt den Wandel der Ernährungsgewohnheiten. Wie kochte man in den Fünfzigerjahren, wie heute (siehe Schaubild S. 109)?
3 Stellt Vermutungen über die Gründe für die geänderten Essgewohnheiten an. Bedenkt dabei sowohl die Einkommensverhältnisse als auch das veränderte Bewusstsein der Verbraucher und Verbraucherinnen.
4 Befragt eure Eltern, ob sie heute andere Produkte als früher kaufen. Falls ja, fragt nach den Gründen.

Bedürfnisse wandeln sich auch unter dem Einfluss der technischen Neuerungen. So gibt es heute in den privaten Haushalten in Deutschland immer mehr elektronische Produkte. Diese Entwicklung hat längst auch den Spielzeugmarkt erfasst.

1980: Elektronisches ist Trumpf

Voraussichtlich werden die Bundesbürger dieses Jahr 3,1 Milliarden für Spielwaren ausgeben. Elektronisches Spielzeug hat daran einen beachtlichen Anteil.
Das kann man sich bei einem Bummel durch Frankfurts Kaufhäuser lebhaft vorstellen. „Spiel, wovon du träumst", heißt da ein Werbespruch – und sei's für 3000 Mark. Die Elektronik macht's möglich, Golf und Bowling, Formel-1-Jagd und Invasion vom fremden Stern, ohne einen Schritt zu tun: Knopfdruck genügt. Schachcomputer, die schwer zu schlagende Gegner sind, je teurer, desto schwerer zu besiegen, sind auch dieses Jahr wieder der große Renner. „Ganze Familien", erzählt der Verkäufer eines großen Kaufhauses, „kommen her, um für Vati einen solchen Computer zu kaufen."
Denn Papa muss endlich nicht mehr den Sohn vorschieben, wie zu Zeiten der guten alten Eisenbahn: Er darf jetzt selber spielen. Und das ganz alleine. Der große „Vorteil" der maschinellen Gegenspieler ist, dass keiner mehr auf Partner angewiesen ist.

Frankfurter Rundschau vom 3.12.1980

1994: Schlacht ums Kind mit 64 Bit

Mit dem Affen Donkey Kong und dem König der Löwen ziehen die Hersteller von Videospielen ins Weihnachtsgeschäft. Wer genauer hinsieht, entdeckt nur die alten Muster – trotz eines Generationssprungs in der Technik. [...]
Kinder können der Schlacht kaum entkommen. Schon beim Frühstück pirscht sich Simba als „Löwenjoghurt" an. Bis die Kleinen abends zu Bett gehen, stolpern sie alle naselang über die Ikonen [= Heiligenbilder] der Videospielkultur. Mario und Sonic, die Ninja-Turtles und nun auch Donkey Kong gibt es in Plüsch und Kunststoff, sie tummeln sich auf Cornflakes- und Hamburger-Schachteln, auf Süßigkeiten und Softdrinks, auf Spielzeug, Kinderschuhen, Kindersocken, Kinderbettwäsche. Sibylle Prister, PR-Frau bei Sega, gibt zu: „Das ist schon eine geballte Ladung Marketing, die da auf den Markt prasselt."
Alle wollen vom Erfolg der Videospiele profitieren, auch das Fernsehen. Nach RTL („Mario", „Klack", „Captain N") und Sat1 („Gamesworld") ist jetzt das ZDF mit der allnachmittäglichen Kindersendung „X-Base" auf den Videospielzug aufgesprungen. Die unter anderem von Kellogg gesponserte Sendung biederte sich bei ihrer Premiere Kindern und Jugendlichen mit „lustigen Zigaretten", sprich einer Marihuana-Staude, an und macht seitdem Werbung für Videospiele aller Art – Prügelopern eingeschlossen. Während auch Sega die Sendung sponsert, hält sich Nintendo bislang zurück. [...]
Bei diesem Rummel ist es kein Wunder, dass Kinder so lange betteln, bis selbst die standhaftesten Eltern mürbe werden und die Super-Mega-Ultra-Konsole kaufen – um endlich Ruhe zu haben. Nintendo hat nach eigenen Angaben in Deutschland in nur vier Jahren mehr als 30 Millionen Videospiele verkauft, insgesamt weltweit etwa 800 Millionen. Vor allem dank Mario und dem handlichen Spielgerät Gameboy konnte die vom 67-jährigen Hiroshi Yamauchi mit eiserner Hand geführte Firma auch im Geschäftsjahr 1993/94 mehr als eine Milliarde Dollar Gewinn einstreichen. Dabei sank der Jahresumsatz um 23 Prozent auf 4,7 Milliarden Dollar; aber selbst damit ist Nintendo ein wirtschaftlicher Gorilla, umsatzstärker als etwa der Softwareproduzent Microsoft, der den Markt ernsthafter PC-Anwendungen dominiert.
Natürlich versuchen neben den japanischen Riesen Nintendo und Sega immer wieder andere Firmen ihr Glück. Atari hat vor 22 Jahren mit dem Bildschirm-Tischtennis „Pong" den Videospielmarkt begründet und derzeit mit einem 64-Bit-Gerät namens Jaguar die fortschrittlichste Technik auf dem Markt. Doch nützt einem Hersteller die beste Konsole nichts, wenn die Käufer sich bei den passenden Spielekassetten umsehen und feststel-

Gut ausgestattet
Welche Medien besitzen Jugendliche?

Fernseher 55 %
Bücher, höchstens ein Regalbrett 40 %
Computer 28 %
Videogerät 10 %

Der Spiegel 29/1994, S. 171

7 Markt und Konsum

Karikatur: Much

(Sprechblase in Karikatur: "Es war einmal ein kleiner Junge, dessen Eltern waren so arm, daß sie nicht einmal genug Geld hatten, ihrem Sohn Spielprogramme für den P.C. zu kaufen.")

len, dass sie nicht viel Titelauswahl haben. [...] Die heutigen Modelle von Sega und Nintendo gehören beide der 16-Bit-Generation an. Ihre angekündigten Nachfolger werden als Konkurrenten vermutlich nur die neue „Playstation" von Sony ernst nehmen müssen; sie [...] soll ihren Erfolg vor allem über preisgünstigere Spielsoftware suchen. Sie hat einen 32-Bit-Prozesso,r ebenso wie das erwähnte Aufrüstmodul von Sega.

Karl Brook in: Die Zeit vom 4.11.1994, S. 80

Rechner für die Keimzelle

Frohe Kunde vom Zeitschriftenmarkt: Familie und Computer – „das Magazin für engagierte Eltern" macht sich seit einigen Tagen um die Keimzelle der Gesellschaft verdient: die Familie. [...]
„Familie und Computer" geizt nicht mit konkreten Tipps für die PC- und kindgerechte Lebensplanung: „Wenn Ihr Kind einen Draht zur Bakterienforschung hat, sollte dieses Programm nicht auf dem PC fehlen." Selbst die pädagogische Hilfestellung bei aufmüpfigen spielsüchtigen Kindern fehlt nicht: „Schauen Sie sich genau an, mit welchen Spieltypen sich Ihr Kind beschäftigt ... Auf diese Weise zeigen Sie Kompetenz." Dankbar wird man „Familie und Hund" und andere Hilfe für den kompetenten Umgang mit der Familie abbestellen und mit Spannung lesen, wie anderswo die computerisierte „Ehekrise in der Haustür" stand.
In der Tür steht nun eher Weihnachten und damit die Frage, die auch das erwähnte Magazin bewegt: Was schenkt man eigentlich einem Rechner, der schon alles hat? Die DV-Szene lässt uns nicht im Stich und hat rund um die „Wunderlampe, die man nur richtig reiben muss" (Familie und Computer) eine richtige Heim-Industrie aufgezogen. Noch nie gab es so viel nötiges Zubehör. Neue Gehäuse mit Aussparungen für Fotos der lieben Kleinen. Blechkisten mit Holzintarsien. Bunte Screenwork-Pappstreifen zur Auflockerung von strengen Monitorrändern. Vor allem aber Mausmatten mit Bratkartoffel- oder Boss-Flair, die beim hektischen Schieben der Maus auf der Oberfläche ihre Düfte preisgeben, wärmeempfindliche Mausmatten, die auf schwitzende Hände reagieren oder schlichte PMs, persönliche Mausmatten mit dem Foto der intakten Familie.

Die Zeit vom 4.11.1994, S. 80

5 *Wie haben sich die Bedürfnisse in unseren Beispielen gewandelt? Erklärt.*
6 *Sucht eine Erklärung dafür, dass bestimmte Konsumgüter plötzlich zu einem Renner der Saison werden.*
7 *Benennt Konsumgüter, die derzeit solch ein „Renner" sind. Was hat ihnen dazu verholfen?*
Fragt eure Eltern, an welche „Renner" sie sich erinnern können. Wie kommt es, dass heute von vielen einstigen „Rennern" kaum noch Notiz genommen wird?

7.4 Bedürfnisweckung und Konsumverhalten

Der Geburtstagswunsch: ein Mofa

In acht Wochen hat Heike Geburtstag. Sie wird dann 15 Jahre alt. Als ihr Vater sie nach ihrem Geburtstagswunsch fragt, antwortet sie: „Du weißt, dass ich mich schon lange auf diesen Geburtstag gefreut habe, weil ich dann endlich Mofa fahren darf. Ich wünsche mir von euch und Oma und Opa zusammen ein Mofa." Der Vater ist sprachlos, damit hatte er nicht gerechnet. Er denkt einen Augenblick nach und antwortet dann: „Findest du das nicht ein bisschen übertrieben? So ein Mofa kostet viel Geld, außerdem ist Mofafahren auch zu gefährlich. Ich verstehe gar nicht, weshalb du ein Mofa brauchst: Der Schulbus hält nur fünf Minuten von uns entfernt und zum Sportverein bist du auch bisher immer mit dem Fahrrad gefahren. Nur weil zwei oder drei Mädchen und Jungen aus der Parallelklasse so ein Ding haben, musst du es dir ja nicht auch wünschen. Also, schlag' dir das aus dem Kopf ..."

1 *Welche Gründe gegen das Mofa führt Heikes Vater an?*
2 *Setzt das Gespräch fort: Einer übernimmt Heikes Rolle, ein anderer die des Vaters. Die anderen schreiben die von beiden genannten Gründe mit. Nehmt anschließend zu den von Heike vorgebrachten Bedürfnissen Stellung.*
3 *Was drückt die Karikatur (S. 112) aus?*

Durststillende Pillen

„Guten Tag", sagte der kleine Prinz.
„Guten Tag", sagte der Händler.
Er handelte mit höchst wirksamen, durststillenden Pillen. Man schluckt jede Woche eine und spürt überhaupt kein Bedürfnis mehr zu trinken.
„Warum verkaufst du das?", sagte der kleine Prinz.
„Das ist eine große Zeitersparnis", sagte der Händler. „Die Sachverständigen haben Berechnungen angestellt. Man erspart dreiundfünfzig Minuten in der Woche."
„Und was macht man mit diesen dreiundfünfzig Minuten?"
„Man macht damit, was man will ..."
„Wenn ich dreiundfünfzig Minuten übrig hätte", sagte der kleine Prinz, „würde ich ganz gemächlich zu einem Brunnen laufen ..."

Aus: A. de Saint-Exupéry: Der kleine Prinz, Düsseldorf 1956, S. 74

4 *Was hat der kleine Prinz gegen die durststillenden Pillen? Erkläre.*
5 *Gibt es wahre und falsche Bedürfnisse? Welche Probleme ergeben sich bei dieser Unterscheidung eventuell?*

Lila Kuh trifft Eisprinzessin

Ungeachtet des schwierigen Umfelds (der Markt für Schokoladenwaren schrumpfte 1994 um 3,5%) haben die überwiegend lilafarbenen Produkte von Kraft Jacobs Suchard zuletzt mehr Käufer gefunden. Joachim Krawczyk, General Manager des Unternehmens, berichtet von einer Umsatzsteigerung um knapp 3% auf 1,05 Mrd. DM. [...]

Die Rohwarenpreise für Kakao und Haselnüsse seien in den vergangenen beiden Jahren um 37% gestiegen, während die Verkaufspreise für Schokolade drastisch gesunken seien. Nun bestehe akuter Handlungsbedarf, den Preisverfall zu stoppen. Die lila Milka-Kuh ziert inzwischen mehr als jede vierte in Deutschland verkaufte Tafelschokolade.

Mit Produktneuheiten in renditestarken [= gewinnträchtigen] Bereichen (Pralinen, Riegel) und einem um rund 20% auf 150 Mill. DM erhöhten Werbeetat möchte Kraft Jacobs Suchard in diesem Jahr 5 bis 10% mehr umsetzen als zwölf Monate zuvor. [...]

Damit die Schokoladenumsätze nicht schmelzen, wenn die Temperaturen im kommenden Sommer – wie 1994 – auf Rekordhöhen steigen, will Suchard den Verbrauchern deutlich machen, dass süße Waren am besten schmecken, wenn sie aus dem Kühlschrank kommen. „Milka on Ice" heißt die Formel, die in den kommenden Monaten in zahlreichen Fernsehspots verbreitet wird. Transportiert wird sie von dem Eiskunstlauf-Star Tanja Szewczenko, der – nach Schwimm-Ass Franziska van Almsick – zweiten Spitzensportlerin, die mit der lila Kuh zusammenarbeitet.

Süddeutsche Zeitung vom 30.1.1995, S. 21

Lieblingskinder der Werbung

In den frühen Achtzigerjahren waren sie im Westen plötzlich in Mode: Werbestrategen und Media-Profis schwärmten von den „Skippies", den Kindern mit Kaufkraftentscheidung und eigenem Einkommen. Gemeint war die Tatsache, dass Schulkinder über immer mehr eigenes Geld verfügten und – was den Werbeleuten viel wichtiger war – eine zentrale Rolle bei den Kaufentscheidungen der Familie spielten. Wenn Mama Joghurt oder Margarine einkauft, so die Überzeugung der Werbestrategen, dann bestimmt Junior, welche Marke bevorzugt wird, in der Regel die, die für Kids die attraktivste Werbung in Funk und TV laufen hat.

Folge: Eine bis heute anhaltende Flut von „Werbeansprachen", mit viel Raffinesse und einer Menge psychologischer Begleitforschungen, geht über die Schulkinder hernieder. Sehr zum Missfallen vieler Pädagogen und Erziehungswissenschaftler, die aber – ähnlich wie die Marktstrategen – auch nicht wissen, wie solche Werbung konkret wirkt und ob sie überhaupt irgendetwas ausrichtet.

Nun versucht eine Arbeitsgruppe in Bielefeld unter Federführung von Professor Dieter Baacke ein wenig Gelassenheit in die aufgeregte Diskussion zu streuen. In einem 259-seitigen Gutachten [...] kommen sie zu folgenden Überlegungen:

– Nötig ist, die eindimensionale [= hier: einseitige] Beschreibung negativer Werbewirkungen auf Kinder zu beenden und um wesentliche Aspekte zu ergänzen.
– Der wichtigste: Werbung in der modernen Lebenswelt ist integriert in das Lebensgefühl von Kindern. Gesehen werden muss die Gesamtheit der Werbung als Teil einer von Medien geprägten Realität [= Wirklichkeit], in der sich Kinder zurechtfinden müssen und das auch mit großer Selbstverständlichkeit tun.

Deutsche Lehrerzeitung 2/1993, S. 1

6 Mit welchen Mitteln versucht die Schokoladen-Firma ihren Absatz zu steigern?
7 Eine erfolgreiche Schwimmerin, eine bekannte Eislaufprinzessin sollen helfen, mehr Schokolade zu verkaufen. Versuche zu erklären.
8 Nenne weitere Werbe-Beispiele, in denen Prominente auftreten.
9 Welche Methoden der Werbung kennst du noch, um ein Produkt besser zu verkaufen?
10 Macht (eventuell in Gruppen) eine Aufstellung von Werbeanzeigen und Werbespots, die sich vor allem an Jugendliche richten, und untersucht, welcher speziellen Mittel (z. B. Sprache, Musik, Kleidung) sie sich jeweils bedienen.
Vielleicht könnt ihr auch im Deutsch- und/oder Kunstunterricht daran weiterarbeiten?

Lust auf Süßes soll Eislauf-Sternchen Tanja Szewczenko den Verbrauchern jetzt auch im Sommer machen.

7 Markt und Konsum

11 Zeigt auf, bei welchen Gebrauchsgütern fast eine Vollversorgung besteht. Wie wird die Industrie darauf reagieren, wenn sie trotzdem ihre Produkte absetzen will?

12 Unsere Gesellschaft wird häufig eine Überflussgesellschaft genannt.
  - Erklärt, worauf sich diese Aussage beziehen könnte.
  - Gilt diese Aussage für alle Mitglieder der Gesellschaft?

13 Was könnte geschehen, wenn die Leute keine neuen Gebrauchsgüter mehr benötigen?

14 Die Werbung und dein „Lebensgefühl": Welche Wirkungen hat die Werbung auf dich? Vergleiche: deine liebsten Wünsche und die Werbespots, die dir am besten gefallen.

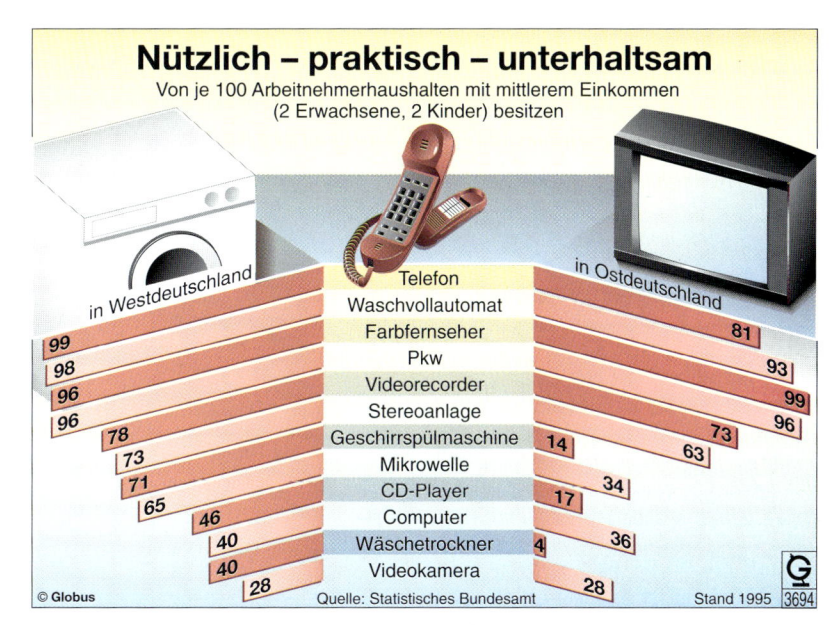

Nützlich – praktisch – unterhaltsam
Von je 100 Arbeitnehmerhaushalten mit mittlerem Einkommen (2 Erwachsene, 2 Kinder) besitzen

	in Westdeutschland	in Ostdeutschland
Telefon	99	81
Waschvollautomat	98	93
Farbfernseher	96	99
Pkw	96	96
Videorecorder	78	73
Stereoanlage	73	63
Geschirrspülmaschine	71	14
Mikrowelle	65	34
CD-Player	46	17
Computer	40	36
Wäschetrockner	40	4
Videokamera	28	28

© Globus   Quelle: Statistisches Bundesamt   Stand 1995   3694

7.5 Der Markt

7.5.1 Treffpunkt von Anbietern und Nachfragern

Alle Menschen haben Bedürfnisse. Zur Befriedigung dieser Bedürfnisse erstreben sie Sachgüter und Dienstleistungen. Es entsteht Nachfrage, sofern die Menschen bereit und in der Lage sind, Geld für ihre Bedürfnisse auszugeben (siehe Abschnitt 7.1).

Nachgefragte Sachgüter und Dienstleistungen werden z. B. vom Bäcker oder der Behörde angeboten (Anbieter).

Auf einem Wochenmarkt zum Beispiel ist das Verhalten von Anbietern und Nachfragern (Verbrauchern) noch überschaubar.

Wenn jemand auf dem Wochenmarkt Äpfel kaufen will, wird seine Kaufentscheidung davon abhängen, welcher Händler die schönsten (oder die preiswertesten) Äpfel anbietet.

Die Menge der gekauften Äpfel hängt dann davon ab, wie viel Geld zur Verfügung steht.

Die Marktwirtschaft im Großen ist ein sehr kompliziertes System, in dem eine unüberschaubare Menge von Menschen, Institutionen und Unternehmen zusammentrifft. Ein solcher Markt ist nur noch als Modell zu verstehen: Meist

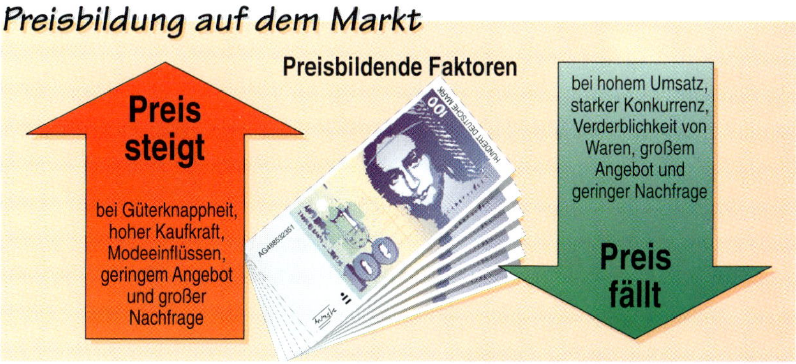

Preisbildung auf dem Markt

Preisbildende Faktoren

Preis steigt bei Güterknappheit, hoher Kaufkraft, Modeeinflüssen, geringem Angebot und großer Nachfrage

Preis fällt bei hohem Umsatz, starker Konkurrenz, Verderblichkeit von Waren, großem Angebot und geringer Nachfrage

Sachgütermarkt

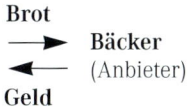

Brot
Haushalt → Bäcker
(Nachfrager) ← (Anbieter)
Geld

Dienstleistungsmarkt

Ausstellung einer Urkunde
Haushalt → Behörde
(Nachfrager) ← (Anbieter)
Geld

113

7 Markt und Konsum

treffen Anbieter und Nachfrager nicht direkt zusammen, Preis- und Qualitätsvergleiche sind bedeutend schwerer als auf dem Wochenmarkt. Eine wesentliche Aufgabe des Marktes liegt darin, Preise für Sachgüter und Dienstleistungen zu entwickeln.

7.5.2 Wie Preise entstehen

Auf dem Flohmarkt

Einmal im Jahr findet im Stadtteil ein Flohmarkt für Kinder und Jugendliche statt, auf dem Schüler ihre alten Spielsachen, Bücher und Comic-Hefte, mit denen sie nichts mehr anzufangen wissen, zum Kauf anbieten. Angela hat sich vorgenommen, dort ihren Bestand von 40 Mickymaus-Heften zu verkaufen. Als sie um 10.00 Uhr ihren Stand aufschlägt, verlangt sie 80 Pfennig für ein gebrauchtes Heft. Gegen 12.00 Uhr hat sie jedoch erst ein einziges Heft verkauft. Sie setzt daraufhin den Preis pro Heft um die Hälfte herab. Innerhalb der nächsten 2 Stunden werden ihr 14 Hefte zum neuen Preis abgekauft. Da der Flohmarkt um 15.00 Uhr offiziell beendet ist und sie die Hefte auf keinen Fall mit nach Hause nehmen will, senkt sie den Preis für die letzte Verkaufsstunde noch einmal auf 20 Pfennig. So gelingt es ihr, in der letzten Stunde ihren restlichen Bestand abzusetzen.

1 Beschreibt das Verhalten eines Käufers, der auf einem Flohmarkt Mickymaus-Hefte kaufen will. Wie geht er vor, wo kauft er seine Ware ein?
2 Erläutert Angelas Anbieterverhalten auf dem Flohmarkt. Wie reagieren die Käufer auf die Preisvorstellungen Angelas?
3 Warum muss sich Angela keine Gedanken um einen Mindestverkaufspreis für die von ihr verkauften Comic-Hefte machen?

Die Preise von Metzger Staas

Nicht so einfach wie für Angela auf dem Flohmarkt ist die Preisgestaltung für Metzger Staas. Herr Staas muss seine Waren erst einmal einkaufen – Fleisch aus dem Schlachthof und Feinkostartikel vom Großhändler. Und er hat noch ganz andere Kosten: Z.B. muss er jeden Monat pünktlich die Miete für seinen Laden überweisen und den Lohn für seine Verkäuferinnen bezahlen. Um nur einige der Kos-

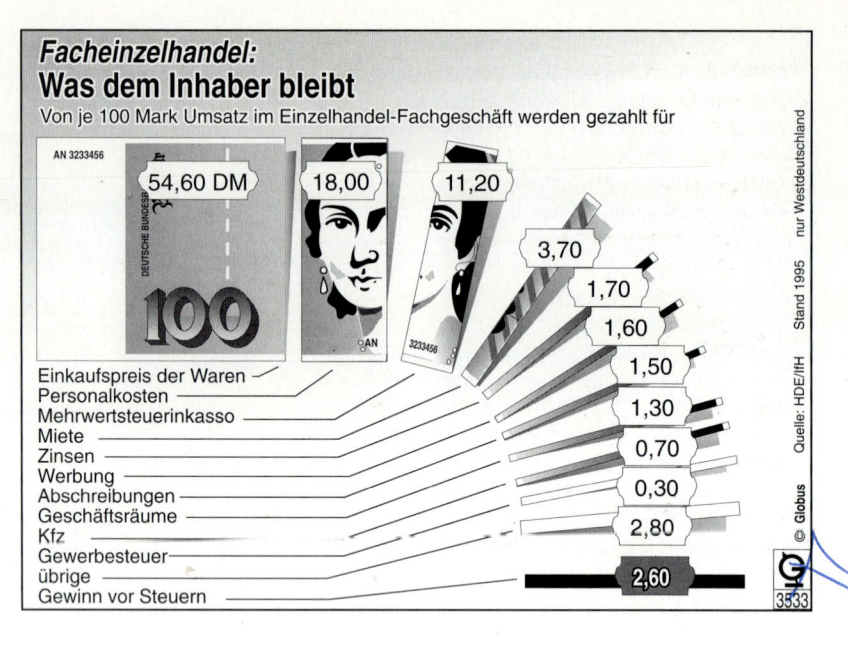

Facheinzelhandel:
Was dem Inhaber bleibt
Von je 100 Mark Umsatz im Einzelhandel-Fachgeschäft werden gezahlt für

	DM
Einkaufspreis der Waren	54,60
Personalkosten	18,00
Mehrwertsteuereinkasso	11,20
Miete	3,70
Zinsen	1,70
Werbung	1,60
Abschreibungen	1,50
Geschäftsräume	1,30
Kfz	0,70
Gewerbesteuer	0,30
übrige	2,80
Gewinn vor Steuern	2,60

nur Westdeutschland
Stand 1995
Quelle: HDE/IfH
© Globus 3533

ten zu nennen, die bei Metzger Staas anfallen. Und Herr Staas muss darauf achten, dass noch genügend Geld für seinen Lebensunterhalt übrig bleibt. Deshalb macht Metzger Staas eine Kalkulation: Er rechnet aus, welchen Preis er für eine Ware verlangen muss, um daran etwas zu verdienen.

Herr Staas muss die Preise für seine Waren so berechnen, dass seine Kosten gedeckt sind. Das heißt, er muss den Preis so festsetzen, dass er mehr Geld einnimmt, als er selbst hineingesteckt hat, um die Ware anbieten zu können.

Deshalb addiert er zum Bezugspreis (= das, was Metzger Staas an den Lieferanten bezahlt) einen Kalkulationszuschlag. In ihm sind die anteiligen Kosten für Personalaufwand, Ladenmiete u.a. enthalten. Auch der kalkulierte Gewinn des Händlers ist Teil des Kalkulationszuschlags. Der Gewinn ist das, was Metzger Staas nach Abzug der Kosten tatsächlich verdient an einem verkauften Produkt.

Da Metzger Staas aber auch auf das Marktgeschehen reagieren muss, sind die Kalkulationszuschläge für verschiedene Waren unterschiedlich, d. h., er macht eine Mischkalkulation: Bei bestimmten Waren, z.B. bei Sonderangeboten, ist deshalb der Gewinn niedriger. Bei anderen, z.B. besonders hochwertigen Produkten, ist der Gewinn höher. Das machen die meisten Anbieter so. Durch die Sonderangebote wollen die Händler neue Kunden gewinnen, die dann vielleicht noch andere Waren kaufen, bei denen der Gewinn höher ist.

Beispiel einer Kalkulation

Nicht alle Aufschnittsorten stellt die Metzgerei Staas selbst her. Bestimmte Spezialitäten wie Tiroler Speck werden aus dem Großhandel als Handelsware zugekauft.
Wie dafür der Verkaufspreis entsteht, zeigt folgendes Beispiel:
Bezugspreis für
1 Schinken zu 5 kg   DM 150,-
Kalkulationszuschlag
(75% vom Bezugspreis)   DM 112,50
Verkaufspreis
für 5 kg Schinken   DM 262,50
Verkaufspreis für 100 g DM   5,25

Begriffe
Bezugspreis: Preis, den der Händler selbst für ein Produkt bezahlt.
Kalkulationszuschlag: Zuschlag, der zum Bezugspreis dazugerechnet wird. Er enthält die anteiligen Kosten (z.B. für Miete, Verwaltungskosten) und den Gewinn des Anbieters.
Verkaufspreis: Preis, zu dem ein Anbieter ein Produkt verkauft.

---

4 Stellt Vermutungen an, welche weiteren Kosten im Kalkulationszuschlag der Metzgerei Staas enthalten sein könnten.
5 Als Händler ist Metzger Staas sowohl Anbieter als auch Nachfrager. Erläutert.
6 Beschreibt die unterschiedlichen Voraussetzungen, von denen Angela und Metzger Staas bei ihrer Preisgestaltung ausgehen.
7 Stellt eine Liste von Einflüssen zusammen, denen die Preise ausgesetzt sind.
8 Welche Überlegungen führen zum Preis bei den privaten Gütern, welche werden bei öffentlichen Gütern angestellt?

7.5.3 Die Gesetze des Marktes funktionieren nicht immer

1 Der Preis eines Gutes fällt. Wie wird der Nachfrager im Normalfall handeln? Begründet.
2 Der Preis eines Gutes steigt. Wie wird sich der Nachfrager verhalten?
3 Die Nachfrage nach einem Gut steigt. Wie wird sich der Preis des Gutes im Normalfall verändern? Begründet.
4 Die Nachfrage nach einem Gut fällt. Wie wird sich sein Preis verändern?

Nicht immer ist die Situation von Käufer (Nachfrager) und Anbieter so überschaubar wie auf dem Flohmarkt, auf dem viele Verkäufer vielen Käufern gegenüberstehen. Die Anzahl der Käufer und Verkäufer spielt für die Preisbildung eine wichtige Rolle.
Stehen vielen Käufern viele Verkäufer gegenüber, spricht man von vollständiger Konkurrenz.
Die wichtigsten Marktformen neben der Idealform der vollständigen Konkurrenz sind das Oligopol und das Monopol:
Beim Oligopol gibt es nur wenige Anbieter oder wenige Nachfrager.
Beim Monopol gibt es nur einen Anbieter oder einen Nachfrager.

Turnschuhe sind Turnschuhe, oder?

Längst vorbei die Zeiten, als Turnschuhe tatsächlich das waren, was der Name verheißt: Schuhe nämlich, die man anzog, wenn man sich (mehr oder weniger) sportlich bewegen wollte.
Heute sind diese Schuhe meilenweit dem Mief von Umkleidekabinen und zugigen Hallen entlaufen. Minister trugen sie bei ihrem Amtsantritt, Models führen in ihnen teure Kleider vor, und auch bei Opernbällen verweisen einen die sonst gestrengen Saaldiener nicht mehr aus dem Festsaal, trägt Mann (und Frau) Turnschuhe – die richtigen, versteht sich. Turnschuhe sind zu einem wichtigen Mode- und Trendartikel geworden – den der Verbraucher gern und teuer bezahlt. „In" ist, wer die richtigen Treter trägt: gestern adidas, heu-

7 Markt und Konsum

te Nike oder Reebok, morgen ... Nach langen Jahren des Erfolgs kam der Branchenriese adidas Ende der 80er-Jahre außer Atem, Verluste häuften sich, die Konkurrenten, vor allem aus den USA und Japan, holten auf und überholten schließlich die Schuhe mit den weltbekannten drei Streifen.

Aus, vorbei, die Kids in aller Welt (und auch ihre Eltern – schließlich weiß man doch, was „in" ist) wollten lieber in Schuhen der Konkurrenz vor dem Fernseher sitzen und Basketball gucken.

Wenn schon Michael Jordan die Schuhe trägt, kommt's ja auf einen Hunderter mehr oder weniger nicht an. Jede(r) kann schließlich sehen, dass man sich auskennt, dazugehört. Da nimmt es kein Wunder, dass Edelgaloschen der richtigen Marken Räuber dazu verführten, ihren Opfern nicht etwa Geld oder teure Uhren abzunehmen, sondern – man ahnt es längst – die Turnschuhe zu fordern und ihre bemitleidenswerten Opfer barfuß nach Hause laufen zu lassen.

Doch Vorsicht!

Wer sich jetzt im Gefühl sonnt, dass eben auch die Räuber in aller Welt wüssten, was man zu nehmen hat, und man selbst die richtige Kaufentscheidung getroffen habe, der tut gut daran, die Wirtschaftsseiten aufmerksam zu lesen: adidas, so steht da, kündigt eine neue Offensive an, die Gewinne steigen, Nike klagt über Umsatzeinbußen, Reebok ... Es lebe der gute, alte Turnschuh!

Roger Jopp, München

5 „Turnschuhe sind Turnschuhe" – was meinst du zu dieser Aussage?

6 Wie viele große Hersteller von Sportschuhen gibt es? Beschreibt die Werbung für die Schuhe der einzelnen Hersteller.

7 Kann man den Markt für Turnschuhe ein Oligopol nennen? Begründet.

Gleichschritt der Preise – kein Preiswettbewerb bei den Automobilproduzenten

VW und AUDI sind teurer geworden
(Datum: 4.3.)
OPEL erhöht die Preise
(Datum: 15.3.)
Auch FORD zieht die Preise hoch
(Datum: 28.3.)
BMW wird teurer
(Datum: 7.4.)

DAIMLER schließt sich der diesjährigen Preisrunde an
(17.5.)

So oder ähnlich lauten alle Jahre wieder die Überschriften auf den Titelseiten der Zeitungen. Verblüffend ist dabei der Gleichschritt der fünf großen deutschen PKW-Hersteller, die fast 70 Prozent des einheimischen Marktes unter sich aufteilen.

In einem Interview mit einem Reporter der Frankfurter Rundschau sagte der Verkaufsleiter von VW auf die Frage „Warum haben VW und AUDI als Erste die Preise erhöht?"
„Wir sind bei unseren Überlegungen, die Preise trotz gesunkener Nachfrage zu erhöhen, davon ausgegangen, dass die anderen Automobilfirmen die Preise ebenfalls heraufsetzen." Die deutschen PKW-Hersteller bilden nach der Definition ein Oligopol. Trotzdem können es sich die Anbieter in diesem Oligopol keineswegs leisten, sich auf ihren Verkaufserfolgen auszuruhen. Der Wettbewerb untereinander ist ausgesprochen hart und gleichzeitig werden alle fünf Hersteller durch die ausländische Konkurrenz bedroht, die auf dem deutschen Markt keinerlei Importbeschränkungen unterliegt (wie das in einigen anderen Ländern auch in der Europäischen Gemeinschaft, z. B. gegenüber japanischen Fahrzeugen der Fall ist) und in den letzten Jahren einen immer größeren Marktanteil erobert hat. Aber der Wettbewerb erfolgt in einem Oligopol eben häufig nicht über den Preis. Die Stiftung Warentest hat herausgefunden, dass Preisvergleiche für die Kunden wegen der unterschiedlichen Aufpreispolitik für „Sonderausstattungen" sogar ganz besonders schwierig sind.

8 Erklärt, wie die Automobilfirmen versuchen, sich im Wettbewerb gegenseitig Kunden abzujagen. Sucht Beispiele dafür aus Werbeanzeigen in Zeitungen und Zeitschriften.
Erkundigt euch bei euren Eltern, wie sie sich verhalten würden, um beim Kauf eines Neuwagens das günstigste Angebot herauszufinden.

9 Wie kann ich vorgehen um Preise zu vergleichen? Welche Hilfsmittel stehen mir als Verbraucher zur Verfügung?

10 Wie würde sich der Besitzer des Schirmgeschäfts in der gleichen Situation, wie in der Karikatur dargestellt, verhalten, wenn ein weiterer Schirmladen in der Nähe eröffnet hätte?

Ohne Preisvergleich ist man der Dumme

Dirk Westphal kaufte sich in Charlottenburg einen Camcorder für 4 299 Mark. Sein Kollege bezahlte für das gleiche Gerät in Pankow 914 Mark weniger. Ähnliche Preisunterschiede gibt es in Berlin auch für andere Geräte.

Die Verbraucherzentrale Berlin e. V. stellte gestern einen Preisvergleich von Produkten der Unterhaltungselektronik und Haushaltsgeräten vor. Einen billigsten Anbieter für alle Erzeugnisse gebe es dabei nicht. Überall schwankten die Preise beträchtlich. Darum lohnten sich vor jedem Kauf unbedingt Preisvergleiche, vor allem bei Gütern mit annähernd gleich hoher Qualität.

Gemeinsam mit der Arbeitsgemeinschaft der Verbraucherverbände e. V. (AgV) befragte und verglich die hiesige Verbraucherzentrale zwischen dem 17. und 21. Oktober in sechs Berliner Bezirken alle ihr bekannten Anbieter von Videorecordern, Camcordern, Farbfernsehgeräten, CD-Playern, Hi-Fi-Anlagen, Lautsprechern, Bodenstaubsaugern, Geschirrspülmaschinen, Waschmaschinen, Kühlschränken und Kühl-Gefriergeräten. Der größte absolute Unterschied ergab sich bei Camcordern (914 Mark). Lautsprecher verzeichneten dagegen die höchste prozentuale Differenz (153 Prozent). Bei Bodenstaubsaugern kann man für das gleiche Produkt bis zu 160 Mark mehr bezahlen. Bei Waschmaschinen sind es bis zu 640 Mark und bei Farbfernsehern bis zu 549 Mark. [...]

Obwohl das nur eine Momentaufnahme der betreffenden Märkte sein könne, werde das Preisbewusstsein des Verbrauchers gestärkt, meinte Anne-Lore Köhne von der AgV. Das Ergebnis sei dem Kunden eine praktische Einkaufshilfe.

Vor allem in den östlichen Bezirken funktioniere der Wettbewerb sehr gut. Es kämen ständig neue Anbieter hinzu.

Berliner Zeitung vom 11.11.1994, S. 1

11 Stellt Vermutungen darüber an, wie sich Anbieter auf preisbewusste Kunden (Nachfrager) einstellen werden.

12 Gerade mit Blick auf den europäischen Binnenmarkt hat es in den letzten Jahren einen starken Konzentrationsprozess (Zusammenschluss von Firmen) bei den Unternehmen gegeben. Welche Folgen hat zunehmende Konzentration für den Verbraucher (Nachfrager)?

7 Markt und Konsum

7.6 Das Recht des Kunden (Verbrauchers)

7.6.1 Das „Kleingedruckte"

Die meisten Geschäftsleute legen im Kleingedruckten auf der Rückseite von Verträgen Bedingungen des Kaufvertrages fest (z. B. Lieferbedingungen, Termine, Umtausch, Garantie, Reparatur). Sie schränken meistens die Rechte des Kunden, die ihm nach dem Bürgerlichen Gesetzbuch (BGB) zustehen, wieder ein.
Da zu viele Allgemeine Geschäftsbedingungen allzu verbraucherunfreundlich waren, wurde 1976 das Gesetz über die Allgemeinen Geschäftsbedingungen (AGB-Gesetz) geschaffen. Klauseln in Verträgen, die gegen dieses Gesetz verstoßen, sind seitdem unwirksam.

1 Erläutert das doppelte Missgeschick des Menschen in der Karikatur. Worauf sollte der Kunde bei allen Verträgen achten?

... versichert gegen Hundebisse jeder Art; ausgenommen sind lediglich
a) Bisse von männlichen Hunden
b) Bisse von weiblichen Hunden.
Kastrierte Hunde fallen nicht unter den Begriff Hund ...

Der neue Kassettenrekorder ist kaputt!

„Das fängt ja heiter an", schimpft Marion. Sie hatte sich mit dem Einverständnis ihrer Eltern einen neuen Kassettenrekorder gekauft. Im Geschäft hatte sie sich alles genau erklären lassen, doch das originalverpackte Gerät gibt keinen Ton von sich. Als sie damit ins Geschäft zurückgeht, bestätigt ihr der Verkäufer, dass das Gerät wohl einen Defekt hat. „Ich werde es zur Reparatur einsenden", sagt er zu Marion. „Sie können sich das Gerät in ungefähr vier Wochen wieder abholen."
Marion ist sauer; sie wollte den Recorder schon am nächsten Samstag bei ihrer Geburtstagsfete einsetzen. Sie protestiert. Doch der Verkäufer verweist sie auf die aushängenden Allgemeinen Geschäftsbedingungen, nach denen der Verkäufer das Recht hat, schadhafte neu gekaufte Waren erst einmal zu reparieren – nachzubessern, wie es in den AGB heißt.
Marion ärgert sich aber auch darüber, dass sie ein Gerät übernehmen soll, das zwar nagelneu, aber bereits repariert ist.
Marion will sich das nicht gefallen lassen und wendet sich an die Verbraucherberatung. Dort erfährt sie, dass sie sich nicht auf eine Reparatur einlassen muss, sondern den Kauf rückgängig machen kann: Der Verkäufer ist verpflichtet ihr den Kaufpreis ohne Abzug zu erstatten. In diesem Fall hilft ein Anruf von der

Rondo in E-Dur

Sähr gäährtä Härställärfirma,
zu mäinäm großän Bädauärn muss ich Ihnän häutä mittäilän, dass mich där Kauf Ihräs Schräibmaschinänmodälls „Tippofix 2000 S" sähr änttäuscht hat. Grund mäinär Kritik an Ihräm Produkt ist äin – wänn auch ärst auf dän zwäitän Blick sichtbarär – Fählär: das „ä" ist kaputt, stattdässän ärschäint jädäsmal äin „ä". Das „ä" hingägän ist in Ordnung, obwohl ich diäsäs kaum bänötigä. Diäsär Mangäl Ihrär Schräibmaschinä führt mäinäs Ärachtäns äindäutig zu äinär Wärtmindärung, diä ich nicht akzäptiärän kann. In där Hoffnung, Siä untärbräitän mir äin adäquatäs Angäbot für äinän Värgläich, värbläibä ich mit fräundlichän Grüßän
Ihr Kundä Gäorgä Däffnär

Söhr gööhrtör Hörr Döffnör,
wir bödankön uns für Ihr Schröibön, dössön Öingang wir hiörmit böstätigön. Nach Rückspraché mit unsörör Röchtsabtöilung und dör Öndkontrollö unsörös Wörkös, diö dön von Ihnön böschriöbönön Föhlör mit absolutör Sichörhöit ausschliößt, nöhmön wir wiö folgt Stöllung: Öin Anspruch auf Austausch odör kostönlosö Röparatur dös von Ihnön örworbönön Modölls „Tippofix 2000 S" böstöht nicht, da dör Mangöl mit an Sichörhöit grönzöndör Wahrschöinlichköit nach döm Kauf öntstandön söin muss. Unsörö Schröibmaschinön sind Spitzönproduktö, diö das Haus in öinwandfröiöm Zustand vörlassön. Nöbönböi: Siö könnön sich von diösör Qualität schon anhand diösös Briöfös übörzöugön, dör öbönfalls auf öinör „Tippofix 2000 S" göschriöbön wurdö. Wir hoffön, Ihnön örschöpfönd Auskunft gögöbön zu habön!
Mit fröundlichön Grüßön
p.p. Löhmann

2 Welche Möglichkeiten hat Herr Deffner, sich gegen die Firma zu wehren?

117

Verbraucherzentrale, in dem der Geschäftsführer daran erinnert wird, dass seine „Allgemeinen Geschäftsbestimmungen" nach dem Bürgerlichen Gesetzbuch (§ 462 BGB) in diesem Punkt nicht statthaft sind.

Das neue Mountainbike hat einen Kratzer!

Als Christian das neue Fahrrad auspackt, stellt er fest, dass sich im Vorderteil des Rahmens ein deutlich sichtbarer Kratzer befindet, der zwar die Sicherheit und Gebrauchsfertigkeit des Fahrrades nicht beeinflusst, aber auch nicht so besonders toll aussieht. Christian hat das Recht, eine Minderung des Kaufpreises, also eine Erstattung eines Teils des Kaufpreises wegen der Beschädigung zu verlangen.

3 Kann Christian von der Lieferfirma auch ein anderes, unbeschädigtes Fahrrad verlangen?
Beschafft euch die Allgemeinen Geschäftsbedingungen eines Kaufhauses oder eines Fahrradgeschäfts.

Nach dem AGB-Gesetz (§ 2) sind Allgemeine Geschäftsbedingungen nur dann Bestandteil eines Vertrages, wenn der Händler bei Vertragsabschluss den Kunden ausdrücklich oder durch deutlich sichtbaren Aushang am Ort des Vertragsabschlusses (z. B. im Laden, in der Reparaturwerkstatt) auf sie hinweist und dem Kunden die Möglichkeit gibt, in zumutbarer Weise vom Inhalt der Allgemeinen Geschäftsbedingungen Kenntnis zu nehmen.

„50 Gramm Lakritz zu den Allgemeinen Geschäftsbedingungen!" Karikatur: Paulus

4 Macht einmal die Probe: Schaut in mehreren Geschäften/Kaufhäusern/ Reparaturwerkstätten nach, wo da die „Allgemeinen Geschäftsbedingungen" deutlich sichtbar aushängen.
Methode: *Erkundung, S. 125*

7.6.2 Welche Macht hat der Verbraucher?

Der einzelne Verbraucher ist schwach, aber ...

Die Haushalte als Konsumenten stehen heute einem vielfältigen und kaum übersehbaren Warenangebot gegenüber. Die Position jedes einzelnen Verbrauchers wird dadurch geschwächt, dass die Verbraucher ihre Kräfte auf den Kauf vielfältiger, aber vergleichsweise kleiner Warenmengen aufteilen müssen. In einer funktionsfähigen Marktwirtschaft haben die Verbraucher aber die Chance zu verhindern, dass an ihren Bedürfnissen vorbeiproduziert wird. Dazu stehen ihnen die Mittel des Konsumverzichtes, der Kritik, der Reklamation und der Anklageerhebung zu. Trotzdem ist jeder Einzelne von ihnen in einer schwachen Position: Die Verbraucher müssen deshalb durch eine Verbraucherpolitik unterstützt werden, die ihnen vertrauenswürdige Informationen, rechtlichen und organisatorischen Beistand liefert.

Gutachten des Sachverständigenrats. Bundestags-Drucksache 7/4326, Ziff. 277, 1975

1 Weshalb ist der einzelne Verbraucher gegenüber den Produzenten in einer schwachen Position?
2 Nennt Beispiele, wie Verbraucher sich schützen können.

Holzhändler in Deutschland beklagen drastische Umsatzeinbußen bei Ware aus den Tropen. Der Hinweis, es handle sich um umweltverträglich geschlagenes Holz aus forstwirtschaftlichen Kulturen, überzeugte viele Verbraucher nicht - zu undurchsichtig und wenig nachprüfbar sind diese Beteuerungen und Zertifikate. Auch sind die Verbraucher, nicht zuletzt durch eine zunehmend kritische Berichterstattung in Zeitschriften und Fernsehberichten, aufmerksamer geworden auf die Folgen des Raubbaus an den Regenwäldern dieser Erde. Nachdem viele Umweltorganisationen zum allgemeinen Boykott von Tropenholz aufgerufen hatten, reagierte auch der Verein Deutscher Holzeinfuhrhäuser (VDH) und verabschiedete 1988 eine (freiwillige) Verpflichtung, sich weltweit für eine naturverträgliche Bewirtschaftung der Tropenwälder einzusetzen, doch gab es seither immer wieder Hinweise darauf, dass sich die Holzimporteure nicht oder nicht genügend an diese Vereinbarung hielten.

Stichwort: Tropenholz

Immer noch werden jedes Jahr über 200 000 km² Regenwald zerstört. Häufig beginnt es mit dem Holzeinschlag für den Export. Ist der Wald erst einmal mit Wegen und Schneisen zugänglich gemacht worden, folgen Besiedlung, Landwirtschaft, Viehfarmen und Industrieprojekte. Deutsche Steuergelder finanzieren diese Maßnahmen immer noch!
Weniger als ein Prozent des weltweit verkauften Tropenholzes stammt aus einer nachhaltigen Forstwirtschaft. Fast das gesamte Holz kommt also aus Wäldern, die nicht bewirtschaftet, sondern kurzfristig ausgebeutet werden. Die Bundesregierung unterstützt und duldet bisher diesen Raubbau.
In all diesen Wäldern leben Menschen, die sich über viele Generationen an ihren Lebensraum angepasst haben. Indianer und andere Stammesvölker nutzen die Wälder ohne sie zu zerstören. Von ihnen können wir lernen. Der Verzicht auf Tropenholz aus diesem Raubbau ist ein erster Schritt, mit dem wir zeigen können, dass uns die Regenwälder und die dort lebenden Menschen nicht egal sind. Viele Städte und Gemeinden haben bereits einen Tropenholzverzicht beschlossen, einige Bundesländer haben sich dem angeschlossen – doch die Bundesregierung entscheidet sich nicht.
Der Tropenholzverzicht ist eine Atempause für die Regenwälder.
Jetzt sind aber auch die Politiker gefragt! Schreiben Sie einen Brief an den oder die Abgeordnete/n Ihres Wahlkreises und fordern Sie die Beendigung aller Tropenholzimporte, bis sichergestellt werden kann, dass das Holz aus einer ökologisch und sozial verträglichen Nutzung kommt.

Aus einer Anzeige der Arbeitsgemeinschaft Regenwald und Artenschutz (ARA), 1992

Stiller Sieg:
Tropenholz ist weg vom Fenster

Im Juli 1994 meldete der Verein Bremer Holzhändler, beim Import von tropischem Rundholz über die bremischen Häfen habe es einen Einbruch gegeben. Der Import sei 1993 um fast 88 000 Tonnen gesunken und liege nun bei nur noch 11 000 Tonnen.

Auch andere Häfen melden einen Rückgang. Die gesamte bundesweit eingeführte Menge an tropischem Schnittholz sank von 346 000 Kubikmetern im Jahr 1992 in nur zwölf Monaten auf 247 000 Kubikmeter. „Der Markt geht allmählich kaputt", konstatiert Reinhard Behrend vom Hamburger Verein „Rettet den Regenwald". Vor allem seine Organisation war es, die seit dem natur-Bericht immer neue Skandale des VDH an die Öffentlichkeit brachte. Die Glaubwürdigkeit der Tropenholz-Branche litt darunter stark.

natur 8/1994

3 Welche Möglichkeiten werden in den Texten genannt, um als Verbraucher Einfluss nehmen zu können?
4 Welche Gründe sprechen für, welche gegen ein generelles Importverbot von Tropenholz? Diskutiert.

König Kunde –
oder: Haben Verbraucher Macht?

Es hätte ein Fernsehabend werden können wie viele andere auch. Während im Parallelprogramm die 43. Folge mit dem eisenharten Hubschrauberpiloten und in einem weiteren Programm die 13. Wiederholung eines berühmten Western lief, wurde in der Magazinsendung „Monitor" in einem Beitrag für Verbraucher der Verdacht geäußert, dass Haarwaschmittel, wie sie täglich von Millionen von Bundesbürgern benutzt werden, einen Stoff enthielten, der im Verdacht steht, Krebs zu erregen. Besonders eine Marke war stark belastet. Ausgerechnet für diese Marke war jedoch in unzähligen Werbespots auf die besondere Hautverträglichkeit hingewiesen worden („So mild, dass Sie Ihr Haar waschen können, so oft Sie wollen" oder „Wäscht Ihr Haar mild wie die Natur"). Die Unternehmensleitung war geschockt. Gerade das Produkt, das sie als besonders natürlich und umweltverträglich in der Werbung herausgestellt hatte, war nun stärker belastet als alle anderen Konkurrenzprodukte. Und weil viele Millionen Menschen sich „Monitor" anstatt des Western angesehen hatten und auch die Zeitungen in den nächsten Tagen über die Gefährlichkeit von Shampoos berichteten, sank der Absatz des Shampoos innerhalb der nächsten Wochen um 40 %; die Produktion musste drastisch zurückgefahren werden und es bestand die Gefahr, dass das schlechte Image nun auch auf die anderen Produkte des Unternehmens ausstrahlen würde.

Zunächst reagierte das Management mit Abwehr: Es zog vor Gericht, um den Fernsehsender wegen falscher Berichterstattung und Rufschädigung zu verklagen.
Man hatte schließlich ein gutes Gewissen, da man nicht gegen gesetzliche Auflagen verstoßen und die Grenzwerte für Schadstoffbelastungen, die vom Bundesgesundheitsamt vorgegeben waren, sogar noch unterschritten hatte.

Doch bereits nach kurzer Zeit begann ein Umdenkungsprozess.
Die Unternehmensleitung wollte sich ihren Kritikern stellen und sich mit ihnen auseinandersetzen.
Die Klage wurde zurückgezogen. Nach Aussagen des Managements sollte die entscheidende Frage nun nicht mehr sein, ob man gesetzlich vorgeschriebene Grenzwerte eingehalten habe, sondern ob wirklich genug im Interesse der Kunden getan wurde.

Übrigens ...
So ausschließlich im Interesse der Kunden mochte die Firma dann doch nicht verfahren; so wurde sie in „test", der monatlich erscheinenden Zeitschrift der Stiftung Warentest, mit der folgenden „Mogelei des Monats" angeprangert:

Mogelpackung
Verbot von Mogelpackungen gemäß §17 Eichgesetz: „Fertigpackungen müssen so gestaltet sein, dass sie keine größere Füllmenge vortäuschen, als in ihnen enthalten ist."
Deodorantien vollenden in der täglichen Körperpflege, was Wasser und Seife begonnen haben. War die Umstellung von mit Treibgas gefüllten Spraydosen auf umweltfreundlichere Deoroller und Pumpsprays zu begrüßen, so verdienen einige Hersteller nunmehr heftige Kritik:
Viele Leser haben uns ihre Deos geschickt und sich darüber beschwert, dass neue Flaschen gegenüber den alten ein Viertel bis ein Drittel weniger enthalten, während das Äußere kaum erkennbar verändert wurde und der Preis sogar gleich geblieben ist. Im abgebildeten Beispiel, das bei weitem kein Einzelfall ist, wird die Absicht einer Mogelei allein dadurch entlarvt, dass die alte Inhaltsangabe (100 ml) deutlich lesbar war, die neue (75 ml) dagegen nur mit Mühe. Außerdem wurde die Schauseite der Flasche vergrößert, sodass der Verbraucher eher mehr Inhalt erwartet. Baut der Anbieter darauf, dass dem Verbrau-

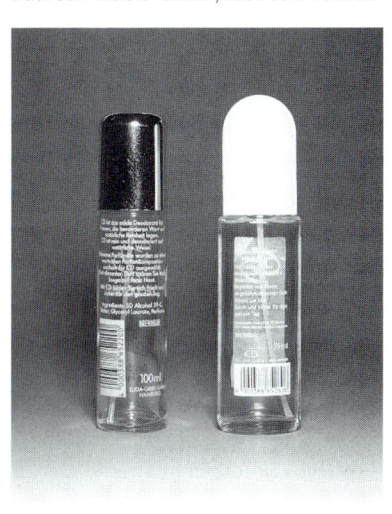

Ist der Ruf erst ruiniert ...
Negative Schlagzeilen wirken verherend auf das Verbraucherverhalten

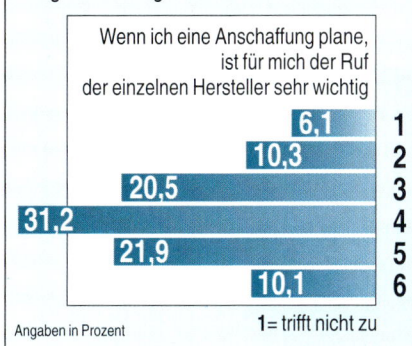

Wenn ich eine Anschaffung plane, ist für mich der Ruf der einzelnen Hersteller sehr wichtig

	%
1	6,1
2	10,3
3	20,5
4	31,2
5	21,9
6	10,1

Wenn ein Hersteller negative Schlagzeilen macht, kaufe ich seine Produkte nicht mehr

	%
1	6,5
2	9,2
3	21,7
4	24,5
5	20,7
6	17,5

Angaben in Prozent   1 = trifft nicht zu   6 = trifft voll zu   Quelle: Burda Marktforschung

cher ein direkter Vergleich mit der alten Packung im Geschäft nicht möglich ist? Die Verpackung hat man übrigens um kein Gramm leichter gemacht.

test 11/1991 lfd. S. 1076

5 Welche Möglichkeiten haben Verbraucher, sich gegenüber Firmen durchzusetzen?
Unterscheidet, ob es wenige oder viele Verbraucher sind, die mit Produkten eines Unternehmens nicht zufrieden sind.

6 Überlegt anhand des Shampoo-Beispiels, welche Möglichkeiten der Verbraucher hat, sich über die Ungefährlichkeit von Produkten zu informieren.

7 Diskutiert die Frage, welche Rolle die öffentlichen Medien, also Presse, Rundfunk und Fernsehen, in der Auseinandersetzung von Verbrauchern und Herstellern spielen (sollten).

8 Unternehmen geben sehr viel Geld für die Produktwerbung in Presse, Rundfunk und Fernsehen aus. Gibt es ein Machtgleichgewicht zwischen Herstellern und Verbrauchern? Begründet.

9 Erklärt anhand der Deo-Mogelpackung, was eine „schleichende" Preiserhöhung ist. Benennt andere Beispiele. Wie können sich Verbraucher dagegen wehren?

10 Macht euch kundig, ob in eurer Stadt eine Filiale einer Verbraucherorganisation vorhanden ist. Welche Informationen für Verbraucher sind dort erhältlich? Fragt nach Schwerpunkten der in Anspruch genommenen Beratung.

11 Stellt im Unterricht verschiedene Verbraucherzeitschriften vor. Worin unterscheiden sich diese Zeitschriften?

Wichtige Adressen für Verbraucher

- Arbeitsgemeinschaft der Verbraucherverbände (AgV)
Heilsbachstr. 20,
53123 Bonn

- Verbraucherzentrale Berlin e. V.,
Bayreuther Str. 40,
10787 Berlin

- Verbraucherzentrale des Landes Bremen e. V.,
Katharinenklosterhof 1-3,
28195 Bremen
mit Beratungsstellen in:
Bremen-Nord (Vegesack),
Bremerhaven

- Verbraucherzentrale Hamburg e. V.,
Große Bleichen 23,
20354 Hamburg

- Verbraucherzentrale Hessen e. V.,
Berliner Str. 27,
60311 Frankfurt
mit Beratungsstellen in:
Darmstadt, Erbach, Frankfurt, Fulda, Gießen, Hanau, Kassel, Rüsselsheim, Wiesbaden

- Verbraucherzentrale Niedersachsen e. V.,
Georgswall 7,
30159 Hannover
mit Beratungsstellen in:
Braunschweig, Celle, Delmenhorst, Emden, Göttingen, Goslar, Hannover, Lüneburg, Meppen, Oldenburg, Osnabrück, Osterode, Peine, Soltau, Stade, Verden, Wilhelmshaven, Wolfsburg

- Bundeszentrale für gesundheitliche Aufklärung,
Postfach 930103, 5
1101 Köln

- AID Auswertungs- und Informationsdienst für Ernährung, Landwirtschaft und Forsten e. V.
Konstantinstr. 124,
53179 Bonn

- Verbraucherzentrale Nordrhein-Westfalen e. V.,
Mintropstr. 27,
40215 Düsseldorf
mit Beratungsstellen in:
Aachen, Bielefeld, Bochum, Bottrop, Dortmund, Düsseldorf, Düren, Duisburg, Essen, Gelsenkirchen, Hagen, Hamm, Herne, Iserlohn, Kamen, Köln, Krefeld, Leverkusen, Lübbecke, Lüdenscheid, Lünen, Marl, Minden, Moers, Mönchengladbach 1, Mönchengladbach 2 (Rheydt), Mülheim, Münster, Oberhausen, Recklinghausen, Rheine, Siegen, Solingen, Unna-Maasen, Wesel, Wuppertal

- Verbraucherzentrale des Saarlandes e. V.,
Hohenzollernstr. 11,
66117 Saarbrücken
mit Beratungsstellen in:
Dillingen, Homburg, Merzig, Neunkirchen, Saarbrücken, Wadern

- Verein zum Schutz der Verbraucher gegen unlauteren Wettbewerb,
Lützowplatz 11-13,
10785 Berlin

- Stiftung Warentest,
Lützowplatz 11-13,
10785 Berlin

- Stiftung Verbraucherinstitut,
Gitschiner Str. 97-103,
10785 Berlin

8 Einblicke in die Arbeitswelt

Fragt mal eure Eltern oder Großeltern, was sie gerne werden wollten, als sie so alt waren wie ihr. Es gab Zeiten, da träumten viele Jungen davon, Lokführer zu sein. Zu Hause gab es eine elektrische Eisenbahn – und so etwas „in groß": Das war Opas Traum. Bei den Mädchen war es schwieriger: Sich mit der Puppenküche auf die Rolle als Mutter und treu sorgende Ehefrau vorbereiten oder vielleicht Tierärztin, Tänzerin ...?

Die meisten sitzen dann später im Büro. Vorbei der Traum von der aufopferungsvollen und freundlichen Ärztin, die bei Nacht und Nebel aufbricht, um in letzter Minute noch eine kalbende Kuh zu retten. Stattdessen: Computer, Papier, Formulare.

Nach einer Umfrage hat fast die Hälfte aller Jugendlichen zwischen 14 und 17 Jahren schon einmal gearbeitet. Womöglich habt ihr also schon eigene Erfahrungen gemacht in einem Ferienjob oder bei einem Betriebspraktikum. Vielleicht habt ihr euch auch schon einmal umgehört und überlegt, wie's bei euch weitergehen soll.

Wie und was ihr arbeitet, bestimmt schließlich einen großen Teil eures Lebens. Am besten also, wenn ihr eine Arbeit findet, die Spaß macht und euch zufrieden stellt. Oder: „Gut, wenn man überhaupt Arbeit hat"?

In diesem Kapitel könnt ihr Einblicke in die Arbeitswelt gewinnen, die euch helfen, den Durchblick zu bekommen.

Gleicher Beruf – andere Zeiten: Führerhaus einer Rangierlok 1935 und – 60 Jahre später – das Cockpit der Magnetschnellbahn Transrapid

Um folgende Fragen geht es dabei: Was versteht man eigentlich unter Arbeit? Wie verändert sie sich? Was passiert, wenn uns die Arbeit ausgeht? Welche Wege können aus der Arbeitslosigkeit herausführen?

Schließlich: Wo geht die Reise bei euch hin? Sind Lokführer und Tierärztin immer noch aktuell?

Also dann: Rucksack umgeschnallt und los geht's in die Welt der Arbeit.

8 Einblicke in die Arbeitswelt

8.1 Die Arbeit schafft den Menschen

8.1.1 Immer die gleiche Arbeit?

Seit etwa 2 Millionen Jahren arbeiten die Menschen, um ihr Leben zu erhalten. Die ersten Werkzeuge dürften grob behauene Faustkeile gewesen sein. Erst ein paar tausend Jahre v. Chr. beginnen die Menschen damit, auch kompliziertere, maschinenähnliche Werkzeuge zur Arbeitserleichterung einzusetzen.

Bis auf den heutigen Tag ist in weiten Teilen der Erde die menschliche Körperkraft unerlässlich zur Bewältigung der Arbeit. Es sind die am wenigsten angesehenen Mitglieder der menschlichen Gesellschaft – oft die Kinder, die Frauen und früher die Sklaven –, die die schwerste körperliche Arbeit verrichten müssen.

Vor etwa 200 Jahren wurde die Dampfmaschine erfunden und als Kraftmaschine zum Betrieb von Arbeitsmaschinen eingesetzt („industrielle Revolution"). Immer mehr und immer kompliziertere Maschinen bestimmen seither den Arbeitsprozess in den industrialisierten Ländern; der Mensch wird zum „Anhängsel der Maschine". Nicht nur die Arbeit, auch das gesamte gesellschaftliche Zusammenleben der Menschen ändert sich.

Die Fließbandfertigung (1913 von Henry Ford eingeführt) bedeutet eine neue Stufe der industriellen Produktion: Der Arbeitsprozess wird in immer kleinere Teilarbeiten zerstückelt, der Rhythmus des Fließbands bestimmt die Arbeitsgeschwindigkeit. Die Eintönigkeit und die einseitige körperliche Belastung führen zu gesundheitlichen und seelischen Schäden der Arbeitenden. Bis heute ist die Fließbandfertigung die verbreitetste Produktionsform.

Seit einigen Jahren verdrängen Roboter die Arbeiter aus den Fabrikhallen und Computer die Angestellten aus den Büros. Ein neuer Abschnitt in der Geschichte der Arbeit beginnt – das „elektronische Zeitalter". Wird die menschliche Arbeit ganz abgeschafft? Wird sich das gesellschaftliche Zusammenleben grundlegend ändern?

8.1.2 Was Arbeit bedeutet

Thema Arbeit

Ein Sprichwort auf Hawaii lautet:
„Wenn die Arbeit etwas Gutes wäre, würden die Reichen sie für sich behalten."

Friedrich Engels, der Gefährte von Karl Marx, schrieb über die Arbeit:
„Sie ist die erste Grundbedingung alles menschlichen Lebens, und zwar in einem solchen Grade, dass wir in gewissem Sinne sagen müssen: Sie hat den Menschen selbst geschaffen."

F. Engels: Anteil der Arbeit an der Menschwerdung des Affen. In: K. Marx/F. Engels: Ausgewählte Werke in 6 Bänden. Bd. V, Frankfurt/M. 1972, S. 377

Martin Luther schrieb:
„Mein Nächster ist nicht, der nicht arbeiten und das Unsere suchen will. Der ist nicht zu unterstützen, der die Last der Arbeit nicht tragen will."
„Arbeiten muss und soll man, aber die Nahrung und des Hauses Fülle ja nicht der Arbeit zuschreiben, sondern der Güte und dem Segen Gottes."
„Wo irgendein frommer Bauer oder Bürger und Untertan seinem Herrn dient, da dient er auch Gott; desgleichen ein Kind oder Knecht und Magd im Hause."

Zitiert in: U. Büchner: Arbeit im Dienste der Tatgesinnung, in: arbeiten + lernen, Nr. 31/1984, S. 2 f.

Im Sozialpolitischen Programm der SPD aus dem Jahr 1991 heißt es:
„Arbeit bedeutet Sicherung des Lebensunterhalts. Zugleich bedeutet Arbeit Selbstverwirklichung sowie Teilhabe an der gesellschaftlichen und sozialen Entwicklung. Arbeit um der bloßen Beschäftigung willen lehnen Sozialdemokraten ab. Denn Arbeit muss sinnvoll und nützlich sein."

Sozialpolitisches Programm der SPD, Bonn 1991

1 Es gibt eine Fülle von Redensarten und Sprüchen über die Arbeit/das Arbeiten. Sammelt sie, schreibt sie an die Tafel, vergleicht sie miteinander.
2 Wenn die Arbeit religiös gedeutet wird, wie z. B. bei Martin Luther: Was folgt dann daraus
 – für die Gestaltung der Arbeitsverhältnisse (Arbeitszeit, Lohn),
 – für die Beziehungen zwischen den abhängig Beschäftigten und den Unternehmensleitungen,
 – für die Arbeitsdisziplin/Arbeitsmoral?
3 Ihr könnt im Religionsunterricht Einzelheiten über die Auffassung der katholischen/evangelischen Kirche zur Arbeit erfahren.
4 Wenn von der Arbeit des Menschen die Rede ist, dann sind immer auch die Beziehungen der Menschen zueinander mit angesprochen. Versucht das zu erklären.

Stichwort „Arbeit"

Arbeit ist zweckorientierte, also bewusste und planmäßige Tätigkeit des Menschen unter Verausgabung körperlicher und geistiger Kräfte; zu unterscheiden von Spiel und Sport. Arbeit gehört ihrem Wesen nach zur Selbstverwirklichung des Menschen. In der Wirklichkeit der industriellen Arbeitswelt bedeutet Arbeit für die Mehrheit zugleich ihre Entfremdung. Die Arbeitswelt ist nicht nach demokratischen Prinzipien organisiert.
Meist mit Hilfe von Arbeitsmitteln bringt Arbeit geistige und materielle Güter sowie Dienstleistungen hervor, wirkt der Mensch verändernd und umgestaltend auf die Naturstoffe ein, macht er sich die Natur nutzbar, eignet er sie sich gleichsam an.
[Es] darf behauptet werden, dass sie [die Arbeit] die Voraussetzung für menschliches Leben und Zusammenleben schafft.
Bedingungen und Formen der Arbeit hängen vom Stand der gesellschaftlichen Entwicklung ab. Die Forderung nach einer menschlicheren Arbeitswelt – Humanisierung der Arbeit – ist heute in den Mittelpunkt des politischen Interesses gerückt. [...]
In die Allgemeine Erklärung der Menschenrechte durch die UN [= Vereinte Nationen] wurde der Grundsatz aufgenommen: Jeder Mensch hat das Recht auf Arbeit. Im Grundgesetz der Bundesrepublik steht dieses Grundrecht nicht. Konservative Politiker lehnen eine verfassungsrechtliche Festlegung ab, weil die Eigentumsgarantie und die Entscheidungsfreiheit des Unternehmers nicht geschmälert werden dürfen. Letztlich sei das Recht auf Arbeit mit der sozialen Marktwirtschaft unvereinbar. [...]

Franz Neumann: Art. „Arbeit". In : H. Drechsler u. a. [Hrsg.]: Gesellschaft und Staat, München 1992, S. 29

5 Erstellt eine Liste menschlicher Tätigkeiten. Klärt, welche dieser Tätigkeiten der Bestimmung des Begriffs „Arbeit" im Lexikontext entsprechen. Begründet jeweils.
Vergleicht: Arbeit in einer Schreinerwerkstatt – Arbeit am Fließband; Arbeit als Selbstständige/r – Arbeit als Angestellte/r; Arbeit für den eigenen Bedarf (z. B. Fahrrad reparieren); ehrenamtliche Tätigkeit (z. B. in der Altenpflege, im Sportverein).
6 „Entfremdung" ist ein Schlüsselbegriff zur Kennzeichnung der Lage der arbeitenden Menschen in der industriellen Arbeitswelt.
Versucht einmal (in Kleingruppen) mithilfe mehrerer Lexika zu bestimmen, was unter „Entfremdung" im Einzelnen zu verstehen ist.
7 Ordnet den jeweiligen Tätigkeiten im Schaubild „Die Deutschen bei der Arbeit" (siehe S. 124) entsprechende Berufe zu. In welchen Berufen ist Selbstverwirklichung eher möglich, in welchen weniger?
8 Vergleicht die Unterschiede zwischen Männer- und Frauenarbeit in der Statistik. Welche Erklärung könnte es für diese Unterschiede geben?
9 Diskutiert: Ist Arbeit sinnvoll verbrachte Zeit oder „verlorene Zeit"? Wie hängt die Beantwortung dieser Frage mit den Arbeitsbedingungen zusammen?
Bezieht in eure Diskussion die Behauptung aus dem Lexikon-Artikel ein: „Arbeit gehört ihrem Wesen nach zur Selbstverwirklichung des Menschen."

8.1.3 Arbeit heute: vollelektronisch

Seit dem Ende der Siebzigerjahre wurden in den Fabriken in rasch wachsender Zahl Industrieroboter eingesetzt. Gerade in der Fließbandfertigung ersetzen sie zahlreiche Arbeitsplätze, etwa in der Autoindustrie.
Diese technischen Möglichkeiten führen dazu, dass heute oft nur noch eine Arbeitskraft zur Überwachung einer ganzen Reihe von Arbeitsgängen gebraucht wird.
1995 gab es in der Bundesrepublik ca. 55 000 Industrieroboter.

Die Deutschen bei der Arbeit
Von je 1 000 Männern und Frauen üben überwiegend diese Tätigkeiten aus:

Tätigkeit	Männer	Frauen
Herstellen	230	96
Allgemeine Dienstleistungen	156	138
Planen, Forschen, Leiten	146	63
Maschinen einstellen und warten	110	20
Reparieren	107	13
Büroarbeiten	93	287
Handel treiben	79	157
Ausbilden, Informieren	79	226

Stand 1995 — Quelle: Stat. Bundesamt — © Globus 3960

Gründe für die Automation aus Unternehmersicht

Hohe und weiter steigende Personalkosten sowie die tarifliche Festschreibung von Arbeitsplätzen erzwingen eine Begrenzung des Personalbedarfs in der industriellen Fertigung. [Außerdem wird der Industrieroboter zur] Sicherung von Wettbewerbspositionen und damit letztlich auch zur Sicherung der Arbeitsplätze dringend benötigt.

Institut der deutschen Wirtschaft [Mithrsg.]: Wirtschaft und Unterricht vom 4.11.1982

Aus einer Broschüre der Unternehmer

Die moderne Industriegesellschaft ist für ihre wirtschaftliche – aber auch für ihre soziale – Leistungsfähigkeit abhängig von hoch entwickelter Technik. Ohne Mikroprozessoren und Handhabungsautomaten, so genannte Industrieroboter, müssten noch heute viele Menschen vor allem in der Industrie buchstäblich Schwerst- und Knochenarbeit verrichten. Ihnen hat der technische Fortschritt echte Erleichterungen gebracht.

Institut der deutschen Wirtschaft [Hrsg.]: Meine Meinung, deine Meinung ... und die Tatsachen, Köln 1983, S. 25 f.

1 Versucht die Gründe für den Einsatz von Industrierobotern im Einzelnen zu erläutern.
2 Welche Gründe erscheinen euch besonders wichtig? Warum?
3 Nicht nur die Produktion ist heute computerisiert. Auch in jedem Büro steht heute ein PC.
Wo begegnen euch Computer im Alltagsleben, welche Arbeiten werden mit ihrer Hilfe erledigt?
4 Welche Vorteile ergeben sich aus dem Einsatz von Bürocomputern
   - für das Unternehmen/den Unternehmer,

Neue Technologien in der Diskussion

Unstrittig ist,
- dass die Einführung und Anwendung neuer Technologien in allen Bereichen der Wirtschaft und Verwaltung notwendig ist, um auch in Zukunft allen Menschen Einkommen und eine gewisse soziale Sicherung zu gewährleisten, den erreichten Lebensstandard zu erhalten, insgesamt die Arbeit zu erleichtern und so die Existenzbedingungen aller zu verbessern;
- dass infolge des Einsatzes der neuen Technologien Hunderttausende, ja Millionen bisheriger Arbeitsplätze vernichtet werden;
- dass neue Arbeitsplätze durch neue Technologien vor allem bei den Dienstleistungen entstehen;
- dass sich die Arbeitsplatzanforderungen auf Grund der neuen Technologien vielfach und einschneidend ändern werden.

Strittig ist,
- ob es gelingen kann, die verloren gegangenen Arbeitsplätze durch neue Arbeitsplätze (etwa im Bereich der Dienstleistungen) zu ersetzen, ohne dass z. B. die Arbeitszeit für alle Beschäftigten deutlich verkürzt wird;
- ob die Entscheidung über die Einführung neuer Technologien allein von den Interessen der Unternehmer abhängig sein darf oder ob nicht die Beschäftigten und ihre Gewerkschaften mehr Mitbestimmungsrechte in allen Fragen der Rationalisierung erhalten müssen;
- ob die neuen Arbeitsanforderungen die Beschäftigten wirklich stärker entlasten oder ob nicht neue Belastungen drohen.

Die Unternehmer weisen vor allem auf die wirtschaftliche Notwendigkeit hin, die neuen Technologien möglichst rasch und umfassend anzuwenden. Die Gewerkschaften betonen dagegen stärker die Notwendigkeit, im Interesse der arbeitenden Menschen die Einführung und Anwendung neuer Technologien sozialverträglich zu gestalten.
Das bedeutet z.B., dass bei der Umstellung eines Betriebes oder Betriebsteiles die Beschäftigten nicht nur rechtzeitig informiert werden, sondern auch das Recht haben, über Zeitpunkt und Ablauf der Umstellung wirklich mitzubestimmen. Außerdem wird u.a. gefordert, dass die Beschäftigen bei Dequalifizierung [= Abwertung] ihres neuen Arbeitsplatzes keine Einkommensverluste hinnehmen müssen.

– *für die an diesen Geräten Beschäftigten?*
Welche Nachteile?

5 *Was meint ihr zu den Forderungen der Gewerkschaften im Kasten „Neue Technologien in der Diskussion"? Ihr könnt euch (beim DGB, bei der Industrie- und Handelskammer) darüber informieren, inwieweit diese Forderungen schon verwirklicht sind.*

6 *Was berichten dir deine Eltern vom Einsatz neuer Technologien an ihrem Arbeitsplatz/in ihrem Betrieb?*

7 *Was meint ihr zu der folgenden Zeitungsanzeige? Sie stammt von einer Schweizer Radsport-Firma.*

Aus einer Anzeige
Zum Nachdenken: Warum werden an vielen Arbeitsplätzen Menschen durch Maschinen ersetzt? Wenn man Sie, die Maschine, einmal hat, ist Sie immer da: morgens zur Zeit, mittags zur Zeit (nie zu spät), zur Not auch abends, samstags, sonntags, nachts, einfach immer. Sie verlangt nicht dauernd mehr Lohn, mehr Ferien, mehr ‚Grati' (13. Monatsgehalt), keine Teuerungszulage ... Man bezahlt für Sie keine Kranken-, Unfall-, Arbeitslosenversicherung, keine Pensionskasse, keine Ferien, keine Kinderzulagen, keine Dienstaltersgeschenke usw. usw. usw. Am Montagmorgen stellt man Sie an und Sie arbeitet. Sie spricht nicht vom Fußball, vom Autorennen, vom Samstagsabendrausch usw. usw. usw. – Sie macht keine Zigarettenpause; auch muss Sie nicht ans stille Örtchen zu einer längeren Sitzung! Sie reklamiert nicht, ist selten launisch, spürt keinen Föhn etc. etc. etc., und wenn man Sie nicht mehr braucht, wird man Sie sehr leicht los ...

Zitiert in: Der Spiegel Nr. 30/1980, S. 166 (gekürzt)

Industrieroboter und Bürocomputer verändern die Produktions- und Arbeitsabläufe und damit auch die Arbeitsbedingungen und die Arbeitsanforderungen an die Beschäftigten. So wird den Menschen einerseits viel an schwerer körperlicher Arbeit in den Fabriken durch die Roboter abgenommen und auch im Büro entfallen eintönige, doch anstrengende Tätigkeiten. Andererseits bleibt vielen Beschäftigten in der Nähe dieser neuen „Kollegen" nur einfache Arbeit übrig: Eingabe, Überwachung, Endkontrolle (Dequalifizierung von Arbeitsplätzen). Andere Beschäftigte werden dort, wo die Computer (noch?) nicht selbst entscheiden können, ihre Kenntnisse, Fähigkeiten und Fertigkeiten ständig erweitern und vergrößern müssen, etwa bei der Planung und Beaufsichtigung von Produktionsabläufen, aber auch bei der Reparatur und Neueinrichtung der Roboter und Computersysteme (Höherqualifizierung von Arbeitsplätzen).

Karikatur: Löffler

8 *Erläutert die Karikatur.*

| **Methode:** | **Erkundung** |

Grau ist alle Theorie ... und manchmal bringt der direkte Eindruck mehr als ein Stapel Bücher. Eine Erkundung kann euch einen Einblick in die Wirklichkeit geben, die über das, was ihr lesen und auf Fotos sehen könnt, weit hinausgeht.
Aber Vorsicht: Vieles ist nicht so, wie es auf den ersten Blick aussieht. Oft muss man genau nachfragen und zweimal hinschauen. Deswegen auch hier: Eine gute Vorbereitung ist die halbe Miete!

Vorbereitung
Sammelt vor der Erkundung die Themen, die euch besonders interessieren, legt möglichst genaue Fragen fest und überlegt auch, mit welchen Mitteln ihr diesen Fragen auf der Erkundung am besten nachgehen könnt. Am besten bildet ihr mehrere Gruppen mit einem jeweils anderen Erkundungsauftrag.

Nachdem ihr geklärt habt, was ihr erkunden wollt, nehmt Kontakt mit der entsprechenden Stelle auf (z.B. der Geschäftsleitung einer Fabrik). Ihr müsst mit den Verantwortlichen genau absprechen, was ihr vorhabt, welche Fragen ihr stellen wollt, ob ihr Firmenmitarbeiter befragen dürft.
Außerdem ist wichtig abzuklären, wie ihr eure Erkundung dokumentieren könnt. Für die Benutzung von Tonbandgeräten und Fotoapparaten müsst ihr bei einer Betriebserkundung z.B. eine Erlaubnis des Betriebes haben.

Erkundungstechniken
Eine Erkundung ist keine Besichtigung! Ihr müsst euch aktiv verhalten und dazu einige Arbeitstechniken beherrschen, z.B.:
– gezieltes Beobachten und Beschreiben des Beobachteten;
– das Anfertigen von Skizzen und Protokollen;
– den Umgang mit Fragebogen und Interviewtechniken.

Auswertung
Wenn eure Erkundung erfolgreich war, habt ihr eine ganze Menge Material gesammelt. Ihr habt Gesprächsprotokolle geschrieben, eure Eindrücke vor Ort notiert, vielleicht sogar Fotos gemacht. Dies alles könnt ihr jetzt in Form einer Dokumentation auswerten.
Diskutiert eure Eindrücke und überprüft, wie weit ihr bei der Erkundung Material zur Beantwortung eurer Fragen gefunden habt.
Besprecht auch die Vor- und Nachteile der Techniken, die ihr angewandt habt und diskutiert, ob die Erkundung eure eigene Einstellung verändert hat.

8 Einblicke in die Arbeitswelt

9 Ihr könntet – bei einer Betriebsbesichtigung/Betriebserkundung – in Erfahrung bringen, wie sich die neuen Techniken auf die Arbeitsplätze auswirken.
Methode: *Erkundung, S. 125*
10 Wer programmiert wen? Versucht eine Antwort auf die Frage.

8.1.4 „Im Mittelpunkt steht der Mensch"?

Auch wenn heute Roboter in vielen Bereichen Arbeiterinnen und Arbeiter am Fließband ersetzt haben, ist eine Produktion ganz ohne Menschen kaum denkbar. Je komplizierter und anfälliger die Maschinen werden, desto mehr muss darüber nachgedacht werden, wie die menschliche Arbeit sinnvoll eingesetzt werden kann.

Die Erfahrungen mit den Folgen der Fließbandarbeit führten zu Überlegungen, wie die Arbeit menschengerechter und -freundlicher gemacht werden kann. Eine „Humanisierung der Arbeit" wurde gefordert. Hierzu gehörte die Frage, wie Arbeitende besser vor gesundheitlichen Schäden der Fließbandfertigung bewahrt werden können. Gleichzeitig sollte wieder mehr Verantwortung bei den Einzelnen liegen und damit die Arbeitsleistung gefördert werden. Dies sollte unter anderem durch umfangreichere und vielfältigere Arbeitsaufgaben erreicht werden.

Die Computerisierung der Arbeitswelt wirft die Frage nach der Rolle des einzelnen Menschen im Produktionsprozess neu auf. Gibt es die Möglichkeit, dass nun – anders als bei der herkömmlichen Fließbandfertigung – der Mensch im Mittelpunkt steht?

Zu dieser Frage werden zwei Modelle der Firma Opel vorgestellt: kleinschrittige Arbeitsverfahren und „schlanke Produktion". Das kleinschrittige Arbeitsverfahren zerstückelt den Arbeitsablauf am Fließband in kleinste Einheiten. Dagegen werden in der „schlanken Produktion" die Gruppenarbeit und die Gruppenverantwortung zur Grundlage der Automobilherstellung.

Arbeit in kleinen Schritten

In anderen Bereichen wie der Vormontage des Armaturenbretts und der Türen sehen die Opel-Planer ebenfalls ihr Heil in der noch stärkeren Zerlegung der Aufgaben in allerkleinste Fertigungsschritte, die vom Arbeiter immer wiederholt werden. Eine Vergrößerung der Arbeitsinhalte und eine Verlängerung der Taktzeiten, die noch vor wenigen Jahren unter dem Stichwort „Humanisierung der Arbeitswelt" gefeiert wurden, gehen nach Worten von Rolf Zimmermann, Werksdirektor in Rüsselsheim, „am Thema Qualität vorbei". Wenn der Arbeiter in einem Zeitraum von zum Beispiel zehn Minuten verschiedenste Arbeitsschritte ausführen und selbstständig Entscheidungen treffen musste, so habe das in der Vergangenheit häufig zu Zeitüberschreitungen und Qualitätsmängeln geführt. Konstante Bandgeschwindigkeiten und Taktzeiten von nur noch einer Minute sollen dem Arbeiter künftig jede Einflussmöglichkeit auf den Fertigungsablauf entziehen, erklärt Zimmermann.

Bei der Vormontage zum Beispiel eines Kabelbaums muss der Arbeiter sich nicht einmal mehr verschiedene Steckvarianten merken: Ein Bildschirm über seinem Arbeitsplatz zeigt ihm genau, welche Variante jetzt an der Reihe ist und wo was hingehört. Die Armaturenbretter der beiden Modellreihen Vectra und Omega, die in Rüsselsheim parallel vom Band laufen, werden zudem nicht mehr abwechselnd, sondern voneinander getrennt montiert, damit es eine Verwechslungsgefahr bei der Montage von vornherein nicht gibt. All diese zur Jahresmitte eingeführten Maßnahmen haben dazu geführt, dass jetzt 90 Prozent der Armaturenbretter schon vor ihrer Funktionsprüfung perfekt funktionieren, gegenüber 80 Prozent in den Monaten davor.

Frankfurter Allgemeine Zeitung vom 1.12.1994

Fernsehen statt Nachdenken? Ein Bildschirm zeigt dem Opel-Arbeiter, wohin welches Teil gehört

1 Was wisst ihr über Fließbandarbeit? Lasst euch von euren Eltern darüber berichten:
 – Wo gibt es sie noch?
 – Was verlangt sie von den Arbeiterinnen und Arbeitern?
 – Wie wirkt sie sich bei ihnen aus?
2 Erklärt Vor- und Nachteile der Fertigung eines Autos in kleinen Arbeitsschritten.
3 Welche Art von Qualifikation ist für diese Arbeit erforderlich?
Vergleicht mit den hohen Anforderungen an einen Facharbeiter (siehe Kasten rechts).

„Schlanke Produktion" im Eisenacher Opel-Werk

Im Mittelpunkt des Werkes stehen nicht mehr die vermeintlich fehlerfrei arbeitenden Roboter, mit denen man in der Vergangenheit versuchte, den Vorsprung der Japaner auszugleichen, sondern wieder der Mensch. Das Produktionskonzept wird durch fünf Merkmale gekennzeichnet:

– Die Mitarbeiter arbeiten in Gruppen […] In Eisenach übernehmen sie nicht nur die reinen Montagearbeiten, sondern auch Aufgaben wie Qualitätssicherung, Instandhaltung und Materialbereitstellung.
– Jeder Mitarbeiter kann bei Qualitätsproblemen die Produktion unterbrechen. Das Band läuft erst weiter, wenn die Schwierigkeiten behoben sind. So werden kostspielige Nacharbeiten vermieden.
– Die Gruppen sind aufgefordert, Arbeitsplätze und -abläufe kontinuierlich zu verbessern.

- Die innerbetrieblichen Zusammenhänge werden jederzeit transparent [= durchsichtig] gemacht, wobei konsequente Kontrollen der Erfassung und Beseitigung von Problemen dienen.
- Die Lagerbestände sind drastisch reduziert und dem jeweiligen Bedarf am Band angepasst.

Natürlich arbeiten in Eisenach auch Automaten. Insgesamt 122 Industrieroboter übernehmen den Zusammenbau der Rohkarosserien. Allerdings schweißen die Maschinen stets nur so viele Karosserien zusammen, wie benötigt werden, und sind zudem so konstruiert, dass sie verschiedene Funktionen übernehmen können. [...] Teams von sechs bis acht Mitarbeitern übernehmen die Fertigstellung der Wagen. Nach einem genau festgelegten Standard werden die Teile montiert. Jeder weiß, was er zu tun hat, wobei in Eisenach aber nicht allein die Montage im Vordergrund steht, sondern bereits am Band die Sicherung der Qualität. Jedes Team ist „Kunde" und „Lieferant" zugleich, sodass die jeweils andere Gruppe fehlerhafte Arbeiten zurückweisen kann. Bei Produktionsproblemen kann jeder Mitarbeiter das Band stoppen. Bei kleineren Problemen versucht zunächst der alarmierte Gruppensprecher die Schwierigkeiten zu lösen. Lässt sich das nicht realisieren, wird das Band vollständig gestoppt und erst wieder angefahren, wenn die geforderte Qualität erreicht worden ist. [...]

Einmal in der Woche finden die Gruppengespräche statt, in denen Probleme bereits auf der untersten Hierarchieebene [= Vorgesetztenebene] gelöst werden.

Walther Wuttke. In: Rheinischer Merkur vom 19.11.1993, S. 12

Das Foto stammt aus dem Charlie-Chaplin-Film „Moderne Zeiten". Hier wird die industrielle Arbeit, besonders die Fließbandarbeit in den Fabriken, als zutiefst unmenschlich (inhuman) dargestellt und kritisiert.

Aus der Betriebsvereinbarung: Aufgaben/Ziele der Gruppe

Die Gruppe hat gemeinsame Aufgaben und Ziele, die in Absprache mit den betrieblichen Vorgesetzten festgelegt werden. Es sind dies u. a. (Auszug):
- Selbstorganisation bei
    - der internen Aufgabenverteilung
    - der Pausenregelung
    - der Schichtübergabe
    - der Durchführung von Gruppengesprächen
    - der Verbesserung des Arbeitsschutzes
    - der Überwindung hoher Arbeitsteilung
    - der Durchführung der Urlaubsplanung
- Erhöhung der Arbeitszufriedenheit und Motivation
- Erfüllung des Produktionsprogrammes und der Qualitätsanforderungen
- Ausgleich von Leistungsschwankungen
- kostengünstige Produktion
- optimale Maschinen- und Anlagennutzung einschließlich der übertragenen Instandhaltungs- und Wartungsarbeiten (kleinere Reparaturen)
- Durchführung von Verbesserungen im Arbeitsbereich der Gruppe
- Einarbeitung neuer Mitarbeiter durch gegenseitiges Training und entsprechenden Zeitausgleich
- Integration von Behinderten und nicht voll einsatzfähigen Werksangehörigen
- Ordnung und Sauberkeit am Arbeitsplatz

Facharbeiter: die neuen Anforderungen

früher	künftig
- starre Arbeitszeiten	- flexible Arbeitszeiten, Absprache im Team
- detailliert vorgegebene Arbeitspläne	- selbstständige Planung der Arbeitsaufgaben
- Aufgabenverteilung durch den Meister	- Arbeitsaufteilung im Team
- Störfallentscheidung durch den Meister	- selbstständige Störungsanalyse und Reaktion
- Material- und Werkzeugkompetenz beim Meister	- verantwortliche Stoff- und Werkzeugdisposition
- Qualitätsverantwortung bei speziellen Kontrolleuren	- verantwortliche Qualitätssicherung
- Terminkontrolle durch Terminverfolgung	- Terminverantwortung
- Kostenverantwortung beim Meister	- Beteiligung am Kostenmanagement
Ausführung vorgegebener Planungen nach Anweisung	Selbstständig planen, durchführen und kontrollieren

IDW 25/1994

Die Gruppen diskutieren regelmäßig über die Produktion

– Förderung des kreativen, innovativen und selbstständigen Denkens und Handelns bei den Mitarbeitern
– Mitgestaltung der Arbeitsinhalte, Arbeitsbedingungen, Arbeitsorganisation und Arbeitsumgebung

Aus: Betriebsvereinbarung Nr. 179, Gruppenarbeit, Adam Opel AG, 1991

4 Erläutere das Produktionskonzept des Eisenacher Auto-Werks.
5 Welches Verhältnis besteht zwischen Menschen und Robotern?
6 Wie sind die Verantwortungen verteilt (siehe auch Betriebsvereinbarung)?
7 Welche Art von Gruppenkonkurrenz kann entstehen?

8.2 Plötzlich „weg vom Fenster"

8.2.1 Millionen suchen Arbeit

Nach Jahren eines zuweilen stürmischen wirtschaftlichen Wachstums („Wirtschaftswunder") begann Mitte der 70er-Jahre in der Bundesrepublik die Zahl der Arbeitslosen besorgniserregend zu steigen. 1975 gab es im Jahresdurchschnitt erstmals mehr als 1 Million Arbeitsuchende. An der Wende 1981/1982 stieg die Zahl der Arbeitslosen erstmals auf 1,5 Millionen an; 1989 waren annähernd 2,0 Millionen Personen ohne Arbeit. Die Arbeitslosenquote (= der prozentuale Anteil der Arbeitslosen an der Erwerbsbevölkerung) kletterte von 0,7 % im Jahr 1970 auf 7,1 % im Jahr 1989. 1995 waren es ca. 4,0 Millionen Arbeitslose in Deutschland (= 9 % der Erwerbstätigen).

Besonders hoch ist die Arbeitslosigkeit in den neuen Bundesländern, weil hier durch den Zusammenbruch der DDR und die rasche Übernahme der Marktwirtschaft strukturelle Probleme auftreten (siehe auch Abschnitt 10.1). Viele Betriebe mussten ihre Produktion drosseln oder ganz einstellen. Wann der Anpassungsprozess der ostdeutschen Wirtschaft beendet sein wird, kann (Mitte der 90er-Jahre) noch nicht vorhergesagt werden.

Ähnlich wie in der Bundesrepublik stieg auch in den anderen westlichen Industrienationen die Arbeitslosigkeit. In den Ländern der EU gab es 1995 rund 20 Millionen Arbeitslose, davon 6,5 Millionen Jugendliche.

Für Arbeitslosigkeit gibt es ganz unterschiedliche Gründe. Wirtschaftswissenschaftler und -politiker unterscheiden vor allem die folgenden Arten von Arbeitslosigkeit:

– Als strukturelle Arbeitslosigkeit wird Arbeitslosigkeit bezeichnet, die infolge eines grundlegenden Wandels in der Wirtschaft bzw. einem Wirtschaftsbereich auftritt - etwa dann, wenn für bestimmte Produkte eine geringere Nachfrage besteht (z. B. Waschmaschinen und Kühlschränke Ende der Siebzigerjahre).
– Als konjunkturelle Arbeitslosigkeit gilt Arbeitslosigkeit, die darauf zurückzuführen ist, dass insgesamt die Nachfrage der Konsumenten nach Gütern und Dienstleistungen zurückgeht.
– Saisonale Arbeitslosigkeit ist vor allem jahreszeitlich bedingt: Im Winter z. B. können die Maurer oft nicht mauern, und die Beschäftigten des Fremdenverkehrs- bzw. Hotel- und Gaststättengewerbes haben in vielen Urlaubsgegenden kaum Gäste zum Bedienen.

Bequemlichkeit (oder gar Faulheit) von Arbeitslosen kann nicht als Ursache für die stetig wachsende Arbeitslosigkeit ins Feld geführt werden.

– Gegen dieses Vorurteil spricht nicht nur das krasse Missverhältnis zwischen offenen Stellen und Arbeitslosen.
– Untersuchungen haben ergeben, dass allenfalls nur etwa 10 % der gemeldeten Arbeitslosen „vermittlungsunwillig" sind.

Abgesehen von den bisher genannten Erklärungen für Arbeitslosigkeit weisen Wirtschaftswissenschaftler und -politiker auch auf eine langfristige Entwicklung hin:

Die hohe Arbeitslosigkeit gilt als Anzeichen dafür, dass die menschliche Arbeit aufgrund der technischen Fortschritte in vielen Bereichen immer entbehrlicher wird. Immer weniger Menschen können mit immer leistungsfähigeren Maschinen all das herstellen, was gebraucht und gewünscht wird.

Andererseits bleibt den Menschen genug zu tun, wobei Maschinen kaum helfen können.

1 Findet in eurer Umgebung jeweils Beispiele für strukturelle, konjunkturelle und saisonale Arbeitslosigkeit.
2 Diskutiert: „Ist Arbeitslosigkeit Schicksal oder kann man dagegen etwas tun?". Erörtert dabei auch, wer mit wel-

chen Gründen darüber entscheidet, dass Beschäftigte in die Arbeitslosigkeit entlassen werden.

8.2.2 Arbeitslos – und dann?

Für den Einzelnen bedeutet Arbeitslosigkeit eine grundlegende Veränderung seines täglichen Lebens. Selten liegt persönliches Verschulden vor, das zur Arbeitslosigkeit führt. Oft treffen Entlassungen die Menschen völlig unerwartet. Entsprechend schwer ist es, eine solche Situation zu bewältigen.
Finanzielle Hilfe bei Arbeitslosigkeit wird durch die Arbeitslosenversicherung geleistet; siehe hierzu die Abschnitte 11.2 und 11.3.
Wichtig aber ist es auch, die/den Arbeitslose/n möglichst bald wieder ins Arbeitsleben einzugliedern. Deshalb bietet das Arbeitsamt neben der Zahlung von Arbeitslosengeld und -hilfe auch Umschulungen oder Weiterbildungen an.
Weitere Möglichkeiten der Arbeitsförderung sind Arbeitsbeschaffungsmaßnahmen (ABM), wie sie im folgenden Fall erwähnt werden:
Die Arbeitsämter fördern neu eingerichtete Stellen durch Zuschüsse zu den Lohnkosten. In der Regel hat eine solche ABM eine Laufzeit von ein bis zwei Jahren. Ziel ist, dass die neu geschaffene Stelle nach Ablauf der ABM weiter bestehen bleibt.

Ernst Lock: arbeitslos

Jetzt ist Ernst Lock fast 40 und heraus aus dem Spiel. Keine Arbeit mehr, keine Ehe, kein Haus. Knapp 1200 Mark Arbeitslosenhilfe hat er zur Zeit, dank ABM, einen Tausender mehr. Die Kinder leben bei der Mutter, weit weg in einer anderen Stadt. Er hat sie selten gesehen, die Fahrkarten konnte er nicht bezahlen.
Wer rechnete damals schon mit Arbeitslosigkeit? Lock nicht; arbeitslos, das war das Schicksal der anderen.
Er solle schnell gesund werden, sagte doch der Chef damals nach dem Arbeitsunfall zu ihm, so einen guten Lagerleiter wie ihn gebe es schließlich nicht alle Tage. Die Genesung zog sich hin und dann kam der Brief: Einen angeschlagenen Lagerleiter, das müsse er verstehen, könne sich die Firma nicht leisten. Arbeitslos. Die ersten drei, vier, fünf Wochen,

Warteschlangen im Flur eines Arbeitsamtes

erinnert sich Lock, waren gar nicht so schlecht, wie ein langer Urlaub eben, aber dann? Viel Zeit, zäh und lang. Tag für Tag für Tag. Ernst Lock brachte die Tochter in den Kindergarten, dann war es neun. Er las, dann war es elf, er starrte in die Glotze, er soff.
Die Haarrisse in der Ehe brachen auf. Der Traum von Haus und Familie zerstob. Alles krachte weg, der Kegelabend, die Freunde. Nur der Berg von Schulden blieb. „Der Gesichtsverlust", erinnert sich der Mann, „ist unbeschreiblich."
Er jobbte mal hier, mal da, schleppte Kisten im Hafen. Er bewarb sich, sammelte Absagen und demütigende Offerten [= Angebote]: Lagerleiter für 1600 Mark brutto hätte er werden können, Kurierfahrer, der dem Chef die Benzinkosten für sechs Monate vorstrecken muss. Einige Male sah es so aus, als könnte er wieder einsteigen in die Welt von Lebensversicherung, Pauschalreise und Bausparvertrag. Er wurde zum Vorstellungsgespräch geladen, was er bot, gefiel. Alles wunderbar – aber halt, eine letzte Frage noch: Haben Sie Schulden?
„Man kommt sich vor wie Müll", brummt Ernst Lock und klebt wütend die nächste Selbstgedrehte zu.
Was noch übrig war von seiner Leistungskraft, hieb vor vier Jahren der Schlaganfall weg. Dann streikte das Herz. Lock durfte nichts mehr tragen, nicht mehr fahren. Er schleppt trotzdem, er fährt den Laster. Den Stempel für die Fahrtauglichkeit hat er dem Amtsarzt abgerungen. „Ich will arbeiten", sagt er trotzig. „Ich will mein Gesicht wahren."

8 Einblicke in die Arbeitswelt

Jetzt lebt er mit seiner Verlobten und dem gemeinsamen Kind in einer Hamburger Hochhaussiedlung: „Das ist jetzt meine Welt." Er schämt sich nicht mehr, wenn er gefragt wird, was er denn so arbeite. „Ich bin Mitarbeiter beim größten deutschen Konzern", frotzelt er dann [bei der Bundesanstalt für Arbeit]."

Der Spiegel 5/1994, S. 88 f.

1 Stellt zusammen: Welche beruflichen Stationen hat Ernst Lock durchlaufen?
2 Welche Auswirkungen hat die Arbeitslosigkeit auf sein Leben (gehabt)?
3 Einige Arbeitsangebote hat E. Lock abgelehnt. Erläutert die im Text genannten Beispiele im Einzelnen und nehmt Stellung zu der Ablehnung durch E. Lock.
Diskutiert die Meinung: „Arbeit, auch wenn sie schlecht bezahlt wird, ist besser als Arbeitslosigkeit."
4 Erkundigt euch nach den „Zumutbarkeitsregeln" bei der Arbeitsvermittlung durch das Arbeitsamt.

Methode: *Expertenbefragung, S. 132*

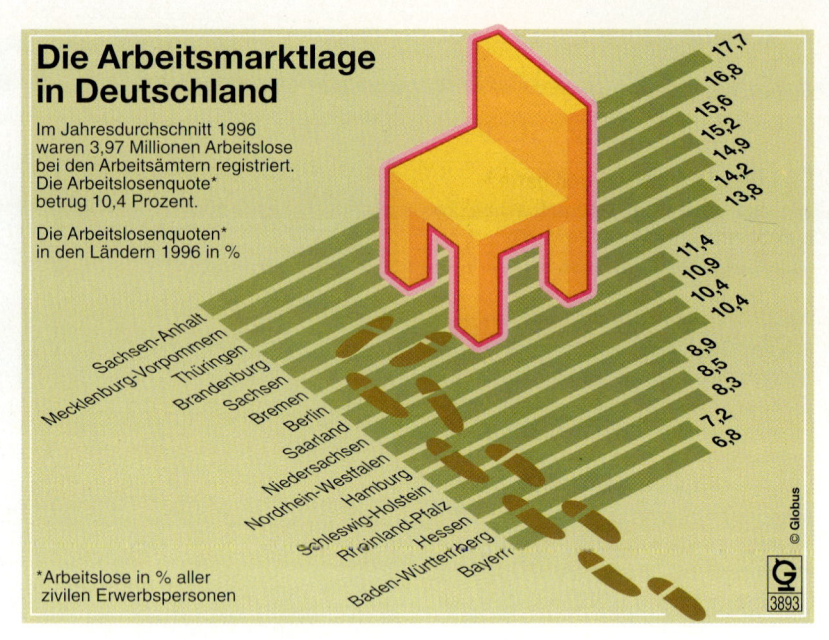

8.2.3 Wege aus der Arbeitslosigkeit

Das Problem Arbeitslosigkeit ist eines der größten Probleme der Industriestaaten. Arbeitslosigkeit bedeutet nicht nur Armut für immer mehr Menschen und damit auch zusätzliche finanzielle Belastung für den Staat und die Sozialversicherung. Eine hohe Arbeitslosigkeit sorgt auch dafür, dass immer mehr Menschen gesellschaftlich an den Rand gedrängt und damit stärker für antidemokratische politische Ideen empfänglich werden. Für die Wirtschaft bedeutet eine hohe Arbeitslosigkeit einen Rückgang des Konsums und damit eingeschränkte Absatzmöglichkeiten.
Die Bekämpfung der Arbeitslosigkeit liegt also im Interesse aller. Grundsätzlich gibt es zwei gegensätzliche Auffassungen:
Von den einen wird erwartet, dass die Arbeitslosigkeit in den nächsten Jahren kaum zurückgeht. Sie stützen ihre Ansicht auf die Annahme, dass – bei gleichbleibenden Arbeitsverhältnissen wie heute (z. B. 35-Stunden-Woche, tarifliche Bezahlung, hohe Steuerabgaben, hauptsächlich Vollerwerbsplätze) – keine neuen Arbeitsplätze geschaffen werden. Diese Auffassung bedeutet entweder, dass man sich mit der Aufteilung in Arbeitsbesitzer und -nichtbesitzer zufrieden geben muss, oder dass man die Arbeitsverhältnisse – zuungunsten der Arbeitenden – ändern muss.
Eine andere Ansicht geht davon aus, dass Arbeit besser verteilt werden und dass die Wirtschaft ökologisch, d. h. umweltfreundlich umgesteuert werden müsse. Dies würde den Abschied von der über einhundert Jahre praktizierten Arbeitsgesellschaft beinhalten. Die meisten Menschen würden weniger verdienen als heute, sich dafür aber intensiver mit einer kulturellen Nutzung ihrer freien Zeit beschäftigen.
Mitte der 90er-Jahre unternehmen Arbeitgeber und Gewerkschaften Anstrengungen, zur Lösung des Problems Arbeitslosigkeit beizutragen.

Senkung der Arbeitskosten
Die Bekämpfung der Arbeitslosigkeit bleibt unsere größte Herausforderung. Aufs Ganze gesehen ist die negative Entwicklung auf dem

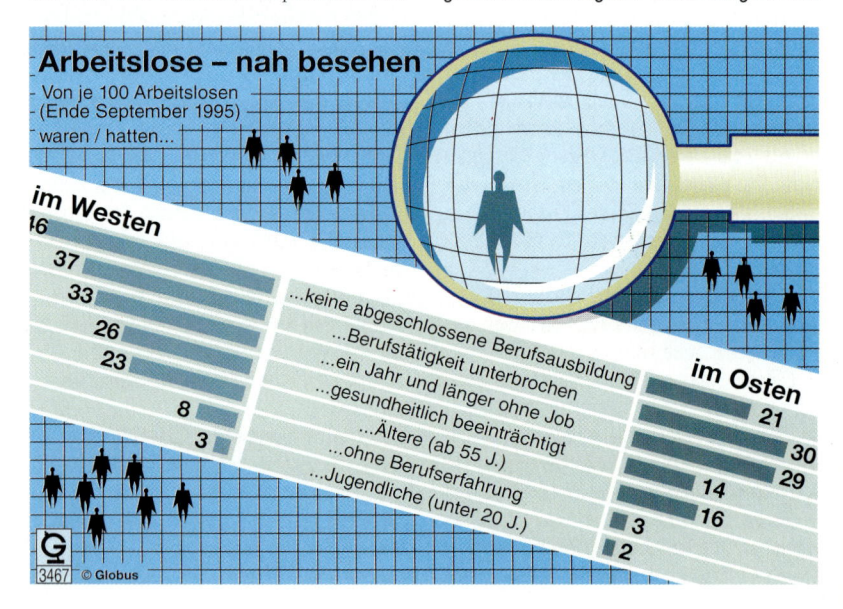

Die Arbeitsmarktlage in Deutschland

Im Jahresdurchschnitt 1996 waren 3,97 Millionen Arbeitslose bei den Arbeitsämtern registriert. Die Arbeitslosenquote* betrug 10,4 Prozent.

Die Arbeitslosenquoten* in den Ländern 1996 in %

Land	%
Sachsen-Anhalt	17,7
Mecklenburg-Vorpommern	16,8
Thüringen	15,6
Brandenburg	15,2
Sachsen	14,9
Bremen	14,2
Berlin	13,8
Saarland	11,4
Niedersachsen	10,9
Nordrhein-Westfalen	10,4
Hamburg	10,4
Schleswig-Holstein	8,9
Rheinland-Pfalz	8,5
Hessen	8,3
Baden-Württemberg	7,2
Bayern	6,8

*Arbeitslose in % aller zivilen Erwerbspersonen

Arbeitslose – nah besehen

Von je 100 Arbeitslosen (Ende September 1995) waren / hatten...

	im Westen	im Osten
...keine abgeschlossene Berufsausbildung	46	—
...Berufstätigkeit unterbrochen	37	21
...ein Jahr und länger ohne Job	33	—
...gesundheitlich beeinträchtigt	26	30
...Ältere (ab 55 J.)	23	29
...ohne Berufserfahrung	8	14
...Jugendliche (unter 20 J.)	3	16
	3	
	2	

130

Demonstration für den Erhalt von Arbeitsplätzen

Arbeitsmarkt noch immer nicht gebrochen. Die Höhe der Arbeitskosten ist dafür die wesentliche Ursache. Deshalb ist die Verringerung dieser Kosten die wichtigste Aufgabe. Das muss auch das Anliegen der Politik sein. Arbeitsplätze werden nur erhalten und neue können nur aufgebaut werden, wenn unsere Produkte auf den Weltmärkten gefragt bleiben.

Der Samstag ist und bleibt ein Werktag. Bei unseren europäischen Nachbarn laufen die Maschinen im Schnitt rund 15 Prozent länger als bei uns, vor allem auch wegen der Einbeziehung des Samstags. Auch bei uns müssen wir deswegen gerade in den exportabhängigen Wirtschaftszweigen die wöchentliche Regelarbeitszeit auf sechs Tage verteilen können. Inzwischen ist die Diskussion über den Umbau des Sozialstaates in Gang gekommen. Nun müssen wir handeln. Jeder Verantwortliche in Wirtschaft und Gesellschaft weiß, dass unsere heutigen sozialen und Einkommensverhältnisse Veränderungen zumutbar machen.

Nach: Redemanuskript von Klaus Murmann (Präsident der Bundesvereinigung der Deutschen Arbeitgeberverbände) zur Bundespressekonferenz am 11. September 1995

Bündnis für Arbeit

Kolleginnen und Kollegen,
ich habe die verheerenden Folgen der Massenarbeitslosigkeit angesprochen

– für die Schicksale der Menschen,
– für die gesellschaftliche Entwicklung,
– für unsere eigene Arbeit.
[...] Ich habe das politische Versagen der Bundesregierung kritisiert, die unternehmerische Verantwortung angemahnt, der Arbeitslosigkeit zu Leibe zu rücken. Ich will jetzt über unseren Zukunftsbeitrag reden, über einen Beitrag, mit dem vielleicht Bewegung in die politische Diskussion zur Bekämpfung der Arbeitslosigkeit gebracht werden kann.
Ich schlage der Bundesregierung sowie den Unternehmern und ihren Verbänden ein Abkommen auf Gegenseitigkeit vor, zur Schaffung von Arbeitsplätzen ein „Bündnis für Arbeit". Dieses „Bündnis" umfasst auch einen eigenen Beitrag. Daran sind Voraussetzungen und Bedingungen geknüpft. Ein Geben und ein Nehmen.
Dieses Bündnis verpflichtet
– die Bundesregierung,
– die Arbeitgeber
– und auch uns
zur Einhaltung.
Und es verpflichtet zur Bilanz. Wenn die Unternehmen der Metallverarbeitung garantieren, in den nächsten drei Jahren
– auf betriebsbedingten Kündigungen zu verzichten,
– 300 000 zusätzliche Arbeitsplätze zu schaffen,
– außerdem 30 000 Langzeitarbeitslose einzustellen
– sowie die Ausbildungsplätze um jährlich 5 Prozent zu steigern

und wenn die Bundesregierung verbindlich erklärt,
– bei der Novellierung des Arbeitsförderungsgesetzes auf die Kürzung des Arbeitslosengeldes und der Arbeitslosenhilfe zu verzichten und die Sozialhilfekriterien nicht zu verschlechtern,
– eine Regelung zur Gewährleistung des Ausbildungsplatzangebotes entsprechend der Nachfrage zu schaffen,
– Betriebe, die nicht oder zu wenig ausbilden, zum Lastenausgleich heranzuziehen,
dann werde ich mich dafür einsetzen,
– in 1997 Einkommenssteigerungen zu vereinbaren, die sich am Ausgleich der Preissteigerung orientieren,
– und befristete Einarbeitungsabschläge für Langzeitarbeitslose zu ermöglichen.

Rede des IG-Metall-Vorsitzenden Klaus Zwickel, in: Frankfurter Rundschau vom 6.2.1995

1 Überlegt: Was gehört alles zu den Arbeitskosten, die der Arbeitgeberpräsident anspricht? Nehmt dafür auch Informationen aus Abschnitt 11.3.
2 Was bedeutet es für Familien, wenn der Samstag stärker zur Erwerbsarbeit genutzt wird? Überlegt am Beispiel eurer eigenen Familie.
3 Welche Gemeinsamkeiten und Unterschiede seht ihr zwischen der Position der Arbeitgeber und der Position der Gewerkschaften?

Methode: Expertenbefragung

Wenn ihr euch sehr intensiv mit einem Thema beschäftigen wollt, kommt ihr irgendwann an den Punkt, an dem euch alles, was ihr bisher gelesen habt, nicht mehr weiterhilft. Jetzt ist die Expertin oder der Experte gefragt. Das sind Leute, die in einem bestimmten Bereich arbeiten oder sich schon sehr lange mit einem Thema auseinander setzen und euch deshalb Dinge berichten können, die ihr noch nicht einmal in eurem Politikbuch finden könnt.

Zum Thema Schule kann das die Schulsprecherin oder der Schulsprecher sein, zum Thema Freizeit vielleicht Leute aus Vereinen. Ihr könnt Parlamentarierinnen und Parlamentarier einladen oder Spezialisten, die zu einer Sache gegensätzliche Auffassungen vertreten, wie z. B. einen Zivildienstleistenden und einen Jugendoffizier der Bundeswehr.

Zum Thema Arbeitswelt empfiehlt sich sicherlich der Anruf bei einer Berufsberaterin oder einem Berufsberater beim Arbeitsamt, bei Unternehmerverbänden, Gewerkschaften oder Berufsverbänden.

Eine Expertenbefragung kann in drei Schritten ablaufen: Vorbereitung, die eigentliche Befragung und die Auswertung.

1. Vorbereitung

Voraussetzung für eine solche Befragung ist, dass ihr euch mit dem Thema schon eine Weile beschäftigt habt, denn erst bei der Beschäftigung merkt ihr, wo es noch inhaltliche Lücken und Widersprüche zum Thema gibt. Ihr könnt dann viel gezielter und genauer fragen.

Bevor ihr jemanden einladet, überlegt und besprecht Folgendes:
- Welche Informationen haben wir schon? Welche Fragen stehen noch offen?
- Welche Expertin oder welcher Experte wäre notwendig, um uns die offenen Fragen zu beantworten? Wo und wie können wir Kontakt aufnehmen?

Wenn klar ist, wen ihr einladen werdet, ist es wichtig, die Einzelheiten für die eigentliche Befragung noch einmal genauer auszuarbeiten:
- Welche Themenbereiche sollen angesprochen werden? Stellt einen genauen Fragenkatalog auf.
- Soll die Expertin / der Experte erst einmal einen kleinen Vortrag zum Thema halten oder soll es gleich mit der Befragung losgehen?
- Wie soll die Befragung für die Auswertung festgehalten werden: Schreibt jemand mit? Dokumentiert ihr alles per Tonband oder Video?

2. Die Befragung

Jetzt gilt's: Stellt eure Fragen so, wie ihr es vorher abgesprochen habt. Dafür gibt es mehrere Möglichkeiten:
- Alle von euch stellen die Fragen aus dem Fragenkatalog (natürlich nacheinander).
- Eine Gruppe von Interviewerinnen und Interviewern, die ihr vorher benannt habt, stellt die Fragen.
- Ihr teilt die Fragen in der Klasse auf, z.B. nach Tischgruppen; jede Gruppe ist für einen bestimmten Themenbereich zuständig, den ihr vorher festgelegt habt.

Den größten Nutzen bei einer Expertenbefragung habt ihr, wenn ihr
- genau zuhört und
- gezielt nachfragt (keine Angst vor „dummen" Fragen).

3. Die Auswertung

Was bringt die beste Befragung, wenn man sich danach an die wichtigsten Antworten nicht mehr erinnern kann? Also: Zeichnet das Wichtigste des Gesprächs auf.

Hier gilt: Je genauer ihr vorher gewusst habt, was ihr erfragen wollt, desto genauer könnt ihr auch festhalten, was bei den Antworten wichtig war.

Erster Schritt der Auswertung ist eine Dokumentation. Ihr könnt die wichtigsten Punkte an einer Pinnwand zusammenstellen oder, wenn ihr in verschiedenen Themengruppen gearbeitet habt, jeweils ein kleines Protokoll schreiben, das ihr an die anderen verteilt.

Zur Auswertung könnt ihr folgende Fragen diskutieren:
- Konnte die Expertin/der Experte uns klare Antworten auf unsere Fragen geben?
- Was haben die Antworten für unser Thema gebracht? Sehen wir jetzt neue Möglichkeiten, uns damit weiter zu beschäftigen?
- Gab es Fragen, auf die die Expertin/der Experte nicht eingegangen ist? Ist sie/er einer Frage ausgewichen? Warum wohl?
- Waren wir gut genug vorbereitet? Was können wir bei einer nächsten Befragung vielleicht besser machen?

8.3 Ausbildung: Schutz vor Arbeitslosigkeit?

8.3.1 Die Bedeutung der Berufsausbildung

Jeder erwachsene Mensch soll durch Arbeit für sich selbst sorgen können. Die Voraussetzungen dazu muss er/sie durch eine qualifizierte Berufsausbildung schaffen. Dafür bieten sich über dreihundert Berufe an. Die im Allgemeinen dreijährige praktische Ausbildung im Betrieb wird vom wöchentlichen theoretischen Berufsschulunterricht begleitet (duales System) und mit einer Prüfung abgeschlossen. Allerdings wird oft darüber geklagt, dass die Tätigkeit in beiden Bereichen nicht genügend aufeinander abgestimmt sei.

Bei der Berufswahl sollte man mehrere Ausbildungsrichtungen in Erwägung ziehen, denn nicht immer lässt sich ein Ausbildungsplatz im „Lieblingsberuf" finden. Außerdem sind durch den Abbau von hunderttausenden von Arbeitsplätzen seit Beginn der 90er-Jahre auch viele Ausbildungsplätze weggefallen. Der Lehrstellenmarkt ist starken Schwankungen unterworfen. Inzwischen herrscht in einigen Berufen Facharbeitermangel.

In unserer modernen Gesellschaft werden die Anforderungen im Beruf immer komplizierter und müssen den dauernden Veränderungen gerecht werden. Deshalb muss die Ausbildung breit angelegt sein; das Wissen und Können muss immer wieder erweitert und vertieft werden. „Lebenslanges Lernen" ist also gefordert. Dafür bieten sich verschiedene Möglichkeiten an, nicht zuletzt solche zu weiterführenden Ausbildungsgängen.

1 Erörtert, warum eine gute Berufsausbildung für euch wichtig ist.
2 Die Gewerkschaften verlangen eine gesetzliche Verpflichtung der Betriebe zum Ausbilden. Die Arbeitgeber wenden sich gegen solche Forderungen. Diskutiert die beiden Auffassungen.
3 Macht eine Expertenbefragung. Ladet eine Berufsberaterin oder einen Berufsberater des Arbeitsamtes zu euch in die Klasse ein. Darüber hinaus befragt Eltern und Bekannte.
Methode: *Expertenbefragung, linke Seite*

8.3.2 Auf der Suche nach dem besten Einstieg

Betriebspraktikum hilft bei der Berufswahl

Waschen, Haare kämmen, Blutdruck messen und Spritzen aufziehen – volles Programm für die 16-jährige Eva Schellenberg. Die Praktikantin ist mit Krankenschwester Birgit Kämmer von der Oberurseler Diakoniestation unterwegs zu den Patienten. Vier Wochen lang probierte die Neuntklässlerin der Königsteiner Taunus-Schule ihren künftigen Beruf aus. Gemeinsam mit 19 anderen Schülern arbeitet sie in Hochtaunus-Betrieben. „Damit die Jugendlichen einen Eindruck davon bekommen, wie das ist, wenn man sein Geld verdienen muss", sagt Manfred Wolf, Chef der Taunus-Schule. Deswegen wird das Betriebspraktikum in Königstein stets auch noch einmal wiederholt. Jeweils vier Wochen in der achten und in der neunten Klasse machen die Schüler ihre Erfahrungen – immer in anderen Betrieben.

Dabei geht es – fast – zu wie im richtigen Leben. Die Schüler müssen in einem Telefonbuch blättern, Eltern und Bekannte um Rat für die Firmenwahl fragen. Wer „seinen" Arbeitsplatz gefunden hat, schreibt eine Bewerbung. Manchmal genügt sogar ein Anruf.

Bernd Klotz schraubte im vergangenen Jahr Computer bei der Firma Escom zusammen. Nun hilft der 14-jährige bei BMW-Rolls-Royce in der Turbinen-Reparatur-Abteilung. [...]

In den Montagehallen geht er Technikern zur Hand, darf auch schon mal eine Treibstoffpumpe ganz allein auseinander schrauben. Und zwischendurch heißt es: Tagesberichte anfertigen oder einen Aufsatz über ein Schwerpunktthema schreiben. Ausbilder Bernd Müller führt ihn von einer Abteilung in die nächste, von der Demontage zur Reinigung und dann in die Pumpenwerkstatt. [...]

Wenngleich Bernd nach den vier Wochen eher noch Zweifel hat, für Eva ist klar: Das ist der Beruf fürs Leben. „Ich hab' mich schon entschlossen", versichert sie. Und Schwester Birgit bescheinigt ihr zudem Umsicht und ein gutes Händchen für alte Leute. Nach dem Schulabschluss will Eva nun ein Jahrespraktikum absolvieren, danach zwei Jahre in der Altenpflege-Schule lernen.

Sven Arnold in: TZ vom 16.10.1995

1 Habt ihr ähnliche Gelegenheiten wie Bernd und Eva gehabt einen Arbeitsplatz kennenzulernen? Berichtet.

Jugendliche sollen beim Berufswunsch flexibel sein

„Warten bringt nichts. Lieber etwas lernen, was nicht den Idealvorstellungen entspricht", empfiehlt Christa Kolbe-Geipert vom Arbeitsamt den jungen Leuten, die noch keinen Ausbildungsplatz haben [...].

Dabei sind die begehrtesten Ausbildungsplätze ohnehin schon fast alle vergeben: Wer zum Beispiel Bankkaufmann, Industriekaufmann, Bauzeichner, Chemielaborant, Hotelfachfrau, Arzthelferin oder Kraftfahrzeugmechaniker werden wollte, muss wohl umdenken. Offene Stellen gibt es noch für Einzelhandelskauffrauen und -männer, Konstruktions- oder Industriemechaniker, Elektroinstallateure, Zahnarzthelferinnen, Friseure, Zimmerer, Maler, Fleischer und Köche, erklärt Kolbe-Geipert. Anders als in der Industrie und im öffentlichen Dienst konnte das Handwerk sein Ausbildungsangebot auf hohem Niveau halten. Am 1. Januar wurden im Bereich der Handwerkskammer Rhein-Main insgesamt 13230 Auszubildende gezählt, 0,3 Prozent mehr als vor einem Jahr. Die Frankfurter Handwerksbetriebe beschäftigen derzeit 3414 Lehrlinge. „Das Interesse am Handwerk wächst", versichert der Pressesprecher der Kammer, Karl Klumpp. Langsam würde sich herumsprechen, dass die Arbeitsplätze im Handwerk krisenfester als andere seien. Außerdem biete es gute Aufstiegsaussichten. Ein Drittel der Firmeninhaber sei älter als fünfzig Jahre, sodass in den nächsten Jahren mit vielen Betriebsübernahmen gerechnet werden könne.

Frankfurter Rundschau vom 5.4.1995, S. 22

2 Was willst du später mal werden? Vergleicht die verschiedenen Erwartungen an euren Beruf: von Lehrerinnen und Lehrern, euren Freundinnen und Freunden, euren Eltern.
3 Vergleicht die Lehrberufe im Schaubild auf S. 135 mit euren eigenen Vorstellungen. Habt ihr zu einzelnen Berufen schon eigene Vorstellungen? Was wisst ihr z. B. über die Arbeit einer Arzthelferin?

8 Einblicke in die Arbeitswelt

Ausbildung in einem Handwerksbetrieb

4 Was rät das Arbeitsamt? Diskutiert: Soll man den Beruf suchen, der am meisten Spaß macht oder lieber „vernünftig" sein?

8.3.3 Wie wär's mit Weiterlernen?

Weiter an der Schule bleiben oder ins Berufsleben einsteigen? Das ist die Frage, die ihr euch früher oder später stellen müsst.
Dabei muss der Abschied von der Schule nicht endgültig sein: Das deutsche Bildungssystem - in einer Übersicht auf Seite 136 - bietet viele Möglichkeiten, weiterzulernen. Und: Die wenigsten gehen den ganz geraden Weg zu ihrem Traumberuf.

Stimmen zum Thema

Daniel: „Wer weiter zur Schule geht, hat später einen besseren Schulabschluss und damit viel bessere Chancen im Beruf."
Nadine: „Ich werde eine betriebliche Ausbildung machen: Ich möchte endlich mein eigenes Geld verdienen – bei einer Arbeit, die mir Spaß macht."
Klaus: „Ich will Erzieher werden. Die Ausbildung dauert je nach Bundesland drei bis vier Jahre. Wenn ich damit fertig bin, kann ich im-

Karikatur: Plaßmann

Fragen zur Berufswahl

Welchen Beruf möchtest du erlernen?
Welche Gründe bestimmen deine Berufswahl?

- Interesse und Neigung
- Beratung durch Eltern, Freunde
- Beratung durch Lehrer, Berufsberater
- günstige Verdienstaussichten
- günstige Chancen zum Vorwärtskommen
- örtliche Bedingungen des Lehrstellenangebots
- andere Gründe

Was weißt du über den Weg der Berufsausbildung in diesem Beruf?
Welche Chancen beruflicher Weiterentwicklung erwartest du von dem angestrebten Beruf?
Hast du Aussichten, nach der Lehrzeit vom Betrieb in ein Dauerarbeitsverhältnis übernommen zu werden?
Wird es den Beruf, den du jetzt erlernen willst, in zehn, fünfzehn Jahren noch geben?
Wie ist die Arbeitsmarktsituation in deinem angestrebten Beruf in deinem Heimatort und in der näheren Umgebung? Willst du ziemlich bald nach der Lehrzeit heiraten und dann erst einmal gar nicht mehr (oder nur halbtags) arbeiten?
Hältst du dich über deinen angestrebten Beruf schon für ausreichend informiert?

- ja
- nein
- weiß nicht so recht

Von wem erwartest du brauchbare Informationen über deinen angestrebten Beruf?

- Eltern, Freunde, Bekannte
- Lehrer
- Arbeitsamt, Berufsberater
- Massenmedien

Was soll die Schule zu deiner Berufswahl und -vorbereitung leisten?

Die beliebtesten Lehrberufe

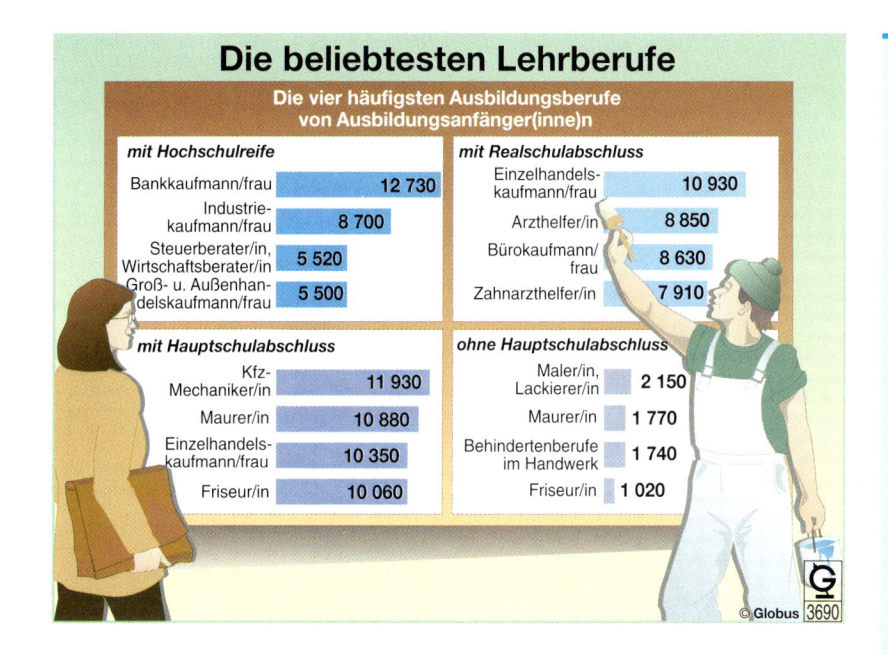

Die vier häufigsten Ausbildungsberufe von Ausbildungsanfänger(inne)n

mit Hochschulreife
- Bankkaufmann/frau: 12 730
- Industriekaufmann/frau: 8 700
- Steuerberater/in, Wirtschaftsberater/in: 5 520
- Groß- u. Außenhandelskaufmann/frau: 5 500

mit Realschulabschluss
- Einzelhandelskaufmann/frau: 10 930
- Arzthelfer/in: 8 850
- Bürokaufmann/frau: 8 630
- Zahnarzthelfer/in: 7 910

mit Hauptschulabschluss
- Kfz-Mechaniker/in: 11 930
- Maurer/in: 10 880
- Einzelhandelskaufmann/frau: 10 350
- Friseur/in: 10 060

ohne Hauptschulabschluss
- Maler/in, Lackierer/in: 2 150
- Maurer/in: 1 770
- Behindertenberufe im Handwerk: 1 740
- Friseur/in: 1 020

© Globus 3690

Suche Ausbildungsstelle

Es gibt verschiedene Möglichkeiten, eine Ausbildungsstelle zu finden. Die besten Chancen hast du, wenn du viele davon nutzt:

Berufsberatung. Dein Berufsberater hilft dir eine Ausbildungsstelle zu suchen. Dein Vorteil: Er hat einen guten Überblick über das aktuelle Angebot am Lehrstellenmarkt und du erhältst von ihm Adressen von Betrieben, die wirklich Auszubildende suchen. Da Berufsberater untereinander in Kontakt stehen, kannst du dich auch über die Möglichkeiten in anderen Städten informieren.

Kontakte nutzen. Höre dich bei Eltern, Verwandten, Freunden, Bekannten oder ehemaligen Schülern um, ob sie Betriebe kennen, die ausbilden. Sie alle arbeiten irgendwo in einem Betrieb oder kennen wiederum jemand, der in einem Betrieb arbeitet.

Stellenanzeigen lesen. Ausbildungsplätze werden von vielen Betrieben auch in Zeitungen ausgeschrieben – meistens in der Wochenendausgabe. Mit einem regelmäßigen Blick in die Zeitung verschaffst du dir einen guten Überblick, was alles angeboten wird. Du hast auch die Möglichkeit selbst eine Anzeige aufzugeben.

Betriebspraktikum. Hat sich dein Interesse an einem bestimmten Beruf durch das Betriebspraktikum noch verstärkt? Hast du in dem Betrieb einen guten Eindruck hinterlassen? Dann frage bei diesem Betrieb nach. Man erinnert sich sicher an dich.

Frühzeitig bewerben. Keine Zeit verlieren – je früher du dich bewirbst, desto besser. Warum? Die meisten Betriebe planen lange voraus. Deine Bewerbungen solltest du mindestens ein Jahr vor Ausbildungsbeginn verschicken. Bewirbst du dich bei größeren Firmen, muss es sogar noch früher sein.

Was werden – Das Magazin für Berufsberatung Nr. 4/1995, S. 8

Acht wichtige Punkte für eine gute Berufsausbildung

1. Erfolgt die Ausbildung in einem anerkannten Ausbildungsberuf? Wird sie ganz oder teilweise in einer Lehrwerkstatt durchgeführt?
2. Wer ist für die Ausbildung zuständig? Sind Ausbilder vorhanden? Wie sieht es mit den Ausbildungseinrichtungen aus?
3. Werden auch Probearbeiten verlangt und Zwischenprüfungen abgehalten, um den Ausbildungsstand zu prüfen?
4. Welche Ausbildungsvergütung wird bezahlt? Ist sie tariflich geregelt?
5. Werden die Jugendarbeitsschutzbestimmungen eingehalten?
6. Gibt es einen Betriebsrat und eine Jugendvertretung?
7. Werden vier Wochen Jahresurlaub gewährt? Hält man sich an die Vorschriften über Arbeitszeit, Berufsschulbesuch, Akkordverbot?
8. Hat der Ausbildungsbetrieb einen guten Ruf? Wie haben die früher Ausgebildeten bei den Prüfungen abgeschnitten?

---

mer noch an einer passenden Schule weiterlernen."

Akgül: „Ich möchte in meinem Beruf weiterkommen und mein Wissen erweitern. Deshalb überlege ich noch, ob ich nicht weiter zur Schule gehen sollte, um meine Chancen für Ausbildung und Beruf zu verbessern."

Sabrina: „An der Schule reizt mich, dass man dort noch nicht so abhängig ist und auch noch nicht so auf sich allein gestellt wie im Beruf."

Gloria: „Auf jeden Fall weiter zur Schule: Vor allem, weil ich sonst vielleicht keine Ausbildungsstelle finden würde und arbeitslos wäre. Die Stellensuche verschiebe ich lieber, bis es nicht mehr anders geht."

Julia: „Wahrscheinlich werde ich eine Ausbildung im Betrieb machen. Wenn es mit einer geeigneten Stelle nicht klappen sollte, kann ich immer noch weiter zur Schule gehen. Denn auch mit der Fachoberschule hat man gute Chancen, eine passende Stelle zu finden."

Markus: „Zuerst mache ich eine Ausbildung in der Bank. Später kann ich dann noch mit der Schule weitermachen. Auch mein Arbeitgeber bietet innerbetriebliche Schulungen – zum Beispiel an der Sparkassenakademie."

Zusammengestellt aus: IZ – Informationszeitung der Berufsberatung, Nr. 5/1994 und 1/1995

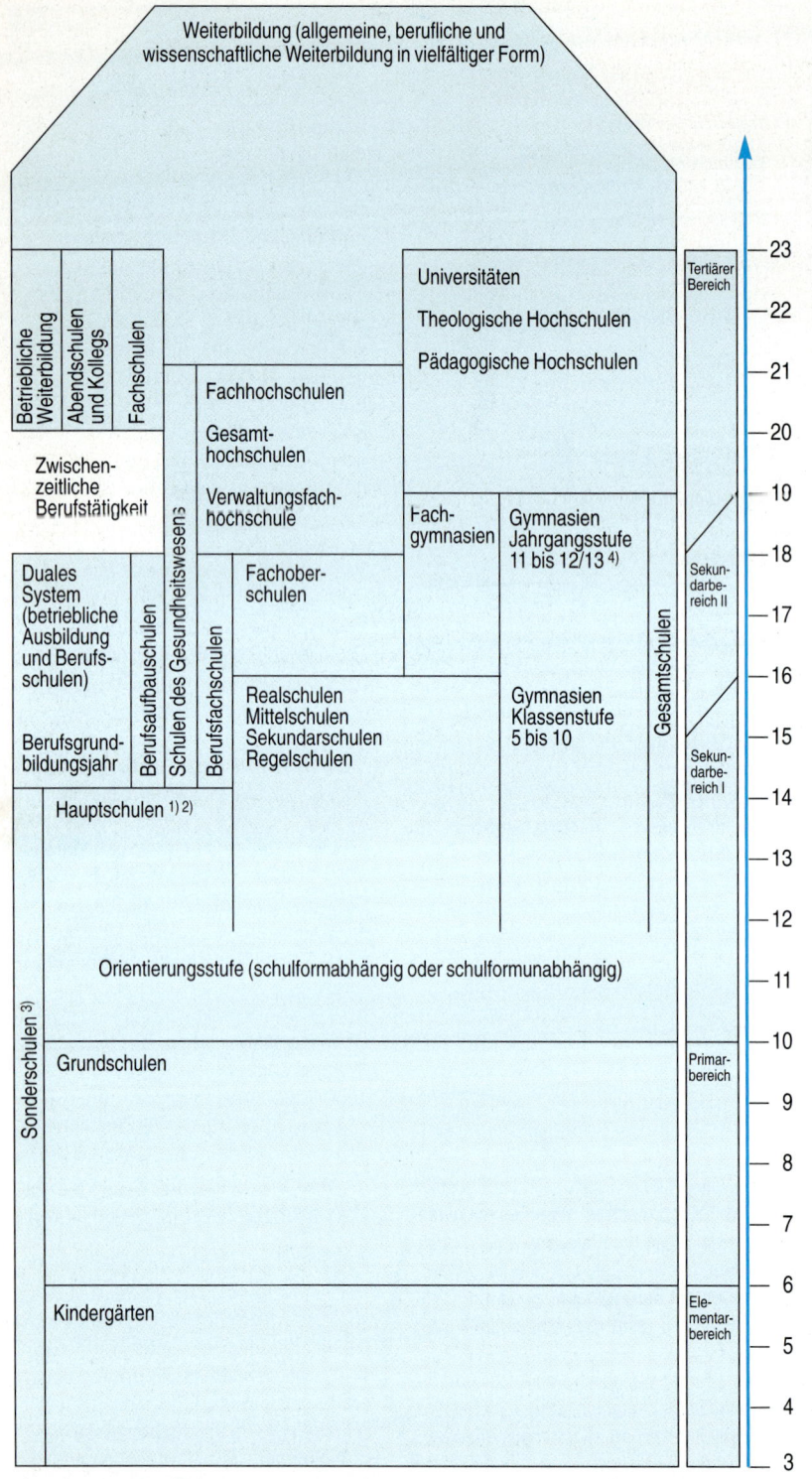

Grundstruktur des Bildungswesens in der Bundesrepublik Deutschland

Tertiärer Bereich (ab 18/19)
- Weiterbildung (allgemeine, berufliche und wissenschaftliche Weiterbildung in vielfältiger Form)
- Betriebliche Weiterbildung
- Abendschulen und Kollegs
- Fachschulen
- Universitäten
- Theologische Hochschulen
- Pädagogische Hochschulen
- Fachhochschulen
- Gesamthochschulen
- Verwaltungsfachhochschule
- Zwischenzeitliche Berufstätigkeit

Sekundarbereich II
- Duales System (betriebliche Ausbildung und Berufsschulen)
- Berufsgrundbildungsjahr
- Berufsaufbauschulen
- Schulen des Gesundheitswesens
- Berufsfachschulen
- Fachoberschulen
- Fachgymnasien
- Gymnasien Jahrgangsstufe 11 bis 12/13 [4]
- Gesamtschulen

Sekundarbereich I
- Hauptschulen [1] [2]
- Realschulen, Mittelschulen, Sekundarschulen, Regelschulen
- Gymnasien Klassenstufe 5 bis 10
- Orientierungsstufe (schulformabhängig oder schulformunabhängig)

Primarbereich
- Sonderschulen [3]
- Grundschulen

Elementarbereich
- Kindergärten

Grundstruktur des Bildungswesens in der Bundesrepublik Deutschland (Schematisierte Darstellung der typischen Struktur des Bildungssystems der Bundesrepublik Deutschland. In den einzelnen Bundesländern bestehen Abweichungen.) Nach: Bundesministerium für Bildung, Wissenschaft, Forschung und Technologie (Hrsg.): Grund- und Strukturdaten 1994/95, S. 10

---

1. Vergleicht die verschiedenen Stimmen zur Frage: „Weiterhin Schule oder Ausbildungsbeginn?". Mit welcher Position könnt ihr euch am meisten anfreunden? Begründet.
2. Was wissen die Einzelnen über ihre Ausbildungsgänge und Weiterbildungsmöglichkeiten im Beruf? Was wisst ihr bereits über euren Traumberuf? Erkundigt euch auch bei der Berufsberatung und berichtet.
3. Verfolgt mit Hilfe der Übersicht über das Bildungswesen (links),
   - welche Möglichkeiten des Weiterlernens ihr nach dem 10. Schuljahr habt;
   - wie der Weg zu eurem Berufsziel aussehen könnte;
   - welche Möglichkeiten es gibt, sich nach der Berufsausbildung noch weiterzubilden.
4. Ihr könnt Rollenspiele machen:
   - Carla sucht nach dem Abschluss der 9. Klasse (Hauptschule) eine Lehrstelle, findet aber nichts Richtiges. Susi will ihre Freundin Carla dazu bewegen, weiter in die Schule zu gehen. Carlas Eltern sind nicht begeistert davon.
   - Ziya hat eine Elektrikerlehre angefangen. Er will es in diesem Handwerk möglichst weit bringen, vielleicht später selbst einen kleinen Betrieb aufmachen, vielleicht sogar in der Türkei, der Heimat seiner Eltern. Sein Freund Dieter will ihn überreden, in die Fabrik zu kommen: Als Jungarbeiter verdient er mehr als ein Lehrling. Ziya spricht auch mit seinem Meister.

Methode: Rollenspiel, S. 37

---

[1] Rund 30 Prozent der Hauptschüler/innen besuchen über das 9. Schuljahr hinaus auch ein 10. Schuljahr an der Hauptschule

[2] Die Mittelschule in Sachsen, die Sekundarschule in Sachsen-Anhalt und die Regelschule in Thüringen vermitteln den Haupt- und Realschulabschluss

[3] Entsprechende Einrichtungen bestehen auch im Bereich von Realschulen und Gymnasien sowie bei den beruflichen Schulen

[4] In den Ländern Mecklenburg-Vorpommern, Sachsen, Sachsen-Anhalt und Thüringen 12 Jahrgangsstufen

9 Lohn und Arbeitszeit

„Die Arbeitswelt ist nicht nach demokratischen Prinzipien organisiert." So steht es ganz einfach in einem Politiklexikon. In Betrieben wird also nicht darüber abgestimmt, was produziert wird; die Betriebsleitung wird nicht von der Belegschaft gewählt und eine Opposition, die ganz eigene Vorstellungen vom Aufbau eines Unternehmens entwickelt und durchzusetzen versucht, gibt es auch nicht.

Die Arbeitsbedingungen sind heute besser als vor hundert oder gar hundertfünfzig Jahren. Dies hängt vor allem damit zusammen, dass sich die Schwächeren – also die Arbeitnehmer – immer wieder zusammenschlossen (z.B. in Gewerkschaften), um für kürzere Arbeitszeiten, gerechteren Lohn und mehr Mitbestimmung einzutreten. Dieser Prozess war sehr langwierig und verlief nicht immer gradlinig.

Heute – so sagen die einen – ist zwar vieles besser geworden, das Grundproblem besteht aber immer noch: Arbeitgeber und Arbeitnehmer haben ganz gegensätzliche Interessen. Die anderen sagen: Es geht vor allem darum, dass unsere Wirtschaft funktioniert. Wir sitzen alle in einem Boot. Arbeitgeber und Arbeitnehmer sind zu Partnern geworden.

Im folgenden Kapitel geht es vor dem Hintergrund dieses Interessenkonflikts um folgende Fragen:
- Wie verlief der Kampf um die Arbeitszeitbegrenzung und wie liegen die Probleme heute?
- Wie kommt der Lohn zustande?
- Wie funktioniert die Mitbestimmung?
- Was passiert, wenn Gespräche nicht mehr weiterhelfen?

9 Lohn und Arbeitszeit

9.1 „Uns fehlt nur eine Kleinigkeit"

9.1.1 Der lange Kampf um die Begrenzung der Arbeitszeit

Zu Beginn der Industrialisierung gab es weder den gesetzlich garantierten Urlaub noch eine allgemein verbindliche Arbeitszeitregelung. Sie wurden zuerst in England während der ersten Hälfte des 19. Jahrhunderts eingeführt.

Freizeit und Urlaub waren (und sind noch heute) ein Ergebnis der Auseinandersetzungen zwischen Unternehmern und Arbeitern. Staatliche Eingriffe (Gesetze) waren oft vergeblich, da die Unternehmer sich den entsprechenden Gesetzen oft nicht beugten und auch die Arbeiter aus Not diese Gesetze häufig umgingen.

Wichtige Daten im Kampf um bessere Arbeitsbedingungen waren:

1855 In Preußen wird die Arbeit für Kinder unter 12 Jahren ganz verboten, für Kinder über 12 Jahren auf 6 Stunden begrenzt. Vielfach nützen diese Gesetze nichts, weil die Eltern, wenn sie überhaupt ihre Familien ernähren wollen, auf die Mitarbeit der Kinder angewiesen sind.

1869 gründet Bischof von Ketteler aus Mainz die christlich-sozialen Arbeitervereine. Ketteler fordert u. a.: die Verkürzung der Arbeitszeit für gesundheitliche, geistige und religiöse Bedürfnisse; die Gewährung von Ruhetagen, insbesondere die unbedingte Einhaltung der Sonntagsruhe; Arbeitsschutzmaßnahmen, Verbot der Fabrikarbeit für schulpflichtige Kinder und Frauen.

1889 Der Internationale Arbeiterkongress in Paris fordert u. a. das Verbot der Arbeit für Kinder unter 14 Jahren, die Herabsetzung des Arbeitstages auf 6 Stunden für Jugendliche beiderlei Geschlechts; das Verbot der Nachtarbeit; das Verbot der Frauenarbeit in allen Betrieben, deren Arbeitsweise für Frauen schädlich ist; eine ununterbrochene Ruhepause von wenigstens 36 Stunden pro Woche für alle Arbeiter. Außerdem wird beschlossen, erstmals am 1. Mai 1890 in allen Ländern und allen Städten große Kundgebungen der Arbeiter durchzuführen, bei denen die Forderung nach dem 8-Stunden-Tag vorgetragen werden soll.

1890 Der deutsche Kaiser Wilhelm II. macht Vorschläge zur Besserung der Lage der Arbeiter:

Die Frage von dem so genannten Schutz der Arbeiter ist nicht bloß von dem Standpunkte der Menschenliebe zu beurteilen; sie hat eine gleich schwer wiegende wirtschaftliche und sittliche Bedeutung.
Würden ein Normalarbeitstag von 8 Stunden, ein Ausschluss jeder Frauenarbeit, die weit gehende Beschränkung der Kinderarbeit (bis zu 14 Jahren) herbeigeführt werden, so ist in sittlicher Beziehung zu befürchten:
1. dass der erwachsene Arbeiter seine freie Zeit im Wirtshaus zubringt, dass er mehr als bisher an agitatorischen [= aufwiegelnden] Versammlungen teilnimmt, mehr Geld ausgibt und, obwohl der Lohn derselbe bleiben wird wie für den bisherigen Arbeitstag, doch nicht zufrieden ist; [...]
3. dass die heranwachsenden Kinder, insbesondere die halbwüchsigen Burschen und Mädchen, sich außerhalb des Hauses umhertreiben und sittlich verwahrlosen und verwildern.
Diese üblen Folgen werden weniger zu fürchten sein, wenn die Werke der Nächstenliebe in viel höherem Umfange gediehen sind.

Zitiert in: H. Pross [Hrsg.]: Die Zerstörung der deutschen Politik. Dokumente 1871–1933, Frankfurt/M. 1960, S. 57

1891 In Deutschland tritt das Gesetz zur Alters- und Invalidenversicherung in Kraft, wonach Arbeiter Rentenanspruch erst ab 70 Jahren (seit 1916: mit 65 Jahren) haben. Im gleichen Jahr tritt eine Änderung der Gewerbeordnung in Kraft, nach der die Sonntagsruhe, die Höchstarbeitszeit für Jugendliche und Frauen (10 bzw. 11 Stunden), das Verbot der Nachtarbeit für Frauen und Jugendliche sowie das Verbot für Kinderarbeit unter 13 Jahren geregelt sind.
Von Oktober 1891 bis Januar 1892 streiken die Buchdrucker vergeblich um den 9-Stunden-Tag.

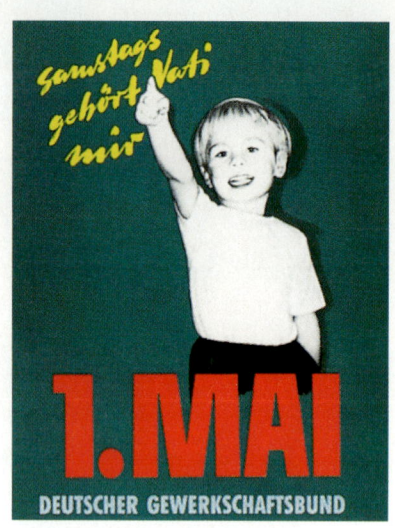

Plakat des DGB zum 1. Mai 1956 – Kampagne für die 40-Stunden-Woche

In einem Gedicht mit dem Titel „Der Arbeitsmann" von Richard Dehmel heißt es u. a.:
Wir haben ein Bett,
Wir haben ein Kind, mein Weib!
Wir haben auch Arbeit und gar zu zweit
Und haben die Sonne und Regen und Wind.
Uns fehlt nur eine Kleinigkeit,
Um so frei zu sein, wie die Vögel sind:
Nur Zeit!

1895 Bei einer Erhebung in Deutschland wird festgestellt, dass fast 1 Million Kinder unter 14 Jahren (1/8 aller Kinder) erwerbstätig sind.

Signet der Kampagne für die 35-Stunden-Woche

9 *Lohn und Arbeitszeit*

1903 In Deutschland wird ein Kinderarbeitsgesetz, das die Arbeit von Kindern unter 12 Jahren verbietet, erlassen. 1908 wird es verschärft: Kinder unter 13 Jahren dürfen nicht beschäftigt werden, Kinder über 13 Jahren nur, wenn sie nicht mehr schulpflichtig sind.

1918 Nach dem Ende des Ersten Weltkrieges wird in Deutschland der 8-Stunden-Tag zum Normalarbeitstag erklärt (48 Stunden Arbeit pro Woche).

1933–1945 Nach ihrer Machtergreifung schaffen die Nationalsozialisten alle Mitwirkungsmöglichkeiten und Arbeitnehmerrechte ab, die Gewerkschaften werden aufgelöst. Löhne werden staatlich festgesetzt, die Arbeitszeiten nach Bedarf ausgeweitet.

Die Geschichte der Arbeitszeit
Wochenarbeitszeit der deutschen Arbeitnehmer in Stunden (ab 1950 Westdeutschland)

Jahr	Stunden	Ereignis
1900	60	Gewerkschaften erreichen 10-Stunden-Tag
1913	57	1918: 8-Stunden-Tag eingeführt
1932	42	Weltwirtschaftskrise
1941	50	
1950	48	Ab 1956: Übergang zur 5-Tage-Woche
1960	45	Ab 1965: Übergang zur 40-Stunden-Woche
1970	41	
1980	40	1990: Gewerkschaften erreichen stufenweise Einführung der 35-Stunden-Woche
1990	38,5	
1993	38	4-Tage-Woche im Gespräch

© Globus 1555

1946 Der 8-Stunden-Tag wird wieder zum normalen Arbeitstag erklärt. Erstmals wird in den einzelnen Bundesländern der Urlaubsanspruch der Arbeitnehmer gesetzlich verankert. Zuvor waren Urlaubsansprüche nur tariflich abgesichert.

1952 Der Deutsche Gewerkschaftsbund fordert die Einführung der 40-Stunden-Woche.

1957 Bis zur Mitte des Jahres ist in fast allen Industriezweigen die 45-Stunden-Woche erreicht (1973 die 41-Stunden-Woche, 1984 die 40-Stunden-Woche, 1990 die 38,5-Stunden-Woche, 1993 die 38-Stunden-Woche).

1963 Nach dem Mindesturlaubsgesetz haben Arbeitnehmer Anspruch auf mindestens 15 Tage bezahlten Jahresurlaub, er erhöht sich auf 18 Tage für Arbeitnehmer über 35 Jahre.

1965 Der Deutsche Gewerkschaftsbund fordert in seinem Aktionsprogramm u. a. vier Wochen Mindesturlaub sowie einen bezahlten Bildungsurlaub.

1973 85 % der Arbeiter und 68 % der Angestellten erhalten ein Urlaubsgeld. Der tariflich festgelegte Urlaub hat sich in den letzten zehn Jahren um mehr als eine Woche verlängert.

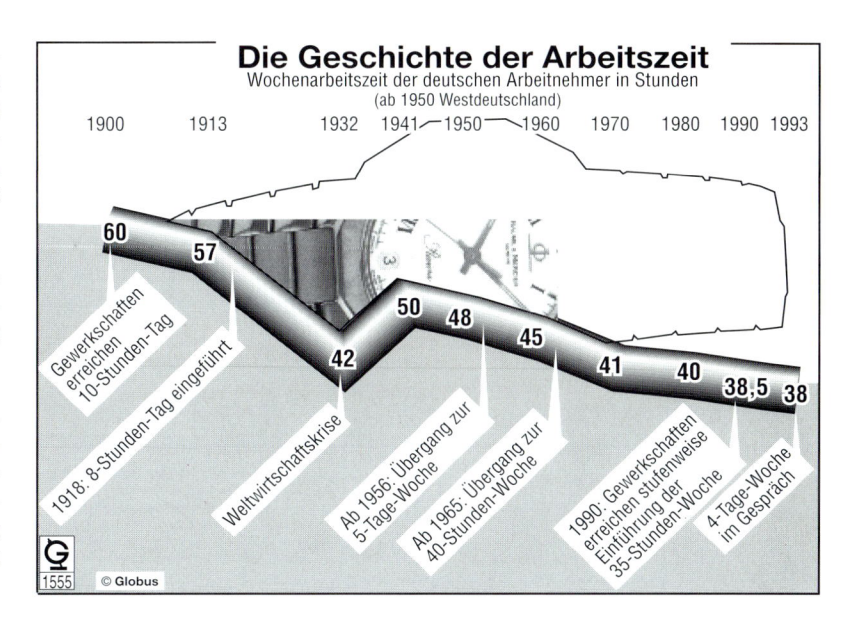

1984 lautet in den Tarifauseinandersetzungen die zentrale Forderung der Gewerkschaften IG Metall, IG Druck und Papier und ÖTV: Einführung der 35-Stunden-Woche bei vollem Lohnausgleich. Um diese Forderung entbrennt der längste und härteste Arbeitskampf in der Geschichte der Bundesrepublik. Am Ende der Auseinandersetzungen kommt es zum Kompromiss: Die Wochenarbeitszeit wird in der Metall- und in der Druckindustrie auf 38,5 Stunden gesenkt und auch im öffentlichen Dienst werden Arbeitszeitverkürzungen auf weniger als 40 Wochenstunden vereinbart.
In der Bundesrepublik tritt ein Gesetz in Kraft, demzufolge ältere Beschäftigte bereits mit 58 Jahren aus dem Arbeitsleben ausscheiden können (1996 ersetzt durch Altersteilzeitarbeit); sie erhalten bis zur Erreichung ihres regulären Rentenalters ein Vorruhestandsgeld in Höhe von 65 % ihres letzten durchschnittlichen Bruttoeinkommens.

1990 erreichen einzelne Gewerkschaften die stufenweise Einführung der 35-Stunden-Woche. Sie wird 1995 von der IG Metall und der IG Medien erreicht.

1993 ist die 4-Tage-Woche im Gespräch.

1994 Die Erwerbsarbeit von Kindern bis 14 Jahren wird in der EU verboten.

1996 Aufgrund der schlechten Arbeitsmarktlage werden die Wochenarbeitsstunden teilweise wieder – oft unbezahlt – erhöht.

1 *Beobachte einmal mehrere Tage hindurch den Tagesablauf deiner Mutter/deines Vaters. Wie viel Zeit hat sie/er tatsächlich zur freien Verfügung?*
Methode: *Beobachtung, S. 27*
2 *Beschreibe einen Tag im Leben eurer Familie, wenn es nur noch eine dreistündige tägliche Arbeitszeit gäbe.*

9.1.2 Weniger arbeiten, um Arbeitsplätze zu erhalten?

1995 haben die ersten Gewerkschaften in ihren Tarifverträgen mit den Arbeitgebern die 35-Stunden-Woche festgeschrieben. Sie wollen eine weitere Arbeitszeitverkürzung etwa auf 25 Wochenstunden, je nach den technischen und wirtschaftlichen Möglichkeiten. Die Gewerkschaften berufen sich hauptsächlich auf das Arbeitsplatzargument: Wenn die/der Einzelne kürzer arbeitet (mit oder ohne vollen Lohnausgleich), müssen mehr Mitarbeiter eingestellt werden. Die Unternehmer bezweifeln dieses Argument und versuchen durch Rationalisierung (z. B. Einsatz von Computern) weitere Arbeitsplätze abzubauen. Richtig ist, dass nicht so viele Arbeitnehmer/innen neu eingestellt wurden,

Arbeitszeitverkürzung

Möglichkeiten | **Probleme**

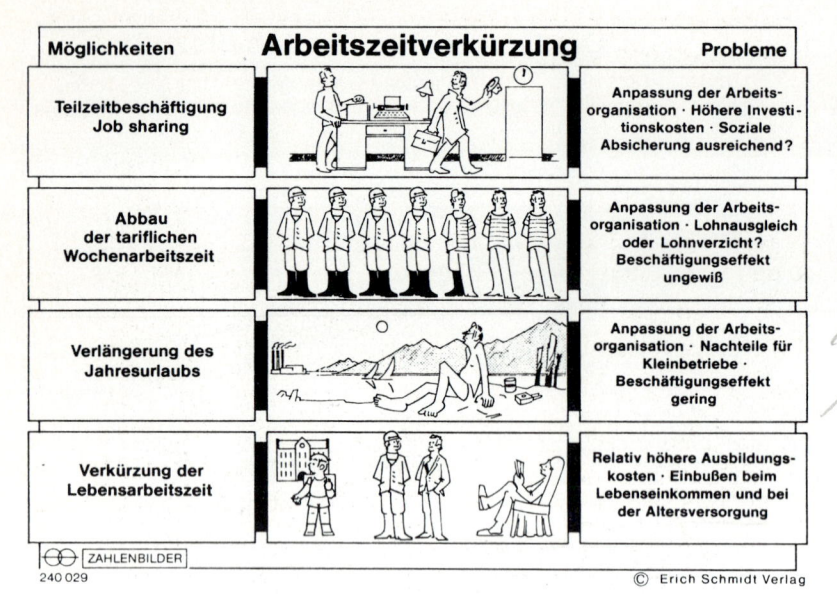

- Teilzeitbeschäftigung / Job sharing — Anpassung der Arbeitsorganisation · Höhere Investitionskosten · Soziale Absicherung ausreichend?
- Abbau der tariflichen Wochenarbeitszeit — Anpassung der Arbeitsorganisation · Lohnausgleich oder Lohnverzicht? Beschäftigungseffekt ungewiß
- Verlängerung des Jahresurlaubs — Anpassung der Arbeitsorganisation · Nachteile für Kleinbetriebe · Beschäftigungseffekt gering
- Verkürzung der Lebensarbeitszeit — Relativ höhere Ausbildungskosten · Einbußen beim Lebenseinkommen und bei der Altersversorgung

ZAHLENBILDER 240 029 © Erich Schmidt Verlag

wie die Gewerkschaften erhofften; andererseits wurden und werden Hunderttausende von neuen Arbeitsplätzen in neuen Branchen und Industriezweigen geschaffen.

Man muss allerdings davon ausgehen, dass gar nicht alle Arbeitnehmerinnen und Arbeitnehmer einen vollen Arbeitsplatz haben wollen. Viele geben sich mit Teilzeitarbeit zufrieden. Einige Betriebe entwickeln deshalb Arbeitszeitmodelle, die sich z. B. nach der Auftragslage richten. Auf die damit verbundenen Probleme wird im Folgenden eingegangen.

Das „Beck-Modell"

Langjährige Erfahrungen mit „individueller Arbeitszeit" hat das Münchner Textilkaufhaus

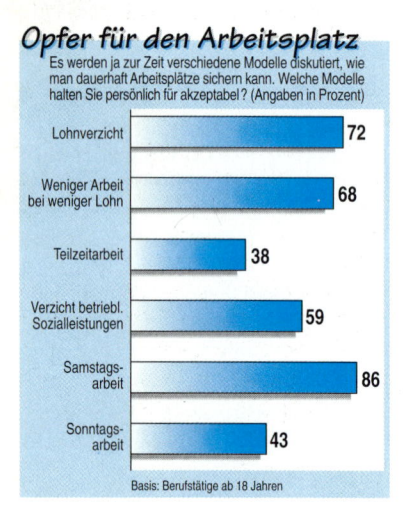

Opfer für den Arbeitsplatz

Es werden ja zur Zeit verschiedene Modelle diskutiert, wie man dauerhaft Arbeitsplätze sichern kann. Welche Modelle halten Sie persönlich für akzeptabel? (Angaben in Prozent)

- Lohnverzicht: 72
- Weniger Arbeit bei weniger Lohn: 68
- Teilzeitarbeit: 38
- Verzicht betriebl. Sozialleistungen: 59
- Samstagsarbeit: 86
- Sonntagsarbeit: 43

Basis: Berufstätige ab 18 Jahren

Beck gesammelt. Für die mehr als 1000 Beschäftigten gelten Verträge, die jeweils zwischen 60 und 160 Arbeitsstunden im Monat vorsehen. Alle sind verpflichtet, an zwei Donnerstagen und zwei Samstagen im Monat zu arbeiten. Im Übrigen gelten unterschiedliche Vereinbarungen. Grundlage ist „die Erkenntnis der Notwendigkeit einer kundenorientierten Unternehmenspolitik". Betriebsratvorsitzende Margarethe Riedel erläuterte: „Die Mitarbeiter wissen, wann sie gebraucht werden; und wenn eine Kollegin sagt, sie kann nicht, dann findet sich eine andere, die einspringt." Ähnliches berichtete Karstadt-Personaldirektor Gerd Lübbering über ein neues Arbeitszeitmodell in 30 Filialen des Warenhaus-Konzerns, wobei er die „betriebswirtschaftliche Vernunft der Mitarbeiter" rühmte.

Als Vorteile der Flexibilisierung [= Anpassung] für die Unternehmen wurden auf der Tagung hauptsächlich genannt: stärkere Identifikation der Mitarbeiter mit Umsatzzielen, schnellere und bessere Arbeit, weniger Leerzeiten, geringerer Krankenstand und insgesamt weniger Personalbedarf, bessere Auslastung von Maschinen ohne teure Überstunden, kürzere Lieferzeiten, weniger Lagerhaltung. Die Vorteile individueller Arbeitszeitgestaltung für die Beschäftigten können dagegen, wie Gabi Schilling vom Kölner Institut zur Erforschung sozialer Chancen (OSI) anmerkte, ins Gegenteil umschlagen: „Wenn die Arbeitszeiten insgesamt uneinheitlicher werden und sich daher die Arbeitsrhythmen von Familienmitgliedern, Freunden und Bekannten zunehmend auseinander entwickeln, wird die Organisation des gemeinsamen Alltags komplizierter." Besondere Probleme können für Pendler entstehen, wenn außerhalb der Zeiten des Hauptberufsverkehrs kaum Busse oder Bahnen fahren und wenn sich Auto-Fahrgemeinschaften auflösen. [...]

E. Spoo: Firmen preisen flexible Arbeitszeiten, in: Frankfurter Rundschau vom 17.8.94

1. Wie funktioniert das beschriebene Modell?
2. Welche Vor- und Nachteile hat es a) für den Arbeitgeber, b) für den Arbeitnehmer?
3. Haltet ihr das Modell für übertragbar auf andere Bereiche?

Aus dem Leserbrief eines langjährigen Betriebsrates zum „Beck-Modell"

„Eines dieser [Teilzeit-]Modelle wird erfolgreich beim Textilkaufhaus Ludwig Beck praktiziert, ..."
Erfolgreich für wen?
Zur Erinnerung: Tarifverträge/Gewerkschaften/Betriebsräte sind nötig, um der wirtschaftlichen Macht des Unternehmers und der Ohnmacht des einzelnen Arbeitnehmers kollektive [= gemeinschaftliche] Schutzmechanismen entgegenzusetzen. Beim Beck-Arbeitszeitmodell werden die Probleme aber wieder individualisiert [= auf den Einzelnen abgewälzt]. Der einzelne Arbeitnehmer kann sich allein weder bei der Wahl seines arbeitsvertraglich vereinbarten monatlichen Stundenvolumen noch bei der Lage seiner Arbeitszeit gegen die Unternehmerinteressen durchsetzen:

– Beck braucht als VerkäuferInnen keine VollzeitarbeitnehmerInnen sondern Teilzeitkräfte, sonst funktioniert das Modell nicht, jedenfalls nicht im Sinne des Unternehmers. Die Teilzeitarbeit sichert aber bei den realen Löhnen im Einzelhandel den Lebensunterhalt kaum, ist also kein Modell für die Mehrzahl der Beschäftigten (Endgehalt einer Verkäuferin im Einzelhandel, Vollzeit: 3060,– DM brutto). Viele ArbeitnehmerInnen würden daher gerne länger arbeiten, wenn sie denn dürften.

– Durch die teambezogene Umsatzbeteiligung (geringer Grundlohn!) umgeht der Unternehmer das Problem, selbst seine Interessen durchsetzen zu müssen – die Gruppe erzeugt den notwendigen Druck auf den einzelnen Arbeitnehmer selbst.

Folge: Durch die flexible Anpassung der Teilzeitarbeitszeit an die Umsatzerwartung wird weniger Verkaufspersonal benötigt, Aushilfen gibt es sowieso nicht mehr, und man braucht auch nur noch die Hälfte der Abteilungsleiter. „Betriebsübliche Arbeitszeiten" und Überstunden(-zuschläge) gibt es ebenfalls nicht mehr, die Mitbestimmungsrechte des Betriebsrats [...] laufen ins Leere. Die schärfsten Zähne sind dem Betriebsrat gezogen. Schöne neue flexible Teilzeitwelt: Individuell und frei – höhere Produktivität und weniger Beschäftigungsvolumen, wollten das nicht die Gewerkschaften schon immer? Insgesamt ist die Möglichkeit, für Tante Elfriedes Besuch am Samstag frei nehmen zu können, teuer erkauft. Könnte dies nicht vielleicht doch anders geregelt werden?

Horst Balkenhol in: Die Mitbestimmung 12/94, S. 8 f.

4 Worin sieht der ehemalige Betriebsrat die Nachteile des Modells?
5 Inwieweit könnt ihr ihm zustimmen/ nicht zustimmen? Begründet.
6 Wie erklärt ihr euch den hohen Frauenanteil an der Teilzeitarbeit im Schaubild? Listet auf, welche Gründe Frauen, welche Gründe Männer haben könnten, eine Teilzeitstelle anzunehmen.
7 In welchen Berufen ist Teilzeitarbeit leichter, in welchen schwieriger durchzusetzen?
8 Macht eine Befragung zum Thema Teilzeitarbeit. Unterscheidet dabei zwischen Frauen und Männern, dem Alter und der Stellung im Beruf.
Methode: *Befragung, S. 55*

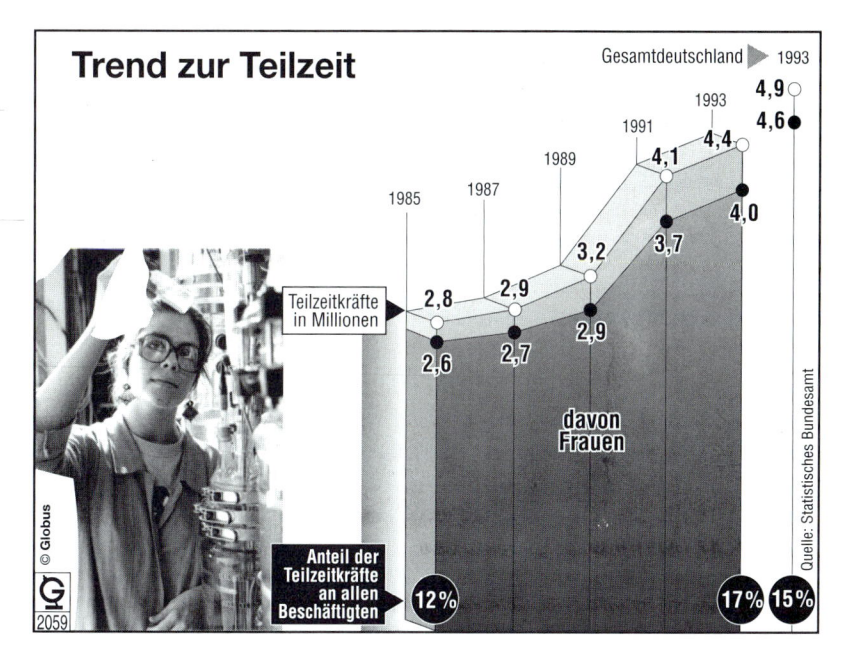

9.2 Die Arbeit muss sich lohnen

9.2.1 Wie Lohn „gemessen" wird

Neben der Frage „Wie lange muss ich arbeiten?" ist für Arbeitnehmer die Frage „Wie viel bekomme ich für meine Arbeit?" die wichtigste.
Im folgenden Text diskutieren Fischer darüber, wie sie sich für ihre Arbeit entlohnen sollen.

Redlich teilen – aber wie?

Drei von Jugend auf befreundete Fischer, Jan, Hein und Fritz, gehen gemeinsam auf Fischfang. Sie verabreden den Gewinn ihrer Arbeit redlich zu teilen. Nach gutem Fang, den Erna, die Frau von Fritz, gut auf dem Fischmarkt verkauft hat, sitzen sie zusammen und überlegen, wie der Verkaufserlös von 3500 DM verteilt werden soll. Die Verteilung ist schwieriger als gedacht. Jeder hat eine andere Meinung.
Fritz: Ich bin dafür, dass jeder Fischer 1000 DM erhält. Wir haben alle schwer geschuftet. Es ist nur recht und billig, wenn wir alle das Gleiche bekommen. Erna ist für den Verkauf mit 500 DM gut bedient.
Jan: Halt, so einfach geht das nicht. Ich habe jahrelang gespart, um den Kutter und das Fanggerät kaufen zu können. Hätte ich das Geld auf der Bank gelassen, würde es gute Zinsen bringen. Außerdem habe ich Diesel, Schmieröl und Versicherung bezahlt. Das Boot ist mein Kapital. Vor der persönlichen Verteilung müssen mindestens 600 DM für das Kapital abgezogen werden. – Außerdem habe ich im Unterschied zu euch Geld und Zeit in meine Ausbildung zum Kapitän gesteckt. Es ist nur recht und billig, wenn ich dafür 150 DM Zuschlag verlange.
Erna: Habe ich richtig gehört, dass ich nur halb so viel kriegen soll wie ihr? Typisch Mann. Ich habe mir auf dem Fischmarkt die Kehle aus dem Leib gebrüllt. Ich habe die Preise gehalten und das Geld verwahrt. Meine Arbeit ist genauso viel wert wie eure. Es ist nur recht und billig, wenn ich den gleichen Anteil verlange.
Hein: Wenn ich richtig gerechnet habe, bleiben nach Jans Ausgaben 2750 DM übrig. Das heißt 687,50 DM für jeden. Damit komme ich nicht aus. Ich habe Familie. Meine Frau ist nicht berufstätig, meine Kinder gehen zur Schule. Jan, du bist Junggeselle. Fritz, deine Frau verdient mit. Es ist nur recht und billig, wenn ich Kindergeld verlange. Vorschlag: 1000 DM für mich. Den Rest teilt ihr euch.
Jan und Fritz: Tut uns leid, aber die Familie ist deine Sache. Wir können nur nach Leistung gehen. Kindergeld musst du bei Vater Staat beantragen.
Hein und Jan: Erna, okay, du hast die Fische zu Geld gemacht. Aber unsere Arbeit war irgendwie urtümlicher. Wir haben die Fische aus dem Meer geholt und zur Ware verarbeitet. – Außerdem wäre es ganz schön ungerecht, wenn Fritz und du doppelt verdienen würdet.

Zeitlupe 26/1992, S. 17

Fritz, Hein, Jan und Erna bei der Lohndiskussion

1. Welche Gründe nennen Fritz, Hein, Jan und Erna für ihre jeweiligen Forderungen?
2. Findet ihr die Gründe dafür, dass Erna weniger bekommen soll, einleuchtend? Diskutiert.
3. Worin unterscheidet sich der Fall der vier von der Lage einer Angestellten in einer großen Firma? Würde sie ihr Gehalt genauso aushandeln können?

Leistungsprinzip und Lohn

Leitlinie unseres Einkommenserwerbs ist das Leistungsprinzip: Jeder soll entsprechend seiner Leistung entlohnt werden, die er im Wirtschaftsprozess erbringt. Die Anwendung dieses Prinzips stößt indessen in der Praxis auf erhebliche Schwierigkeiten.

Erstens würde es – konsequent angewandt – zu einer großen sozialen Ungleichheit in der Gesellschaft führen, weil es eine ganze Reihe von Personen gibt, die – ohne eigenes Verschulden – nicht in der Lage sind, eigene Leistung zu erbringen (Alte, Kranke, Gebrechliche) oder deren Leistung, die zu erbringen sie von ihrer Ausbildung her imstande wären, von der Gesellschaft gerade nicht benötigt wird oder nicht finanziert werden kann und deshalb auch nicht entlohnt wird (Leistungen von Arbeitslosen mit abgeschlossener Berufsausbildung, z.B. Lehrern, die keine Anstellung finden, oder Arbeiter und Angestellte, deren Tätigkeit von Maschinen übernommen wird).

Zweitens ist die Arbeitsleistung von Menschen keine physikalisch messbare Größe, wie das etwa im naturwissenschaftlich-technischen Bereich bei Maschinen oder Motoren der Fall ist, deren Leistung sich z.B. in Kilowatt oder PS ausdrücken lässt.

Die Arbeitsverrichtungen von Menschen erfordern jeweils eine Kombination aus physischen, psychischen und intellektuellen Anstrengungen, die sich nicht auf einen gemeinsamen Nenner bringen lassen, sich daher einer objektiven Messung entziehen und sich somit nicht individuell miteinander vergleichen lassen.

Da die konsequente Anwendung des Leistungsprinzips folglich weder praktisch möglich noch aus sozialen Gründen immer wünschenswert ist, greift der Staat korrigierend bei der Einkommensverteilung ein. Viele Menschen erhalten deshalb z.B. Alters- oder Erwerbsunfähigkeitsrente, Wohngeld, Fürsorgeunterstützung oder Leistungen nach dem Bundesausbildungsförderungsgesetz. Diese Leistungen werden aus Steuern, Abgaben und Sozialversicherungsbeiträgen, die dem Staat zufließen, finanziert.

H. Adam: Die Einkommens- und Vermögensverteilung, Stuttgart 1984, S. 3

4. Inwiefern stößt das Leistungsprinzip in der Praxis auf erhebliche Schwierigkeiten? Arbeitet die einzelnen Punkte aus dem Text heraus. Berücksichtigt dabei auch folgende Merkmale: Leistungsvermögen, Arbeitswille und Arbeitseinsatz, Arbeitsqualität (Geschicklichkeit, geistige Fähigkeiten), Verantwortung.
5. Bezieht den Text von H. Adam auf die Diskussion von Erna und den drei Fischern.

Aus einem Flugblatt von 1848

Du sollst gerechten Lohn für deine Arbeit fordern. Wenn man dir sagt, die Geschäfte gehen schlecht, dein Lohn muss gekürzt werden, du musst dich fügen in die schlechte Zeit usw. – und dir so nach und nach den gerechten Lohn entzieht und dich zum elendsten Lasttier macht, so antworte: Die schlechte Zeit macht ihr, nicht ich. Wir wollen einen

---

Gleicher Lohn für gleiche Arbeit
Gesetzliche Grundlagen über Lohngleichheit von Mann und Frau

Die Rechtslage ist klar: Grundgesetz, Betriebsverfassungsgesetz und Arbeitsrechtliches EG-Anpassungsgesetz verbieten, dass Frauen, nur weil sie Frauen sind, schlechter bezahlt werden:

1949 Grundgesetz
Artikel 3 Absatz 2: Männer und Frauen sind gleichberechtigt.

1972 Betriebsverfassungsgesetz
§75: Arbeitgeber und Betriebsrat haben darüber zu wachen, dass alle im Betrieb tätigen Personen nach den Grundsätzen von Recht und Billigkeit behandelt werden, insbesondere, dass jede unterschiedliche Behandlung von Personen wegen ihrer Abstammung, Herkunft, politischen und gewerkschaftlichen Betätigung oder Einstellung oder wegen ihres Geschlechts unterbleibt.

1980 Gesetz über die Gleichbehandlung von Männern und Frauen am Arbeitsplatz (Arbeitsrechtliches EG-Anpassungsgesetz):
Das Gesetz verbietet eine Benachteiligung wegen des Geschlechts
- bei der Begründung eines Arbeitsverhältnisses,
- bei der Bezahlung und den Arbeitsbedingungen,
- beim beruflichen Aufstieg,
- bei einer Kündigung.

Wochenschau 2/1991, S. 72

Frauen: vom gleichen Lohn noch weit entfernt
Durchschnittlicher Bruttomonatsverdienst in Industrie und Handel

Jahr	Männer	Frauen	Anteil des Frauenverdienstes
1960	714	391	54,8 %
1970	1511	887	58,7 %
1975	2436	1518	62,3 %
1980	3377	2129	63 %
1985	4158	2648	63,7 %
1990	5015	3246	64,7 %
1994	5976	4012	67,1 %

Nach: Bundesministerium für Arbeit und Sozialordnung [Hrsg.]: Statistisches Taschenbuch 1995

gerechten Lohn für unsere Arbeit, denn jeder Arbeiter ist seines Lohnes wert.

H. M. Enzensberger [Hrsg.]: Klassenbuch 1. Ein Lesebuch zu den Klassenkämpfen in Deutschland 1756-1850, Neuwied 1972, S. 193

6 Vergleicht den Flugblatt-Text mit dem „Spitzengespräch" der Unternehmer (Abschnitt 9.2.2) und dem Gespräch der streikenden Arbeiter (Abschnitt 9.4.1). Erörtert das Argument: „Die Unternehmer machen die schlechten Zeiten."

7 Versucht zu bestimmen, was ein gerechter Lohn wäre.
 - Wäre es gerecht, wenn alle, die an der Herstellung und dem Verkauf von Waren beteiligt sind, einen gleichen Teil vom Gewinn erhielten? Wie wäre zu unterscheiden?
 - Sollen nur die Hersteller der Waren (Arbeiter, Angestellte) am Gewinn beteiligt werden oder auch diejenigen, denen die Fabrik, die Maschinen, die Rohstoffe gehören?
 - Wäre es vernünftig, den gesamten Gewinn aus dem Verkauf der Waren an die Arbeiter, Angestellten und Eigentümer zu verteilen?

8 Besprecht, wer die Entscheidung über die Höhe der Löhne und der Unternehmensgewinne haben sollte. Begründet eure Auffassung.

9 „Gleicher Lohn für gleiche Arbeit"? Wo liegen die Widersprüche zwischen den gesetzlichen Regelungen zur Gleichbehandlung und der wirklichen Lage der Frauen? Welche Erklärung habt ihr? Welche Erklärung haben berufstätige Frauen?

9.2.2 Ein Spitzengespräch

Fast nie stimmen die Unternehmer den Lohnforderungen der Arbeiter und Angestellten ohne weiteres zu. Sie haben ihre Gründe dafür, Lohnerhöhungen zurückzuweisen.
In dem folgenden von uns erdachten Gespräch zwischen einigen leitenden Angestellten kommen zahlreiche Argumente zur Sprache, die in den Lohnauseinandersetzungen eine wichtige Rolle spielen.

Herr Piper (Geschäftsführer des Unternehmerverbandes): Meine Herren, darf ich bitten, dass wir nun mit unserer kleinen Besprechung beginnen. Sie wissen: Es geht um die Lohnforderung der Gewerkschaft, die ja jetzt auf dem Tisch liegt. Wir dürften uns einig sein, dass sie in der Höhe – 6 Prozent! – unannehmbar ist. Aber ich schlage vor, dass Sie sich doch einmal reihum dazu äußern, wie Sie sich unsere Antwort an die Gewerkschaft denken. Herr Seiler, bitte, wenn Sie beginnen wollen.

Herr Seiler (Generaldirektor der Süddeutschen Maschinenfabrik GmbH): Meine Herren, Sie wissen, dass der Export im Maschinenbau immer noch stagniert [= nicht weiter zunimmt]. Unsere Kunden halten sich mit ihren Bestellungen noch zurück, nicht zuletzt wohl deshalb, weil wir vor sechs Monaten unsere Preise angeglichen [= erhöht] haben. Und dann diese Lohnforderungen? Das geht, meine ich, nicht.

Frau Müller (Direktorin der Metall-Verarbeitungs AG): Die Rohstoffpreise am Weltmarkt sind gestiegen und für die Elektronik unserer Anlagen müssen wir auch immer höhere Preise bezahlen. Und außerdem: Die ausländische Konkurrenz will uns jetzt mit niedrigen Preisen ausstechen. Ich weiß nicht, wo da die Gewinne noch herkommen sollen, wenn wir den Gewerkschaften jetzt Lohnerhöhungen in der geforderten Höhe zubilligen. Und schließlich: Die Eigner [= Eigentümer, Aktionäre] wollen ja auch was verdienen, und zwar etwas mehr, als sie an Zinsen von der Bank kriegen würden.

Herr Dick (Direktor der Dick-Metallveredelungs-Gesellschaft): Und bitte, meine Herren, nicht zu vergessen: Die 6 % bedeuten für uns ja bei allen Nebenkosten noch einige Prozente mehr. Da steigen ja nicht nur die Stundenlöhne, sondern auch das Urlaubsgeld, die Sozialabgaben usw. Ich weiß nicht, wo ich die Mittel hernehmen soll, um unsere Investitionen zu finanzieren [= die Dick-Gesellschaft will neue Fertigungsautomaten anschaffen und eine neue Lagerhalle bauen]. Ich denke, über die Hälfte sollten wir verhandeln: 3 %, aber mehr ist nicht drin.

Herr Piper: Ich sehe, meine Damen und Herren, da sind wir uns einig, deshalb ...

Dr. Schmidt (Vorstandsmitglied der Anlagen- und Maschinenbau AG): Darf ich mal unterbrechen, Herr Piper. Eins will ich doch noch sagen: Wir dürfen nicht vergessen, dass die Bundesrepublik heute zu den Ländern mit dem höchsten Lohnniveau in der Welt zählt, trotz der Korrekturen [hier: Senkung] beim Reallohn, die wir Anfang der 90er-Jahre durchsetzen konnten. Das konnte einfach nicht so weitergehen wie in den vergangenen Jahren – die Ansprüche der Leute steigen und steigen. Wo soll das denn enden: Erst wollten sie ein Auto: gut, haben sie bekommen! Dann müssen alle im Urlaub nach Gottweißwo fliegen: na schön! Und Vermögen wollen sie bilden, ja – wovon denn? Diesmal sollten wir hart bleiben. Bei uns fängt es an und die anderen [= Unternehmen der übrigen Wirtschaftsbereiche] richten sich nach unseren Zahlen. Wir haben da auch eine Verantwortung für die Allgemeinheit.

Herr Rothemberg (Junior-Chef der Rothemberg KG): Richtig, Herr Schmidt. Ich würde sogar sagen: Keine Angst vorm Streik.

9 Lohn und Arbeitszeit

Begriffsverwirrung?

Die einen sagen ...	Die anderen sagen ...
Gewinn	Profit
Arbeitgeber	Unternehmer
Arbeitnehmer	Arbeiter, Angestellte(r)
Freisetzung	Entlassung
Kapitaleigner	Kapitalist
Tarifpartner	Tarifvertragspartei(en)
Mitarbeiter	Lohnabhängige
Führungskraft	Boss
Preisangleichung	Preiserhöhung
Wilder Streik	spontane Arbeitsniederlegung

Und im Übrigen meine ich, dass wir den Gewerkschaften auch ganz klarmachen müssen, welche Folgen abzusehen sind, wenn derart hohe Lohnforderungen die Unternehmen und die Gesamtwirtschaft überfordern. Wir wissen doch genau – und die Gewerkschaften wissen es auch –, dass wir die gestiegenen Lohnkosten durch weitere Rationalisierungen auffangen müssen, um im internationalen Wettbewerb konkurrenzfähig zu bleiben. Wenn ich mir ansehe, wie anderswo in fast menschenleeren Fabrikhallen mit Handhabungsautomaten [= Industrierobotern] produziert wird, dann weiß ich doch, wo solche Lohnerhöhungen hinführen: Da sind Arbeitsplätze in Gefahr, weitere Freisetzungen [= Entlassungen] werden unvermeidlich sein.

Herr Piper: Danke, meine Damen und Herren. Wir wollen ja doch sehr hoffen, dass dies nicht nötig sein wird. Aber im Übrigen haben Sie nicht ganz Unrecht. Ich schlage vor, dass wir uns jetzt auf die Einzelheiten stürzen ...

1 Macht eine Aufstellung der Gründe, die gegen die Lohnforderung der Gewerkschaft vorgebracht werden.
2 Welche Gründe erscheinen euch akzeptabel? Welche Gründe würdet ihr zurückweisen?
3 Überlegt, welche Möglichkeiten es für euch (bzw. eure bei einer Auseinandersetzung betroffenen Eltern) gibt, die Argumente der streitenden Parteien nachzuprüfen.
4 Erklärt die verschiedenen Begriffe im Kasten nebenan. Ist jeweils das Gleiche gemeint? Warum benutzen die einen diese, die anderen jene Begriffe?
5 In der Regel werden die Verhandlungen über Löhne und Gehälter jährlich neu geführt. Welche Gründe können die Gewerkschaften dafür im Einzelnen haben?
6 Nicht jede Lohnerhöhung bringt wirklich mehr Kaufkraft für die Arbeitnehmer. Wodurch wird die Höhe der Kaufkraft noch beeinflusst (siehe „Der wahre Wert der Lohnabschlüsse")?

9.2.3 Lohnverzicht im Tarifvertrag?

Bis Anfang der 90er-Jahre war es normal, dass die Löhne mehr oder weniger stiegen. Eine tarifliche Lohnsenkung war bis dahin undenkbar und wäre auf heftigsten Widerstand der Gewerkschaften gestoßen. Durch die Wirtschaftskrise seit 1993 änderte sich das Bild: Betriebe, die nicht mehr genug verkaufen konnten, mussten entweder Arbeitskräfte entlassen oder die Arbeitszeit der Beschäftigten senken. Mit einigen Ge-

Einkommenshöhe

Die Höhe des Einkommens selbst sagt noch nicht viel darüber aus, was man sich wirklich leisten kann.
Zunächst muss man sehen, wie viel man ausgezahlt bekommt:
Das Bruttoeinkommen ist der vom Unternehmer zu zahlende Verdienst, das Nettoeinkommen dagegen bezeichnet das tatsächlich zur Verfügung stehende Einkommen nach Abzug von Steuern, Sozialabgaben (Kranken-, Renten-, Arbeitslosen- und Pflegeversicherung) und eventuellen weiteren Abgaben.
Dann muss man fragen, wie viel Waren für einen bestimmten Geldbetrag (z.B. ein bestimmtes Nettoeinkommen) zu kaufen sind: Das Nominaleinkommen gibt den Geldbetrag an, den jemand erhält. Das Realeinkommen dagegen berücksichtigt den Wertverfall (Inflationsrate) des Geldes und zeigt damit die Kaufkraft eines bestimmten Einkommens an.

Der wahre Wert der Lohnabschlüsse
Jährliche Veränderungen in % (Westdeutschland)

1980: +6,7 / +5,3 / +1,3
'81: 4,8 / 6,3 / −1,4
'82: 4,1 / 5,4 / −1,2
'83: 3,1 / 3,2 / −0,1
'84: 3,3 / 2,4 / 0,9
'85: 2,8 / 2,0 / 0,8
'86: 3,6 / −0,2 / 3,8
'87: 3,4 / 0,1 / 3,3
'88: 2,8 / 1,1 / 1,7
'89: 2,7 / 2,9 / −0,2
'90: 4,9 / 2,7 / 2,1
'91: 6,5 / 3,6 / 2,8
'92: 5,6 / 4,0 / 1,5
'93: 3,2 / 3,8 / −0,6
1994: 2,2 / 2,9 / −0,7

So stiegen die Tarifverdienste*
*durchschnittliche Abschlußrate aller Branchen
So stiegen die Preise
So viel blieb übrig (Kaufkraftanstieg/-verlust)
© Globus

144

9 Lohn und Arbeitszeit

werkschaften kam eine Einigung über eine Arbeitszeitverkürzung und entsprechende Lohnsenkung („ohne Lohnausgleich") zustande. Eine solche Einigung wurde im Tarifvertrag (siehe Info-Kasten) festgelegt.
Das bekannteste Beispiel ist das Modell des Volkswagenwerks.

Modell VW
Der Vertrag ist so kompliziert, dass kaum jemand das Wunderwerk auf Anhieb durchschaut.
Alle VW-Beschäftigten arbeiten vom 1. Januar 1994 an 20 Prozent weniger, verdienen dafür – bei gleich bleibendem Monatsverdienst – 10 Prozent weniger im Jahr. 30 000 Arbeitsplätze bleiben erhalten und der Konzern kann die Personalkosten dennoch erheblich reduzieren. [...]
„Die Horrorvision von Massenentlassungen ist vom Tisch", schrieb die IG Metall am Freitag gleich nach dem Abschluss in einem Rundbrief an die VW-Basis. Die Konzernleitung habe garantiert, in den nächsten zwei Jahren auf betriebsbedingte Kündigungen zu verzichten.
Der Preis ist hoch, vor allem für die Beschäftigten: 52 000 Mark statt 58 000 Mark erhält zum Beispiel ein Bandarbeiter künftig im Jahr. [...]
Tricks machen die Einbußen erträglich: Rein rechnerisch verzichten die VW-Beschäftigten zunächst – gemäß der Arbeitszeitverkürzung – auf 20 Prozent ihres Tariflohns. Die Lücke wird jedoch aufgefüllt: Ein Teil des Urlaubsgeldes und das gesonderte 13. Monatsgehalt werden auf die Monate verteilt, ein Prozent der im nächsten Jahr anstehenden Tariferhöhung vorgezogen, ebenso der Ausgleich für die für 1995 bereits ausgehandelte Arbeitszeitverkürzung auf 35 Stunden pro Woche, die der Konzern mit einem kompletten Lohnausgleich anrechnet. Die verbleibende Differenz zum alten Monatseinkommen legt der Konzern drauf (siehe Grafik). Das Unternehmen profitiert trotzdem. Weniger Sozialabgaben fallen an, die einst [...] vereinbarte Tariferhöhung von 3,5 Prozent bekommen die Beschäftigten erst zwei Monate später. Selbst in der Kantine sinken die Kosten: Die Zuschüsse werden nun noch viermal in der Woche fällig. Viel bringt auch, dass der alle paar Jahre fällige Sonderurlaub von zehn Tagen gestrichen wird. [...]
Lohnverzicht per Tarifvertrag, das hat es in Westdeutschland noch nie gegeben. Ebenso neu ist die Beschäftigungsgarantie durch ein Großunternehmen wie VW. 30 000 Stellen sind gerettet worden.

Transportermontage bei VW

Der Spiegel 48/1993

1 Erläutert das VW-Modell.
2 Inwieweit handelt es sich um „Tricks" bei der Einkommenssicherung?
3 Was waren die Gründe für den Betriebsrat und die Belegschaft dem Modell zuzustimmen?

„Quatsch nicht! Das war immer so!"
Karikatur: Wolter

> **Stichwort: Tarifvertrag**
> Tarifverträge gelten für alle Arbeitnehmer, gleichgültig ob sie der vertragschließenden Gewerkschaft angehören oder nicht. Wird der Tarifvertrag von einem Arbeitgeber nicht eingehalten, haben jedoch nur Gewerkschaftsmitglieder das Recht, ihre Ansprüche durchzusetzen.
> In den Lohntarifverträgen werden die Löhne geregelt. In den Manteltarifverträgen wird außerdem vieles andere geregelt, zum Beispiel Arbeitszeit, Urlaub, Altersversorgung.
> In der Bundesrepublik Deutschland spricht man von Orts-, Bezirks-, Landes- oder Bundestarifen, je nachdem für welches Gebiet sie gelten.
> Für die einzelnen Berufsgruppen gibt es unterschiedliche Tarifverträge: Die Arbeitnehmer der Metallindustrie haben andere Verträge als die des Baugewerbes.
> Tarifverträge werden für eine bestimmte Zeit abgeschlossen, in der Regel für ein Jahr.
>
> Hilde Kammer/Elisabet Bartsch: Jugendlexikon Politik, Reinbek 1993, S. 186 f.

Zeit ist Geld

Bruttomonatsentgelt alt	4 099,-	x 13 =	53 123,-
monatlicher Abzug	- 820,-	Weihnachtsgeld +	1 876,-
	3 279,-		
Tariferhöhung um 3,5 % vom 1.11.1993	+ 143,-	Urlaubsgeld +	2 869,-
Lohnausgleich für vorgezogene 35-Std.-Woche	+ 119,-	Bruttojahresentgelt alt	57 868,-
freiwilliger Zuschuss von VW	+ 85,-		
vorgezogene Tariferhöhung um 1 % für 1994	+ 41,-		
Sonderzahlung (auf den Monat umgelegt)	+ 274,-		
Urlaubsgeld (zu 2/3 a. d. Monat umgelegt)	+ 158,-		
Bruttomonatsentgelt neu	4 099,-	x 12 =	49 188,-
		Weihnachts- und Resturlaubsgeld +	2 459,-
		Bruttojahresentgelt neu	51 647,-

Beispiel: VW-Bandarbeiter bei Vier-Tage-Woche   **VERLUST 10,75 %**

9.3 Partner oder Gegner? – Mitbestimmung in Unternehmen

9.3.1 Mitbestimmung im Betriebsverfassungsgesetz

Im hochgradig arbeitsteiligen Wirtschaftsleben kann sich Erfolg nur einstellen, wenn Arbeitnehmer und Arbeitgeber trotz grundlegender Interessenkonflikte zusammenwirken.

Die sehr erfolgreiche wirtschaftliche Entwicklung der Bundesrepublik Deutschland mit relativ wenigen Streiks und vergleichsweise hohen Unternehmergewinnen, Löhnen, Gehältern und Sozialleistungen deutet darauf hin, dass das Verhältnis zwischen den Arbeitnehmern und ihren Gewerkschaften einerseits und den Arbeitgebern und deren Organisationen andererseits verhältnismäßig gut gewesen ist. Seit Mitte der 90er-Jahre wachsen die Spannungen zwischen beiden Parteien im Gefolge der hohen Arbeitslosigkeit.

Außerdem gibt es im Berufsalltag immer wieder Probleme, deren Lösung nicht nur vom guten Willen der Beteiligten abhängen darf. Zwar werden die wichtigsten Fragen (Lohnhöhe, Arbeitszeit usw.) tariflich geregelt, doch bleiben dies Rahmenvereinbarungen, die nicht alle Einzelheiten in jedem der vielen tausend Betriebe und Unternehmen regeln können.

Die Gewerkschaften zur Wirtschaftsordnung und zur Mitbestimmung

Für die Gewerkschaften ist der im Grundgesetz verankerte Sozialstaat die Voraussetzung für eine marktwirtschaftliche Ordnung. Er hat die Verpflichtung, das Recht auf Arbeit zu verwirklichen und gleichwertige Lebensbedingungen der Menschen in den einzelnen Regionen zu schaffen. Er muss Chancengleichheit sowie soziale Gerechtigkeit herstellen und das System der sozialen Sicherheit erhalten und ausgestalten. Er hat den Auftrag, durch eine hochwertige Infrastruktur, durch leistungsfähige öffentliche Dienste und durch eine konsequente Umweltpolitik für mehr Lebensqualität zu sorgen. [...]
Politische Demokratie muss durch wirtschaftliche und soziale Demokratie auch in der Arbeitswelt ergänzt und gefestigt werden.
Die Mitbestimmung hat sich bewährt. Nur dadurch konnten tief greifende Strukturveränderungen sozialverträglich gestaltet werden.

Die Mitbestimmung im Betriebs- und Unternehmensbereich – zur geschichtlichen Entwicklung

1848 In der verfassunggebenden Nationalversammlung in der Frankfurter Paulskirche wird über die Einführung einer Gewerbeordnung beraten, die unter anderem die Gründung demokratischer Fabrikausschüsse für ganz Deutschland vorsieht.

1916 In Betrieben mit mehr als 50 Beschäftigten müssen nach dem Vaterländischen Hilfsdienstgesetz Arbeiter- und Angestelltenausschüsse gebildet werden. Diesen wird ein Anhörungsrecht vorwiegend in sozialen Angelegenheiten eingeräumt.

1920 Das Betriebsrätegesetz vom 4. Februar 1920 verlangt in Betrieben mit 20 Beschäftigten und mehr die Bildung von Betriebsräten, denen Mitwirkungs- und Mitbestimmungsrechte in bestimmten sozialen, personellen und wirtschaftlichen Angelegenheiten zugestanden werden.

1933 Das Betriebsrätegesetz wird von den Nationalsozialisten durch das „Gesetz zur Ordnung der nationalen Arbeit" außer Kraft gesetzt.

1946 Nach dem Zweiten Weltkrieg führen die Siegermächte (= die alliierten Mächte: USA, UdSSR, Großbritannien, Frankreich) durch ein Kontrollratsgesetz wieder Betriebsräte ein. Deutsche Ländergesetze folgen hierzu.

1951 Einführung der Montanmitbestimmung.

1952 Am 11. November tritt das Betriebsverfassungsgesetz in Kraft. Es sichert den Arbeitnehmern ein Drittel der Aufsichtsratsmandate (bei Aktiengesellschaften) sowie Mitwirkungs- und Mitbestimmungsrechte in sozialen, personellen und wirtschaftlichen Angelegenheiten zu.

1972 Das neue Betriebsverfassungsgesetz tritt in Kraft. Es verbessert die innerbetriebliche Mitbestimmung.

1976 Der Bundestag verabschiedet am 18. März das Mitbestimmungsgesetz.

Mitbestimmung in Unternehmen

Betriebsverfassungsgesetz von 1952
in AG, KGaA, GmbH und eGmbH mit 501 - 2 000 Beschäftigten

Arbeitnehmer — Aufsichtsrat — Aufsichtsratsvorsitzender — Kapitaleigner

Mitbestimmungsgesetz von 1976
in AG, KGaA, GmbH, eGmbH u. bergrechtlichen Gewerkschaften mit über 2 000 Beschäftigten

Aufsichtsrat — Bei einem Stichentscheid hat der Aufsichtsratsvorsitzende 2 Stimmen

Montanmitbestimmungsgesetz von 1951
in AG, GmbH, bergrechtl. Gewerkschaften mit über 1 000 Beschäftigten im Bergbau und in der Eisen- und Stahlindustrie

Aufsichtsrat — Der Aufsichtsrat wählt ein neutrales Mitglied hinzu

* Leitender Angestellter

ZAHLENBILDER 243 521 © Erich Schmidt Verlag

Auf neue Herausforderungen – von der Globalisierung bis zu ökologischen Fragen – gehen die Mitbestimmungsrechte der Arbeitnehmerinnen und Arbeitnehmer bisher nicht genügend ein. Eine zukunftsorientierte Politik der Unternehmen erfordert mehr Mitbestimmungsrechte der Arbeitnehmerinnen und Arbeitnehmer und ihrer Gewerkschaften.
Der Ausbau der Beteiligungs- und Mitbestimmungsrechte am Arbeitsplatz ist überfällig. [...] Neben mehr Mitbestimmungsrechten in den Betrieben und in den Unternehmen gehören dazu demokratische Beteiligungsstrukturen im außer- und überbetrieblichen Bereich. [...]

DGB: Reform im Dialog. Stark durch Wandel. DGB-Programm, Düsseldorf 1996, S. 6, 12f., 18, 19.

1 Stellt die Gründe für die Mitbestimmung zusammen. Nennt zusätzliche Gründe, z.B. bei Großunternehmen mit vielen tausend Beschäftigten.
2 Welche Gründe lassen sich gegen eine Übertragung der Grundsätze der politischen Demokratie auf Wirtschaftsunternehmen vorbringen?

Für unsere demokratische Gesellschaft ist es selbstverständlich geworden, dass diejenigen, die eine Leistung erbringen, auch darüber mitbestimmen sollen, unter welchen Bedingungen diese Leistung erbracht werden soll. Deshalb war es nötig, das Verhältnis zwischen Arbeitgebern und Arbeitnehmern im Bereich des Unternehmens bzw. des einzelnen Betriebes gesetzlich zu regeln. Das ist unter anderem im Betriebsverfassungsgesetz (BetrVG) geschehen. Im Jahr 1952 erstmals erlassen, gilt es heute in einer Neufassung aus dem Jahr 1972.
Das BetrVG regelt im Wesentlichen vier Bereiche des betrieblichen Miteinanders von Arbeitgeber und Arbeitnehmer:
- die Rechte und Pflichten des Betriebsrates als Vertretungsorgan der Arbeitnehmer;
- die Verpflichtungen des Arbeitgebers gegenüber dem Betriebsrat und allen Arbeitnehmern;
- die Interessenvertretung der Jugendlichen im Betrieb;
- einzelne Rechte der Arbeitnehmer.

Aufbau der betrieblichen Interessenvertretung (nach dem BetrVG)

Der Arbeitgeber (§98)
- bestimmt die Unternehmensziele
- entscheidet
- plant den Arbeitsablauf
- gibt Anweisungen
- organisiert den Arbeitsprozess
- kontrolliert und überwacht

§2 BetrVG:
Arbeitgeber und Betriebsrat arbeiten unter Beachtung der geltenden Tarifverträge vertrauensvoll und im Zusammenwirken mit den im Betrieb vertretenen Gewerkschaften und Arbeitgebervereinigungen zum Wohl der Arbeitnehmer und des Betriebs zusammen.

Der Betriebsrat (§ 80)
vertritt die Interessen aller im Betrieb beschäftigten Arbeiter und Angestellten gegenüber dem Arbeitgeber. Der BR hat u. a. folgende allgemeine Aufgaben:
1. darüber zu wachen, dass die zugunsten der Arbeitnehmer geltenden Gesetze, Verordnungen, Unfallvorschriften, Tarifverträge und Betriebsvereinbarungen eingehalten werden;
2. Maßnahmen, die dem Betrieb und der Belegschaft dienen, beim Arbeitgeber zu beantragen;
3. Anregungen von Arbeitnehmern und der Jugend- und Auszubildendenvertretung entgegenzunehmen und, falls sie berechtigt erscheinen, durch Verhandlungen mit dem Arbeitgeber auf eine Erledigung hinzuwirken;
4. die Eingliederung besonders schutzbedürftiger Personen – wie Schwerbehinderte und Ausländer – zu fördern.

Die Jugend- und Auszubildendenvertretung (§ 70)
sichert über den Betriebsrat die Rechte der Jugendlichen im Betrieb. Sie kümmert sich um die Probleme der Auszubildenden und der jugendlichen Arbeiter und Angestellten. Dazu gehören vor allem:
- Mitwirkung bei der Durchführung der Berufsausbildung;
- Mitbestimmung bei der Arbeitsplatzgestaltung unter besonderer Berücksichtigung der Jugendarbeitsschutzbestimmungen;
- Mitberatung bei der Einstellung, Versetzung, Eingruppierung und Entlassung von jugendlichen Arbeitnehmern.

Wahl

Alle im Betrieb beschäftigten Arbeitnehmer über 18 Jahre wählen den Betriebsrat in geheimer Wahl für die Dauer von drei Jahren.

Alle im Betrieb beschäftigten Jugendlichen und Auszubildenden wählen die Jugend- und Auszubildendenvertretung.

Mitbestimmung bei der Einführung neuer Technologien

Pro: Deutscher Gewerkschaftsbund (DGB)
Wenn durch die Planung und durch den Einsatz neuer Techniken die Umstrukturierung der Volkswirtschaft, die Umwälzung ganzer Tätigkeitsbereiche und die Auflösung gewachsener sozialer Infrastrukturen hervorgerufen werden, kann dies in einer Demokratie nicht der privaten Entscheidungsgewalt der Unternehmensleitungen unterworfen werden. Ohne die Mitwirkung und Mitgestaltung der Arbeitnehmer im Rahmen qualifizierter Beteiligungs- und Mitgestaltungsrechte an Entscheidungen über die Planung und den Einsatz neuer Techniken stellt sich der technische Wandel als demokratisch nicht legitimiert [= gerechtfertigt] infrage. Der Deutsche Gewerkschaftsbund fordert deshalb
- die inhaltliche Ausweitung der Mitbestimmung im Betriebsverfassungsgesetz und in den Personalvertretungsgesetzen;
- die umfassendere Beteiligung der Arbeitnehmer durch die Mitbestimmung am Arbeitsplatz unter Miteinbeziehung der Betriebs- und Personalräte;

Mitwirkungsrechte im BetrVG
(Betriebsrat muss mitberaten – angehört werden – informiert werden)

Soziale Angelegenheiten § 89
– Arbeitsschutz

Gestaltung von Arbeitsplatz, Arbeitsablauf und Arbeitsumgebung § 90
– Planung von Neu-, Um- und Erweiterungsbauten
– Planung von technischen Anlagen
– Planung von Arbeitsverfahren, Arbeitsabläufen, Arbeitsplätzen

Personelle Angelegenheiten § 92, 102
– Personalplanung
– Förderung der Berufsbildung
– Kündigung

Wirtschaftliche Angelegenheiten §§ 106, 111, 112
z. B. Betriebsänderungen, Sozialplan, Wirtschaftsausschuss

Mitbestimmungsrechte im BetrVG
(Betriebsrat bestimmt mit – muss zustimmen)

Soziale Angelegenheiten §§ 87, 91
– Betriebsordnung
– Beginn/Ende der Arbeitszeit, Pausen, Überstunden
– Urlaubspläne
– Einsatz technischer Mittel zur Kontrolle von Leistung und Verhalten
– Unfallverhütung, Gesundheitsschutz
– betriebliche Sozialeinrichtungen
– betriebliche Lohngestaltung
– besondere Arbeitsbelastung

Personelle Angelegenheiten §§ 94, 98, 99
– Personalfragebogen, Beurteilungsgrundsätze
– betriebliche Berufsbildung
– Einstellung, Eingruppierung
– Versetzung

Die Zusammensetzung des Betriebsrats im BetrVG
Die Zahl der Betriebsratsmitglieder ist nach der Zahl der Arbeitnehmer gestaffelt:

Beschäftigte	Betriebsratsmitglieder
5 – 20	1
21 – 50	3
51 – 150	5
151 – 300	7
301 – 600	9
601 – 1000	11
1001 – 2000	15
2001 – 3000	19
3001 – 4000	23
4001 – 5000	27
5001 – 7000	29
7001 – 9000	31

Bei mehr als 9000 Beschäftigten erhöht sich die Zahl um zwei Mitglieder je angefangene 3000 Mitarbeiter.

– Stärkung der Mitbestimmung auf Unternehmensebene;
– die gesetzliche Verankerung der gesamtwirtschaftlichen Mitbestimmung.

DGB: Arbeit und Technik, Düsseldorf 1984, S. 9ff.

Kontra: Bundesvereinigung der Deutschen Arbeitgeberverbände (BDA)
So verständlich der Wunsch der Arbeitnehmer nach größtmöglicher Sicherung ihrer Arbeitsplätze und ihrer Arbeitsbedingungen in einer der technischen Entwicklung unterliegenden Arbeitswelt ist, so müssen jedoch ihre Zielvorstellungen im Einklang stehen sowohl mit der freiheitlichen Wirtschafts- und Gesellschaftsordnung der Bundesrepublik wie auch mit den wirtschaftlichen und arbeitsmarktpolitischen Bedingungen.
Das Betriebsverfassungsgesetz und die anderen Mitbestimmungsgesetze gewährleisten den Arbeitnehmern die Berücksichtigung der sozialen Belange bei technischen Veränderungen.
Ein weiterer Ausbau der Mitbestimmung würde die unternehmerische Entscheidungsfreiheit im Bereich der Investitionen berühren, die nach geltendem Recht der Letztentscheidung der Anteilseignerseite vorbehalten ist. Unabhängig von der rechtlichen Problematik ist zu bedenken, dass die Aufgaben, die der technische Fortschritt den Betrieben stellt, nicht durch Schwächung, sondern nur durch Stärkung der unternehmerischen Entscheidungsfreiheit gelöst werden können. [...]
Die Gewerkschaften sollten ihre in letzter Zeit erkennbaren Ansätze zu einer positiven Einstellung zum Einsatz der Mikroelektronik nicht durch Forderungen nach Ausweitung der Mitbestimmung und überzogene Wahrung sozialer Besitzstände sowie durch eine Öffentlichkeitsarbeit in Frage stellen, die den Eindruck der Technikfeindlichkeit erweckt.

BDA: Mikroelektronik u. Arbeit, Köln 1985, S. 17ff.

3 Stellt die Hauptargumente aus den beiden Texten einander gegenüber und versucht sie im Einzelnen zu erklären.
4 Inwieweit sind die Standpunkte mit dem Betriebsverfassungsgesetz (siehe oben) vereinbar?

9.3.2 Das Betriebsverfassungsgesetz in der Praxis

Bei den folgenden Fallbeispielen handelt es sich um erfundene Firmen und Personen in erfundenen, aber nicht ganz ungewöhnlichen Geschichten.

Fall 1: Massenentlassungen
Schon lange hatte es im Betrieb rumort; doch als jetzt die Betriebsleitung bekannt gab, dass von den 1100 Mitarbeitern der Hallstein-Bekleidungs-GmbH gleich fünfhundert entlassen werden sollten, war die Empörung groß. Das einst blühende Textil-Unternehmen war zunehmend in Abhängigkeit großer Handelsketten und Großhändler geraten, die ihren Grundbedarf an Bekleidung durch Importe aus Ländern mit sehr viel niedrigeren Löhnen (Billiglohnländer) deckten, mit ihrem Restbedarf aber den kleineren Unternehmen wie der Hallstein GmbH ihre Bedingungen aufzwingen konnten. Das Management [= Betriebsführung] hatte es zudem unterlassen, dringend notwendige Modernisierungen durchzuführen, um das Unternehmen auch für Krisenzeiten zu rüsten. Jetzt soll die Produktion auf computergesteuerte Fabrikation umgestellt werden, um mit der Produktion von Bekleidung schneller auf modische Trends reagieren zu können und die Kosten zu senken.
Die Beschäftigten sind empört; die Vernichtung der 500 Arbeitsplätze würde die Arbeitslosigkeit in der Region auf 15 % ansteigen lassen; Ersatzarbeitsplätze stehen nicht zur Verfügung. In einem Aufruf der Arbeiter heißt es: „Die Strategie der Unternehmen, durch immer mehr Maschinen immer mehr Arbeitsplätze

zu vernichten, ist Ursache für die hohe Arbeitslosigkeit. Es müssen daher andere Wege gesucht werden, die Arbeitslosigkeit zu verringern.
Wir fordern daher:
- Einführung der 35-Stunden-Woche bei vollem Lohnausgleich,
- Sicherung aller Arbeitsplätze,
- Schaffung von Lehrstellen für zukunftsträchtige Berufe,
- staatliche Hilfen für die Erhaltung von Arbeitsplätzen,
- Einspruchs- und Kontrollrechte für die Beschäftigten bei der Gestaltung der durch Rationalisierung veränderten Arbeitsplätze."

Der Betriebsrat ist von den geplanten Maßnahmen überrascht. Von derartig drastischen Maßnahmen ist im Wirtschaftsausschuss keine Rede gewesen.

Nach: R. v. Lüde: Ratioplan, Dortmund 1989

1 Prüft, ob in diesem Fall gegen Bestimmungen des BetrVG verstoßen worden ist.
2 Stellt fest, welche Schritte Arbeitgeber und Betriebsrat nach dem BetrVG nun noch unternehmen können und müssen.
3 Veranstaltet als Simulationsspiel eine Betriebsratssitzung (der Betriebsrat hätte nach dem BetrVG 15 Mitglieder), in der die geplante Massenentlassung erstmals zur Sprache kommt.
4 Angenommen, der Betriebsrat hat zusammen mit Sachverständigen die wirtschaftliche Lage des Unternehmens noch einmal gründlich geprüft und ist zu dem Schluss gekommen, dass das Unternehmen mit dem bisherigen Mitarbeiterstamm weiter bestehen könnte: Hätte der Betriebsrat nach dem BetrVG Möglichkeiten, die Entlassungen zu verhindern?
5 Welche Möglichkeiten haben die Arbeitnehmer des Betriebes ihre Forderungen durchzusetzen?

Fall 2: Kündigung

Die Stenotypistin Anna K. hält ihr Kündigungsschreiben in der Hand: „... sehen wir uns leider gezwungen, das Arbeitsverhältnis mit Ihnen zum 30.9. zu lösen ..."
Die Kolleginnen wissen warum. Anna war in letzter Zeit mehrmals unpünktlich, das war beim Chef aufgefallen. Und neuerdings gingen ihre Briefe meistens erst einmal in den Papierkorb statt an die Kundschaft. Außerdem war sie schon zweimal verwarnt worden, schriftlich, zuletzt vor fünf Tagen. Und jetzt die Kündigung – wo Annas Mann seit vier Wochen arbeitslos ist und ihr Jüngster einen Verkehrsunfall hatte und im Krankenhaus liegt.
Kollege R. kriegt das mit der Kündigung in der Kantine mit. Merkwürdig, denkt er, wir vom Betriebsrat müssten das doch vorher erfahren. Und von der letzten Verwarnung weiß ich überhaupt nichts.
R. bringt die Kündigung der Anna K. im Betriebsrat auf den Tisch. Es stellt sich heraus, dass auch die übrigen Betriebsratskollegen ahnungslos waren.

Karikatur: Kurowski

6 Beurteilt Fall 2 anhand der Bestimmungen des BetrVG.
Welche Paragraphen kommen in Betracht?
Erklärt im Einzelnen.
7 Überlegt, was der Betriebsrat jetzt tun kann und muss; nennt die einzelnen Schritte gemäß BetrVG.
8 Formuliert einen Brief des Betriebsrats an die Geschäftsleitung in Sachen Anna K.

9.4 Das letzte Mittel: Streik

9.4.1 Worum es grundsätzlich geht

Streiks gehören zu unserer marktwirtschaftlichen Ordnung. Sie sind das letzte Mittel der Beschäftigten im Interessenkonflikt mit den Unternehmern. Sowohl die Gewerkschaften als auch die Unternehmer, die Politiker und die Juristen in der Bundesrepublik halten den Streik für ein grundlegendes Recht der Arbeitnehmer. Diese Auffassung wird abgeleitet aus Art. 9 des Grundgesetzes. In einem Theaterstück von Bert Brecht, das in den Jahren vor der Oktoberrevolution 1917 in der russischen Stadt Twer spielt, erklären Arbeiter der Mutter eines Kollegen, warum sie einen Streik durchführen wollen. Die Mutter, Pelagea Wlassowa, hat, um ihren Sohn Pawel vor der Verhaftung durch die Betriebspolizei zu schützen, für ihn Flugblätter in der Fabrik verteilt. Sie kann nicht lesen, will aber natürlich wissen, was in dem Flugblatt, das sie verteilt hat, stand.

Streik!

Iwan: Sehen Sie, in dem Flugblatt stand, dass wir Arbeiter es uns nicht gefallen lassen sollen, wenn Herr Suchlinow nach seinem Belieben die Löhne kürzt, die er uns zahlt.
Pelagea Wlassowa: Unsinn, was wollt ihr denn dagegen machen? Warum soll Herr Suchlinow nicht nach seinem Belieben die Löhne kürzen können, die er euch zahlt? Gehört ihm seine Fabrik oder gehört sie ihm nicht?
Pawel: Sie gehört ihm.
Pelagea Wlassowa: So. Der Tisch zum Beispiel gehört mir. Jetzt frage ich euch: Kann ich mit diesem Tisch machen, was ich will?
Andrej: Ja, Frau Wlassowa. Mit diesem Tisch können Sie machen, was Sie wollen.
Pelagea Wlassowa: So. Kann ich ihn zum Beispiel auch kurz und klein schlagen, wenn ich will?
Anton: Ja, diesen Tisch können Sie kurz und klein schlagen, wenn Sie wollen.
Pelagea Wlassowa: Aha! Kann also Herr Suchlinow mit seiner Fabrik, die ihm gehört wie mir mein Tisch, machen, was er will?
Pawel: Nein.
Pelagea Wlassowa: Wieso nicht?
Pawel: Weil er zu seiner Fabrik uns Arbeiter braucht.
Pelagea Wlassowa: Wenn er aber sagt, er braucht euch jetzt nicht?
Iwan: Sehen Sie, Frau Wlassowa, das müssen Sie sich so vorstellen: Er kann uns einmal brauchen und einmal nicht brauchen.
Anton: Richtig.
Iwan: Wenn er uns braucht, müssen wir da sein, und wenn er uns nicht braucht, dann sind wir eben auch da. Wo sollen wir hin? Und das weiß er. Er braucht uns nicht immer, aber wir brauchen ihn immer. Damit rechnet er. Der Herr Suchlinow hat doch da seine Maschinen stehen. Das ist aber unser Handwerkszeug. Wir haben sonst keines. Wir haben keinen Webstuhl mehr und keine Drehbank, sondern wir benützen eben die Maschinen des Herrn Suchlinow. Seine Fabrik gehört ihm, aber wenn er sie zumacht, nimmt er uns damit unser Handwerkszeug weg.
Pelagea Wlassowa: Weil ihm euer Handwerkszeug gehört wie mir mein Tisch.
Anton: Ja, aber finden Sie, dass das richtig ist, dass ihm unser Handwerkszeug gehört?
Pelagea Wlassowa *(laut)*: Nein! Aber ob ich es richtig finde oder ob ich es nicht richtig finde, deswegen gehört es ihm doch. Es kann ja jemand auch nicht richtig finden, dass mir mein Tisch gehört.
Andrej: Da sagen wir: Es ist ein Unterschied, ob Ihnen ein Tisch gehört oder eine Fabrik.
Mascha: Ein Tisch kann Ihnen natürlich gehören, ein Stuhl auch. Das schadet doch niemand. Wenn Sie ihn auf den Dachboden stellen, was soll das schon schaden? Aber wenn Ihnen eine Fabrik gehört, dann können Sie damit vielen hundert Menschen schaden.
Iwan: Denn Sie haben in Ihrem Besitz ihr Handwerkszeug und können damit die Menschen ausnützen.
Pelagea Wlassowa: Ja, also er kann uns ausnützen. Tut doch nicht, als wenn ich das noch nicht gemerkt hätte in vierzig Jahren. Nur eines habe ich nicht bemerkt, nämlich dass man dagegen etwas hätte machen können.
Anton: Frau Wlassowa, wir sind also jetzt, was das Eigentum des Herrn Suchlinow betrifft, so weit, dass seine Fabrik ein ganz anderes Eigentum ist als zum Beispiel Ihr Tisch. Er kann sein Eigentum dazu benützen, um uns auszunützen.
Iwan: Und sein Eigentum hat noch etwas Eigentümliches an sich: Ohne dass er uns damit ausnützt, ist es für ihn überhaupt nichts wert. Nur solange es unser Handwerkszeug ist, ist es für ihn viel wert. Wenn es nicht mehr unser Produktionsmittel ist, ist es ein Haufen altes Eisen. Er ist also auch auf uns angewiesen mit seinem Eigentum.
Pelagea Wlassowa: Gut, aber wie wollt ihr ihm das beweisen, dass er auf euch angewiesen ist?
Andrej: Sehen Sie, wenn er, Pawel Wlassow, hinaufgeht zum Herrn Suchlinow und sagt: Herr Suchlinow, ohne mich ist Ihre Fabrik ein Haufen altes Eisen und Sie können mir also meinen Lohn nicht abbauen, wie es Ihnen beliebt, dann lacht der Herr Suchlinow und schmeißt den Wlassow hinaus. Aber wenn alle Wlassows in Twer, achthundert Wlassows, dastehen und das Gleiche sagen, dann lacht Herr Suchlinow nicht mehr.
Pelagea Wlassowa: Und das ist euer Streik?
Pawel: Ja, das ist unser Streik.
Pelagea Wlassowa: Und das stand in dem Flugblatt?
Pawel: Ja, das stand in dem Flugblatt.
Pelagea Wlassowa: Ein Streik ist eine schlimme Sache. Von was soll ich kochen, was wird aus der Miete? Morgen früh geht ihr nicht zur Arbeit, was ist morgen Abend? Und was wird nächste Woche sein? Aber gut, wir werden auch über das irgendwie hinüberkommen.

B. Brecht: Die Mutter. Leben der Revolutionärin Pelagea Wlassowa aus Twer, in: ders.: Gesammelte Werke, Bd. 2. Frankfurt/M. 1967, S. 843 ff.

---

1 Nennt die kennzeichnenden Merkmale im Verhältnis zwischen Unternehmern und Arbeitern, wie sie im vorstehenden Text beschrieben werden.
2 Erläutert den Unterschied zwischen dem Besitz einer Fabrik (Produktivvermögen) und eines Tisches (Gebrauchsvermögen). Welche Art von Vermögensbesitz erscheint euch gesellschaftspolitisch bedeutsamer? Begründet.
3 Welche Folgen kann der Streik für die Arbeiter und ihre Familien haben?

4 Welche Folgen muss der Fabrikbesitzer fürchten, falls es zum Streik kommt?
5 Überlegt die Folgen des Streiks für die übrigen Bewohner der Stadt Twer.
6 Lest den Abschnitt: Regeln im Arbeitskampf. Vergleicht: Was hat sich bei uns gegenüber der Streiksituation, wie Brecht sie schildert, geändert? Was ist gleich geblieben?
7 Wofür wärt ihr bereit zu streiken, wenn ihr in einem Unternehmen als abhängig Beschäftigte arbeiten würdet?

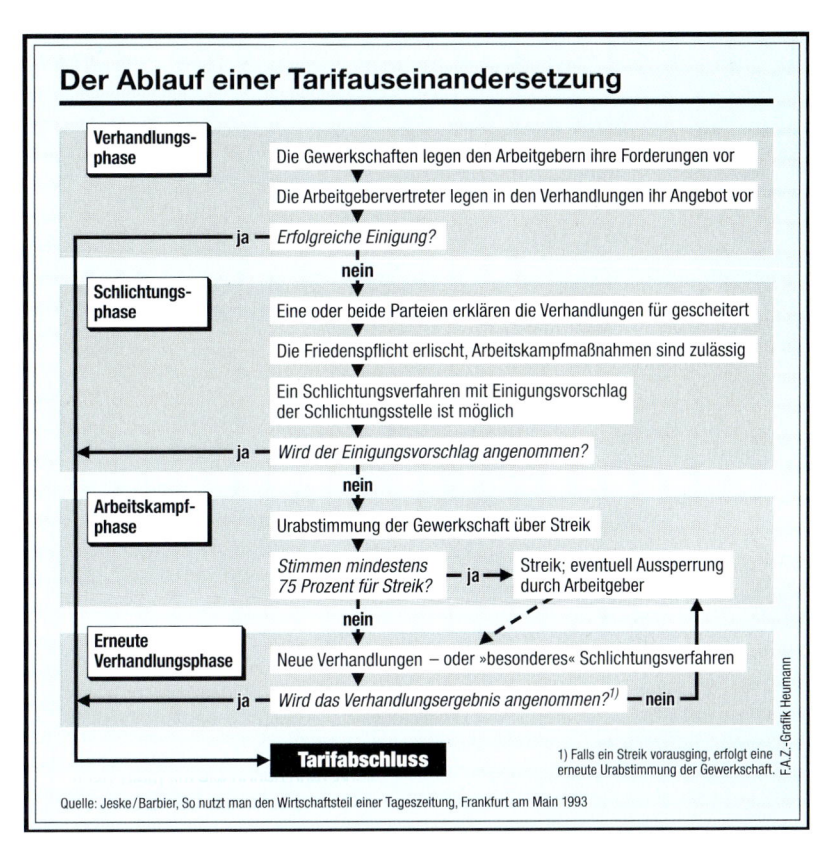

9.4.2 Regeln im Arbeitskampf

Arbeitgeber und Arbeitnehmer legen in Tarifverträgen (siehe Infokasten S. 145) die Arbeitsbedingungen fest. Deswegen werden sie auch als Tarifvertragsparteien bezeichnet.

Die Unternehmer, vertreten durch ihren jeweiligen Arbeitgeberverband, und die Arbeiter und Angestellten, vertreten durch ihre jeweilige Gewerkschaft, handeln in regelmäßigen Abständen die Arbeitsbedingungen in Tarifverhandlungen neu aus.

Um die Höhe der Löhne wird normalerweise jedes Jahr neu verhandelt (Lohntarifverträge). Solche Tarifverhandlungen folgen ganz bestimmten Regeln.

Die Tarifverhandlungen beginnen nachdem eine der beiden Gruppen den alten Tarifvertrag gekündigt und neue Forderungen aufgestellt hat. Die Tarifvertragsparteien tragen in oft langwierigen Verhandlungsrunden ihre Forderungen vor und begründen sie. Vielfach kommt es schon während der Verhandlungen in einigen Betrieben zu kurzen Warnstreiks. Ein Kompromiss wird gesucht. Kommt er nicht zu Stande, spricht man vom Scheitern der Verhandlungen.

Ein Schlichter – eine sachkundige Persönlichkeit, die das Vertrauen beider Seiten genießt – versucht in Schlichtungsverhandlungen beide Parteien zu einem Kompromiss zu bewegen. Wenn auch das nicht gelingt, stellt sich für die Gewerkschaft die Frage nach dem Streik.

In Urabstimmungen stimmen alle Gewerkschaftsmitglieder des jeweiligen Tarifbezirks (der Bezirk, für den der neue Tarif gelten soll) ab, ob gestreikt werden soll. Wenn mehr als 75 % der abstimmenden Gewerkschafter für einen Streik stimmen, findet er statt. Streiks dauern manchmal wochenlang. Natürlich erhalten die Streikenden für die Zeit des Streiks keinen Lohn. Streikende Gewerkschaftsmitglieder erhalten aus der Streikkasse ihrer Gewerkschaft eine im Vergleich zum verlorenen Lohn nicht sehr hohe finanzielle Unterstützung. Wer nicht Gewerkschaftsmitglied ist, kann beim Streik Sozialhilfe erhalten. Für die Unternehmen bedeuten Streiks Produktionsausfall, oft erheblichen fi-

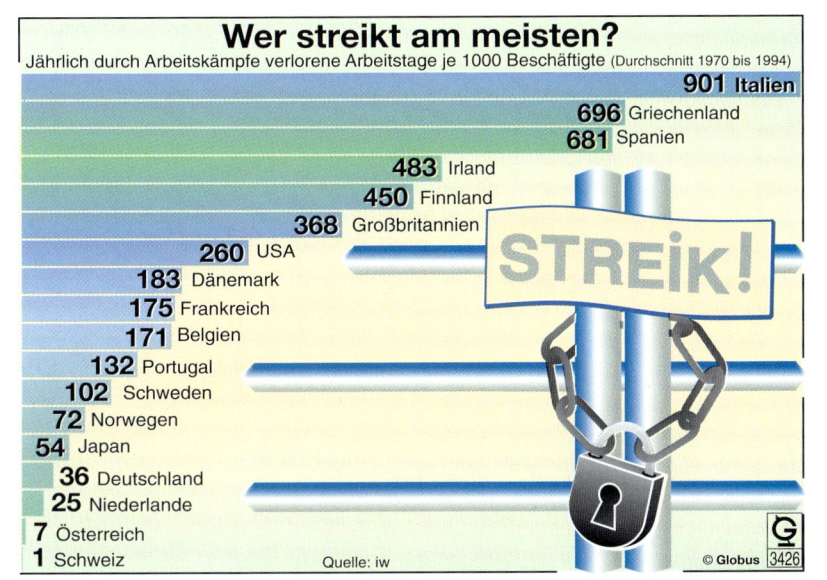

Streikposten

9.4.3 Die Antwort: Aussperrung

Wie die Arbeiter und Angestellten den Streik als Kampfmittel betrachten, um ihren Forderungen Nachdruck zu verleihen, setzen die Unternehmer auch ihrerseits ein Kampfmittel ein: die Aussperrung. Die Arbeitnehmer dürfen in ihren Betrieben nicht mehr arbeiten, das Arbeitsverhältnis ist unterbrochen (suspendiert), natürlich wird kein Lohn gezahlt. Die Unternehmer können auch, zugleich mit der Aussperrung, das Arbeitsverhältnis mit den Ausgesperrten auflösen: Die Ausgesperrten verlieren ihren Arbeitsplatz (lösende Aussperrung). Nach Beendigung der Aussperrung müssen die Unternehmer allerdings auch bei der lösenden Aussperrung die Arbeitnehmer wieder einstellen.

Immer dann, wenn in bestimmten Streitfragen keine genauen gesetzlichen Regelungen vorliegen, müssen Gerichte zwischen den streitenden Parteien entscheiden. Im Falle von Streik und Aussperrung hat das höchste deutsche Arbeitsgericht, das Bundesarbeitsgericht (BAG), in mehreren Urteilen die Frage der Rechtmäßigkeit der Aussperrung bejaht. Es hat Leitsätze formuliert.

Leitsätze des Bundesarbeitsgerichts
1. Für die geltende Tarifautonomie ist es erforderlich, dass die sozialen Gegenspieler (also Gewerkschaften und Arbeitgeber) das Verhandlungsgleichgewicht mit Hilfe von Arbeitskämpfen herstellen und wahren können.
2. Das bedeutet, dass zunächst die Gewerkschaften auf das Streikrecht angewiesen sind, weil sonst das Zustandekommen von Tarifverträgen nicht gewährleistet wäre.
3. Abwehraussperrungen (also Ausperrungen zur Abwehr eines Streiks) sind gerechtfertigt, um zu verhindern, dass eine Gewerkschaft durch einen Streik ein Verhandlungsübergewicht erhält.
4. Abwehraussperrungen dürfen im Verhältnis zum Streik der Gewerkschaft nicht übermäßig sein (Grundsatz der Verhältnismäßigkeit).

Maßgebend für Aussperrungen ist also der Umfang des Streiks.

Der Beschluss eines Arbeitgeberverbandes, eng begrenzte Teilstreiks mit einer unbefristeten Aussperrung aller Arbeitnehmer des Tarifgebietes zu beantworten, wä-

nanziellen Schaden, z. B. weil Liefertermine nicht eingehalten oder Waren nicht verkauft werden können.

Ein Streik geht zu Ende, wenn nach neuen Verhandlungen zwischen den Tarifvertragsparteien mindestens 25 % der streikenden Gewerkschaftsmitglieder dem Verhandlungsergebnis in einer neuerlichen Urabstimmung zugestimmt haben.

Aus der grundsätzlichen Berechtigung von Streiks folgt, dass Arbeiter oder Angestellte wegen ihrer Beteiligung an einem Streik nicht nachher entlassen werden oder sonst wie benachteiligt werden dürfen (Streikrecht).

Das Ergebnis von Tarifverhandlungen wird von den Unternehmern auch den Arbeitnehmern gewährt, die nicht gewerkschaftlich organisiert sind und eigentlich keinen Anspruch z. B. auf die ausgehandelten Lohnerhöhungen haben („Trittbrettfahrer").

Wenn zwischen den Tarifvertragsparteien ein Tarifvertrag abgeschlossen worden ist, dürfen beide Parteien während der Laufzeit dieses Vertrages keinerlei Kampfmaßnahmen (z. B. neue Streiks) durchführen (Friedenspflicht).

Auch wenn die Forderung nach Lohnerhöhungen die Hauptursache für Streiks ist, gibt es auch andere Gründe für Arbeitsniederlegungen. Gerade in den neuen Bundesländern führten geplante Stilllegungen von Betrieben oder Betriebsteilen zu Streiks. Daneben können auch Entlassungen oder unzumutbare Arbeitsbedingungen Ursachen für einen Arbeitskampf sein.

1 Erörtert die Schwierigkeiten, vor denen die Gewerkschaften, besonders die führenden Mitglieder der Gewerkschaften, oft gegenüber den Arbeitern bzw. Angestellten auf der einen und den Unternehmern auf der anderen Seite stehen.
2 Streiks kosten sehr viel Geld. Warum versuchen die Arbeiter und Angestellten nicht, jeder einzeln, ihre Forderungen selbst durchzusetzen? Begründet: Warum Streiks?
3 Nicht jeder Streik in jedem Bereich der Wirtschaft hat die gleichen Folgen für die Allgemeinheit (Streik von Stahlarbeitern, Streik des Krankenhauspersonals, Streik von Bauarbeitern). Erklärt.
4 Höhere Lohnzahlungen bedeuten höhere Kosten. Erklärt, weshalb die Unternehmen trotzdem auch den nicht gewerkschaftlich organisierten Arbeitnehmern freiwillig die in den Tarifverhandlungen ausgehandelten Lohnerhöhungen zukommen lassen.
5 Wenn gerade eine Tarifauseinandersetzung läuft: Wofür – außer für höhere Löhne und Gehälter – wird von den Arbeitnehmern gekämpft? Welcher „Kampfstrategien" bedienen sie sich?

Streik und Aussperrung sind nicht „gleiche Waffen"!

Die Unternehmen sind im Besitz der Produktionsmittel, der Geräte und Maschinen und was alles dazu gehört. Das einzige „Kapital", das wir als Arbeitnehmer im Konfliktfall dagegen einzusetzen haben, ist unsere Arbeitskraft. Wenn wir diese verweigern, bedeutet dies Streik, der aufgrund laufender Tarifvereinbarungen und bestehender Schieds- und Schlichtungsordnungen nur in bestimmten Zeiten von der Gewerkschaft ausgerufen werden kann. Vorher bedarf es einer demokratischen Willensbildung in der Arbeitnehmerorganisation. Eine Urabstimmung ist verpflichtend vorgeschrieben, bei der 75% der organisierten Mitglieder im jeweiligen Tarifbereich „Ja" zum Arbeitskampf als „letztem Mittel" sagen müssen, der sicherlich nicht „aus Spaß an der Freud" vom Zaun gebrochen wird. Die Arbeitnehmer verteidigen damit ihren Besitzstand, ihren Arbeitsplatz. Noch eins: Von Streikunterstützungen kann in der Regel nur das Notwendigste bestritten werden. Aussperrung bedeutet erhebliche Existenzgefährdung der Arbeitnehmer und ihrer Familien und ist die Entscheidung einiger weniger. Bei den Arbeitskämpfen in der Druckindustrie im Jahr 1978 war die Zahl der ausgesperrten Arbeitnehmer mit 32 000 um ein Vielfaches größer als diejenige der 2300 Streikenden, die um vernünftige Tarifverträge gekämpft haben. Aussperrung ist unserer Auffassung nach undemokratisch und bezeichnenderweise in den meisten europäischen Ländern verboten. Aussperrung bedeutet das finanzielle Ausbluten der Gewerkschaften. Ohne kraftvolle Organisationen wäre es jedoch unmöglich, wirkungsvolle Tarifverträge für die Arbeitnehmer abzuschließen.

Diese Gründe veranlassen uns, das Verbot der Aussperrung zu fordern!

Die gewerkschaftlich organisierten Betriebsratsmitglieder im Süddeutschen Verlag, München

Heinz Beier, Achim Bierwald, Sven Brach, Erich Dojan, Georg Englhard, Alfred Fleischmann, Michael Frank-Rauwolf, Karl Heibel, Franz Heidacher, Irmgard Huggenberger, Rudolf Meier, Helmut Merk, Otto Moser, Fritz Paulus, Walter Payer, Klaus Schönauer, Gertraud Wendel, Peter Wimmer

---

Streik ist Angriff, Aussperrung ist Abwehr

Streik

Zu überzogenen Tarifforderungen der Gewerkschaften müssen die Arbeitgeber Nein sagen. Aus Verantwortung für die Arbeitsplätze. Wollen die Gewerkschaften ihre Forderungen dennoch durchsetzen, rufen sie zum Arbeitskampf auf. Ihre Waffe ist der Streik. Die Produktion steht still. Verluste sind die Folge. Damit wollen die Gewerkschaften die Arbeitgeber in die Knie zwingen.

Aussperrung

Mit der Aussperrung setzen sich die Arbeitgeber zur Wehr. Gegen den Streik. Die Aussperrung ist ihre Waffe gegen einen gewerkschaftlichen Angriff. Das Recht zur Aussperrung ergibt sich – ebenso wie das Recht zum Streik – aus dem Grundgesetz. Und die Rechtsprechung sagt, dass keine Tarifpartei der anderen ihren Willen aufzwingen darf. Damit die Chancen gleich verteilt sind.

Die Gewerkschaften aber wollen, dass sich die Arbeitgeber nicht mehr verteidigen können. Sie streben nach Alleinherrschaft in der Tarifpolitik. Deshalb fordern sie ein Verbot der Aussperrung. Doch die Betriebe dürfen der Willkür der Gewerkschaften nicht ausgeliefert werden. Ohne die Möglichkeit der Aussperrung wären Streiks an der Tagesordnung. Das kann in unserem Lande niemand wollen. Wer für Streik ist, muss auch für Aussperrung sein. Oder gegen beides. Das eine ohne das andere kann es in einem Rechtsstaat nicht geben.

Die deutschen Arbeitgeber

Mehr Informationen durch Bundesvereinigung der Deutschen Arbeitgeberverbände: Köln

Gleiche Chancen für beide Seiten

Während eines Arbeitskampfes gingen die Arbeitgeber mit einer großformatigen Zeitungsanzeige an die Öffentlichkeit um ihre Position zu verdeutlichen. Den Betriebsratsmitgliedern in den Betrieben der Süddeutschen Zeitung gelang es, eine Anzeige in gleicher Größe neben der Anzeige der Arbeitgeber durchzusetzen.

---

re also unverhältnismäßig und damit rechtswidrig.

5. Eine Aussperrung darf nicht gezielt die Mitglieder einer streikenden Gewerkschaft erfassen, sondern muss auch alle nicht organisierten Arbeitnehmer einschließen.
6. Ein allgemeines Aussperrungsverbot ist unzulässig. Das gilt auch für das Aussperrungsverbot der Verfassung des Landes Hessen.

Aus Urteilen des BAG v. 10.6.1980, 1 AZR 168/79, 331/79, 822/79

1 Prüft noch einmal das Argument von der „Waffengleichheit" der Arbeitgeber.
2 Erklärt die Karikatur auf S. 154. Welche Auffassung über Streik und Aussperrung wird deutlich?
3 Arbeitet die unterschiedlichen Argumente in den Anzeigen auf dieser Seite heraus und nehmt Stellung.
4 Wenn es zum Streik kommt in eurer Stadt/Region, könnt ihr gemeinsam und in arbeitsteiligen Kleingruppen
 - die Berichte und Kommentare der Massenmedien zum Streik sammeln und auswerten,
 - Stellungnahmen der streitenden Parteien (Flugblätter, Zeitungsanzeigen und Ähnliches) vergleichen und die Forderungen diskutieren,
 - an Versammlungen teilnehmen,
 Methode: Beobachtung, S. 27
 - das Geschehen vor bestreikten Betrieben erkunden,
 Methode: Erkundung, S. 125
 - eine Pro- und Kontra-Diskussion zu den Streikforderungen/-zielen veranstalten.
 Methode: Pro- und Kontra-Diskussion, S. 237

9 Lohn und Arbeitszeit

"Komisch, denen schmeckt's immer erst, wenn sie sich die Zähne ausgeschlagen haben."
Karikatur: Haitzinger

9.4.4 Die Tarifautonomie oder: Soll der Staat entscheiden?

Das ist aus den vorherigen Abschnitten dieses Kapitels deutlich geworden: Die Auseinandersetzungen um Lohn und Arbeitsbedingungen sind zwischen den Unternehmern und den Arbeitnehmern immer wieder sehr schwierig, oft mit großen finanziellen Nachteilen für beide Seiten verbunden und auch für die nicht unmittelbar Beteiligten vielfach unbequem und störend.

Mancher mag da denken:

"Was soll eigentlich der dauernde Streit zwischen den Tarifvertragsparteien? Am besten wäre es, wenn der Staat das Sagen hätte. Der Staat soll festlegen, wie hoch der Lohn zu sein hat. Der Staat soll die ewigen Streitereien um Arbeitszeit, Urlaub, Prämien usw. entscheiden. Streik und Aussperrung werden verboten. Dann haben wir alle Ruhe und Ordnung!"

Ganz im Widerspruch zu solchen Gedanken steht der Grundsatz der Tarifautonomie.

Er besagt, dass die Tarifvertragsparteien ganz selbstständig und ohne jede staatliche Einmischung oder Reglementierung frei ihre Vereinbarungen über Lohn und Arbeitsbedingungen treffen sollen.

Die Tarifautonomie gilt als ein Eckpfeiler der Wirtschaftsordnung der Bundesrepublik. Sie ist zwischen Unternehmern und Gewerkschaften, bei den Politikern und Wirtschaftsfachleuten in der Bundesrepublik anerkannt und unstrittig. Die Befürworter der Tarifautonomie sagen:

- Wenn Lohn und Arbeitsbedingungen nicht frei zwischen Unternehmern und Lohnabhängigen ausgehandelt werden können, gerät das gesamte Wirtschaftssystem in den Zwang der Reglementierung, denn es müssten dann nicht nur die Löhne, sondern auch die Unternehmensgewinne und Preise staatlich festgesetzt werden.
- Staatliche Lohnfestsetzungen müssten kontrolliert werden.
- Staatliche Institutionen könnten bei ihren Lohnfestsetzungen kaum wirklich unabhängig entscheiden, sodass immer die eine oder die andere betroffene Partei (die Arbeitnehmer oder die Arbeitgeber) benachteiligt würde.
- Staatliche Lohnfestsetzungen würden Unterschiede zwischen einzelnen Wirtschaftsbereichen und weltweite wirtschaftliche Veränderungen nicht genügend berücksichtigen können.
- Die Unternehmer verlieren, wenn die Tarifautonomie abgeschafft würde, ihre Entscheidungsfreiheit, die Arbeitnehmer/innen können nicht mehr um die Verbesserung ihrer wirtschaftlichen Lage kämpfen (Streik gegen ein Gesetz?).

Die Sozialpartner

Arbeitgeberverbände
| Industrie | 28 | Handel | 4 | Verkehr | 4 | Handwerk | 2 | Landwirtschaft | 1 |
| Banken | 1 | Versicherungen | 1 | Sonstige Gewerbe | 4 |

Mitwirkung

Arbeits- und Sozialrechtsprechung
Soziale Selbstverwaltungen

Abschluss von Tarifverträgen
- Manteltarife
- Lohn- und Gehaltsrahmentarife
- Lohn- und Gehaltstarife

Mitwirkung

DGB – 16 Einzelgewerkschaften im Deutschen Gewerkschaftsbund
DAG – Deutsche Angestellten-Gewerkschaft
DBB – Deutscher Beamtenbund
CGB – Christlicher Gewerkschaftsbund Deutschlands

Arbeitnehmerverbände

ZAHLENBILDER 240 010
© Erich Schmidt Verlag

1 Welche Wirkung wird es wohl haben (auf die Gewerkschaften – auf die Unternehmer), wenn der Bundeswirtschaftsminister öffentlich eine Empfehlung, bezogen auf eine laufende Tarifverhandlung, ausspricht?
2 Ihr könnt eine Diskussion veranstalten zwischen Befürwortern und Gegnern der Tarifautonomie.
3 Lest in der Zeitung nach, ob und wie Politiker/innen durch Stellungnahmen in eine Tarifauseinandersetzung eingreifen. Wie reagieren die Unternehmer, wie die Gewerkschaften?
4 Was meint ihr zu dem Begriff "Sozialpartner" im Schaubild auf dieser Seite? Welcher andere Begriff könnte auch gewählt werden? Begründet.

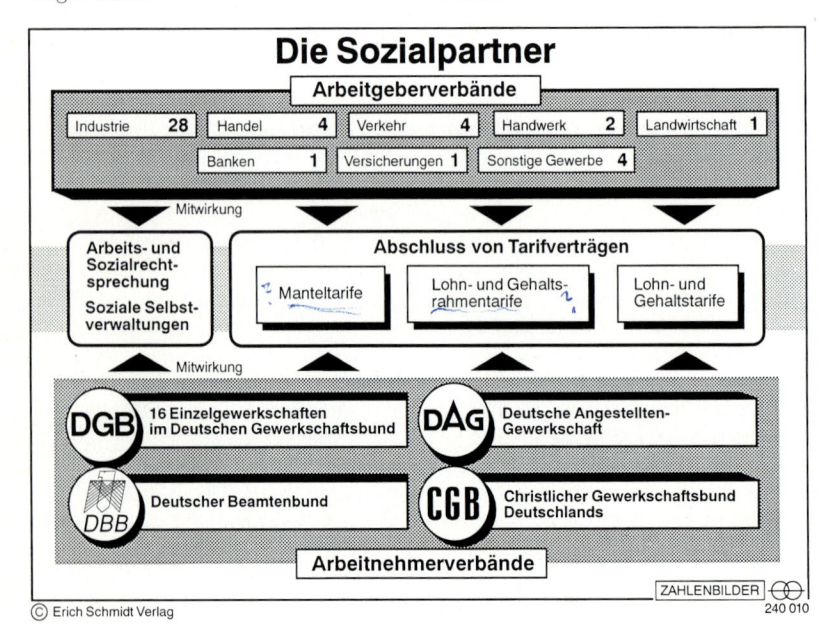

10 Staat und Wirtschaft

Für die Grundlagen unserer Wirtschaft interessieren wir uns eigentlich immer dann am meisten, wenn es aus irgendwelchen Gründen nicht mehr so läuft. Wörter wie „Strukturkrise", „Massenarbeitslosigkeit", „Niedergang der deutschen Wirtschaft", „Reformbedarf", „Krise des Standorts Deutschland" finden sich dann in jeder Tageszeitung. Wir wollen hier zunächst einmal das grundlegende Zusammenspiel von Staat und Wirtschaft erläutern. Die deutsche Wiedervereinigung war wirtschaftlich von enormen Krisen begleitet. Diese Schwierigkeiten sind in ihrem Ausmaß sicherlich einmalig, im Kleinen können wir solche Veränderungen aber auch anderswo beobachten. Den Einbruch der ostdeutschen Wirtschaft aufzufangen und neue Wirtschaftsstrukturen aufzubauen, ist eine der großen Herausforderungen für die deutsche Politik und die deutsche Wirtschaft. Auch übrigens eine neue Probe für unsere Wirtschaftsordnung, die Soziale Marktwirtschaft. Ihre grundsätzlichen Regeln müssen sich nun neu bewähren, deshalb sollen sie an dieser Stelle diskutiert werden.

Dazu lässt sich in den letzten Jahren immer stärker beobachten, dass Güter, Dienstleistungen und Unternehmen keine Grenzen mehr kennen. Die Weltwirtschaft wächst zusammen und sie tut dies immer schneller. Hieraus entstehen neue Chancen, aber ebenfalls ernste Probleme. Was gestern noch wirtschaftlich richtig war und Profite und Arbeitsplätze garantierte, kann in der rasanten Entwicklung der Weltwirtschaft schnell veralten und damit hinfällig sein. Wie antworten die Wirtschaft und die Politik hierauf? Sicher gilt für unsere Wirtschaft die alte Weisheit, dass nichts beständiger ist als der Wandel.

Die Wirtschaft findet in der Wirtschaft statt, bemerkte vor einiger Zeit der deutsche Bundeswirtschaftsminister und meinte damit, dass die Politik sich aus den wirtschaftlichen Abläufen besser heraushalten sollte. Ob sie dies wirklich tut, wollen wir in diesem Kapitel untersuchen.

10 Staat und Wirtschaft

10.1 Soziale Marktwirtschaft

10.1.1 Der Aufbruch: Die neuen Bundesländer vom Plan zum Markt

Vor der Übernahme vieler Industriebetriebe schreckten Investoren zurück

Feiern zur deutschen Einheit am 3. Oktober 1990

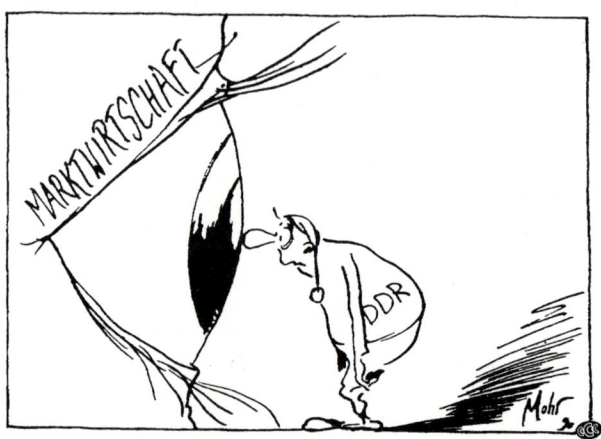

Unter dem prüfenden Blick des Marktes. Karikatur: Mohr

1 Beschreibt die unterschiedliche Stimmung, die auf den Bildern zu sehen ist.
2 Offensichtlich waren einige Maschinen in den Fabriken der DDR eher Industriedenkmäler und reif für das Museum (Foto oben rechts). Was ist damit gemeint?

Die wirtschaftliche Vereinigung von Ost- und Westdeutschland wurde von den meisten DDR-Bürgern mit viel Hoffnung für die weitere wirtschaftliche Zukunft begleitet. Ein neues Zahlungsmittel, die D-Mark, und eine Vielzahl neuer politischer und ökonomischer Freiheiten sollten für eine bessere Zukunft und einen raschen Aufschwung sorgen. Am Tag der Währungsunion ahnten jedoch auch schon einige, dass der neue Weg für die Wirtschaft in Ostdeutschland steinig und mühselig werden könnte.

1. Juli 1990: Tag der Währungsunion
In der Nacht zum 1. Juli herrschte nicht der freudetrunkene Überschwang vom 9. November 1989, als die ersten Löcher in Mauer und Stacheldraht den Weg zur politischen Freiheit der DDR öffneten. Ihre ökonomische Freiheit, die sie in der Nacht zum Sonntag mit der Wirtschafts- und Währungsunion bekommen haben, feierten die Berliner im östlichen Teil der Innenstadt rings um den Alex mit einer beklemmenden Mischung aus Fröhlichkeit, Aggressivität und Wehmut.
Kaum jemand, der nicht dem Tag entgegenfieberte, an dem die D-Mark gesamtdeutsches Zahlungsmittel wurde. Kein Zweifel auch, dass praktisch alle DDR-Bürger froh sind, endlich die letzten Fesseln von vierzig Jahren Kommandowirtschaft abzustreifen, dass sie nicht länger mit einer ungeliebten Währung ins Ausland reisen müssen, sich

dort wie arme Verwandte fühlen, dass die meisten auf eine bessere wirtschaftliche Zukunft hoffen und dass sie keine Alternative zum eingeschlagenen wirtschaftlichen Kurs sehen. Doch die täglich zunehmenden Streiks und Demonstrationen offenbaren auch ein gerütteltes Maß an Ängsten und Unsicherheit. Die Hamsterkäufe der vergangenen Wochen belegen, dass die Menschen in der DDR erst mal mit schweren Zeiten rechnen, bevor irgendwann die goldenen Neunzigerjahre anbrechen werden. Wie schnell sie Wirklichkeit werden, darüber entscheidet vor allem, welche und wie viele Betriebe den Kampf ums Überleben bestehen.

Die Zeit vom 6.7.1990

3 Beschreibt die Ängste und die Unsicherheit der DDR-Bürger bei der Einführung der Marktwirtschaft.
4 Welches sind andererseits die Hoffnungen, die mit der Einführung der Marktwirtschaft verbunden sind?

10.1.2 Die Ernüchterung: das schwere wirtschaftliche Erbe der DDR

Schon im Jahr 1990 wurde in den neuen Bundesländern deutlich, dass die Wirtschaft dort nicht mehr Schritt halten konnte. Viele Betriebe waren den neuen Anforderungen nicht gewachsen und mussten schließen, Hunderttausende von Arbeitsplätzen gingen verloren. Die Gründe hierfür waren sowohl zu hohe Produktionskosten, die auf veraltete Produktionsanlagen zurückzuführen waren, als auch eine zu geringe und nicht an internationalen Maßstäben orientierte Produktqualität.

Entscheidend war aber auch, dass die Struktur der DDR-Wirtschaft von der westdeutschen deutlich abwich. Agrar- und Industriesektor spielten in der DDR eine viel größere Rolle und der Außenhandel mit Westdeutschland und anderen westlichen Ländern war vor der Wende sehr gering. Die Wirtschaftsstruktur Ostdeutschlands war also reif für einen umfangreichen Wandel, der natürlich nicht ohne Probleme vor sich ging.

Von besonderer Bedeutung war in den neuen Bundesländern die Privatisierung (= Verkauf staatlicher Unternehmen an Private) der ehemals volkseigenen Betriebe (VEB). Waren doch in der DDR lediglich ca. 4 Prozent der Betriebe in privatem Besitz. Der Auftrag, die VEB zu privatisieren, fiel der deutschen Treuhandanstalt Berlin zu. Ihre Aufgabe: Verkauf der Unternehmen, Sanierung oder Stilllegung. 13 000 Unternehmen, die an den Mann bzw. an die Frau gebracht werden sollten, hatte die Treuhand zeitweilig im Angebot. Ende 1994 stellte sie ihre Tätigkeit ein.

Wenn der Trabi unter die Räder kommt

In Zwickau reißen ehemalige Mitarbeiter des VEB Sachsenring die alten Trabi-Werke ab. In einigen Monaten schon soll nichts mehr zu sehen sein von Werk III der Trabi-Werke, in der DDR-Arbeitern einst das Kunststück ge-

Vom Plan zum Markt

Planwirtschaft		Marktwirtschaft
Zentrale Planung mit administrativer Wirtschaftsführung	Möglichkeiten der Planung in einer Volkswirtschaft	Dezentrale Planung mit marktwirtschaftlicher Koordination
Gesellschaftliches Eigentum (Staatseigentum und genossenschaftliches Eigentum)	Eigentumsformen	Privateigentum Persönliches Eigentum
Erfüllung eines bestimmten Planes	Produktionsziele von Unternehmen	Erwirtschaftung eines Gewinns
Preisfestsetzung durch den Staat	Möglichkeiten der Preisbildung	Preisbildung auf dem Markt
Lohnfestsetzung durch den Staat	Möglichkeiten der Lohnfestsetzung	Lohnfestsetzung durch die Tarifpartner
Verbreitung parteilicher/staatlicher Zielsetzungen	Aufgaben der Gewerkschaften	Durchsetzung von Löhnen/verbesserten Arbeitsbedingungen für die Arbeitnehmer

Unterschiede in der Wirtschaftsstruktur der DDR und Westdeutschlands 1988

Anteil der Beschäftigten in Prozent

	DDR	Westdeutschland
Verarbeitendes Gewerbe	40,5	31,4
Bauwirtschaft	6,6	6,6
Land- und Forstwirtschaft	10,8	4,0
Verkehr	5,9	3,7
Post- und Fernmeldewesen	1,5	2,0
Handel	10,3	13,0
Sonstige produzierende Zweige	3,0	1,8
Dienstleistungsbereich	21,4	37,5

Institut der deutschen Wirtschaft, 1990

10 Staat und Wirtschaft

lang, aus Lagen von Baumwolle und Phenolharz die Karosserie eines Automobils herzustellen. Teile von Werk I und Werk II sind bereits abgerissen. In der Automobilarbeiterstadt Zwickau ist nicht nur die Demontage einer Produktionsstätte zu beobachten, sondern auch das Wirken der Marktwirtschaft in Deutschland; wie sie veraltete Industrien zerstört, Menschen in kleinere und größere Katastrophen stürzt und zugleich Hoffnungen für die Zukunft weckt.

Das Trabi-Werk musste geschlossen werden, und es muss abgerissen werden. Lange wäre die Produktion mit den alten Anlagen ohnehin nicht mehr gut gegangen. Nachdem die dicken Rohre und Versorgungsleitungen der Pressenhalle zerlegt waren, entdeckte Trabi-Arbeiter Müller, dass einige fast völlig verstopft sind. Irgendwann hätte es „einen großen Kracher gegeben".

Statt des Krachers kam die Marktwirtschaft und mit ihr ein Mann im dunklen Zweireiher, der den Automobilarbeitern in Zwickau eine schöne Zukunft prophezeite: Volkswagen, versprach er, werde im benachbarten Mosel eine hochmoderne Fabrik bauen, viele Zulieferer in der Region mit Aufträgen versehen und Arbeitsplätze für mehr als 25 000 Menschen schaffen.

Neben dem Bahngleis stehen zwei neue Fabrikhallen für die Montage und die Lackiererei. Sie sind leer, seit Monaten schon, der Ausbau ist gestoppt. Statt mehr als 5000 arbeiten bei VW nur 2500 Menschen. Und auch die müssen um ihren Arbeitsplatz bangen. 100 Stellen sollen gestrichen werden, 700 bis Ende 1998.

Drei Abrissarbeiter ruhen sich auf der Bank aus. Ihr Arbeitsvertrag endet am 31. Dezember dieses Jahres. „48, das ist ein schlechtes Alter", sagt der erste. „Das fängt mit 40 an", meint sein Nachbar. Der Jüngste ist sicher: „Das ist schon mit 30 schwer." Jedes Alter scheint verkehrt in dieser Zeit, und jeder Ort. Von der Arbeitssuche in Westdeutschland versprechen sie sich auch wenig.

Von den einst über 11 000 Beschäftigten haben derzeit mehr als die Hälfte keinen Arbeitsplatz.

Der Spiegel 24/1994 (Auszüge)

1 Im Text ist die Rede davon, dass die Marktwirtschaft veraltete Industrien zerstört. Der Wirtschaftswissenschaftler Joseph A. Schumpeter bezeichnete dies als „schöpferische Zerstörung".

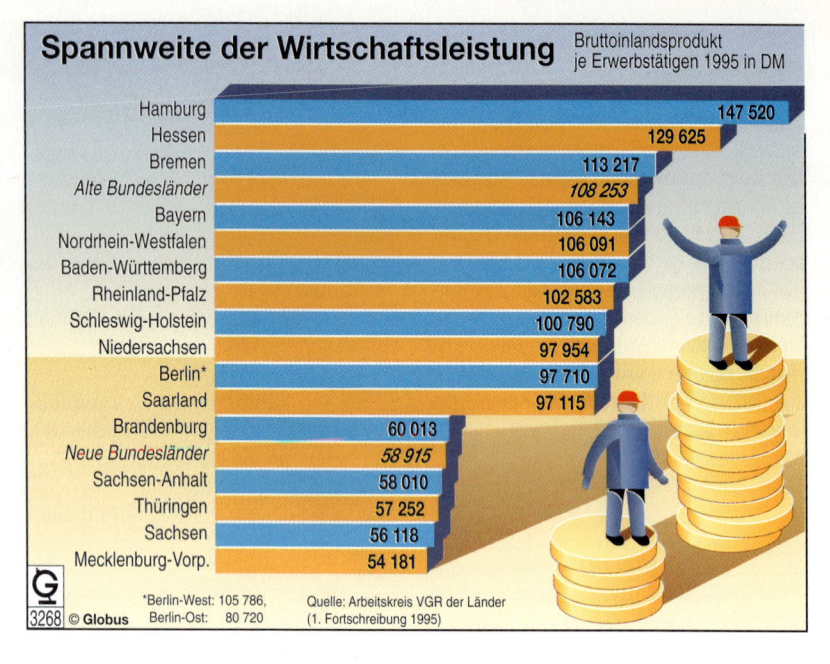

Spannweite der Wirtschaftsleistung — Bruttoinlandsprodukt je Erwerbstätigen 1995 in DM

Land	DM
Hamburg	147 520
Hessen	129 625
Bremen	113 217
Alte Bundesländer	108 253
Bayern	106 143
Nordrhein-Westfalen	106 091
Baden-Württemberg	106 072
Rheinland-Pfalz	102 583
Schleswig-Holstein	100 790
Niedersachsen	97 954
Berlin*	97 710
Saarland	97 115
Brandenburg	60 013
Neue Bundesländer	58 915
Sachsen-Anhalt	58 010
Thüringen	57 252
Sachsen	56 118
Mecklenburg-Vorp.	54 181

*Berlin-West: 105 786, Berlin-Ost: 80 720
Quelle: Arbeitskreis VGR der Länder (1. Fortschreibung 1995)

Diskutiert, was er damit gemeint haben könnte.

2 Welche Wirtschaftszweige spielen heute eine große Rolle? Wie lange gibt es diese Wirtschaftszweige schon? Kennt ihr Beispiele für solche Zweige, die erst ganz kurze Zeit eine Rolle spielen?

3 Warum ist die Modernisierung einer Fabrik eigentlich oftmals mit dem Abbau von Arbeitsplätzen verbunden?

1995 ist die wirtschaftliche Kluft zwischen den alten und den neuen Bundesländern noch riesig. Selbst das „ärmste" West-Land Saarland erwirtschaftet je Erwerbstätigen über die Hälfte mehr als das „reichste" Ost-Land Brandenburg. Bis zur Einheitlichkeit der Lebensverhältnisse, wie sie das Grundgesetz für alle Gebiete in Deutschland fordert, ist es also noch ein weiter Weg. Selbst wenn die Wirtschaftsleistung in den neuen Bundesländern jährlich im Schnitt um 6 Prozent wachsen würde, käme es erst im Jahre 2020 zu einer vollständigen Angleichung der Wirtschaftsleistung je Erwerbstätigem in Ost und West.

4 Warum fordert das Grundgesetz die „Einheitlichkeit der Lebensverhältnisse"? Welches wären eurer Meinung nach mögliche Folgen, wenn ein Bundesland auf lange Zeit um vieles „reicher" ist als die übrigen?

Der Wandel innerhalb der Wirtschaftslandschaft (Strukturwandel) und die damit verbundene Unsicherheit sind typisch für die Marktwirtschaft. Beim Übergang vom Plan zum Markt trat dieser Strukturwandel in sehr heftiger Art und Weise auf. Die unproduktiven, alten Strukturen der DDR-Wirtschaft mussten grundlegend modernisiert werden. Ist der Staat bei der Entwicklung der Wirtschaft nur als Zuschauer beteiligt oder sollte er für den Erhalt einzelner Unternehmen oder Branchen aktiv eintreten?

Stichwort Privatisierung

Die Privatisierung hat das Ziel, öffentliche Unternehmen wirtschaftlicher zu gestalten. Ehemals staatliche Betriebe werden hierzu in private Unternehmen umgewandelt. Häufig bleibt der Staat aber als Anteilseigner an den weiteren wirtschaftlichen Entwicklungen der Unternehmen beteiligt (so z. B. bei der Privatisierung der Deutschen Bundesbahn). In anderen Fällen zieht sich der Staat aber auch völlig aus ehemals öffentlichen Unternehmen zurück. Beispiele hierfür sind der Verkauf von kommunalen Einrichtungen wie Wasserwerke oder Kläranlagen.

158

Der Sachverständigenrat zum Strukturwandel

Dass im Prozess des Strukturwandels alte Industrien verdrängt werden, noch ehe der Aufbau von Neuem in Sicht ist, muss hingenommen werden. Daran lässt sich auch nichts ändern, indem man einzelne, aus regionaler Sicht besonders wichtige Unternehmen durch Subventionen [= staatliche Unterstützung] vor dem Untergang bewahrt. Der unvermeidliche Schrumpfungsprozess wird dadurch verlangsamt, aber nicht aufgehalten und schon gar nicht in eine positive Entwicklung umgekehrt.

Der Sachverständigenrat zur Begutachtung der gesamtwirtschaftlichen Entwicklung, nach: Frankfurter Allgemeine Zeitung vom 17.11.1993

Position eines westdeutschen Politikers in Ostdeutschland

Es kann nicht oft genug betont werden, dass es um die sozialverträgliche Umwandlung einer sozialistischen Kommandowirtschaft in eine soziale Marktwirtschaft geht. Hierbei handelt es sich um einen Prozess der Umstrukturierung, für den es keine Lehrbücher oder erprobten Rezepte gibt, sodass die reinen Lehren vom freien Markt und die daran anknüpfenden wirtschaftspolitischen Empfehlungen nicht zum Maßstab einer ganzheitlich orientierten Regierungspolitik gemacht werden können ...

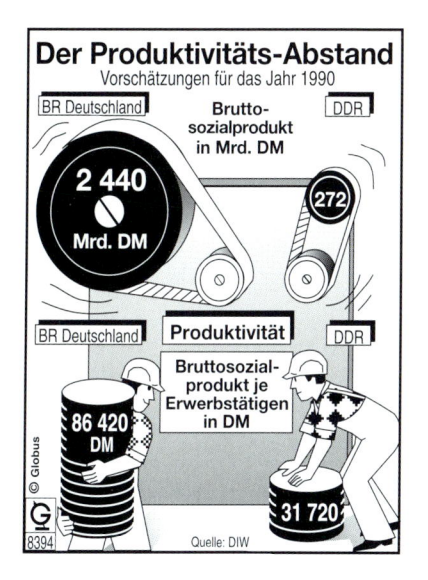

Der Produktivitäts-Abstand
Vorschätzungen für das Jahr 1990

BR Deutschland — Bruttosozialprodukt in Mrd. DM — DDR
2 440 Mrd. DM / 272

BR Deutschland — Produktivität — DDR
Bruttosozialprodukt je Erwerbstätigen in DM
86 420 DM / 31 720

Quelle: DIW

Den vom gegenwärtigen Strukturwandel betroffenen Unternehmen in den neuen Bundesländern muss eine angemessene Chance zur Anpassung an veränderte wirtschaftliche Rahmenbedingungen gegeben werden. Und diese Chance muss länger dauern als 24 Monate.

Werner Münch, ehemaliger Ministerpräsident von Sachsen-Anhalt, in: Handelsblatt vom 14.1.1993

5 Im Text wird von einem „unvermeidlichen Schrumpfungsprozess" gesprochen. Welche Faktoren lassen sich hierfür zusammentragen, wenn ihr die bisher angesprochenen Argumente zu den Mängeln der DDR-Wirtschaft bei der Wiedervereinigung berücksichtigt?

Stichwort Produktivität

Produktivität bezeichnet allgemein das Verhältnis von Produktionsergebnis zu dem dazu notwendigen Einsatz an Produktionsfaktoren. Bei den Produktionsfaktoren kann es sich um menschliche Arbeitsleistung (Arbeitsproduktivität), Maschinen und anderen Kapitaleinsatz (Kapitalproduktivität) oder um die Verwendung von Grund und Boden (Flächenproduktivität) handeln. Am meisten beachtet wird in der Regel die Arbeitsproduktivität. Sie drückt aus, wie viele erwerbstätige Personen (oder Arbeitsstunden) notwendig sind, um eine bestimmte Wirtschaftsleistung zu erbringen. Eine Steigerung der Arbeitsproduktivität ist zum Beispiel über eine verbesserte Ausstattung der Unternehmen mit Maschinen und Einrichtungen oder staatliche Investitionen in die Infrastruktur erreichbar.

Strukturwandel

Jede Wirtschaft hat einen typischen Aufbau, eine Struktur: In bestimmten Gebieten werden traditionell bestimmte Dinge erwirtschaftet, z. B. gibt es Regionen, die vom Bergbau dominiert werden, in anderen Regionen wiederum dreht sich alles um die Autoindustrie. Auch die Art und Weise, wie etwas produziert wird, beeinflusst die Wirtschaftsstruktur: In manchen Gebieten herrscht Kleinproduktion vor, in anderen Gebieten haben vor allem große Industrieunternehmen ihren Sitz.

Die Wirtschaftsstruktur eines Landes wandelt sich ständig. Dies hängt damit zusammen, wie sich die Produktionsweisen und die Nachfrage nach bestimmten Gütern ändern. Ein großer und umfassender Strukturwandel war z. B. die Industrialisierung im 19. Jahrhundert, als sich die Art und Weise zu produzieren stark veränderte. Aber auch veränderte Konsumgewohnheiten bewirken einen Wandel der Wirtschaftsstruktur: Z. B. führt der Verkauf von immer mehr Computern zum Rückgang der Nachfrage nach Schreibmaschinen, dadurch kann eine Region, in der viele Arbeitsplätze von der Schreibmaschinenproduktion abhängen, einen Strukturwandel erfahren.

Neben der Notwendigkeit, die Art und Weise der Produktion zu ändern, und dem Wandel der Konsumnachfrage sind Rohstoffmangel und Notwendigkeiten des Umweltschutzes in den letzten Jahren zu wichtigen Ursachen des Strukturwandels geworden.

Als Strukturpolitik bezeichnet man die politischen Maßnahmen, die auf eine Stärkung regionaler Wirtschaftsstrukturen und bestimmter Wirtschaftszweige abzielen. Durch erhaltende Strukturpolitik unterstützt der Staat Regionen oder Wirtschaftszweige, die ohne diese Hilfen rasch an wirtschaftlicher Bedeutung verlören. Die so genannte gestaltende Strukturpolitik beeinflusst den Strukturwandel in der Wirtschaft in der Richtung politischer Leitvorstellungen. Beim wirtschaftlichen Aufbau in den neuen Bundesländern hat die gestaltende Strukturpolitik besondere Bedeutung. Durch staatliche Unterstützung sollten wirtschaftliche Strukturen, insbesondere leistungsfähige Unternehmen aufgebaut werden, die im wirtschaftlichen Wettbewerb selbstständig bestehen können.

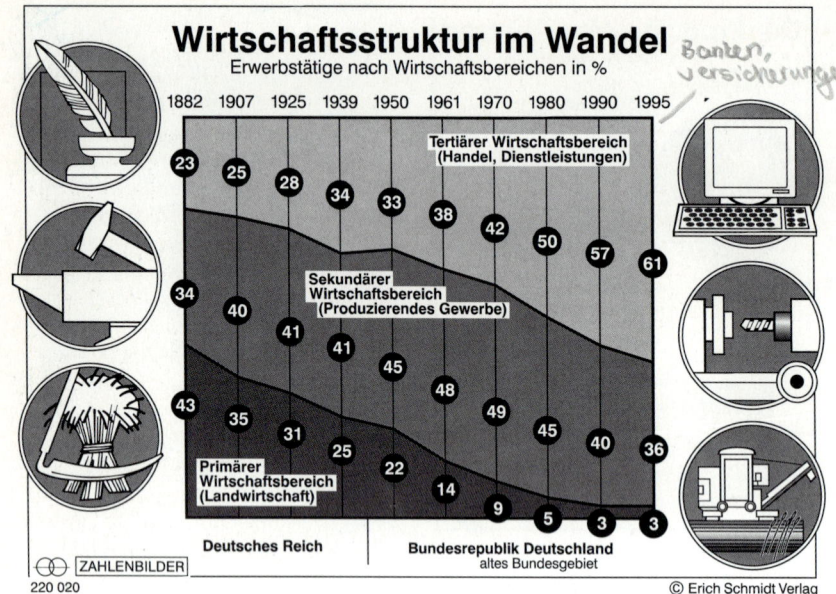

Wirtschaftsstruktur im Wandel
Erwerbstätige nach Wirtschaftsbereichen in %

Jahr	Primärer Wirtschaftsbereich (Landwirtschaft)	Sekundärer Wirtschaftsbereich (Produzierendes Gewerbe)	Tertiärer Wirtschaftsbereich (Handel, Dienstleistungen)
1882	43	34	23
1907	35	40	25
1925	31	41	28
1939	25	41	34
1950	22	45	33
1961	14	48	38
1970	9	49	42
1980	5	45	50
1990	3	40	57
1995	3	36	61

Deutsches Reich / Bundesrepublik Deutschland, altes Bundesgebiet

(handschriftliche Notiz: Banken, Versicherungen)

ZAHLENBILDER 220 020 © Erich Schmidt Verlag

6 Der Staat versucht oftmals durch eine Vielzahl von Eingriffen, das Absterben bedeutsamer Industrien in bestimmten Regionen abzuwenden oder hinauszuzögern. Nennt mögliche Gründe für diese Eingriffe.

7 Die Fürsprecher für solche staatlichen Eingriffe finden sich in der Regel in besonders vom Strukturwandel betroffenen Regionen.
Unternehmen in anderen Regionen sind hierüber oftmals gar nicht glücklich. Welche Einwände könnten sie vorbringen?

Dienstleistungen und Handel nehmen in der deutschen Wirtschaftsstruktur einen immer wichtigeren Stellenwert ein. Hierzu gehören Kaufhäuser, Shopping-Center, Banken und Versicherungen ebenso wie soziale Dienste und Krankenhäuser. Die Palette der Dienstleistungen ist vielfältig.
Bedeutsam ist natürlich auch weiterhin die Industrie, zumal auch einige Dienstleister wie z. B. Versicherungen oder Unternehmensberatungen direkt mit Industrieunternehmen zusammenarbeiten, somit also von der industriellen Produktion abhängig sind. Deutlich auf dem Rückzug ist hingegen die Landwirtschaft.
Nur noch vier Prozent der Erwerbstätigen sind heute in dem ehemals wichtigsten Bereich tätig.

8 Welche Branchen sind in eurer Region besonders gefragt? Besorgt euch beim kommunalen Amt für Wirtschaftsförderung Zahlen über die Veränderung der Wirtschaftsstruktur in eurer Stadt. Welche langfristige Entwicklung ist zu erkennen?

9 Die Arbeitszeit der meisten Beschäftigten hat in den letzten Jahrzehnten stetig abgenommen. Warum können hierdurch Dienstleistungen gefördert worden sein?

10 Auch die technologische Entwicklung hat zur rasanten Entwicklung der Dienstleistungen beigetragen. Dies gilt insbesondere für moderne Kommunikationstechnologien. Beschreibt, warum zum Beispiel die Einführung von Computern neue Dienstleistungen möglich gemacht hat.

10.1.3 Soziale Marktwirtschaft – Regeln für die Wirtschaft

Die Rahmenbedingungen für die Soziale Marktwirtschaft wurden während der Gründungsphase der Bundesrepublik Deutschland geschaffen. Eine Marktwirtschaft mit einer Wettbewerbsordnung – dieser Lösung traute man nach dem Zweiten Weltkrieg in den Westzonen die besten wirtschaftlichen Erfolge zu.
In einer Marktwirtschaft ist die wichtigste Aufgabe des Staates, Spielregeln zu schaffen, die dafür sorgen, dass die Märkte überhaupt funktionieren können. Dies galt auch für den Umbau der Wirtschaft in den neuen Bundesländern.
Bis zur Vereinigung der beiden deutschen Staaten war die Wirtschaft der DDR eine sozialistische Planwirtschaft mit zentraler Organisation. Der Staat legte im Prinzip für jedes Unternehmen zentral genau fest, welche Güter in welchen Mengen produziert werden sollten.
Seit 1990 befinden sich nun in ganz Deutschland private Unternehmen im Wettbewerb um die Gunst der Verbraucher. Zu welchen Spielregeln? Es sind die Regeln der Sozialen Marktwirtschaft, die fortan auch in Ostdeutschland verbindlich gelten.

Aus dem Vertrag zur Wirtschafts- und Währungsunion

Grundlage der Wirtschaftsunion ist die Soziale Marktwirtschaft als gemeinsame Wirtschaftsordnung beider Vertragsparteien. Sie wird insbesondere bestimmt durch Privateigentum, Leistungswettbewerb, freie Preisbildung und grundsätzlich volle Freizügigkeit von Arbeit, Kapital, Gütern und Dienstleistungen [...].
Die Sozialunion bildet mit der Währungs- und Wirtschaftsunion eine Einheit. Sie wird insbesondere bestimmt durch eine der Sozialen Marktwirtschaft entsprechende Arbeitsrechtsordnung und ein auf den Prinzipien der Leistungsgerechtigkeit und des sozialen Ausgleichs beruhendes umfassendes System der sozialen Sicherung.

Vertrag über die Schaffung einer Währungs-, Wirtschafts- und Sozialunion zwischen der Bundesrepublik Deutschland und der Deutschen Demokratischen Republik vom 18. Mai 1990

Antriebskräfte der Marktwirtschaft

Freiheit, Selbstverantwortung und persönliche Initiative bei der Berufswahl, Erwerbstätigkeit und dem Konsum, die jedem als Produzenten und als Verbraucher die Wahrnehmung der wirtschaftlichen Chancen eröffnen, sind die Antriebskräfte, die in der Marktwirtschaft zu einem Höchstmaß an Produktion und einer Steigerung des Wohlstands der gesamten Bevölkerung führen.

Ludwig Erhard: Deutsche Wirtschaftspolitik, Düsseldorf 1962

10 Staat und Wirtschaft

Merkmale der Sozialen Marktwirtschaft

1. Wettbewerbsordnung und Preismechanismus

Ein funktionierender Wettbewerb zwischen den Anbietern von Gütern und Dienstleistungen soll dafür sorgen, dass die Verbraucher stets zu den unter den jeweils gegebenen Produktionsbedingungen bestmöglichen Qualitäten und günstigsten Preisen einkaufen können. In einer Wettbewerbsordnung besteht jedoch die Tendenz, den Wettbewerb z. B. durch Kartelle (Vereinbarung mehrerer Unternehmen, Preise und Mengen, zu denen geliefert wird, untereinander abzustimmen) und Konzernbildung (z. B. durch Übernahme von konkurrierenden Firmen am Markt) einzuschränken. Deshalb wird eine wichtige Aufgabe des Staates darin gesehen, über die Einhaltung der Wettbewerbsordnung zu wachen und Gesetze und Verordnungen zu erlassen, die einen fairen Wettbewerb sicherstellen sollen.

2. Eigentumsordnung

In der Sozialen Marktwirtschaft werden die Eigentumsrechte an den Produktionsmitteln und an Grund und Boden garantiert. Das Eigentum an Produktionsmitteln soll garantieren, dass die Produktion nur für Zwecke eingesetzt wird, für die es auch Abnehmer gibt. Werden Güter und Dienstleistungen angeboten, für die es keinen Markt gibt, haftet der Eigentümer dafür mit dem Verlust der Produktionsmittel, die dann nichts mehr wert sind.
Da in einem solchen Fall auch die Arbeitsplätze im Unternehmen verloren gehen, haben die Beschäftigten ebenso ein Interesse, dass die Unternehmen Güter und Dienstleistungen herstellen, die auch absetzbar sind. Die Mitbestimmungsrechte der Beschäftigten (siehe Kapitel 9) bei der Entscheidung, welche Produkte auf den Märkten angeboten werden sollen, sind jedoch eher gering. Sollte damit alles hergestellt werden, was auch Käufer findet? Wohl kaum, man denke an die starken Umweltwirkungen, die von der Produktion vieler Güter ausgehen oder an moralische Bedenken, die zum Beispiel die Rüstungsproduktion betreffen.

3. Sozialordnung

Die freie Aushandlung der Einkommen am Markt trägt dazu bei, dass die Verteilung der Einkommen auf die Bevölkerung ungleich ist. Sehr hohen Arbeitseinkommen stehen Einkommen gegenüber, die so niedrig sind, dass die Betroffenen an der Armutsgrenze leben. Aufgabe des Staates ist es, für eine Umverteilung der am Markt entstandenen Einkommen zu sorgen, sodass niemand in Armut leben muss und alle im Krankheitsfall und im Alter angemessen versorgt sind.
Ausgleichend auf die Einkommensverteilung wirkt das Steuersystem, indem hohe Einkommen mit einem höheren Steuersatz belastet werden als niedrige Einkommen. Einzelnen, die sich in einer Notlage befinden, gewährt der Staat Sozialhilfe, die es ermöglichen soll, ein menschenwürdiges Leben zu führen. Andere Sozialleistungen, wie zum Beispiel Wohngeld, unterstützen ebenfalls einkommensschwache Haushalte. Neben dieser Politik des sozialen Ausgleichs gehört zur Sozialordnung auch die Herstellung von Chancengleichheit, die sich in der staatlichen Bereitstellung von Bildungseinrichtungen (Schulen, Universitäten etc.) niederschlägt.
Im Unterschied zur „freien" Marktwirtschaft ist die Grundidee der „sozialen" Marktwirtschaft, das Prinzip der freien Aushandlung von Löhnen und Preisen mit dem Gesichtspunkt des sozialen Ausgleichs zu verbinden. Der Begriff des „sozialen Ausgleichs" muss dabei immer wieder neu bestimmt und ausgefüllt werden. So versucht die Soziale Marktwirtschaft eine Verbindung zwischen (persönlicher) Freiheit und (sozialer) Gerechtigkeit herzustellen.

4. Tarifautonomie

Tariflöhne und Arbeitsbedingungen werden nicht durch den Staat festgesetzt, sondern durch die Tarifparteien – Gewerkschaften und Unternehmensverbände – ausgehandelt. Der Staat tritt lediglich als „Wächter" auf, damit bestimmte Spielregeln eingehalten werden. Können sich die Tarifparteien nicht einigen, muss eine unabhängige Instanz zwischen den Tarifvertragsparteien schlichten.
Die Tarifautonomie (siehe auch Kapitel 9) wird durch das Grundgesetz (Art. 9 Abs. 3 GG) und das Tarifvertragsgesetz gewährt. Der Staat greift in die Verhandlungen nicht direkt ein, legt aber allgemeine Regeln für die Verhandlungen fest. Zum Beispiel darf erst nach Ablauf einer bestimmten Frist gestreikt werden, weiterhin müssen die Tarifparteien bei Uneinigkeit einen unabhängigen Schlichter anrufen. Der Staat wird allerdings selbst zur Tarifpartei, wenn es um die Löhne und Gehälter für die Beschäftigten im öffentlichen Dienst geht.

5. Die wichtigsten Ziele der Wirtschaftspolitik

Nach dem Stabilitäts- und Wachstumsgesetz von 1967 haben in der Sozialen Marktwirtschaft vier Zielsetzungen eine besondere Bedeutung:
- stetiges und angemessenes Wirtschaftswachstum,
- hohe Beschäftigung,
- stabiles Preisniveau,
- außenwirtschaftliches Gleichgewicht.

Nimmt man als fünftes, allgemein anerkanntes Ziel das Erreichen einer gerechten Einkommensverteilung hinzu, kommt man zu dem so genannten „magischen Fünfeck" in der Wirtschaftspolitik. Magisch deshalb, weil der Staat schon magische Kräfte eines Zauberers bräuchte, um die fünf Ziele gleichzeitig zu erreichen. In der Tat ist dies dem Staat in den letzten Jahrzehnten nicht gelungen. Dies gilt insbesondere für das Ziel, genügend Arbeitsplätze für alle Arbeit Suchenden bereitzustellen.

1 Erläutert den Zusammenhang von freien Preisen und Wettbewerb. Warum wird der Wettbewerb zwischen Unternehmen weitestgehend ausgeschaltet, wenn sich die Preise aufgrund staatlicher Vorschriften nicht frei bewegen können? Nehmt dazu die Darstellung in Abschnitt 7.5 zu Hilfe.
2 Viele Preise unterliegen aber auch in einer Marktwirtschaft nicht dem Mechanismus von Angebot und Nachfrage. Sammelt Beispiele für solche Preise, die direkt oder indirekt vom Staat bestimmt werden.
3 Welches sind die möglichen Beweggründe für den Staat, nicht alle Preise freizugeben und damit den Wettbewerb für sämtliche Wirtschaftsbereiche zur Entfaltung kommen zu lassen? Welches sind die wahrscheinlichen wirtschaftlichen Auswirkungen solcher staatlichen Regelungen?
4 Beschreibt aus euren Erfahrungen und anhand von Beispielen aus diesem Buch,
 - wer entscheidet ob, was und wie viel wann produziert wird,
 - wie der Preis bestimmt wird,
 - wie die Löhne ausgehandelt werden,
 - wie man Eigentum erwerben kann und wie man damit umgeht.
5 Welches sind die wichtigsten Spielregeln der Sozialen Marktwirtschaft, die in dem Vertragstext genannt werden?
6 In welchen Bereichen nehmt ihr die genannten wirtschaftlichen Chancen selbst wahr? Denkt zum Beispiel an eine spätere mögliche Berufswahl.
In welchem Verhältnis stehen hier die Freiheit der Berufswahl und mögliche wirtschaftliche Chancen? Welche Risiken sind damit auch verbunden?

10.2 Außenwirtschaftliche Verflechtungen der deutschen Wirtschaft

10.2.1 Die Erde: ein vernetzter Wirtschaftsraum

Der im vorigen Abschnitt beschriebene Strukturwandel hat noch eine weitere, überaus bedeutsame Ursache: Heute ist kein Land wirtschaftlich nur noch auf den eigenen Staatsraum konzentriert. Die Volkswirtschaften wachsen zusammen. Unternehmen produzieren für das Ausland und exportieren in alle Welt. Gleichzeitig zeichnet sich immer deutlicher ab, dass Unternehmen auch verstärkt im Ausland produzieren. Sie tun dies aus den unterschiedlichsten Gründen. Für einige mögen die Kosten der Produktion in Deutschland zu hoch sein, sie suchen nach billigeren Arbeitskräften. Andere zieht es aber deshalb in andere Länder, weil sie ausländische Märkte besser bedienen können, wenn sie vor Ort produzieren. Diese Strategie der „Markterschließung vor Ort" ist sicherlich der wichtigste Beweggrund für deutsche Unternehmen, mit ihrer Produktion umzuziehen.

Anstieg des Welthandels

Die weltwirtschaftliche Arbeitsteilung erhielt in den Jahren nach dem Zweiten Weltkrieg einen großen Auftrieb. Moderne Verkehrsmittel wie Supertanker und Jumbojets, elektrifizierte Eisenbahnen, Sattelschlepper und Pipelines sowie Container auf allen Verkehrswegen transportieren gewaltige Gütermengen von Land zu Land.
Obwohl der überwiegende Teil der Waren als Rohstoffe oder Maschinen nur zwischen Unternehmen gehandelt wird, begegnet auch der Konsument auf Schritt und Tritt in unserem Lande Waren ausländischer Herkunft. Dadurch werden die Verbrauchergewohnheiten verändert und weitere Impulse zum internationalen Handel gegeben.

Informationen zur politischen Bildung Nr. 183

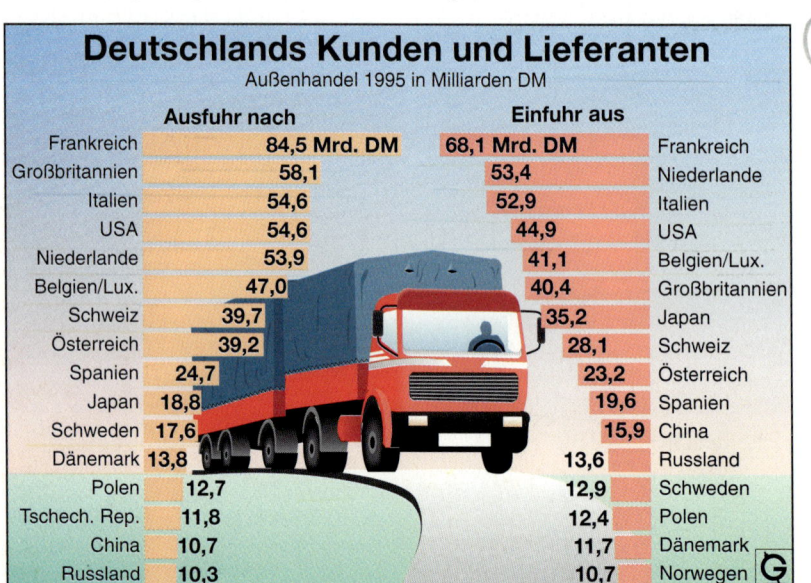

1 Macht eine Untersuchung: Woher kommen die Dinge in eurer Umgebung (Kleider, was in eurer Schultasche ist, was ihr esst)? Vergleicht auch mit dem Schaubild „Deutschlands Kunden und Lieferanten".
2 Welche Gründe nennt der Text für den Anstieg des Welthandels?
3 Was bedeutet dieser Anstieg für das Warenangebot in Deutschland?
4 Beachtet die Größenordnung:
 - deutsche Ausfuhr in die europäischen Staaten;
 - deutsche Ausfuhr nach Amerika;
 - deutsche Ausfuhr nach Asien

Nicht nur Waren werden gehandelt. Oftmals wandert eine ganze Fabrik von einem Land in ein anderes. Man spricht von der Wanderung des Produktionsfaktors Kapital.

Deutschlands Kunden und Lieferanten
Außenhandel 1995 in Milliarden DM

Ausfuhr nach			Einfuhr aus
Frankreich	84,5 Mrd. DM	68,1 Mrd. DM	Frankreich
Großbritannien	58,1	53,4	Niederlande
Italien	54,6	52,9	Italien
USA	54,6	44,9	USA
Niederlande	53,9	41,1	Belgien/Lux.
Belgien/Lux.	47,0	40,4	Großbritannien
Schweiz	39,7	35,2	Japan
Österreich	39,2	28,1	Schweiz
Spanien	24,7	23,2	Österreich
Japan	18,8	19,6	Spanien
Schweden	17,6	15,9	China
Dänemark	13,8	13,6	Russland
Polen	12,7	12,9	Schweden
Tschech. Rep.	11,8	12,4	Polen
China	10,7	11,7	Dänemark
Russland	10,3	10,7	Norwegen

© Globus   Quelle: Stat. Bundesamt   3383

Wandern die Autofirmen aus?

Unternehmenschef Helmut Werner gab den neuen Kurs vor. Mit einer ausschließlich in Deutschland konzentrierten Automobilproduktion habe Mercedes keine Zukunft mehr, so Werners Analyse. Nötig sei ein Werk in den USA, durch das die Stuttgarter unabhängiger von den Schwankungen des Dollarkurses werden. Nötig seien zudem Montagefabriken in Südostasien und Lateinamerika.

Die Konkurrenten BMW und Audi folgen der gleichen Strategie. In den Führungsetagen der deutschen Automobilindustrie herrscht Aufbruchstimmung. Die Konzerne errichten Fabriken in den USA und Südamerika, in Osteuropa und Südostasien.

Audi lässt inzwischen Motoren in einem eigenen Werk in Ungarn fertigen, andere ziehen gleich komplette Produktionsstätten mit Presswerk, Lackiererei und Montage hoch: Mercedes in den USA und Brasilien, BMW in den USA. Mitunter werden auch kleinere Montagefabriken errichtet, in denen aus Deutschland zugelieferte Teile zusammengebaut werden – von Mercedes etwa in Mexiko, Indien, Indonesien, Malaysia, Thailand, auf den Philippinen und in Vietnam. Eine der größten Branchen des Landes ändert ihr Arbeitsprinzip: „Made in Germany" war die Erfolgsformel der vergangenen Jahrzehnte. Die Automobilfirmen produzierten vor allem in Deutschland und exportierten in alle Welt.

„Doch die Zeiten reinen Exports", sagt BMW-Chef Bernd Pischetsrieder, „sind jetzt vorbei." Die Münchner wollen, ebenso wie Mercedes, Volkswagen und Audi, auf den wichtigen Märkten eigene Stützpunkte errichten.

Natürlich hatten die deutschen Konzerne auch in der Vergangenheit Werke im Ausland. Doch während früher nur ganz allmählich hier und da eine Fabrik im Ausland aufgebaut wurde, drängen die Firmen jetzt mit geballter Macht in neue Märkte. „Globalisierung", sagt Pischetsrieder, „ist das Gebot der Stunde." In der eigenen Belegschaft, bei Betriebsräten und Politikern stößt die neue Unternehmensstrategie auf Angst und Ablehnung.

Der Spiegel Nr. 39/1996, S. 99 (Auszug)

5 Was bedeutet die Verlagerung der Fabriken für die Beschäftigten? Habt ihr jemanden in eurer Verwandtschaft oder Bekanntschaft, der von einer solchen Verlagerung betroffen ist? Befragt sie/ihn nach ihren/seinen Erfahrungen.

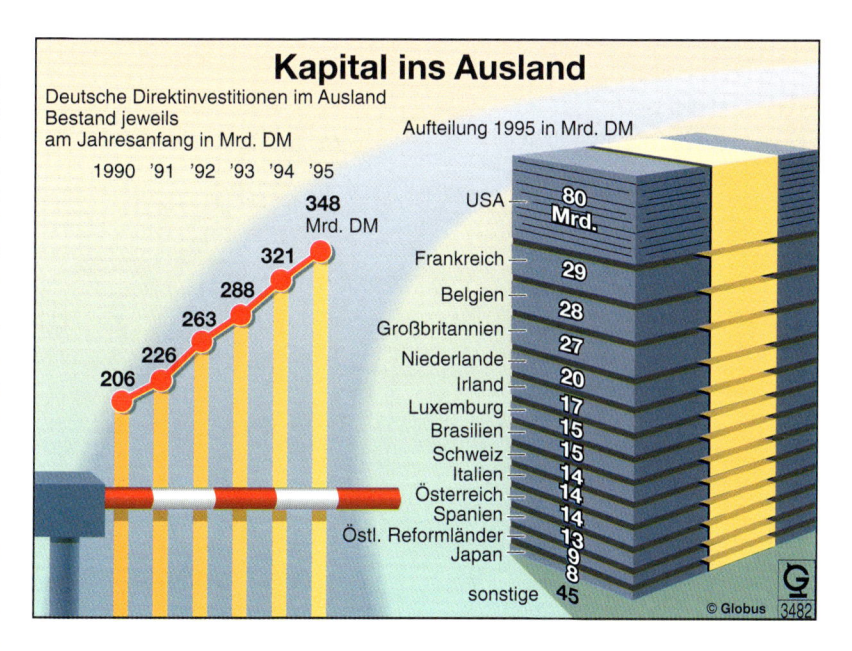

6 Welche Auswirkungen hat eine Produktionsverlagerung in dem Land, wo eine neue Fabrik entsteht? Überlegt, wie die Beschäftigten dort denken.

7 Diskutiert die unterschiedlichen Interessen von Beschäftigten und Konsumenten.

Kapital ins Ausland

Deutsche Direktinvestitionen im Ausland
Bestand jeweils am Jahresanfang in Mrd. DM

Jahr	Mrd. DM
1990	206
'91	226
'92	263
'93	288
'94	321
'95	348

Aufteilung 1995 in Mrd. DM

Land	Mrd. DM
USA	80
Frankreich	29
Belgien	28
Großbritannien	27
Niederlande	20
Irland	17
Luxemburg	15
Brasilien	15
Schweiz	14
Italien	14
Österreich	14
Spanien	13
Östl. Reformländer	9
Japan	8
sonstige	45

Jeans aus aller Welt

Allein in der Bundesrepublik werden jährlich etwa 60 Millionen Jeans verkauft, etwa die Hälfte als Bluejeans, die restlichen aus Cord oder anderen Stoffen. Die Namen der Fabrikate erinnern an die weite Welt (Lexiv, Mustang, Lucky Star, Pioneer usw.) und das ist auch richtig so: Die meisten der kleineren Fabrikate stellen die Hosen nicht in der Bundesrepublik her, sondern beziehen sie aus Lohnschneidereien oder Billiglohnländern wie Taiwan oder Hongkong.

Burg Grießhammer: Wen macht die Banane krumm? Kolonialwarengeschichten, Reinbek 1989

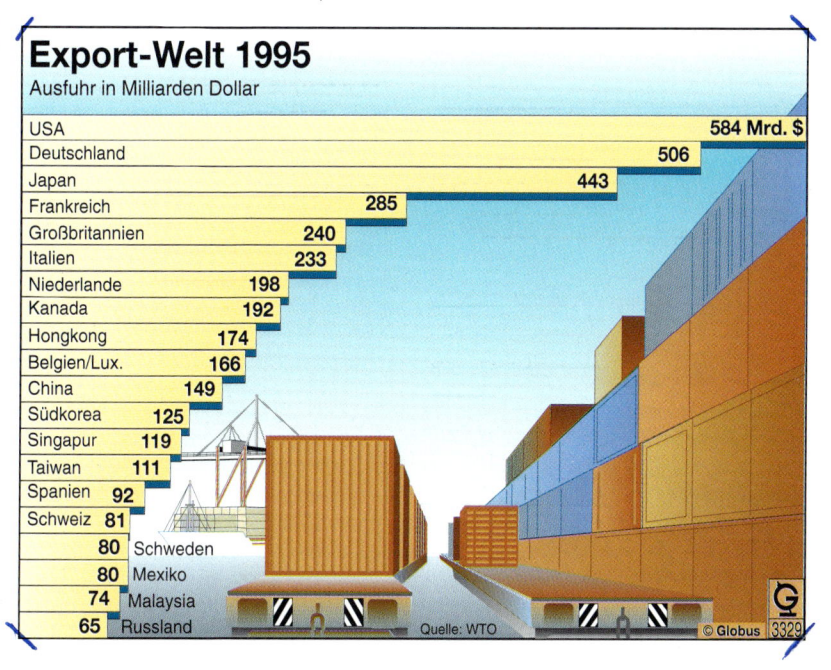

Export-Welt 1995
Ausfuhr in Milliarden Dollar

Land	Mrd. $
USA	584
Deutschland	506
Japan	443
Frankreich	285
Großbritannien	240
Italien	233
Niederlande	198
Kanada	192
Hongkong	174
Belgien/Lux.	166
China	149
Südkorea	125
Singapur	119
Taiwan	111
Spanien	92
Schweiz	81
Schweden	80
Mexiko	80
Malaysia	74
Russland	65

Quelle: WTO

Globalisierung total: Die ganze Menschheit nimmt am Wettlauf um Kapital teil.
Zeichnung: Brisólta

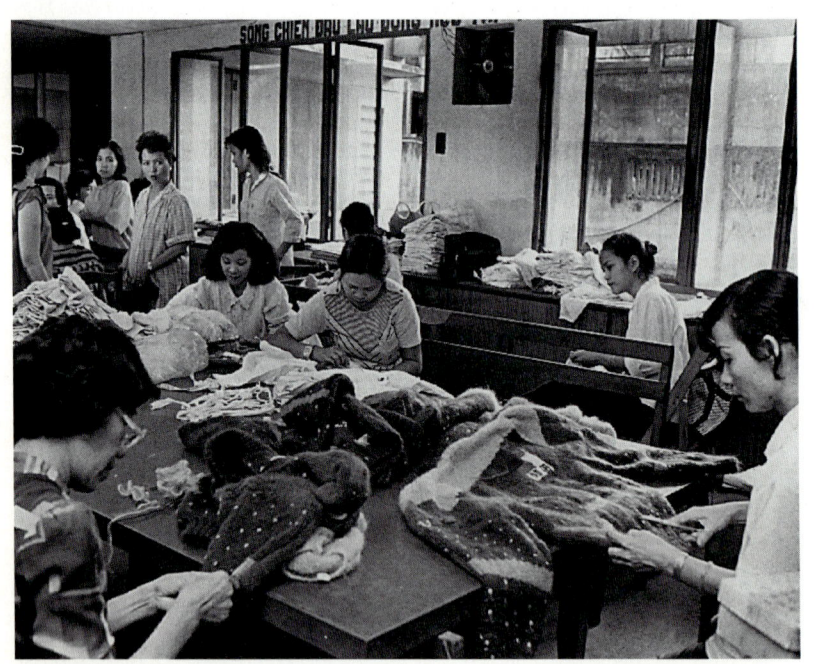

In Thailand erhalten angelernte Arbeitskräfte in der Textilindustrie rund 100 Dollar Lohn im Monat – und müssen deswegen noch um ihre Arbeitsplätze fürchten. Denn einerseits wollen die Unternehmer von Bangkok, ebenso auf der ständigen Suche nach noch billigeren Standorten wie ihre Konkurrenz in Tokio, „jetzt mit Kambodscha das machen, was die japanischen Konzerne mit Thailand gemacht haben", wie es ein Fachmann formulierte. Andererseits haben beide, thailändische wie japanische Firmen, nun das vietnamesische Lohnniveau von umgerechnet 20 Dollar pro Monat entdeckt. Da waren ungarische Textilfirmen aber noch schneller: In den vietnamesischen Jointventure-Klitschen (Foto) arbeiten die Frauen für den Export nach Osteuropa. taz vom 27.11.1991

8 Diskutiert miteinander: Wie weit geht eure Solidarität? Wärt ihr bereit, für eure Lieblingsjeans noch mehr Geld hinzulegen, wenn dadurch die Näherinnen einen besseren Lohn erhielten?

9 Erstellt eine Dokumentation zum Thema „Wo kommen unsere Kleider her?".

Methode: Dokumentation, Seite 68

10.2.2 Vorteile der internationalen Arbeitsteilung

Die Staaten der Erde haben sich nach dem Zweiten Weltkrieg zu einem freien Handel untereinander bekannt. Nie wieder sollte die Welt in eine Wirtschaftskrise wie Anfang der Dreißigerjahre stürzen, als sich die Länder durch hohe Zölle und andere Handelsbeschränkungen immer mehr voneinander abschotteten. Neben dem Prinzip des freien Handels vereinbarten sie unter anderem, dass alle Länder – gleich welchen Entwicklungsstandes – in die internationale Wirtschaftsordnung eingebunden werden sollten. Jedes Land sollte gemäß der Idee der internationalen Arbeitsteilung mit den Gütern oder Dienstleistungen handeln, die es relativ kostengünstig herstellen konnte. Um die Einhaltung der Spielregeln zu gewährleisten, errichteten die Staaten zwei Überwachungsinstitutionen: Das Allgemeine Zoll- und Handelsabkommen GATT mit der Welthandelsorganisation (WTO) kontrolliert den internationalen Warenverkehr, während der Internationale Währungsfonds (IWF) die geldwirtschaftlichen Beziehungen und das Finanzverhalten der Länder beobachtet.

Der schottische Ökonom Adam Smith hat die Vorzüge der Arbeitsteilung schon 1776 an einem einfachen Beispiel anschaulich beschrieben.

Vorzüge der Arbeitsteilung

Ein Familienvater, der weitsichtig handelt, folgt dem Grundsatz, niemals selbst etwas herzustellen [zu] versuchen, was er sonst wo billiger kaufen kann. So sucht der Schneider seine Schuhe nicht selbst zu machen, er kauft sie vielmehr vom Schuhmacher. Dieser wiederum wird nicht eigenhändig seine Kleider nähen, sondern lässt sie vom Schneider anfertigen. Auch der Bauer versucht sich weder an dem einen noch an dem anderen, er kauft beides jeweils vom Handwerker. Alle finden, dass es im eigenen Interesse liegt, ihren Erwerb uneingeschränkt auf das Gebiet zu verlegen, auf dem sie ihren Nachbarn überlegen sind, und den übrigen Bedarf mit einem Teil ihres Erzeugnisses oder, was dasselbe ist, mit dem Erlös daraus zu kaufen. Was aber für das Verhalten einer einzelnen Familie vernünftig ist, kann für das eines mächtigen Königreichs kaum töricht sein. Kann uns also ein anderes Land eine Ware liefern, die wir selber nicht billiger herzustellen im Stande sind, dann ist es für uns einfacher vorteilhafter, sie mit einem Teil unserer Erzeugnisse zu kaufen, die wir wiederum günstiger als das Ausland herstellen können.

Adam Smith: Untersuchungen über Natur und Ursprung des Volkswohlstandes, 1776

1 So wie der weitsichtige Familienvater verhalten sich auch ganze Länder. Übertrage das Beispiel auf ein Land wie die Bundesrepublik. Warum wäre es für Deutschland nicht sinnvoll, alle denkbaren Güter selbst herzustellen?
2 Angenommen, ein Land macht besondere Fortschritte in der Herstellung bestimmter Güter. Wie wirkt sich dies auf den internationalen Handel aus?
3 Oftmals wird in der Öffentlichkeit angenommen, dass Importe ein Ausdruck für die wirtschaftliche Schwäche eines Landes sind. Wie steht ihr zu dieser Auffassung, wenn ihr die Argumente von Adam Smith berücksichtigt?

Die deutsche Wirtschaft ist besonders eng in die internationale Arbeitsteilung eingebunden. Dies liegt unter anderem daran, dass die Bundesrepublik kaum eigene Rohstoffe besitzt. Sie ist deshalb z. B. auf den Import von Erdöl, Eisenerz, Uran und Edelmetallen angewiesen.

Beispiel Erdöl

In die Schlagzeilen gerät schon seit längerer Zeit immer wieder das Erdöl. Erdöl ist heute einer der wichtigsten Rohstoffe. Daraus werden Heizöl, Benzin, Düngemittel, Medikamente, Kunststoffe und eine Fülle weiterer Güter hergestellt, deren Verwendung für uns eine Selbstverständlichkeit geworden ist. Die Bundesrepublik besitzt nur ganz geringe eigene Vorkommen, den weitaus überwiegenden Teil beziehen wir aus anderen Ländern. Unsere Abhängigkeit vom ausländischen Erdöl müssen wir teuer bezahlen, im wahrsten Sinne des Wortes, und die drohende Verknappung wichtiger Rohstoffe wird uns ohne Zweifel vor ganz erhebliche Probleme stellen.

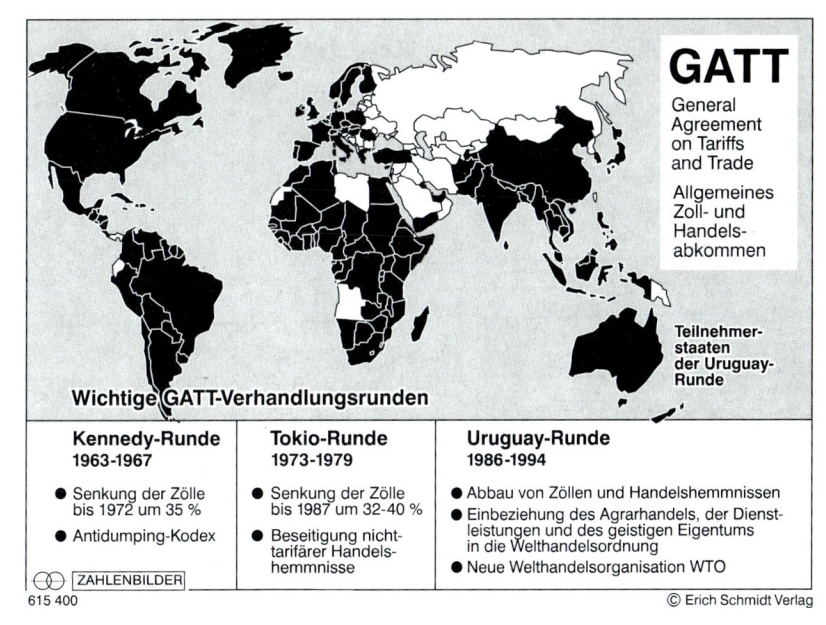

Informationen zur politischen Bildung Nr. 183, S. 1

4 Beschreibt die Risiken der Importabhängigkeit. Was kann dies für die deutsche Wirtschaft bedeuten?
5 Befragt eure Eltern: In den Siebzigerjahren haben die Erdölländer mehrfach den Preis so hoch gesetzt, dass die Regierung Maßnahmen zum Energiesparen verhängt hat. Mehrmals durfte am Sonntag niemand Auto fahren. Lasst euch von der Stimmung in dieser Situation berichten.
6 Das Beispiel Erdöl macht deutlich, dass die internationale Arbeitsteilung Vertrauen zwischen den Handelspartnern erfordert, wenn lebenswichtige Güter gehandelt werden. Welche Güter außer Öl würdet ihr dazu zählen?
7 Könnt ihr euch vorstellen, dass andere Länder von Importen aus Deutschland abhängig sind?

10.2.3 Behinderungen im Außenhandel

Internationale Arbeitsteilung hat Vorteile für alle daran beteiligten Länder. Oftmals sind jedoch die Folgen für einzelne Branchen oder Unternehmen negativ, wenn sie sich an die neue Konkurrenz nicht anpassen können. Daher wird immer wieder der Versuch unternommen, den Druck auf die heimische Wirtschaft dadurch zu mindern, dass ausländische Anbieter durch staatliche Eingriffe fern gehalten werden („Protektionismus"). Dieser Protektionismus zugunsten der heimischen Wirtschaft spielt innerhalb der Europäischen Union so gut wie keine Rolle mehr. Dies gilt jedoch nicht für die gesamte Weltwirtschaft. Während sich früher die Staaten vor allem durch Zölle schützten, spielen heute andere Instrumente eine wichtigere Rolle.
Handelshemmnisse bewirken einen Preisanstieg für die betroffenen Güter im Inland und schließen ganze Länder von den Vorteilen des internationalen Handels aus. Auf internationalen Konferenzen wird deshalb der freie Welthandel immer wieder beschworen. Die Realität sieht jedoch anders aus.

Probleme des Protektionismus

Wenn Unternehmen und damit Arbeitsplätze in Gefahr sind, insbesondere wenn ganze Branchen betroffen sind, die zudem noch regional gehäuft auftreten, ist das Verständnis groß für die Forderungen der Betroffenen. Sicherlich erscheinen schützende Maßnahmen für heimische Industrien, die durch ausländische Konkurrenz bedroht sind, dann auf den ersten Blick einleuchtend, aber eben nur auf den ersten Blick. Unmittelbare Konsequenz protektionistischer Maßnahmen ist die Ver-

10 Staat und Wirtschaft

Computerarbeit in Bangalore/Indien

Eingabezentrum auf Jamaika: Krankendaten aus Deutschland

teuerung des inländischen Warenangebots, denn die Verbraucher werden ja vor preiswerteren Produkten aus dem Ausland „geschützt".

Informationen zur politischen Bildung Nr. 183, S. 12

Protektionismus gibt es doch
Die deutsche Wirtschaft ist selbst nicht frei von protektionistischen Gelüsten. Gern verstecken sich beispielsweise die Automobilhersteller in der Bundesrepublik hinter der Übereinkunft zwischen Japan und der EG, die den Marktanteil der Wagen aus Fernost in Europa bis 1999 auf 16 Prozent beschränkt. Auch andere spielen beim Poker um Marktzugang und Quoten mit.
Ähnlich wie die Amerikaner drängen die europäischen und damit auch die deutschen Elektronikhersteller auf eine Öffnung des japanischen Marktes – und fordern gleichzeitig die Handelspolitik auf, einem weiteren Vormarsch der Technologiegiganten nicht tatenlos zuzuschauen.

Wirtschaftswoche vom 21.2.1992, S. 27

1 *Versucht die Wirkungskette ein wenig weiter aufzuziehen: Was passiert, wenn die Preise für das inländische Warenangebot steigen?*
2 *Diskutiert darüber, welche Gruppen in der Gesellschaft davon profitieren, wenn beispielsweise der Import von japanischen Autos beschränkt wird. Was werden in einem solchen Fall die Japaner davon halten?*
3 *Wieso sind eigentlich Politiker bereit der Forderung nach Schutzzöllen nachzugeben?*
4 *Verfolgt die Berichterstattung in der Zeitung. Fast jede Woche ist dort eine Meldung zu lesen über eine Auseinandersetzung zwischen Japan, den USA und der Europäischen Union wegen gezielter Abschottungsmaßnahmen.*

Handelshürden: Nicht nur Zölle

Unter **tarifären** Handelshemmnissen versteht man die Behinderung des internationalen Warenaustausches durch unmittelbare preis- und/oder kostenwirksame Maßnahmen, so z. B. die Erhebung von Zöllen auf eingeführte Erzeugnisse. Ziel: Die Preise der importierten Waren zu erhöhen und so die einheimische Industrie vor ausländischer Konkurrenz zu schützen (Schutzzoll).
Andere Beispiele: Sonderversicherungen, die für den Transport im Inland abzuschließen sind, oder die unverzinsliche Hinterlegung von Sicherheitsgeldern.

Nichttarifäre Handelshemmnisse ist der Sammelbegriff für alle staatlichen Maßnahmen und Verordnungen mit Ausnahme der Zölle, die geeignet sind, die Wirtschaft eines Landes vor ausländischer Konkurrenz zu schützen. Hierzu gehören alle protektionistischen Maßnahmen, die nicht „schwarz auf weiß" als Verstöße gegen den freien Welthandel ausgemacht und somit auch nur schlecht typisiert werden können.

Arbeitsexport per Datenleitung
Zum „Data Entry", der massenweisen Eingabe und Korrektur von Texten und Daten am Computer, werden Billigarbeiter in ihren jeweiligen Heimatländern eingespannt. In Indien und China, auf den Philippinen und in der

Beispiel: Es werden bestimmte umweltschutzmotivierte Produkteigenschaften vorgeschrieben oder Zeugnisse, Zertifikate, Urkunden und Nachweise über Kontrolltests verlangt, wenn eine Einfuhrerlaubnis für ein bestimmtes Erzeugnis beantragt wird. Der hiermit verbundene technische und finanzielle Aufwand stellt für den Exporteur ein nicht zu unterschätzendes Handelshemmnis dar. Oft werden sie mit unverdächtig klingenden Namen getarnt, wie beispielsweise „selektive Importpolitik", „sektorspezifischer freier Handel" oder „Harmonisierungsmaßnahmen".
Merkmale:
1. Sie bieten den Politikern die „Chance", die wahren handelspolitischen Absichten zu kaschieren.
2. Die Vielzahl unterschiedlicher Ausgestaltungs- und Anwendungsmöglichkeiten macht den Gebrauch dieses Instruments für zahlreiche Länder attraktiv.
3. Handelspartner tun sich schwer, nichttarifäre Handelshemmnisse zu entlarven und öffentlich anzuprangern.

Institut der deutschen Wirtschaft: Ein Globus voller Chancen, Köln 1991

Karibik tippen englischsprachige Bildschirm-Arbeiterinnen für umgerechnet zehn Mark pro Tag endlose Zahlenkolonnen und postsackweise Werbeantworten ab.

Inzwischen besteht ein Großteil der Waren und Dienstleistungen, mit denen international gehandelt wird, nur noch aus elektronischen Impulsen, die per Datenleitungen und Satellit um den Erdball eilen. Am Computerbildschirm erscheinen sie als Wirtschaftsdatenbank oder als Kalkulationsprogramm, als hoch komplexer Bauplan eines integrierten Schaltkreises oder als computeranimierte Filmsequenz. Anders als Werkzeugmaschinen oder Bluejeans kann die Daten-Ware an keiner Grenze aufgehalten werden. [...] Mittlerweile entstehen Computerprogramme für den internationalen Softwaremarkt in den entlegensten Regionen der Welt – im Himalaja-Königreich Nepal. Außer Jute und Wollteppichen wird in der Exportstatistik des Landes, das zu den ärmsten der Erde zählt (durchschnittliches Jahreseinkommen: 250 DM), maßgeschneiderte PC-Software aufgeführt. Die englischsprachigen Programmierer von Data Systems International in der Hauptstadt Katmandu versorgen damit ihre Kunden in den USA, in Australien, England und Japan.

Spiegel Nr. 25/1994, S. 186/187

5 Beschreibt den Unterschied zwischen der Übertragung von Daten per Knopfdruck in alle Welt und dem Transport und Handel von herkömmlichen Gütern.
6 Wie wirkt sich dieser Unterschied auf die Möglichkeit von Staaten aus, sich dem internationalen Handel zu entziehen?
7 Was bedeutet diese wahrscheinlich unumkehrbare Entwicklung für die heimischen Anbieter von Computerprogrammen und Datenbanken?

10.3 „Standort Deutschland"

10.3.1 Standortfaktoren und Wettbewerbsstärken

Zahlreiche Unternehmen in Deutschland stehen im Wettbewerb mit vielen Konkurrenten auf der ganzen Welt. Um sich in dieser Konkurrenz zu behaupten, gibt es zwei Strategien: Entweder die deutschen Güter und Dienstleistungen sind billiger und können deshalb international abgesetzt werden oder die Qualität der hiesigen Produkte ist so hoch, dass die Anbieter keine ausländische Konkurrenz scheuen müssen.

Abwanderung

Claus Wisser hat es als Kapitalist weit gebracht. Er verdiente ein Vermögen als Dienstleistungsunternehmer, im Reinigungsgewerbe ist er einer der ganz Großen. Und auch im Immobiliengeschäft mischt er kräftig mit.
Ende der Siebzigerjahre beschloss Wisser, ein Industrieller zu werden. Er kaufte Textilmaschinenfabriken, dann legte er sich Webereien und Spinnereien zu. Jetzt ist der Traum vom großen deutschen Textilkonzern vorbei. „Es hat überhaupt keinen Zweck mehr", sagt Wisser resigniert. Vier seiner Webereien werden demnächst geschlossen.
Am Ende wird allenfalls ein Torso [= Bruchteil] überleben. In seiner Kulmbacher Spinnerei zum Beispiel waren vor rund 20 Jahren noch 4500 Arbeitnehmer beschäftigt; als Wisser vor vier Jahren die Firma kaufte, waren es noch 1600; jetzt arbeiten dort 790 Menschen. „400 Leute werden wir in Kulmbach durchbringen können", glaubt Wisser. „Als Nischenhersteller mit Spezialprodukten". Garn, rechnet Wisser vor, könne er in Deutschland nicht unter neun Mark pro Kilo herstellen, aber „überall in der Welt kriegen Sie das für fünf Mark". Der Industrielle will jetzt im Ausland weitermachen: Mit chinesischen und taiwanischen Partnern baut er eine Textilveredelung in Thailand auf, in Indien hat er ein Jointventure [= Gemeinschaftsunternehmen] für die Garnproduktion gegründet.

Der Spiegel vom 10.5.1993, S. 138

Für ein Land mit einem hohen Lebensstandard wie Deutschland ist es schwierig, allein über niedrige Preise auf den Weltmärkten mitzuhalten. Daher spielt die Qualität der Produkte eine besondere Rolle. Hohe Löhne und Sozialleistungen lassen sich nur dann auf Dauer finanzieren, wenn es gelingt, immer wieder neuartige und bessere Produkte herzustellen, für die höhere Preise auf den Weltmärkten verlangt werden können. Als ein entscheidender Wettbewerbsfaktor gilt die Fähigkeit der Unternehmen, nicht nur mit der technologischen Entwicklung Schritt halten zu können, sondern auch neue Technologien zu entwickeln und einzusetzen.

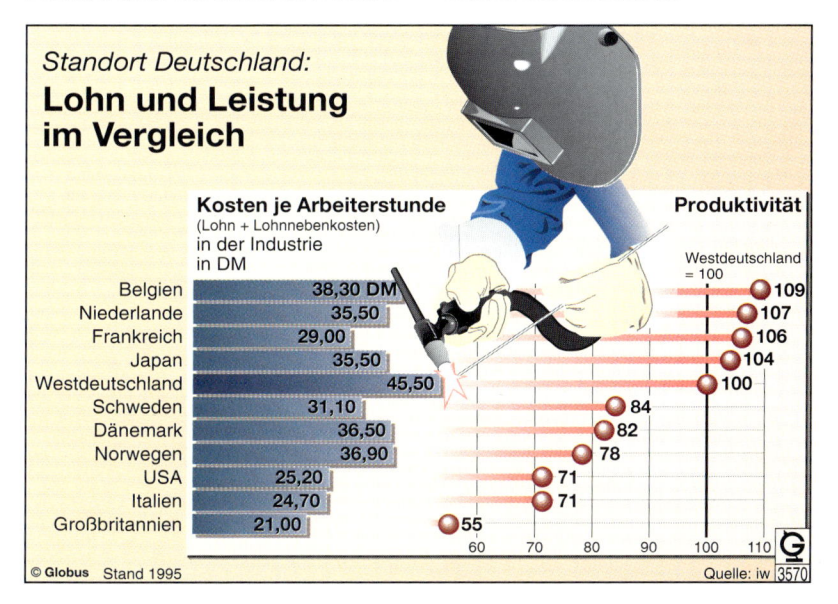

Standort Deutschland:
Lohn und Leistung im Vergleich

Kosten je Arbeiterstunde (Lohn + Lohnnebenkosten) in der Industrie in DM

Land	Kosten je Arbeiterstunde (DM)	Produktivität (Westdeutschland = 100)
Belgien	38,30	109
Niederlande	35,50	107
Frankreich	29,00	106
Japan	35,50	104
Westdeutschland	45,50	100
Schweden	31,10	84
Dänemark	36,50	82
Norwegen	36,90	78
USA	25,20	71
Italien	24,70	71
Großbritannien	21,00	55

© Globus Stand 1995   Quelle: iw 3570

"Standort Deutschland" in den Schlagzeilen

Standort durch Löhne nicht gefährdet

Standort Deutschland nach der Vereinigung: Die positiven Faktoren überwiegen

Besser als der Ruf

Die Zeit vom 11.12.1992, S. 28

Superstandort Deutschland?

STUTTGART. Als international schädlich hat Porsche-Chef Wendelin Wiedeking die Debatte über den Wirtschaftsstandort Deutschland kritisiert. Er appellierte an Unternehmer, Gewerkschafter und Politiker, das Lamentieren zu beenden und statt dessen konsequent die Zukunftsfähigkeit des Industrielandes Deutschland im vereinigten Europa zu betonen. „Wenn wir alle unsere Hausaufgaben machen, dann wird Deutschland der beste Produktionsstandort der Welt sein", sagte der Vorstandsvorsitzende am Freitag auf der Hauptversammlung des Sportwagenherstellers in Stuttgart.

junge Welt vom 28. Januar 1995

Nur noch zweite Liga

Zwei Studien zur Wettbewerbsfähigkeit stufen Deutschland zurück

Die Zeit vom 31.5.1996

---

1. Die im Text genannte Spinnerei wird verkleinert, weil die Löhne in Deutschland für die bisherigen Produkte zu hoch sind. Ist hieraus ableitbar, dass alle Unternehmen demnächst im Ausland produzieren?
Welche Vorteile der Inlandsproduktion könnten Unternehmen davon abhalten abzuwandern?

2. Offensichtlich spielen die Löhne in der Diskussion um den Standort Deutschland eine bedeutende Rolle.
Überlegt, welche unterschiedlichen Interessen Gewerkschaften und Arbeitgeberverbände in dieser Diskussion vertreten.

3. Angenommen, es gelingt nicht, die Arbeitsproduktivität in Deutschland auch in Zukunft zu erhöhen. Welche Folgen wird das für die Wettbewerbsfähigkeit haben?

10.3.2 Produzieren bald alle im Ausland?

Standort Deutschland – aus Unternehmer- und Gewerkschaftssicht

Wenn die Unternehmer sagen:
„Die Löhne, die die Gewerkschaften fordern, sind viel zu hoch. Das können wir nicht bezahlen", erwidern die Gewerkschaften:

„Wie können Löhne zu hoch sein? Die Leute müssen ihre Mieten bezahlen; die Preise für Lebensmittel sind wieder gestiegen. Außerdem habt ihr Unternehmer letztes Jahr gute Gewinne gemacht."
Wenn die Gewerkschaften sagen:
„Die Probleme liegen nicht bei den Beschäftigten, sondern im Management. Es wird nicht zu wenig gearbeitet, sondern es werden zu wenig neue konkurrenzfähige Produkte entwickelt",
sind die Unternehmer sauer und antworten:
„Blödsinn. Bei diesen Arbeitszeiten kann man mit den besten Produkten nicht konkurrenzfähig sein. Nur wer viel arbeitet, kann viel produzieren."
Wenn die Unternehmer sagen:
„Wir zahlen zu viele Steuern. Und die Beiträge, die wir zur Kranken- und Rentenversicherung leisten, erdrücken uns allmählich",
dann erwidern die Gewerkschaften:
„Wenn wir qualifizierte Arbeitnehmerinnen und Arbeitnehmer wollen, ist die Steuerbelastung hoch, denn nur so können wir z. B. die Bildung finanzieren. Im Übrigen sind gesunde und sozial gesicherte Beschäftigte ein sehr positiver Standortfaktor."
Wenn die Unternehmer hart bleiben und betonen:
„Wir können unsere Produktion nur in Deutschland halten, wenn wir die Kosten drücken. Und das heißt auch: Löhne runter!", halten die Gewerkschaften dagegen:
„Unsere wirtschaftliche Entwicklung hängt von den Kosten zuallerletzt ab. Für uns ist es wichtig, dass alle Beteiligten mehr Anstrengungen unternehmen, ständig den Produktionsprozess und die Produktqualität zu verbessern."

1. Setzt die Diskussion mit verteilten Rollen fort. Arbeitet hierzu zunächst die Argumente der IG Metall aus der Anzeige auf der nächsten Seite heraus, in der sie die positiven Aspekte hervorhebt, und überlegt, welche Gegenposition ein Unternehmerverband beziehen würde.
Methode: Pro- und Kontra-Diskussion, Seite 237

2. Warum ist eigentlich die Lohnhöhe für Unternehmensentscheidungen wichtig?

3. Nach eurer Meinung: Welcher Zusammenhang besteht zwischen der Lohnhöhe und der Qualität der Produkte?

10.3.3 Neue Aufgaben für den Staat

Die Globalisierung der Wirtschaft stellt neue Anforderungen an den Staat. Deutsche Unternehmen, die in vielen Ländern produzieren, werden nicht automatisch in Deutschland ihre Steuern bezahlen. Und werden ihnen neue Steuern oder andere Vorschriften von staatlicher Seite auferlegt, ist es für sie heute viel leichter, sich diesem staatlichen Druck zu entziehen. Die Politik gerät so in die Defensive. Gleichzeitig bietet die Globalisierung auch Chancen, die sich aber nur dann wahrnehmen lassen, wenn der Staat aktiv mitmischt.

Sollte der Staat die technische Entwicklung gezielt durch Vergünstigungen für die Unternehmen fördern, also eine Industriepolitik betreiben, die ausgewählte Branchen und Technologien, wie z. B. die Mikroelektronik, unterstützt?

Industriepolitik: Pro und Kontra

Kontra Industriepolitik:

Staatliche Technologiepolitik – eine Verschwendung von Steuergeldern?
Die weltweiten Erfahrungen damit, dass der Staat auf vermeintliche Schlüsselindustrien setzte, sollten den Befürwortern einer interventionistischen [= auf staatliche Eingriffe setzende] Politik zu denken geben. Dies belegt die lange Liste der Misserfolge [...]. Die Flops lassen sich ganz einfach erklären. Bei staatlich subventionierter Forschung fehlt der Korrekturmechanismus des Marktes. Wenn eine private Firma nicht auf Fehlentwicklungen reagiert, sinkt ihre Rendite. Im schlechtesten Fall geht sie in Konkurs. Anders verhält es sich auf staatlicher Ebene. Öffentliche Förderprogramme werden im Zweifel immer wieder aufgestockt.

Wirtschaftswoche vom 1.5.1992

Pro Industriepolitik:

Wir leben in einer ungeheuren Umbruchszeit – im Übergang zur Informationsgesellschaft, doch wir gehen die Probleme an mit Denkschemata des Industriezeitalters. Die neuen Hochtechnologien stellen andere Bedingungen als die Technologien der Vergangenheit. Sie erfordern oft Milliarden an Entwicklungskosten und Planungshorizonte von 10 bis 20 Jahren.

Mit solchen Risiken ist jedoch das einzelne Unternehmen überfordert. Der Fortschritt ist in der Informationsgesellschaft nicht möglich ohne die Mitwirkung des Staates. Wir brauchen eine zukunftsgerichtete Industriepolitik, die im weitesten Sinne Bildung und Ausbildung ebenso wie die künftigen Infrastruktursysteme einschließt.

Konrad Seitz in: Wirtschaftswoche vom 30.8.1991

Stichwort Schlüsseltechnologien

Schlüsseltechnologien sind die technischen Entwicklungen, die für das Wachstum einer Volkswirtschaft und für die Wettbewerbsfähigkeit ihrer Unternehmen von entscheidender Bedeutung sind (z. B. hochleistungsfähige Speicherchips und Werkstoffe, Luftfahrttechnik, moderne Werkzeugmaschinen und Roboter). Es wird oftmals vermutet, dass die Länder, die diese Schlüsseltechnologien nicht entwickeln können, in wirtschaftliche und politische Abhängigkeit von anderen Staaten geraten.

Industriestandort Deutschland

Qualität kommt nicht von ungefähr.

Deutschland ist ein starker Standort. Mit hervorragenden Qualitäten.

- Hoch qualifizierte Arbeitnehmer und Arbeitnehmerinnen – ein Plus, das vielfach zählt.
- Qualitätsarbeit, die ihresgleichen sucht.
- Sozialstaat und Tarifautonomie, die für sozialen Ausgleich und geregelte Konfliktlösungen stehen.

Für soziale Vernunft, um die uns das Ausland beneidet und die uns die Spitzenstellung überhaupt erst ermöglicht hat.

Bundesregierung und Arbeitgeber setzen diese Qualitäten aufs Spiel.

Sozialabbau, Nullrunden bei den Löhnen, längere Arbeitszeiten und die Abkehr von verbindlichen Tarifverträgen führen in die unsolidarische Ellenbogengesellschaft.

Steigende Einkommen nützen allen.

Angemessene Einkommenssteigerungen bleiben auch 1994 ein Garant für wirtschaftliche Leistungen. Sie sichern Arbeitsplätze und Absatz, demokratische Stabilität und sozialen Frieden.

Qualität entscheidet.

Qualität zu verbessern, sollten wir uns bemühen. Sie ist entscheidend. Die Qualität der Ausbildung, der Arbeit, der Produkte und nicht zuletzt: die Qualität des Lebens. Die IG Metall unterstützt dies. Durch betriebliche Initiativen und neue Tarifverträge, die den Menschen motivieren. Denn der Wettbewerb der Zukunft wird mit Menschen und nicht mit Maschinen gewonnen.

Deutschland ist ein starker Standort. Tun wir was, dass es so bleibt.

- Konjunktur ankurbeln; Beschäftigung fördern.
- Soziale Gerechtigkeit.
- Angemessene Einkommen.
- Ja zur Tarifautonomie, den Spielregeln der Vernunft.

Gute Arbeit braucht soziale Sicherheit

IG Metall

Anzeige der IG Metall, Herbst 1993

10 Staat und Wirtschaft

Ein Gewerkschaftsfunktionär zur Industriepolitik

Angesichts eines weiter rasanten Verlustes von Arbeitsplätzen in der deutschen EDV-Industrie – bis zum Jahresende werden weitere 15 000 Jobs gestrichen – drängt die IG Metall bei künftigen Tarifverhandlungen vor allem auf Vereinbarungen über Beschäftigungssicherung.

Die Firmen müssten sich daneben um die Entwicklung marktfähiger Produkte kümmern, Bonn und Brüssel sollten diesen Prozess durch eine „gezielte Industriepolitik" unterstützen, fordert IG Metall-Vorstandsmitglied Joachim Töppel am Donnerstag in Frankfurt. [...]

Aufgrund der starken staatlichen Förderung der Computerbranche in Asien fordert Töppel auch für Deutschland und für die EG eine „gezielte Industriepolitik". Laufende Forschungsprojekte sollten fortgeführt, neue Vorhaben vor allem mit Blick auf umweltverträgliche Verkehrs- und Transportsysteme angestoßen werden.

Daneben müssten handelspolitische Maßnahmen europäischen Produkten den Zugang zu den Weltmärkten sichern. Dies habe mit Protektionismus nichts zu tun, sondern mit Gleichberechtigung.

Der Tagesspiegel vom 8.10.1993, S. 25

Eine Zeitung fasst die Entwicklung zusammen

Immer mehr Industrielle, Wirtschaftsexperten und Politiker teilen inzwischen die Ansicht, dass der Erhalt der nationalen und europäischen Wettbewerbsfähigkeit nicht allein eine (betriebs-)wirtschaftliche, sondern auch eine gesellschaftspolitische Aufgabe darstelle. Industrielle Umstrukturierungen, wirtschaftliche Modernisierung und technologische Innovationsfähigkeit seien ohne industriepolitische Konzeption nicht zu erreichen.

taz vom 22.12.1992, S. 7

Mikroelektronik: Markt mit Zukunft

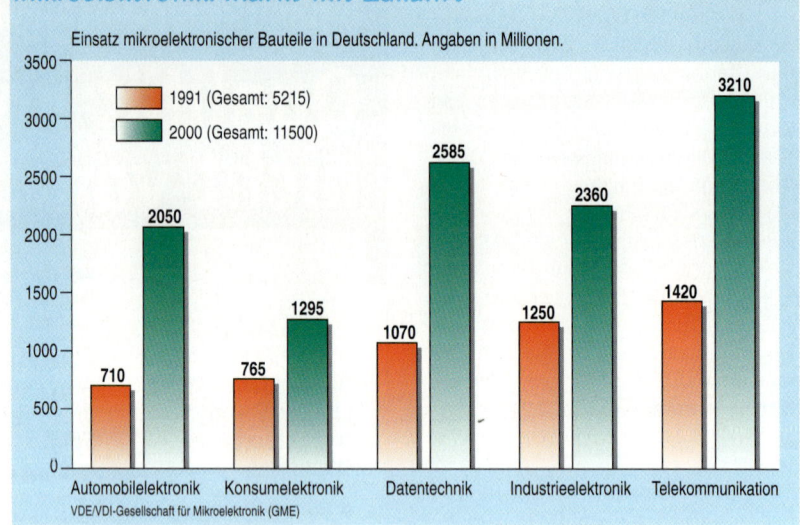

Einsatz mikroelektronischer Bauteile in Deutschland. Angaben in Millionen.

Bereich	1991 (Gesamt: 5215)	2000 (Gesamt: 11500)
Automobilelektronik	710	2050
Konsumelektronik	765	1295
Datentechnik	1070	2585
Industrieelektronik	1250	2360
Telekommunikation	1420	3210

VDE/VDI-Gesellschaft für Mikroelektronik (GME)

Subventionen des Bundes: Kaum Hilfen für den Wandel

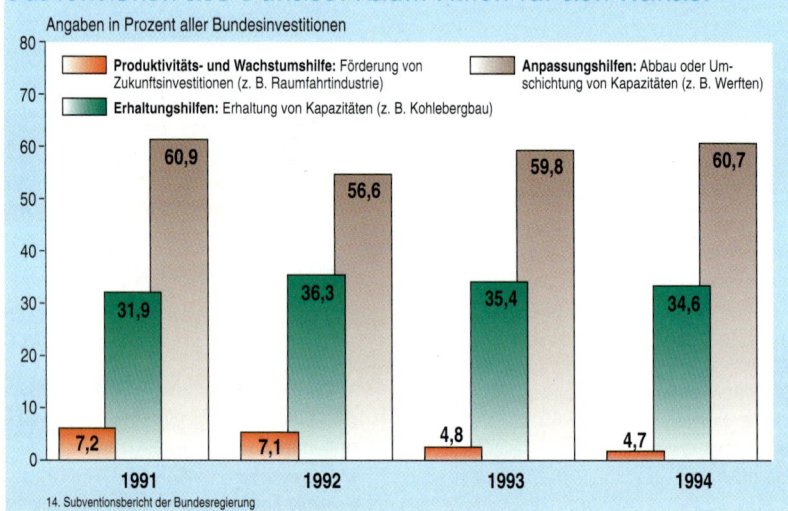

Angaben in Prozent aller Bundesinvestitionen

- **Produktivitäts- und Wachstumshilfe:** Förderung von Zukunftsinvestitionen (z. B. Raumfahrtindustrie)
- **Erhaltungshilfen:** Erhaltung von Kapazitäten (z. B. Kohlebergbau)
- **Anpassungshilfen:** Abbau oder Umschichtung von Kapazitäten (z. B. Werften)

Jahr	Produktivitäts- u. Wachstumshilfe	Erhaltungshilfen	Anpassungshilfen
1991	7,2	31,9	60,9
1992	7,1	36,3	56,6
1993	4,8	35,4	59,8
1994	4,7	34,6	60,7

14. Subventionsbericht der Bundesregierung

Stichwort Subventionen

Subventionen sind staatliche Zahlungen oder Steuervergünstigungen für private Unternehmen. Als Gegenleistung werden von den Unternehmen bestimmte Verhaltensweisen gefordert oder erwartet. Solche Verhaltensweisen können Beschäftigungsgarantien für die Arbeitnehmer, die Entwicklung neuer Technologien oder ein Zurückfahren der Umweltverschmutzung sein. Subventionen verringern für die Unternehmen die Kosten und erleichtern ihnen, im Sinne der Ziele der staatlichen Wirtschaftspolitik zu handeln.

---

1 Klärt folgende Begriffe: Informationsgesellschaft, Hochtechnologien, Infrastruktursysteme.
2 Ein entscheidender Wirtschaftszweig für die Zukunft ist die Mikroelektronik. Welche Bedeutung messt ihr aus eurer persönlichen Erfahrung Computern und Computerprogrammen bei?
3 Stellt die Argumente pro und kontra bezüglich der staatlichen Industriepolitik zusammen.
4 Warum kann man sagen, dass der Erhalt der Wettbewerbsfähigkeit der Wirtschaft eine gesellschaftliche Aufgabe ist?
5 Im Text ist von dem Korrekturmechanismus des Marktes die Rede. Was ist damit gemeint?
6 Warum ziehen Unternehmerverbände und Gewerkschaften bei der Forderung nach staatlicher Unterstützung an einem Strang?

11 Deutschland: ein Sozialstaat

Kein Mensch lebt abgeschlossen allein, jeder hat irgendwelche Beziehungen zu anderen Menschen: in der Schule, auf der Straße, bei der Arbeit, beim Einkaufen. Wie wir uns zueinander verhalten, wie wir uns gegenseitig einschätzen: Dieses ganze Geflecht der Beziehungen zwischen Menschen – ob sie sich kennen oder nicht – ist das, was man als „soziale Verhältnisse" bezeichnet.

Es geht darum, vernünftig zusammenzuleben. Wenn sich jemand unsozial verhält, dann hält sie oder er sich nicht an die Regeln, die bestehen, um zusammen leben zu können.

„Sozial" heißt aber nicht nur, friedlich zusammenzuleben, sondern auch einander zu helfen, wenn man in Schwierigkeiten ist. Dieses Verhalten auf den ganzen Staat übertragen ergibt den Sozialstaat. Die Bundesrepublik ist ein Sozialstaat. Das heißt, sie muss dafür sorgen, dass allen ihren Bürgerinnen und Bürgern der Weg in die Gesellschaft geebnet wird – z. B. über Kindergärten, Schulen und Berufsausbildung – und ihnen in Notlagen geholfen wird. Darauf gibt es einen Rechtsanspruch, es handelt sich also nicht um staatliche Almosen.

Um die sozialen Verhältnisse in der Bundesrepublik und die sozialen Aufgaben, die der Staat hat, geht es in diesem Kapitel. Und welche Probleme dabei entstehen, untersuchen wir natürlich auch.

11.1 Soziale Verhältnisse in Deutschland

11.1.1 Schichten und Klassen

Eine Gemeinschaft von Menschen, die miteinander leben und arbeiten, wird als „Gesellschaft" bezeichnet. Die Gesellschaft der Bundesrepublik besteht also aus allen Menschen, die in ihr leben und deshalb vielfältig aufeinander bezogen sind. Innerhalb der Gesellschaft eines Landes kann man verschiedene gesellschaftliche Gruppen voneinander unterscheiden: zunächst einmal die Familie, Nachbarn oder Freunde und dann auf anderer Ebene z. B. Parteien, Gewerkschaften oder bestimmte Interessengruppen (siehe Kapitel 15). Um die Frage, wie die Gesellschaft der Bundesrepublik aufgebaut ist, geht es in diesem ersten Abschnitt.

Die Lebensumstände der einzelnen Bewohnerinnen und Bewohner eines Landes sind nicht gleich. Auf vielfältige Weise zeigen sich Unterschiede, die mit Hilfe von Zahlen und Modellen erfasst werden können.

Unterschiede gibt es z. B. bei den Einkommen, bei der Frage, ob jemand auf dem Land oder in der Stadt wohnt, ob zur Miete oder im Eigenheim, welcher Religion jemand zugehört, wie viele Menschen Vereinsmitglieder sind, wie die Altersverteilung in einer bestimmten Gegend ist, welche Konsumgewohnheiten die Leute haben und vieles mehr.

Aus diesen Informationen kann man sich ein Bild über die Sozialstruktur eines Landes verschaffen.

Ein Kabarett zeigt einige der wichtigsten Merkmale sozialer Unterscheidung.

1. Klasse – 2. Klasse

Die einen kommen erster Klasse zur Welt
die anderen kommen zweiter Klasse zur Welt
die einen werden gebildet
die anderen werden ausgebildet
die einen stellen danach was dar
die anderen stellen danach was her
den einen stehen alle Türen offen
den anderen stehen alle Fabriktore offen
die einen verdienen
die anderen dienen.

Floh de Cologne. Nach: V. Achenbach/H. Katzer: Grundwissen für junge Sozialisten, Dortmund 1980, S. 20

Einige Kennzeichen der Sozialstruktur (in Prozent der Bevölkerung)

	Westdeutschland 1988	1993	Ostdeutschland 1990	1993
Religionszugehörigkeit				
evangelische Kirche	47	45	25	25
katholische Kirche	41	40	5	4
andere Religionsgemeinschaften	3	2	1	1
keine	9	13	69	70
Organisationszugehörigkeit				
Gewerkschaft	17	17	49	25
Partei	5	5	5	3
Sportverein	29	28	?	10
keine Organisation	42	44	?	53
Wohnform				
Bauernhaus	3	4	4	6
Einfamilienhaus	39	36	17	23
Mietshaus, 2-9 Parteien	44	45	47	41
Mietshaus, 10 Parteien u. mehr	13	15	32	30

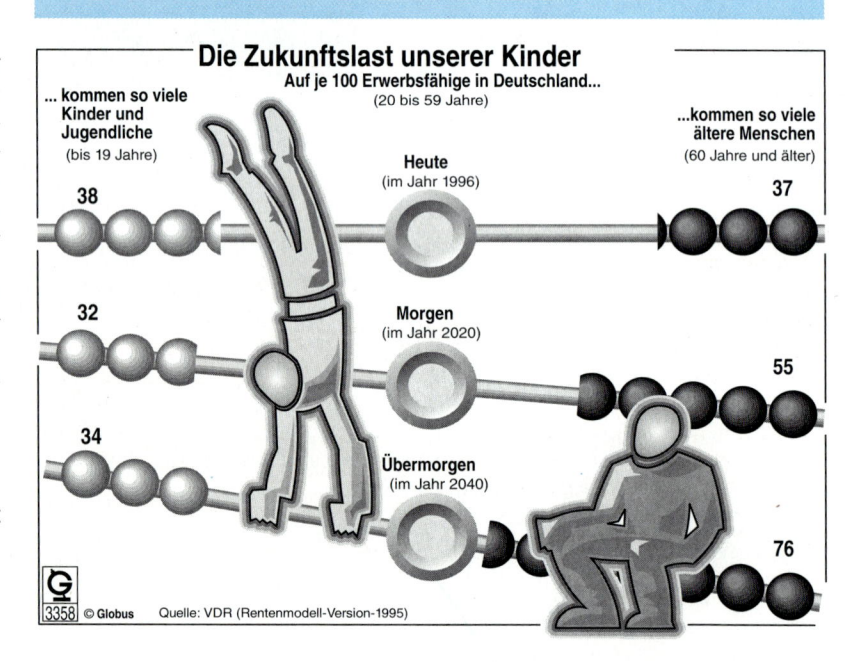

Datenbasis: Wohlfahrtssurvey 1988, 1990-Ost, 1993

Die Zukunftslast unserer Kinder
Auf je 100 Erwerbsfähige in Deutschland...
(20 bis 59 Jahre)

... kommen so viele Kinder und Jugendliche (bis 19 Jahre)
...kommen so viele ältere Menschen (60 Jahre und älter)

Heute (im Jahr 1996): 38 / 37
Morgen (im Jahr 2020): 32 / 55
Übermorgen (im Jahr 2040): 34 / 76

© Globus 3358   Quelle: VDR (Rentenmodell-Version-1995)

1 Das Kabarett übertreibt. Erklärt den Text im Einzelnen.
2 Welche Merkmale zur Unterscheidung der Menschen werden im Text benannt?
3 Welche anderen/weiteren Merkmale zur Unterscheidung der Menschen in einer Gesellschaft erscheinen euch wichtig?
4 Versucht über „offene Interviews" die Einstellung verschiedener Menschen zum Thema „Gleichheit – Ungleichheit" zu erfragen.

Methode: Offenes Interview, Seite 173

Methode: Offenes Interview

Sicher kennt ihr Fragebogen mit Fragen, die ihr mit Ja oder Nein beantworten müsst, oder mit verschiedenen Antwortmöglichkeiten, aus denen ihr auswählen könnt. Im Gegensatz zu einer solchen Umfrage mit „geschlossenen" Fragen steht das offene Interview. Hier können die Befragten in eigenen Worten antworten.

Entscheidet zunächst, was für euch zweckmäßiger ist: Ein offenes Interview hat gegenüber einem geschlossenen den Vorteil, dass ihr je nach Gesprächsverlauf reagieren und bei bestimmten Aussagen genauer nachfragen könnt. Die Interviewten haben dabei die Möglichkeit, ihren Standpunkt ausführlicher darzustellen. Dagegen ist die Auswertung eines offenen Interviews aufwendiger, weil jedes Gespräch einen anderen Verlauf nimmt und die Antworten nicht einfach ausgezählt werden können. Beim offenen Interview gilt: Gut gefragt ist halb gewonnen! Nur durch eine gründliche Vorbereitung wird aus einem unverbindlichen Gespräch ein gezieltes und verwertbares Interview, durch das ihr euch Informationen beschaffen oder unterschiedliche Meinungen zu einem Problem erkunden könnt.

Vorbereitung
Zu Beginn solltet ihr euch selbst diese Fragen stellen:
1. Wie lautet das genaue Thema des Interviews?
2. Was soll erfragt werden, was ist das Ziel des Interviews?
3. Für welchen Zweck wollt ihr die Antworten verwenden? Wie soll das Interview dokumentiert werden?
4. Wer soll interviewt werden? Welche Personen sind geeignet, welche nicht?

Der Fragenkatalog
Es ist wichtig, dass ihr eure Fragen genau festlegt und aufschreibt. Stellt nicht zu viele Fragen und formuliert sie knapp und verständlich. Bei einem offenen Interview solltet ihr darauf achten, auch offene Fragen zu stellen: Es sollen Fragen sein, die nicht einfach mit Ja oder Nein zu beantworten sind, bei denen eure Interviewpartnerin oder euer Interviewpartner die Möglichkeit hat, frei zu formulieren. Überlegt euch auch einen sinnvollen Aufbau eures Interviews. Bewährt hat sich z. B. die folgende Struktur:
1. Vorstellung: Wer sind wir, was ist unser Thema, was wollen wir ...
2. Mundöffnerfragen, Fragen, die die Interviewpartnerin/den Interviewpartner zum Sprechen bringen: z. B. seit wann leben Sie hier, wie alt sind Sie...
3. Thematische Fragen, also Fragen zum eigentlichen Problemkreis eures Interviews. Diese Fragen dienen euch als Leitfragen während des Interviews und später als Anhaltspunkte für die Auswertung.

Beispiel: Gleichheit – Ungleichheit
Zum Thema „Gesellschaftliche Ungleichheit" könnt ihr z. B. folgende Leitfragen stellen:
- Welche Unterschiede können Sie im Alltag beobachten, die auf soziale Ungleichheit hindeuten? Oder sehen Sie keine besonderen Unterschiede?
- Welche Gründe sehen Sie dafür, die sozialen Unterschiede in der Bundesrepublik nicht zu groß werden zu lassen?
- Welche Folgen hat nach Ihrer Meinung eine ungleiche Verteilung von Geld oder anderem Eigentum?
- Wenn Sie der Meinung sind, dass sich die Eigentumsverhältnisse ändern sollen: Welche Maßnahmen wären dafür notwendig?

Das Probeinterview
Probiert euer Interview vorher in der Klasse oder mit Freunden aus. Ihr könnt die Rolle des Interviewers üben, lernen auf Leute zuzugehen und so eure Scheu verlieren. Außerdem könnt ihr euch mit der Technik der Geräte, mit denen ihr das Interview dokumentieren wollt (Kassettenrekorder, Video o. ä.), vertraut machen. Das Probeinterview ist zudem ein prima Test für euren Fragenkatalog.

Durchführung und Auswertung
Notiert alle organisatorischen Voraussetzungen für euer Interview (Terminvereinbarungen, Ort, Technik, Aufgabenverteilung ...). Die Befragung selbst solltet ihr in einer Kleingruppe durchführen, auswerten und die Ergebnisse in der Klasse präsentieren (z. B. auf Folie schreiben, als Wandzeitung oder Tonbandzusammenschnitt).
Offene Interviews lassen sich anhand der Leitfragen auswerten. Auf einer Pinnwand z. B. könnt ihr unter den entsprechenden Leitfragen die verschiedenen Antworten zusammenstellen. Offene Interviews geben euch die Möglichkeit, auch die Art und Weise, wie die Antworten gegeben werden, in eure Schlussfolgerungen mit einzubeziehen.

Wissenschaftler benutzen zur Einteilung der Gesellschaft in einzelne Bevölkerungsgruppen den Begriff „soziale Schicht". Damit wird eine Bevölkerungsgruppe bezeichnet, deren einzelne Mitglieder jeweils die gleichen sozialen Merkmale haben, die sie von den Mitgliedern anderer Gruppen/Schichten unterscheiden.
Folgende Merkmale gelten als wichtig bei der Zuordnung von Menschen zu einer sozialen Schicht:
- das Maß an Handlungsfreiheit, einschließlich der Möglichkeit, über die eigene Umgebung und Arbeit sowie über Mitmenschen zu verfügen. Dieses Merkmal wird als die sozial begründete Macht eines Gesellschaftsmitglieds bezeichnet;
- der materielle Wohlstand; er wird normalerweise durch das Einkom-

Schichtmodell

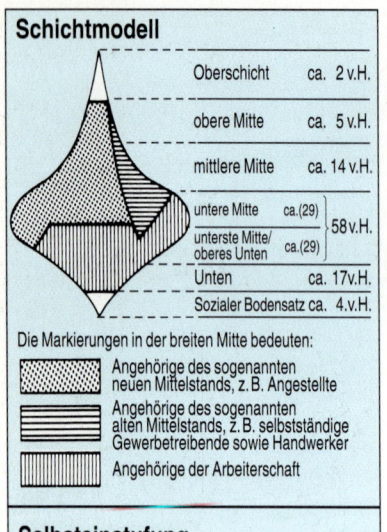

	Oberschicht	ca. 2 v.H.
	obere Mitte	ca. 5 v.H.
	mittlere Mitte	ca. 14 v.H.
	untere Mitte	ca. (29)
	unterste Mitte/ oberes Unten	ca. (29)	58 v.H.
	Unten	ca. 17 v.H.
	Sozialer Bodensatz	ca. 4 v.H.

Die Markierungen in der breiten Mitte bedeuten:

- Angehörige des sogenannten neuen Mittelstands, z. B. Angestellte
- Angehörige des sogenannten alten Mittelstands, z. B. selbstständige Gewerbetreibende sowie Handwerker
- Angehörige der Arbeiterschaft

Selbsteinstufung

Oberschicht	z. B. Großunternehmer, Hochfinanz, Spitzenpolitiker
Obere Mittelschicht	z. B. leit. Angestellte und Beamte, Professoren, Ärzte, Richter, Rechtsanwälte
Mittlere Mittelschicht	z. B. mittlere Angestellte und Beamte, Elektroingenieure, Fachschullehrer, mittlere Geschäftsinhaber
Untere Mittelschicht	z. B. unt. Angestellte und Beamte, Malermeister, Friseurmeister, Kleinhändler, Werkmeister, höchstqualifizierte Arbeiter
Obere Unterschicht	z. B. unterste Angestellte und Beamte, Kellner, Fleischergesellen, Kleinsthändler, qualifizierte Industriearbeiter (auch qual. angelernte)
Untere Unterschicht	z. B. Straßenarbeiter, Landarbeiter, Matrosen
Sozial Verachtete	z. B. Handlanger, Gelegenheitsarbeiter, Stadtstreicher

Vgl.: Bolte, K.M./Hradil, St.: Soziale Ungleichheit in der Bundesrepublik Deutschland, Opladen 1984, S. 216ff.

---

men bzw. das Vermögen eines Menschen bestimmt;
- das Wissen und die Bildung; sie werden gemessen an den Bildungsabschlüssen (z.B. Hauptschulabschluss, Abitur, Hochschulexamen);
- das Ansehen, das dem Einzelnen von seinen Mitmenschen aufgrund der sozial geprägten, allgemeinen Bewertung seiner sozialen Merkmale entgegengebracht wird. Dieses sozial geprägte Ansehen wird als Prestige bezeichnet.

Diese Merkmale werden miteinander kombiniert. Die einzelnen Menschen werden – in Modellen – bestimmten Schichten zugewiesen; z.B. Oberschicht, Mittelschicht oder Unterschicht.

Menschen mit vergleichbarem Einkommen und vergleichbarem Bildungsstand können sich trotzdem ganz grundlegend unterscheiden: Es gibt unterschiedliches Konsumverhalten; Menschen gehen unterschiedlich mit dem Geld um, das sie verdienen; Menschen haben ganz unterschiedliche Lebensgrundsätze: Manche sind mit der Position zufrieden, die sie erreicht haben, andere dagegen sind aufstiegsorientiert. Menschen mit solchen ähnlichen Verhaltensweisen bilden „soziale Milieus [= soziale Umfelder]". Die sozialen Milieus erweitern das Schichtmodell.

5 Bei den Mitgliedern der einzelnen Schichten bildet sich in der Regel auch ein gleichartiges, in mancher Hinsicht einheitliches Verhalten heraus – im Umgang miteinander, im Umgang mit Angehörigen anderer Schichten. Erklärt. Schildert/spielt Beispiele.

Neben dem Schichtmodell gibt es noch ein anderes Gesellschaftsmodell: die Aufteilung nach Klassen.

Klassenmodell

Man spricht statt von Schichten oder Ständen von Klassen, wenn die Gruppen in der menschlichen Gesellschaft nach ihrer Stellung zu den Produktionsmitteln angeordnet sind. Produktionsmittel sind Mittel und Werkzeuge, mit denen Güter erzeugt werden. Die Einteilung in Klassen geht auf Karl Marx, einen Wegbereiter des Kommunismus im 19. Jahrhundert, zurück: Wer über die wichtigsten Produktionsmittel einer bestimmten Zeit verfügt, ist die herrschende Klasse. [...]
Nach der Lehre von Marx beherrscht die Bourgeoisie, das ist die Klasse des Bürgertums, das Proletariat, das ist die Arbeiterklasse. Erst nach einer Übergangszeit, die Karl Marx als die „Diktatur des Proletariats" bezeichnete, würde es eine Gesellschaft ohne Klassen und damit auch ohne den Gegensatz von Herrschenden und Beherrschten geben.

Hilde Kammer/Elisabeth Bartsch: Jugendlexikon Politik, Hamburg 1993, S. 100

6 Was sind die wesentlichen Unterschiede zwischen dem Klassen- und dem Schichtmodell? Widersprechen sich die beiden Modelle grundlegend oder gibt es Kombinationsmöglichkeiten?

Die meisten Menschen haben eine eigene Vorstellung darüber, zu welcher gesellschaftlichen Schicht sie sich zählen. Aus der Befragung von Menschen, die sich nach dem Schichtmodell selbst einstufen sollen, ergibt sich die subjektive (= persönliche) Schichteinstufung. Hier liegen nicht bestimmte messbare Einflussgrößen wie Höhe des Einkommens oder der Bildungsabschluss zugrunde, sondern die Frage, wie sich die Menschen im Vergleich zu anderen sehen. Aus der subjektiven Schichteinstufung kann man also in erster Linie die Befindlichkeit von Befragten erkennen: Ob sie mit ihrer finanziellen Lage zufrieden sind, aus welchem Blickwinkel sie die Gesellschaft wahrnehmen, welche Chancen zur Mitbestimmung sie für sich sehen. Aber Vorsicht: Oft verstehen die einen z. B. unter „Mittelschicht" etwas ganz anderes als die anderen ...

Ostdeutschland (in %)

Obere Mittel- und Oberschicht	2
Mittelschicht	40
Unter- und Arbeiterschicht	59

Westdeutschland (in %)

Obere Mittel- und Oberschicht	14
Mittelschicht	58
Unter- und Arbeiterschicht	29

Subjektive Schichteinstufung von Befragten in Ost- und Westdeutschland

7 Benennt die Unterschiede in der Selbsteinstufung zwischen Ost- und Westdeutschen. Welche Erklärungen könnte es dafür geben?

11.1.2 Soziale Einstufung: Einkommensunterschiede

Das Einkommen ist für die meisten das wichtigste Zeichen dafür, auf welcher sozialen Stufe sie stehen. Gemeinsam mit eventuellem Vermögen bestimmt das, was monatlich zur Verfügung steht, ganz wesentlich, was man einkaufen, wo man wohnen und ob man weitgehend sorgenfrei leben kann. Der mögliche gesellschaftliche Einfluss hängt eng mit den Vermögensverhältnissen zusammen.

Große Unterschiede in Einkommen und Vermögen führen dazu, dass sich die Gesellschaft in zwei Lager teilt: diejenigen, die viel haben und immer mehr bekommen, und diejenigen, die immer weniger zur Verfügung haben. Wie bei einer Schere, die sich immer weiter öffnet, können sich so diese zwei Gruppen mehr und mehr voneinander entfernen. Eine solche Schere kann das Zusammenleben in einem Staat in Gefahr bringen. Man spricht dann von sozialer Ungleichheit. Deshalb ist es wichtig, die Einkommens- und Vermögensentwicklung genau zu beobachten und möglicherweise zu korrigieren.

Zudem ist es eine der Hauptaufgaben des Sozialstaats (siehe Abschnitt 11.2), die sozialen Verhältnisse so zu gestalten, dass ein gewisser Grad an sozialer Sicherheit für alle Bürgerinnen und Bürger gegeben ist.

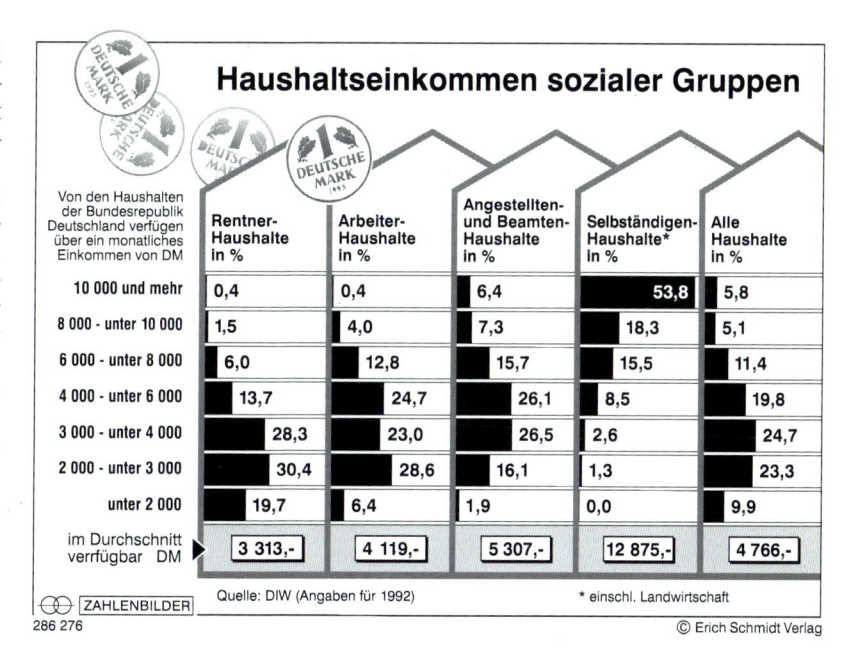

Pro-Kopf-Einkommen

Bei einem Einkommensvergleich zwischen den sozialen Gruppen darf man nicht aus dem Auge verlieren, dass vom jeweiligen Haushaltseinkommen unterschiedlich viele Menschen versorgt werden müssen. Ein Arbeitnehmer-Haushalt zum Beispiel ist normalerweise größer als ein Rentner-Haushalt, sodass sich das Einkommen auf mehr Personen verteilt. Andererseits ist der Pro-Kopf-Aufwand für die Haushaltsführung in einem Single-Haushalt höher als in einer Großfamilie. Zieht man beide Punkte in Betracht, so ergibt sich eine etwas andere Rangfolge: Mit 1950 DM je Haushaltsmitglied liegen die Arbeiter-Haushalte dann noch deutlich hinter den Rentner-Haushalten, die pro Kopf immerhin 2260 DM zur Verfügung haben. Mehr finanziellen Spielraum haben die Angestellten- und Beamtenhaushalte mit rund 2800 DM je Haushaltsmitglied. An der Spitze stehen aber auch in dieser Betrachtung die Selbstständigen-Haushalte mit einem Betrag von 6630 DM für jedes ihrer Mitglieder.

Zahlenbilder 286 276 (November 1994)

1 Vergleicht die Einkommenssituation verschiedener sozialer Gruppen im Schaubild „Haushaltseinkommen". Welche Anzeichen sozialer Ungleichheit könnt ihr erkennen?

2 Welche Erklärung habt ihr für diese Unterschiede?

3 Macht eine Beobachtung zum Thema: „Armut und Reichtum in unserer Stadt". Namen spielen dabei keine Rolle!

Methode: Beobachtung, S. 27

Seit der Vereinigung Deutschlands 1990 gibt es ein besonderes Problem. Zwei Staaten mit ganz unterschiedlichen politischen, wirtschaftlichen und sozialen Systemen, die über 40 Jahre lang eine vollkommen getrennte Entwicklung genommen haben, schlossen sich zusammen.

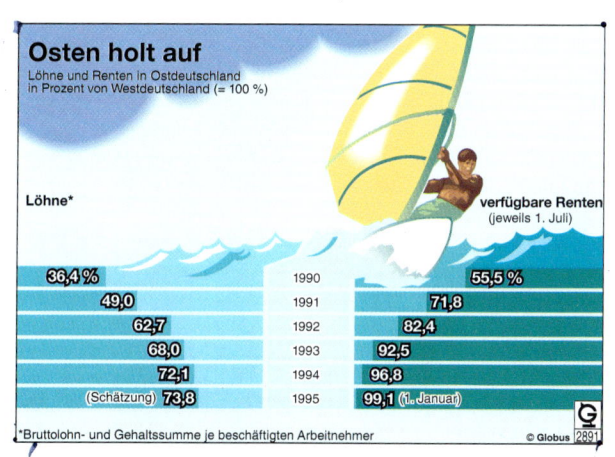

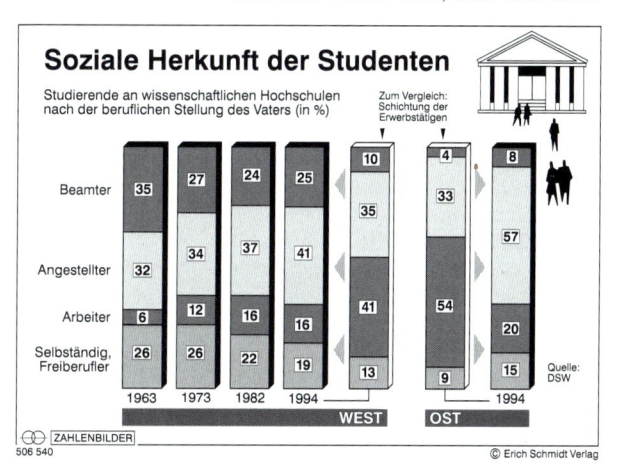

In der ehemaligen DDR brach daraufhin die Wirtschaft fast vollkommen zusammen. Dies führte dazu, dass viele Menschen plötzlich arbeitslos wurden und so natürlich auch weniger Geld zur Verfügung haben. Eine wichtige Aufgabe der Politik ist es nun, die Unterschiede zwischen Ost und West geringer werden zu lassen.

4 Vergleicht die Entwicklung von Löhnen und Renten in Ost und West zwischen 1990 und 1995. Worauf ist die schnelle Angleichung zurückzuführen?
5 Reicht die Angleichung der Löhne und Renten zur Angleichung der Lebensverhältnisse aus? Findet andere Beispiele für soziale Unterschiede zwischen Ost- und Westdeutschland.
6 Welche Folgen können die Unterschiede für das Verhältnis zwischen Ost- und Westdeutschen haben?

Schulabgänger

Jahr	insgesamt in 1000	Davon in %			
		nach Beendigung der Vollzeitschulpflicht		mit Real- schul- oder gleich- wertigem Abschluss	mit Hoch- schul- oder Fach- hoch- schulreife
		ohne	mit		
		Hauptschulabschluss			
1970	779	17,5	45,0	26,0	11,4
1975	921	11,8	38,2	31,6	18,4
1980	1105	10,1	35,6	34,5	19,8
1990	812	6,6	24,6	35,0	33,8
1992	915	6,9	22,9	39,2	30,9

Statistisches Bundesamt (Hrsg.): Daten-Report 6. Bonn 1994, S. 54

11.1.3 Die Schichtzugehörigkeit ändert sich: sozialer Wandel

Die soziale Schichtung der Bevölkerung liegt nicht ein für alle Mal fest. Sie verändert sich im Laufe der Zeit. Dabei sind viele Faktoren maßgebend. Ein wichtiger ist die Höhe des Bildungsabschlusses als Voraussetzung für die Übernahme gehobener Positionen. So hat die Bildungspolitik in Deutschland seit Beginn der 60er-Jahre dafür gesorgt, dass z.B. über 30% eines Schülerjahrgangs das Abitur erreichen (1946: ca. 5%), dass die früher benachteiligten Mädchen zahlenmäßig mit den Jungen bei den Bildungsabschlüssen gleichgezogen haben. Die Folgen aus solchen Veränderungen sind gesellschaftlich bedeutsam: Frauen sind z.B. heute stärker in Führungspositionen vertreten als noch vor zwanzig Jahren. Allerdings sind sie immer noch stark unterrepräsentiert.

1 Welche Beispiele für sozialen Wandel könnt ihr auf dem rechten, unteren Schaubild (Seite 175) und der Tabelle oben erkennen?
2 Sprecht über die möglichen Gründe eines solchen sozialen Wandels.

11.2 Die Grundlagen des Sozialstaats

11.2.1 Sozialstaat im Grundgesetz

Die Bundesrepublik versteht sich als ein sozialer Rechtsstaat (Art. 20 (1) und 28 (1) GG) bzw. Sozialstaat. Die Verfassung verpflichtet den Staat, die soziale Gerechtigkeit zum Schutz der sozial Schwächeren zu verwirklichen.

So hat der Sozialstaat, wenn andere Hilfe nicht möglich ist, die Lebenssicherung des Einzelnen zu übernehmen (Sozialhilfe); er hat außerdem ein System der sozialen Sicherung (u.a. Sozialversicherung) auf- und auszubauen; er hat Versorgungsleistungen (z.B. für Kriegsopfer) zu erbringen; er hat auch dafür zu sorgen, mittels Beihilfen, Steuervergünstigungen u.ä. die Einkommens- und Vermögensverhältnisse zu Gunsten der sozial Schwächeren zu ändern. Die dahinter stehende moralische Grundlage ist das Gebot der „Solidarität": das Eintreten des einen leistungsfähigen für den anderen bedürftigen Menschen (siehe Kasten S. 181).

Die Verfassung der Bundesrepublik Deutschland formuliert in Artikel 20 (1) GG lediglich das Sozialstaatsprinzip („Die Bundesrepublik Deutschland ist ein demokratischer und sozialer Bundesstaat."), gibt aber nur an einer Stelle konkrete Hinweise: „Eigentum verpflichtet. Sein Gebrauch soll zugleich dem Wohle der Allgemeinheit dienen" (Art. 14 (2) GG). Grundsätzlich wird also die „Sozialpflichtigkeit" des Handelns hervorgehoben. Die praktische Ausgestaltung liegt in den Händen der Politik und der privaten Entscheidungen. Das heißt, dass soziale Grundrechte, z.B. ein Recht auf Arbeit und Wohnen, im Grundgesetz nicht direkt angesprochen werden.

Bevölkerung in Deutschland:
Die eine Hälfte sorgt für die andere Hälfte
Angaben für 1995 in Millionen

Erwerbspersonen insgesamt 40,0 Mio.
davon: Erwerbstätige 36,0 / Arbeitslose 4,0

Nicht-Erwerbspersonen insgesamt 41,5 Mio.
davon: Kinder, Schüler, Studenten 16,9 / Rentner 15,9 / übrige 8,7

Quelle: Stat. Bundesamt © Globus

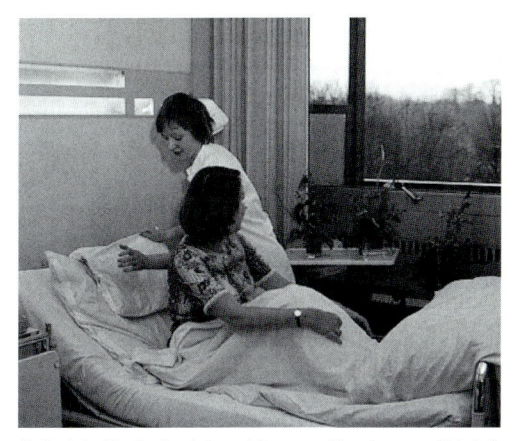

Beispiele für die Sozialversicherung: Kranken- und Unfallversicherung

Eckpfeiler des Sozialstaates sind die verschiedenen Sozialversicherungen. Das Versorgungssystem der Bundesrepublik ist grundsätzlich darauf aufgebaut, dass Einzelne die ihnen möglichen Beiträge während ihres aktiven Arbeitslebens erbringen und nach ihrem Ausscheiden aus dem Arbeitsprozess einen bestimmten Betrag an monatlicher Rente oder Versicherung zurückerhalten.

Bei vorzeitigem Ausscheiden oder bei Arbeitslosigkeit tritt die Gemeinschaft der Beitragszahler und Versicherten für die Einzelnen ein.

Die Sozialversicherung umfasst die Kranken-, Renten-, Unfall- und Arbeitslosenversicherung. 1995 ist die Pflegeversicherung als fünfte Säule der Sozialversicherung dazugekommen. Die Beiträge richten sich nach dem Arbeitslohn; Arbeitnehmer und Arbeitgeber haben jeweils die Hälfte des Beitrags aufzubringen. Der Zweck besteht darin, die Versicherten und ihre Familien vor den Risiken der Krankheit, des Unfalls, der Arbeitslosigkeit und der Pflegebedürftigkeit zu schützen.

Sozialstaatsgebot

Da das Grundgesetz keine Beschreibung des Sozialstaatsgedankens vornimmt, geht die vorherrschende Meinung lediglich von Mindestverpflichtungen aus, die dem Staat von der Verfassung auferlegt werden:

1. Der Staat muss für einen sozialen Ausgleich sorgen, das heißt Unterschiede zwischen sozial schwachen und starken Personen oder gesellschaftlichen Gruppen beseitigen.
2. Der Staat muss die Existenzgrundlagen seiner Bürger sichern und durch entsprechende Maßnahmen in den Bereichen Gesundheit, Wirtschaft, Bildung, Familie etc. Daseinsvorsorge zur eigenverantwortlichen Lebensgestaltung betreiben.

Die wichtigsten und unverzichtbarsten sozialen Grundrechte der Menschen sind:
– Recht auf Arbeit
– Recht auf Wohnung
– Recht auf Bildung
– Recht auf staatliche Unterstützung in sozialen Notlagen
– Recht auf Ausgleich von sozialen Benachteiligungen
– Recht auf Mitbestimmung am Arbeitsplatz
– Recht auf die Bildung von Gewerkschaften

Das Grundgesetz der Bundesrepublik Deutschland enthält im Gegensatz zur Verfassung der ehemaligen DDR keinen Katalog der sozialen Grundrechte. Soziale Grundwerte verlangen soziales Verhalten, ohne es konkret zu bestimmen.

Steffen Rink: Stichwort: Sozialstaat, München 1994, S. 21

11.2.2 Prinzip Sozialstaat – Karl M., 49 Jahre alt, fällt ins soziale Netz

Welche Folgen länger andauernde Arbeitslosigkeit hat, kann am Beispiel von Karl M. deutlich werden:

• Karl M. aus Dortmund, 49 Jahre alt, verliert Ende 1994 wegen Konkurs des Betriebes seinen Arbeitsplatz. Er ist zu dieser Zeit einer von 3,5 Millionen Arbeitslosen in Deutschland. Sein letzter Monatsverdienst hatte 4250,- DM brutto betragen. Mit rund 2850,- DM netto war Karl M. zusammen mit Elfriede M., der nicht berufstätigen Ehefrau, ganz gut „über die Runden" gekommen.

• Als Arbeitsloser erhält Karl M. nun erst einmal Arbeitslosengeld in Höhe von rund 406,- DM wöchentlich: hinzu kommen 96,- DM als Wohngeldzuschuss. Sein Auto muss Karl M. bald ab-

Soziales Netz der Zukunft? Karikatur: Murschetz

Stichwörter zum Sozialstaat

Soziales Netz: Gemeint ist das gesamte System der sozialen Sicherheit in der Bundesrepublik, das verhindern soll, dass Menschen infolge von Krankheit, Arbeitslosigkeit, Arbeitsunfähigkeit, Alter usw. keine Existenzmöglichkeit mehr haben. Kern des s. N. ist die Sozialversicherung, bestehend aus Kranken-, Unfall-, Arbeitslosen-, Renten- und Pflegeversicherung. Diesen Versicherungen gehört durch Zwangsmitgliedschaft die große Mehrheit aller abhängig Beschäftigten an. Neben der Sozialversicherung gehören zum s. N. beispielsweise auch Kindergeldzahlungen, Sparförderung, Beihilfen für kinderreiche Familien, Kriegsopferversorgung, Hilfen für (gefährdete) Kinder und Jugendliche, Sozialhilfe usw.

Arbeitslosengeld: Anspruch auf A. haben beim Arbeitsamt gemeldete Arbeitslose, sofern sie in den drei Jahren vor der Arbeitslosenmeldung mindestens ein Jahr in einem Arbeitsverhältnis gestanden und damit Beiträge zur Arbeitslosenversicherung gezahlt haben. Die Höhe des A. beträgt 67 % für Erwerbslose mit Kind des zuletzt erhaltenen durchschnittlichen Nettoeinkommens (ohne Berücksichtigung von Zuschüssen wie z.B. Urlaubs- und Weihnachtsgeld), zusätzlich zahlt das Arbeitsamt die Beiträge zur Krankenkasse und zur Rentenversicherung. Arbeitslose ohne Kinder erhalten nur 60 %. A. wird ein Jahr lang gezahlt, für ältere Arbeitslose auch länger.

Arbeitslosenhilfe: Arbeitslose, deren Anspruch auf Arbeitslosengeld ausgelaufen ist, oder solche ohne Anspruch auf Arbeitslosengeld erhalten A. Bedingung ist, dass der Arbeitslose schon eine gewisse Zeit versicherungspflichtig gearbeitet hat. Die A. beträgt 57 % des maßgeblichen Netto-Arbeitsentgelts (bei Arbeitslosen ohne Kinder 53 %). A. wird im Unterschied zum Arbeitslosengeld nur bei Bedürftigkeit gewährt: Ehegatten werden also zur finanziellen Unterstützung des Arbeitslosen mit herangezogen.

Sozialhilfe: In der Bundesrepublik haben Anspruch auf S. all jene, die sich selbst nicht helfen können, keine Angehörigen haben, die sie unterstützen könnten, und keine Rechte aus anderen Einrichtungen der sozialen Sicherung (z.B. Arbeitslosen- oder Rentenversicherung) geltend machen können. S. wird entweder gewährt als „Hilfe in besonderen Lebenslagen" (z.B. Hilfe für werdende oder allein erziehende Mütter, Altenhilfe, Eingliederungshilfe für Behinderte) oder als „Hilfe zum Lebensunterhalt". Diese Hilfe soll den notwendigen Lebensunterhalt sichern; sie beträgt (1995) im Höchstfall rund 526,– DM monatlich für einen allein Stehenden, Familien erhalten mehr. Außerdem werden die Miet- und Heizkosten bis zu einer bestimmten Höhe übernommen und weitere Beihilfen gewährt.

1993 erhielten ca. 5 Millionen Menschen S., knapp 2,5 Millionen von ihnen „Hilfe zum Lebensunterhalt" außerhalb von Einrichtungen, wie z.B. Heimen. S. wird von den Städten und Gemeinden gezahlt; die finanziellen Aufwendungen stiegen von 3,3 Milliarden DM (1970) auf rund 58 Milliarden DM (1994). Schätzungen zufolge ist die Zahl derjenigen, die auf Grund ihrer wirtschaftlichen Verhältnisse Anspruch auf Sozialhilfe haben, diesen Anspruch aber nicht geltend machen, etwa genauso groß wie die Zahl der Sozialhilfeempfänger. Wenn noch die hinzugerechnet werden, deren Einkommen nicht viel höher ist als die Sozialhilfe, dann sind es Mitte der Neunzigerjahre rund 10 Millionen Bürger, die als „arm" bezeichnet werden können.

---

schaffen; für Essen, Kleidung, Wohnen und Ratenzahlungsverpflichtungen muss er seine Ersparnisse angreifen.

• Karl M. findet innerhalb von einem Jahr keinen neuen Arbeitsplatz. So erhält er nach diesem Jahr Arbeitslosenhilfe; das sind für Karl M. rund 365,– DM wöchentlich. Hinzu kommen monatlich 67,– DM Wohngeldzuschuss. Mit monatlich 1730,– DM netto zahlen Karl und Elfriede M. nun noch 650,– DM Miete und 180,– DM Heizkosten. Zum Leben bleiben also 900,– DM. Somit sind sie ein Fall für die Sozialhilfe geworden.

• Karl und Elfriede M. stehen nach dem Bundessozialhilfegesetz monatlich zu:

- Regelsatz Karl M.   526,– DM
- Regelsatz Elfriede M.   427,– DM

Da dies zusammen 947,– DM ausmacht, erhalten Karl und Elfriede M. nun - ein Jahr, nachdem Karl M. arbeitslos wurde - zur Arbeitslosenhilfe (nebst Wohngeldzuschuss) noch 47,– DM von der Sozialhilfe.

• Die Ersparnisse von Karl und Elfriede M. sind nach mehr als einem Jahr Arbeitslosigkeit aufgebraucht. Beide müssen jetzt also monatlich mit 947,– DM auskommen: für Ernährung, Kleidung, Körperpflege, Reparaturen, persönliche Bedürfnisse usw.

1 Auf welche Ausgaben werden Karl und Elfriede M. wohl zu allererst verzichten? Ihr könnt eine Rangfolge aufstellen.

2 Wie könnte sich das deutlich verminderte Einkommen von Karl M. auf die sozialen Kontakte des Ehepaars (Zusammensein mit Bekannten, Freunden usw.) auswirken?

11.2.3 Armut hat keine Grenzen

Fast täglich werden wir mit Bildern der Armut konfrontiert: Bilder von hungernden Menschen in Afrika oder Asien, aber auch Bilder von Obdachlosen in Deutschland. Armut ist ein weltweites

Problem, das aber ganz unterschiedliche Ausdrucksformen hat.

Es ist schwer, genau zu bestimmen, wo Armut beginnt. Die Weltbank – eine Sonderorganisation der UNO (siehe Kapitel 20), die eingerichtet wurde, um Kredite für Länder der Dritten Welt zu ermöglichen – bestimmt Armut als „Unfähigkeit, einen Mindest-Lebensstandard zu erreichen". Dieser unterste Lebensstandard wird durch zwei Merkmale bestimmt:
- die Ausgaben, die notwendig sind, um sich mit den zum Überleben unverzichtbaren Nahrungsmitteln und Grundgütern zu versorgen, und
- die Ausgaben, die für eine „angemessene Teilnahme am gesellschaftlichen Leben" nötig sind.

Während der für Grundnahrungsmittel notwendige Betrag noch recht leicht zu bestimmen ist, kann die Frage danach, was eine „angemessene Teilnahme am gesellschaftlichen Leben" bedeutet, ganz unterschiedlich beantwortet werden. Dies ist je nach Kultur verschieden: In manchen Ländern gehören bestimmte Dinge – z.B. Fernsehgeräte – zur Grundversorgung, in anderen sind sie Luxus.

Ob man mehr oder weniger Menschen als arm einstuft, hängt aber auch damit zusammen, welche Interessen hinter einer solchen Einstufung stehen.

Zur Bekämpfung weltweiter Armut fand im März 1995 ein von den Vereinten Nationen in Kopenhagen veranstalteter Weltsozialgipfel (Beteiligung von 182 Ländern) statt. Er endete mit Absichtserklärungen zur Beseitigung der Armut.

Weltweite Gefahr

Armut, Arbeitslosigkeit und soziale Desintegration [= Auflösung] bedrohen „arme" wie „reiche" Nationen: Armut plagt nach UN-Berechnungen mindestens jeden fünften Bewohner des Planeten (1,3 Milliarden Menschen, die meisten von Afrika und Südasien):
- Fast 15 Prozent der Bürger in den Vereinigten Staaten und der Europäischen Union leben unterhalb der nationalen Armutsschwellen.
- DGB und Wohlfahrtsverbände schätzten 1994, dass etwa jeder zehnte Deutsche arm ist – insgesamt 7,25 Millionen Menschen. Jeder 98. Bewohner (etwa 850 000) ist obdachlos.

Dies ist auch eine Folge der wachsenden Arbeitslosigkeit:
- Von 2,8 Milliarden arbeitsfähigen Menschen auf dem Planeten sind etwa 30 Prozent arbeitslos (120 Millionen) oder unterbeschäftigt (700 Millionen).
- Allein in den OECD-Ländern [= westeuropäische Staaten, Kanada, USA, Japan und Australien] wurden 1994 etwa 35 Millionen Arbeitslose gezählt.
- Auf der Suche nach Lohn und Brot brachen während der Achtzigerjahre weltweit etwa 500 Millionen Menschen vom Land in die Stadt auf.
- Jährlich etwa eine Million Menschen ziehen aus dem Süden in die nördlichen Industriestaaten.

Der Zerfall der Gesellschaften beschleunigt sich: Kriminalität und die Gefahr gewaltsamer Unruhen wachsen:
- Jeder 115. Mensch ist auf der Flucht: Die Vereinten Nationen zählen 23 Millionen Flüchtlinge (zehnmal so viel wie vor 25 Jahren) und 26 Millionen Vertriebene.
- Nur 3 von 82 blutigen Konflikten, die zwischen 1989 und 1992 registriert wurden, waren Konflikte zwischen Staaten – wirtschaftliche und soziale Spannungen zählen zu den häufigsten Kriegsursachen.

Die Zeit vom 10.2.1995, S. 6

Armut in Deutschland

Setzt man in Anlehnung an die EG-Kommission die Armutsschwelle auf 50 Prozent des Durchschnittseinkommens, stieg die Armutsrate in Westdeutschland seit 1984 auf 7,5 Prozent der Bevölkerung, um sich auf diesem hohen Niveau relativ konstant [= beständig] einzurichten. Davon sind insbesondere allein Erziehende und kinderreiche Familien betroffen sowie Personen ohne Schul- oder Berufsabschluss und Arbeiter, vor allem aber Ausländer.

Ihre Armut äußert sich primär in minderen Einkommen, die sowohl ihre materielle Lebenssituation (vor allem Wohnung, Nahrung und Bekleidung) gravierend [= erheblich] beeinträchtigen wie auch ihre individuellen Entwicklungs- und sozialen Partizipationschancen [= Möglichkeiten zur Teilnahme am gesellschaftlichen Leben] drastisch beschneiden, zumal wenn ihre Einkommensarmut über längere Zeit andauert. Besonders deutlich wird dieser Sachverhalt an der Wohnungsarmut, also an der zunehmenden Unterversorgung mit Wohnraum, über die dauerhafte Ausgrenzung aus dem freien Wohnungsmarkt bis hin zur anwachsenden Obdachlosigkeit.

Armut in der Bundesrepublik äußert sich in Unterversorgung, die von den Betroffenen individuell gemeistert werden muss. Ihre Armut wird jedoch nur als relative Armut richtig verstanden, nämlich als Armut im Reichtum. Seit

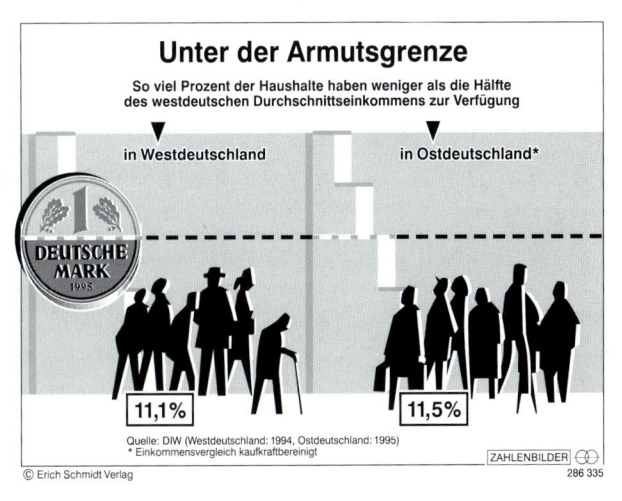

Warum sie zum Sozialamt gehen
Von je 100 Haushalten, die laufende Hilfe zum Lebensunterhalt* empfangen, erhalten diese aus folgenden Gründen:

SOZIALAMT

WEST
- Arbeitslosigkeit 30
- Zu geringe Rente 10
- Tod oder Ausfall des Ernährers 10
- Zu geringes Einkommen 7
- Krankheit 5
- sonstige Gründe 38

OST
- Arbeitslosigkeit 54
- Zu geringe Rente 3
- Tod oder Ausfall des Ernährers 1
- Zu geringes Einkommen 6
- Krankheit 2
- sonstige Gründe 34

Quelle: Stat. Bundesamt Stand 1993 *außerhalb von Einrichtungen © Globus 2903

Unter der Armutsgrenze
So viel Prozent der Haushalte haben weniger als die Hälfte des westdeutschen Durchschnittseinkommens zur Verfügung

in Westdeutschland: 11,1%
in Ostdeutschland*: 11,5%

Quelle: DIW (Westdeutschland: 1994, Ostdeutschland: 1995)
*Einkommensvergleich kaufkraftbereinigt

© Erich Schmidt Verlag   ZAHLENBILDER 286 335

Jahren ist in Westdeutschland die zunehmende Polarisierung [hier: Auseinanderklaffen] von Haushaltseinkommen und in der Folge von Lebensbedingungen und Lebenslagen festzustellen.

Verschärft durch die in den letzten Jahren politisch betriebene „Umverteilung von unten nach oben" klafft die Schere zwischen Arm und Reich weit auseinander: Das obere Drittel der privaten Haushalte konnte sich 1988 einen Anteil von 57 Prozent des gesamten verfügbaren Haushaltseinkommens sichern; das mittlere Drittel kam auf 27 Prozent. Dagegen musste sich das untere Drittel mit einem Anteil von 16 Prozent abfinden.

Die Gesellschaft zerfällt zunehmend in eine von der Bevölkerungsmehrheit bewohnten Wohlstandszone und in unterschiedliche Armutszonen.

Solidarität am Standort Deutschland. Eine Erklärung von Sozialwissenschaftlerinnen und -wissenschaftlern, Frankfurt 1994

Reiches Deutschland? – Zahlen der Armut

Ca. 7,05 Millionen Menschen sind arm (Sozialhilfeempfänger, davon 7,5 % in West- und 14,8 % in Ostdeutschland).

Ca. 180 000 Menschen leben auf der Straße.

Ca. 800 000 Wohnungslose sind auf Staatskosten in Gemeinschaftsunterkünften und in Hotels untergebracht.

Ca. 50 000 Kinder leben in Notunterkünften, Obdachlosenheimen oder auf der Straße.

Ca. 220 000 Kinder unter sieben Jahren wachsen in Familien oder bei einem Elternteil auf, wo man Sozialhilfe bezieht.

Eine unbekannte Zahl von Kindern leistet (gesetzlich verbotene) Erwerbsarbeit.

Nach: Walter Hanesch u. a.: Armut in Deutschland (Armutsbericht des DGB und des Paritätischen Wohlfahrtsverbandes), Reinbek 1994; ergänzt

1 Findet eigene Beispiele: Wo begegnet euch Armut in Deutschland?

2 Ab wann würdet ihr jemanden als arm bezeichnen? Vergleicht mit den Angaben im Einleitungstext und im Text „Armut in Deutschland".

3 Was wisst ihr über Armut in anderen Ländern? Ihr könnt die Abschnitte 19.2 und 19.3.1 mit einbeziehen. Diskutiert: Wo sind mögliche Unterschiede zwischen dem Leben in einem armen Land und Armut in einem reichen Land?

4 Fragt bei den Kirchen, der Stadtverwaltung und sozialen Verbänden nach, wie Menschen in Not geholfen wird. Fragt auch, wie ihr selbst mithelfen könnt.

5 Erläutert die Unterschiede:
- Kampf gegen die Armut aus Mitleid und Barmherzigkeit,
- Kampf gegen die Armut als politische Aufgabe des Staates.

11.3 Auch in Notlagen geschützt

11.3.1 Die Sozialversicherung im Überblick

Wer arbeitet, bekommt auch Geld. So einfach ist das. Doch was passiert mit denen, die nicht arbeiten können? Wenn jemand einen Unfall hatte, krank ist, keine Arbeit findet oder einfach ein Alter erreicht, in dem sie oder er sich zur Ruhe setzen sollte? Es gab Zeiten, da galt das Sprichwort: Spare in der Zeit, dann hast du in der Not. Wer nicht sparte – und nicht jeder konnte das –, hatte keinerlei wirkliche Absicherung gegen eventuelle Notfälle. Er war auf Almosen angewiesen.

Seit Ende des letzten Jahrhunderts wurden nach und nach Gesetze eingeführt, die eine Versorgung in Notzeiten regelten: die Sozialversicherung. Heute gibt es fünf große „Säulen" dieser Versicherung: Krankenversicherung, Arbeitslosenversicherung, Unfallversicherung, Rentenversicherung und Pflegeversicherung.

Diese Versicherungen sind keine freundlichen Spenden des Staates, sondern bestehen aus eingezahlten Geldern. Nur wenn die Kassen der Versicherung gefüllt sind, können auch Leistungen gezahlt werden.

Die Versicherungen finanzieren sich aus Beiträgen, die in der Regel von Arbeitnehmern und Arbeitgebern je zur Hälfte aufgebracht werden. Es gibt aber nicht, wie beim Sparbuch, für jeden Einzelnen ein Konto, sondern: Die oder der Bedürftige erhält aus einer gemeinsamen Kasse das nötige Geld. Die Kosten für die Krankenversorgung werden also von allen Beitragszahler/innen finan-

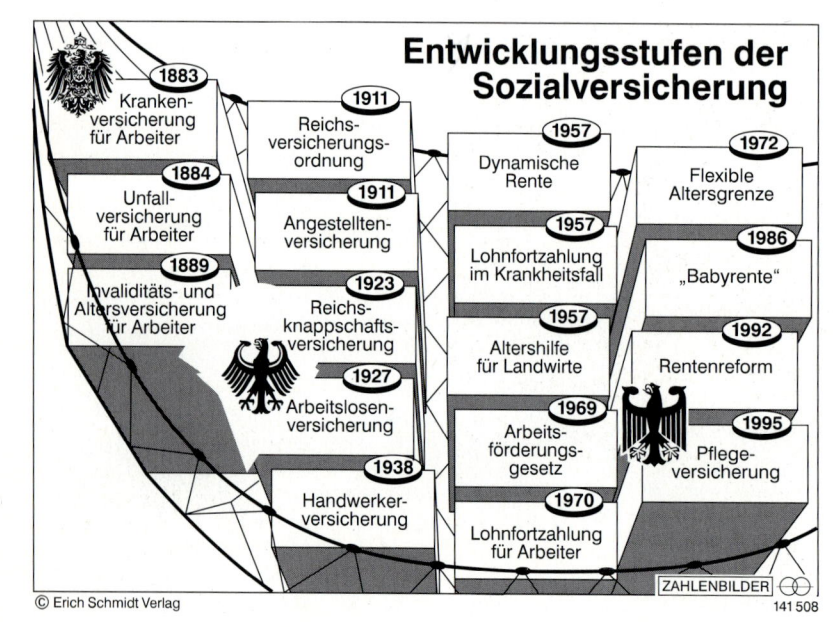

Entwicklungsstufen der Sozialversicherung

- 1883 Krankenversicherung für Arbeiter
- 1884 Unfallversicherung für Arbeiter
- 1889 Invaliditäts- und Altersversicherung für Arbeiter
- 1911 Reichsversicherungsordnung
- 1911 Angestelltenversicherung
- 1923 Reichsknappschaftsversicherung
- 1927 Arbeitslosenversicherung
- 1938 Handwerkerversicherung
- 1957 Dynamische Rente
- 1957 Lohnfortzahlung im Krankheitsfall
- 1957 Altershilfe für Landwirte
- 1969 Arbeitsförderungsgesetz
- 1970 Lohnfortzahlung für Arbeiter
- 1972 Flexible Altersgrenze
- 1986 „Babyrente"
- 1992 Rentenreform
- 1995 Pflegeversicherung

© Erich Schmidt Verlag
ZAHLENBILDER 141 508

11 Deutschland: ein Sozialstaat

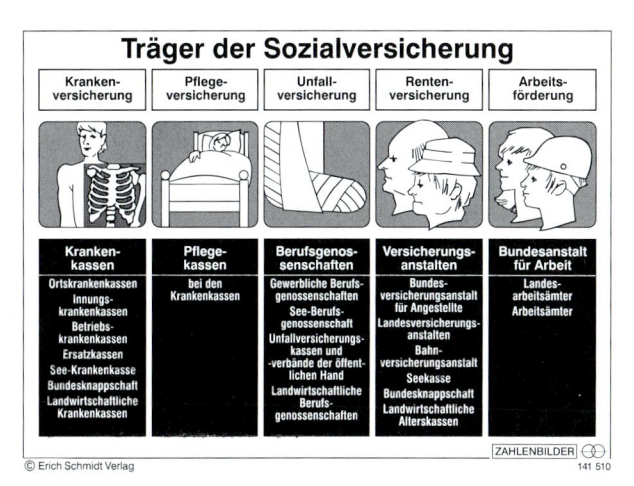

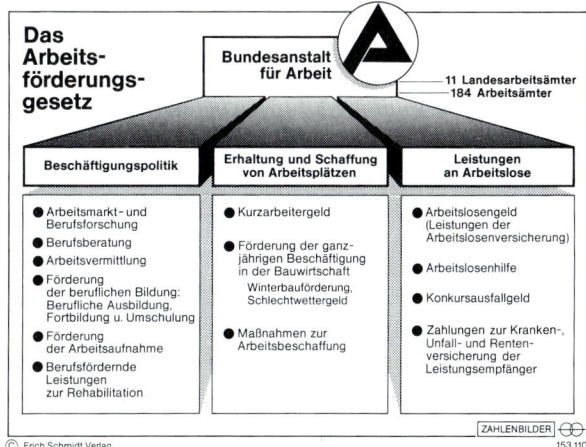

ziert, die Kosten für die Versorgung der Rentnerinnen und Rentner von denen, die noch arbeiten und so weiter. Bei der Rentenversicherung spricht man von einem Generationenvertrag, weil die arbeitende Generation die Generation finanziert, die in Rente gegangen ist.

1 Fragt eure Eltern oder eure berufstätigen Geschwister, wie viel sie im Monat in die Sozialversicherung einzahlen.

Prinzipien der Sozialversicherung
Subsidiaritätsprinzip

Subsidium (aus dem Lateinischen) bedeutet „Hilfe". Der wesentliche Gedanke bei diesem Prinzip ist, dass jeder erst in die Lage versetzt werden sollte, sich selbst zu helfen, bevor ihm eine nächsthöhere Stelle (z. B. die Gemeinde) hilft. Dies schließt die „Hilfe zur Selbsthilfe" mit ein. In der Sozialversicherung kommt dieses Prinzip auch in der Selbstverwaltung der Versicherungsträger (und damit indirekt der Versicherten) zum Ausdruck.

Solidaritätsprinzip

Solidarität ist gegenseitige Hilfe. Auch wenn ich keinen direkten Nutzen davon habe, helfe ich demjenigen, der in Not geraten ist. Genauso haben die anderen die Verpflichtung, mir in einer Notlage zu helfen. In der Sozialversicherung stehen allen die Leistungen zu, die sie brauchen, unabhängig davon, wie viel die Einzelnen eingezahlt haben.

2 Welche Probleme haben zur Einführung der Sozialversicherung im 19. Jahrhundert geführt? Was wisst ihr dazu aus dem Geschichtsunterricht?
3 Überlegt: Was unterscheidet die Sozialversicherung von Geld, das direkt vom Staat gezahlt wird?
4 Versucht die beiden Prinzipien der Sozialversicherung – Solidarität und Subsidiarität – an Beispielen klarzumachen.

Hilfe, ich brauche unbedingt einen Job, ich werde noch verrückt ohne Arbeit. Habe Dreher gelernt. CNC-Kenntnisse. Arbeite für die Hälfte des Lohns.

Anzeige aus einer Tageszeitung

11.3.2 Arbeitslosenversicherung: Geld ist nicht genug

Arbeitslosigkeit ist heute eines der schwersten Probleme unserer Gesellschaft (siehe Kapitel 8). Nach einer Umfrage des DGB 1992 hielten fast drei Viertel aller Befragten die Bekämpfung der Arbeitslosigkeit für die wichtigste politische Aufgabe.

Dabei ist es nicht allein damit getan, Arbeitslosen Ersatz für den Lohn zu zahlen. Es müssen Hilfen gegeben werden, um Arbeitslose wieder ins Berufsleben einzugliedern (aktive Arbeitsmarktpolitik). Die Bundesanstalt für Arbeit hat deshalb die Aufgabe, Möglichkeiten zur beruflichen Wiedereingliederung zu finden.

1 Diskutiert: Welche Folgen kann Arbeitslosigkeit haben? Denkt dabei nicht nur an finanzielle Folgen!
2 Wie erklärt ihr euch die Anzeige des Drehers und das Schild der Arbeitslosen auf dem Foto?
3 Macht eine Expertenbefragung. Fragt einen Vertreter des Arbeitsamts, wie die Lage in eurem Bezirk ist. Welche Maßnahmen ergreift das Arbeitsamt?

Methode: *Expertenbefragung, S. 132*

11.3.3 Krankenversicherung: Fass ohne Boden?

Der Begriff der Gesundheit ist umstritten, ebenso, mit welchen Mitteln sie aufrechterhalten bzw. wiederhergestellt werden soll. Gesundheit wird von der Weltgesundheitsorganisation (WHO) der Vereinten Nationen als „Zustand ei-

Die gesetzliche Krankenversicherung

Pflichtmitglieder: Arbeiter und Angestellte (bis zu einer bestimmten Verdienstgrenze), Auszubildende, Landwirte, Künstler und Publizisten, Studenten, Rentner

Freiwillig Versicherte

Beiträge → **Krankenkassen:** Allgemeine Ortskrankenkassen · Betriebskrankenkassen · Innungskrankenkassen · See-Krankenkasse · Ersatzkassen · Landwirtschaftliche Krankenkassen · Bundesknappschaft

Kinder und Ehegatten sind in der Familienversicherung beitragsfrei mitversichert

Anspruch auf Leistungen:
– zur Förderung der Gesundheit
– zur Verhütung, Früherkennung und Behandlung von Krankheiten
– bei Schwangerschaft und Mutterschaft
– bei Pflegebedürftigkeit

Sach- und Dienstleistungen durch Kassenärzte, Krankenhäuser, Apotheker usw.

Zahlungen an Versicherte (Krankengeld)

Vertragliche Vereinbarungen – Übernahme der Kosten

© Erich Schmidt Verlag — ZAHLENBILDER 146 150

Das Rentenproblem

Auf je 100 Arbeitnehmer kommen so viele Rentner: (Prognose)

Jahr	Rentner
1995	46
2000	52
2010	62
2020	74
2030	96
2040	102

Arbeitnehmer : 100

Quelle: VDR © Globus 2581

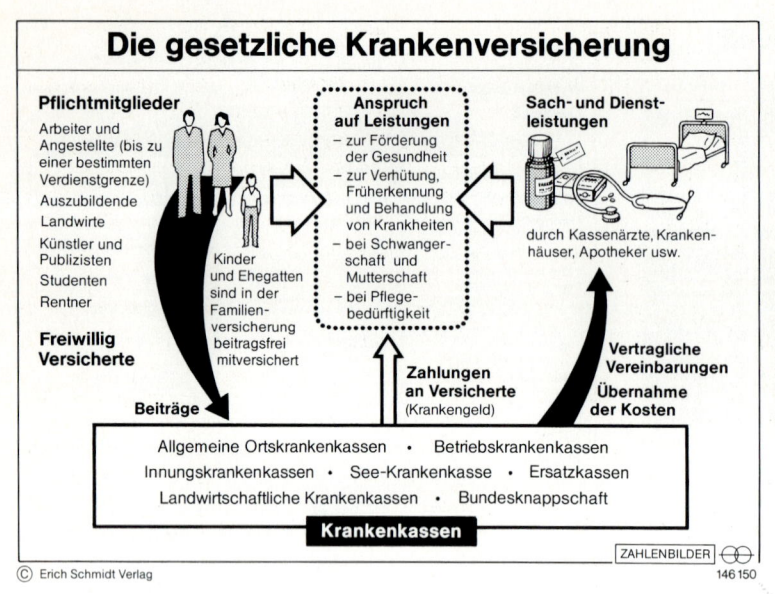

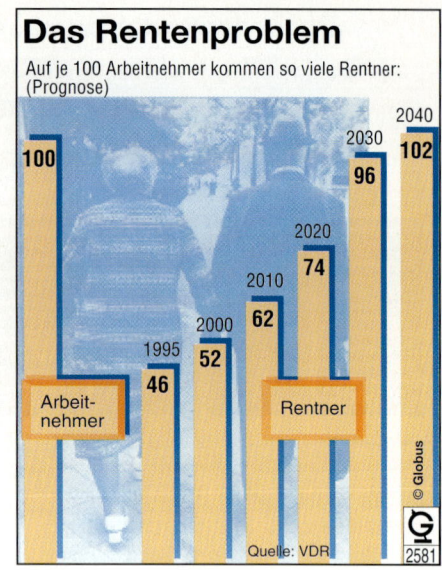

nes vollkommenen körperlichen, geistigen und sozialen Wohlbefindens und nicht allein als das Fehlen von Krankheiten und Gebrechen" definiert.

Im bundesdeutschen System der Gesundheitsfürsorge und -vorsorge gibt es immer wieder unterschiedliche Interessen. Die Kostenträger (Krankenkassen, Versicherungen, Staat usw.) versuchen ihre Ausgaben zu begrenzen. Die Versicherten dagegen bestehen auf einer möglichst guten Versorgung und die Ärztinnen und Ärzte verweisen auf ihr Recht auf freie Entscheidung und ihre Verantwortung gegenüber den Patienten.

Die öffentliche Diskussion geht unter anderem darum, ob es angesichts der Kostenexplosion im Gesundheitsbereich möglich ist, die Anzahl der Krankenhausbetten und die Verweildauer von Patienten in den Krankenhäusern zu senken. Auch die Benutzung von vielen teuren Medikamenten und die Finanzierung von aufwendigen technischen Geräten ist in die Kritik geraten.

Wer bezahlt?

Die Ausgaben der gesetzlichen Krankenversicherung werden durch die Beiträge finanziert. Der Arbeitnehmer zahlt davon die Hälfte, die andere Hälfte übernimmt der Arbeitgeber.

Die Versicherungspflichtgrenze lag 1997 bei monatlich 6150 Mark.

Der durchschnittliche Beitragssatz zur Krankenversicherung betrug 1997 rund 13 Prozent vom Bruttoeinkommen (also dem Lohn vor Abzug der Steuern).

Nach: Presse- und Informationsamt der Bundesregierung [Hrsg.]: Soziale Sicherheit, S. 44

1 Fragt Eltern und Verwandte nach den Leistungen der Krankenkasse. Wie haben sie sich in den letzten Jahren verändert?
2 Was versteht man als Mitglied einer Krankenkasse unter „Solidarität"?
3 Überlegt, wie es wohl Menschen im Krankheitsfall ergehen wird, wenn sie nicht krankenversichert sind.

11.3.4 Rentenversicherung: Hält der Generationenvertrag?

Ältere Menschen waren meist jahrzehntelang im Beruf und haben ihre Beiträge zur (Renten-)Versicherung bezahlt. Wenn sie nicht mehr tätig sein wollen oder können, erhalten sie eine Rente für ihren Lebensunterhalt, die sich vor allem nach der Dauer und der Höhe der Beitragsleistung bemisst. Das offizielle Rentenalter beginnt mit 65 Jahren, kann jedoch auch vorgezogen werden.

Der Generationenvertrag

Rentnerinnen und Rentner erhalten nicht das Geld, das sie selbst eingezahlt haben. Anders als z. B. bei einem Sparbuch oder einer Lebensversicherung bekommen sie nicht ihr eigenes Geld zurück, sondern werden von den Geldern bezahlt, die von den noch Berufstätigen in die Rentenkassen eingezahlt werden. Die Generation, die noch arbeitet, zahlt also an die Generation, die bereits im Ruhestand ist. Deshalb spricht man bei der Rentenversicherung von einem Generationenvertrag.

Der deutsche Rentenzahler 2050. Karikatur: Haitzinger

1 Vergleicht im Schaubild „Das Rentenproblem" (links) das Verhältnis von Beitragszahlern zu Rentnern. Beschreibt mit eigenen Worten das Problem.
2 Erläutert die Karikatur „Der deutsche Rentenzahler 2050".

Ab 2030: Auf jeden Beitragszahler ein Rentner

Bis 2010, schätzt das Basler Prognos-Institut, dürften sich die Rentenzahlungen (derzeit 291 Milliarden Mark) nahezu verdreifachen. Danach wird es erst richtig teuer. Heute bringen zwei Beitragszahler das Ruhegeld eines deutschen Rentners auf, im Jahr 2030 hat jeder eine volle Rentenlast zu schultern. Um die Alterssicherung liquide [= am Laufen] zu halten, müsste dann der Beitragssatz, vertraut man den optimistischen offiziellen Prognosen, auf mindestens 26 bis 27 Prozent steigen. [...]
Die Altersforscherin Ursula Lehr bezweifelt, dass es sich die Jüngeren „auf ewig gefallen" lassen, „dass sie den Karren alleine ziehen und rüstige Rentner um die halbe Welt reisen". Bereits vor vier Jahren [1989] hatten in einer Umfrage 46 Prozent der jungen Männer und Frauen erklärt, dass sie sich nicht an den Generationenvertrag gebunden fühlten. Die Jugend, so Jürgen Borchert, Rentenexperte und Richter am hessischen Landessozialgericht, denke „nicht im Traum daran", den Vertrag zu erfüllen.

Dietmar Student: Ex und hopp, in: Wirtschaftswoche vom 23.7.1993, S. 17

3 Informiert euch: Wie soll die künftige Finanzierung der Renten gesichert werden?
  Durch
  - Beitragserhöhung,
  - Senkung der Renten,
  - längere Lebensarbeitszeit (über 65 Jahre hinaus),
  - Umstellung des gesamten Rentensystems?

Methode: *Expertenbefragung, S. 132*

4 Die Rentnerin Charlotte S. (83 Jahre alt) sagt:
Als wir noch berufstätig waren, haben wir durch unsere Steuern viel für die nachwachsenden Generationen geleistet. Das gehört doch auch zum „Generationenvertrag".
Diskutiert.

11.3.5 Pflegeversicherung: neue Säule auf dem Prüfstand

Die Fortschritte in der Medizin ermöglichen vielen Menschen ein hohes Alter. Dies ist jedoch nicht mit dauerhafter Gesundheit verbunden. Viele Ältere sind krank und pflegebedürftig. Die Familien sind oft nicht in der Lage, sich um sie zu kümmern, und die Kosten der öffentlichen und privaten Pflegeeinrichtungen sind hoch. Damit jeder Mensch, unabhängig von seinen finanziellen Einnahmen, ein Alter ohne Not erleben kann, hat man die für alle Erwerbstätigen verpflichtende Pflegeversicherung geschaffen.

Beiträge für die Pflegeversicherung

Der Beitragssatz zur gesetzlichen Pflegekasse ist vom Gesetzgeber vorgegeben worden. Er beträgt vom 1. Januar 1995 an 1 Prozent des Brutto-Arbeitsentgelts (ab 1.7.96 1,7%) bis zur Beitragsbemessungsgrenze in der gesetzlichen Krankenversicherung. Diese liegt in Westdeutschland bei Monatseinkommen von 5850 DM und in Ostdeutschland bei 4800 DM. Der Beitrag beträgt damit im Westen höchstens 58,50 DM und im Osten 48 DM.

Leistungen der Pflegeversicherung

Die Pflegeversicherung bietet von April 1995 an zunächst nur Leistungen bei häuslicher Betreuung von Pflegebedürftigen an. Dabei gibt es ein Wahlrecht zwischen Geldleistungen und Sachleistungen; darunter werden Pflegeeinsätze professioneller Dienste, unter anderem auch von Sozialstationen und privaten Unternehmen, verstanden. Geldleistungen kommen vor allem dann infrage, wenn die Pflege von Angehörigen übernommen wird. Die Sachleistungen sind höher als die Geldleistungen. Geld- und Sachleistungen können auch kombiniert werden. In der privaten Versicherung gibt es keine Sachleistungen, sondern nur Geldleistungen. Statt der Sachleistung ist die Erstattung der Kosten bis zu den Höchstgrenzen vorgesehen. Personen mit Anspruch auf Beihilfe oder Heilfürsorge erhalten jeweils die zustehenden Leistungen nur zur Hälfte oder entsprechend ihrem Beihilfeanspruch.

Davon tragen Arbeitnehmer und Arbeitgeber jeweils die Hälfte (außer Sachsens). [...] Bei den Beziehern von Sozialleistungen wie Arbeitslosengeld, Arbeitslosenhilfe oder Sozialhilfe werden die Beiträge in der Regel vom jeweiligen Träger der Leistung übernommen. Die Beiträge für Renten sind zur Hälfte von den Rentnern und zur anderen Hälfte von der Rentenversicherung zu zahlen.

Walter Kannengießer: Die umstrittene Pflegeversicherung, in: FAZ vom 29.12.1994, S. 11

1 Erkundigt euch bei Pflegebedürftigen bzw. deren Angehörigen (die ihr kennt), was sich für sie durch die Einführung der Pflegeversicherung geändert hat/ändert.
2 Regierung und Parteien sagen: Die Pflegeversicherung ist die bisher fehlende Säule des (Sozial-)Versicherungssystems. Warum hat sie so lange auf sich warten lassen?

11.3.6 Bevor alle Stricke reißen: Sozialhilfe

Ganz im Gegensatz zur Sozialversicherung wird die Sozialhilfe nicht von den Beiträgen der Versicherten finanziert, sondern ist eine staatliche Leistung.
Wenn alle Stricke reißen, keine Verwandten mehr helfen können, dann gibt es immer noch die Sozialhilfe. Staatliches Ziel ist, Menschen, die von der Sozialhilfe leben müssen, ein „menschenwürdiges Leben" zu ermöglichen und nicht nur das Existenzminimum zu garantieren. Was dies allerdings bedeutet, ist schwer zu sagen.

„Mensch, du bist doch auf Sozialhilfe" – Situationsbeschreibung

Ich bin 56, wohne in Duisburg und lebe seit 1978 von Sozialhilfe. Vier Jahre nach der Scheidung hatte ich auf Unterhaltsansprüche gegenüber meinem Ex-Mann verzichtet. Schön blöd war ich da. Arbeiten konnte ich nicht wegen der Kinder. Einen Jungen und ein Mädchen habe ich.
Für die Kinder ist es ja am schlimmsten. Die sind mit Sozialhilfe aufgewachsen. Einmal hatte ich mich an unseren Tisch gesetzt und aufgeschrieben, was ich demnächst beim Sozialamt so beantragen muss: einen Schlüpfer, einen BH und so weiter. Die Claudia hat das

gesehen und da hat sie gesagt: „Mama, das kannst du doch nicht machen, das ist ja wie Betteln." Vierzehn war sie da. Ich habe ihr dann gesagt, dass wir für alles betteln müssen. Und der Manfred, der wollte auf einmal Jeans. Schicke Jeans, die hatten alle. Da habe ich ihm welche genäht, weil das sonst zu teuer gewesen wäre. Die aus dem Laden haben ihm ja besser gefallen. Der Manfred war da immer empfindlich. Als er auf Klassenfahrt nach Frankreich gehen sollte, brauchte ich vom Lehrer eine Bescheinigung für das Sozialamt. Da wollte der Manfred gar nicht mehr mitfahren, weil dann der Lehrer erfahren hätte, dass wir auf Sozialhilfe sind. Schließlich ist er aber doch mitgefahren.

Auf dem Sozialamt sind sie mal so und mal so. Die Tehagen ist eine kleine Schikanöse. Die ist dermaßen selbstherrlich. Aber der Krüger ist in Ordnung. Mir fällt es ja immer noch schwer, da hinzugehen. Ich fordere immer, was mir zusteht, und hinterher kriege ich Gewissensbisse, weil ich denke, dass ich vielleicht unverschämt war. [...]

Das Geld reicht gerade so, um nicht zu verhungern. Manchmal hat mir meine Mutter noch etwas zugesteckt. Hin und wieder habe ich auch gearbeitet, schwarz natürlich, sonst kriege ich ja weniger Sozialhilfe.

Sozialhilfe ist wie ein Kloß im Hals und der ist immer da. Das heißt, manchmal, wenn ich so unter Leuten bin und alles schön ist, dann vergesse ich das richtig. Aber dann fällt es mir wieder ein, das ist wie Aufwachen, und ich sage mir: Mensch, du bist doch auf Sozialhilfe.

Die Zeit vom 24.4.1992, S. 23

1 Was gehört für euch alles zu einem menschenwürdigen Leben? Macht eine Liste und überlegt zu jedem einzelnen Punkt, wie viel Geld notwendig ist.
2 Beschreibt die Probleme einer Frau mit zwei Kindern, die von Sozialhilfe leben muss.
3 Vergleicht den Gesetzestext aus dem Sozialhilfegesetz mit den Erfahrungen, die in der Situationsbeschreibung geschildert werden. Gibt es Widersprüche?

Das Bundessozialhilfegesetz (BSHG) garantiert eine Grundsicherung, die aus der „Hilfe zum Lebensunterhalt" (regelmäßiger Bedarf) und einer „Hilfe in besonderen Lebenslagen" besteht.

Sozialhilfe kann in Form von Geldleistung oder Sachleistung gewährt werden. Es gibt:
– Hilfe zum Lebensunterhalt und
– Hilfe in besonderen Lebenslagen (z. B. bei Behinderung, Krankheit oder im Alter).

Hilfe zum Lebensunterhalt umfasst u. a.:
– Ernährung,
– Unterkunft,
– Kleidung,
– Körperpflege,
– Hausrat,
– Heizung,
– persönliche Dinge des täglichen Bedarfs.

Zusätzlich gibt es einmalige Beihilfen für größere Anschaffungen (Kleidung, Hausrat). Hilfe in besonderen Lebenslagen umfasst insbesondere:
– Erholungskuren (Kinder, Mütter, alte Menschen),
– Eingliederungshilfe für Behinderte,
– Hilfe zur Pflege (zu Hause oder in einem Heim),
– Hilfe zur Weiterführung des Haushalts (z. B. bei Erkrankung der Mutter).

Nach: Presse- und Informationsamt der Bundesregierung [Hrsg.]: Soziale Sicherheit, Bonn 1994, S. 78–79

Das zahlt das Sozialamt (Beispielrechnung)

LEDIG

Regelsatz Haushaltsvorstand	521 Mark
Heizung	70 Mark
Wassergeld	28 Mark
Kanalgebühren	35 Mark
Bekleidungsbeihilfe	ca. 50 Mark
(pro Jahr 580 Mark)	
Zwischensumme	**704 Mark**
Kaltmiete (53% zahlt Sozialamt, den Rest teilen sich Bund und Land)	540 Mark
insgesamt	**1244 Mark**

VERHEIRATET

Regelsatz Haushaltsvorstand	521 Mark
Ehefrau	417 Mark
Heizung	110 Mark
Wassergeld	52 Mark
Kanalgebühren	48 Mark
Bekleidungsbeihilfe	ca. 110 Mark
(Mann pro Jahr: 580 Mark; Frau pro Jahr: 720 Mark)	
Zwischensumme	**1258 Mark**
Kaltmiete (53% zahlt Sozialamt, den Rest teilen sich Bund und Land)	620 Mark
insgesamt	**1878 Mark**

Focus 47/1994, S. 134

Rechtsanspruch auf Sozialhilfe

Sozialgesetzbuch §9 (Sozialhilfe): Wer nicht in der Lage ist, aus eigenen Kräften seinen Lebensunterhalt zu bestreiten oder in besonderen Lebenslagen sich selbst zu helfen und auch von anderer Seite keine ausreichende Hilfe erhält, hat ein Recht auf persönliche und wirtschaftliche Hilfe, die seinem besonderen Bedarf entspricht, ihn zur Selbsthilfe befähigt, die Teilnahme am Leben in der Gemeinschaft ermöglicht und die Führung eines menschenwürdigen Lebens sichert.

11.4 Diskussion um den Sozialstaat

Das soziale Sicherungssystem der Bundesrepublik ist immer wieder Gegenstand heftiger Diskussionen. Dabei stehen zwei Problemkreise im Mittelpunkt: Lässt sich der Sozialstaat in seiner heutigen Form noch finanzieren? Und: Sollte nicht mehr Wert auf die Eigenverantwortung gelegt und die staatliche Hilfe deswegen abgebaut werden?

Das Sozialbudget – die Summe aller Leistungen des Staates und der Sozialversicherungen pro Jahr – lag 1994 bei über 1,1 Billionen DM. Dies entspricht etwa 33% des Bruttosozialprodukts. Es ist etwas mehr als noch 1990 und entspricht dem Prozent-Wert von 1975, auch wenn die Zahlen absolut natürlich viel höher liegen.

Zur Diskussion der Finanzierung ist es aber wichtig, genau zu unterscheiden. Weniger als die Hälfte aller Leistungen im Sozialbudget wird direkt von staatlichen Stellen – Bund, Ländern und Gemeinden – abgedeckt. Für den größeren Teil des Sozialbudgets, die Sozialversicherung (siehe 11.3.1 bis 11.3.5), kommen die Arbeitnehmer und die Arbeitgeber auf. Da sich die einzelnen Bereiche der Sozialversicherung selbst finanzieren müssen, kommt es hier zu großen Problemen, wenn die Summe der Beiträge unter der Summe der notwendigen Ausgaben liegt. Ein solches Problem ist z.B. bei der Rentenversicherung (siehe Abschnitt 11.3.4) abzusehen.

Die Kritik an den direkt von staatlichen Stellen erbrachten Leistungen ist vielfältig. Während die einen auf eine allgemeine Senkung der staatlichen Sozialausgaben drängen, warnen andere vor den entstehenden sozialen Konflikten. So müssen die öffentlichen Kassen z.B. bei lang anhaltender Arbeitslosigkeit zunehmend Aufgaben der sozialen Absicherung – z.B. über die Sozialhilfe – übernehmen.

Die folgenden drei Texte sollen unterschiedliche Positionen in der Diskussion um den Sozialstaat verdeutlichen.

Teuer und leistungshemmend?

Der Sozialstaat ist zu teuer. Die Sozialausgaben belasten zunehmend die öffentlichen Haushalte und die Unternehmen, die die gesetzliche Sozialversicherung durch ihren Beitragsanteil mitfinanzieren. Angesichts der schlechten Konjunktur [hier: Auftrags- und Ertragslage der Unternehmen] und der hohen Staatsverschuldung steht nicht genügend Geld für Arbeitsplatz schaffende Investitionen [= Ausgaben] zur Verfügung. Zusätzlich wird die Wettbewerbsfähigkeit der Wirtschaft durch hohe Löhne und Lohnnebenkosten [z. B. für Kranken- und Rentenversicherung], die sich durch großzügige Urlaubsregelungen und sonstige Tarifvereinbarungen ergeben, belastet.

Der Sozialstaat verführt zu Anspruchsdenken. Viele Bürger neigen dazu, die sozialen Leistungen als selbstverständlich zu betrachten. Das hohe Niveau sozialer Leistungen unterstützt außerdem nicht selten den Trend, sich auf der „sozialen Hängematte" auszuruhen und soziale Leistungen ohne Not in Anspruch zu nehmen. Abhilfe kann nach dieser Auffassung nur durch mehr Eigeninitiative, Eigenbeteiligung und Selbstverantwortung geschaffen werden, die die Leistungsbereitschaft der Menschen erhöhen.

Steffen Rink: Stichwort Sozialstaat, München 1994, S. 85 f.

Mehr Staat durch weniger Verantwortung?

Soziale Gerechtigkeit, soziale Empfindsamkeit, soziale Partnerschaft galten immer in der Geschichte des Bundesrepublik als moderne politische Tugenden und Ziele. Bis das Soziale in jüngster Zeit fast über Nacht keine Konjunktur mehr hatte, unter Rechtfertigungszwang geriet, als Ballast und unmodern abqualifiziert wurde. Die gegenwärtige Diskussion erweckt den Eindruck, als seien politische Stabilität und sozialer Frieden auch kostenlos zu haben. Dabei lehrt uns die Erfahrung das Gegenteil. [...]

Die Sozialpolitik hat in den zurückliegenden Jahren den größten Beitrag zur Entlastung der öffentlichen Kassen geleistet. Wir haben den Menschen schon viel an sozialpolitischen Sparmaßnahmen zugemutet und wir müssen ihnen wahrscheinlich noch mehr zumuten, um unser Sozialsystem finanzierbar zu halten und unsere Wirtschaftskraft im internationalen Wettbewerb nicht zu verlieren. Ich glaube auch, dass die Bürgerinnen und Bürger Einschnitte und Sparmaßnahmen akzeptieren, wenn sie vernünftig, gerecht und begründet sind. [...]

Der Rückgang sozialer Verantwortung der Einzelnen führt zwangsläufig zu mehr Staat. Wenn die Betriebe nicht genügend Ausbildungsplätze zur Verfügung stellen, muss der Staat mit Sonderprogrammen in die Lücke springen. Wenn Anstand und Redlichkeit nicht mehr ausreichend Schwarzarbeit, illegale Beschäftigung, Sozialbetrug oder Steuerhinterziehung verhindern, muss der Staat die Missbrauchsbekämpfung verstärken und schärfere Gesetze erlassen. Anstatt Regulierungen abzubauen, muss der Staat die Regelungsdichte erhöhen. Deshalb hat ein Verfall sozialstaatlicher Sitten am Ende auch etwas mit dem Zustand unserer Gesellschaft, unserer Demokratie zu tun. „Jeder ist sich selbst der Nächste." Dieses Single-Programm ist der Ruin der Gemeinschaft. Ohne Gemeinschaft aber ist der Mensch nicht überlebensfähig und ich wiederhole: auch die Demokratie nicht. Auch der Sozialstaat kann nicht besser sein, als alle Beteiligten in der Summe an Fairness und Verantwortung einbringen.

Norbert Blüm (Bundesminister für Arbeit und Soziales): „Zeit der dicken Backen", in: Die Woche vom 1.12.1995, S. 12

Soziales Teilen als Lösung?

Die Gewerkschaften [...] wären überfordert, wollten sie das Problem schultern, soziale Gerechtigkeit in der Verteilung von Lebenschancen auf dieser Erde durchzusetzen. Aber sie werden sich politisch wie programmatisch bewusster werden müssen, dass soziale Gerechtigkeit im 21. Jahrhundert ohne die Dimension des sozial gerechten Teilens des Reichtums dieser Erde Stückwerk bleibt. Soziale Gerechtigkeit im Sinne des sozial gerechten Teilens meint zum einen das Teilen zwischen Reich und Arm, zwischen Oben und Unten. Aber weil es in dieser Welt weder die Reichen noch die Armen gibt, sondern auch „wohlhabende Arme" und „arme Reiche", meint sozial gerechtes Teilen auch immer Teilen zwischen Stärkeren und Schwächeren.

Dies ist nicht allein eine moralische Frage, sondern auch eine höchst praktische: Weil im Vergleich zur Armut in südlichen Ländern oder in bestimmten Teilen Osteuropas die Arbeitnehmer Nordamerikas oder Westeuropas gut verdienen, haben sich Hunderttausende junger Arbeitskräfte aus dem Süden auf den Weg in den Norden gemacht. In den Wanderungsbewegungen von Arbeitskräften begegnen die Gewerkschaften der Ungerechtigkeit der Verteilung von Lebenschancen im globalen [= weltweiten] Maßstab. Welche Antworten auf diese Wanderungsbewegungen gefunden werden, ist eine wichtige Fragestellung. Aber sie wird in jedem Fall mit der Perspektive [= Aussicht] verbunden sein, Wanderungsursachen zu bekämpfen, damit die Menschen dort Arbeit finden, wo sie zum Aufbau ihrer Länder beitragen können. [...]

Sozial gerechtes Teilen meint aber auch die Verteilung von Lebenschancen, von Arbeit, von bezahlbarem Wohnraum, von Bildungsmöglichkeiten, von Entfaltungschancen für Frauen und Männer.

Die Gesellschaft der Bundesrepublik ist reich – aber sie wird nicht wesentlich reicher werden, weil sich dies weder ökonomisch auf Dauer bewerkstelligen noch ökologisch verantworten lässt. Darum wird sozial gerechtes Teilen zu einer immer wichtigeren Bedingung dafür, dass Arbeitnehmer auch bei gebremstem Wachstum und großen öffentlichen Aufgaben – und Schulden – weiterhin am Wohlstand teilhaben können.

Sozial gerechtes Teilen ist kein mathematisches Prinzip und lässt sich nicht nur durch Statistiken ausdrücken. Sozial gerechtes Teilen unterliegt ebenso wie die soziale Gerechtigkeit dem Urteil der Menschen, was als sozial gerecht angesehen wird und was nicht. Es ist ein Maßstab gesellschaftlichen Handelns, der der politischen Beurteilung eines jeden zugänglich ist. Gewerkschaften müssen ihre Maßstäbe für soziale Gerechtigkeit, die sich auf die Interessen und Meinungen ihrer Mitglieder beziehen, zu dem in Bezug setzen, was zumindest eine deutliche Mehrheit der Bevölkerung für sozial gerecht hält. Zumindest die teilweise Übereinstimmung der von den Gewerkschaften vertretenen Interessen der Arbeitnehmer und dem Gemeinwohl ist notwendig, um gewerkschaftliche Politik überhaupt durchsetzungsfähig zu machen.

Heinz-Werner Meyer (ehemaliger Bundesvorsitzender des DGB): Wenn die Gegenmacht zu einem unbrauchbaren Konzept wird, in: Frankfurter Rundschau vom 13.6.1994, S. 12

1 *Vergleicht: Welche Positionen werden in den drei Texten zum Sozialstaat eingenommen?*
2 *Macht eine Pro- und Kontra-Diskussion zum Thema „Mehr staatliche Hilfe oder mehr Eigenverantwortung?" mit Hilfe der Argumente, die in den Texten genannt werden.*
Methode: *Pro- und Kontra-Diskussion, S. 237*
3 *Gibt es Gemeinsamkeiten in den drei Positionen? Welche?*
4 *Für wen bringt es Vorteile, wenn der Staat weniger soziale Leistungen erbringt? Wer wird darunter leiden?*
5 *Wie könnt ihr euch das „soziale Teilen", das im dritten Text angesprochen wird, konkret vorstellen? Macht Vorschläge.*
6 *Sozialpolitik international: Welche Beispiele gibt es dafür, dass soziale Probleme nicht vor Grenzen Halt machen?*

12 Wirtschaft – Umwelt – Technologie

Dies ist der Startschuss für eine Fahrt durch die Welt auf vier Rädern. Hier dreht sich (fast) alles um das Auto. Dabei werdet ihr beim Lesen der folgenden Seiten rasch merken, dass sich dieses Kapitel von den anderen ein wenig unterscheidet. *Hier warten keine Fragen auf euch, die von uns verfassten Texte haben wir kurz gehalten.* Für die Zusammenhänge von Wirtschaft, Umwelt und Technologie präsentieren wir euch stattdessen eine Fundkiste voll mit Sachinformationen, Zahlen, Meinungen und Fotos zu diesem Thema. Was ihr damit sollt? Entscheidet selbst. Der Text im Kasten „Vom Infohäppchen zum Bescheid-Wissen" gibt euch Anregungen. In einem weiteren Punkt unterscheidet sich dieses Kapitel ein wenig von den anderen: Wir haben die Zusammenhänge nicht umfassend zum Thema gemacht, sondern arbeiten beispielhaft (exemplarisch). Dadurch, dass wir uns auf das Beispiel Auto beschränken, haben wir die Möglichkeit, vielfältige Gesichtspunkte des Problems deutlich zu machen und genauer zu betrachten. Fragen gibt es genug: Ist das Auto überhaupt Erfolg versprechend auf dem Weg in die Zukunft oder befinden wir uns eher mit Vollgas auf einem Weg in Richtung Umweltverschmutzung und Gesundheitsgefahren? Vielleicht hängen wir mit dem Auto, wie wir es bisher kennen, an einer bereits veralteten Technologie, obwohl die Tür zu neuen Formen des Verkehrs bereits weit aufgestoßen ist. Gibt es bereits die Alternativen zum Autoverkehr?
So vielfältig die Antworten auf diese Fragen sind, so prallen doch immer zwei unterschiedliche Meinungen aufeinander: Für die einen ist die Zukunft des Verkehrs und unserer Wirtschaft nur mit dem Auto gestaltbar, für die anderen eine Zukunft für Mensch und Umwelt nur ohne das Auto überhaupt denkbar.
Pro und Kontra – genau hierum soll sich nun alles drehen.

Vom Infohäppchen zum Bescheid-Wissen:
Schritte auf dem Weg zu einem guten, selbst gemachten Unterricht

Daherreden können alle. Kompetenz, der fachkundige Umgang mit den Sachverhalten, ist angesagt.

Um sich zu einem Sachverhalt eine begründete Meinung zu bilden, braucht der Mensch erst einmal Wissen, möglichst viele gute Informationen.

Abgesehen von der Schule bekommen wir Informationen allerdings meist nur bruchstückhaft, häppchenweise. Hier und da ist was aufzuschnappen – aus der Zeitung, aus dem Fernsehen, aus Büchern, Werbespots und Gesprächen, von wirklichen Fachleuten oder von selbst ernannten Heißluft-Experten. Alles Stückwerk, zusammensetzen müssen wir es uns selbst.

Die Kunst besteht darin, alle erreichbaren Informationen zu sichten, zu prüfen, zu gewichten, zu ordnen und dann erst (vorsichtige!) Schlüsse daraus zu ziehen.

Um aus dem Materialangebot dieses Kapitels einige begründete Einschätzungen/Meinungen zu gewinnen, könnt ihr – zum Beispiel – die folgenden Arbeitsschritte gehen:

Wie beginnen?
Am Anfang stehen die Frage nach dem Ziel und die Organisation der geplanten Arbeit:
- Schau dir das ganze Kapitel in Ruhe an, lies die Überschriften, vielleicht auch schon den einen oder anderen Text.
- Beantworte dir die Fragen: Was will ich genau wissen? Was interessiert mich persönlich erst einmal gar nicht? Warum könnte es sich lohnen, hier etwas kennen zu lernen, von dem ich überhaupt noch gar keine Ahnung habe?
- Besprecht in der Klasse, worauf eure Beschäftigung mit dem Kapitel hinauslaufen soll: Wollt ihr alles einfach der Reihe nach durcharbeiten? Wollt ihr bestimmte Themen/Probleme herausgreifen? Worin soll der Gewinn für euch bestehen, wenn ihr euch dieses Kapitel vornehmt? Wie viel Zeit (Unterrichtsstunden) steht zur Verfügung?
- Bildet mehrere Kleingruppen (jeweils vier, fünf Mitglieder), die sich mit einem Teilthema – Abschnitt des Kapitels – befassen wollen. Einigt euch darauf, was mit den Arbeitsergebnissen der Kleingruppen am Ende geschehen soll (siehe unten: Und dann?).
- Sammelt vorsorglich Zusatzmaterial zum Thema, denn das Arbeitsbuch Politik bietet auch nicht alles.

Wie weiter?
- Tauscht in der Kleingruppe zu Beginn kurz aus, warum ihr euch zur Mitarbeit in gerade dieser Gruppe entschlossen habt, was euch besonders an dem (Teil-)Thema interessiert, was ihr an Vorwissen und Erkenntnisquellen (Auto- oder Ökozeitschriften von zu Hause; ein Onkel, der Autoverkäufer ist) vielleicht schon einbringen könnt.
- Sichtet das Material genau: Was wird mitgeteilt? Was erscheint euch besonders wichtig? Was wird möglicherweise eure Mitschülerinnen und Mitschüler besonders interessieren? Welche Informationen fehlen, welche sind vielleicht schon veraltet? Wo könnt ihr euch welche Zusatzinformationen beschaffen?
- Notiert jeweils – an der Tafel, in ein „Arbeitstagebuch", ins Heft – Stichworte zu dem, was ihr gerade besprecht.
- Beratschlagt, wie ihr eure Erkenntnisse den anderen mitteilen wollt. Was muss besonders hervorgehoben, was besonders genau erklärt werden (z. B. ein Schaubild, eine komplizierte Statistik)? Welche Kontroversen (Meinungsverschiedenheiten) haben sich in eurer Gruppe herausgestellt? Was davon sollen die anderen auch wissen? Welche Fragen für das Gespräch in der Klasse habt ihr vorzuschlagen? Wie können die anderen eure wichtigen Informationen am besten speichern: Sollen sie alles mitschreiben, gebt ihr ihnen am Ende ein kleines Merkblatt oder ein Kreuzworträtsel?
- Berichtet einander in der Klasse zwischendurch kurz über den Stand der Arbeit in euren Kleingruppen. Wenn ihr Probleme habt, könnt ihr bei dieser Gelegenheit auch um Rat und Hilfe fragen („Wer hat Erfahrungen mit Elektroautos bei der Urlaubsreise?").

Und dann?
Nach der Arbeit in der Kleingruppe und der Rundum-Information über die einzelnen Teilthemen in der Klasse könnt ihr machen:
- ein Quiz (die Kleingruppen gegeneinander; fairerweise nur Fragen, deren Beantwortung nach dem Materialangebot des Kapitels und dem Vortrag der Kleingruppen auch möglich ist!);
- eine Fahrradrallye durch die Stadt („Autosünde[r]n auf der Spur");
- ein Autoquartett („Auf vier Rädern vorwärts in die Zukunft");
- eine Pro- und Kontra-Diskussion („Das Auto - Wirtschaftsmotor auch morgen noch?");
- ein Zukunftsgemälde (z. B. die Collage: „Fortbewegung in 20 Jahren");
- Verbesserungsvorschläge für das Kapitel an die Verlagsredaktion (Redaktion Politik, Cornelsen Verlag, Mecklenburgische Str. 53, 14197 Berlin).

12.1 Ohne Auto bewegungslos?

Aus unserer modernen Welt ist das Auto nicht mehr wegzudenken. Viele benutzen es, um zur Arbeit zu kommen, zum Einkaufen und für die Tour ins Grüne. Wenn da nur die vielen Staus nicht wären ... Und dann die Wirtschaft: Ohne die unzähligen Lkw, die rund um die Uhr Produkte und Produktteile quer über den Kontinent und darüber hinaus transportieren, würde doch alles zusammenbrechen. Oder könnte man das auch anders organisieren? Und die Autoindustrie: Sie bietet zehntausende von Arbeitsplätzen und bringt dem Staat hohe Steuereinnahmen. Ganze Städte sind offenbar abhängig von „ihrer" Autofabrik oder von einem der Zulieferbetriebe. Ohne Auto scheint also nichts zu laufen – bis zum weltweiten Verkehrskollaps?

12.1.1 Von Kopf bis Fuß auf Auto eingestellt – Autonutzung für Arbeit, Haushalt, Freizeit

Ein Weg nach nirgendwo?
Rechnen Sie einmal mit: Rund 610 000 Kilometer Straßen haben die deutschen Autofahrer zur Verfügung. Innerörtliche, außerörtliche, Landstraßen, Autobahnen, alles zusammengerechnet.
In der Bundesrepublik (alte und neue Länder) sind etwa 38 Millionen Pkw zugelassen. Wie viel Platz hat ein Auto zur Verfügung, wenn alle Fahrzeuge auf einmal auf der Straße sind? Exakt 16 Meter und fünf Zentimeter. Das reicht, um einmal vor- und einmal zurückzusetzen. Allein die Autos mit Bonner Kennzeichen – so meldete im Juni 1992 das Bonner Einwohner- und Standesamt – ergäben aneinander gereiht eine Schlange von Köln bis an die deutsch-österreichische Grenze bei Salzburg.
Wenn alle gleichzeitig irgendwohin wollen, kommt keiner mehr an. Müssen wir uns damit abfinden, dass sich zur Rushhour, an jedem Ferienwochenende und immer öfter auch zwischendurch die Blechkisten rund um die Ballungszentren stauen? Haben wir uns an die vollen Autobahnen, die verstopften Innenstädte, die fehlenden Parkplätze gewöhnt?
Zwar hat sich die Länge des Straßennetzes seit dem Zweiten Weltkrieg verdoppelt, doch der Bestand an Kraftfahrzeugen wuchs seit 1950 um das 70fache.

Das Parlament vom 7. August 1992, S. 13

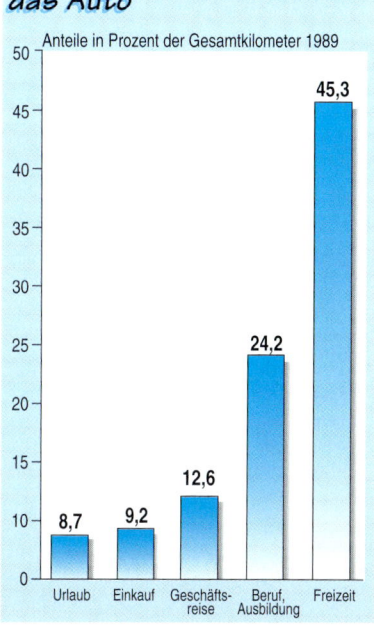

Auto total. Immer mehr Autos fahren auf unseren Straßen. Ob zur Arbeit, zum Ausbildungsplatz, zum Einkaufen oder in der Freizeit, jeder Weg scheint mit dem Auto bequemer und billiger. Ist ein Ausstieg überhaupt noch möglich? Was erfahren Menschen, die ihren Wagen stilllegen?
Die beiden folgenden Texte schildern unterschiedliche Erfahrungen mit der „Entzugsphase".

Die Durchhalter
Nein, im Leben der Lambecks aus Hamburg-Langenhorn hat sich seit dem 1. November nicht viel verändert. Säugling Manja kräht im Kinderbett und Sohn Tim lässt die Modelleisenbahn rotieren, während die vier Siamkatzen geräuschlos durch die Dreieinhalb-Zimmer-Wohnung streifen. Ihr Alltag ist gleich geblieben. Marc Lambeck macht sich gegen Abend unverdrossen auf den Weg zum Nachtdienst im Wandsbeker Altenheim; seine Frau Christina pendelt regelmäßig zwischen Uni und Haushalt. Wenn dann noch Zeit bleibt, zieht es die Familie hinaus ins Grüne. Der einzige, aber gravierende Unterschied: Die Lambecks haben seit 1. November ihr Auto stillgelegt. Freiwillig. Marc fährt seither die fünfzehn Kilometer ins Altenheim trotz Wind und Wetter konsequent mit dem Rad. Und Christina benutzt für die Fahrten in die Stadt nur noch Bahn oder Bus.
Den alten 79er VW-Passat hätten Lambecks wahrscheinlich längst vergessen, fiele er ihnen nicht jeden Tag ins Auge: „Wir haben ihn so hingeparkt, dass möglichst viele Passanten an dem Freiwillig-stillgelegt-Schild vorbeikommen", sagt Christina Lambeck. Nö, bisher habe der Entschluss, vier Wochen auf das Auto zu verzichten, noch nicht zu unüberwindlichen Problemen geführt. „Im Grunde fördert eine Entzugsphase wie diese nur zu Tage, dass man das Autofahren fast auf Null reduzieren kann. Ich kann mir jetzt besser vorstellen, ganz auf ein eigenes Auto zu verzichten und nur gelegentlich eines auszuleihen. Denn eigentlich sind in unserem Alltag nur zwei Situationen kritisch, nämlich schwere Getränkekästen und Unmengen Katzenfutter im Sonderangebot."

Greenpeace Magazin V/1991, S. 33–34

Die Rückfaller
Gestern Abend war ich in Leverkusen. Ich hatte dort ein Bewerbungsgespräch. Um 19 Uhr. Um 22 Uhr war ich zu Hause. Vom S-Bahnhof Leverkusen bis zu der potentiellen [= möglichen] neuen Arbeitsstelle braucht man zu Fuß rund zwanzig Minuten. Mit aufgespanntem Schirm, wie gestern, werden einem da durchaus die Hände steif. Ich darf gar nicht daran denken, was das erst im Winter geben würde. Die S-Bahn fährt nur 19 Minuten. Das wäre nicht das Problem. Doch ich muss ja schon bis zum Hauptbahnhof eine gute halbe Stunde rechnen. Nach einer Stunde etwa wäre ich in Leverkusen. Dann noch der zwanzigminütige Fußmarsch. Am Abend, wenn die Bahnen nicht mehr so oft fahren, werden da locker zwei Stunden draus. Nein danke. Ohne Auto kann ich das nicht machen. Ohne Auto geht so vieles nicht. Verdammt. Das hat mich gestern Abend wirklich deprimiert.
Wir sind rückfällig geworden. Wir haben uns wieder ein Auto gekauft.

Wochenpost vom 28. Oktober 1993, S. 42

So nutzen Bundesbürger das Auto
Anteile in Prozent der Gesamtkilometer 1989

Urlaub	Einkauf	Geschäftsreise	Beruf, Ausbildung	Freizeit
8,7	9,2	12,6	24,2	45,3

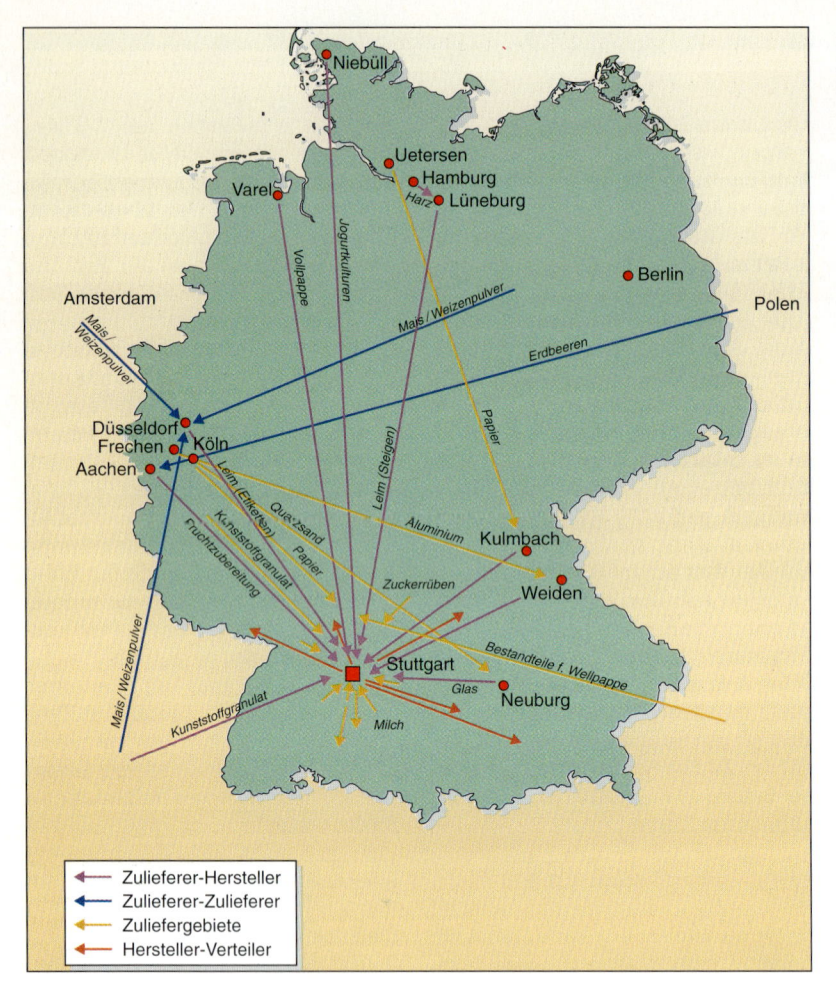

12 Wirtschaft – Umwelt – Technologie

12.1.2 Rollende Straßenlager – Autonutzung in der Wirtschaft

Gegessen wird nicht das, was auf den Tisch kommt, sondern das, was auf unseren Straßen rollt; zwölf Monate im Jahr frische Nordseekrabben und Tomaten aus Holland in jeden Winkel unseres Landes. Paprika und Orangen aus Spanien, Spargel und Wein mal schnell aus Griechenland: Die Brummis servieren.
Die unglaubliche Reise eines Erdbeerjogurts könnt ihr mit Hilfe der Karte oben nachvollziehen. Die Vorprodukte für einen Jogurt werden aus ganz Deutschland angeliefert.

Der Weg eines Erdbeerjogurts

Eine gigantische Lkw-Armada [= Flotte] rollt tagtäglich über Deutschlands Straßen. Beladen mit Lebensmitteln, Rohstoffen und Gebrauchsgütern aller Art. Allein die 1,7 Millionen deutschen Lkws in diesem Konsum-Konvoi spucken an Feinstaub genauso viel Dreck aus wie alle Pkw in der Bundesrepublik zusammen. Dazu nutzen alljährlich zusätzlich knapp 5 Millionen ausländische Trucks unsere Straßen als Transitwege. Ein Lindwurm, der uns mit Lärm, Dreck und Gestank malträtiert. Die Wissenschaftlerin Stefanie Böge vom Wuppertaler Institut für Klima, Umwelt und Energie hat diesen Wahnsinn auf Rädern nachgezeichnet. Im Auftrag der Stuttgarter Südmilch AG, die ihre Beschaffungslogistik optimieren und umweltfreundlicher machen wollte, verfolgte sie den Weg eines Erdbeerjogurts von der Plantage in Polen bis ins Regal eines Supermarktes.
Ergebnis ihrer Recherche: Bevor ein Glas Jogurt im Laden landet, hat es rund 9000 Kilometer an Transportwegen hinter sich. Stefanie Böge: „Ich bin sicher, dass sich die von mir ermittelten Werte nicht nur auf andere Jogurtproduzenten übertragen lassen, sondern dass sie sich auch als Messlatte für die vielen weiteren, scheinbar einfach herstellbaren Produkte eignen."

TV Movie 21/1994, S. 34

12.1.3 Ein goldenes Kalb – Wirtschaftsfaktor Auto

Henry Ford, der zu Beginn dieses Jahrhunderts in den USA die Massenproduktion von Autos einführte, soll einmal gesagt haben, wir würden nicht nur Auto fahren, weil wir so reich sind, sondern wir seien auch so reich, weil wir Auto fahren. Daran scheint sich bis zum Ende des 20. Jahrhunderts nicht viel geändert zu haben. Die Automobilbranche ist weiter das wirtschaftliche Zugpferd Nummer 1 in Deutschland.

Der industrielle Kern Deutschlands

Der Bau eines Autos vereinigt die Leistungen fast aller Sektoren der Wirtschaft. Die direkte Produktionsleistung der Autoindustrie macht ein Sechstel der gesamten Industrieproduktion Deutschlands aus. Etwa ebenso hoch liegt der Anteil der Autobranche am Sozialprodukt, am Export, an den Investitionen oder den Forschungsausgaben. Jede vierte Steuermark zieht der Staat aus dieser Industrie. In der Europäischen Union arbeitet jeder zehnte Beschäftigte direkt oder indirekt für die Automobilproduktion. In Deutschland hängt jeder siebente Arbeitsplatz vom Auto ab.

Wochenpost vom 30. Juni 1994, S. 4

„Just in time"

Werden der Zeitpunkt und die Menge der Anlieferung von Vorprodukten vom Bezieher sehr genau vorgegeben, bezeichnet man dies als ein „Just in time"-System. So bestimmen in der Automobilindustrie die Montagewerke, wann und welche Mengen an Scheinwerfern oder Sitzen angeliefert werden sollen. Diese werden dann sofort in die Autos eingebaut. Die Montagewerke sparen so in hohem Maße Kosten für die Lagerhaltung der Vorprodukte. Sitze und Scheinwerfer lagern nicht mehr in Hallen, sondern in Lkws. Die Straßen werden so zum umweltschädlichen Zwischenlager.

12 Wirtschaft – Umwelt – Technologie

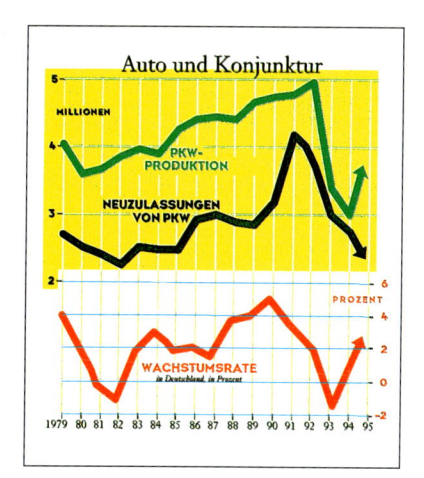

Auto und Konjunktur

(Grafik: PKW-Produktion und Neuzulassungen von PKW in Millionen sowie Wachstumsrate in Deutschland in Prozent, 1979–95)

Die Autoproduktion ist stark von der jeweiligen wirtschaftlichen Lage (der Konjunktur) abhängig. Man kann die Statistik oben aber auch anders lesen: Hustet die deutsche Automobilindustrie, scheint eine Grippe für die deutsche Wirtschaft nicht fern.

Die Autoproduktion findet heute allerdings nicht mehr ausschließlich in einem Land statt. Wie die Karte unten zeigt, sind Autos internationale Produkte.

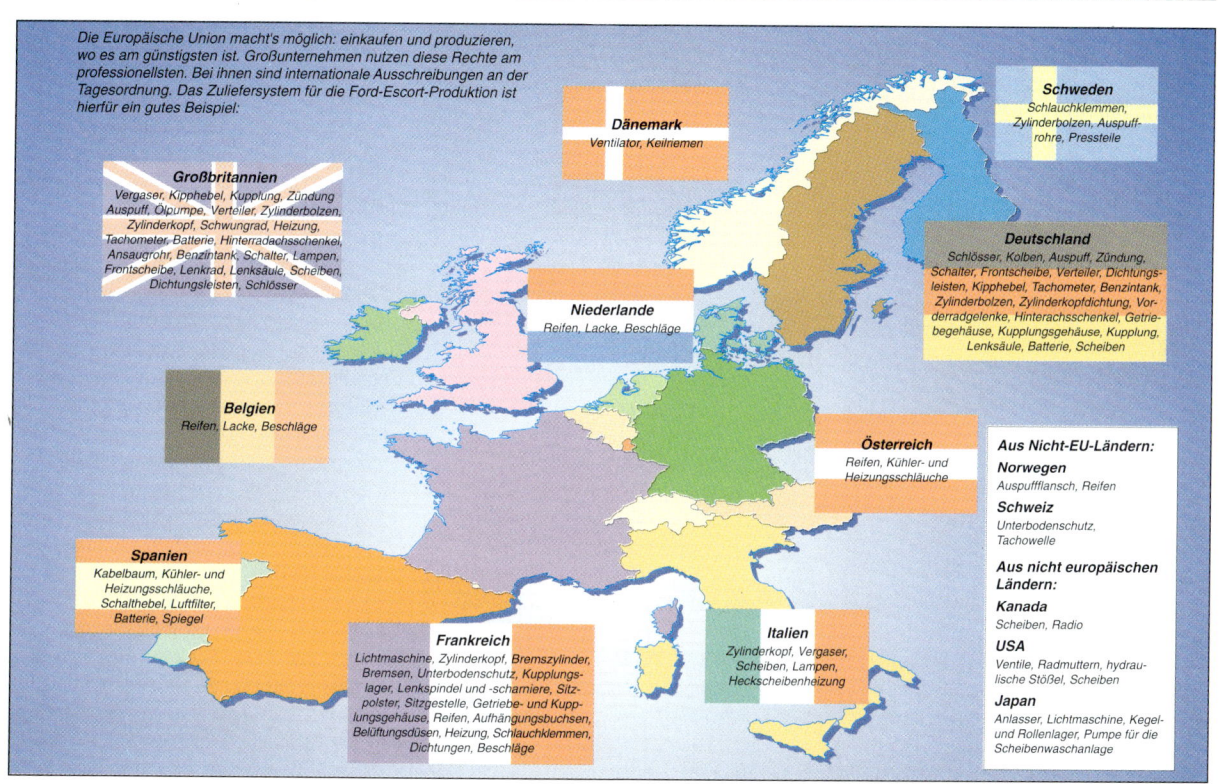

Der Verdrängungswettbewerb am Automarkt

Es klingen nicht gerade die leisesten Töne an, wenn die Autobauer ihre Kunden suchen. Ein Blick in die Wirtschaftspresse:

Golf-Krieg
Malaysias einziger Autohersteller bereitet den Sprung auf den deutschen Markt vor. In der umkämpften Golf-Klasse will Proton mit aggressiver Preispolitik und kundenfreundlicher Kostentransparenz Marktanteile erobern.

Den Crash vor Augen
Autoindustrie: Die deutschen Hersteller sind auf die japanische Offensive schlecht vorbereitet.

Der eigenwillige Chef des drittgrößten europäischen Autokonzerns Peugeot-Citroën:
„Ein Krieg ohne Kanonen, aber ein Krieg"

Das Jahr 1993 brachte die Wende
Große amerikanische Autohersteller erobern Marktanteile zurück

Preiskampf am Automarkt:
Ausländische Firmen wollen Anteile in Deutschland zurückerobern

Im Würgegriff der Konzerne
Den Zulieferern der deutschen Automobilindustrie droht ein Massensterben

---

Die Europäische Union macht's möglich: einkaufen und produzieren, wo es am günstigsten ist. Großunternehmen nutzen diese Rechte am professionellsten. Bei ihnen sind internationale Ausschreibungen an der Tagesordnung. Das Zuliefersystem für die Ford-Escort-Produktion ist hierfür ein gutes Beispiel:

Dänemark
Ventilator, Keilriemen

Schweden
Schlauchklemmen, Zylinderbolzen, Auspuffrohre, Pressteile

Großbritannien
Vergaser, Kipphebel, Kupplung, Zündung, Auspuff, Ölpumpe, Verteiler, Zylinderbolzen, Zylinderkopf, Schwungrad, Heizung, Tachometer, Batterie, Hinterradachsschenkel, Ansaugrohr, Benzintank, Schalter, Lampen, Frontscheibe, Lenkrad, Lenksäule, Scheiben, Dichtungsleisten, Schlösser

Niederlande
Reifen, Lacke, Beschläge

Deutschland
Schlösser, Kolben, Auspuff, Zündung, Schalter, Frontscheibe, Verteiler, Dichtungsleisten, Kipphebel, Tachometer, Benzintank, Zylinderbolzen, Zylinderkopfdichtung, Vorderradgelenke, Hinterachsschenkel, Getriebegehäuse, Kupplungsgehäuse, Kupplung, Lenksäule, Batterie, Scheiben

Belgien
Reifen, Lacke, Beschläge

Österreich
Reifen, Kühler- und Heizungsschläuche

Spanien
Kabelbaum, Kühler- und Heizungsschläuche, Schalthebel, Luftfilter, Batterie, Spiegel

Frankreich
Lichtmaschine, Zylinderkopf, Bremszylinder, Bremsen, Unterbodenschutz, Kupplungslager, Lenkspindel und -scharniere, Sitzpolster, Sitzgestelle, Getriebe- und Kupplungsgehäuse, Reifen, Aufhängungsbuchsen, Belüftungsdüsen, Heizung, Schlauchklemmen, Dichtungen, Beschläge

Italien
Zylinderbolzen, Vergaser, Scheiben, Lampen, Heckscheibenheizung

Aus Nicht-EU-Ländern:
Norwegen
Auspuffflansch, Reifen
Schweiz
Unterbodenschutz, Tachowelle

Aus nicht europäischen Ländern:
Kanada
Scheiben, Radio
USA
Ventile, Radmuttern, hydraulische Stößel, Scheiben
Japan
Anlasser, Lichtmaschine, Kegel- und Rollenlager, Pumpe für die Scheibenwaschanlage

12.2 Ohne Auto – gar nichts los?

Autos sind ja eine tolle Sache. Sie bringen uns schnell und bequem fast überall hin. Wenn es nur nicht so viele davon gäbe ... Besonders in den Städten leiden die Einwohner unter dem Verkehr. Lärm und Abgase können das Leben zur Hölle machen. Manche Menschen werden davon krank. Und dann die vielen Unfälle: Der Tod im Straßenverkehr ist eine der häufigsten Todesursachen bei jungen Leuten. Der Autoverkehr bedroht also unser Leben. Sollte man deshalb nicht besser den Kraftfahrzeugverkehr einschränken? Schließlich gibt es Alternativen zum Auto. Und Ideen, wie man es intelligenter und umweltschonender nutzen kann. Könnten nicht viele Fahrten auch ebenso schnell ohne Auto durchgeführt werden, z. B. mit der Bahn oder dem Fahrrad, wenn die Voraussetzungen dafür geschaffen werden?

12.2.1 Rein oder raus? Das Auto und die Stadt

Die Städte stöhnen

Die Grenzen der Belastbarkeit sind in den Städten längst überschritten, die Autokolonnen machen urbanes [= städtisches] Leben praktisch unmöglich. Jeden Tag die gleichen Bilder, in Frankfurt und Berlin, in Rom und Stockholm, in Los Angeles und Singapur: Zehntausende, meist mehrere hunderttausend Autos rollen morgens auf die Metropolen [= Großstädte] zu. Jeden Tag kilometerlange Staus, weil die Straßen der Städte, auch wenn sie sechs oder acht Spuren haben, den Automassen zu wenig Platz bieten. [...]

So sind manche Kommunalpolitiker und Verkehrsplaner längst am Ende aller Denkmodelle angelangt. Die letzte Schlussfolgerung heißt: Die Autos müssen raus aus den Innenstädten.

Autos raus – das ist mehr ein Hilferuf als eine Drohung. Gefordert werden Schranken für den Autoverkehr inzwischen nicht nur von grünen Überzeugungstätern, die sich nur zu Fuß oder per Fahrrad vorwärts bewegen, sondern von Politikern aller Parteien.

Autos raus – darunter versteht allerdings jeder etwas anderes. Mal sollen die Wohnquartiere vor dem Durchgangs- und Schleichverkehr geschützt werden, mal sollen ein paar Straßen im Zentrum gesperrt, mal soll die gesamte Innenstadt abgeriegelt werden.

Gemeinsam ist all diesen Ansätzen: So wie bisher geht es nicht weiter. Das Ideal der Sechziger, die autogerechte Stadt, ist freigegeben für die Satire. Die Städte müssten nur ihre Straßen doppelt so breit machen, spottet der Düsseldorfer Stadtplaner Hans-Joachim Meyer, dann könnte jeder mit seinem Auto in die Innenstadt fahren – „bloß, dann gibt es keine Innenstadt mehr."

Der Spiegel 11/1991, S. 76-81 (gekürzt)

Der öffentliche Personennahverkehr – eine Zugnummer?

Da meldet sich dem Autofahrer das schlechte Gewissen: Jeder wohlmeinende Stadtvater und Verkehrsexperte flüstert ihm das „Umsteigen auf Bus und Bahn" ins Ohr. Sanfter Druck dient als Argumentationshilfe: Künstlich verengte Fahrbahnen und inszenierte Ampelstaus sind nur zwei Beispiele. Sehen die staugeplagten Automobilisten des Öfteren die Rücklichter von Bussen und Bahnen mit Vorfahrtrecht, überlegen sie sich den Fahrzeugwechsel. So jedenfalls die Hoffnung der Verkehrsplaner.

Doch wie sieht's in der Praxis aus? Zur Rushhour findet der gewillte Passagier in rollenden Sardinenbüchsen kaum einen Stehplatz. Und nach der Kino-Spätvorstellung gibt's Gänsehaut gratis: Gruselstimmung in dunklen Untergrundstationen und leeren U-Bahnen. Nicht nur ausgemachte Angsthasen greifen beim nächsten Mal lieber wieder nach dem Zündschlüssel.

Laut oder langsam, voll oder verdreckt – es mag immer Gründe und Vorurteile geben, die gegen öffentliche Verkehrsmittel sprechen. Trotzdem: Busse und Bahnen sind besser als ihr Ruf und ein wichtiger Baustein um Mobilität für alle zu garantieren. Selbst Autofahrer sind dadurch beweglicher. Denn ohne ÖPNV

Stau durch „Individualisten":
Anschaulich demonstrierten Umweltschützer/innen mitten in Münster/W., wie viel Platz verbraucht wird, wenn jeder partout mit dem eigenen Auto fährt. Links lässt ein Bus seinen 72 ausgestiegenen Insassen viel Raum zum Flanieren. Dazu stinkt der Omnibus (lateinisch: für alle) nur wenig und ist leise.
Rechts blockieren dieselben 72 Personen in 60 Autos die ganze Straße.

12 Wirtschaft - Umwelt - Technologie

[= öffentlichen Personennahverkehr] wäre der Verkehr in unseren Städten längst zusammengebrochen.

Der vermeintliche Zeitgewinn durch die Fahrt im Auto entpuppt sich ohnehin als gering: Pkw-Fahrten, für die es eine ÖPNV-Alternative gibt, dauern im Durchschnitt 20 Minuten, ermittelten die Statistiker. Wer sich mit öffentlichen Transportmitteln fahren lässt, benötigt nur 12 Minuten länger. Aber: ÖPNV-Fahrten werden langsamer eingeschätzt, als sie tatsächlich sind. Und deswegen häufig von vornherein abgelehnt.

ACE-Lenkrad 12/1993 S. 30f.

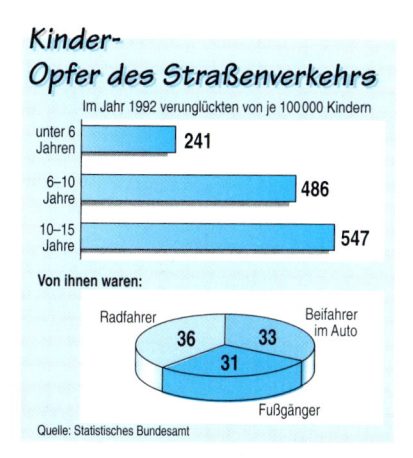

Autogeschädigter Radfahrer

12.2.2 Nichts für Elefanten! Verkehrssicherheit, Unfallgefahren

Nach den Zahlen des Statistischen Bundesamtes starben in den Jahren von 1953 bis 1989 im Straßenverkehr in der Bundesrepublik insgesamt 489 663 Menschen.

Dies entspricht in etwa der heutigen Einwohnerzahl einer Großstadt wie Leipzig. 16,5 Millionen Menschen wurden verletzt.

Dabei sind diese Zahlen noch unvollständig. Nach einer Untersuchung der Bundesanstalt für Straßenwesen wird nur knapp die Hälfte aller verletzten Unfallopfer überhaupt polizeilich erfasst, bei Radfahrern nur jeder Fünfte.

Von zehn ambulant behandelten Radfahrern unter 18 Jahren tauchen neun nicht in der Polizeistatistik auf.

Und aufgepasst: Nach der Statistik wird jeder zweite Bundesbürger in seinem Leben von einem Auto verletzt.

Kinder-Opfer des Straßenverkehrs

Im Jahr 1992 verunglückten von je 100 000 Kindern

unter 6 Jahren	241
6–10 Jahre	486
10–15 Jahre	547

Von ihnen waren:
- Radfahrer: 36
- Beifahrer im Auto: 33
- Fußgänger: 31

Quelle: Statistisches Bundesamt

Kinder sperrten Straße

Etwa 50 Kinder von verschiedenen Schulen haben gestern Morgen kurzzeitig den Verkehr auf einer der wichtigsten, meistbefahrenen innerstädtischen Hauptstraßen von Frankfurt (Oder) blockiert.

Mit dieser spontanen Aktion wollten die zwölf- bis 16-jährigen Schüler für einen gefahrenfreien Schulweg demonstrieren, teilte die Polizei der Stadt mit. In der Straße staut sich ständig der kaum abreißende Verkehr in Richtung der polnischen Grenze.

Berliner Zeitung vom 23. September 1993, S. 23

Bangkok verbannt die Elefanten – Stadt zu ungesund für die Tiere

Die Behörden der thailändischen Hauptstadt Bangkok haben Elefanten von den Straßen verbannt, weil sie um die Gesundheit der Tiere fürchten. Wer die Elefanten weiter in den mörderischen Verkehr treibe, müsse 500 Baht (33 Mark) Strafe zahlen, kündigte die Stadtverwaltung am Donnerstag an.

Seit längerem schon werden Arbeitselefanten immer häufiger „zum Geldverdienen" nach Bangkok getrieben, weil es sonst kaum noch Jobs für sie gibt. Dort verlangen die Elefantentreiber umgerechnet zwei bis drei Mark dafür, dass sie Passanten unter dem Bauch der Tiere hindurchgehen lassen. Das soll Glück bringen. Für die seit Jahrhunderten in Thailand verehrten Elefanten gibt es kaum noch Arbeit, weil Bangkok wegen schwerer Umweltzerstörung das Abholzen der Wälder verboten hat; das Schleppen der Baumstämme war einst die Domäne der Elefanten.

Frankfurter Allgemeine Zeitung vom 10. Februar 1995, S. 11

Massenkarambolage auf der Autobahn

Bahn, Lkw und Schifffahrt in Konkurrenz am Rhein

12.2.3 Schneller oder sanfter? Unterschiedliche Verkehrssysteme im Wettbewerb

Die Bahn im Nachteil?
Die Sanierung der Bahn ist eine gewaltige Aufgabe, vielleicht die gewaltigste, die in der deutschen Wirtschaft zu vergeben ist. Jahrzehntelang wurde die Bahn vernachlässigt. Sie bekam kein Geld für die nötigen Investitionen, die Politik begünstigte ihre schärfsten Konkurrenten, Autos und Lastkraftwagen. Der Staat baute Straße um Straße. Für die gewaltigen Umweltlasten, die Autos und Lastern zuzuschreiben sind, müssen nicht die Verursacher aufkommen.
Die Bahn hatte gegenüber dieser Konkurrenz nie eine Chance; sie verkam, so urteilt eine vom Kanzler berufene Regierungskommission, „zu einem Nischenprodukt".
Die Bilanz sieht entsprechend aus: Die Schulden der Bahn sind heute doppelt so hoch wie ihre Verkehrserlöse (1991: 20 Milliarden Mark).

Der Spiegel 38/1992, S. 68

Zeitgewinn mit dem Zug?
Eine Studie der Bundesforschungsanstalt für Landeskunde und Raumordnung kommt zu dem Ergebnis, dass mit dem Ausbau des Schienennetzes in den neuen Bundesländern deutliche Zeitgewinne für die Reisenden verbunden sind. Während der Ausbau des Straßennetzes kaum messbare Effekte hervorbringe, könnten zum Beispiel durch die neue Schienenverbindung Nürnberg-Berlin 27 Millionen Einwohner durchschnittlich 20 Minuten an Reisezeit einsparen. Gleiches sei mit den neuen Zugverbindungen von Hannover und Hamburg in die Hauptstadt verbunden.

Nach: Spiegel 51/1992, S. 83

Mit 400 km/h übers Land
Die Magnetschnellbahn Transrapid soll nach der Jahrtausendwende die Städte Hamburg und Berlin verbinden. Die geplante Strecke ist 284 Kilometer lang. Fahrzeit: ca. eine Stunde, der voraussichtliche Fahrpreis liegt bei 80 bis 100 Mark für eine einfache Fahrt. Wenn die prognostizierten 14,5 Millionen Passagiere pro Jahr nicht zusammenkommen, werden die Fahrgäste allerdings entsprechend mehr berappen müssen, damit die Transrapid-Betreiber auf ihre Kosten kommen. Die Magnetbahn soll im Zehn-Minuten-Takt verkehren, die Höchstgeschwindigkeit im Alltagseinsatz bei 400 km/h liegen. Folgende Haltestellen sind vorgesehen: Hamburg Hbf., Billwerder Moorfleet, Schwerin (nur jeder fünfte oder sechste Zug), Spandau, Berlin-Westkreuz.

Wochenpost vom 17. Februar 1994, S. 4

Oder einfach auf Schusters Rappen
Im Sprint über kurz geschaltete Ampeln, lange Wartezeiten auf Abgas geschwängerten Verkehrsinseln, hundert Meter Zickzackkurs über drei Kreuzungen, um eine zehn Meter breite Straße zu queren – wer auf Schusters Rappen durch Städte manövriert, muss solche Klippen überwinden. Wenn Autofahrer über Restriktionen [= Einschränkungen] im Stadtverkehr klagen, mag dies berechtigt sein. Noch mehr leiden Fußgänger unter der Ignoranz von Verkehrsplanern. Sie sollen nicht länger ein Schattendasein führen, forderten darum Experten auf einer Tagung des baden-württembergischen Verkehrsministeriums.
Fünf Jahrzehnte Auto orientierte Verkehrsplanung haben den Menschen als wichtigstes Glied im Verkehrssystem fast vergessen lassen. Für eine Verlagerung zugunsten des Fußgängerverkehrs plädiert im Übrigen auch der ACE [= Auto Club Europa]. Denn wer mit den Füßen abstimmt, entlastet die Straßen. Tatsache ist: rund 50 Prozent aller Autofahrten führen über eine geringere Distanz als fünf Kilometer. „Bei vielen dieser Fahrten wären der Fußweg oder die Kombination Fuß- und öffentlicher Nahverkehr eine denkbare Alternative", so der Autoclub.

ACE Lenkrad 1/1995, S. 35

Transrapid auf der Versuchsstrecke

Eisenbahn: Anteile auf Schmalspur
Verkehrsleistungen 1997 in der Bundesrepublik

Personenverkehr
Anteile in Prozent (Personenkilometer)

- Private Pkw: 81,5
- Bus, U-Bahn, Straßenbahn: 8,4
- Eisenbahn: 7,2
- Flugzeuge: 2,9

Güterverkehr
Anteile in Prozent (Tonnenkilometer)

- Lkw (Fernverkehr): 58,9
- Eisenbahn: 19,5
- Binnenschifffahrt: 17,4
- Pipelines: 4,1
- Flugzeuge: 0,1

Quelle: Ifo (Schätzung)

12 Wirtschaft – Umwelt – Technologie

12.3 Ohne Auto – besser drauf?

In diesem Abschnitt geht es darum, was das Auto unserer Umwelt antut. Also um die Folgen des Kraftfahrzeugverkehrs für unser Klima, unsere Landschaft und die Ressourcen der Erde. Und es geht um Vorschläge, wie wir die Belastungen verringern könnten.

Autos brauchen Straßen, immer mehr Straßen. Und sie brauchen Autobahnen und Parkplätze. Mehr Autos brauchen dann noch mehr Straßen, Autobahnen, Parkplätze. „Wie lange soll das so weitergehen?", fragen sich viele Menschen. Wenn es nicht gelingt, die Ausbreitung des Straßenverkehrs einzudämmen, werden wir immer mehr unseres natürlichen Lebensraums zerstören. Auch verbrauchen wir immer größere Mengen an Erdöl. Es wächst nicht nur die Anzahl der Autos, sondern sie fahren auch immer schneller und verbrauchen deshalb mehr Kraftstoff. Um all diese Probleme in den Griff zu bekommen, bedarf es einer Umorientierung in der Wirtschaft. Dafür wurde der Begriff „nachhaltige Entwicklung" geprägt, über den ihr hier auch Näheres erfahrt.

12.3.1 Versiegelt – Bodenverbrauch durch den Verkehr

Flächenbedarf durch Verkehr

Der Pkw-Verkehr beansprucht bei gleicher Verkehrsleistung rund 16-mal mehr Fläche als der öffentliche Verkehr auf Schienen. Günstiger als die Schiene schneiden in diesem Vergleich nur die Fußgänger ab. Sie verbrauchen nur etwa halb so viel, während Fahrradfahrer rund 1,7-mal so viel Platz benötigen wie ein Zug.

Nach: Leezen-Kurier Nr. 25/1993, S. 19

Nutzlose Autobahn?

Der Weg in eine bessere Zukunft hat vier Spuren. „Wirtschaftlicher Aufschwung, sichere Arbeitsplätze, das Zusammenwachsen Deutschlands" und „mehr Lebensqualität für die Menschen" – diese Ziele seien mit der geplanten Ostseeautobahn schnell und bequem zu erreichen, versprechen die Verkehrsminister in Bonn, Kiel und Schwerin. Als „Baltische Magistrale" soll die A 20 der deutschen In-

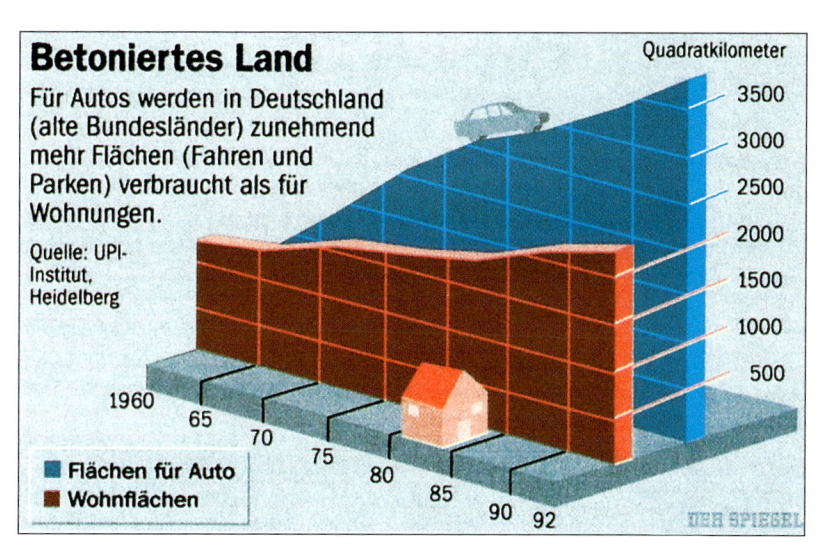

dustrie den Ostseeraum erschließen, als „Öko-Autobahn" dem Umweltschutz freie Bahn schaffen. Vor allem: Mit dem Autobahnanschluss soll Mecklenburg-Vorpommern auch wirtschaftlich endlich den Anschluss an den Westen finden.
Fast dreihundert Kilometer weit, von Lübeck über Wismar nach Rostock und Greifswald und dann, südlich abbiegend, durch Vorpommern bis an die A 11, die Berlin mit Stettin verbindet, soll sich die größte Baustelle der deutschen Nachkriegsgeschichte erstrecken.

Karikatur: Haitzinger

Noch ist die Ostseeautobahn ein Projekt. Doch das Projekt drängt in die Wirklichkeit: Bei Wismar überspannt die erste Brücke eine Wiese; auf die Baustelle wurde sogar schon ein Anschlag verübt. Und in den bunten Broschüren des Bundesverkehrsministers, in den Alpträumen der Ökologen hat die A 20 längst ihren Platz. [...]
Die Gegner der Ostseeautobahn berufen sich nicht auf die Natur, die es zu schützen gelte – dass die A 20 einige der schönsten und ökologisch wertvollsten Landschaften Deutsch-

195

12 Wirtschaft – Umwelt – Technologie

lands verschandeln würde, ist unbestritten. Stattdessen argumentieren sie mit Wirtschafts- und Verkehrsgutachten. Die Autobahn, behaupten sie, könne zum Aufschwung in Mecklenburg-Vorpommern nichts beitragen.
Im Streit der Experten und Expertisen [= Gutachten] steht es zur Zeit 5:0 für die Umweltschützer. Das bislang einzige veröffentlichte Verkehrsgutachten, das die Notwendigkeit der neuen Autobahn belegen soll, steckt voller Fehler. Und wenn es einen vernünftigen Grund gibt eine Ostseeautobahn zu bauen, so haben die Autoren ihn nicht entdeckt, obwohl sie sich sehr bemühten.

Die Zeit vom 22. Juli 1994, S. 56

12.3.2 Aufgeheizt – Klimabeeinträchtigung durch herkömmlichen Autoverkehr

Fünf Mark für den Liter!

Vielleicht hatte es die Bundesregierung ja ehrlich vor. Aber sie wird ihr hehres Ziel verfehlen. Im Herbst beschloss sie, den Ausstoß des Treibhausgases Kohlendioxid (CO_2) bundesweit bis zum Jahre 2005 im Vergleich zu 1987 um mindestens ein Viertel zu senken. Nichts deutet darauf hin, dass die Politik ihrer Absichtserklärung Taten folgen lassen will. Im Gegenteil: Das Institut für Energie- und Umweltforschung in Heidelberg schätzt, dass in der Folge etwa des „Verkehrswegeplanungsbeschleunigungsgesetzes" die CO_2-Emission bundesweit um sage und schreibe 38 Prozent steigen wird.
In dieser allgemeinen politischen Ratlosigkeit zeigt eine vom Magazin GEO in Auftrag gegebene Studie der Deutschen Forschungsanstalt für Luft- und Raumfahrt, dass das Ziel sehr wohl erreichbar ist. Zentrale These: Nur teure Energie reizt zum Sparen. Was billig ist, wird verschwendet. Zweite These: Hohe Energiepreise stimulieren [= anregen] Spartechnologien und innovative [= neuartige] Lösungen von Wissenschaft und Technik.
Ein Benzinpreis von fünf Mark etwa wäre, so glaubt Ulrich Steger, Vorstandsmitglied von VW, ein riesiges Markteinführungsprogramm für das Drei-Liter-Auto. Hohe Energiepreise beschleunigen den Strukturwandel in der Wirtschaft und erschließen die Märkte der Zukunft, so jedenfalls meint das Baseler Forschungsinstitut Prognos. In einem Gutachten über die Bonner Energiepolitik kommen die Schweizer Wirtschaftsforscher zu einem verheerenden Urteil: „Ganz und gar unakzeptabel." Das GEO-Szenario sieht vor, bis zum Jahr 2005 die Heizöl- und Erdgaspreise real etwa zu verdoppeln, auf rund eine Mark je Liter beziehungsweise Kubikmeter. Strom soll im Mittel 35 Pfennig je kWh kosten. Die größte Preissteigerung hätten die Autofahrer hinzunehmen.
Bei einer Inflationsrate von jährlich drei Prozent müssten sie an der Zapfsäule einen Nominalpreis von 4,40 Mark pro Liter für Benzin und 3,85 Mark für den Liter Diesel bezahlen.

Wochenpost vom 25. Februar 1993, S. 34

Künftig nur noch Porsche unterwegs?

Ohne Eingriffe in den Lebensstil des Einzelnen wird es eine ökologische Gesellschaft nicht geben. Doch wie soll das geschehen?
In der Marktwirtschaft werden Angebot und Nachfrage über den Preis reguliert. Je knapper ein Gut ist, desto teurer wird es. Würde dieses Prinzip in der Umweltpolitik angewandt, könnte der überwunden geglaubte Verteilungskampf mit neuer Schärfe entbrennen.
Soll künftig nur der wohlhabende Porsche-Fahrer über die dann wieder freie Autobahn brettern können, weil VW-Fahrer fünf Mark für den Liter nicht so einfach bezahlen können? Auf diese Weise käme die alte Klassengesellschaft zurück – im Namen der Ökologie.

Der Spiegel 41/1994, S. 118

Karikatur: Alff

[Karikatur mit drei Bildern; Sprechblasen:
„Wir sollten eine marktwirtschaftliche Lösung für den Umweltschutz finden"
„Mit anderen Worten: Den Planeten wegschmeißen und einen neuen kaufen"]

Methode: Statistik

Statistiken (von lat. status = Stand, Zustand) verdeutlichen – in Zahlen ausgedrückt – Zustände, Entwicklungen, Verhältnisse. Im Mittelpunkt steht dabei stets eine so genannte statistische Gesamtheit. Dies kann zum Beispiel die Anzahl der Pkw in Deutschland sein. Für politische Entscheidungen über neue Straßen, Parkplätze oder Straßenbahnen sind solche statistischen Informationen natürlich unerlässlich. Zahlen oder Daten werden in der Regel in Schaubildern oder Tabellen dargestellt. Sehr aufschlussreich ist es, eine solche Gesamtheit in ihrer zeitlichen Entwicklung zu beobachten. So können mit Hilfe von Statistiken auch langfristige Trends sichtbar werden.

Weiterhin kann eine Statistik nach einem oder mehreren Merkmalen gegliedert werden. Wird zum Beispiel die statistische Gesamtheit „Anzahl der Pkw" mit den Merkmalen „Schadstoffausstoß" und „Großstadt" kombiniert, erhalten wir Auskünfte über die Zahl der schadstoffarmen oder schadstoffreichen Pkw, die sich in deutschen Großstädten bewegen.

„Trau keiner Statistik, die du nicht selbst gefälscht hast!" Dieser bekannte Ausspruch betont, dass wir bei der Interpretation (= Auslegung, Deutung) von Statistiken sehr vorsichtig sein müssen. Unser frei erfundenes Beispiel der „Entwicklung der Fahrräder mit gelbem Sattel" zeigt, wie durch eine Verkleinerung der betrachteten Zeit und eine Verengung der Maßeinheit ein ganz anderes Bild entsteht: Hier wird der Eindruck eines dramatischen Anstiegs erweckt, obwohl die Zahlen über 35 Jahre annähernd konstant geblieben sind.

Harmlos und unverfänglich scheinende Zahlen und Tabellen lassen auf den ersten Blick nicht vermuten, dass sich oft hinter ihnen eine bestimmte Botschaft verbirgt. Stellt euch daher bei jeder Statistik die folgenden Fragen:

- Um was geht es hier überhaupt? Welcher Zusammenhang soll hier veranschaulicht werden?
- Wer hat die Zahlen erhoben? Handelt es sich z. B. um eine Umweltschutzorganisation oder um einen Automobilkonzern?
- Wie werden die Zahlen dargestellt? Werden z. B. Säulen oder Flächen zur Darstellung der Größenverhältnisse verwendet? Wird durch die Darstellung vielleicht das Ergebnis überzeichnet? Welche Maßeinheit wird verwendet?
- Wann soll sich die statistische Gesamtheit so verhalten haben? Auf welchen Zeitraum bezieht sich die Statistik?
- Wo soll sich die statistische Gesamtheit so entwickelt haben? Geht es z. B. um Deutschland, Europa, ein Bundesland oder eine bestimmte Stadt?
- Um welche Art Zahlen handelt es sich hier? Werden absolute Zahlen (z. B. Millionen Pkw) oder relative Zahlen (z. B. Anteil der Pkw mit Katalysator) genannt?

Erstellt für eure Diskussion um das Auto eine eigene Statistik über die Entwicklung der Zahl der Pkw in eurer Stadt oder Gemeinde während der letzten fünf Jahre. Drei Schritte sind bei der Erstellung einer Statistik erforderlich:

1. Datenerhebung. Für das Problem, das euch interessiert, müsst ihr zunächst überlegen, wie ihr an verlässliche Zahlen herankommen könnt. Für die Entwicklung des Autoverkehrs könnt ihr Kontakt zum Straßenverkehrsamt und zum städtischen Amt für Statistik aufnehmen. Eure Lehrerin/euer Lehrer kann euch noch andere Ansprechpartner nennen.

2. Datenaufbereitung. Vor euch liegt nun ein Datenberg, den es zu bearbeiten gilt. In der Regel werden Zahlen in einer Grafik aufbereitet. Dies erleichtert einen schnellen Überblick. Stellt die Zahlen, die ihr für die vergangenen Jahre bekommen habt, in Form von Säulen dar. Überlegt euch, ob auch andere Darstellungsformen (Kreise oder Flächen) für euch interessant sein können.

3. Datenanalyse. Jetzt müsst ihr eure Ergebnisse genau untersuchen. Hierfür solltet ihr euch einige Fragen stellen:
Gibt es zum Beispiel eine eindeutig auszumachende Tendenz oder ist die Anzahl der Autos mal gestiegen, dann wieder gefallen?
War die Entwicklung gleichmäßig oder hat es sprunghafte Veränderungen gegeben (z. B. besonders starker Anstieg in einem Jahr)? Gibt es Zahlen, die im Widerspruch zum allgemeinen Trend stehen (so genannte statistische Ausreißer)?
Überlegt euch Gründe hierfür. Zur weiteren Untersuchung könnt ihr euch auch Vergleichszahlen besorgen:≤
Wie haben sich zum Beispiel der Pkw-Bestand in ganz Deutschland oder der sonstige Verkehr (Straßenbahn, Busse, Fahrräder) im gleichen Zeitraum entwickelt? Wie viele zusätzliche Straßen sind gebaut worden?

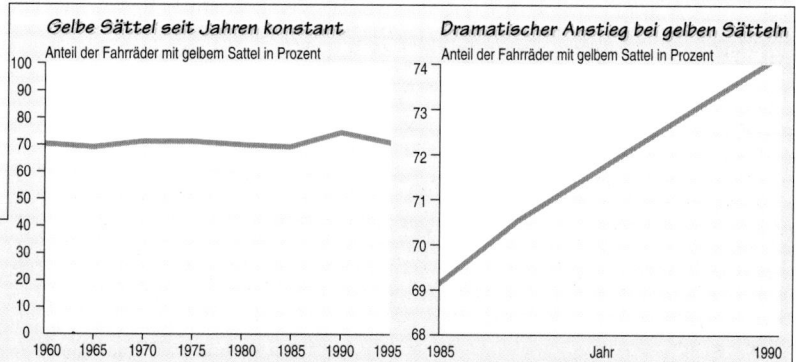

Jahr	Anteil		Jahr	Anteil
1960	70%	Anteil der Fahrräder mit gelbem Sattel	1980	70%
1965	69%		1985	69%
1970	71%		1990	74%
1975	72%		1995	71%

Gelbe Sättel seit Jahren konstant
Anteil der Fahrräder mit gelbem Sattel in Prozent

Dramatischer Anstieg bei gelben Sätteln
Anteil der Fahrräder mit gelbem Sattel in Prozent

Auto als Buhmann

Ein Auto belastet die Umwelt auf nahezu jeder Reise stärker als die Bahn oder das Flugzeug. Das hat das Schweizer Forschungsinstitut Prognos festgestellt, das die drei Verkehrsmittel auf den Strecken Hamburg-München, München-Frankfurt und Frankfurt-Hamburg miteinander verglichen hat. Bei der Gesamtreisezeit hat das Flugzeug die Nase vorn. Es ist im Schnitt doppelt so schnell wie die Bahn, verbraucht aber pro Person dreimal so viel Energie; das Auto sogar sechsmal so viel. Beim Kohlendioxyd-Ausstoß liegen der Jet um den Faktor 4,6 und das Auto um den Faktor neun ungünstiger als der ICE. Dafür muss die Bahn 32 Prozent des in Deutschland produzierten Atomstroms nutzen und verbraucht wesentlich mehr Landschaft als das Flugzeug. Derzeit werden 83 Prozent der Verkehrsleistung mit dem Auto erbracht, 13 Prozent mit der Bahn und vier Prozent mit dem Flugzeug.

Frankfurter Allgemeine Zeitung vom 23. März 1995, S. R 4

Kein Rückgang in Sicht

Kohlendioxid (CO_2) entsteht bei der Verbrennung von Kohle, Erdöl und Erdgas. Ein Teil dieses ungiftigen Gases wird von Pflanzen aufgenommen, ein anderer von den Ozeanen gebunden. Der Rest verbleibt in der Atmosphäre. Dort hat es die Aufgabe, die Erde vor Auskühlung zu schützen, indem es die Wärmeabstrahlung der Erde speichert und nach und nach wieder abgibt (Treibhauseffekt). Im Zuge der Industrialisierung hat sich in den letzten hundert Jahren immer mehr CO_2 in der Atmosphäre angesammelt, was den Treibhauseffekt verstärkt und langfristig zu einer Erhöhung der Temperatur auf der Erde führt. Dieser Prozess kann zu lebensbedrohlichen Klimaveränderungen auf dem gesamten Globus führen. Deshalb fordern Forscher und Politiker eine sofortige Reduzierung der CO_2-Emissionen. Doch die Prognosen sehen anders aus: Die Weltbevölkerung wächst, der Energiebedarf steigt, Motorisierung und Industrialisierung nehmen weiter zu – das bedeutet, dass die CO_2-Emissionen steigen werden, und zwar auf rund 32 Milliarden Tonnen im Jahr 2010.

Globus

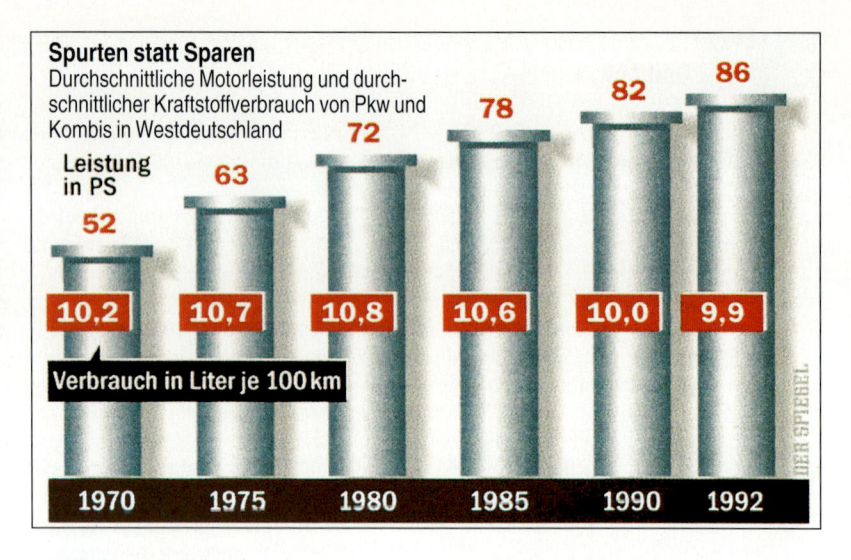

Spurten statt Sparen
Durchschnittliche Motorleistung und durchschnittlicher Kraftstoffverbrauch von Pkw und Kombis in Westdeutschland

Leistung in PS: 52 (1970), 63 (1975), 72 (1980), 78 (1985), 82 (1990), 86 (1992)
Verbrauch in Liter je 100 km: 10,2 (1970), 10,7 (1975), 10,8 (1980), 10,6 (1985), 10,0 (1990), 9,9 (1992)

12.3.3 Ausgebrannt – Erschöpfung natürlicher Ressourcen

„Höherer Zugriff"

Aus einer Anzeige des Essener Autohauses Faltz zum BMW Alpina B 12 5.7 Coupé (416 PS, über 300 Stundenkilometer, Preis von 260 000 Mark an): „Wir sind der Meinung, dass Menschen, die kraft Intellekts und Fleißes täglich ein hohes Maß an Wertschöpfung erarbeiten und mit überproportionaler steuerlicher Belastung in ganz besonderer Weise zu Gemeinwohl und Umweltschutz beitragen, auch ein geringfügig höherer Zugriff auf natürliche Ressourcen – sprich Erdölprodukte – gestattet sein darf."

Der Spiegel 16/1993, S. 314

Was kosten Staus?
Volkswirtschaftliche Verluste durch unproduktive Wartezeiten und höheren Kraftstoffverbrauch in Milliarden DM

- Berufsverkehr: 54
- Dienstreisen: 42
- Private Fahrten: 38
- Lieferverkehr: 33
- Güterverkehr: 9
- Bus im Nahverkehr: 8
- Bus im Überland- und Reiseverkehr: 1
- Kraftstoffmehrverbrauch: 17

Quelle: BMW/CS

Immer mehr Autos belasten nicht nur die Umwelt, sondern auch die Volkswirtschaft.

Mehr Leistung frisst niedrigen Benzinverbrauch

Noch immer verbrauchen die rund 30 Millionen Pkw, die in Westdeutschland zugelassen sind, im Durchschnitt 9,9 Liter Sprit auf 100 Kilometer, gerade mal 0,3 Liter weniger als 1970. Verfeinerte Motortechnik hat zwar Einsparungen ermöglicht. Aber statt den Verbrauch deutlich zu senken, steigerten die Hersteller lieber die durchschnittliche Motorleistung – im gleichen Zeitraum von 52 auf 86 PS.

Dass die technischen Sparmöglichkeiten weitgehend ignoriert werden, liegt – aus der Sicht der Industrie – am Verbraucher. Spritkonsum, so die Erfahrung, spiele beim Autokauf eine untergeordnete Rolle. Dem widerspricht allerdings der Erfolg der sparsamen TDI-Modelle von VW und Audi.

Beim neuen Polo gingen die Wolfsburger wieder in die Vollen: Er ist 185 Kilogramm schwerer als sein Vorgänger und frisst im Stadtverkehr (in der 45-PS-Version) 7,5 Liter Superbenzin auf 100 Kilometer. Eine „ökologische Frechheit" nannte Greenpeace den „technisch rückständigen" Kleinwagen.

Die Autokäufer, durch jahrelange Werbung auf Luxus und Rennwagen-Image geprägt, erwarten „alles auf einmal", klagt Opels Cheftüftler Indra: Airbag und mindestens 80

12 Wirtschaft - Umwelt - Technologie

PS, Seitenaufprallschutz und Platz für fünf Passagiere, Sicherheit und kräftige Beschleunigung. Indra: „Das ist mit einem Drei-Liter-Verbrauch nicht zu machen, der Wagen wird zu schwer." Ein solides, aber sparsames Auto in Leichtbauweise werde zudem viel teurer, als es aussieht, „und wer kauft das dann?" Marktfähig wird das Drei-Liter-Auto nach Meinung fast aller Experten nur, wenn der Staat die Rahmenbedingungen ändert.

Der Spiegel 45/1994, S. 122f.

Nachhaltige Entwicklung

Bis in die Siebzigerjahre hinein galt Wirtschaftswachstum als das Ziel der Wirtschaftspolitik. Mehr Straßen, mehr Energieverbrauch und mehr Autos bedeuten mehr Wohlstand, so lautete bis dahin die einfache Gleichung.
Die Erkenntnis, dass Wirtschaftswachstum seine eigenen Grundlagen zerstören kann, ist heute hingegen unumstritten.
Daher lautet das neue Leitbild einer Wirtschaftspolitik, die auch auf die Umwelt Rücksicht nimmt: nachhaltige Entwicklung. Ein Forstbestand muss zum Beispiel so bewirtschaftet werden, dass man nicht innerhalb weniger Jahre alle Bäume abholzt. Längerfristig gibt es sonst keinen Ertrag mehr aus diesem Stück Wald, weil es keinen Wald mehr gibt.
Und dies gilt auch für eine ganze Volkswirtschaft: Nur wer heute darauf achtet, dass natürliche Ressourcen (fossile Energie, Stabilität des Klimas usw.) sparsam genutzt werden und die Umweltverschmutzung drastisch zurückgeführt wird, kann sicher sein, dass auch noch in einigen Jahrzehnten steigender Wohlstand auf der Welt möglich ist.
Das Konzept der nachhaltigen Entwicklung wurde 1992 auf der Konferenz der Vereinten Nationen für Umwelt und Entwicklung in Rio de Janeiro zum Leitbild eines neuen weltweiten Entwicklungskonzeptes. Über die konkreten politischen Maßnahmen besteht hingegen weder in Deutschland noch international Einigkeit.

12.4 Zukunftsmusik

In der Zukunft scheint technisch vieles möglich: Eine Welt mit weniger oder umweltfreundlicheren Autos ist denkbar. Aber wie lässt sich das politisch durchsetzen?
Schon heute gibt es Alternativen zum Benzin- oder Dieselmotor. Wir stellen einige davon vor und zeigen ihre Vor- und Nachteile auf. Allerdings müssten die alternativen Antriebsarten von der Industrie gefördert und produziert werden.
Auch sonst könnte einiges anders werden: Elektronik im Auto wird vielleicht einmal den Fahrer ersetzen. Oder geht es vielleicht doch eher darum, das Auto zu ersetzen? Oder liegt die Lösung darin es anders zu nutzen? Wir zeigen einige Beispiele.

Das neue Öko-Modell. Karikatur: Stuttmann

12.4.1 Tanken überflüssig – neue Treibstoffe

Das Öko-Auto im Versteck
Geschichte eines Autos, das dem Verbraucher vorenthalten wird: 1987 fährt der Renault-Vesta Weltrekord – mit einem Benzinverbrauch von nur 1,94 Litern auf 100 Kilometern.
Doch das Fahrzeug kommt nie auf den Markt. „Der Verbraucher", so Renault, „braucht kein energiesparendes Auto." 1993 gibt es den Vesta dann doch, dank Greenpeace. Renault hätte die Rächer der enterbten Natur zunächst abgewimmelt: Alle Prototypen seien zerlegt worden. Recherchen ergaben jedoch, dass noch zwei Exemplare im Renault-Museum existieren. Unter falschem Namen lotste Greenpeace für eine fiktive [= vorgetäuschte] Ausstellung den Vesta nach Köln – und schaffte ihn beiseite. In diesen Tagen geht der Vesta als realisierbare Alternative zum Spritsaurier auf Deutschlandtournee.

Die Woche vom 7.10.1993, S. 31

199

Alternative Antriebsarten

	Elektroauto	Solarfahrzeuge	Rapsöl-Biodiesel	Wasserstoffantrieb
Technik	batteriebetriebene Elektromotoren „Benzin aus dem Stromkabel"	Gewinnung von Energie durch auf dem Fahrzeug angebrachte Sonnenkollektoren	Gewinnung von Biodiesel aus Rapsölsäure, Ersetzung von Glycerin durch Methanol	Wasserstoffverbrennung, Erzeugung von Wasserstoff aus fossilen Stoffen wie Erdgas oder Elektrolyse
Vorteile	wenig Lärm, keine Autoabgase, sehr umweltfreundlich, wenn der Strom aus Sonnenenergie gewonnen wird	sehr umweltfreundlich, geringer Lärm	weniger Schadstoffe als herkömmlicher Diesel, geringerer Energieverbrauch	keine Klimabelastung und geringerer Ausstoß von Stickoxiden durch Autoabgase
Nachteile	große Batterien notwendig, geringe Reichweite, bei Stromgewinnung in herkömmlichen Kraftwerken stärkere Luft- und Klimabelastung als durch herkömmliche Fahrzeuge	Verringerung des Fahrkomforts und der Sicherheit, nur geringe Energiegewinnung: Fahrzeuge müssen extrem leicht sein	Umweltgefährdung durch Intensivanbau von Pflanzenöl, Einsatz von Düngern und Agrarchemikalien, schädliche Monokulturen	schwere Tanks, geringe Reichweite, hohe Umwelt- und Klimabelastung durch Wasserstoffgewinnung, fehlendes Versorgungs- und Tankstellennetz
Zukunftsfähigkeit	erste Serienproduktionen angelaufen, eher kleine und leichte „Stadtautos" wahrscheinlich	noch im Versuchsstadium, nur kleine und leichte Fahrzeuge möglich	nach Schätzungen lassen sich nur 2 bis 10 % des Dieselverbrauchs auf Biodiesel umstellen, Begrenzung durch Flächenverbrauch für Rapsanbau	bislang nur Pilotprojekte, Kombination mit Solarantrieb denkbar

Elektroautos: Zehn Millionen möglich?

Rund zehn Millionen Elektroautos könnten nach Angaben der Stromerzeuger in Deutschland betrieben werden, ohne dass neue Kraftwerke gebaut werden müssten. Trotz niedriger Emissionswerte seien von den mehr als 41 Millionen für den Straßenverkehr zugelassenen Kraftfahrzeugen 1994 nur rund 4400 Autos mit Elektroantrieb ausgestattet gewesen, hieß es in einer Mitteilung der Vereinigung Deutscher Elektrizitätswerke. Bei zehn Millionen Autos würde der jährliche Stromverbrauch nur um rund fünf Prozent steigen. Die Stromversorger gehen von einem Verbrauch von 1500 bis 4000 Kilowattstunden pro Fahrzeug im Jahr aus, vornehmlich per Nachtstrom.

Frankfurter Rundschau vom 18.2.1995, S. 10

Verteilung des privaten Energieverbrauchs 1992

- Heizung: 49%
- Auto: 35%
- Warmwasser: 8%
- Haushaltsgeräte: 7%
- Licht: 1%

12.4.2 Fahrer überflüssig – Elektronik im Auto und auf der Straße

„An der nächsten Straße links abbiegen und dann die dritte Ampel links", bemerkt die unsichtbare Sprecherin des Bordcomputers und lotst so den ortsfremden Autofahrer durch die Kölner Innenstadt. Elektronische Navigationssyteme ersetzen das mühselige Studium von Straßenkarten und Stadtplänen (siehe auch Schaubild S. 202 unten).

Sciencefiction auf der Autobahn

Telematik – der neudeutsche Sprachenspross aus den Wortfamilien Telekommunikation und Automatik – heißt das milliardenschwere Vorhaben des Verkehrsministers. Elektronische Leitsysteme sollen dazu beitragen, Verkehr schneller, sicherer, sauberer und sparsamer fließen zu lassen.

Ausgefeilte Technik am Straßenrand und im Cockpit sorgen für den notwendigen Dialog zwischen Pilot und Leitzentrale. Navigations- und Kommunikationssysteme, die zum Zielort lotsen, dabei das optimale Verkehrsmittel empfehlen und gegebenenfalls Straßen-, Park- oder Fahrscheingebühren auf der Scheckkarten ähnlichen Mobilcard abbuchen, entstammen keinem Sciencefictionroman, sondern gelten als Stand der Technik.

Umstritten ist ihre Wirkung: Vorhandene Verkehrswege sind dadurch effektiver zu nutzen, argumentieren Befürworter. Die Technik dient nur dazu, noch mehr Autos durch ohnehin überlastete Straßen zu schleusen, klagen Kritiker.

ACE Lenkrad 1/1994, S. 20

12.4.3 Autofrei – Alternativen zum Autoverkehr

Wohnen ohne Auto – eine Utopie wird wahr

Keine Lärm- und Gestankbelästigung durch fahrenden Verkehr, keine ökologischen, räumlichen und ästhetischen Belastungen durch stehende Autos und Motorräder, Verbilligung der Baukosten durch den Wegfall von Garagen und Stellplätzen: So stellt sich der Universitätsprofessor Thomas Krämer-Badoni die Zukunft in einem Wohnquartier für 60 bis 80 Familien vor. Als Mieter oder Eigentümer von Wohnungen könnten sie sogar an der Planung des Modellvorhabens teilnehmen, meint er.

45 Bremerinnen und Bremer haben sich während eines Interessententreffens im Oktober zu einem Initiativkreis zusammengefunden, der die Vorstellungen – Wohnen ohne Auto – realisieren will. 1995, so hoffen sie, wohnen sie als Pioniere einer Zukunft ohne Individualverkehr am Rande ihrer Stadt, im so genannten Hollerland.

Am heutigen Freitag werden sie erste Schritte dazu einleiten.

Nur eine Bedingung haben die Teilnehmer an dem Modellprojekt zu erfüllen – sie müssen auf ein privates Auto verzichten. Ihre Mobilität wäre dennoch nicht eingeschränkt, wenn des Professors Ideen verwirklicht würden. Das Bremer Fußgängerquartier könnte mit einer Straßenbahnlinie an die Innenstadt angebunden werden, schlägt Krämer-Badoni vor. Auch eine überdachte Fahrradtrasse hält er in einer Stadt für realisierbar, die als eine Radler-Hochburg gilt.

Kaum hatte die Presse den Plan in den vergangenen Monaten publiziert, da konnten sich die Initiatoren vor Bewerbungen kaum retten.

Frankfurter Rundschau vom 12.11.1992, S. 30

Leben ohne Auto – eine Utopie?

Der Blick in Meinungsumfragen belegt: In Deutschland leben 80 Millionen unschuldige Autoopfer, verzehrt von der Sorge um das Klima und den Wald, gepeinigt von Bodenozon und dem Lärm der Ausfallstraße. Ein Blick in die Zulassungsstatistik belegt ferner: Verantwortlich für den Terror ist ein Heer von 38 Millionen motorisierten Ignoranten. Ein Abgleich beider Zahlen schließlich offenbart: Kläger und Beklagte sind in unbekümmerter Tateinheit dieselben.

Omis, Opis, Minderjährige und hartnäckige Aussteiger einmal abgezogen, schlendert so ziemlich jedes unschuldige deutsche Autoopfer früher oder später in die Tiefgarage. Dort verwandelt es sich in jenen röhrenden Zombie, vor dem es immer gewarnt hat. Die Lage ist ernst: Die meisten Deutschen lieben

Freie Fahrt!

12 Wirtschaft – Umwelt – Technologie

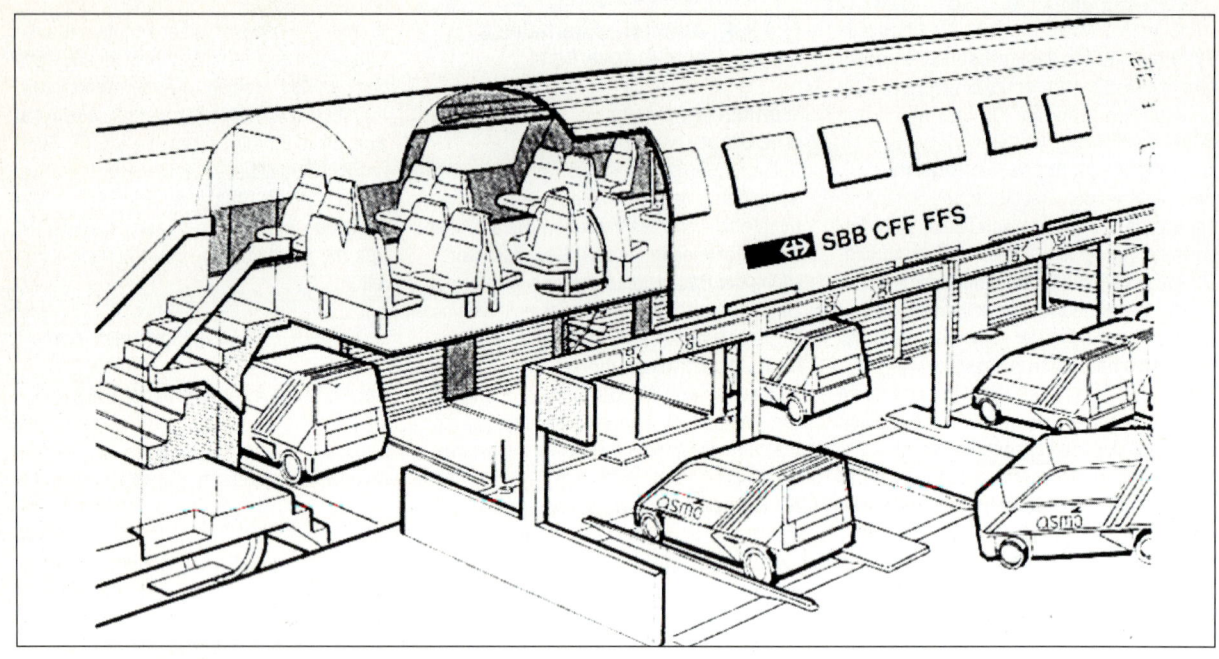

Nur für kleine Stadtautos sieht der Umweltforscher Frederic Vester eine Zukunft. Längere Strecken sollen die Stadtmobile zusammen mit den Fahrern in Zügen zurücklegen.

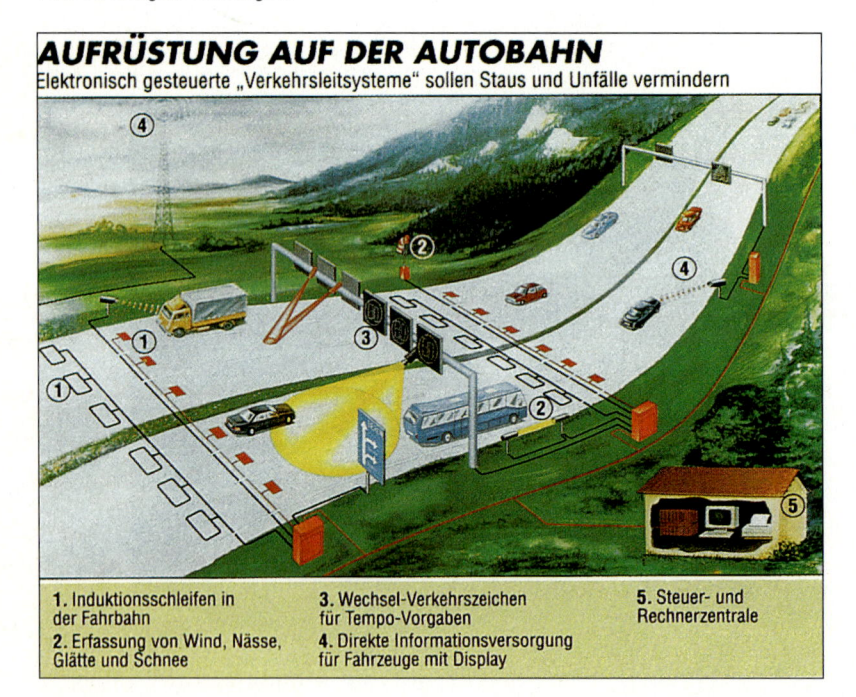

AUFRÜSTUNG AUF DER AUTOBAHN
Elektronisch gesteuerte „Verkehrsleitsysteme" sollen Staus und Unfälle vermindern

1. Induktionsschleifen in der Fahrbahn
2. Erfassung von Wind, Nässe, Glätte und Schnee
3. Wechsel-Verkehrszeichen für Tempo-Vorgaben
4. Direkte Informationsversorgung für Fahrzeuge mit Display
5. Steuer- und Rechnerzentrale

das Auto. Viele Deutsche leben vom Auto. Und außerdem würden alle gemeinsam das Auto ganz gern noch ein bisschen abschaffen. Vielleicht nicht gerade jetzt, sondern erst, wenn es uns wirtschaftlich wieder besser geht. Also: Wir müssen die Autoindustrie schnellstens retten, um das Auto danach um so wirkungsvoller abschaffen zu können.
Wir können natürlich auch gleich ganz ehrlich sein: Nichts wird abgeschafft. Schon gar nicht das Auto. Und schon gar nicht in diesem Leben.
Die Forderung nach weniger Autos greift also irgendwie zu kurz. Es geht wohl eher darum, überhaupt weniger unterwegs zu sein. Wie wäre es mit weniger Verkehr? „Es besteht kollektiver Nichthandlungsbedarf", ulkte die Weltwoche [= Wochenzeitung].
Für den Anfang wäre es schon ganz schön, wenn wir diejenigen Transporte unterließen, die weder Sinn noch Spaß machen.

Dirk Maxeiner in: Der Spiegel 30/1993, S. 92/93

13 Kommunalpolitik

An unserem Wohnort geschehen viele Dinge, die in unsere alltägliche Lebenswelt direkt eingreifen. Wenn z. B. eine neue Busverbindung eingerichtet wird oder die Schule einen Erweiterungsbau bekommen soll, wenn eine Musikschule geschlossen oder ein Jugendclub eröffnet werden soll, dann möchten wir all das nicht „von oben" zugeteilt bekommen. Wir, die Bürgerinnen und Bürger, kennen die Verhältnisse „vor Ort" besser und möchten deswegen mitreden.

Überall in Deutschland wird seit langem anerkannt, dass die Gemeinde (lat. Kommune) ihre Angelegenheiten am besten selbst regelt, verwaltet, entscheidet und gestaltet. Man nennt dies „kommunale Selbstverwaltung" durch gewählte Gemeindevertreter (Gemeinde-/Stadträte, Stadtverordnete) und die Gemeinde-/Stadtverwaltung. Die – oft heftige – Auseinandersetzung um Einzelfragen und deren Lösung bezeichnet man als Kommunalpolitik.

Viele Bürgerinnen und Bürger wollen – oft außerhalb der politischen Parteien – mitentscheiden, wenn sie von Plänen oder Entscheidungen direkt betroffen sind, z. B. beim Bau eines Kindergartens, eines Spielplatzes, einer Straße, bei der Ausweisung von Baugebieten, bei Verkehrsberuhigung und vielen anderen Fragestellungen. Sie haben in manchen Bürger- und Nachbarschaftsinitiativen erfahren, dass sie durch gemeinsames Auftreten und Handeln die kommunalen Entscheidungen beeinflussen können. In manchen Bundesländern ist eine öffentliche Auslegung von Plänen bzw. Anhörung von Interessenten vorgeschrieben. Die Bürgerinnen und Bürger können sogar Bürgerentscheide herbeiführen. So zeigt sich auf der Ebene von Gemeinden und Landkreisen eine Form von direkter Demokratie.

Rathaus von Wernigerode

13.1 Grundlagen der Kommunalpolitik

13.1.1 Was leisten Städte und Gemeinden?

Die meisten von uns wissen, wo das Rathaus steht und wer der Bürgermeister oder die Bürgermeisterin ist. Was geht aber im Rathaus vor, was arbeiten die dort beschäftigten Menschen, wer redet außer dem Bürgermeister oder der Bürgermeisterin noch mit? Oft sagen die Leute ohne zu unterscheiden: „Dafür ist die Stadt oder die Gemeinde verantwortlich." Wir wollen es aber genauer wissen, was in unserer Stadt/Gemeinde vor sich geht, wer im Einzelnen das Sagen hat. Deshalb beginnen wir mit Fragen.

1 Benennt die Vorteile für diejenigen, die sich für die Politik in ihrer Stadt oder Gemeinde interessieren.
2 Wie groß ist die Anteilnahme der Bevölkerung an der Kommunalpolitik in eurer Gemeinde?
Unser Vorschlag: Macht eine Umfrage bei den Erwachsenen eurer Umgebung. Was wissen sie über Kommunalpolitik und wie groß ist ihr Interesse daran (Muster eines Fragebogens siehe Seite 206)?
Methode: Befragung, S. 55
3 Welche Bereiche der Kommunalpolitik sind für euch besonders interessant? Sind die Bereiche, die euch besonders interessieren, auch für andere besonders wichtig? Was interessiert wohl alle Mitbürger?
4 Welche wichtigen kommunalen Vorhaben werden bei euch zur Zeit geplant oder entschieden? Fragt bei eurer Gemeindeverwaltung an – vielleicht könnt ihr euch sogar Unterlagen abholen oder schicken lassen (von der Verwaltung, von den Parteien).

Politikerinnen und Politiker in Städten und Gemeinden beschäftigen sich mit den örtlichen Problemen. Sie nehmen die Aufgaben wahr, die ihnen vom Gesetzgeber (Bund, Land) zugewiesen werden, und können von sich aus neue Aufgaben aufgreifen. Man kann die gemeindlichen Aufgaben einteilen in
a) freiwillige und pflichtgemäße Selbstverwaltungsaufgaben (z.B. Errichtung und Unterhaltung von Jugendheimen, Sportstätten, Bädern, Altenheimen, Krankenhäusern, Friedhöfen, öffentlichen Büchereien, Theatern, Parks) und
b) staatliche Auftragsangelegenheiten (z.B. Straßenbau, Wohnungsförderung, Ordnungswesen, örtliche Planungshoheit). Die Verteilung der Aufgaben ist in den einzelnen Bundesländern unterschiedlich geregelt.

5 Macht eine Erkundung: Geht in kleinen Gruppen nach vorheriger Anmeldung und Vorbereitung zum Rathaus und lasst euch über die Arbeitsbereiche berichten.
Methode: Erkundung, S. 125
6 Stellt zusammen, wo ihr (oder eure Eltern) es mit der Gemeinde/Stadt zu tun habt.

13.1.2 Wie unsere Städte und Gemeinden regiert werden: die Gemeindeverfassung

Die Gemeindeverfassung eines Bundeslandes regelt die politischen und rechtlichen Zuständigkeiten der gewählten Gremien in einer Stadt oder Gemeinde. In Deutschland gibt es fünf verschiedene Typen. Die Gemeindeverfassung bestimmt den rechtlichen Zusammenschluss von Bürgern auf einem fest umrissenen Gebiet als Gemeinde und legt die Verfahren für die Organe der Selbstverwaltung fest. Dies gilt besonders für die Abgrenzung der Befugnisse zwischen Bürgermeister und Rat/Stadtverordnetenversammlung. Die Bürgermeisterin oder der Bürgermeister steht der Stadtverwaltung vor und vertritt die Stadt/Gemeinde in der Öffentlichkeit (gegenüber den Vereinen, Betrieben, Behörden und sonstigen Gruppen und Einrichtungen). Sie bzw. er soll Anregungen für die Erhaltung und Weiterentwicklung der jeweiligen Stadt geben. Zu wichtigen Projekten und Maßnahmen wird die Zustimmung der gewählten Volksvertretung (Stadt-/Gemeindeparlament) benötigt.
Jedes Bundesland hat in einer Gemeindeordnung (GO) die allgemeinen Aufgaben und Möglichkeiten der gemeindlichen/städtischen Organe (Bürgermeister/Stadtdirektor, Rat/Stadtverordnetenversammlung) festgelegt. Schließlich gibt sich jeder Rat und jede Stadtverordnetenversammlung eine eigene, auf die örtlichen Verhältnisse zugeschnittene Geschäftsordnung, während die Einteilung der Stadtverwaltung in Ämter (Dezernate, Ressorts) eine Sache des Bürgermeisters bzw. Stadtdirektors ist.
Die Gemeinden können ihr eigenes Personal einstellen und entlassen. Sie ha-

Im Bonner Rathaus (Stadthaus): Was mag sich hinter dem „Bürgeramt" oder den „Bürgerdiensten" wohl verbergen?

Artikel 28 (2) GG

Den Gemeinden muss das Recht gewährleistet sein, alle Angelegenheiten der örtlichen Gemeinschaft im Rahmen der Gesetze in eigener Verantwortung zu regeln. Auch die Gemeindeverbände haben im Rahmen ihres gesetzlichen Aufgabenbereiches nach Maßgabe der Gesetze das Recht der Selbstverwaltung.

ben das Recht, ihre Einnahmen und Ausgaben selbstständig vorzunehmen. Sie können Steuern erheben, z.B. die Gewerbe-, Grund- und Vergnügungssteuer.

1. Welche Gemeindeverfassung ist in eurer Gemeinde gültig? Findet heraus:
   - Wer fällt die politischen Entscheidungen?
   - Welchen Weg nehmen sie?
   - Wer sitzt im Stadtrat/Gemeinderat/in der Stadtverordnetenversammlung?
2. Stellt fest, welche Aufgaben die einzelnen Ämter haben. Erkundigt euch im Rathaus und lasst euch den Organisationsplan geben.
3. In welchen Bereichen können die Gemeinden selbst entscheiden, in welchen sind sie vom Bund oder vom Land abhängig (z.B. durch Zuweisung von Geld)? Berücksichtigt Art. 28 (2) GG (siehe Kasten).
4. Besucht eine Rats-/Stadtverordnetensitzung; Tipps dazu auf S. 207.
5. Können Schüler/innen in der (Kommunal-)Politik schon etwas ausrichten? Kennt ihr Beispiele aus eurer Gemeinde?
6. Arbeitet – in Gruppen – aus den Schaubildern heraus:
   - Wer wählt wen?
   - Wie ist das Verhältnis (die Abhängigkeit) von Bürgermeister/in und Gemeinderat/Stadtrat/Stadtverordnetenversammlung bestimmt (z.B. Initiativen und Kontrollen durch die Gemeindevertreter)?
7. Vergleicht die Ergebnisse. Welcher Gemeindeverfassung gebt ihr den Vorzug: der Verfassung mit einer starken oder schwächeren Stellung des Bürgermeisters (d.h. einer Einzelperson)? Begründet.

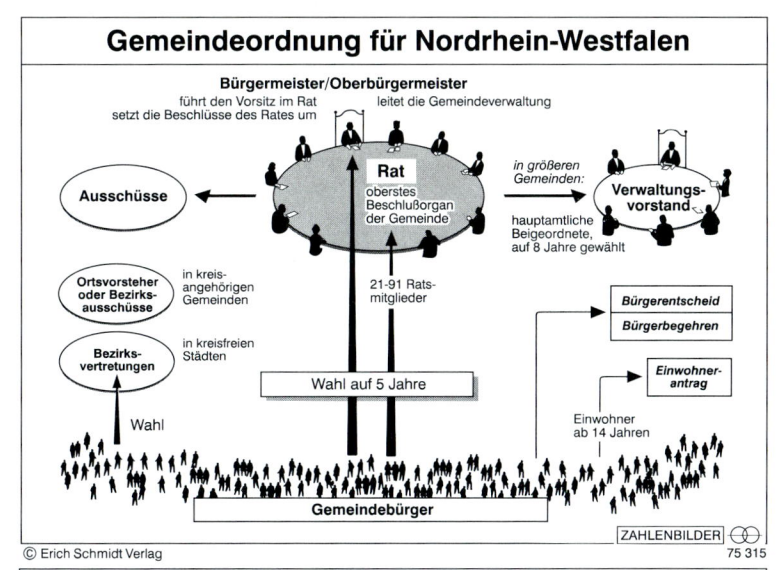

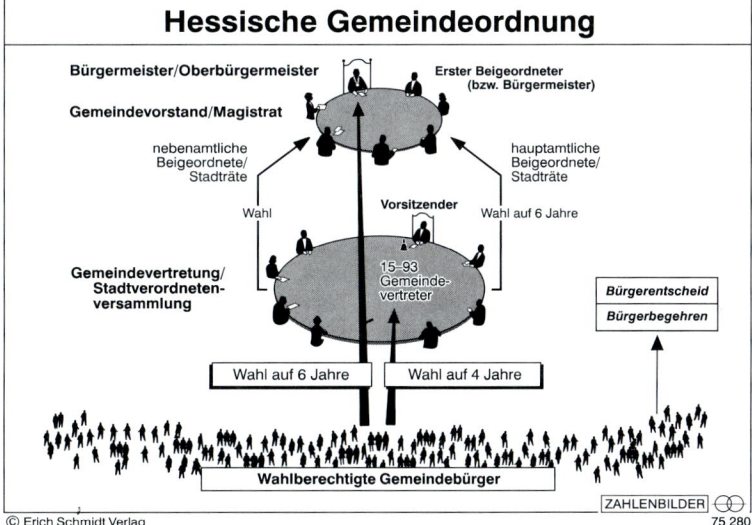

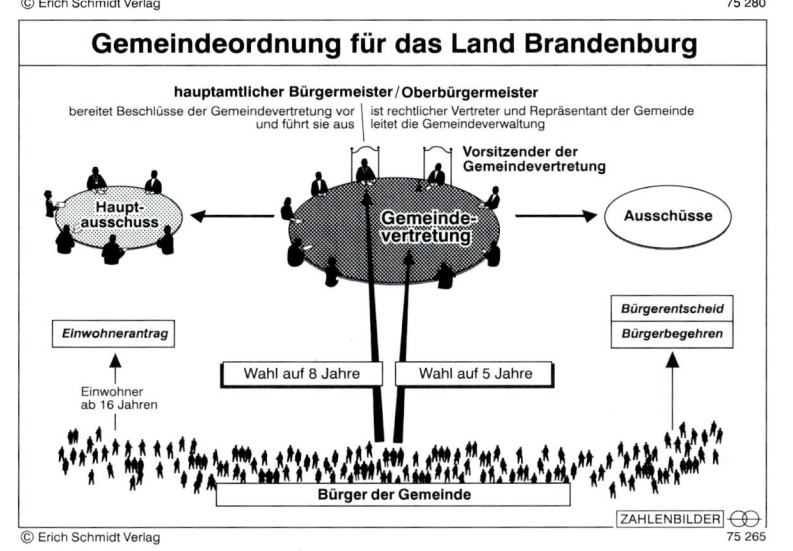

Fragebogen

1. Haben Sie bei der letzten Kommunalwahl gewählt?
   - ja
   - nein

2. Besuchen Sie Sitzungen des Gemeinde-/Stadtrats/der Stadtverordnetenversammlung?
   - öfter
   - selten
   - nie

3. Welche Parteien sind im Gemeinde-/Stadtrat/in der Stadtverordnetenversammlung vertreten?

4. Lesen Sie Lokalzeitungen?
   - regelmäßig
   - gelegentlich
   - nie

5. Wissen Sie, wo Sie von den örtlichen politischen Parteien kommunalpolitische Informationen bekommen können?
   - ja
   - nein

6. Kennen Sie die Namen des (Ober-)Bürgermeisters und/oder des (Ober-)Stadtdirektors?
   - ja
   - nein

7. Haben Sie schon einmal in einer Bürgerinitiative mitgewirkt?
   - ja
   - nein

8. Würden Sie sich an solchen Initiativen beteiligen?
   - ja
   - nein

Trotz gesetzlicher Regelungen in den Gemeindeverfassungen kommt es in der Gemeindepolitik und -verwaltung auf die Durchsetzungskraft von Einzelpersonen an, unabhängig von ihrer öffentlichen Funktion. Dies hat Vorteile: Es sind rasche Einzelentscheidungen möglich.

Es gibt aber auch Nachteile: Die stärkere Abhängigkeit von Einzelpersonen widerspricht oft dem demokratischen Prinzip der Gleichheit und der Mehrheitsentscheidungen, wie im folgenden Fall deutlich wird.

Ein Bauriese im Rat oder: Wirtschaftsmacht in der Stadt

[Der Schreinermeister August Inhofer besitzt mittlerweile ein großes Möbelunternehmen. Damit ist er in der schwäbischen Stadt Senden zum mächtigsten Mann geworden.]

Die Heimatverbundenheit des Unternehmers lohnt ihm die Stadt mit Geneigtheit. 650 Mitarbeiter sind bei Inhofer inzwischen beschäftigt, mindestens eine Million Mark von insgesamt sieben Millionen Mark jährlicher Gewerbesteuer zahlt Inhofer an die Gemeinde. Dazu kommt das Engagement im Wohnungsbau. „Wer in Senden Wohnungen kaufen will, der kommt an Inhofer eigentlich nicht vorbei", heißt es in Gesprächen stereotyp [= immer wieder].

Jahrzehntelang konnte sich der 58-jährige August Inhofer der Loyalität [= Unterstützung] seiner Heimatgemeinde sicher sein. Nicht von Nachteil in diesem Zusammenhang, dass Inhofer selbst als Abgeordneter der Freien Wähler im Stadtrat sitzt. Ebenfalls nicht schädlich, über Jahre im Bauausschuss gesessen zu haben.

Bis erst in jüngster Zeit bei allen Beteiligten die Erkenntnis gereift sein muss, dass ein Bauriese im Bauausschuss doch nicht so gut plaziert ist. Nach wie vor sitzt Inhofer „Gustl" immer mal wieder am Stammtisch im „Wutz", das im Sendener Stadtteil Wullenstetten liegt. Wie sagt ein Wullenstettener? „Der hat es gar nicht nötig jemanden zu bestechen. Der duzt jeden und alle sind stolz, dass sie ihn duzen dürfen. Das reicht völlig."

Ein neues Wohngebiet soll nun entstehen, mit Wohnungen für 2000 Menschen eines der größten Wohnbauprojekte in Bayern. Mit mindestens siebzig Prozent der Baufläche ist Inhofer wieder einer der großen Bauträger dieses Projekts.

Doch da regt sich plötzlich was. Eine Bürgerinitiative hat gegen die dichten Reihenhäuser mobil gemacht und damit mehr nebenbei ein erstes Aufbegehren gegen die jahrzehntelange Inhofer-Herrschaft ausgelöst. Bei Bürgerversammlungen wurde gezetert, gewettert und – unerhört bislang in Senden – das Kind beim Namen genannt.

Die Angst vor dem Zorn des großen Mäzens [= großzügiger Geldgeber, Spender] machte sich bald darauf breit.

In einer Art vorauseilendem Gehorsam veröffentlichte ein Ausschussmitglied des Sportvereins RSV Wullenstetten eine Anzeige im Gemeindeblättle. „Der massive Volkszorn", so fürchtet der Schreiber in seinem offenen Brief, gerate in Gefahr, „sich gegen den ‚Baulöwen' ganz allgemein zu richten", und das sei doch sehr bedenklich, wo doch dadurch der „Baulöwe" in seinem Spendeverhalten gestört werden könne und womöglich die Vereine „nicht mehr in der gewohnt großzügigen Weise unterstütze".

Am Samstag vor vierzehn Tagen hat der Sportverein wieder zum Volkslauf eingeladen. Diesmal ohne ein kostenloses Fahrzeug mit Inhofer-Schriftzug. August Inhofer selbst möchte sich zu den rebellischen Übungen seiner bislang so duldsamen Sendener nicht äußern.

Christoph Schwennicke in: Die Zeit vom 3.3.1995

---

8 *Welche Gefahren ergeben sich in dem geschilderten Fall für die demokratische Selbstverwaltung einer Gemeinde?*

9 *Die Ansicht des Unternehmers: Wer zahlt, soll auch bestimmen. Nehmt dazu Stellung.*

Besuch des Gemeinde-/Stadtparlaments

Sitzungen der Gemeinde- und Kommunalvertretungen sind in der Regel öffentlich. Das gibt euch die Möglichkeit, „live" und vor Ort in die Arbeit eines Parlaments reinzuschnuppern.
Ihr habt aber nur dann etwas von einem solchen Besuch, wenn ihr ihn vor- und nachbereitet – dazu einige Hinweise.

Vorbereitung
Erarbeit euch die Grundkenntnisse über Kommunalpolitik mit Hilfe dieses Kapitels.
Ladet städtische Bedienstete ein und befragt sie zu aktuellen Problemen der Gemeinde.
Besorgt euch die wichtigsten Unterlagen zur kommenden Sitzung des Rats/der Stadtverordneten und arbeitet sie durch.
Formuliert Fragen, die dann einem Mitglied des Vorstands der Gemeindevertretung gestellt werden sollen.
Verteilt verschiedene Beobachtungsaufgaben für die Gemeinderatssitzung untereinander. Kündigt euren Besuch rechtzeitig beim Vorsitzenden der Gemeindevertretung an.

Besuch der Sitzung
Lasst euch von einem Mitglied des Vorstands in die bevorstehende Sitzung/Debatte des Gemeindeparlaments einweisen.
Verfolgt die Debatte und notiert eure Beobachtungen.

Nachbereitung
Tragt eure Beobachtungen, die ihr in der Vorbereitung als Aufgaben verteilt habt, vor und diskutiert sie.
Beurteilt die Sitzung unter folgenden Fragestellungen:
Was hat mir gefallen/nicht gefallen?
Was habe ich verstanden/nicht verstanden?
Worüber möchte ich noch mehr erfahren?

Gemeindeprojekt: Der Gemeinderat beschließt die Umgestaltung einer Straße und eines Platzes

Ausgangspunkt dieses Projekts ist die Beratung über die Einrichtung von Parkplätzen. Zwischen der ersten Einladung zur Gemeinderatssitzung und der Gemeinderatsvorlage (nächste Seite) liegt ein halbes Jahr. Was ist in dieser Zeit passiert?

```
A-Stadt
Der Bürgermeister      Fernruf: (00212) 88999
Rathaus                Telefax: (00212) 12345

An die
Mitglieder des Gemeinderates der Stadt A

                A-Stadt, den 08.05.19 ...

Einladung
Sehr geehrte Damen und Herren,

am Mittwoch, den 15. Mai ... 17.00 Uhr

findet im großen Sitzungssaal des Rathauses,
Stadt A, Ferienstraße 1, eine öffentliche
Gemeinderatssitzung statt, zu der ich gemäß
§ 34 Gemeindeordnung hiermit einlade.

Mit freundlichen Grüßen

(Name)
```

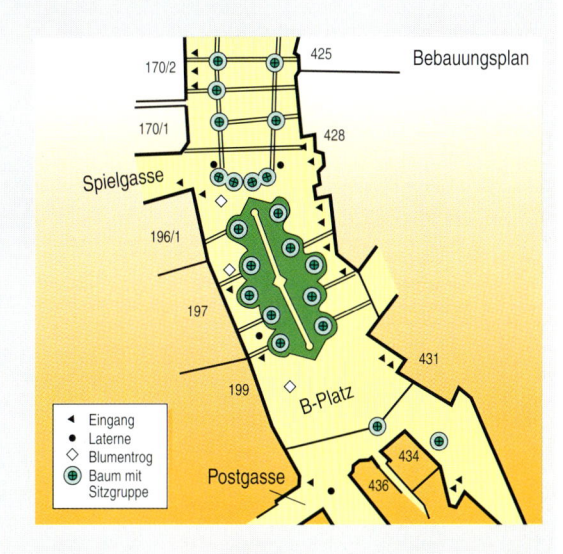

```
A-Stadt

              Tagesordnung

für die öffentliche Gemeinderatssitzung am
Mittwoch, den 15. Mai ... 17.00 Uhr.

1. Entscheidung über die Einrichtung
öffentlicher Parkplätze auf dem B-Platz der
Stadt A.

2. Verschiedenes
```

A-Stadt, den 08.10.19..

Gemeinderatsvorlage

Betr.: Umgestaltung der Regenstraße und des B-Platzes
Anlg.: Planentwurf

I. Sachverhalt:
Nach den Festsetzungen des Bebauungsplanes für das Sanierungsgebiet östlich der Wetterstraße sind die Regenstraße und der B-Platz als verkehrsberuhigter Bereich ausgewiesen. Ein Planentwurf für die Umgestaltung des Bereiches ist in der Anlage beigefügt. Die Planung sieht vor, dass sämtliche Gehwege beseitigt und der gesamte öffentliche Straßen- und Gehwegbereich höhengleich gebaut werden. Als Material für den Belag sind Betonsteine mit Natursteinfriesen vorgesehen. Die Standorte der einzelnen Bäume sind aus dem Planentwurf ersichtlich. Im Mittelbereich des B-Platzes ist ein kleiner künstlicher Wasserlauf vorgesehen. Auf dem östlichen, an die Sonnenstraße angrenzenden Teil des B-Platzes sind 14 Stellplätze für Kurzzeit-Nutzung vorgesehen.
Die Stellplätze im östlichen Teil des B-Platzes sind von der Sonnenstraße an- und abzufahren. Die Spielgasse sollte als Einbahnstraße in Richtung Wetterstraße festgelegt werden. Bezüglich des Anliefer- und Andienungsverkehrs ist beabsichtigt, an den Werktagen außer Samstag jeweils vormittags bis ca. 9.30 Uhr Zufahrtsmöglichkeit für den allgemeinen Einkaufsverkehr zuzulassen. Die Parkdauer für die Kurzzeit-Parkplätze an der Sonnenstraße sollte auf höchstens eine Stunde begrenzt und durch Parkscheiben geregelt werden.
Der Planentwurf der Verwaltung wurde mit den betroffenen Anwohnern und Geschäftsinhabern der Regenstraße und des B-Platzes am 18.09. d. J. besprochen. Von den anwesenden Bürgern wurden gegen die vorgestellte Planung und die Verkehrsführung sowie die Parkierung keine Einwendungen erhoben.
Wir schlagen vor, dem Planentwurf sowie der Verkehrsführung für den Bereich Regenstraße und B-Platz zuzustimmen.
Die Planung wird in der Sitzung erläutert.

II. Beschlussvorschlag:
Der vorgestellten Planung und Verkehrsführung für die Umgestaltung der Regenstraße und des B-Platzes wird zugestimmt. Die erforderlichen Haushaltsmittel sind im Vermögenshaushalt für das Haushaltsjahr 19.. bereitzustellen.

Ordnungs- und Sozialamt   Stadtbau- und Planungsamt
Bauverw.- und Bauord. Amt

Kommunale Entscheidungsprozesse
Vereinfachte Darstellung eines Entscheidungsablaufs

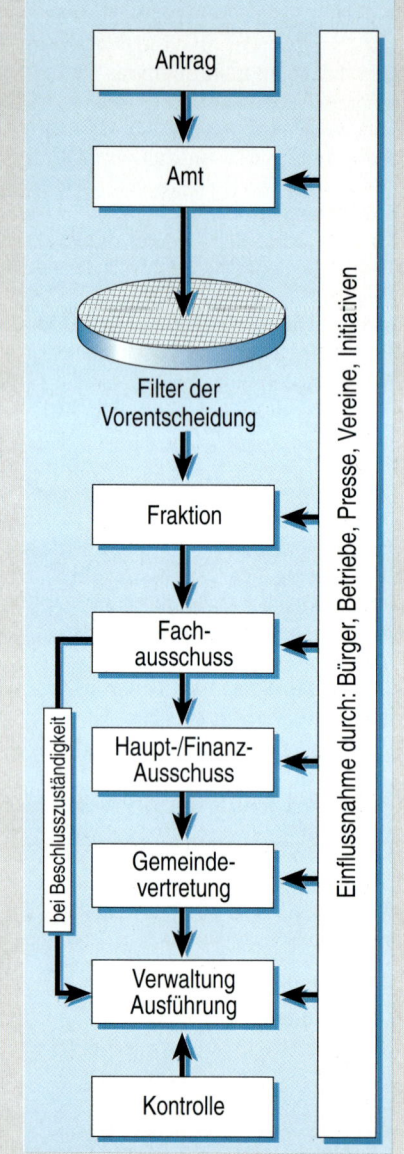

Antrag → Amt → Filter der Vorentscheidung → Fraktion → Fachausschuss → Haupt-/Finanz-Ausschuss → Gemeindevertretung → Verwaltung Ausführung → Kontrolle

bei Beschlusszuständigkeit

Einflussnahme durch: Bürger, Betriebe, Presse, Vereine, Initiativen

Nach: Wolfgang Gisevius, Leitfaden durch die Kommunalpolitik, Bonn 1991, S. 75

1 Fertigt eine Verlaufsskizze des Projektverfahrens an, in der ihr die einzelnen Schritte, die zu einer Entscheidung geführt haben, genau notiert.
2 Schreibt einen Zeitungsartikel: „Bericht aus dem Gemeinderat" zur Diskussion um die Straßenumgestaltung.

13.2 Das Geld der Städte und Gemeinden

13.2.1 Gemeinden verdienen nicht gleich gut

Ohne Geld läuft nichts und ist auch keine kommunale Selbstverwaltung möglich. Mit einem bisschen Geld läuft nur wenig. Andererseits verpflichtet das Grundgesetz, gleiche Lebensbedingungen in ganz Deutschland zu ermöglichen. Woher sollen (insbesondere arme) Gemeinden ihr Geld für die erforderlichen Dienstleistungen, die Erhaltung von Gebäuden, Straßen und anderen öffentlichen Einrichtungen nehmen?

Da sind zunächst die (geringen) Eigeneinnahmen durch Gebühren, Verkäufe, allgemeine Steuern (z. B. Anteile an der Lohn- und Einkommensteuer der Einwohner, auch der auswärts beschäftigten) und Gemeindesteuern (in jedem Bundesland andere; sehr wichtig ist die von den ortsansässigen Betrieben erhobene Gewerbesteuer); dann kommen die Zuschüsse von Kreis, Land und Bund. All das führt nicht zu einer Gleichheit der Gemeindeeinnahmen, sondern nur zu einer Annäherung. Es gibt also weiterhin arme und reiche Gemeinden/ Städte. Auch die Belastungen sind unterschiedlich. Gemeinden mit vielen Problemen (z. B. Arbeitslosigkeit) haben hohe Ausgaben, Gemeinden mit hoher Beschäftigung der Betriebe, günstigem Standort können sich mehr leisten.

Insgesamt standen den westdeutschen Kommunen 1993 Einnahmen in Höhe von gut 221 Milliarden DM zur Verfügung, die Ausgaben beliefen sich auf knapp 232 Milliarden DM.

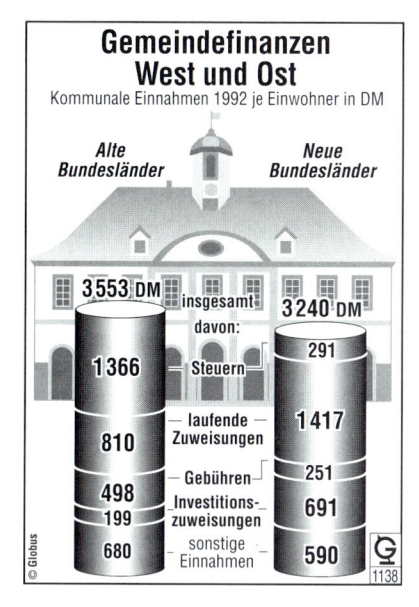

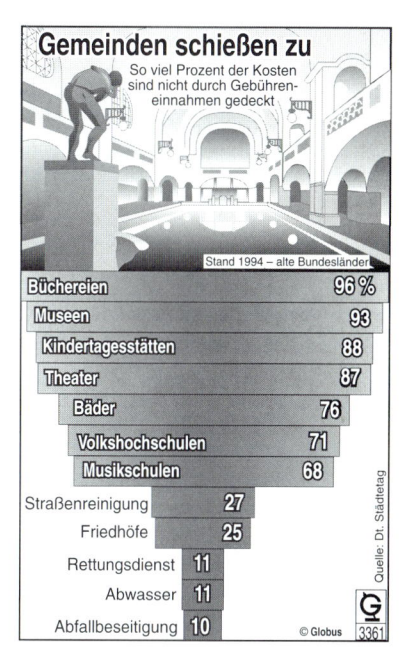

1 Woher kommt das Geld in eurer Gemeinde? Woher kann es kommen, dass die eine Gemeinde reicher, die andere ärmer ist?
2 Wofür wird das Geld ausgegeben? Fragt in der Kämmerei oder Gemeindekasse eurer Gemeinde nach.

Bürgermeister demonstrierten aus Sorge um Kommunalfinanzen

Die Sorge um ihre „katastrophale finanzielle Situation" hat Hessens Bürgermeister auf die Straße gebracht: Rund 350 Oberhäupter von Städten und Gemeinden, die im hessischen Städte- und Gemeindebund organisiert sind, zogen durch Wiesbaden und übergaben eine Resolution [= Entschließung] an Ministerpräsident Eichel (SPD). Darin forderten sie die Landesregierung auf, im Bundesrat gegen das Sparpaket der Bundesregierung zu stimmen.

Vor allem die Einsparungen bei der Arbeitslosenhilfe bedeuteten eine kaum noch vertretbare Belastung der kommunalen Sozialhilfeetats [= -haushalte] von 300 bis 400 Millionen Mark zusätzlich im Jahr. Der Präsident des kommunalen Spitzenverbandes, Alfred Schubert, sagte: „Die Gemeinden stehen mit dem Rücken an der Wand". Der von Bonn initiierte [= veranlasste] „Verschiebebahnhof" der Kosten für Langzeitarbeitslosigkeit führe zu einem „Bankrott der kommunalen Selbstverwaltung".

Von der Landesregierung forderten die Bürgermeister, die vom Land vorgegebenen Standards, beispielsweise beim sozialen Wohnungsbau und bei Kindergärten, für drei bis fünf Jahre auszusetzen. Zudem sollten

Hessische Bürgermeister bei ihrer Demonstration

beim kommunalen Finanzausgleich zweckgebundene Mittel gekürzt und die freie Verfügungsmasse der Kommunen um rund 100 Millionen Mark gestärkt werden.
„Mit zunehmender Sorge" beobachteten die Bürgermeister, dass Bund und Land den Kommunen neue Aufgaben zuwiesen, ohne die nötigen Mittel bereitzustellen.

Taunus Kurier vom 15.10.1993

3 Warum demonstrieren die Bürgermeister?
4 Eine kleine Gruppe aus eurer Klasse kann den Bürgermeister/die Bürgermeisterin besuchen und ihn/sie über die Ausgaben der Gemeinde befragen. Vergesst nicht, vorher telefonisch einen Termin zu vereinbaren!
5 Welche Vorstellungen gibt es beim Bürgermeister und den örtlichen Parteien, wo in eurer Stadt/Gemeinde künftig gespart werden soll?

13.2.2 Privatisierung als Ausweg?

Städtische Leistungen sind oft etwas teurer als private. Dies drückt sich entweder in höheren Preisen aus oder durch höhere Kosten, die über Steuern finanziert werden müssen. Der Unterschied in den Kosten hängt unter anderem damit zusammen, dass eine Stadt oder eine Gemeinde bestimmte Dienstleistungen aufrecht erhalten muss, auch wenn sie keinen Gewinn damit erwirtschaften kann. Eine Reihe von Angeboten werden von privaten Unternehmen übernommen: z. B. die Müllabfuhr, der Betrieb von Bädern, Parkhäusern usw., sofern sie mit Gewinn erbracht werden können.

Eine Gemeinde spart
Bevor Steuern und Gebühren erhöht oder Kredite aufgenommen werden, wird erst einmal nachgedacht, ob die Ausgabe wirklich nötig ist, ob sie nicht bescheidener ausfallen kann, ob sie nicht zeitlich gestreckt werden muss. Und vor allem ist man darauf bedacht, Partner für preiswerte Lösungen zu finden. [Gemeindedirektor] Rößing nennt als Beispiel die Errichtung eines neuen Jugendheimes: Die Gemeinde finanziert den Bau, ein Trägerverein, dem neben der Gemeinde die Kirchen angehören, nimmt es anschließend in seine Obhut. Kindergärten, Bibliothekswesen, Kulturarbeit – auf möglichst vielen Feldern wird in Raesfeld auf eine Kooperation gesetzt, mit den Kirchengemeinden, mit den Vereinen, mit privaten Initiativen. Oft genügt, dass die Kommune als finanzieller Garant auftritt; so wird die Miete für eine Informationsstelle im Raesfelder Wasserschloss von der Gemeinde bezahlt, der private Verkehrsverein sorgt für das meist ehrenamtliche Personal.
Die Beteiligung der Bürger an möglichst vielen Aufgaben fördert den Zusammenhalt in der Gemeinde – und sie erspart ihnen Kosten, für die sie sonst aufkommen müssten. [...]
Von einer Mangelwirtschaft mit grauen Fassaden, holprigen Wegen und düsteren Laternen ist nichts zu spüren. Turnhallen, Sportanlagen, Jugendheime – aus der Angebotsliste zeitgemäßer Daseinsvorsorge fehlt nichts. Bis auf eine Ausnahme: In dem Ort gibt es kein Schwimmbad. Den Sprung vom Drei-Meter-Brett muss sich dennoch niemand versagen. Zweimal in der Woche, in der Ferienzeit dreimal, setzt die Gemeinde einen Bus ein, der kostenlos zu Bädern der Nachbarorte fährt. Gemeindedirektor Rößing, der Leiter der Verwaltung, macht eine einfache Rechnung auf: Zu einem Hallenbad müsste er im Jahr mindestens eine Million Mark zuschießen – bei einem jährlichen Verwaltungshaushalt von knapp zwanzig Millionen Mark ein zu dicker Brocken. Der Busdienst kostet die Gemeinde 15 000 Mark im Jahr.

Albert Schäffer: Die Raesfelder Schwimmer ziehen ein Nomadenleben Krediten vor. In: Frankfurter Allgemeine Zeitung vom 4.8.1994

1 Diskutiert, ob das Beispiel der (noch) schuldenfreien Stadt Raesfeld in Nordrhein-Westfalen wenigstens teilweise auch auf Einrichtungen eurer Gemeinde/Stadt übertragen werden könnte.
2 Erörtert die Vor- und Nachteile einer Privatisierung von städtischen Einrichtungen.

13.3 Die Bürgerinnen und Bürger wollen mitentscheiden

13.3.1 Gesucht: eine mündige Bürgerschaft

Die politischen Parteien sprechen sich für eine bürgernahe kommunale Selbstverwaltung aus. Außerdem sind sie auf eine breite Basis angewiesen: auf Menschen, die auf lokaler [= örtlicher] Ebene mitmachen wollen.

Kommunalpolitische Grundsätze
Wir treten für eine bürgernahe Politik ein und wollen die kommunale Selbstverwaltung stärken. Wir anerkennen und unterstützen das ehrenamtliche politische Engagement [= Einsatz] vieler Frauen und Männer in Städten, Gemeinden und Kreisen, die ihre Freizeit opfern. Kommunalpolitische Entscheidungen sollen – so weit wie möglich – das Votum [= die Entscheidung] der Bürger einbeziehen. Wir suchen das Gespräch und die Zusammenarbeit mit den gesellschaftlich bedeutenden Kräften wie Vereinen, Verbänden und Kirchen. Wir wollen verstärkt mit freien Gruppen und Initiativen zusammenarbeiten, die sachkundig und verantwortungsbewusst das öffentliche Leben mitprägen, und sie ermuntern, Mandate und Ämter in Verantwortung für die CDU zu übernehmen.

Grundsatzprogramm der CDU 1994, S. 108

Das tägliche Leben und Zusammenleben und die Identifikation der Bürgerinnen und Bürger mit dem Gemeinwesen werden wesentlich durch kommunales Handeln bestimmt. Deshalb wollen wir die im Grundgesetz garantierte kommunale Selbstverwaltung stärken und ausbauen. Eine starke kommunale Selbstverwaltung braucht eine moderne Verwaltung unter politischer Führung und Kontrolle. [...] Die finanzielle Leistungsfähigkeit der Kommunen muss verbessert werden. Sie müssen über ihre Haushaltseinnahmen autonom [= selbstständig] entscheiden können. [...] Der verfassungsrechtliche Handlungsspielraum der Kommunen muss erweitert werden. Bei Entscheidungen, die sie betreffen, sind ihnen Mitbestimmungsmöglichkeiten gesetzlich zu sichern.

Grundsatzprogramm der SPD 1989, Kap. IV, 5

Aus einer Ansprache des früheren Bundespräsidenten Gustav Heinemann

Ob eine Schule hier oder dort gebaut oder ob eine kommunale Neugliederung so oder anders geschehen soll – das sind Vorgänge, die nicht allein die zuständigen Behörden oder Vertretungsorgane samt ihren Fachleuten angehen, sondern eben auch und sogar sehr stark die Bürger vor Ort, die mit der neuen Einrichtung oder unter den veränderten Umständen leben sollen.

[...] Es sollte zum guten Ton zeitgemäßer Politik gehören, dass Planungen, die andere angehen, nicht über sie hinweg betrieben werden. Darum darf keine Planungsstelle verärgert sein, wenn Bürger unbequem werden mit der Forderung, dass sie gehört sein wollen – dies zumal dann nicht, wenn diese Bürger sich nach bester Möglichkeit um Sachkunde bemüht haben.

Die politische Bedeutung bürgerlicher Mündigkeit ist vielschichtig. Initiativen welcher Art auch immer machen zumal den Bürgern, die sich bislang unpolitisch verhielten, mit einem Mal deutlich, dass ihre persönlichen Probleme mit allgemeinen Problemen in Staat und Gesellschaft zusammenhängen.

Bürgerinitiativen tragen dazu bei, dass wir uns unserer Freiheiten bewusst werden. Sie haben ihre Grundlage, aber auch ihre Grenze in der Verfassung. Sie gehören zu einer lebendigen Demokratie.

Zu achten ist freilich darauf, dass Teilinteressen nicht gegen das Interesse der Gesamtheit verstoßen. Deshalb bleibt wichtig, dass die Grenzen bürgerlicher Freiheit ebenso gewahrt bleiben wie die Rechte, die das Grundgesetz anerkennt, lebendig sein sollen. Das Grundgesetz ist der Maßstab, an dem der mündige Bürger sich selber messen und messen lassen muss.

G. Heinemann: Der mündige Bürger in Staat und Gesellschaft. In: Gewerkschaft Erziehung und Wissenschaft (Hrsg.): Wirtschaft und Recht, Frankfurt/M. 1973

1 *Besorgt euch die kommunalpolitischen Programme der Parteien in den örtlichen Parteibüros. Prüft die Vorschläge zur stärkeren Bürgerbeteiligung am politischen Leben.*
2 *Vergleicht die einzelnen Vorschläge der Programme miteinander. Beurteilt ihren Nutzen. Inwieweit sind die besonderen Interessen und Bedürfnisse der Jugendlichen (Schüler/innen, Lehrlinge, junge Arbeiter/innen und Angestellte) berücksichtigt?*
3 *Stellt fest, welche Ausschüsse es in eurer Stadt/Gemeinde gibt. Gibt es einen Beschwerdeausschuss?*
4 *Erörtert die Rolle, die die Lokalzeitungen in der Kommunalpolitik spielen, und vergleicht ihre Berichterstattung.*
5 *Bürgerinitiativen sind häufig dem Vorwurf ausgesetzt, dass sie nur die Sonderinteressen einer kleinen Gruppe vertreten und mehr Einfluss erstreben, als ihnen zusteht. Was meint ihr zu solchen Vorwürfen?*

13.3.2 Mitbestimmung durch Volksbegehren und Volksentscheid

Ein Beispiel für Bürgerbegehren

Wenn der Werbekaufmann Helmut Rudolf Schelter, 42, aus der südhessischen Kreisstadt Dieburg seine Kunden besuchen will, nimmt er sich stets reichlich Zeit – nicht nur für die Kunden.

Schelters Städtchen wird von einer Eisenbahnlinie durchschnitten. Am Übergang sind die Schranken rund 14 Stunden täglich geschlossen und wie 14000 andere wütende Autofahrer steht Schelter regelmäßig im Dauerstau. Doch der Stress an der Schranke soll bald ein Ende haben.

Das verdankt Schelter seinem eigenen Einsatz. Nachdem nämlich die rot-grüne Stadtverordnetenmehrheit die lange geforderte Unterführung mit der Begründung abgelehnt hatte, auch der Stau sei schließlich ein „Mittel zur Verkehrsberuhigung", aktivierte der Werbemann die Bürger – mit großem Erfolg. Jetzt muss die Stadt den Tunnel bauen, den die Abgeordneten partout nicht haben wollten.

Dass sich in Hessen die Bürger von ihren Kommunalpolitikern nicht mehr alles gefallen lassen müssen, verdanken sie einer Neufassung der Gemeindeordnung.

Deren Paragraph 8b [„Bürgerbegehren und Bürgerentscheid"; siehe Text im Infokasten S. 212] stellt die Hessen fast schon den Schweizer Urdemokraten gleich:

Sie können, wenn sie nur ein paar Regeln einhalten, den Kommunalparlamenten per Volksabstimmung fast alles und jedes vorschreiben.

Der Spiegel 48/1993, S. 65

Möglichkeiten der Bürgerbeteiligung vor Ort

Möglichkeiten der Bürgerbeteiligung in den Vertretungskörperschaften

Gewähltes Mitglied in	Stadtteil- oder Ortsbeiräten/Bezirksvertretungen
	Gemeinde-/Stadtrat/Stadtverordnetenversammlung
	Ausschüssen und Kommissionen

Allgemeine Möglichkeiten der Bürgerbeteiligung

In der Verfassung verankerte Rechte	Kommunalwahl, Versammlungs- und Vereinigungsrecht, Mitwirkung der Parteien, Rechtsschutz
Weitere Bürgerbeteiligung auf gesetzlicher Grundlage	Bürgerentscheid, Bürgerbegehren, Bürgerantrag, Bürgerversammlung, Bürgerfragestunde, Beschwerderecht, Anregungen nach §3 Baugesetzbuch
Freiwillige Beteiligungsangebote der Kommunen	Informationsarbeit der Gemeinde, Befragungen, Hearings, Planungsforen, Bürgergutachten, Beiräte, Beauftragte, ehrenamtliche Funktionen
Organisierte Mitarbeit	Bürgerinitiativen, Mitarbeit in Parteien, sachkundiger Bürger, Ausschussmitglied, Bezirks-, Orts-, Gemeindevertreter

Nach: Wolfgang Gisevius: Leitfaden durch die Kommunalpolitik, Bonn 1991, S. 15

1. Welche Möglichkeiten haben die Bürger/innen, Entscheidungen des Gemeinde-/Stadtparlaments zu ändern bzw. die Amtsträger (z. B. Bürgermeister/innen) zu kontrollieren?
2. Vergleicht die Art der Bürgerbeteiligung im obigen Text mit der politischen Tätigkeit von gewählten Bürgervertretern. Wie beurteilt ihr die unterschiedlichen Möglichkeiten politischer Einflussnahme?
3. Macht eine Umfrage in eurer Klasse: Bei welchen Vorhaben würdet ihr an der Organisierung eines Bürgerbegehrens teilnehmen?

Bürger wehren sich gegen die Stadt

Die Stadt stößt mit ihrem Vorhaben, das neue Wohngebiet Bornberg über die so genannte „Städtebauliche Entwicklungsmaßnahme" (SEM) entstehen zu lassen, auf beträchtlichen Widerstand. Bei dem ersten Treffen der Interessengemeinschaft, die sich gebildet hat, sprachen sich die 64 anwesenden Grundstückseigentümer einhellig gegen diesen Weg der Erschließung aus und kündigten an, dass sie notfalls auch vor Gericht ziehen werden. Die Ländereien am Bornberg sollen rund 70 Personen gehören.

Hintergrund der Empörung ist die [...] sicherlich nicht unbegründete Annahme, dass die Eigentümer ihre nördlich von Gonzenheim und Ober-Eschbach gelegenen Grundstücke der Stadt sehr billig verkaufen sollen. [...] So soll, wie zu erfahren war, Ackerland für 20 Mark pro Quadratmeter, Gartenland für 170 Mark und Bauerwartungsland für 240 Mark den Besitzer wechseln. Allerdings werden die endgültigen Beträge erst nach Abschluss der Voruntersuchung durch einen Gutachterausschuss festgelegt. Gesprochen wird auch von einem Quadratmeterpreis von 500 Mark, zu dem die Eigentümer die dann erschlossenen Grundstücke zurückerwerben können, wenn sie wollen und bereit sind, innerhalb einer bestimmten Frist zu bauen.

Auf diesem Wege der „Städtebaulichen Entwicklungsmaßnahme" will die Stadt die Preise in die Höhe treibende „Spekulationen" vermeiden und die Möglichkeit zu bezahlbarem Wohnraum schaffen. Die Eigentümer des Ackerlandes am Bornberg hingegen sehen nicht ein, dass sie für andere das Nachsehen haben sollen. Weil das Gelände seit Jahren im Flächennutzungsplan als Baugebiet ausgewiesen ist, beurteilen sie es als Bauerwartungsland, das schon jetzt einen höheren Wert habe als Ackerland. Sie fürchten einen Angriff auf ihr grundgesetzlich garantiertes Eigentumsrecht, zumal Bürgermeister und Stadtkämmerer Karl Lohwasser schon mit Enteignung gedroht haben soll.

Das brachte auch am Freitagabend im Gonzenheimer Vereinshaus, wo sich insgesamt mehr als 100 Personen eingefunden hatten, das Fass zum Überlaufen. „Bad Homburg zählt zu den reichsten Städten und wenn wir nicht für andere bezahlen wollen, wird mit solch einem Hammer gedroht", war sinngemäß eine der Aussagen.

Die Eigentümer wehren sich keineswegs gegen eine schnelle Ausweisung als Baugebiet, fordern aber den klassischen Weg: Umlegung, um gut zu bebauende Parzellen zu erhalten, Abzug von 30 Prozent Fläche für Straßen und Gemeinbedarfseinrichtungen sowie Beitragspflicht der Eigentümer für die Erschließungskosten.

Taunus-Kurier vom 6.3.1995 (Auszug)

Worterklärungen:

Bauerwartungsland: Acker- und Gartenland, das für eine künftige Bebauung vorgesehen ist;

Erschließung eines Baugebiets: eine Bodenfläche wird mit Hilfe eines Bauplans eingeteilt und die Art der Bebauung (z. B. Einzelhäuser, Wohnblocks, Höhe der Häuser, Mindestgröße der Grundstücke, Flächen für allgemeine

Hessische Gemeindeordnung in der Fassung von 1993

§8b Bürgerbegehren und Bürgerentscheid

(1) Die Bürger einer Gemeinde können über eine wichtige Angelegenheit der Gemeinde einen Bürgerentscheid beantragen (Bürgerbegehren).

(3) Das Bürgerbegehren ist schriftlich bei dem Gemeindevorstand einzureichen. [...]

(4) [...] Über die Zulässigkeit eines Bürgerbegehrens entscheidet die Gemeindevertretung. Der Bürgerentscheid entfällt, wenn die Gemeindevertretung die Durchführung der mit dem Bürgerbegehren verlangten Maßnahmen beschließt. [...]

(6) Bei einem Bürgerentscheid ist die gestellte Frage in dem Sinne entschieden, in dem sie von der Mehrheit der gültigen Stimmen beantwortet wurde, sofern diese Mehrheit mindestens fünfundzwanzig vom Hundert der Stimmberechtigten beträgt. [...] Ist die nach Satz 1 erforderliche Mehrheit nicht erreicht worden, hat die Gemeindevertretung die Angelegenheit zu entscheiden.

Protestobjekt Bahnübergang

Wie die Bundesländer Bürgerentscheide regeln

Es gibt in zwölf der 16 Bundesländer einen Bürgerentscheid. Geplant ist die Einführung von Bürgerentscheiden auch in den Ländern Berlin, Hamburg, Niedersachsen und Saarland.

Für den Bürgerentscheid ist ein zweistufiges Verfahren vorgesehen. Zunächst muss für das so genannte Bürgerbegehren ein bestimmter Prozentsatz an Unterschriften gesammelt werden. Kommt die notwendige Anzahl zusammen, folgt der abschließende Bürgerentscheid. Auch hier sind – außer in Bayern – bestimmte Hürden eingebaut. Entweder muss ein vorgeschriebener Anteil aller Wahlberechtigten das Anliegen unterstützen (Zustimmungsquorum*) oder es ist eine bestimmte Abstimmungsbeteiligung erforderlich (Beteiligungsquorum).

* Das Quorum bezeichnet die zur Beschlussfassung erforderliche Zahl anwesender Mitglieder oder die erforderliche Mindestzahl abgegebener Stimmen.

Baden-Württemberg: Bürgerbegehren 8-15 Prozent (je nach Gemeindegröße); Bürgerentscheid 30 Prozent Zustimmungsquorum.
Bayern: Bürgerbegehren 3-10 Prozent (je nach Gemeindegröße); kein Quorum beim Bürgerentscheid.
Brandenburg: Bürgerbegehren 10 Prozent; 25 Prozent Zustimmungsquorum beim Bürgerentscheid.
Bremen: Bürgerbegehren 10 Prozent; Bürgerentscheid 50 Prozent Beteiligungsquorum.
Hessen: Bürgerbegehren 10 Prozent; 25 Prozent Zustimmungsquorum beim Bürgerentscheid.
Mecklenburg-Vorpommern: Bürgerbegehren 5-10 Prozent (je nach Gemeindegröße); 25 Prozent Zustimmungsquorum beim Bürgerentscheid.
Nordrhein-Westfahlen: Bürgerbegehren 6-10 Prozent (je nach Gemeindegröße); 25 Prozent Zustimmungsquorum beim Bürgerentscheid.

Rheinland-Pfalz: Bürgerbegehren 8-15 Prozent (je nach Gemeindegröße); 30 Prozent Zustimmungsquorum beim Bürgerentscheid.
Sachsen: Bürgerbegehren 15 Prozent (je nach Gemeindegröße); 25 Prozent Zustimmungsquorum beim Bürgerentscheid
Sachsen-Anhalt: Bürgerbegehren 7-15 Prozent (je nach Gemeindegröße); 30 Prozent Zustimmungsquorum beim Bürgerentscheid.
Schleswig-Holstein: Bürgerbegehren 10 Prozent (je nach Gemeindegröße); 25 Prozent Zustimmungsquorum beim Bürgerentscheid
Thüringen: Bürgerbegehren 10 Prozent; 25 Prozent Zustimmungsquorum beim Bürgerentscheid.

Frankfurter Rundschau vom 4.10.1995

Zwecke – wie Spielplätze, Schulen, Einkaufszentren usw.) festgelegt;
Erschließungskosten: Beitrag der Bauherrn zu den Kosten für das Anlegen von Straßen, Bürgersteigen, Wegen, Kanalisation, Wasser-, Gasleitungen usw.;
Flächennutzungsplan: ein von der Gemeindevertretung oder einer anderen zuständigen Behörde genehmigter Plan, wie eine bestimmte Fläche in Zukunft genutzt werden

Art. 14 GG (Eigentum, Erbrecht, Enteignung)

(1) Das Eigentum und das Erbrecht werden gewährleistet. Inhalt und Schranken werden durch die Gesetze bestimmt.
(2) Eigentum verpflichtet. Sein Gebrauch soll zugleich dem Wohle der Allgemeinheit dienen.
(3) Eine Enteignung ist nur zum Wohle der Allgemeinheit zulässig. Sie darf nur durch Gesetz oder auf Grund eines Gesetzes erfolgen, das Art und Ausmaß der Entschädigungen regelt. [...]

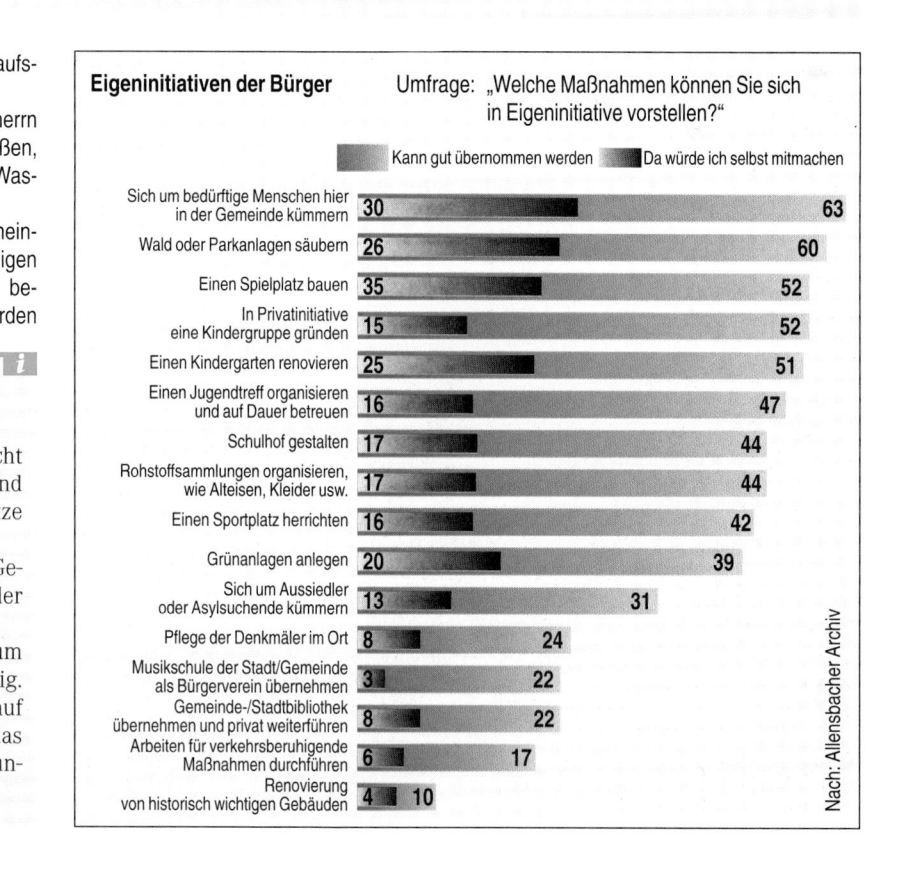

Eigeninitiativen der Bürger — Umfrage: „Welche Maßnahmen können Sie sich in Eigeninitiative vorstellen?"

Kann gut übernommen werden / Da würde ich selbst mitmachen

Maßnahme	Kann gut übernommen werden	Da würde ich selbst mitmachen
Sich um bedürftige Menschen hier in der Gemeinde kümmern	30	63
Wald oder Parkanlagen säubern	26	60
Einen Spielplatz bauen	35	52
In Privatinitiative eine Kindergruppe gründen	15	52
Einen Kindergarten renovieren	25	51
Einen Jugendtreff organisieren und auf Dauer betreuen	16	47
Schulhof gestalten	17	44
Rohstoffsammlungen organisieren, wie Alteisen, Kleider usw.	17	44
Einen Sportplatz herrichten	16	42
Grünanlagen anlegen	20	39
Sich um Aussiedler oder Asylsuchende kümmern	13	31
Pflege der Denkmäler im Ort	8	24
Musikschule der Stadt/Gemeinde als Bürgerverein übernehmen	3	22
Gemeinde-/Stadtbibliothek übernehmen und privat weiterführen	8	22
Arbeiten für verkehrsberuhigende Maßnahmen durchführen	6	17
Renovierung von historisch wichtigen Gebäuden	4	10

Nach: Allensbacher Archiv

Bürgernahe Planung (Gefunden in der Festschrift zum zehnjährigen Bestehen der Gemeinde Angelbachtal)

1. Der Bürger wünscht sich eine schlichte und bürgerfreundliche Anlage.

2. Die Verwaltung greift diese Anregung freudig auf und trägt sie dem zuständigen Ausschuss vor.

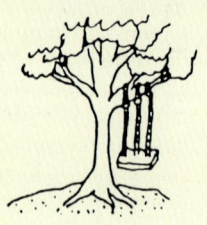

3. Die vom Bürger gewählten Abgeordneten machen einen Gegenvorschlag und beschließen, ein Planverfahren einzuleiten.

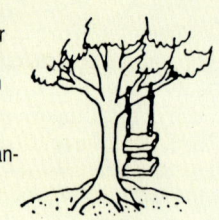

4. Die Planungsabteilung macht einen Entwurf, der allen gesetzlichen Bestimmungen entspricht und in der behördeninternen Abstimmung ohne Widerspruch gebilligt wird.

5. Die Genehmigungsbehörde nimmt in Anwendung der Novelle vom Bundesänderungsgesetz vom 31.3.1977 in der geänderten Fassung vom 25.12.1977 eine geringe Änderung des Planes vor.

6. Nachdem alle bürokratischen Hürden genommen sind, wird der Plan von erfahrenen Praktikern der Behörde in die Tat umgesetzt.

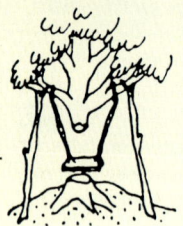

---

soll, z. B. als Naherholungsgebiet, Kleingartenanlage, aufgelockerte/dichte Bebauung usw.;

Umlegung: Flächen, die mehreren Eigentümern gehören, aber zu klein für eine wirtschaftliche Nutzung (z. B. Bebauung) sind, werden zuerst zusammengelegt und dann neu verteilt, und zwar so, dass der einzelne Eigentümer einen brauchbaren Anteil erhält.

4 Fasst zusammen, worum es in diesem Fall geht.
5 Welche Folgen hat es für den (sozialen) Wohnungsbau, wenn die Eigentümer erfolgreich sein sollten?
6 Diskutiert über das Verhältnis von (Boden-)Eigentum und Gemeinwohl (siehe Art. 14 Grundgesetz).

13.3.3 Wie Jugendliche in ihrer Gemeinde mitmachen

Nicht nur folgenloses Palaver

Das Kinderforum, zu dem die Stadt Oberursel anlässlich des Weltkindertages 150 Schülerinnen und Schüler aus den 7. bis 10. Klassen der weiterführenden Schulen ins Rathaus eingeladen hatte, wird mit seinen Wünschen und Anregungen nicht ungehört bleiben. Eine Gruppe aktiver Teilnehmerinnen und Teilnehmer hat gemeinsam mit der Oberurseler Kinderbeauftragten Kornelia Benner die Ergebnisse aufbereitet und in einem Brief an die Stadtverordneten und den Magistrat festgehalten.

Die Gruppe wurde diese Woche von Stadtverordnetenvorsteher Dieter Rosentreter und dem Ersten Stadtrat Eberhard Häfner im Rathaus empfangen. Rosentreter wird den Brief in der nächsten Stadtverordnetensitzung vorlesen und jedem Stadtverordneten eine Kopie aushändigen. [...]

Der Brief der Schüler merkt zur Auswertung an, dass das Thema Straßenverkehr offensichtlich die Teilnehmer des Forums vom 20. September am stärksten beschäftigt habe. Die Gruppe hat die 214 auf handgeschriebenen Karten zur Diskussion eingereichten Anregungen geordnet zusammengestellt. Der Straßenverkehr nimmt dabei mit 79 Meldungen den Spitzenplatz ein, gefolgt von Sport und Kultur mit 60, Umwelt mit 37 und Spielplätzen mit 18 Meldungen. Noch vor den Spielplätzen rangiert mit 20 Karten eine Standortfrage: Wo könnte „McDonald's" in Oberursel eine Filiale eröffnen?

Die Schüler wünschen sich den Schul- und Stadtbusverkehr mehr kinderorientiert und sie hätten gern mehr Radwege in der Stadt. Insgesamt erscheinen ihnen die Straßen nicht sicher für Kinder. [...]

Auch einige Anregungen zum Betrieb der Stadtbücherei wurden eingereicht. Städtische Spielplätze werden von älteren Kindern als wenig attraktiv [= anziehend] empfunden, auch der Zustand wird bemängelt. Zu Umweltfragen hieß es mehrfach, die Zahl der Müllcontainer reiche nicht aus. Weitere Meldungen geben allgemeine Hinweise zur Abfallbeseitigung und zum Gelben Sack. Erster Stadtrat Eberhard Häffner versprach der Kinderdelegation, ihre Anregungen blieben nicht unbeachtet, so weit sie die Stadt angingen. Nicht immer aber ließen sich Wünsche einfach erfüllen. [...]

Frankfurter Allgemeine Zeitung vom 6.11.1993

1 Ihr könnt (im Rahmen einer oder mehrerer Schulen) ein Kinder-/Jugendforum veranstalten:
 – Welche Themen sind für euch wichtig?
 – Welche Gründe könnt ihr für eure Wünsche finden?
 – Wer sind die Ansprechpartner für eure Vorstellungen?

14 Der Staat, in dem wir leben

Der Deutsche Bundestag

Wer sich politisch in seinem Land zurechtfinden will, der muss sich mit dem Staat und seinen Einrichtungen, deren Zielen, Aufgaben und Verfahrensweisen beschäftigen.

Das folgende Kapitel stellt – in Auswahl – einige Grundbestandteile des demokratischen Staates und seiner Verfassung, des Grundgesetzes, dar. Im Grundgesetz der Bundesrepublik Deutschland sind die tragenden Grundlagen der politischen Ordnung verankert. Es drückt das politische Selbstverständnis des Staates aus und legt die Rahmenbedingungen für alles politische Handeln fest. Was macht einen Staat aus? Darauf gibt es viele Antworten, je nachdem, welche Momente und Eigenschaften man hervorhebt. Allgemein kann man sagen: Im Staat, vertreten durch seine Organe (Gerichte, Verwaltung, Parlamente, Polizei usw.), organisieren sich die Bürgerinnen und Bürger eines bestimmten Gebiets zur Regelung ihrer Lebensinteressen. In der Demokratie erhalten die staatlichen Gewalten (Gesetzgebung, Rechtsprechung, Verwaltung) ihren Auftrag vom Volk: „Alle Staatsgewalt geht vom Volke aus." (Artikel 20 (2) des Grundgesetzes).

Alle Bürger/innen haben die staatlichen Gesetze und Anordnungen zu befolgen, z.B. muss jede(r) eine Schule besuchen, die Verkehrsregeln beachten, einen Personalausweis besitzen, beim Einwohnermeldeamt registriert sein und dergleichen mehr.

Andererseits sollen die staatlichen Organe dafür sorgen, dass Sicherheit und Frieden im Lande und nach außen herrschen, dass der Einzelne in Notlagen Unterstützung und Hilfe erhält, dass gute Beziehungen zu anderen Staaten bestehen usw.

Davon ist ausführlich in den Kapiteln 11, 16 und 20 die Rede.

Die einzelnen Abschnitte des folgenden Kapitels solltet ihr nicht einfach der Reihe nach „durchnehmen" oder auswendig lernen. Sie dienen euch zur Hilfe um aktuelle politische Fragen besser zu verstehen. Und: Die folgenden Texte und Aufgaben könnt ihr gut mit eurem Wissen aus dem Geschichtsunterricht verbinden.

14.1 Teilung und Einigung Deutschlands

Deutschland 1949

Deutschland mit seinen Bundesländern heute

14.1.1 Deutschland 1945–1989: geteilt

Politik ohne Geschichte gibt es nicht. Politik betreiben und Politik verstehen ist ohne geschichtliche Kenntnisse und Erfahrungen unmöglich. Deswegen muss man sich zunächst daran erinnern, dass Deutschland von 1945 bis zum Beitritt der DDR zur Bundesrepublik Deutschland am 3. Oktober 1990 ein geteiltes Land war. Das Grundgesetz galt bis zu diesem Zeitpunkt allein für die alte Bundesrepublik (Westdeutschland). Der andere deutsche Teilstaat, die DDR (Ostdeutschland), verstand sich als sozialistisches Land und besaß daher eine ganz andere staatliche Organisation. Die Ursachen der deutschen Teilung lagen in der Geschichte Deutschlands und Europas nach dem Zweiten Weltkrieg begründet.

Der vom Deutschen Reich im Jahr 1939 entfesselte Zweite Weltkrieg endete in Europa mit der bedingungslosen Kapitulation der deutschen Wehrmacht am 8. Mai 1945. Die Siegermächte (Alliierten) USA, die UdSSR, Großbritannien und Frankreich besetzten das deutsche Reichsgebiet und übten in ihren Besatzungszonen die Staatsgewalt aus. Die deutschen Landesteile östlich von Oder und Neiße wurden polnischer bzw. sowjetischer Verwaltung unterstellt. 10 Millionen Deutsche wurden aus den ehemals deutschen Ostgebieten vertrieben, weitere zwei Millionen aus osteuropäischen Staaten. In einem Friedensvertrag sollte die künftige politische Gestalt Deutschlands zu einem späteren Zeitpunkt endgültig geregelt werden.

Aber da die politischen Ziele der „Westmächte" USA, Großbritannien und Frankreich sich von den politischen Zielen der UdSSR sehr wesentlich unterschieden, kam es zwischen den alliierten Mächten schon bald nach Kriegsende zu großen Meinungsverschiedenheiten („Kalter Krieg"). Deshalb kam der Friedensvertrag mit Deutschland nicht zu Stande und auch der Aufbau eines neuen, einheitlichen deutschen Staates wurde nicht vollzogen. Er lag damals nicht im gemeinsamen Interesse der Alliierten und die Deutschen in Ost und West hatten ganz unterschiedliche Vorstellungen.

So entstand auf Veranlassung der Westmächte unter Mitwirkung der politischen Parteien in den drei Westzonen im Jahr 1949 zunächst die Bundesrepublik Deutschland, kurz darauf in der sowjetischen Besatzungszone auf Veranlassung der UdSSR unter Mitwirkung der dortigen politischen Parteien die Deutsche Demokratische Republik.

Die Staatsgewalt ging in beiden deutschen Staaten – mit gewissen Einschränkungen – wieder auf die Deutschen über.

Mit Hilfe des Geschichtsbuchs:
1 Bei welchen Konferenzen vereinbarten die Alliierten politische Regelungen für Nachkriegsdeutschland?
2 Aus welchen Gründen haben die Alliierten die Gründung eines neuen deutschen Gesamtstaates gemeinsam nicht ernsthaft betrieben?

Wichtige Daten deutsch-deutscher Geschichte

	Westzonen/Bundesrepublik Deutschland	Ostzone/Deutsche Demokratische Republik
1945	8. Mai: Kapitulation Deutschlands, Deutschland besetzt und in Trümmern	
1946		Zwangsvereinigung von SPD und KPD zur SED
1948	Währungsreform (D-Mark)	
1949	23. Mai: Grundgesetz und Gründung der Bundesrepublik Deutschland	7. Oktober: Verfassung und Gründung der Deutschen Demokratischen Republik
1953		Aufstand Ostberliner Bauarbeiter, der sich rasch ausbreitet und von sowjetischen Panzern niedergeschlagen wird
1955	Beitritt der Bundesrepublik Deutschland zur NATO, Aufbau der Bundeswehr, Abbau alliierter Besatzungsrechte	Beitritt der DDR zum Warschauer Pakt, Aufbau der Nationalen Volksarmee
	Seit Beginn der 50er-Jahre steiler wirtschaftlicher Aufstieg (Wirtschaftswunder)	Anhaltende wirtschaftliche Schwierigkeiten Massenflucht von DDR-Bürgern in die Bundesrepublik
1957	Beitritt der Bundesrepublik zur Europäischen Wirtschaftsgemeinschaft (Römische Verträge)	
1961		Bau der Berliner Mauer durch die DDR, um die anhaltende Fluchtwelle zu stoppen (in den folgenden Jahren sterben 196 Menschen bei Fluchtversuchen)
1968		DDR erklärt sich zur „Sozialistischen Deutschen Nation"
1971	Berlin-Abkommen (u. a. über den ungehinderten Zugang nach Westberlin)	
1972	Grundvertrag zwischen der Bundesrepublik und der DDR	
1973	Beitritt der beiden deutschen Staaten zur UNO	

	Stichworte zur Politik der Bundesrepublik in den 70er- und 80er-Jahren gegenüber der DDR: - „Die DDR ist kein Ausland, es bestehen besondere Beziehungen ..." - „Es gibt zwei deutsche Staaten, aber nur eine Nation." - „Wandel durch Annäherung" - „Politik der kleinen Schritte" Gemeint war, menschliche Erleichterungen für die Bürger der DDR sowie Änderungen des Systems in der DDR durch eine begrenzte Zusammenarbeit zu erreichen.	Stichworte zur Politik der DDR gegenüber der Bundesrepublik: - Die DDR ist ein souveräner Staat. - Durch die Entwicklung zum sozialistischen Staat ist die Verbindung zur deutschen Nation gelöst. - Abgrenzung von der „bürgerlichen" BRD

1974		Die DDR streicht sämtliche Hinweise auf die deutsche Nation aus der Verfassung
ab 1986		Die Reformpolitik des sowjetischen Präsidenten Gorbatschow ermutigt die Opposition in der DDR.
1989	Über die bundesdeutschen Botschaften in Prag, Warschau und Budapest gelingt vielen DDR-Bürgern die Flucht in die Bundesrepublik.	
		Oktober: Massendemonstrationen in allen größeren Städten der DDR gegen die Herrschaft der SED. 9. November: Auf Druck der Demonstranten öffnet die DDR die Grenzen zur Bundesrepublik.
1990		18. März: Erste freie Parlamentswahlen in der DDR
	1. Juli: Währungs-, Wirtschafts- und Sozialunion zwischen der Bundesrepublik und der DDR Am 3. Oktober tritt die DDR dem Grundgesetz und damit der Bundesrepublik Deutschland bei und hört auf zu existieren. Die Teilung Deutschlands ist beendet.	
1994	Die alliierten Besatzungstruppen verlassen Berlin. Die russischen Truppen (ca. 400 000 Mann) werden aus Ostdeutschland in ihre Heimat zurückgeführt. Die kanadischen, französischen, belgischen Truppen werden aus Deutschland abgezogen. Es bleiben vor allem amerikanische und britische Stationierungstruppen in geringer Größe.	

3 Welche (innen- und außenpolitische) Bedeutung hat es für einen Staat – seine Bürger, Politiker, Regierungen –, dass die Staatsgründung durch eine Besatzungsmacht (oder mehrere) veranlasst wurde?

14.1.2 Das Scheitern der DDR

Die DDR verstand sich im Gegensatz zur westlichen Demokratie (von ihr als „bürgerlich" bezeichnet) als sozialistische Demokratie. Ihr Staatsaufbau gründete sich auf die Schriften der Philosophen Karl Marx (1818–1883) und Friedrich Engels (1820–1895) sowie des russischen kommunistischen Revolutionsführers Lenin (1870–1924). Die Lehre, auf die sich die sozialistischen Staaten stützten, wurde daher „Marxismus-Leninismus" genannt. Nach marxistisch-leninistischer Auffassung bedeutete „sozialistische Demokratie" die „politische Machtausübung der von der Arbeiterklasse und ihrer marxistisch-leninistischen Partei geführten werktätigen Massen des Volkes". Nur mit dieser „Diktatur des Proletariats" sei es möglich, so die marxistische Ansicht, echte Volksherrschaft herzustellen.

Tatsächlich führte dieser Anspruch nicht zu mehr Rechten des Volkes, sondern zur unkontrollierten, umfassenden Machtausübung einer Partei. In der DDR war dies die SED, die Sozialistische Einheitspartei Deutschlands.

Die SED kontrollierte nicht nur sämtliche staatlichen Organe, sondern ließ die Bürger durch eine riesige Geheimpolizei, die „Staatssicherheit", bewachen und bespitzeln. Die Einheitspartei entschied bis in das persönliche Leben jedes Einzelnen hinein.

Zwar gab es in der DDR mehrere Parteien, aber sie wurden – nach anfänglichen Versuchen, eine selbstständige Politik zu betreiben – der SED untergeordnet. Der politische Alleinvertretungsanspruch der Staatspartei SED durfte nicht in Zweifel gezogen werden.

Das Wahl- und Regierungssystem der DDR unterschied sich in vielen Punkten von dem westlicher Demokratien:
- Es gab in der DDR keine Gewaltenteilung bzw. Gewaltentrennung zwischen gesetzgebender und rechtsprechender Gewalt; vielmehr galt für das

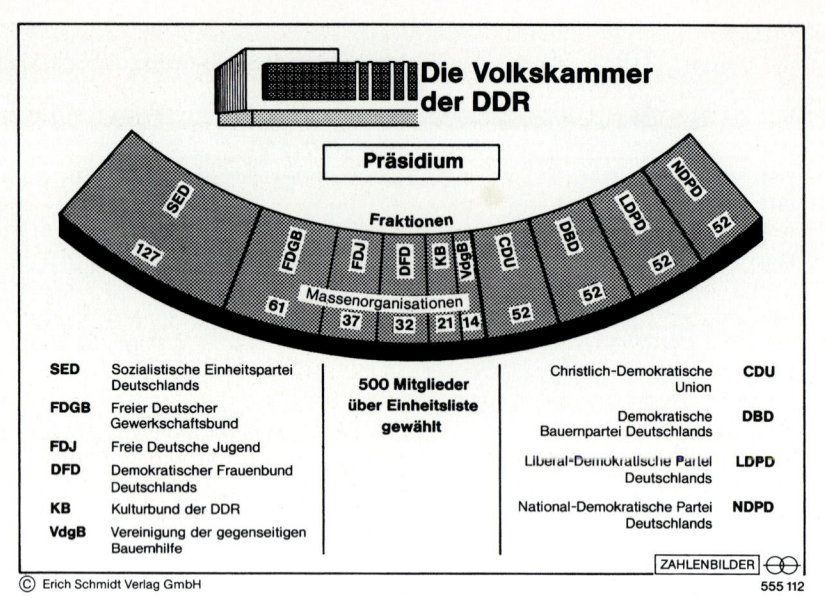

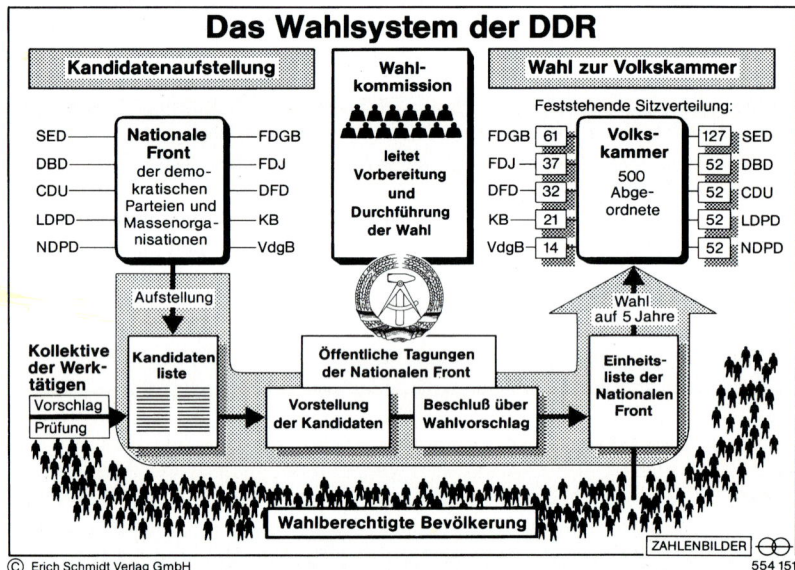

Die Volkskammer der DDR

Präsidium

Fraktionen: SED 127, FDGB 61, FDJ 37, DFD 32, KB 21, VdgB 14, CDU 52, DBD 52, LDPD 52, NDPD 52

500 Mitglieder über Einheitsliste gewählt

- SED – Sozialistische Einheitspartei Deutschlands
- FDGB – Freier Deutscher Gewerkschaftsbund
- FDJ – Freie Deutsche Jugend
- DFD – Demokratischer Frauenbund Deutschlands
- KB – Kulturbund der DDR
- VdgB – Vereinigung der gegenseitigen Bauernhilfe
- CDU – Christlich-Demokratische Union
- DBD – Demokratische Bauernpartei Deutschlands
- LDPD – Liberal-Demokratische Partei Deutschlands
- NDPD – National-Demokratische Partei Deutschlands

© Erich Schmidt Verlag GmbH — ZAHLENBILDER 555 112

Das Wahlsystem der DDR

Kandidatenaufstellung: SED, DBD, CDU, LDPD, NDPD → Nationale Front der demokratischen Parteien und Massenorganisationen ← FDGB, FDJ, DFD, KB, VdgB

Wahlkommission leitet Vorbereitung und Durchführung der Wahl

Wahl zur Volkskammer – Feststehende Sitzverteilung:
FDGB 61, FDJ 37, DFD 32, KB 21, VdgB 14 / Volkskammer 500 Abgeordnete / SED 127, DBD 52, CDU 52, LDPD 52, NDPD 52

Kollektive der Werktätigen – Vorschlag / Prüfung → Kandidatenliste → Vorstellung der Kandidaten → Öffentliche Tagungen der Nationalen Front → Beschluß über Wahlvorschlag → Einheitsliste der Nationalen Front → Wahl auf 5 Jahre

Wahlberechtigte Bevölkerung

© Erich Schmidt Verlag GmbH — ZAHLENBILDER 554 151

Die Führung der DDR

Sekretäre / Generalsekretäre der SED		Staatspräsidenten / Staatsratsvorsitzende der DDR	
Otto Grotewohl und Wilhelm Pieck	(1949–1953)	Wilhelm Pieck	(1949–1960)
Walter Ulbricht	(1953–1971)	Walter Ulbricht	(1960–1973)
		Willi Stoph	(1973–1976)
Erich Honecker	(1971–1989)	Erich Honecker	(1976–1989)
Egon Krenz	(1989)	Egon Krenz	(1989)

Nach der unblutigen Revolution 1989/90 in der DDR wird in den ersten freien Wahlen Lothar de Maizière (CDU) Ministerpräsident.

Parlament – die Volkskammer – und die übrigen Volksvertretungen der Grundsatz der Einheit von Beschlussfassung, Durchführung und Kontrolle.
- Die Sitzverteilung im Parlament wurde nicht in Wahlen ermittelt, sondern war vorher festgelegt („Einheitsliste", siehe Schaubild links).
- Ein Wahlgeheimnis gab es zwar, doch es wurde erwartet, dass die Wähler offen ihre Stimme abgaben. Wer dies nicht tat, war verdächtig.
- Ungültige Stimmen wurden den Ja-Stimmen zugerechnet.
- Wahlergebnisse von 90 % und mehr Zustimmung zur Politik der SED waren üblich.

1 Wo liegen die Unterschiede zwischen dem Parlament der DDR und dem Bundestag? Untersucht dafür auch das Wahlsystem der DDR.
2 Welche Rolle hatte die SED in der DDR? Vergleicht die SED mit den Parteien in der Bundesrepublik Deutschland (siehe Kapitel 15). Wo liegen die Unterschiede?
3 Welche Möglichkeiten gab es in der DDR, die Politik zu kontrollieren?

Auch in Form von Protestaktionen, Demonstrationen und vielfältigen anderen Formen des Widerspruchs erfahren Politiker und ihre Parteien, was die Bevölkerung berührt. So können neue Ideen, Wünsche und Überlegungen in den Prozess der politischen Willensbildung eingebracht werden. Was passiert, wenn Politiker sich zu weit von der Bevölkerung entfernen, weil sie sich im Besitz der Wahrheit fühlen und jeden Widersprechenden und Andersdenkenden unnachsichtig verfolgen, zeigen die Vorgänge 1989 in der damaligen DDR. Viele Menschen in der DDR waren mit der wirtschaftlichen und politischen Situation in ihrem Land unzufrieden – viele Bedürfnisse, Konsumwünsche, Reisefreiheit, politische Wahlmöglichkeiten und vieles mehr wurden nicht befriedigt. Die Herrschenden zeigten sich taub, starr und unfähig zu jeglicher Änderung. Im Zuge des Reformprozesses in Osteuropa wurden ab September 1989 auch in der DDR öffentlich Stimmen laut, die eine Änderung des Systems verlangten.

Montagsdemonstration in Leipzig, Herbst 1989

Die herrschende Unzufriedenheit in der Bevölkerung brach sich Bahn und ab Oktober 1989 kam es überall in der DDR zu machtvollen Demonstrationen der Bevölkerung. Mit Parolen wie „Wir sind das Volk!", „Für ein offenes Land mit freien Menschen!" zeigten die Menschen, dass sie genug hatten von der Allmacht der Partei. Die politische Führung und die Staatssicherheit (Stasi) überlegten anfangs noch, die Demonstrationen gewaltsam niederschlagen zu lassen, doch täglich wurden die Demonstrationen größer, und Hunderttausende forderten die rasche Änderung der Verhältnisse, den Rücktritt des Generalsekretärs Erich Honecker und die Einheit Deutschlands. Auch der Nationalen Volksarmee konnten sich die Machthaber schon nicht mehr sicher sein. Am 19.10.1989 trat Honecker von seinen Ämtern zurück und Egon Krenz wurde sein Nachfolger. Als sich die Führung am 9.11.1989 entschließen musste, die Grenzen zur Bundesrepublik zu öffnen, war die Niederlage der alten Machthaber vollkommen und für jeden offensichtlich. Das Volk hatte die Änderungen erzwungen, die man ihm so lange versagt hatte.

Brief von Egon Krenz an Erich Honecker

Ich bin jetzt überzeugt, dass wir als politische Führung das wahre Ausmaß der tiefen Krise, in der unsere Gesellschaft seit Jahren lebte, nicht erkannten. Wir hätten die Überzeugungen der „Andersdenkenden" nicht nur ertragen, sondern mit diesen Leuten, die sich einen Kopf über unsere Republik machten, zusammengehen müssen. [...]
Unser System erwies sich nicht mehr als fähig, die Interessen der Menschen unter den neuen Bedingungen zu erkennen. Unsere Tragik besteht darin, dass wir dies nicht nur zu spät erkannt haben, sondern auch nicht zu einer wirklichen Aufarbeitung der Situation in unserer Führung, die sich Kollektiv nannte, gekommen sind.

Zitiert nach: Der Spiegel vom 4.2.1991

4 Wie hat die ehemalige Führung der DDR den Massenprotest ihrer Bürger beurteilt? Diskutiert die möglichen Gründe einer solchen Einschätzung.

Auch das Alltagsleben in der DDR wurde durch die alleinige Herrschaft einer Partei und durch die Gegebenheiten des „real existierenden Sozialismus" bestimmt. Als „real existierender Sozialismus" wurde das bezeichnet, was in der Lebenswirklichkeit von den Ideen des Sozialismus übrig blieb.

Jugend in der DDR – am Beispiel einer Schulklasse

Eisenach, Ernst-Abbe-Gymnasium, Sozialkunde bei Frau Kraft, die letzte Stunde vor den Ferien. 23 Schüler aus der 11. Klasse versuchen sich an die Zeit zu erinnern, als die alte DDR noch in Ordnung war.

1988 waren die meisten von ihnen 13 oder 14. Sie besuchten an verschiedenen Schulen die sechsten oder siebten Klassen der POS, der zehnklassigen Polytechnischen Oberschule, die mit ihrem Richtungsmix aus Allgemeinbildung und praktischer Tätigkeit im Betrieb für alle verbindlich war.

Heute wären die meisten von ihnen in der Lehre. Und einige in der EOS, der Erweiterten Oberschule (so hieß früher die Oberstufe).

„Unsere Zukunft entschied sich mit 13 oder 14", erinnert sich Alexander an 1988. „Mir haben die Lehrer gesagt, wenn ich auf die EOS will, muss ich mich drei Jahre als Soldat auf Zeit für die Armee verpflichten und in die FDJ eintreten." Der Grundwehrdienst dauerte in der DDR 18 Monate.

In die FDJ gingen die meisten, teils, um nicht aufzufallen, teils, weil es eben dazugehörte und bei der FDJ immer was los war. Sylvia weiß noch, wie ihre Klasse feierlich in die Jugendorganisation der Partei aufgenommen wurde: „Das war im KZ Nordhausen-Dora. Da kann ich mich noch wie heute dran erinnern. Wir mussten schwören, dass so etwas nie wieder passieren darf, und dann bekamen wir unsere Ausweise ..."

Es war ein schönes Gefühl – damals, sagen viele. Die Aufnahme in die FDJ, die Vorbereitung auf die Jugendweihe – sie fühlten, wie sie ernster genommen, erwachsen wurden.

Inka ging nicht zur Jugendweihe, sondern ließ sich konfirmieren. „Da gab es eine Lehrerin, die dienstags besonders viele Hausaufgaben aufgab. Die wusste, dass Dienstagnachmittag Konfirmandenunterricht war."

Nicole meint, die Jugendstunden haben damals ihr Ziel verfehlt.

„Unsere Probleme wurden unter den Tisch gekehrt ...", meint Sylvia. „Wir konnten über Partnerschaft, Sexualität und Freundschaft nur mit unserer Biolehrerin reden, obwohl mittwochs beim FDJ-Nachmittag Aufklärung anstand."

Zum ersten Mal wurden viele da mit AIDS, Drogen, Alkohol, Rauchen konfrontiert. „Aber das gab es alles nur beim Klassenfeind!", tönt Sven dazwischen. Anwesenheitspflicht war für diese Nachmittage vorgeschrieben. Jede FDJ-Gruppe hatte sich Ziele zu stecken – Altstoffe sammeln, Solidaritätsbasar organisieren, Studium eines Klassikers – und musste am Ende des Jahres nachweisen, dass sie auch erreicht wurden.

PZ extra Nr. 16, Oktober 1992, S. 14f.

5 Welche Probleme von Jugendlichen in der DDR werden an Inkas Konflikt deutlich?
6 Überlegt, ob es Ähnlichkeiten mit eurem Schulalltag gibt. Was wäre in eurem Alltag ebenso möglich/nicht möglich?

Warum sie an den Sozialismus glaubten

Wir wollten was Besseres, Gerechteres aufbauen und haben sicher vieles nicht gesehen, was dieser Zielvorstellung diametral [= direkt] entgegenstand. [...]

Ich habe auf meinem Lebenswege viele Leute kennen gelernt, die ich identifiziert [= gleichgesetzt] habe mit meinem Sozialismus-Bild und deswegen habe ich Dinge, die nicht da rein passten, sicher auch zum Teil verdrängt oder habe mir gesagt: Musst du wohl in Kauf nehmen, wenn du nicht das Ganze infrage stellen willst. Und das wollte ich nicht, dazu hatte ich auch gar keine Veranlassung und vielleicht ist das auch eine Art Opportunismus [= angepasstes Verhalten], aber ein anderer, als ich ihn auch kennen gelernt habe zu DDR-Zeiten.

Jetzt retrospektiv [= rückblickend] sehe ich mich als einen gutgläubigen Menschen, der sich in mancher Hinsicht hat ausnutzen lassen, aber das ist nur ein Teilaspekt. Ich glaube schon, das Wichtigste ist eine Motivation für eine bestimmte Zielvorstellung. Unter dem Aspekt empfinde ich vierzig Jahre DDR-Geschichte, die ich ja nun wirklich von Kindesbeinen bis ins Erwachsenenalter sehr bewusst erlebt habe, nicht als vierzig Jahre Unrechtsstaat. Für mich ist die DDR eine verpasste Gelegenheit, eine verkorkste Chance, und damit ist für mich das Problem Sozialismus noch nicht entschieden.

Rosemarie Stein in: FR vom 23.12.1992

7 Nennt einige Gründe, die für den Glauben an den Sozialismus angeführt werden.
8 Welche Probleme wurden von solchen „Gläubigen" verdrängt? Was haben sie an der Wirklichkeit (des „real existierenden Sozialismus") übersehen?
9 Was meint ihr zu der Schlussfolgerung, die DDR sei kein „Unrechtsstaat" gewesen und der Sozialismus sei nur schlecht verwirklicht worden?

14.1.3 Die deutsche Einheit

Motive für die Revolution

Die Revolution war vor allem von einem zentralen Motiv getragen: dem gemeinsamen Willen die Freiheit zu erringen, und für Freiheit stand alsbald der Begriff Rechtsstaat. Gewiss hat auch der Wunsch nach mehr Wohlstand eine Rolle gespielt. Aber die Forderung nach Einführung der Marktwirtschaft, die den erhofften Wohlstand versprach, war nicht Motor, sondern eher Katalysator [= Auslöser] beim folgenden Einigungsprozess. Die Entschlossenheit, das alte System zu überwinden, hatte ihre Wurzel in dem Ruf nach dem Rechtsstaat. Die Menschen waren sich – jedenfalls in ihrer Mehrheit – der persönlichen Entrechtung durchaus bewusst und litten darunter. Das Recht hatte in der SED-Diktatur – neben sei-

STAATSVERTRAG BR DEUTSCHLAND – DDR
Die wichtigsten Vertragsinhalte

WÄHRUNGS-UNION
- DM einzige Währung
- Deutsche Bundesbank alleinige Zentralbank
- Umtauschkurse Mark der DDR : DM
  - 1 : 1 für Löhne und Gehälter, Renten, Mieten, Pachten, Stipendien
  - 1 : 1 für Guthaben von natürlichen Personen bis zu bestimmten Höchstgrenzen
  - 2 : 1 für alle übrigen Forderungen und Verbindlichkeiten

WIRTSCHAFTS-UNION
Die DDR schafft die Voraussetzungen für die soziale Marktwirtschaft:
- Privateigentum
- Freie Preisbildung
- Wettbewerb
- Gewerbefreiheit
- Freier Verkehr von Waren, Kapital, Arbeit
- ein mit der Marktwirtschaft verträgliches Steuer-, Finanz- u. Haushaltswesen
- Einfügung der DDR-Landwirtschaft in das EG-Agrarsystem

SOZIAL-UNION
Die DDR schafft Einrichtungen entsprechend denen in der BR Deutschland:
- Rentenversicherung
- Krankenversicherung
- Arbeitslosenversicherung
- Unfallversicherung
- Sozialhilfe

Die DDR schafft und gewährleistet nach dem Vorbild der BR Deutschland:
- Tarifautonomie
- Koalitionsfreiheit
- Streikrecht
- Mitbestimmung
- Betriebsverfassung
- Kündigungsschutz

Die BR Deutschland gewährt für die Anschubfinanzierung der Sozialsysteme Mittel aus dem Bundeshaushalt und für den Haushaltsausgleich der DDR Finanzzuweisungen aus dem „Sonderfonds Deutsche Einheit" in Höhe von 115 Mrd. DM

© Globus 8317

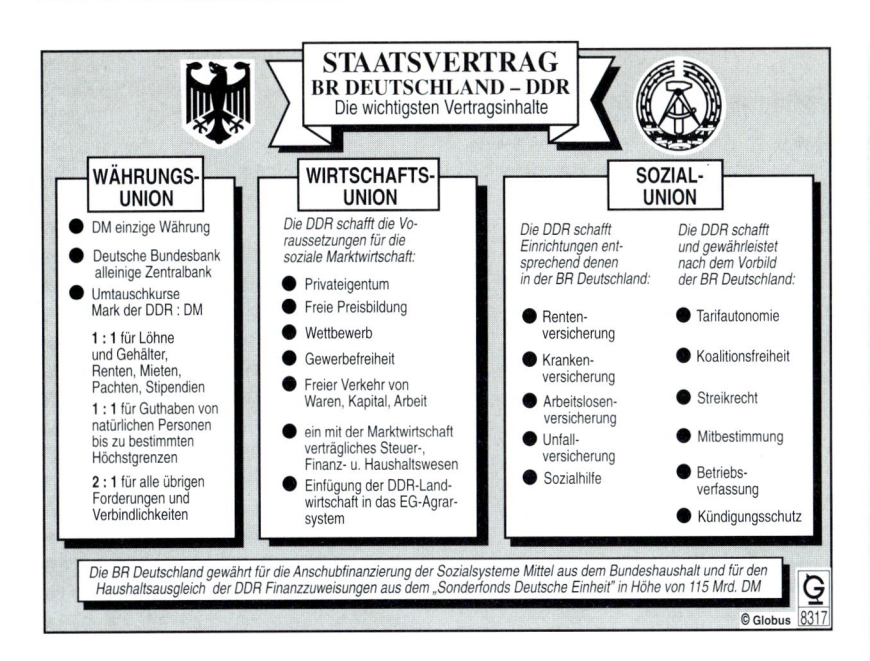

nen formal ordnenden Funktionen – letztlich nur die Aufgabe, der Machterhaltung der SED zu dienen. Eine eigene, gar dem Schutz der Würde des Einzelnen dienende Dignität [= Wert] kam dem Recht nicht zu. Dagegen verbanden sich mit dem Rechtsstaat die Vorstellung von einer fast transzendenten [= übernatürlichen] Gerechtigkeit und die vage Vision von einer neuen Gesellschaft, wie sie in Ansätzen und im Kleinen in den Bürgerbewegungen und auch in den Kirchen gewachsen waren.

Steffen Heitmann: Die Revolution in der Spur des Rechts. In: FAZ vom 30.12.1994, S. 6

Die Verträge zur deutschen Einheit wurden von den Verhandlungsführern der DDR und der BRD ausgehandelt. Der (erste) Staatsvertrag über die Schaffung einer Währungs-, Wirtschafts- und Sozialunion wurde am 18. Mai 1990 unterzeichnet und am 21. Juni 1990 vom Deutschen Bundestag mit 445:60 Stimmen bei einer Enthaltung, von der DDR-Volkskammer mit 302:82 Stimmen bei einer Enthaltung angenommen. Damit war der erste bedeutsame Schritt getan auf dem Wege zur Herstellung der deutschen Einheit nach dem damaligen Art. 23 GG („...In anderen Teilen Deutschlands ist es [das Grundgesetz] nach deren Beitritt in Kraft zu setzen.") Der Beitrittsbeschluss der DDR-Volkskammer war bereits am 23. April 1990 erfolgt.

Der Einigungsvertrag (oder: zweiter Staatsvertrag) passierte am 20. September 1990 den Deutschen Bundestag mit 440:47 Stimmen bei drei Enthaltungen und die Volkskammer mit 299:80 Stimmen bei einer Enthaltung.

Auszug aus dem Einigungsvertrag
Die Bundesrepublik Deutschland und die Deutsche Demokratische Republik,
ENTSCHLOSSEN, die Einheit Deutschlands in Frieden und Freiheit als gleichberechtigtes Glied der Völkergemeinschaft in freier Selbstbestimmung zu vollenden,
AUSGEHEND VON DEM WUNSCH der Menschen in beiden Teilen Deutschlands, gemeinsam in Frieden und Freiheit in einem rechtsstaatlich geordneten, demokratischen und sozialen Bundesstaat zu leben,
IN DANKBAREM RESPEKT vor denen, die auf friedliche Weise der Freiheit zum Durchbruch verholfen haben, die an der Aufgabe der Herstellung der Einheit Deutschlands unbeirrt festgehalten haben und sie vollenden,
IM BEWUSSTSEIN der Kontinuität [= Fortdauer] deutscher Geschichte und eingedenk der sich aus unserer Vergangenheit ergebenden besonderen Verantwortung für eine demokratische Entwicklung in Deutschland, die der Achtung der Menschenrechte und dem Frieden verpflichtet bleibt,
IN DEM BESTREBEN, durch die deutsche Einheit einen Beitrag zur Einigung Europas und zum Aufbau einer europäischen Friedensordnung zu leisten, in der Grenzen nicht

Verträge der Bundesrepublik vor und nach der deutschen Einheit

18.5.1990 Staatsvertrag zwischen der BRD und der DDR: Währungs-, Wirtschafts- und Sozialunion ab 1. Juli 1990

31.8.1990 Einigungsvertrag zwischen der BRD und der DDR: in Kraft seit der deutschen Einigung am 3. Oktober 1990

12.9.1990 Vertrag über die abschließende Regelung in Bezug auf Deutschland zwischen den USA, der Sowjetunion, Großbritannien, Frankreich und den beiden Staaten in Deutschland (2+4-Vertrag): Deutschland erhält die volle Souveränität

9.11.1990 Vertrag über gute Nachbarschaft, Partnerschaft und Zusammenarbeit zwischen Deutschland und der Sowjetunion

21.11.1990 KSZE-Charta für ein neues Europa

14.11.1990 Vertrag zwischen der Bundesrepublik Deutschland und der Republik Polen über die Bestätigung der zwischen ihnen bestehenden Grenzen

17.6.1991 Vertrag zwischen der Bundesrepublik Deutschland und der Republik Polen über gute Nachbarschaft und freundschaftliche Zusammenarbeit

6.2.1992 Vertrag über gute Nachbarschaft und freundschaftliche Zusammenarbeit zwischen der BRD und Ungarn

27.2.1992 Vertrag über gute Nachbarschaft und freundschaftliche Zusammenarbeit zwischen der BRD und der Tschechischen und Slowakischen Föderativen Republik

21.4.1992 Vertrag über freundschaftliche Zusammenarbeit zwischen der Republik Rumänien und der Bundesrepublik Deutschland

mehr trennen und die allen europäischen Völkern ein vertrauensvolles Zusammenleben gewährleistet,
IN DEM BEWUSSTSEIN, dass die Unverletzlichkeit der Grenzen und der territorialen In-

Der 2+4 Vertrag

Die wichtigsten Vertragsinhalte

- Das vereinte Deutschland umfaßt die Bundesrepublik, die DDR und ganz Berlin
- Die bestehenden Grenzen sind endgültig. Keine Gebietsansprüche Deutschlands gegen andere Staaten. Bestätigung der Oder-Neiße-Grenze durch deutsch-polnischen Vertrag
- Deutschland bekräftigt sein Bekenntnis zum Frieden und seinen Verzicht auf ABC-Waffen
- Beschränkung der deutschen Streitkräfte auf 370 000 Mann
- Abzug der sowjetischen Truppen aus der DDR und Ost-Berlin bis Ende 1994
- Danach dürfen NATO-angehörige deutsche Truppen, aber keine ausländischen Streitkräfte, keine Atomwaffen und keine Atomwaffenträger auf ostdeutschem Gebiet stationiert werden
- Beendigung der Viermächte-Rechte und -Verantwortlichkeiten in bezug auf Berlin und Deutschland als Ganzes
- Volle Souveränität des vereinten Deutschland

«Vertrag über die abschließende Regelung in bezug auf Deutschland» vom 12.9.1990

© Erich Schmidt Verlag

---

tegrität und Souveränität [= Selbstständigkeit] aller Staaten in Europa in ihren Grenzen eine grundlegende Bedingung für den Frieden ist, – SIND ÜBEREINGEKOMMEN einen Vertrag über die Herstellung der Einheit Deutschlands [...] zu schließen.

Vertrag zwischen der Bundesrepublik Deutschland und der Deutschen Demokratischen Republik über die Herstellung der Einheit Deutschlands (1990)

Der Einigungsvertrag benennt unter anderem die ostdeutschen Länder als gleichberechtigte Bundesländer und erklärt Berlin zur Hauptstadt der vereinigten Bundesrepublik. Das Grundgesetz tritt auch für die neuen Bundesländer in Kraft. Damit ist die im Vorspruch des Grundgesetzes geforderte Einheit Deutschlands vollzogen.

1 Was hat sich nach euren Erfahrungen oder Berichten vor allem in den neuen Bundesländern seit der deutschen Vereinigung geändert?

Nach der Wende in der DDR und in Ost- und Mitteleuropa fanden Verhandlungen über das zukünftige Gesamtdeutschland statt.
Die Gespräche der Außenminister der vier Siegerstaaten des Zweiten Weltkriegs – USA, Sowjetunion, Frankreich, Großbritannien – und der zwei Staaten in Deutschland (auch 2+4-Verhandlungen genannt) fanden von Februar bis September 1990 statt. Sie hatten vor allem Grenz- und Sicherheitsfragen, das Berlin-Problem, die Ablösung der Viermächterechte in Deutschland, die Begrenzung der deutschen Streitkräfte auf 370 000 Mann, die Festlegung der polnischen Westgrenze zum Gegenstand.
Am 12. September 1990 konnte der 2+4-Vertrag in Moskau abgeschlossen werden. Nach ihm erlöschen die besonderen Rechte und Verantwortlichkeiten der vier Mächte definitiv mit der deutschen Einheit. Das vereinte Deutschland sollte die volle Souveränität erhalten (3. Oktober 1990). Unmittelbar nach dem 2+4-Vertrag wurde der „Vertrag über gute Nachbarschaft, Partnerschaft und Zusammenarbeit" mit der Sowjetunion abgeschlossen.
Die Sowjetunion hat sich im Dezember 1991 als Staat selbst aufgelöst, nachdem vorher die drei baltischen Sowjetrepubliken Lettland, Litauen, Estland sich für unabhängig erklärt hatten.

2 Im Schaubild sind die wichtigsten Vertragsinhalte des 2+4-Vertrages zusammengestellt. Welche der genannten Regelungen betreffen die Beziehungen des vereinten Deutschlands zu seinen Nachbarstaaten? Inwieweit sind sie grundlegend für eine Politik des Friedens in Europa?

3 Worin besteht die entscheidende Bedeutung des Vertrages für Deutschland?

Was Jugendliche zur deutschen Einheit denken

Gymnasiastin, 9. Klasse, aus Westdeutschland: Deutsche Einheit. Was fällt mir dazu ein? Als Erstes das große Problem zwischen Ost und West. Auf der einen Seite der überaus große Reichtum, auf der anderen alte Häuser – und unzufriedene Gesichter auf beiden Seiten. Sicher hat sich in diesem Jahr viel in Ostdeutschland geändert, die Wirtschaft geht aufwärts, aber es ist immer noch ein viel zu großer Unterschied, irgendwie sind wir wie zwei verschiedene Länder. Es herrscht keine Einheit – vor allem nicht zwischen den Menschen. Ich frage mich, war diese Vereinigung wirklich sinnvoll? Wieso hat man nicht beide Seiten gefragt, ob sie die Wiedervereinigung überhaupt wollen! Für beide Seiten sind es doch zwei völlig fremde „Kulturen". Die Einheit wäre doch sinnvoller gewesen, wenn man sich gegenseitig erst besser kennen gelernt hätte. Für mich persönlich war die Vereinigung mit keinen großen Veränderungen verbunden. Ich wusste, dass Deutschland jetzt wieder ein Ganzes war und dass die Wiedervereinigung sein musste; doch wünschte ich mir, dass auch mich einmal irgendjemand dazu gefragt hätte, ob ich sie auch wollte. [...]
Ich denke, dass man die deutsche Einheit akzeptieren muss; man kann eh nichts daran ändern. Dennoch bemerke ich, dass die Probleme immer mehr als weniger werden, z. B. die Ausländerfeindlichkeit, die rechtsradikalen Gruppen, die sehr viel Anklang in Ostdeutschland finden. Ich denke, dass es noch sehr lange dauern wird, bis die beiden Gruppen sich zusammengelebt haben.

Regelschülerin, 9. Klasse, aus Ostdeutschland: Ich bin da geteilter Meinung. Es gibt da positive und negative Seiten. Gut finde ich, dass man jetzt viel rumreisen kann, sich alles kaufen kann usw. Aber da fängt es schon an, es fehlt das nötige Geld. Es gibt ja jetzt so viele Arbeitslose und fast keine Arbeit. Es gehen so viele Betriebe Konkurs. Als Putzfrau zum Beispiel kann man arbeiten gehen, aber für was braucht man denn da 10 Jahre Schule!? Und wenn man auf Anzeigen schreibt, dann nehmen sie einen vielleicht nicht, weil man zu alt ist oder zu jung (die Kinder werden zu schnell krank)! [...]

Und wenn zum Beispiel Jugendliche keine Arbeit finden, randalieren sie und werden kriminell. Man liest ja ständig in den Zeitungen von Taschendieben, Raubüberfällen und dergleichen. Dann kommen sie vielleicht in den Knast oder werden nach einer kleinen Verhandlung wieder freigelassen. [...]
Und als weitere negative Seite finde ich, dass den Führungskräften der ehemaligen DDR nichts passiert. Sie führten ein schönes Leben und bereicherten sich auf Kosten der Arbeiter und Bauern. Zur Verantwortung werden doch nur die kleinen Bürger gezogen, z. B. Mauerschützen. Sie müssen doch dafür bluten. Sie mussten ja den Befehl ausführen.
Die Löhne und Gehälter sind auch noch nicht an die alten Bundesländer angepasst. Die Mieten sind gestiegen und steigen demnächst noch mehr.
In der Schule hat sich auch einiges geändert. Die Lehrer sind viel offener zu uns und der Unterrichtsstoff ist nicht mehr so trocken. Jetzt brauchen sie wenigstens nicht mehr vom Sozialismus reden. Aber am schlimmsten ist es ohne Schulbücher zu arbeiten. Da kopieren die Lehrer so viel ab und wir müssen dann noch Blatt- und Kopierkosten bezahlen.

Jürgen Böhme u. a. (Hg.): DeutschStunden. Was Jugendliche von der Einheit denken, Berlin 1993, S. 40ff.

Einheitsbilanz der Ostdeutschen 1994
Veränderungen seit der Wiedervereinigung (Antworten in Prozent der Befragten)

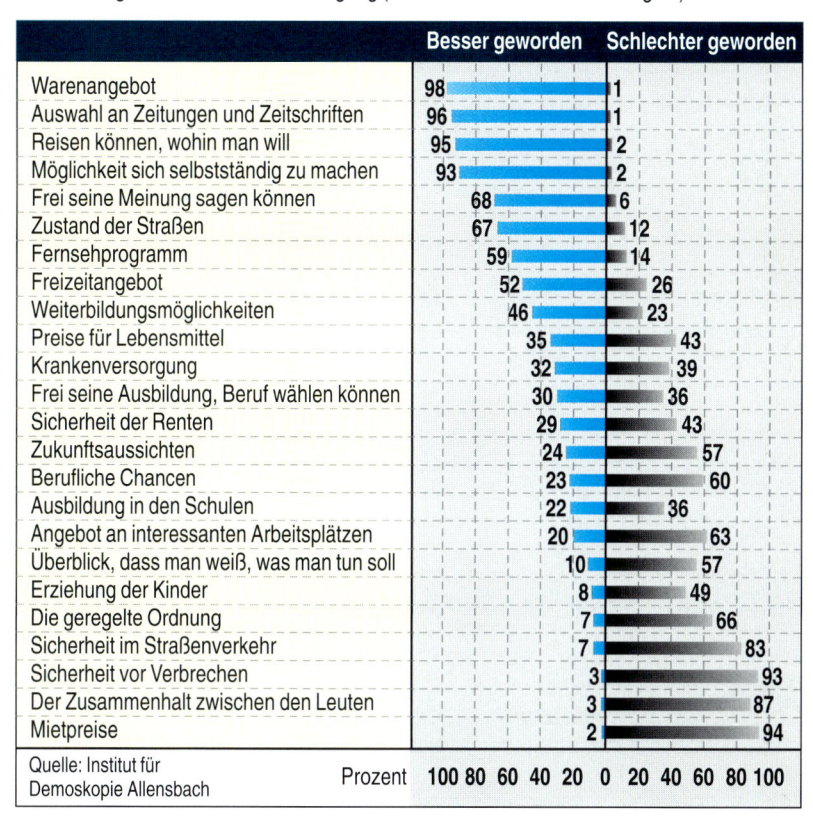

	Besser geworden	Schlechter geworden
Warenangebot	98	1
Auswahl an Zeitungen und Zeitschriften	96	1
Reisen können, wohin man will	95	2
Möglichkeit sich selbstständig zu machen	93	2
Frei seine Meinung sagen können	68	6
Zustand der Straßen	67	12
Fernsehprogramm	59	14
Freizeitangebot	52	26
Weiterbildungsmöglichkeiten	46	23
Preise für Lebensmittel	35	43
Krankenversorgung	32	39
Frei seine Ausbildung, Beruf wählen können	30	36
Sicherheit der Renten	29	43
Zukunftsaussichten	24	57
Berufliche Chancen	23	60
Ausbildung in den Schulen	22	36
Angebot an interessanten Arbeitsplätzen	20	63
Überblick, dass man weiß, was man tun soll	10	57
Erziehung der Kinder	8	49
Die geregelte Ordnung	7	66
Sicherheit im Straßenverkehr	7	83
Sicherheit vor Verbrechen	3	93
Der Zusammenhalt zwischen den Leuten	3	87
Mietpreise	2	94

Quelle: Institut für Demoskopie Allensbach

Persönliche Bilanz: die Einheit – kritisch betrachtet

Christine Böhme, 41 Jahre alt, verheiratet, zwei Söhne, ist arbeitslos. Dieses Missgeschick teilt sie mit 1,17 Millionen nach Arbeit suchenden Menschen in den neuen Bundesländern. Hinzu kommen dort 125 000 Kurzarbeiter. Was es heißt, wenn die Arbeitslosenquote steigt und steigt – im Durchschnitt liegt sie in den neuen Ländern bei 15,4 Prozent –, erleidet Christine Böhme in einer thüringischen Kleinstadt. Bereut sie die Wiedervereinigung? Hat sie die Hoffnung aufgegeben? Danach fragte Katja-Daniela Herta, Gewinnerin des F.A.Z.-Preises „Jugend schreibt" aus dem thüringischen Greiz, die gelernte Industriekauffrau.

Fühlten Sie sich wohl in der DDR?
Ich erhielt die damals übliche Erziehung. Mein Vater war Bürgermeister. Ich ging bis zum erfolgreichen Abschluss zehn Jahre zur Polytechnischen Oberschule (der Einheitsschule der DDR), war Mitglied der Pionierorganisation und später der FDJ (Freie Deutsche Jugend). Es hat mir Spaß gemacht; ich bin überall dabei gewesen. Gleich nach der Lehre heiratete ich. Meine Kinder kamen rasch nacheinander. Ich war einige Jahre Hausfrau und Mutter.
Moment, das war damals nicht üblich; es entsprach nicht dem Ideal. Es gab ja genug Krippen- und Kindergartenplätze; Sie hätten Ihre berufliche Arbeit also nicht lange unterbrechen müssen.
Sicher. Aber ich wollte die ersten Lebensjahre meiner Kinder bewusst erleben. Das war für mich die schönste Zeit, auch wenn mein Verdienst fehlte.
Sie sagten, Ihr Vater sei Bürgermeister gewesen. In dieser Position musste er sicher Parteimitglied sein? Wie beurteilen Sie seine politischen Ansichten?
[Ist von „Partei" die Rede, so ist immer die SED = Sozialistische Einheitspartei gemeint.]
Mein Vater gehörte zu der Generation, die den Schrecken des Kriegs voll miterlebt hatte und sich nach Kriegsende freute, eine neue, eine friedliche Gesellschaft aufzubauen. Er hat daran geglaubt, dafür gekämpft und mich entsprechend seinen Idealen erzogen. Ich war auch Parteimitglied. Zweifel am damaligen System kamen mir erst sehr spät.
Kam es zu diesen Zweifeln allmählich oder hatten Sie ein besonderes Erlebnis?
Ja, in der Abteilung, in der ich arbeitete, war ein Mädel, dessen Eltern wegen Republikflucht in Bautzen saßen. Sie sprach nie viel darüber, aber das, was durchkam ... Da habe ich gedacht, irgendetwas haut nicht mehr hin. Das durfte es doch nicht geben! [...]
Sie waren selbst Parteimitglied. Sprachen Sie Ihre Zweifel aus, zum Beispiel auf Versammlungen?
Oh, ja! Aber alle Diskussionen wurden abgeblockt. In den Westen ausgereiste Parteimitglieder wurden allerdings groß (öffentlich) aus der Partei ausgeschlossen, trotz Gegenstimmen „einstimmig".
Spielten Sie damals mit dem Gedanken, aus der Partei auszutreten? Fürchteten Sie Konsequenzen für sich selbst oder für Ihre Familie?
Erst im Frühjahr 89 hatte ich den Mut, diesen Schritt zu gehen. Ich formulierte eine gepfefferte Begründung und gab den Ausweis ab.

Das war alles. Keinerlei Repressalien [= Maßnahmen zur Unterdrückung]. Niemand wollte mich zum Wiedereintritt überreden. Meine Familie stand voll und ganz hinter mir. Meine Familie war allerdings wesentlich kritischer.
Es kam rasch der Umschwung von „Wir sind das Volk" auf „Wir sind ein Volk". Die Vorbereitungen zur Wiedervereinigung liefen an. Was dachten Sie darüber?
Für mich hatten immer zwei deutsche Staaten existiert und ich war überzeugt, das bleibt so, immer. Als dann Schritt für Schritt die Einheit heranrückte, fand ich das schön. [...]
Wie erlebten Sie die Westdeutschen?
Nett. Sie waren höflich, freuten sich gemeinsam mit uns über den Fall der Mauer. Spontan wurde uns Quartier für die Nacht angeboten. Heute ist das ganz anders. Die Begeisterung und das Freuen übereinander sind vorbei; das Verhältnis ist kalt geworden. [...]

Dieses Zusammenwachsen hat aber auch eine Schattenseite. Viele Menschen sind arbeitslos, ganze Industriezweige gehen kaputt. Ja, auch mein alter Betrieb bekam keine Aufträge mehr. Ein Großteil der Produktion wurde früher in die Ostblockstaaten exportiert, die plötzlich nichts mehr bestellten. Es gab Probleme mit der Firma, die uns übernehmen wollte, und mit der Treuhand. Die alte Betriebsleitung, vormals parteitreu, blieb – bis auf wenige Ausnahmen.
Alles in allem: Ihnen bedeutet die Einheit also noch immer viel?
Eine große Sache. Nie hätte ich gedacht, dass sie mal kommt. Trotz aller Schwierigkeiten, Probleme und Miesmacher ein Grund zur Freude. Natürlich habe ich auch ab und zu einen Durchhänger. Aber ich finde es sehr schlimm, dass immer noch viele gegen die Entwicklung steuern.

Wie meinen Sie das?
Ich habe keine Beweise, es ist nur so ein Gefühl, dass noch immer ein Staat im Staate existiert. Es gibt auch sehr viele Wendehälse.

Katja-Daniela Herta: Die Einheit ist eine große Sache – trotz Arbeitslosigkeit, in: Frankfurter Allgemeine Zeitung vom 21.1.1994, S. 17

4 *Welche positiven/negativen Folgen hat nach eurer Meinung die deutsche Einheit? Begründet.*
5 *Die Unterschiede in der Tabelle beruhen auf unterschiedlichen Lebensverhältnissen und Erfahrungen in Vergangenheit und Gegenwart.*
Welche Veränderungen sind für die Ostdeutschen besonders, welche weniger wichtig? Welche Erklärung könnte es dafür geben?

14.2 Der Schutz der Grund- und Menschenrechte – eine Hauptaufgabe des Staates

14.2.1 Die Grundrechte im Grundgesetz

In der Geschichte der Menschheit spielen die persönlichen Freiheiten (z. B. Freiheit der Person, Versammlungsfreiheit, Meinungsfreiheit u.a.) eine große Rolle. Sie mussten immer wieder von den Untertanen gegen die Obrigkeit (den Herrscher) erkämpft werden.
In Europa gelang dies zuerst in England und dann vor allem während der Französischen Revolution von 1789, als die Vertreter des Volkes selbst die Herrschaft übernahmen. Danach hat es in den meisten Staaten noch etwa 150 Jahre gedauert, bis die Grund-, Bürger-, Menschen- oder Freiheitsrechte in den Verfassungen durchgesetzt werden konnten. In Deutschland wurden sie in die Weimarer Reichsverfassung von 1919 aufgenommen.
Während des „Dritten Reiches" (1933–1945) sind die Menschenrechte millionenfach missachtet worden. Im Grundgesetz der Bundesrepublik Deutschland wurden sie deswegen zusammen mit den Freiheitsrechten als unveräußerliche Grundrechte an den Anfang gestellt. Es handelt sich um

- die Unantastbarkeit der Menschenwürde (Art. 1),
- die Handlungsfreiheit, die Freiheit der Person, das Recht auf Leben und auf körperliche Unversehrtheit (Art. 2),
- die Gleichheit vor dem Gesetz (Art. 3),
- die Gleichberechtigung von Mann und Frau (Art. 3),
- das Verbot einer Benachteiligung wegen Geschlecht, Rasse, Herkunft, religiöser und politischer Überzeugung, Behinderung (Art. 3),
- die Glaubens-, Gewissens- und Bekenntnisfreiheit (Art. 4),
- die Ablehnung von Zwang zum Kriegsdienst mit der Waffe, wenn das eigene Gewissen dagegen spricht (Art. 4),
- die Meinungsfreiheit (Art. 5),
- den Schutz von Ehe und Familie (Art. 6),
- die staatliche Verantwortung für das Schulwesen (Art. 7),
- die Versammlungsfreiheit (Art. 8),
- die Vereinigungsfreiheit (Art. 9),
- das Brief-, Post- und Fernmeldegeheimnis (Art. 10),
- die Freizügigkeit im Bundesgebiet (Art. 11),
- die Berufsfreiheit, das Verbot der Zwangsarbeit (Art. 12),
- die Unverletzlichkeit der Wohnung (Art. 13),
- die Garantie von Eigentum und Erbrecht (Art. 14),
- die Entschädigung bei Sozialisierung (z. B. Enteignung) (Art. 15),
- die Garantie der Staatsangehörigkeit (Art. 16), das Asylrecht (Art. 16a),
- das Petitionsrecht (Art. 17),
- den Schutz der Grundrechte (Art. 18),
- die Gewährung des gesetzlichen Richters (Art. 101) und die Einräumung rechtlichen Gehörs (Art. 103).

Einschränkungen der Grundrechte sind nach dem Grundgesetz (Art. 19) nur in bestimmten (Gefahren-)Situationen möglich. Solche Einschränkungen sind z. B.: das polizeiliche Eindringen in eine Wohnung, wenn dort ein Verbrechen vermutet wird; das Festhalten eines mutmaßlichen Gesetzesübertreters für 24 Stunden; der Einsatz von elektronischen Geräten gegen vermutete Verbrechensabsprachen (hierzu ist eine richterliche Genehmigung erforderlich) oder die richterliche Einschränkung der Versammlungsfreiheit in geschlossenen Räumen, wenn ernsthafte Ausschreitungen und Gefahren erwartet werden.

14.2.2 Die Menschenrechte – jede(r) hat sie

Ein Menschenrecht ist ein Recht, das jedem Menschen – unabhängig von seiner Hautfarbe, Volks- und Religionszugehörigkeit, Alter, Geschlecht – von Natur aus zukommt. Zu diesen Menschenrechten gehört z. B. das Recht auf persönliche Freiheit und körperliche Unversehrtheit, auf Meinungs- und Versammlungsfreiheit, auf die Gleichheit vor dem Gesetz, auf die Gleichberechtigung von Mann und Frau. Diese Freiheiten haben sich seit der Französischen Revolution (1789ff.) herausgebildet. Nach dem Zweiten Weltkrieg haben die Vereinten Nationen ihre „Allgemeine Erklärung der Menschenrechte" (1948) und der Europarat seine „Konvention zum Schutze der Menschenrechte und Grundfreiheiten" verabschiedet (1950). Der Europarat hat einen Gerichtshof für Menschenrechte und eine Europäische Menschenrechtskommission in Straßburg eingerichtet. Vor dem Gerichtshof können Menschenrechtsverstöße in Mitgliedstaaten des Europarats verhandelt werden. Im Jahre 1994 wurden fast 3000 Klagen von Bürgern eingereicht.

Die Verletzung von Menschenrechten wird nicht in allen Staaten und Kulturen gleich streng geahndet. Sie besteht auch nicht „nur" in Folter, Erpressung, körperlichen Beschädigungen. Sie kann auch ganz andere Fälle betreffen, wie die zwei folgenden Beispiele zeigen.

Menschenrechte: kulturabhängig?

[Einer der wichtigsten Schriftsteller der Türkei, Yasar Kemal, 71, hatte in] einem SPIEGEL-Beitrag (2/1995) den Kurdenkrieg der Regierung in Ankara als „Feldzug der Lügen" und den Staat als „System unerträglicher Zwänge und Grausamkeiten" verurteilt. Prompt geriet Kemal als vermeintlicher Vorkämpfer für einen eigenen Kurdenstaat in die Fänge der berüchtigten Staatssicherheitsgerichte. Wie kaum ein anderer Bericht löste die Kritik in der Türkei einen Sturm der Empörung aus. [...]

Ministerpräsidentin Tansu Çiller, so wurde berichtet, habe Kemal einen „Strolch" geschimpft. Sogar der frühere Ministerpräsident und linke Oppositionspolitiker Bülent Ecevit, 1982 selbst wegen eines kritischen SPIEGEL-Beitrags über die Militärjunta in Haft genommen, geißelte Kemal als Nestbeschmutzer, der es darauf anlege, „die Türkei vor ausländischen Institutionen schlecht zu machen". Das Staatssicherheitsgericht in Istanbul, das Kemal am vorigen Montag zum ersten Mal verhörte, will ihm wegen „Propaganda gegen die Unteilbarkeit des Staates" den Prozess machen. Der Autor („Ich bereue keine Zeile") weist alle Anschuldigungen als „puren Hohn" zurück.

Tatsächlich hatte er mit keinem Wort einen Kurdenstaat gefordert. Ausdrücklich verwies Kemal darauf, dass es in der Türkei „nur ganz wenige Kurden" gebe, „die einen unabhängigen Staat haben wollten". Lediglich als akademische Frage hatte der Autor hinzugefügt: „Und wäre es nicht ihr gutes Recht, wenn sie danach verlangt hätten?" Das reichte den eifrigen Juristen.

Der Spiegel vom 30.1.1995

1 Gegen welches Menschenrecht würde eine Verurteilung von Yasar Kemal verstoßen?
2 Sucht Argumente, die ihr vorbringen würdet, um den Schriftsteller zu verteidigen.

Das türkische „Gesetz zur Bekämpfung des Terrors"

Das Gesetzeswerk, aufgrund dessen Yasar Kemal angeklagt wurde, verbietet „schriftliche und mündliche Propaganda, Versammlungen, Kundgebungen und Demonstrationen, die, auf welche Weise, in welcher Absicht und mit welchen Ideen auch immer, darauf abzielen, die unteilbare Einheit von Staat, Staatsgebiet und Nation der Republik Türkei zu zerstören". Höchststrafe: fünf Jahre Gefängnis.

Wichtige Bestimmungen aus der Europäischen Menschenrechtskonvention

Die Europäische Menschenrechtskonvention wurde 1950 vom Europarat in Straßburg verabschiedet und in den folgenden Jahren zum geltenden Recht in vielen Staaten, darunter in der Bundesrepublik Deutschland. Der Europäische Gerichtshof für Menschenrechte in Straßburg sorgt für die rechtliche Durchführung der Prozesse bei Verletzungen von Menschenrechten.

Art. 2,1: Das Recht jedes Menschen auf das Leben wird gesetzlich geschützt.
Art. 3: Niemand darf der Folter oder unmenschlicher oder erniedrigender Strafe oder Behandlung unterworfen werden.
Art. 4,1: Niemand darf in Sklaverei oder Leibeigenschaft gehalten werden.
Art. 4,2: Niemand darf gezwungen werden, Zwangs- oder Pflichtarbeit zu verrichten.
Art. 5,1: Jedermann hat ein Recht auf Freiheit und Sicherheit.
Art. 6,1: Jedermann hat Anspruch darauf, dass seine Sache in billiger Weise öffentlich und innerhalb einer angemessenen Frist gehört wird, und zwar von einem unabhängigen und unparteiischen, auf Gesetz beruhenden Gericht, das über zivilrechtliche Ansprüche und Verpflichtungen oder über die Stichhaltigkeit der gegen ihn erhobenen strafrechtlichen Anklage zu entscheiden hat.
Art. 8,1: Jedermann hat Anspruch auf Achtung seines Privat- und Familienlebens, seiner Wohnung und seines Briefverkehrs.
Art. 9,1: Jedermann hat Anspruch auf Gedanken-, Gewissens- und Religionsfreiheit.
Art. 10,1: Jeder hat Anspruch auf freie Meinungsäußerung.
Art. 11,1: Alle Menschen haben das Recht, sich friedlich zu versammeln und sich frei mit anderen zusammenzuschließen, einschließlich des Rechts, zum Schutze ihrer Interessen Gewerkschaften zu bilden und diesen beizutreten.
Art. 12: Mit Erreichung des Heiratsalters haben Männer und Frauen das Recht, eine Ehe einzugehen und eine Familie nach den nationalen Gesetzen, die die Ausübung dieses Rechts regeln, zu gründen.
Art. 52: Das Urteil des Gerichtshofs ist endgültig.

3 Sammelt Informationen zum Verhältnis zwischen Kurden und Türken in der Türkei. Habt ihr eine Erklärung für das Vorgehen gegen Kemal?

Die Deutsche Kommunistische Partei (DKP) richtete sich wie ihre Vorgängerin, die verbotene KPD, an der sozialistischen Ordnung der DDR aus. Westdeutsche Beamte, die Mitglieder in der DKP waren, liefen Gefahr, aus dem Dienst entlassen zu werden. Gerichte haben jedoch festgelegt, dass eine einfache Mitgliedschaft oder auch eine Kandidatur für ein politisches Mandat als Abgeordnete(r) für eine solche Entlassung nicht ausreicht. Jeder Einzelfall muss auf eventuell verfassungsfeindliche Aktivitäten geprüft werden. Im folgenden Fall musste eine Studienrätin wieder eingestellt werden und erhielt eine Entschädigung vom Land Niedersachsen.

Kolumbien: Kinderarbeit

Menschenrechtskommission gibt Beschwerde einer Lehrerin gegen Berufsverbot statt

Die Englisch- und Französischlehrerin Dorothea Vogt aus Jever (Kreis Friesland), die wiederholt bei Landtags- und Bundestagswahlen für die DKP kandidierte und deswegen 1986 aus dem Beamtenverhältnis entlassen wurde, hat sich mit ihrer Beschwerde gegen das Berufsverbot bei der Europäischen Menschenrechtskommission durchgesetzt. Nach fast dreijährigem Verfahren, in dem die Bundesrepublik durch das Bundesjustizministerium vertreten war, beschloss die Kommission mit 13:1 Stimmen, mit dem Berufsverbot gegen Dorothea Vogt seien zwei Artikel der Europäischen Menschenrechtskonvention verletzt worden: die Artikel über die Meinungs- und über die Vereinigungsfreiheit.
Die Kommunistin hatte seit 1977 als Studienrätin in Jever gearbeitet und war 1979 zur Beamtin auf Lebenszeit ernannt worden. Ihre beruflichen Leistungen fanden bei den Dienstvorgesetzten volle Anerkennung; auch die Schüler und deren Eltern standen zu ihr. Im Berufsverbotsverfahren warfen ihr die niedersächsischen Behörden keinerlei Äußerungen vor, mit denen sie im Unterricht versucht hätte, die Schüler zu indoktrinieren. Was man ihr anlastete, war einzig ihr außerschulisches Engagement für die DKP. Das Land Niedersachsen, damals von CDU und FDP regiert, setzte sich beim Verwaltungsgericht Oldenburg und im Berufungsverfahren beim Oberverwaltungsgericht Lüneburg gegen Dorothea Vogt durch, der alle Verfahrenskosten aufgebürdet wurden […]
Nach ihrem Misserfolg (beim Bundesverfassungsgericht) in Karlsruhe rief die Kommunistin die Europäische Menschenrechtskommission an. […]
In diesem Zusammenhang weist die Kommission darauf hin, dass die DKP – anders als die 1956 verbotene KPD – nicht in einem Verfahren, wie es das Grundgesetz vorschreibt, für verfassungswidrig erklärt worden ist und dass der Begriff „verfassungsfeindlich", den die deutschen Behörden und einige Verwaltungsgerichte gegen die Partei anführen, im Grundgesetz nicht vorkommt. Die Kommission unterstreicht die Bedeutung der Meinungsfreiheit als „Eckstein der Prinzipien von Demokratie und Menschenrechten."

Eckhard Spoo in: Frankfurter Rundschau vom 8.9.1994

Obdachloser in Düsseldorf

> Adresse einer Organisation, die sich um die Opfer von Menschenrechtsverletzungen kümmert:
> Amnesty International,
> Heerstr. 178, 53111 Bonn

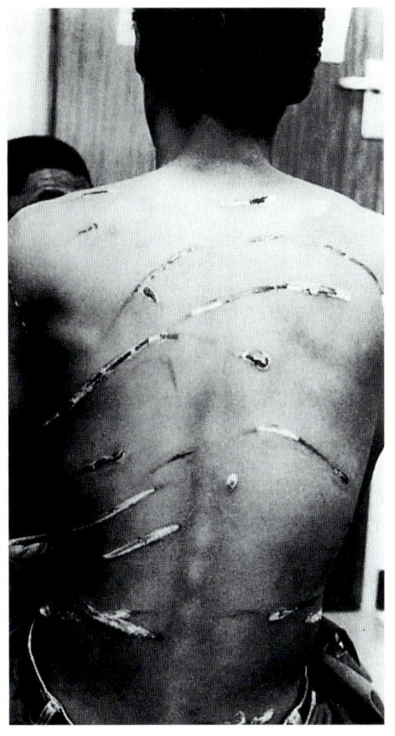

Folterung politischer Gegner in Somalia　　　*Gewalt in der Familie*

4 Was hat das Land Niedersachsen seinerzeit bewogen, die Lehrerin aus dem Dienst zu entlassen? Stimmt ihr überein?

5 Aus welchen Gründen hat die Europäische Menschenrechtskommission anders entschieden?

6 Vergleicht die hier genannten Menschenrechte mit den entsprechenden Artikeln des Grundgesetzes.

7 Was müsste in einer Europäischen Konvention der „Kinder- und Jugendlichenrechte" stehen? Macht einen Entwurf.

Auch hier wird die Menschenwürde verletzt

Fast täglich kann man Bilder sehen und Nachrichten verfolgen, in denen Menschen ihrer Freiheit beraubt werden oder man verwehrt ihnen die notwendige Nahrung, Unterkunft und Arbeit, verfolgt sie als Minderheit, wegen ihrer Rasse, Religion, ihres Geschlechts, ihrer politischen Einstellung usw.

8 Beschreibt die Bilder auf dieser Doppelseite. Worin seht ihr eine Verletzung der Menschenwürde? Nehmt den Kasten „Europäische Menschenrechtskonvention", S. 225, zu Hilfe.

14.3 Das Grundgesetz – die Verfassung der Bundesrepublik Deutschland

14.3.1 Die freiheitliche demokratische Grundordnung – Kernstück unserer Verfassung

Die DDR trat am 3. Oktober 1990 nach dem damaligen Art. 23 GG der Bundesrepublik Deutschland bei. So war dieses 1949 als vorläufige Verfassung gedachte Grundgesetz wieder die „Geburtsurkunde" für den neuen gemeinsamen Staat.
Als die Westmächte beschlossen, aus ihren drei Besatzungszonen einen neuen (west-)deutschen Staat zu bilden, konnte niemand diese Entwicklung voraussehen. Am 1. 9. 1948 trat in Bonn der Parlamentarische Rat zusammen, um für den westdeutschen Staat eine Verfassung auszuarbeiten. Dem Parlamentarischen Rat gehörten 4 Frauen und 61 Männer aus allen damaligen Parteien an, die von den Parlamenten der westdeutschen Länder gewählt worden waren (außerdem fünf Vertreter aus den drei Westsektoren Berlins als Gäste). Am 8. Mai 1949 verabschiedete der Parlamentarische Rat mit großer Mehrheit das Grundgesetz. Man nannte es „Grundgesetz" und nicht „Verfassung", um deutlich zu machen, dass man erst dann wieder eine Verfassung für ganz Deutschland schaffen könne, wenn die Teilung Deutschlands überwunden sei. Am 23. Mai 1949 konnte das Grundgesetz verkündet werden und am 24. Mai in Kraft treten.

1 Vergleicht die Situation vom 8. Mai 1945 (siehe Abschnitt 14.1.1) mit der vom 8. Mai 1949.

14 Der Staat, in dem wir leben

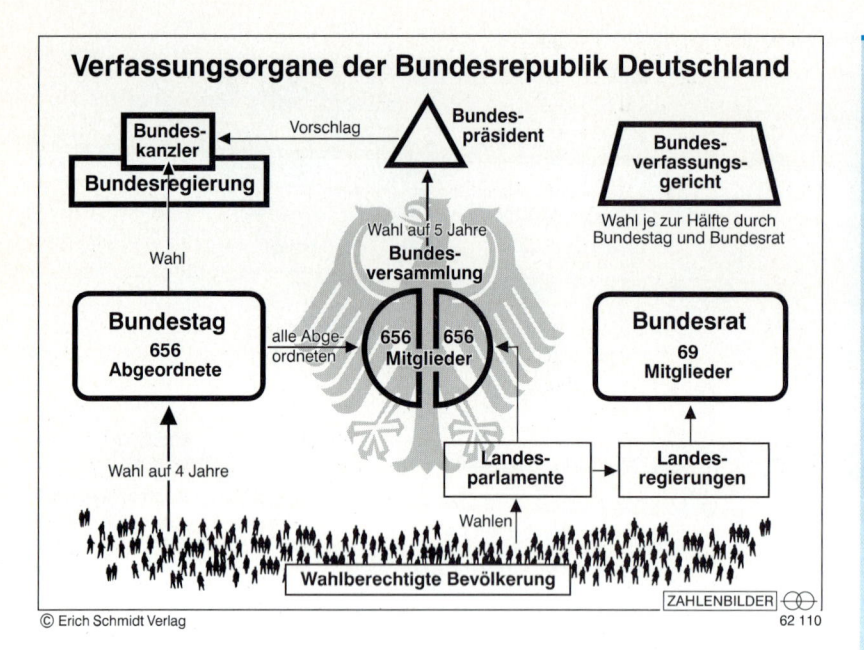

Verfassungsorgane der Bundesrepublik Deutschland

(Schaubild: Bundeskanzler/Bundesregierung – Vorschlag – Bundespräsident – Bundesverfassungsgericht; Wahl je zur Hälfte durch Bundestag und Bundesrat; Bundesversammlung 656+656 Mitglieder, Wahl auf 5 Jahre; Bundestag 656 Abgeordnete, Wahl auf 4 Jahre; alle Abgeordneten; Bundesrat 69 Mitglieder; Landesparlamente, Landesregierungen; Wahlen; Wahlberechtigte Bevölkerung)

© Erich Schmidt Verlag / ZAHLENBILDER 62 110

2 Was macht ihr in der Schule oder im Politikunterricht, wenn „Verfassungstag" ist? Welche Vorschläge fallen euch ein?

Das Grundgesetz (GG) benennt in Art. 21 (2) mit drei Worten die Eigenart der staatlichen und gesellschaftlichen Organisation des Landes, in dem wir leben: freiheitliche demokratische Grundordnung.

Beschreibung der freiheitlichen demokratischen Grundordnung durch das Bundesverfassungsgericht
[Sie ist eine Ordnung,] die unter Ausschluss jeglicher Gewalt und Willkürherrschaft eine rechtsstaatliche Herrschaftsordnung auf der Grundlage der Selbstbestimmung des Volkes nach dem Willen der jeweiligen Mehrheit und der Freiheit und Gleichheit darstellt.
Zu den grundlegenden Prinzipien dieser Ordnung sind mindestens zu rechnen:
die Achtung vor den im GG konkretisierten Menschenrechten, vor allem vor dem Recht der Persönlichkeit auf Leben und freie Entfaltung,
die Volkssouveränität,
die Gewaltenteilung,
die Verantwortlichkeit der Regierung,
die Gesetzmäßigkeit der Verwaltung,
die Unabhängigkeit der Gerichte,
das Mehrparteienprinzip und die Chancengleichheit für alle politischen Parteien mit dem Recht auf verfassungsmäßige Bildung und Ausübung einer Opposition.

BVerfGE 2, 1(12 f.) zitiert nach: Konrad Hesse: Grundzüge des Verfassungsrechts der Bundesrepublik Deutschland, Karlsruhe 1986, S. 56

3 Versucht die einzelnen Prinzipien im GG aufzufinden und zu erklären.

14.3.2 Die Verfassung muss geschützt werden

Neben den Bestimmungen im Art. 79 GG, der die gleichsam „legale" Abschaffung unserer staatlichen und gesellschaftlichen Ordnung verhindern soll, enthält das GG in den Art. 18, 20 und 21 weitere Sicherungen, die vor einer grundlegenden Umwälzung der freiheitlichen demokratischen Grundordnung schützen sollen. In der Zurückweisung von Angriffen auf die verfassungsmäßige Ordnung der Bundesrepublik erweist die Demokratie sich als „streitbare", „abwehrbereite" oder „wehrhafte Demokratie".

Auszüge aus dem Grundgesetz
Artikel 79 [Änderung des Grundgesetzes]
(1) Das Grundgesetz kann nur durch ein Gesetz geändert werden, das den Wortlaut des Grundgesetzes ausdrücklich ändert oder ergänzt. [...]

Die deutsche Nationalhymne
Das „Lied der Deutschen" von August Heinrich Hoffmann von Fallersleben aus dem Jahre 1841 wurde 1922 vom damaligen Reichspräsidenten Friedrich Ebert zur offiziellen deutschen Nationalhymne erklärt.
Im Jahr 1952 wurde das „Deutschlandlied" nach einem Briefwechsel zwischen Bundespräsident Heuss und Bundeskanzler Adenauer zur Nationalhymne für die Bundesrepublik Deutschland bestimmt.
Im August 1991, nach der deutschen Einigung, legten Bundespräsident von Weizsäcker und Bundeskanzler Kohl in einem Briefwechsel rechtsverbindlich fest, dass zukünftig nur die dritte Strophe Nationalhymne sei. Diese lautet:
*Einigkeit und Recht und Freiheit
für das deutsche Vaterland!
Danach lasst uns alle streben
brüderlich mit Herz und Hand!
Einigkeit und Recht und Freiheit
sind des Glückes Unterpfand.
Blüh im Glanze dieses Glückes, blühe
deutsches Vaterland!*

Nationaler Feiertag: 3. Oktober (Tag der deutschen Einheit 1990)
Gedenktag für die Opfer des Nationalsozialismus: 27. Januar (Befreiung des KZ-Lagers Auschwitz 1945)

(2) Ein solches Gesetz bedarf der Zustimmung von zwei Dritteln der Mitglieder des Bundestages und zwei Dritteln der Stimmen des Bundesrates.
(3) Eine Änderung dieses Grundgesetzes, durch welche die Gliederung des Bundes in Länder, die grundsätzliche Mitwirkung der Länder bei der Gesetzgebung oder die in den Artikeln 1 und 20 niedergelegten Grundsätze berührt werden, ist unzulässig.

Artikel 20 (4) Gegen jeden, der es unternimmt, diese Ordnung zu beseitigen, haben alle Deutschen das Recht zum Widerstand, wenn andere Abhilfe nicht möglich ist.

Artikel 18 [Verwirkung von Grundrechten]
Wer die Freiheit der Meinungsäußerung, insbesondere die Pressefreiheit (Artikel 5 Abs. 1), die Lehrfreiheit (Artikel 5 Abs. 3), die Ver-

sammlungsfreiheit (Artikel 8), die Vereinigungsfreiheit (Artikel 9), das Brief-, Post- und Fernmeldegeheimnis (Artikel 10), das Eigentum (Artikel 14) oder das Asylrecht (Artikel 16 a) zum Kampfe gegen die freiheitliche demokratische Grundordnung missbraucht, verwirkt diese Grundrechte. Die Verwirkung und ihr Ausmaß werden durch das Bundesverfassungsgericht ausgesprochen.

Artikel 21 [Parteien]
(1) Die Parteien wirken bei der politischen Willensbildung des Volkes mit. Ihre Gründung ist frei. Ihre innere Ordnung muss demokratischen Grundsätzen entsprechen. Sie müssen über die Herkunft und Verwendung ihrer Mittel sowie über ihr Vermögen öffentlich Rechenschaft geben.
(2) Parteien, die nach ihren Zielen oder nach dem Verhalten ihrer Anhänger darauf ausgehen, die freiheitliche demokratische Grundordnung zu beeinträchtigen oder zu beseitigen oder den Bestand der Bundesrepublik Deutschland zu gefährden, sind verfassungswidrig. Über die Frage der Verfassungswidrigkeit entscheidet das Bundesverfassungsgericht.
(3) Das Nähere regeln Bundesgesetze.

1 Besprecht, warum gerade die im Abs. 3 des Art. 79 GG genannten Teile unserer Verfassung unabänderlich gelten sollen.
2 Die Bestimmungen des Art. 79 GG binden nicht nur diejenigen, die dem Grundgesetz seinerzeit zugestimmt haben, sondern auch die nachfolgenden Generationen, z. B. euch. Haltet ihr eine solche Bindung für gerechtfertigt? Begründet eure Meinung.
3 Begründet, warum nur das Bundesverfassungsgericht dazu ermächtigt ist, die jeweiligen Entscheidungen zu treffen:
  – Warum sollen nicht die Polizei oder eine andere Behörde oder das Parlament die Verwirkung von Grundrechten und die Verfassungswidrigkeit von Parteien feststellen dürfen?
  – Welche Gefahren entstünden?
  – Welche Grundsätze der freiheitlichen demokratischen Grundordnung könnten verletzt werden?
4 Wie können die einzelnen Bürger/innen die Verfassung schützen? Welche Möglichkeiten sieht das Grundgesetz dafür vor?

14.3.3 Auch die Verfassung kann geändert werden

Die Verfassung legt die Grundlagen der staatlichen Ordnung fest. Da jedoch die gesellschaftliche und politische Entwicklung in einem Land nicht still steht, hat dies auch Folgen für die Verfassung. Eine Verfassungsänderung ist nicht leicht durchzusetzen. Man benötigt dafür 2/3 der Stimmen aller Bundestagsabgeordneten und des Bundesrates. Durch die deutsche Vereinigung hat sich eine neue Situation ergeben. Die Gemeinsame Verfassungskommission von Bundestag und Bundesrat hat daraufhin das Grundgesetz überprüft und ihre Arbeit zur Abstimmung vorgelegt.

Ein Beispiel für eine Verfassungsänderung

Seit 1949 heißt es in Art. 3 des Grundgesetzes:
„Alle Menschen sind vor dem Gesetz gleich. Männer und Frauen sind gleichberechtigt." Nach Beschluss der Verfassungskommission (1993) wird nun folgender Satz angehängt: „Der Staat fördert die tatsächliche Durchsetzung der Gleichberechtigung von Frauen und Männern und wirkt auf die Beseitigung bestehender Nachteile hin."
Das ist weniger, als die Frauen gefordert hatten, aber mehr, als ihnen jemals in der Geschichte von der männlichen Mehrheit zugestanden worden ist. In der Weimarer Reichsverfassung hieß es lediglich, dass Frauen und Männer die gleichen staatsbürgerlichen Rechte und Pflichten haben. Viel mehr wollte auch der Parlamentarische Rat der weiblichen Hälfte der Bevölkerung nicht zugestehen, als es an die Formulierung des Grundgesetzes ging. Um keinen Artikel gab es mehr Streit als um Art. 3. Und die für damalige Zeiten fast revolutionäre Feststellung „Männer und Frauen sind gleichberechtigt" fand eine Mehrheit erst, nachdem die vier fast vergessenen Mütter des Grundgesetzes – Elisabeth Selbert (SPD), Helene Weber (CDU), Helene Wessel (Zentrum) und Friederike Nadig (SPD) – massiven öffentlichen Druck mobilisieren konnten.
Obwohl die Gleichberechtigung nun also Verfassungsrang hatte, sah die Realität noch jahrelang anders aus, vor allem für verheiratete Frauen.
Sie hatten in den ersten Jahren der Republik nicht einmal Vollmacht für ein gemeinsames Bankkonto: Der Ehemann konnte das Arbeitsverhältnis seiner Frau jederzeit kündigen, auch gegen ihren Willen, und sie umgekehrt zu einer außerhäuslichen Berufsarbeit zwingen. Ein so genanntes Doppelverdienergesetz erlaubte damals die Entlassung verheirateter Beamtinnen. Väter hatten ganz allein das letzte Wort in allen Fragen der Kindererziehung, obwohl sie sich im Alltag kaum um die Kinder kümmerten. Es dauerte Jahrzehnte, bis auch nur auf dem Papier die Gleichberechtigung hergestellt war. Einer der letzten Bausteine war 1993 die Reform des Namensrechts.

Renate Faerber-Husemann: Eine Quote – aber immerhin Präzisierung, in: Das Parlament Nr. 2 vom 14.1.1994, S. 11

> **Art. 31 Einigungsvertrag [Familie und Frauen]**
> (19) Es ist Aufgabe des gesamtdeutschen Gesetzgebers, die Gesetzgebung zur Gleichberechtigung zwischen Männern und Frauen weiterzuentwickeln.

1 In welchen Bereichen (in Beruf und Alltag) sind Frauen auch heute noch Männern gegenüber benachteiligt (Vergleicht auch mit Kapitel 3)?
2 Welche Gründe haben nach eurer Meinung für die Erweiterung des Artikels 3 GG gesprochen?
3 Welche Folgen hat die Erweiterung des Artikels 3 GG für die Politik der Regierung und für die Frauen?

Karikatur: Leger

Das Bundesverfassungsgericht

Präsident zugleich Vorsitzender eines Senats
Vizepräsident zugleich Vorsitzender eines Senats

Erster Senat — Zweiter Senat

Wahlausschuß des Deutschen Bundestages 12 Mitglieder — wählt die Hälfte der Richter jedes Senats

Das Bundesverfassungsgericht entscheidet unter anderem
- über Verfassungsbeschwerden
- über Streitigkeiten zwischen Bundesorganen oder zwischen Bund und Ländern
- über die Vereinbarkeit von Bundes- oder Landesrecht mit dem Grundgesetz
- über die Verfassungswidrigkeit von Parteien

Bundesrat — wählt die Hälfte der Richter jedes Senats

© Erich Schmidt Verlag — ZAHLENBILDER 129 015

14.3.4 Das Bundesverfassungsgericht: Hüter der Verfassung

Stichwort: Bundesverfassungsgericht

Das Bundesverfassungsgericht mit Sitz in Karlsruhe ist ein allen übrigen Verfassungsorganen gegenüber selbstständiger und unabhängiger Gerichtshof des Bundes (§ 1 Bundesverfassungsgerichtsgesetz – BVerfGG). Es entscheidet grundsätzlich verfassungsrechtliche Fragen, unterzieht aber auch politische Fragen einer rechtlichen Würdigung. Die Entscheidungen des Bundesverfassungsgerichts binden die Verfassungsorgane des Bundes und der Länder sowie alle Gerichte und Behörden. In bestimmten Fällen haben seine Entscheidungen Gesetzeskraft.

Das Bundesverfassungsgericht besteht aus zwei Senaten mit je acht Richtern, die weder dem Bundestag, dem Bundesrat, der Bundesregierung noch entsprechenden Landesorganen angehören dürfen. Drei Richter jedes Senats müssen mindestens drei Jahre an einem obersten Gerichtshof des Bundes tätig gewesen sein. Die Amtszeit der Verfassungsrichter dauert zwölf Jahre, längstens bis zum 68. Lebensjahr. Die Richter jedes Senats werden je zur Hälfte von Bundestag und Bundesrat gewählt. Dabei erfolgt die Wahl der vom Bundestag zu berufenden Richter indirekt durch zwölf Wahlmänner, die auf Vorschlag der Fraktionen aus der Mitte des Bundestags bestimmt wurden, während der Bundesrat die von ihm zu berufenden Richter direkt mit zwei Dritteln der Stimmen seiner Mitglieder wählt. Bundestag und Bundesrat benennen im Wechsel den Präsidenten des Bundesverfassungsgerichts und seinen Stellvertreter.

Die im Bewusstsein der Öffentlichkeit wichtigsten Aufgaben des Bundesverfassungsgerichts liegen in der Überprüfung der Verfassungsmäßigkeit von Gesetzen (Normenkontrolle) und in der Entscheidung über Verfassungsbeschwerden. Die Zuständigkeit im Einzelnen ergibt sich aus Art. 93 Grundgesetz (GG), zusammenfassend aus § 13 BVerfGG. Danach befindet das Gericht u. a. über

- die Verwirkung von Grundrechten (Art. 18 GG)
- die Verfassungswidrigkeit von Parteien (Art. 21 Abs. 2 GG)
- Beschwerden in Wahlprüfungsangelegenheiten (Art. 41 Abs. 2 GG)
- Richteranklagen (Art. 98 Abs. 2 u. 5 GG)
- Auslegung des Grundgesetzes (Art 93 Abs. 1 Nr. 1 GG)
- die Vereinbarkeit von Bundes- und Landesrecht mit dem Grundgesetz (Art. 93 Abs. 1 Nr. 2 GG)
- Verfassungsbeschwerden von jedermann wegen Verletzung der Grundrechte durch die öffentliche Gewalt (Art. 93 Abs. 1 Nr. 4a GG)
- Verfassungsbeschwerden von Gemeinden und Gemeindeverbänden wegen Verletzung des Rechts auf Selbstverwaltung (Art. 93 Abs. 1 Nr. 4b GG)

Informationen zur politischen Bildung Nr. 216/1991, S. 31

Wichtige Urteile des Bundesverfassungsgerichts

– Trotz der in Art. 3 GG festgelegten Gleichberechtigung von Mann und Frau blieb der Mann durch Bestimmungen des Bürgerlichen Gesetzbuches (BGB) weiterhin in Ehe und Familie eindeutig privilegiert. Nach Art. 117 GG musste das alte Familienrecht spätestens Ende März 1953 außer Kraft treten. Der Bundestag schaffte bis zu diesem Tag kein verfassungskonformes Familienrecht. Das BVerfG erklärte den Art. 3 zur gültigen Rechtsnorm.

– Als der Bundestag zwanzig Jahre verstreichen ließ, ohne die Diskriminierung des unehelichen Kindes aufzuheben – so die Forderung in Art. 6 GG –, setzte das BVerfG dafür eine Frist und stellte fest: Widrigenfalls müssen die Gerichte diesen Kindern ihr gleiches Recht nach der Verfassung selbst verschaffen.

– Diäten: Die Abgeordnetenentschädigung muss versteuert werden.

– Die 5%-Klausel bei Bundestagswahlen ist nicht verfassungswidrig.

– Der durch die Notstandsgesetze neu gefasste Art. 10 GG, der das Abhören der Telefone zum Schutz der freiheitlich-demokratischen Grundordnung aufgrund eines Gesetzes unter Ausschluss des Rechtsweges erlaubt (Brief-, Post- und Fernmeldegeheimnis), ist kein Verstoß gegen die den Rechtsstaat charakterisierende Rechtsweggarantie (Art. 19 Abs. 4).

– Im Urteil zum Grundlagenvertrag wird zwar dieser nicht als grundgesetzwidrig verworfen, aber zugleich wird festgelegt, dass das Deutsche Reich fortbestehe, dass die DDR kein Ausland und dass die Grenze zur DDR mit den Grenzen zwischen den Bundesländern vergleichbar ist.

– Im Urteil zum Radikalenerlass wurde sowohl der Begriff des Verfassungsfeindes und damit ein Freund-Feind-Denken akzeptiert als auch der Exekutive die Möglichkeit des Berufsverbots gegeben.

– Die Wehrpflicht-Novelle (1977), die die Kriegsdienstverweigerung aus Gewissensgründen durch Erklärung der Bürger und nicht durch eine „Gewissenserforschung" durch Prüfungsausschüsse ermöglichte, wurde verworfen.

– Im sog. Bodenreformurteil wurden Verfassungsbeschwerden gegen den Einigungsvertrag zurückgewiesen, der die Anerkennung von Enteignungen in der früheren SBZ zwischen 1945 und 1949 vorsieht.

– Bei der ersten gesamtdeutschen Bundestagswahl 1990 musste für das Wahlgebiet West und Ost die 5%-Sperrklausel getrennt angewandt werden.

Franz Neumann in: Drechsler u.a.: Gesellschaft und Staat, München 9 1995, S. 133f. (gekürzt)

1 *Worin bestehen Aufgabe und Funktion des BVerfG? Was darf es/darf es nicht? Woran muss es sich strikt halten? Wer kontrolliert die Kontrolleure?*
2 *Schlagt im Grundgesetz die Artikel nach, die im Text „Stichwort: Bundesverfassungsgericht" erwähnt werden.*

Welche Stellung nimmt das BVerfG im Rahmen der Gewaltenteilung ein?
3 *Kritiker sagen: Das BVerfG ist ein „undemokratischer Ersatzgesetzgeber", ein „Superparlament", es führt zur „Diktatur der Justiz". Diskutiert diese Meinung anhand von Urteilen.*

14.4 Von der Ausübung politischer Macht

14.4.1 Gewaltenteilung und repräsentative Demokratie

Die Ausübung politischer Herrschaft vollzieht sich in der repräsentativen Demokratie der Bundesrepublik Deutschland – in einer Demokratie also, in der die Bürger von gewählten Vertretern (Abgeordneten) vertreten (repräsentiert) werden – mit Hilfe zahlreicher Einrichtungen (Institutionen) und – teilweise recht kompliziert anmutender – Verfahrensweisen (politischen Prozessen).

Stichwort: Gewaltenteilung

Gewaltenteilung [ist ein] Verfassungsgrundsatz, der eine Gewaltenkonzentration der Staatsgewalt an einer Stelle, in einer Person oder in einer gesellschaftlichen Gruppe verhindern will. Durch Aufteilung der Gewalt auf die drei staatlichen Funktionen und Organe der Gesetzgebung, der Regierung und der Rechtsprechung sollen Freiheit im Sinne des Rechtsstaates und Kontrolle der Macht ermöglicht werden.

[...] Das Grundgesetz verankerte die Gewaltenteilung als einen Verfassungsgrundsatz, der ebenso wie Demokratie, Sozialstaat und Rechtsstaat jeder Verfassungsänderung entzogen ist: Die vom Volke ausgehende Staatsgewalt wird durch besondere Organe der Gesetzgebung, der vollziehenden Gewalt und der Rechtsprechung ausgeübt (Art. 20).

Diese Verteilung auf drei besondere Organe bedeutet jedoch innerhalb eines parlamentarischen Regierungssystems keine starre Dreiteilung; zwischen der Legislative [= gesetzgebenden Gewalt] und Exekutive [= vollziehenden Gewalt] bestehen enge Verbindungen, die sich vor allem in der Bestellung oder Abberufung der Bundesregierung durch die Bundestagsmehrheit und in der Beteiligung der Bundesregierung an der Gesetzgebung zeigen.

[...] Auch die rechtsprechende Gewalt (Judikative) [ist] nicht absolut von den anderen beiden Gewalten getrennt, da die Mitglieder des Bundesverfassungsgerichts je zur Hälfte vom Bundestag und vom Bundesrat gewählt werden.

Herbert Schweiger: Artikel „Gewaltenteilung", in: Drechsler u. a. (Hg.): Gesellschaft und Staat. Lexikon der Politik, München 9 1995, S. 348 f.

Heute spricht man auch von Gewaltentrennung, da eine strikte Gewaltenteilung nicht stattfindet. In der Praxis gehen die drei Gewalten, insbesondere die gesetzgebende Gewalt und die Regierung, z. T. ineinander über.

1 *Haltet ihr es trotz der verschiedenen Verbindungen zwischen den drei Gewalten für gerechtfertigt, von Gewaltenteilung zu sprechen? Begründet.*

Die repräsentative Demokratie: Herrschaft durch Volksvertreter

Demokratie heißt „Herrschaft des Volkes". In einem großen Staat kann das Volk nicht direkt, das heißt unmittelbar, herrschen. Das Volk wählt deshalb Vertreter, man sagt auch Repräsentanten, in ein Parlament. Die Volksvertreter beschließen stellvertretend für das Volk die Gesetze und kontrollieren, das heißt beaufsichtigen, die Regierung. Die Regierung ist die Leitung eines Staates.

Von einer repräsentativen Demokratie spricht man, wenn die Volksvertreter frei sind, nach eigenem Urteil politisch zu entscheiden. Ihre Wähler haben keine Möglichkeit sie abzurufen oder ihnen Weisungen zu erteilen. Die Abgeordneten können sogar die Partei verlassen, als deren Mitglieder sie sich um einen Sitz im Parlament beworben haben, und doch behalten sie den Sitz bis zur nächsten Wahl. Der Sinn dieser Regelung ist, den einzelnen Abgeordneten im Parlament möglichst unab-

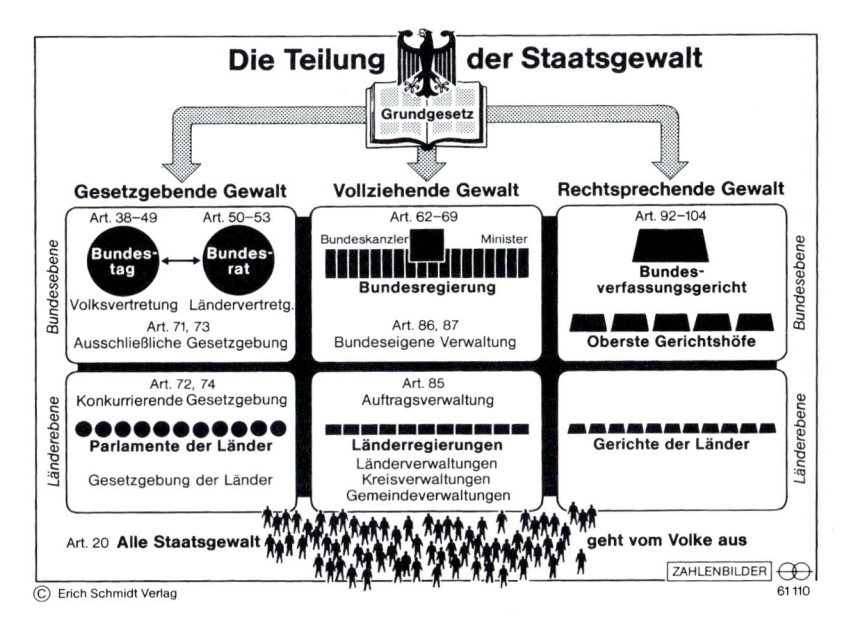

Die Teilung der Staatsgewalt

Grundgesetz

	Gesetzgebende Gewalt	Vollziehende Gewalt	Rechtsprechende Gewalt
Bundesebene	Art. 38–49 / Art. 50–53 — Bundestag ↔ Bundesrat — Volksvertretung / Ländervertretg. — Art. 71, 73 Ausschließliche Gesetzgebung	Art. 62–69 — Bundeskanzler / Minister — Bundesregierung — Art. 86, 87 Bundeseigene Verwaltung	Art. 92–104 — Bundesverfassungsgericht — Oberste Gerichtshöfe
Länderebene	Art. 72, 74 Konkurrierende Gesetzgebung — Parlamente der Länder — Gesetzgebung der Länder	Art. 85 Auftragsverwaltung — Länderregierungen — Länderverwaltungen / Kreisverwaltungen / Gemeindeverwaltungen	Gerichte der Länder

Art. 20 Alle Staatsgewalt geht vom Volke aus

© Erich Schmidt Verlag — ZAHLENBILDER 61 110

14 Der Staat, in dem wir leben

hängig zu machen. Nur dann, so glauben die Anhänger der repräsentativen Demokratie, sind die Mitglieder eines Parlamentes frei und stark genug, um die Regierung zu kontrollieren.

Anhänger der direkten Demokratie fürchten, dass in der repräsentativen Demokratie zu viel von dem Grundgedanken verloren geht, dass das ganze Volk herrschen soll. Sie wollen möglichst viel von der direkten Demokratie erhalten, wie sie früher in kleinen selbstständigen Landgemeinden möglich war: Alle Bürger stimmten über alle Fragen des gemeinsamen Lebens zu jeder Zeit frei ab.

Sind in der Verfassung eines Staates Abstimmungen des ganzen Volkes über bestimmte Gesetze vorgesehen, bleiben Merkmale der direkten Demokratie gewahrt. Das gilt auch, wenn der Präsident eines Staates vom ganzen Volk direkt gewählt wird.

H. Kammer/E. Bartsch: Jugendlexikon Politik, Reinbek 1994, S. 168 f.

2 Welche Gründe sprechen für die Vertretung des Volkes durch gewählte Abgeordnete (indirekte, parlamentarische Demokratie), welche sprechen dagegen (direkte Demokratie)?

3 Welche Möglichkeiten der politischen Teilnahme haben die Bürger/innen während einer Wahlperiode?

4 Für welche Art der Bürgerbeteiligung an wichtigen politischen Fragen entscheidet ihr euch? Begründet.

14.4.2 Bundesregierung und Bundeskanzler

Stichwort: Bundesregierung

Bundesregierung heißt die Regierung eines Bundesstaates. Die Bundesrepublik Deutschland ist ein Bundesstaat. Ihre Bundesregierung besteht aus dem Bundeskanzler und den Bundesministern. Der Bundeskanzler ist der Chef der Bundesregierung.

Die Bundesregierung regiert die Bundesrepublik. Sie ist oberste ausführende, man sagt auch vollziehende Gewalt. Sie hat die Verantwortung, dass die vom Bundestag beschlossenen Gesetze ausgeführt werden. Der Bundestag ist die Vertretung des Volkes der Bundesrepublik.

Die Bundesregierung bringt Gesetze ein, das bedeutet, sie schlägt Gesetze vor, wie auch Bundesrat und Bundestag. Sie regelt außerdem die Beziehungen der Bundesrepublik zu anderen Staaten.

Die Bundesregierung wird entweder von einer Partei gebildet oder es schließen sich mehrere Parteien zu einer Koalition, das heißt zu einem Bündnis, zusammen. Man spricht in diesem Fall von einer Koalitionsregierung. Die Zusammensetzung der Bundesregierung hängt von dem Ergebnis der Bundestagswahl ab. Der Bundeskanzler wird auf Vorschlag des Bundespräsidenten vom Bundestag gewählt und dann vom Bundespräsidenten ernannt. Die Bundesminister werden auf Vorschlag des Bundeskanzlers vom Bundespräsidenten ernannt und entlassen.

Wird eine Koalitionsregierung gebildet, sind vor der Ernennung der Bundesminister ausführliche Besprechungen zwischen dem Kanzler und den Parteien notwendig. Parteien haben unterschiedliche Auffassungen, wie das Zusammenleben der Menschen im Staat geregelt werden soll. In so genannten Koalitionsgesprächen wird versucht, die unterschiedlichen Meinungen aufeinander abzustimmen. Die Parteien müssen sich einigen, damit sie gemeinsam regieren können.

In der Bundesrepublik bestimmen drei Prinzipien, das heißt drei Grundsätze, die Zusammenarbeit zwischen dem Bundeskanzler und den Bundesministern.

Das Kanzlerprinzip: Der Bundeskanzler bestimmt die Richtlinien der Politik (Art. 65 GG: „Richtlinienkompetenz") und ist dadurch den Ministern übergeordnet.

Das Ressortprinzip: Jeder Bundesminister leitet seinen Aufgabenbereich – das ist ein Ressort – in eigener Verantwortung. Er darf sich jedoch nicht in Widerspruch setzen zu den Richtlinien des Bundeskanzlers.

Das Kollegialprinzip: Meinungsverschiedenheiten zwischen den Bundesministern werden von der Bundesregierung durch Mehrheitsbeschluss entschieden. In diesem Kollegium ist der Kanzler „primus inter pares", das heißt „Erster unter Gleichgestellten". Ein Kollegium ist eine „Gesamtheit von Personen gleichen Amtes oder gleichen Berufes". Kollegialprinzip heißt also so viel wie „Entscheidung durch die Gruppe".

Die Tätigkeit der Bundesregierung wird vom Bundestag beaufsichtigt und überwacht.

H. Kammer/E. Bartsch: Jugendlexikon Politik, Reinbek 1994, S. 37 f.

Die „Kanzlerdemokratie"

Die hervorgehobene verfassungsrechtliche Position des Bundeskanzlers beruht einmal auf seinem Kabinettsbildungsrecht. Er wählt

Die Bundesregierung

- Bundeskanzleramt
- Presse- und Informationsamt
- Bundeskanzler
- Stellvertreter (Vizekanzler)
- Bundesregierung (Kabinett)
- Bundesminister (auf Vorschlag des Bundeskanzlers ernannt)
- Bundestag (Wahl, Vertrauen / Verantwortung)

Kanzlerprinzip	Ressortprinzip	Kollegialprinzip
Der Bundeskanzler bestimmt die Richtlinien der Politik und trägt dafür die Verantwortung	Innerhalb der Richtlinien leitet jeder Minister sein Ressort selbständig und in eigener Verantwortung	Die Regierung berät und beschließt u. a. über alle Gesetzentwürfe und bei Streitfragen zwischen den Ministern

© Erich Schmidt Verlag — ZAHLENBILDER 67 123

Bundeskanzler der Bundesrepublik Deutschland

Konrad Adenauer (CDU)   1949 bis 1963
Ludwig Erhard (CDU)   1963 bis 1966
Kurt Georg Kiesinger (CDU)
                                      1966 bis 1969
Willy Brandt (SPD)   1969 bis 1974
Helmut Schmidt (SPD)   1974 bis 1982
Helmut Kohl (CDU)   seit 1982

die Minister aus und macht den für den Bundespräsidenten verbindlichen Vorschlag ihrer Ernennung und Entlassung (Art. 64 Abs. 1 GG); dem Bundestag kommt in beiden Richtungen ein unmittelbarer Einfluss nicht zu, was freilich die Notwendigkeit eventueller politischer Rücksichtnahmen nicht ausschließt. Der Bundeskanzler entscheidet ferner über die Zahl der Minister sowie – vorbehaltlich ausdrücklicher Regelungen des Grundgesetzes (etwa Art. 65a; 112) – über die Festlegung und Abgrenzung ihrer Geschäftsbereiche.

Zum anderen ist der Angelpunkt der hervorgehobenen Stellung des Bundeskanzlers seine Kompetenz, die Richtlinien der Politik im Sinne einer Ausfüllung fähiger und bedürftiger Leitlinien zu bestimmen (Art. 65 Satz 1 GG). Diese können auch Grundsatzfragen der Regierungsorganisation umfassen; sie dürfen dagegen nicht die Gestalt von Einzelweisungen annehmen und die Befugnis zu ihrem Erlass ermöglicht keinen Durchgriff in die einzelnen Ressorts. An sie sind sowohl die Bundesminister bei der Leitung ihrer Ressorts als auch das Kabinett bei Kollegialbeschlüssen gebunden. Schließlich leitet der Bundeskanzler nach Art. 65 Satz 4 GG die Geschäfte der Bundesregierung.

K. Hesse: Grundzüge des Verfassungsrechts der Bundesrepublik Deutschland, Karlsruhe ²1986, S. 240

14.4.3 Der Deutsche Bundestag und seine Abgeordneten

Die auf vier Jahre vom Volk gewählten Abgeordneten des Deutschen Bundestages gehören verschiedenen Parteien an. Im Parlament organisieren sie sich in Fraktionen (selbstständige Parteigruppierungen, die eine gemeinsame politische Überzeugung, gemeinsame Absichten und Ziele bindet) bzw. Gruppen: CDU/CSU, SPD, FDP, Bündnis 90/Die Grünen und PDS. Die Schlüsselstellung im Bundestag haben die Fraktionen und ihre Vorsitzenden, nicht die einzelnen Abgeordneten.

Falls eine Fraktion nicht die Mehrheit der Stimmen im Bundestag erreicht, schließt sie sich mit einer oder mehreren anderen Fraktionen zu einer Koalition zusammen. Die übrigen Fraktionen bilden dann die Opposition. Alle Fraktionen können Gesetze entwerfen und im Bundestag zur Abstimmung vorlegen, außerdem sollen sie die Regierung kontrollieren. Sie können den Bundeskanzler abwählen (Art. 67 GG). Die Mehrheitsfraktion(en) wählt/wählen den Bundeskanzler, der seinerseits die Regierungsmitglieder (Minister) – nach Beratung mit seiner Fraktion bzw. den Koalitionsfraktionen – bestellt bzw. entlässt. Die gesamte Regierung wird vom Bundespräsidenten ernannt. Die Arbeit der Abgeordneten (Parlamentarier) vollzieht sich vor allem in den Arbeitskreisen der Fraktionen sowie in den etwa 20 Ausschüssen des Deutschen Bundestages.

Ausschüsse des Deutschen Bundestages

Im Plenum (Vollversammlung) des Bundestages können Themenbereiche nicht im Einzelnen diskutiert oder Gesetzesvorschläge ausgearbeitet werden. Dafür treffen sich eigens dazu bestimmte Abgeordnete in den Ausschüssen.

Im Bundestag haben sich vier verschiedene Typen von Ausschüssen gebildet: Die ständigen Ausschüsse bearbeiten die grundlegenden politischen Fragen nach Sachgebieten geordnet (z.B. Ausschuss für Wirtschaft, Gesundheit, Verkehr, Verteidigungsausschuss). Diese Ausschüsse werden nach jeder Wahlperiode neu gemäß der Größe der einzelnen Bundestagsfraktionen zusammengesetzt. Sonderausschüsse werden nur nach Bedarf gebildet. Untersuchungsausschüsse dienen dazu, die Hintergründe bestimmter Vorkommnisse zu erhellen, die mit der Parlamentsarbeit zusammenhängen (z.B. bei bestimmten politischen Skandalen). Enquête-(Untersuchungs-)Kommissionen schließlich werden zur Vorklärung umfangreicherer Sachfragen (z.B. Thema „Schutz des Lebens und der Umwelt") eingesetzt. In ihnen können auch Fachleute vertreten sein, die nicht dem Bundestag angehören.

Ein Tag im Leben des Bundestagsabgeordneten Kuessner (SPD)

Wegen der verlängerten Visite in der Villa Hammerschmidt [= Sitz des Bundespräsidenten in Bonn] hat Kuessner den Termin „Gesprächskreis Kommunalpolitik" um 11 Uhr im „Langen Eugen" [= Abgeordnetenhaus in Bonn] ins Wasser fallen lassen müssen. Die knappe Zeitspanne, die noch bis zum Mittagessen um 12 Uhr zusammen mit der Besuchergruppe bleibt, nutzt der Abgeordnete, um den Schülern mit kurzen Strichen seinen normalen Arbeitstag zu skizzieren, die Bearbeitung von „Bergen von Post", die Vorbereitung auf Sitzungen in den diversen parlamentarischen Gremien, in denen er mittlerweile Mitglied ist. Kuessner schaltet das Bundestags-Fernsehen ein, das regelmäßig während der Plenumsdebatten läuft und das er – neben der laufenden Schreibtischarbeit – ständig beobachten kann. Auf die neugierige Schülernachfrage, warum er denn nicht gleich ins Plenum gehe, macht der Abgeordnete klar, dass er dann seine Arbeit unmöglich bewältigen könne. Denn „die eigentliche Arbeit wird in den Ausschüssen des Bundestags geleistet. Dort werden die Fachleute der verschiedensten Disziplinen gehört, die Probleme unter den verschiedensten Aspekten beleuchtet." Die Komplexität [= Vielschichtigkeit] der Gesetzgebung wachse ständig. Und darum müsse er, Kuessner, sich auf Ausschusssitzungen intensiv in seinem Büro vorbereiten.

Ein anderer Schüler will ziemlich unvermittelt wissen: „Werden die Parlamentarier aus den neuen Bundesländern im parlamentarischen Leben in Bonn eigentlich sehr ausgegrenzt?" Kuessner zögert einen Moment mit der Antwort: „Jetzt hat sich manches normalisiert", formuliert er vorsichtig und vieldeutig.

Nach einem etwas spartanischen Mittagessen im Kellerlokal der schleswig-holsteinischen Landesvertretung enteilt Kuessner zur Sitzung des Haushaltsausschusses um 14 Uhr im „Langen Eugen". Auf dem Prüfstand des mächtigen Haushaltsausschusses steht ein Thema, das dem Volksvertreter aus der früheren DDR auf den Nägeln brennt: Das neue Wohngeld-Gesetz. [...]

Von der Thematik gefesselt, verschwitzt „Haushälter" Kuessner, der einmal Schatzmeister der SPD in der Ex-DDR war, einen Fototermin im Pressehaus, wo Aufnahmen für das Bundestagshandbuch gemacht werden sollten. Er streicht auch seine Teilnahme an der Aktuellen Stunde im Bundestag, die auf seinem proppenvollen Terminkalender für 15.30 Uhr angesetzt war. Akute Miet- und Wohngeld-Probleme, die Millionen von Bür-

14 Der Staat, in dem wir leben

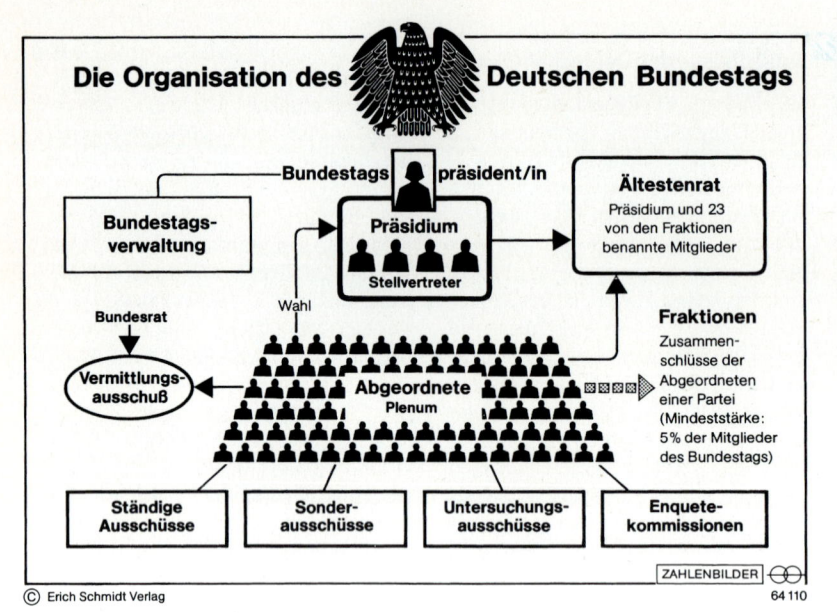

Die Organisation des Deutschen Bundestags

- **Bundestagspräsident/in** → **Präsidium** (Stellvertreter)
- **Bundestagsverwaltung**
- **Ältestenrat**: Präsidium und 23 von den Fraktionen benannte Mitglieder
- **Bundesrat** → **Vermittlungsausschuß** ← Wahl
- **Abgeordnete Plenum**
- **Fraktionen**: Zusammenschlüsse der Abgeordneten einer Partei (Mindeststärke: 5% der Mitglieder des Bundestags)
- **Ständige Ausschüsse**, **Sonderausschüsse**, **Untersuchungsausschüsse**, **Enquetekommissionen**

© Erich Schmidt Verlag — ZAHLENBILDER 64 110

Den Namen und die Sprechstunde eurer/eures Abgeordneten erfahrt ihr über die Geschäftsstelle der Partei in eurer Stadt.

Kann der Theologe Kuessner kompetente Auskunft geben? Immerhin, drei Jahre lang hat er sich früher einmal in einem juristischen Fernstudium rechtliche Kenntnisse angeeignet. – Zwei Proben nur aus den beiden dicken Ordnern mit der Post vom Tage. „Manchmal kommen noch mehr Briefe als heute auf den Tisch", seufzt Kuessner.
Um 24 Uhr ist der Abgeordnete Kuessner endlich zu Hause. [...]

Eckhard Wiemers, in: Das Parlament Nr. 23 vom 31.5.1991, S. 9

---

gern in der früheren DDR angehen, haben für ihn offenbar Vorrang vor dem Thema „Kernkraftwerke in den neuen Ländern" in der Aktuellen Stunde. Leicht abgeschlafft trifft sich Kuessner mit einiger Verspätung wieder mit seiner Schülergruppe in einem alten Bonner Brauhaus zum Abendessen. Zum Dessert erzählt er, soweit es sich nicht um „Betriebsgeheimnisse" handelt, von der Sitzung des Haushaltsausschusses. Gegen 22 Uhr kehrt er nochmals in sein Büro im 12. Stockwerk des „Langen Eugen" zurück: Die Tagespost wartet auf Erledigung. Da beschwert sich ein Betriebsrat, dass der Essenszuschuss für die Kantine gekappt wurde. Senioren aus der Ex-DDR wollen wissen, wie man am besten und rechtlich einwandfrei einen Senioren-Club samt ausgefeilter Satzung gründen könnte.

1 Ladet die/den Abgeordnete(n) eures Wahlkreises zu einer Diskussion in die Klasse ein. Die Fragen an sie/ihn solltet ihr vorher gemeinsam festlegen.
Methode: *Expertenbefragung, S. 132*
2 Lasst euch von einem Abgeordneten über seine Tätigkeit (Schwerpunkte, Ausschüsse, Arbeitskreise) im Wahlkreis und im Bundestag berichten.
3 Lasst euch erläutern, welche Möglichkeiten des politischen Einflusses er besitzt und wie er die Wirksamkeit seiner politischen Arbeit einschätzt.

14.4.4 Die parlamentarische Opposition

Aufgaben der Opposition
Opposition heißt Gegensatz, Widerspruch und Widerstand.
In parlamentarischen Demokratien, das heißt in Staaten, in denen Abgeordnete stellvertretend für das Volk im Parlament Gesetze beschließen und die Regierung beaufsichtigen, wird die Regierung häufig von der stärksten Partei gebildet. Es können sich auch zwei oder mehrere Parteien zu einer Koalition, das heißt zu einem Bündnis, zusammenschließen, um gemeinsam die Regierung zu bilden. Alle Parteien, die nicht an der Regierung beteiligt sind, bilden die Opposition. Sie sind Oppositionsparteien.
In einer Demokratie hat die Opposition zwei entscheidende Aufgaben: Sie soll die Regierung ständig überwachen und sie kritisieren,

---

Rechte der Opposition im Parlament

Wenn die Opposition im Parlament über mehr als ein Drittel der Stimmen verfügt, bedarf jede Verfassungsänderung ihrer Zustimmung. Die Opposition kann die Einberufung des Bundestages erzwingen und damit Fragen erörtern lassen, die der Regierung unangenehm sind. Sie kann den Ausschluss der Öffentlichkeit von Plenarsitzungen des Bundestages verhindern und damit Verschleierungsversuche der Regierungspartei(en) vereiteln. Sie kann vom Bundesverfassungsgericht die Verfassungsmäßigkeit von Bundes- oder Landesgesetzen überprüfen lassen. Bei der Bestellung der Richter am Bundesverfassungsgericht wirkt sie mit und kann so eine einseitige Zusammensetzung der obersten Gerichte verhindern.
Eine Opposition, der ein Viertel der Abgeordneten angehört, kann einen Antrag zu einem Misstrauensvotum gegen den Bundeskanzler stellen (s. Art. 67 GG), die Einsetzung von Untersuchungsausschüssen erzwingen und die Einberufung des Verteidigungsausschusses verlangen. Letzterer ist gleichzeitig Untersuchungsausschuss.
Eine Oppositionsfraktion oder mindestens 34 Abgeordnete können die namentliche Abstimmung verlangen und damit alle Abgeordneten zwingen, ihre Meinung öffentlich zu bekennen.
34 Abgeordnete können eine Große Anfrage einbringen, durch die die Regierung aufgefordert wird, zu politischen Fragen im Parlament Stellung zu nehmen.
Darüber hinaus kann jeder einzelne Abgeordnete in der Fragestunde bzw. in der Aktuellen Stunde des Bundestages mündliche Anfragen stellen.

wenn sie ihre Pläne für falsch hält; sie soll eigene Pläne entwickeln und vortragen. Erfüllt eine Opposition diese Aufgaben, kann sie die Politik der Regierung beeinflussen. Gleichzeitig nimmt sie Einfluss auf die Bürger: Sie unterstützt sie, sich eine Meinung zu bilden und ihren Willen zu äußern. Überzeugen die Vorschläge der Opposition die Mehrheit der Wähler, kann sie bei einer nächsten Wahl die meisten Stimmen gewinnen: Sie bildet die Regierung und versucht die Interessen und den Willen ihrer Wähler durchzusetzen. Die bisherige Regierungspartei geht in die Opposition. Eine Opposition, die ihre Aufgaben wahrnimmt, schützt die Demokratie. Sie kann verhindern, dass die Gruppen in der Bevölkerung, die mit der Regierung unzufrieden sind, den Staat mit Gewalt verändern. Sie kann verhindern, dass die Regierung diktatorische, das heißt uneingeschränkte Macht ausübt. Gruppen, die im Gegensatz zu einer Regierung stehen und nicht im Parlament vertreten sind, bezeichnet man als außerparlamentarische Opposition.

H. Kammer/E. Bartsch: Jugendlexikon Politik, Reinbek 1994, S. 142 f.

1 In welcher Weise kann die Opposition die Regierung kontrollieren?
2 Warum sollte(n) die Regierungspartei(en) an einer starken Opposition interessiert sein?
3 Welche Möglichkeiten hat die Opposition auch außerhalb des Parlaments zu wirken?

14.4.5 Der Bundespräsident

Roman Herzog, Bundespräsident seit 1994

Das Amt des Bundespräsidenten
Der Bundespräsident ist für die Politik nicht verantwortlich. Die Verantwortung tragen der Bundeskanzler oder die zuständigen Bundesminister. [...] Der Bundespräsident hat weitgehend repräsentative Aufgaben und übt als neutrale Kraft und Hüter der Verfassung eine ausgleichende Wirkung aus.

Model/Creifelds: Staatsbürger-Taschenbuch, München 27 1995, S. 116 f.

Wahl des Bundespräsidenten Grundgesetz Art. 54
(1) Der Bundespräsident wird ohne Aussprache von der Bundesversammlung gewählt. Wählbar ist jeder Deutsche, der das Wahlrecht zum Bundestage besitzt und das vierzigste Lebensjahr vollendet hat.
(2) Das Amt des Bundespräsidenten dauert fünf Jahre. Anschließende Wiederwahl ist nur einmal zulässig.

Frühere Bundespräsidenten der Bundesrepublik Deutschland

Theodor Heuss (FDP)	*1949 bis 1959*
Heinrich Lübke (CDU)	*1959 bis 1969*
Gustav Heinemann (SPD)	*1969 bis 1974*
Walter Scheel (FDP)	*1974 bis 1979*
Karl Carstens (CDU)	*1979 bis 1984*
Richard von Weizsäcker (CDU)	
	1984 bis 1994

Carlo Schmid (SPD, Vorsitzender des Hauptausschusses des Parlamentarischen Rates) im Rückblick
Der Verzicht auf die Wahl des Staatsoberhauptes durch das Volk ist als Mangel des Vertrauens in die Vernunft des Wahlvolkes kritisiert worden. Ich habe mich dadurch nicht beeindrucken lassen: Wäre zur Zeit der Weimarer Republik der Reichspräsident durch ein Wahlkollegium der [...] für die Bundesrepublik vorgesehenen Art zu wählen gewesen, wäre es mit Sicherheit nicht zur Wahl des Generalfeldmarschalls von Hindenburg gekommen und damit wäre uns und der Welt vielleicht ein Reichskanzler Adolf Hitler erspart geblieben.

Carlo Schmid: Erinnerungen, Bern-München-Wien 1979, S. 372

1 Ermittelt anhand des Grundgesetzes Art. 54-61, welche politischen Aufgaben der Bundespräsident wahrzunehmen hat.

14.4.6 Der Bundesrat im föderalistischen System

Die Bundesrepublik Deutschland ist ein demokratischer und sozialer Bundes-

Zusammensetzung des Bundesrats

Land	Einwohner (in Mio.)	Bundesratsstimmen
Nordrhein-Westfalen	17,0	6
Bayern	11,2	6
Baden-Württemberg	9,5	6
Niedersachsen	7,2	6
Hessen	6,1	5
Sachsen	4,9	4
Rheinland-Pfalz	3,7	4
Berlin	3,4	4
Sachsen-Anhalt	3,0	4
Thüringen	2,7	4
Brandenburg	2,7	4
Schleswig-Holstein	2,6	4
Mecklenburg-Vorpommern	1,9	3
Hamburg	1,6	3
Saarland	1,1	3
Bremen	0,7	3
		69

Föderalismus

Gleichberechtigte Einzelstaaten schließen sich zu einem Bundesstaat oder Staatenbund zusammen. Ein Vertrag (lat. foedus) – zum Beispiel eine Verfassung – regelt das Verhältnis der Staaten zum Bund.

Föderalismus in der Diskussion

Vorteile des Föderalismus

Macht: Die Macht ist zwischen Bundesstaat und Gliedstaaten aufgeteilt. Machtverteilung bedeutet somit Machtkontrolle und damit Schutz vor Missbrauch.

Mehr Demokratie: Die Verteilung von Macht bedeutet mehr Demokratie. Die Gliederung in kleinere staatliche Einheiten bringt den Bürgern mehr Mitwirkung.

Bürgernähe: Die Verteilung von Macht bringt auch eine Nähe zu den jeweiligen Aufgaben und Problemen.

Politische Alternativen: Für die Umsetzung der politischen Ziele gibt es durch den Föderalismus ausreichende Alternativen. In den jeweiligen Parlamenten können die unterschiedlichen Oppositionen Alternativen aufzeigen und um die Führung im Wettbewerb ringen.

Mehr Wettbewerb: Im Föderalismus stehen die Gliedstaaten im Wettbewerb miteinander. Konkurrenz verhindert Fehlentwicklungen. Jeder lernt vom anderen, die Einheitlichkeit geht aufgrund der Bundesgesetzgebungskompetenz nicht verloren.

Nachteile des Föderalismus

Uneinheitlichkeit: Im Bereich der Wirtschaft bedeutet Uneinheitlichkeit, dass sich ein Unternehmen, das sich in Deutschland niederlassen will, mit sechzehn verschiedenen Gesetzen befassen muss, ehe es eine Standortentscheidung trifft. 16 verschiedene Schulsysteme erschweren den Wechsel von einem Bundesland in ein anderes.

Kompliziertheit: 16 Landesregierungen und eine Bundesregierung bilden ein kompliziertes System, das zeitraubend ist. Der politische Prozess zur Regelung einer Materie ist langwierig und undurchsichtig.

Kosten: 17 Regierungen sind teurer als eine einzige. 17 Parlamente sind noch teurer. Aber selbst in einem Einheitsstaat könnten die Länderinstitutionen nicht einfach wegfallen, da sie ja die Bundesgesetze umsetzen müssen.

---

staat (Art. 20 GG), gegliedert in 16 Länder. Die einzelnen Länder haben eigene Landesparlamente und Landesregierungen. Das Grundgesetz regelt das Verhältnis zwischen Bund und Ländern.

Die Gliederung der Bundesrepublik in Länder gehört zu den Regelungen der Verfassung, die auch durch parlamentarische Mehrheiten grundsätzlich nicht aufgehoben werden dürfen (Art. 79 (3) GG). Sie beruht auf dem Willen der Westmächte nach dem Zweiten Weltkrieg, die zentrale Staatsgewalt in der Bundesrepublik nicht allzu stark werden zu lassen. Das föderalistische System der Bundesrepublik in seiner heutigen Ausprägung ist unter den Politikern nicht unumstritten (z. B. könnten kleinere Länder zusammengelegt werden), doch hat es den allgemein anerkannten Vorzug, als zusätzliche Kontrolle politischer Machtausübung wirken zu können. Die Gesetzgebung ist überwiegend Sache des Bundes (Bundestag und Bundesrat), die Verwaltung liegt weit gehend bei den Ländern. Die finanzschwächeren Länder werden über den Länderfinanzausgleich von den wirtschaftlich starken Ländern unterstützt („Kooperativer Föderalismus").

Der Bundesrat – auch Länderkammer genannt – setzt sich nach Art. 51 Abs. 2 GG wie folgt zusammen: Jedes Bundes-

Die Aufgabenverteilung im Staat

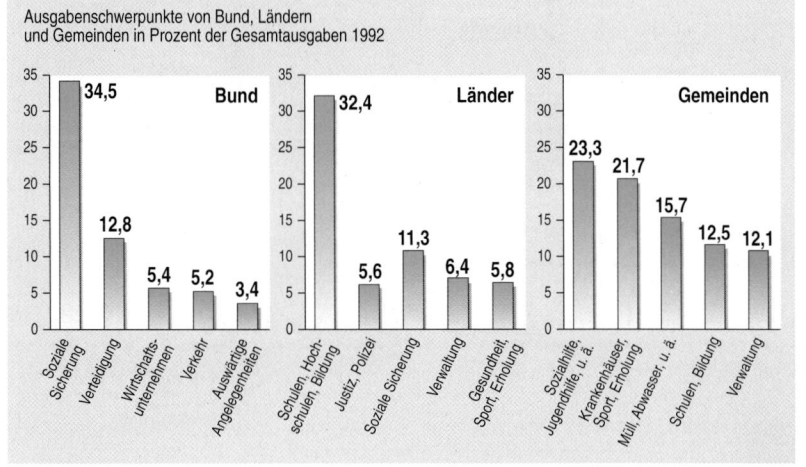

Ausgabenschwerpunkte von Bund, Ländern und Gemeinden in Prozent der Gesamtausgaben 1992

Bund
- Soziale Sicherung: 34,5
- Verteidigung: 12,8
- Wirtschaftsunternehmen: 5,4
- Verkehr: 5,2
- Auswärtige Angelegenheiten: 3,4

Länder
- Schulen, Hochschulen, Bildung: 32,4
- Justiz, Polizei: 5,6
- Soziale Sicherung: 11,3
- Verwaltung: 6,4
- Gesundheit, Sport, Erholung: 5,8

Gemeinden
- Sozialhilfe, Jugendhilfe, u. ä.: 23,3
- Krankenhäuser, Sport, Erholung: 21,7
- Müll, Abwasser, u. ä.: 15,7
- Schulen, Bildung: 12,5
- Verwaltung: 12,1

land hat mindestens drei Stimmen, Länder mit mehr als zwei Millionen Einwohnern haben vier, mit mehr als sechs Millionen Einwohnern fünf, mit mehr als sieben Millionen Einwohnern sechs Stimmen. Der Bundesrat ist eine Ländervertretung, die sich aus den von den sechzehn Landesregierungen entsandten Regierungsvertretern zusammensetzt. Der Bundesrat wird also nicht vom Volke gewählt und ist ihm auch nicht direkt verantwortlich. Er besitzt das Recht, Gesetzesentwürfe im Bundestag vorzulegen und muss wichtigen Gesetzen des Bundestages (das sind etwa die Hälfte) seine Zustimmung geben. Bei unterschiedlichen Mehrheiten in Bundestag und Bundesrat kann es passieren, dass keine Einigung zu Stande kommt. Dann kann der Vermittlungsausschuss angerufen werden.

1 *Sucht Beispiele für die ganz unterschiedlichen Probleme der einzelnen Bundesländer. Wie wird zwischen ihnen für einen Ausgleich gesorgt?*
2 *Findet heraus, welche Partei(en) in eurem Bundesland die Regierung bildet/bilden.*
3 *Veranstaltet eine Diskussionsrunde über den Text im Kasten „Föderalismus in der Diskussion". Überwiegen nach eurer Meinung die Vor- oder die Nachteile? Beachtet dabei, dass der Föderalismus in Deutschland mit seinen 16 Bundesländern stark ausgeprägt ist.*

Methode: Pro- und Kontra-Diskussion

In der Politik gibt es für die meisten Fragen und Probleme mehr als eine Auffassung. Oft gibt es lange kontroverse (gegensätzliche) Auseinandersetzungen, bis es zur Lösung eines Problems kommt. Dies liegt daran, dass es bei politischen Fragen unterschiedliche Interessen und Sichtweisen gibt. Diese Auseinandersetzungen dienen im Idealfall dazu, nach der Überprüfung des Für und Wider eine Lösung zu finden, die für alle Beteiligten tragbar ist (Kompromiss). Oft setzt sich allerdings auch eine der beiden Positionen durch.
In einer Pro- und Kontra-Diskussion, auch Streitgespräch genannt, könnt ihr eine solche Auseinandersetzung nachvollziehen und auch selbst stärkeren Einblick in eine politische Frage bekommen. Vielleicht führt dies auch dazu, selbst eine neue Position zu entwickeln oder die Position der anderen Seite besser nachvollziehen zu können. Eine Pro- und Kontra-Diskussion kann folgendermaßen ablaufen:

1. Themensuche
Bestimmt ein Thema, das einen ungelösten Konfliktfall beinhaltet. Das Thema kann entweder aus eurer eigenen Erfahrung gewählt sein, es kann aber auch ein „großes" politisches Thema sein. Für ein solches allgemeinpolitisches Thema braucht ihr aber Zugang zu zusätzlichen Informationen. Das Arbeitsbuch Politik gibt euch an verschiedenen Stellen Informationen und Argumente. Es ist aber auch sinnvoll, schon einige Wochen vorher weiteres Material anzufordern. Politische Parteien und die Bundeszentrale für politische Bildung können dafür Ansprechpartner sein (Adressen S. 241).
Euer Thema muss sich dafür eignen, dass ihr es auf eine klare Für- und Widerposition zuspitzen könnt.

2. Gruppenbildung
Entschließt euch für eine der beiden Positionen und bildet zwei Gruppen. Außerdem muss eine Diskussionsleiterin oder ein Diskussionsleiter gewählt werden (das kann auch eine kleine Gruppe sein). An dieser Stelle ist es auch schon sinnvoll, sich über den Ablauf der Diskussion zu einigen (siehe Punkt 4).

3. Suche der Argumente
Jede der Gruppen sucht für sich Argumente für die jeweilige Position. Überlegt unter folgenden Fragestellungen:
- Was ist die Ursache des Problems?
- Welche Argumente haben wir im Einzelnen für unsere Position?
- Was können die Argumente der anderen Gruppe sein? Welche Hintergründe könnte die andere Position haben?
- Wie können wir den möglichen Argumenten der anderen Gruppe mit eigenen Argumenten begegnen?

4. Diskussion
Damit es auch ein Ergebnis bei der Pro- und Kontra-Diskussion gibt, ist es wichtig, dass ihr euch schon frühzeitig darüber einigt, wie die Diskussion stattfinden soll. Die Diskussionsleitung regelt den Ablauf und greift ein, wenn die Auseinandersetzung ausufert. Ein Vorschlag für den Ablauf der Diskussion ist:
Jede Seite bekommt zwei Minuten Zeit, über eine Sprecherin oder einen Sprecher die eigene Position grundlegend darzustellen.
Danach kommen Pro und Kontra jeweils abwechselnd im Ping-Pong-Verfahren mit einem Argument zu Wort. Hier sollen alle mitmachen.
Am Ende bekommt jede Seite noch einmal Zeit, den Verlauf der Diskussion aus ihrer Sicht zu schildern und für ihre Position zu werben.
Abschließend könnt ihr auch, wenn ihr wollt, eine Abstimmung zum Pro- und Kontra-Thema machen.

5. Auswertung
Jetzt wird's schwierig: In der Klasse sollt ihr zusammen eine Auswertung der Diskussion machen. Vergesst also, zu welcher Gruppe ihr gehört habt, und untersucht den Diskussionsverlauf unter folgenden Fragestellungen:
- Welche Seite hat letztlich die überzeugendsten Argumente gebracht?
- Muss man sich für eine der beiden Positionen entscheiden oder ist ein Kompromiss möglich?
- Wie war das Diskussionsverhalten der beiden Gruppen? Wurden die Zeitvorgaben eingehalten? Haben sich alle gegenseitig ausreden lassen?
- Reichten die gesammelten Materialien aus, um eine vernünftige Diskussion zu Stande kommen zu lassen?

14.5 Formen direkter Beteiligung: Widerspruch erlaubt

14.5.1 Vom Rechtsweg bis zur Kundgebung: Möglichkeiten zum Widerspruch

Wenn Bürger/innen mit Entscheidungen von Behörden, Gerichten oder Parlamenten nicht einverstanden sind, dann haben sie zahlreiche Möglichkeiten zum Widerspruch:

- Das Grundgesetz garantiert in Art. 19 Abs. 4 Satz 1 jeder Bürgerin/jedem Bürger der Bundesrepublik: Wird jemand durch die öffentliche Gewalt in seinen Rechten verletzt, so steht ihm der Rechtsweg offen. Stationen auf diesem Rechtsweg können beim Konflikt zwischen Bürger und Behörde sein: die Aufsichtsbeschwerde bei der vorgesetzten Behörde, das „förmliche Rechtsmittel" des Widerspruchs, die Klage beim Verwaltungsgericht (ggf. mit Berufung und/oder Revision).
- Wer sich durch Behörden, Parlamente oder Gerichte in seinen Grundrechten verletzt sieht, kann unter bestimmten Bedingungen Verfassungsbeschwerde beim Bundesverfassungsgericht erheben.
- Außer dem Rechtsweg garantiert das Grundgesetz das Petitionsrecht (= Eingaberecht) nach Art. 17 GG: „Jedermann hat das Recht, sich einzeln oder in Gemeinschaft mit anderen schriftlich mit Bitten oder Beschwerden an die zuständigen Stellen und an die Volksvertretung zu wenden."

Die Petitionsausschüsse von Bundestag und Landtagen prüfen solche Gesuche und leiten sie an die zuständigen Stellen weiter. Im Ausschuss sitzen Vertreter aller Bundestagsparteien. Die an ihn gerichteten Bitten und Beschwerden werden mit Hilfe von Beamten und Angestellten geprüft und bearbeitet. Die Eingaben richten sich gegen Lücken, Fehler und Härten in Gesetzen, die unmittelbare Bedeutung für die betroffenen Bürgerinnen und Bürger haben. Nach Abschluss der Ermittlungen, z. B. nach Akteneinsicht bei den Behörden und Auskunft von der Regierung, kann der Petitionsausschuss eine Empfehlung an den Bundestag geben, worin z. B. das Anliegen des Einsenders gegenüber der Bundesregierung unterstützt wird.

- Wenn der Rechtsweg nicht zum gewünschten Ziel führt, kann der Weg in die Politik vielleicht weiterführen: Der Bürger, der sich andere Entscheidungen und andere Gesetze von den Regierenden wünscht, kann über die Parteien der jeweiligen parlamentarischen Opposition oder über politisch einflussreiche Massenorganisationen und Verbände seine Ideen und Wünsche durchzusetzen versuchen.
- Schließlich besteht die Möglichkeit, dass sich Bürger zu Bürgerinitiativen und ähnlichen Vereinigungen zusammenschließen, um durch außerparlamentarische Aktivitäten auf Parlamente und Regierungen einzuwirken. Außerparlamentarische Aktivitäten von (zunächst kleinen) Gruppen der Bevölkerung haben in der Geschichte der Bundesrepublik mehrfach dazu geführt, dass Massenbewegungen entstanden sind: Hunderttausende Bürger/innen meldeten in großen Kundgebungen und Demonstrationen, aber auch in Unterschriftensammlungen, Flugblättern und Broschüren ihren Protest an gegen bestimmte Pläne und Maßnahmen der Regierung und der sie unterstützenden Parteien.

Interview mit dem früheren Vorsitzenden des Petitionsausschusses G. Pfennig (CDU)

Der Petitionsausschuss des Deutschen Bundestages gilt als Kummerkasten der Nation. Wie haben sich die Eingaben der Bürger entwickelt? Hat sich die Wiedervereinigung im Petitionswesen ausgewirkt?
Sie hat sich sehr stark ausgewirkt. Wir haben schon vor der Wiedervereinigung 1989 viele Petitionen aus der damals noch existierenden DDR bekommen. Das setzte sich 1990 fort [...]. In der Alt-Bundesrepublik gab es jährlich 11 000 bis 13 000 Petitionen an den Bundestag. 1990 verstärkte sich die Zahl auf 15 000, ging 1991 noch weiter hoch, und 1992 lagen wir bei 24 000. Seit 1989 hat sich die Zahl der Petitionen also verdoppelt.
Wie stark ist der Anteil der Petitionen aus den jungen Bundesländern?
Der Anteil liegt bei etwa 40 Prozent. Daran sieht man schon – die neuen Bundesländer haben zusammen eine Bevölkerung wie Nordrhein-Westfalen –, dass überproportional viele Petitionen von dort kommen. Dies ist nicht weiter verwunderlich. Dort hat nicht nur ein Wechsel des politischen Systems stattgefunden, sondern auch ein totaler Wechsel des Rechts-, Verwaltungs- und Sozialsystems. Und dieses ist natürlich viel schwieriger verständlich für jemand, der überhaupt nicht gewohnt war, dass sich Rentenbestimmungen oder Bauvorschriften völlig ändern. Darüber hinaus ist ein Rechts- und Verwaltungssystem in den neuen Bundesländern zum Zuge gekommen, das schon in der Altbundesrepublik Schwierigkeiten bereitet, zumal es noch überlagert ist vom EG-Recht. [...]
Wie gliedern sich diese Petitionen? Wodurch fühlen sich die Bürger besonders beschwert, gibt es da herausragende Themen?
Es gab in jedem Jahr herausragende Themen. Bei den Petitionen aus den neuen Bundesländern spielten eine große Rolle die Stasi-Seilschaften, dann die Vermögensrückgabe, aber auch der Lastenausgleich für Bürger, die in den Kriegswirren statt in Frankfurt am Main in Frankfurt/Oder landeten, als sie aus Pommern, Ostpreußen oder Schlesien kamen. Im letzten Jahr rückten Sozialthemen in den Vordergrund, Ungerechtigkeiten beim Rentenüberleitungssystem und schleppende Bearbeitung von Anträgen und den Arbeitsämtern. [...]

Malte Zeeck: Die Arbeit der Petitionsausschüsse, in: Das Parlament vom 7.1.1995

1 In welchen Fällen würdet ihr euch an den Petitionsausschuss wenden? Vergleicht mit dem Interview.

14.5.2 Demokratischer Bürgerprotest: gewaltfreier Widerstand

Immer wieder auch wehren sich Arbeiter mit Protestaktionen gegen den drohenden Verlust ihrer Arbeitsplätze.
So blockierten Stahlarbeiter in Rheinhausen eine wichtige Rheinbrücke, um auf ihren Protest aufmerksam zu machen, oder besetzten (symbolisch) Rostocker Werftarbeiter ihren Betrieb, tra-

ten Arbeiter der Kaliwerke in Bischofferode in den Hungerstreik, um ihren Widerstand gegen die geplanten Werksschließungen bzw. die Massenentlassungen zum Ausdruck zu bringen.

Überall da, wo ganze Städte und Regionen abhängig sind von einem Industriezweig oder gar einem Unternehmen, wirken sich Stilllegungen und Massenentlassungen besonders schwerwiegend aus. Entsprechend hart wird auch für den Erhalt der Arbeitsplätze gestritten.

Teilweise werden dabei Demonstrationsformen angewendet, die die Friedensbewegung in der Bundesrepublik in den 80er-Jahren entwickelt hat, um ihren Protest und Widerstand gegen Kernwaffen, Aufrüstung und Raketenstationierung deutlich zu machen.

Kennzeichnend für den „gewaltfreien Widerstand" („zivilen Ungehorsam") ist u. a.:
- die Demonstranten erkennen das bestehende Rechtssystem grundsätzlich an;
- sie nehmen die gesetzlichen Strafen für ihre Gesetzesverstöße im Zusammenhang mit ihrer gewaltlosen Widerstandsaktion hin und versuchen nicht, sich der Strafverfolgung zu entziehen;
- sie fordern dazu auf, die Maßnahmen des politischen Gegners (der Staatsorgane) im Sinne eines „freiwilligen und aktiven Leidens" hinzunehmen;
- gleichzeitig ermuntern sie andere aber auch zum Widerstand, zum „zivilen Ungehorsam", zur Nicht-Zusammenarbeit mit den Regierenden bzw. den Staatsorganen angesichts bestimmter Gesetze oder parlamentarischer Entscheidungen, die von ihnen als „schweres, offenkundiges Unrecht" empfunden werden;
- durch die Handlungen des „gewaltfreien Widerstandes" sollen Regierung, Gesetzgeber (Parlament) und Justiz durch „moralischen Druck" zum Überdenken/Ändern der „ungerechten" Zustände/Gesetze veranlasst werden;
- der Gegner wird nie in eine Situation der Ausweglosigkeit gedrängt, sondern behält stets die Freiheit, weiterhin die ungerechten Normen durchzusetzen oder sich von der Notwendigkeit ihrer Änderung zu überzeugen;
- die Aktionen des „gewaltfreien Widerstandes" werden von den Demonstranten als symbolische (zeichenhafte) Handlungen verstanden: sie, die Demonstranten, wollen – etwa mit einer Kasernenblockade – nicht wirklich und tatsächlich den militärischen Betrieb dauerhaft lahm legen/stören;
- entsprechend dauern Aktionen des „gewaltfreien Widerstandes" in der Regel nur kurze Zeit und werden meistens auch vorher öffentlich angekündigt;
- die Demonstranten wollen bei ihrem „gewaltfreien Widerstand" selbst keine Gewalt gegen andere Menschen ausüben; ein Teil der Anhänger des „gewaltfreien Widerstandes" hält allerdings gewaltsame Handlungen an Sachen (symbolische Sachbeschädigung/Zerstörung) auch für gerechtfertigt, z. B. Demolierung eines Militärfahrzeugs, auf dem Atomraketen transportiert werden sollen.

Autobahnblockade protestierender Bergleute

1 Versucht anhand von Beispielen zu erklären, was unter Nötigung zu verstehen ist. (Etwa morgens im Schulbus: „Wenn du mich jetzt nicht sofort deine Mathe-Hausaufgaben abschreiben lässt, dann ...")
2 Aus welchen Gründen machen die Anhänger „gewaltfreien Widerstandes" solche Aktionen? Warum begnügen sie sich nicht mit den herkömmlichen Protest- und Demonstrationsformen?
3 Was ist unter „moralischem Druck" zu verstehen? Versucht anhand von Beispielen zu erklären.

Nötigung

§ 240 des Strafgesetzbuches lautet:
(1) Wer einen anderen rechtswidrig mit Gewalt oder durch Drohung mit einem empfindlichen Übel zu einer Handlung, Duldung oder Unterlassung nötigt, wird mit Freiheitsstrafe bis zu drei Jahren oder mit Geldstrafe, in besonders schweren Fällen mit Freiheitsstrafe von sechs Monaten bis zu fünf Jahren bestraft.
(2) Rechtswidrig ist die Tat, wenn die Anwendung der Gewalt oder die Androhung des Übels zu dem angestrebten Zweck als verwerflich anzusehen ist.
(3) Der Versuch ist strafbar.

4 Habt ihr schon einmal Aktionen des „gewaltfreien Widerstandes" beobachtet oder mitgemacht? Berichtet. Wie verhielten sich die Demonstranten, wie die Zuschauer, wie die Blockierten/Umzingelten, wie die Polizei? Gab es gewaltsame Handlungen? Hattet ihr den Eindruck, dass die Demonstration erfolgreich war?

5 Was sagt ihr zu dem Satz: „Wer Brücken blockiert, Betriebe besetzt oder Manöver behindert, handelt nicht gewaltfrei."? Versucht zu bestimmen, was „Gewalt" ist. Politiker, aber auch Juristen vertreten hierzu unterschiedliche Meinungen.

6 Bei manchen Demonstrationen fliegen aus der Menge heraus Steine und andere Wurfgeschosse. Auch werden zuweilen bei solchen Gelegenheiten Autos demoliert, Fensterscheiben eingeschlagen u. ä. Wie bewertet ihr solche Aktionen? Vergleicht mit den Grundsätzen des „gewaltfreien Widerstandes".

7 Vergleicht den „gewaltfreien Widerstand" mit dem Widerstandsrecht im Sinne des Art. 20 (4) GG (siehe S. 228). Ist das Gleiche gemeint? Erklärt.

14.5.3 Volksentscheide in der Demokratie

Ist direkte Demokratie möglich?
Dass alle Staatsgewalt vom Volke ausgeht, bedeutet freilich nicht, dass das Volk auch regiert und bei allen Einzelheiten der politischen Entscheidungen mitwirkt, selbst wenn das in der formalen Konsequenz des demokratischen Gedankens läge. [...]
Der einzelne Bürger kann ja nur über Fragen mitentscheiden, die er wirklich zu beurteilen und in ihren Konsequenzen zu erkennen vermag. Das mochte im Rahmen einer Stadt oder eines Schweizer Landkantons, wo fast jeder jeden kennt, in den vorindustriellen Zeiten mehr oder weniger unabhängiger Kleinstaaten noch angehen. Im modernen Großflächenstaat aber sind solche Voraussetzungen nicht mehr gegeben.
Der wachsende Umfang und die Kompliziertheit der Staatsaufgaben in unserer Zeit lassen eine direkte Demokratie nicht mehr zu. Die Bürger können beispielsweise nicht sachkundig darüber entscheiden, ob diese oder jene konkrete wirtschafts- und finanzpolitische Maßnahme in dieser oder jener Situation ergriffen werden soll. Fragen dieser Art machen jedoch den Alltag der modernen Politik aus. Sie können nur aufgrund genauer Sachkenntnis und umfassender Information entschieden werden. In der Regel gibt es bei ihnen auch nicht ein einfaches Ja oder Nein. Nach Abwägung aller Vor- und Nachteile müssen Kompromisse ausgehandelt und Zwischenlösungen gefunden werden. Gerade dieses von der Komplexität der Sache bestimmte Verfahren ist jedoch nur in einem kleinen Gremium durchführbar, das über die notwendigen Informationen und Entscheidungsunterlagen verfügt. Je größer die Anzahl der Entscheidungsberechtigten ist, desto weniger können diese ihre Entscheidungen wirklich diskutieren und abwägen. Vielmehr muss ihnen eine möglichst einfache und klare Alternative vorgelegt werden, auf die dann meist nur mit Ja oder Nein geantwortet werden kann. Ein „Ja, aber ..." oder „Nein, wenn ..." ist dann nicht mehr möglich.
Wenn alle Bürger für eine Sachentscheidung oder ein Sachplebiszit [= Volksbefragung] zuständig sind, können sie immer nur das, was ihnen vorgelegt wird, bejahen oder verneinen. Die eigentliche Macht verschiebt sich dann auf denjenigen, der für die Formulierung der an das Volk zu stellenden Fragen zuständig ist und den Zugang zu den modernen Propagandamitteln und -methoden beherrscht. Auf diese Weise ist es Hitler in den ersten Jahren nach seiner Machtergreifung gelungen, durch die Verbindung von Sach- und Personalentscheidungen sich plebiszitär [= vom Volk] bestätigen zu lassen und sich damit eine scheindemokratische Grundlage für seine Herrschaft zu verschaffen.

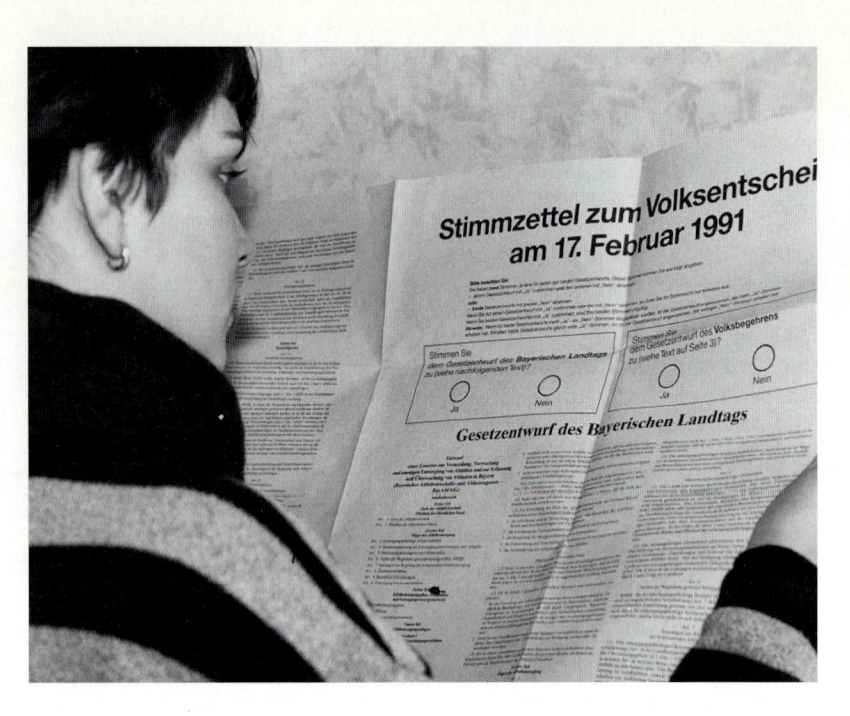

W. Besson/G. Jasper: Das Leitbild der modernen Demokratie, Bonn 1990, S. 24

Gott und die niedersächsische Verfassung: Eine Volksinitiative von Christen und Juden hat Erfolg
76 000 niedersächsische Katholiken haben im November mit ihrer Unterschrift den Wunsch bekundet, dass die Landesverfassung nachträglich durch eine Präambel [= Einleitung] erweitert werde, die alle staatlich Handelnden auf die „Verantwortung vor Gott und den Menschen" verpflichtet. Das teilte am Donnerstag der Vorsitzende des Landeskatholikenausschusses, Brockmann, mit. Damit hat die von evangelischen, katholischen und jüdischen Gläubigen angestrengte Volksinitiative schon jetzt das erforderliche Quorum [die erforderliche Zahl] erreicht. Nach der neuen Verfassung muss sich der Landtag mit einer bestimmten Angelegenheit befassen, wenn 70 000 Wahlberechtigte dies mit ihrer Unterschrift verlangen.
[...] [Der Osnabrücker Theologieprofessor] Krüger machte deutlich, dass der Volksinitiative ein Volksbegehren und ein Volksentscheid

folgen würden, falls der Landtag sich noch einmal dagegen ausspreche, den Gottesbezug in die Verfassung aufzunehmen. Der für das Volksbegehren erforderlichen Zahl von etwa 570 000 Unterschriften werde man wahrscheinlich schon mit der jetzigen Volksinitiative nahe kommen.

Frankfurter Allgemeine Zeitung vom 3.12.1993

Volksentscheid in Bayern

Auch für Bürgerinitiativen gilt Max Webers Definition: Politik ist ein starkes, langsames Bohren von harten Brettern mit Leidenschaft und Augenmaß. Bayerische Bretter sind besonders hart, dies musste die Bürgeraktion „Das bessere Müllkonzept" am vergangenen Sonntag erfahren. Ihr Versuch, per Volksentscheid ein ökologisches Abfallwirtschaftsgesetz durchzusetzen, ist gescheitert. Gescheitert?

Selten war eine politische Niederlage so bravurös. Immerhin hatten sich fast 44 Prozent der Wahlberechtigten an der Volksabstimmung beteiligt. Die Bayern hatten im vergangenen Jahr schon drei Wahlen zu absolvieren, für den Gemeinderat, den Landtag und den Bundestag. Von Überdruss also keine Spur; die Abstimmung war spannend. 51 Prozent der Beteiligten votierten [= stimmten] für den Gesetzesentwurf der CSU-Landesregierung, rund 43 Prozent für den der Bürgeraktion.

Zwar ist der unterlegene Entwurf umweltfreundlicher; er wollte die Getrenntsammlung der verschiedenen Müllbestandteile verbindlich vorschreiben und Müllverbrennung nur in Ausnahmefällen zulassen. Doch auch das Entsorgungskonzept der Landesregierung, das nun Gesetz wird, bietet Chancen, die Abfallpolitik in Bayern deutlich zu verbessern. Ob es tatsächlich den „Verbrennungs-Automatismus" verstärkt, wie Umweltschützer befürchten, hängt nicht zuletzt vom weiteren Engagement der Bürgerinitiativen ab.

Norbert Kostede in: Die Zeit vom 22.2.1991

1 Arbeitet die wichtigsten Punkte aus den Texten heraus.
2 Worin wird die Begrenzung des einzelnen Bürgers gesehen? Sind die Bürger/innen nur wenig sachkundig?
3 Wem stimmt ihr zu?

„Ich bin dafür, dass die Bürger/innen mit einer Abstimmung über Gesetze entscheiden können, denn dann wird das beschlossen, was das Volk wirklich will."

„Ich bin dagegen, denn durch diese Abstimmung wird bei uns ständig über Politik gestritten. Das ist für unser Land nicht gut, wenn es dauernd größere politische Auseinandersetzungen zwischen den Bürgern gibt."

Methode: *Pro- und Kontra-Diskussion, S. 237*

4 Diskutiert die Fragestellung: Wird eine Entscheidung besser, ist sie demokratischer, wenn sie von den Bürgern selbst und nicht von ihren gewählten Repräsentanten getroffen wird? Begründet.
5 Welche politischen Probleme sollten nach eurer Meinung nicht allein von den gewählten Abgeordneten, sondern von allen Wahlbürgern entschieden werden? Welche Fragen sollten dagegen von den Abgeordneten behandelt werden?

Wollt ihr weiteres Material über Staat und Parteien, so wendet euch an die folgenden Adressen:

Christlich-Demokratische Union (CDU)
Konrad-Adenauer-Haus
53105 Bonn

Sozialdemokratische Partei Deutschlands (SPD)
Erich-Ollenhauer-Haus
53105 Bonn

Freie Demokratische Partei (FDP)
Thomas-Dehler-Haus
53106 Bonn

Bündnis 90/Die Grünen (GRÜNE)
Colmantstr. 36
53115 Bonn

Partei des Demokratischen Sozialismus (PDS)
Kleine Alexanderstr. 28
10178 Berlin

Junge Union Deutschlands
Bundesgeschäftsstelle
Annaberger Str. 283
53175 Bonn

Jungsozialisten in der SPD
Bundesgeschäftsstelle
Ollenhauerstr. 1
53105 Bonn

Junge Liberale
Dorotheenstr. 16–18
53105 Bonn

Deutscher Bundestag
Referat Öffentlichkeitsarbeit
Bundeshaus
53113 Bonn

Die *Fraktionen* des Deutschen Bundestages sind über Bundeshaus, 53113 Bonn, zu erreichen.

Bundesrat
Pressereferat
Postfach
53106 Bonn

Presse- und Informationsamt der Bundesregierung
Postfach
53105 Bonn

Alle *Bundesministerien* sind über Postfach, 53170 Bonn, zu erreichen. Man wende sich an die Pressestellen.

Bundeszentrale für politische Bildung
Postfach 2325
53013 Bonn

Jedes Bundesland hat in seiner Hauptstadt eine Landeszentrale für politische Bildung.

14.6 Ist die Kontrolle nötig? – Ist sie möglich?

In regelmäßigen Wahlen nach demokratischen Grundsätzen delegieren (= übertragen) die Bürgerinnen und Bürger politische Entscheidungsgewalt, politische Macht auf wenige: auf die Mitglieder des Parlaments und der Regierung. Kennzeichnend für jede demokratische Gesellschafts- und Staatsordnung aber ist es, dass die delegierte politische Macht zeitlich begrenzt übertragen wird und kontrollierbar ist.

Drei Meinungen:
– „Was soll denn diese ständige Kontrolle und Kritik unserer Regierung, der Parteien und der Behörden? Wir haben die Leute gewählt und jetzt sollen sie mal machen. Abwählen können wir sie ja dann immer noch. Das ist wirklich genug Kontrolle."
– „Ein Volk kann sich die Demokratie mit ihrem umständlichen Kontrollverfahren politischer Machtausübung einfach nicht immer leisten. Das ist wie im Alltagsleben: Wenn's brennt, kann man nicht lange rumdiskutieren. Dann muss einer befehlen und die anderen haben zu folgen."
– „Gerade in schwierigen, das heißt besonders komplizierten und unüberschaubaren politischen Lagen ist die demokratische Machtkontrolle unverzichtbar. Nur sie kann verhindern, dass einzelne gesellschaftliche Gruppen unter dem Vorwand drohender Gefahr die Macht an sich reißen und eine Herrschaft über das Volk (Diktatur) aufrichten. Im Notstand muss sich die Demokratie bewähren."

1 Nehmt Stellung zu diesen drei Meinungen.
2 Verdeutlicht an Beispielen die Notwendigkeit der Kontrolle staatlicher Macht. Vergleicht dazu auch die vorherigen Abschnitte.
3 Welche Möglichkeiten der Kontrolle hat der einzelne Bürger, welche Möglichkeiten haben Gruppen, Verbände, Vereinigungen, Parteien? Lest hierzu noch einmal den Text über die Prinzipien der freiheitlichen demokratischen Grundordnung (siehe Abschnitt 14.3.1).

Vier Thesen und vier Widerreden

Der einzelne Bürger hat zahlreiche Möglichkeiten, sich über die politischen Entscheidungen und die politische Machtausübung der Regierenden zu informieren, z. B. durch die Massenmedien, die Teilnahme an politischen Veranstaltungen usw.

Möglichst große, mitgliederstarke Interessenverbände können aufgrund ihres Sachverstandes und ihrer technisch-organisatorischen Mittel die Parlamentarier, die Regierungen und die Verwaltung wirksam kontrollieren.

Die Massenmedien sind ein wirksames Kontrollorgan. Sie können die Regierenden beobachten und unzählige Informationen über das Zustandekommen der politischen Entscheidungen und die Arbeit der Politiker und Behörden sammeln und an die Öffentlichkeit weitergeben.

Die Parlamentarier sind auch dazu gewählt, sowohl die Regierung als auch die staatliche Verwaltung zu kontrollieren. Durch die Wahl kritischer, wachsamer Parlamentarier haben die Bürger Möglichkeiten der Kontrolle politischer Macht.

Der einzelne Bürger ist nicht im Stande, die politischen Entscheidungen und die politische Machtausübung der Regierenden wirklich zu kontrollieren. Dazu fehlen Sachverstand und Zeit.

Interessenverbände nutzen ihre Kontrollmöglichkeiten immer nur im Eigeninteresse ihrer Mitglieder aus, die Kontrolle ist also nur einseitig und nützt nur Teilen der Bevölkerung.

Die meisten Massenmedien bzw. deren Besitzer oder Führungskräfte (Verleger, Herausgeber, Chefredakteure, Intendanten, Programmdirektoren) verfolgen entweder selbst politische Interessen oder aber sie sind von Politikern abhängig, werden sich also hüten, die Kontrolle allzu weit zu treiben.

Während die parlamentarische Mehrheit kaum Interesse an allzu viel Kontrolle der Regierung haben dürfte, ist die parlamentarische Opposition ziemlich eingeengt in ihren Kontrollmöglichkeiten. Den Parlamentariern fehlt ohnehin zumeist der Sachverstand, um die komplizierten politischen Probleme allesamt durchschauen zu können. Die Regierungen und die riesigen Verwaltungsbehörden sind immer im Vorteil.

4 Welche Argumente im Text „Vier Thesen und vier Widerreden" erscheinen euch überzeugend?
Könnt ihr Beispiele nennen, in denen die Richtigkeit der einen oder anderen Behauptung nachgewiesen scheint?
5 Sammelt Berichte, in denen die Kontrollfunktion der genannten Institutionen deutlich wird.
Methode: *Dokumentation, S. 68*

Wie äußern sich Regierungsmitglieder über die Kontrollen der Öffentlichkeit?
6 Haltet ihr die vorhandenen Kontrollmöglichkeiten für ausreichend? Sind weitere denkbar und praktikabel?

15 Wahlen und Parteien

Wählerinnen und Wähler in Soweto vor der Stimmabgabe bei den ersten freien Wahlen in Südafrika

Demokratie beruht auf der aktiven Teilnahme der Bürger und Bürgerinnen an allen wichtigen Entscheidungen des öffentlichen Lebens. Dies ist jedoch in einer Massendemokratie wie der in der Bundesrepublik Deutschland auf dem Wege einer direkten Beteiligung schon rein technisch nicht möglich: Die 80 Mio. Einwohner können nicht ständig zu Abstimmungen zusammengerufen werden. Daher wählen die ca. 60 Mio. Wahlberechtigten Volksvertreter, Abgeordnete für den Bund, das Land, den Kreis, die Gemeinde und für viele andere gesellschaftliche Bereiche, z. B. für Elternvertretungen in Schulen, Mitarbeitervertretungen in Betrieben, Versichertenvertretungen in Versicherungen oder Mitgliedervertretungen in Vereinen und Verbänden. Schülerinnen und Schüler wählen ihre Mitschüler/innen für die Schülervertretung.

Wahlen erfolgen nach bestimmten Regeln und Wählen setzt voraus, dass zwischen zwei oder mehr Personen eine Auswahl besteht. Die Konkurrenten messen sich im Wahlkampf miteinander und versuchen die Wähler von sich selbst bzw. von ihrem Programm zu überzeugen. Im politischen Raum stellen sich meist Parteien zur Wahl – bei Kreis- oder Gemeindewahlen oft auch parteipolitisch nicht gebundene freie Wählervereinigungen.

Über einige Fragen, die sich im Zusammenhang mit Wahlen und Parteien ergeben, sollen die folgenden Seiten informieren und zur Auseinandersetzung anregen.

15 *Wahlen und Parteien*

15.1 Wahlen: Alle sollen mitentscheiden

15.1.1 Warum wählen wir eigentlich?

Das Wählen fängt in der Schule an: Gewählt werden Klassensprecher/in, Schulsprecher/in, Vertrauenslehrer/in. Man könnte sich auch ein anderes Verfahren vorstellen: Der Rektor/Direktor bestimmt den Schulsprecher und den Vertrauenslehrer, der Klassenlehrer den Klassensprecher. Gegen ein solches Vorgehen würden wir uns sicher wehren, weil wir diejenigen selbst bestimmen wollen, die uns vertreten sollen und deshalb unser Vertrauen genießen müssen. Wir geben den Gewählten einen Auftrag auf Zeit (Legitimation). Wir brauchen solche Vertreter, weil wir nicht alle auf einmal unsere Meinung vortragen können.

So geschieht es auch in der „großen Politik". Vom 18. Lebensjahr an ist jede/r Deutsche wahlberechtigt und kann gewählt werden: z.B. ins Stadtparlament, in den Kreistag, Landtag oder Bundestag, aber auch in den Schulelternbeirat, in den Betriebsrat usw. Auf allen Ebenen geht es um die Mitgestaltung der demokratischen Ordnung unseres Staates und der Gesellschaft.

Eine Stimme

Es ist ein Glück, wählen zu dürfen. Spannender als Krieg und Kesselschlachten sind der Frieden und seine Wahlkämpfe. Das ist Besitz: eine Stimme. Sie fällt ins Gewicht und beweist, dass ich lebe. Niemand kauft sie mir ab. Denn sie ist teurer als alle Wahlgeschenke. Nicht alles, aber vieles steht auf dem Spiel. Es geht nicht um Leben und Tod, nur vier Jahre Zukunft und deren Folgen stehen in Frage. Nur? Wer hat sie übrig? Wer sollte vier Jahre lang stimmlos sein und nicht da?

G. Grass: „Dich sing' ich, Demokratie." Es steht zur Wahl, Neuwied-Berlin 1965, S. 7

Ein Bürger hat seine Meinung auf diesem Plakat öffentlich gemacht.

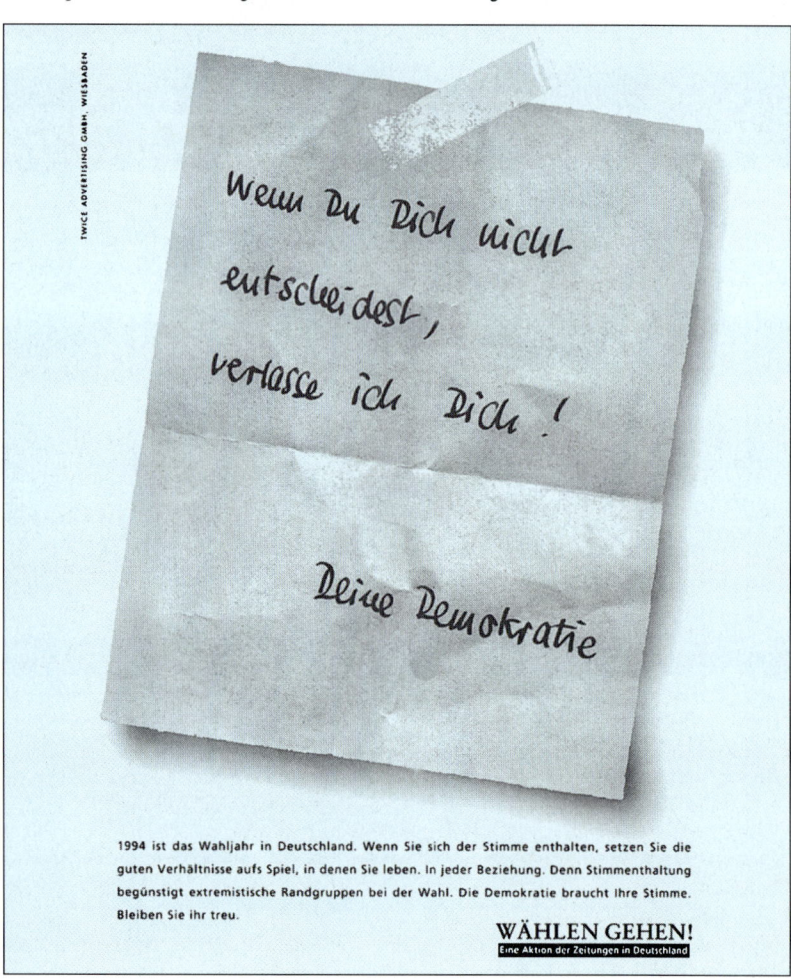

1 Diskutiert den Text von Günter Grass. Nehmt Stellung zu seiner Meinung.
2 Auf den beiden Plakaten werden gegensätzliche Meinungen vertreten. Erläutert sie. Welche Gründe mögen die Schreiber haben?
3 Macht in Gemeinschaftsarbeit ein eigenes Wahlplakat.

15 Wahlen und Parteien

Bundestagswahl 1994

15.1.2 Wahlkampf: Reklamerummel oder politische Aufklärung?

1 Besorgt euch Wahlplakate bei den Parteien, hängt sie für ein paar Tage im Klassenzimmer auf.
2 Betrachtet die Plakate genau, ermittelt ihre Aussagen und vergleicht sie miteinander.
3 Helfen diese Plakate einem unschlüssigen Wähler? In welcher Weise sollen sie den Wähler beeinflussen?
4 Schaut euch Plakate und Anzeigen der Wirtschaftswerbung an. Vergleicht mit den Wahlplakaten.
5 Sammelt Wahlkampfslogans (d. h. die Äußerungen auf den Wahlplakaten) der Parteien, vergleicht sie miteinander.
6 Welches Ziel verfolgen die Parteien mit den Slogans?
7 Bildet vier Arbeitsgruppen. Was sagen die Wahlslogans der einzelnen Parteien aus? (Lasst euch von eurem Lehrer oder eurer Lehrerin berichten, welche politischen und gesellschaftlichen Hauptprobleme im jeweiligen Wahljahr anstanden.) Welche Abweichungen gibt es während der Jahre?
8 Stellt zusammen: Was fordert die X-Partei, was die Y-Partei?
Vergleicht die Wahlslogans der Parteien untereinander.
9 Welchen Eindruck macht die Plakatwand (Bundestagswahl 1994) auf euch? Würdet ihr euch daraufhin für eine Partei entscheiden können? Falls nicht, welche zusätzlichen Informationen würdet ihr wünschen?

15.1.3 Das Wahlrecht für alle musste erkämpft werden

Was die einen so gering und andere so hoch schätzen, das mussten sich unsere Vorfahren – zum Teil in Revolution und Krieg – erkämpfen. Bis 1918 galt z. B. im größten deutschen Staat, in Preußen, das die Wohlhabenden begünstigende Dreiklassenwahlrecht, und die Hälfte der erwachsenen Bevölkerung – die Frauen – durfte bis 1918 gar nicht wählen. Das Dreiklassenwahlrecht galt nicht bei den Reichstagswahlen.

1849 wird das Dreiklassenwahlrecht in Preußen eingeführt: Die Wähler werden entsprechend den von ihnen zu entrichtenden Steuern in drei Abteilungen eingeteilt.

Der ersten Abteilung gehören jene an, die das erste Drittel aller im jeweiligen Wahlbezirk anfallenden Steuern entrichten; der zweiten und dritten Abteilung gehören die Wähler an, welche das zweite bzw. dritte Drittel der Steuern bezahlen. Ein Angehöriger der ersten Abteilung hat durchschnittlich 17-mal so viele Stimmen wie ein Wähler der dritten Abteilung.

1874 hat in Berlin ein Wähler der ersten Klasse genauso viele Stimmen wie 21 Wähler der dritten Klasse. In Wattenscheid gibt es nur einen Wähler der ersten Klasse; er hat so viele Stimmen wie 1100 Wähler der dritten Klasse.

In Essen ist Alfred Krupp der einzige Wähler der ersten Klasse; er allein wählt ein Drittel aller Stadtverordneten (= Abgeordnete des Stadtparlaments). 1875 fordert die Sozialistische Arbeiterpartei Deutschlands (die heutige SPD) in ihrem Gothaer Programm die Änderung des Wahlrechts.

245

Wahlkampfslogans im Spiegel der Zeit – eine Auswahl (1980–1994)

	CDU/CSU	SPD	FDP	DIE GRÜNEN/Bündnis 90 und PDS/Linke Liste
1980	Freiheit – CDU sicher sozial und frei Den SPD-Staat stoppen	Sicherheit für Deutschland. (Nur ihre Zweitstimme ist Ihre direkte Stimme für den Bundeskanzler)	Für die Regierung Schmidt/Genscher, gegen Alleinherrschaft einer Partei, gegen Strauß.	
1983	Dieser Kanzler schafft Vertrauen – Arbeit, Frieden, Zukunft – Miteinander schaffen wir's – CDU sicher sozial und frei Aufwärts mit Deutschland – jetzt den Aufschwung wählen	Im deutschen Interesse – SPD Im deutschen Interesse werde ich als Bundeskanzler die Weltmächte mit aller Kraft zu Abrüstungs-Verhandlungen drängen. Hans-Jochen Vogel		Rettet den Wald – DIE GRÜNEN Frieden ernst nehmen. Jetzt abrüsten. DIE GRÜNEN
1987	Entscheidung für Deutschland. CDU Weiter so, Deutschland Zukunft statt Rot-Grün	Damit der Friede sicher bleibt und deutsche Interessen zählen. – Den Besten für Deutschland: Johannes Rau. SPD – Mehrheit für soziale Gerechtigkeit	Hans-Dietrich Genscher: Zukunft durch Leistung. F.D.P. Die Liberalen	Andere machen Politik mit Frauen – bei uns machen Frauen Politik. DIE GRÜNEN Wir haben die Erde von unseren Kindern nur geborgt. DIE GRÜNEN
1990	Kanzler für Deutschland Wählen gehen! Beide Stimmen für die CDU. Zweitstimme ist Kanzlerstimme Ja zu Deutschland – Ja zur Zukunft. Gemeinsam schaffen wir's. CDU: Freiheit Wohlstand Sicherheit	Jetzt das moderne Deutschland schaffen Der neue Weg Oskar, Oskar ...	Das Deutschland, dem die Welt vertraut. F.D.P. Die Liberalen Erfolg für Deutschland	Ohne uns wird alles schwarz rot gold. DIE GRÜNEN/Bündnis 90 Mit uns für die Energiewende, Ausstieg aus der Atomenergie, Energie sparen, Alternativen nutzen. DIE GRÜNEN/Bündnis 90 Links braucht kein Vaterland. PDS/Linke Liste ... das andere Deutschland
1994	Deutschland erneuern – Zukunft sichern Es geht um Deutschland	Freu dich auf den Wechsel, Deutschland Nur wer regiert, kann auch verändern	Diesmal geht's um alles	Ein Land reformieren. Bündnis 90/DIE GRÜNEN Veränderung beginnt mit Opposition. PDS

Nach P. Schindler: Datenhandbuch des Deutschen Bundestages, Bonn 1986, S. 124–127 und W. Sander: Wahlanalyse und Wahlprognose im Unterricht, Bonn 1994, und eigene Recherchen

Forderung nach Wahlrechtsänderung

Allgemeines, gleiches, direktes Wahl- und Stimmrecht mit geheimer und obligatorischer Stimmenabgabe aller Staatsangehörigen vom zwanzigsten Lebensjahr an für alle Wahlen und Abstimmungen in Staat und Gemeinde. Der Wahl- oder Abstimmungstag muss ein Sonntag oder Feiertag sein.
[Schon 1869, im Eisenacher Programm der Sozialdemokraten, wurde gefordert:]
Den gewählten Vertretern sind genügend Diäten zu gewähren.

W. Mommsen: Deutsche Parteiprogramme, München 1960, S. 313 f.

Andere Parteien erhoben ähnliche Forderungen. 1918 wird das Dreiklassenwahlrecht im Zug der Novemberrevolution nach dem Ersten Weltkrieg abgeschafft.

1 Überlegt die Gründe, die für das Dreiklassenwahlrecht geltend gemacht worden sein könnten.
2 Welche Folgen für die Gesetzgebung kann ein nach Besitz abgestuftes Wahlrecht haben?
Was sagt euer Geschichtsbuch hierüber aus?
3 Vergleicht die Wahlrechtsforderung der sozialistischen Partei von 1875 mit dem heute in der Bundesrepublik gültigen Wahlrecht.

Ein berühmter Professor gegen Ende des letzten Jahrhunderts zur Frage des Frauenwahlrechts

Man macht neuerdings in Kanada Experimente mit dem weiblichen Wahlrecht, die nur als eine Frivolität [= Leichtfertigkeit] bezeichnet werden können. Bei Ausübung dieses Rechts durch Frauen sind doch nur zwei Fälle möglich:
Entweder die Frau und etwa auch die Tochter stimmt wie der Mann und Vater und damit ist ein unbegründetes Vorrecht der verheirateten Männer geschaffen – oder Frau und Tochter taugen nichts, dann stimmen sie gegen den Mann; und so trägt der Staat seinen Streit frivol hinein in den Frieden des Hauses, wo man gerade sich ausruhen soll vom Lärm des politischen Lebens.

H. v. Treitschke: Politik. Vorlesungen, Bd. 1, Leipzig 1897, S. 236 ff.

Hedwig Dohm, eine Vorkämpferin für die Rechte der Frauen, 1873

Für mich liegt der Anfang alles wahrhaften Fortschritts auf dem Gebiet der Frauenfrage im Stimmrecht der Frauen. Die Gesetze, bei denen sie am meisten interessiert ist, sind gegen sie, weil ohne sie.
Despotisch [= gewaltherrlich] nennt man diejenige Regierung, die sich eine unbeschränkte Autorität über die Bevölkerung gegen den Wunsch und Willen derselben anmaßt. Fast alle Gesetzgeber der letzten Jahrhunderte betonen, dass niemand durch irgendein Gesetz gebunden sein sollte, bei dessen Abfassung er nicht mitgewirkt habe.
Ich frage jeden aufrichtigen Menschen: Wären Gesetze wie die über das Vermögensrecht der Frauen, über die Rechte an den Kindern, über Ehe, Scheidungen usw. denkbar in einem Lande, wo die Frauen das Stimmrecht ausübten?
Hätten sie die Macht, sie würden diese Gesetze von Grund auf ändern.

H. Dohm: Der Jesuitismus im Hausstande. Ein Beitrag zur Frauenfrage, Berlin 1873

4 Nehmt Stellung zu der Argumentation von Hedwig Dohm. Vergleicht: Wie hat sich die Lage seit der Zeit von Hedwig Dohm verändert?
5 Erläutert das Verständnis von Politik, das der Professor zu haben scheint. Denken Menschen, die du kennst, noch heute so?

15.1.4 Wählen schon ab 16?

Das Alter, in dem man zum ersten Mal wählen gehen kann – das aktive Wahlrecht erhält – liegt bei 18 Jahren. In Niedersachsen und Schleswig-Holstein können Jugendliche bei Kommunalwahlen bereits ab 16 abstimmen.

Jugendliche zum Thema

Ich bin überzeugt von der Idee. Ja, warum? Die Sechzehnjährigen meckern hier viel. Dass man hier keine Möglichkeiten hat. Dass es nichts gibt, kein Café, kein Jugendzentrum. Das ist ein heißes Thema für Sechzehnjährige. Andere kommunalpolitische Themen? Na ja, hier ist ja nur ein Edeka-Laden. Der Bürgermeister? Wie heißt er noch ... Welche Partei? Hmm. Ob ich mich selbst reif genug fürs Wählen halte? Nein! Ja! Ich meine, man müsste sich vorher informieren.
Ich schau morgens immer alle Kanäle durch. Ich steh um Viertel nach fünf auf und schalte dann mal ein. Um halb sieben muss ich aus dem Haus. Zeitung lesen? Nur ab und zu, wenn die Nachbarin ihre Zeitung über den Zaun reicht. Dann lese ich zuerst Sport. Was ich sonst noch lese? Na ja, ich hab ja nicht viel Zeit.
Carmen Kühl, 16 Jahre, Berufsfachschule Wirtschaft in Heide, Holstein

◆

Schwer zu sagen, wie ich das mit dem Wahlrecht für Sechzehnjährige finde. Auf der einen Seite ist es gut, dass man Abgeordnete wählen kann für den Stadtteil, wo man wohnt, und dass da auch was für Jugendliche getan wird. Aber einer der Grünen hat ja gesagt, schon Zehnjährige sollten wählen; das finde ich nicht richtig, Kinder sind doch so beeinflussbar. Ich glaube, manche Politiker machen das auch als Alibi; dann denken sie, sie haben etwas getan für uns.
Birte Rösler, 15 Jahre, Friedrich-Junge-Realschule, Kiel

◆

Wählen mit 16, den Vorschlag finde ich absurd. Wer hat mit 16 schon Ahnung von Politik? Aus unserer Klasse von 37 Schülern sind es vielleicht zwei, die sich ein *bisschen* damit beschäftigen. Ich halte das für einen Trick, Stimmen zu fangen. Man sollte das Wahlalter eher auf 21 hoch setzen. Mit 21 hat man doch diese Dinge länger verfolgt.
Natürlich lese ich Zeitung. Mich berührt der Krieg in Bosnien. Aber jeden Tag passiert etwas anderes. Ich kann mir schon vorstellen, dass ich mich später mal engagiere. Aber ich *weiß* es noch nicht.
Aron Polarek, 16 Jahre, Freie Waldorfschule in der Hansestadt Lübeck

◆

Es ist schon ein Lichtblick, wenn man wenigstens bei den Kommunalwahlen so 'n bisschen mitmachen kann. Weil, es geht ja im Endeffekt um uns. Da ist immer von Lehrstellen und Ausbildung die Rede, das betrifft doch nicht die, die achtzehn sind, sondern uns.
Ich wollte Industrieelektronik machen, das einzige Angebot war bei Husum. Jetzt mach' ich weiter Schule. Ich würde sofort den Kandidaten wählen, der sich für Arbeitsplätze einsetzt. Und nicht für Umweltschutz und all so'n Kram. Ich seh das zwar als sinnvoll an, ist aber zu teuer.
Sönke Clausen, 16 Jahre, Berufsfachschule Elektronik in Meldorf, Dithmarschen

◆

Ich finde es gut, wenn Sechzehnjährige wählen dürfen, denn in diesem Alter fangen Jugendliche an, sich für Politik zu interessieren. Und sie würden dann eben auch Politiker wählen, die sich für sie einsetzen.

Ich würde wählen gehen, ja. Vorher würde ich Zeitung lesen, vergleichen, mir die Ergebnisse der letzten Wahl anschauen. Wenn jemand in einer Wahlveranstaltung auftritt, der mich interessiert, würde ich auch hingehen. Ich sehe Nachrichtensendungen und auch das „Schleswig-Holstein-Magazin". Am wichtigsten finde ich, wie die Parteien sich einsetzen für neue Arbeitsplätze, für Lehrstellen und die Ausbildung der Jugendlichen.

Oliver Kleyer, 15 Jahre, Friedrich-Junge-Realschule, Kiel

◆

Meine Freundin hat gestern gesagt, sie sei sich überhaupt nicht sicher, ob sie bei einer Wahl die richtige Entscheidung treffen könnte. Selbst ihre Schwester, die ist achtzehn, hat gesagt, sie habe das mit der Politik noch nicht so richtig geschnallt. Ich selber behaupte mal, wählen zu können. Ich bin bei den Jusos. Obwohl – ich weiß auch nicht recht, was die großen Parteien von mir wollen.

Wenn man das Wahlalter senken will, muss man in der Schule zwei Wochenstunden „politische Grundbildung" machen. Sonst geht der Schuss nach hinten los. In dem Sinne, dass die radikalen Parteien mehr in den Vordergrund rücken würden. Wenn man sich das anguckt, diese Hausbesetzer sind ja Leute, die kommen mit ihren Eltern nicht klar und gehen dann voll zur anderen Seite.

Jan Claussen, 16 Jahre, Technisches Fachgymnasium Meldorf, Dithmarschen

Aus: Die Zeit vom 23.8.1996, S. 63

Politiker zum Thema

Der SPD-Abgeordnete Werner Buß sagte, die Einführung des Wahlalters 16 sei „ein erster Schritt", um die Jugend näher an die Politik heranzuführen. Neben dem Kinderschutzbund und dem Landesjugendring hätten sich auch fast alle Jugendforscher und die Kirchen dafür ausgesprochen.

Der Fraktionsvorsitzende der CDU, Christian Wulff, erwiderte, eine Umfrage habe ergeben, dass mehr als zwei Drittel der Bevölkerung dagegen seien. Viele befragte Jugendliche hätten selbst erklärt, sie fühlten sich nicht reif genug. Unter Hinweis auf die jüngste Kommunalwahl in Frankfurt am Main, an der sich von den 18- bis 24-jährigen weniger als die Hälfte beteiligt hätten, äußerte Wulff die Sorge vor einem weiteren Rückgang der Wahlbeteiligung, wenn schon die 16- und 17-jährigen wählen dürfen.

Thomas Schröder (Bündnisgrüne) meinte dagegen, die Senkung des Wahlalters könne ein Mittel gegen den Akzeptanzverlust [= Verlust des Ansehens] des Parlaments sein. Das Argument, den Jugendlichen mangele es an Urteilsfähigkeit, wies Schröder mit der Bemerkung zurück, diesen Mangel gebe es in allen Altersgruppen.

Eckart Spoo in: Frankfurter Rundschau vom 9.11.1995

Wer wählt wie?

Es gibt Regelmäßigkeiten im Verhalten von Jungwählern, sagt Jürgen Falter, Meinungsforscher an der Universität Mainz, der zur fraglichen Altersgruppe die 18- bis 24jährigen rechnet. Die großen Parteien fallen zurück. Die Wahlbeteiligung ist geringer; das betrifft Ost wie West. Wählen gilt nicht mehr wie früher als staatsbürgerliche Pflicht. Jungwähler sind mehr an ihren Cliquen und Peergroups [hier: Gruppe gleichaltriger Jugendlicher] orientiert als integriert ins bürgerliche Leben *ordentlichen* Wahlvolks. Im Osten gingen 1990 immerhin 45 Prozent der potentiellen [= möglichen] Jungwähler nicht zur Wahl; jetzt wollen nur noch 35 Prozent fernbleiben. Die Volksparteien CDU und SPD stürzen im Osten noch heftiger ab als im Westen. 13 Prozent der 18- bis 20-jährigen beabsichtigen die „Republikaner" zu wählen, nochmals 4 Prozent die DVU. Macht: 17 Prozent für die Rechtsparteien [...].

Dieter Roth von der Forschungsgruppe Wahlen in Mannheim meldet als neueste Trends eine mehr als doppelte Überrepräsentanz von Bündnis 90/Grünen unter den Jungwählern und einen leichten Vorsprung der Sozialdemokraten vor der Union. Ansonsten ähnelten Ost und West einander mit dem Unterschied der starken PDS im Osten, die wiederum eher von jungen Männern als von jungen Frauen gewählt werde. Roth schiebt das auf die „spezifische Situation am Arbeitsmarkt, die junge Männer wohl als bedrückender empfinden als junge Frauen".

Schon 1992 befand der „Jugendsurvey" des Deutschen Jugendinstituts München große Präferenzverluste der Volksparteien unter den jungen Wählern [= junge Wähler bevorzugen andere Parteien]. 41 Prozent der Befragten im Westen und 30,3 Prozent im Osten vergaben keinen ersten Rang für CDU und SPD.

Christoph Dieckmann: Gysi ist süß – Kohl auch, in: Die Zeit vom 14.10.1994

1 Listet die Argumente der Jugendlichen zur Herabsetzung des Wahlalters nach Für und Wider auf. Welche Gründe fallen euch noch ein?
2 Führt eine Pro- und Kontra-Diskussion durch.
Methode: *Pro- und Kontra-Diskussion, S. 237*
3 Vergleicht die Argumente der Politiker mit den Aussagen der Meinungsforscher zum Wahlverhalten von Jugendlichen. Welche Punkte werden von der Wahlforschung bestätigt?
4 Macht eine Umfrage unter Mitschülerinnen und Mitschülern:
– Soll man wählen gehen oder nicht? Wie entscheidest du dich?
– Kann man durch Wählen etwas verändern, Einfluss nehmen – oder nicht? Warum jeweils?
5 Führt eine geheime Abstimmung in eurer Klasse durch: Wenn am nächsten Sonntag eine Wahl stattfände, welcher Partei würdet ihr eure Stimme geben? Bestätigt euer Wahlergebnis die Ergebnisse der Meinungsforscher?

15.1.5 Das Gewicht der einzelnen Stimme

Kaum eine Wählerin/ein Wähler stimmt mit dem Programm der Partei, die sie gewählt haben, ganz und gar, in allen Einzelheiten, überein. Nicht selten wird „das kleinere Übel" gewählt oder die Wahlentscheidung je nach der Grundorientierung der Parteien (z.B. christlich – sozialdemokratisch; fortschrittlich – konservativ) getroffen.

Auch die gewählten Abgeordneten haben innerhalb ihrer Partei und Fraktion durchaus nicht immer in allen politischen Teilfragen die selben Auffassungen.

Im parlamentarischen Alltag kann daher kaum je ein Parlamentarier ganz ohne Bindung seine politischen Entscheidungen treffen. In zahlreichen Fragen wird er sich der Auffassung anderer Abgeordneter seiner Partei anschließen, selbst wenn er im Einzelfall eine abweichende Meinung hat. Das ungeschriebene Gesetz der Fraktionsdisziplin (manche sagen: Fraktionszwang) führt dazu, dass die Fraktionen fast immer geschlossen abstimmen, auch wenn einzelne Abgeordnete abweichende Auffassungen haben. Angeblich wollen die Wähler eine einheitliche Fraktion im öffentlichen Erscheinungsbild. In der Fraktionssitzung soll durchaus gegensätzlich (kontrovers) diskutiert werden. Nach außen soll jedes Mitglied die Mehrheitsmeinung vertreten.

Ein zentrales Thema für die Abgeordneten: Gewissensfreiheit

Der gewählte Abgeordnete soll nach dem Auftrag des Grundgesetzes [Artikel 38] nur seinem Gewissen verantwortlich sein. In der Praxis unterliegt er einer weitreichenden Fraktionsdisziplin. Er muss sich anpassen oder seine politische Existenz aufs Spiel setzen.

Rezept: Die Aufnahme der Bestimmung des Artikels 38 (1) in die Geschäftsordnung des Bundestages.
Pro: Was ist eine Gewissensfrage? Für den einen Abgeordneten ist das die Abtreibungsregelung, für den anderen die Frage künftiger Bundeswehreinsätze außerhalb des NATO-Bündnisgebietes. Es ist eine unzulässige Bevormundung, dass andere beschließen, ob eine Abstimmung gemäß Artikel 38 Abs. 1 freigegeben wird oder nicht. Das muss jedem Abgeordneten selbst überlassen sein.
Kontra: Fraktionsdisziplin ist für die Arbeit eines modernen Parlaments notwendig. Mehr noch: Der Abgeordnete ist als Vertreter einer Partei gewählt. Der Bürger hat somit einen Anspruch darauf, dass er seine Arbeit im Parlament in der Regel am Programm dieser Partei orientiert. Wirkliche Gewissensentscheidungen sind außerdem selten. Das Spannungsverhältnis zwischen den Ansprüchen der Fraktion und dem Gewissen bleibt im konkreten Fall bestehen.

PZ Nr. 70/1992, S. 18

1 Sind die Abgeordneten tatsächlich „Vertreter des ganzen Volkes" (Art. 38 GG)? Können sie es sein? Berücksichtigt bei eurer Diskussion die gegensätzlichen Argumente zum Thema „Gewissensfreiheit der Abgeordneten".
2 Erörtert Vorzüge und Nachteile der Fraktionsdisziplin.
3 Erörtert Möglichkeiten, mit deren Hilfe die Bürgerinnen und Bürger, die nicht Mitglieder einer Partei sind, auch nach der Wahl Einfluss auf die Abgeordneten und deren politische Entscheidungen nehmen können.
4 Nehmt Stellung zur Forderung: „Wählen allein genügt nicht!" Sollte die politische Betätigung wahlberechtigten Bürgern zur Pflicht gemacht werden dürfen (z. B. Wahlpflicht in Belgien und Luxemburg)?

15.2 Die Wahlen zum Deutschen Bundestag

15.2.1 So wird der Deutsche Bundestag gewählt

Aus dem Bundeswahlgesetz (BWahlG) (1993)
§1 Zusammensetzung des Deutschen Bundestages und Wahlrechtsgrundsätze.
(1) Der Deutsche Bundestag besteht vorbehaltlich der sich aus diesem Gesetz ergebenden Abweichungen aus 656 Abgeordneten. Sie werden in allgemeiner, unmittelbarer, freier, gleicher und geheimer Wahl von den wahlberechtigten Deutschen nach den Grundsätzen einer mit der Personenwahl verbundenen Verhältniswahl gewählt.
(2) Von den Abgeordneten werden 328 nach Kreiswahlvorschlägen in den Wahlkreisen und die übrigen nach Landesvorschlägen (Landeslisten) gewählt.
§4 Stimmen. Jeder Wähler hat zwei Stimmen, eine Erststimme für die Wahl eines Wahlkreisabgeordneten, eine Zweitstimme für die Wahl einer Landesliste.
§6 Wahl nach Landeslisten.
(6) Bei Verteilung der Sitze auf die Landeslisten werden nur Parteien berücksichtigt, die mindestens 5 vom Hundert der im Wahlgebiet abgegebenen Zweitstimmen erhalten oder in mindestens drei Wahlkreisen einen Sitz errungen haben. Satz 1 findet auf die von Parteien nationaler Minderheiten eingereichten Listen keine Anwendung.
§12 Wahlrecht.
(1) Wahlberechtigt sind alle Deutschen im Sinne des Artikels 116 Abs. 1 des Grundgesetzes, die am Wahltage
1. das achtzehnte Lebensjahr vollendet haben,
2. seit mindestens drei Monaten in der Bundesrepublik Deutschland eine Wohnung innehaben oder sich sonst gewöhnlich aufhalten,
3. nicht nach §13 vom Wahlrecht ausgeschlossen sind.
§13 Ausschluss vom Wahlrecht.
Ausgeschlossen vom Wahlrecht ist,
1. wer infolge Richterspruchs das Wahlrecht nicht besitzt;
2. derjenige, für den zur Besorgung aller seiner Angelegenheiten ein Betreuer nicht nur durch einstweilige Anordnung erstellt ist.
§15 Wählbarkeit.
(1) Wählbar ist, wer am Wahltage

Art. 38 (1) GG
Die Abgeordneten des Deutschen Bundestages werden in allgemeiner, unmittelbarer, freier, gleicher und geheimer Wahl gewählt. Sie sind Vertreter des ganzen Volkes, an Aufträge und Weisungen nicht gebunden und nur ihrem Gewissen unterworfen.

1. seit mindestens einem Jahr Deutscher im Sinne des Artikels 116 Abs. 1 des Grundgesetzes ist und
2. das achtzehnte Lebensjahr vollendet hat.
§16 Wahltag.
Der Bundespräsident bestimmt den Tag der Hauptwahl (Wahltag). Wahltag muss ein Sonntag oder gesetzlicher Feiertag sein.
§21 Aufstellung von Parteibewerbern.
(1) Als Bewerber einer Partei kann in einem Kreiswahlvorschlag nur benannt werden, wer in einer Mitgliederversammlung zur Wahl eines Wahlkreisbewerbers oder in einer besonderen oder allgemeinen Vertreterversammlung hierzu gewählt worden ist.

Die Parteien benennen ihre Kandidaten für die Wahl in den Bundestag

Im Wahlkampf stellen sich die Kandidaten den Wählern in der Öffentlichkeit vor

Die Wähler entscheiden am Wahltag über die Zusammensetzung des Parlaments

Das neu gewählte Parlament wählt den Bundeskanzler als Regierungschef; er wird vereidigt

1 Untersucht auch die Bestimmungen des Grundgesetzes über Wahlen: Art. 20 (2); 21 (1); 28 (1); 38; 39 (1); 48. Woran ist in Deutschland das Wahlrecht gebunden?

2 Ordnet die entsprechenden gesetzlichen Bestimmungen den Abbildungen auf dieser Seite zu. Vergleicht mit eurem Landtagswahlrecht und dem Kommunalwahlgesetz.

Bundesverfassungsgericht und EU-Vertrag zum Wahlrecht

„Das Staatsvolk, von dem die Staatsgewalt in der Bundesrepublik Deutschland ausgeht, wird nach dem Grundgesetz von den Deutschen, also den deutschen Staatsangehörigen [...] gebildet. Damit wird für das Wahlrecht [...] nach der Konzeption des Grundgesetzes die Eigenschaft als Deutscher vorausgesetzt. Auch soweit Artikel 28, Absatz 1, Satz 2 des Grundgesetzes eine Vertretung des Volkes für die Kreise und Gemeinden vorschreibt, bilden ausschließlich Deutsche das Volk und wählen dessen Vertretung."

Dies sind die maßgeblichen Leitsätze der Entscheidung des Bundesverfassungsgerichts, mit der es am 9. Oktober 1990 die Einführung eines (kommunalen) Wahlrechts für Ausländer für verfassungswidrig erklärt hat.

Mit der abschließenden Ratifizierung und dem In-Kraft-Treten des Vertrags von Maastricht über die Politische Union der Mitgliedstaaten der Europäischen Union zum 1. November 1993 wird es das Wahlrecht bei Kommunalwahlen und bei Wahlen zum Europäischen Parlament für Unionsbürger geben. Zu den Rechten eines Unionsbürgers zählen nach Artikel 8 b EGV das aktive und passive Wahlrecht bei Kommunalwahlen und bei Wahlen zum Europäischen Parlament, auch in dem Mitgliedstaat, dessen Staatsangehörigkeit er nicht besitzt, in dem er aber seinen Wohnsitz genommen hat. Für die Teilnahme an den Wahlen gelten für den EU-Bürger grundsätzlich dieselben Bedingungen wie für den Angehörigen seines Wohnsitzlandes.

Bericht der Beauftragten der Bundesregierung über die Lage der Ausländer, Bonn 1994, S. 69

Bei der Bundestagswahl wird nach einem „gemischten" Wahlrecht gewählt (siehe § 1 Bundeswahlgesetz). Zugrunde liegen zwei andere Wahlsysteme:

Das Verhältniswahlrecht (Listenwahl)

Zur Wahl aufgerufen sind die wahlberechtigten Bürger/innen eines bestimmten Gebietes. Eine Unterteilung dieses Gebietes in Wahlkreise findet nicht statt. Die sich zur Wahl stellenden Parteien haben vor der Wahl Kandidatenlisten aufgestellt.

Die Reihenfolge der Kandidaten auf diesen Listen ist festgelegt. Die wahlberechtigten Bürger haben nur eine Stimme, die sie einer Partei bzw. der Liste dieser Partei geben können. Sodann entsenden die Parteien entsprechend der Reihenfolge der Liste die Abgeordneten in die Volksvertretung entsprechend des auf sie entfallenden Anteils der Stimmen. Die Verhältniswahl nennt man auch Listenwahl.

Politik Aktuell Nr. 6/1994

**Mehrheitswahlrecht
(Persönlichkeitswahl)**

Im Gegensatz dazu wird bei dem Mehrheitswahlrecht das Wahlgebiet in Wahlkreise eingeteilt. Die politischen Parteien stellen für die jeweiligen Wahlkreise Kandidaten auf, die sich neben unabhängigen Kandidaten zur Wahl stellen.

Die Wähler haben eine Stimme, die sie einem Kandidaten geben. Wer von den Kandidaten die Mehrheit der Stimmen erhält, ist gewählt. Da hier die Stimme unmittelbar für eine Person abgegeben wird, spricht man hier auch von einer Persönlichkeitswahl.

Bei der Mehrheitswahl wird zudem festgelegt, mit welcher Mehrheit der Kandidat gewählt werden muss. Man unterscheidet absolute, relative und qualifizierte Mehrheit.

Bei der absoluten Mehrheitswahl muss ein Kandidat mehr als die Hälfte aller Stimmen auf sich vereinigen, um als gewählter Kandidat in die Volksvertretung einzuziehen. Erhält keiner der Kandidaten diese absolute Mehrheit im ersten Wahlgang, führt dies zu einer Stichwahl zwischen den beiden erfolgreichsten Kandidaten.

Bei dem relativen Mehrheitswahlrecht ist der Kandidat gewählt, der die meisten Stimmen auf sich vereinigt.

Bei dem qualifizierten Mehrheitswahlrecht erhält derjenige Kandidat das Mandat, der einen vorher festgelegten Stimmenanteil aller Stimmen erreicht hat.

Politik Aktuell Nr. 6/1994

3 Erörtert die Vor- und Nachteile der verschiedenen Wahlsysteme.
4 Viele sagen: Das gemischte Wahlrecht in der BRD ist das gerechteste Wahlrecht. Begründet eure Zustimmung/Ablehnung.

15.2.2 Die Fünf-Prozent-Klausel

Das Verhältniswahlrecht (siehe linke Seite) würde es ermöglichen, dass eine Vielzahl von Parteien Abgeordnete ins Parlament schickt: So waren z.B. 1930 im Deutschen Reichstag vierzehn Parteien vertreten, die sich häufig sehr miteinander zerstritten und oft nicht fähig waren, sich zu einer Mehrheit zusammenzufinden.

Um zu verhindern, dass noch einmal allzu viele (Splitter-)Parteien die Arbeit der Parlamente erschweren, wurde (nachdem es ähnliche Regelungen bereits seit 1949 gegeben hatte) 1956 im Bundeswahlgesetz festgelegt, dass nur noch jene Parteien durch Abgeordnete im Parlament vertreten sein sollen, die mindestens 5% der Zweitstimmen oder aber drei Direktmandate errungen haben.

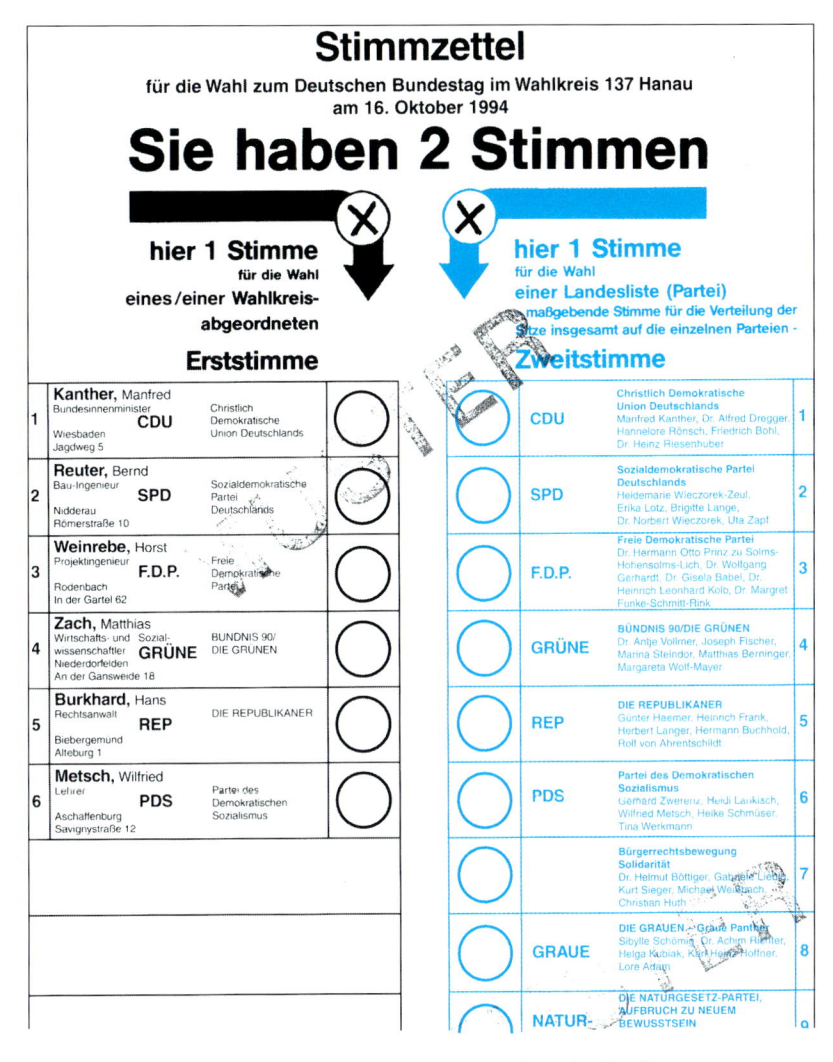

**Ein Kritiker schreibt
über die Fünf-Prozent-Klausel**

Sie hat zur Folge, dass sich neue Parteien kaum entwickeln können. Sie können sich, wenn sie noch im Anfang stehen, im Parlament nicht zur Geltung bringen, sich dort nicht durch Reden und Abstimmungen zeigen und vor der Gesamtbevölkerung dauernd hörbar und sichtbar werden. Damit wird wiederum das politische Leben gemindert und alles Neue erschwert. Die Klausel ist eine Sicherung der herrschenden Parteien gegen neue Parteien.

K. Jaspers: Wohin treibt die Bundesrepublik? München 1966, S. 134

1 Begründet die Vor- und Nachteile der Fünf-Prozent-Klausel.
2 Hältst du die Argumente des Kritikers für schwer wiegend? Beachte: Seit 1956 ist lediglich zwei neu gegründeten Parteien (den Grünen sowie der PDS) der Einzug in den Bundestag gelungen.
3 Untersucht die Wahlstatistik auf S. 252 (Wahlergebnisse der Bundestagswahlen 1949-1994). Erläutert die Entwicklung der einzelnen Parteien nach Einführung der Fünf-Prozent-Klausel.

15.2.3 Der Bundestag in Zahlen

Wahlergebnisse der Bundestagswahlen 1949–1994 (in Prozent); seit 1990 gesamtdeutsch

	1949	1953	1957	1961	1965	1969	1972	1976	1980	1983	1987	1990	1994
Wahlbeteiligung	78,5	86,0	87,8	86,8	86,7	86,7	91,1	90,7	88,6	89,1	84,3	77,8	79,1
CDU/CSU	31,0	45,2	50,2	45,3	47,6	46,1	44,9	48,6	44,5	48,8	44,3	43,8	41,4
SPD	29,2	28,8	31,8	36,2	39,3	42,7	45,8	42,6	42,9	38,2	37,0	33,5	36,4
FDP	11,9	9,5	7,7	12,8	9,5	5,8	8,4	7,9	10,6	7,0	9,1	11,0	6,9
DP/GDP	4,0	3,2	3,4	2,8									
BP	4,2												
KPD[2]	5,7	2,2					0,3[3]	0,3[3]	0,2[3]	0,2[3]			
WAV	2,9												
Zentrum	3,1	0,8											
DRP	1,8	1,1	1,0										
SSW	0,2	0,1	0,1	0,1									
BHE		5,9	4,6										
DFU				1,9	1,3	0,6							
NPD					2,0	4,3	0,6	0,3	0,2	0,2			
Grüne (West)								1,5	5,6	8,3	3,9	7,3	
Bündnis 90/													7,3
Grüne (Ost)												1,2[1]	
PDS												2,4[1]	4,4
Republikaner												2,1	
Sonstige	6,0	3,2	1,6	0,9	0,3	0,5		0,3	0,1	0,1	1,3	2,1	3,6

1) Kam im Wahlgebiet Ost über die 5%-Hürde, daher im Bundestag vertreten
2) Verboten 1956, Verbotsantrag wurde 1951 gestellt
3) DKP

Nach: Statistisches Bundesamt Wiesbaden; Wissenschaftlicher Dienst des Deutschen Bundestags

1 Stellt die entsprechenden Wahlergebnisse eures Heimatortes zusammen. Vergleicht.
2 Lest aus der Wahlstatistik Trends heraus und versucht Erklärungen zu geben.
3 Warum sind solche Statistiken von Bedeutung?
4 Erörtert die Wirkungen beim Wähler, wenn solche Statistiken in den Massenmedien veröffentlicht werden.
5 Vergleicht mit dem Schaubild: Im ersten Deutschen Reichstag 1871 waren mehr als die Hälfte der insgesamt 382 Mitglieder Adelige, darunter 11 Fürsten und Prinzen, 25 Grafen, 103 Barone, Freiherren und andere Aristokraten.
6 Wie ist es zu erklären, dass einzelne Berufsgruppen nicht entsprechend ihrem Anteil an der Bevölkerung im Parlament repräsentiert sind?

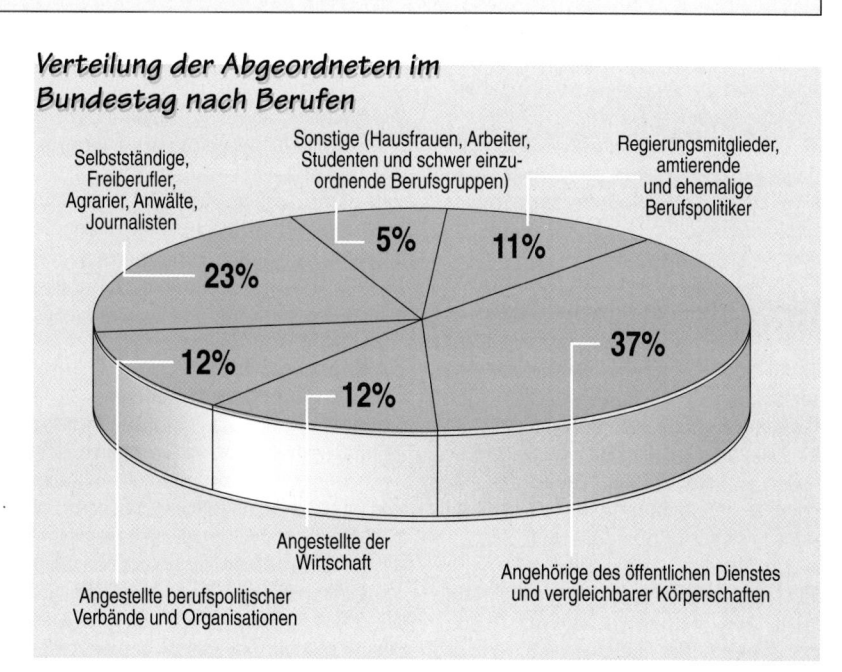

Verteilung der Abgeordneten im Bundestag nach Berufen

- Selbstständige, Freiberufler, Agrarier, Anwälte, Journalisten: 23%
- Sonstige (Hausfrauen, Arbeiter, Studenten und schwer einzuordnende Berufsgruppen): 5%
- Regierungsmitglieder, amtierende und ehemalige Berufspolitiker: 11%
- Angestellte berufspolitischer Verbände und Organisationen: 12%
- Angestellte der Wirtschaft: 12%
- Angehörige des öffentlichen Dienstes und vergleichbarer Körperschaften: 37%

15.2.4 Auch Nichtwähler zählen

Gründe für die Nichtteilnahme an den Wahlen

- Die Politiker tun ja doch, was sie wollen.
- Meine Stimme hat sowieso kein Gewicht.
- Auf die Kandidatenaufstellung habe ich keinen Einfluss und die Kandidaten, die mir präsentiert werden, gefallen mir nicht.
- Die Politik kommt nur zu faulen Kompromissen.
- Es gibt keine Partei, die ich wählen könnte.
- Nach der Wahl will keiner mehr was von mir wissen.
- Die Politiker sind alle korrupt.
- Die Wahlversprechen werden nie eingehalten.
- Politik hat mich nie interessiert.
- Die Politiker reden nie mit dem Bürger, sondern bleiben nur unter sich.
- Meine Interessen werden von Politikern nie vertreten.
- Die Politiker halten nur große Reden, um meine kleinen Sorgen kümmert sich niemand.
- Vor den Wahlen steht sowieso fest, wer auf jeden Fall ins Parlament kommt.
- Die Politiker haben sich den Staat zur Beute gemacht.

Gründe für die Teilnahme an Wahlen

- Die Politiker achten sehr wohl auf das Wählervotum und reagieren sehr sensibel darauf.
- Wer nicht an Wahlen teilnimmt, manövriert sich ins Aus.
- Bei mehr als 100 000 Freizeitpolitikern kann nicht jeder korrupt sein.
- Meine Interessen werden nur vertreten, wenn sie artikuliert werden.
- Wahlversprechen werden nur gemacht, weil sie der Wähler erwartet. Liegt es vielleicht an mir, dass sie nicht eingehalten werden können?
- Auf die Kandidatenaufstellung hat jeder Wähler Einfluss, auch wenn er nicht in der Partei ist. Er muss sich nur rühren.
- Wenn keiner mehr wählen geht, findet Demokratie nur noch unter wenigen statt. Wollen wir das?
- Eine wachsende Nichtwählerschaft bedroht die demokratische Grundordnung.
- Überall auf der Welt wird – wie in Südafrika – um das Wahlrecht gekämpft. Wir haben das Wahlrecht und nehmen es nicht in Anspruch. Das kann doch nicht sein.
- Bei den Wahlen kommt es auf jede Stimme an.
- Das Wahlrecht ist jetzt so geändert, dass die gewählte Partei nur noch für die abgegebene Stimme eine Wahlkampf-Kostenerstattung erhält.
- Wenn der Bürger nicht mit den Politikern redet, kann er sich auch nicht beklagen, dass die Politiker nicht mehr den Weg zum Bürger finden.

Politik Aktuell Nr. 16/1994

Wähler der Parteien nach Berufsgruppen (in Prozent)

	CDU/CSU	SPD	FDP	Bündnis 90/ DIE GRÜNEN	PDS	Andere
Gesamt	41,4	36,4	6,9	7,3	4,4	3,6
Berufsgruppe						
Arbeiter	36,9	45,3	3,5	4,7	4,7	4,9
Angestellte	38,4	36,4	7,5	8,8	5,8	3,1
Beamte	42,7	32,9	8,0	10,9	2,6	2,9
Selbstständige	52,2	17,5	14,9	7,7	3,4	4,3
Landwirte	64,3	14,0	8,6	4,3	2,7	6,1

Forschungsgruppe Wahlen:
Befragung am Wahltag (n = 17 708). In: Aus Politik und Zeitgeschichte B 57-52/94, S. 10

Bundestagswahlen am 16. Oktober 1994 - Motive der Nichtwähler

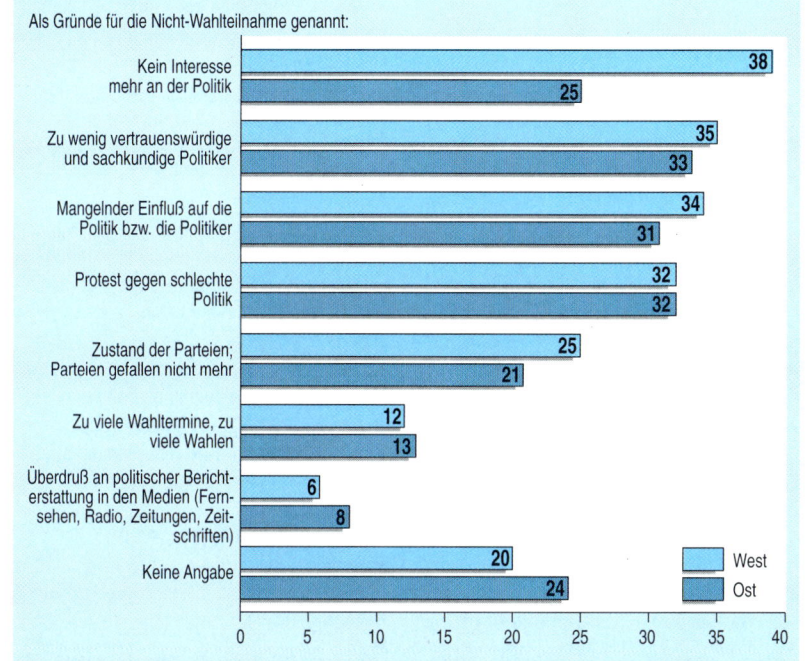

Als Gründe für die Nicht-Wahlteilnahme genannt (West/Ost in %):

Grund	West	Ost
Kein Interesse mehr an der Politik	38	25
Zu wenig vertrauenswürdige und sachkundige Politiker	35	33
Mangelnder Einfluß auf die Politik bzw. die Politiker	34	31
Protest gegen schlechte Politik	32	32
Zustand der Parteien; Parteien gefallen nicht mehr	25	21
Zu viele Wahltermine, zu viele Wahlen	12	13
Überdruß an politischer Berichterstattung in den Medien (Fernsehen, Radio, Zeitungen, Zeitschriften)	6	8
Keine Angabe	20	24

Frage (nur an Nichtwähler): Gehen Sie nun bitte einmal diese Liste Punkt für Punkt durch und sagen Sie mir, was davon für Sie persönlich als Grund in Frage kam, nicht an der Bundestagswahl teilzunehmen. (Mehrfachnennungen waren möglich.)

1 Wägt die hier genannten Gründe für und wider das Wählen gegeneinander ab. Welche davon sind euch verständlich, welche unverständlich?
2 Inwiefern beeinflussen auch Nichtwähler das Wahlergebnis?

15.3 Warum Parteien?

15.3.1 Aufgaben und Bedeutung der Parteien

Politische Parteien – in der Demokratie unverzichtbar

Keine moderne repräsentative Demokratie kann auf die Existenz und Tätigkeit politischer Parteien verzichten. Das gilt es festzuhalten, trotz einer weit verbreiteten Abneigung gegen alles Parteiische, gegen Parteigezänk und parteipolitische Machenschaften. Wer es liebt, sich auf das hohe Ross der Überparteilichkeit zu setzen und vorgibt, sich einzig und allein von „staatspolitischen Notwendigkeiten" leiten zu lassen, der betrügt in aller Regel sich und alle anderen, indem er seine eigenen Auffassungen über die Politik als Ausfluss reiner Überparteilichkeit darstellt, die der anderen aber als „Parteipolitik" zu diskreditieren [= in Verruf zu bringen] versucht. Sachlichkeit aber ist nach einem berühmten Wort von Gustav Radbruch „die Lebenslüge des Obrigkeitsstaates". Weil es in den entscheidenden Fragen der Politik immer um Handlungen in die Zukunft hinein geht, die sich eindeutiger Berechnung in aller Regel entziehen, darum gibt es auf politische Fragen ebenfalls selten nur eine eindeutige, einfache Antwort, sondern in der Regel einen berechtigten Streit der Parteien, von denen jede auf ihre Weise und nach ihren Prinzipien das Wohl der Gesamtheit verwirklichen will.

Waldemar Besson/Gotthard Jasper: Das Leitbild der modernen Demokratie, Bonn 1990, S. 43 f.

Mitgliederstand der Parteien in der Bundesrepublik

	1972	1976	1980	1988	1991	1993	1995
CDU	422 968	652 010	693 320	676 747	652 054	685 000	653 894
CSU	109 785	144 263	172 420	182 738	186 114	177 000	179 880
FDP	57 757	79 162	84 162	64 274	178 624	94 000	81 200
SPD	954 394	1 022 191	986 872	911 916	927 650	861 000	805 000
Grüne	–	–	–	37 879	41 226	40 000	47 576
PDS	–	–	–	–	241 742	131 000	115 000

Nach: Frankfurter Allgemeine Zeitung v. 24.4.1990, FR v. 18.1.1995 und Taunus-Zeitung v. 28.8.1996

1. Welche Aufgaben übernehmen Parteien in der repräsentativen Demokratie?
2. Versucht die im Text zitierte Äußerung des Staatsrechtlers und Sozialdemokraten G. Radbruch zu erklären. Nehmt Stellung.
3. Aus welchen Gründen treten Bürger/innen einer Partei bei? Fragt dazu Parteimitglieder.

Die Parteien in der Bundesrepublik sind einerseits Sprachrohr der politischen Auffassungen und Interessen (bestimmter Gruppen) der Bevölkerung, andererseits prägen sie das politische Denken und Handeln der Bürger/Bürgerinnen durch ihre Programme und Vorschläge. Mittlerweile wird fast das gesamte öffentliche Leben von den Parteien beeinflusst (Parteiendemokratie). Dies steht der Absicht des Grundgesetzes entgegen, wonach es heißt, Parteien „wirken bei der politischen Willensbildung des Volkes mit." (Art. 21 (1) GG). Der einzelne Bürger oder die (kleinen) Gruppen von Bürgern besitzen demgegenüber nur wenig Chancen der direkten politischen Mitwirkung. Die Parteien sind bestrebt, Regierungsverantwortung auf Orts-, Kreis-, Landes- und Bundesebene zu übernehmen und unterstützen (als Regierungsparteien) ihre in die Regierung gewählten Mitglieder. Sie rufen ihre Mitglieder und Vertreter in den Städten und Gemeinden, in Kreisen und Bundesländern zu Versammlungen zusammen, auf denen die politischen Probleme diskutiert werden. Auf diese Weise wollen die Parteiführungen die Meinungen ihrer Mitglieder und Anhänger erfahren. Ebenfalls werden in Abständen die Vertreter für die verschiedenen Gremien gewählt. In ihnen wird durch Abstimmungen (Mehrheitswahl) entschieden. Man spricht von innerparteilicher Demokratie, wenn all dies nach demokratischen Regeln geschieht.

Anders als früher in der DDR, wo die Sozialistische Einheitspartei Deutschlands nur von ihr abhängige Parteien (Blockparteien) duldete, stehen die Parteien der Bundesrepublik mit ihren Ideen, Zielen und Personen in ständiger Konkurrenz miteinander. Jede versucht in der Landes- wie in der Bundespolitik die Mehrheit der Wähler davon zu überzeugen, dass sie die politischen und gesellschaftlichen Aufgaben am besten lösen wird.

4. Wo begegnen euch Parteien im öffentlichen Leben?
5. Was bedeutet die Aussage: „Deutschland ist eine Parteiendemokratie?"
6. Was wisst ihr über die einzelnen Parteien in der Bundesrepublik?

Gesetz über die politischen Parteien (Parteiengesetz) (1994)

§1 Verfassungsrechtliche Stellung und Aufgaben der Parteien

(1) Die Parteien sind ein verfassungsrechtlich notwendiger Bestandteil der freiheitlichen demokratischen Grundordnung. Sie erfüllen mit ihrer freien, dauernden Mitwirkung an der politischen Willensbildung des Volkes eine ihnen nach dem Grundgesetz obliegende und von ihm verbürgte öffentliche Aufgabe.

(2) Die Parteien wirken an der Bildung des politischen Willens des Volkes auf allen Gebieten des öffentlichen Lebens mit, indem sie insbesondere auf die Gestaltung der öffentlichen Meinung Einfluss nehmen,

die politische Bildung anregen und vertiefen,

die aktive Teilnahme der Bürger am politischen Leben fördern,

zur Übernahme öffentlicher Verantwortung befähigte Bürger heranbilden,

sich durch Aufstellung von Bewerbern an den Wahlen in Bund, Ländern und Gemeinden beteiligen,

auf die politische Entwicklung in Parlament und Regierung Einfluss nehmen,

die von ihnen erarbeiteten politischen Ziele in den Prozess der staatlichen Willensbildung einführen und für eine ständige lebendige Verbindung zwischen dem Volk und den Staatsorganen sorgen.

(3) Die Parteien legen ihre Ziele in politischen Programmen nieder.

Anteile der Frauen und Männer bei SPD, CDU, FDP, PDS und Grünen (in Prozent)

CDU	1977	1990	1993
weiblich	20,2	23,0	25,1
männlich	79,8	77,0	74,9

CSU	1978	1991	1993
weiblich	12,8	15,3	15,7
männlich	87,2	84,7	84,3

FDP	1976	1991	1993
weiblich	19,0	26,0	27,0
männlich	81,0	74,0	73,0

SPD	1977	1991	1993
weiblich	21,7	27,2	27,8
männlich	78,3	72,8	72,2

PDS	–	1991	
weiblich	–	47,5	
männlich	–	52,5	

Grüne	–	1991	
weiblich	–	33,3	
männlich	–	66,7	

Inzwischen haben die meisten Parteien eine Frauenquote (eine bestimmte Anzahl von Positionen sollen von Frauen eingenommen werden) für die zu besetzenden Mandate in der Stadt/Gemeinde, im Kreis, Land und Bund festgelegt.

§2 Begriff der Partei
(1) Parteien sind Vereinigungen von Bürgern, die dauernd oder für längere Zeit für den Bereich des Bundes oder eines Landes auf die politische Willensbildung Einfluss nehmen und an der Vertretung des Volkes im Deutschen Bundestag oder einem Landtag mitwirken wollen, wenn sie nach dem Gesamtbild der tatsächlichen Verhältnisse, insbesondere nach Umfang und Festigkeit ihrer Organisation, nach der Zahl ihrer Mitglieder und nach ihrem Hervortreten in der Öffentlichkeit eine ausreichende Gewähr für die Ernsthaftigkeit dieser Zielsetzung bieten. Mitglieder einer Partei können nur natürliche Personen sein.

7 Versucht am Beispiel eurer Stadt/Gemeinde nachzuweisen, inwieweit die politischen Parteien ihre vom Gesetz vorgesehenen Aufgaben erfüllen.

8 Welche Rolle spielt bei der Entscheidung für einen Parteieintritt der Beruf? Was werden die einzelnen Berufsgruppen von der Politik ihrer Partei erwarten?
9 Vergleicht die Frauenanteile an den Mitgliedschaften mit den Männeranteilen. Wie erklärt ihr euch den Unterschied? Welche Veränderungen von 1977 zu 1993 erkennt ihr?
10 Rechnet aus, wie viel Prozent der Wahlberechtigten (ca. 60 Millionen) Mitglieder von Parteien sind. Welche Folgerungen erlauben die Ergebnisse?

15.3.2 Aus den Programmen

Thema: Grundwerte

CDU Die Verwirklichung der Freiheit bedarf der sozialen Gerechtigkeit. Die Verhältnisse, unter denen der Mensch lebt, dürfen der Freiheit nicht im Wege stehen. Aufgabe der Politik ist es daher, der Not zu wehren, unzumutbare Abhängigkeiten zu beseitigen und die materiellen Bedingungen der Freiheit zu sichern. Persönliches Eigentum erweitert den Freiheitsraum des Einzelnen für seine persönliche Lebensgestaltung.

SPD Wir wollen die Kräfte unserer Gesellschaft zu einer großen Gemeinschaftsanstrengung zusammenführen, um die Entwicklung unseres Landes auf eine neue dauerhafte Grundlage zu stellen. Die dauerhafte sozial- und umweltverträgliche Entwicklung von Wirtschaft und Technik ist das Ziel unserer Reformen. Diese Herausforderung wollen wir mit einem Neuanfang für soziale Gerechtigkeit, Arbeit für alle, Gleichstellung der Frauen in Beruf und Gesellschaft, ökologische Erneuerung und technischen Fortschritt bestehen.

FDP Als Partei der Freiheit und der Verantwortung setzt die FDP auf die Eigeninitiative, die Kreativität und die Leistungsbereitschaft der Bürger. Wir sind die Partei der Leistungsträger und der geistigen Eliten in der Gesellschaft. Wir brauchen sie für die Zukunftssicherung und Zukunftsgestaltung Deutschlands. Dabei wollen wir die Kraft der Starken nicht zur Selbstverwirklichung, sondern gerade auch, um den Schwachen zu helfen.

CSU Freiheit fordert immer auch Verantwortung. Nur eine Gesellschaft selbstverantwortlicher Bürger verhindert, dass der Staat durch umfassende Versorgung und Betreuung Menschen abhängig, passiv und egoistisch werden lässt: Die CSU will den Sozialstaat nicht als Vormund, sondern als Diener des Menschen. Sie fördert deshalb in der Sozialpolitik Selbstverantwortung und Eigeninitiative.

PDS Wir wollen ein anderes Deutschland, eine demokratische, soziale, zivile, ökologische und antinazistische Erneuerung [...]. Die PDS ist eine sozialistische Partei und nimmt in den sozialen und politischen Auseinandersetzungen der BRD radikaldemokratische und antikapitalistische Positionen ein. Sie ist aus dem Reformwillen zehntausender SED-Mitglieder entstanden und wird auch im Wahlkampf 1994 ihre selbstkritische Auseinandersetzung mit der eigenen Geschichte fortsetzen.

Bündnis 90/DIE GRÜNEN Soziale Gerechtigkeit muss es weltweit für alle Menschen geben. [...] Politische und moralische Kriterien verbieten es, den sozialpolitischen Blick auf die Bevölkerung des eigenen Landes zu verengen. Soziale Gerechtigkeit in unserem Land ist dauerhaft nur zu haben, wenn diese den Menschen in anderen Ländern nicht vorenthalten wird.

CDU: Leitantrag des Bundesvorstandes zum neuen Grundsatzprogramm an den 5. Parteitag im Februar 1994
SPD: Parteitagsbeschlüsse, November 1993
FDP: Entwurf des Aktionsprogramms für den Bundestagswahlkampf 1994
CSU: Grundsatzprogramm, Dezember 1993
PDS: Wahlprogramm der PDS 1994, Dezember 1993
Bündnis 90/DIE GRÜNEN: Entwurf für das Europawahlprogramm, Januar 1994

1 Listet die wichtigsten Punkte – nach Parteien getrennt – nebeneinander auf. Diskutiert die Unterschiede.
2 Welche Parteien stehen einander näher, welche eher gegeneinander? Begründet anhand der Texte.

15.3.3 Die Nominierung der Kandidaten: wichtige Aufgabe einer Partei

Die Bürger/innen in Deutschland über 18 Jahre können an den politischen Entscheidungen vor allem durch Wahlen teilnehmen. Die Kandidaten werden von politischen Parteien und Gruppen aufgestellt. Deshalb ist die Kandidatenaufstellung (Nominierung) ein wichtiger

Vorgang. Die infrage kommenden Personen sollten sorgfältig ausgewählt werden.

Der/die gewählte Abgeordnete vertritt (repräsentiert) die Wähler seines Wahlkreises für die Dauer von vier (Bund) bzw. fünf Jahren (in den Bundesländern Saarland, Sachsen, Brandenburg, Nordrhein-Westfalen, Baden-Württemberg). Die Bevölkerungszahl eines Wahlkreises soll nicht um mehr als 25 % nach oben oder unten von der durchschnittlichen Bevölkerungszahl der Wahlkreise abweichen. Nach Möglichkeit sollen auch die Grenzen der Gemeinden, Kreise und kreisfreien Städte eingehalten werden. Bei der Ermittlung der Bevölkerungszahl bleiben nicht wahlberechtigte Ausländer unberücksichtigt.

Wie eine Frau Bundestagsabgeordnete wird und politische Karriere macht

Senkrechtstarterin ist gar kein Ausdruck: Cornelia Yzer (31) hat vom Abitur bis zur Staatssekretärin gerade mal elf Jahre gebraucht. Dazwischen liegen fünf Jahre Jurastudium, drei Jahre wissenschaftliche Mitarbeit bei einem Bundestagsabgeordneten, zwei Jahre Bayer-Leverkusen. Seit Dezember 1990 sitzt sie für die CDU im Bundestag, direkt gewählt im Märkischen Kreis I.

[...] Schon als Junge-Union (JU)- und CDU-Mitglied hat sie ein Gespür für die wichtigen Gremien: Stadtverbandsvorsitzende, Kreisvorsitzende der JU, Mitglied des Kreisvorstands der CDU, Bezirksvorstand, Pressesprecherin im CDU-Kreisvorstand („Wer Presse macht, wird bekannt"), Mitglied im einflussreichen Landesvorstand der Wirtschaftsvereinigung Nordrhein-Westfalen (NRW), Mitglied im NRW-Landesvorstand der CDU.

Ein Weg der Anpassung? Im Gegenteil, kontert sie: „Ich habe nie zu denen gehört, die aus Respekt vor den etablierten Politikern den Mund nicht aufgemacht haben. Ich habe die Erfahrung gemacht: Wer frech genug ist, wird auch bei anstehenden Wahlen berücksichtigt. Die Vorstellung, dass in der Politik nur derjenige weiterkommt, der überall mitschwimmt, halte ich für falsch."

Also zählt die normale Ochsentour gar nichts? Auch diesen Begriff für das Sich-langsam-Hochdienen will sie nicht akzeptieren. Dass sie so früh politisch aktiv wird, erklärt sie aus Interesse an den Themen, die die Schule geliefert hat, aber auch mit Spaß an der Sache: „Das war für mich so etwas wie ein Hobby". [...]

Das erklärt aber noch nicht den Sprung zur Staatssekretärin. „Kannten Sie Herrn Kohl gut?" – „Ich habe ihn als Abgeordnete ein paar Mal gesprochen", antwortet sie. „Aber warum die Wahl auf mich fiel, kann ich Ihnen nicht sagen." – „Und wie ging das vor sich?" Bereitwillig berichtet Cornelia Yzer: „Nachmittags kam ein Anruf: Friedrich Bohl aus dem Kanzleramt. Er fragte, ob ich Interesse daran hätte, Parlamentarische Staatssekretärin zu werden. Meine Gegenfrage: In welchem Ministerium?" Ist das so einfach? Kann denn jeder Politiker alles machen? Ihr Job im Ministerium für Frauen und Jugend, mit einer besonderen Zuständigkeit für den Zivildienst, ist neu für sie. Doch Cornelia Yzer vergleicht die Politik mit der Wirtschaft, wenn es um die Besetzung von Führungspositionen geht. In einem Unternehmen sei heute einer zuständig für den Personalbereich, morgen für die Produktgruppe X und übermorgen als Geschäftsführer für Lateinamerika Südwest. „Wenn man unterstellt, dass Staatssekretär oder Minister eine Führungsposition ist, ist das in der Politik nicht viel anders." Wer in der Wirtschaft nichts taugt, wird aber entlassen, oder nicht? „Mein Arbeitgeber ist der Wähler, der kann mich auch entlassen."

Also mehr Einfluss fürs Volk? Nein, Volksabstimmungen hält sie nicht für den richtigen Weg, die förderten die Stimmungsdemokratie: „Ich werfe der Politik vor, dass sie nicht mehr mutig genug ist ...". Wichtige politische Fragen seien zu komplex, um sie mit Ja oder Nein beantworten zu können. „Wenn Politik so einfach wäre, dass wir sagen könnten, machen wir schnell mal eine Volksabstimmung – dann hätten wir wirklich zu viele Politiker herumsitzen."

Volker Thomas in PZ Nr. 70/1992, S. 34

1 *Erkundigt euch bei einer oder mehreren örtlichen Parteien, wie und nach welchen Grundsätzen sie ihre Wahlkandidaten aufstellen. Wie groß ist der Anteil der Männer, wie groß der der Frauen?*
2 *Was erwartet ihr von einem Wahlbewerber? Stellt zusammen.*
3 *Das ist nur ein Beispiel. Welche Punkte erscheinen euch wichtig bei der politischen Karriere von Cornelia Yzer?*
4 *Was gefällt euch an ihrem (politischen) Lebenslauf, wo seht ihr Probleme?*

15.3.4 Parteien können auch verboten werden

In der Geschichte des Bundesrepublik hat es immer wieder Parteien gegeben, die etwas anderes wollten, als in der Verfassung vorgesehen ist. Die freiheitliche demokratische Grundordnung des Staates darf jedoch nicht verändert werden (Art. 79 (3) GG). 1952 wurden die Sozialistische Reichspartei (SRP) und 1956 die Kommunistische Partei Deutschlands (KPD) in Westdeutschland vom Bundesverfassungsgericht verboten.

Wann ist eine Partei verfassungswidrig?

1. Auszugehen ist davon, dass eine politische Partei nur dann aus dem politischen Leben ausgeschaltet werden darf, wenn sie, wie das Bundesverfassungsgericht in dem SRP-Urteil vom 23. Oktober 1952 ausgeführt hat, „die obersten Grundsätze der freiheitlichen Demokratie ablehnt". [...]

Eine Partei ist nicht schon dann verfassungswidrig, wenn sie einzelne Bestimmungen, ja

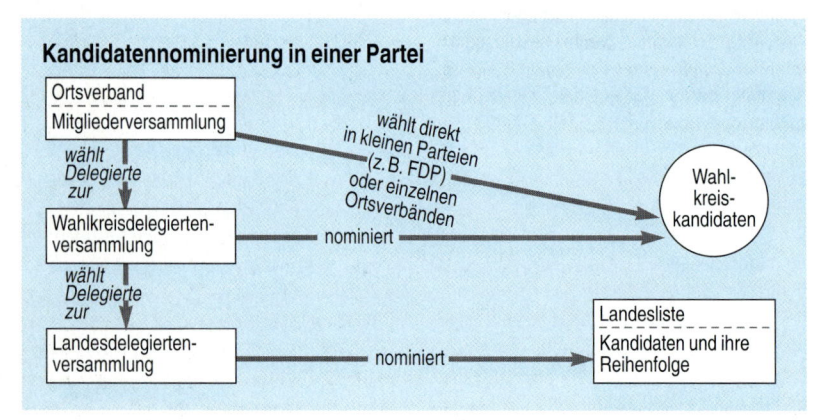

Kandidatennominierung in einer Partei

Ortsverband / Mitgliederversammlung
↓ wählt Delegierte zur
Wahlkreisdelegiertenversammlung — nominiert → Wahlkreiskandidaten
(wählt direkt in kleinen Parteien (z. B. FDP) oder einzelnen Ortsverbänden)
↓ wählt Delegierte zur
Landesdelegiertenversammlung — nominiert → Landesliste: Kandidaten und ihre Reihenfolge

ganze Institutionen des Grundgesetzes ablehnt. Sie muss vielmehr die obersten Werte der Verfassungsordnung verwerfen, die elementaren Verfassungsgrundsätze, die die Verfassungsordnung zu einer freiheitlichen demokratischen machen, Grundsätze, über die sich mindestens alle Parteien einig sein müssen, wenn dieser Typus der Demokratie überhaupt sinnvoll funktionieren soll.
2. Eine Partei ist auch nicht schon dann verfassungswidrig, wenn sie diese obersten Prinzipien einer freiheitlichen demokratischen Grundordnung nicht anerkennt, sie ablehnt, ihnen andere entgegensetzt. Es muss vielmehr eine aktiv kämpferische, aggressive Haltung gegenüber der bestehenden Ordnung hinzukommen: Sie muss planvoll das Funktionieren dieser Ordnung beeinträchtigen, im weiteren Verlauf diese Ordnung selbst beseitigen wollen. Das bedeutet, dass der freiheitlich-demokratische Staat gegen Parteien mit einer ihm feindlichen Zielrichtung nicht von sich aus vorgeht; er verhält sich vielmehr defensiv, er wehrt lediglich Angriffe auf seine Grundordnung ab. Schon diese gesetzliche Konstruktion des Tatbestandes schließt einen Missbrauch der Bestimmung im Dienste eifernder Verfolgung unbequemer Oppositionsparteien aus.

Entscheidungen des Bundesverfassungsgerichts. Bd. 5. KPD-Verbotsurteil. S. 140 f.

1 Welche Gründe rechtfertigen ein Parteienverbot?
2 Zum Parteienverbot werden hauptsächlich zwei Meinungen geäußert:
a) Jede Partei, die das Ziel verfolgt, eine andere Staatsordnung als die vom Grundgesetz gewollte einzuführen, soll verboten werden.
b) Man soll (extreme) Parteien nicht verbieten, sondern sich mit ihnen offen politisch auseinandersetzen.
Welcher Meinung schließt ihr euch an? Begründet.
Methode: *Pro- und Kontra-Diskussion, S. 237*

Straflose Werbung für „Republikaner"

Das Land Nordrhein-Westfalen hat in seinem Kampf gegen die rechtsextremen Republikaner eine schwere Niederlage erlitten. Das Verwaltungsgericht in Münster widersprach einem Kabinettsbeschluss der sozialdemokratischen Regierung von Ministerpräsident Johannes Rau (SPD) vom Frühjahr vergangenen Jahres, nach dem die Mitgliedschaft bei den Republikanern mit der besonderen Treuepflicht der Beamten gegenüber dem Staat unvereinbar sei: Es hob das Unterrichtsverbot gegen den Kamener Gymnasiallehrer Burghard Schmanck auf.
Die Suspendierung [= einstweilige Enthebung vom Dienst] Schmancks sei in der Sache rechtswidrig, weil allein eine Kandidatur für die Republikaner keinen hinreichenden Tatverdacht auf ein schweres Dienstvergehen rechtfertige, urteilten die Richter. In ihrer Entscheidung wiesen sie darauf hin, dass es über Schmancks Unterricht bisher keinerlei Beschwerden gegeben habe. Schmanck leitet den „Republikanischen Bund der öffentlich Bediensteten". [...]
Der Pädagoge hatte im vergangenen Jahr [1994] für die Bundestagswahl auf der Liste der Republikaner kandidiert. Diese Kandidatur und das öffentliche Werben für die Republikaner stellte nach Ansicht der Landesregierung ein schweres Dienstvergehen dar. Die Arnsberger Bezirksregierung hatte ihre Suspendierung des Lehrers unter anderem mit dem Hinweis begründet, Schmanck habe an einem Informationsstand der Republikaner für seine Kandidatur öffentlich geworben und sich dabei als Lehrer zu erkennen gegeben. Er wurde deshalb im Oktober 1994 vorläufig vom Dienst suspendiert.
Diese Begründung nannte der 56-jährige Pädagoge im Gespräch mit der FR „geradezu lächerlich". Er brauche sich in seinem Heimatort niemandem als Lehrer zu erkennen geben. Wer wie er 30 Jahre an derselben Schule unterrichte, werde „selbst im Dunkeln erkannt". Schmanck will am heutigen Montag seinen Dienst im Kamener Gymnasium wieder anbieten. Er rechnet aber nicht damit, dass dieses Angebot angenommen wird. Allein wegen der Wirkung auf die Landtagswahl im Mai werde die Schulaufsicht alles versuchen, ihren Standpunkt durchzusetzen, sagte Schmanck am Sonntag der FR und fügte hinzu: „Die sind ja bedenkenlos und wollen die Rechtsprechung auf den Kopf stellen." [...]

Reinhard Voss in: Frankfurter Rundschau vom 27.2.1995, S. 4

Hannover verbietet Landesparteitag der Republikaner

Der für Samstag geplante Landesparteitag der Republikaner in Niedersachsen ist durch die Bezirksregierung Hannover verboten worden. Regierungspräsident Lennartz erklärte am Freitag zur Begründung, es sei bei dem Parteitag in Ottbergen bei Hildesheim mit Eskalationen [= Verschärfung] von Gewalt und Gegengewalt zu rechnen. Es gebe Informationen über Provokationen rechtsradikaler Gruppen und Gegendemonstrationen auch unter Beteiligung gewaltbereiter Gruppen.

Die Welt vom 28.11.1992

Dessau untersagt Landestreffen der radikalen DVU

Die Stadt Dessau hat eine für Sonntag geplante Veranstaltung der rechtsradikalen Deutschen Volksunion (DVU) verboten. Zur Begründung verwies der Dessauer Bürgermeister Franz Siegfried (SPD) auf den Aufruf der DVU zu der Versammlung unter dem Thema „Deutsche Ausplünderung – das deutsche Volk als Melkkuh der Welt". Der Aufruf liefere Anhaltspunkte dafür, „dass im Zuge der Verbreitung rechtsradikalen Gedankenguts Straftaten begangen" würden.

Die Welt vom 28.11.1992

3 Erscheinen die Gründe für Veranstaltungsverboten euch als angemessen?
4 Erörtert den Fall des Lehrers. Ist die Überschrift des Textes „Straflose Werbung" gerechtfertigt?

15.3.5 Parteien in der Kritik

Nicht alle Bundesbürger/innen sind mit den Parteien einverstanden. Darauf wird eine gewisse „Politikverdrossenheit" oder „Parteienverdrossenheit" zurückgeführt, die sich gelegentlich in geringer Wahlbeteiligung oder Parteienschelten („Die machen doch mit uns, was sie wollen.") äußert.

Parteien und Macht: Gefahren für die Demokratie

Da die Auswahl des gesamten politischen Personals in den Händen der Parteien liegt, tragen sie dafür eine besondere Verantwortung. Nicht nur wer Abgeordneter, sondern auch wer Bundespräsident, Verfassungsrichter oder Rechnungshofpräsident wird, liegt in ihrer Hand. [...]
Die Parteien treffen die Personalentscheidungen häufig ganz unverblümt nach Proporz und machtpolitischem Kalkül. Als Kandidaten scheint allein die kleine Zahl von Leuten mit dem richtigen Parteibuch in Betracht zu kom-

men. Das aber steht nicht nur in Spannung zum Gleichheitssatz, sondern mindert zwangsläufig auch das Niveau. Erstreckt sich die Parteibuchwirtschaft darüber hinaus auch auf die normale öffentliche Verwaltung, wie dies inzwischen in abertausenden von Fällen geschieht, so schlägt sie in eindeutige Illegalität um. Die Verfassungsregel des Artikels 33 Absatz 2 Grundgesetz, dass alle Ämter nur nach persönlicher und fachlicher Qualifikation, nicht nach Herkunft, Stand oder Parteizugehörigkeit vergeben werden dürfen, gehört seit der Französischen Revolution zum Kern der demokratischen Errungenschaften. [...]
Angesichts der inzwischen schon fast sprichwörtlichen Bürgerferne der Parteien [...] können sie ihrem Auftrag, zwischen Volk und Staat zu vermitteln, kaum noch nachkommen. Selbst bei Ausübung seines Königsrechts in der repräsentativen Demokratie, des Wahlrechts, wird der Bürger von den Parteien bevormundet, und zwar weitaus mehr, als nach den Gegebenheiten der Massendemokratie unvermeidlich wäre. Wer ins Parlament kommt, bestimmt die Partei. Wen sie auf einem „sicheren" Listenplatz oder in einem „sicheren" Wahlkreis nominiert hat, dem kann der Wähler nichts mehr anhaben. Die Wahl ist nur noch Formsache. Die Behauptung, der Wähler träfe mit dem Ankreuzen einer Partei auch eine Entscheidung über deren gesamtes Personalangebot, ist reine Fiktion. Auf den Listen bei Bundestagswahlen sind die Kandidaten (mit Ausnahme der ersten fünf) dann auch nicht einmal mehr namentlich aufgeführt. Der Wähler entscheidet allein noch über die Größe der verschiedenen Fraktionen und damit über die Herrschaftsanteile der Parteien, nicht über die Kandidaten. [...]

Hans Herbert von Arnim: Hat die Demokratie Zukunft? In: FAZ vom 27.11.1993

1 Welchen Kritikpunkten könnt ihr zustimmen/nicht zustimmen? Begründet.
2 Die Alternative zu den Parteien bestünde in einer starken Bürgerbeteiligung an den wichtigsten Entscheidungen. Würde dadurch die Demokratie gefestigter?

Hamburgs Verfassungsrichter verordnen Neuwahlen

Was war geschehen? Wie immer bestimmte die CDU-Mitgliederversammlung vor der Wahl 1991 jene 246 Vertreter, die daraufhin ihrerseits die Kandidaten für die Bürgerschaftswahl aufstellten. Der Landesvorstand hatte bereits eine geschlossene Liste mit 246 Namen vorgelegt. Wer damit nicht zufrieden war und einen anderen Kandidaten für die Vertreterversammlung präsentieren wollte, hatte nur Erfolg, wenn gleichzeitig eine Person von der Liste des Landesvorstands gestrichen wurde. Das war nahezu unmöglich, denn es hätte dazu nicht nur einer konzertierten Aktion für einen anderen Bewerber, sondern ebenso gegen einen bestimmten, auf der Liste aufgeführten Kandidaten bedurft. Der Mitgliederversammlung blieb keine andere Möglichkeit, als der Liste insgesamt zuzustimmen.
Auch die Vertreterversammlung konnte kaum auswählen. Eine freie Auslese unter mehreren Kandidaten für die Bürgerschaftswahl fand allenfalls auf den ersten fünf Listenplätzen statt; hier wurde noch einzeln abgestimmt. Die weitere Reihenfolge hatte jedoch der so genannte Siebzehnerausschuss (so genannt, weil er siebzehn Mitglieder hatte) fest in seiner Hand. Dieser legte der Vertreterversammlung jeweils so genannte Zehnerblöcke vor, die nur insgesamt angenommen oder insgesamt abgelehnt werden konnten. Wer also zum Beispiel auf Platz neun lieber einen anderen Bewerber sehen wollte, musste auch gegen die anderen Kandidaten von Platz sechs bis fünfzehn votieren.
Schlimmer noch: Gegenvorschläge wurden erst zugelassen, wenn die Kandidaten des Siebzehner-Ausschusses zweimal durchgefallen waren; die lästigen Konkurrenten erhielten häufig kein Rederecht und konnten sich nicht einmal ordentlich vorstellen. [...]
Solchen Kungeleien und Mauscheleien setzt die Verfassung deutliche Grenzen. Die innere Ordnung der Parteien „muss demokratischen Grundsätzen entsprechen", heißt es in Artikel 21 des Grundgesetzes. Dazu gehöre auch, dass alternativen Bewerbern und Minderheiten bei der Kandidatenkür eine Chance eingeräumt werde, betonte der Präsident des Hanseatischen Verfassungsgerichtes, Helmut Plambeck. In der Hamburger CDU war das nicht der Fall. Und weil nicht ausgeschlossen werden kann, dass bei einem demokratischen Auswahlverfahren 1991 vielleicht andere Bewerber auf die Liste gekommen wären und später im Parlament gesessen hätten, muss nun die ganze Wahl wiederholt werden.

Martin Klingst in: Die Zeit vom 7. Mai 1993

3 Welche demokratischen Prinzipien wurden in der Hamburger CDU gröblich missachtet?

15.3.6 Die Parteien brauchen Geld

Parteienfinanzierung

Es liegt nahe, dass die Parteien zunächst auf die finanzielle Opferbereitschaft der Bürger bauen, deren Wünsche und Meinungen sie vertreten. Mitgliedsbeiträge und Spenden von Mitgliedern und Sympathisanten sind demgemäß die Hauptquellen der privaten Parteienfinanzierung. Neben dieser „Eigenfinanzierung" hat in den letzten Jahren aber die staatliche Parteienfinanzierung ständig an Bedeutung gewonnen. Zu ihrer Rechtfertigung wird damit argumentiert, dass die Parteien die ihnen durch Art. 21 GG übertragenen Aufgaben nur erfüllen könnten, wenn sie über eine angemessene Finanzausstattung verfügten. Die Art und Weise, wie die Parteien auf die staatlichen Mittel zugriffen, stieß aber immer wieder auf Kritik und beschäftigte mehrfach auch das Bundesverfassungsgericht. Da das seit 1988 angewandte Verfahren von den Karlsruher Richtern für verfassungswidrig erklärt wurde, musste eine neue Lösung gefunden werden. Um der Tendenz zur Selbstbedienung der Parteien aus der Staatskasse entgegenzuwirken, legte das Gericht für 1992 eine Obergrenze von 230 Millionen DM fest, die nach dem Willen des Gesetzgebers bis 1994 beibehalten wird.
Nach der Neuordnung aufgrund des Urteils des Bundesverfassungsgerichts vom 9.4.1992 besteht die staatliche Parteienfinanzierung ab 1994 im Wesentlichen aus zwei Elementen. Zum einen belohnt sie den Erfolg an der Wahlurne. So erhalten die Parteien nach Bundestags- und Europawahlen einen vom Wahlergebnis abhängigen Zuschuss aus der Staatskasse – für die ersten fünf Millionen Wählerstimmen je 1,30 DM und für alle weiteren Stimmen je 1 DM. Zum anderen honoriert sie die finanzielle Unterstützung der Partei durch Mitglieder und Spender: Jede Mark aus Beitrags- und Spendeneinnahmen von Privatleuten (bis zu einer Höhe von jährlich 6000 DM pro Person) wird aus Staatsmitteln um 0,50 DM aufgestockt. Außerdem sind Beiträge und Spenden an die Parteien bis zu einem Höchstbetrag von 6000 DM steuerlich begünstigt.

Erich Schmidt Verlag, Zahlenbilder 12/1993

Aus dem Parteiengesetz (PartG) (1994)

§23 Pflicht zur öffentlichen Rechenschaftslegung.

(1) Der Vorstand der Partei hat über die Herkunft und die Verwendung der Mittel, die seiner Partei innerhalb eines Kalenderjahres (Rechnungsjahr) zugeflossen sind, sowie über das Vermögen der Partei in einem Rechenschaftsbericht öffentliche Rechenschaft zu geben.

Gutachten der Sachverständigenkommission

Spenden an politische Parteien sind weder verboten noch moralisch bedenklich. Sie sind verfassungspolitisch erwünscht und unentbehrlich, wenn die Staatsunabhängigkeit der Parteien gewahrt bleiben soll. Durch die Zuwendung einer Spende an eine Partei macht der Bürger von seinem Recht auf politische Teilhabe Gebrauch.

Bericht zur Neuordnung der Parteienfinanzierung – Vorschläge der vom Bundespräsidenten berufenen Sachverständigenkommission, Bonn 1984, S. 232

Flick-Konzern zahlte Millionen an Stiftungen

Der Flick-Konzern hat in den Jahren von 1975 bis 1980 4,4 Millionen Mark an die den politischen Parteien nahe stehenden Stiftungen gezahlt. Davon allein 2,76 Millionen Mark an die sozialdemokratische Friedrich-Ebert-Stiftung. Konzernchef Friedrich Karl Flick legte zu Beginn seiner dritten Vernehmung vor dem mit seinem Namen verbundenen Untersuchungsausschuss des Bundestages am Dienstag in Bonn eine Aufstellung vor, wonach die Friedrich-Naumann-Stiftung der FDP in diesem Zeitraum 1,35 Millionen Mark, die Hanns-Seidel-Stiftung der CSU 280 000 Mark, die Konrad-Adenauer-Stiftung der CDU aber nur 10 000 Mark erhalten hat.

Flick, der mit Spenden seines Unternehmens selbst in der Regel nichts zu tun gehabt haben will, bestätigte, er sei der Meinung gewesen, dass Spenden an die Friedrich-Ebert-Stiftung „Wohltaten in Richtung" der damaligen Regierung Schmidt/Genscher gewesen seien.

Taunus-Zeitung vom 30.5.1984

1. *Warum sind Spenden an politische Parteien erwünscht?*
2. *Was heißt Staatsunabhängigkeit der Parteien? Wie macht sie sich praktisch bemerkbar? Steht ihr die staatliche Parteienfinanzierung entgegen?*
3. *Inwiefern macht der Bürger von seinem Recht der politischen Teilnahme Gebrauch, wenn er einer oder mehreren politischen Parteien Geld spendet?*
4. *Ist das Verhalten des Flick-Konzerns mit dem Inhalt des „Gutachtens der Sachverständigenkommission" vereinbar?*
   Welche Absichten mögen insbesondere Großspender im Hinblick auf die Entscheidungen politischer Parteien mit ihren Spenden verbinden?
5. *Betrachtet die Angaben über die Finanzen der Parteien: Was fällt euch dabei auf? Was lässt sich daraus schließen im Hinblick auf den Einfluss der Geldgeber?*
6. *Wie erklärt sich das unterschiedliche Spendenaufkommen der einzelnen Parteien?*

Bis zu einer bestimmten Höhe können Spenden von der Steuer abgesetzt werden; Beträge über diese Grenze hinaus müssen mit dem Vermögen des Spenders versteuert werden.

Spenden an Stiftungen der Parteien oder direkt an die Parteien sind nach dem Parteiengesetz zulässig. Von einer bestimmten Höhe an muss der Name des Spenders genannt werden (§ 25). Bis zum Jahre 1983 haben Großspender versucht, die zu entrichtenden Steuern dadurch stark zu mindern, dass sie ihre Spenden über eine gemeinnützige Einrichtung, über Scheinfirmen usw. leiteten („Geldwaschanlagen") und dafür von diesen unrechtmäßigerweise eine Spendenquittung erhielten. Dieses Verfahren flog auf, als der Steuerprüfer eines Finanzamtes eine gemeinnützige Einrichtung prüfte und feststellte, dass die vermeintliche Spende sofort an eine Partei weitergegeben worden war. Als feststand, dass es sich dabei um eine allgemeine Praxis handelte, deren sich alle damaligen Bundestagsparteien (außer den GRÜNEN) bedienten, gab es eine Welle des Protestes in der Öffentlichkeit. Die Gerichte schritten ein und einige hohe Politiker wurden wegen Steuerhinterziehung verurteilt.

Der Untersuchungsausschuss, den der Deutsche Bundestag einsetzte, ist mit richterlichen Vollmachten insoweit ausgestattet, als er jeden Bürger zu einer Zeugenaussage laden kann, die wiederum vor einem ordentlichen Gericht verwendet werden kann. So mussten viele bekannte Wirtschaftler und hohe Politiker vor dem Ausschuss erscheinen.

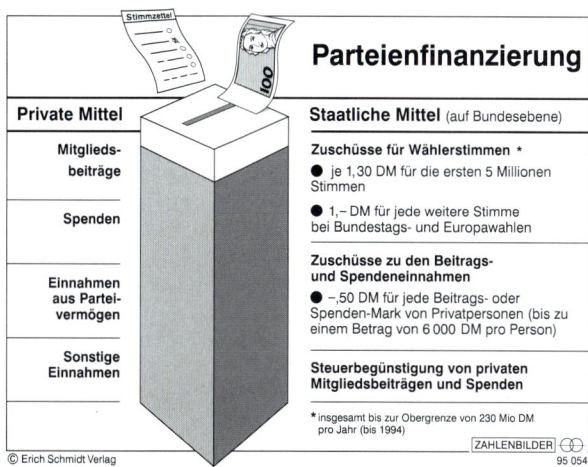

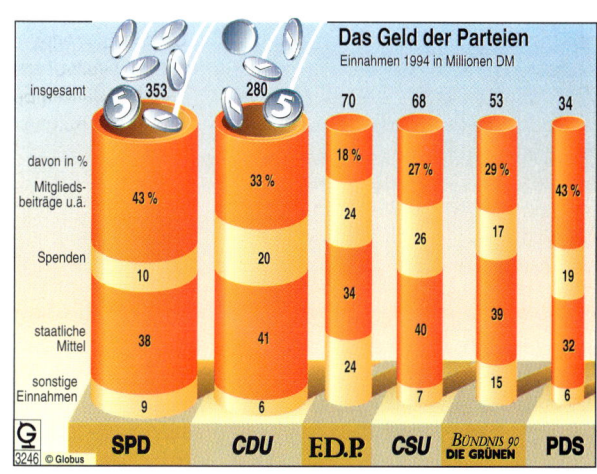

Die erwähnte Flick-Spende zur Zeit der sozialliberalen Regierung Schmidt/Genscher ist im Zusammenhang mit einem Projekt des Konzerns zu sehen, wonach dieser mit Genehmigung der damaligen Bundesregierung auf gesetzlichem Wege einige hundert Millionen Steuern sparen wollte.

Pro und kontra Parteienfinanzierung

Pro-Argumente
- Parteien erfüllen eine umfangreiche, staatstragende Aufgabe und wirken nach dem Grundgesetz bei der politischen Willensbildung mit.
- Parteien müssen einen umfangreichen Apparat mit Angestellten unterhalten, den sie finanzieren müssen. Mit Mitgliedsbeiträgen ist das allein nicht möglich.
- Parteien müssen die Möglichkeit haben Spenden entgegenzunehmen, damit sie einzelne Aktionen finanzieren können.
- Die Mandatsträger müssen einen Teil ihrer Einnahmen als Spenden an die Partei abführen.
- Die Bürger erwarten von den Parteien Informationen über ihre Arbeit, die unabhängig vom Staat sein muss. Dies gilt vor allem für die Oppositionsparteien.
- Die Mandatsträger erwarten von ihrer Partei eine umfangreiche Unterstützung. Dies gilt vor allem für die vielen ehrenamtlichen Mandatsträger, die ihr Mandat während der Freizeit wahrnehmen.
- Die Parteien führen eine umfangreiche politische Bildungsarbeit durch, die auch für Nicht-Parteimitglieder offen ist. Diese Arbeit kann nicht allein aus Mitgliedsbeiträgen finanziert werden.

Kontra-Argumente
- Jede staatliche Parteienfinanzierung macht die Parteien vom Staat abhängig und schafft „Staatsnähe" statt „Staatsferne".
- Es ist richtig, dass Parteien bei der politischen Willensbildung mitarbeiten sollen, dann aber auch auf eigene Kosten. Schließlich arbeitet jede Institution, jeder Verein bei dieser Willensbildung mit, ohne vom Staat finanziert zu werden.
- Wenn Bürger über die Parteiarbeit einer einzelnen Partei informiert werden wollen, dann sollen sie diese Informationen auch bezahlen. Bei einzelnen Parteien funktioniert dieser Eigenbeitrag für Publikationen sehr gut.
- Die Bildungsarbeit der Parteien kann auch von anderen Trägern, wie den Volkshochschulen, wahrgenommen werden.
- Die Unterstützung der Mandatsträger durch ihren politischen Apparat macht diese nur abhängig von der Zentralpartei und gängelt ihren Meinungsbildungsprozess.

Politik Aktuell 37/93, S. 2

7 Führt mit Hilfe des Textes „Pro und kontra Parteifinanzierung" eine Diskussion über die Parteienfinanzierung.

15.4 Die Interessenverbände in der Demokratie

So wie die Parteien in der Kritik der Bürger/innen und der Medienöffentlichkeit stehen, so werden auch die Interessenverbände (Gewerkschaften, Unternehmerverbände, Bauernverband, Kirchen, Automobilclubs, Verbraucherverbände, Sportverbände usw.) wegen ihrer politischen Einflussnahme teilweise heftig kritisiert.

Sie vereinen – oft zu Millionen – Bürgerinnen und Bürger mit dem Ziel einer mehr oder weniger fest umrissenen Interessenvertretung gegenüber dem Staat und anderen gesellschaftlichen Gruppen, z. B. soziale Bewegungen (Bürgerinitiativen) wie Frauen-, Ökologie-, Alternativ-, Friedensbewegung. So spiegeln sie die für eine freiheitliche Demokratie typische Interessenverschiedenheit der Bürger/innen wider.

Die Interessenvertretung der Verbände (in der sogenannten Lobbyliste des Deutschen Bundestages sind ca. 1500 Organisationen und Verbände registriert) geschieht in verschiedenen Formen.

Wirksam sind z. B.:
- Beratung und Einflussnahme auf Behörden, Ministerien, Regierungsmitglieder, Parlamentarier;
- Entsendung von Abgeordneten in die Parlamente (über die Parteien);
- Herausgabe eigener Druckschriften, Einflussnahme auf Berichterstattung und Meinungsbildung der übrigen Massenmedien (Information der Redaktionen, Beratung usw.);
- Mobilisierung der Verbandsmitglieder (Großveranstaltungen, Demonstrationen, Eingaben an Parlamente und Behörden usw.).

Aufgrund der oft weit reichenden finanzpolitischen, sozialpolitischen und wirtschaftlichen Folgen, die sich aus den Wünschen der Interessenverbände ergeben können, sind einige große Verbände (z. B. Gewerkschaften und Unternehmerverbände) zu sehr wichtigen politischen Kräften in der Bundesrepublik geworden. Jeder dieser Verbände versucht, die Interessen seiner Mitglieder durchzusetzen und begrenzt so den Anspruch der anderen.

Die Arbeitnehmer, vertreten durch die Gewerkschaften, möchten für ihre Arbeit so viel Lohn wie möglich, sie wollen sichere Arbeitsplätze, bezahlten Urlaub usw.

Die Arbeitgeber, vertreten durch die entsprechenden Verbände, hingegen möchten ihre Produkte und Dienstleistungen so günstig wie möglich anbieten, konkurrenzfähig bleiben, mehr Gewinn erzielen, mehr in neue Maschinen investieren usw.

Der Interessenausgleich zwischen Arbeitnehmern und Arbeitgebern vollzieht sich zunächst direkt zwischen beiden Gruppierungen in den Betrieben sowie zwischen den Gewerkschaften und den Unternehmerverbänden. Dabei wirken auf die Gewerkschaften wie auf die Arbeitgeber noch weitere Faktoren ein, aber auch sie selbst üben auf andere Bereiche in der Gesellschaft Einfluss aus. So versuchen sie, in den Medien, in Zeitungen, Rundfunk und Fernsehen, ihre Ziele darzustellen. Gleichzeitig beeinflusst die Berichterstattung in den Medien ihr jeweiliges Vorgehen.

Sie unterstützen z. B. Abgeordnete und Parteien bei der Ausarbeitung von Gesetzesvorlagen, doch unterliegen sie selbst ebenfalls wieder gesetzlichen Vorschriften. Alle Verbände in der Bundesrepublik sehen sich so in einem Geflecht von Beziehungen, in dem sie Einfluss ausüben und Einflüssen von außen unterliegen. Diese Vielgestaltigkeit der Interessen nennt man Pluralismus. Kennzeichen des Pluralismus ist das Austragen von Interessengegensätzen, um zu einem Ausgleich zu kommen. Politiker und Politikwissenschaftler sehen die Gefahr, dass der – an sich berechtigte – Verbändeeinfluss zur demokratisch nicht legitimierten (= berechtigten) Verbändeherrschaft führen kann: Nicht mehr die Parteien wären entscheidend im politischen Willensbildungs- und Entscheidungsprozess, sondern die organisierten Interessenvertreter.

Über die Macht der Verbände

In der Macht der Verbände liegen auch Gefahren. Zum großen Teil stammen sie aus der oft sehr mangelhaft ausgebildeten Demokratie innerhalb der Verbände und dem Mangel an Kontrolle der Führungsgruppen und des Apparates der Verbände durch die Mitgliedschaft. Ferner suchen sich die Verbände gern der Öffentlichkeit zu entziehen. Ihre Tätigkeit bleibt deshalb nicht selten unsichtbar, was es anders gerichteten Interessen schwerer macht, rechtzeitig ihr Gegengewicht ins Spiel zu bringen. Noch bedenklicher aber ist es, wenn einzelne, besonders große Verbände, einen übermäßigen Einfluss erringen. Sie gewinnen politische Macht, indem sie eine oder mehrere politische Parteien dazu zwingen, ihre Wünsche bevorzugt zu befriedigen. Wer über zahlreiche Wählerstimmen verfügt oder sich durch finanzielle Zuwendungen für die Partei unentbehrlich gemacht hat, wird eher berücksichtigt als andere. Das kann dazu führen, dass einzelne Verbände am gesamtgesellschaftlichen Kompromiss weit stärker beteiligt werden als weniger organisierte oder kleinere Interessen, die aber gerade in einer Demokratie ebenfalls Anspruch auf Berücksichtigung haben.

Die natürliche Vielfalt der Interessen wird es zwar in der Regel verhindern, dass ein einziger Verband sich gegen alle anderen durchzusetzen vermag. Dazu ist auch der Konkurrenzkampf unter den Interessen viel zu groß. Aber es kann doch leicht eine Situation entstehen, in der lebenswichtige Interessen, die für das gesamte Volk von Bedeutung sind, un-

Unterschiede zwischen Parteien, Verbänden und Interessengruppen

	Parteien	Verbände	Interessengruppen
Interessen	vertreten Gesamtinteressen	vertreten Gruppeninteressen[1]	vertreten objektbezogene Interessen
Verantwortung	sind dem ganzen Volk verantwortlich (nicht nur ihren Mitgliedern)	sind den Mitgliedern verantwortlich[2]	sind dem losen Anhang verantwortlich
Wahlen	nehmen an Wahlen teil	nehmen nicht an Wahlen teil[3]	nehmen nicht an Wahlen teil
Staatsmacht	erstreben Staatsmacht (in Parlament und Regierung)	erstreben keine Staatsmacht[4]	erstreben keine Staatsmacht[5]
Finanzierung	Mitgliedsbeiträge Spenden Staatsmittel	Mitgliedsbeiträge	keine regelmäßigen Beiträge
demokratischer Aufbau	gesetzlich vorgeschrieben	gesetzlich nicht vorgeschrieben[6]	gesetzlich nicht vorgeschrieben

1 Interessenverbände vertreten Gruppen-, nicht nur Mitgliederinteressen.
2 Großverbände wie die Tarifpartner sind auch dem Staatsganzen verantwortlich.
3 Interessenverbände geben aber häufig Wahlempfehlungen und können deshalb Wahlen entscheiden.
4 Suchen Mitglieder in einflussreiche Beamtenpositionen, in Parlamente und Regierungen zu bringen.
5 Suchen ihre Ziele über Parteien und Staatsorgane durchzusetzen.
6 Verbandssatzungen schreiben häufig einen demokratischen Aufbau vor.

Nach: Willi Frank: Politische Grundrisse, Darmstadt 1986

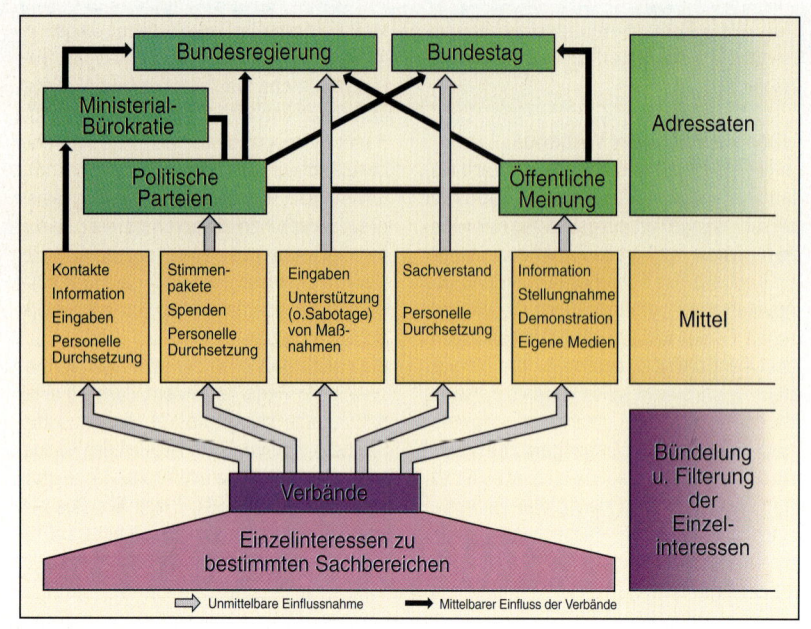

Adressaten und Methoden von Verbandseinfluss

1 Erörtert die Möglichkeiten, die – teilweise unkontrollierte – politische Einflussnahme von Verbänden zu demokratisieren.
2 Erörtert, welche Rolle den einzelnen Gruppen oder Einrichtungen bei der politischen Willensbildung zukommt.
3 Informiert euch über die demokratische Struktur einzelner großer Verbände (Einflussmöglichkeiten der Mitglieder; Wahlen; Informationsfluss innerhalb des Verbandes; öffentliche Rechenschaftslegung; Finanzierung).

ter die Räder kommen, nur weil sie sich nicht durchsetzungsfähig organisieren lassen oder nicht wirkungsvoll organisiert sind. Die relative Machtlosigkeit etwa der Verbraucher- und Umweltverbände zeigt diese Gefahr deutlich.

Besson/Jasper: Das Leitbild der modernen Demokratie, Bonn 1990, S. 42 f.

Art. 9 GG (Vereinigungsfreiheit)
(1) Alle Deutschen haben das Recht, Vereine und Gesellschaften zu bilden.
(3) Das Recht zur Wahrung und Förderung der Arbeits- und Wirtschaftsbedingungen Vereinigungen zu bilden, ist für jedermann und für alle Berufe gewährleistet. […]

16 Die Bundesrepublik Deutschland: ein Rechtsstaat

Relief am Amtsgericht Bremen

Aufsehen erregende Verbrechen, Mord und Totschlag, brutale Räuberbanden und raffinierte Millionenbetrüger vor Gericht sind ein Lieblingsthema bei sehr vielen Bürgerinnen und Bürgern und natürlich auch bei den Massenmedien (siehe zum Beispiel die EXTRA-Zeitung, S. 77).

Da gruselt's die brave Fernsehzuschauerin und auch den biederen Zeitungsleser. Alle empören sich und manche fordern, „kurzen Prozess" zu machen mit den Übeltätern. Doch die Gerichtsverfahren ziehen sich oft lange hin, die Gesetze sind meist sehr kompliziert und die Gerichtsurteile enttäuschen manchmal, sie werden als „ungerecht" empfunden. Was aber ist das Recht, zu dem ja sehr viel mehr gehört als aufregende Strafprozesse? Wie ist das Gerichtswesen aufgebaut? Auf welchen Wegen, nach welchen Grundsätzen und mit welchen Mitteln ist der Gerechtigkeit – für den einzelnen Menschen, in der Gesellschaft und im Staat – überhaupt nahe zu kommen?

Auf den folgenden Seiten geht es um diese Fragen.

Der erste Abschnitt gibt – im Überblick – Informationen zum Recht, zum Aufbau des Gerichtswesens, zu den Rechtsmitteln und zu einigen Merkmalen des Rechtsstaats.

Dass Zwang und Gewaltanwendung, die auch zum Recht gehören, nur vom Staat ausgeübt werden dürfen, ist das Thema des zweiten Abschnitts.

Im dritten Abschnitt wird am Beispiel erörtert, warum es überhaupt zu kriminellen Handlungen kommt und wie die Richterinnen und Richter zu möglichst gerechten Entscheidungen finden können.

Im vierten Abschnitt geht es um eines der schwierigsten Probleme im Zusammenleben, um das Strafen: Welchen Zweck verfolgt der Staat mit dem Strafen? Warum straft er? Welchem Ziel soll zum Beispiel der Vollzug von Freiheitsstrafen dienen und wie werden sie von Strafgefangenen erlebt?

Am Ende die Frage: Welche Chance gibt die Gesellschaft – die brave Fernsehzuschauerin, der biedere Zeitungsleser – dem ehemaligen Straftäter zu einem Neuanfang?

16 Die Bundesrepublik Deutschland: ein Rechtsstaat

16.1 Ein Recht, viele Gerichte, unzählige Gesetze

Die Gesamtheit aller Rechtsvorschriften eines Staates wird als das Recht oder auch als die Rechtsordnung dieses Staates bezeichnet.

Beschlossen werden die Gesetze von den durch die Verfassung dazu bestimmten staatlichen Einrichtungen, von der Legislative (= gesetzgebende Gewalt). In der Bundesrepublik Deutschland sind dies der Deutsche Bundestag, der Bundesrat und die Parlamente der Bundesländer (siehe hierzu Kapitel 14).

Um die Einhaltung der Gesetze (z. B. Feststellung und Aburteilung von Gesetzesverstößen, Entscheidung bei Rechtsstreitigkeiten) kümmert sich die Justiz. Zur Justiz gehören die Gerichte der ordentlichen Gerichtsbarkeit (siehe Abschnitt 16.1.3), die Staatsanwaltschaften, die Strafvollzugsbehörden, die Justizministerien von Bund und Ländern, aber auch die Rechtsanwälte und Notare. Der Staat hat nicht nur für das Zustandekommen der Gesetze und die Erhaltung der Rechtsordnung zu sorgen; er ist – als Rechtsstaat – selbst mit allen seinen Ämtern und Behörden an das Recht gebunden.

Im Folgenden geht es zunächst um Ziel und Zweck des Rechts, sodann um die Einteilung des Rechts in einzelne Bereiche, um die Gliederung der Gerichtsbarkeit, um die Rechtsmittel und abschließend um Merkmale des Rechtsstaats.

16.1.1 Regeln und Gesetze

Das Zusammenleben der Menschen wird durch eine Vielzahl von Regeln geformt.

Diese Regeln haben sich – an verschiedenen Orten oft unterschiedlich – im Lauf der Zeit herausgebildet und werden von den meisten Menschen normalerweise anerkannt und eingehalten.

Dabei ist ein großer Teil dieser Regeln nirgendwo als verpflichtend niedergeschrieben, niemand *muss* sie einhalten. Aber sie werden zumindest in der Öffentlichkeit – meistens – ganz selbstverständlich befolgt – etwa die Regeln der Höflichkeit oder des „anständigen" Benehmens bei Tisch, die Umgangsformen bei der Arbeit oder im Verhältnis der Geschlechter zueinander.

Oft entspringen diese Regeln der jahrtausendealten „goldenen Regel": „Was du nicht willst, das man dir tu', das füg' auch keinem andern zu!"

Vielfach werden die Regeln des Zusammenlebens auch mit religiösen Auffassungen begründet.

All diese Regeln genügen jedoch nicht zu einer dauerhaften Ordnung des gesellschaftlichen Zusammenlebens – zu groß sind die Interessengegensätze, zu groß ist die Gefahr, dass die Willkür der Starken die Schwachen unterdrückt, dass dauerhaft Unfrieden herrscht. Deshalb sollen Gesetze, allgemein verbindliche staatliche Regelungen, die vom Staat notfalls auch mit Zwang durchgesetzt werden können, das Zusammenleben ordnen und befrieden helfen.

Allgemeinstes Ziel des Rechts ist es also, das friedliche Zusammenleben der Menschen zu sichern.

Das Recht regelt die Beziehungen der Bürgerinnen und Bürger zueinander und zum Staat. Es soll den Einzelnen größtmögliche Freiheit und Entfaltung gewährleisten, sie voreinander und gegenüber dem Staat schützen, aber auch alle dazu verpflichten, die gemeinsamen Aufgaben und Lasten – gerecht verteilt – gemeinsam zu tragen.

Letztlich soll das Recht dazu verhelfen, dass – möglichst – Gerechtigkeit herrscht.

1 Während der Pause auf dem Schulhof oder im Klassenzimmer:
   - Welche Regeln beachtet ihr (meistens), ohne dass ihr dazu durch ein Gesetz verpflichtet wärt?
   - Welche Gesetze müsst ihr beachten?
   - Fragt eure Lehrerin/euren Lehrer, welche gesetzlichen Bestimmungen sie bei der Pausenaufsicht zu beachten haben.

2 Nennt – abgesehen von der „goldenen Regel" – weitere Gründe, warum Menschen (z. B. ihr) Regeln einhalten, ohne dass sie dazu durch Gesetz gezwungen wären.

3 Sammelt Beispiele für Gesetze, die
   - für alle Bürgerinnen und Bürger des Staates verbindlich sind;
   - für euch als Jugendliche nicht verbindlich sind.

4 Das Recht regelt nur einen Teil der Beziehungen der Menschen zueinander. Erklärt.

5 Wie stellst du dir das „friedliche Zusammenleben der Menschen" vor:
   - Was gehört unbedingt dazu?
   - Was kann durch Gesetze nicht erreicht werden?

6 Was meinst du, wenn du die Begriffe „Gerechtigkeit", "gerecht", „ungerecht" verwendest?
   - Vergleicht eure Begriffserklärungen.
   - Erörtert, in welcher Beziehung zueinander Gesetze, Recht und Gerechtigkeit stehen.

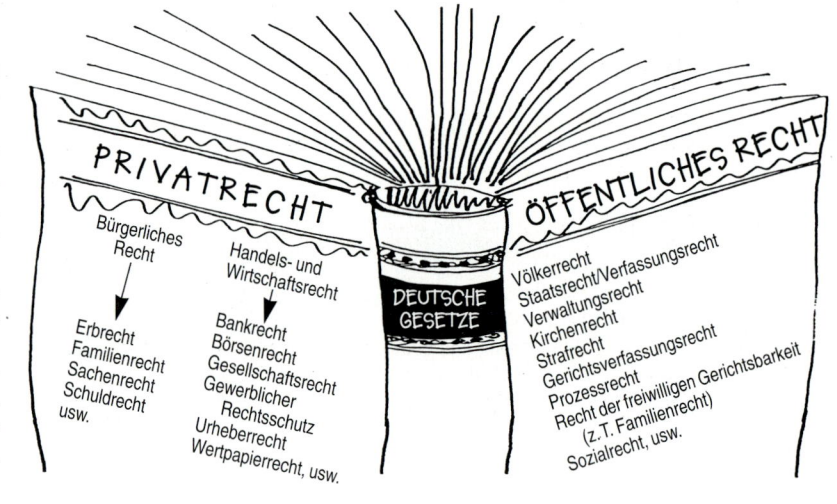

PRIVATRECHT

Bürgerliches Recht → Erbrecht, Familienrecht, Sachenrecht, Schuldrecht usw.

Handels- und Wirtschaftsrecht → Bankrecht, Börsenrecht, Gesellschaftsrecht, Gewerblicher Rechtsschutz, Urheberrecht, Wertpapierrecht, usw.

DEUTSCHE GESETZE

ÖFFENTLICHES RECHT

Völkerrecht, Staatsrecht/Verfassungsrecht, Verwaltungsrecht, Kirchenrecht, Strafrecht, Gerichtsverfassungsrecht, Prozessrecht, Recht der freiwilligen Gerichtsbarkeit (z.T. Familienrecht), Sozialrecht, usw.

16 Die Bundesrepublik Deutschland: ein Rechtsstaat

Wenn das Baby weiter schreit, kann es passieren, dass der Vermieter der Familie Meier die Wohnung kündigt. Falls Familie Meier die Kündigung nicht für gerechtfertigt hält, kann sie der Kündigung widersprechen (siehe Mietvertrag). Wenn der Vermieter die Kündigung dennoch durchsetzen will, muss er vor dem Amtsgericht klagen.

Wichtige Gesetze bei Mietstreitigkeiten: Bürgerliches Gesetzbuch (BGB) §§535ff., besonders §§564–565; das Zweite Wohnraumkündigungsschutzgesetz.

Kann sein, dass der Chef dem langhaarigen Schlosser kündigt und auch die Vermittlung des Betriebsrates in diesem Fall nichts genützt hat. Wenn der Schlosser seinen Arbeitsplatz behalten will, muss er beim Arbeitsgericht gegen seine Firma auf Feststellung der Unwirksamkeit der Kündigung klagen.

Wichtige Gesetze bei Kündigungen: das Kündigungsschutzgesetz; das Betriebsverfassungsgesetz; das Personalvertretungsgesetz; das Jugendarbeitsschutzgesetz; das Arbeitsgerichtsgesetz.

Der Familienvater, dem die Rentenbehörde eine Rentenzahlung verweigert, wird sich mit seiner Klage an das Sozialgericht wenden müssen, wenn er die Rente doch noch zugesprochen haben will.

Wichtige Gesetze der Sozialgesetzgebung: Bundessozialhilfegesetz; Reichsversicherungsordnung (RVO); Angestelltenversicherungsgesetz.

Wenn sich Käufer und Verkäufer nicht einig werden, kann der Autokäufer (bei einem Streitwert bis zu 10000,- DM) vor dem Amtsgericht den Autohändler auf Herausgabe des Kaufpreises und Rücknahme des Autos verklagen. Falls der Streitwert höher als 10000,- DM ist, beginnt der Rechtsstreit vor dem Landgericht (Zivilkammer).

Wichtige Gesetze bei Kauf und Verkauf: das Abzahlungsgesetz; das Gesetz über die Allgemeinen Geschäftsbedingungen (AGBG); BGB §§433ff. und §§ 459ff.

Der ertappte Einbrecher wird, angeklagt vom Staatsanwalt, vor dem Strafrichter landen. Je nach der Schwere der Tat urteilt am Amtsgericht ein Einzelrichter oder ein Schöffengericht (ein oder zwei Berufsrichter mit zwei Laienrichtern). Handelt es sich um ein schweres Verbrechen, so beginnt das Verfahren vor dem Landgericht als erster Instanz (Große Strafkammer, Schwurgericht).

Wichtige Gesetze im Strafrecht: Strafgesetzbuch (StGB); Strafprozessordnung (StPO).

Wenn der Fabrikant meint, dass die Entscheidung des Oberbaurats Stein zu Unrecht ergangen ist, kann er sie von der übergeordneten Behörde überprüfen lassen, indem er Widerspruch einlegt. Bekommt er dabei wiederum nicht Recht, so kann er beim Verwaltungsgericht Klage gegen den Bescheid der Behörde erheben.

Wichtige Gesetze beim Bauen: Bundesbaugesetz; Bauordnung; Verwaltungsgerichtsordnung.

Karikaturen: Kurowski

16 Die Bundesrepublik Deutschland: ein Rechtsstaat

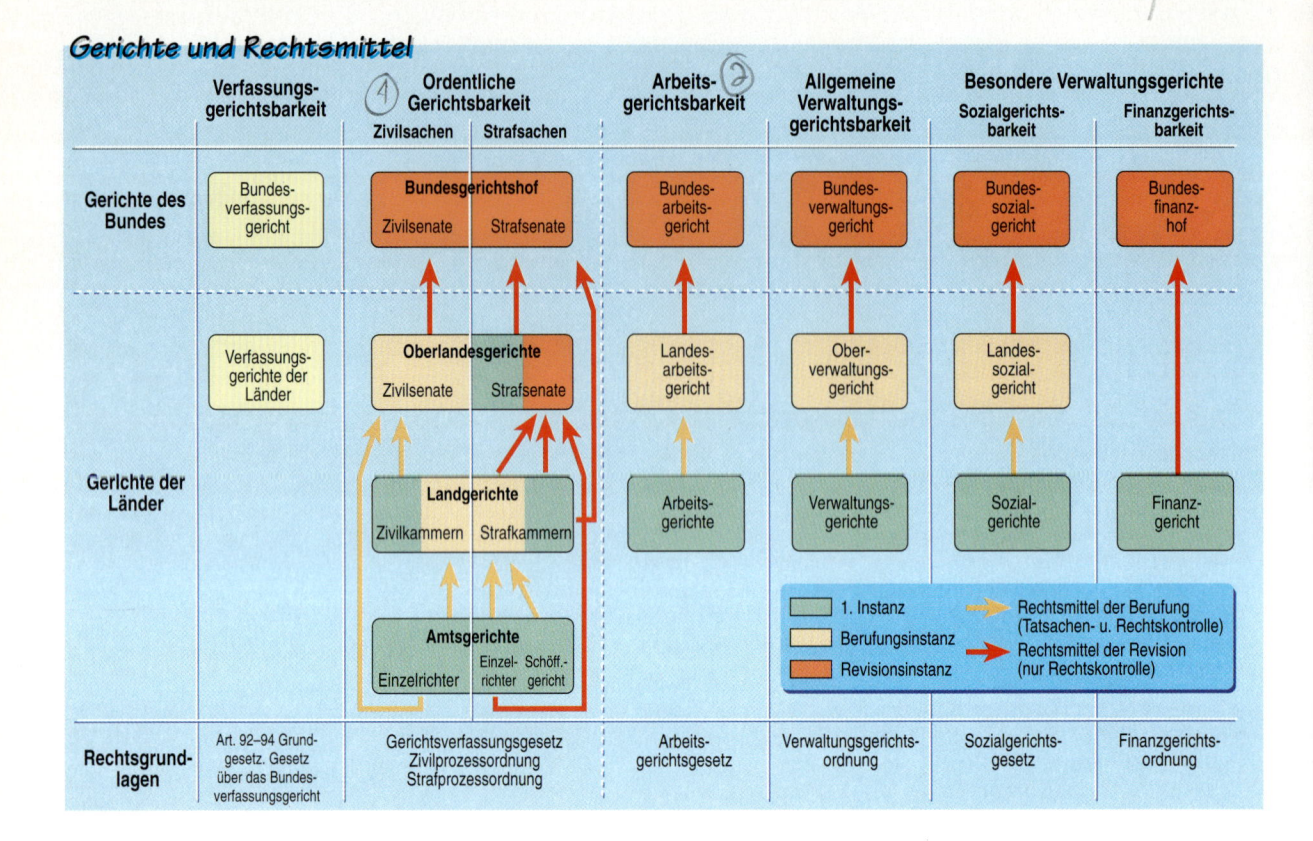

Gerichte und Rechtsmittel

	Verfassungs-gerichtsbarkeit	Ordentliche Gerichtsbarkeit		Arbeits-gerichtsbarkeit	Allgemeine Verwaltungs-gerichtsbarkeit	Besondere Verwaltungsgerichte	
		Zivilsachen	Strafsachen			Sozialgerichts-barkeit	Finanzgerichts-barkeit
Gerichte des Bundes	Bundes-verfassungs-gericht	Bundesgerichtshof Zivilsenate	Bundesgerichtshof Strafsenate	Bundes-arbeits-gericht	Bundes-verwaltungs-gericht	Bundes-sozial-gericht	Bundes-finanz-hof
Gerichte der Länder	Verfassungs-gerichte der Länder	Oberlandesgerichte Zivilsenate	Oberlandesgerichte Strafsenate	Landes-arbeits-gericht	Ober-verwaltungs-gericht	Landes-sozial-gericht	
		Landgerichte Zivilkammern	Landgerichte Strafkammern	Arbeits-gerichte	Verwaltungs-gerichte	Sozial-gerichte	Finanz-gericht
		Amtsgerichte Einzelrichter	Amtsgerichte Einzelrichter / Schöff.-gericht				
Rechtsgrund-lagen	Art. 92–94 Grundgesetz. Gesetz über das Bundes-verfassungsgericht	Gerichtsverfassungsgesetz Zivilprozessordnung Strafprozessordnung		Arbeits-gerichtsgesetz	Verwaltungsgerichts-ordnung	Sozialgerichts-gesetz	Finanzgerichts-ordnung

Legende:
- 1. Instanz
- Berufungsinstanz
- Revisionsinstanz
- Rechtsmittel der Berufung (Tatsachen- u. Rechtskontrolle)
- Rechtsmittel der Revision (nur Rechtskontrolle)

16.1.2 Das Recht für alle Fälle

Um die Fülle der Gesetze – niemand weiß genau, wie viele es sind – überblicken zu können, helfen die folgenden Unterscheidungen:
- Das *Privatrecht* regelt die Beziehungen der einzelnen Bürgerinnen und Bürger sowie der „juristischen Personen" (z. B. Firmen, Gewerkschaften, Fußballvereine) untereinander. Privatrechtliche Auseinandersetzungen werden im Zivilprozess ausgetragen.
- Das *öffentliche Recht* regelt die Beziehungen des Einzelnen (und der juristischen Personen, s. o.) zum Staat und den anderen Trägern hoheitlicher Gewalt (z. B. Behörden) sowie die Beziehungen dieser Hoheitsträger untereinander.

Im Privatrecht sind die Beteiligten einander gleich geordnet, im öffentlichen Recht sind die Einzelnen dem Staat untergeordnet.
Manche Rechtsgebiete erstrecken sich sowohl auf das öffentliche Recht als auch auf das Privatrecht, z.B. das Arbeitsrecht. Im „wirklichen Leben" berührt ein Fall häufig beide Rechtsbereiche:

Erst gibt es z. B. einen Strafprozess wegen schwerer Körperverletzung und anschließend einen Zivilprozess wegen Schadensersatz oder Schmerzensgeld.
Das Recht insgesamt kann auch unterschieden werden nach *materiellem* und *formellem* Recht: Im materiellen Recht sind alle Rechte und Pflichten gesammelt, die alle gegen alle haben; im formellen Recht ist festgelegt, wie jeweils zu verfahren ist.

1 Ordnet die Rechtsfälle der vorigen Seite und die dort genannten Gesetze den einzelnen Bereichen des Rechts zu. Nutzt dazu auch das Schaubild auf Seite 264.
2 Wo sind eure Schulgesetze einzuordnen? Begründe.
3 Welchen Bereichen des Rechts sind die folgenden Fälle zuzuordnen:
   - Egon, seine Freunde und der „Sonntagsfahrer" (16.2.1);
   - Volker P. (16.3.1);
   - die CD-Raubkopierer (16.3.4).
   Begründe.

16.1.3 Gerichte und Rechtsmittel

Aufbau und Gliederung der Gerichtsbarkeit

Das Schaubild verdeutlicht den Aufbau und die Gliederung der Gerichte in Deutschland. (Die Patent-, Disziplinar-, Wehrdienst- und Ehrengerichtsbarkeit sind hier nicht aufgeführt.)
Unterschieden werden kann zum Beispiel nach folgenden Gesichtspunkten:

Unterschiedliche Sachbereiche (Gerichtszweige):
- Die *Verfassungsgerichtsbarkeit* beschäftigt sich mit der Verfassung (= dem Grundgesetz) der Bundesrepublik Deutschland.
- Die *ordentliche Gerichtsbarkeit* befasst sich mit Zivil- und Strafsachen.
- Die *Arbeitsgerichtsbarkeit* befasst sich mit arbeitsrechtlichen Auseinandersetzungen.
- Die *Verwaltungsgerichtsbarkeit* befasst sich mit allgemeinen Verwaltungsstreitverfahren.
Besondere Verwaltungsgerichtsbarkeiten wie die Sozialgerichtsbarkeit

und die Finanzgerichtsbarkeit befassen sich mit dem Sozialrecht und dem Finanzrecht.

Unterschiedliche Stufen des Verfahrens:
- In der *1. Instanz* wird ein Gerichtsverfahren begonnen (und meist auch zu Ende geführt).
Im Strafprozess ist je nach Bedeutung und dem zu erwartenden Strafmaß des Falles (z. B. Vergehen: kleinerer Diebstahl, oder Verbrechen: Entführung) die 1. Instanz beim Amtsgericht oder beim Landgericht.
- In der *2. Instanz* landet ein Verfahren, wenn ein Rechtsmittel (siehe weiter unten) eingelegt worden ist.
- Die letzte, die *3. Instanz* kommt bei Revision (siehe weiter unten) in Betracht.

Unterschiedliche Besetzung des Gerichts:
- Beim Amtsgericht besteht im Strafprozess, wenn es um weniger schwere Delikte geht, das Gericht aus einer Richterin/einem Richter (*Einzelrichter*). Ebenso entscheiden im Zivilprozess und im Familienprozess vor dem Amtsgericht immer nur Einzelrichter/innen. Beim *Schöffengericht* urteilen zusammen mit ihr/ihm Laienrichterinnen/Laienrichter.
- Alle anderen Gerichte sind mit mehreren Richterinnen/Richtern besetzt (*Kollegialgerichte*); diese Kollegialgerichte werden beim Landgericht „Kammern" und bei den höheren Gerichten „Senate" genannt. Beim Landgericht sind eine oder mehrere Strafkammern als *Schwurgerichte* (zuständig u. a. für Mord und Totschlag), wie beim Schöffengericht auch, mit Laienrichtern (neben den Berufsrichtern) besetzt.

Rechtsmittel
Bei jedem Gerichtsverfahren in der 1. Instanz hat die/der Betroffene die Möglichkeit, gegen das Urteil „Rechtsmittel einzulegen", das heißt: zu verlangen, dass ein höheres Gericht (2. Instanz) sich noch einmal mit dem Fall befasst, die Entscheidung der 1. Instanz überprüft und erneut ein Urteil spricht. Rechtsmittel sind in allen Verfahrensordnungen vorgesehen. Die Rechtsmittel gegen einen Urteilsspruch sind die Berufung und die Revision.
Wenn *Berufung* eingelegt worden ist, rollt die höhere Instanz das ganze Verfahren neu auf, prüft also auch noch einmal alle Tatsachen, die für eine etwaige Verurteilung bedeutsam sein könnten.
Bei der *Revision* werden nicht mehr die Tatsachen, sondern nur noch die rechtlichen Fragen des Falles überprüft.

1. *In Artikel 93 des Grundgesetzes könnt ihr nachlesen, mit welchen Fragen sich das Bundesverfassungsgericht befasst.*
2. *Zur Erinnerung: Worum geht es bei Zivilprozessen? Lest nach in Abschnitt 16.1.2.*
3. *Beziehet die Fälle auf Seite 265 auf das Schaubild auf Seite 266.*
   Erklärt den möglichen Verlauf der Fälle.
   Ihr könnt auch die in Aufgabe 3 des Abschnitts 16.1.2 genannten Fälle auf das Schaubild beziehen.
4. *Nicht in jeder Gerichtsbarkeit ist die Berufung möglich: Zeigt anhand des Schaubilds.*
5. *Beratet – in der Klasse, in der Schülervertretung, in der Schulkonferenz – die Einrichtung einer kleinen „Rechtsabteilung" in eurer Schülerbücherei.*
   - *Erkundigt euch (z. B. in einer größeren Buchhandlung, bei eurer Schulleitung, bei einer Jugendrichterin oder einem Jugendrichter), welche Bücher/Broschüren dazugehören sollten.*
   - *Fragt bei der Bundeszentrale für politische Bildung, Postfach 2325, 53013 Bonn (oder bei der Landeszentrale für politische Bildung in der Hauptstadt eures Bundeslandes), was sie euch geben kann.*

16.1.4 Der Rechtsstaat – unterwegs zur Gerechtigkeit

Nach der Herstellung der deutschen Einheit hatten viele Menschen die Erwartung, dass im Rechtsstaat nun das Unrecht, das in der DDR vonseiten des Staates vielfältig geschehen war, geahndet werden würde.
Umso größer war die Enttäuschung, manchmal sogar die Verbitterung, dass vieles und viele unbestraft blieben: „Wir wollten Gerechtigkeit und haben den Rechtsstaat bekommen", schrieb die DDR-Bürgerrechtlerin B. Bohley.
Rechtsexpertinnen und -experten, Politikerinnen und Politiker äußerten sich mehrfach zum Thema „Rechtsstaat und Gerechtigkeit".
Es wurde darauf hingewiesen, dass *politische* Entscheidungen, die nicht im Widerspruch zu den in der DDR geltenden Gesetzen standen, nun nicht *strafrechtlich* verfolgt werden können – auch wenn sie Bürgerinnen und Bürgern schwere Nachteile gebracht haben, ungerecht waren.
Bei der Beurteilung von Taten dürften im Übrigen – gemäß rechtsstaatlichem Grundsatz – nur die damals geltenden Gesetze zu Grunde gelegt werden.
Umstritten war (Mitte der 90er-Jahre) jedoch, ob nicht zumindest in Ausnahmefällen vom damaligen Recht abgewichen werden müsse, wenn die früheren Gesetze „in unerträglichem Maße der Gerechtigkeit widersprechen"*.
Das heißt: Wenn Angeklagte sich darauf berufen, in Übereinstimmung mit früher geltenden Gesetzen gehandelt zu haben, können sie trotzdem verurteilt werden; denn sie hätten erkennen müssen, dass diese Gesetze durch und durch ungerecht waren.

---
* Eine Formulierung des Rechtsgelehrten Gustav Radbruch aus dem Jahr 1946, als es um das Unrecht der Nationalsozialisten ging.

Zu der Enttäuschung vieler Ostdeutscher über den Rechtsstaat Bundesrepublik Deutschland äußerte sich mehrfach auch die Präsidentin des obersten deutschen Gerichts, des Bundesverfassungsgerichts, Jutta Limbach.
Eine Tageszeitung berichtete:

Keine Siegerjustiz
Der demokratische Rechtsstaat ist nach Auffassung der Präsidentin des Bundesverfassungsgerichtes, Jutta Limbach, für viele Ostdeutsche ein „Symbol für enttäuschte Hoffnung" geworden. Vor allem für Opfer des DDR-Regimes habe die bundesdeutsche Strafjustiz keine Gerechtigkeit hergestellt.
Das Strafrecht habe jedoch nicht die Aufgabe eine Diktatur aufzuarbeiten, sagte die Präsidentin des Verfassungsgerichts. Zudem könne ein souveräner Staat nicht über die Machthaber eines anderen Staates zu Gericht sit-

Wesentliche Merkmale des Rechtsstaats

Als wesentliche Kennzeichen des Rechtsstaats gelten in der Bundesrepublik Deutschland:
- *Die Gesetzmäßigkeit der Verwaltung*
Keine staatliche Behörde darf gegen geltendes Recht verstoßen. Alle Eingriffe in die Rechte und Freiheiten der Bürger müssen sich auf geltende Gesetze stützen („Gesetzesvorbehalt").
- *Die Rechtsweggarantie*
Wird jemand durch die öffentliche Gewalt in seinen Rechten verletzt, so steht ihm der Rechtsweg offen. Er kann das gesetzmäßige Handeln der staatlichen Behörden vor Gericht einklagen (Art. 19, 4 GG).
- *Die Gewaltentrennung*
Sie soll gewährleisten, dass alles staatliche Handeln - vonseiten der Regierung und vonseiten des Gesetzgebers - von einer „dritten Gewalt", die unabhängig von Parlament und Regierung (sowie den Behörden) ist, auf seine Gesetzmäßigkeit überprüft und gegebenenfalls korrigiert werden kann (vgl. Art. 20, 2 GG). (Siehe auch Abschnitt 14.4.1.)
- *Die Rechtssicherheit*
Jeder muss sich auf die Geltung des Rechts verlassen können. Deshalb gilt für einen Rechtsstaat z. B. das so genannte „Rückwirkungsverbot": Kein Gesetz darf zum Schaden von Bürgerinnen und Bürgern rückwirkend gelten (vgl. Art. 103, 2 GG). Rechtssicherheit verlangt auch, dass die Gesetze klar und eindeutig formuliert sein müssen.
- *Das Übermaßverbot*
In einem Rechtsstaat darf der Staat in die Freiheitsrechte des Einzelnen nur mit geeigneten und erforderlichen Maßnahmen eingreifen. Sein Handeln muss dem Grundsatz der Verhältnismäßigkeit der Mittel entsprechen.
- *Die Rechtsgleichheit*
Das Grundgesetz bestimmt: „Alle Menschen sind vor dem Gesetz gleich" (Art. 3,1 GG; vgl. Art. 33, 1-3 GG). Alle haben grundsätzlich die gleichen Rechte und Pflichten und niemand darf bevorzugt oder benachteiligt werden.
- *Das Willkürverbot*
Der Gleichheitsgrundsatz bedeutet allerdings nicht, dass auch alle gleichbehandelt werden müssen: Aus sachlich gerechtfertigten Gründen werden Menschen von staatlichen Organen durchaus unterschiedlich behandelt (z. B. Jugendliche anders als Erwachsene, Kranke anders als Gesunde usw.). Diese unterschiedliche Behandlung hat ihre Grenze am „Willkürverbot": Die unterschiedliche Behandlung darf nicht willkürlich erfolgen. Gleiches muss gleich, Ungleiches ungleich behandelt werden.

---

zen. Eine Tat könne nur dann geahndet werden, wenn vorher ihre Strafwürdigkeit rechtlich festgelegt gewesen sei.

Märkische Allgemeine vom 10.2.1995, S. 17

In einem Interview äußerte J. Limbach unter anderem:

Rechtsstaatliches Verfahren für alle

Es kann nicht Sache der Gerichte sein, mit einer Diktatur, einem politischen System abzurechnen. Das Strafrecht richtet seine Aufmerksamkeit ausschließlich auf kriminelles Unrecht und nimmt dieses notwendigerweise nur ausschnitthaft wahr. Die unser Strafverfahren beherrschende Unschuldsvermutung gestattet es nicht, kurzerhand von politischer Schuld auf die strafrechtliche Verantwortlichkeit zu schließen. [...] Die rechtsstaatlichen Garantien eines fairen Verfahrens sind auch demjenigen gegenüber zu achten, der seine Mitmenschen selbst missachtet hat. Ein Rechtsstaat, der hier nach dem Prinzip des „Wie du mir, so ich dir" verfährt, gibt sich selber auf.

Der Spiegel Nr. 28/1994, S. 61

Auch der Bundespräsident der Bundesrepublik Deutschland, Roman Herzog, äußerte sich zu den Schwierigkeiten bei der rechtlichen Auseinandersetzung mit dem DDR-Unrecht. (R. Herzog war selbst früher auch Präsident des Bundesverfassungsgerichts.)
In einem Vortrag sagte er unter anderem:

Erinnerung bleibt nötig

Die DDR verweigerte ihren Bürgern die grundlegenden demokratischen Rechte, sie machte Oppositionelle mundtot und schreckte in Einzelfällen nicht einmal vor Mord und Verschleppung zurück. Sie war ein Unrechtsstaat!
Die juristische Befassung mit der Diktatur befriedigt heute niemanden. Die Waffen des Rechtsstaates sind relativ stumpf gegenüber den Untaten der Vergangenheit. Es kann nur das Recht angewendet werden, das für die Täter zum Zeitpunkt ihrer Tat galt. Das bindet der Justiz die Hände.
Wo juristische Strafe nicht möglich ist, bleibt als Alternative nicht das Achselzucken. Auch was sich dem Strafrecht entzieht, kann politisch und moralisch bewertet werden. Manche Verhaltensweisen müssen moralisch verurteilt werden, auch wenn sie strafgerichtlich nicht zu greifen sind.
Es gibt Stimmen, die [...] diese Diskussion beenden wollen. Die Gesellschaft müsse - so ihr Argument - ihren Frieden machen mit Menschen, die in der Zeit der Diktatur Fehler gemacht hätten.
Ich meine: Noch ist das Unrecht zu frisch, als dass man die Frage nach Schuld und Verantwortung völlig beiseite lassen könnte. Und die Erinnerung an Unrecht bleibt überdies nötig auch über den Zeitpunkt hinaus, zu dem Schuld noch eine Rolle spielt. Denn die Erinnerung soll helfen Wiederholungen zu vermeiden.

Der Tagesspiegel vom 28.3.1996, S. 7
(Auszüge)

1 J. Limbach erwähnt die „Unschuldsvermutung" im Strafverfahren. Lest dazu den Text im Kasten „Vor Gericht: ein faires Verfahren!", S. 277.
Nennt einen weiteren Grundsatz aus diesem Text, der in den Äußerungen von J. Limbach und R. Herzog eine Rolle spielt.

2 Lest in Kapitel 14 nach, was dort über die Politik und das Recht in der DDR ausgeführt wird. Vergleicht mit den Äußerungen im Vortrag von R. Herzog.

3 Wie sollte/könnte die politische und moralische Bewertung und Verurteilung von Verhaltensweisen und Handlungen früherer DDR-Bürgerinnen und -Bürger geschehen, von der R. Herzog spricht?

4 Erklärt und begründet den letzten Satz aus dem Text von R. Herzog.

16.2 Der starke Arm des Gesetzes

Kennzeichnend für das Recht, die Gesetze ist es, dass ihre Einhaltung/Geltung notfalls erzwungen werden darf.

Ebenso kennzeichnend aber ist, dass nicht jede/jeder dazu berechtigt ist, diesen Zwang eigenmächtig auszuüben, auch wenn das als „gerecht" erscheinen mag.

Befugt zur Anwendung von etwa notwendig werdendem Zwang ist allein die Polizei; sie ist dabei im Rechtsstaat Bundesrepublik Deutschland (siehe Abschnitt 16.1.4) selbstverständlich auch an Recht und Gesetz gebunden.

Manche Bürgerinnen und Bürger wollen der Polizei und ihren Mitmenschen durch ihre Wachsamkeit helfen – die Meinungen darüber sind geteilt.

16.2.1 Statt Faustrecht: Staatsgewalt

Jeder Staat beansprucht für sich, allein berechtigt zu sein, Gewalt anzuwenden, wenn es darum geht, drohendes Unheil abzuwenden, geschehenes Unrecht zu bestrafen oder rechtliche Ansprüche durchzusetzen (Gewaltmonopol).

Die Gewaltanwendung des Einzelnen zur Durchsetzung seiner Interessen, Faustrecht und Selbstjustiz, sind mit einem Rechtsstaat unvereinbar.

Die gesetzlich zulässigen, wenigen Ausnahmen sind eng begrenzt. Siehe den Text im Kasten „Notwehr und Selbsthilfe: nur ausnahmsweise!".

Comic: Kurowski

Notwehr und Selbsthilfe: nur ausnahmsweise!

Selbsthilfe: Wenn die Bianca der Sabine den schönen, neuen, teuren Schal wegreißt und anfängt ihn zu beschmieren, und wenn dann die Sabine die Bianca mit einem heftigen Stoß zu Boden schickt und sich auf sie stürzt und ihr mit Gewalt den schönen, neuen, teuren Schal wieder entreißt, dann könnten Juristen Sabines Handlung als „eigenmächtige Sicherung eines Rechtsanspruchs" bezeichnen.

Die eigenmächtige Sicherung eines Rechtsanspruchs ist allerdings nur in besonderen Notfällen zulässig, zum Beispiel wenn staatliches Eingreifen nicht rechtzeitig möglich ist.

Wer zur Selbsthilfe greift, riskiert, dass er hinterher Schadensersatz leisten muss – wenn seine Selbsthilfe gar nicht berechtigt oder unverhältnismäßig war. Siehe §§ 229ff. Bürgerliches Gesetzbuch (BGB).

Notwehr: Jeder Mensch darf sich gegen einen unmittelbar drohenden oder schon begonnenen rechtswidrigen Angriff wehren oder einem Dritten in einer solchen Lage helfen. Auch hier müssen die angewandten Mittel der Abwehr verhältnismäßig sein. Die beiden Karate-Bezirksmeister Kung und Fu dürften also nicht den schmächtigen Kurti, der sie gerade mal gerempelt hat, gleich mit ihren gefährlichsten Schlagtechniken bekannt machen. §227 Bürgerliches Gesetzbuch (BGB) und §32 Strafgesetzbuch (StGB).

Auf die Frage: „Was ist rechtswidrig?" antwortet ein Rechtswörterbuch: „Rechtswidrig ist jede Handlung, die der Rechtsordnung, also den geltenden Gesetzen, widerspricht."

Welche Gauner

haben am hellen Sonntagmorgen unsere rot-weiße hessische Landesfahne vom Mast geklaut? Wir bitten um entsprechende Hinweise, um mit dem Diebsgesindel mal persönlich zu verhandeln.

Boxclub Darmstadt, Trainer F. A.

1 Was hätte Egon in unserem Comic wohl besser getan, um vom „Sonntagsfahrer" sein Recht zu bekommen?
2 Bei der Verkehrspolizei oder bei einer Autofahrerin/einem Autofahrer aus deinem Bekanntenkreis kannst du erfahren:
Welche Pflicht hat der „Sonntagsfahrer", wenn bei seinem Missgeschick der Eigentümer des geschädigten Fahrzeugs nicht anwesend ist?
3 Was meint ihr zu der Zeitungsanzeige des Boxclubs? Welche Gefahr besteht?
4 Erläutert, welchen Nutzen alle Bürgerinnen und Bürger vom Gewaltmonopol des Staates haben:
- diejenigen, die gegen Gesetze verstoßen haben;
- diejenigen, die von dem Gesetzesverstoß betroffen sind;
- diejenigen, die ganz unbeteiligt sind.
5 Ein berühmtes Beispiel für einen Menschen, der „auf eigene Faust" Recht bekommen will, ist Michael Kohlhaas. Der Dichter Heinrich v. Kleist hat ihn in seiner Novelle „Michael Kohlhaas" eindrucksvoll beschrieben. Deutlich wird dort auch, wie brüchig und unzuverlässig die Rechtsordnung in früherer Zeit war.

16.2.2 Die Polizei gehört zum Rechtsstaat

Nach dem Grundgesetz ist die Polizei Sache der einzelnen Bundesländer (Länderpolizei). Zuständig ist der jeweilige Innenminister. Für einige wichtige Aufgabenbereiche gibt es jedoch auch Bundespolizeibehörden (das Bundeskriminalamt und den Bundesgrenzschutz). Die kasernierte (= in Kasernen untergebrachte) Bereitschaftspolizei für den Einsatz in besonderen Notfällen wird vom Bund und von den Ländern gemeinsam unterhalten.

Aufgaben der Polizei sind
- die Abwehr von drohenden Gefahren für die öffentliche Sicherheit und Ordnung;
- die Beseitigung bereits eingetretener Störungen;
- die Verhütung bzw. vorbeugende Bekämpfung von Straftaten;
- die Mitwirkung an der Verfolgung von Straftaten.

Gefährliche Ladung

Der Beute auf der Spur

Verkehrsordnung

Außerdem ist die Polizei auch tätig bei der Überwachung und Regelung des Straßenverkehrs.

Die zahlreichen schwierigen und oft nicht ungefährlichen polizeilichen Aufgaben werden von der Schutzpolizei, der Verkehrspolizei, der Wasserschutzpolizei, der Kriminalpolizei und der Bereitschaftspolizei wahrgenommen.

Polizeiliche Maßnahmen gegenüber Bürgerinnen und Bürgern, die eine Gefahr für die öffentliche Sicherheit und Ordnung verursachen oder einer Straftat beschuldigt werden, können z. B. sein:

- die Personalienfeststellung
- die Platzverweisung
- der polizeiliche Gewahrsam
- die vorläufige Festnahme
- die Beschlagnahme von Beweismitteln
- die Durchsuchung von Personen, mitgeführten Sachen, Wohnungen und sonstigen Räumen
- der Einsatz von Rasterfahndung, Abhöreinrichtungen, versteckten Kameras, verdeckten Ermittlern und die Zusammenarbeit mit V-Leuten (= Vertrauensleuten/Informanten).

Zu einigen dieser Maßnahmen, z. B. zur Beschlagnahme oder zur Durchsuchung, ist die Polizei in der Regel nur aufgrund richterlicher Anordnung befugt, in Eilfällen („Gefahr im Verzuge") aber auch ohne diese.

Da die Maßnahmen der Polizei für die Betroffenen sehr einschneidend sein können, ist die Übereinstimmung des polizeilichen Handelns mit den einschlägigen Gesetzen und der Rechtsordnung umso mehr geboten.

1 *Informiert euch im Gespräch mit Polizeibeamtinnen/-beamten und/oder einer Richterin/einem Richter im Einzelnen über die polizeilichen Maßnahmen, die hier genannt sind.*
2 *Ihr könnt euch im Gespräch oder aus Broschüren auch darüber im Einzelnen informieren: Welche Rechte und Pflichten hat die Polizei dir gegenüber, welche Rechte und Pflichten hast du der Polizei gegenüber*
   - *bei einer Kundgebung oder einer Demonstration*
   - *beim Besuch einer großen Sportveranstaltung*
   - *bei Straßensperren aufgrund von Unfällen*
   - *wenn du zufällig Zeugin/Zeuge einer Schlägerei unter Jugendlichen warst und die Polizei dich anhören will*
   - *wenn in der Schule illegale Drogen oder Raubkopien von teurer PC-Software aufgetaucht sind und dein Name fällt.*
3 *Hast du schon einmal persönliche Erfahrungen mit der Polizei gemacht? Wenn du willst, kannst du darüber berichten.*
4 *Der frühere Innenminister von Nordrhein-Westfalen, B. Hirsch, schrieb: „Indem sie über die Grenzen persönlicher Freiheit wacht, schützt die Polizei uns alle vor Unfreiheit." Erklärt und nehmt Stellung.*
5 *„Die Polizei gehört zum Rechtsstaat" - erklärt.*

16.2.3 Verbrecherjagd nach Feierabend

Im Fernsehen ist Gewalt sehr beliebt. Im Alltagsleben aber ist Mitte der 90er-Jahre bei vielen Menschen in Deutschland die Angst vor Gewalttaten, die Sorge um die eigene Sicherheit und um das eigene Hab und Gut sehr gewachsen. Auch wenn die Kriminalstatistiken zeigen, dass die „Durchschnittsbürger" von Gewalttaten nicht mehr, sondern eher weniger als früher bedroht sind.

Zur Unterstützung der Polizei haben sich an zahlreichen Orten Bürgerinnen und Bürger in freiwilligen, ehrenamtlichen Schutzgruppen zusammengeschlossen: als „Nachbarschaftsstreife", „Bürgerwehr" oder „Sicherheitswacht".

Sie sind nicht bewaffnet, aber z. B. mit einem Sprechfunkgerät ausgerüstet, um mit der Polizei rasch Kontakt aufnehmen zu können.

Besonders bei Dunkelheit patrouillieren sie durch unbeleuchtete Parks und verkehrsarme Wohnviertel.

Sie halten sich an einsamen Bahn- und Bushaltestellen auf, fahren nachts in öffentlichen Nahverkehrsmitteln hin und her, beobachten „dunkle Gestalten" und auffällige Geschehnisse. Bei Konflikten und Straftaten greifen sie ein und versuchen, die Täter dingfest zu machen und der Polizei zu übergeben.

Allerdings: Diese Bürgerwehren und ihre Hilfsdienste für die Polizei sind umstritten.

1 *Welche Erfahrungen hast du selbst in öffentlichen Nahverkehrsmitteln (Straßenbahn, Bus, U-Bahn, S-Bahn) zu später Stunde gemacht?*

Nicht nur rüstige Rentner wollen der Polizei dabei helfen, die öffentliche Sicherheit und Ordnung aufrechtzuerhalten

2 Wie verhältst du dich, wie verhalten sich die Mitreisenden üblicherweise, wenn es zu Konflikten kommt? Wäre dir in einer solchen Situation eine „Sicherheitswacht" willkommen? Begründe.

3 Das Auftreten von freiwilligen Schutzgruppen bei Konflikten in der Öffentlichkeit oder beim Streifzug durch die Dunkelheit ist nicht ungefährlich. Überlegt und spielt wirklichkeitsnahe (realistische) Szenen:
– Bei einem Streit in der nächtlichen U-Bahn zückt ein Passagier plötzlich eine Waffe ...
– Eine Frau und ein Mann vor einem Haus in einer einsamen, kaum beleuchteten Straße haben ihren Haustürschlüssel vergessen und versuchen in ihre Wohnung zu gelangen ...

In einer Wochenzeitung wurde die Selbsthilfe freiwilliger „Sicherheitswachten" ausführlich diskutiert. Hier drei Ausschnitte aus der Diskussion:

Die Forderung der Zeitung
Aus Angst vor zunehmender Kriminalität greifen immer mehr Bürger zur Selbsthilfe. Sie patrouillieren nachts durch ihr Viertel. Doch das ist der falsche Weg: Feierabend-Polizisten, die nach Schnellkursen auf ihre Mitmenschen losgelassen werden, können gut ausgebildete Beamte nicht ersetzen. Sicherheit ist ein zu hohes Gut, als dass es Möchtegern-Sheriffs anvertraut werden dürfte. Darum: Stoppt die Bürgerwehren! Und stattet die Polizei besser aus!

Die Meinung des Bundesinnenministers, Manfred Kanther (CDU)
Die Präsenz der Polizei vor den Augen der Bürger ist sehr wichtig. Da aber zur Zeit die Kassen bei Bund und Ländern leer sind, kann die Zahl der Polizisten nur sehr langsam erhöht werden. Daher ist der Gedanke eines bürgerschaftlichen Engagements, bei dem zum Beispiel pensionierte Polizeibeamte oder verantwortungsbewusste Bürger nach entsprechender Ausbildung ehrenamtliche Freiwilligendienste in der Polizei versehen, richtig. Meine Bedingung ist: Die Polizeireserve muss in der Organisationshoheit der regulären Polizei bleiben. Was ich nicht haben will, ist eine Bürgerwehr außerhalb der Polizei, wo sich entrüstete Leute eine Binde um den Arm ziehen, einen Knüppel in die Hand nehmen und Selbstjustiz üben.

Die Meinung des Vorsitzenden der Polizeigewerkschaft, Hermann Lutz
Polizei kann nur durch Polizei entlastet oder unterstützt werden. Für die Kriminalitätsbekämpfung brauchen wir weder Bundeswehr, Feierabend-Polizisten, Bürgerwehren noch private Firmen. Der Staat hat die Pflicht, den Bürger zu schützen und darf dies nicht delegieren, sonst ist das staatliche Gewaltmonopol bedroht. Kriminalitäts- und Sicherheitsprobleme erfordern ein hohes Maß an Professionalität und lassen sich nicht durch vielleicht gut gemeinte, aber unzulängliche bis verfassungsfremde Notlösungen bewältigen.

Die Woche vom 30.6.1994, S. 2; jeweils gekürzt

4 Ihr könnt eine Umfrage machen. Thema: Wie bewerten eure Nachbarinnen, Nachbarn, Bekannten, Freundinnen und Freunde die freiwilligen „Bürgerwehren"?
Wie beurteilen sie die Gefahr, Opfer von krimineller Gewalt (welcher Art?) zu werden?
Wie sicher fühlen sie sich?
Methode: Befragung, Seite 55
Vergleicht die Antworten
– der Jugendlichen (Mädchen/Jungen, 14 bis 18 Jahre),
– der Erwachsenen (Frauen/Männer, 19 bis 60 Jahre),
– der alten Menschen (Frauen/Männer, über 60 Jahre).

5 Befragt Expertinnen oder Experten, zum Beispiel bei der Polizei:
Wie hat sich die Kriminalität in eurer Stadt/Gemeinde in den letzten fünf Jahren entwickelt?
Gibt es mehr Gewalttaten in der Kriminalstatistik als früher?
Welche Personengruppen sind in den meisten Fällen betroffen?
Methode: Expertenbefragung, Seite 132

6 Vergleicht die Stellungnahmen des Gewerkschafters und des Ministers: Worin stimmen sie überein, wo weichen sie voneinander ab?

7 Schreibe deine eigene Meinung zu der Forderung der Zeitung auf. Vergleicht eure Texte und diskutiert darüber. Macht ein Streitgespräch zwischen jeweils zwei Teilnehmern/Teilnehmerinnen und einer Moderatorin/einem Moderator.

16.3 Coladiebe und Millionenbetrüger

Am Anfang und am Ende dieses Abschnitts geht es um die strafbare Entwendung von Eigentum.
Zu Beginn handelt es sich um ein paar Dosen Cola und und ein paar Zigaretten aus einem Einbruchdiebstahl, am Schluss geht es um Milliardenverluste wegen Betrug und anderer ziemlich unauffälliger Verbrechen.
Die Ursachen für das kriminelle Verhalten von zunehmend mehr Jugendlichen sind unterschiedlich, und schwierig sind die Wege, da herauszukommen. Am Beispiel von Volker P. werden einige Probleme deutlich.
Die Richterinnen und Richter können es nicht damit getan sein lassen, die einschlägigen Gesetze nur schematisch anzuwenden. Sie sollen gerechte Urteile fällen.
Was aber ist Gerechtigkeit? Im mittleren Teil des Abschnitts ist davon die Rede.

16.3.1 Fehlstart ins Abseits
In den letzten Jahren hat in Deutschland die Zahl der Jugendlichen deutlich zugenommen, die mit dem Gesetz in Konflikt kommen. Überwiegend sind es Delikte wie Diebstahl, Einbruch, Raub, aber auch Körperverletzung und Verstöße im Zusammenhang mit illegalen Drogen. Die Geschichte von Volker P., über die eine Wochenzeitung berichtete, ist nicht untypisch.

„Das kann jederzeit wieder passieren"

Volker P., 19, schmalschultrig, klein, sitzt im Amtsgericht von Euskirchen vor dem Jugendrichter. Richter und Angeklagter kennen sich. Es ist das zweite Verfahren gegen Volker P. Im ersten ging es um zahlreiche Diebstähle, dieses Mal um Einbruch. Volker P. ist nachts in ein Hotelschiff am Rhein eingestiegen – „Das Fenster war nur angelehnt" – und hat mehrere Dosen Cola und Zigaretten entwendet. „Was haben Sie sich nur dabei gedacht?" fragt der Richter.

Volker P. weiß es nicht
Volker P. weiß es nicht. Es ist „so über mich gekommen". Vielleicht habe er „das alles" von seinem Vater geerbt, der gerade wieder im Knast sitze, erklärt der Jugendliche. Er macht keinen Versuch zu leugnen und verhält sich damit so wie nahezu alle Jugendlichen vor Gericht: Sie sind notorisch [= bekanntermaßen] geständig.
Volker P. beschönigt nichts und versucht auch nicht sich selbst in ein gutes Licht zu rücken. Es könne jederzeit wieder passieren, sagt er. Spätestens an dieser Stelle muss man bei so viel Naivität fürchten, dass der Prozess für ihn nicht gut ausgehen kann. „Dann flippe ich wieder aus", redet er sich weiter um Kopf und Kragen, „dann seh ich was, was ich haben will, und nehme es mir."

Er hebt die Schultern, grinst ständig, der Staatsanwalt blafft ihn an: „So witzig ist das hier nicht."

Volker P. grinst und weint
Unvermittelt laufen Volker P. Tränen über das Gesicht. Er könne nicht mehr anders, stammelt er. „Das hab ich mir angewöhnt, wenn mein Vater mich geprügelt hat, anders hätt ich das nicht ausgehalten."
Er hat keine Ausbildung, ist arbeitslos. Er wohnt nach einigen Jahren im Heim wieder zu Hause.
Geld habe er nicht, sagt er, die Mutter „drückt alles ab", wenn er zwischendurch einen Job habe und etwas verdiene.
Einmal hat der Richter ihn schon in Dauerarrest geschickt, für zwei Wochen. Ob der Angeklagte das denn noch mal wolle, fragt er.

Volker P. schweigt und nickt
Volker P. schweigt. Der Staatsanwalt droht: „Achtzehn Monate Kiste in Siegburg, das wäre doch für Sie das Beste. Da könnten Sie eine Ausbildung machen und Sie könnten nicht wieder ausflippen."
Vier Wochen Arrest verhängt der Richter nach langer Beratung mit den Schöffen – ausgesetzt zur Bewährung. Wieder wird für Volker P. eine psychotherapeutische Behandlung angeordnet. „Diesmal brechen Sie aber nicht nach der zweiten Stunde ab!", mahnt der Richter. Volker P. nickt.

Die Zeit vom 8.11.1991, S. 19 (Auszug)

1. Wohin wird Volker nach seiner Gerichtsverhandlung gehen? Wie wird es dort sein? Was wird er von dem Prozess erzählen?
2. Angenommen, Volker P. hätte zuletzt in deiner Nachbarschaft gewohnt. Du kanntest ihn zwar nicht näher, hast ihn aber manchmal auf der Straße gesehen und wie einen Nachbarn gegrüßt. Dann wird er eines Tages von der Polizei abgeholt.
   - Was denkst du dir?
   - Was besprichst du mit deinen Freunden?
   - Was erzählen die Nachbarn über Volker P., seine Eltern und sein plötzliches Verschwinden?

   Vielleicht könnt ihr ein kleines Hörspiel daraus machen.

Bewährung

Die Strafaussetzung zur Bewährung (§§ 56 ff. StGB) beruht auf dem [...] Gedanken, dass ein Gelegenheitstäter allein infolge der Verurteilung künftig von Straftaten absehen wird und deshalb vom Strafvollzug verschont bleiben kann.
Sie ist grundsätzlich bei einer Freiheitsstrafe von nicht mehr als einem Jahr zu bewilligen, wenn zu erwarten ist, dass der Verurteilte, durch die Verurteilung gewarnt, künftig auch ohne Einwirkung des Strafvollzugs keine Straftaten mehr begehen wird.
Bei einer höheren Freiheitsstrafe von nicht mehr als zwei Jahren ist die Strafaussetzung zur Bewährung nur ausnahmsweise – wenn besondere Umstände in der Tat und in der Persönlichkeit des Verurteilten vorliegen – zulässig.
Die Bewährungszeit beträgt zwei bis fünf Jahre. Das Gericht kann dem Verurteilten Auflagen (z. B. Wiedergutmachung des Schadens) und Weisungen (z. B. sich zu bestimmten Zeiten bei der Polizei zu melden oder eine Arbeit aufzunehmen) erteilen und ihn der Aufsicht und Leitung eines Bewährungshelfers unterstellen.
Im Jugendstrafrecht ist Bewährungshilfe zwingend vorgeschrieben. Das Gericht widerruft die Strafaussetzung zur Bewährung, wenn der Verurteilte während der Bewährungszeit eine Straftat begeht oder Weisungen bzw. Auflagen gröblich oder beharrlich zuwiderhandelt; anderenfalls erlässt es die Strafe nach Ablauf der Bewährungszeit.

H. Avenarius: Kleines Rechtswörterbuch. Freiburg/Brsg. 1985, S. 385 (Auszug)

Therapie statt Strafe: schmerzliche Wege

In einer psychotherapeutischen Behandlung wird versucht, Verhaltensstörungen bzw. die zugrunde liegenden seelischen Erkrankungen der Patientinnen und Patienten zu heilen. Ursachen dieser Beschädigungen sind sehr häufig frühkindliches Erleiden von Gewalt, z. B. Prügel oder sexuelle Gewalt, aber auch ständige Demütigungen, mangelnde Zuwendung und fehlende Wertschätzung.
In Einzel- oder Gruppengesprächen kommen die Probleme unter Anleitung einer Psychologin oder eines Psychologen ausführlich zur Sprache. Diese Gespräche sind für die Betroffenen meist sehr schmerzhaft; denn es geht um tiefe Verletzungen, die – oft unbewusst – ihr Leben geprägt und sie in scheinbar ausweglose Sackgassen geführt haben. Im gemeinsamen Ausprobieren von unterschiedlichen neuen Erfahrungen und Handlungsmöglichkeiten können die Patientinnen und Patienten sich mit ihrer Vergangenheit auseinander setzen und lernen, von den seelischen Belastungen frei zu werden.

Vor dem Labyrinth der Justiz. Karikatur: Kurowski

3   Haltet in Stichworten fest, was euch im Lebenslauf von Volker P. besonders bedeutsam erscheint.
4   In jedem Strafprozess wird zu Beginn über die Lebensgeschichte der/des Angeklagten gesprochen. Warum?
5   Der Staatsanwalt hatte (wohl nicht im Ernst) mit „achtzehn Monaten Kiste" gedroht: Was meint ihr zu der Strafe, die gegen Volker P. verhängt wurde? Lest hierzu die Abschnitte 16.4.1 und 16.4.2 sowie den Text im Kasten „Therapie statt Strafe: schmerzliche Wege" auf Seite 273.

16.3.2 Straffällig – warum?

Der Lebensweg vieler Straftäter ist ähnlich dem von Volker P. Hier beginnt, so würden es Fachleute ausdrücken, eine „kriminelle Karriere".

Talfahrt
Die einzelnen Stationen solcher Talfahrt in die Kriminalität lauten häufig:
- kaputte Familie,
- Heimerziehung,
- Jugendstrafanstalt.

Hinzu kommen oft:
- kein Schulabschluss,
- keine abgeschlossene Berufsausbildung,
- kein Arbeitsplatz,
- Drogenprobleme,
- große Geldprobleme.

Oft kommt ein Problem zum anderen, eins entsteht aus dem anderen. Die Häufung der Probleme führt schließlich zu solchen Irrwegen, auf die Volker P. geraten ist.

Erklärungsversuche
Die wissenschaftlichen Erklärungsversuche in Bezug auf die Ursachen des kriminellen Verhaltens sind zahlreich und teilweise recht unterschiedlich. Allseits anerkannte Erklärungen (Theorien) gibt es hier nicht. Die Unterschiede beginnen schon damit, dass viele Wissenschaftler nicht von kriminellem, sondern – allgemeiner – von *abweichendem Verhalten* sprechen. Als Ursachen des kriminellen bzw. abweichenden Verhaltens werden u. a. genannt:

- seelische, manchmal auch körperliche Krankheiten und Störungen;
- fehlende, gestörte oder zerstörte frühkindliche Beziehungen zwischen Eltern und Kindern;
- misslungene Erziehungs- und Eingewöhnungsprozesse in Familie, Schule, Nachbarschaft, Clique, Freundes- und Bekanntenkreis;
- die Zugehörigkeit zur unteren sozialen Schicht bzw. Klasse oder zu Randgruppen, verbunden mit mehrfach unzureichenden Lebensverhältnissen (Wohnung, Ausbildung, Beruf, Arbeit, Geld);
- übermächtige und sich rasch wandelnde gesellschaftliche Einflüsse und Entwicklungen (z.B. nach dem Ende der DDR; bei hoher Arbeitslosigkeit, bei Wirtschaftskrisen);
- schwindende allgemeine Anerkennung gesellschaftlich verbindlicher Werte und Regeln (Normen).

Methode: Besuch einer Gerichtsverhandlung

Besser als über eine Gerichtsverhandlung zu lesen kann es sein, eine Gerichtsverhandlung zu besuchen. Wenn ihr als Klasse das plant, empfehlen wir euch die folgenden Fragen. Arbeitet am besten aber das ganze Kapitel erst durch, bevor ihr eine Gerichtsverhandlung besucht!

Vor dem Besuch der Gerichtsverhandlung:

Was wisst ihr schon aus dem Unterricht oder aus den Medien über Gerichtsverhandlungen?

- Haltet die im Unterricht offen gebliebenen Fragen fest, auf die ihr bei eurem Besuch im Gericht Antworten erhofft!
- Vereinbart mit der Richterin/dem Richter, deren Verhandlung ihr besuchen wollt, ein anschließendes Gespräch!

Worüber wollt ihr mehr wissen, was wollt ihr besser können, wenn ihr die Verhandlung hinter euch habt?

- Verständigt euch auf die Ziele eures Vorhabens!
- Notiert, was ihr im Einzelnen kennen lernen und wissen wollt!

Wen oder was wollt ihr während der Gerichtsverhandlung besonders genau beobachten?

- Einigt euch vor dem Besuch der Gerichtsverhandlung darauf, welche Gruppe jeweils wen oder was beobachtet. Zum Beispiel:
  die Angeklagte/den Angeklagten (reumütig? selbstbewusst? ängstlich? aufgeregt? unbeholfen? glaubwürdig?)
  die Verteidigung (gut vorbereitet? ruhig? zuversichtlich? geschickt? kämpferisch?)
  die Staatsanwaltschaft (sachlich? gefühlsbetont? gründlich? unnachgiebig?)
  die Richterin/den Richter (unparteiisch? freundlich? aufgeschlossen? souverän?)

Nach dem Besuch der Gerichtsverhandlung:

Wie bewertet ihr die Verhandlung, die ihr miterlebt habt?

- Schildert euch gegenseitig eure Eindrücke und Empfindungen (feierlich, sehr nüchtern und förmlich, viel zu schnell...)!
- Nehmt Stellung zum Ergebnis der Verhandlung (gerechtes Urteil, weil ...; ungerechtes Urteil, weil ...)!

Wie schätzen die übrigen Zuschauerinnen und Zuschauer die Verhandlung und das Ergebnis ein?

- Versucht einige von ihnen zu befragen! Erörtert im Klassengespräch auch diese Meinungsäußerungen!

Wie bewertet die Richterin/der Richter den Verlauf und das Ergebnis der Verhandlung?

- Erkundigt euch danach, ob es eine Routineverhandlung war oder ob es Besonderheiten (z. B. komplizierte Rechtsprobleme) gegeben hat!
- Tragt eure Eindrücke und Einschätzungen vor und erläutert sie beispielhaft!
- Vergesst eure Fragen nicht, die ihr im Unterricht schon vorbereitet hattet!

Vielleicht könnt ihr ja mit der Richterin/dem Richter noch ein weiteres Gespräch vereinbaren – da könnt ihr dann all die anderen offenen Fragen aus den einzelnen Abschnitten dieses Kapitels loswerden ...

Das Etikett des Außenseiters

Gegenüber diesen Erklärungsversuchen weisen Wissenschaftler/innen auch darauf hin,

- dass abweichendes Verhalten in Wirklichkeit recht häufig in allen sozialen Schichten/Klassen vorkommt, am häufigsten aber bei den Angehörigen der Unterschicht kontrolliert, verfolgt und bestraft wird;
- dass diejenigen, die absichtlich, aus Hilflosigkeit oder aus Unwissenheit von den geltenden gesellschaftlichen Regeln, Gesetzen usw. abweichen, üblicherweise gar keinen Einfluss auf die Festlegung dieser Normen (= Regeln, Gesetze, Verbote) haben;
- dass ihnen das Etikett des Außenseiters, Missetäters oder Kriminellen von einflussreichen gesellschaftlichen und politischen Gruppen und den Medien aufgedrückt wird und auch weit verbreitete Vorurteile an einer solchen Brandmarkung (Stigmatisierung) mitwirken;
- dass vor allem Jugendliche, wenn sie einmal in die Kontrolle von Jugendamt, Polizei, Gericht oder Strafvollzug hineingeraten sind, daraus nur schwer wieder freikommen.

1 Vergleicht die hier genannten möglichen – nicht zwangsläufigen – Ursachen für kriminelles Verhalten mit dem, was ihr über Volker P. wisst.
2 Wie werden Kriminelle in TV-Krimiserien oder in Spielfilmen dargestellt? Gibt es da bestimmte, immer wieder vorkommende Typen?
Schaut euch hierzu ein paar Filme an und beobachtet die Bösewichte z. B. im Hinblick auf
- das Aussehen,
- die Kleidung,
- die Sprache,
- die Gesten und die Mimik,
- das Verhalten gegen Frauen, gegen Schwächere, gegen Stärkere.

Wenn ihr mit einer Richterin/einem Richter sprecht, könnt ihr sie/ihn danach fragen:
Inwieweit stimmt das Bild der Medien von Kriminellen nach ihren Erfahrungen mit der Wirklichkeit überein?

16.3.3 Soll die Justitia blind sein?

Gerechtigkeit gilt häufig als Maßstab, mit dem das Handeln von Menschen bewertet wird. Vor allem wird der Maßstab der Gerechtigkeit an Gesetze oder Gerichtsurteile angelegt.

Zwei Arten von Gerechtigkeit

Vor mehr als 2000 Jahren hat der griechische Philosoph Aristoteles (384–322 v. Chr.) zweierlei Arten von Gerechtigkeit unterschieden: die „ausgleichende" und die „austeilende" Gerechtigkeit.

16 Die Bundesrepublik Deutschland: ein Rechtsstaat

Die Göttin Justitia (lateinisch = die Gerechtigkeit) wird meist mit einer Augenbinde dargestellt. Dazu hält sie in den Händen Schwert und Waage.

Blinde Gerechtigkeit?
Ein Rechtswissenschaftler fand in einem Buch aus dem 15. Jahrhundert eine Abbildung, in der ein Narr der Justitia von hinten die Augen verbindet. In dieser Darstellung, so erklärt der Wissenschaftler, wird deutlich, dass sich das einfache Volk über die angebliche „Gerechtigkeit" der Rechtsprechung lustig gemacht hat: „Denn mit offenen Augen lässt sich mehr sehen und ‚gerechter' urteilen."
Vermutlich erst in späterer Zeit wird die Augenbinde nicht mehr als Kritik gedeutet, sondern als Zeichen besonders großer Gerechtigkeit.

Vgl. R. Wiethölter: Rechtswissenschaft, Frankfurt/M. 1973, S. 29 ff.

1 Erklärt, was die sinnbildhaften Zeichen (Symbole) Schwert, Waage und Augenbinde bedeuten sollen.
2 Links vorn im Bild steht ein König, rechts vorn ein Bauer; in welcher Beziehung stehen sie beide zur Justitia?
3 Unter dem Podest der Justitia sind drei Frauen mit Kindern zu erkennen. Versucht zu erklären.
4 Betrachtet und erklärt (interpretiert) das auf S. 263 abgebildete Relief. Vergleicht mit der Darstellung der Justitia.

- *Ausgleichende Gerechtigkeit* streben die Menschen im alltäglichen Handeln untereinander an. Wenn sie z. B Vereinbarungen treffen, Verträge schließen oder Geschäfte miteinander machen, dann sind sie darauf bedacht, dass die Vereinbarung oder der Vertrag von allen Beteiligten auch vollständig erfüllt wird, dass Leistung und Gegenleistung beim (Tausch-)Geschäft „stimmen", also gleichwertig sind. Eine Sachbeschädigung z. B. muss durch den Schadensersatz wirklich ausgeglichen werden. Alles andere wäre ungerecht.
- *Austeilende Gerechtigkeit* wird angestrebt im Verhältnis der/des Einzelnen zur Gemeinschaft.
Die Gemeinschaft – zum Beispiel der Staat oder die Direktorin eurer Schule – soll alle gleichbehandeln, jeder und jedem das zukommen lassen, was ihr und ihm zusteht („Jedem das Seine"). Niemand soll benachteiligt, niemand bevorzugt werden. Das gilt für die Zahlung von staatlichem Kindergeld ebenso wie für den Tadel im Klassenbuch. Dabei soll der Staat (oder eure Direktorin) die besondere Lage der einzelnen betroffenen Personen durchaus mit berücksichtigen, beispielsweise unverschuldete Nachteile wettzumachen versuchen.
Die Bürgerinnen und Bürger ihrerseits sollen – der „austeilenden" Gerechtigkeit gemäß – soweit wie möglich ihren Beitrag zum gemeinsamen Ganzen beitragen. Wer Steuern hinterzieht oder Subventionen erschwindelt, handelt ungerecht.

Recht und Gerechtigkeit
Im Bereich des Rechts und der Rechtsprechung bedeutet Gerechtigkeit zunächst einmal, dass die geltenden Gesetze genau und gegenüber jeder und jedem in der gleichen Weise angewendet werden. In Artikel 3 des Grundgesetzes heißt der erste Satz: „Alle Menschen sind vor dem Gesetz gleich."
Weitere Rechtsgrundsätze sollen ebenfalls der Annäherung von Recht und Gerechtigkeit dienen (siehe hierzu den Text im Kasten „Vor Gericht: ein faires Verfahren!" und Abschnitt 16.1.4, Seite 267).

Auf dem Weg zur Gerechtigkeit
Alle wünschen sich Gerechtigkeit, alle halten aber auch für sicher, dass sie nie vollständig zu verwirklichen ist, sondern immer nur annähernd erreicht werden kann.

Vor Gericht: ein faires Verfahren!

Gerichtsprozesse in der Bundesrepublik müssen zahlreichen, genau festgelegten, einheitlichen Verfahrensvorschriften folgen. Einige wichtige Grundsätze lauten:
- Vor Gericht hat jedermann Anspruch auf rechtliches Gehör (Art. 103, 1 GG).
- Eine Tat kann nur bestraft werden, wenn die Strafbarkeit gesetzlich bestimmt war, bevor die Tat begangen wurde („nulla poena sine lege" = keine Strafe ohne Gesetz) (Art. 103, 2 GG).
- Bestraft werden darf nur eine rechtswidrige Tat, die schuldhaft verübt wurde.
- Die Strafe darf nicht unangemessen schwer sein, sie muss zur Schwere der Tat in angemessenem Verhältnis stehen.
- Wenn eine Strafe rechtskräftig geworden ist, dann darf die Täterin/der Täter wegen der zugrunde liegenden Tat nicht noch einmal bestraft werden (vgl. Art. 103, 3 GG).
- Die/der Angeklagte gilt im Prozess bis zum Erweis des Gegenteils als unschuldig.
- Der Angeklagte hat das Recht, sich frei und in aller Gründlichkeit zu verteidigen bzw. verteidigen zu lassen. Sie/er hat das Recht, die Aussage (zur Sache, nicht zur Person) zu verweigern und braucht sich nicht selbst zu belasten.
- Vernehmungsmethoden der Strafverfolgungsbehörden, die die freie Willensentscheidung der/des Beschuldigten bzw. Angeklagten z. B. durch Misshandlung beeinträchtigen, sind genauso verboten wie Zwang oder Drohung.
- Das Gericht darf zur Verurteilung nur kommen, wenn es die sichere Überzeugung von der Schuld der/des Angeklagten gewonnen hat („in dubio pro reo" = im Zweifelsfall zugunsten der/des Angeklagten).
- Jeder Urteilsspruch eines Gerichts der ersten Instanz kann durch ein Gericht der zweiten Instanz nachgeprüft werden (abgesehen von geringem Streitwert im Zivilprozess und geringfügigen Ordnungswidrigkeiten; siehe Abschnitt 16.1.3).

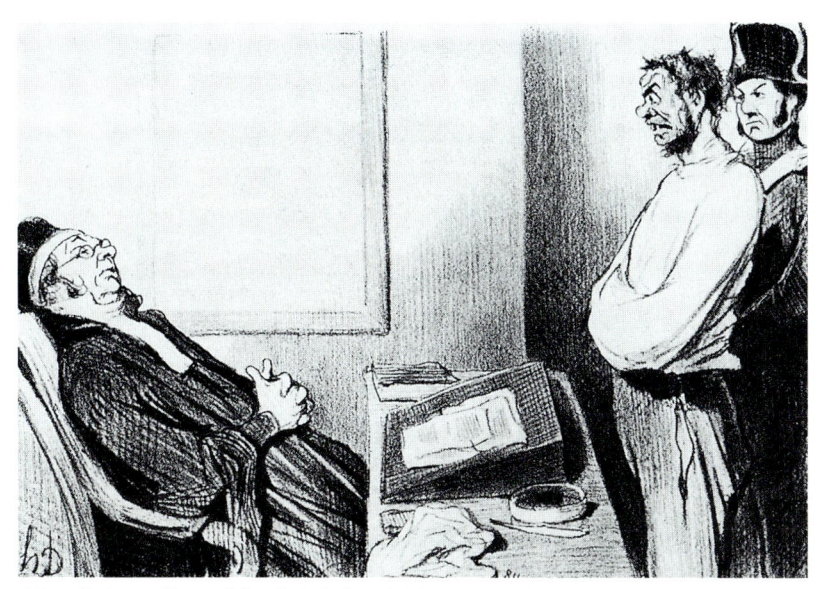

„Was, Sie hatten Hunger? Das ist kein Grund. Ich habe auch fast jeden Tag Hunger und stehle trotzdem nicht." Zeichnung: Daumier

Richterliche Unabhängigkeit

In Artikel 97 des Grundgesetzes heißt es:
Die Richter sind unabhängig und nur dem Gesetz unterworfen.

Ein Justizreporter schrieb einmal, „dass die Justiz die gebrechlichste aller menschlichen Einrichtungen ist und ihr nichts so schwer gelingt wie eine Annäherung an das, was gerecht sein könnte" (G. Mauz. In: Der Spiegel Nr. 13/1982, S. 6).

5 Warum das Streben nach Gerechtigkeit, wenn sie doch nicht erreichbar ist?
6 Lest und erörtert den vollständigen Text von Artikel 3 des Grundgesetzes.
7 Versucht zu erklären, warum Menschen nicht selten darüber unterschiedlicher Meinung sind, ob etwas gerecht oder nicht gerecht sei.
8 Wenn es heißt: eine Lehrerin/ein Lehrer ist gerecht – was bedeutet das im Einzelnen?
Wie wichtig ist dir die Gerechtigkeit bei Lehrpersonen im Vergleich zu Freundlichkeit, Geduld, Bereitschaft zum Zuhören, Geschick beim Erklären, Humor, Durchsetzungsfähigkeit, (schul-)politischer Einsatzbereitschaft?
Namen spielen hier gar keine Rolle!

Zur Rolle der Richterinnen und Richter

Der Ablauf von Gerichtsverhandlungen ist gesetzlich genau vorgeschrieben, beim Strafprozess z. B. durch die Strafprozessordnung. Die Richterinnen und Richter spielen im Gerichtsverfahren – buchstäblich – die „entscheidende" Rolle. Im Strafprozess z. B. haben sie – vor ihrem Urteilsspruch – zweifelsfrei festzustellen, ob der Angeklagte die Tat, derer er beschuldigt wird, überhaupt begangen hat, ob und inwiefern diese Tat strafbar ist und ob der Täter schuldhaft (bewusst, mit freiem Willen) gehandelt hat. Außerdem müssen die Richterinnen/die Richter die Höhe des Strafmaßes im gesetzlich vorgeschriebenen Rahmen festlegen. Einige Sprichwörter verdeutlichen, was von Richterinnen und Richtern erwartet wird:

Ein weiser Richter hat scharfe Augen.

❊

Ein gerechter Richter sieht erst auf die Sache, dann auf die Person.

❊

Ein Richter soll zwei gleiche Ohren haben. Man kann nicht Richter und Kläger zugleich sein.

❊

Es ist ungerecht, Gleiches ungleich zu behandeln. Es ist noch ungerechter, Ungleiches gleich zu behandeln.

❊

Ein Richter rät seinen Kolleginnen und Kollegen: „Der Richter muss sich die Personen vor seinem Richterstuhl ansehen, wenn er ohne Ansehen der Person urteilen will." (R. Bender. In: Frankfurter Rundschau vom 28.1.1980)

9 Erläutert die Sprichwörter im Einzelnen und nehmt Stellung.
10 Schreibt einige Sätze auf zu dem Thema: Die Bedeutung des Richteramts für die Betroffenen (Täter, Opfer), für die Gesellschaft und für den Staat.
11 Wenn du bei einem Streit unter deinen Freundinnen/Freunden oder unter deinen Geschwistern entscheiden sollst: Was ist daran so schwierig? Welche Schwierigkeiten haben wohl – nach deiner Vermutung - Richterinnen und Richter bei ihren Entscheidungen? Wenn ihr mit einer Richterin/einem Richter ein Gespräch haben könnt: Fragt sie danach.
12 Was meint ihr zu der Äußerung des Richters in der Karikatur (Seite 277)? Vergleicht: Die Lebenslage des Richters – die Lebenslage des Diebes.
13 Versucht die einzelnen Verfahrensgrundsätze im Kasten „Vor Gericht: ein faires Verfahren!" zu begründen:
– im Interesse der/des Angeklagten;
– im Interesse unmittelbar Betroffener;
– im Interesse aller Bürgerinnen und Bürger eines Staates.

16.3.4 Teurer Schmutz am weißen Kragen

Das kann dir auf dem Flohmarkt passieren: Plötzlich entdeckst du zwischen all dem Krempel die wunderschönsten Musik-CDs deiner Lieblingsgruppen – brandneu, originalverpackt, zu traumhaft niedrigen Preisen!

Natürlich weißt du sofort Bescheid: Die großen Plattenfirmen und auch deine Lieblingsgruppen haben nichts zu verschenken, der Preissturz kann nur eine Ursache haben: Raubkopien.

„Wie eine Erlaubnis zum Gelddrucken"

Für rund 220 Millionen Mark werden in Deutschland jährlich Raubkopien von Musik-CDs umgesetzt. Der Schaden durch die internationale Tonträger-Piraterie ist beträchtlich. Jetzt wurden die CD-Fahnder auch in Köln fündig: In Wohnung und Geschäftsräumen eines Kölner Kaufmanns stellte die Zollfahndung 14 000 Aufnahmen von Popgruppen wie den Rolling Stones, Pink Floyd und Genesis sicher, meist illegale Konzertmitschnitte. Geschätzter Verkaufswert im Handel, so die Zollfahnder gestern: eine halbe Million Mark. Nach Angaben des internationalen Verbandes der Phonoindustrie stammen die Raubkopien aus einem ehemals staatlichen Presswerk in Tschechien. Von Köln aus sollten sie weltweit vertrieben werden. Im Januar hatten Staatsanwälte bereits 37 000 CDs bei einem Pinneberger Kaufmann beschlagnahmt.
220 Millionen Mark wurden 1993 nach Schätzungen des Bundesverbandes der Phonographischen Wirtschaft mit Raubkopien umgesetzt – vier Prozent des Branchenumsatzes. „Das ist wie eine Lizenz [= Erlaubnis] zum Gelddrucken", sagt Geschäftsführer Peter Zombik. Denn der Herstellungspreis für eine CD liegt zwischen zwei und drei Mark. Die Differenz zum Ladenpreis sind Kosten für Urheberrechte, Vertrieb und Marketing. Und die fallen bei Raubkopien nicht an.

Berliner Zeitung vom 11./12.2.1995, S. 9 (Auszug)

1 Woran kannst du Raubkopien von Musik-CDs erkennen? Erkundige dich in einem Fachgeschäft, verrate deinen Mitschülerinnen und Mitschülern ggf. den Trick.
2 Wer hat bei dem Geschäft mit Raubkopien von Musik-CDs den Schaden?
3 Erkläre, inwiefern du als Käuferin oder Käufer einer CD-Raubkopie auch Schaden hast, selbst wenn du das Teil billig erstanden hast.

Wirtschaftskriminalität

Der Schaden, den die Raubkopierer von Musik-CDs anrichten, ist ziemlich groß. Doch viel größer noch ist der Schaden, der alljährlich insgesamt im Bereich der „Wirtschaftskriminalität" entsteht.
Die Schätzungen der Fachleute reichen von 60 bis 300 Milliarden DM jährlich in Deutschland.
Zur Wirtschaftskriminalität gehören all jene Straftaten, die im Rahmen wirtschaftlicher Betätigung begangen werden. Zum Beispiel:
– Mietwucher, Kreditwucher, Subventionsbetrug, Schwarzarbeit, Versicherungsbetrug, Konkursstraftaten (Bankrott), Kreditbetrug, Bilanzfälschung, Abschreibungsdelikte, Bestechung, Devisenvergehen, Untreue;

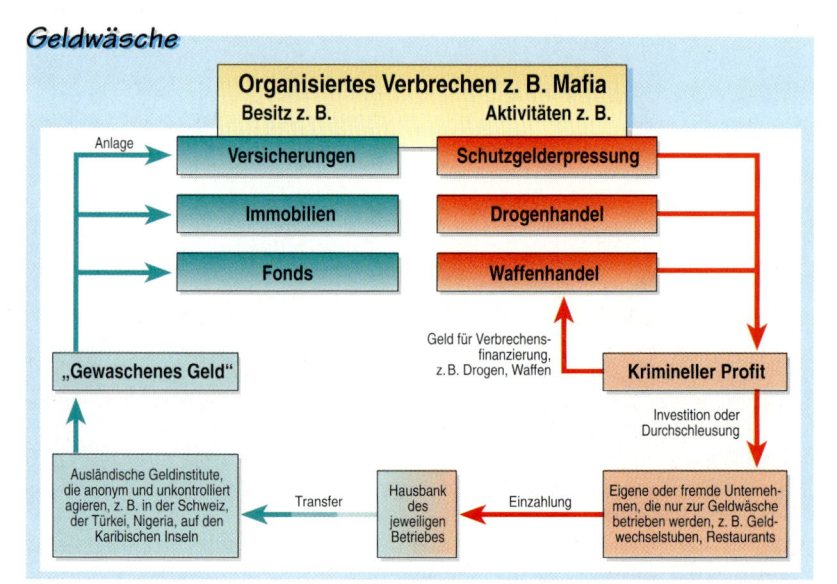

Geldwäsche

Organisiertes Verbrechen z. B. Mafia

Besitz z. B.	Aktivitäten z. B.
Versicherungen	Schutzgelderpressung
Immobilien	Drogenhandel
Fonds	Waffenhandel

Anlage → Versicherungen / Immobilien / Fonds

Geld für Verbrechensfinanzierung, z. B. Drogen, Waffen → **Krimineller Profit**

Investition oder Durchschleusung → Eigene oder fremde Unternehmen, die nur zur Geldwäsche betrieben werden, z. B. Geldwechselstuben, Restaurants

Einzahlung → Hausbank des jeweiligen Betriebes → Transfer → Ausländische Geldinstitute, die anonym und unkontrolliert agieren, z. B. in der Schweiz, der Türkei, Nigeria, auf den Karibischen Inseln → „Gewaschenes Geld"

- Verstöße gegen Arbeits- und Wettbewerbsrecht, Gesundheits- und Umweltschutzbestimmungen;
- Computerkriminalität, vor allem der Betrug mit Scheck- und Kreditkarten, aber auch die Fälschung und der Raub von Computer-Daten und -Software;
- der sehr weit verbreitete, fast schon alltägliche Steuerbetrug. Hierbei entgehen dem Staat nach Schätzungen von Fachleuten jedes Jahr etwa 100 Milliarden DM (oder auch mehr).

Die Wirtschaftskriminellen, die „Täter in den weißen Kragen", sind z. B. Firmeninhaber, Unternehmensleiter (Manager) mit ihren Mitarbeitern, Rechtsanwälte, Ärzte und auch Beamte. Sie wollen ihrem Betrieb unrechtmäßige finanzielle Vorteile verschaffen oder sich direkt persönlich bereichern.

Den Schaden haben andere Firmen oder Geschäftspartner, z. B. Versicherungen, der Staat und nicht selten ganz Unbeteiligte – etwa dann, wenn eine Firma aufgrund krimineller Machenschaften anderer Firmen Pleite geht und die Beschäftigten plötzlich arbeitslos sind. Schätzungen besagen, dass auf diese Weise Mitte der 90er-Jahre in Deutschland jährlich etwa 70 000 Arbeitsplätze verloren gehen (zum Beispiel in der Textilindustrie).

Die Dunkelziffer (= Zahl der unentdeckt bleibenden Straftaten) ist bei der Wirtschaftskriminalität sehr hoch.

Die Verfolgung und Aufdeckung von Wirtschaftsstraftaten ist oft recht schwierig, nicht zuletzt, weil den Strafverfolgungsbehörden (Staatsanwaltschaft usw.) fachkundige Beamte fehlen. Ein Experte erklärt:

Geringe Gefahr für Wirtschaftsstraftäter

Die Praxis der Strafverfolgung zeigt, dass für Wirtschaftsstraftäter nur eine relativ (= vergleichsweise) geringe Gefahr besteht, strafrechtlich zur Verantwortung gezogen zu werden. Wenige werden erwischt, von denen noch weniger – ein Viertel der ermittelten Täter – verurteilt werden. Die Verfahrenseinstellungen überwiegen.

Die Gründe für die unzulängliche Strafverfolgung liegen in den Beweisschwierigkeiten. Ursächlich sind einmal praxisfremde Normen (= Gesetze und andere Bestimmungen), die Schlupflöcher für „gewiefte" Straftäter bieten, zum anderen die Begehungsweise der Delikte, die vielfach nach außen im Rahmen eines erlaubten Geschäftsverkehrs ablaufen. Die Auswertung der Geschäftsunterlagen [durch die Strafverfolger] erfordert außerordentlich viel Zeit und Sachverstand.

Kriminalität und Strafrecht. Informationen zur politischen Bildung, Bonn 1995, S. 41

4 Vergleicht die Täter bei Wirtschaftsstraftaten mit den landläufigen „Kriminellen" (Ausbildung, berufliche und gesellschaftliche Stellung, Tatmotive).
5 Erörtert die hier genannten (und mögliche weitere) Ursachen für die Wirtschaftskriminalität und die Probleme der Strafverfolgung in diesem Bereich.
6 Wenn du das neueste Computerspiel von der Diskette deines besten Freundes für deinen „Hausgebrauch" kopierst, ist das dann auch ein Fall von Wirtschaftskriminalität? Begründe deine Auffassung.
7 Erkundigt euch bei einem Computergeschäft und bei einem Software-Verleih über die genaue Rechtslage beim Kopieren von Computerspielen und anderer Computer-Software. Berichtet euren Mitschülerinnen und Mitschülern.
8 Wie könnte das „Unrechtsbewusstsein" geschärft werden, zum Beispiel bei jugendlichen Raubkopierern von Computerspielen ...?

Organisierte Kriminalität

Eng verwandt mit der Wirtschaftskriminalität bzw. ein Teil davon ist die „Organisierte Kriminalität", die sich in den 90er-Jahren auch in Deutschland ausgeweitet hat. Eine genaue Begriffsbestimmung dessen, was unter Organisierter Kriminalität zu verstehen ist, gibt es nicht. Fachleute legen die folgende Definition zugrunde:

„Organisierte Kriminalität ist die von Gewinn- oder Machtstreben bestimmte planmäßige Begehung von Straftaten, die einzeln oder in ihrer Gesamtheit von erheblicher Bedeutung sind, wenn mehr als zwei Beteiligte auf längere oder unbestimmte Dauer arbeitsteilig

a) unter Verwendung gewerblicher oder geschäftsähnlicher Strukturen,
b) unter Anwendung von Gewalt oder anderer zur Einschüchterung geeigneter Mittel oder
c) unter Einflussnahme auf Politik, Medien, öffentliche Verwaltung, Justiz oder Wirtschaft zusammenwirken."

Zitiert aus: H.-L. Zachert: Die Entwicklung der Organisierten Kriminalität in Deutschland, in: Aus Politik und Zeitgeschichte vom 2.6.1995, S. 13

Die Organisierte Kriminalität erstreckt sich auf Rauschgift- und Falschgeldkriminalität, Menschenhandel und Kraftfahrzeugdiebstahl, Waffenhandel, Betrugsdelikte, (Schutzgeld-)Erpressung, Korruption, Produktpiraterie, Einbrüche und Tötungsdelikte. Bei den von der Organisierten Kriminalität „bevorzugten" Delikten gibt es, wie die Fachleute sagen, das „klassische Opfer" solcher Delikte nicht, und damit auch vergleichsweise wenige Anzeigenerstatter.

Da die Tätergruppen in der Organisierten Kriminalität häufig sehr abgeschottet bleiben und sehr gut getarnt zu Werke gehen, ist es für die Strafverfolgungsbehörden sehr schwer, brauchbare Informationen zu erhalten. Kennzeichnend für die Organisierte Kriminalität ist die internationale Vernetzung der verbrecherischen Aktivitäten und die vielfach auch internationale Zusammensetzung der Tätergruppen. Das tatsächliche Ausmaß der Verbrechen und der von der Organisierten Kriminalität angerichtete Schaden sind sehr viel größer als die Statistiken der Polizei aussagen.

In einer Veröffentlichung der deutschen Bundesregierung heißt es:

„Die Organisierte Kriminalität ist zu einer Herausforderung für Staat und Gesellschaft geworden." (Presse- und Informationsamt der Bundesregierung (Hrsg.): Almanach der Bundesregierung 1995/96. Bonn 1995, S. 443)

16.4 „Strafe muss sein" – warum?

Strafe kann verstanden werden als die gezielte, meist unter Zwang vollzogene Zufügung eines Übels an eine Person, die zuvor tatsächlich oder vermeintlich eine unerwünschte, verbotene oder sonst wie verwerfliche Tat verübt hat.
Bei der Strafe kann es sich handeln um
- eine seelische Strafe (z. B. Missachtung, Entzug von Liebe, Aufmerksamkeit);
- eine körperliche Strafe (z. B. Prügel, Freiheitsentzug, Zwangsarbeit);
- eine materielle (= sächliche) Strafe (z. B. Geldstrafe, Wegnahme eines Spielzeugs).

Die Strafzwecke und -ziele können sehr unterschiedlich sein.
In der Justizgeschichte hat es zahlreiche unterschiedliche (häufig sehr grausame) Formen des Strafens gegeben. Auch heute noch sind die Strafen weltweit je nach staatlicher Ordnung und Tradition teilweise sehr verschieden.
Im Folgenden geht es um einige Gesichtspunkte der Strafpraxis in der deutschen Justiz: um Strafzwecke und Strafbestimmungen für Jugendliche, um die Ziele des Strafvollzugs und um Auswirkungen dieses Vollzugs auf Strafgefangene.

16.4.1 Strafzwecke

Die ersten drei der folgenden Aufgaben sollt ihr nicht im Unterricht bearbeiten, sie sind für dich persönlich!

1 An welchen Strafen, die du zu erleiden hattest, kannst du dich noch gut erinnern?
2 Wie war dir zumute, als du bestraft wurdest und danach?
3 Welche Gründe wurden für die Bestrafung genannt? Welcher Zweck wurde mit der Bestrafung verfolgt? Wurde dieser Zweck erreicht?
4 Wem nützen, wem helfen Strafen? Welche anderen Möglichkeiten gibt es?
5 Seid ihr einverstanden mit dem Bestraftwerden?

Die Strafvollzugsanstalt in Berlin-Tegel

Mehrere Strafzwecke

Die Strafe soll die Schuld des Täters ausgleichen und ihm die Möglichkeit zur Sühne geben; sie soll die verletzte Rechtsordnung wahren und den Rechtsfrieden wiederherstellen.
Im Einzelfall können mit der Verurteilung, vor allem durch die Strafzumessung, verschiedene Strafzwecke verfolgt werden, die sämtlich das Ziel haben, künftigen Straftaten vorzubeugen: Die Spezialprävention [Prävention = Vorbeugung] dient der Abschreckung des einzelnen Täters von erneuter Straffälligkeit und

seiner Erziehung (Besserung) im Sinne einer Resozialisierung; die Generalprävention bezweckt, andere von der Begehung gleichartiger Straftaten abzuschrecken.

Rechtswörterbuch. Begründet von C. Creifelds, München 1992, S. 1112 f. (Auszug)

6 Zum Text aus dem Lexikon: Welche Zwecke werden mit der Strafe, die die Gerichte verhängen, verfolgt? Schreibt die hier genannten Zwecke in Stichworten auf.
7 Was ist unter „Sühne" zu verstehen? Schaut in verschiedenen Lexika nach, fragt auch im Religionsunterricht.
8 Was ist unter „Rechtsfrieden" zu verstehen?
9 Vergleicht die im Lexikon genannten Strafzwecke mit den Zwecken, die ansonsten – z.B. in der Familie oder in der Schule – beim Strafen verfolgt werden.

16.4.2 Strafbestimmungen bei Jugendlichen

Vor Gericht gelten für Jugendliche (14, aber noch nicht 18 Jahre alt), teilweise auch für Heranwachsende (18, aber noch nicht 20 Jahre alt), andere Strafbestimmungen als für die Erwachsenen.
Auch das Verfahren vor dem Jugendrichter weicht von den Strafverfahren bei Erwachsenen ab.
Nach dem Jugendgerichtsgesetz (JGG) gibt es die folgenden Strafmöglichkeiten:

Erziehungsmaßregeln §§ 9 ff. JGG
– Der Jugendrichter kann Weisungen erteilen, z. B. sich zu bemühen, einen Ausgleich mit dem Verletzten zu erreichen (Täter-Opfer-Ausgleich), Trinkverbot, Teilnahme am Verkehrsunterricht, zeitweilige Arbeit im Krankenhaus oder beim Roten Kreuz, Annahme einer Ausbildungs- oder Arbeitsstelle.
– Der Jugendrichter ordnet (nach Anhörung des Jugendamts) einen Erziehungsbeistand an, oder als „Hilfe zur Erziehung" wird dem Jugendlichen auferlegt, in einem Heim oder einer anderen betreuten Wohnform zu leben.

Die Rechtsstellung nach Altersstufen

Unbeschadet der grundgesetzlich verbürgten Gleichheit aller Menschen vor dem Gesetz (Art. 3 Abs. 1, 1 GG) ist die Rechtsstellung des Einzelnen – in Abhängigkeit vom Lebensalter – unterschiedlich.

0	Geburt Rechtsfähigkeit Erbfähigkeit
6	Schulpflicht nach Landesschulgesetzen Kinobesuch freigegebener Filme bis 20 Uhr
7	Beschränkte Geschäftsfähigkeit Beschränkte zivilrechtliche Haftung
12	Zustimmung beim Religionswechsel Kinobesuch freigegebener Filme bis 22 Uhr
14	Bedingte Strafmündigkeit Religionsmündigkeit
15	Ende des Beschäftigungsverbots, bedingte Beschäftigung von Jugendlichen
16	Ehefähigkeit Eidesfähigkeit Besuch von Gaststätten bis 24 Uhr Besuch von öffentlichen Tanzveranstaltungen bis 24 Uhr Besuch freigegebener Filme bis 24 Uhr Pflicht zum Besitz eines Personalausweises Führerschein Klasse 1b, 4 und 5
18	Volljährigkeit Ehemündigkeit Aktives und passives Wahlrecht zum Bundestag und zum Betriebs- und Personalrat Geschäftsfähigkeit Prozessfähigkeit Volle Strafmündigkeit Wehrpflicht Zivildienstpflicht für Frauen im Verteidigungsfall (bei Bedarf) Zivildienstpflicht für Männer Führerschein Klasse 1a und 3
21	Führerschein Klasse 2
25	Berufung zum Schöffen
40	Wahl zum Bundespräsidenten

Zuchtmittel §§ 13 ff. JGG
– Der Jugendrichter erteilt eine Verwarnung.
– Der Jugendrichter verpflichtet den Täter zur Wiedergutmachung des Schadens, zur persönlichen Entschuldigung beim Verletzten, zur Zahlung einer Geldsumme an eine gemeinnützige Einrichtung u. ä.
– Der Jugendrichter verurteilt zu Freizeitarrest oder zu Kurzarrest (höchstens vier Tage) oder zu Dauerarrest (mindestens eine Woche, höchstens vier Wochen).

Jugendstrafen §§ 17 ff. JGG
– Der Jugendrichter verurteilt zur Jugendstrafe (mindestens sechs Monate, höchstens fünf Jahre), wenn der Jugendliche, wie es im Gesetz heißt, „schädliche Neigungen" hat.
– Der Jugendrichter verurteilt zu einer Jugendstrafe bis zu zehn Jahren bei besonders schweren Verbrechen des Jugendlichen.
Bei einer Jugendstrafe von nicht mehr als einem Jahr wird die Vollstreckung der Strafe vom Richter zur Bewährung ausgesetzt, wenn zu erwarten ist, dass der Jugendliche künftig einen „rechtschaffenen Lebenswandel" führen wird.

1 Warum gelten für Jugendliche andere Strafbestimmungen als für Erwachsene? Begründet.
2 Versucht im Gespräch mit einer Jugendrichterin oder einem Jugendrichter zu klären, was unter einem „rechtschaffenen Lebenswandel" zu verstehen ist. Geht es nur um die Einhaltung der Gesetze oder um mehr?

3 Gerichtsverfahren gegen Jugendliche sind nicht öffentlich. Ihr könnt also dort nicht live dabei sein. Begründet.
4 Welche der in der Aufstellung auf Seite 281 genannten rechtlichen Bestimmungen gelten für dich bereits, welche noch nicht?
5 Gibt es gesetzliche Regelungen/altersbedingte Einschränkungen, die euch nicht (mehr) sinnvoll/zeitgemäß erscheinen? Begründet.
6 Welche Erfahrungen habt ihr mit der Einhaltung geltender gesetzlicher Bestimmungen (z.B. Jugendarbeitsschutzgesetz oder Gesetz zum Schutz der Jugend in der Öffentlichkeit) gemacht?

16.4.3 Ziel des Strafvollzugs: Resozialisierung

Die wenigsten Gerichtsverfahren im Strafrecht enden mit einer Freiheitsstrafe. Meist geht es mit einer Geldstrafe oder einer Aussetzung der Freiheitsstrafe zur Bewährung (siehe S. 273) ab.
Wenn es aber zur Freiheitsstrafe kommt, dann gilt – bezogen auf den Strafgefangenen – als ausschließliches Ziel des Strafvollzugs die Resozialisierung (Wiedereingliederung in die Gesellschaft).
Andere Ziele sollen im Strafvollzug für ihn keine Rolle mehr spielen. So jedenfalls bestimmt es das Strafvollzugsgesetz aus dem Jahr 1977.

Zelle in einer Jugendstrafanstalt

Unter der Überschrift „Aufgaben des Vollzugs" legt §2 dieses Gesetzes fest:

Vollzugsziel
Im Vollzug der Freiheitsstrafe soll der Gefangene fähig werden, künftig in sozialer Verantwortung ein Leben ohne Straftaten zu führen (Vollzugsziel). Der Vollzug der Freiheitsstrafe dient auch dem Schutz der Allgemeinheit vor weiteren Straftaten.

Als das heute geltende Strafvollzugsgesetz von den Politikerinnen und Politikern vorbereitet wurde, erklärte der damalige Bundesjustizminister E. Jahn:

Strafvollzug muss helfen
Strafvollzug macht dem Verurteilten deutlich, dass die Gesellschaft seine Tat als Verstoß gegen die Regeln ihres friedlichen Zusammenlebens zurückweist. Das Motiv [= der Beweggrund] der Rache ist dazu nicht erforderlich. Strafvollzug muss die Gesellschaft sichern vor dem gefährlichen Täter, soweit und solange von ihm eine Gefahr ausgeht.
Strafvollzug muss demjenigen Straftäter, der dazu bereit ist, helfen, seinen Platz in der Gesellschaft zu finden, ohne erneut straffällig zu werden.

Zitiert nach: Das Parlament vom 1.12.1973, S. 1

Wichtige Mittel zur Resozialisierung können sein:
- erzieherische Maßnahmen (vor allem bei Jugendlichen),
- Vermittlung von Schul- und Berufsabschlüssen,
- Gewöhnung an stetige Arbeit und Hilfe bei der Vorbereitung auf die Wiedereingliederung ins Arbeitsleben nach der Strafverbüßung,
- Förderung der Fähigkeit, tragfähige soziale Beziehungen aufzubauen,
- Anregung zur sinnvollen Gestaltung von Freizeit.

1 Vergleicht den oben zitierten Gesetzestext mit der Äußerung des früheren Bundesjustizministers.
2 Warum lehnt der Minister die Rache ab?
3 Was bedeutet es für dich, ein Leben „in sozialer Verantwortung" zu führen? Welche Handlungsweisen sind dabei wichtig
 - gegenüber deinen Familienangehörigen,
 - gegenüber Bekannten, Freundinnen und Freunden,
 - gegenüber „wildfremden" Menschen?
Was sollte nicht passieren?
4 Vergleicht:
 - Erziehung in der Familie
 - Erziehung in der Schule
 - Erziehung durch den Staat.

16.4.4 Freiheitsentzug: drinnen für draußen lernen?

Die gesetzlichen Vorschriften für die Gestaltung des Strafvollzugs in Deutschland und viele Anstrengungen des Staates, den Strafvollzug zweckmäßig und Erfolg versprechend zu organisieren, stehen im Gegensatz dazu, wie Strafgefangene die Freiheitsstrafe erleben.
Die Rückfallquote, also der Anteil von ehemaligen Straftätern, die erneut Straftaten begehen, ist – vor allem unter Jugendlichen – hoch.
§ 3 des Strafvollzugsgesetzes lautet:

Gestaltung des Vollzuges
(1) Das Leben im Vollzug soll den allgemeinen Lebensverhältnissen so weit als möglich angeglichen werden.
(2) Schädlichen Folgen des Freiheitsentzuges ist entgegenzuwirken.
(3) Der Vollzug ist darauf auszurichten, dass er dem Gefangenen hilft, sich in das Leben in Freiheit einzugliedern.

1 Was versteht ihr unter „allgemeinen Lebensverhältnissen"?
2 Wie stellt ihr euch den Gefängnisalltag vor? Woher stammen eure Vorstellungen? Vergleicht mit den folgenden Texten.

In einer Broschüre des Justizministeriums von Niedersachsen hieß es Anfang der 80er-Jahre über eine Jugendstrafanstalt:

Eine Art Familienatmosphäre

Die 100-Millionen-Anstalt ist schon beeindruckend. 510 Haftplätze hat sie auf dem 19 ha großen Gelände. Die einzelnen Häuser gruppieren sich um den so genannten Dorfplatz. Die Gefangenen selbst sind in kleinen Wohngruppen von 6-9 Personen untergebracht, um eine Art Familienatmosphäre zu bekommen. Innerhalb dieser Gruppen haben alle Gefangenen Einzelhafträume. Zur Wohngruppe gehören ein Gruppenraum, eine Teeküche, ein Sanitärbereich und ein Nebengelass.
In den Ausbildungs- und Werkhallen [...] sind eine Tischlerwerkstatt mit 30 Plätzen eingerichtet, eine Metallwerkstatt mit 45 Plätzen, eine Klempnerei- und Installateurwerkstatt mit 10 Plätzen, eine Elektrowerkstatt mit 10 Plätzen, eine Kraftfahrzeugwerkstatt mit 15 Plätzen, eine Werkstatt für Bauberufe und Maler mit 50 Plätzen und ein Gärtnereianlernbetrieb mit 5 Ausbildungsplätzen. Daneben ist eine gesonderte Werkhalle für ca. 90 Arbeitsplätze errichtet. Für arbeitstherapeutische Behandlung und die Beschäftigung von Untersuchungsgefangenen in kleinen Arbeitsgruppen stehen noch einmal 90 Plätze zur Verfügung. Die Anstaltsschule mit dem Sonderschul-, Hauptschul-, Realschul- und Berufsschulbereich kann in Vollzeit- und Teilzeitunterrichtsangeboten mehr als 200 junge Gefangene erfassen.

Der niedersächsische Minister der Justiz (Hg): Strafvollzug in Niedersachsen. Dem Rückfall vorbeugen, Hannover, S. 6

3 Welche Möglichkeiten zur Resozialisierung bietet die geschilderte Jugendstrafanstalt?
4 Die meisten der jugendlichen Häftlinge sind weniger als zwei Jahre in einer Vollzugsanstalt. Welche Vorteile und welche Probleme ergeben sich für die Resozialisierung?

Bernd K., 36 Jahre alt, hat drei Jahre im Gefängnis gesessen wegen Beteiligung an einem Drogenhandel mit Haschisch. In einem Brief aus der Zeit nach der Verbüßung der Freiheitsstrafe schreibt er:

Ausgliederung

Resozialisierung, also Wiedereingliederung in die „normale" Gesellschaft durch Einsperren, wie es hier zu Lande immer noch praktiziert wird, ist widersinnig.
Als ich vor fünf Jahren im Untersuchungsgefängnis landete, brauchte ich keine Wiedereingliederung, denn ich stamme aus guten sozialen Verhältnissen und habe eine abgeschlossene Hochschulausbildung.
Ich wurde – im Gegenteil – durch den Knast erstmal ausgegliedert. Als ich nach drei Jahren rauskam, da hätte ich allenfalls „Wiedereingliederung" nötig gehabt ...
Die strenge, absolut kleinliche Anstaltsordnung führt dazu, dass man nur Anordnungen folgen muss, wodurch selbstständiges Handeln jeder Art abgewürgt wird. Man verlernt in allen Bereichen für sein Leben selbst zu sorgen.
Zum anderen gerät man, wenn man nicht unsozial sein und sich isolieren will, in die Subkultur* der Strafgefangenen, wo völlig andere Regeln und Werte herrschen als in der Gesellschaft draußen, in die man ja „eingegliedert" werden soll.
Dazu gehört zwangsläufig auch die Drogenszene. Heroin z. B. ist leichter reinzuschmuggeln als Schnaps. Ich kenne viele Leute, die im Knast mit Drogen angefangen haben, das draußen aber sicher nicht getan hätten.
Die meisten Entlassenen begeben sich dann draußen in die ihnen inzwischen vertraute Subkultur, in das so genannte „kriminelle Milieu".
An all dem ändert auch der zeitweilige „offene Vollzug" [= Arbeit und Freizeitmöglichkeit außerhalb des Gefängnisses] kaum noch was.
Jetzt bin ich seit zwei Jahren wieder draußen und wenn ich aus heutiger Sicht sagen soll, inwiefern mich der Knast verändert hat, dann bestimmt in dieser Hinsicht: Ich habe eine pessimistischere Haltung zum Leben bekommen, traue mir weniger zu und habe weniger Power, um mein Leben in dieser Gesellschaft zu meistern. Außerdem: Mein Hang zu Drogen und meine Abneigung gegen den Staat sind gewachsen ...

* Subkultur: Lebensbereich von Menschen in ähnlicher sozialer Lage, deren Wertvorstellungen, Normen und Verhaltensweisen vom allgemein Üblichen abweichen oder dem sogar entgegenstehen.

Bernd K. in einem Brief vom 29.1.1995 (Name geändert)

Die Zelle als solche

Die Zelle besteht aus vier grauen
　Wänden,
einer Toilette, einem Bett, Schrank und
　Tisch.
Auch ein Stuhl zum Sitzen steht darin,
doch das Fenster aus Gitter macht
　einsam.

Die Zelle macht einen fertig,
sie ist kahl und eintönig.
Sie ist erdrückend, grauenvoll.
Ein Mensch darin wird zum Nerven-
　bündel.

Was macht man in dieser Zelle,
auf und ab laufen, mit der Zeit verblöden?
Es fehlt ein Mensch, mit dem man reden
　kann,
mit der Zeit erstickt man an seinen
　Problemen.

Was erreicht man, wenn man einen
Menschen darin einsperrt,
darin quält, ein Nervenwrack daraus
　macht?
Die meisten schmieden neue Pläne,
wie man draußen weiter durch Gewalt,
　Skrupel und Terror
weiterleben und dahinvegetieren kann.

Diese Zelle, diese Zeit, sie bleibt,
bleibt ein Leben lang im Herzen sitzen.
Man verliert sein Ich, seine Prinzipien,
man hört auf zu leben in dieser Welt.

Dirk D.

Zitiert aus: Knackpunkt. Das ultimative Knastblatt aus Oranienburg, 2/1994, S. 8

16 Die Bundesrepublik Deutschland: ein Rechtsstaat

5 Welche Kritikpunkte im Brief des ehemaligen Strafgefangenen Bernd K. erscheinen dir besonders bedeutsam?
6 Vergleicht den Brief mit dem Text des Strafgefangenen Dirk D.
7 Was müsste sich nach Auffassung von Dirk D. und Bernd K. im Strafvollzug vor allem ändern, damit wirkliche Resozialisierung erreicht werden kann?
8 Kann man den „Erfolg" einer Freiheitsstrafe messen? Erkundigt euch bei Fachleuten (z. B. Richter, Gefängnisdirektor, Gefängnispfarrer).
Ihr könnt auch einen Brief an das niedersächsische Justizministerium richten und um Auskunft bitten, ob und inwiefern sich die Jugend(straf)anstalt in Hameln bewährt hat.

16.4.5 Das Recht auf einen neuen Anfang

Häufig endet Freiheitsstrafe schon vor dem Zeitraum, der im Urteilsspruch bestimmt worden war.
Wegen guter Führung werden Strafgefangene bereits nach der Verbüßung von zwei Dritteln der ursprünglich festgelegten Haftzeit entlassen.
So sehr die Freiheit herbeigesehnt wird, so viele Probleme gibt es aber oft beim Neuanfang.
So hieß es in einem Zeitungsbericht:

Ablehnung

Etwa 70 bis 80 Prozent der Bundesbürger lehnen es ab, einen ehemaligen Strafgefangenen zum Freund zu haben; etwa die gleiche Anzahl ist nicht einverstanden mit der Einheirat eines Vorbestraften in die eigene Familie; etwa zwei Drittel der Bevölkerung sind dagegen, dass ein Vorbestrafter im selben Haus wohnt, die Hälfte aller Bürger will einen ehemals Straffälligen nicht zum Arbeitskollegen haben.

Frankfurter Rundschau vom 5.3.1982

Zeichnung: Marcks

1 „Nach der Gefängnisstrafe kommt die Freiheitsstrafe." Erläutert anhand des Comics und der Äußerungen der beiden Strafgefangenen im vorangegangenen Abschnitt 16.4.4.
2 Welche Probleme außer den bisher genannten stellen sich bei einem „neuen Anfang"? Befragt hierzu Expertinnen und Experten.
Methode: *Expertenbefragung, S. 132*
3 In einer Zeitungsanzeige hieß es über Strafentlassene: „Jeder hat das Recht auf einen neuen Anfang." Nehmt Stellung.
4 Ihr meint, die Umfrageergebnisse, von denen die Zeitung berichtete, seien veraltet?
Macht den Test!
Macht selbst eine entsprechende – aktuelle – Umfrage. Wie müssten die Fragen lauten, damit ihr möglichst ehrliche Antworten bekommt?
Methode: *Befragung, S. 55*
5 Diskutiert die Behauptung:
Die Menschlichkeit (Humanität) einer Gesellschaft und eines Staates ist daran zu messen, wie sie mit ihren Randgruppen, zum Beispiel mit den Rechtsbrechern, umgehen.

17 Deutschland nur für Deutsche?

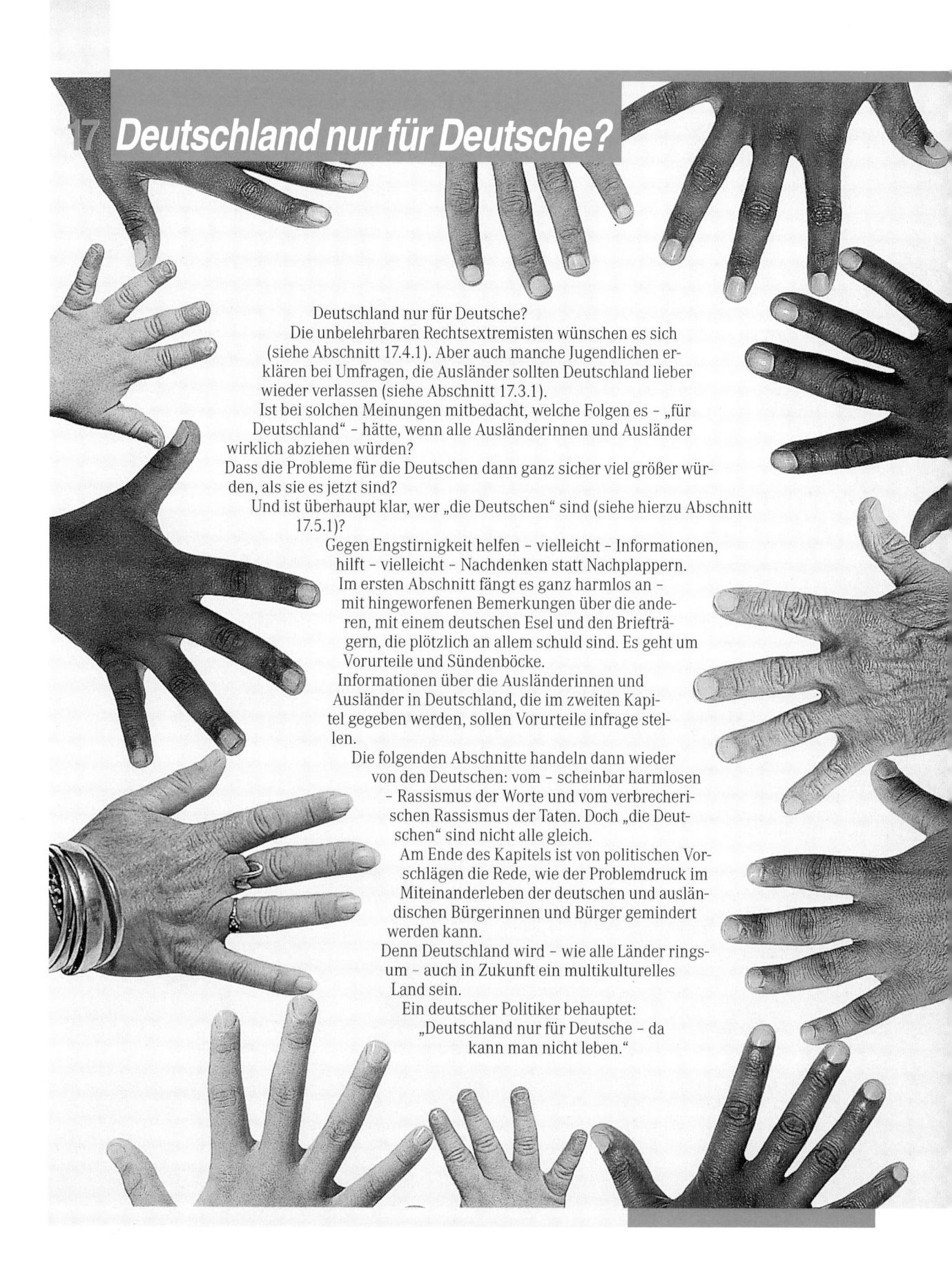

Deutschland nur für Deutsche?
Die unbelehrbaren Rechtsextremisten wünschen es sich (siehe Abschnitt 17.4.1). Aber auch manche Jugendlichen erklären bei Umfragen, die Ausländer sollten Deutschland lieber wieder verlassen (siehe Abschnitt 17.3.1).
Ist bei solchen Meinungen mitbedacht, welche Folgen es – „für Deutschland" – hätte, wenn alle Ausländerinnen und Ausländer wirklich abziehen würden?
Dass die Probleme für die Deutschen dann ganz sicher viel größer würden, als sie es jetzt sind?
Und ist überhaupt klar, wer „die Deutschen" sind (siehe hierzu Abschnitt 17.5.1)?
Gegen Engstirnigkeit helfen – vielleicht – Informationen, hilft – vielleicht – Nachdenken statt Nachplappern.
Im ersten Abschnitt fängt es ganz harmlos an – mit hingeworfenen Bemerkungen über die anderen, mit einem deutschen Esel und den Briefträgern, die plötzlich an allem schuld sind. Es geht um Vorurteile und Sündenböcke.
Informationen über die Ausländerinnen und Ausländer in Deutschland, die im zweiten Kapitel gegeben werden, sollen Vorurteile infrage stellen.
Die folgenden Abschnitte handeln dann wieder von den Deutschen: vom – scheinbar harmlosen – Rassismus der Worte und vom verbrecherischen Rassismus der Taten. Doch „die Deutschen" sind nicht alle gleich.
Am Ende des Kapitels ist von politischen Vorschlägen die Rede, wie der Problemdruck im Miteinanderleben der deutschen und ausländischen Bürgerinnen und Bürger gemindert werden kann.
Denn Deutschland wird – wie alle Länder ringsum – auch in Zukunft ein multikulturelles Land sein.
Ein deutscher Politiker behauptet:
„Deutschland nur für Deutsche – da kann man nicht leben."

17.1 Vorurteil sucht Sündenbock

17.1.1 Was wir so voneinander halten

Die Massenmedien, aber auch der zunehmende Auslandstourismus und vor allem natürlich das alltägliche Zusammenleben von Menschen unterschiedlicher Herkunft und Nationalität bieten vielfältige Gelegenheiten, einander näher – und besser – kennen zu lernen. Doch die Kenntnisse, die wir Fremden über einander haben, sind oft sehr dürftig, die Meinungen der einen über die anderen sind meist doch nur sehr „grob geschnitzt".

Das geht Ausländerinnen und Ausländern im Blick auf „die Deutschen" so, das geht aber auch Deutschen so im Blick auf „die Ausländer".

Eher zufällige und flüchtige Erfahrungen werden verallgemeinert. Urteile werden im Schnellverfahren gefällt oder irgendwo aufgeschnappt und bleiben dann umso hartnäckiger in den Köpfen hängen.

Was richten sie da an?

Polen und Deutsche

Schülerinnen und Schüler eines Gymnasiums in der polnischen Stadt Wrocław [= früher Breslau] wurden in einem Gespräch gefragt: „Was haltet ihr von den Deutschen?" Die Sechzehn- und Siebzehnjährigen, die fast alle schon einmal in Deutschland zu Besuch waren, antworteten u. a.:
– „Die Deutschen wirken immer selbstsicher und so bestimmt. Die sagen einfach Breslau statt Wrocław."
– „Sie halten ihr Leben in Ordnung."
– „Die Deutschen aus dem Westen sind daran zu erkennen, dass sie eine Krawatte tragen und gut riechen."

Auf die Frage, was sie von ihren Altersgenossen in Deutschland halten, kamen von den jungen Polinnen und Polen u. a. folgende Antworten:
– „Die kennen weniger Bücher als wir."
– „Die wollen immer in Diskos und Filme sehen."
– „Die wissen weniger ..."

Zitate aus: V. Thomas: Deutschstunde. Gespräch mit polnischen Schülern, in: PZ 67/1991, S. 13

Fotomontage: Staeck

Aus den Niederlanden

Nach einer Meinungsumfrage halten 71 Prozent der Jugendlichen die Deutschen für dominierend [= beherrschend], 60 Prozent für arrogant, 46 Prozent gar für kriegslüstern. Und die Mehrheit der Befragten rühmt sich, keinen dieser bestgehassten Nachbarn persönlich zu kennen.

Der Spiegel 45/1994, S. 175

Yang-Soon D. aus Südkorea lebt seit 13 Jahren in Deutschland

Die meisten Deutschen achten sehr auf Ordnung. Für mich ist das Unflexibilität [= Unbeweglichkeit, Starrheit]. Einmal, als ich zu Fuß auf der Straße unterwegs war, wollte ich links in einen Laden reingehen. Dabei kam ich einer Frau, die mir entgegenkam, in die Quere. Sie fühlte sich von mir belästigt und sagte: „Hier in Deutschland geht man rechts!" Die Menschen in Korea gehen anders miteinander um. Sie sind rücksichtsvoller.

Yuriko T. aus Japan lebt seit sechs Jahren in Deutschland

Die Hunde in Deutschland sind zahm und die Kinder sind folgsam. Da haben Kinder in Japan mehr Möglichkeiten zu toben und sich zu widersetzen. Hier wollen die Leute oft gar keine Kinder haben [...]. Die Deutschen schätzen die Sauberkeit sehr.

Christian K. aus Dänemark lebt seit 20 Jahren in Deutschland

Es ist nicht herzlich hier. Die Deutschen sind korrekt und höflich, aber es ist überhaupt keine Wärme da. Und die Deutschen mögen sich selbst nicht.

Die Zeit vom 16.7.1993, S. 56

Serina Massa aus Uganda

Die Deutschen sind für ihre Liebe zum Bier sehr bekannt. Deshalb könnte man annehmen, dass sie ziemliche Säufer sind. Aber das ist keineswegs immer so. Sie schlagen damit hauptsächlich die Langeweile tot.

taz vom 9.11.1991, S. 18

Fleißige Hände (deutschsprachig) für die Bearbeitung von Salat und Gemüse per sofort gesucht.

Aus einer Kölner Tageszeitung; Zitate nach: Der Spiegel 19/1996, S. 246

1 *Was meint ihr zu diesen Meinungen über „die" Deutschen?*
2 *Aufgrund welcher Erfahrungen mögen diese Meinungen entstanden sein?*

3 Welche Erfahrungen mit „den" Deutschen habt ihr, die ausländischen Mitschülerinnen und Mitschüler, gemacht?
Natürlich müsst ihr darüber in der Klasse nicht sprechen, wenn ihr nicht wollt ...!
4 Was denkt ihr über die Unterscheidung, die hier zwischen „deutschen" und „ausländischen" Schülerinnen und Schülern getroffen wird?
- Was bedeutet das eigentlich: „ausländisch"?
- Ist die Unterscheidung zwischen „deutsch" und „ausländisch" möglicherweise nur künstlich? Ist sie nützlich? Oder vielleicht sogar auch schädlich?
5 Kennt ihr Menschen aus Polen, den Niederlanden, Südkorea, Japan, Dänemark, der Türkei oder Uganda? Wart ihr schon mal in einem dieser Länder? Welche „typischen" Erfahrungen mit den Menschen (von) dort habt ihr gemacht?

Die türkische Schriftstellerin und Regisseurin Emine Sevgi Özdamar lebt seit vielen Jahren in Deutschland. In Frankfurt/M. inszenierte sie ihr Stück „Karagöz in Alamania" (Schwarzauge in Deutschland).
In diesem Stück macht sich der türkische Bauer Karagöz mit seinem sprechenden Esel auf nach Deutschland, während seine Frau immer auf dem Weg zwischen Deutschland und der Türkei ist, weil sie es nirgendwo aushalten kann.
In der Aufführung am Frankfurter Theater spielten Schauspielerinnen, Schauspieler und Laien mit – aus der Türkei, aus Griechenland, aus Spanien, aus Deutschland. Außerdem dabei ein Esel, ein Schaf, ein Lamm und drei Hühner.

Der deutsche Esel und die anderen Stars

Am Anfang der Proben war auf der Bühne eine fast heilige Stimmung. Wir machen etwas Besonderes! Zum ersten Mal ein Theaterstück über Türken. Leise Stimmen – Liebesblicke. Langsame Bewegungen. Auch die Tiere waren miteinander befreundet. Esel, Schaf und Lamm schliefen im gleichen Stall nebeneinander. Die Schauspielerin, die auf sie aufpasste, sagte: „Wie die Tiere sich lieben!"

Die Deutschen?

Das dauerte eine Woche. Nach einer Woche fangen die normalen Schwierigkeiten der Probenarbeit an.
Als die Schauspieler aufeinander böse wurden, fingen nach einer Weile die Tiere an. Der Esel trat das Schaf oder zeigte ihm die Zähne, das Schaf biss den Esel, das Lamm schrie zwischen beiden laut: „Määää". Wir trennten die Tiere im Stall voneinander, damit sie sich in der Nacht nicht weiter schlugen. Der türkische Star wollte dem deutschen Star, der den Türken spielte, zeigen, wie man einen Gastarbeiter spielt. Der deutsche Star sagte zu ihm: „Du Kümmeltürke, lerne zuerst einmal richtig Englisch." Der türkische Star sagte zu ihm: „Du SS-Mann, you are SS-man."
Einmal brachte die deutsche Schauspielerin, die auf die Tiere aufpasste, das Schaf und das Lamm mit zur Probe und rief: „Wer hat hinter der Bühne auf den Kopf des Schafes gespuckt?" Daraufhin sagte der spanische Schauspieler: „Du mit deiner deutschen Tierliebe – und die Menschen sterben in der Welt vor Hunger."
Die deutsche Schauspielerin gab dem spanischen Schauspieler eine Backpfeife und sagte: „Du eitler Spanier."
Ein deutscher Star begrüßte mich jeden Morgen mit den Worten: „Guten Morgen, Frau Chomeini.*"
Eines Tages trug eine Schauspielerin, die eine Türkin spielte, in der Probe ein Kopftuch. Ich fragte sie, warum. Ein deutscher Schauspieler hatte ihr gesagt, sie sollte zu ihrem Türkischsein stehen.
Einmal biss der Esel den türkischen Star in den Nacken. Er hatte den Kopf des Esels unter seinem Arm etwas festgehalten, so als ob der Esel sein Freund wäre, mit dem er gerade scherzte. Der deutsche Bühnenbildner warf sich über den Esel, damit dieser den Nacken des Stars losließ. Wir brachten ihn ins Krankenhaus, wo er seine Spritze gegen Tollwut bekam. Ein türkischer Star sagte: „Ein türkischer Esel würde so etwas niemals tun." (Der Esel war ein Frankfurter Esel.) Ein deutscher Star: „Ich verstehe mich mit dem Esel gut, er würde mir so etwas nie antun." Dann trat ihn der Esel aber auch. [...]
Das ist sechs Jahre her – ich treffe immer noch Schauspieler, die dabei waren, oder sie rufen mich an. Sie erzählen dann über die anderen:
– Sie hat ein Kind, wusstest du das?
– Ich habe ihn in Berlin getroffen.
– Sie singt gerade an der Mailänder Scala.
– Hast du was von ihm gehört?
– Jetzt kommt der Winter, ob sie wieder ihren langen Mantel anziehen wird?
Sie verfolgen sich wie die Liebenden.

*Ayatollah Chomeini = früherer, streng islamischer Staatspräsident des Iran

Die Zeit vom 26.2.1993, S. 81
(Auszug)

6 Sucht heraus: die „typischen" Eigenschaften, die hier einzelnen Menschen aus verschiedenen Nationen angehängt werden.
7 Wie erklärt ihr euch die Bemerkungen, die da hin- und herfliegen? Woher stammen sie? Warum haben sie sich bei den Einzelnen so festgesetzt?

17 Deutschland nur für Deutsche?

8 Lest den Text im Kasten „Vorurteile" auf dieser Seite.
Sucht aus den vorangegangenen Texten soziale Vorurteile heraus.

9 Sammle Vorurteile, die dir in deiner Umwelt begegnen (Namen spielen hier gar keine Rolle) und versuche, sie einzuschätzen:
- Wirken sie sich hilfreich oder nachteilig im Umgang der/des Betreffenden mit der Umwelt aus?
- Welche Erfahrungen liegen zugrunde, welche Informationen? Woher stammen diese Informationen?
- Wie reagieren die Menschen, gegen die die Vorurteile ausgesprochen werden?

10 Der Physiker Albert Einstein behauptete: „Es ist leichter, einen Atomkern zu spalten als ein Vorurteil." Versucht zu erklären.

11 Einen Grund für die Schwierigkeiten mit den Vorurteilen nennt der Schriftsteller Jurek Becker: „Wenn ich meine Vorurteile kennen würde, hätte ich sie nicht."
Was ist zu tun?

17.1.2 Der Briefträger ist schuld

In dem Gestrüpp von Halbwahrheiten und Vorurteilen wird oft auch gern nach Sündenböcken gesucht.
Ein Kabarettist hat sich in diesem Dickicht verirrt.

Einer muss es ja sein

[...]
wo doch der Ausländer an allem schuld ist.
An der Arbeitslosigkeit,
an der Wohnungsnot,
an der verkorksten Wiedervereinigung,
an der CDU,
er ist ja alles schuld.
Und jetzt rufen in Ost und West überall welche:
Ausländer raus, Deutschland den Deutschen.
Dann stellen wir uns mal vor,
sagt der Ausländer:
„Jut, macht euern Driss allein,
simmer weg!"
Dä.
Ausländer weg,
Probleme immer noch da.
Sogar ein paar ganz erhebliche dazu.

Vorurteile

Urteile, die gefällt werden, ohne dass sie auf ihre Richtigkeit hin überprüft worden sind. Sie sind nicht Ausdruck bloßer Meinungen: Ihnen liegen vielmehr bestimmte Einstellungen zugrunde.
Zahlreiche Menschen lassen sich von Vorurteilen leiten, um sich die Orientierung in ihrer Umwelt zu erleichtern. Das gilt im weitesten Sinne für positive wie für negative Vorurteile.
Den positiven Vorurteilen (z.B. „Alle Franzosen sind Feinschmecker" – „Die Deutschen sind fleißig") kommt in der Regel eine geringere Bedeutung zu als den negativen Vorurteilen. Vor allem sind sie gemeint, wenn von sozialen Vorurteilen die Rede ist.
Soziale Vorurteile äußern sich vorwiegend in der Weise, dass allen Angehörigen einer Fremdgruppe („die anderen") durchweg negative Merkmale zugeschrieben werden (z.B.: „Schwarze riechen schlecht", „Gastarbeiter sind faul"). Für die Eigengruppe („Wir"-Gruppe) – nach unseren Beispielen also die „Weißen" usw. – gelten dagegen nur positive Merkmale. Beides läuft auf die Formel hinaus: Wir sind gut, die anderen sind schlecht. Dass dabei gleichzeitig alles Fremde als unheimlich und bedrohlich empfunden wird, steigert den gefühlsbetonten Charakter sozialer Vorurteile.
Die auf diese Weise erzeugten „Freund-Feind"-Gefühle können von der Ablehnung der Fremdgruppe bis zu dem Willen zu deren Vernichtung gesteigert werden.
Soziale Vorurteile werden in Konfliktsituationen manifest [=offenkundig], z.B. bei der Arbeitslosigkeit. Charakteristisch ist, dass sie sich nicht gegen die sozial-ökonomischen Ursachen des Konflikts richten, sondern z.B. gegen ausländische Arbeitnehmer, die als Sündenböcke dienen.
Dass soziale Vorurteile nur sehr schwer zu korrigieren sind, hängt vor allem damit zusammen, dass sie für den Einzelnen wie auch für die Gruppen ganz bestimmte Funktionen [=Aufgaben] erfüllen:
1. Vorurteilsvolle Menschen sind häufig schwache und unsichere Persönlichkeiten, die sich an starre Ordnungsprinzipien klammern und durch die Herabsetzung anderer Gruppen – Minderheiten – ihr Selbstwertgefühl zu steigern suchen.
2. Soziale Vorurteile dienen auch der Aufrechterhaltung von Herrschaftsverhältnissen. Vorurteile wie „Wirtschaft funktioniert nur im freien Spiel der Kräfte" oder „Arbeiter sind zum Mitbestimmen zu dumm" sollen dazu beitragen, dass bestehende Verhältnisse nicht infrage gestellt werden.

K. Christoph: Vorurteile. In: Drechsler u.a.: Gesellschaft und Staat, München 1992, S. 755 (Auszug)

Dann ist es wirklich blöd.
Wenn sie alle weg sind,
dann war es doch der Deutsche.
Aber wer?
Einer muss es ja sein.
Aber wer?
Der Behinderte.
Der Behinderte ist an allem schuld.
Die nehmen uns die Arbeitsplätze weg.
Die nehmen uns die Wohnungen weg.
Die nehmen uns die Rollstühle weg.
Die nehmen uns die Parkplätze weg.
Diese ganzen Behindertenparkplätze.
Da muss der deutsche Familienvater abends nach der Arbeit
erschöpft fünfmal um den Block fahren,
findet keinen Parkplatz,
aber der Behinderte hat einen.
Man kann doch einem Behinderten keinen Parkplatz geben, wenn man selber keinen hat.
Jut, sät dä Behinderte,
maat euern Driss allein,
simmer och fott.
Dä.
Behinderte weg,
Probleme immer noch da.
Wen nehmen wir jetzt?
Einer muss es ja sein.
Aber wer?
Der Briefträger!
Alles Schlechte kommt vom Briefträger.
Haben Sie das noch nicht gemerkt?
Todesanzeigen.

Mahnbescheide.
Rechnungen.
Entlassungen.
Knöllchen.
Einstweilige Verfügungen.
Der Überbringer ist immer auch Täter.
So Briefträger sind ja von Natur aus gar nicht vorgesehen.
Die Natur, die wehrt sich ja.
Der Hund, der bellt ja, wenn der kommt.
So Briefträger sind auch 'ne ganz andere Kultur.
Die passen ja gar nicht hier hin.
Da müssen Sie mal gucken,
wenn die morgens losziehen
mit ihren blauen Säcken
und komischen Karren.
Das sind doch Nomaden.
Die ziehen ja umher.
Ich hab sogar gehört,
die pinkeln in die Büsche.
Ich hab es selber nicht gesehen,
aber ich hab sogar gehört,
die scheißen auf den Bürgersteig.
Hab ich selber nicht gesehn.
Aber hab ich gehört.
Das ist ja klar,
wenn die den ganzen Tag unterwegs sind,
dass die auch mal müssen.
Das kann ja nicht alles von den Hunden sein.
Aber dann dürfen die sich auch nicht wundern,
wenn dann der Bürger sagt,
dass das so nicht geht.
Ich mein,
ich bin jetzt nicht briefträgerfeindlich.
Das nicht.
Ich hab nix gegen Briefträger.
Ich kenne sogar einen,
der ist ganz nett.

Aber wenn das jeder machen würde.
Wir sind doch kein Zustellerland.
Da sind doch auch viele Scheinbriefträger dabei.
Die wollen doch hier nur
ihr Geld verdienen.
Da wird doch auch viel Missbrauch mit betrieben.
Die ganzen Werbesendungen.
Pseudobriefe,
alles Missbrauch.
Und eben,
weil da auch Missbrauch mit betrieben wird,
schaffen wir gleich die ganze Post ab.

Jürgen Becker/Martin Stankowski: Biotop für Bekloppte. Köln 1995, S. 73 (Auszug)

Sündenbock

Bezeichnung für eine meist wehrlose Person oder Gruppe, auf die man die Schuld für die eigenen Fehler, Schwierigkeiten und Enttäuschungen schiebt und die man unter Umständen auch dafür bestraft, obwohl sie tatsächlich unschuldig ist.
Der Begriff geht auf einen altjüdischen Brauch zurück, einmal jährlich einen Bock symbolisch mit den eigenen Sünden zu beladen und ihn dann in die Wüste zu jagen.
Sozialpsychologisch wird dieses Aussuchen eines Sündenbockes damit erklärt, dass eine Gefährdung des Selbstbildes und der Solidarität innerhalb der Eigengruppe vermieden wird, indem man anstatt sich selbst, die eigene Gruppe oder deren Führer, einen Sündenbock mit der Verantwortung für die eigenen Frustrationen belastet. Die durch Enttäuschung und Schwierigkeiten erzeugte Aggressivität wird gegen ihn gerichtet. Häufig bedienen sich politische Führer des Sündenbock-Mechanismus, indem sie die Unzufriedenheit der eigenen Bevölkerung auf eine missliebige Minderheit im Inneren oder einen äußeren Feind lenken und somit von sich selbst ablenken.

Nach: Werner Fuchs u. a. (Hrsg.): Lexikon der Soziologie, Opladen, 2., verbesserte und erweiterte Auflage 1978, S. 760

1 Welche der hier auf die Behinderten und die Briefträger bezogenen Behauptungen kennt ihr aus Diskussionen über „die" Ausländer in Deutschland?
Welche Vorurteile und Schuldzuweisungen stecken in dem Text?
2 Überlegt Alltagssituationen, in denen Einzelne oder Gruppen (z. B. eine Schulklasse ...) nach einem Sündenbock suchen und ihn auch finden.
Was geht da vor sich?
Spielt einige Szenen.
Methode: Rollenspiel, S. 37

17.2 Fremde in Deutschland: Die einen sind willkommen, die anderen nur geduldet

In Vorurteilen ist manches Richtige mit viel Falschem vermischt, an genauen Kenntnissen fehlt es.
Vorurteile sind um so hartnäckiger, je weniger sie von zutreffenden Informationen angenagt werden.
Die meisten Vorurteile gibt es gegenüber den Fremden, gegenüber den Mitbürgerinnen und Mitbürgern, die ausländischer Herkunft sind, aber hier in Deutschland leben und arbeiten.

Auf den folgenden Seiten werden - im Überblick - einige Basis-Informationen über die verschiedenen größeren Gruppen von Ausländerinnen und Ausländern in Deutschland gegeben.
Selbstverständlich reicht der Platz in einem Schulbuch nie für alles Wichtige - darum die Vorschläge an euch, selbst genauer nachzufragen. So könnt ihr euch klüger machen und vielleicht auch andere.

17.2.1 „Mit mir kann man sich zeigen"

1 Erläutert den Sinneswandel des Vaters im Comic auf S. 290.
2 Der Vater hat positive und negative Vorurteile. Erklärt.
3 Denkt euch aus, was der Sohn seinem Vater antworten könnte.
4 Angenommen, Tom wüsste, wie diese Einladung zu Kaffee und Kuchen zu Stande kam. Was sollte er tun?

Nicht nur als Touristen, sondern vor allem als Geschäftsleute, Manager und Unternehmer leben tausende Engländer, Franzosen, Skandinavier, Amerikaner, Japaner und andere Ausländer aus Westeuropa, Amerika, Asien und Australien mit ihren Familien bei uns geachtet und unbehelligt.
Der dänische Buchhändler Christian K., seit 20 Jahren in Deutschland, meint:

Gern gesehen
Ich gehöre zu den gern gesehenen Ausländern in Deutschland. Skandinavier fallen keinem zur Last. Mit mir kann man sich zeigen.

Die Zeit vom 16.7.1993, S. 56

Kaffee und Kuchen

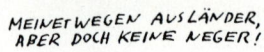

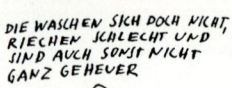

Comic: Volland

5 Wieso sind Ausländerinnen und Ausländer aus bestimmten Nationen in Deutschland „gern gesehen", andere aber nicht?
Der dänische Buchhändler grenzt sich ab gegen andere, die „zur Last fallen". Was meint er wohl: Wer fällt wem inwiefern zur Last?

Gern gesehen, ja: Publikumslieblinge sind auch die vielen Sportlerinnen und Sportler, die aus aller Welt in die deutschen Bundesligen, z.B. der Fußballer, Ringer, Tischtennis-, Eishockey- oder Volleyballspieler, gekommen sind.
Ob aus Ghana oder der Türkei, aus Dänemark oder Neuseeland, aus Kanada, Schweden, Argentinien, China, Rumänien, Polen oder der früheren Sowjetunion – da stört den Fan die Hautfarbe nicht, wenn nur die eigene Mannschaft Meister wird.
Und bei den Behörden gelingt Weltrekordlern und Olympiasiegern der Erwerb der deutschen Staatsangehörigkeit meist auch im Eiltempo.

Weltrekord im Passwechsel
Der in Weimar geborene Russe Andrej Wlaschenko, der für Lettland startete, deutscher Meister im Eiskunstlauf wurde und sich den Olympiasieg zum Ziel gesetzt hat, ist ein Beispiel. Die Rumänin Alina Astafei, 1992 in Barcelona Olympiazweite im Hochsprung und nun angehende deutsche Staatsbürgerin, ein anderes. Viele erstklassige Athleten suchen in Deutschland eine neue sportliche Heimat. Deutschland könnte damit zu den nächsten Olympischen Spielen eine Internationale entsenden: Rund ein Dutzend Olympiasieger, Welt- und Europameister, die im Ausland geboren wurden, werden vermutlich 1996 in Atlanta für Deutschland an den Start gehen.
Der Zusammenbruch der politischen Systeme in Osteuropa, aus dem neue Länder erwuchsen, die in ihrer wirtschaftlichen Notlage vielfach auch die Privilegien im Hochleistungssport nicht aufrechterhalten konnten, hat eine starke Westwanderung bewirkt. Seit 1988 sind nach Angaben der Bundesregierung 96 ausländische Spitzensportler bevorzugt eingebürgert worden. Doch nicht nur durch Sonderregelung oder Verwandschaft ersten Grades, auch durch Heirat ist der rasche Wechsel in die deutsche Staatsbürgerschaft möglich.
Ende vergangenen Jahres appellierte das rumänische Nationale Olympische Komitee (NOK) an die westeuropäischen Länder, keine Abwerbungen zu betreiben, die betroffenen Länder würden sonst sportlich „ausbluten".

Frankfurter Allgemeine Zeitung vom 11.2.1995, S. 26

6 Wie erklärt ihr euch, dass für Spitzensportlerinnen und -sportler der Erwerb der deutschen Staatsangehörigkeit leichter ist als für „gewöhnliche Sterbliche"?
Seid ihr einverstanden? Begründet eure Auffassung!
7 Was meint ihr zu dem Appell des rumänischen Sportverbandes?
8 Was tun, wenn im Fußballstadion Bananen Richtung Spielfeld fliegen und Hassparolen gebrüllt werden?
Was tun die Sportvereine in eurer Stadt zur Integration (= Eingliederung, Einbeziehung) ausländischer Sportlerinnen und Sportler?
9 Bei der Ausländerbehörde in eurer Gemeinde/Stadt könnt ihr in Erfahrung bringen
– wie viele Ausländerinnen und Ausländer insgesamt in eurer Kommune leben,
– aus welchen Ländern sie gekommen sind,
– wie lange sie schon in Deutschland leben.
Ihr könnt dort auch die aktuellen Zahlen für ganz Deutschland erfahren.

17.2.2 Heimkehr in ein fremdes Land

Seit Ende der 80er-Jahre sind – vor allem aus den Staaten der früheren Sowjetunion, aber auch aus Polen und Rumänien – etwa 1,8 Millionen Menschen nach Deutschland gekommen, um sich hier auf Dauer niederzulassen („Aussiedler"/„Spätaussiedler"). Sie stammen von Deutschen ab, die in früheren Jahrhunderten nach Osteuropa ausgewandert waren.
Die Aussiedlerinnen und Aussiedler erhalten in Deutschland die deutsche Staatsangehörigkeit, haben damit die gleichen Rechte und Pflichten wie alle anderen Deutschen auch.
Wenn sie nach Deutschland eingereist sind, erhalten die Aussiedlerinnen und Aussiedler – für eine Übergangszeit – gewisse finanzielle Hilfen.

17 Deutschland nur für Deutsche?

Informationen über die „Fremden hier zu Lande" könnt ihr anfordern bei:
Die Beauftragte der Bundesregierung für die Belange der Ausländer
Postfach 140280, 53107 Bonn

UNHCR – Der Hohe Flüchtlingskommissar der Vereinten Nationen
–Bonner Vertretung–
Rheinallee 6, 53173 Bonn

Pro Asyl (Bundesweite Arbeitsgemeinschaft für Flüchtlinge)
Neue Schlesingergasse 22
60311 Frankfurt/M.

Komitee für Grundrechte und Demokratie e. V.
Bismarckstr. 40, 50672 Köln

Forum Buntes Deutschland – SOS Rassismus
Aktion COURAGE
Postfach 2644, 53016 Bonn

Außerdem bei den kirchlichen Organisationen Deutscher Caritasverband und Diakonisches Werk.

Von typischen Problemen, die die Deutschen und die Aussiedler bei der Gewöhnung aneinander haben, berichtete eine Zeitung:

Deutsche oder Russen?

Nirgendwo sonst in der Republik gibt es so viele deutschstämmige Spätaussiedler aus der ehemaligen Sowjetunion. 3000 zog es schon bis Anfang der Neunzigerjahre in die südliche Ortenau, weitere drei- bis viertausend kamen seit dem Abzug der kanadischen Streitkräfte. Binnen fünf Jahren wuchs Lahr von 33000 auf mehr als 40000 Einwohner und jeden Monat werden es 150 mehr. „Eine kleine Stadt", sagt Oberbürgermeister Dietz (CDU), sei da hinzugekommen.
Was ganze Großfamilien aus Russland, Kasachstan oder Sibirien ausgerechnet nach Lahr lockte, war zunächst der Wohnraum. 2500 Wohnungen haben die Kanadier, die hier ihr Hauptquartier unterhielten, bis Mitte 1993 geräumt. Ein guter Teil davon ist inzwischen von „Russlanddeutschen" belegt. Im Volksmund hat der „Kanada-Ring" – so die of-

Fremde hier zu Lande

Bei den Menschen, die – als Arbeitsmigranten* („Gastarbeiter"), Aussiedler und Flüchtlinge (Asylbewerber) – in den zurückliegenden Jahren und Jahrzehnten nach Deutschland gekommen sind, um dauerhaft hier zu leben, gibt es große Unterschiede hinsichtlich ihrer staatsbürgerlichen Rechte und Pflichten.
Zu den *Aussiedlern* siehe Abschnitt 17.2.2.
Staatsangehörige aus EU-Staaten genießen in Deutschland das Recht auf Freizügigkeit und eine unbeschränkte Arbeits- und Aufenthaltserlaubnis. Außerdem haben sie an ihrem Wohnsitz in Deutschland das aktive und passive Wahlrecht bei den Kommunalwahlen und bei den Wahlen zum Europäischen Parlament.
Ausländische *Arbeitnehmer aus Nicht-EU-Staaten* (z.B. aus dem früheren Jugoslawien) haben in Deutschland nur beschränkte Rechte hinsichtlich der Arbeits- und Aufenthaltserlaubnis. So erhalten sie nur dann eine allgemeine Arbeitserlaubnis, wenn für die angebotene Stelle Deutsche oder EU-Ausländer nicht zur Verfügung stehen.
Heimatlose Ausländer sind von den Nationalsozialisten verschleppte und als Zwangsarbeiter in Deutschland festgehaltene Menschen, die nach dem Ende des Zweiten Weltkrieges nicht in ihre Heimatländer zurückkehren konnten/wollten. Sie gelten (wie ihre Kinder, Enkel und Urenkel) als Flüchtlinge und haben insofern nur eingeschränkte Rechte in Deutschland.
Anfang der 80er-Jahre wurde in der Bundesrepublik eine begrenzte Zahl von Flüchtlingen (vor allem aus Vietnam) als *Kontingentflüchtlinge* aufgenommen. Sie wurden als asylberechtigt anerkannt und erhielten Aufenthaltsgenehmigung und Arbeitserlaubnis.
Mitte der 90er-Jahre lebten mehr als 300000 *Bürgerkriegsflüchtlinge* aus dem ehemaligen Jugoslawien in Deutschland. Sie werden (z.T. auch gegen ihren Willen) zurückgeschickt, nachdem der Krieg beendet ist.
Als *de-facto-* (= tatsächliche) *Flüchtlinge* gelten jene Ausländer in Deutschland, die nicht als asylberechtigt anerkannt sind und damit keinen Anspruch auf Aufenthalt in Deutschland haben. Sie erhalten eine „Aufenthaltsduldung", sofern sie unter die Bestimmung der Genfer Flüchtlingskonvention fallen, derzufolge kein Flüchtling in einen Staat abgeschoben werden darf, in dem ihm Verfolgung droht.
Zu den *Asylsuchenden/Asylbewerbern* siehe den Abschnitt 17.2.4.

* Migrant (aus dem Lateinischen) = Wanderer; Emigrant = Auswanderer; Immigrant = Einwanderer

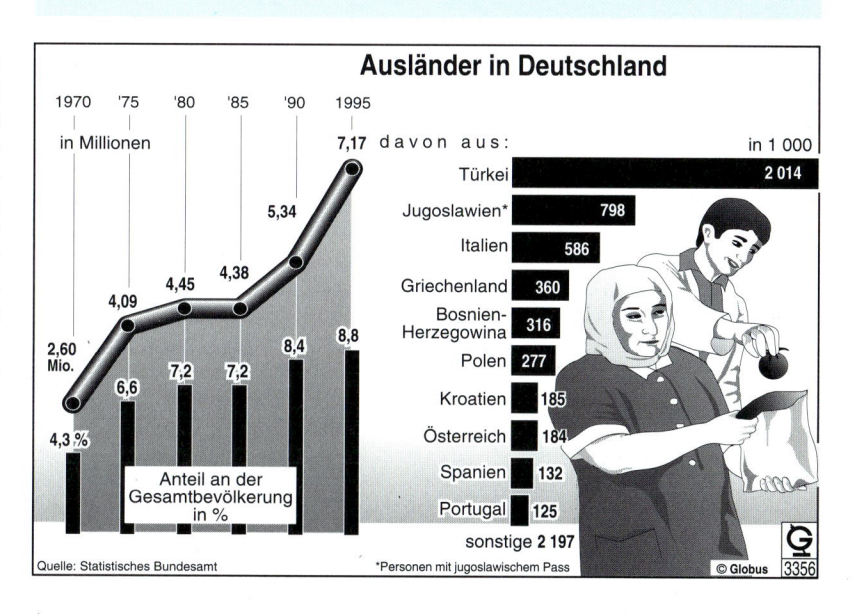

Ausländer in Deutschland

Jahr	in Millionen	Anteil an der Gesamtbevölkerung in %
1970	2,60	4,3
'75	4,09	6,6
'80	4,45	7,2
'85	4,38	7,2
'90	5,34	8,4
1995	7,17	8,8

davon aus: (in 1 000)

Türkei	2 014
Jugoslawien*	798
Italien	586
Griechenland	360
Bosnien-Herzegowina	316
Polen	277
Kroatien	185
Österreich	184
Spanien	132
Portugal	125
sonstige	2 197

Quelle: Statistisches Bundesamt *Personen mit jugoslawischem Pass

fizielle Bezeichnung – längst seine Spitznamen weg: „Russenviertel" heißt er nun oder „Klein-Kasachstan".

Schwieriger war es schon, in Kindergärten und Schulen rasch die nötigen Kapazitäten [= Aufnahmemöglichkeiten] zu schaffen. Zwangsläufig, wenn auch mit Wehen, kommt dort in Gang, was sonst allenthalben größte Probleme bereitet: die Integration [= Eingliederung, Einbeziehung] der Russlanddeutschen in die Stadt. Vor allem die Jüngeren sprechen kaum deutsch. Arbeit haben viele auch nicht – da bleiben wenig Berührungspunkte.

Bisher leben Alteingesessene und Neubürger weitgehend nebeneinander her, beäugen sich misstrauisch, reden über- statt miteinander. Die Sprachlosigkeit lässt Vorbehalte und Ressentiments [= gefühlsmäßige Abneigung] gedeihen, unterschwellige Ablehnung schlägt den Fremden entgegen, zuweilen sogar offener Hass.

Unkenntnis und Fehlinformationen, beklagt der Bürgermeister, ließen „die wildesten Gerüchte" sprießen. „Alles kriegen die Aussiedler hinterhergeworfen", heißt es da immer wieder: Wohnungen, Arbeitsplätze und Geld en masse [= massenhaft] – vom Sozialamt, als Eingliederungshilfe oder billigen Kredit.

Blanker „Sozialneid" spricht für Joachim Heil aus solchen Sätzen – und völlig unbegründeter dazu. Ganz kleinlaut würden die Kritiker, berichtet der Sozialdezernent, wenn man sie über die tatsächlichen Sonderleistungen aufkläre. 200 Mark wöchentliche Eingliederungshilfe im ersten halben Jahr, ein sechsmonatiger Sprachkurs – das ist es auch schon. Dass viele Russlanddeutsche gezwungenermaßen Stammkunden beim Arbeits- und Sozialamt sind, missfalle ihnen selber am meisten.

Mit einem anderen Gerücht räumte unlängst die Polizeidirektion Offenburg auf.

„Auf gar keinen Fall", dementierte Pressesprecher Emil Roth, seien Aussiedler in Lahr „krimineller als andere Deutsche"; das habe eine Auswertung der Geburtsorte von Tatverdächtigen ergeben.

[Aber:] Konfrontation statt Integration – das ist das Ergebnis des Teufelskreises: Ohne deutsche Sprachkenntnisse gibt es keinen Arbeitsplatz, ohne Arbeitsplatz keine Kontakte zu den Einheimischen, ohne Kontakte keine Chance, sich wirklich kennen zu lernen. In Russland die verhassten „Deutschen", in Deutschland die ungeliebten „Russen" – hier wie dort erfahren sich die Aussiedler als Außenseiter, ausgegrenzt, verstoßen.

Stuttgarter Zeitung vom 14.3.1995, S. 3 (Auszug)

1 Informiert euch über die Lebensumstände der Aussiedlerfamilien in eurer Gemeinde/Stadt
 - beim Arbeitsamt,
 - beim Jugendamt,
 - beim Schulamt,
 - beim Sozialamt.
2 Eure Fragen könnten lauten:
 - Wie viele Aussiedlerinnen und Aussiedler leben insgesamt in unserer Gemeinde/Stadt?
 - Wie hat sich der Zuzug in den letzten fünf Jahren entwickelt?
 - Wie ist die Altersstruktur (Zusammensetzung nach Altersstufen)?
 - Wie ist die Wohnsituation?
 - Wie ist die Beschäftigungssituation?
 - Wie ist die schulische Situation?

Methode: *Expertenbefragung, S. 132*

3 Die staatliche Unterstützung für die Aussiedlerinnen und Aussiedler zu ihrem Neubeginn in einem fremden Land ist längst nicht so üppig, wie manchmal behauptet wird.
Erkundigt euch bei den in Aufgabe 1 genannten Ämtern, worin die staatlichen Hilfen für die Aussiedlerinnen und Aussiedler bestehen.
4 Abgesehen von den Behörden:
Welche Bürgerinnen und Bürger, welche Vereine oder sonstigen Gruppen (etwa bei den Kirchen) leisten den Aussiedlerfamilien in eurer Stadt Hilfe bei der Integration?
5 Vergleicht die Situation der Aussiedlerinnen und Aussiedler in eurer Gemeinde/Stadt mit der Lage in Lahr.

17.2.3 Wir haben sie gerufen

Seit Jahrzehnten leben Millionen Ausländerinnen und Ausländer in der Bundesrepublik Deutschland.

Sie wurden seit Anfang der 60er-Jahre von deutschen Firmen angeworben, weil hier zu Lande Arbeitskräftemangel herrschte, vor allem in der Industrie und im Dienstleistungsbereich.

Die meisten der Arbeitsmigrantinnen und -migranten („Gastarbeiter") leben schon viele Jahre in Deutschland.

Sie sind hier heimisch geworden, haben Kinder und Enkelkinder („zweite und dritte Generation"). In ihre frühere Heimat wollen sie nicht mehr zurückkehren.

Von der wirtschaftlichen Bedeutung der Arbeitsmigrantinnen und -migranten handeln die folgenden Texte; von fehlender politischer Gleichberechtigung ist in Abschnitt 17.5.2 die Rede.

Dass „Gastarbeiter" auch in früheren Jahrhunderten schon große Bedeutung in deutschen Landen hatten – daran erinnert ein Beispiel aus Bremen (rechts).

Weiterhin unentbehrlich

Ende letzten Jahres lebten rund 6,9 Millionen Ausländerinnen und Ausländer in Deutschland. Ihr Anteil an der Gesamtbevölkerung lag bei etwa acht Prozent. Die meisten von ihnen, nämlich 97 Prozent, lebten zu diesem Zeitpunkt in den alten Bundesländern und Berlin, lediglich drei Prozent in den neuen Ländern.

Ihrer Arbeit gehen die meisten Ausländer – wenn auch mit abnehmender Tendenz – noch immer im verarbeitenden Gewerbe nach, und zwar vorwiegend in den Wirtschaftszweigen Maschinenbau, Straßenfahrzeugbau und Elektrotechnik. Gerade diese Industriezweige aber sind nach Beobachtungen des „Instituts für Arbeitsmarkt- und Berufsforschung" (IAB) vom allgemeinen Arbeitsplatzabbau stark betroffen.

Zunehmend Beschäftigung finden ausländische Arbeitnehmer hingegen in Dienstleistungsunternehmen. Von Mitte 1992 bis Mitte 1993 wuchs hier die Zahl der beschäftigten Ausländer um gut 18 Prozent. Eine außergewöhnlich hohe Zunahme zeigte dabei das Reinigungsgewerbe, die Branche mit der

Türkische Arbeiter in einem Aluminiumwerk in Lüdenscheid

höchsten Ausländerquote überhaupt. Aber auch im Baugewerbe sowie im Handel steigt die Zahl der ausländischen Arbeitnehmer stark an.

„Unsere" bremische Geschichte

„Unser" Roland war Franzose.
Vielleicht auch Spanier.
„Unser" Rathaus haben Holländer gebaut.
Genauso wie „unseren" ersten Hafen, „unsere" Hansekogge und „unseren" Wall.
„Unser" Wahrzeichen sind Flüchtlinge, die Bremer Stadtmusikanten.
„Unsere" Textilindustrie in Bremen-Nord haben Tschechen, Polen und Russen aufgebaut.
Für „unser" Wirtschaftswunder wurden Italiener, Griechen, Jugoslawen, Portugiesen und Türken angeworben.

Wer würde „uns" eigentlich kennen ohne „unser" Rathaus, „unseren" Roland und „unsere" Stadtmusikanten?
Was wären wir eigentlich ohne „unseren" Hafen und „unsere" Wirtschaft?
Was wären wir eigentlich ohne Ausländer?

Die Ausländerbeauftragte des Landes Bremen
Zentralstelle für die Integration von Zugewanderten

„Es drängt sich der Eindruck auf", resümiert Dr. Emil Magvas (IAB) seine Erkenntnisse aus den Arbeitsmarkt-Statistiken, „dass deutsche Arbeitskräfte für die in den genannten Wirtschaftsbereichen vorherrschenden Tätigkeiten nicht in ausreichender Zahl zur Verfügung stehen."

Oranienburger Generalanzeiger vom 24.8.1994, S. 7

Wirtschaftliche Bedeutung wächst

Einkommen und Kaufkraft der türkischen Haushalte in Deutschland sind in den vergangenen Jahren deutlich gewachsen. Nach einer Studie der Universität Essen verdienten die 467 000 türkischen Haushalte in Deutschland 1993 netto 20,5 Milliarden DM. Das durchschnittliche Nettoeinkommen je Haushalt mit statistisch 4,1 Personen sei seit 1991 um rund 400 DM auf 3 650 DM monatlich gestiegen, teilte das Zentrum für Türkeistudien der Universität mit.

Etwa 14,6 Prozent des Verdienstes werden den Angaben zufolge gespart, rund 2,5 Prozent mehr als bei Deutschen. Knapp 70 Prozent der gesamten Spareinlagen werden in Deutschland verzinst.

Die Investitionen von Auslandstürken in ihrem Heimatland Türkei seien rapide rückläufig, erklärte Faruk Sen, der Leiter des Essener Zentrums.

Damit wachse die wirtschaftliche Bedeutung der 1,92 Millionen hier lebenden Türken, der größten ausländischen Minderheit in der Bundesrepublik.

Berliner Morgenpost vom 12.8.1994, S. 17

1 Informiert euch beim Ausländeramt/ Einwohnermeldeamt eurer Gemeinde/ Stadt
   - *wie viele Arbeitsmigrantinnen und -migranten in eurer Gemeinde/ Stadt leben;*
   - *wie die Altersstruktur (Zusammensetzung nach Altersgruppen) bei ihnen ist;*
   - *wie lange sie bereits in eurer Gemeinde/Stadt leben;*
   - *wie viele von ihnen die doppelte Staatsbürgerschaft haben.*

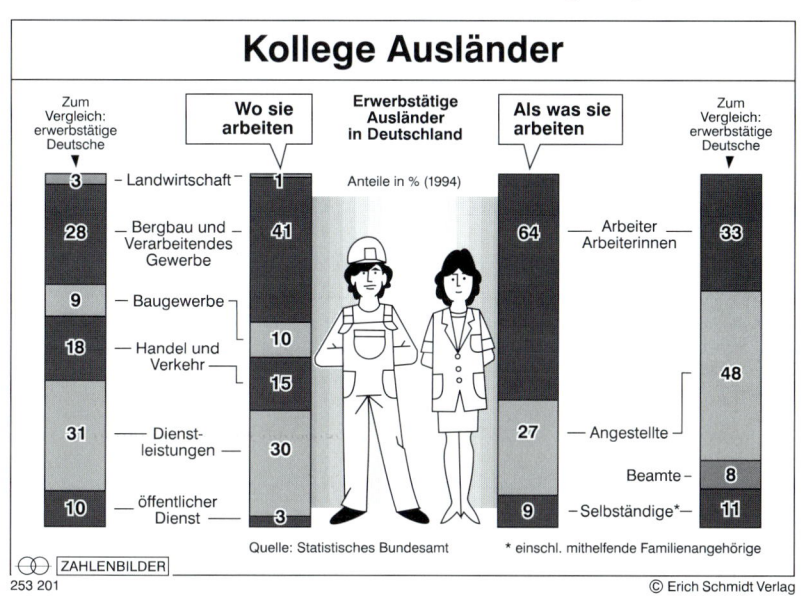

Kollege Ausländer

Erwerbstätige Ausländer in Deutschland — Anteile in % (1994)

Zum Vergleich: erwerbstätige Deutsche	Wo sie arbeiten		Als was sie arbeiten	Zum Vergleich: erwerbstätige Deutsche
3	Landwirtschaft	1		
28	Bergbau und Verarbeitendes Gewerbe	41	64 Arbeiter/Arbeiterinnen	33
9	Baugewerbe	10		
18	Handel und Verkehr	15	27 Angestellte	48
31	Dienstleistungen	30		Beamte 8
10	öffentlicher Dienst	3	9 Selbständige*	11

Quelle: Statistisches Bundesamt * einschl. mithelfende Familienangehörige

ZAHLENBILDER 253 201 © Erich Schmidt Verlag

17 Deutschland nur für Deutsche?

Methode: Projekt

Von einem Projekt ist in der Schule die Rede, wenn
- Schülerinnen und Schüler einer oder mehrerer Klassen
- selbstständig und gemeinsam
- eine anspruchsvolle Aufgabe
- zu einem auch für andere (inner- und außerhalb der Schule) interessanten Thema des Lehrplans
- auswählen und beschließen

und dann
- möglichst fächerübergreifend
- über den Unterricht in der Klasse und Schule hinausgehend
- in einem längeren, aber begrenzten Zeitraum (z. B. eine Woche hindurch)
- gemeinsam und arbeitsteilig
- weitgehend selbstständig, aber auch zusammen mit Lehrerinnen und Lehrern, Expertinnen und Experten ausarbeiten und dann ihre Arbeitsergebnisse
- in einem Produkt (z. B. Schautafeln, Wandzeitung usw.) den anderen vorstellen und
- abschließend die ganze Arbeit gemeinsam noch einmal auswerten.

Die einzelnen Schritte zur Verwirklichung eines Projekts sind
- die Beratung und der Beschluss über das Thema und das Produkt des Projekts, also: die Formulierung der Aufgabe;
- die Planung der einzelnen Arbeitsetappen, vor allem: Abstimmung mit Nachbarklassen, Lehrerinnen und Lehrern, Schulleitung; Zeitplan, Teilthemen und -aufgaben, Methoden und Hilfsmittel, Kosten;
- die Arbeitsteilung zwischen allen Beteiligten, also: Bildung von Kleingruppen, Übernahme von Sonderaufgaben, Bestimmung der Rolle und Beteiligung der Lehrkräfte und anderer Personen (z. B. Fachleute, Betroffene);
- die Durchführung der Einzelarbeiten in der geplanten Reihenfolge und Arbeitsteilung; dabei auch: gemeinsame Überprüfung von Zwischenergebnissen; eventuell auch: Änderung der Aufgabe, Änderung der Arbeitsschwerpunkte, Neuzusammensetzung der Kleingruppen;
- die gemeinsame Auswertung aller Ergebnisse aus den Erkundungen, Befragungen, Untersuchungen zum Thema;
- die arbeitsteilige, gemeinsame Herstellung eines Produkts: Auswahl und Anordung der Materialien, Beschaffung von noch Fehlendem, letzter Rat von Fachleuten, Beschaffung von Hilfsmitteln (Papier, Pappe, Stifte, Klebstoff, Kopiergerät, PC usw.);
- die gemeinsame Auswertung des gesamten Projekts hinsichtlich Thema, Aufgabe, Planung, Durchführung, Produkt, Präsentation, Zusammenarbeit, inhaltlichem Gewinn.

Methoden und Hilfsmittel in einem Projekt können z. B. sein:
- die Befragung (S. 55),
- die Beobachtung (S. 27),
- die Erkundung (S. 125),
- die Statistik (S. 197),
- die Dokumentation (S. 68),
- das offene Interview (S. 173).

Schwierigkeiten gibt es natürlich auch bei Projekten, zum Beispiel
- wenn ihr euch zu viel vornehmt,
- wenn ihr ungenau und ohne die anderen in der Schule (Lehrerinnen und Lehrer, Schulleitung) plant,
- wenn ihr die Arbeit ungleich verteilt,
- wenn einige sich drücken, die Lust verlieren, nur rumkritisieren,
- wenn Lehrerinnen, Lehrer oder Fachleute euer Projekt beherrschen,
- wenn ihr euch durch Misserfolge entmutigen lasst

Erfreuliches gibt es in einem Projekt jedesmal zuhauf, zum Beispiel
- lernt ihr neue, interessante Menschen (auch außerhalb der Schule) kennen,
- lernt ihr eure Mitschülerinnen und Mitschüler, eure Lehrerinnen und Lehrer ganz neu kennen und schätzen,
- merkt ihr, wie gut ihr selbst vieles schon könnt,
- überwindet ihr Schüchternheit und alle anderen Schwierigkeiten,
- wisst und könnt ihr nachher mehr als vorher,
- seid ihr als Fachleute anerkannt und gefragt,
- werdet ihr ernst genommen und gelobt.

Ein Projekt haben wir in Aufgabe 6 auf Seite 295 vorgeschlagen. Wenn das für euch nicht in Betracht kommt, dann gibt es im „Arbeitsbuch Politik" noch mindestens 9, wahrscheinlich sogar 99 andere Projektideen!

2 Informiert euch beim Arbeitsamt in eurer Gemeinde/Stadt
- in welchen Bereichen die Arbeitsmigrantinnen und -migranten beschäftigt sind (auch: Prozentsatz aller Beschäftigten);
- wie hoch die Zahl der ausländischen Selbstständigen (in welchen Bereichen) ist;
- wie hoch die Arbeitslosigkeit bei den Arbeitsmigrantinnen und -migranten ist;
- wie sich die Zahlen in den letzten fünf Jahren entwickelt haben.

3 Beim Deutschen Gewerkschaftsbund (DGB) in eurer Gemeinde oder in eurer Stadt könnt ihr sicher in Erfahrung bringen:
- in welchen Firmen Arbeitsmigrantinnen und -migranten besonders stark vertreten sind;
- wie die Zusammenarbeit zwischen ihnen und den deutschen Kolleginnen und Kollegen klappt.

4 Was berichten eure Eltern über das Verhältnis zwischen den deutschen und ausländischen Kolleginnen und Kollegen an ihrem Arbeitsplatz?

5 Informiert euch beim Schulamt eurer Gemeinde oder eurer Stadt, wie hoch jeweils die Anteile der Kinder und Jugendlichen aus „Gastarbeiter"-Familien in den einzelnen Schulformen sind und wie sich diese Zahlen in den letzten zehn Jahren verändert haben. Welche Erklärung gibt es?

6 Was meint ihr zu der Information der Ausländerbeauftragten der Stadt Bremen (siehe Seite 293)? Worauf will diese Information hinaus?
 - Ob es ähnliche Informationen auch über eure Gemeinde/Stadt gibt?
 - Wo könntet ihr diese Informationen bekommen?
 - Wenn ihr hierzu etwas in Erfahrung gebracht habt: Wie könnte eure Wandzeitung aussehen?

Methode: *Projekt, S. 294*

Forscher haben sich mit der wirtschaftlichen Bedeutung der Arbeitsmigranten in Deutschland in den 90er-Jahren befasst und auch Voraussschätzungen für die nächsten Jahre erstellt.

Einwanderer notwendig

In der Rückschau auf die letzten sechs Jahre, so beschreibt das Rheinisch-Westfälische Institut für Wirtschaftsforschung (RWI) die bis 1994 vorliegenden Erfahrungen, seien „durchweg positive Wirkungen auf Wirtschaftswachstum, Arbeitsmarkt und Staatshaushalt" zu verzeichnen. [...]
18 Milliarden Mark musste der deutsche Staat nach Berechnung der RWI-Forscher im Jahr 1992 für Ausländer und Aussiedler aufwenden. Gleichzeitig aber bezahlten ausländische Arbeitnehmer 32 Milliarden Mark an Steuern und Sozialversicherungsbeiträgen, „sodass ein Gewinn für die staatlichen Finanzen von insgesamt 14 Milliarden verblieb". Das Bruttosozialprodukt erhöhte sich um sechs Prozent, die Wachstumsrate betrug 1,5 Prozent.
Die Daten für 1992 seien nicht einfach fortzuschreiben, [...] aber Zuwanderung sei auch künftig der gesamtwirtschaftlichen Entwicklung „eher förderlich". Nach amtlicher Statistik wurden in den Jahren 1988 bis 1993 etwa 600 000 Ausländer reibungslos in den Arbeitsprozess eingegliedert. [...]
Entgegen landläufiger Annahme sind von den Zuwanderern laut RWI-Untersuchung für 1993 „kaum Verdrängungseffekte ausgegangen". In zwei Drittel aller Fälle haben sie, wie ein Erlass vorschreibt, Arbeit nur deshalb erhalten, weil kein Deutscher und kein Bewerber aus einem Land der Europäischen Union verfügbar war. Sie fanden ihre Marktlücke vornehmlich im Bau-, Gaststätten- und Reinigungsgewerbe oder in körperlich anstrengenden Bereichen wie der Eisen- und Stahlindustrie.

Der Vorteil der Zuwanderer liegt darin, dass sie meist jünger sind (zwischen 25 und 45 Jahren) und mobiler als Deutsche. Sie lassen sich oft unter Tarif bezahlen und unter Qualifikation beschäftigen. „Jede Migration bedeutet Verjüngung", schreibt der Kölner Wirtschaftswissenschaftler Bernd Hof, „und trägt so zur Erhaltung des Produktionsstandorts Deutschland bei".
Die Demographen [= Bevölkerungsstatistiker] malen geradezu Horrorszenarien: Ohne Zuzug von Ausländern würde die Bevölkerung hier zu Lande dramatisch schrumpfen, von heute 81,5 auf 73 Millionen im Jahre 2020, auf 38,9 Millionen im Jahre 2050.
Die Folge: Auch die Zahl der Arbeitskräfte schrumpfe von bislang 41 auf 37 Millionen im Jahre 2020. Die Altersstruktur entwickle sich bis dahin höchst ungünstig: Die Zahl der 15- bis 25-Jährigen sinke von derzeit 6 auf 4 Millionen, der Anteil der über 55-Jährigen steige von 4 auf 5,5 Millionen.
Bei rückläufiger Bevölkerungsentwicklung, das belegen auch die Erfahrungen der Achtzigerjahre, leidet das Investitionsklima, weil die Nachfrage der Konsumenten zurückgeht. Die Wachstumsraten werden kleiner. Als Verbraucher beleben Ausländer die Nachfrage, als Unternehmer schaffen sie selber Arbeitsplätze.
[...] Um den demographischen Bedarf auszugleichen, so die Forderung der Experten, sei ein jährlicher Zuwachs zwischen 300 000 und 400 000 Einwanderern geboten.

Der Spiegel 26/1996, S. 48 f. (Auszüge)

7 Fasst die wichtigsten Aussagen des Textes „Einwanderer notwendig" in einigen Sätzen zusammen.
 Versucht, beim örtlichen Arbeitsamt die aktuellsten Zahlen(prognosen) bezüglich des Bedarfs an ausländischen Arbeitskräften zu erhalten, und vergleicht die gefundenen Daten mit den Zahlen hier.

17.2.4 Abgeschreckt und abgeschoben

Seit Jahrzehnten ist die Bundesrepublik Deutschland als einer der reichsten Staaten der Erde das Ziel von Flüchtlingen aus aller Welt.
Hier wollen sie, auf der Flucht vor politischer Verfolgung, vor Krieg und wirtschaftlicher Not, eine neue Heimat finden.
Da es in der Bundesrepublik (bis Mitte der 90er-Jahre) jedoch kein Einwanderungsgesetz gibt, können Flüchtlinge, die sesshaft in Deutschland werden wollen, dies nur mit Hilfe des politischen Asyls erreichen.
Ende der 80er-Jahre, Anfang der 90er-Jahre stieg die Zahl der Zuwanderer in die Bundesrepublik Deutschland.
Im Jahr 1992 betrug die Zahl der Asylbewerber in Deutschland 438 191, die Mehrheit von ihnen aus Rumänien, Bulgarien, der Türkei, der ehemaligen Sowjetunion und dem ehemaligen Jugoslawien.

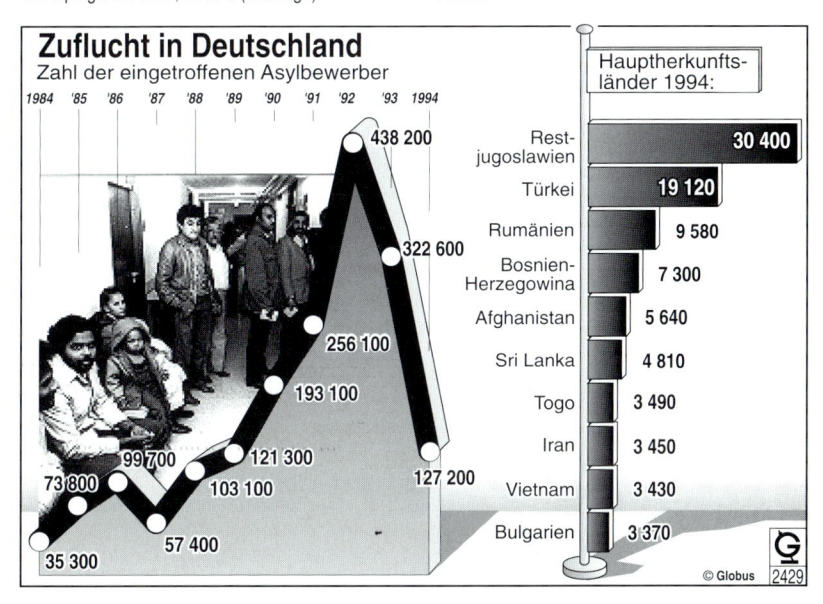

Zuflucht in Deutschland
Zahl der eingetroffenen Asylbewerber
1984: 35 300
'85: 73 800
'86: 99 700
'87: 57 400
'88: 103 100
'89: 121 300
'90: 193 100
'91: 256 100
'92: 438 200
'93: 322 600
1994: 127 200

Hauptherkunftsländer 1994:
Restjugoslawien	30 400
Türkei	19 120
Rumänien	9 580
Bosnien-Herzegowina	7 300
Afghanistan	5 640
Sri Lanka	4 810
Togo	3 490
Iran	3 450
Vietnam	3 430
Bulgarien	3 370

© Globus 2429

Diese Zuwanderung führte zu erheblichen politischen Schwierigkeiten:
- Die Städte und Gemeinden hatten Probleme die Neuankömmlinge unterzubringen und zu versorgen. Sie hatten unerwartet hohe finanzielle Lasten zu übernehmen.
- Fremdenfeindliche, rechtsextremistische Gruppen bedrohten die Zuwanderer und griffen sie in verbrecherischen Überfällen an (siehe Abschnitt 17.4.1).

Im Sommer 1993 beschlossen daher die Regierungsparteien CDU, CSU und FDP zusammen mit der oppositionellen SPD eine weit reichende Änderung der Asylgesetze („Asylkompromiss"). Seither sind Asylsuchenden die Einreise nach Deutschland und die Erlangung des Asyls erheblich erschwert.
- Wer über die Staaten der EU, die anderen Nachbarstaaten der Bundesrepublik oder über Bulgarien, Finnland, Rumänien, die Slowakische Republik oder Ungarn einreisen will, erhält von vornherein kein politisches Asyl und wird gleich an der deutschen Grenze wieder abgeschoben.
- Auch bei der Einreise aus weiteren „sicheren Drittstaaten" wird ein Antrag auf Asyl in der Bundesrepublik in der Regel abgelehnt. Es wird bei diesen Staaten (wie bei den zuvor genannten) angenommen, dass dort keine politische Verfolgung stattfindet (vgl. Art. 16a, Abs. 3 GG).

Die Bundesregierung äußerte sich schon Ende 1993 zufrieden über die neuen Asylgesetze. Juristen, kirchliche Organisationen, Oppositionspolitiker und Bürgerinitiativen übten hingegen scharfe Kritik. Stellvertretend für diese kritischen Stimmen wird hier ein Text (auszugsweise) wiedergegeben, in dem die wichtigsten Kritikpunkte genannt sind.

Erwartungen der Bundesregierung erfüllt

Das neue Asylrecht, seit dem 1. Juli 1993 in Kraft, hat die daran von Politikern und Bürgern geknüpften Erwartungen erfüllt. Deutschland ist nicht mehr das Paradies für Wirtschaftsflüchtlinge. Die Zahl der Asylbewerber ist seitdem sprunghaft um gut die Hälfte zurückgegangen. Die Bundesrepublik ist ein ausländerfreundliches Land. Eine deutliche Mehrheit der Deutschen – das zeigen Umfragen – steht Ausländern positiv gegenüber. Das Problem bleibt die große Zahl der Asylbewerber, die – auch nach den Erfolgen des neuen Asylgesetzes – mit noch immer gut 16 000 pro Monat weiter hoch ist. Deswegen setzen Bund und Länder ihre Anstrengungen fort, diese Zahl weiter zurückzuführen.

Dazu soll insbesondere das seit dem 1. November [1993] geltende Asylbewerberleistungsgesetz dienen. Danach erhalten Asylbewerber in Deutschland künftig neben kostenloser Unterbringung und Verpflegung nur noch ein monatliches Taschengeld von höchstens 80 Mark.

Die neue Regelung gewährleistet, dass Asylbewerber in der Zeit, in der sie sich in Deutschland aufhalten, eine ausreichende Existenzsicherung haben.

Presse- und Informationsamt der Bundesregierung [Hrsg.]: Journal für Deutschland 3/1993, S. 6; gekürzt

Kaum Chancen für viele Flüchtlinge

Am 1. Juli 1993 wurde das Grundrecht auf Asyl weithin außer Kraft gesetzt. Kommen Flüchtlinge aus angeblich sicheren Herkunftsländern, haben sie im verkürzten Verfahren kaum eine Chance, anerkannt zu werden. Kommen Flüchtlinge aus Drittstaaten, die pauschal als „sicher" behauptet werden, werden sie abgefangen und abgeschoben. Inzwischen ist Deutschland von einem lückenlosen Gürtel solcher Drittstaaten umgeben. Keine Chance für einen Flüchtling durchzukommen.

Gelingt Asylsuchenden die Flucht [nach Deutschland] auf dem Luftweg, wird versucht, sie in „fliegendem Wechsel" zurückzuweisen. Oder sie werden auf dem Flughafen in abgeschirmten Räumen eingepfercht. Den Asylsuchenden wird keine Zeit gelassen. Das Bundesamt [für die Anerkennung ausländischer Flüchtlinge] soll möglichst innerhalb von 48 Stunden entscheiden. Jeder ausreichende Rechtsbeistand wird verhindert.

Das Asylbewerberleistungsgesetz setzt den Gleichheitsgrundsatz für Asylbewerber außer Kraft.

Sie werden wie unmündige Menschen mit Gutscheinen und Essenspaketen versorgt. Unter entwürdigenden Umständen wird nur das bare Überleben gesichert.

Seitdem das neue Asylrecht gilt, wird die durch das Ausländergesetz eingeführte Ab-

Asyl

In Artikel 16a des Grundgesetzes heißt es: *„Politisch Verfolgte genießen Asylrecht."*

Die Gewährung dieses Grundrechts auf Asyl kann von allen Ausländerinnen und Ausländern in der Bundesrepublik Deutschland beantragt werden. Die deutschen Behörden und Gerichte entscheiden, ob die Antragsteller in ihrem Heimatland politisch verfolgt worden sind.

Durch das Gesetz ist nicht festgelegt, was unter „politischer Verfolgung" im Einzelnen zu verstehen ist. Allgemein bedeutet es, dass Leben oder Freiheit eines Menschen wegen seiner Rasse, Religion, Staatsangehörigkeit, Zugehörigkeit zu einer sozialen Gruppe oder wegen seiner politischen Überzeugungen gefährdet ist. Die Anerkennung oder Ablehnung als politisch Verfolgte/r wird vom „Bundesamt für die Anerkennung ausländischer Flüchtlinge" ausgesprochen. Asylberechtigte erhalten eine unbefristete Aufenthaltserlaubnis in der Bundesrepublik Deutschland. Insgesamt wird von den deutschen Behörden allerdings nur ein kleiner Teil der Asylbewerber (ca. 3–6 %) als asylberechtigt anerkannt.

Das Grundrecht auf Asyl darf durch andere Gesetze in seinem Kern nicht angetastet werden, doch benennt Artikel 16a des Grundgesetzes einige bedeutsame Einschränkungen, von denen in diesem Abschnitt die Rede ist.

schiebehaft verstärkt angewandt. Eigene Abschiebegefängnisse wurden eingerichtet. Tausende von Asylsuchenden werden wie Kriminelle behandelt.

Komitee für Grundrechte und Demokratie e. V. (Hrsg.): Appell: Asylrecht und Asylpraxis – ein deutscher Skandal! Abgedruckt in: Die Zeit vom 18.11.1994, S. 12 (Auszug)

Die damalige Bundesjustizministerin Sabine Leutheusser-Schnarrenberger ging in einer Erklärung – indirekt – auch auf die Kritik am Asylkompromiss ein:

Bleiberecht sorgfältig prüfen

Asylbewerbern ein Bleiberecht zu geben, selbst wenn dies im Einzelfall zu Unrecht in Anspruch genommen werden mag, muss für uns letztlich besser sein, als einen einzigen abzuschieben, der in seinem Heimatland menschenrechtswidrig behandelt wird.
Auch der mit der Opposition vereinbarte Asylkompromiss befreit uns nicht davon, das Bleiberecht von Asylbewerbern mit großer Sorgfalt zu prüfen. Wir brauchen und wollen eine Politik, die nicht nur das Asyl, sondern auch die Zuwanderung regelt, kontrolliert und begrenzt und Einbürgerungen erleichtert. Die deutsche Politik darf nicht allein auf die Restriktion [= Einschränkung] der Zuwanderung beschränkt sein; denn sie ist der Humanität [= Menschlichkeit] verpflichtet und muss die integrativen Elemente stärken, die für ein harmonisches Zusammenleben von Menschen verschiedener Herkunft unabdingbar sind.

Bundesministerium der Justiz [Hrsg.]: Recht 1/1995, S. 2 (Auszug)

1 Woran zeigt sich im Alltag, dass die Bundesrepublik Deutschland ein „ausländerfreundliches Land" ist? Berichtet von euren Erfahrungen.
2 Welche Aufgaben sind mit der Aufnahme von Asylbewerbern
   – für die Bundesrepublik Deutschland,
   – für eine Gemeinde oder eine Stadt verbunden?
   Informiert euch bei eurer örtlichen Ausländerbehörde und beim Ausländerbeirat, welche Probleme in den Kommunen zu lösen sind.
Methode: *Expertenbefragung, S. 132*
3 Aus dem Text „Erwartungen der Bundesregierung erfüllt" wird deutlich, welche Absicht die Bundesregierung mit der Asylgesetzgebung, vor allem mit dem „Asylbewerberleistungsgesetz" verfolgt. Erklärt.
   Vergleicht mit den Aussagen im Text „Kaum Chancen für viele Flüchtlinge". Was meint ihr zu der Formulierung „Paradies für Wirtschaftsflüchtlinge"?
4 Was werden Asylbewerberinnen und -bewerber denken und empfinden, wenn sie den Text „Erwartungen der Bundesregierung erfüllt" lesen?
5 Erörtert den ersten Satz im Text der Bundesjustizministerin und nehmt Stellung.
6 Die Justizministerin fordert „eine Politik", „die auch die Zuwanderung regelt".
   Erklärt, was gemeint ist, und diskutiert die Begründung, die sie dafür gibt.
7 Beschafft euch bei den im Kasten auf Seite 291 genannten Organisationen Informationsmaterial über die aktuellen Lebensbedingungen der Asylbewerberinnen und -bewerber in Deutschland.

17.3 Alltäglicher Rassismus und bescheidene Hilfe

Die ablehnende, ja: feindselige Haltung eines Teils der deutschen Bevölkerung gegenüber den Fremden, gegenüber den meisten Ausländern in Deutschland kann als „Rassismus" bezeichnet werden; siehe hierzu den Text im Kasten „Rassismus – die gefährliche Überheblichkeit" auf Seite 298.
Solcher Rassismus macht sich immer wieder breit. Er bedrängt die Opfer und verpestet den Alltag, wenn ihm niemand entgegentritt – mit aktiver Toleranz und mit etwas Zivilcourage.

17.3.1 „Noch sind wir hier in Deutschland"

Auch nach der Verabschiedung des so genannten „Asylkompromisses" (siehe Abschnitt 17.2.4) blieb bei einem Teil der deutschen Bevölkerung Fremdenfeindlichkeit lebendig. Das belegen Umfragen leider immer wieder.

Ziemlich viel „Verständnis" für Gewalt

Fremdenfeindlichkeit ist nach einer Untersuchung des Studienkreises für Tourismus in Ost- und Westdeutschland gleichermaßen vorhanden. Wie aus einer in Bergisch-Gladbach veröffentlichten Reiseanalyse des Studienkreises für Tourismus hervorgeht, plädieren 22,3 % der 14- bis 19-Jährigen und 24,2 % der Senioren in Ost und West dafür, dass Ausländer, die teilweise schon seit vielen Jahren in Deutschland leben, in ihre Heimatländer zurückkehren. 30 % der Befragten votierten dafür, Asylbewerber sofort zurückzuschicken. Diese Position vertraten 24 % der 14- bis 19-Jährigen, 33 % der 50- bis 59-Jährigen, 35 % der 60- bis 69-Jährigen und 33 % der 70-Jährigen und älteren. 16 % der Befragten zeigten Verständnis für Angriffe auf Asylbewerberheime, auch wenn sie nicht mitmachen würden.

Aus: Misereor. Lehrerforum 19/1994, S. 5 (Auszug)

Eine Journalistin berichtet vom Rassismus in ihrem Alltag

Verdammt, ich verpasse bestimmt wieder den Bus. Hab ich meine Schlüssel? Und das Manuskript? Nichts wie los. Der Bus nähert sich schon und ich renne.
Beim Einsteigen drängelt sich eine etwa fünfzigjährige, gut gekleidete Frau vor, schiebt mich beiseite und ergattert einen der letzten freien Plätze. Dabei sagt sie laut und deutlich: „Noch sind wir hier in Deutschland. Es reicht ja wohl, wenn die mit im Bus fahren dürfen, aber erst sitzen die Deutschen."
Den Platz habe ich gar nicht gewollt. Ich sitze ohnehin viel zu viel am Schreibtisch. Soll ich etwas sagen? Lieber nicht. Ich schweige, so wie die übrigen Fahrgäste auch.
Im Verlag vergesse ich meine Hautfarbe. Aber nach Büroschluss muss ich in die wirkliche Welt des deutschen Supermarktes.
Ich stehe in der Schlange an der Käsetheke. Als ich endlich an der Reihe bin und meine 250 Gramm Cheddar bestellen will, ruft die

Frau hinter mir ihre Käsewünsche. „Ich glaube, ich bin dran", sage ich. Die Frau ignoriert mich und antwortet der Käseverkäuferin: „Ja, es dürfen zwanzig Gramm mehr sein." Ich wiederhole, dass sich hier alle angestellt haben und dass eigentlich ich dran sei. Worauf mich die Frau anschnauzt: Ich müsse ja nicht unbedingt zur Stoßzeit einkaufen, wenn die, die mit ihren Steuern für mich aufkämen, es täten. Ich hätte ja sonst den ganzen Tag Zeit. Als die Frau mit ihrem Käse weg ist, sagt ein Mensch hinter mir, die Frau habe sicher einen schlechten Tag. Die anderen sagen nichts.
Zu Hause, am Abend, rufe ich meinen Bruder an, der in Aachen studiert. Wie geht's? Was macht das Studium? Und Marianne? Die hat schon wieder Theater mit den Eltern, sagt er. Marianne ist die Freundin meines Bruders.
Mein Bruder hat die Eltern [...] mal kennen gelernt, war bei ihnen zu Hause. Bei welcher Gelegenheit Mariannes Vater beteuerte, er habe nichts gegen Schwarze, aber er wolle nicht, dass seine Tochter einen intimen Umgang mit einem Neger pflege.
Und nun wird Marianne ständig von den Eltern unter Druck gesetzt. Das arme Mädchen. Manchmal frage ich mich, wie lange sie das noch aushält, bis sie sich in einen reinrassigen weißen Kommilitonen [= Mitstudenten] verliebt. Nicht nur der Ärger mit den Eltern bliebe ihr erspart, man würde sie auch nicht mehr „Kanaken-Hure" schimpfen und sie käme ohne Schwierigkeiten in jede Disko.
Auf dem Heimweg [vom Kino, am späten Abend] kommt mir ein Mann entgegen. Als er auf meiner Höhe ist und mich sehen kann, holt er aus und tritt gegen mein Fahrrad. „Scheißasylanten", mault er und geht weiter. Ich rieche seine Fahne und sage mir, er ist besoffen. Das hätte nichts mit meiner Hautfarbe zu tun. Wäre ich weiß, hätte er statt Asylanten „Weiber" gesagt. Oder? Aber erschrocken habe ich mich trotzdem.

Christina Adomako: Vortritt für Weiß. In: Die Zeit, vom 1.11.1991, S. 98; gekürzt

1 Wie erklärt ihr euch das Verhalten der deutschen Mitbürgerinnen und Mitbürger gegenüber der Journalistin?
2 Was könnte man der Frau im Bus/der Frau an der Käsetheke sagen?
3 Warum schweigen die Fahrgäste im Bus und die Wartenden an der Käsetheke?
4 Rollenspiel: Führt ein Gespräch zwischen Marianne und ihren Eltern ,

Rassismus – die gefährliche Überheblichkeit

Biologen und Anthropologen (Wissenschaftler, die die Entwicklungsgeschichte der Menschheit untersuchen) versuchen, die Menschen nach bestimmten äußeren, erblichen Merkmalen (vor allem: Hautfärbung, Knochengerüst usw.) zu unterscheiden und entsprechenden Menschengruppen – Rassen – zuzuordnen.
In Wirklichkeit sind allerdings „reinrassige" Menschengruppen/Völker weltweit nirgendwo anzutreffen, da sich seit tausenden von Jahren immer wieder benachbarte Rassen und Völker vermischt haben.
Der Begriff Rassismus ist nicht eindeutig definiert; er bezeichnet ganz allgemein die Auffassung, dass die Angehörigen einer bestimmten Rasse von vornherein, aufgrund angeblich biologischer Eigenarten, den Angehörigen anderer Rassen überlegen seien. Die zivilisatorischen und kulturellen Unterschiede – etwa zwischen den „weißen" europäischen Einwanderern und den einheimischen „roten" Indianern – seien biologisch begründet und damit auch unveränderlich.
Eine solche rassistische Auffassung ist wissenschaftlich völlig unbegründet und wird schon durch die Alltagserfahrung widerlegt.
Die Genetik hat inzwischen erwiesen, dass sich die Menschen letztlich kaum voneinander unterscheiden: Die genetischen Unterschiede zwischen einer Afrikanerin und einem Deutschen können geringer sein als die Unterschiede zwischen „reinrassigen", „echt deutschen" Ehepartnern. Aufgrund ihrer eingebildeten Höherwertigkeit maßten sich Rassisten an, politisch, wirtschaftlich und kulturell über andere, angeblich „minderwertige" Rassen zu herrschen und sie zu unterdrücken.
So spielte der Rassismus bei der Kolonialherrschaft der Europäer eine bedeutsame Rolle (siehe Geschichtsbuch; Kurzinformation beim Stichwort „Kolonialismus" in Abschnitt 19.1). Er hat jahrzehntelang auch die (Unterdrückungs-)Politik der weißen Minderheit gegenüber der schwarzen Mehrheit in Südafrika bestimmt („Apartheid").
Der *Antisemitismus* ist eine besonders menschenverachtende Form des Rassismus; er führte zur Ermordung von Millionen Juden durch den NS-Staat. Verwandt mit dem primitiven Rassismus ist eine Auffassung, wonach alle Völker ihre je eigene Kultur möglichst rein und unverfälscht bewahren müssten – nach der Losung: „Deutsche gehören nach Deutschland, Türken in die Türkei, Japaner nach Japan."
Die Anhänger dieses „Kulturnationalismus" behaupten zwar oft nicht ausdrücklich, dass sie ihr eigenes Volk für überlegen und für „wertvoller" halten. Doch es besteht die große Gefahr, dass auch hier, wie beim primitiven Rassismus, aus Abgrenzung erst Überheblichkeit, Geringschätzung und Verachtung, dann (gewaltsame) Ausgrenzung, Unterdrückung und Vernichtung entstehen.

Ein Fernsehstar, der viele Jahre lang sehr beliebte Sendungen im deutschen Fernsehen gemacht hat, berichtete von seinen Erfahrungen mit dem alltäglichen Rassismus in einem Interview:

Riesensauerei

Wir bekommen jedesmal, wenn Farbige auftreten, drei bis sechs Briefe und Anrufe von ewig Gestrigen. In diesem Fall hatten wir ein Paar aus Ghana. Und da haben nicht nur fünf Leute angerufen, sondern 48. Die haben sich beschwert, man müsse es sich doch nicht gefallen lassen, dass man am Samstagabend schwarze Schweine vorgesetzt bekommt. *Was waren das für Menschen?*
Ich habe mich über deren Feigheit geärgert, über die Anonymität, aus der heraus diese Anrufe kamen. Später ging der Fall durch die Presse und es gab viele Zuschriften mit vollem Namen und Adresse. Da erst ist es mir klar geworden, dass dies ja noch viel schlimmer ist. Denn das bedeutet, dass diejenigen, die mit vollem Namen und Adresse schreiben, sich überhaupt nicht mehr fürchten, womöglich in ihrer Nachbarschaft schief angeschaut

17 Deutschland nur für Deutsche?

Toleranz – mehr als Duldung

Meist wird das Wort „Toleranz" mit dem deutschen Wort „Duldung" übersetzt.

Von der „Duldung" zum „Erdulden" ist es sprachlich nicht weit. Und so klingt denn ein Satz wie: „Er ist tolerant gegenüber der Techno-Musik" doch sehr danach: „Er lässt sich diese Art von Musik, die er ja gar nicht leiden kann, gefallen; er erduldet sie wohl oder übel."

Mitgemeint ist auch: „Eigentlich brauchte er ja, wenn er wollte, solche Musik wirklich nicht hinzunehmen! Aber er ist halt großzügig, tolerant."

Bei solchem Toleranzverständnis ist demnach auch ein Verhältnis zwischen Oben und Unten, zwischen Überordnung und Unterordnung mitgemeint: Der Starke ist der Tolerante, der Schwache wird toleriert.

Aber: Toleranz kann auch anders verstanden werden als nur im Sinne von „wohlwollender Duldung".

Dann meint Toleranz vor allem
– Anerkennung der anderen und des anderen, so wie er/sie/es ist,
– Anerkennung, dass die und der andere das Recht haben, anders zu sein als ich: Sie haben das Recht, anders zu denken, anders zu fühlen, anders zu handeln als ich – egal ob ich das schön und gut finde.

Die andere, der andere und ich: Wir sind gleichberechtigt.

Ende der wohlwollenden Duldung von oben herab.

Solche „aktive (= tätige) Toleranz" ist verbunden mit dem Bemühen, die andere/den anderen/das andere auch zu verstehen (im Anerkennen steckt das Erkennen ja mit drin).

Wer in diesem Sinne tolerant ist, wird immer auch versuchen, die Welt (und sich selbst) „mit den Augen des anderen" zu sehen.

Das bereichert.

5 Wie erklärt ihr euch die hier geschilderten Reaktionen der Fernsehzuschauerinnen und -zuschauer? Warum ist der Showmaster so entsetzt?

6 Wie könnte das „Gefühl der Sicherheit" bei den rassistischen Zuschauerinnen und Zuschauern gestört werden?
Spielt eine Szene: Morgens im Bus, ein paar Fahrgäste unterhalten sich über den TV-Auftritt des Paars aus Ghana am Abend zuvor.
Methode: *Rollenspiel, S. 37*

7 Erklärt die Karikatur in diesem Abschnitt und nehmt Stellung.

8 Im Biologieunterricht:
– Was erforscht die Genetik?
– Wie erklären Genetik und Biologie die offenkundigen Unterschiede zwischen den Menschen (z. B. Hautfarbe, Intelligenz usw.)?

9 Der französische Wissenschaftler Claude Lévi-Strauss sagte: „Ein Barbar ist immer auch derjenige, der einen anderen zum Barbaren erklärt."
Erklärt und nehmt Stellung.

17.3.2 Gemeinsames Einkaufen

Angesichts der schwiegen Lage, in der sich vor allem die Asylsuchenden unter den Fremden in Deutschland befinden, gibt es vielerorts statt Misstrauen und Ablehnung auch Hilfsbereitschaft von seiten der Einheimischen.

„Für'n juten Zweck"

Axel Henschke hievt eine Stiege Büchsenbier auf den Einkaufskorb und lacht: Eigentlich hätte seine Frau etwas dagegen, sagt der 40-Jährige und deutet auf die leichte Wölbung zu werden. Die machen das aus einem Gefühl der Sicherheit heraus. Dass sich jetzt Menschen auch ganz offen zum Rassismus bekennen, ist eine Riesensauerei.

rtv 44/1994, S. 10

Karikatur: Bengen

seines Bauches. „Aber heute darf ick", lacht der Fuhrunternehmer aus Frankfurt (Oder), „is ja schließlich für'n juten Zweck."
Der „jute Zweck" heißt Donald und stammt aus dem westafrikanischen Liberia. Nur wenige hundert Meter vom Asylbewerberheim „Seefichten" entfernt hat sich Henschke an diesem Abend mit ihm vor dem Supermarkt zu einem gemeinsamen Einkauf getroffen.
Seit im November letzten Jahres auch in der Oderstadt das [...] „Sachleistungsprinzip" durchgesetzt wurde, erhalten die 278 Frankfurter Asylbewerber ihre Sozialhilfe nicht mehr bar ausgezahlt, sondern in Form eines Kontenblattes. Mit dem können sie im benachbarten Supermarkt einkaufen. An einer speziellen Kasse wird die Einkaufssumme auf dem Blatt registriert.
Doch diese Regelung stieß nicht nur bei den Betroffenen auf Kritik, sondern auch bei einer parteiübergreifenden Mehrheit in der Frankfurter Stadtverordnetenversammlung, die solcherart Regelung als Diskriminierung [= Herabsetzung, Verächtlichmachung] verurteilte. Und um es nicht bei guten Worten zu belassen, hat mittlerweile eine Reihe von Vereinen und Bürgerinitiativen, darunter die Umweltbibliothek, die Junge Gemeinde und der Ausländerbeirat der Stadt, damit begonnen, eine bescheidene Abhilfe zu organisieren:
An jedem Donnerstag treffen sich nunmehr seit einigen Wochen Asylbewerber und Frankfurter zum abendlichen Großeinkauf im Supermarkt.
Dazu wird das, was sich die Frankfurter für das Wochenende in den Korb legen, zunächst von den Asylbewerbern mit dem Kontenblatt bezahlt. Anschließend händigen die Deutschen ihren ausländischen Gästen die Kaufsumme in bar aus.
„Ick helf dem jungen Mann hier nur beim Wagenschieben", betont Axel Henschke auf die Frage der Kassiererin, ob die Waren auf dem Transportband ihm gehören.

Märkische Allgemeine vom 10.3.1995, S. 4; Auszug

1 Warum wird das „Sachleistungsprinzip" für diskriminierend gehalten? Erklärt.

2 Informiert euch beim Sozialamt in eurer Gemeinde/Stadt: In welcher Form wird den Asylbewerberinnen und -bewerbern die Sozialhilfe geleistet?
   - Was sagen die Parteivertreter in eurer Gemeinde zu der Kritik, durch das „Sachleistungsprinzip" würden die Asylbewerberinnen und -bewerber diskriminiert?
   - Gibt es für die Gemeinden keine Alternative?

Methode: Expertenbefragung, S. 132

3 Welche Folgen kann eine Hilfsaktion wie die in Frankfurt/O. haben:
   - bei den Asylbewerberinnen und -bewerbern;
   - bei denen, die ihnen helfen, und bei denen, die damit nicht einverstanden sind;
   - bei den politisch Verantwortlichen?

4 Beziet die Handlungsweise der Helferinnen und Helfer in Frankfurt/Oder auf die Aussagen im Kasten „Toleranz – mehr als Duldung!"

17.4 Wenn du der andere wärst

Rassismus ist wirksam in der Sprache, in unüberlegtem Gerede, in Witzen, in Beleidigungen.
Rassismus tobt sich aber auch aus in brutaler Gewalttätigkeit.
Anfang der 90er-Jahre gab es in Deutschland eine erschreckende Häufung solcher Gewalttaten vonseiten rechtsextremistischer Verbrecher.
Die Untaten der Nationalsozialisten während der NS-Diktatur in Deutschland werden von den Rechtsextremisten geleugnet, verharmlost, zu rechtfertigen versucht.
Umso notwendiger ist Erinnerung und gründliches Wissen darüber, was wirklich war.

17.4.1 Applaus für mörderische Gewalt

Beschämende Kurznachrichten aus deutschen Städten, die in den 90er-Jahren in aller Welt bekannt wurden:
- In Hoyerswerda werden im Herbst 1991 die Bewohnerinnen und Bewohner eines Ausländerheims (vor allem Sinti und Roma) tagelang von Deutschen angegriffen. Deutsche Mitbürgerinnen und Mitbürger feuern die Verbrecher an, die politisch Verantwortlichen wissen sich nicht anders zu helfen, als die Angegriffenen aus der Stadt wegzubringen. Applaus bei den Schaulustigen.
- In Rostock greifen im Sommer 1992 Deutsche tagelang das Asylbewerberheim an. Ein von Vietnamesinnen und Vietnamesen bewohntes Haus wird unter dem Applaus von Schaulustigen in Brand gesteckt. Die Polizei greift nicht wirkungsvoll ein.
- In Mölln stecken im Winter 1992 Deutsche zwei seit langem von Türk/innen bewohnte Häuser in Brand. Drei Türkinnen kommen dabei ums Leben.
- In Solingen stecken Deutsche im Sommer 1993 ein von Türkinnen und Türken bewohntes Haus in Brand. Fünf Türkinnen kommen dabei ums Leben.
- In Lübeck verüben im Frühjahr 1994 Deutsche einen Brandanschlag auf die Synagoge, das jüdische Bethaus.

Diesen Gewalttaten gingen viele ähnliche Verbrechen voraus und folgten viele andere – an zahlreichen Orten in ganz Deutschland.
Die Polizei fasste nur wenige der Täter; diese sind meist noch jung.
Zustimmung zu den Verbrechen, „geistige" Anfeuerung, Verführung dazu kommt aus den unterschiedlichen rechtsradikalen und rechtsextremistischen Gruppierungen (siehe den Kasten „Rechtsextremismus" auf Seite 301).
Erschreckend an den fremdenfeindlichen Gewalttaten war auch, dass Bürgerinnen und Bürger dem nicht nur tatenlos zugesehen, sondern teilweise sogar Beifall geklatscht haben.
Aber andererseits: Viele öffentliche Äußerungen von Politikerinnen und Politikern, große Demonstrationen und Kundgebungen („Lichterketten") in vielen Städten und zahlreiche Bürgerinitiativen haben zur (aktiven) Toleranz auf-

Rechtsextremismus

Grundlegend für rechtsextremistische Auffassungen ist die Betonung der Ungleichheit der Menschen in Gesellschaft und Staat, verbunden mit der Forderung, die einen politisch zu bevorzugen und die anderen zu benachteiligen, und zwar auch mit Gewalt – bis hin zu Terror und Vernichtung.

Als Ursache der angeblich fundamentalen Ungleichheit wird von den Rechtsextremisten die biologische oder kulturelle oder nationale Höherwertigkeit des eigenen Volkes gegenüber den anderen, angeblich minderwertigen Völkern und Nationen behauptet (siehe hierzu auch den Text im Kasten „Rassismus – die gefährliche Überheblichkeit", Seite 298).

Auch gegen Minderheiten im eigenen Staat, z. B. gegen Juden, Sinti und Roma, Behinderte, Schwule, sollen Unterdrückung und Gewalt ausgeübt werden. Als Ursachen für rechtsextremistische Gewalttätigkeit, vor allem bei jüngeren Menschen, nennen Fachleute:

- eine große Verunsicherung und Hilflosigkeit angesichts der allgemeinen wirtschaftlichen Schwierigkeiten;
- das Gefühl, nicht gebraucht und nicht ernst genommen zu werden;
- die Angst, im gesellschaftlichen Konkurrenzkampf um Arbeitsplätze, Wohnungen und angemessenen Lebensstandard nicht mithalten zu können, „zu kurz zu kommen".

Kennzeichnend für rechtsextremistische politische Auffassungen sind

- die Leugnung oder Verharmlosung der NS-Verbrechen,
- die Ablehnung der parlamentarischen Demokratie, wie sie im Grundgesetz formuliert ist, zugunsten eines starken, autoritären Staates (Führerprinzip),
- der unbedingte Vorrang für die (Volks-)Gemeinschaft vor den Freiheitsrechten des Einzelnen,
- das Streben nach politischer, wirtschaftlicher und militärischer Vorherrschaft gegenüber anderen Nationen,
- die Ablehnung der engen Bindung der Bundesrepublik Deutschland an die westeuropäischen Staaten und die USA.

Als „rechtsradikal" gelten im üblichen Sprachgebrauch die vorgenannten Auffassungen mit Ausnahme der Bejahung von Gewalt als Mittel der Politik.

Bei Wahlen haben rechtsradikale Parteien in der Bundesrepublik Deutschland bislang kaum Erfolg gehabt. Fachleute gehen allerdings davon aus, dass rechtsradikale und rechtsextremistische Auffassungen bei ca. 15–20 % der deutschen Bevölkerung mehr oder weniger ausgeprägt vorhanden sind (siehe hierzu die Quellentexte in 17.3.1).

Die „rechte Gewalt", so die Fachleute, kommt aus der Mitte der deutschen Gesellschaft.

---

gerufen und sich schützend vor die bedrohten Ausländerinnen und Ausländer gestellt.

1 Was meint ihr zu der hier abgedruckten Anzeige des Deutschen Gewerkschaftsbundes? Welche Wirkung soll sie haben, bei wem kann sie sie erreichen?
2 Hat es in eurer Gemeinde/Stadt in den letzten drei, vier Jahren Gewalttaten gegen Minderheiten gegeben?
Informiert euch in der Redaktion eurer Lokalzeitung, beim Ausländerbeirat, bei den politischen Parteien:
   - Wie waren die Vorgänge im Einzelnen? Wer waren die Opfer, was haben sie erlitten?
   - Wer waren die Täter, wie haben sie ihre Tat begründet?

17.4.2 „Verantwortlich für das, was noch werden soll"

Dem Rassenhass der Nationalsozialisten fielen in den Konzentrationslagern der Deutschen von 1940 bis 1945 rund 6 Millionen Juden, hunderttausende Sinti und Roma, Polen, Russen, Ungarn und Angehörige anderer europäischer Nationen zum Opfer.

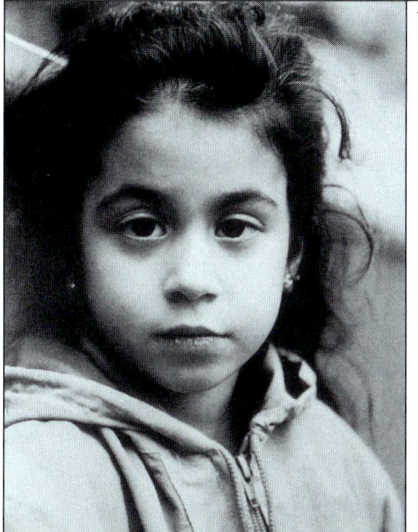

Wer hilft mit, Zeinab anzuzünden?

Alle, die schweigen. Alle, die dabeistehen. Alle, die wegschauen. Alle, die heimlich Beifall klatschen.

Helfen Sie mit, daß Ausländer sich nicht fühlen müssen wie Menschen zweiter Klasse, sondern daß sie eine faire Chance bekommen und angstfrei leben können. Sagen Sie jedem, daß Sie Ausländerfeindlichkeit barbarisch finden. Überall, wo sie Ihnen begegnet. Am Arbeitsplatz. Im Sportverein. Am Stammtisch. Zeigen Sie, daß die schweigende Mehrheit eine laute Stimme hat. AUSLÄNDERHASS

Zeinab war Anfang der 90er-Jahre Opfer eines fremdenfeindlichen Brandanschlags. Eine Anzeige des Deutschen Gewerkschaftsbundes (DGB), die in vielen Zeitungen und Zeitschriften erschienen ist

Fünfzig Jahre nach dem Ende des Zweiten Weltkriegs wurden 500 Schülerinnen und Schüler (9. bis 12. Klassen meh-

rerer Schulen) in einer Stadt in Rheinland-Pfalz unter anderem gefragt:
Soll man nach 50 Jahren weiterhin die nationalsozialistische Vergangenheit verstärkt im Unterricht behandeln? Welche Gründe gibt es für dich, auf diesen Zeitabschnitt immer wieder einzugehen (oder nicht einzugehen)?
Die Mehrheit der Befragten vertrat die Ansicht, dass die Geschichte der NS-Zeit nicht in Vergessenheit geraten darf, also weiterhin im Unterricht ihren Platz haben soll.
Einige Antworten aus der (anonymen) Befragung:

Thema Nationalsozialismus im Unterricht verstärkt behandeln?
Dieses Thema darf nicht aus dem Unterricht verdrängt werden, denn verdrängen hieße auch vergessen. Die nationalsozialistische Vergangenheit darf nicht verdreht oder schöngeredet werden, damit heutige rechte Randgruppen keine Chancen mehr haben. *(Schüler, 17 Jahre)*

Was heißt „verstärkt"? Es ist Teil unserer Geschichte. Jeder sollte über Tatsachen und geschichtliche Hintergründe Bescheid wissen. Es sollte in unserem Bewusstsein verankert sein, ohne dass wir unter Schuldgefühlen leiden, nur weil wir Deutsche sind. Ich bin nicht verantwortlich für das, was damals passiert ist, dafür umso mehr für das, was noch werden soll. *(Schüler, 18 Jahre)*

Man muss Verantwortung übernehmen, nicht weil man schuldig ist, sondern weil man als Deutscher in die Geschichte unseres Volkes eingebettet ist. *(Schülerin, 17 Jahre)*

Die NS-Vergangenheit ist für mich etwas sehr Fremdes, das ich nur durch Schule und Medien dauernd erfahre. Da ich nicht meine persönlichen Erfahrungen mit der Zeit machte, ist es schwer zu verstehen. Die Folge, dass ich als Deutsche nun ständig Schuld und Reue fühlen muss/soll, nervt mich langsam. Ich hasse es „Arier" zu sein. *(Schülerin, 18 Jahre)*

Zitiert aus: Deutsche Lehrerzeitung vom 30.11.1995, S. 9

1 *Lehrerinnen und Lehrer berichten, dass Schülerinnen und Schüler auf Unterrichtsthemen zur NS-Zeit auch mit Abwehr und Zurückweisung reagieren:*
- *Welche Rolle haben die NS-Zeit, der Rassismus in Deutschland und seine Folgen in eurem Unterricht bislang gespielt?*
- *Wie sind eure bisherigen Erfahrungen mit Diskussionen zu diesen Themen außerhalb der Schule?*
- *Haltet ihr euch schon für gut genug informiert über diesen Teil der deutschen Geschichte?*

2 *Diskutiert miteinander über die einzelnen Äußerungen der Schülerinnen und Schüler bei der Befragung.*

3 *Sprecht über den Vorschlag gemeinsam eine KZ-Gedenkstätte zu besuchen. Wenn du eine solche Gedenkstätte schon einmal besucht hast, berichte.*

17.4.3 Menschliche Beziehungen
Der jüdische Schriftsteller Elie Wiesel, früherer KZ-Häftling in Auschwitz und Buchenwald, schrieb einen Aufsatz über „Die Angst vor dem Fremden". Das Folgende ist ein Ausschnitt daraus.

Der Fremde macht Angst. Ich verkörpere seine Hoffnung
Warum begegnet man dem Fremden mit Misstrauen?
Warum hält man Abstand zu ihm? Er kam ungebeten, wird man sagen, also stört er, er ist aus dem Nichts aufgetaucht, von irgendwoher, und obendrein nimmt er einem anderen den Platz, wenn nicht gar das Leben weg etc. Er mag Angst haben, aber man hat auch Angst vor ihm. Der Fremde macht Angst; das ist unbestreitbar.
Wer weiß, was er im Verborgenen treibt, vielleicht schmiedet er Komplotte und Intrigen, zweifellos bringt er Unglück, er sät den Zweifel und dann ist er plötzlich spurlos verschwunden.
Der Fremde vertritt all das, was wir nicht sind. Weil er uns Angst macht, stellt der Fremde unsere eigene Rolle in der Gesellschaft in Frage. Ich muss ihn nur ansehen um zu begreifen, dass auch ich, in den Augen eines anderen, ein Fremder sein kann. Für ihn wäre ich jemand, der ihm Angst macht.
Betrachtet man die ganze Menschheit, so kann man schließen, dass wir allesamt Fremde sind. Weil er mir auf eine Weise ähnlich ist, erschreckt mich der Fremde. Letztlich fürchte ich ihn nur, weil ich vor mir selbst erschrecke. Wie, wenn ich der andere wäre? Die Wahrheit ist: Er gleicht mir.
Mehr noch, er zwingt mir seine Rolle auf. Dass ich ein Heim, einen Beruf und eine Familie habe, heißt nicht, dass ich weniger fremd bin als er. Wie rasch kann der Alteingesessene entwurzelt werden, von einem Augenblick zum anderen verliert der Mensch, der glücklich und zufrieden lebte, seinen Platz an der Sonne.
Mit anderen Worten: Man wird sehr schnell zum Fremden – es genügt, so behandelt zu werden. Man wird ausgeschlossen, weil es Menschen gibt, die einen verstoßen.

> »ICH HABE VIELE VÄTER, UND ICH HABE VIELE MÜTTER, UND ICH HABE VIELE SCHWESTERN, UND ICH HABE VIELE BRÜDER. MEINE BRÜDER SIND SCHWARZ, UND MEINE MÜTTER SIND GELB, UND MEINE VÄTER SIND ROT, UND MEINE SCHWESTERN SIND WEISS. UND ICH BIN ÜBER 10000 JAHRE ALT. UND MEIN NAME IST MENSCH«
>
> Rockgruppe Ton Steine Scherben

Es ist meine Schuld, wenn der andere zum anderen wird. Von mir hängt es ab, ob sich ein Mensch zu Hause fühlt oder nicht, ob er gelassen oder verängstigt in unsere Welt blickt. Wenn ich denn verantwortlich bin für das Fremdsein oder Nichtfremdsein des anderen ebenso wie für seine Freiheitsrechte, dann muss ich alles tun, um ihn nicht im Stich zu lassen – es wäre ein Vergehen gegen mich selbst. Damit unsere Beziehungen menschlich werden, muss ich in ihm meinesgleichen sehen, nicht den verdächtigen Unbekannten. Woher er auch kommt, der Fremde ist mir nah. Ich will ihm deutlich machen, dass er auf meine menschliche Anteilnahme vertrauen kann. Wenn er entwurzelt ist – von seiner Familie, seiner Lebenswelt, der Kultur seines Volkes, seines Landes abgeschnitten –, dann hat er Anspruch auf mich, gerade weil er keine Rechte hat.
Ich verkörpere seine Hoffnung. Ihm diese Hoffnung nicht zu nehmen ist meine menschliche Pflicht.

Aus diesem Grund trete ich für eine möglichst offene und großzügige Einwanderungspolitik ein. Wer immer eine Zuflucht braucht, soll dort, wo ich lebe, willkommen sein. Wenn er bei mir ein Fremder bleibt, dann werde ich auch ein Fremder sein.

Aus: Die neue Völkerwanderung. die tageszeitung, Sonderausgabe Nr. 2 vom 8.6.1991, S. 92; stark gekürzt

1 Welche Ängste vor den Fremden und dem Fremden kennst du – bei dir, bei Menschen in deiner Umgebung?
 Jede/r von euch kann dazu einen kleinen Text anonym (ohne Namensnennung) auf ein Blatt schreiben. Sammelt die Blätter ein, lest einige Texte vor. Versucht miteinander darüber zu sprechen.
2 Welche Sorgen bezüglich der Fremden in eurer Gemeinde/Stadt, in der Bundesrepublik Deutschland werden von Einheimischen geäußert? Ihr könnt dazu auch eine kleine Umfrage in eurer Nachbarschaft machen.
3 Beachtet im Gespräch miteinander: Angst und Sorge kannst du kaum jemandem wegreden.
4 Suche dir einige Sätze aus dem Text von E. Wiesel heraus, über die du in der Klasse sprechen möchtest. Schlage sie den anderen vor.
5 „Der Fremde hat Anspruch auf mich, weil er keine Rechte hat" – erkläre, was E. Wiesel meint.
6 Versucht die Kernaussagen von E. Wiesel in einigen Sätzen zu formulieren und diskutiert darüber.
7 Sprecht miteinander über den Text der Rockgruppe.
8 Nichts für den Unterricht, aber vielleicht für dein Tagebuch: Was hast du zu verlieren, was hast du zu gewinnen, wenn du so zu leben versuchst, wie es in den beiden Texten dieses Abschnitts vorgeschlagen wird?

17.5 Wie bunt soll Deutschland sein?

Am Ende dieses Kapitels über das Verhältnis zwischen den Deutschen und den in Deutschland lebenden Ausländern wird der Blick noch einmal auf „die" Deutschen gelenkt:
- Wer sind die Deutschen?
- Wer soll Deutsche oder Deutscher werden dürfen?

Antworten auf die erste Frage verweisen darauf, dass immer schon in der Vergangenheit Deutsche und Nichtdeutsche in Deutschland bzw. in den deutschen Staaten vergangener Zeit zusammengelebt und sich verbunden haben, dass Fremde zu Deutschen geworden sind.
Neue Antworten auf die zweite Frage müssen Mitte der 90er-Jahre die Politikerinnen und Politiker finden, denn die bisherigen Regelungen taugen nicht mehr für die gegenwärtigen und absehbaren zukünftigen Lebensverhältnisse in Deutschland.

17.5.1 Wie deutsch sind die Deutschen?

Bei nicht wenigen Deutschen stößt die Parole „Deutschland den Deutschen – Ausländer raus" auf offene Ohren (siehe Abschnitt 17.3.1).
Wer aber sind „die Deutschen"?
Nehmen wir Friedrich und seine Familie zum Beispiel:

Deutsche Gegenwart
Friedrich ist 14 Jahre alt, er ist in Deutschland geboren, seine Mutter und sein Vater sind Deutsche.

Eine Urgroßmutter von Friedrich stammte aus den Niederlanden, sie lebte jahrzehntelang in Indonesien.
Die eine Großmutter von Friedrich ist im damaligen Polen geboren und in Deutschland aufgewachsen. Die andere Großmutter von Friedrich ist in Deutschland geboren, lebt aber seit vielen Jahren in Großbritannien. Ein deutscher Onkel von Friedrich lebt seit langem im

südlichen Afrika und ist verheiratet mit einer Afrikanerin; deren beider Kinder, Friedrichs Cousine und Vetter, sind Deutsche.

Ein anderer Onkel von Friedrich ist Inder, er lebt seit mehr als 20 Jahren in Deutschland, hat auch einen deutschen Pass.

Ein anderer Onkel von Friedrich ist Pole und lebt seit mehr als 10 Jahren in Deutschland.

Ein anderer Onkel von Friedrich ist Österreicher, er lebt seit seiner Geburt in Deutschland, hat den österreichischen Pass.

Zwei Tanten von Friedrich sind Engländerinnen.

Eine andere Tante stammt aus Polen, sie lebt seit vielen Jahren in Deutschland, hat inzwischen einen deutschen Pass.

Drei Cousinen von Friedrich sind Engländerinnen.

Eine von Friedrichs deutschen Cousinen ist mit einem Schweden verheiratet, eine andere mit einem Südamerikaner, eine dritte mit einem Schweizer.

Ein Vetter von Friedrich ist mit einer US-Amerikanerin verheiratet.

Soweit die engere Verwandtschaft von Friedrich ...

1 *Wie ist es in eurer Klasse?*
 Wie deutsch – und seit wann deutsch – sind deine Verwandten, Großeltern und Urgroßeltern?
 In welchem Land (Staat) sind sie geboren, in welchem Land (Staat) haben sie lange gelebt?
2 *Vergleicht: eine kroatische Mitschülerin, die in Deutschland geboren und aufgewachsen ist – eine gleichaltrige Deutsche, die in Chile geboren und aufgewachsen ist.*

Natürlich sind nicht alle Familien in Deutschland so über die Grenzen hinaus verzweigt wie das bei Friedrichs Familie der Fall ist.

Doch zeigt sich, wenn ein längerer Zeitraum betrachtet wird, dass „die" Deutschen nie ohne vielfältige Vernetzung und Verbindung mit anderen Völkern gelebt haben.

Deutschland (bzw. die deutschsprachigen Staaten früherer Zeit) war immer ein offenes Land, in dem sich zu allen Zeiten Fremde niedergelassen haben.

Sie haben sich mit den Einheimischen verbunden und so das Leben der Menschen in Deutschland auf vielfältige Weise bereichert.

Der Schriftsteller Carl Zuckmayer macht in einer Szene seines Theaterstücks „Des Teufels General" anschaulich, was es mit dem „reinen Deutschtum" in Wirklichkeit auf sich hat – und wie bereichernd es gewesen ist, dass es ein „reines Deutschtum" nicht gegeben hat.
Ein General führt einen jungen Offizier durch die zweitausend Jahre alte Geschichte einer Familie im Rheinland:

Deutsche Vergangenheit

Denken Sie doch – was kann da nicht alles vorgekommen sein in einer alten Familie. Vom Rhein – noch dazu. Vom Rhein. Von der großen Völkermühle. Von der Kelter Europas! Und jetzt stellen Sie sich doch mal Ihre Ahnenreihe vor – seit Christi Geburt. Da war ein römischer Feldhauptmann, ein schwarzer Kerl, braun wie 'ne reife Olive, der hat einem blonden Mädchen Latein beigebracht. Und dann kam ein jüdischer Gewürzhändler in die Familie, das war ein ernster Mensch, der ist noch vor der Heirat Christ geworden und hat die katholische Haustradition begründet. – Und dann kam ein griechischer Arzt dazu, oder ein keltischer Legionär, ein Graubündner Landsknecht, ein schwedischer Reiter, ein Soldat Napoleons, ein desertierter Kosak, ein Schwarzwälder Flößer, ein wandernder Müllersbursch vom Elsass, ein dicker Schiffer aus Holland, ein Magyar, ein Pandur, ein Offizier aus Wien, ein französischer Schauspieler, ein böhmischer Musikant – das hat alles am Rhein gelebt, gerauft, gesoffen und gesungen und Kinder gezeugt – und – und der Goethe, der kam aus demselben Topf, und der Beethoven, und der Gutenberg, und der Matthias Grünewald, und – ach was, schau im Lexikon nach! Es waren die Besten, mein Lieber! Die Besten der Welt! Und warum? Weil sich die Völker dort vermischt haben. Vermischt – wie die Wasser aus Quellen und Bächen und Flüssen, damit sie zu einem großen, lebendigen Strom zusammenrinnen.

Carl Zuckmayer: Des Teufels General. Theaterstücke 1947–1949, Frankfurt 1996, S. 67

3 *Im Text von C. Zuckmayer werden unterschiedliche Berufsgruppen der Fremden, die am Rhein geblieben sind, genannt. Stellt zusammen.*
 - *Aus welchen Gründen kamen die Fremden, warum blieben sie?*
 - *Welche Bereiche des Lebens der Einheimischen haben sie bereichert?*
4 *Wie das Land am Rhein, so haben auch andere deutsche Regionen in der Vergangenheit Zuwanderer aus anderen Ländern angezogen, zum Beispiel:*
 - *Preußen seit dem Ende des Dreißigjährigen Krieges*
 - *das Ruhrgebiet seit dem Ende des letzten Jahrhunderts.*
 Was berichten eure Geschichtsbücher?

17.5.2 Begrenzte Offenheit

Die Politikerinnen und Politiker in Deutschland standen Mitte der 90er-Jahre vor der Aufgabe, mindestens zweierlei im Verhältnis zwischen den Deutschen und den Ausländern, die in Deutschland leben oder zukünftig leben wollen, neu zu regeln:
- die Einbürgerungspolitik und die
- Einwanderungspolitik.

(Die Bundesregierung verwendet den Begriff „Einwanderung" nicht, sondern benutzt statt dessen den Begriff „Zuwanderung". Im Unterschied zu fast al-

Wer soll deutscher Staatsbürger sein?

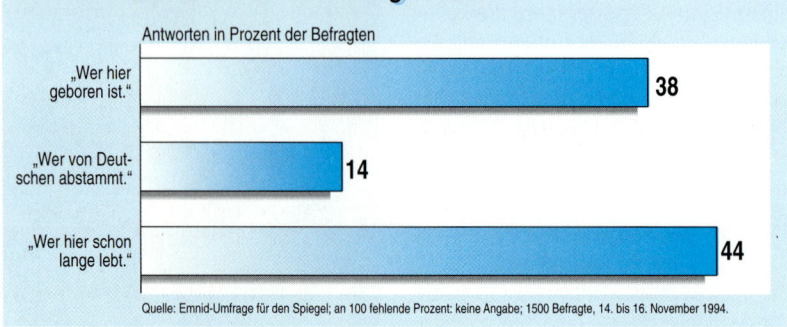

Antworten in Prozent der Befragten

„Wer hier geboren ist."	38
„Wer von Deutschen abstammt."	14
„Wer hier schon lange lebt."	44

Quelle: Emnid-Umfrage für den Spiegel; an 100 fehlende Prozent: keine Angabe; 1500 Befragte, 14. bis 16. November 1994.

Aufenthaltsdauer von Ausländern in Deutschland
(in Jahren)

	insges.	unter 1	1–4	4–6	6–8	8–10	10–15	15–20	über 20
Türkei	1918,4	69,9	260,1	159,0	114,7	73,9	334,4	362,9	543,5
Ehem. Jugoslawien	1239,0	206,1	418,5	54,3	24,7	17,0	68,0	92,5	357,8
Italien	563,0	17,1	51,0	33,4	30,0	22,4	71,7	74,9	262,4
Griechenland	352,0	11,6	51,4	35,5	13,2	8,1	26,6	36,9	168,6
Österreich	186,3	5,6	17,2	9,8	7,9	6,3	19,5	18,3	101,5

Angaben in Tausend   Quelle: Statistisches Jahrbuch 1995

len Fachleuten betont sie, dass die Bundesrepublik Deutschland kein Einwanderungsland ist.)
Bei der Einbürgerungspolitik war die Frage zu beantworten:
Wer soll unter welchen Bedingungen die deutsche Staatsangehörigkeit erwerben können? Wer darf Deutsche/Deutscher werden? Die bestehenden gesetzlichen Bestimmungen für die Einbürgerung machten es den Ausländerinnen und Ausländern, die schon lange in Deutschland lebten und auch weiterhin hier leben wollten, ziemlich schwer, die deutsche Staatsangehörigkeit zu erwerben. Die deutsche Staatsangehörigkeit aber erst würde ihre vollständige, dauerhafte Integration (= Eingliederung, Einbeziehung) ermöglichen, da ja erst durch die Staatsangehörigkeit eine politische Gleichberechtigung hergestellt wäre – z. B. aktives und passives Wahlrecht bei Landtags- und Bundestagswahlen.
Bei der Einwanderungspolitik ging es um die Frage:
Wie soll der Zuzug für Ausländerinnen und Ausländer, die in Deutschland dauerhaft arbeiten und leben wollen, geregelt werden? Wer darf – abgesehen von den aus politischen Gründen aufgenommenen Asylberechtigten – nach Deutschland einwandern?
Eine gesetzliche Regelung der Einwanderungsmöglichkeiten nach Deutschland wurde allein schon deshalb als notwendig erachtet, weil ja auch zukünftig ausländische Arbeitskräfte in Deutschland gebraucht würden (siehe Abschnitt 17.2.3).
In einem Interview mit der Präsidentin des Deutschen Bundestages, Rita Süssmuth, kommen einige Aspekte (= Gesichtspunkte) der Einbürgerungs- und der Einwanderungspolitik zur Sprache, die zwischen den Parteien und teilweise auch innerhalb der Parteien umstritten waren.

Der lange Weg zur Einbürgerung

Der einfachste Weg zur deutschen Staatsangehörigkeit ist mindestens ein deutscher Elternteil. Wer von Deutschen abstammt, ist gleichsam „automatisch" Deutsche/r. Maßgeblich ist also das ius sanguinis (lat.= das Recht des Blutes; Abstammungsrecht) im Unterschied zum ius soli (lat.= das Recht des Bodens), wonach ein Kind die Staatsangehörigkeit desjenigen Staates erhält, in dem es geboren wird. Wer ohne deutsche Abstammung die deutsche Staatsangehörigkeit erwerben will, muss einen Antrag auf Einbürgerung (Naturalisation) stellen.
Dies ist ein recht schwieriger Weg, Deutsche/r zu werden, denn es sind einige Voraussetzungen für die Einbürgerung zu erfüllen, zum Beispiel:

- Die Antragsteller/innen müssen in Deutschland eine ausreichende Unterkunft (Wohnung) und eine sichere Existenzgrundlage (Berufstätigkeit) für sich und ihre Familie nachweisen.
- Sie müssen (normalerweise) seit zehn Jahren ununterbrochen in Deutschland leben.
- Sie müssen die deutsche Sprache ziemlich gut beherrschen.
- Sie müssen unbescholten sein, dürfen also nicht vorbestraft sein.
- Sie müssen im Regelfall ihre bisherige Staatsbürgerschaft aufgeben.

Auch wenn alle Voraussetzungen vorliegen, besteht durchaus kein Rechtsanspruch auf Einbürgerung. Die deutschen Behörden haben einen großen Ermessensspielraum, maßgeblich sind ausschließlich die Interessen des deutschen Staates.
Wer mit einer/einem Deutschen verheiratet ist oder seit 15 Jahren rechtmäßig in Deutschland lebt, hat einen Rechtsanspruch auf Einbürgerung, sofern die anderen Voraussetzungen erfüllt sind.
Anspruch auf Einbürgerung haben auch ausländische Jugendliche zwischen dem 16. und 23. Lebensjahr, die seit acht Jahren in Deutschland leben und hier sechs Jahre die Schule besucht haben.
Die doppelte Staatsangehörigkeit ist bis Mitte der 90er-Jahre in der Bundesrepublik noch die Ausnahme.
(Stand: 1997)

Wir brauchen eine Reform
Ist das deutsche Abstammungsrecht von 1913, nach dem sich die Deutschen als Blutsgemeinschaft verstehen, noch zeitgemäß?
Eindeutig nicht. Wir brauchen eine Reform unseres Staatsbürgerrechts, das nicht länger primär [= vorrangig] von der Blutsgemeinschaft, sondern durch Bekenntnis zu unserer Verfassung, durch Zugehörigkeit zu unserem Land, zu den Rechten und Pflichten, wie sie in

unserer Verfassung und unseren Gesetzen verankert sind, gekennzeichnet ist.

Im Grunde müssen wir den Grad der Zugehörigkeit zu Deutschland neu definieren.

So ist es. Dabei ist zu differenzieren [= unterscheiden] zwischen der Entscheidung, wer die deutsche Staatsbürgerschaft erhalten soll, und den Fragen des Aufenthaltsrechts für Ausländer, die bei uns arbeiten und leben. Davon zu unterscheiden sind die Asylsuchenden. Es ist nicht das Ziel, Asylsuchende und Bürgerkriegsflüchtlinge dauerhaft in Deutschland zu integrieren. Diese Gruppen werden und sollen, wenn es die Verhältnisse in ihren Heimatländern zulassen, wieder zurückkehren. Integration muss das Ziel für die Ausländer sein, die schon seit langem bei uns leben, so z.B. für die vielen ausländischen Arbeitskräfte, die auf unseren Wunsch hin nach Deutschland gekommen sind, weil wir ihre Arbeitskraft brauchten.

Integration auch dann, wenn sie sich ganz bewusst entscheiden ihre eigene Kultur beizubehalten?

Integration kann doch nicht heißen, von ihnen zu verlangen, ihre eigene Kultur aufzugeben, ihre Herkunft zu verleugnen. Integration heißt nicht Assimilation [= Angleichung, Anpassung]. Das Zusammenleben unterschiedlicher Kulturen zu gestalten ist eine der schwierigsten Aufgaben für alle europäischen Länder.

Sie plädieren also für ein multikulturelles Zusammenleben?

Ja, ich trete für ein Miteinander unterschiedlicher Kulturen ein.

Damit lösen Sie bei vielen Deutschen Ängste aus.

Aber multikulturell heißt doch nicht Aufgabe der jeweils eigenen Kultur, Verwischung aller kulturellen Unterschiede. Multikulturelle Gesellschaft meint ein Leben kultureller Vielfalt. Multikultur ist der Gegenbegriff zu ethnischer und kultureller Homogenität [= Einheitlichkeit].

Gibt es eine zahlenmäßige Grenze für Integration?

Unbegrenzte Offenheit für Zuwanderer ist unrealistisch und kann bei Überforderung – fehlender Integration – gefährliche Formen der Ablehnung und Ausgrenzung annehmen. Es gibt eine Grenze der Belastbarkeit.

Wo ist diese Grenze der Belastbarkeit?

Maßstab muss sein: Was können wir innerhalb eines oder mehrerer Jahre an integrativen Leistungen erbringen? Gibt es genügend Wohnungen? Können wir Bildung und Ausbildung gewährleisten? Gibt es genügend Arbeitsplätze?

Diese Fragen sind zu beantworten. Von dort bemisst sich die Zuwanderungsquote bzw. die Einwanderungsquote, die für bestimmte Zeiträume festzulegen ist.

Bisher findet die Einwanderung weitgehend über das Asylrecht statt, also im Prinzip ungesteuert. Was soll sich ändern?

In den letzten 20 Jahren sind wir davon ausgegangen, dass Ausländer, die zu uns kommen, nach einer bestimmten Zeit wieder in ihr Heimatland zurückkehren.

Die, die zu uns gekommen sind, sind mehrheitlich geblieben, haben hier in Deutschland Familien gegründet, ihre Kinder sind hier aufgewachsen. Ihr Zuhause ist Deutschland, aber sie sind Ausländer. Hier reichen die Regelungen unseres Ausländerrechts nicht aus. Übrigens sind wir faktisch [= tatsächlich] – wenn auch nicht rechtlich – ein Einwanderungsland.

Welche Konsequenzen ergeben sich daraus für den Gesetzgeber?

Wir brauchen eine Reform des Staatsbürgerrechts, Regelungen für die Bedingungen der doppelten Staatsbürgerschaft. Wer hier geboren ist und aufwächst, sollte auch die deutsche Staatsbürgerschaft erhalten.

Der erste Schritt des Gesetzgebers wäre also ein reformiertes Staatsbürgerrecht. Und was müsste dann geschehen?

Wir brauchen eine geregelte Zuwanderung mit festgelegten Quoten [= Anteilen].

Quote, das bedeutet auch: Auswahl. Nach welchen Kriterien soll Einwanderung stattfinden?

Der Arbeitsmarkt ist das eine, unsere demographische [= die Bevölkerungsstatistik betreffende] Situation das andere. Wir werden immer älter, haben aber immer weniger Kinder. Das hat weit reichende Auswirkungen auch auf den Generationenvertrag und die Sicherung der Renten. Das ist nicht zuletzt eine Frage der Zahl der Beitragszahler. Insofern spielt auch das Alter der Zuwanderer eine wichtige Rolle.

Focus 47/1994, S. 108ff. (Auszug)

1 *Unterscheidet zunächst und notiert in Stichworten: Äußerungen von R. Süssmuth*
   - *zur Einbürgerung,*
   - *zur Einwanderung.*
   Um welche Gruppen von Ausländerinnen/Ausländern geht es dabei jeweils?
2 *Vergleicht die Forderungen von R. Süssmuth zur Einbürgerung/zur Staatsangehörigkeit mit den Umfrageergebnissen im Schaubild.*
3 *Ihr könnt in eurer Klasse zu der Frage „Wer soll deutscher Staatsbürger sein?" (mit den im Schaubild genannten Entscheidungsmöglichkeiten)*
   - *eine Diskussion,*
   - *eine Umfrage*
   durchführen. Vergleicht eure Ergebnisse mit den Ergebnissen im Schaubild.
4 *Stellt in Anlehnung an die Äußerungen von R. Süssmuth zusammen, was unter einer „multikulturellen Gesellschaft" zu verstehen ist.*
   - *Im Interview ist die Rede von „Ängsten" bei „vielen Deutschen" im Hinblick auf das multikulturelle Zusammenleben. Welche Ängste könnten gemeint sein?*
   - *Worin seht ihr die Schwierigkeiten des multikulturellen Zusammenlebens? Ihr könnt hierzu auch den Text „Toleranz – mehr als Duldung" (siehe Seite 299) heranziehen.*
5 *Informiert euch (z.B. bei der Ausländerbehörde eurer Gemeinde/Stadt) über die aktuellen gesetzlichen Regelungen für die Einbürgerung und die Einwanderung.*
   - *Vergleicht bezüglich der Einbürgerung mit den hier im Kasten erwähnten Bestimmungen.*
   - *Wie ist in eurer Gemeinde/Stadt die statistische Entwicklung in den letzten fünf Jahren bezüglich Einbürgerung und Einwanderung?*
6 *Befragt Vertreter/innen des Ausländerbeirats in eurer Gemeinde/Stadt zu den aktuell geltenden Regelungen für die Einbürgerung und die Einwanderung:*
   - *Wie bewerten die Ausländerinnen und Ausländer diese Regelungen?*
   - *Welche Verbesserungen wünschen sie sich?*

18 Europa: Ein Kontinent wächst zusammen

Europa ist der Kontinent, auf dem wir leben und für den wir deshalb besonders verantwortlich sind. Europa besteht aus über vierzig selbstständigen Staaten. Sie haben während der ersten Hälfte des 20. Jahrhunderts zwei große Kriege gegeneinander geführt, an deren Ausbruch Deutschland erhebliche bzw. alleinige Schuld trägt. Ost- und Westeuropa standen sich jahrzehntelang feindlich im „Kalten Krieg" (1946-1989) gegenüber, einer politischen, wirtschaftlichen, ideologischen (= weltanschaulichen) und militärischen Auseinandersetzung, in der gedroht, aber nicht geschossen wurde. Der Wunsch der Völker in Ost und West zielte jedoch auf ein friedvolles Europa.

Zuerst schlossen sich nach dem Zweiten Weltkrieg die westeuropäischen Staaten gleichberechtigt zusammen, dann die osteuropäischen Länder unter Vorherrschaft der Sowjetunion. Also: Ost- und Westeuropa gingen jeweils für sich politische und wirtschaftliche Zusammenschlüsse ein. Erst nach dem Zusammenbruch der Sowjetunion (1991) konnte man dem seit vielen Jahren angestrebten Ziel eines Gesamteuropa näher kommen. Der Westen versucht nun, soweit dies im Einzelfall möglich ist, allmählich auch mit den ost- und mitteleuropäischen Staaten eine Gemeinschaft zu bilden.

Das Ganze wird viele Jahre dauern. So viele Länder unter einen Hut zu bringen, ist außerordentlich kompliziert. Die Entwicklung der Europäischen Union, die im folgenden Kapitel vorgestellt wird, zeigt die Schwierigkeiten und die Chancen des europäischen Einigungsprozesses.

18.1 Europa: gestern und heute

18.1.1 Europa – bald grenzenlos?

Im Eurocity von Straßburg nach Brüssel

Freitagabend. Hauptbahnhof Straßburg. Am Ende einer nervigen Sitzungswoche im Europäischen Parlament (EP). Im Erste-Klasse-Abteil des Eurocity nach Brüssel hat Madame de Fauconnier ihr Gepäck abgelegt, die Beine übereinander geschlagen und für einen Moment die Augen geschlossen, als wolle sie etwas Abstand gewinnen von der gerade hinter ihr liegenden anstrengenden Parlamentsdiskussion über die erweiterten Rechte der Europa-Abgeordneten.

Ihr gegenüber sitzt Walter Hufschmied, deutsches Mitglied der Sozialistischen Fraktion im EP. Er schätzt Madame sehr. Die Parlamentskollegin ist Mitglied der Christlich-Demokratischen Fraktion in Straßburg. Trotz der politischen Gegensätze: Die Wallonin aus Belgien und der Deutsche aus Hessen verstehen sich und schätzen einander.

Die beiden Parlamentarier arbeiten gemeinsam im „Sozialausschuss", jener Parlamentariergruppe, die sich mit der sozialen Einigung Europas befasst. Arbeitsverträge, Gewerkschaftsrechte, Betriebsverfassungsgesetz, Sozialversicherung und Renten ...

Beide werden dieses Wochenende das Europa-Seminar in Brüssel besuchen, was Walter Hufschmied gar nicht gefällt, denn eigentlich müsste er in seinem Frankfurter Wahlkreisbüro sein, am Sonntagabend die Ehrenrede in der Jahreshauptversammlung des Gesangvereins halten, und seine Familie hat ihn auch seit zwei Wochen nicht gesehen. Da hat es Madame ein wenig einfacher. Sie wohnt in Brüssel und kann zwischendurch einen Diskussionsabend des Christlichen Hausfrauenvereins eröffnen. Wählerstimmen lauern überall und die wahre Politik wird oft nicht in den Parlamenten gemacht.

Madame hat sich abgewöhnt in ihren Reden und Diskussionsbeiträgen die Ländernamen zu benutzen. Sie will das „Europa der Regionen" und spricht immer nur von Katalanen und Basken, von Flamen und Bretonen, von Friesen und Wallisern. Und die Deutschen, sind das nicht Sachsen oder Bayern oder sonstwas? Mit eigenen Dialekten und Kulturen, wie in Frankreich die Bretonen und die Elsässer?! Als der Eurocity Brüssel erreicht, fragt Madame: „Wollen Sie nicht meine Einladung zu uns annehmen? Mein Mann wird sich bestimmt freuen beim Abendessen mit Ihnen zu plaudern." [...]

Später... „Sehen Sie", unterbricht Monsieur de Fauconnier Herrn Hufschmied, „wie sah es denn damals vor etwa vierzig Jahren mit Europa aus? Wer in Großbritannien einreisen wollte, musste Geld, Rückflugticket und ein Hotel nachweisen. Von Arbeitsaufnahme oder gar einer Geschäftseröffnung konnte damals kaum die Rede sein, und wenn, dann nur mit beinahe unüberwindlichen bürokratischen Hürden. Um von Nord-Frankreich nach Süd-Holland zu reisen, da wurden Sie vom Zoll durchsucht und befragt, als seien Sie ein Schwerverbrecher. In Spanien durften Sie höchstens Urlaub machen, aber kein Geld investieren, dort nicht arbeiten und kein Geld ausführen. Griechenland und Portugal gehörten damals zum Rand der Welt und wenn Sie als Deutscher in Irland krank wurden oder einen Unfall hatten, da gab es noch keine gegenseitige Krankengeldverrechnung. Und was ist heute ...?"

Monsieur de Fauconnier ist kaum zu bremsen in seinem Redefluss, „... heute packt eine junge Frau in München ihren Koffer, fährt nach Paris oder in das letzte Provinznest von Italien und darf dort ohne viel Firlefanz arbeiten,

---

Selbstverständlichkeiten?

- Wir können seit Jahren nach Dänemark, nach Frankreich, nach Holland fahren, ohne an den Grenzen große Kontrollen ertragen zu müssen.
- Der rote, mehrsprachige EU-Reisepass ersetzt zunehmend den alten grünen deutschen Reisepass.
- Jeder Bürger der EU kann in jedem EU-Land ohne Beschränkung arbeiten.
- Hochschuldiplome, Abschlusszeugnisse, Gesellenbriefe, Handelskammerzeugnisse, die in einem Mitgliedsland erworben werden, gelten in jedem anderen Mitgliedsland als anerkannter Nachweis zur Berufsausübung.
- Europäische Ausbildungsprogramme ermöglichen interessierten Jugendlichen Fortbildungen in allen EU-Ländern.
- EU-Bürger/innen können an den Kommunalwahlen und Europawahlen in EU-Staaten teilnehmen.
- In allen Mitgliedsstaaten der EU gelten seit 1.1.93 dieselben Maße, Normen und technischen Richtwerte. Der Haarfön läuft auch in Italien, der Stecker der Kaffeemaschine passt auch in Spanien ...

Geplant sind
- ein einheitlicher europäischer Telefonnotruf,
- eine einheitliche Währung,
- ein einheitlicher Führerschein.

Die Unionsbürgerschaft
Art. 8 [Unionsbürgerschaft]
(1) Es wird eine Unionsbürgerschaft eingeführt. Unionsbürger ist, wer die Staatsangehörigkeit eines Mitgliedstaates besitzt.
(2) Die Unionsbürger haben die in diesem Vertrag vorgesehenen Rechte und Pflichten.

Art. 8a [Aufenthaltsrecht]
(1) Jeder Unionsbürger hat das Recht, sich im Hoheitsgebiet der Mitgliedstaaten vorbehaltlich der in diesem Vertrag und in den Durchführungsvorschriften vorgesehenen Beschränkungen und Bedingungen frei zu bewegen und aufzuhalten. [...]

Art. 8b [Aktives und passives Wahlrecht]
(1) Jeder Unionsbürger mit Wohnsitz in einem Mitgliedstaat, dessen Staatsangehörigkeit er nicht besitzt, hat in dem Mitgliedstaat, in dem er seinen Wohnsitz hat, das aktive und passive Wahlrecht bei Kommunalwahlen, wobei für ihn dieselben Bedingungen gelten wie für die Angehörigen des betreffenden Mitgliedstaats. [...]

EG-Vertrag 1993

eine Wohnung mieten und die Behörden stellen ihr anstandslos die europäischen Papiere aus. Studieren kann man heute in Mailand, dann in Oxford oder Heidelberg – und keine Probleme bei der Prüfung, wenigstens keine rechtlichen. Nun, verehrter Monsieur Hufschmied! Ist das nichts? Kann man das nicht positiv herausstellen?"

Kurt Setz: Junge Chance Europa, Köln 1993

1 Stellt zusammen, was ihr in dem Text über Personen, gemeinsame Maßnahmen und Einrichtungen in Westeuropa erfahren habt.
2 Was berichtet Herr de Fauconnier
   - über die Verhältnisse vor dem Zusammenschluss der westeuropäischen Länder?
   - über die Möglichkeiten der jungen Frau aus München? Was ist daran gut?
3 Zu welchem Zweck werden die vielen Gemeinsamkeiten in Europa hergestellt? (Lest dazu auch die folgenden Texte.)
4 Berichtet über erfreuliche und weniger erfreuliche Ereignisse beim Grenzübertritt in die westeuropäischen Staaten (z. B. einheitlicher Jugendherbergsausweis, europäisches Eisenbahn (Rail)-Ticket, Grenzkontrollen).
5 Macht Fotos in eurer Stadt/eurer Gemeinde zum Thema: „Europa bei uns" und stellt sie aus.

18.1.2 Europa für uns

Lernen ohne Grenzen

„Jeder Absolvent, der hier sein doppeltes Abitur – deutsch und französisch – abgelegt hat, kann sowohl an die Grandes écoles gehen wie auch an jede deutsche Universität", sagt Dr. Dieter Roser stolz. Er ist Direktor des deutsch-französischen Gymnasiums Freiburg. Die Grandes écoles (wörtlich: Hohen Schulen) gelten in Frankreich als Eliteuniversitäten. Die ersten beiden Jahre am Gymnasium müssen die deutschen Schüler intensiv Französisch pauken (und die Franzosen Deutsch). Die deutschen und französischen Klassen sind noch getrennt. Dann folgen sieben Jahre gemeinsamer Unterricht in einigen Fächern. Unter den 750 Schülern sind rund 300 Franzosen. Die deutschen Schüler kommen aus Freiburg und Umgebung. Die französischen Schüler sind zu einem Drittel Tagespendler aus dem Elsass, vorwiegend aus Colmar und Mülhausen. Andere haben französische Eltern, die in Freiburg leben, oder sind im Internat untergebracht – mit Herkunftsorten, die von Lille bis Nizza verteilt sind.

PZ 78/1994

Ein Zeugnis für drei Länder

Dirk-Michael Ochs hat es geschafft. Der junge Mann aus dem südbadischen Maulburg hat nicht nur seine Ausbildung als Mechaniker erfolgreich bestanden. Mit seinem Facharbeiterbrief bekam er zugleich ein Euro-Zertifikat überreicht. Eines von dreien, die bislang verliehen wurden. Dirk-Michael Ochs hat seine Lehre bei der deutsch-schweizerischen Firmengruppe Endress + Hauser absolviert. Der internationale Spezialist für Messtechnik und Automation (4 300 Mitarbeiter, 670 Millionen Schweizer Franken Umsatz) schuf dieses ungewöhnliche und doch bereits in allen drei Ländern anerkannte Zeugnis – als Nachweis für eine trinationale [in drei Staaten stattfindende] Ausbildung, die bislang einzigartig ist. Austauschprogramme mit dem Ausland sind mittlerweile in etlichen Firmen üblich. Endress + Hauser ist aber das erste Unternehmen in der Region am Oberrhein, das Auslandsaufenthalte im Rahmen einer genau festgelegten Ausbildung anbietet. Angehende Kommunikationselektroniker und Industriemechaniker aus den Firmenstandorten im badischen Maulburg, im elsässischen Cernay und im schweizerischen Rheinach haben die Gelegenheit, während ihrer dreijährigen Ausbildung 12 bis 18 Wochen im Jahr in den Tochterunternehmen in Deutschland, der Schweiz und Frankreich zu arbeiten und zu lernen. Parallel zur praktischen Ausbildung auf der anderen Seite des Rheins erhalten die Auszubildenden Sprachunterricht.
Am Ende der Lehrzeit winkt neben dem jeweiligen nationalen Facharbeiterbrief das trinationale Euro-Zertifikat der Industrie- und Handelskammern Schopfheim (Deutschland) und Mülhausen (Frankreich) und des Amtes für Berufsbildung Kanton Basel-Land (Schweiz).

Programme für die Jugend

Jugend für Europa
Austauschprogramm für junge Arbeitnehmerinnen und Arbeitnehmer. Das Programm ermöglicht es Jugendlichen zwischen 15 und 25 Jahren, gruppenweise im Austausch jeweils mindestens eine Woche in einem anderen Land der Europäischen Union zu verbringen, um dort das wirtschaftliche, kulturelle und soziale Leben kennen zu lernen.

ERASMUS
Abkürzung für „European Community Action Scheme for the Mobility of University Students" - Aktionsprogramm der Europäischen Union zur Förderung der Mobilität (Auslandsstudien) von Hochschulstudenten.

SOCRATES
Förderung von europaweiten Schulpartnerschaften, des Fremdsprachenlernens im Ausland, von Auslandsaufenthalten für Schulklassen.

LEONARDO
Ausbildungsaufenthalte und Arbeitspraktika für Jugendliche in einem EU-Mitgliedstaat; Maßnahmen zur Förderung der Zusammenarbeit bei der Berufsinformation und -beratung.

Nähere Informationen
Deutscher Akademischer Austauschdienst, Kennedyallee 50, 53175 Bonn

Sekretariat der Kultusministerkonferenz, Nassestraße 8, 53113 Bonn

Wer mit Jugendlichen eines Nachbarlandes in einem (Sommer-)Camp zusammen sein möchte, wendet sich an:
Deutsch-Polnisches Jugendwerk
Friedhofsgasse 2, 14473 Potsdam
oder:
Deutsch-Französisches Jugendwerk
Rhöndorfer Straße 23
53604 Bad Honnef

Anerkennung von Zeugnissen und Diplomen: Prüfungszeugnisse und Befähigungsnachweise, Ausbildungs- und Studienleistungen sowie Diplome werden in den EU-Staaten gegenseitig anerkannt.

Schüler-/Schulaustausch

Das Europa (fast) ohne Grenzen eröffnet uns unkompliziertes Reisen von einem Land in das andere. Aber das ist oft nicht genug, wenn wir ein Land wirklich kennen lernen wollen. Schlafquartiere reichen dazu nicht aus. Man sollte die Menschen dort kennen lernen, wo sie leben und arbeiten. Am besten eignen sich dafür das Mitleben in einer Gastfamilie und die aktive Teilnahme an ihrem Tagesablauf.

Viele Schulen unterhalten Partnerschaften, die auf Besuch und Gegenbesuch beruhen. Sie setzen voraus, dass man sich - von der Sprache angefangen über Sitten und Gewohnheiten bis zu gesellschaftlichen und politischen Fragen -, je nach Alter und Vorkenntnissen, mit dem Besuchsland auseinander setzt. Wir wollen keinen Besuchstourismus betreiben, sondern - im Rahmen der Möglichkeiten, die sich uns dabei eröffnen - das fremde Land praktisch, alltäglich erfahren.

1. Vorbereitung

Wir beschäftigen uns (gemeinsam oder in einer AG) mit den Menschen eines anderen Landes und ihrer Kultur durch

- (Film-/Bilder-)Berichte von ausländischen Mitschüler/innen, von Menschen, die wir kennen und in einem fremden Land gelebt haben,
- Unterlagen der Reisebüros (Vorsicht: Sie zeigen meist nur die „Schokoladenseite" des jeweiligen Landes),
- Lesen von Büchern und Zeitungen,
- Briefkontakte mit ausländischen Jugendlichen,
- Schulpartnerschaften.

2. Durchführung

Dabei müssen wir u. a. Folgendes berücksichtigen:
- Wir bereiten uns auf den Austausch vor (s. **1.**).
- Wir legen Wünsche fest, die wir in der fremden Stadt/Gemeinde verwirklichen möchten, z. B. Teilnahme am Unterricht, Besuch der Umgebung, einer Disko, in kultureller Einrichtungen.
- Wir spezialisieren uns auf kleine Untersuchungsaufgaben, z. B.:
  - Wie ist die Einstellung der Gasteltern zu Deutschland?
  - Welche Fragen ergeben sich aus der gemeinsamen Geschichte?
  - Wie ist die Stadtverwaltung in X aufgebaut?
  - Welche Rolle spielt der Bürgermeister in der Gemeindepolitik?
  - Welche politischen Parteien gibt es und welchen Einfluss üben sie auf die Gemeindepolitik aus?
  - Wie ist das Schulsystem gegliedert? Was müssen unsere Altersgenossen lernen?
  - Welche Freizeiteinrichtungen hat die Stadt/Gemeinde?
- Wir machen uns mit den Gastfamilien vertraut (über die wir vorher einige Angaben erhalten sollten; wir suchen ein kleines Gastgeschenk aus).
- Wir bemühen uns im fremden Land um ein hier übliches Verhalten.

3. Nachbereitung
- Wir stellen unsere Arbeiten/Untersuchungen zu einer selbst gemachten Broschüre zusammen sowie einen Film oder eine Bilderserie her.
- Wir berichten in unserer Schülerzeitschrift; wir machen eine Ausstellung für Mitschüler/innen, Eltern und Öffentlichkeit in der Schule.

Dirk-Michael Ochs, einer der drei Absolventen des Versuchslehrgangs, hat durch seine Ausbildungsvisiten [= Besuche] in Frankreich und der Schweiz viel an zusätzlichem Wissen und Können erworben. Und zudem besser Französisch gelernt.

PZ 78/1994

1 *Findet heraus, welche Möglichkeiten ihr zum Schul- oder Schüleraustausch in eurer Stadt oder eurer Schule habt.*
2 *Sucht ein Programm heraus, das für eure Zukunft von Interesse sein könnte. Besorgt euch nähere Informationen darüber bei den angegebenen Adressen (Postkarte genügt).*

18.1.3 Entwicklung der EU: Der Weg zum Maastrichter Vertrag

Bis zum Ende des Zweiten Weltkriegs waren die europäischen Staaten Einzelstaaten, Nationalstaaten. Jeder schloss selbstständig Verträge mit anderen Staaten ab, jeder Staat war auf allen Gebieten souverän. Dies änderte sich grundlegend nach dem Krieg, als Europa in zwei Teile geteilt wurde.

Die Bundesrepublik Deutschland nahm rasch und ohne große Schwierigkeiten Beziehungen zu den westeuropäischen Staaten und den USA auf. Sie trat 1951 in den Europarat (siehe Kasten gegenüber) und 1955 in die NATO (siehe Abschnitt 20.3.3) ein und war damit fest in das westliche Bündnis eingebunden.

Gemeinsam war den westlichen Staaten die Ablehnung des sozialistischen Gesellschaftssystems im Einflussgebiet der Sowjetunion und ihr gemeinsames Interesse, sich auf der Grundlage einer marktwirtschaftlichen Ordnung zu entwickeln. Die nationalen Schranken sollten mehr und mehr abgebaut, am Ende ein wirtschaftlich und politisch geeintes Europa errichtet werden. Grundlage für die westeuropäische Einigungspolitik Deutschlands war das Grundgesetz. In Artikel 24 legte es fest, dass die Bundesrepublik einen Teil ihrer Selbstständigkeit (Souveränität) zugunsten einer engen Zusammenarbeit mit anderen Staaten aufgeben dürfe.

Die westeuropäische Einigung (Integration) begann mit einer Rede des französischen Außenministers Robert Schuman im Jahr 1950.

Er machte den Vorschlag, die Kohle- und Stahlindustrie Frankreichs und der Bundesrepublik unter eine gemeinsame oberste Behörde zu stellen, um künftige Kriege zu verhindern (Schuman-Plan). So entstand 1951 die Europäische Gemeinschaft für Kohle und Stahl (EGKS, auch Montan-Union). Sie arbeitete so gut, dass die Mitgliedstaaten - Frankreich, die Bundesrepublik Deutschland, Italien, Belgien, Luxemburg, die Niederlande - beschlossen, eine noch engere Verbindung der Wirtschaft einzugehen.

1957 gründeten sie die Europäische Wirtschaftsgemeinschaft (EWG) und die Europäische Atomgemeinschaft (Euratom). Diese drei Einrichtungen erhielten 1967 eine gemeinsame Verwaltung. Sie wurden zusammenfassend als Europäische Gemeinschaften (EG) bezeichnet. Am 1. 1. 1973 kamen Großbritannien, Dänemark und Irland, am 1. 1. 1981 Griechenland, am 1. 1. 1986 Portugal und Spanien, am 1. 1. 1995 Österreich, Schweden und Finnland hinzu.

Aus dem Vertrag zur Gründung der Europäischen Wirtschaftsgemeinschaft (1957)

Artikel 2
Aufgabe der Gemeinschaft ist es, durch die Errichtung eines Gemeinsamen Marktes und die schrittweise Annäherung der Wirtschaftspolitik der Mitgliedstaaten eine harmonische Entwicklung des Wirtschaftslebens innerhalb der Gemeinschaft, eine beständige und ausgewogene Wirtschaftsausweitung, eine größere Stabilität, eine beschleunigte Hebung der Lebenshaltung und engere Beziehungen zwischen den Staaten zu fördern, die in dieser Gemeinschaft zusammengeschlossen sind.

C. Schöndube (Hg.): Europa. Verträge und Gesetze, Bonn 1978, S. 76 ff.

1 Welche politischen und wirtschaftlichen Gründe haben die westeuropäischen Staaten nach dem Zweiten Weltkrieg dazu gebracht, sich enger zusammenzuschließen?
2 In welcher Situation war die junge Bundesrepublik, als sie sich für eine engere Zusammenarbeit mit den westeuropäischen Staaten entschloss? Warum waren die westlichen Staaten an einer Beteiligung der BRD interessiert?

Der EWG-Vertrag von 1957 zielte bereits auf eine weiter gehende Vereinigung der Mitgliedstaaten. Sein Hauptziel war allerdings die wirtschaftliche Einigung. Ein über die Wirtschaft hinausgehender Zusammenschluss konnte nur durch eine fortlaufende Integrationspolitik und durch eine Revision (Neuformulierung) des ursprünglichen Vertrags verwirklicht werden. Die letzte Vertragsänderung wurde mit dem Maastrichter Vertrag, so genannt nach dem holländischen Ort der Unterzeichnung von 1992, vorgenommen.

Seit Inkrafttreten dieses Vertrags werden die Europäischen Gemeinschaften als Europäische Union (EU) bezeichnet. Die eigentliche Union (= Zusammenschluss) der Mitgliedstaaten ist das politische Ziel.

Integration
Vorgang, der vom Zusammenwirken bis zur Zusammenfassung verschiedener Teile zu einem übergeordneten Ganzen führt. In der internationalen Politik kennzeichnet Integration eine wachsende politische, wirtschaftliche oder militärische Verflechtung von Staaten. In der Europapolitik ist Integration die Übertragung von Entscheidungsbefugnissen der beteiligten Staaten an gemeinsame Organe, wie es die Mitgliedstaaten der EU für wichtige Teile ihrer Politik getan haben.

Erster Zusammenschluss von Staaten nach dem Zweiten Weltkrieg: der Europarat

Organe des Europarats
- das Ministerkomitee aus den Außenministern der Mitgliedstaaten
- die Parlamentarische Versammlung aus Abgeordneten der nationalen Parlamente
- der Europäische Gerichtshof für Menschenrechte
- die Menschenrechtskommission
- das Generalsekretariat
- Kongress der Gemeinden und Regionen Europas

Mitglieder des Europarats
Gründungsmitglieder: Belgien, Dänemark, Frankreich, Großbritannien, Irland, Italien, Luxemburg, Niederlande, Norwegen, Schweden.
Voraussetzungen eines Landes für die Mitgliedschaft sind Rechtsstaatlichkeit, Freiheit und Demokratie. Insgesamt gibt es 39 Mitglieder (1996) mit mehr als 750 Millionen Einwohnern, darunter mehrere mittel- und osteuropäische Staaten, deren Vollmitgliedschaft im Europarat als Übergang zur Mitgliedschaft in der Europäischen Union angesehen wird.

Eine Institution mit Einfluss
Die Beschlüsse der Ministerräte haben für die Mitgliedstaaten nur empfehlenden Charakter. Außen-, Sicherheits- und Währungspolitik bleiben ausgeschlossen. Die freiwilligen Abkommen auf den Gebieten der Justiz, der Erziehung, der Sozial- und Familienpolitik, der Raumplanung und des Umweltschutzes haben einige Wirkung gezeigt. Dazu kommen etwa 150 Konventionen, die von den Mitgliedstaaten ratifiziert (= in Kraft gesetzt) werden können. Am bedeutendsten geworden ist die Konvention zum Schutze der Menschenrechte und Grundfreiheiten (1950). Im dazugehörigen Europäischen Gerichtshof für Menschenrechte in Straßburg werden Verletzungen der Menschenrechte verhandelt.

Kaum weniger bedeutsam ist die Europäische Sozialcharta von 1961. Sie möchte die - längst nicht in allen Ländern selbstverständlichen - Rechte der Arbeitnehmer schützen und fordert u. a. das Recht auf Arbeit, sichere und gesunde Arbeitsbedingungen, Kollektivverhandlungen, Berufsausbildung, soziale Sicherheit, Vereinigungsfreiheit der Arbeitnehmer, Schutz der Wanderarbeitnehmer und ihrer Familien.
Schwerpunkte der künftigen politischen Arbeit des Europarats liegen z. B. im Schutz der Menschenrechte, in der Wahrung der pluralistischen Demokratie, in der Beseitigung sozialer Ungleichgewichte, in einer demokratischen Bildungspolitik. In allen Fällen erfolgt eine Zusammenarbeit mit der EU. Als Gäste können künftige Mitglieder, nachdem sie demokratische Verhältnisse in ihren Ländern hergestellt haben, an den Arbeiten beratend teilnehmen.

Kap 18.7.3

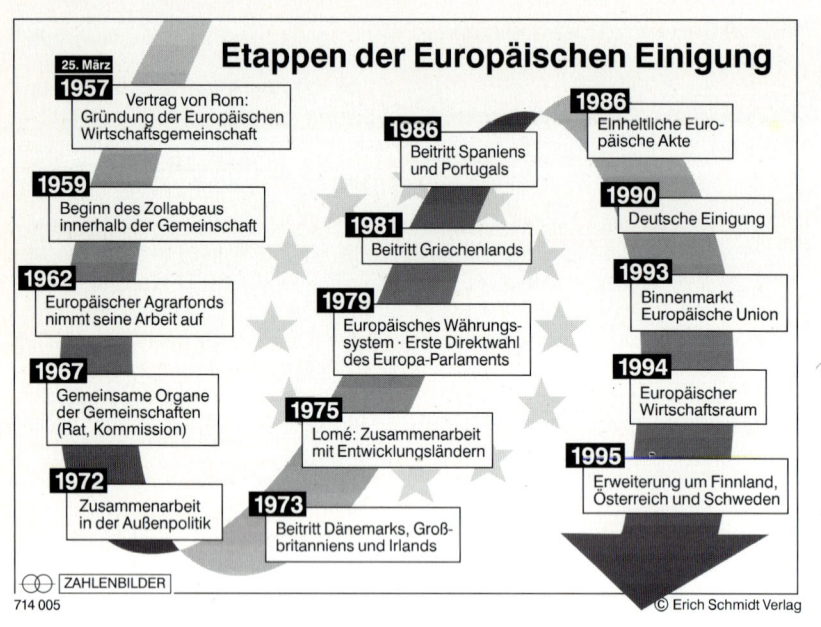

Etappen der Europäischen Einigung

- **25. März 1957** Vertrag von Rom: Gründung der Europäischen Wirtschaftsgemeinschaft
- **1959** Beginn des Zollabbaus innerhalb der Gemeinschaft
- **1962** Europäischer Agrarfonds nimmt seine Arbeit auf
- **1967** Gemeinsame Organe der Gemeinschaften (Rat, Kommission)
- **1972** Zusammenarbeit in der Außenpolitik
- **1973** Beitritt Dänemarks, Großbritanniens und Irlands
- **1975** Lomé: Zusammenarbeit mit Entwicklungsländern
- **1979** Europäisches Währungssystem · Erste Direktwahl des Europa-Parlaments
- **1981** Beitritt Griechenlands
- **1986** Beitritt Spaniens und Portugals
- **1986** Einheitliche Europäische Akte
- **1990** Deutsche Einigung
- **1993** Binnenmarkt Europäische Union
- **1994** Europäischer Wirtschaftsraum
- **1995** Erweiterung um Finnland, Österreich und Schweden

ZAHLENBILDER 714 005 © Erich Schmidt Verlag

Regierungskonferenzen sollen daher den Vertrag in Abständen überprüfen und Vorschläge machen. Ebenso bemüht sich das Europäische Parlament um eine Stärkung der eigenen Position (z. B. Recht zur Gesetzgebung) gegenüber den anderen EU-Organen.

Das Maastrichter Vertragswerk

Die Maastrichter Beschlüsse der Staats- und Regierungschefs vom 9. bis 11. Dezember 1991, die endgültig am 7. Februar 1992 mit dem Vertrag über die Europäische Union vereinbart wurden, stellen die bisher weitgehendste Änderung der EG-Verträge dar. Mit dem Vertrag vereinbarten die [damaligen] zwölf Mitgliedsländer, die Gemeinschaft in eine vollständige Wirtschafts- und Währungsunion umzuwandeln und schrittweise die Politische Union aufzubauen.

Der wesentliche Inhalt des Vertrages kann wie folgt zusammengefaßt werden:

- Schrittweiser Einstieg in die Politische Union mit einer gemeinsamen Außen- und Sicherheitspolitik, wobei die letztere im Rahmen der Westeuropäischen Union (WEU) entwickelt wird, die für alle EU-Staaten geöffnet werden soll.
- Schaffung einer Unionsbürgerschaft, die den EU-Bürgern über die bereits bestehende wirtschaftliche Gleichberechtigung das kommunale und europäische – aktive und passive – Wahlrecht an ihrem Wohnort einräumt und die allen Bürgern das freie Aufenthaltsrecht in allen EU-Staaten gewährt (und nicht nur, wie bisher, den Arbeitskräften).
- Schaffung der vollständigen Wirtschafts- und Währungsunion mit der Einführung einer gemeinsamen Währung, die bis spätestens 1999 verwirklicht sein soll.
- Weiterer Ausbau der EU als Sozialgemeinschaft auf der Grundlage der Gemeinschaftscharta der sozialen Grundrechte (9. Dezember 1989) – allerdings zunächst ohne Großbritannien. Errichtung eines Kohäsionsfonds [= zusätzliche Gelder für den Zusammenhalt der EU], um den ärmeren Ländern der EU den Einstieg in die vollständige Wirtschafts- und Währungsunion zu erleichtern.
- Verstärkte intergouvernmentale Zusammenarbeit [= Zusammenarbeit der Regierungen untereinander] der 15 EU-Mitgliedsregierungen im Bereich der Rechts- und Innenpolitik (z. B. Polizei, Asylpolitik).
- Weitere Einbeziehung von spezifischen Aufgaben aus den Bereichen der Bildung, Erziehung, Kultur, Gesundheitswesen, Verbraucherschutz, Planung transeuropäischer Netze.
- Im institutionellen Bereich wurde, neben dem bereits erwähnten Kohäsionsfonds, ein beratender Ausschuss der Regionen begründet, um diesen auch offiziell eine

Stichworte zur Europäischen Union

AKP-Staaten: 70 Staaten Afrikas, der Karibik und des Pazifik, die Kolonien von EU-Staaten waren. Sie sind seit ihrer Unabhängigkeit mit der EG/EU assoziiert.

EG: Europäische Gemeinschaft. Seit Inkrafttreten des „Vertrages über die Europäische Union" (1. November 1993) offizielle Bezeichnung der bisherigen EWG.

EGKS: Europäische Gemeinschaft für Kohle und Stahl. 1951 in Paris gegründet. Mitglieder: alle Staaten der heutigen Europäischen Union.

EWG: Europäische Wirtschaftsgemeinschaft. 1957 von den EGKS-Staaten in Rom gegründet.

EU: Europäische Union. Begründet mit Inkrafttreten des „Vertrages über die Europäische Union". Sie umfasst EG, EGKS und EURATOM, außerdem zusätzliche Bereiche der Regierungszusammenarbeit der Mitgliedstaaten, so in der Außen- und Sicherheitspolitik, der Justiz- und Innenpolitik. Durch die EU soll eine immer engere Union der Völker Europas verwirklicht werden.

EURATOM (EAG): Europäische Atomgemeinschaft. 1957 zusammen mit der EWG in Rom gegründet. EGKS, EWG und EURATOM haben seit 1967 gemeinsame Organe.

Sprachen in der EU: Es gibt insgesamt elf Amtssprachen. Sie sind alle gleichberechtigt, d. h. die Dokumente müssen in jeder Sprache verbindlich abgefasst werden. Dagegen gibt es nur zwei Arbeitssprachen (Englisch und Französisch), in denen die täglichen Gespräche und Verhandlungen innerhalb der EU-Verwaltung geführt werden.

WEU: Westeuropäische Union. Ein Verteidigungsbündnis, 1954 durch Erweiterung des Brüsseler Pakts von 1948 entstanden. Der WEU gehören 1996 zehn EU-Staaten an; Dänemark, Finnland, Irland, Österreich und Schweden haben Beobachterstatus. Norwegen, Island und die Türkei sind assoziiert. Die WEU soll zum „Verteidigungsarm" der EU ausgebaut werden; gleichzeitig stärkt sie den europäischen Pfeiler des Atlantischen Bündnisses NATO.

Vertretung auf EU-Ebene zu geben. Ebenfalls enthält der Vertrag die Satzung der Europäischen Währungsbank und – als Übergangseinrichtung – die Satzung eines europäischen Währungsinstituts. Schließlich wurde die Institution eines europäischen Bürgerbeauftragten geschaffen, der sich mit Beschwerden von Bürgern im Aufgabenbereich der EU befassen soll und der vom EP [= Europäisches Parlament] ernannt wird.

Nach: Das Parlament 1/1993, S. 4

3 Worin liegt der grundlegende Unterschied zwischen dem EWG-Vertrag von 1957 und dem Maastrichter Vertrag von 1993?

Allgemein wurden Befürchtungen laut, der Vertrag werde die Selbstständigkeit (Souveränität) der Bundesrepublik Deutschland und damit des deutschen Parlaments aushöhlen. Deshalb wandten sich Personen an das Bundesverfassungsgericht, um überprüfen zu lassen, ob der Maastrichter Vertrag mit dem Grundgesetz vereinbar ist.

Der Maastrichter Vertrag: in Deutschland umstritten

Am 12.10.1993 hat das Bundesverfassungsgericht (BVerfG) seine Entscheidung zu den Verträgen von Maastricht verkündet. Das BVerfG hatte über eine Verfassungsbeschwerde, die der FDP-Politiker Brunner und vier grüne Europa-Abgeordnete gegen den im Februar 1992 unterzeichneten Vertrag erhoben hatten, zu entscheiden. [...]
Ein Schwerpunkt des Urteils des BVerfG ist der Hinweis der Richter darauf, dass die demokratischen Grundlagen der europäischen Union „schritthaltend mit der Integration" ausgebaut werden müssen und in jedem Mitgliedstaat eine lebendige Demokratie erhalten bleiben muss. [...] Das hat letztlich zur Folge, dass die in dem Vertrag von Maastricht vorgesehenen Punkte, wie gemeinsame Währung, europäische Staatsbürgerschaft, gemeinsame Asyl-, Einwanderungs-, Außen-, Sicherheits- und Verteidigungspolitik sowie eine Stärkung der Kompetenz des Parlaments nicht stur nach dem Vertragstext gewissermaßen automatisch umgesetzt werden können.
Das Bundesverfassungsgericht hat sich mit seiner Entscheidung gegen einen Bundesstaat Europa ausgesprochen. Unter einem Bundesstaat versteht man die Vereinigung souveräner [selbstständiger] Staaten zu einem Bund, wobei Rechte und Aufgaben auf diesen übertragen werden und nur der Bund die völkerrechtliche Vertretung übernimmt. Das Bundesverfassungsgericht hat sich vielmehr für einen „Staatenverbund" entschieden. Hierunter versteht man den Zusammenschluss von Staaten, wobei deren Souveränität aber unangetastet bleibt. Eine über den Mitgliedstaaten stehende Staatsgewalt gibt es nicht. [...]
Der Vertrag von Maastricht soll nach der Interpretation des Bundesverfassungsgerichts der Bundesrepublik Deutschland den Weg eröffnen zu einer stufenweisen weiteren Integration der europäischen Rechtsgemeinschaft, wobei jeder weitere Schritt vom Parlament oder durch die parlamentarisch beeinflusste Bundesregierung überwacht wird.

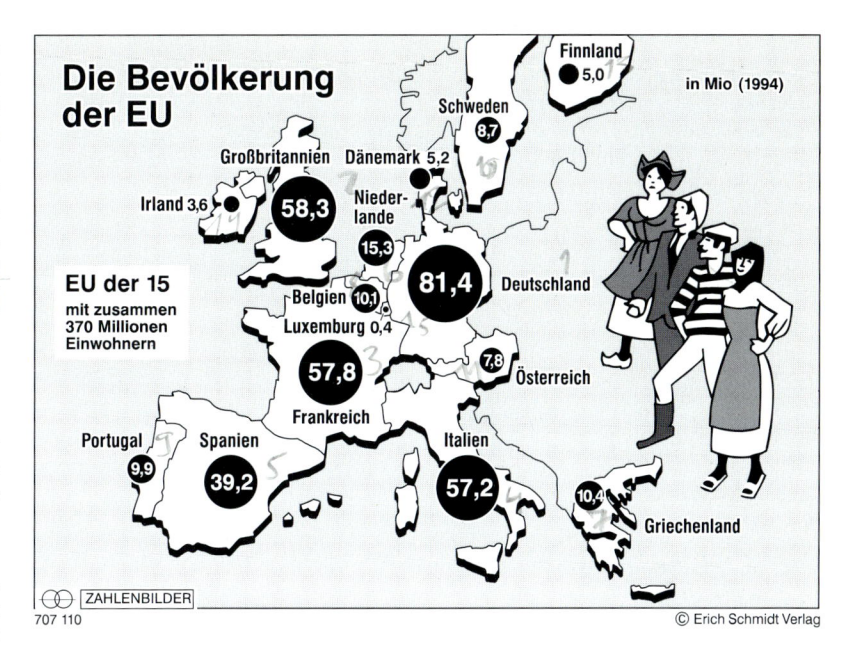

Politik Aktuell 34/1993

4 Kann der Deutsche Bundestag auch künftig die Gesetze für die Deutschen machen?
5 Inwieweit wird nach dem Urteil des BVerfG Deutschland als selbstständiger (souveräner) Staat weiter bestehen?
6 Wie weit darf nach dem BVerfG der Zusammenschluss Deutschlands mit anderen europäischen (EU-)Staaten gehen?
7 Von wem soll entschieden werden, wie weit Deutschland sich auf eine europäische Einheit einlässt?

18.1.4 Die EU – ein Überblick

Die Europäische Union wächst. In ihr leben rund 370 Millionen Menschen; das sind 84 Prozent der Bevölkerung Westeuropas. Die 15 EU-Länder bringen eine wirtschaftliche Gesamtleistung von 93 Prozent des westeuropäischen Bruttosozialprodukts hervor.

1 Ordnet die Länder der EU nach der Größe
 - ihrer Bevölkerung;
 - des Bruttoinlandsprodukts (= Summe aller Waren und Dienstleistungen, die in einem Land erwirtschaftet werden).
2 Dividiert die Bevölkerungszahl eines Landes durch die Anzahl der Parlamentssitze. Wie viele Einwohner kommen in jedem Land auf einen Sitz im Parlament?
3 Vergleicht die Stimmen im Rat (s. Abschnitt 18.3.2) nach Ländern miteinander. Wie viele Stimmen haben die großen, wie viele die kleineren Länder? Was fällt euch bei der Stimmverteilung auf? Haltet ihr die Stimmverteilung für gerecht?
4 Es gibt in der EU einige große und viele kleine Länder. Dies schlägt sich auch

Europa in Stichworten

Fläche: 10,01 Mio. qkm, der zweitkleinste Kontinent
Einwohner: 710 Mio. (1993), nach Asien der bevölkerungsreichste Kontinent
Staaten: (mehr als) 40 (1995)
Anzahl der gesprochenen Sprachen: ca. 70
Sechs große Religionen
Durchschnittsverdienste:
z. B. in Portugal 8,- DM/Stunde
z. B. in der Schweiz 45,- DM/Stunde
Jahresarbeitszeit:
z. B. in Portugal 2025 Stunden
z. B. in Deutschland 1697 Stunden

Wirkungen der Erweiterung

Positive Wirkungen
- Der Binnenhandel kann sich ausweiten.
- Der Zusammenhalt in Europa verstärkt sich.
- Es kommt zu Machtverschiebungen in der EU: Die Zahl der kleinen Staaten nimmt zu, was ihre Position stärken kann.

Negative Wirkungen
- Die Sprachenvielfalt in der EU nimmt zu, was die Umsetzung von Maßnahmen beeinträchtigt.
- Die Chance zu einheitlichen Maßnahmen wird immer schwieriger.
- Zur Steuerung der Vielfalt wird mehr Bürokratie erforderlich sein.
- Die Handlungsfähigkeit der EU in der Außenpolitik wird nicht gestärkt werden.

in der Anzahl der Sitze nieder. Welche Befürchtungen könnten die kleinen Länder gegenüber den großen haben?

5 Vergleicht die Wirtschaftsleistung (Bruttoinlandsprodukt je Einwohner) der einzelnen EU-Staaten mit ihrem Einfluss im Rat.

18.1.5 Die Erweiterung der EU

Anfang der Neunzigerjahre sah sich die Gemeinschaft neuen Beitrittswünschen gegenüber, die im Falle der Türkei, Zyperns und Maltas erst einmal zurückgestellt wurden. Statt dessen wandte sie sich der so genannten Nord-Erweiterung zu, nachdem sie ihren inneren Ausbau bis 1993 in zwei großen Projekten (Verwirklichung des Binnenmarkts, Übergang zur Politischen Union) vorangebracht hatte. Nach schwierigen Verhandlungen wurde im März 1994 eine grundsätzliche Einigung über den Beitritt Österreichs, Schwedens, Finnlands und Norwegens zur Europäischen Union erzielt. Die Norweger entschieden sich in einer Volksabstimmung gegen den Beitritt. Durch den Beitritt von Österreich, Schweden und Finnland am 1.1.1995 vergrößerte sich das „Europa der Zwölf" um drei Mitglieder, deren Wirtschaftsdaten im Allgemeinen über dem bisherigen Durchschnitt der EU liegen. Die Union rückte geographisch den ost(mittel)europäischen Ländern näher, die einen Beitritt in einigen Jahren anstreben.

1 Welche Gründe sprechen aus eurer Sicht für eine Erweiterung der EU? Was spricht eurer Meinung nach dagegen?

2 Wird eine EU mit über 15 Mitgliedern noch regierbar sein wie jetzt? Welche Probleme werden sich ergeben (z. B. bei Abstimmungen, bei der Ausarbeitung einer gemeinsamen Politik), wenn

Daten zur Europäischen Union

Land		Fläche in 100 qkm	Bevölkerung in Mio. 1995	Bruttoinlandsprodukt je Einwohner in Tsd. ECU* 1994	Sitze im Europäischen Parlament	Stimmen im Rat bei qualifizierter Mehrheit
A	Österreich	83,9	8,0	20,7	21	4
B	Belgien	30,5	10,1	18,9	25	5
D	Deutschland	356,9	81,6	21,1	99	10
DK	Dänemark	43,1	5,2	23,7	16	3
E	Spanien	504,8	39,6	10,4	64	8
F	Frankreich	544,0	58,0	19,5	87	10
GB	Großbritannien	244,1	58,3	14,8	87	10
GR	Griechenland	132,0	10,5	7,6	25	5
I	Italien	301,3	57,2	14,7	87	10
IRL	Irland	68,9	3,6	12,4	15	3
L	Luxemburg	2,6	0,4	28,5	6	2
NL	Niederlande	41,9	15,5	18,1	31	5
P	Portugal	92,0	9,8	7,4	25	5
S	Schweden	450,0	8,8	18,9	22	4
SF	Finnland	338,1	5,1	16,2	16	3
EU der 15		3 233,9	371,7	16,7	626	87

* 1 Ecu = ca. 1,90 DM

Quelle: eurostat

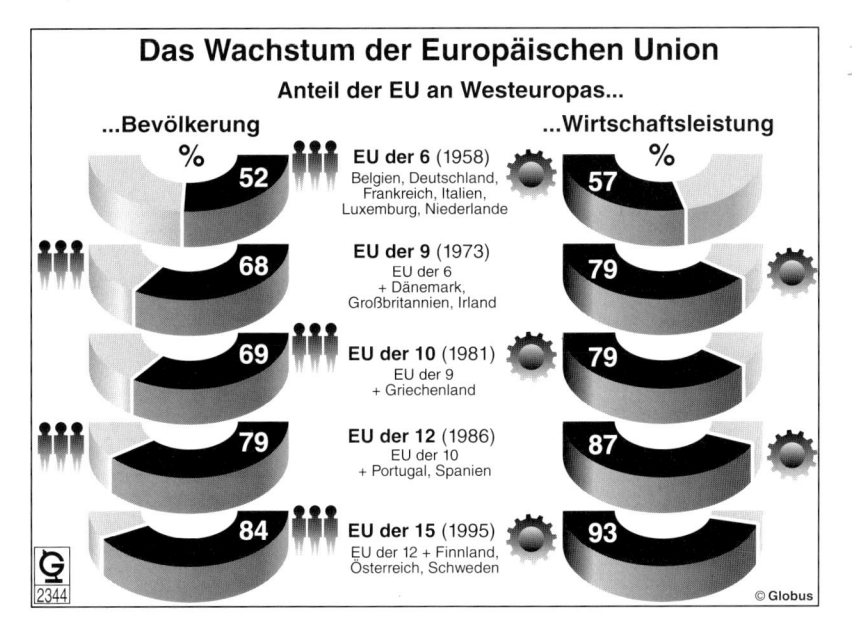

Das Wachstum der Europäischen Union
Anteil der EU an Westeuropas...

...Bevölkerung %		**...Wirtschaftsleistung %**
52	**EU der 6** (1958) Belgien, Deutschland, Frankreich, Italien, Luxemburg, Niederlande	57
68	**EU der 9** (1973) EU der 6 + Dänemark, Großbritannien, Irland	79
69	**EU der 10** (1981) EU der 9 + Griechenland	79
79	**EU der 12** (1986) EU der 10 + Portugal, Spanien	87
84	**EU der 15** (1995) EU der 12 + Finnland, Österreich, Schweden	93

© Globus

---

die Zahl der gleichberechtigten Mitglieder weiter ansteigt?
3 Welche Gründe unter den „Wirkungen der Erweiterung" scheinen euch verständlich/nicht verständlich? Erläutert.

Bis zum Zusammenbruch der kommunistischen Regimes in Ost- und Mitteleuropa zwischen 1989 und 1991 war die EG/EU auf Westeuropa beschränkt. Seitdem stellt sich die Frage, inwieweit und wann ost- und mitteleuropäische Länder – sofern sie ihre Wirtschaft stabilisiert und demokratische Verhältnisse eingeführt haben – der EU beitreten können.
Da dies ein Prozess ist, der nicht von heute auf morgen vollzogen werden kann, hat die EU eine Zwischenlösung gefunden. Mit Polen und Ungarn wurden 1994 und mit Tschechien und der Slowakei sowie mit Rumänien, Bulgarien, Estland, Lettland und Litauen 1995 so genannte Assoziierungsverträge („Europaverträge") abgeschlossen. Das sind Verträge, die diesen Staaten schon vor ihrem Beitritt die Möglichkeit geben, zu günstigen Bedingungen mit der EU Handel zu treiben.
Eine wichtige Frage ist aber auch, ob die EU überhaupt durch Beitritte erweitert oder ob sie bei Nichtzulassung weiterer Mitglieder ausgebaut und vertieft werden soll (z. B. Ausbau der gemeinsamen Politik in Fragen der Sicherheit, Wirtschaft und Währung, Entwicklungshilfe usw.).
Dazu gehört auch die Frage nach einem „Europa der zwei Geschwindigkeiten". Manche Länder sind stärker an der wirtschaftlichen Weiterentwicklung der EU interessiert, andere dagegen legen ihren Schwerpunkt auf die politische Entwicklung. Auch gibt es innerhalb der EU große Unterschiede in der Wirtschaftsleistung. Deshalb wird immer wieder diskutiert, ob ein so genanntes „Kerneuropa" z. B. aus Deutschland und Frankreich unabhängig von den anderen Staaten entstehen soll.

Erweiterung oder Vertiefung der EU? – Interview mit dem Europa-Abgeordneten Willi Rothley (SPD)

Welchen Vorteil verspricht sich die EU für sich selbst von ihrem Engagement in den Staaten Mittel- und Osteuropas?
Die EU hat ein Interesse daran, dass die Staaten Mittel- und Osteuropas ihren Weg in die Union finden. Für diese Staaten ist die Kooperation mit der EU der Weg zurück nach Europa. Alle europäischen Staaten sollen sich in der Union zusammenfinden zum Vorteil aller. Im Übrigen wird die EU im Hinblick auf die Unsicherheiten und Risiken, die in der Entwicklung der Nachfolgestaaten der Sowjetunion begründet sind, ein Anker politischer Stabilität in Europa sein müssen. Diese Aufgabe wird die Europäische Union ohne die mittel- und osteuropäischen Staaten nicht erfüllen können.
Die EU schloss Assoziierungsabkommen mit Polen, Ungarn, Tschechien und der Slowakei. Ähnliche Abkommen mit Bulgarien und Rumänien sind im Gespräch. Wann wird es frühestens zu einer Aufnahme dieser Länder in die EU kommen?
Eine Aufnahme in die EU würde für diese Länder derzeit erhebliche Schwierigkeiten mit sich bringen. Um in dem rauhen Wind des Binnenmarktes bestehen zu können, müsste die Wirtschaft wesentlich leistungsfähiger sein. Auch in der ehemaligen DDR haben sich die meisten Staatsbetriebe als nicht überlebensfähig erwiesen. Man darf auch nicht vergessen, dass diese Länder als Mitglieder der Europäischen Union die vollen Pflichten und Risiken übernehmen müssten. Sonderregelungen, wie sie zum Beispiel Großbritannien und Dänemark im Maastrichter Vertrag eingeräumt werden, wären undenkbar.
Es ist daher anzunehmen, dass Ungarn und die Tschechische Republik frühestens in zehn Jahren für eine EU-Mitgliedschaft in Frage kommen. Bei Polen und der Slowakei wird es noch länger dauern. [...]
Wie weit nach Osten sollte denn die EU höchstens reichen?
Eine EU, die bis nach Sibirien reicht, wird es nicht geben. Natürlich kommen Polen, Ungarn, die Tschechische Republik und die Slowakei dazu. Später wohl auch Bulgarien, Rumänien und die baltischen Staaten. Vorstellen könnte man sich vielleicht noch eine Mitgliedschaft von Weißrussland oder der Ukraine. Aber dies bedarf schon großer Phantasie.
Über eines sollte man sich allerdings klar sein: Eine um diese Länder erweiterte EU müsste institutionell reformiert werden. Dann müssen Aufbau und Arbeitsweise des Rates, der Kommission und auch des Parlaments noch einmal überdacht werden.

Rheinischer Merkur vom 17.12.1993

4 Wie begründet der Abgeordnete die Interessen der EU in Mittel- und Osteuropa? Kennt ihr noch andere Gründe?
5 Könnt ihr der Ansicht des Abgeordneten Rothley zu einem möglichen Beitritt ost- und mitteleuropäischer Staaten zustimmen? Begründet.
6 Wägt die im Text genannten Gründe zur Erweiterung der EU gegeneinander ab.

18.2 Wirtschaftsmacht EU

18.2.1 Der Binnenmarkt

Ursprünglich hat die europäische Einigung mit der Wirtschaft begonnen und beachtliche Erfolge erzielt. Die Politiker gingen davon aus, dass aus dem wirtschaftlichen Zusammenschluss von Staaten allmählich eine politische Einheit entstehen würde. Dies ist in Teilbereichen auch gelungen. Dennoch spielt nach wie vor die Wirtschaft in Gestalt des Binnenmarktes mit ca. 370 Mio. Menschen eine besondere Rolle. Der EU-Binnenmarkt wird durch die Europäische Freihandelszone (EFTA) zum Europäischen Wirtschaftsraum (EWR) ergänzt. Im Folgenden wird der gemeinsame Markt zusammen mit einigen wichtigen Politikbereichen angesprochen.

Zwischen Helsinki und Palermo

Man stelle sich vor, was man in seiner Schulzeit oder während des Studiums, in der Ausbildungszeit, im Arbeitsleben oder in der Freizeit innerhalb seines Heimatlandes schon immer unbehindert tun und lassen konnte – und übertrage dies auf das Gebiet zwischen Helsinki und Palermo, Lissabon und Wien, Athen und Dublin. In diesem Raum, neunmal so groß wie Deutschland, können wir beliebig unseren Wohnsitz wählen, ein Studium beginnen, eine Arbeit annehmen, ein Geschäft eröffnen, uns zur Ruhe setzen – kurzum: Wir können uns im ganzen Binnenmarkt wie zu Hause fühlen.

Das ist aber nur ein kleiner Ausschnitt der Möglichkeiten des Binnenmarktes. Große Vorteile werden auch der Wirtschaft erwachsen – und damit indirekt jedem von uns. Solche Vorteile entstehen, weil Kosten für Grenzformalitäten entfallen, Produkte nicht mehr in verschiedenen Ausführungen hergestellt werden müssen, Entwicklungskosten durch größere Stückzahlen aufgefangen werden können und mehr Wettbewerb zu Preisvorteilen führt. Dadurch können in der EU neue Arbeitsplätze entstehen – ein wichtiger Aspekt angesichts von rund 20 Millionen Arbeitslosen in den EU-Staaten.

Der Binnenmarkt soll auch dazu beitragen, dass Europa gegenüber anderen Regionen der Welt (beispielsweise USA, Japan) wettbewerbsfähig bleibt, damit es seine bedeutende Stellung in der Weltwirtschaft behält und ausbaut – eine Voraussetzung für neue Arbeitsplätze und wachsenden Wohlstand.

Vorteile auf der einen Seite können freilich auf einer anderen Seite auch Nachteile bringen: Innerhalb der EU wird für etliche Unternehmen und manche Regionen der Wettbewerb stärker. Schon wird in Staaten mit hohem Standard an sozialen Errungenschaften, an Schutz für Verbraucher und Umwelt ein Abbau dieser wichtigen, aber für Produzenten auch teuren Leistungen befürchtet.

Doch alles in allem: Die langfristigen Vorteile des Binnenmarktes sind so groß, dass sich wohl niemand in der EU mehr ein Zurück in die Zeit der Grenzpfähle wünscht.

Klaus D. Grupp: Europa 2000, Köln 1996, S. 36

Wirtschaftliche Zusammenschlüsse in Europa

EFTA
European Free Trade Association
4.1.1960

Freihandelszone
Zollfreiheit im Innern
(ab 31.12.1966)

EWG
Römische Verträge
25.3.1957

Zollunion
gemeinsamer Außenzoll
(ab 1.6.1968)

Einheitliche Europäische Akte
17.2.1986

Binnenmarkt
Freier Verkehr von Waren, Dienstleist., Kapital
(ab 1.1.1993)

EWR

Europäischer Wirtschaftsraum
(ab 1.1.1994)

EU
Maastrichter Vertrag
7.2.1992

Wirtschafts- und Währungsunion
Koordinierte Wirtschaftspolitik und gemeinsame Währung
(spätestens 1999)

---

1 Welche Vor- und Nachteile eines Binnenmarkts werden angeführt? Könnt ihr den einen oder anderen Vorteil durch eigene Erfahrungen erklären?
2 Welche Möglichkeiten kann der Binnenmarkt dir künftig bieten?

Die Bilder in Zeitungen und Fernsehen sind bekannt: Bauern fahren mit ihren Traktoren nach Straßburg oder Brüssel, um gegen die Agrarpolitik der EU zu protestieren. Noch immer wird über die Hälfte aller Gelder, die der EU zur Verfügung stehen, jährlich in die Landwirtschaft gesteckt. Die Agrarpolitik ist also weiterhin einer der wichtigsten Aufgabenbereiche der EU.

Gemeinsame Agrarpolitik – vom Mangel zum Überfluss

Sie ist wohl die bekannteste, aber auch die am meisten kritisierte Gemeinschaftspolitik der EU: die Gemeinsame Agrarpolitik (GAP). Was ihr vor allem vorgeworfen wird:

– ständig steigende Agrarüberschüsse, deren Lagerung und Verwertung immer mehr kosten;
– wachsende Spannungen im Welthandel, weil die EU ihre Überschüsse nur mit Hilfe hoher Exportsubventionen [= Unterstützungen] auf dem Weltmarkt verkaufen kann;
– anhaltende Unzufriedenheit der Bauern, deren Einkommen hinter denen anderer Wirtschaftszweige zurückbleiben.

Diese Probleme sind nicht entstanden, weil die Agrarpolitik ihr Ziel verfehlt hätte, sondern weil sie erfolgreich war, zu erfolgreich. Man darf nicht vergessen: Jahrhundertelang, und bis in unsere Sechzigerjahre, war es wichtigste Aufgabe der Agrarpolitik in Europa, den an-

---

Was ist ein Binnenmarkt?

Ein Binnenmarkt ist ein Gebiet, in dem sich das gesamte wirtschaftliche Geschehen nach weit gehend einheitlichen Regeln und gleichen Bedingungen abspielt: gleiche Chancen, gleiche Rechte, gleiche Pflichten für alle. Deshalb können innerhalb eines Binnenmarktes Güter und Kapital frei überallhin gebracht werden, Personen können beliebig reisen und können wohnen und arbeiten, wo sie wollen. Unternehmen, Handwerker oder Selbstständige können sich überall unter denselben Bedingungen niederlassen. Ein Binnenmarkt lässt sich unterteilen in eine Reihe von Teilmärkten, z.B. den Agrarmarkt, den Verkehrsmarkt, den Markt für Dienstleistungen, den Kapitalmarkt, den Markt für Beschaffungen der öffentlichen Hand usw.

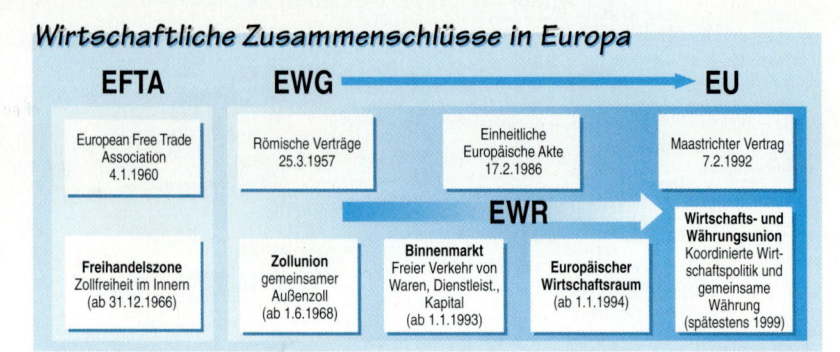

Der Europäische Wirtschaftsraum

Der Binnenmarkt endet nicht an den Grenzen der EU, sondern schließt Island, Norwegen und Liechtenstein ein. Die Europäische Union und die EFTA-Staaten (Ausnahme: die Schweiz) bilden gemeinsam seit 1. 1. 1994 den Europäischen Wirtschaftsraum (EWR), einen Binnenmarkt für 374 Millionen Menschen.
Der EWR ist seiner Kaufkraft nach der größte Binnenmarkt der Welt.
Die EFTA-Staaten Island, Norwegen und Liechtenstein haben den größten Teil des Rechts übernommen, das sich auf die Errichtung des Binnenmarktes bezieht.
Allerdings: Grenzkontrollen zwischen EU-Ländern und EFTA-Ländern werden dadurch nicht überflüssig.

Europäischer Binnenmarkt: Die vier Freiheiten

Durch den EG-Binnenmarkt sollen zukünftig alle **Grenzhindernisse für Menschen, Waren, Dienstleistungen und Kapital beseitigt** werden.

Keine Grenzen für Menschen
Keine Grenzkontrollen,
Aufenthalts- und Niederlassungsfreiheit,
freie Arbeitsplatzwahl,
gegenseitige Anerkennung von Diplomen und Prüfungszeugnissen

Keine Grenzen für Waren
Keine Grenzkontrollen,
Harmonisierung der (technischen) Normen,
Liberalisierung des öffentlichen Auftragswesens,
Harmonisierung der Mehrwert- und Verbrauchsteuern

Keine Grenzen für Kapital
Freier Geld-, Kapital- und Zahlungsverkehr

Keine Grenzen für Dienstleistungen
Liberalisierung der Verkehrsmärkte (z.B. Güterkraftverkehr),
freier Markt für Banken und Versicherungen,
Liberalisierung der Kommunikationsmärkte (z.B. Fernmeldewesen)

© Globus 9935

---

dauernden Mangel an Nahrungsmitteln zu überwinden. Heute hat sie Überschüsse abzubauen und muss sie künftig vermeiden.

C. D. Grupp: Europa 2000, Köln 1996, S. 59 ff.

3 Stellt die Schwierigkeiten in der Landwirtschaft
   a) aus der Sicht eines betroffenen Bauern;
   b) aus der Sicht eines Steuerzahlers dar.

4 Welche Probleme haben Länder, die nicht EU-Mitglieder sind, ihre Produkte auf dem Weltmarkt zu verkaufen?

18.2.2 Die EU: Welthandelspartner Nr. 1

Die Wirtschaft sollte das Zugpferd für die politische Einigung Europas abgeben. Dass dies gelungen ist, zeigt die politische Entwicklung der Europäischen Union.
Doch die vielen Initiativen und Diskussionen um die politische Entwicklung lassen manchmal fast vergessen, welche wirtschaftlichen Erfolge die EU aufzuweisen hat und welch gewichtige Rolle sie im Welthandel spielt. Für viele beitrittswillige Staaten in Europa macht dieser wirtschaftliche Erfolg die Hauptanziehung aus.

- Die EU ist nach Einwohnerzahl der drittgrößte Binnenmarkt der Erde (nach China und Indien), der Wirtschaftskraft nach der zweitgrößte (nach den USA)
- Die EU ist der größte Handelspartner der Welt. Sie ist größter Agrarimporteur der Welt und größter Wirtschaftspartner der Entwicklungsländer.
- Die Mitgliedstaaten der EU und die EU selbst bringen gemeinsam etwa die Hälfte der gesamten öffentlichen Entwicklungshilfe aller westlichen Industriestaaten auf.

Nur 40% von dem, was die EU-Staaten insgesamt ausführen, fließt in Länder außerhalb der Gemeinschaft. Etwa ein Drittel davon gelangt in Entwicklungsländer,
ein Viertel in EFTA-Länder,
ein Fünftel in die USA.
Und die umgekehrte Richtung:
Von dem, was die Welt (ohne EU) exportiert, fließt ein Viertel in die EU. Dabei hat die Union für die Regionen der Welt ein unterschiedliches Gewicht:
Von den Ausfuhren der EFTA-Länder kommt mehr als die Hälfte in der EU an; von den Exporten der USA fließen 20% in die EU, von denen Japans 18%, von denen der Entwicklungsländer 21%.
Die Exporte vieler Entwicklungsländer beschränken sich auf wenige, vorwie-

Der europäische Wirtschaftsraum (EWR)

Handel mit der EU (1994)	Fläche in 1000 qkm	Bevölkerung 1993 (in Mio.)	Import in Mrd. ECU	Export in Mrd. ECU
Europäische Union	2 369,0	347,7	715,6	758,6
3 EU-Beitrittsländer*	872,0	21,5	64,4	64,5
Liechtenstein	0,2	0,03	...	...
Norwegen	323,9	4,4	19,6	11,3
Island	103,0	0,3	0,9	0,6
EWR insgesamt	3 668,1	373,93	...	...

Quelle: eurostat   * Österreich, Schweden, Finnland

gend landwirtschaftliche oder andere Monoprodukte: Kaffee, Tee, Erdnüsse, Baumwolle, Kakao, Kupfer. Die Schwankungen der Ernteerträge oder der Weltmarktpreise machen eine mittelfristige Finanzpolitik dieser Staaten sehr schwierig.

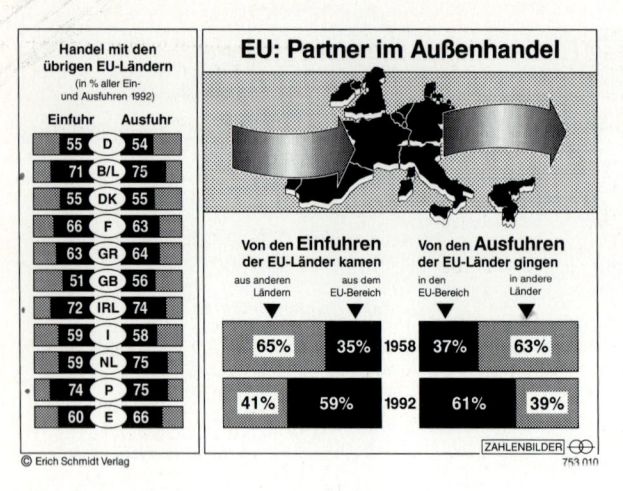

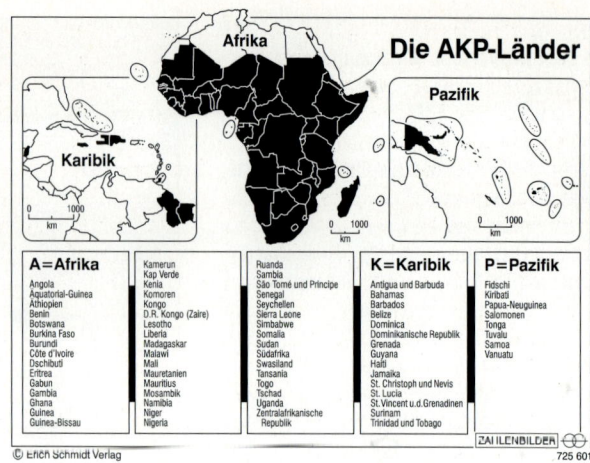

Entwicklungsländer

Mit einigen Entwicklungsländern oder Gruppen von Entwicklungsländern hat die EU besondere Vereinbarungen getroffen. Allen voran ist das Abkommen mit den AKP-Staaten zu nennen.

Diese Länder waren ehemals Kolonien heutiger EU-Staaten und liegen in Afrika, der Karibik und dem Pazifik (deshalb AKP-Staaten). Mit ihnen (es sind heute 71 Länder) hat die EG 1975 in Lomé (Togo) ein gemeinsames Abkommen geschlossen, das bisher dreimal nach je fünf Jahren erneuert wurde (Lomé-Abkommen). Das vierte dieser Abkommen (Lomé IV) begann Anfang März 1990 und hat eine Laufzeit von zehn Jahren. Es sah für die ersten fünf Jahre Leistungen in Höhe von 12 Milliarden ECU vor.

Das Abkommen gewährt den AKP-Staaten neben finanzieller Förderung der wirtschaftli-

---

Entwicklungszusammenarbeit
Art. 130 u EG-Vertrag [Ziele der Gemeinschaft]
(1) Die Politik der Gemeinschaft auf dem Gebiet der Entwicklungszusammenarbeit, die eine Ergänzung der entsprechenden Politik der Mitgliedstaaten darstellt, fördert
- die nachhaltige wirtschaftliche und soziale Entwicklung der Entwicklungsländer, insbesondere der am meisten benachteiligten Entwicklungsländer;
- die harmonische, schrittweise Eingliederung der Entwicklungsländer in die Weltwirtschaft;
- die Bekämpfung der Armut in den Entwicklungsländern.

(2) Die Politik der Gemeinschaft in diesem Bereich trägt dazu bei, das allgemeine Ziel einer Fortentwicklung und Festigung der Demokratie und des Rechtsstaats sowie das Ziel der Wahrung der Menschenrechte und Grundfreiheiten zu verfolgen.

Der Handel der Europäischen Union (EU) 1995

Handelspartner	Import in Mrd. ECU	Import in Prozent	Export in Mrd. ECU	Export in Prozent
EFTA-Staaten	70,4	4,7	69,5	4,4
Mittel- und Osteuropa	47,1	3,1	58,3	3,7
GUS	25,3	1,7	20,8	1,3
USA	103,6	6,9	101,0	6,4
Japan	54,3	3,6	32,9	2,1
Entwicklungsländer	212,8	14,2	239,1	15,2
AKP-Länder	19,9		17,5	
Mittelmeerländer	46,3		64,4	
Lateinamerika	30,2		31,9	
ASEAN	34,5		36,9	
China	26,3		14,5	
Sonstige	31,3	2,1	47,4	3,0
Außenhandel insgesamt	544,7	36,4	569,0	36,2
Binnenhandel EU[1]	952,3	63,6	1002,5	63,8
insgesamt	**1497,0**	**100,0**	**1571,5**	**100,0**

[1] Handel zwischen EU-Staaten; Importe heißen in der Binnenmarkt-Statistik „Eingänge", Exporte „Versendungen".

chen und sozialen Entwicklung vor allem Handelsvorteile: praktisch freien Zugang zum EU-Markt für gewerbliche Produkte sowie weitgehende einseitige Zollvorteile (Präferenzen) für Agrarprodukte (z. B. Bananen).
Gehen die Einnahmen der AKP-Länder aus ihren Exporten von Agrar-Rohstoffen z.B. durch Preisschwankungen zurück, können sie in bestimmtem Umfang Ausgleichszahlungen erhalten. Einbußen aus dem Export einiger metallischer Rohstoffe können durch Mittel für die Erhaltung von Bergbaueinrichtungen ausgeglichen werden.
Auch zu den Mittelmeerstaaten außerhalb der EU bestehen enge Beziehungen durch Assoziations- und Kooperationsabkommen; wesentliche Elemente der Kooperation sind: politischer Dialog, Handelspräferenzen [= Handelsvorteile] oder Freihandelsregelungen, wirtschaftliche und finanzielle Zusammenarbeit sowie Zusammenarbeit in den Bereichen Kultur und Gesellschaft. [...]
1976 begann die EU mit ihrer Entwicklungshilfe für die Länder Asiens und Lateinamerikas, die weder AKP-Staaten sind noch zu den Mittelmeerländern zählen. Sie umfasst finanzielle und technische Hilfe sowie Projekte der wirtschaftlichen Zusammenarbeit. Die Hilfe wendet sich vor allem an die besonders benachteiligten Länder in Asien und Lateinamerika. Sie soll in erster Linie den ländlichen Raum fördern und zur Steigerung der Nahrungsmittelproduktion beitragen.

C. D. Grupp: Europa 2000, Köln 1996, S. 66f.

1 Stellt zusammen, welche Waren in eurer Umgebung nach Deutschland importiert wurden. Unterscheidet zwischen EU- und Nicht-EU-Ländern.
2 Vergleicht: Welche Länder der EU sind stärker auf den Binnenmarkt angewiesen, welche weniger?
3 Auf welche Bereiche soll sich die Entwicklungszusammenarbeit laut Art. 130 u EG-Vertrag beziehen? Erklärt den Zusammenhang zwischen den Bereichen.
4 Mit welchen Maßnahmen versucht die EU den AKP-Staaten zu helfen? Vergleicht die Art der Maßnahmen mit den Zielsetzungen im EG-Vertrag.

18.2.3 Die Regionen der EU
Die Unterschiede im Lebensstandard der einzelnen EU-Staaten sind für jeden Besucher leicht sichtbar. Dänemark ist z.B. ein reiches Land, wo das Pro-Kopf-Einkommen der Bevölkerung um ein Viertel höher liegt als im Durchschnitt der EU. In Portugal und Griechenland dagegen haben die Menschen nur etwa die Hälfte des EU-Durchschnittseinkommens zur Verfügung.
Um diese Unterschiede allmählich auszugleichen, helfen die wirtschaftlich starken Staaten und Regionen den schwachen. Die dafür notwendigen Geldbeträge werden in den so genannten Strukturfonds verwaltet. Die EU sieht sich als eine Solidargemeinschaft, in der die Lebensverhältnisse langsam angeglichen werden sollen.
Bisher nahmen die regionalen Ungleichgewichte im Zuge der EU-Erweiterungen allerdings noch beachtlich zu. Besonders die sozial- und arbeitsrechtlichen Regelungen gehen in den EU-Staaten noch weit auseinander. Diese ungleiche Situation möchten die „Gemeinschaftscharta der sozialen Grundrechte der Arbeitnehmer" (1989; von Großbritannien nicht angenommen) und das Sozialprotokoll zum EU-Vertrag (1993; ebenfalls von Großbritannien nicht akzeptiert) verändern.

Abhilfe durch Strukturpolitik
Drei Strukturfonds der EU wirken auf verschiedenen Aufgabenfeldern an der Überwindung der regionalen und strukturellen Ungleichgewichte mit. So stellt der *Europäische Fonds für regionale Entwicklung* hauptsächlich Mittel für die Verbesserung der Infrastruktur zur Verfügung, also z.B. für den Ausbau des Straßennetzes, der Wasser- und Energieversorgung oder der Telekommunikation. Der Europäische Sozialfonds unterstützt

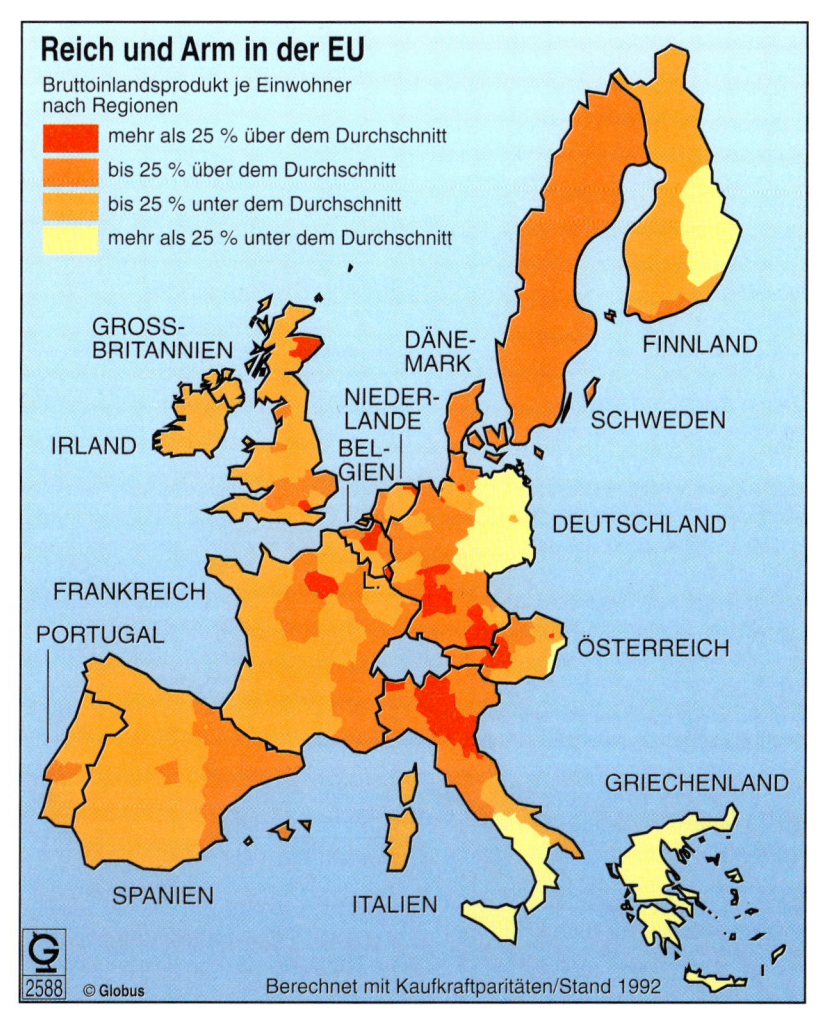

Reich und Arm in der EU
Bruttoinlandsprodukt je Einwohner nach Regionen
- mehr als 25 % über dem Durchschnitt
- bis 25 % über dem Durchschnitt
- bis 25 % unter dem Durchschnitt
- mehr als 25 % unter dem Durchschnitt

Berechnet mit Kaufkraftparitäten/Stand 1992

Auf dem Weg zur Wirtschafts- und Währungsunion

Beginn der Endstufe der WWU: 1. Januar 1999

- Europäische Zentralbank
- Europäisches System der Zentralbanken
- Nationale Zentralbanken

Abgestimmte, stabilitätsorientierte Wirtschafts- und Finanzpolitik

1 EURO 1999

Unabhängige, einheitliche Geld- und Wechselkurspolitik

Stabiles Preisniveau
Die Inflationsrate liegt um maximal 1,5 %-Punkte höher als in den drei „preisstabilsten" EU-Mitgliedstaaten

Gesunde Staatsfinanzen
Das jährliche Defizit beträgt höchstens 3 %, die gesamte Staatsschuld höchstens 60 % des Bruttoinlandsprodukts

Stabile Wechselkurse
Teilnahme am EWS-Wechselkursverbund seit mindestens zwei Jahren ohne große Kursschwankungen

Wirtschaftliche Konvergenz
Die langfristigen Zinsen liegen um maximal 2 %-Punkte höher als in den drei „preisstabilsten" EU-Mitgliedstaaten

Voraussetzungen für die Aufnahme in die WWU

ZAHLENBILDER 715 520
© Erich Schmidt Verlag

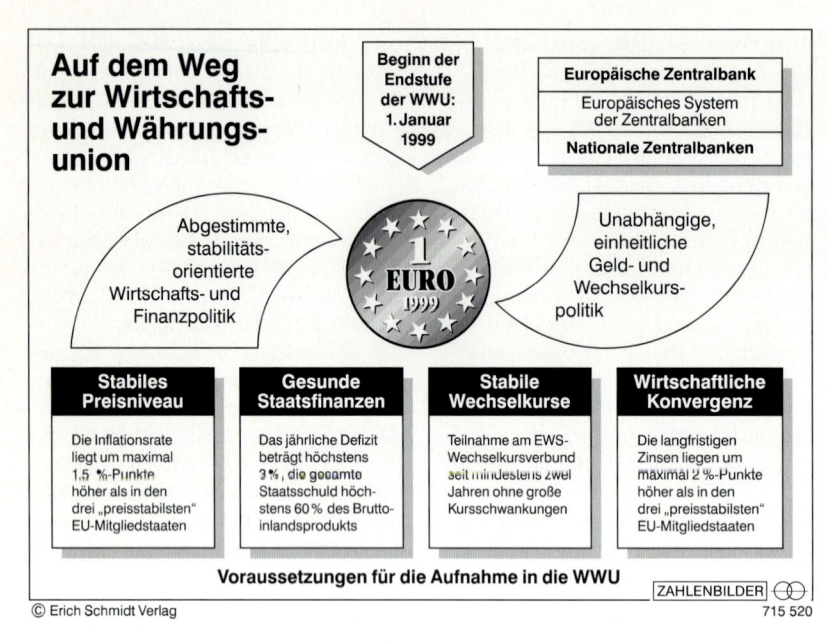

Maßnahmen zur beruflichen Bildung, zur Umschulung von Arbeitnehmern, zur Wiedereingliederung von Behinderten oder zur Erstbeschäftigung von Jugendlichen. Und der *Agrarstrukturfonds* fördert Verbesserungen in der Produktion und Vermarktung landwirtschaftlicher Erzeugnisse. Daneben sollen mit Hilfe eines besonderen Finanzinstruments die Strukturprobleme in der Fischerei bewältigt werden.

Nach: Zahlenbilder 725 368

Abhilfe durch Sozialpolitik

Die EU-Staats- und Regierungschefs (außer Großbritannien) verlangen in ihrer „Gemeinschaftscharta der sozialen Grundrechte der Arbeitnehmer" (Sozialcharta, 1989) die folgenden Rechte im Zusammenhang mit einer Politik für die Arbeitnehmer: das Recht auf Freizügigkeit, Beschäftigung und Arbeitsentgelt, bessere Lebens- und Arbeitsbedingungen, sozialen Schutz, Vereinigungsfreiheit und Tarifverhandlungen, Berufsausbildung, Gleichbehandlung von Männern und Frauen, Unterrichtung, Anhörung und Mitwirkung der Arbeitnehmer, Gesundheitsschutz und Sicherheit in der Arbeitsumwelt, Kinder- und Jugendschutz, das Recht älterer Menschen und Behinderter.

Nach: Europäische Kommission: Der Binnenmarkt, Brüssel/Luxemburg 1995, S. 8

---

1 Arbeitet die Unterschiede zwischen den einzelnen Regionen aus dem Schaubild heraus.
2 Zwischen welchen Ländern sind die Abstände besonders auffällig?
3 Welche Maßnahmen werden ergriffen um die Situation zu verbessern?

18.2.4 Die Europäische Währungsunion

Der Maastrichter Vertrag (siehe Abschnitt 18.1.3) regelt die Schritte bis zum politischen Ziel einer europäischen Union. Zunächst ist die Überführung des bisherigen Binnenmarktes in eine Wirtschafts- und Währungsunion geplant. Ziele sind dabei, einen unbehinderten Wettbewerb EU-weit zu ermöglichen und gleiche Maßeinheiten, gleiche Industrie- und Gewerbe-Normen, angeglichene Mehrwertsteuersätze und eine angenäherte Regelung der allgemeinen Steuersätze zu schaffen. Zur Wirtschaftsunion gehört auch eine europäische Währungsunion. Ohne sie sind die Unternehmen am internationalen Markt behindert. Auch Privatpersonen verlieren beim Umtausch von einer Währung in die andere Geld. Deshalb wurde von den europäischen Staats- und Regierungschefs die Schaffung einer einheitlichen EU-Währung, möglichst bis 1999, beschlossen. Eine Europäische Zentralbank (mit Sitz in Frankfurt/Main) soll für die künftige Währung verantwortlich sein.

Der Vorläufer der europäischen Währung ist das Europäische Währungssystem von 1979.

Bis zum 2.8.1993 durften die Währungen der daran beteiligten EU-Staaten nur in einer Abweichung vom Leitkurs von 2,25 % nach oben oder unten verändert werden. Jetzt sind Schwankungen bis zu 15 % möglich.

1 Erkundigt euch bei Eltern und Bekannten, welche Vorteile sie in einer europäischen Währung (also bei Wegfall der D-Mark) sehen oder welche Bedenken sie haben.
2 Welche Probleme können sich auf dem Weg zur Wirtschafts- und Währungsunion ergeben? Vergleicht die in der Übersicht „Auf dem Weg zur Wirtschafts- und Währungsunion" genannten Punkte mit Abschnitt 18.2.2.

Aus dem Vertrag von Maastricht zur Wirtschafts- und Währungsunion

Aufgabe der Gemeinschaft ist es, durch die Errichtung eines Gemeinsamen Marktes und einer Wirtschafts- und Währungsunion sowie durch die Durchführung der in den Artikeln 3 und 3a genannten gemeinsamen Politiken [z. B. Handels-, Landwirtschafts- und Fischerei-, Verkehrs-, Wettbewerbs-, Sozial-, Umwelt-, Forschungs-, Gesundheits-, Entwicklungshilfe-, Verbraucherschutz-, Energiepolitik] oder Maßnahmen eine harmonische und ausgewogene Entwicklung des Wirtschaftslebens innerhalb der Gemeinschaft, ein beständiges, nicht inflationäres und umweltverträgliches Wachstum, einen hohen Grad an Konvergenz [= Annäherung] der Wirtschaftsleistungen, ein hohes Beschäftigungsniveau, ein hohes Maß an sozialem Schutz, die Hebung der Lebenshaltung und der Lebensqualität, den wirtschaftlichen und sozialen Zusammenhalt und die Solidarität zwischen den Mitgliedstaaten zu fördern. (Art. 2 EGV)

18.3 Wie die EU regiert wird

18.3.1 Das Zusammenwirken der Organe und die Gesetzgebung

Wie in jedem Staat müssen auch in der EU Beschlüsse gefasst, Gesetze gemacht, ihre Ausführung durchgesetzt, Geld bereitgestellt und die Rechte der Bürger gewahrt werden. Zu diesem Zweck sind Einrichtungen (Organe) geschaffen worden, mit deren Hilfe die genannten Aufgaben verwirklicht werden sollen. Zwischen den EU-Organen und -Institutionen und den nationalen Ministerien besteht ein enger Kontakt. Die deutschen Bundesländer bestimmen über den Deutschen Bundesrat bei allen EU-Entscheidungen Deutschlands mit, soweit sie Angelegenheiten der Bundesländer betreffen. Damit ist das in der Bundesrepublik geltende Prinzip des Föderalismus (s. Abschnitt 14.4.6) gewahrt. Deutsche Länderminister können im EU-Ministerrat anstelle eines Bundesministers federführend für Deutschland teilnehmen.

Rechtsakte der EU

Die Gründungsverträge (die in der EU eine Verfassung ersetzen) ermächtigen den Rat, Gesetze oder Vorschriften zu erlassen. Alle Beschlüsse des Rats sind Akte, die Recht setzen, neues Recht schaffen. Die wichtigsten Rechtsakte heißen:

Verordnung: Sie ist ein EU-weit unmittelbar gültiges Gesetz, das in allen Teilen verbindlich ist und über dem nationalen Recht steht.

Richtlinie: Sie ist eine Art Weisung für alle Einzelstaaten, nationale Gesetze oder Vorschriften so zu ändern oder neu zu erlassen, dass die in der Richtlinie genau benannte Forderung durchgesetzt wird. Die Richtlinie ist hinsichtlich ihrer Zielvorgabe verbindlich. Sie überlässt den innerstaatlichen Stellen jedoch bei der Umsetzung dieses Ziels in nationales Recht die Wahl der Form und der Mittel. Bürger können sich auch gegenüber ihrem eigenen Staat auf EU-Richtlinien berufen.

Die Europäische Union ist zwar noch kein Staat, aber sie kann in einigen Bereichen der Politik Rechtsakte erlassen, die in allen Mitgliedstaaten Gesetzeskraft erlangen, also geltendes Recht („Gesetze") werden.

1 Das Zusammenspiel der EU-Organe ist nicht leicht zu durchschauen. Findet aus dem Schaubild heraus, wie die Entscheidungsprozesse im Einzelnen ablaufen.
2 Inwieweit wird die Selbstständigkeit der nationalen Parlamente und Regierungen durch EU-Gesetze beschnitten? Ihr könnt dazu auch einen Landtags- oder Bundestagsabgeordneten befragen.

18.3.2 Der Europäische Rat

Im Europäischen Rat kommen die Staats- und Regierungschefs der Mitgliedstaaten und der Präsident der Kommission zusammen. Hier fallen die wegweisenden Entscheidungen für die Zukunft der EU (also nicht im Europäischen Parlament). Der Vorsitz im Europäischen Rat geht alle sechs Monate reihum auf ein anderes Mitgliedsland über. Jährlich finden mindestens zwei Gipfeltreffen statt. Dem Europäischen

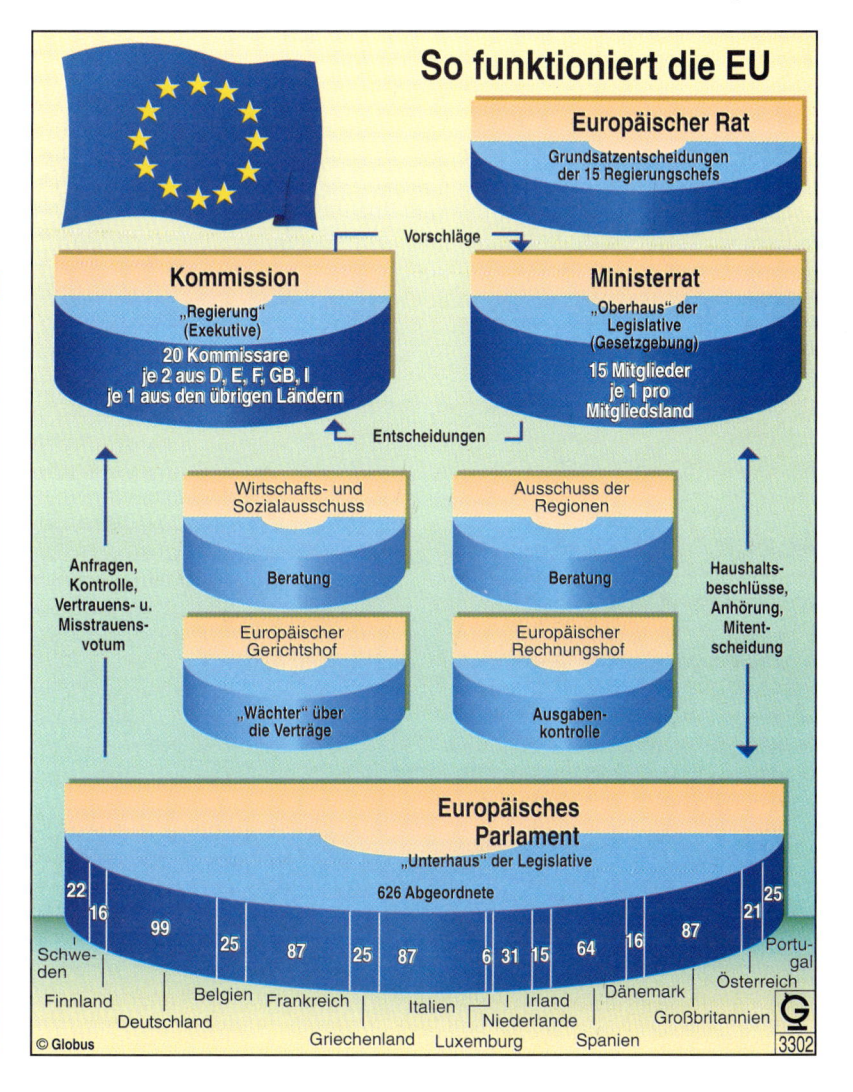

So funktioniert die EU

- **Europäischer Rat** — Grundsatzentscheidungen der 15 Regierungschefs
- **Kommission** — „Regierung" (Exekutive) — 20 Kommissare je 2 aus D, E, F, GB, I je 1 aus den übrigen Ländern
- **Ministerrat** — „Oberhaus" der Legislative (Gesetzgebung) — 15 Mitglieder je 1 pro Mitgliedsland
- Wirtschafts- und Sozialausschuss — Beratung
- Ausschuss der Regionen — Beratung
- Europäischer Gerichtshof — „Wächter" über die Verträge
- Europäischer Rechnungshof — Ausgabenkontrolle
- **Europäisches Parlament** — „Unterhaus" der Legislative — 626 Abgeordnete

Sitzverteilung: Schweden 22, Finnland 16, Deutschland 99, Belgien 25, Frankreich 87, Italien 25, Griechenland 25, Luxemburg 6, Irland 31, Niederlande 15, Spanien 64, Dänemark 16, Großbritannien 87, Österreich 21, Portugal 25

© Globus 3302

18 Europa: Ein Kontinent wächst zusammen

Im Haus des Europarats in Straßburg hält das Europäische Parlament seine Sitzungen ab.

Ergebnis der EP-Wahlen in Deutschland

	1994			1989	
	Stimmen	%	Sitze	%	Sitze
SPD	11 388 028	32,2	40	37,3	31
CDU	11 344 110	32,0	39	29,5	25
CSU	2 391 755	6,8	8	8,2	7
GRÜNE	3 560 116	10,1	12	8,4	8
REP	1 389 060	3,9	–	7,1	6
FDP	1 443 146	4,1	–	5,6	4
Sonstige	3 887 411	11,0	–	3,7	–
Wahlbeteiligung			60		62,5

Zusammensetzung des Europäischen Parlaments nach Fraktionen (Stand: 1996)

Fraktion der Sozialdemokratischen Partei Europas	217
Fraktion der Europäischen Volkspartei (Christlich-Demokratische Fraktion)	173
Fraktion Union für Europa	54
Fraktion der Liberalen und Demokratischen Partei Europas	52
Konföderale Fraktion Europäische Unitaristische Linke	33
Fraktion DIE GRÜNEN im Europäischen Parlament	27
Fraktion der Radikalen Europäischen Allianz	20
Fraktion Europa der Nationen	19
Fraktionslose	31
Gesamt:	626

Parlament erstattet der Europäische Rat regelmäßig Bericht über die Fortschritte der Union.

„Der Europäische Rat", so heißt es im EU-Vertragstext, „gibt der Union die für ihre Entwicklung erforderlichen Impulse und legt die allgemeinen politischen Zielvorstellungen für diese Entwicklung fest." Er bestimmt insbesondere auch die Grundsätze und die allgemeinen Leitlinien der gemeinsamen Außen- und Sicherheitspolitik.

1 Der Europäische Rat bestimmt die Richtung der Politik der EU. Er kann aber von keiner anderen Einrichtung (z. B. einem Parlament) kontrolliert werden. Haltet ihr dies als demokratische Bürgerinnen und Bürger für angemessen?

18.3.3 Das Europäische Parlament

Das Europäische Parlament (EP) beschäftigt sich mit allen wesentlichen Politikbereichen, mit Agrar-, Handels-, Umwelt-, Technologie-, Verbraucher-, Entwicklungshilfe-, Regional-, Sozial-, Struktur-, Wirtschafts-, Währungs-, Ausbildungs-, Sicherheits-, Menschenrechts-, Außenpolitik usw. und befasst sich mit der Reform der EU. Es entscheidet über die EU-Finanzen mit, es kann die EU-Kommission entlassen, muss neuen Beitritten ebenso wie außenpolitischen Verträgen zustimmen.

Als unzureichend wird die Gesetzgebungsmöglichkeit des Europäischen Parlaments eingeschätzt, die nur durch einen Beschluss der Regierungen zur Änderung der Europäischen Verträge und anschließende Ratifizierung (Genehmigung) durch die nationalen Parlamente erweitert werden könnte. Da das Europäische Parlament keine gesetzgeberische (legislative) Befugnis hat, kann es nicht aus eigener Autorität, wie die nationalen Parlamente (unter Berücksichtigung der nationalen Verfassungen), seine Rechte erweitern.

1 Macht euch mit dem Aufbau des Europäischen Parlaments vertraut:
  - *Wie viele Abgeordnete gehören den „großen" Mitgliedsländern, wie viele den „kleinen" an?*
  - *Welche großen Fraktionen gibt es?*
  - *Welche Politikbereiche gibt es?*
  - *Welche politischen Möglichkeiten hat das EP?*

2 Worin unterscheidet sich demnach das EP vom Deutschen Bundestag?

3 Was sollte geschehen, um das EP zu einem wirklich demokratischen Parlament werden zu lassen?

18.3.4 Der Rat der Europäischen Union (Ministerrat)

Der Rat, der sich aus Ministern der Mitgliedstaaten zusammensetzt, lenkt die Zusammenarbeit der Mitgliedstaaten und verabschiedet – auf Vorschlag der Kommission und unter Beteiligung des Europäischen Parlaments – die gemeinschaftlichen Rechtsvorschriften. Seine fachliche Zusammensetzung wechselt je nach dem Gegenstand der Beratungen. So befassen sich die Außenminister mit den Außenbeziehungen und den allgemeinen Angelegenheiten der Union, die Landwirtschaftsminister mit den Problemen der gemeinsamen Agrarpolitik und die Wirtschafts- und Finanzminister u. a. mit Haushalts- und Währungsfragen.

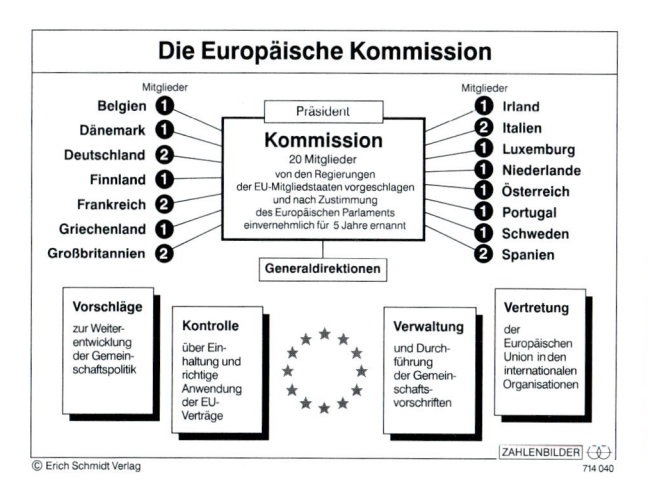

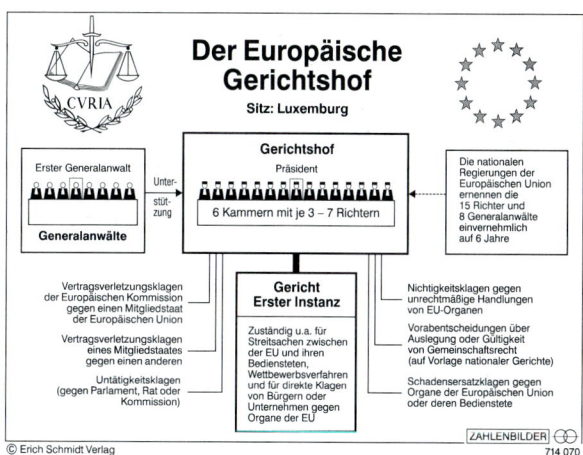

Jeder Mitgliedstaat übernimmt turnusgemäß für sechs Monate den Vorsitz im Rat und trägt während dieser Zeit besondere Verantwortung für die europäische Zusammenarbeit.

Für die Beschlüsse des Rates ist in für die Mitgliedstaaten besonders wichtigen Bereichen (z. B. Steuern, Rechte und Interessen der Arbeitnehmer, gemeinsame Aktionen in der Außen- und Sicherheitspolitik) Einstimmigkeit vorgeschrieben. In vielen anderen Fällen (wie etwa zur Wirtschafts- und Währungsunion) stimmt der Rat mit qualifizierter Mehrheit ab. Dazu werden die Stimmen der Mitglieder unterschiedlich gewichtet. Wo kein besonderes Stimmenverhältnis festgelegt ist, genügt die einfache Mehrheit; dabei hat jeder Mitgliedstaat eine Stimme.

1 Worin besteht – im Vergleich zu den anderen EU-Organen – die starke Stellung des Minsterrates? Wem ist er verantwortlich?
2 Vergleicht insbesondere Ministerrat und EP, das von den EU-Bürgern direkt gewählte Parlament, miteinander. Wie ist ihr Verhältnis zueinander?

18.3.5 Die Europäische Kommission

Die Europäische Kommission ist – neben dem Europäischen Parlament und dem Europäischen Gerichtshof – ein im eigentlichen Sinne übernationales Organ der Europäischen Union (EU).

Als „Motor der Integration" nutzt sie das ihr zustehende Initiativrecht, um Vorschläge zur Entwicklung der Gemeinschaftspolitik zu erarbeiten und dadurch Entscheidungsprozesse anzuregen und voranzutreiben. Wird sie nicht von sich aus aktiv, kann sie durch den Ministerrat oder das Europäische Parlament zur Ausarbeitung eines Vorschlags aufgefordert werden. Schließlich ist sie als Exekutiv (= Ausführungs-) organ zuständig für die Durchführung der Gemeinschaftspolitik.

1 Auch die Kommission hat eine starke Position im Vergleich zum EP. Wie sollten nach eurer Meinung die Rollen verteilt werden zwischen EP, Ministerrat und Kommission?

18.3.6 Der Europäische Gerichtshof

Ein einheitliches wirtschaftliches und politisches Gebilde wie die EU ist ohne ein gemeinsames Recht nicht möglich. Der Europäische Gerichtshof (EuGH) wacht über die Einhaltung der EG/EU-Verträge und legt sie – als oberste und letzte Instanz – verbindlich aus. Dort, wo die Texte unklar oder lückenhaft sind, wird das Gemeinschaftsrecht durch die Entscheidungen (Urteile) des EuGH präzisiert bzw. fortgebildet. Alle Organe der EU und die Mitgliedstaaten, ebenso natürliche und juristische Personen können sich – sofern sie unmittelbar von Rechtsakten der EU betroffen sind – an ihn wenden. So entsteht langsam eine gemeinsame europäische Rechtsordnung, die in einzelnen Bereichen dem nationalen Recht vorgeht.

Der EuGH entscheidet: Gabriele H. gegen Arbeiterwohlfahrt

Nachtarbeit von Schwangeren – Gleichbehandlung von Männern und Frauen.

Die Klägerin wurde per unbefristetem Arbeitsvertrag vom 23. März 1992 mit Wirkung vom 1. April 1992 von der Arbeiterwohlfahrt als Nachtwache in einem Altenheim angestellt. In einem ärztlichen Attest vom 29. Mai wurde bescheinigt, dass sie schwanger sei. Die Schwangerschaft habe am 11. März 1992 begonnen. Die Arbeiterwohlfahrt berief sich auf §8 Absatz 1 des Mutterschutzgesetzes um den Arbeitsvertrag zu beenden. Diese Bestimmung sieht vor, dass werdende und stillende Mütter nicht mit Mehrarbeit, nicht in der Nacht zwischen 20 und 6 Uhr und nicht an Sonn- und Feiertagen beschäftigt werden dürfen. Der Gerichtshof stellt zunächst fest, dass die Beendigung eines Arbeitsvertrags wegen der Schwangerschaft der Arbeitnehmerin, gleich ob durch Nichtigerklärung oder Anfechtung, nur Frauen betrifft und daher eine unmittelbare Diskriminierung [= Schlechterstellung] aufgrund des Geschlechts darstellt. Im vorliegenden Fall gründet die Ungleichbehandlung jedoch nicht unmittelbar auf der Schwangerschaft der Arbeitnehmerin, sondern ergibt sich aus dem gesetzlichen Nachtarbeitsverbot. Der Gerichtshof prüft, ob die Richtlinie 76/207/EWG es ausschließt, dass die Einhaltung des Verbots zur Nichtigkeit oder zur Anfechtbarkeit eines Arbeitsvertrags führen kann. Die Richtlinie räumt den Mitgliedstaaten ein Ermessen hinsichtlich der sozialen Maßnahmen ein, die zu ergreifen sind, um den Schutz der Frau sowie den Ausgleich der für die Frau anders als für den Mann bestehenden tatsächlichen Nachteile zu gewährleisten. Der Gerichtshof kommt zu dem Schluss, dass es dem Schutzzweck der Richtlinie zuwiderlaufen würde, wenn man es zuließe, dass der Vertrag wegen der zeitweiligen Verhinderung der schwangeren Arbeitnehmerin für nichtig erklärt oder angefochten werden könnte. Die Beendigung eines Vertrages auf unbestimmte Zeit lässt sich nicht dadurch rechtfertigen, dass ein gesetzliches Verbot, das wegen der Schwangerschaft aufgestellt worden ist, die Arbeitnehmerin zeitweilig daran hindert, eine Nachtarbeit zu verrichten.

EUmagazin 10/1994, S. 48

1 In vielen Bereichen unseres Lebens gilt EU-Recht. Worin widerspricht der EuGH der deutschen Gesetzgebung?
2 Werden Frauen nach eurer Ansicht benachteiligt, wenn ein Arbeitsvertrag wegen Unvereinbarkeit von Schwangerschaft und Nachtarbeit gekündigt werden kann?
3 Was versteht der EuGH unter dem „Schutzzweck" der EU-Richtlinie?

18.4 „Das Wichtigste ist der Frieden"

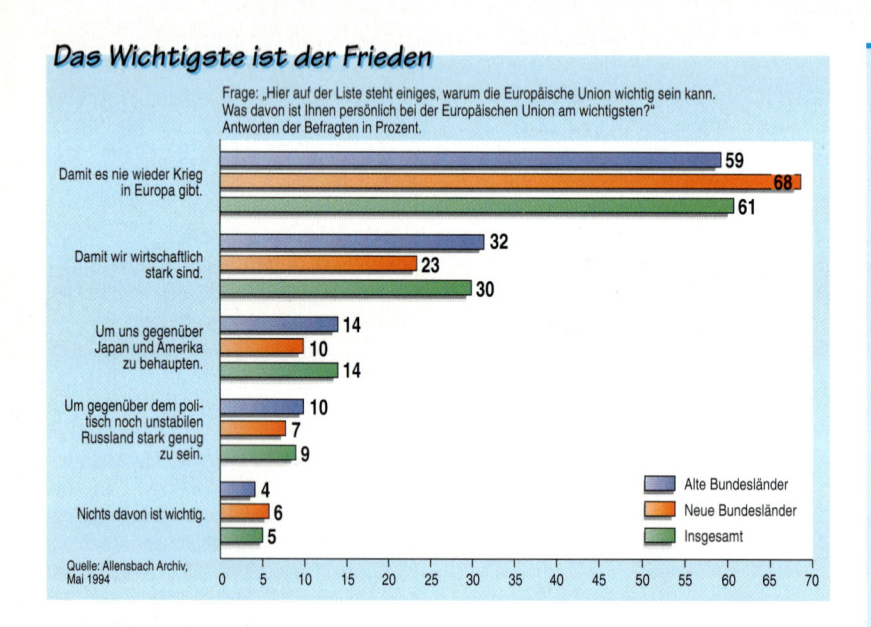

Das Wichtigste ist der Frieden

Frage: „Hier auf der Liste steht einiges, warum die Europäische Union wichtig sein kann. Was davon ist Ihnen persönlich bei der Europäischen Union am wichtigsten?"
Antworten der Befragten in Prozent.

	Alte Bundesländer	Neue Bundesländer	Insgesamt
Damit es nie wieder Krieg in Europa gibt.	59	68	61
Damit wir wirtschaftlich stark sind.	32	23	30
Um uns gegenüber Japan und Amerika zu behaupten.	14	10	14
Um gegenüber dem politisch noch unstabilen Russland stark genug zu sein.	10	7	9
Nichts davon ist wichtig.	4	6	5

Quelle: Allensbach Archiv, Mai 1994

Zum Nachfragen

Europäisches Parlament
Informationsbüro für Deutschland
Bundeskanzlerplatz
53113 Bonn

Europäische Kommission
Vertretung in der Bundesrepublik Deutschland
Zitelmannstraße 22
53113 Bonn

Vertretung in Berlin
Kurfürstendamm 102
10711 Berlin

Vertretung in München
Erhardtstraße 27
80331 München

1 Schreibt einen Brief „Mein Europa der Zukunft".
2 Schreibt über die Vorzüge und Notwendigkeit einer europäischen Einigung eine Rede, die ihr vor euren Mitschülerinnen und Mitschülern halten wollt.
3 Für Leute mit Durchblick noch einige zusammenfassende Schlussfragen zur Diskussion:
  - Führt die weitere Einigung nicht zu einem riesigen Zentralstaat Europa, der durch Gesetz von Portugal bis Dänemark alles vorschreibt und gleichmacht, von der Apfelgröße bis zum Zolltarif, von der Höhe der Steuern bis zur Breite des Traktorsitzes?
  - Verlieren die einzelnen Staaten dadurch nicht ihre Eigenart, ihre nationale Identität?
  - Wird eine gemeinsame Eurowährung so stabil, so „gut" sein wie die D-Mark, der Gulden, der Franc?
  - Werden die jetzigen Einzelstaaten nicht immer mehr entmachtet? Hat „Brüssel", die Zentrale der Europäischen Union, nicht schon zu viel unkontrollierte Macht?
  - Was bedeutet: Europa soll ein föderales Staatsgebilde werden?
4 Welche Gründe sprechen für ein einiges (Gesamt-)Europa, und zwar
  - im Alltag,
  - wegen der Umwelt,
  - im sozialen Bereich,
  - in der Wirtschaft,
  - in der Außenpolitik,
  - in der Sicherheitspolitik,
  - in der Innenpolitik,
  - in der Bildungspolitik?

19 Eine Welt für alle

Wenn es um eine Urlaubssafari in Kenia geht, ist Afrika ganz nah. Das TV-Traumschiff in der Karibik kreuzt mitten durchs Wohnzimmer. Aus dem Fernsehen kommt häufiger auch mal ein Spendenaufruf, wegen irgendeiner Hungerkatastrophe. Meistens in Afrika.
Das macht uns betroffen. Aber Afrika ist dann auch schnell wieder ganz, ganz weit weg von uns. Unaufhaltsam rücken die Völker und Staaten der Erde enger aneinander.

Sie erkennen gemeinsame, weltweite Probleme: Umweltzerstörung und Krieg, Bevölkerungswachstum und Armut, Nahrungsmangel und Missachtung der Menschenrechte, Verschuldung und Verbrechen.
Bei der Suche nach gemeinsamen Lösungen für die gemeinsamen Probleme werden die Risse deutlich: zwischen den reichen Industrienationen (etwa ein Fünftel der Weltbevölkerung) und den Ländern der Dritten Welt (die große Mehrheit); zwischen den wenigen Reichen und den vielen Armen in den so genannten Entwicklungsländern; zwischen den einzelnen Völkern, Volksgruppen und Staaten in der Dritten Welt.
All diese Probleme können auf den folgenden Seiten – selbstverständlich – nicht im Einzelnen entfaltet werden. Nach der Betroffenheit geht es um einen (ersten) Blick auf die vielschichtigen Tatsachen. Folgt dem Überblick Nachdenklichkeit?

19 Eine Welt für alle

19.1 Begriffe, Zahlen, Bilder

1. Wir schlagen euch vor, zu Beginn miteinander ein Gespräch zu führen. Das Thema könnte lauten:
   „Mir genügen meine eigenen Sorgen, da kann ich mich mit der Dritten Welt nicht auch noch befassen!"
2. Einige Ergebnisse aus eurem Gespräch könnt ihr in Stichworten festhalten und aufheben, bis ihr ans Ende dieses Kapitels gekommen seid.
   Wenn ihr dann das Gesprächsthema aus Aufgabe 1 noch einmal aufgreift: Zu welchen Ergebnissen kommt ihr?
3. Überprüft eure Schülerbücherei daraufhin, was sie zum Thema „Dritte Welt" zu bieten hat. Überlegt, wie ihr an aktuelles Material kostengünstig herankommen könnt (siehe Adressenverzeichnis am Schluss des Kapitels).

Die folgenden Texte und Schaubilder in diesem Abschnitt sollt ihr nicht nacheinander durcharbeiten. Sie sollen hilfreich sein, wenn ihr im folgenden Kapitel auf die jeweiligen Begriffe stoßt und Kurzinformation gefragt ist.

Absolute Armut: Kennzeichnend für „absolute Armut" sind Lebensbedingungen, unter denen die Menschen ihre Grundbedürfnisse nicht aus eigener Kraft befriedigen können und in extremer Weise von Unterernährung/Hunger, Krankheit, Obdachlosigkeit, Analphabetentum und Arbeitslosigkeit betroffen sind. Mitte der 90er-Jahre leben mehr als 1 Milliarde Menschen in absoluter Armut.

Bilaterale Leistungen: Entwicklungshilfe, die von einem Geberland direkt an ein Entwicklungsland (oder eine Gruppe von Entwicklungsländern) geleistet wird.

Bruttosozialprodukt: der (Geld-)Wert aller Güter und Dienstleistungen, die in der Volkswirtschaft eines Staates jährlich produziert werden. Das Bruttosozialprodukt dient häufig als Kennzeichen für den wirtschaftlichen Entwicklungsstand eines Landes, obwohl es oft nicht die tatsächliche wirtschaftliche und soziale Lage der Bevölkerungsmehrheit widerspiegelt.

Dritte Welt: Sammelbegriff zur Bezeichnung der Gesamtheit der Entwicklungsländer im Unterschied zur „Ersten Welt" der marktwirtschaftlich orientierten Industriestaaten (OECD) und der „Zweiten Welt" der (ehedem) planwirtschaftlich orientierten sozialistischen Staaten. Um die krassen wirtschaftlichen Unterschiede zwischen den Ländern der „Dritten Welt" zu verdeutlichen, werden die ärmsten Entwicklungsländer zusammenfassend auch als „Vierte Welt" bzw. als LLDC bezeichnet.

Entwicklung: Im Ergebnis der Entkolonialisierung nach dem Zweiten Weltkrieg erwies sich, dass die meisten Staa-

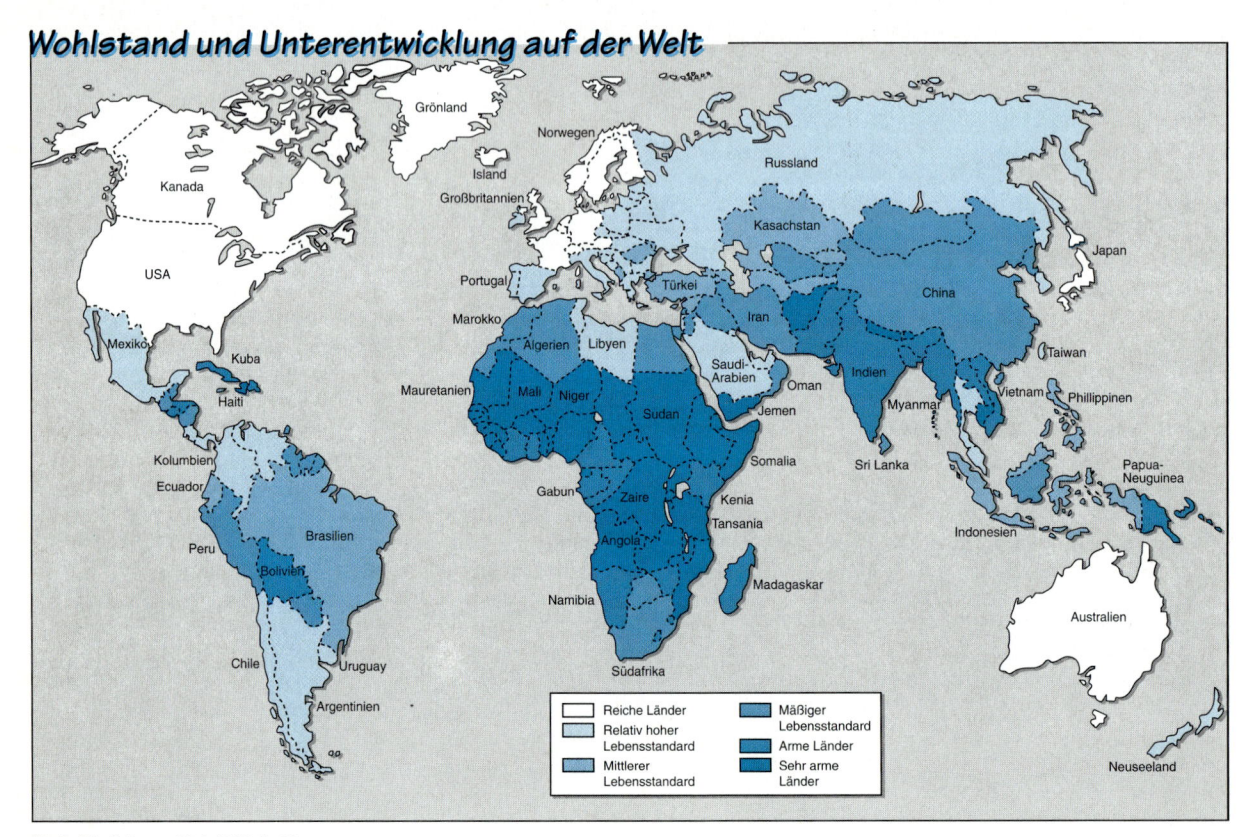

Wohlstand und Unterentwicklung auf der Welt

Nach: Die Zeit vom 20.1.1995, S. 19

ten der Erde in ihrer wirtschaftlichen Entwicklung deutlich hinter den Industriestaaten zurücklagen und viele von ihnen ständig weiter zurückfielen.

Zunächst herrschte die Auffassung vor, dass es diesen Ländern der Dritten Welt gelingen könne, durch eine wachstumsorientierte Wirtschaftspolitik, ihre Einbeziehung in den Welthandel und gezielte Maßnahmen der Entwicklungshilfe den Abstand zu den „entwickelten" Ländern aufzuholen und sich nach der Art der Industriestaaten zu modernisieren.

Entsprechende Entwicklungsstrategien haben sich allerdings in den meisten Entwicklungsländern als wenig erfolgreich herausgestellt. Es setzte sich mehr und mehr die Auffassung durch, dass eine Entwicklung der Entwicklungsländer nach dem Muster der Industriestaaten ohnehin kaum erstrebenswert sei.

Auf der anderen Seite ist es den allermeisten Entwicklungsländern bisher auch nicht gelungen, ihre Unterentwicklung aus eigener Kraft (z.B. durch Abkoppelung vom Weltmarkt und von der wirtschaftlichen und politischen Übermacht der Industriestaaten) zu überwinden. Zwar haben einzelne Länder, vor allem die Schwellenländer, große Fortschritte gemacht, doch besteht die tiefe Kluft zwischen der Ersten und der Dritten Welt weiterhin.

Entwicklungshilfe: die Gesamtheit der an die Länder der Dritten Welt fließenden finanziellen, technischen und personellen Leistungen zur Unterstützung der betreffenden Staaten bzw. einzelner Bevölkerungsgruppen. Zu unterscheiden sind öffentliche und private Entwicklungshilfe.

Öffentliche Entwicklungshilfe wird von einzelnen Regierungen entweder direkt an einzelne Entwicklungsländer geleistet oder sie kommt über internationale Organisationen (z.B. Internationaler Währungsfonds oder OECD) den Ländern der Dritten Welt zugute.

Private Entwicklungshilfe leisten z.B. die christlichen Kirchen oder andere vom Staat unabhängige Organisationen (z.B. die Kinderhilfsorganisation „terre des hommes").

Die von der UNO in der Vergangenheit mehrfach beschlossene Verpflichtung der Industriestaaten, jährlich jeweils mindestens 0,7% bzw. 1% ihres Bruttosozialprodukts für Entwicklungshilfe aufzuwenden, ist auch von der Bundesrepublik Deutschland bisher nicht eingelöst worden.

Kritiker/innen verweisen darauf, dass Entwicklungshilfe häufig ihr Ziel, die Verbesserung der Lage der wirklich Betroffenen, nicht erreicht, sondern allenfalls kleinen, ohnehin privilegierten Bevölkerungsgruppen nützt und letztlich die wirtschaftliche Abhängigkeit und die politische Bevormundung der Entwicklungsländer nur verfestigt.

Entwicklungsländer: Eine allseits akzeptierte Definition des Begriffes gibt es nicht.

Als wichtige Kennzeichen zur Charakterisierung eines Landes als „Entwicklungsland" gelten z.B. ein niedriges Pro-Kopf-Einkommen, ein geringes Bruttosozialprodukt, eine extrem ungleiche Eigentums- und Vermögensverteilung innerhalb der Bevölkerung, hohe Arbeitslosigkeit, mangelhafte Ernährung und Gesundheitsversorgung, unzureichendes Schul- und Ausbildungssystem, niedriger Industrialisierungsgrad mit geringen Exporterlösen, politische Unterdrückung oder Nichteinbeziehung erheblicher Bevölkerungsteile.

Als Entwicklungsländer (einschließlich der Schwellenländer) gelten alle Staaten Afrikas, alle Staaten Asiens (außer Japan) und Ozeaniens (außer Australien und Neuseeland), alle Staaten Amerikas (außer Kanada und USA) sowie in Europa Griechenland, die Staaten Ex-Jugoslawiens, Portugal, die Türkei und eine Reihe von ehemals sozialistischen Staaten in Ost- und Mitteleuropa.

Entwicklungsmodelle: Nach dem Scheitern älterer Entwicklungsmodelle, z.B. der „Modernisierungsstrategie" oder der „Entwicklung aus eigener Kraft" (siehe Stichwort „Entwicklung"), bevorzugen in den 90er-Jahren viele Experten das Modell der „dauerhaften (bzw. nachhaltigen) Entwicklung". Es beinhaltet u.a. eine wesentlich stärkere aktive Einbeziehung der Armen und Ärmsten (siehe Stichwort „Grundbedürfnisstrategie"), die Förderung ihrer Selbsthilfe, den Auf- und Ausbau von Bildungseinrichtungen, die Herstellung sozialer Gerechtigkeit, die Schaffung demokratischer politischer Ordnungen, die Wahrung der Menschenrechte sowie eine wirtschaftliche, technische und industrielle Entwicklung, die den Raubbau an den natürlichen Vorräten stoppt und umweltschonend ist.

Darüber hinaus zielt das Modell der „dauerhaften Entwicklung" auf eine Reform der Weltwirtschaft (siehe Stichwort „Neue Weltwirtschaftsordnung") und die Nutzung der durch Abrüstung frei werdenden Mittel für die „Dritte Welt" („Friedensdividende").

GATT (General Agreement on Tariffs and Trade): internationales Zoll- und Handelsabkommen zwischen mehr als 100 Staaten der Erde (seit 1948).

Das im Jahr 1994 abgeschlossene GATT-Abkommen soll – u.a. durch Eindämmung des Protektionismus, durch Zollsenkungen, Abschaffung von Zöllen und anderen Handelsschranken – den freien Welthandel in großem Umfang beleben. Nutznießer sind vor allem die Industrienationen und z.T. die Schwellenländer. Zur Überwachung der Einhaltung des GATT-Abkommens und zur Streitschlichtung wurde die WTO (= World Trade Organisation; Welthandelsorganisation) gegründet.

Grundbedürfnisstrategie: Die Erkenntnis, dass Entwicklungshilfe, die nur die wirtschaftliche bzw. industrielle Entwicklung von Ländern der Dritten Welt im Auge hat, großen Teilen der Bevölkerung gar nichts nützt, sondern häufig die absolute Armut nur noch anwachsen lässt, hat dazu geführt, dass seit der Mitte der 70er-Jahre die Befriedigung der Grundbedürfnisse der Masse der (armen) Bevölkerung in den Entwicklungsländern stärker berücksichtigt wird.

Zur Erfüllung der Grundbedürfnisse gehörten z.B. die ausreichende, regelmäßige Ernährung und Gesundheitsversorgung, die Möglichkeit, über sauberes Trinkwasser, Bekleidung und Wohnraum verfügen zu können, die Bereitstellung von Ausbildungs- bzw. Arbeitsplätzen sowie ein Mindestmaß an politischer Teilhabe/Mitwirkung.

Gruppe der 77: Lockerer Zusammenschluss von zunächst 77, inzwischen mehr als 120 Entwicklungsländern mit dem Ziel, in den Verhandlungen mit den Industriestaaten gemeinsame Positionen einzunehmen und außerdem Vorschläge für eine möglichst eigenständige Entwicklung der Dritten Welt zu erarbeiten. Die Gruppe der 77 entstand 1964.

Internationaler Währungsfonds (IWF): Organisation zur Steuerung der Internationalen Währungs- und Finanzpolitik. Im IWF, dem rund 150 Staaten der Erde angehören, haben wie in seiner Schwesterorganisation, der Weltbank, die reichen Industriestaaten aufgrund des unterschiedlichen Stimmrechts ein deutliches Übergewicht gegenüber den Entwicklungsländern. Der IWF vergibt Kredite an Länder der Dritten Welt nur unter sehr strengen Bedingungen und Auflagen, die häufig in den betreffenden Ländern zur weiteren Verarmung der ohnehin armen Bevölkerungsschichten führen.

Kolonialismus: Seit Ende des 15. Jahrhunderts eroberten und unterwarfen europäische Staaten weite Teile der Erde (in Amerika, Afrika, Asien und Australien) und beuteten sie wirtschaftlich aus. Seinen Höhepunkt erreichte der Kolonialismus in der 2. Hälfte des 19. Jahrhunderts bis zum Ersten Weltkrieg (Zeitalter des Imperialismus). Mit Ausnahme von Japan, Thailand, China und Iran standen ganz Asien, ganz Afrika (mit Ausnahme von Liberia und der Republik Südafrika) und der Nahe Osten (mit Ausnahme der Türkei) unter der Kolonialherrschaft von Spanien, Portugal, Frankreich, den Niederlanden, Belgien, Großbritannien, Italien und Deutschland.

Nach dem Ersten Weltkrieg wuchs der Drang zur Selbstständigkeit (Nationalismus) in Asien und Afrika. Befreiungsbewegungen entstanden. Nach dem Zweiten Weltkrieg setzte die Entkolonialisierung ein. So wurden z. B. die meisten afrikanischen Staaten erst in den 60er-Jahren des 20. Jahrhunderts unabhängig.

Kennzeichnend für den Kolonialismus waren u. a. die Zerschlagung traditioneller Herrschaftsgebilde durch oft willkürliche neue Grenzen, die Zerstörung einheimischer Wirtschaftssysteme und sozialer Strukturen, die Ausbeutung der Naturschätze ohne Rücksicht auf die Bedürfnisse der unterworfenen Völker und die Umwelt; die „Europäisierung"/Verwestlichung bzw. Unterdrückung der fremden Kultur; der Rassismus.

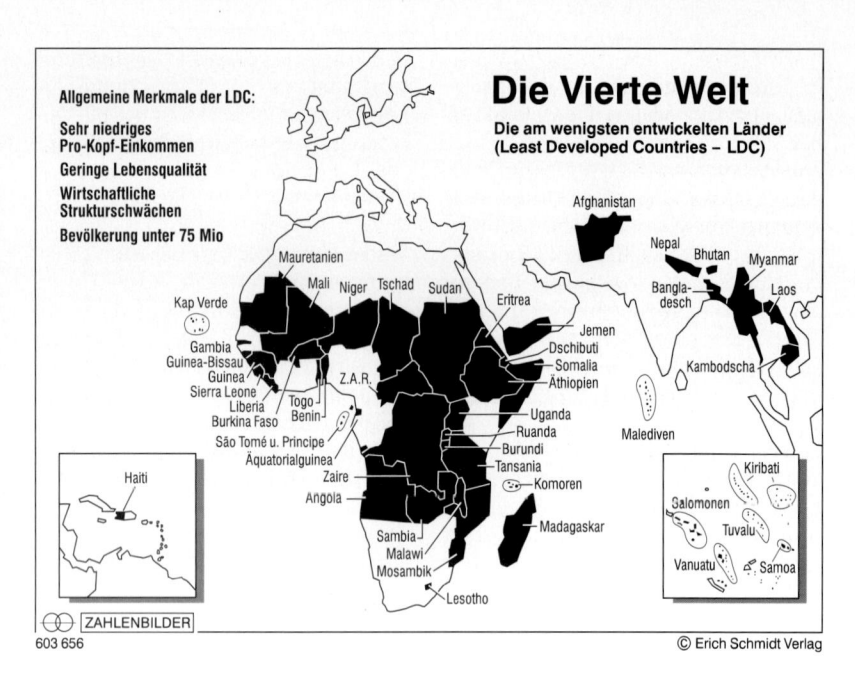

Im Kolonialismus liegt eine Hauptursache für die Unterentwicklung zahlreicher Länder der Dritten Welt. Die teilweise weiterbestehende indirekte Abhängigkeit dieser Länder von den ehemaligen „Kolonialherren" wird als Neokolonialismus bezeichnet.

LDC: (Less Developed Countries = „weniger entwickelte Länder") Sammelbegriff für die Entwicklungsländer, sofern sie nicht zu den Schwellenländern oder zur Vierten Welt bzw. den LLDC gerechnet werden.

LLDC: (Least Developed Countries = „am wenigsten entwickelte Länder") Sammelbegriff für die ärmsten Entwicklungsländer (auch: „Vierte Welt"). Im Schaubild „Die Vierte Welt" müsste es statt LDC zur besseren Unterscheidung LLDC heißen.

Multilaterale Leistungen: Entwicklungshilfe, die im Unterschied zu den bilateralen Leistungen von Geberländern über internationale Organisationen Ländern der Dritten Welt zugute kommt. Multilaterale Entwicklungshilfe kann die Empfängerländer vor politischer Bevormundung bzw. Erpressung durch einzelne Geberländer eher schützen.

Neue Weltwirtschaftsordnung (NWWO): 1974 haben die Mitgliedstaaten der UNO ihre Entschlossenheit verkündet, „nachdrücklich auf die Errichtung einer Neuen Weltwirtschaftsordnung hinzuwirken, die auf Gerechtigkeit, souveräner Gleichheit, gegenseitiger Unabhängigkeit, gemeinsamem Interesse und der Zusammenarbeit aller Staaten ungeachtet ihres wirtschaftlichen und gesellschaftlichen Systems beruht, die Ungleichheiten behebt und bestehende Ungerechtigkeiten beseitigt, die Aufhebung der sich vertiefenden Kluft zwischen den entwickelten Ländern und den Entwicklungsländern ermöglicht und eine sich ständig beschleunigende wirtschaftliche und soziale Entwicklung in Frieden und Gerechtigkeit für heutige und künftige Generationen sicherstellt."

Die zahlreichen Einzelforderungen der Entwicklungsländer zur Verwirklichung der NWWO sind von den Industrienationen bislang zumeist zurückgewiesen worden.

Nord-Süd-Konflikt: umgangssprachlicher Begriff zur Kennzeichnung des Verhältnisses zwischen den reichen Industriestaaten, die – abgesehen von Australien und Neuseeland – alle nördlich des 30. Breitengrads liegen, und den Ländern der Dritten Welt. Der Begriff wird als ungenau kritisiert, da z. B. die Beziehungen zwischen „Nord" und „Süd" nicht in jedem Falle nur konflikthaft sind und zudem die Industriestaaten untereinander ebenso wie die Länder der Dritten Welt (z. T. tief greifende) Konflikte haben. So wird statt vom „Nord-Süd-Konflikt" auch vom „Nord-Süd-Gefälle" gesprochen.

OECD: (Organization for Economic Cooperation and Development = Organisation für wirtschaftliche Zusammenarbeit und Entwicklung) Die OECD verfolgt das Ziel, die Wirtschafts-, Finanz- und Entwicklungspolitik ihrer Mitgliedstaaten, der marktwirtschaftlich orientierten Industrieländer, aufeinander abzustimmen und international zur Geltung zu bringen.

„Ölkrise": zeitweilige Lieferbeschränkungen und massive Preiserhöhungen für Rohöl vonseiten der OPEC im Herbst 1973.
Hauptleidtragende der „Ölkrise" waren zahlreiche Entwicklungsländer. Nach einer zweiten drastischen Erhöhung der Rohölpreise durch die OPEC im Jahr 1979 sanken die Ölpreise in den 80er-Jahren wieder. Die „Ölkrise" trug zum Entstehen/zur Verschärfung der Schuldenkrise vieler Dritte-Welt Länder bei.

OPEC: (Organization of Petroleum Exporting Countries = Organisation erdölexportierender Länder) Zusammenschluss von 13 Entwicklungsländern (z. B. Saudi-Arabien, Nigeria, Venezuela, Indonesien) mit dem Ziel, mittels einer gemeinschaftlichen Erdölpolitik den Rohstoff, der die wichtigste Wirtschaftsgrundlage ihrer Staaten ist, auf dem Weltmarkt möglichst gewinnträchtig zu handeln.

Pro-Kopf-Einkommen: Durchschnittswert, der aus dem Bruttosozialprodukt (bzw. Bruttoinlandsprodukt), geteilt durch die jeweilige Bevölkerungszahl eines Landes, ermittelt wird. Das Pro-Kopf-Einkommen gilt häufig als eine wichtige Kennziffer zur wirtschaftlichen Klassifizierung von Entwicklungsländern. Diese Kennziffer verdeckt jedoch die sehr großen Einkommens- und Vermögensunterschiede innerhalb der Bevölkerung und das tatsächliche Ausmaß der absoluten Armut in vielen Ländern der Dritten Welt.

Protektionismus: wirtschaftliche Schutzmaßnahmen eines Staates (z. B. Zölle, Mengenbeschränkungen, Subventionen) zugunsten heimischer Produzenten gegen ausländische Wettbewerber. Der Protektionismus der reichen Industriestaaten behindert und schwächt vor allem die Entwicklungsländer.

Schwellenländer: (NIC = Newly Industrializing Countries = „Länder, die dabei sind, eine Industrie aufzubauen") Entwicklungsländer, die aufgrund einer beschleunigten Industrialisierung ihr wirtschaftliches Wachstum überdurchschnittlich steigern konnten.
Kennzeichnend für die Schwellenländer ist außerdem, dass bei ihnen einerseits das Pro-Kopf-Einkommen und ihr Anteil am Weltexport von Fertigwaren relativ hoch sind, sie aber andererseits zum Teil sehr stark verschuldet sind. In manchen als Schwellenländer bezeichneten Entwicklungsländern ist trotz des Wirtschaftswachstums der Teil der Bevölkerung, der in absoluter Armut leben muss, weiterhin sehr hoch (z. B. Brasilien).

Weltbank: Der - neben dem IWF - bedeutendsten (Finanz-)Organisation der internationalen Entwicklungspolitik gehören mehr als 150 Staaten der Erde als Mitglieder an. Ziel der Weltbank ist es, bei der Hebung des Lebensstandards in den Entwicklungsländern mitzuhelfen, indem sie finanzielle Mittel aus den entwickelten Ländern in weniger entwickelte Länder vergibt. Entsprechend ihrem wirtschaftlichen Gewicht haben die Industriestaaten den größten Einfluss auf die Kreditvergabe und andere entwicklungspolitische Entscheidungen der Weltbank.

WTO: siehe GATT.

19.2 Die großen Unterschiede

19.2.1 Bogotá zum Beispiel

Die Städte in der Dritten Welt zeigen besonders krass die Schwierigkeiten, mit denen die Menschen in diesen Ländern tagaus, tagein zu kämpfen haben.
Etwa zwei Drittel der Einwohner Kolumbiens lebt in Städten.
Bogotá, die Hauptstadt, hat ca. 5 Millionen Einwohner. Die Bevölkerung in der Stadt wächst jährlich schätzungsweise um 7 %.
Bogotá ist, wie das ganze Land, von den Gewalttaten mächtiger Banden einflussreicher Drogenhändler und korrupter Polizisten und Militärs geprägt. Auch Kinderbanden (Durchschnittsalter etwa 10 Jahre) sind in Bogotá sehr zahlreich. Zwei Probleme von vielen.

Bericht eines deutschen Besuchers in Bogotá

Wir fahren eine Stunde aus der City Bogotás in einen der zahlreichen „Barrios", einen Vorort, besser gesagt Slum.
In diesem Barrio „El Lucero" – der „Morgenstern" – wohnen mehr als hunderttausend Menschen in dicht gedrängten Hütten aus Pappkartons, Lehmziegeln und Wellblech an einem lang gestreckten Berghang. Es ist heiß und staubig, kein Baum, keine Wiese, allenfalls ein paar Grasbüschel und trockene Sträucher, an denen vereinzelt Ziegen knabbern. Die Straßen sind nicht befestigt, durch tiefe Rinnen fließen die Abwässer.
Ein paar Stände, an denen verstaubtes Obst und Gemüse verkauft wird. Vor einigen Hütten reparieren Männer alte Fahrräder oder bearbeiten Blechdosen, die sie von den Mülldeponien geholt haben. Die Stromleitungen sind angezapft worden, der einzige Luxus in fast allen Hütten ist ein Fernsehgerät. Die Mehrzahl der Bewohner sind Frauen und Kinder. „Intakte" Familien sind selten. Viele Männer haben ihre Frauen schon vor der Geburt eines Kindes im Stich gelassen. Andere verlassen den Barrio in aller Frühe, um in der Stadt eine Gelegenheitsarbeit zu suchen oder brauchbare Abfälle auf den Müllhalden zu sammeln. Einen festen, bezahlten Arbeitsplatz hat kaum jemand. Einige Männer sind als Wächter bei den Reichen Bogotás angestellt.
Auch viele Kinder werden in die Stadt geschickt um zu betteln oder als Straßenhändler Zigaretten zu verkaufen. Viele dieser Kinder schlafen als Straßenjungen in der City und

19 Eine Welt für alle

Elendsviertel in Bogotá (Kolumbien)

kehren nicht wieder zurück. Eine Infrastruktur in unserem europäischen Sinne gibt es in den Barrios kaum.

Einige Priester und Ordensschwestern haben mit Hilfe kirchlicher Gelder aus Europa eine kleine medizinische Station, zwei Kindergärten und eine Kirche aufgebaut. Die Geistlichen unterrichten tagsüber in der Kirche mehrere Schulklassen parallel. Der Spielplatz des Kindergartens ist mit einer hohen Betonmauer umgeben, aber es gibt weder Spielzeug noch Grünanlagen. Das einzige Spielgerät für mehr als hundert Kinder sind ein paar alte Autoreifen. Aber immerhin erhalten die Kinder mittags eine warme Suppe.

Eine ökologische Umwelt existiert faktisch nicht. Kilometerweit ist jeder Baum abgeholzt und als Brennholz verheizt worden. Die Berge sind verkarstet. Die Straßen sind voll von Abfällen und Abwässern. Müllwagen verirren sich kaum in diese Gegend. Die Menschen haben andere Sorgen als den Umweltschutz.
Szenenwechsel: Ein Villenviertel in Bogotá. Breite, saubere Straßen, viele Laternen, Schulen, Banken, Supermärkte, Spezialgeschäfte. Gepflegte, meist zweistöckige Villen, in der Regel mit farbenfrohen Ziergärten, Garagen für meist zwei Autos, einem hohen Eisengitter. Besucher werden von einem bewaffneten Wächter empfangen. Hier wohnen die Führungskräfte der Politik und Wirtschaft, leitende Angestellte von Banken und internationalen Konzernen.

Die Häuser sind voll von Luxus im europäischen Stil. Die Söhne studieren, häufig in Europa. An Elektrizität und Wasser wird nicht gespart. Die Müllabfuhr erfolgt regelmäßig und pünktlich.

Das Armenviertel El Lucero kennen die Bewohner meist nur vom Hörensagen. El Lucero ist für sie weiter entfernt als Madrid oder Paris.

Horst Siebert: Die vergeudete Umwelt. Steht die Dritte Welt vor dem ökologischen Bankrott? Frankfurt/M. 1990, S. 99 ff. (Auszug)

1 Was ist mit „Infrastruktur in unserem europäischen Sinne" gemeint?
2 Warum wohl haben die Geistlichen in „El Lucero" Schulklassen eingerichtet?
3 Vergleicht die Situationen in „El Lucero" mit den Informationen im Kasten („In den Slums").

19.2.2 Werden die Städte unbewohnbar?

Vor allem in den Ländern der Dritten Welt nimmt die Verstädterung (Urbanisierung) immer stärker zu. In den Millionenstädten sind die Einwohnerzahlen kaum noch genau zu ermitteln. Diese Riesenstädte werden auch als Metropolen, Megastädte oder – weil sie herkömmlichen Städten nicht mehr vergleichbar sind – nur noch als „Agglomerationen" (=Ballungsräume) bezeichnet.

Die Welt als Stadt?

Die Welt wird nicht zum globalen Dorf, sondern zur globalen Stadt. Bis zur Jahrtausendwende ist mehr als die Hälfte der Menschheit urbanisiert, 2025 werden es zwei Drittel sein. Ein Fortschritt ist das wohl kaum. Denn die Metropolen von morgen sind Brennpunkte der Armut und des sozialen Kollapses [= Zusammenbruchs]. Im Jahr 2000 gibt es weltweit voraussichtlich 20 Städte mit über elf Millionen Einwohnern – 17 davon liegen in Entwicklungsländern. Südamerika wird in nur 30 Jahren der am stärksten urbanisierte Kontinent der Erde sein. Schon heute ist die Megastadt ein Moloch, der sich im Wildwuchs in sein Umland frisst. Er schluckt die Ressourcen [= Rohstoffe] Wasser, Luft, Energie und speit Müll, Schadstoffe und Blechlawinen wieder aus. In Asien, Lateinamerika und Afrika werden Städte langsam, aber sicher unbewohnbar: In Nigerias Hauptstadt Lagos leben zwölfmal so viele Menschen auf einem Quadratkilometer wie in New York.

Die Woche vom 30.6.1994, S. 18 (Auszug)

Zwei Ursachen

Seit etwa drei Jahrzehnten wachsen die Großstädte in der Dritten Welt in nie da gewesenem Ausmaß. Die Zahl der Armen in den Metropolen steigt kontinuierlich [= stetig]. Zuwanderung aus den ländlichen Gebieten und der natürliche Bevölkerungszuwachs sind dafür verantwortlich. Landflucht hat viele Ur-

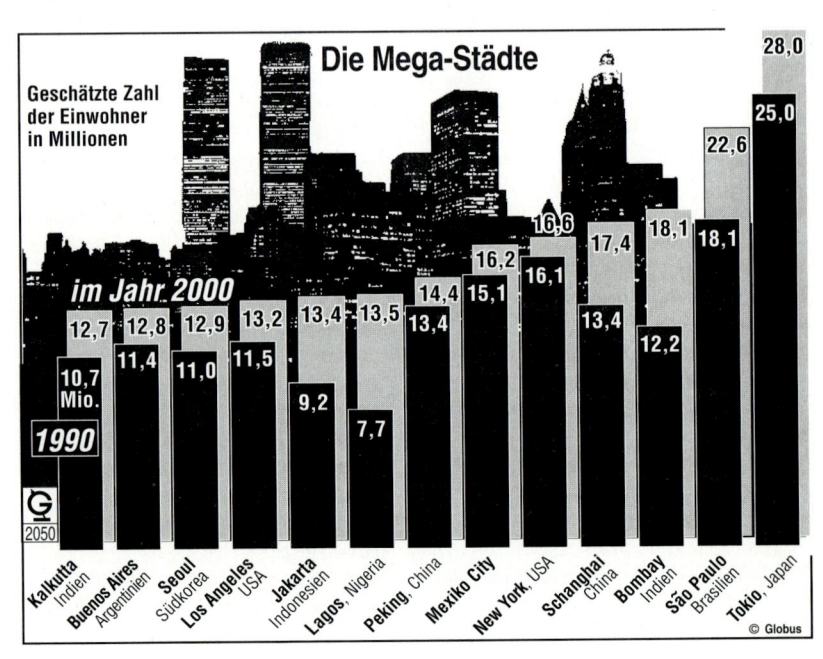

Die Mega-Städte

Geschätzte Zahl der Einwohner in Millionen

im Jahr 2000

Stadt	1990	2000
Kalkutta, Indien	10,7	12,7
Buenos Aires, Argentinien	11,4	12,8
Seoul, Südkorea	11,0	12,9
Los Angeles, USA	11,5	13,2
Jakarta, Indonesien	9,2	13,4
Lagos, Nigeria	7,7	13,5
Peking, China	13,4	14,4
Mexiko City	15,1	16,2
New York, USA	16,1	16,6
Schanghai, China	13,4	17,4
Bombay, Indien	12,2	18,1
São Paulo, Brasilien	18,1	22,6
Tokio, Japan	25,0	28,0

© Globus

Jeden Morgen sind 7,5 Millionen Menschen auf den Straßen Delhis unterwegs.

sachen: Überschuldung der Bauern und Besitzzersplitterung, niedrige Agrarpreise, anhaltende Trockenheit oder Überschwemmungen, aber natürlich auch die Hoffnung auf ein besseres, weniger mühseliges Leben in der Stadt. Das enorme Städtewachstum geht keineswegs nur auf Zuwanderung vom Land zurück. Lediglich in einigen der besonders schnell wachsenden Städte stellen Zuwanderer den größten Teil der Neubürger. Weltweit betrachtet spielt der natürliche Bevölkerungszuwachs eine noch größere Rolle. Bisher unterscheidet sich die Geburtenrate in den Zentren nicht wesentlich von der auf dem Land.

Einhard Schmidt-Kallert: Der Himmel ist nur noch im Prospekt blau. In: Frankfurter Rundschau vom 14.5.1990, S. 8 (Auszug)

1 Wie soll das „bessere, weniger mühselige Leben in der Stadt" wohl im Einzelnen beschaffen sein? Welche Voraussetzungen muss die Stadt(verwaltung) ihren Einwohnern dazu bieten?
2 Worin besteht die zunehmende Unregierbarkeit der Megastädte? Erläutert, was „Unregierbarkeit" im Einzelnen bedeutet. Nehmt die Informationen aus dem vorangegangenen Abschnitt hinzu.
3 Listet auf, zu welchen Staaten die im Schaubild genannten Städte gehören. Vergleicht mit dem Schaubild „Wohl-

In den Slums

Entwurzelung. Ein großer Teil der Slumbewohner ist vom Land in die Stadt getrieben worden – meist aus Armut. Mit der Landflucht werden enge menschliche/ soziale Bindungen zerrissen. Der schwierige Neuanfang in der ungewohnten, feindseligen städtischen Umgebung beginnt am unteren Ende der sozialen Stufenleiter, oft in größerer Armut als zuvor auf dem Land.

Überbevölkerung. Das Durchschnittsalter der Slumbewohner ist sehr niedrig. Auf dem Land sind die Familien sehr kinderreich und diese Tradition setzt sich in den Slums der Millionenstädte fort. In den städtischen Elendsvierteln leben die Menschen enger zusammen als sonst irgendwo. Es ist durchaus üblich, dass eine zehnköpfige Familie in einem einzigen Raum lebt.

Allein stehende Mütter. In vielen Slums wird die Hälfte aller Haushalte von Frauen allein versorgt, da die Männer ihre Familien verlassen haben oder infolge von Trunksucht und anderen Krankheiten der Familie keine Unterstützung mehr geben können.

Gesundheitsgefährdung. Überbevölkerung und fehlende Sanitäreinrichtungen führen zu zahlreichen Gesundheitsgefährdungen. Die Infektionsrate ist hoch, ständig drohen Seuchen. Die medizinische Versorgung in den Slums ist mangelhaft. Hinzu kommen die schweren Umweltbelastungen von Wasser, Boden und Luft durch den Großstadtverkehr und die Industrieanlagen in den Städten und an deren Rändern.

Fehlende Versorgung. Es besteht ein dringender Bedarf an Wasserversorgung und an Abwasser- und Müllentsorgung. Für tausende gibt es oft nur eine einzige Wasserzapfstelle, in den Straßen türmen sich die Müllberge, alle Abfälle und Abwässer werden in offene Gräben oder auf die Wege und Straßen gekippt.

Mangelernährung. Slumbewohner müssen ihre Nahrungsmittel kaufen, sind also auf Bargeld angewiesen. Da die Einkünfte sehr niedrig sind, leiden vor allem die Kinder an Mangelernährung.

Verwahrlosung. Die meisten Mütter müssen tagsüber Geld verdienen. Die Kinder werden der Obhut älterer Geschwister überlassen. Oder sie müssen allein zurechtkommen. Viele Kinder werden schon in jungen Jahren von ihren überforderten Eltern aufgegeben oder sie gehen von sich aus von zu Hause fort, um in den zahlreichen Kinderbanden auf der Straße zu überleben. Kindergärten, Schulen und Ausbildungsstätten gibt es in den Slums, wenn überhaupt, nur in völlig unzureichender Zahl und Ausstattung.

Selbsthilfe. Trotz der augenfälligen Armseligkeit des Lebens in den Slums sind nicht Resignation [= Selbstaufgabe] und Teilnahmslosigkeit die Grundhaltungen vieler ihrer Bewohner, sondern der tatkräftige Wille zum Überleben. In Eigeninitiative und gemeinschaftlich verbessern die Slumbewohner ihr Wohnumfeld und schaffen wenigstens einige der Einrichtungen, die unabdingbar sind: feste Hütten und Häuser, befestigte Wege, Wasserleitungen, Kindergärten und sogar Berufsschulen. Es gibt regelrechte „Selbsthilfestädte" in den Slums.

stand und Unterentwicklung auf der Welt" im ersten Abschnitt.
4 In früheren Jahrzehnten lagen die größten Städte der Welt vor allem in den USA, in Europa und in Japan. Warum ist die Verstädterung gerade in der „Dritten Welt" so problematisch?
5 Untersucht die Darstellung der großen Städte in Ländern der „Dritten Welt" in verschiedenen Reiseprospekten: Wovon ist im Text die Rede? Welche Abbildungen werden gezeigt? Welche Menschen welcher sozialen Schicht?

331

19.3 Wie viele Menschen erträgt die Erde?

19.3.1 Das Menschenrecht auf Leben, Essen und Trinken

Im Jahr 1974 stellte die 2. Welternährungskonferenz der Menschheit ein bedeutsames Ziel: „Nach Ablauf eines Jahrzehnts soll kein Kind mehr hungrig zu Bett gehen und keine Familie sich um das tägliche Brot sorgen."

Im Jahr 1984 litten nach Schätzungen der FAO (= Ernährungs- und Landwirtschaftsorganisation der UNO) weltweit etwa 450 Millionen Menschen an Hunger und Unterernährung.

In den 90er-Jahren sterben in den Entwicklungsländern jährlich etwa 14 Millionen Kinder unter fünf Jahren an Hunger und an Krankheiten, die vielfach erst infolge von Unterernährung tödlich verlaufen.

Voraussetzung für alles andere

Das Recht auf Nahrung ist das wichtigste aller Menschenrechte. Doch nahezu 800 Millionen Menschen – ein Fünftel der Weltbevölkerung – leiden an Hunger und Unterernährung. 192 Millionen Kinder sind in ihrer Entwicklung durch Mangelernährung beeinträchtigt. Ausreichende Ernährung ist die Voraussetzung für Entwicklung und Fortschritt.

Den Hunger vertreiben. Nicht die Menschen. Faltblatt der Deutschen Welthungerhilfe. 1994, o. S.

Im Jahr 2025: zu wenig Anbauflächen?

Mehreren hundert Millionen Menschen droht in den nächsten Jahrzehnten Hunger, weil die landwirtschaftliche Produktion auf der Erde nicht mehr mit dem Bevölkerungswachstum Schritt hält. In 30 Jahren würden weltweit etwa drei Milliarden mehr Menschen leben als zur Zeit, heißt es in einer in Washington vorgestellten Untersuchung. Länder wie Somalia, Bangladesch, Kenia und Jemen sowie vermutlich dutzende weitere Staaten hätten dann nicht genügend landwirtschaftlich nutzbare Böden, um ihre Bevölkerungen zu ernähren.

Im Jahr 1990 seien 1,4 Milliarden Hektar Land zum Ackerbau verwendet worden, fünfmal so viel wie 300 Jahre zuvor, wird in der Studie mit dem Titel „Das Land bewahren: Bevölkerung und Lebensmittelproduktion" festgestellt. Seitdem würden jährlich nur etwa 100 Millionen Hektar für den Ackerbau neu erschlossen. Ebenso viel Land geht jedoch wegen Umweltschädigung und Erosion [= Zerstörung fruchtbaren Bodens] für die Landwirtschaft verloren.

Ein besonderes Problem sei die zunehmende Versalzung der Böden. Etwa ein Sechstel des Ackerlandes auf der Erde sei davon bedroht.

1,3 Milliarden Menschen in Armut

- Ende 1994 leben 1,3 Milliarden Menschen auf der Welt in absoluter Armut, die Hälfte davon in Südasien, ein Viertel in Ostasien und 16 Prozent in Afrika.
- Extreme Armut findet sich vor allem in Schwarzafrika. Etwa die Hälfte der Gesamtbevölkerung Afrikas lebt unter der Armutsgrenze.
- Trotz wichtiger Fortschritte in den letzten 25 Jahren – die Einkommen in den ärmsten Ländern der Welt haben sich verdoppelt, die Lebenserwartung erhöhte sich um zehn Jahre – stieg die Zahl der Armen in absoluten Zahlen und die Einkommensunterschiede wuchsen. Die Kluft zwischen dem ärmsten und dem reichsten Fünftel der Weltbevölkerung verschärfte sich von 1:20 im Jahre 1960 auf 1:60 im Jahre 1990.
- Die Ärmsten der Armen leben auf dem Lande, immer mehr von ihnen sind Frauen. Sie sind chronisch unterbeschäftigt und arbeiten zum Überleben viele Stunden für lächerliche Löhne.
- Studien des Internationalen Instituts für Arbeitsfragen der IAO ergaben, dass Analphabetismus und schlechte Ausbildung die Hauptursachen für Armut und soziale Ausgrenzung in Afrika, Asien und dem Mittleren Osten sind.

Hinzu kommen der fehlende Landbesitz in ländlichen Zonen, Schwierigkeiten oder ungleiche Behandlung bei der Vergabe von Krediten, die Diskriminierung bestimmter ethnischer Gruppen von Frauen, das Bevölkerungswachstum, die Landflucht und eine anarchische Stadtentwicklung.

Welt der Arbeit 11/1995

Nach Darstellung des Forschungszentrums wird auch der vermehrte Gebrauch von Kunstdünger und Schädlingsbekämpfungsmitteln die Erträge kaum ausreichend steigern. Zudem verminderten diese Stoffe langfristig oft die Bodenqualität.

Frankfurter Rundschau vom 10.4.1995, S. 22

Warten auf die Essenausgabe

19 Eine Welt für alle

1 Erläutert den ersten Satz aus dem Faltblatt der Deutschen Welthungerhilfe und nehmt Stellung.
2 Stellt nach den Texten und dem Schaubild zusammen: einige Ursachen für den Hunger in der Dritten Welt.

Niemals satt

In 15 Ländern Afrikas südlich der Sahara droht [1994] eine Hungersnot. Die Notlage ist in den meisten Gebieten nicht nur Folge ungünstiger Wetterbedingungen, sondern auch von Unruhen und Bürgerkriegen. So hungern Menschen in Liberia, obwohl die Regenzeit in diesem Jahr in Westafrika rechtzeitig einsetzte – doch die Bauern können ihre Felder nicht bestellen, weil Freischärler-Horden das Land verwüsten. Am Horn von Afrika herrscht dagegen eine verheerende Dürre; sie erschwert den Wiederaufbau in den ehemaligen Bürgerkriegsgebieten von Äthiopien und Eritrea. In Zaire und Tansania müssen rund zwei Millionen Flüchtlinge aus Ruanda miternährt werden. Abgesehen von diesen Ländern bereitet der UNO-Ernährungsorganisation FAO die Sub-Sahara-Zone die größten Sorgen, weil dort die Nahrungsmittelproduktion im Verhältnis zum Bevölkerungswachstum sinkt: Reichte sie 1970 noch für 97 Prozent der Bevölkerung, gilt das heute nur noch für 86 Prozent.

Der Spiegel 34/1994, S. 112f.

Auch die Landwirtschaftspolitik der Europäischen Union ist mitverantwortlich für die Ernährungsprobleme in Ländern der Dritten Welt.

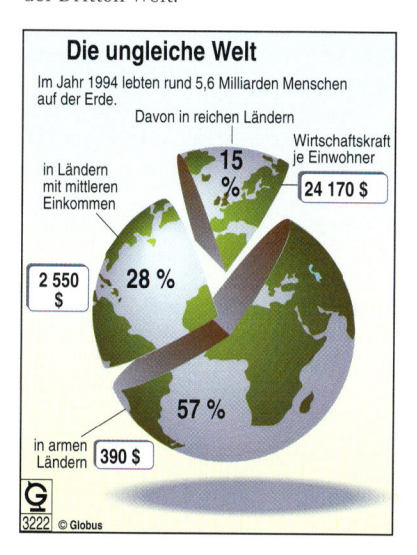

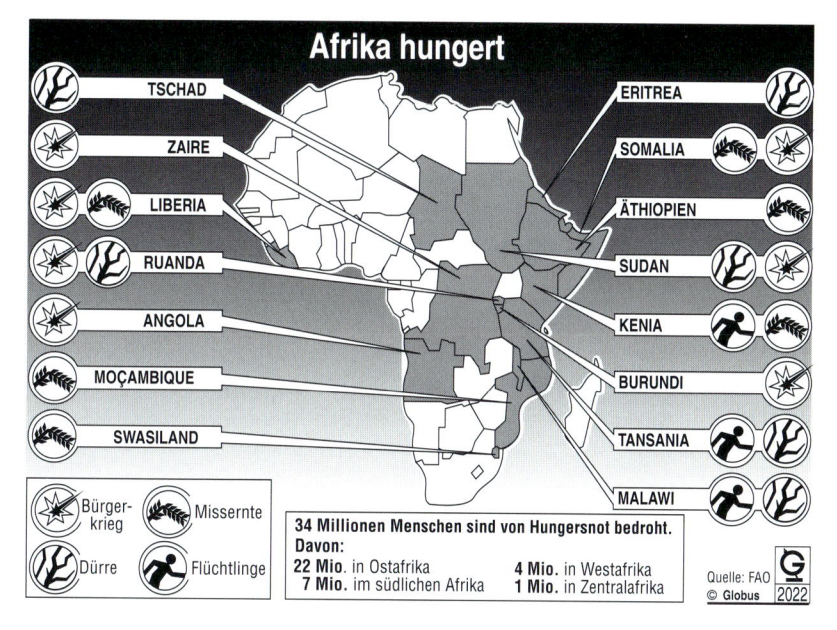

Afrika hungert

34 Millionen Menschen sind von Hungersnot bedroht.
Davon:
22 Mio. in Ostafrika
7 Mio. im südlichen Afrika
4 Mio. in Westafrika
1 Mio. in Zentralafrika

Quelle: FAO

Künstlich verbilligte Ausfuhren von Fisch und Rindfleisch aus der EU, z.B. nach Westafrika, führen dazu, dass dort die einheimischen Landwirte ihre Produkte nicht mehr zu angemessenen Preisen verkaufen können. Es wird weniger produziert und die Abhängigkeit vom Ausland wächst.

3 Ihr könnt an eine Entwicklungshilfe-Organisation oder das Bundesministerium für wirtschaftliche Zusammenarbeit schreiben und um genaue, aktuelle Informationen zur Bedeutung der Agrarexporte aus der EU für Länder der Dritten Welt bitten.

19.3.2 Umstrittener Kinderreichtum

Auf dem Foto unten ist Serea, 26 Jahre alt, mit ihren fünf Kindern Maimuni (12 J.), Osupat (3 J.), Loserian (6 J.), Sitoi (10 J.), Kaleya (8 Monate alt, versteckt sich hinter seiner Mutter) abgebildet. Drei weitere Kinder von Serea sind gestorben.

Serea ist die fünfte und jüngste Frau des Viehzüchters und Dorfältesten Marari, 46 Jahre alt. Er hat insgesamt 17 Kinder und möchte noch eine sechste Frau (15 Jahre alt) heiraten.

Serea und Marari gehören zum Volk der Massai in Tansania.

Die ungleiche Welt

Im Jahr 1994 lebten rund 5,6 Milliarden Menschen auf der Erde.
Davon in reichen Ländern: 15 %, Wirtschaftskraft je Einwohner 24 170 $
in Ländern mit mittleren Einkommen: 28 %, 2 550 $
in armen Ländern: 57 %, 390 $

Serea aus Tansania und ihre Kinder

So wächst die Weltbevölkerung (in Mio)

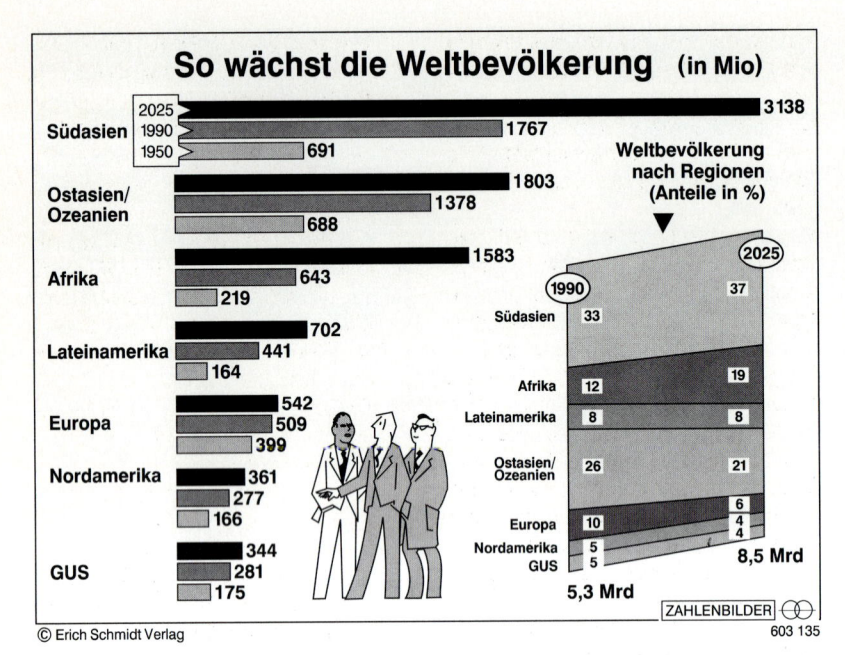

Region	2025	1990	1950
Südasien	3138	1767	691
Ostasien/Ozeanien	1803	1378	688
Afrika	1583	643	219
Lateinamerika	702	441	164
Europa	542	509	399
Nordamerika	361	277	166
GUS	344	281	175

Weltbevölkerung nach Regionen (Anteile in %)

Region	1990	2025
Südasien	33	37
Afrika	12	19
Lateinamerika	8	8
Ostasien/Ozeanien	26	21
Europa	10	6
Nordamerika	5	4
GUS	5	4

1990: 5,3 Mrd — 2025: 8,5 Mrd

© Erich Schmidt Verlag — ZAHLENBILDER 603 135

1 Informiert euch im Geographieunterricht oder aus einem Lexikon über Tansania und das Volk der Massai.

Gründe für Kinder

In den Gesellschaften der Dritten Welt, in denen in der Regel Sozialversicherungssysteme unbekannt sind, stellen die Kinder die einzige Alterssicherung dar. Wenn die Kinderarbeit sehr hoch ist, ist es für den Einzelnen nur folgerichtig, viele Nachkommen in die Welt zu setzen.

Auch unter schlechten Lebensbedingungen werden Kinder eher als wirtschaftlicher Gewinn denn als Belastung angesehen. Sie können frühzeitig zum Familieneinkommen beitragen, sind in der Landwirtschaft, im Kleinhandwerk oder -handel wichtige Hilfskräfte. Kinder hüten das Vieh, sammeln Holz zum Feuern, arbeiten als Kleinhändler, Rikschafahrer usw. Sie sind damit auch eine Versicherung gegen häufige Arbeitslosigkeit oder gegen die Krankheit ihres Familienoberhauptes.

Zu den sozialen und wirtschaftlichen Ursachen des Kinderreichtums in der Dritten Welt kommt der Einfluss von Traditionen, gesellschaftlichen Normen [= Vorschriften] und der Religionen. Die katholische Kirche beispielsweise hat sich durch ihre Oberhäupter immer wieder deutlich gegen künstliche Geburtenkontrolle ausgesprochen. Im Islam gelten Kinder als größte aller Segnungen. Im Hinduismus ist der Wunsch nach Söhnen besonders ausgeprägt. Und in Afrika wird die Stellung der Frau in Sippe und Gesellschaft durch das Gebären vieler Kinder gestärkt.

Deutsche Gesellschaft für die Vereinten Nationen [Hrsg.]: Das Bevölkerungsproblem. Faltblatt, o. J., o. S.

Im Sommer 1994 meldeten die Medien die aktuellen Zahlen zur Weltbevölkerung und dazu Vorausberechnungen, die von Fachleuten der Vereinten Nationen angestellt worden waren.

Vielfach wurde daraufhin die Forderung erhoben, dass die Menschen in der Dritten Welt ihren Kinderreichtum erheblich einschränken müssten, um weltweit drohende Krisen zu vermeiden.

In einem fiktiven [= erfundenen] Gespräch zwischen einem Landarbeiter (L) aus der Dritten Welt und einem Industriellen (I) aus Europa wird das Problem zugespitzt.

Einmischung

I: Ich möchte mich ja nicht einmischen. Aber wissen Sie eigentlich, dass die Weltbevölkerung in den nächsten 20 Jahren um ca. 50 % ansteigt? Was werden Sie dagegen tun?
L: Was ist da so schlimm dran? Ich mag Menschen.
I: Ich natürlich auch. Aber schauen Sie doch, die Ressourcen [= Grundstoffe, z. B. Nahrungsmittel] unserer Welt reichen nicht, wenn die Bevölkerung ständig weiterwächst.
L: Das leuchtet ein. Es ist also ein Problem sowohl der Ressourcenknappheit als auch zu vieler Menschen?
I: Ja!
L: Die Antwort ist also sowohl Ressourcen- als auch Geburtenkontrolle?
I: Ja ... a!
L: Nun, ich möchte mich ja auch nicht einmischen. Aber ist Ihnen klar, dass die 20 % Reichen dieser Welt rund 80 % der Ressourcen verbrauchen? Nun, was gedenken Sie dagegen zu tun?

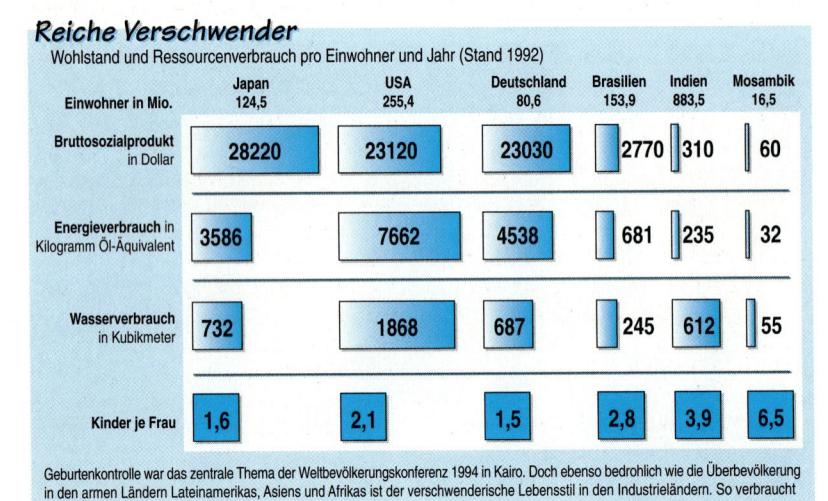

Reiche Verschwender
Wohlstand und Ressourcenverbrauch pro Einwohner und Jahr (Stand 1992)

	Japan	USA	Deutschland	Brasilien	Indien	Mosambik
Einwohner in Mio.	124,5	255,4	80,6	153,9	883,5	16,5
Bruttosozialprodukt in Dollar	28220	23120	23030	2770	310	60
Energieverbrauch in Kilogramm Öl-Äquivalent	3586	7662	4538	681	235	32
Wasserverbrauch in Kubikmeter	732	1868	687	245	612	55
Kinder je Frau	1,6	2,1	1,5	2,8	3,9	6,5

Geburtenkontrolle war das zentrale Thema der Weltbevölkerungskonferenz 1994 in Kairo. Doch ebenso bedrohlich wie die Überbevölkerung in den armen Ländern Lateinamerikas, Asiens und Afrikas ist der verschwenderische Lebensstil in den Industrieländern. So verbraucht jeder zusätzliche Bundesbürger 19-mal mehr Energie als ein Inder; jeder Amerikaner hat den 34-fachen Wasserverbrauch eines Mosambikaners.
Nach: Der Spiegel 33/1994, S. 122

W. Bach: Gefahr für unser Klima. München 1982, o. S.

2 „Lest" das Schaubild „So wächst die Weltbevölkerung" und notiert die wichtigsten Aussagen daraus.
3 Vergleicht die Angaben im Schaubild auch mit den Angaben im Schaubild „Wohlstand und Unterentwicklung auf der Welt" (S. 326).
4 Erörtert den Text „Einmischung" in Verbindung mit dem Text „Gründe für Kinder" und dem Schaubild „Reiche Verschwender". Nehmt Stellung zu den vorgebrachten Argumenten.

19.3.3 Familienplanung – aber wie?

Auf der Weltbevölkerungskonferenz der Vereinten Nationen in Kairo im September 1994 haben über 180 Staaten die Probleme der drohenden Überbevölkerung der Erde diskutiert. Im Mittelpunkt stand dabei das Thema Familienplanung. Vor allem die katholische Kirche sprach sich sehr entschieden gegen weitverbreitete Mittel der Familienplanung (z. B. Verhütungsmittel und Abtreibung) aus.

Soziale Entwicklung gegen „Bevölkerungsexplosion"

Verhütung statt Abbruch lautet [...] in Wahrheit das große Thema von Kairo. Das Menschenrecht auf Familienplanung ist eine von drei Säulen, auf denen die Staatengemeinschaft ihren neuen Konsens zur Bewahrung der Schöpfung – also auch deren vermeintlicher Krone – baut. Zweitens verpflichten sich Nord und Süd, mehr in den Kampf gegen die Armut zu investieren; schließlich werden neun von zehn Babys in den Hütten der Miserablen [= Armen] geboren. Und drittens anerkennt das reichste Fünftel der heute 5,7 Milliarden Menschen seine Verantwortung für die drohende Zerstörung des blauen Planeten durch Müllberge und Klimakollaps.
Allein schon diese globale [= weltweite] Dreieinigkeit ist ein großer Erfolg.
Etwa jede vierte Schwangerschaft in der Dritten Welt (ohne China) ist ungewollt; mindestens 120 Millionen verheiratete Frauen möchten vorerst kein Kind – und werden dennoch schwanger, weil ihnen schlicht Kondome und Spiralen fehlen. Familienplanung als Recht (nicht als Pflicht!) für alle – das ist eine Forderung der Weltbevölkerungskonferenz. Die Entscheidung über Zahl und Zeitpunkt der Geburten wird den Eltern anvertraut – und nicht etwa der Familie, dem Dorfältesten oder anderen weltlichen und religiösen Autoritäten.
Erst wenn das Elend schwindet, sinkt auch die Zahl der Babys, lässt sich der Teufelskreis von Armut, Masse und Massenarmut durchbrechen.
Das zweite Gebot von Kairo lautet deshalb: soziale Entwicklung – vor allem für Frauen. Denn sie sind es, die bis heute fast allein die Last der vielen Erben und die Verantwortung für die Familienplanung schultern müssen. Längst ist bewiesen: Erst wenn dank besserer Gesundheitsdienste weniger Frauen im Wochenbett sterben und mehr Babys überleben, sinkt die Fruchtbarkeit. Mehr Bildung, mehr Macht für Frauen also, zeugt weniger und zugleich gesündere Kinder. Mit anderen Worten: Nur eine gerechtere Zukunft schafft eine kleinere Welt; wer gegen Ende des nächsten Jahrhunderts nicht zweimal so viele Menschen zählen will wie heute, muss jetzt in Hospitäler und Schulen investieren.

Christian Warnicke: Die drei Gebote von Kairo. In: Die Zeit vom 2.9.1994 (Auszüge)

Widerspruch der katholischen Kirche

Der Vatikan sah in der Konferenz eine gefährliche Wende heraufkommen. Der Entwurf für das Kairoer Abschlussdokument, Geldmittel zur Geburtenkontrolle locker zu machen, verneint nach Meinung des Papstes die Ehe. Der Entwurf ermutige unreife Jugendliche, ihren Instinkten zu folgen, befürworte ein individualistisches Konzept von Sexualität und ein Recht auf Abtreibung. Gegen diese moralische Gefährdung führt der Heilige Stuhl die Mittel der natürlichen, universellen und fundamentalen Institution der Familie an und die einzigartige Rolle und das Privileg der Mutterschaft. Der Vatikan mobilisierte daher gegen das Kairoer Dokument Bischofskonferenzen und Regierungen von Benin bis Malta. Die Folge war, dass in der New Yorker Vorbereitungskonferenz alle dem Vatikan nicht genehmen Begriffe wie Abtreibung oder sichere Mutterschaft ausgeklammert werden mussten.

Politik aktuell 25/1994, S. 2

1 Vergleicht die im Aktionsprogramm der Kairoer Konferenz genannten Maßnahmen mit den Aussagen im Text „Gründe für Kinder" (im Abschnitt 19.3.2).
Was könnte sich bei Serea und Marari (Abschnitt 19.3.2) ändern, wenn die Regierung von Tansania den Empfehlungen der Konferenz in Kairo folgen würde? Welche Maßnahmen (der Regierung) könnten zu Änderungen führen?
2 Frauen haben kritisiert, dass das Aktionsprogramm der Weltbevölkerungskonferenz in Kairo nur als Empfehlung für die Regierungen beschlossen wurde. Erklärt und erörtert andere Möglichkeiten.
3 Ergänze folgende Sätze so, dass sie einen Sinn ergeben, der deinen Vorstellungen entspricht:
– Das Ziel der Weltbevölkerungskonferenz ist ...
– Anderen Menschen die Kinderzahl vorschreiben zu wollen, finde ich ...
– Die Menschheit wächst jeden Tag um 250 000 Menschen. Das weiß ich. Die Folgen finde ich ...
– Wenn das Wachstum der Menschheit so weitergeht, dann ...
– Die reichen Länder können den armen Ländern nur dann eine Bevölkerungspolitik vorschreiben, wenn ...
– Familienplanungen lassen sich nur durchsetzen, wenn ...
– Die Familien werden ihre Kinderzahl verringern, wenn ...

19.3.4 Massenflucht – Massenwanderung

In bevölkerungsreichen, aber armen Staaten sind die Menschen oft infolge von Hunger und Armut gezwungen, ihr Land zu verlassen. Andere Gründe für die Flucht sind Kriege oder politische Verfolgung. Flüchtlinge und Auswanderer werden jedoch nirgendwo mit offenen Armen empfangen. Meist wehrt sich die einheimische Bevölkerung gegen die Zuwanderer, weil sie z. B. als Konkurrenten auf dem Arbeitsmarkt empfunden werden. Fachleute nehmen an, dass die Zuwanderung nach Europa in den kommenden Jahrzehnten stärker werden wird – und dies möglicherweise für alle nützlich wäre.

Fluchtgründe

Was oft übersehen wird: die riesigen, weltweit anschwellenden Flüchtlingsströme sind so of-

Flüchtlinge

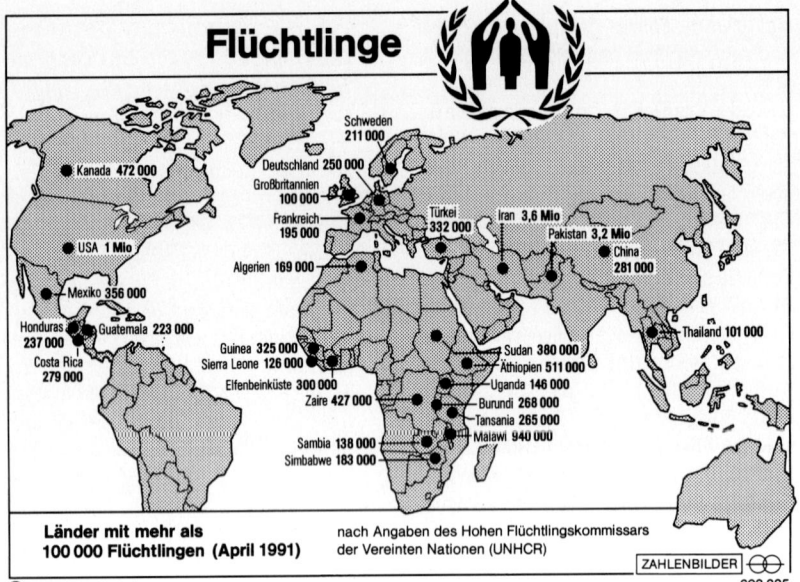

Länder mit mehr als 100 000 Flüchtlingen (April 1991)
nach Angaben des Hohen Flüchtlingskommissars der Vereinten Nationen (UNHCR)

- Kanada 472 000
- Schweden 211 000
- Deutschland 250 000
- Großbritannien 100 000
- Frankreich 195 000
- Türkei 332 000
- Iran 3,6 Mio
- Pakistan 3,2 Mio
- China 281 000
- USA 1 Mio
- Algerien 169 000
- Mexiko 356 000
- Honduras 237 000
- Guatemala 223 000
- Costa Rica 279 000
- Guinea 325 000
- Sierra Leone 126 000
- Elfenbeinküste 300 000
- Zaire 427 000
- Sudan 380 000
- Äthiopien 511 000
- Uganda 146 000
- Burundi 268 000
- Tansania 265 000
- Sambia 138 000
- Malawi 940 000
- Simbabwe 183 000
- Thailand 101 000

© Erich Schmidt Verlag

fenkundig wie kaum ein anderes gesellschaftliches Problem Ausdruck und Ergebnis der globalen Krisen- und Konfliktfelder. Aus Herkunft, Stärke und Richtung der Fluchtbewegungen lässt sich zum Beispiel ablesen, wo die großen Krisenherde der Gegenwart liegen, wie die Konfliktlinien verlaufen, in welchen Teilen der Erde Mangel und Druck so unerträglich werden, dass Millionen Menschen auf der Flucht sind, und wo die vermeintlichen Inseln von Wohlstand und Sicherheit liegen.

Rund 20 Millionen politisch Verfolgte und Kriegsflüchtlinge wurden 1990 vom Flüchtlingswerk der Vereinten Nationen offiziell registriert, die weit größere Menge der Hunger- und Elendsflüchtlinge ist statistisch gar nicht erfasst. Die Zahl der Umweltflüchtlinge schätzt das Internationale Komitee vom Roten Kreuz inzwischen sogar auf 500 Millionen Menschen und im Jahr 2000 könnten es eine Milliarde Menschen sein, die ihre Heimat wegen Umweltzerstörung verlassen müssen. Immer größere Gebiete in den Trockenregionen der Erde, vor allem in der Sahelzone, sind von Versteppung und Verödung betroffen und immer mehr Land wird als indirekte Folge weitflächiger Abholzungen in der Tropenzone überschwemmt und abgetragen, sodass die Bewohner ihre Lebensgrundlagen verlieren und zur Flucht gezwungen sind.

_{Hans-Georg Bohle: Kriegsflüchtlinge, Elendsflüchtlinge, Umweltflüchtlinge, in: Frankfurter Allgemeine Zeitung vom 25.3.1991, S. 13}

Massenauswanderung gestern, heute und zukünftig

Besonders lebendig sind [...] Sorgen über eine unkontrollierte Einwanderung unter den europäischen Nationen oder unter solchen europäischen Ablegern wie Australien und den Vereinigten Staaten. [...]

Dabei war vor wenigen hundert Jahren Europa selbst der Ausgangspunkt der bedeutendsten Wanderungswelle in der Weltgeschichte. [...]

Zwischen 1846 und 1890 wanderten jedes Jahr etwa 377 000 Menschen aus Europa aus, schon zwischen 1891 und 1910 schnellte die Emigration [= Auswanderung] dann auf eine Durchschnittsrate von 911 000 pro Jahr. Zwischen 1846 und 1930 suchten im Ganzen über 50 Millionen Europäer ein neues Leben in Übersee. Da die europäischen Bevölkerungen auch zu Hause in dieser Periode schnell anwuchsen, stieg ihr Anteil an der gesamten Weltbevölkerung stetig. [...]

Der grundlegende Unterschied heute liegt darin, dass, während in jener früheren Migration [= Wanderungsbewegung] die Menschen von technologisch fortgeschrittenen Gesellschaften in weniger fortgeschrittene auswanderten, die heutigen Wanderungsbewegungen sich vorrangig von weniger entwickelten Gesellschaften auf Europa, Nordamerika und Australien richten. Angesichts der globalen Unausgewogenheiten in der Bevölkerungsentwicklung sollte diese Bewegung im Prinzip allen Betroffenen helfen.

Oder warum sollte die europäische Gemeinschaft mit ihren ergrauenden Bevölkerungen nicht die Millionen von arbeitslosen Nordafrikanern willkommen heißen? Da der größte Teil von Europa eine negative Bevölkerungsentwicklung aufzuweisen hat und die Bevölkerungen von Algerien, Marokko und Tunesien sich im Laufe der nächsten Jahrzehnte wahrscheinlich verdoppeln werden, erscheint dies als – wie der Economist [= britische Wirtschaftszeitung] zweifellos ironisch schrieb – „die perfekte Verbindung".

_{Paul Kennedy: In Vorbereitung auf das 21. Jahrhundert, Frankfurt/Main 1993, S. 61ff.}

1 *Welche Fluchtgründe werden genannt? Stellt zusammen.*
2 *Vergleicht die im Schaubild „Flüchtlinge" genannten Flüchtlingszahlen europäischer und afrikanischer Staaten.*
3 *Vergleicht die Aussagen des Schaubilds „Flüchtlinge" mit den Aussagen im Schaubild „Wohlstand und Unterentwicklung auf der Welt" (Seite 326).*
4 *Über die Adressen auf Seite 346 könnt ihr Informationen zur aktuellen Flüchtlingssituation in Schwarzafrika erhalten.*
5 *Versucht mit Hilfe eines Geschichtsbuchs herauszufinden, warum und in welche Länder Deutsche in den letzten 150 Jahren ausgewandert sind.*

19.4 Ohne Frauen keine Entwicklung

19.4.1 Zuständig für fast alles

1 Von Frauen in der Dritten Welt war bereits in den vorangegangenen Abschnitten die Rede. Lest dort noch einmal nach.

Zwei Drittel Arbeit, ein Zehntel Einkommen

Frauen leisten weltweit zwei Drittel der Arbeit, erhalten aber nur ein Zehntel des Welteinkommens. Frauen in den Entwicklungsländern erbringen drei Viertel aller Arbeitsleistungen in der Landwirtschaft und produzieren zwischen 60 und 80 Prozent der Grundnahrungsmittel. Frauen in Afrika, Asien und Lateinamerika sind zuständig für Haushalt, Kinder, Wasser, Feuerholz, Verarbeitung der Nahrungsmittel, für Kleinvieh, Hausgärten und Vermarktung der Feldarbeit.

_{Den Hunger vertreiben. Nicht die Menschen. Faltblatt der Deutschen Welthungerhilfe, 1994, o. S.}

Im afrikanischen Staat Benin ist die Baumwolle das wichtigste Exportgut der einheimischen Bauern; genauer gesagt: der Männer, denn zwischen Mann und Frau herrscht in Benin, ähnlich wie in vielen anderen Ländern der Dritten Welt, strenge Kassentrennung.
Neben ihren herkömmlichen Aufgaben der Haushaltsführung und Kinderbetreuung müssen jedoch die Frauen auch die Feldarbeit zur Nahrungsmittelproduktion übernehmen und außerdem noch bei der Baumwollernte helfen.
Eine deutsche Entwicklungshelferin und ihr Kollege berichten im folgenden Text von „viel Unzufriedenheit in den Familien".

„Ohne uns wäre der Speicher leer"

Der Baumwollanbau führte zu einschneidenden ökologischen Veränderungen: Viele Bäume – darunter auch solche mit wertvollen Früchten und Blättern für die Küche – fielen der Axt und dem zum Roden gelegten Feuer zum Opfer.
Denn die Modernisierung der Landwirtschaft mittels des rindergezogenen Pfluges erfordert größere und baumfreie Flächen. Das Wasser fließt nun zu schnell ab und nimmt die gute Ackerkrume mit, der Grundwasserspiegel fällt. Traditionelle Brunnen fallen trocken und Tiefbrunnen sind teuer.

Weite Wege für die Frauen. So müssen die Frauen heute oft viel weitere Wege zum Wasserholen und Brennholzsammeln zurücklegen. Ihre Arbeitsbelastung ist insgesamt enorm gestiegen, denn außer der Einführung von motorgetriebenen Dorfmühlen anstelle des Mörsers zum Mahlen der Hirse fanden auf Haushaltsebene keine arbeitserleichternden Innovationen [= Neuerungen] statt.

Kein Erdnussöl, noch mehr Arbeit. Fatou, die der Ethnie [= dem Volk, Stamm] der Bariba angehört und für ihre fünf Kinder und drei Brüder ihres Mannes den Haushalt zu versorgen hat, drückt ihre Empörung über diese Entwicklung aus: „Als ich heiratete, gab es überall ums Dorf herum noch genügend Karitébäume und Holz. Jetzt müssen wir weit in den Busch laufen, um die Nüsse für unsere Karitébutter zu sammeln, weil die Männer einfach unsere Bäume umgehackt haben. Ohne die Butter können wir nicht gut kochen. Und Erdnussöl kaufen sie uns keines, sie sagen, das sei ihnen zu teuer, und wir sollen selber schauen, wie wir das Essen zusammenkriegen. Dabei verdienen sie mit ihrer Baumwolle sehr viel Geld. Aber wir sehen nichts davon, außer noch mehr Arbeit. Ohne uns wären die Speicher leer. Und ihre Baumwolle, wer sollte die ernten, gäbe es uns und die Kinder nicht?"

Noch eine zweite Frau. „Das meiste Geld bleibt eh in Worou's Buvette (Kneipe) hängen. Und das, was mich am meisten ärgert, ist, dass mein Mann jetzt auch noch eine zweite, viel jüngere Frau heiraten will. Das wäre mir ja egal, aber das Geld wird dann noch knapper. Dann muss ich auch noch für die Kleider und Hefte unserer Kinder sorgen. Das Geld für Medikamente und die Mühle bezahle ich eh schon selbst. Nein, wenn das so weitergeht, gehe ich zurück in die Familie meiner Eltern!"

_{Werner Lohr/Tidel Schneider: Modernisierung der Landwirtschaft auf dem Rücken der Frauen? In: DED-Brief. Zeitschrift des Deutschen Entwicklungsdienstes 3/1992, S. 42 f. (Auszug)}

2 Erläutert die Wandlungen in der Familie und der Rolle der Frau, wenn landwirtschaftliche Produkte für den Export produziert werden.
3 Vergleicht: Neuerungen in der landwirtschaftlichen Produktion – Neuerungen im Haushalt.
4 Am Ende des Berichts aus Benin heißt es: „Hilfe kann nicht greifen, solange die materielle sowie soziale Besserstellung der Männer absolute Priorität (= Vorrang) hat."
Erklärt.

19.4.2 Menschenrechte auch für Mädchen

Mädchen in der Dritten Welt

[Im Jahr 1980, als in Kopenhagen die 2. Weltfrauenkonferenz der Vereinten Nationen stattfand,] war Kivimbi Harriet aus Uganda sechs Jahre alt. Heute absolviert sie eine Klempnerausbildung im Nile Vocational Institute im ugandischen Jinja. Sie ist dort die einzige Frau. Mädchen, die am 20. September dieses Jahres, dem Weltkindertag, in China sechs Jahre alt werden, haben schlechte Zukunftsaussichten. Die meisten werden das Schicksal der Inderin Rashma teilen. Sie wollte so gern, als sie elf war, die Schule abschließen und Nähen lernen. Ein gefragtes Handwerk mit gutem Einkommen. Doch mit dreizehn Jahren wurde sie verheiratet, musste die Schule abbrechen.
Die rechtliche Stellung der Frauen hat sich zwar während des Weltfrauenjahrzehnts 1976 bis 1985 in vielen Ländern verbessert – auch in Indien ist das Heiraten erst ab 18 erlaubt –, aber noch ist die Tradition stärker.
In vielen Ländern Asiens werden Mädchen als Last empfunden. Die Brauteltern müssen eine hohe Mitgift zahlen und werden von der Tochter nicht versorgt. In Afrika werden Mädchen häufig kürzer gestillt, medizinisch schlechter versorgt, und sie bekommen zu essen, was ihre Brüder übrig lassen.
Die Zahl der Mädchen, die die Schule wegen einer Schwangerschaft abbrechen, steigt in vielen Ländern. Für Mädchen in der Dritten Welt ist die Schulzeit nur etwa halb so lang wie für Jungen. Beinahe zwei Drittel aller Analphabeten sind Frauen. Ihre Zahl nahm in den vergangenen zwanzig Jahren um fünfzig

Tagesablauf von Frauen und Männern

Der Tag einer Frau
Sie steht als Erste auf und macht Feuer.
Sie stillt das Baby.
Sie bereitet das Frühstück vor.
Sie wäscht die Kinder und zieht sie an.
Sie geht einen Kilometer zum Wasserholen und zurück.
Sie füttert und tränkt das Vieh, spült das Kochgeschirr usw.
Sie geht wieder einen Kilometer zum Wasserholen und zurück.
Sie wäscht die Wäsche.
Sie stillt das Baby.
Sie geht einen Kilometer zum Feld, um ihrem Mann das Essen zu bringen.
Sie geht einen Kilometer nach Hause.
Sie geht zu ihrem Feld.
Sie jätet dort das Unkraut.
Sie stillt das Baby.
Sie sammelt Feuerholz.
Sie geht einen Kilometer nach Hause.
Sie stampft Mais.
Sie geht einen Kilometer zum Wasserholen und zurück.
Sie macht Feuer.
Sie bereitet das Essen und isst.
Sie stillt das Baby.
Sie räumt auf.
Sie geht zuletzt ins Bett.

Der Tag eines Mannes

Er steht auf, wenn das Frühstück bereitsteht.
Er isst.
Er geht einen Kilometer zum Feld.
Er arbeitet auf dem Feld.

Er isst, nachdem sie mit dem Essen eingetroffen ist.

Er arbeitet auf dem Feld.

Er geht einen Kilometer nach Hause.
Er ruht sich aus.

Er isst.
Er geht, um andere Männer zu treffen.
Er geht ins Bett.

Weltbevölkerungsbericht 1995

Millionen zu. Dabei wäre es für die soziale und wirtschaftliche Entwicklung so unendlich wichtig Frauen auszubilden.
Was wird die nächste Weltfrauenkonferenz […] den heute Sechsjährigen bringen? Endlich die elementarsten Menschenrechte? In Uganda haben 120 Mädchen in diesem Jahr eine dreijährige Berufsausbildung in Fächern wie Textildesign, Lebensmittelverarbeitung, Hauswirtschaft, Metallverarbeitung, Elektrotechnik und Installation begonnen, ein erster Lichtblick. Und Kivimbi Harriet, die 1980, im Jahr der Zweiten Weltfrauenkonferenz, sechs Jahre alt war, wird wohl bald nicht mehr die einzige Frau in Uganda sein, die schweißen kann.

Die Zeit vom 16.9.1994, S. 12 (Auszug)

1 Worin seht ihr die schwerwiegendste Benachteiligung der Mädchen, von der hier im Zeitungsartikel die Rede ist?
2 Die Mädchen und Frauen in den Ländern der Dritten Welt verrichten ohnehin schon die meiste Arbeit. Begründet, warum es wichtig ist, dass sie sich in Berufen ausbilden können.
3 Beschreibt die Freiheit, die ein Mensch gewinnt, der lesen, schreiben, rechnen und all das andere, was in der Schule zu lernen ist, gelernt hat.
Der Schulbesuch hat – über den Erwerb von Wissen hinaus – auch eine große soziale Bedeutung für jeden jungen Menschen. Erklärt.

Kinderarbeit noch weit verbreitet

Die Kinderarbeit ist in weiten Teilen der Welt noch verbreitet. Mindestens 100 Millionen Kinder arbeiteten in der Landwirtschaft oder zum Teil unter sklavenähnlichen Bedingungen in Bergwerken, Zündholzfabriken oder Teppichwebereien, berichtet die Internationale Arbeitsorganisation (ILO) in Genf. Andere kämpften als Straßenhändler, Abfallsammler, Hausangestellte oder Schuhputzer ums Überleben. In Indien, Ghana, Indonesien und im Senegal arbeite mindestens jedes vierte Kind meist mehr als neun Stunden täglich, an sechs oder sieben Tagen in der Woche, für wenige Pfennige. Die Internationale Arbeitsorganisation kommt in ihrer jetzt vorgelegten Vier-Länder-Studie zu dem Ergebnis, in Indien, Indonesien und Ghana arbeiteten mindestens 25 Prozent aller Kinder, im Senegal bis zu 40 Prozent. Mädchen seien häufiger als

Jungen in Fabriken oder in den Haushalten anzutreffen. Während die Kleinsten im Alter von weniger als zehn Jahren meist noch nicht ihr Brot selbst verdienen müssten, steige der Anteil der Arbeitenden in der Altersgruppe von zehn bis vierzehn Jahren rapide an. In der Regel lieferten die Kinder ihr Geld bei den Eltern ab. In diesen Familien sei das Einkommen der Kleinen meist entscheidend für das Überleben. Feiertage oder Ferien gebe es kaum. In Ghana liegt nach dem Bericht der monatliche Lohn für Kinder im Durchschnitt bei 1,25 Dollar (rund 1,85 DM), weit unter dem nationalen Mindestlohn von 7,70 Dollar. In Indonesien zahlen die Fabriken immerhin durchschnittlich 0,86 Dollar als Tageslohn; im Senegal liegt das Monatseinkommen im Schnitt bei 9,25 Dollar.

Frankfurter Allgemeine Zeitung vom 4.4.1996

4 Beschafft euch bei der Kinderhilfsorganisation „terre des hommes" ausführliches, aktuelles Informationsmaterial zum Problem „Kinderarbeit".

19.5 Die Ärmsten bezahlen

19.5.1 Bittere Bohnen

Kaffee ist – nach dem Erdöl – das wichtigste Exportgut der Länder der Dritten Welt. Wie zahlreiche andere landwirtschaftliche Produkte wird es in den Entwicklungsländern nicht für den einheimischen Verbrauch, sondern für den Weltmarkt erzeugt – als so genannte „cash crops" (= Geldfrüchte), die dem Land Devisen einbringen sollen.
Anders als die meisten Produkte aus den Industriestaaten (etwa Autos, Videcorekorder oder Fabriken) werden die Agrarprodukte aus der Dritten Welt an den großen Börsen in New York und London gehandelt.
Die Händler – zumeist weltweit tätige Nahrungsmittelkonzerne – verdienen dabei ein Vielfaches von dem, was die Erzeuger, die Bauern und Landarbeiter, bekommen.

1 Lest hierzu auch den Text im Kasten „Die Verlierer im internationalen Kaffeegeschäft", S. 340.

Es sind aber nicht nur die niedrigen, oft unsicheren Preise, die den Kaffee für die Produzenten zu einer bitteren Frucht machen.

Der Aufwand für eine Tasse Kaffee

Mit dem Kaffee lassen sich viele Geschichten über Ausbeutung und Unterdrückung erzählen. Wir möchten hier nur eine herausgreifen:

Giftnebel. Sie beginnt auf einer kleinen Farm in Kolumbiens Region Antioquia. Vor drei Generationen wurden dort die Nebelwälder abgeholzt, um den Kaffeedurst der Menschen in den Industrieländern zu stillen.
Durch den Kahlschlag zählen die Nebelwälder der Region Antioquia zu den am stärksten gefährdeten Ökosystemen der Erde. Da die Monokulturen [= Anbau nur einer Nutzpflanze] der Kaffeebäume zudem eine Menge Schädlinge anziehen, werden die Sträucher intensiv mit Insektiziden [= Insektenvernichtungsmitteln] besprüht. Für die Kaffeegenießer ist das ungefährlich, da die Pestizide [= Gifte zur Schädlingsbekämpfung] auf der Schale der Kaffeebohne bleiben. Die Plantagenarbeiter sind dem Giftnebel dagegen oft schutzlos ausgesetzt. Die Pestizide dringen durch Lunge und Haut in ihren Körper, vergiften aber auch die tiefer gelegenen Flüsse, in die sie gespült werden.

Verseuchte Flüsse. Doch mit den Pestiziden hört die Umweltbelastung durch den Kaffeeanbau noch lange nicht auf: Nach der Ernte werden die Bohnen aus Antioquia nach New Orleans [USA] verschifft. Der Frachter am Hafen kommt aus Japan und ist aus koreanischem Stahl.
Dieser Stahl wiederum wurde aus Eisen hergestellt, das aus Minen von Papua-Neuguinea stammt. Die Ureinwohner, in deren Siedlungsgebiet die Minen liegen, erhielten kaum Entschädigung, obwohl der Abraum aus den Erzminen ihre Flüsse verseucht.

Erdölverbrauch. In New Orleans werden die Bohnen bei vierhundert Grad 13 Minuten lang geröstet. Anschließend kommen sie in Tüten, die aus Polyethylen, Nylon, Aluminium und Polyester zusammengeschweißt sind. Der Ausgangsstoff für die drei Plastikschichten ist Erdöl, das mit einem Tanker aus Saudi Arabien transportiert wurde. Selbstverständlich wurde auch der Tanker durch Öl angetrieben. Die Kunststoffe wurden in Fabriken produziert, die in Louisianas „Krebs-Korridor" stehen. In dieser riesigen Industriezone leben vor allem Farbige. Luft, Boden und Wasser sind stark belastet und die Zahl der Krebserkrankungen unter den Bewohnern ist überdurchschnittlich hoch.
Die Aluminiumschicht der Kaffeetüte wiederum wurde an der Pazifikküste im Nordwesten der Vereinigten Staaten aus Bauxit hergestellt. Das Bauxit wird aus Australien importiert und dort im Tagebau gewonnen, das mitten im Stammesgebiet der Aborigines [= australische Ureinwohner] liegt.

Fischsterben und Krebs. Die Energie zur Veredelung des Aluminiums stammt aus einem Wasserkraftwerk, für das der Columbia-Fluss in den USA gestaut wurde. Durch die Staustufe können die Lachse nicht mehr den Fluss zu ihren Laichgebieten aufsteigen. Dies vernichtete die Lachs-Fischerei, von der die Indianer dieser Gegend lebten.
Per Lastwagen gelangen die Tüten mit gerösteten Bohnen nach San Francisco. Das Benzin für die Laster wurde wiederum aus Erdöl gewonnen, das diesmal aber aus dem Golf von Mexiko heraufgepumpt wurde. Es wurde in einem Werk in der Nähe von Philadelphia raffiniert. Die starke Luft- und Wasserverschmutzung der Gegend wird dafür verantwortlich gemacht, dass sich auch hier Krebskrankheiten häufen.

Goldfilter. Nachdem die Verbraucher den Kaffee im Laden gekauft – und in der Regel mit dem Auto nach Hause gefahren – haben, erinnern sich bewusste Verbraucher gern an den Umweltschutz und verwenden keine gebleichten Papierfilter für den Morgenkaffee, sondern einen wieder verwendbaren vergoldeten Metallfilter. Dummerweise wird das

19 Eine Welt für alle

Die Verlierer im internationalen Kaffeegeschäft

Die vom Zwischenhandel abhängigen 15 Millionen Kleinbauern in der Dritten Welt verdienen an einem Pfund Kaffee, das bei uns 8,- bis 10,- DM kostet, deutlich weniger als 2,- DM. Selbst der Staat, die Bundesrepublik, verdient am Kaffee mehr als dessen Hersteller: Er zweigt vom Verkaufspreis mehr als 2,- DM an Steuern ab.

Als wegen eines weltweiten Überangebots Anfang der 90er-Jahre die Kaffeepreise abstürzten, konnten viele Hersteller beim Verkauf ihres Kaffees nicht einmal mehr ihre Kosten erlösen. Ihr Verdienst war zu gering, um die Pflanzen weiter zu pflegen, Dünger und Saatgut zu kaufen.

Zahlreiche Pflanzer gaben deshalb den Kaffeeanbau ganz auf; entweder bauten sie statt dessen Marihuana oder Kokain an oder sie verließen das Land und zogen in die (Slums der) großen Städte. Der Preissturz beim Kaffee - und anderen Agrarprodukten - ruiniert jedoch nicht nur viele kleine landwirtschaftliche Betriebe, sondern er verschlechtert auch die wirtschaftliche Lage ganzer Staaten in der Dritten Welt.

Geringere Deviseneinnahmen infolge geringerer Kaffee-Exporte verteuern alle Waren, die eingeführt werden müssen, z. B. technisches Gerät, Medikamente, Fahrzeuge, Schulbücher. Mitte der 80er-Jahre kostete ein Lkw aus der Bundesrepublik Deutschland etwa 92 Sack Kaffee, ein paar Jahre später kostete er bereits 332 Sack Kaffee. Seit 1948 sind die Erlöse für Agrarprodukte und andere Rohstoffe aus der Dritten Welt ständig gefallen. Ein Industriearbeiter in Westdeutschland musste im Jahr 1958 für ein Pfund Kaffee durchschnittlich 250 Minuten arbeiten, im Jahr 1993 nur noch 18 Minuten.

Gold dafür beispielsweise in Russland geschürft, wo für jede Zehntelunze Gold eine Tonne Abraum anfällt.

Dies ist zwar eine fiktive [= ausgedachte, erfundene] Geschichte, doch sie beruht auf wahren Fakten.

Es geht nicht darum, den Appetit auf den Kaffee zu verderben. Die Frage ist nicht, ob das Endprodukt gut oder schlecht ist, sondern welche Herstellungsmethoden verwendet werden. Man kann Kaffee so herstellen, dass dies der Umwelt zumindest weniger schadet.

World-Watch, Oktober/November 1994, S. 44 ff. (Auszug)

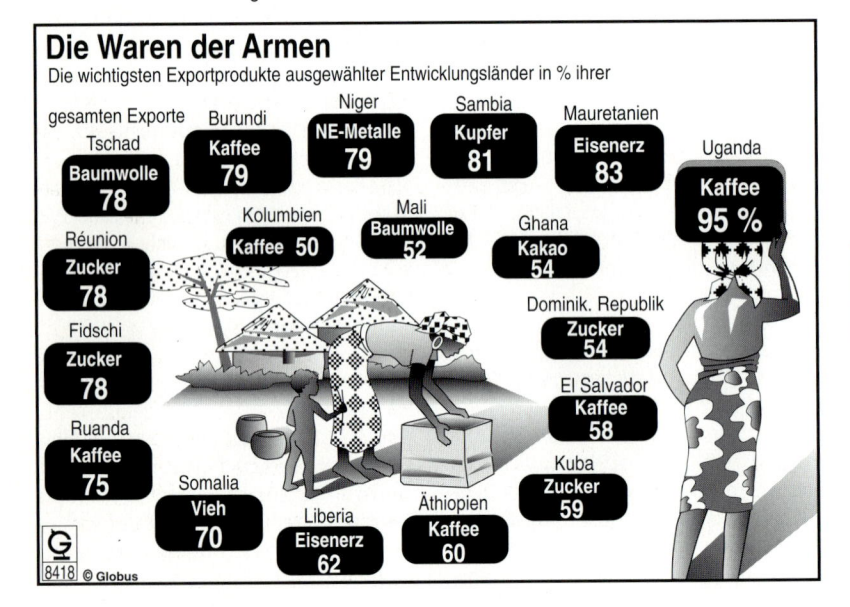

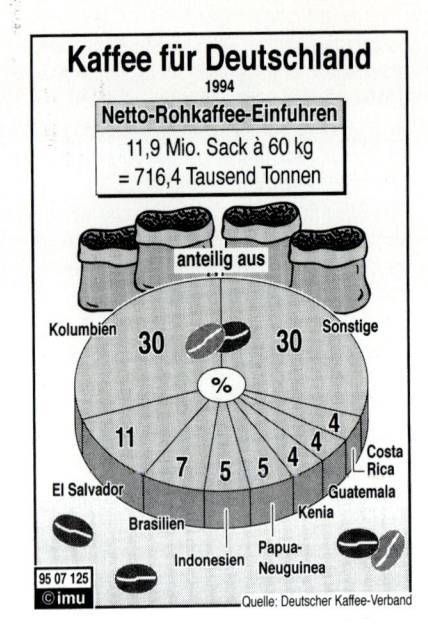

Kaffee für Deutschland
1994

Netto-Rohkaffee-Einfuhren
11,9 Mio. Sack à 60 kg
= 716,4 Tausend Tonnen

anteilig aus:
- Kolumbien 30
- Sonstige 30
- El Salvador 11
- Brasilien 7
- Indonesien 5
- Papua-Neuguinea 5
- Kenia 4
- Guatemala 4
- Costa Rica 4

Quelle: Deutscher Kaffee-Verband

---

2 Listet auf:
- Welche Rohstoffe werden für eine Tasse Kaffee verbraucht?
- Welchen Gesundheitsgefährdungen sind die Kaffeeproduzentinnen und -produzenten sowie die anderen Beteiligten ausgesetzt?
- Welche Umweltbelastungen und -zerstörungen ergeben sich bei der Kaffeeherstellung und der Weiterverarbeitung bis auf euren Frühstückstisch?

3 Erläutert die beiden letzten Sätze des Textes „Der Aufwand für eine Tasse Kaffee".
Versucht umweltverträglichere Wege der Kaffeeherstellung zu benennen. Informiert euch hierzu auch bei Fachleuten (siehe „Kaffee-Adressen").

4 Erkundigt euch in drei, vier Lebensmittelläden nach den aktuellen Preisen für ein Pfund Kaffee.

Die Waren der Armen
Die wichtigsten Exportprodukte ausgewählter Entwicklungsländer in % ihrer gesamten Exporte

- Tschad: Baumwolle 78
- Burundi: Kaffee 79
- Niger: NE-Metalle 79
- Sambia: Kupfer 81
- Mauretanien: Eisenerz 83
- Uganda: Kaffee 95 %
- Réunion: Zucker 78
- Kolumbien: Kaffee 50
- Mali: Baumwolle 52
- Ghana: Kakao 54
- Fidschi: Zucker 78
- Dominik. Republik: Zucker 54
- Ruanda: Kaffee 75
- El Salvador: Kaffee 58
- Somalia: Vieh 70
- Kuba: Zucker 59
- Liberia: Eisenerz 62
- Äthiopien: Kaffee 60

© Globus

Kaffee-Adressen

Transfair e.V.
Geschäftsstelle
Remigiusstr. 21
50937 Köln
(Rückporto bei Anfragen beilegen!)

Deutscher Kaffee-Verband e. V.
Pickhuben 3
20457 Hamburg

Faire Preise durch Transfair

Etwa 15 Millionen Kleinbauern in der Dritten Welt leben mit ihren Familien vom Kaffeeanbau. Auf das internationale Geschäft mit dem Kaffee haben sie praktisch gar keinen Einfluss. Preisstürzen am Weltmarkt sind sie schutzlos ausgeliefert.

Die Organisation „TRANSFAIR" will diesen Bauern helfen. Sie kauft – unter Ausschaltung des Zwischenhandels – den genossenschaftlich organisierten Kleinbauern den Kaffee zu einem garantierten, angemessenen Preis ab und verkauft ihn bei uns in Dritte-Welt-Läden und tausenden von Supermärkten. Dieser „faire" Kaffee ist allerdings etwas teurer als der Kaffee von den großen Nahrungsmittelkonzernen.

„TRANSFAIR" (Anschrift siehe „Kaffee-Adressen") ist ein Zusammenschluss zahlreicher Organisationen und Gruppen, z.B. der kirchlichen Hilfswerke „Misereor" und „Brot für die Welt"; aber auch UNICEF, Welthungerhilfe, Friedrich-Ebert-Stiftung und das Bildungswerk „Nord-Süd-Netz" des Deutschen Gewerkschaftsbundes sind beteiligt.

Wie teuer ist der Kaffee mit dem „Transfair"-Siegel?
Informiert euch im Dritte-Welt-Laden oder bei den „Kaffee-Adressen" über die Entwicklung der Kaffeepreise in den letzten drei Jahren.
5 *Wie könnten Länder, die vom Export eines Produkts weitgehend abhängig sind, den damit verbundenen Problemen entgehen?*
Welche grundlegenden Änderungen im Wirtschaftsgefüge wären nötig?
6 *Erörtert anhand dieses Abschnitts die Behauptung: „Wir Reichen leben auf Kosten der Armen in der Dritten Welt."*

19.5.2 2 900 000 000 000 DM Schulden

Zu den drückendsten Lasten vieler Staaten in der Dritten Welt gehören die Schulden bei den Banken und Staaten der Ersten Welt. Deshalb geben wir im Folgenden dazu einige Grundinformationen.
Die Lösung des Problems ist damit – selbstverständlich – nicht zu finden.

Schuldenexplosion

Der Schuldenstand der Dritten Welt betrug 1970 ca. 80 Mrd. US-Dollar. Er stieg bis 1980 auf ca. 570 Mrd. Dollar. Die jährliche Wachstumsrate der Schulden in den Siebzigerjahren betrug damit im Durchschnitt über 20 %.
Anfang der 80er-Jahre stieg die Verschuldung weiter an und führte 1982 zu einem Schuldenstand von ca. 800 Mrd. Dollar. Spätestens seitdem wird von einer internationalen Schuldenkrise gesprochen. Bis 1991 türmte sich die Gesamtschuld auf ca. 1365 Mrd. Dollar.
Die Wachstumsrate der Schulden lag in den 80er-Jahren zwar im Durchschnitt niedriger als in den 70er-Jahren, sie übertraf aber bei weitem die Wachstumsrate des Bruttosozialprodukts und der Investitionen und trieb Schulden auf eine wirtschaftlich unvertretbare Höhe.
Der Schuldendienst (Zinsen und Tilgungen) der Entwicklungsländer wuchs vor allem ab den Achtzigerjahren durch die Zinserhöhung noch schneller als die Schulden. Er lag 1970 bei ca. 10 Mrd. Dollar und stieg auf über 163 Mrd. Dollar in 1989. Dann ging er im Jahre 1990 auf 143 Mrd. US-Dollar zurück, vor allem wegen der von den USA ausgehenden Zinssenkungen und wegen der Umschuldungen zwischen Gläubiger- und Schuldnerländern.

Nach: I. Hauchler [Hrsg.]: Globale Trends 93/94. Daten zur Weltentwicklung, Frankfurt/M. 1993, S. 225 ff.

In den 80er-Jahren führte die starke Schuldenlast der Dritten Welt dazu, dass die verschuldeten Länder einige Jahre hindurch mehr Geld an ihre Gläubiger – die Banken und Staaten der reichen Industrienationen – zahlten, als sie an finanzieller Unterstützung erhielten.
Anfang der 90er-Jahre erklärten Experten, die Schuldenkrise sei gebannt.
Doch dies war eine voreilige Behauptung.

Schuldenlast wächst weiter

Langsam, aber stetig wächst die Schuldenlast der Entwicklungsländer weiter. Von 2,8 Billionen DM im Jahr 1993 stiegen sie 1994 auf 2,9 Billionen DM. Inzwischen sind rund 80 Prozent der Gelder umgeschuldet worden, die Entwicklungsländer bei Banken aufgenommen haben, meist zum Vorteil der Kreditnehmer. Dies hat einige Finanzexperten dazu veranlasst, die Schuldenkrise für beendet zu erklären, zumindest soweit es die Privatbanken angeht.
Doch für die Ärmsten der Armen hat sich die Lage noch lange nicht entspannt. Der Schuldendienst frisst immer noch einen erheblichen Teil ihrer Exporteinnahmen auf.
Vor der Schuldenkrise schwankte der Prozentsatz der Exporterlöse, der für den Schuldendienst aufgewendet werden musste, zwischen zehn und zwölf Prozent, heute sind es zwischen 15 und 17 Prozent, je nach angelegter Messlatte.

Fachbegriffe, ganz kurz

Investition: Anlage von Geld zum Aufbau/Betrieb von Fabriken, Handels-, Handwerks- oder Dienstleistungsbetrieben, um Gewinn zu erzielen, und Anlage von Geld in öffentliche Einrichtungen, z.B. Gesundheitswesen, Bildungswesen, Verkehr, um vor allem das wirtschaftliche Wachstum anzuregen und zu unterstützen.

Kapital: Geld (Geldkapital) oder Maschinen, Computer, Fahrzeuge u.ä. (Sachkapital), die investiert werden; siehe Investition.

Umschuldung: Neue Vereinbarungen über die Bedingungen, zu denen ein Kredit zurückgezahlt werden muss. Zum Beispiel: Verlängerung der Laufzeit des Kredits, Senkung der Zinsen; dabei oft auch Erlass eines Teils der Schulden.

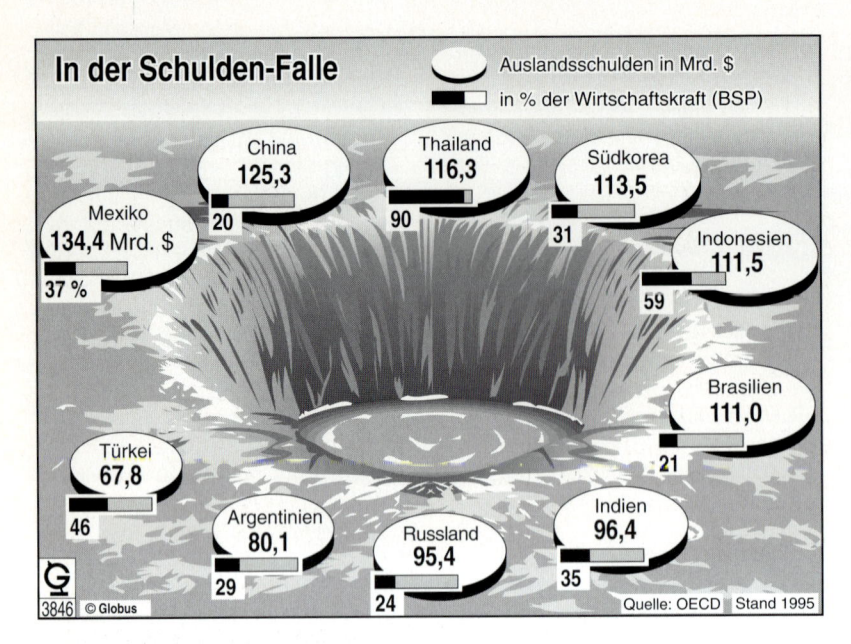

In der Schulden-Falle

Auslandsschulden in Mrd. $
in % der Wirtschaftskraft (BSP)

- Mexiko: 134,4 Mrd. $ — 37 %
- China: 125,3 — 20
- Thailand: 116,3 — 90
- Südkorea: 113,5 — 31
- Indonesien: 111,5 — 59
- Brasilien: 111,0 — 21
- Türkei: 67,8 — 46
- Argentinien: 80,1 — 29
- Russland: 95,4 — 24
- Indien: 96,4 — 35

Quelle: OECD, Stand 1995

Am schlimmsten ist die Situation in den Ländern südlich der Sahara, mit Ausnahme von Südafrika.
Die Schulden der Länder in dieser Region betragen zusammen etwa 290 Milliarden DM, das ist dreimal so viel wie noch 1980. Diese Länder müssen pro Jahr 16 Milliarden DM für den Schuldendienst aufbringen, viermal mehr als sie für Gesundheits- und Erziehungsmaßnahmen aufwenden.
Die Konsequenzen sind fatal [= verhängnisvoll]: Die gewaltige Schuldenlast stranguliert [= erwürgt] die wirtschaftliche Entwicklung in weiten Teilen Afrikas.

World Watch, Januar/Februar 1995, S. 40 ff.

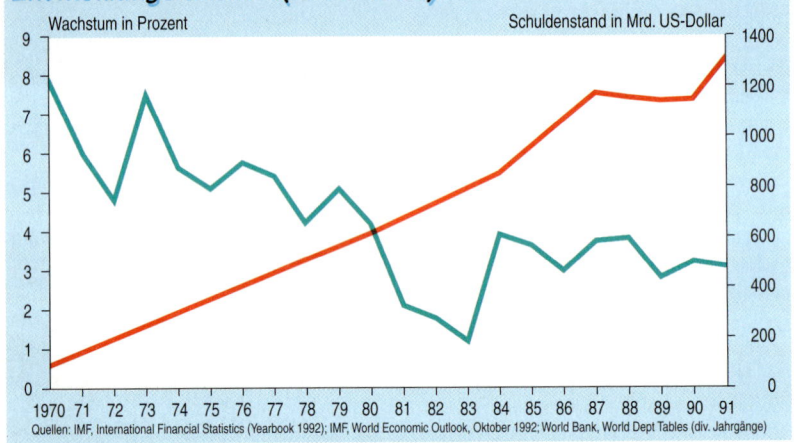

Verschuldung und Wirtschaftswachstum in den Entwicklungsländern (1970–1991)

Quellen: IMF, International Financial Statistics (Yearbook 1992); IMF, World Economic Outlook, Oktober 1992; World Bank, World Dept Tables (div. Jahrgänge)

1. Aus den Texten und Schaubildern wird deutlich, welche Auswirkungen die Schulden für die Länder der Dritten Welt haben. Stellt zusammen.
2. Welche Ursachen von Verschuldung sind von den Regierungen der verschuldeten Länder am wenigsten zu beeinflussen? Siehe hierzu den Text im Kasten „Ursachen für die Verschuldung der Dritten Welt".
3. Die Fachleute sprechen sich dagegen aus, sämtlichen Ländern der Dritten Welt alle ihre Schulden einfach zu erlassen. Allenfalls die ärmsten Länder sollen ganz von ihrer Schuldenlast befreit werden, andere Schuldnerländer nur teilweise.
Versucht eine Stellungnahme.
Wie würdest du im Alltagsleben verfahren: Wem würdest du etwaige Schulden ganz erlassen, wem nicht?
Warum?

Ursachen für die Verschuldung der Dritten Welt

- Der stetige Verfall der Rohstoffpreise bei gleichzeitiger Verteuerung der Einfuhren für die Länder der Dritten Welt
- Die Abschottung der Märkte („Protektionismus") der Industrienationen gegen die Ausfuhren der Entwicklungsländer
- Das mangelnde Interesse von Investoren [= Geldanlegern] aus den Industrienationen am Einsatz ihres Kapitals in der Dritten Welt
- Die Zurückhaltung der Banken bei der Kreditvergabe an die wenig zahlungskräftigen Länder der Dritten Welt
- Die Kapitalflucht aus den Ländern der Dritten Welt
- Die Verschwendung der geliehenen Gelder in Ländern der Dritten Welt, z. B. für die Einfuhr von (Luxus-)Konsumgütern, für staatliche „Vorzeige-Projekte" und für Militärausgaben

Karikatur: Marcks

19.6 Gerechtigkeit – der Ruf des Südens

19.6.1 Die großen Herausforderungen

Trotz vielfältiger Anstrengungen von Seiten der Entwicklungsländer und der Industriestaaten sind grundlegende Fortschritte zur Verbesserung der Lebenssituation von Milliarden Menschen bisher nicht erreicht worden.

In Teilbereichen – etwa im Gesundheitswesen, im Bildungswesen und bei der Demokratisierung politischer Systeme – hat es Erfolge gegeben. Einigen Ländern, den „Schwellenländern", ist es gelungen, sich wirtschaftlich und sozial den Industriestaaten anzunähern.

Andererseits aber hat sich – gerade bei den ärmsten Ländern – die Lage noch verschlechtert. Durch den Zerfall der sozialistischen Staaten ist die Zahl der Entwicklungsländer mit wirtschaftlichen, sozialen und politischen Problemen gestiegen.

Der Philosoph Carl Friedrich v. Weizsäcker vertrat in einer Ansprache zum Thema „Friede, Gerechtigkeit, Bewahrung der Schöpfung" unter anderem die folgende Position.

Karikatur: Pirim

Weltweiter Interessenausgleich

Im so genannten Nord-Süd-Konflikt ist Gerechtigkeit der Ruf des Südens. Es handelt sich in diesem Sinne des Worts um Gerechtigkeit für die Armen, um soziale Gerechtigkeit. Der Konflikt zeigt sich zunächst als inneres Problem des Südens selber, als der immense [= unermeßlich große] Gegensatz von Armut und Reichtum. Ein Blick auf das Wolkenkratzermeer von São Paulo zeigt, wie viel Geld hier verdient und investiert werden konnte; ein Besuch in den Hütten von Favella, den Slums, zeigt, in welcher Armut ein Großteil der Menschen dort lebt und stirbt.

Das Problem wird aber insofern mit Recht als ein nord-südliches gesehen, als alle nationalen Wirtschaften, zumal die des Südens, heute von der Weltwirtschaft abhängen; und diese ist vom Norden dominiert [= beherrscht].

In den Industriestaaten des Nordwestens ist es gelungen, das Problem der sozialen Ungleichheit zu mildern und die nackte Armut auf eine heute freilich wieder wachsende Minderheit einzuschränken. Dies geschah durch die Mittel des Rechtsstaats, der Meinungsfreiheit und der repräsentativen Demokratie, mit Koalitionsfreiheit, Streikrecht, sozialer Gesetzgebung. Es ist nicht zu sehen, wie im Weltmaßstab Ähnliches gelingen soll, solange nicht ein weltweiter Rahmen für vergleichbaren Interessenausgleich entsteht. Dies würde bedeuten:

1. die Sicherung des Weltfriedens,
2. eine international einklagbare Rechtsordnung,
3. international vereinbarten und durchsetzbaren Umweltschutz.

Bei Strafe des Untergangs ist uns nicht erlaubt weniger anzustreben.

Carl Friedrich von Weizsäcker: Friede, Gerechtigkeit, Bewahrung der Schöpfung. Zitiert nach: Informationen für die Truppe 7/1989, S. 29f. (Auszug)

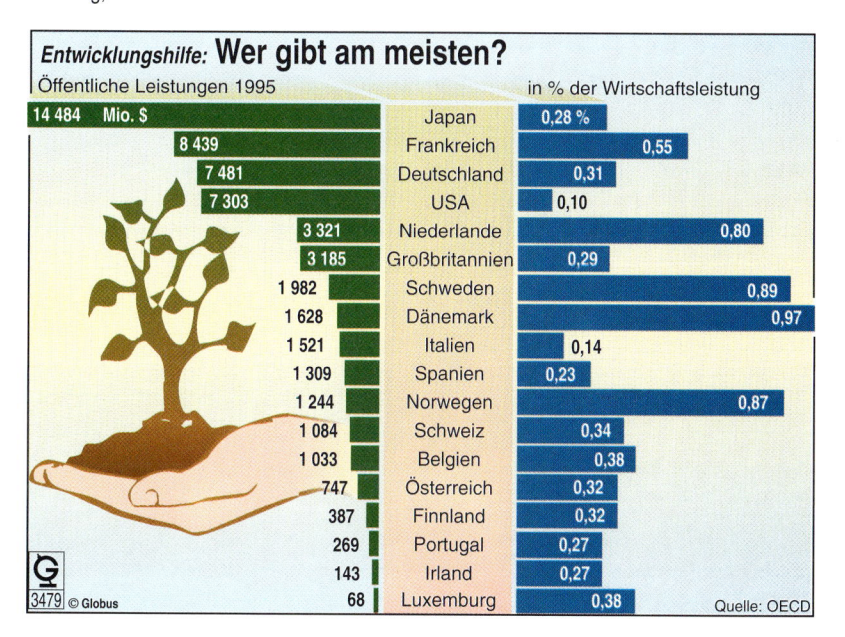

Entwicklungshilfe: Wer gibt am meisten?

Öffentliche Leistungen 1995, in % der Wirtschaftsleistung

Land	Mio. $	in % der Wirtschaftsleistung
Japan	14 484	0,28 %
Frankreich	8 439	0,55
Deutschland	7 481	0,31
USA	7 303	0,10
Niederlande	3 321	0,80
Großbritannien	3 185	0,29
Schweden	1 982	0,89
Dänemark	1 628	0,97
Italien	1 521	0,14
Spanien	1 309	0,23
Norwegen	1 244	0,87
Schweiz	1 084	0,34
Belgien	1 033	0,38
Österreich	747	0,32
Finnland	387	0,32
Portugal	269	0,27
Irland	143	0,27
Luxemburg	68	0,38

Quelle: OECD

Der frühere Bundeskanzler Helmut Schmidt (SPD) beschrieb in einem Zeitungsartikel seine Auffassung:

Weltweite Zusammenarbeit
Die Riesenprobleme, die gegen Ende des zwanzigsten Jahrhunderts für die ganze Menschheit erkennbar werden, können nur in weit gehend globaler [= weltweiter] Gemeinsamkeit und Zusammenarbeit gelöst oder wenigstens gemildert werden, nämlich:
Die Bevölkerungsexplosion geht unvermindert weiter, vor allem in den Entwicklungsländern. [...] Familienplanung wird zum Gebot.
Die Energieknappheit spitzt sich zu; denn mehr Menschen wollen kochen, heizen, Auto fahren und sogar fliegen. Es kommt zum Raubbau an den Energieträgern Holz, Kohle, Erdgas und Öl.
Der wachsende Energieverbrauch verschärft das globale Umweltrisiko des Treibhauseffektes. [...] Große Klimaverschiebungen, ein Anstieg der Ozeanoberfläche und in der Folge größere Völkerwanderungen und damit verbundene Konflikte werden die Folge sein. Die Risiken eines Ausweichens auf Kernkraft sind gleicherweise groß.
In aller Welt müssen den alten Rüstungsindustrien neue nützliche, zivile Aufgaben gestellt werden.

Die Zeit vom 6.7.1990, S. 3

1 Im ersten Text („Weltweiter Interessenausgleich") ist die Rede von der „Strafe des Untergangs". Versucht zu erklären, was gemeint sein könnte.
2 Inwieweit wird die Weltwirtschaft „vom Norden dominiert" (v. Weizsäcker)? Erläutert anhand der Informationen aus den vorangegangenen Abschnitten dieses Kapitels.
3 Informiert euch im Geographieunterricht über den aktuellen Wissensstand bezüglich des „Treibhauseffekts" und der weltweiten Energiereserven.
4 Die Aussagen von v. Weizsäcker und Schmidt sind nicht unumstritten. Versucht mögliche Gegenargumente zu benennen.

19.6.2 Entwicklungspolitik – Zukunftspolitik

Seit 1950 beteiligt sich die Bundesrepublik Deutschland an der weltweiten Entwicklungshilfe und hat dabei im Laufe der Jahre mit rund 150 Staaten zusammengearbeitet. Die staatliche Entwicklungshilfe(politik) erstreckt sich dabei auf finanzielle, technische und personelle Unterstützung.
Kredite werden gewährt, landwirtschaftliche, handwerkliche und industrielle Vorhaben werden gefördert, geholfen wird beim Aufbau von Gesundheits- und Bildungszentren.
Ziel der Entwicklungshilfe der Bundesrepublik sollte es sein, den Ländern der Dritten Welt jeweils „Hilfe zur Selbsthilfe" zu leisten, zur Überwindung von Armut und Unterentwicklung beizutragen und die wirtschaftlichen Eigenkräfte der betreffenden Staaten zu stärken.
Sehr viele Fachleute stimmen in den 90er-Jahren darin überein, dass – aufs Ganze gesehen – diese Ziele in der Vergangenheit nicht oder nur zum Teil erreicht worden sind.
Ebenso wenig wurde das seit mehr als 20 Jahren von der UNO angestrebte Ziel erreicht, 0,7 % des Bruttosozialprodukts für Entwicklungshilfe aufzuwenden.

Opposition: Neuorientierung der Entwicklungspolitik gefordert
Die SPD hat eine Neuorientierung der deutschen Entwicklungspolitik und ihre stärkere Einbindung in die Sicherheits- und Außenpolitik gefordert. In einer Bundestagsdebatte über entwicklungspolitische Grundsatzpapiere der Fraktionen warf die Opposition [1995: SPD, Bündnis 90/Die GRÜNEN, PDS] der Koalition [1995: CDU, CSU, FDP] vor, trotz des weltweit wachsenden Abstands zwischen Arm und Reich nicht genug für die unterentwickelten Länder zu tun. Die bisherige Entwicklungspolitik sei den Ansprüchen einer vorbeugenden Friedenspolitik nicht gerecht geworden. Sicherheit lasse sich nur gewährleisten, wenn die wirtschaftliche und soziale Entwicklung in allen Ländern vorangetrieben werde. Hierzu stünden auch zu wenig Finanzmittel zur Verfügung, erklärten SPD und GRÜNE. Bis zum Jahr 2000 müssten die Zusagen an Entwicklungsländer schrittweise auf den Anteil von 0,7 Prozent des Sozialprodukts gesteigert werden. Zur Zeit beträgt dieser Anteil 0,32 Prozent.

Das Parlament vom 27.1.1995, S. 11 (Auszug)

Der Bundesminister für wirtschaftliche Zusammenarbeit und Entwicklung, E. Spranger (CSU), erklärte Folgendes in einem Interview:

Mehr Vorbeugung statt Krisenbewältigung
Spranger: Wir müssen wegkommen vom Verständnis der Entwicklungshilfe als internationaler Sozialhilfe. Es geht längst nicht mehr

Karikatur: Haitzinger

nur um Mildtätigkeit, sondern um die handfeste Sicherung auch unserer eigenen Zukunft. Wir müssen die Entwicklungspolitik endlich als globale Strukturpolitik* begreifen, von der die Zukunftssicherung der ganzen Welt abhängig ist. [...]

Wir müssen erkennen, dass wir nicht auf einer Insel der Seligen leben, sondern dass sich das Schicksal der Bundesrepublik ganz entscheidend durch Außen-, Sicherheits- und Entwicklungspolitik bestimmt.

Frage: Klimakatastrophe, Bevölkerungsexplosion, Flüchtlingsströme – wenn diese Herausforderungen unsere Zukunft massiv beeinflussen, müsste eigentlich auch Ihr Ressort [= Amtsbereich] als Zukunftsministerium behandelt werden.

Spranger: Das stimmt, es ist ein Zukunftsministerium von globaler Bedeutung und mit weltweitem Wirkungsgrad. Wenn wir nicht dort ansetzen, wo die gesellschaftlichen, politischen, wirtschaftlichen, ökologischen Notlagen die Menschen zur Flucht oder Armutswanderung veranlassen, dann können wir das innenpolitisch überhaupt nicht auffangen.

Frage: Muss die globale Entwicklungspolitik umsteuern zu mehr Vorbeugung statt Krisenbewältigung?

Spranger: Richtig. Wir müssen verstärkt auf die internen Rahmenbedingungen einwirken und durch Strukturveränderungen* [der Entwicklungsländer] zur Krisenvorbeugung beitragen. Wir müssen den Menschen [in den Ländern der Dritten Welt] Kenntnisse der Demokratie, der Sozialen Marktwirtschaft und der Rechtsstaatlichkeit vermitteln.

Focus 16/1995, S. 62f. (Auszug)

* Struktur = inneres Gefüge eines Ganzen, Gliederung

1 Erweitert das Schaubild „Entwicklungshilfe: Wer gibt am meisten?", indem ihr die Länder nach den Prozentangaben ordnet.
   - *Was fällt auf? Wie verändert sich die Rangfolge der einzelnen Staaten?*
   - *Nehmt Stellung zu der Behauptung: „Das hier abgedruckte Schaubild führt die Betrachterin/den Betrachter in die Irre, es manipuliert."*

Methode: *Statistik, S. 197*

2 *Was ist unter „vorbeugender Friedenspolitik" zu verstehen?*
3 *Was ist unter „handfester Sicherung unserer eigenen [= deutschen] Zukunft" zu verstehen? Versucht zu erklären.*
4 *Worin könnte die „handfeste Sicherung der eigenen Zukunft" von Ländern der Dritten Welt bestehen?*
5 *Erörtert miteinander, welche Bedeutung Demokratie, Soziale Marktwirtschaft und Rechtsstaatlichkeit bei der Lösung der Probleme in Ländern der Dritten Welt haben können.*
6 *Worin stimmen – in den hier abgedruckten Texten – Opposition und Bundesminister überein?*

19.6.3 Die eigenen kleinen Schritte oder: „Man muss das Elend nicht mit dem Maul, sondern mit den Händen anpacken"

Die bisherige Entwicklungshilfe/Entwicklungspolitik hat den meisten Ländern der Dritten Welt nur sehr bescheidenen Fortschritt gebracht. Doch das ist nur die eine Seite.

Auf der anderen Seite stehen jene Einzelnen und Gruppen, die – in den Ländern der Dritten Welt und auch in den Industriestaaten – angefangen haben, eigene kleine Schritte zur Bewältigung der weltweiten Herausforderungen zu tun. Vor allem dort, wo die politisch Verantwortlichen besonders augenfällig versagt oder nur unzureichende Lösungen erarbeitet haben, bilden sich unter dem Druck der akuten Lage immer häufiger Bürgerbewegungen, Initiativen, Selbsthilfegruppen und -organisationen. Deren Mitglieder wollen die Entscheidung über ihre Zukunft nicht länger anderen überlassen, sondern in die eigenen Hände nehmen.

Sie arbeiten gemeinsam an der Lösung ihrer lokalen [= örtlichen] Probleme und versuchen, dabei möglichst die globalen [= weltweiten] Zusammenhänge und Auswirkungen zu beachten: „Global denken, vor Ort handeln". Im internationalen Sprachgebrauch werden diese Gruppen als NGOs bezeichnet (engl. Non-Governmental Organizations = regierungsunabhängige Organisationen). Auch in den reichen Industrienationen

---

Nicht von der DRITTEN WELT reden, sondern für EINE WELT handeln

Wir heißen „Eine-Welt-Laden", weil wir meinen, daß es nur eine Welt gibt, und nicht drei verschiedene Welten, wie der Begriff „3. Welt" vermuten ließe. Diese Welt hat nur dann eine Überlebenschance, wenn alle Länder partnerschaftlich zusammenarbeiten.

Wir verkaufen Kunsthandwerk, Kaffee, Tee u.v.a. Das sind Waren aus Genossenschaften in wirtschaftlich benachteiligten Ländern. Die Produzenten sollen einen gerechten Lohn für ihre Arbeit bekommen. Ihre Gewinne dienen zur Finanzierung von Gemeinschaftsprojekten wie der Alphabetisierung und einer gesundheitlichen Versorgung.

Wir informieren über Lebensbedingungen von Menschen in der sog. Dritten Welt. Auf der Ausbeutung ihrer Arbeitskraft beruht unser Wohlstand. Nur wenn wir hier unsere Lebens- und Kaufgewohnheiten verändern, können wir allen Menschen zu einem gerechten Auskommen verhelfen.

Wir unterstützen ein Projekt in Milagro/Ecuador, in dem z.Zt. etwa 30 Jugendliche eine Ausbildung als Facharbeiter (Metall-/Textil-) erhalten. Auf einem kleinen Stück Land werden Gemüsesorten aus anderen Ländern gezüchtet, die helfen sollen, den Bedarf an Nahrungsmitteln in Ecuador zu decken. Aus Ecuador stammen unsere Wandbehänge, Jacken, Hüte...

Wir treffen uns jeden Montag um 20 Uhr im Paul-Gerhard-Haus.

Wir suchen Menschen, die sich mit uns zusammen für ein besseres Leben in dieser EINEN WELT einsetzen wollen.

Wir sind eine Gruppe von Schülern, Hausfrauen, Studenten, Arbeitslosen und Berufstätigen.

gibt es eine wachsende Zahl von Menschen, die sich, unabhängig von politischen Parteien und Regierungen, um die Probleme in den Ländern der Dritten Welt kümmern.

Das geschieht z. B. durch den Verkauf von Produkten aus der Dritten Welt, durch Schulpartnerschaften, Geldsammlungen für Vorhaben von NGOs oder durch Aufklärung, etwa über die Rechte und Probleme der Kinder und Jugendlichen in den Ländern der Dritten Welt.

1. *Nennt Bereiche, in denen die NGOs vor allem tätig werden können.*
2. *Welche Wirkungen nach außen – bei den Mitbürgerinnen und Mitbürgern, bei den Regierungen und bei internationalen Organisationen – können diese Gruppen erzielen?*
   Erläutert anhand von Beispielen aus diesem Kapitel.
3. *Viele „große" Probleme, mit denen die Länder der Dritten Welt zu kämpfen haben, können die Selbsthilfeorganisationen nicht lösen (z. B. Aufbau eines landesweiten Verkehrssystems). Aber sie können auch zu diesen Problemen wichtige Hilfen geben.*
   Erläutert an einem Beispiel.
4. *Was meint ihr zu den Aktivitäten und zu dem Flugblatt-Text des Eine-Welt-Ladens?*
5. *Gibt es in eurer Stadt/Gemeinde ähnliche Aktivitäten und Gruppen? Häufig sind sie bei den Kirchen angesiedelt – ihr könnt euch dort erkundigen.*
6. *Manche Schulen unterhalten Partnerschaften mit Schulen oder anderen Einrichtungen in einem Land der Dritten Welt.*
   - *Von welchen Schulen in eurer Stadt wisst ihr, dass sie solch eine Partnerschaft haben? Erkundigt euch (z. B. bei der SV oder beim Schulamt der Stadt) danach.*
   - *Lasst euch von Schülerinnen/ Schülern einer solchen Schule über ihre Partnerschaft berichten.*
   Laden die Erfahrungen zur Nachahmung ein?

Adressen zum Weiterfragen

Bundesregierung, Behörden, Gewerkschaften

Bundesministerium für wirtschaftliche Zusammenarbeit – Referat „Information/ Bildungsarbeit"
Postfach 120322
53106 Bonn

Bundesumweltministerium
Referat Öffentlichkeitsarbeit
Kennedyallee 5
53106 Bonn

Deutscher Entwicklungsdienst
Kladower Damm 299
14089 Berlin

Deutscher Gewerkschaftsbund (DGB)
Abteilung Internationales
Hans-Böckler-Str. 39
40476 Düsseldorf

Umweltbundesamt
Bismarckplatz 1
14191 Berlin

Dritte-Welt-/Entwicklungshilfe-Organisationen

Aktionsgemeinschaft Solidarische Welt e. V. (ASW)
Hedemannstr. 14
10969 Berlin

Amnesty International (ai)
Sektion Bundesrepublik Deutschland
Heerstraße 178
53111 Bonn

Brot für die Welt, Diakonische Arbeitsgemeinschaft evangelischer Kirchen in Deutschland
Stafflenbergstr. 76
70184 Stuttgart

Bundeskongress entwicklungspolitischer Aktionsgruppen (BUKO)
Nernstweg 32-43
22765 Hamburg

Deutsche Gesellschaft für die Vereinten Nationen
Dag-Hammarskjöld-Haus
Poppelsdorfer Allee 55
53115 Bonn
(dort Anschriften und Informationen über die einzelnen Einrichtungen der UNO zur Entwicklungspolitik)

Deutsche Stiftung für internationale Entwicklung, Zentrale Dokumentation
Hans-Böckler-Str. 5
53225 Bonn

Deutsche Welthungerhilfe
Adenauerallee 134
53113 Bonn

Terre des hommes Deutschland e.V.
Ruppenkampstr. 11a
49084 Osnabrück

Deutsches Komitee für UNICEF e. V. – Kinderhilfswerk der Vereinten Nationen
Höninger Weg 104
50969 Köln

Kindernothilfe e. V.
Postfach 281143
47249 Duisburg

Medico International e. V.
Obermainanlage 7
60314 Frankfurt/M.

Misereor
Mozartstr. 9
52064 Aachen

UNHCR – Der Hohe Flüchtlingskommissar der Vereinten Nationen
– Bonner Vertretung –
Rheinallee 6
53173 Bonn

20 Frieden und Krieg

Die Bewahrung bzw. Herstellung des Friedens ist eine ständige Aufgabe der Völker und Staaten. Das Zeitalter eines „ewigen Friedens" ist noch nicht angebrochen. Immer wieder und in allen Teilen der Welt werden Konflikte zwischen Staaten oder Volksgruppen auf militärische Weise zu lösen versucht. So entwickeln sich oft neue, lang andauernde Konflikte. Der Krieg ist kein Mittel zur Lösung politischer Streitfragen, sondern eine Maßnahme zur gegenseitigen Zerstörung. Leider gehört diese Tatsache nicht zur allgemeinen Einsicht der Verantwortlichen in den Staaten: Immer wieder beginnen neue Kriege.

Seit der Auflösung des kommunistischen Militärbündnisses in Osteuropa 1989 gibt es den Ost-West-Gegensatz, der über 40 Jahre lang die Hauptursache für Aufrüstung und Konflikte war, nicht mehr. Ost- und westeuropäische Staaten streben jetzt sogar eine militärische Bündnisgemeinschaft an, doch Russland, das weiterhin selbstständig bleiben will, betrachtet die „Nato-Osterweiterung" mit Argwohn. Der Nord-Süd-Gegensatz zwischen entwickelten und unterentwickelten Ländern ist geblieben und hat sich teilweise verstärkt. Auf dem afrikanischen Kontinent gibt es nicht wenige Konflikte zwischen den Staaten. Das friedliche Nebeneinander Israels und der arabischen Nachbarstaaten ist Mitte der 90er-Jahre unsicher.

Ein Kinderspielplatz in Nordirland mit der Botschaft „Zeit für den Frieden"

Neben den mehr oder weniger traditionellen Auseinandersetzungen zwischen Staaten um Grenzen, Bodenschätze und Landbesitz oder um die Durchsetzung bestimmter politischer Richtungen (Ideologien) werden in Zukunft ganz andere Probleme bedeutsam, die bisher z. T. nur als nachbarschaftliche Streitigkeiten oder Bürgerkriege eine Rolle gespielt haben.

Sie betreffen die für menschliches Überleben unverzichtbaren Grundlagen: das Wasser zum Trinken, die reine Luft zum Atmen, die intakte Umwelt zum Leben. Außerdem können die atomaren und gentechnischen Gefahren, Hunger und Bevölkerungswanderungen zu neuen Auslösern kriegerischer Auseinandersetzungen werden.

20 Frieden und Krieg

20.1 Krieg und Frieden – (k)ein Streit um Worte

Wachposten der UNO zwischen Syrien und Israel

Bombenattentat in Nordirland

Die Südafrikaner Mandela und de Klerk erhalten den Friedensnobelpreis 1993

Tag der offenen Tür bei der Bundeswehr

Die genaue Erklärung (Definition) des Begriffs Frieden ist bei Politikwissenschaftlern und Friedensforschern umstritten.

Vielen genügt die herkömmliche Aussage „Frieden = Abwesenheit von Krieg" nicht; denn auch wenn kein Krieg geführt werde, gebe es dennoch vielfach im gesellschaftlichen und staatlichen Bereich organisierte, dauerhafte (und ungerechtfertigte) Gewaltanwendung gegen Teile oder sogar die Mehrheit der Bevölkerung – eben Unfrieden: Unterdrückung und Verfolgung missliebiger politischer und weltanschaulicher Gruppierungen; wirtschaftliche, kulturelle und soziale Benachteiligung bestimmter Bevölkerungsgruppen und Völker (ethnische Minderheiten); Ausbeutung und Unterentwicklung einzelner Landesteile und ganzer Länder.

Frieden
Zunächst – und wohl auch dem umgangssprachlichen Vorverständnis am nächsten liegend – bedeutet Frieden die Abwesenheit von Krieg bzw. Abwesenheit organisierter kollektiver [= gemeinsamer] Gewaltanwendung, kurz: Nicht-Krieg [...]. Die politische Geistesgeschichte und Rechtsgeschichte Europas kennt von Anfang an, d. h. seit der Epoche des Römischen Reiches, auch noch einen breiter gefassten und vor allem auch positiv formulierten Friedensbegriff, nämlich Frieden als Friedensordnung [...]. Am Ausgangspunkt des positiv definierten Friedensbegriffes steht die Erkenntnis, dass dort, wo Frieden herrscht und folglich nicht Krieg geführt wird, ja in der Regel Konflikte nicht einfach fehlen, sondern in nicht kriegerischer Weise und nach bestimmten Regeln ausgetragen werden [...]. Auch auf weltpolitischer Ebene besteht Frieden, in positivem Sinne verstanden, genau in dem Maße, wie solche Verfahren der Konfliktregelung bestehen und von den [...] Staaten der Erde auch beachtet werden. Der Weltfriede wäre folglich erst dann gesichert, wenn es über den Staaten eine Art Welt-Staat oder Welt-Bund mit einer Welt-Regierung, einem Welt-Gericht und einer Welt-Polizei gäbe, die gemeinsam verbindliche Regeln der internationalen Konfliktregelung entwickeln, anwenden und durchsetzen könnten.

D. Frei: Was ist unter Frieden und Sicherheit zu verstehen? In: W. Heisenberg/S. Lutz [Hrsg.]: Sicherheitspolitik kontrovers, Bonn 1990, S. 41 f.

1 Welche Wörter wollt ihr den Bildern zuordnen?
2 Schreibt an der Tafel in vier Reihen nebeneinander die Wörter auf, die euch zu den Begriffen „Frieden", „Krieg", „Konflikt" und „Gewalt" einfallen.

3 Diskutiert die verschiedenen Begriffe und überlegt dabei, inwieweit sie sich auf Staaten, Gruppen oder Einzelpersonen beziehen.
4 Lest die folgenden Texte und zieht sie für eure weiteren Diskussionen mit heran. Vergleicht sie mit euren Aussagen.

So wenig Einigkeit über den Begriff Frieden herrscht, so wenig Einigkeit gibt es auch über den Begriff Krieg und über die Ursachen von Kriegen.

Ein deutscher General 1880
Der ewige Friede ist ein Traum, und nicht einmal ein schöner, und der Krieg ein Glied in Gottes Weltordnung. In ihm entfalten sich die edelsten Tugenden des Menschen, Mut und Entsagung, Pflicht, Treue und Opferwilligkeit mit Einsetzung des Lebens. Ohne den Krieg würde die Welt [...] versumpfen.

H. v. Moltke. Zit. nach: G. Matthiesen: Historische und aktuelle Dimensionen der Abrüstungsfrage. In: Blätter für deutsche und internationale Politik, Heft 4/1974, S. 389 f.

Warum gibt es Krieg?
Eine Frau: Weiß ich nicht. Gab es immer und wird es wohl leider auch immer geben.
Eine andere Frau: Das fängt ja in der Familie schon an, dass sich ein Ehepaar nicht verträgt oder mit den Kindern. Und so geht das eben immer weiter: Die Länder verstehen sich nicht untereinander, der eine hat mehr als der andere.
Ein Mann: Weil das Volk nicht bestimmt, sondern die, die oben sitzen. Die Herrschaften, die sitzen hinten, denen passiert nichts.
Ein zweiter Mann: Die Großkonzerne, die wollen verdienen. Also, da denke ich, dass es da auch dran liegt.

Zit. nach: Brock, L. u. a.: Thema Frieden, Berlin 1973, S. 42

Mitglieder einer Friedensinitiative meinen
Jeder kennt aus der Geschichte die Anwendung von Gewalt im eigenen Land und zwischen Staaten. Es gibt Gefühle der Bedrohung, durch Ideen, durch Interessen, durch Menschen anderer Kultur und Weltanschauung. [...] Feindbilder bringen alle diese Erlebnisse und Gefühle, die wirklichkeitsbezogenen genauso wie die irrealen [= nicht wirklichen] auf einen groben Nenner.

Durch gezielte Vereinfachung entsteht so das Bild eines überaus bedrohlichen, überaus grausamen und mächtigen Feindes, dessen Vernichtungswille niemandem Schonung gewährt.
Feindbilder sind nicht Abbildung, sondern Zerrbild, aber sie geben vor, die wesentlichen Eigenschaften des anderen wiederzugeben. Kurz gesagt bestehen Feindbilder aus vier Elementen:
– Dem Gegner wird der unbezweifelbare Wille unterstellt, mich angreifen und vernichten zu wollen.
– Der Gegner bedroht nicht nur meine physische Existenz [= hier: Leben und Gesundheit], sondern die humanen [= menschlichen] Werte, die ich verkörpere, und damit das, wofür es sich lohnt zu leben, was dem Leben Sinn gibt.
– Die Alternative sich zu ergeben oder sich vernichten zu lassen, stellt sich angesichts dieser Vernichtungsbedrohung nicht, weil sie ohne Sinn ist.
– Die einzige sinnvolle Reaktion auf die Vernichtungsabsicht des Gegners besteht darin, ihm zuvorzukommen.

Die Konsequenzen sind ebenso einfach wie fatal [= verhängnisvoll]. Da jede Seite nach dem gleichen Muster sich ein Bild von ihrem Gegenüber zurichtet, eskaliert [= wächst] die Bereitschaft zur gegenseitigen Vernichtung erst langsam und mit zunehmender Dauer immer schneller.

Ulmer Ärzteinitiative [Hrsg.]: Tausend Grad Celsius 1984, S. 11

5 Statt Krieg kann man sagen: Waffengang, bewaffnete Auseinandersetzung, Verteidigungsfall. Erklärt die Unterschiede und die Absichten bei der jeweiligen Wortwahl.
6 Warum sagen die einen Wehrdienstverweigerung und die anderen Kriegsdienstverweigerung?

Warum Krieg?

Kriege zwischen Staaten

Territorialansprüche
Konkurrenz um Grenzen und Gebiete

Machtkonkurrenz
Kampf um Vormachtstellungen in der Region

Rohstoffbedarf
Konkurrenz um knappe Ressourcen

Herrschaftssicherung
Furcht vor einer Bedrohung von außen

Ablenkung
Ablenkung von Konflikten innerhalb des Staates

Herrschaftsinteressen
Durchsetzung politischer und ökonomischer Interessen durch Eliten

Fehlwahrnehmung
Falsche Beurteilung der Stärke und Absichten anderer Staaten

Ethnisch-kulturelle Heterogenität
Kein Interessensausgleich angesichts unterschiedlicher Bevölkerungsgruppen, die keine »einheitliche Nation« bilden.

Interner Kolonialismus
Ökonomische Ausbeutung und politische Unterdrückung von Bevölkerungsgruppen und Regionen

Sozio-ökonomische Heterogenität
Auf krasser sozialer Ungerechtigkeit beruhende Gesellschaftssysteme

Kriege innerhalb von Staaten

Territorial = ein Gebiet betreffend; ethnisch = ein Volk, einen Volksstamm betreffend; Heterogenität = Uneinheitlichkeit

20 Frieden und Krieg

7 Vergleicht die Wörter „Gegner" und „Feind". Wie geht man mit einem „Feind" um, wie mit einem „Gegner"?

8 Überlegt, ob ihr einen bestimmten Mitmenschen als einen „Feind" bezeichnen würdet.

9 Arbeitet aus den Texten heraus, welche unterschiedlichen Auffassungen über Frieden und Krieg vertreten werden.

20.2 Was Krieg und Rüstung „kosten"

20.2.1 Die Schatten der Vergangenheit

Etwa 9,7 Mio. Menschen kamen im Ersten Weltkrieg (1914–1918) zu Tode. Im Zweiten Weltkrieg (1939-1945) verloren ca. 55 Mio. Menschen ihr Leben, davon rd. 7,4 Mio. Deutsche. 20 Mio. Bürger der Sowjetunion starben von 1941 bis 1945 im Kampf gegen das Deutsche Reich und dessen Verbündeten.

Am 8. Mai 1985 hielt der damalige Bundespräsident Richard von Weizsäcker eine Rede zum Gedenken an das Kriegsende 40 Jahre vorher. In dieser Rede sagte er u. a.:

Gedenken an die Opfer des Zweiten Weltkriegs

Wir gedenken heute in Trauer aller Toten des Krieges und der Gewaltherrschaft. Wir gedenken insbesondere der sechs Millionen Juden, die in deutschen Konzentrationslagern ermordet wurden. Wir gedenken aller Völker, die im Krieg gelitten haben, vor allem der unsäglich vielen Bürger der Sowjetunion und der Polen, die ihr Leben verloren haben. Als Deutsche gedenken wir in Trauer der eigenen Landsleute, die als Soldaten, bei den Fliegerangriffen in der Heimat, in Gefangenschaft und bei der Vertreibung ums Leben gekommen sind. Wir gedenken der ermordeten Sinti und Roma, der getöteten Homosexuellen, der umgebrachten Geisteskranken; der Menschen, die um ihrer religiösen oder politischen Überzeugung willen sterben mussten. Wir gedenken der erschossenen Geiseln. Wir denken an die Opfer des Widerstandes in allen von uns besetzten Staaten. Als Deutsche ehren wir das Andenken der Opfer des deutschen Widerstands, des bürgerlichen, des militärischen und glaubensbegründeten, des Widerstands in der Arbeiterschaft und bei Gewerkschaften, des Widerstands der Kommunisten. Wir gedenken derer, die nicht aktiv Widerstand leisteten, aber eher den Tod hinnahmen, als ihr Gewissen zu beugen.

Das Parlament vom 11.5.1985

1 Schaut euch in eurem Heimatort die Kriegerdenkmäler und die Mahnmale, die nach 1945 oder früher für die Opfer von Krieg und Gewaltherrschaft errichtet wurden, an: Was geben sie zu denken, wozu mahnen sie?

2 Ihr könnt die Kriegerdenkmäler und die Mahnmale auch fotografieren und mit den Fotos eine Ausstellung in eurer Schule machen. Was erwartest du von einer solchen Ausstellung?

3 Hast du schon einmal mit deinen Eltern oder Großeltern über den Zweiten Weltkrieg gesprochen? Welche Opfer hat er in eurer Familie gefordert? Opfer sind nicht nur die Toten.

4 Der Zweite Weltkrieg ist seit vielen Jahren zu Ende. Warum kommen wir noch einmal darauf zu sprechen? Sollte man das alles nicht lieber vergessen? Lest hierzu noch einmal den Auszug aus der Rede des damaligen Bundespräsidenten.

20.2.2 Seit Jahrzehnten kein Tag ohne Krieg

Es wird geschätzt, dass es nach 1945 weltweit etwa 180 Kriege und ähnliche Konflikte mit etwa 25 Millionen (= 25 000 000) Toten gegeben hat.

1 An welche Kriege der letzten Jahre erinnert ihr euch?

2 Gibt es in deiner Umgebung Menschen (Verwandte, Nachbarn), die selbst einen Krieg erlebt/mitgemacht haben? Was berichten sie darüber?

3 Mit Hilfe eures Geschichtsbuches und des (Geschichts-)Atlas könnt ihr für die Zeit nach 1945 eine Zusammenstellung machen:
  - Unabhängigkeitskriege ehemaliger Kolonialvölker;
  - Bürgerkriege;
  - Kriege/kriegerische Handlungen, an denen Mitgliedstaaten der NATO beteiligt waren;

Nach dem Krieg

20 Frieden und Krieg

- Kriege/kriegerische Handlungen, an denen Mitgliedstaaten des damaligen Warschauer Paktes beteiligt waren;
- Grenzkriege.

4 Wo auf der Welt tobt derzeit ein Krieg? Was (und wie) berichten die Zeitungen und das Fernsehen?
Was behaupten die Kriegsführenden über die Ursachen des Krieges? Welche Ziele verfolgen sie mit dem Krieg?

5 Untersucht das Schaubild über Bewaffnete Konflikte in der Welt 1996/97. Welche Kriege dauern noch an?

20.2.3 Rüstung tötet schon im Frieden

Wissenschaftler schätzen, dass allein in der Zeit von 1980 bis 1990 die jährlichen Militärausgaben weltweit von 500 Milliarden Dollar auf mehr als 1000 Milliarden Dollar gestiegen sind.

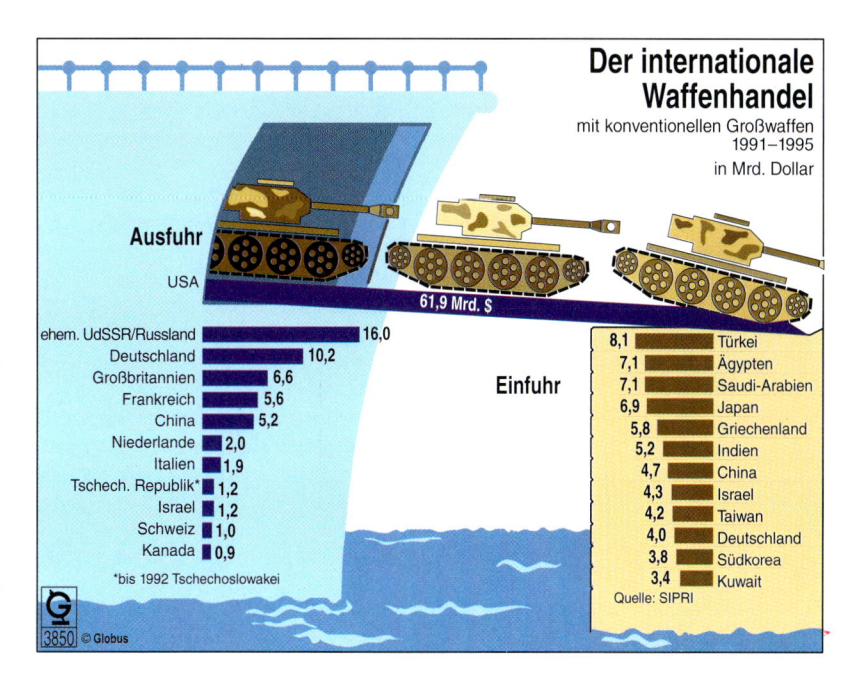

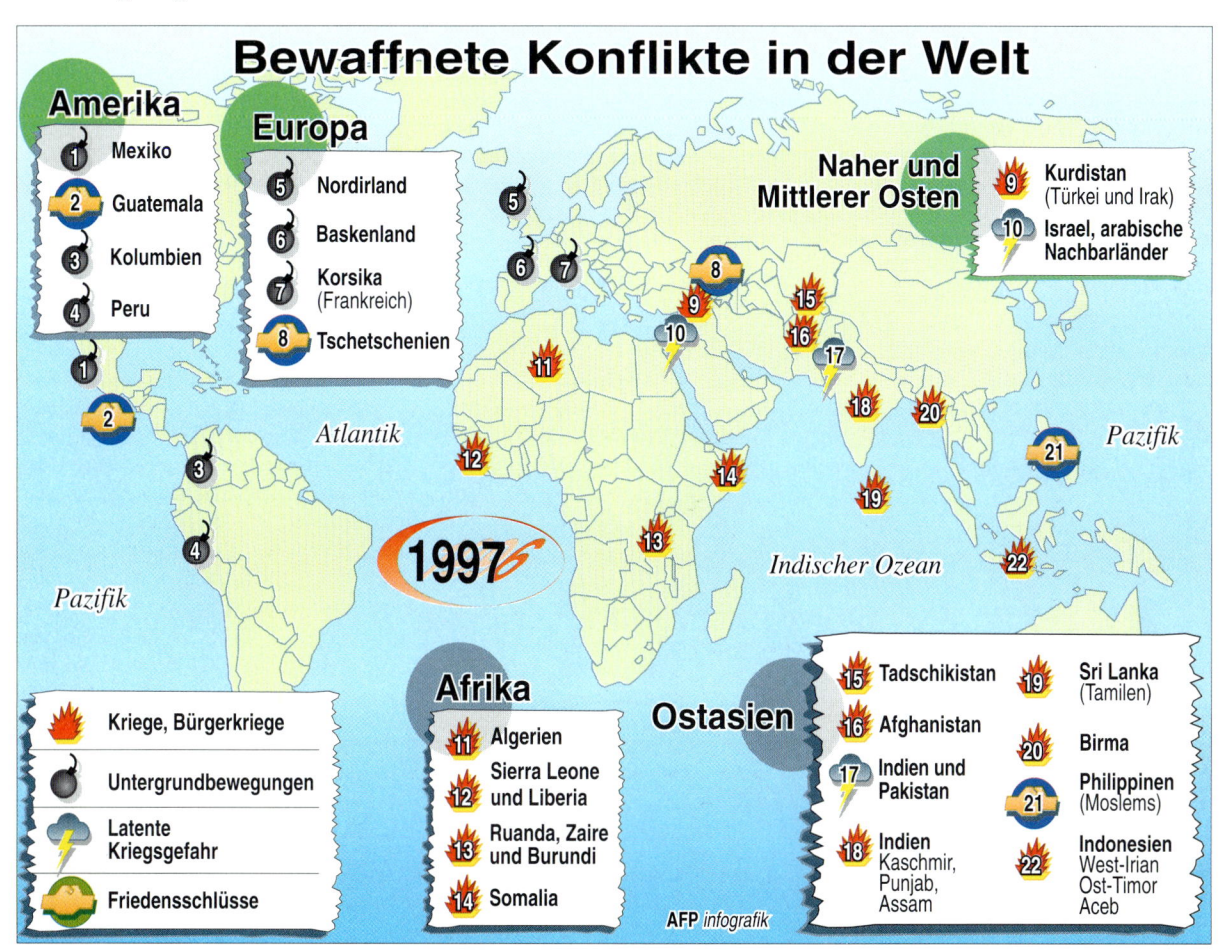

Der internationale Waffenhandel
mit konventionellen Großwaffen
1991–1995
in Mrd. Dollar

Ausfuhr
USA 61,9 Mrd. $
ehem. UdSSR/Russland 16,0
Deutschland 10,2
Großbritannien 6,6
Frankreich 5,6
China 5,2
Niederlande 2,0
Italien 1,9
Tschech. Republik* 1,2
Israel 1,2
Schweiz 1,0
Kanada 0,9
*bis 1992 Tschechoslowakei

Einfuhr
Türkei 8,1
Ägypten 7,1
Saudi-Arabien 7,1
Japan 6,9
Griechenland 5,8
Indien 5,2
China 4,7
Israel 4,3
Taiwan 4,2
Deutschland 4,0
Südkorea 3,8
Kuwait 3,4
Quelle: SIPRI

Bewaffnete Konflikte in der Welt

Amerika
1 Mexiko
2 Guatemala
3 Kolumbien
4 Peru

Europa
5 Nordirland
6 Baskenland
7 Korsika (Frankreich)
8 Tschetschenien

Naher und Mittlerer Osten
9 Kurdistan (Türkei und Irak)
10 Israel, arabische Nachbarländer

Afrika
11 Algerien
12 Sierra Leone und Liberia
13 Ruanda, Zaire und Burundi
14 Somalia

Ostasien
15 Tadschikistan
16 Afghanistan
17 Indien und Pakistan
18 Indien Kaschmir, Punjab, Assam
19 Sri Lanka (Tamilen)
20 Birma
21 Philippinen (Moslems)
22 Indonesien West-Irian Ost-Timor Aceb

Legende:
- Kriege, Bürgerkriege
- Untergrundbewegungen
- Latente Kriegsgefahr
- Friedensschlüsse

1997

AFP infografik

351

20 Frieden und Krieg

- Für den Preis nur eines Kampfflugzeuges (ca. 40 Millionen US-Dollar) könnte man etwa 40 000 Dorfapotheken errichten.
- Mit der Hälfte von einem Prozent der jährlichen Rüstungsausgaben könnte man all die landwirtschaftlichen Geräte anschaffen, die erforderlich sind, um in den armen Ländern mit Nahrungsmittelmangel die Agrarproduktion zu verbessern und sogar die Selbstversorgung zu erreichen.

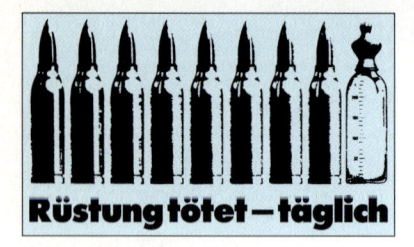

Rüstung tötet – täglich

1 „Rüstung tötet – täglich". Erklärt diesen Satz. Vergleicht mit dem Text „Es gibt viel zu tun ..."
2 Wer hat Nutzen von Rüstungs- und Militärausgaben? Wer hat Schaden davon?

Es gibt viel zu tun ...
[Die ehemalige Vorsitzende des Deutschen Evangelischen Frauenbundes, Herta Kypke, meinte:] Haben wir nicht genügend dringende Aufgaben auf der Erde? Den Kampf gegen den Hunger, den Schutz unseres bedrohten Planeten, unserer Luft, des Wassers und des Bodens, den Schutz der Menschen, Tiere und Pflanzen?
Diese Pflichten erfordern Millionen-, ja Milliardenwerte, die aber seit Jahren für die Rüstung vergeudet werden. Und diese Aufgaben können nur friedlich, gemeinsam mit anderen Staaten bewältigt werden.

Friedenszeitung 3/85 vom 27.4.1985

3 Zu welcher Gruppe von Staaten gehören die Hauptwaffenlieferanten?
4 Welche Länder sind die Hauptabnehmer? Wozu brauchen sie die Waffen?

20.3 Mehr Chancen für einen dauerhaften Frieden?

20.3.1 Das Ende des Kalten Krieges

Es wird auch weiterhin Armeen geben, Militärbündnisse und Drohungen mit Waffengewalt. Doch die Chance, den großen atomaren Krieg zu vermeiden, ist gewachsen. Gewachsen ist aber auch die Gefahr von Kriegen und Bürgerkriegen in den neu entstehenden bzw. entstandenen Staaten überall in der Welt. Die weltpolitische Lage hat sich seit Mitte der 80er-Jahre grundlegend gewandelt. Sichtbarste Folge ist für uns die Einigung Deutschlands, die ohne die politischen Klimaveränderungen nicht denkbar gewesen wäre. Die Chancen einer europäischen bzw. weltweiten Friedensordnung sind gewachsen. Aber: Frieden und Sicherheit zwischen Staaten entstehen nicht von selbst, sondern müssen in oft mühsamen Verhandlungen erreicht werden. Mit dem Ende des Kalten Krieges ist also kein paradiesischer Zustand angebrochen.
Was ein „Heißer Krieg" ist, entnehmen wir den (Fernseh-)Nachrichten aus aller Welt: Es wird geschossen, getötet, geplündert, geraubt, gemordet, zerstört, Gebiete werden besetzt, die Bevölkerung wird vertrieben oder unterdrückt – schreckliche Szenen und Verhältnisse. Sie ereignen sich bei Auseinandersetzungen, Überfällen und Kämpfen zwischen Staaten, zwischen Volksgruppen, zwischen regulären Armeen oder Guerilla-Verbänden, mit oder ohne Kriegserklärung.
Im „Kalten Krieg" wird nicht geschossen, aber die militärischen Kräfte werden auf beiden Seiten so stark mit Massenvernichtungsmitteln versehen, dass sie eine ständige Bedrohung des möglichen Gegners darstellen. Eine solche Situation bestand während der ersten vierzig Jahre nach dem Zweiten Weltkrieg, etwa von 1946 bis in die Mitte der 80er-Jahre. Sie hing damit zusammen, dass die ehemaligen Kriegsverbündeten – die Sowjetunion und die USA –, die gemeinsam

„Fröhliches Begräbnis". Karikatur: Haitzinger

den Nationalsozialismus und Hitler-Deutschland niedergeworfen hatten, völlig verschiedene politische und wirtschaftliche Ziele verfolgten: Die Sowjetunion brachte nach 1945 fast alle ost- und mitteleuropäischen Staaten (außer Albanien und Jugoslawien) und die DDR unter ihre Herrschaft. Sie sorgte für die Einsetzung kommunistischer Regierungen und stationierte starke Truppenverbände in den Ländern des damals so genannten Ostblocks (z. B. in der DDR ca. 400000 Mann bis 1990).

Eine andere Entwicklung nahmen die westeuropäischen Staaten einschließlich Westdeutschlands nach dem Zweiten Weltkrieg. Sie erhielten amerikanische Wiederaufbauhilfe (Marshall-Plan 1947) als „Hilfe zur Selbsthilfe" und gründeten ein umfassendes militärisches, wirtschaftliches und politisches Bündnissystem.

20.3.2 Eine neue Rolle der Bundeswehr?

Ursprünglich schien alles klar: Die Bundeswehr schützt gemeinsam mit ihren Verbündeten in der NATO (Nordatlantikpakt; North Atlantic Treaty Organization) die Bundesrepublik Deutschland vor einem Angriff vor allem des Warschauer Pakts (= Verteidigungsbündnis des damaligen Ostblocks unter sowjetischer Führung).

Seit dem Ende des Kalten Krieges existiert der Warschauer Pakt jedoch nicht mehr, die einstmals so mächtige Sowjetunion ist in viele verschiedene Staaten zerfallen, die dringend auf wirtschaftliche Hilfe angewiesen sind.

Wogegen schützt die Bundeswehr denn jetzt die Bundesrepublik? Diese Frage wird je nach Standpunkt höchst unterschiedlich beantwortet.

Manche sagen: Der Kalte Krieg ist beendet, Gefährdungen für die Bundesrepublik bestehen nicht mehr. Die Bundeswehr ist überflüssig und sollte abgeschafft werden.

Andere dagegen meinen: Zwar ist der Ost-West-Gegensatz vorbei, aber in der Folge ergeben sich neue Gefährdungen in Europa. Neue Staaten entstehen, Bürgerkriege zwischen einzelnen Volksgruppen flammen auf. Niemand kann sicher wissen, ob dadurch Gefahren für die Bundesrepublik drohen. Die Bundeswehr muss deshalb erhalten werden, um die Verteidigungsfähigkeit und -bereitschaft zu gewährleisten. Wie viele Soldaten letztlich dafür benötigt werden, muss später entschieden werden.

Wieder andere fordern: Nachdem die deutsche Teilung überwunden und Deutschland wieder als ein gleichberechtigter Partner in die Völkergemeinschaft aufgenommen ist, muss es neben den neuen Rechten auch die Pflichten übernehmen. Dazu gehört, dass die Bundeswehr auch für Aufgaben außerhalb des NATO-Gebiets („out-of-area") zur Verfügung steht.

Dies können friedenserhaltende, aber auch friedensstiftende (d. h. kriegerische) Einsätze für die UNO sein oder Einsätze in Verbindung mit der NATO. Auch weltweite humanitäre (lebensrettende) Aktionen wie schnelle Hilfen im Katastrophenfall (Überschwemmungen, Erdbeben, usw.) sind nun in größerem Umfang für die Bundeswehr möglich. Solche Aktionen verlangen eine andere Ausrüstung und teilweise auch eine andere Ausbildung der Soldaten.

1 Welcher Standpunkt scheint euch am einsichtigsten? Diskutiert.
2 Diskutiert die folgenden Argumente für und wider den Einsatz der Bundeswehr außerhalb Deutschlands.
Methode: *Pro- und Kontra-Diskussion, S. 237*

Soll die Bundeswehr international eingesetzt werden?
Argumente Pro
– Deutschlands internationales Gewicht erfordert einen militärischen Beitrag außerhalb des Landes.
– Deutschland kann sich nicht an der Beteiligung von friedenserhaltenden Maßnahmen vorbeidrücken. Für die zahlreichen Krisenherde wird die Beteiligung von immer mehr Staaten und Truppen erforderlich, sodass viele Länder nach der deutschen Beteiligung verlangen.
– Wenn alle von einer neuen Weltordnung sprechen, so sollte sich auch Deutschland daran beteiligen.
– Die deutsche Wirtschaft ist durch ihren Exportanteil international vernetzt. Wer verkaufen will, muss sich auch im Ausland um die dortigen Probleme kümmern.
– Flüchtlinge aus aller Welt haben Deutschland erreicht. Wer verlangt, dass Deutschland sich an den Problemlösungen in den Heimatländern der Flüchtlinge beteiligt, verlangt auch deutsche Bundeswehreinsätze im Ausland, damit dort die Fluchtursachen beseitigt werden.

Argumente Kontra
– Von deutschem Boden ist während der Weltkriege immenses Leid ausgegangen. Deutschland sollte sich davor hüten, wieder im Ausland militärisch aktiv zu werden.
– Ausländische Bundeswehreinsätze begünstigen eine Rückkehr zur Militarisierung der deutschen Außenpolitik.
– Nur friedenserhaltende Maßnahmen können – als militärische Absicherung – hilfreich zur Beendigung von Konflikten sein.
– Viele Eltern wollen nicht, dass ihre Söhne in den Krisenherden der Welt in Gefahr geraten.

Internationale Einsätze der Bundeswehr

Kambodscha
Betrieb eines UNO-Hospitals
Mai 1992 – Oktober 1993

Somalia
Humanitäre Hilfe
Unterstützung eines UNO-Verbandes
August 1992 – März 1994

Bosnien-Herzegowina
Luftbrücke Frankfurt–Sarajevo seit Juli 1992
Embargo-Überwachung in der Adria seit Juli 1992
Air Drop (Abwurf von Versorgungsgütern) über Bosnien 1993–1995
Entsendung von Unterstützungseinheiten (Sanitäts-, Transport-, Pionier- und Versorgungseinheiten – also keine Kampftruppen) ab Dezember 1995
Ab Dezember 1996 reguläre Kampftruppen zur Kriegsverhinderung (Mandat bis 1998)

Irak
Unterstützung der internationalen Kontrollmaßnahmen durch Heeresflieger 1991–1995

20 Frieden und Krieg

Die NATO und ihr Umfeld

NATO (+ USA und Kanada)
WEU
* Der WEU assoziiert oder mit Beobachterstatus
Länder, die der NATO beitreten wollen
Im NATO-Kooperationsrat (GUS und ehemaliger Warschauer-Pakt)

© Globus 1692

In der Bundesrepublik Deutschland besteht seit Gründung der Bundeswehr die Pflicht für alle deutschen Männer, ab vollendetem 18. Lebensjahr einen Wehrdienst oder Ersatzdienst abzuleisten (Art. 12aGG). Der Wehrdienst beträgt 10 Monate, der Ersatzdienst (Zivildienst) 13 Monate.
Der Einsatz der Bundeswehr wird in den Art. 24 und 87aGG geregelt.
Die Truppenstärke der Bundeswehr beträgt ca. 340 000 Mann.
Nach Art. 4 Abs. 3 GG haben die Wehrpflichtigen in der Bundesrepublik das Recht, den Dienst in der Bundeswehr (in Kriegs- und Friedenszeiten) aus Gewissensgründen abzulehnen. Statt des Wehrdienstes können sie zu einem Ersatzdienst verpflichtet werden (siehe Art. 12a Abs. 2–5 GG). Ausschlaggebend für die Anerkennung als Wehrdienstverweigerer ist die Entscheidung des Bundesamtes für den Zivildienst. Wenn ein Wehrpflichtiger mit der Sicherheitspolitik oder mit der Militärstrategie der NATO nicht einverstanden ist, gilt das bei den Entscheidungen des Bundesamtes als nicht ausreichend für die Anerkennung als Wehrdienstverweigerer. Der Wehrpflichtige muss in einem Antrag auf Befreiung vom Wehrdienst darlegen, dass ihm sein Gewissen die Tötung von Menschen grundsätzlich, ausnahmslos und zwingend verbietet.

3 Ihr könnt Wehrdienstleistende befragen: Welche Bedeutung hat es für sie heute, beim „Bund" zu sein?
4 Welche Meinungen gibt es in eurer Klasse – bei den Jungen, bei den Mädchen – über die in diesem Abschnitt angesprochenen Probleme?
5 Die Bundeswehr bietet den Schulen an, Jugendoffiziere einzuladen, damit die Schüler/innen mit ihnen sprechen und sich informieren lassen können.
Warum macht die Bundeswehr dieses Angebot?
6 Was haltet ihr von dem Vorschlag, vor oder nach dem Bundeswehroffizier auch eine(n) Vertreter(in) aus einer Friedensinitiative oder aus einem Verband der Wehrdienstverweigerer einzuladen? Begründet.

20.3.3 Die Ziele europäischer Sicherheitspolitik

Die Sicherheitspolitik steckt den strategischen (umfassenden) Rahmen ab. Sie ist eine Sache der Politikerinnen und Politiker, die dafür sorgen müssen, dass ein Land nicht in Konflikt mit anderen Ländern gerät. Für die praktische Gewährleistung der Sicherheit des Staates sind die Militärs zuständig. Sie müssen die Verteidigung des Landes planen, Soldaten und Material in ausreichender Anzahl zur Verfügung haben.

Im demokratisch verfassten Deutschland hat der Bundestag über die Sicherheitspolitik der Bundesrepublik zu entscheiden. Das Bundesverteidigungsministerium und die Bundeswehr haben diese politischen Ziele umzusetzen.

Die Ziele der deutschen Sicherheitspolitik

– Schutz Deutschlands und seiner Staatsbürger vor äußerer Gefahr und politischer Erpressung;
– Vorbeugung, Eindämmung und Beendigung von Krisen und Konflikten, die die Unversehrtheit und Stabilität Deutschlands oder seiner Verbündeten beeinträchtigen können;
– Ausbau des auf gemeinsamen Werten und gleich gerichteten Interessen beruhenden nordatlantischen Sicherheitsverbundes mit den USA;
– Stärkung der NATO als Wertegemeinschaft und Verteidigungsbündnis der europäisch-atlantischen Demokratien und weitere Anpassung des Bündnisses an die aktuellen sicherheitspolitischen Herausforderungen, einschließlich seiner Öffnung nach Osten;
– gleichberechtigte Partnerschaft zwischen einem geeinten Europa und Nordamerika;
– Vertiefung der europäischen Integration durch den Ausbau der Europäischen Union mit einer gemeinsamen Außen- und Sicherheitspolitik und einer Europäischen Sicherheits- und Verteidigungsidentität, Ausbau und Entwicklung der WEU [s. Abschnitt 20.3.5.] als Verteidigungskomponente der Europäischen Union und als europäischer Pfeiler des Atlantischen Bündnisses;
– Erweiterung der Europäischen Union und der Westeuropäischen Union (WEU);
– Stärkung der Vereinten Nationen als globale Konfliktregelungsinstanz und der KSZE [s. Abschnitt 20.5.1.] als regionaler Abmachung;
– Gestaltung einer neuen kooperativen Sicherheitsordnung zwischen allen KSZE-Teilnehmerstaaten;
– Festigung und Ausbau einer regional und global wirksamen Sicherheitsordnung einander ergänzender und stärkender Organisationen;
– Fortsetzung eines an dem Ziel vorausschauender Konfliktverhütung orientierten Rüstungskontrollprozesses in der Perspektive der Gestaltung einer kooperati-

ven Sicherheitsordnung als eine Grundlage für dauerhaften Frieden und Stabilität in und für Europa;
– Förderung der Demokratisierung und des wirtschaftlichen und sozialen Fortschritts in Europa und weltweit. [...]

Bundesministerium der Verteidigung: Weißbuch 1994 (Bonn 1994) S. 44 f.

Die NATO ist derzeit das mächtigste Militärbündnis der Erde, die Bundeswehr, neben der russischen Armee, die stärkste Armee in Europa. Die neue weltpolitische Situation stellt die NATO vor neue Entscheidungen. Da ihr Hauptgegner, die Sowjetunion mit dem Warschauer Pakt, nicht mehr existiert und in Europa nur noch Russland ein möglicher Gegner sein könnte, muss die NATO über ihren künftigen Auftrag und ihre Strategie neu nachdenken.

Die neue NATO-Strategie

Zu den Mitteln, mit denen das Bündnis seine Sicherheitspolitik zur Wahrung des Friedens verfolgt, gehört auch künftig die Erhaltung militärischer Fähigkeiten, die zur Kriegsverhütung und zur Gewährleistung einer wirksamen Verteidigung ausreichen, dazu gehört auch eine umfassende Fähigkeit, die Sicherheit seiner Mitglieder bedrohende Krisen erfolgreich zu bewältigen, dazu gehören ferner politische Anstrengungen, den Dialog mit anderen Staaten sowie die aktive Suche nach kooperativen Ansätzen in der europäischen Sicherheit einschließlich des Rüstungskontroll- und Abrüstungsbereichs zu fördern. Um sein wesentliches Ziel zu erreichen, nimmt das Bündnis die folgenden grundlegenden Sicherheitsaufgaben wahr.
Erstens: Es bietet eines der unverzichtbaren Fundamente für ein stabiles sicherheitspolitisches Umfeld in Europa, gegründet auf dem Wachsen demokratischer Einrichtungen und auf dem Bekenntnis zur friedlichen Beilegung von Streitigkeiten. [...]
Zweitens: Es dient gemäß Artikel 4 des Nordatlantikvertrags als ein transatlantisches Forum für Konsultationen unter den Verbündeten über Fragen, die ihre vitalen Interessen einschließlich möglicher Entwicklungen berühren, die Risiken für die Sicherheit der Bündnismitglieder mit sich bringen; und als Forum für sachgerechte Koordinierung ihrer Bemühungen in Bereichen, die sie gemeinsam angehen.

Drittens: Es schreckt von jeder Aggressionsdrohung und wehrt jeden Angriff gegen das Hoheitsgebiet eines NATO-Mitgliedstaates ab.
Viertens: Es wahrt das strategische Gleichgewicht in Europa.
Andere europäische Institutionen wie die EG, die WEU und die KSZE haben in diesen Bereichen ebenfalls Aufgaben zu erfüllen nach Maßgabe ihrer Zuständigkeit und Zielsetzung. Die Schaffung einer europäischen sicherheits- und verteidigungspolitischen Identität [= Gleichheit, Einheitlichkeit] wird die Bereitschaft der Europäer unterstreichen ein höheres Maß an Verantwortung für ihre Sicherheit zu übernehmen und wird dazu beitragen die transatlantische Solidarität zu stärken. [...]
Die Bündnisstrategie wird weiterhin von einer Reihe grundlegender Prinzipien geprägt sein. Die Allianz ist rein defensiv ausgerichtet: Keine ihrer Waffen wird jemals eingesetzt werden, es sei denn zur Selbstverteidigung, und sie betrachtet sich nicht als Gegner irgendeines Landes. Die Bündnispartner werden ein Militärpotential unterhalten, das ausreicht, jeden potentiellen Angreifer davon zu überzeugen, dass die Anwendung von Gewalt gegen das Hoheitsgebiet eines Bündnispartners auf eine gemeinsame wirkungsvolle Reaktion aller Bündnispartner stoßen würde und dass die mit der Auslösung eines Konflikts verbundenen Risiken größer wären als jeder zu erwartende Gewinn. Daher müssen die Streitkräfte der Bündnispartner in der Lage sein, die Grenzen des Bündnisgebiets zu verteidigen, den Vormarsch eines Angreifers möglichst weit vorne aufzuhalten, die territoriale [= gebietsmäßige] Unversehrtheit der Staaten des Bündnisses zu wahren oder wiederherzustellen und einen Krieg schnell zu beenden, indem sie den Aggressor [= Angreifer] dazu veranlassen, seine Entscheidung zu überdenken, seinen Angriff einzustellen und sich zurückzuziehen. Die Streitkräfte des Bündnisses haben die Aufgabe, die territoriale Unversehrtheit und die politische Unabhängigkeit seiner Mitgliedstaaten zu gewährleisten. Somit tragen sie zu Frieden und Stabilität in Europa bei. Die Sicherheit aller Bündnispartner ist unteilbar. Ein Angriff gegen einen ist ein Angriff gegen alle. Die Solidarität des Bündnisses und seine strategische Einheit sind daher entscheidende Voraussetzungen für die kollektive [= gemeinsame] Sicherheit.

BMV: Weißbuch 1994 (Bonn 1994), S. 52

Russland ist mit seinen ca. 150 Mio. Menschen und einem riesigen Gebiet in vieler Hinsicht Nachfolgerin der damaligen Sowjetunion. Es ist nach wie vor eine Weltmacht und ebenso eine starke Militärmacht. Deswegen versucht es, eine selbstständige Position auch in der Sicherheitspolitik einzunehmen.

Russlands neue Militärdoktrin

Die atomare Abschreckung ist weiterhin Grundlage der Verteidigung, wobei ein nuklearer Ersteinsatz in bestimmten Fällen nicht ausgeschlossen wird. Gewalt gegen einen anderen Staat wird nur zur Selbstverteidigung angewandt, dies kann Gegenangriffe auf das Gebiet des Gegners einschließen. Eine Stationierung von Truppen ist auch außerhalb der eigenen Grenzen möglich. Die Armee kann auch bei der Lösung innerer Konflikte eingesetzt werden. – Dies sind die Kernsätze der neuen russischen Militärdoktrin [...]. Darin wird ausdrücklich betont, dass Russland derzeit keinen Staat oder Staatenbund als potentiellen [= möglichen] Gegner betrachte. Durch die atomare Abschreckung soll ein Angriff auf Russland und seine Verbündeten verhindert werden. Nach der Militärdoktrin können Atomwaffen dann eingesetzt werden, „wenn mehrere Atomwaffenstaaten Russland angreifen oder einen Angriff auf Russland unterstützen". Das Gleiche gilt, „wenn die Russische Föderation oder ihre Verbündeten von einem Staat angegriffen werden, der mit einem Atomwaffenstaat verbündet ist". Politisches Ziel Russlands sei es aber, die Eskalation [= das Hochtreiben] einer militärischen Auseinandersetzung zu einem Krieg mit Atomwaffen oder anderen Massenvernichtungsmitteln zu verhindern, heißt es weiter in der Militärdoktrin. [...]
Außerhalb der eigenen Grenzen können russische Truppen sowohl bei internationalen Aktionen zur Wiederherstellung des Friedens als auch „zur Verteidigung lebenswichtiger Interessen Russlands" [...] eingesetzt werden.

Soldat und Technik 12/1993, S. 716

1 Diskutiert die Grundsätze der neuen deutschen Sicherheitspolitik. Inwieweit könnt ihr damit übereinstimmen?
2 Welches sind die Hauptpunkte
a) des neuen strategischen Konzepts des NATO-Bündnisses
b) der neuen russischen Militärdoktrin? Vergleicht beide miteinander.

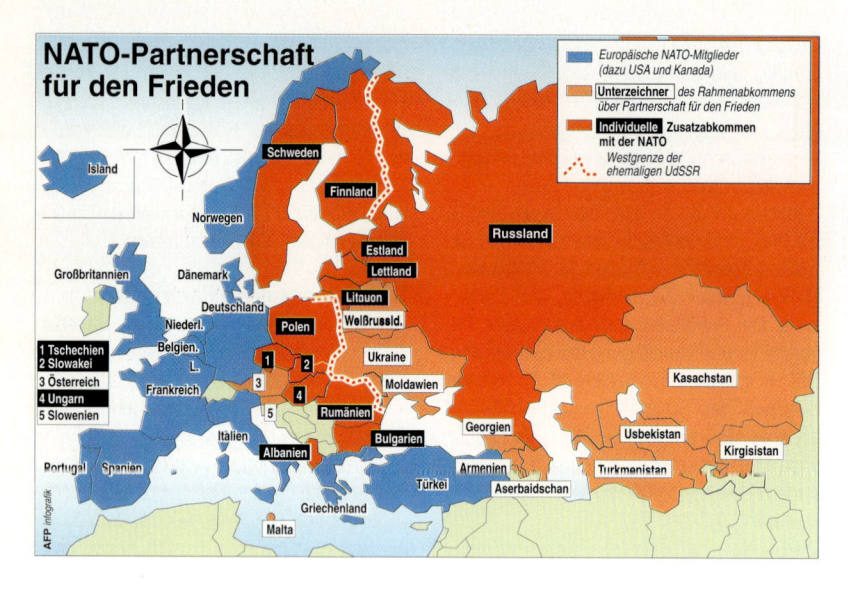

NATO-Partnerschaft für den Frieden

- Europäische NATO-Mitglieder (dazu USA und Kanada)
- *Unterzeichner* des Rahmenabkommens über Partnerschaft für den Frieden
- *Individuelle* Zusatzabkommen mit der NATO
- Westgrenze der ehemaligen UdSSR

1 Tschechien
2 Slowakei
3 Österreich
4 Ungarn
5 Slowenien

20.3.4 Partnerschaft für den Frieden

Nach dem Verschwinden des Warschauer Pakts richtet sich das Sicherheitsbedürfnis der frei und selbstständig gewordenen ost- und mitteleuropäischen Staaten auf das Verteidigungsbündnis der NATO.

Jene Staaten sehen sich nach wie vor in einer Gefährdungssituation gegenüber dem mächtigen Russland.

Ebenso wie sie aus wirtschaftlichen Gründen sich dem Westen anschließen möchten, sehen sie auch ihre staatliche Unversehrtheit am ehesten durch das westliche Militärbündnis gewährleistet. Andererseits übernähme der Westen eine noch größere Verantwortung, wenn er seinen Sicherheitsbereich bis in den Osten vorschieben würde. Darüber hinaus sind es finanzielle Probleme, die mit wirtschaftlich schwachen Mitgliedsländern verbunden sind. Schließlich geht die NATO ebenso wie die Europäische Union davon aus, dass die Mitglieder demokratische Gesellschaften sein sollten. Um nun die beitrittswilligen ost- und mitteleuropäischen Länder – die als gleichberechtigte Mitglieder der OSZE angehören – nicht sicherheitspolitisch allein zu lassen, hat man einen Partnerschaftsstatus in Gestalt eines Nordatlantischen Konsultationsrats eingeführt. E0r ermöglicht die Entsendung von Verbindungsoffizieren in das NATO-Hauptquartier und gemeinsame Manöver.

Inhalte der „Partnerschaft"

Am 10./11. Januar 1994 haben in Brüssel die Staats- und Regierungschefs der NATO eine Einladung zur „Partnerschaft für den Frieden" unterzeichnet.

Es handelt sich um ein Angebot der NATO an die Nichtmitgliedstaaten. Davon haben die meisten ost- und mitteleuropäischen Staaten und Russland Gebrauch gemacht.

Dazu werden vor allem die Staaten, die im Nordatlantischen Kooperationsrat Mitglied sind, aber auch andere KSZE- [jetzt OSZE-] Staaten eingeladen. Das Programm „Partnerschaft für den Frieden" sieht u. a. im Einzelnen vor:

– Beteiligung an politischen und militärischen Gremien im NATO-Hauptquartier, so weit sie sich mit Partnerschaftsaktivitäten befassen;
– mögliche Konsultationen [= Beratungen] der NATO mit jedem aktiven Teilnehmer, der sich bedroht fühlt;
– Hilfe bei militärischen Planungen sowie gesellschaftlichen und militärischen Umstrukturierungen;
– gemeinsame militärische Übungen;
– Austausch von Verbindungsoffizieren;
– Aufbau von ständigen Einrichtungen im NATO-Hauptquartier für Personal aus den NAKR-Staaten [=NATO-Konsultationsrat];
– Aufrechterhaltung der Fähigkeit und Bereitschaft zu Einsätzen unter dem Kommando der UNO und der KSZE (vorbehaltlich einzelstaatlicher verfassungsrechtlicher Erwägungen).

Das Programm bedeutet zusammengefasst, dass die NATO mit den einzelnen kooperationswilligen Staaten im politischen Rahmen der Partnerschaft und im militärischen Bereich enger zusammenarbeiten will und ihre Unterstützung bei der Reform der nationalen Streitkräfte anbietet. Eine spätere Mitgliedschaft in der NATO wird grundsätzlich nicht ausgeschlossen.

Aus Politik und Zeitgeschichte, B26–27/1994, S. 14

1 Inwieweit sind nach eurer Meinung die einzelnen Maßnahmen der „Partnerschaft für den Frieden" geeignet, den Frieden in Europa sicherer zu machen?

Die Europäische Union (siehe Kapitel 18) hat der NATO ein sicherheitspolitisches Abkommen mit Russland, einschließlich eines Nichtangriffspakts, im März 1995 vorgeschlagen. Damit soll den russischen Bedenken gegen eine Osterweiterung der NATO entgegengewirkt und Russland in das Sicherheitssystem eingebunden werden.

Russlands Sorgen

Russland hat sich vorerst geweigert, die Kooperationsabkommen mit der NATO zu unterzeichnen, weil es sich bei den Beratungen des westlichen Bündnisses zur Erweiterung der NATO übergangen fühlt und den Prozess mitgestalten möchte. Die russische Forderung ist begründet, denn wer kooperative Sicherheit in Europa ernst nimmt, kann Russland bei einer derart wichtigen Frage nicht einfach vor die Tür setzen. Die Erweiterung der NATO um die vier Visegrad-Staaten (Polen, Ungarn, Slowakei und Tschechien) bedeutet eine klare Machtausweitung der NATO nach Ostmitteleuropa. Das kann die russischen Sicherheitsinteressen nicht unberührt lassen.

Hans-J. Schmidt: Abrüstung als Angebot an Russland, in: Frankfurter Rundschau vom 6.12.1994, S. 2

Nach langwierigen Verhandlungen wurde Ende Mai 1997 die „Grundlagenakte NATO – Russland" unterzeichnet. Russland lehnt nach wie vor eine Osterweiterung der NATO ab, ist jedoch über die Grundlagenakte durch einen NATO-Russland-Rat in die Beratungen über Frieden und Sicherheit in Europa eingebunden. Die übrigen 27 mittel- und osteuropäischen Staaten arbeiten im Kooperationsrat, dem Euro-Atlantischen Rat, mit der NATO zusammen.

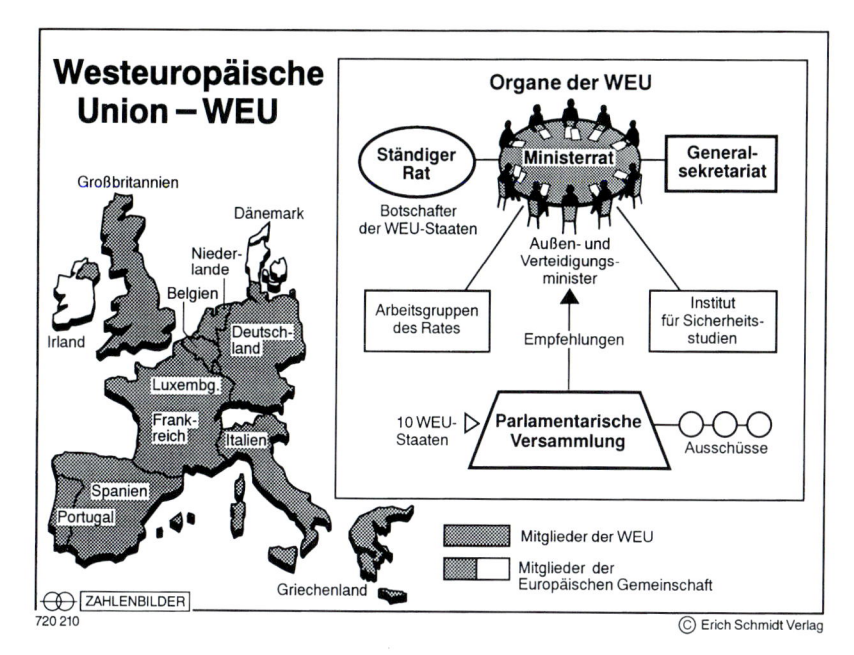

Aus dem Vertrag der Westeuropäischen Union (1954)
Artikel 5
Sollte einer der Hohen Vertragschließenden Teile das Ziel eines bewaffneten Angriffs in Europa werden, so werden ihm die anderen Hohen Vertragsschließenden Teile im Einklang mit den Bestimmungen des Artikels 51 der Satzung der Vereinten Nationen alle in ihrer Macht stehende militärische und sonstige Hilfe und Unterstützung leisten.

C. Schöndube: Europäische Verträge und Gesetze, Bonn 1978, S. 433 ff.

1 Artikel 5 wird als Kernstück des Vertrages angesehen. Welche Sicherheiten bietet er zusätzlich zum NATO-Vertrag (S. 355)?

Das Rollenverständnis der WEU

In diesem Rollenverständnis entlastet die WEU die Europäische Gemeinschaft, indem sie sich als „Auftragnehmer" für die EG-Mitglieder versteht, die zu einer besonderen verteidigungspolitischen Zusammenarbeit bereit sind.

Sie bildet zugleich eine weiter ausbaufähige Verbindungsstruktur („Brücke"/ „Kanal") zwischen NATO und Europäischer Gemeinschaft und stärkt damit nicht nur den europäischen Pfeiler der Allianz, sondern das Bündnis als Ganzes.

Ein solches Verständnis von der WEU erscheint auf den ersten Blick als eine beide Hauptakteure zufrieden stellende Lösung des Dilemmas „europäischer Pfeiler" und „europäische Identität" [= Gemeinsamkeit], sie löst aber nicht die Grundfrage und die lautet im Klartext: Soll die NATO oder die Europäische Gemeinschaft das entscheidende Wort in europäischen Sicherheitsfragen haben?

Soldat und Technik 9/1991, S. 596

2 Wo liegt eurer Ansicht nach das Kernproblem zwischen der NATO und der Westeuropäischen Union?
3 Welche Schwierigkeiten können sich möglicherweise für einen Staat ergeben, der gleichzeitig Mitglied in der NATO und in der WEU ist?

20.3.5 Die Aufgaben der Westeuropäischen Union

Bereits im März 1948 schlossen Großbritannien, Frankreich, Belgien, Luxemburg und die Niederlande den Brüsseler Vertrag, in dem sie sich gegenseitigen Beistand im Falle eines (deutschen) Angriffs zusicherten und eine Zusammenarbeit auf wirtschaftlichem, sozialem und kulturellem Gebiet vereinbarten. Nachdem die beabsichtigte Europäische Verteidigungsgemeinschaft (EVG) 1954 am Widerstand des französischen Parlaments gescheitert war, kamen die fünf Partner auf Vorschlag der britischen Regierung überein, ihren Vertrag auch auf die Bundesrepublik Deutschland und auf Italien auszudehnen und sich gemeinsam in der neu gebildeten Westeuropäischen Union (WEU) für die weitere Integration Europas einzusetzen. Später kamen Spanien, Portugal und Griechenland hinzu. Die zehn Mitgliedsländer der WEU haben sich in ihrer Petersberger Erklärung 1992 verpflichtet, im Auftrag der UNO (siehe Abschnitt 20.5.2) oder der KSZE friedenssichernde Maßnahmen – „Blauhelm-Missionen" – und Kampfeinsätze zu übernehmen (im Einvernehmen mit den Vereinten Nationen und der NATO). Jedes Land entscheidet aber selbstständig über seine Teilnahme.

Die WEU ist mit dem Maastrichter Vertrag (siehe Abschnitt 18.1.3) ein verteidigungspolitischer Bestandteil der Europäischen Union geworden. Sie wird – in Verbindung mit der NATO – zum Instrument der gemeinsamen europäischen Verteidigung ausgebaut und wird den operativen Teil der Gemeinsamen Außen- und Sicherheitspolitik (die Verantwortung für Sicherheit und Frieden in Europa) der EU übernehmen.

Die europäischen Mitgliedstaaten, die der Europäischen Union teilweise nicht angehören – Island, Norwegen und die Türkei – sind als „assoziierte Mitglieder" aufgenommen. Als Beobachter gehören ihr Dänemark und Irland an.

Einem WEU-Kooperationsrat gehören seit 1994 die ost- und mitteleuropäischen Staaten Polen, Tschechische und Slowakische Republik, Ungarn, Estland, Lettland, Litauen, Bulgarien und Rumänien an.

20.4 Abrüstung und Rüstungskontrolle

20.4.1 Der schwierige Weg der Abrüstung

Die großen sowjetisch-amerikanischen Abrüstungsvereinbarungen waren Sternstunden des Kalten Friedens im Kalten Krieg: 1963 die Vereinbarung über die Beendigung überirdischer Atomtests; 1972 der Vertrag über das Verbot der Raketenabwehr (ABM-Vertrag) und das erste Abkommen über die Begrenzung offensiver strategischer Waffen (Salt I); 1979 der Nachfolgevertrag Salt II, der wegen wachsender sowjetisch-amerikanischer Spannungen nie ratifiziert [= in Kraft gesetzt] wurde; 1987 die Vereinbarung von Washington über die Beseitigung aller landgestützten Mittelstreckenwaffen und schließlich, Ende Juli 1991, drei Wochen vor dem Putsch in Moskau, der Start-I-Vertrag, der zum ersten Mal die strategischen Waffenarsenale beschneiden sollte.

Als der amerikanische Präsident Ronald Reagan im Dezember 1985 dem sowjetischen Präsidenten Michael Gorbatschow am Genfer Kaminfeuer seine Vision einer Raketenabwehr im Weltall erläuterte, als im Oktober 1986 in Reykjavik (Island) die fast schon greifbare Vereinbarung über Mittelstrecken-Waffen an Reagans SDI-Starrsinn (Programm zur Militarisierung des Weltraums, das aber nicht verwirklicht wurde) zu scheitern drohte, da hielt die Welt den Atem an.

1993 handelten US-Präsident Bush und der russische Präsident Jelzin den zweiten Vertrag zur Verringerung der strategischen Nuklearwaffen (START II) aus. Danach soll die Zahl der Atomraketen bis zum Jahr 2003 auf 3500 in den USA und auf 3000 in Russland abgebaut werden.

Abrüstung bedeutet nur Verminderung von Waffen. Weiterhin werden insbesondere konventionelle Waffen [= Waffen, die nicht atomar, biologisch oder chemisch sind] hergestellt und - wenn auch mit abnehmender Stückzahl - in alle Welt verkauft. Die westlichen Staaten nannten 1982 vier Grundsätze für Abrüstungsverhandlungen, die auch heute noch Gültigkeit haben:

- *Ausgewogenheit.* Ziel muss ein Gleichgewicht auf möglichst niedrigem Niveau sein.
- *Offenheit.* Die Verhandlungspartner müssen offen legen, was sie an Truppen und Waffen haben. Dieser Forderung hatte der Osten sich jahrzehntelang verschlossen.
- *Nachprüfbarkeit.* Beide Seiten lassen die Einhaltung der vereinbarten Maßnahmen überprüfen (verifizieren). Auch dieser Forderung hat der Osten sich lange widersetzt.
- *Vertrauensbildung.* Ebenso wichtig wie Abrüstungsschritte sind Maßnahmen zur Vertrauensbildung zwischen den Beteiligten.

Künftige Höchstgrenzen der Land- und Luftstreitkräfte

Armenien*	-
Aserbaidschan*	-
Weißrussland	100 000
Belgien	70 000
Bulgarien	104 000
Kanada	10 660
Tschechoslowakei	140 000
Dänemark	39 000
Frankreich	325 000
Georgien*	-
Deutschland	345 000
Griechenland	158 621
Ungarn	100 000
Island	0
Italien	315 000
Kasachstan*	-
Luxemburg	900
Moldova*	-
Niederlande	80 000
Norwegen	32 000
Polen	234 000
Portugal	75 000
Rumänien	230 248
Russland	1 450 000
Spanien	300 000
Türkei	530 000
Ukraine	450 000
Großbritannien	260 000
Vereinigte Staaten	250 000

*Noch keine Begrenzungsdaten angegeben.

Frankfurter Allgemeine Zeitung vom 2.7.1992

1 Nennt und diskutiert die Ziele der Abrüstung. Wozu führt ihre Verwirklichung für den einzelnen Staat?
2 Für welche europäischen Staaten kann eine starke Abrüstung zu Sicherheitsrisiken führen (siehe Karte „Rüstungskontrolle in Europa")?

20.4.2 Wohin mit dem Rüstungsschrott?

Eine schwäbische Erfolgsstory in der Uckermark

Als am 1. August 1990 die DDR-Übergangsregierung auf Druck Bonns die Rüstungsproduktion stoppte, standen viele ostdeutsche Firmen vor dem Aus. Vor allem im Land Brandenburg drohten katastrophale Folgen. 180 000 Volksarmisten waren rund um die Hauptstadt der DDR stationiert, fünf Prozent der Landesfläche militärisch genutzt, 6000 Menschen arbeiteten in 15 großen und mittleren Wehrtechnikbetrieben. Konversion, die Umstrukturierung zu zivilen Geschäften, wurde zur Überlebensfrage. Nur wenige haben die schwierige Aufgabe geschafft in Krisenzeiten neue Märkte zu finden.

Als erfolgreichstes Beispiel dafür gilt der kleine Flecken Pinnow, 70 Kilometer nordöstlich von Berlin. Dort in der Uckermark stand bereits zur Nazizeit eine Munitionsfabrik. Nach dem Krieg ließ die DDR zunächst Panzerabwehrraketen aufbereiten, später auch produzieren. Zuletzt 1650 Beschäftigte bauten im Instandsetzungswerk Pinnow (IWP) insgesamt 15 000 Stück der russischen Lenkrakete „Konkurs". Nomen est omen: Nach dem Mauerfall schien das Ende besiegelt.

Da tauchten plötzlich die schwäbischen Brüder Gert und Hartmut Buck aus Bad Überkingen auf. Der Familienbetrieb besitzt Erfahrung im Rüstungsgeschäft und in der Konversion.

Nach dem Zusammenbruch des Ostblocks witterten die Buck-Brüder in der Konversion ihre Chance. 300 000 Tonnen Munition müssen in den neuen Bundesländern entsorgt werden. Ein Riesengeschäft. Der Coup [= Streich] klappte, die Treuhand [staatliche Gesellschaft zum Verkauf ehemaliger staatlicher ostdeutscher Unternehmen usw.] gab den Schwaben gegen 300 andere Bewerber in Pinnow den Zuschlag. Buck übernahm Mitte 1991 drei der 17 Betriebe, in die das Unternehmen mittlerweile aufgeteilt war. „Wir wollten nur das Raketenwerk, den modernsten Teil, die Treuhand aber versuchte alles loszukriegen", schildert Buck-Sprecher Franz-Lorenz Lill das Hin und Her. Buck sagte aber immerhin 50 Millionen Mark an Investitionen und 750 Arbeitsplätze bis Ende 1994 zu. Der Kaufpreis wird, so Lill, erst 1996 endgültig festgelegt nach Verrechnung der IWP-Altschulden und wenn klar ist, wie die Geschäfte gehen.

Wenn es danach geht, werden die Brüder wohl nochmals zur Kasse gebeten. Denn in Pinnow läuft's wie geschmiert. 25 000 Tonnen Munition wurden bisher entsorgt, 4000 Tonnen Raketentreibstoff und jede Menge Raketen.

Die Bucks konnten an der Oder die bisher einzige europäische Anlage zur Entsorgung von Explosivstoffen hinstellen. 300 Menschen arbeiten heute in Pinnow rund um die Uhr. Freilich: 1995 ist die Munition beseitigt. „Wir planen", so Lill, „dann Arzneimittel und pharmazeutischen Abfall zu entsorgen". [...]

Zweitens arbeiten die Uckermärker neuerdings in der Medizintechnik sowie an Einrichtungen für Pflegeheime und Sanatorien. Die Entsorgung und Sanierung verseuchter Böden soll eine weitere Sparte werden – die Raffinerie Schwedt an der Oder ist nur wenige Kilometer entfernt.

Frankfurter Rundschau vom 1./2.6.1994

1 Konversion heißt Umwandlung. Was wird hier umgewandelt?
2 Worin liegt das Geschäft mit der Umwandlung? Welche wirtschaftlichen Folgen hat sie für die Region?

20.5 Internationale Organisationen: Wächter des Friedens?

20.5.1 100 x reden ist besser als 1 x schießen: Von der KSZE zur OSZE

Ab etwa Mitte der 60er-Jahre begannen die Supermächte USA und Sowjetunion das Wettrüsten mit verschiedenen Abkommen zu verlangsamen. Schritt für Schritt setzte sich die Erkenntnis durch, dass die ständige Aufrüstung gestoppt werden müsse und dass man eventuell in gewissem Umfang abrüsten könne, ohne die eigene Sicherheit zu gefährden. Eine Konferenz vor allem war deutlicher Ausdruck für das Bestreben beider Seiten, Spannungen zwischen den Blöcken zu vermindern: die Konferenz für Sicherheit und Zusammenarbeit in Europa (KSZE) in Helsinki. Sie war von allen europäischen Staaten, außer Albanien, sowie den USA und Kanada, ferner der Europäischen Gemeinschaft besucht. Sie baute Misstrauen ab, formulierte Regeln des Zusammenlebens der Staaten in Europa und schuf die Grundlagen für weitere Gespräche über Rüstungskontrolle und Sicherheit in Europa.

Mit der Schlussakte von Helsinki 1975 gelang es, sich über drei Problembereiche („Körbe") zu verständigen:

Korb I: Regelungen über Sicherheit und Zusammenarbeit der Staaten in Europa (z. B. Gewaltverzicht, Abrüstung, friedliche Regelung von Streitfällen, Nichteinmischung in die inneren Angelegenheiten der Teilnehmerstaaten u. a.).

Korb II: Zusammenarbeit auf den Gebieten Wissenschaft, Wirtschaft und Technik.

Korb III: Regelungen über humanitäre Fragen (z. B. Beachtung der Menschenrechte und Grundfreiheiten, Familienzusammenführung u. a.).

Diese Schlussakte von Helsinki war für die teilnehmenden Staaten zwar „nur" eine Absichtserklärung, doch entfaltete

---

Charta von Paris für ein neues Europa (1990)

Wir bekräftigen:

Jeder Einzelne hat ohne Unterschied das Recht auf

- Gedanken-, Gewissens- und Religions- oder Glaubensfreiheit,
- freie Meinungsäußerung,
- Vereinigung und friedliche Versammlung,
- Freizügigkeit.

Niemand darf

- willkürlich festgenommen oder in Haft genommen werden,
- der Folter oder anderer grausamer, unmenschlicher oder erniedrigender Behandlung oder Strafe unterworfen werden.

20 Frieden und Krieg

OSZE
Organisation für Sicherheit und Zusammenarbeit in Europa

Treffen der Staats- und Regierungschefs	Amtierender Vorsitzender
alle zwei Jahre	(Amtszeit 1 Jahr)

OSZE-Ministerrat	Generalsekretär
Außenminister der 53 Teilnehmerstaaten. Zentrales Beratungs- und Beschlussorgan der OSZE. tagt in der Regel 1x jährlich	OSZE-Sekretariat (Wien/Prag)

Vergleichs- und Schiedsgerichtshof (Genf)	Hoher Rat	Forum für Sicherheitskooperation
	Politische Direktoren der Auswärtigen Dienste. tagt mindestens 3x jährlich	verhandelt über Abrüstung, Vertrauens- und Sicherheitsbildung usw. (Wien)

Büro für demokratische Institutionen und Menschenrechte (Warschau)	Wirtschaftsforum	
Hoher Kommissar für Nationale Minderheiten	Ständiger Rat Permanentes Beratungs- und Beschlußorgan (Wien)	Folgeorganisation der Konferenz für Sicherheit und Zusammenarbeit in Europa ab 1995

© Erich Schmidt Verlag — ZAHLENBILDER 711 212

sie ungeahnt große Wirkungen: Auf sie beriefen sich von nun an die Oppositionsgruppen im Ostblock. Mit ihrer Hilfe war es möglich, weit gehende Abrüstungsverhandlungen für Europa aufzunehmen, die 1990 zu einer drastischen Verringerung der Streitkräfte in Europa führten. Das Klima größeren Vertrauens wirkte sich auch günstig aus auf die Beziehungen zwischen den USA und der (damaligen) UdSSR. In verschiedenen Verhandlungen (SALT II, START, INF) erreichten die beiden Supermächte eine echte Verminderung von nuklearen Mittel- und Langstreckenraketen, von strategischen Atombomben und U-Booten. Eine Gefahr für die Zukunft besteht allerdings weiterhin in der Weiterverbreitung der Kernwaffen an Drittstaaten.

Die Fortführung des KSZE-Prozesses hat durch die 1990 verabschiedete „Charta für ein neues Europa" Auftrieb erhalten.

Im März 1995 schloss die OSZE – wie die KSZE seit 1994 heißt – einen Stabilitätspakt mit ihren Mitgliedern ab (Regelung von Grenzfragen und Minderheitenrechten im Bereich des ehemaligen Ostblocks). In den Pakt sollen neben den schon bestehenden ca. 80 gegenseitigen (bilateralen) Vereinbarungen zwischen europäischen Staaten alle künftigen Abkommen aufgenommen werden.

Der Abbau von Spannungen, der unter anderem von der KSZE eingeleitet wurde, war eine der Voraussetzungen für den vom sowjetischen Präsidenten Gorbatschow ab 1986 begonnenen Versuch, die Sowjetunion politisch und wirtschaftlich zu erneuern. Am Ende dieser Entwicklung sehen wir uns in einer völlig veränderten Welt:

Der alte militärische Ost-West-Gegensatz ist aufgehoben, der Warschauer Pakt hat sich aufgelöst, die deutsche Teilung ist beendet; die UdSSR existiert seit 1991 nicht mehr und ist in 15 unabhängige Staaten zerfallen. Auch in anderen Regionen bilden sich neue Staaten, zum Teil in gewalttätigen Auseinandersetzungen zwischen den verschiedenen Volksgruppen.

Russland ist an einer Stärkung der OSZE interessiert. Ihr soll die Hauptverantwortung für die Aufrechterhaltung des Friedens sowie von Demokratie und Stabilität übertragen werden. Als regionale Organisation der Vereinten Nationen – mit einem Exekutivkomitee (wie der Sicherheitsrat der UNO) – soll sie bei der Regelung von Konflikten eng mit der UNO zusammenarbeiten. Dieses Modell gäbe Moskau ein Mitspracherecht gegenüber der NATO (in die es nicht eintreten will) und wertete die von Russland beeinflusste Gemeinschaft Unabhängiger Staaten (GUS) als Institution auf. Das Einstimmigkeitsprinzip bei Entscheidungen soll erhalten bleiben, was jederzeit ein Veto Russlands ermögliche.

1 Worin besteht die Besonderheit der OSZE? Vergleicht mit WEU und NATO.
2 Warum reicht den ost- und mitteleuropäischen Staaten eine Mitgliedschaft in der OSZE nicht aus?

Blauhelme auf Beobachtungsfahrt in Bosnien-Herzegowina

3 Welchen Zweck erfüllen die verschiedenen Sicherheitsorganisationen? Haben sie jede für sich eine unverwechselbare Aufgabe?

20.5.2 Die Vereinten Nationen als Weltpolizei?

Nach dem Ende des Kalten Krieges und dem Zusammenbruch der Sowjetunion richten sich viele Hoffnungen auf die Vereinten Nationen (englisch: United Nations = UN bzw. United Nations Organization = UNO), die weltweite Organisation, gegründet zur Sicherung des Weltfriedens.

Die UNO wurde 1945 von 51 Staaten ins Leben gerufen. 1996 hat sie 185 Mitglieder und umfasst damit fast alle Staaten der Erde und etwa 98 % der Weltbevölkerung.

Jedes Mitglied der Vereinten Nationen muss die „Charta der Vereinten Nationen" unterzeichnen und verpflichtet sich damit, Streitigkeiten mit anderen Staaten nur gewaltfrei zu lösen.

Die UNO hat die Aufgabe, den Weltfrieden zu sichern, die internationale Zusammenarbeit zu fördern und Rüstungskontrolle und Abrüstung voranzutreiben. Für diese Aufgaben besitzt die UNO sechs Hauptorgane:
- die Generalversammlung
- den Sicherheitsrat
- den Wirtschafts- und Sozialrat
- den Treuhandrat
- den Internationalen Gerichtshof
- das Sekretariat mit dem Generalsekretär an der Spitze.

Dazu kommt eine Reihe von Unterorganisationen, wie z. B. die Weltgesundheitsorganisation (WHO), das Weltkinderhilfswerk (UNICEF) oder die Welterziehungsorganisation (UNESCO).

Aus der Charta der Vereinten Nationen, unterzeichnet am 26. Juni 1945 in San Francisco

Artikel 1
Die Vereinten Nationen setzen sich folgende Ziele:
1. den Weltfrieden und die internationale Sicherheit zu wahren und zu diesem Zweck wirksame Kollektivmaßnahmen zu treffen, um Bedrohungen des Friedens zu verhüten und zu beseitigen, Angriffshandlungen und andere Friedensbrüche zu unterdrücken und internationale Streitigkeiten oder Situationen, die zu einem Friedensbruch führen könnten, durch friedliche Mittel nach den Grundsätzen der Gerechtigkeit und des Völkerrechts zu bereinigen oder beizulegen;
2. freundschaftliche, auf der Achtung vor dem Grundsatz der Gleichberechtigung und Selbstbestimmung der Völker beruhende Beziehungen zwischen den Nationen zu entwickeln und andere geeignete Maßnahmen zur Festigung des Weltfriedens zu treffen;
3. eine internationale Zusammenarbeit herbeizuführen, um internationale Probleme wirtschaftlicher, sozialer, kultureller und humanitärer Art zu lösen und die Achtung vor den Menschenrechten und Grundfreiheiten für alle ohne Unterschiede der Rasse, des Geschlechts, der Sprache oder der Religion zu fördern und zu festigen;
4. ein Mittelpunkt zu sein, in dem die Bemühungen der Nationen zur Verwirklichung dieser gemeinsamen Ziele aufeinander abgestimmt werden.

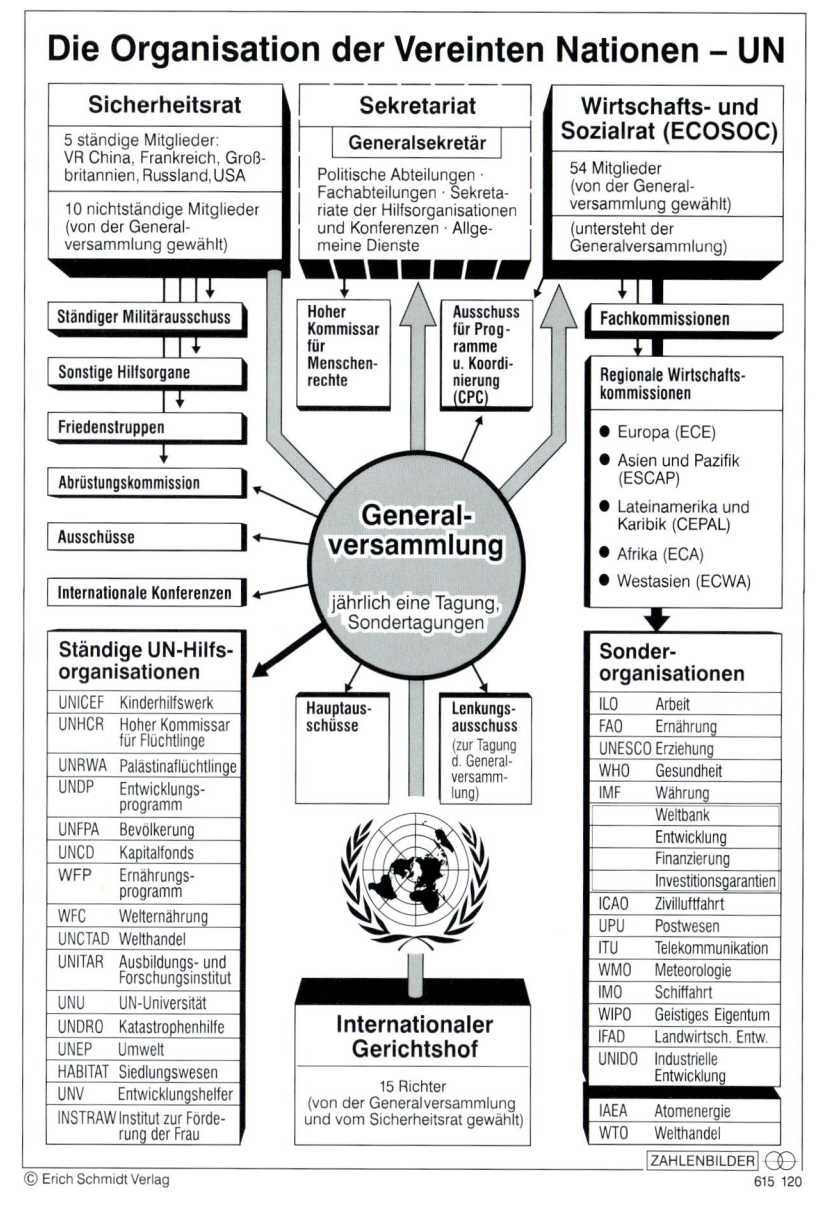

Agenda für den Frieden
Vorschläge des UN-Generalsekretärs Boutros Ghali zur Friedens- und Sicherheitspolitik der Vereinten Nationen

1. Vorbeugende Diplomatie
ZIEL Das Entstehen von Streitigkeiten zu verhüten, den Ausbruch offener Konflikte zu verhindern, oder Konflikte, die bereits ausgebrochen sind, rasch wieder einzugrenzen

MITTEL Diplomatische Gespräche; Vertrauensbildende Maßnahmen; Frühwarnsysteme, die rechtzeitig auf Spannungen hinweisen; formelle Tatsachenermittlung; vorbeugender Einsatz von UN-Truppen; vorsorgliche Einrichtung entmilitarisierter Zonen

2. Friedensschaffung
ZIEL Nach Ausbruch eines Konflikts die feindlichen Parteien zu einer Einigung zu bringen

MITTEL **Friedliche Mittel** z.B. Vermittlung, Verhandlungen, Schiedsspruch, Entscheidungen durch den Internationalen Gerichtshof
Gewaltlose Sanktionen z.B. Wirtschafts- und Verkehrsblockade, Abbruch der Beziehungen
Friedensdurchsetzung durch speziell ausgebildete, ständig abrufbereite bewaffnete UN-Truppen
Militärische Gewalt zur Aufrechterhaltung oder Wiederherstellung des Weltfriedens und der internationalen Sicherheit, wenn alle friedlichen Mittel versagen

3. Friedenssicherung
ZIEL Die Lage in einer Konfliktzone zu entschärfen oder zu stabilisieren; die Einhaltung der Vereinbarungen zwischen den Konfliktparteien zu überwachen und durchzusetzen

MITTEL Entsendung von Beobachtermissionen; Einsatz von UN-Friedenstruppen zur Untersuchung von Grenzverletzungen, zur Grenzkontrolle, zur Beobachtung von Wahlen, Überwachung von Waffenstillstands- und Friedensvereinbarungen, Bildung einer Pufferzone zwischen gegnerischen Mächten, Wahrnehmung von Polizeiaufgaben, Sicherung humanitärer Maßnahmen usw.; umfassendes Konfliktmanagement

4. Friedenskonsolidierung
ZIEL Den Frieden nach Beendigung eines Konflikts zu konsolidieren; die Konfliktparteien zum friedlichen Wiederaufbau anzuhalten

MITTEL **Nach einem Konflikt innerhalb eines Landes** z.B. Entwaffnung der verfeindeten Parteien, Wiederherstellung der öffentlichen Ordnung, Einsammeln der Waffen, Minenräumung, Repatriierung von Flüchtlingen, Ausbildung und Beratung von Sicherheitskräften, Wahlüberwachung, Schutz der Menschenrechte, Reform oder Neuaufbau staatlicher Institutionen

Nach einem internationalen Krieg z.B. gemeinsame Projekte, die der wirtschaftlichen und sozialen Entwicklung dienen und das gegenseitige Vertrauen stärken (Landwirtschaft, Energie- und Wasserwirtschaft, Verkehr usw.); Abbau der Schranken zwischen den Nationen durch Kulturaustausch, Reiseerleichterungen, gemeinsame Jugend- und Bildungsprogramme

ZAHLENBILDER 615 500
© Erich Schmidt Verlag

Artikel 2
Die Organisation und ihre Mitglieder handeln im Verfolg der in Artikel 1 dargelegten Ziele nach folgenden Grundsätzen:
1. Die Organisation beruht auf dem Grundsatz der souveränen Gleichheit aller ihrer Mitglieder.
2. Alle Mitglieder erfüllen, um ihnen allen die aus der Mitgliedschaft erwachsenden Rechte und Vorteile zu sichern, nach Treu und Glauben die Verpflichtungen, die sie mit dieser Charta übernehmen.
3. Alle Mitglieder legen ihre internationalen Streitigkeiten durch friedliche Mittel so bei, dass der Weltfrieden, die internationale Sicherheit und die Gerechtigkeit nicht gefährdet werden.
4. Alle Mitglieder unterlassen in ihren internationalen Beziehungen jede gegen die territoriale Unversehrtheit oder die politische Unabhängigkeit eines Staates gerichtete oder sonst mit den Zielen der Vereinten Nationen unvereinbare Androhung oder Anwendung von Gewalt.
5. Alle Mitglieder leisten den Vereinten Nationen jeglichen Beistand bei jeder Maßnahme, welche die Organisation im Einklang mit dieser Charta ergreift, sie leisten einem Staat, gegen den die Organisation Vorbeugungs- oder Zwangsmaßnahmen ergreift, keinen Beistand.

Die Generalversammlung der UNO besitzt eine Allzuständigkeit, d. h. sie kann „alle Fragen in Bezug auf die Aufrechterhaltung des internationalen Friedens und der internationalen Sicherheit erörtern". Die Versammlung kann den beteiligten Staaten, dem Sicherheitsrat oder beiden, Empfehlungen erteilen (Art. 11), verbindlich sind diese Resolutionen jedoch nicht.

Als politische Tribüne für die Weltöffentlichkeit – wo z.B. die ca. 100 Entwicklungsländer als Block auftreten können – hat die Generalversammlung in den beiden letzten Jahrzehnten immer größere Bedeutung gewonnen.

Gegenüber der Generalversammlung aller Mitgliedsländer, deren Beschlüsse nur empfehlenden Charakter haben, hat der Sicherheitsrat die deutlich bevorrechtigte Stellung, da er mit seinen Beschlüssen letztlich über die Politik der UNO entscheidet.

Der Sicherheitsrat umfasst 15 Mitglieder. Die fünf ständigen Mitglieder China, Frankreich, Russland, Großbritannien und USA besitzen nach Art. 27 der UNO-Charta ein Vetorecht und können damit jeden ihren Interessen zuwiderlaufenden Beschluss zu Fall bringen. Falls keines der ständigen Mitglieder sein Veto einlegt, bedürfen Beschlüsse des Sicherheitsrats der Zustimmung von neun Mitgliedern. Stimmenthaltung oder Abwesenheit eines ständigen Mitglieds gilt nicht als Veto.

An der Spitze der umfangreichen und verzweigten UNO-Bürokratie steht der Generalsekretär. Als politischer Mittler in Krisengebieten kann er große Bedeutung erlangen, was jedoch große politische Erfahrung, Autorität und diplomatisches Geschick voraussetzt.

Die Wirksamkeit der Weltorganisation bei der Verfolgung ihres höchsten Zieles, der Sicherung und Wiederherstellung des Friedens, wird durch ihre schwerfällige Konstruktion von vornherein eingeschränkt. Dies hat sich z. B. anlässlich des zögerlichen und begrenzten Eingreifens im Jugoslawien-Konflikt 1992-1996 gezeigt. Alle Mitglieder der UNO sind verpflichtet, auf Ersuchen des

20 Frieden und Krieg

> **Für weitere Informationen zur UNO**
>
> Deutsche Gesellschaft für die Vereinten Nationen
> Poppelsdorfer Allee 55
> 53115 Bonn

Sicherheitsrates Streitkräfte zur Verfügung zu stellen, Beistand zu leisten und das Durchmarschrecht zu gewähren. Die den UN zur Verfügung gestellten Truppen stehen unter dem Befehl eines Generalstabsausschusses, der aus den Generalstabschefs der ständigen Mitglieder des Sicherheitsrates gebildet wird. Es liegt jedoch im Ermessen des Sicherheitsrates, die militärischen Maßnahmen nur einigen Mitgliedern der Vereinten Nationen zu übertragen. Dann bleiben die Truppen unter dem direkten Befehl dieser Staaten.

Einen Einsatz von UNO-Truppen unter der Oberhoheit der UNO hat es bisher noch nicht gegeben, aber zweimal Einsätze von UNO-Truppen unter Oberbefehl beteiligter Staaten: 1950–1953 zur Befreiung Südkoreas vom Überfall Nordkoreas (15 Staaten), 1991 zur Befreiung Kuwaits vom Überfall des Irak (13 Staaten).

Von diesen kämpfenden UNO-Truppen strikt zu unterscheiden sind die UNO-Truppen für friedensbewahrende Aufgaben. Sie werden wegen der Farbe ihrer Helme „Blauhelme" genannt.

Voraussetzung ist, dass alle an dem betreffenden Konflikt beteiligten Staaten der Entsendung zustimmen. Die „Blauhelme" überwachen z. B. die Einhaltung eines Waffenstillstandes bis zum Abschluss eines Friedensvertrages oder den ordnungsgemäßen Übergang zu demokratisch gewählten Regierungen in Staaten, die unabhängig geworden sind oder einen Bürgerkrieg beendet haben.

„Blauhelm"-Soldaten dürfen ihre Waffen nur zur Selbstverteidigung benutzen.

1 Wo fallen die wesentlichen Beschlüsse der Vereinten Nationen?

2 Ist dies eurer Meinung nach eher hinderlich oder eher förderlich für die Aufgabe der UNO, den Frieden zu sichern bzw. zu schaffen?

3 Die Frage, ob das wiedervereinigte Deutschland einen Sitz im Sicherheitsrat der UNO anstreben soll, ist politisch umstritten. Die einen (nicht nur Deutsche) sagen: Das wirtschaftlich stärkste Land Europas muss auch seine politische Verantwortung für die Welt wahrnehmen. Die anderen sagen (auch Deutsche): Deutschland soll sich wegen seiner geschichtlichen Belastungen durch die Verbrechen der NS-Zeit von herausragenden politischen Positionen fern halten. Welche Haltung überzeugt euch am ehesten?

363

Stichwortverzeichnis

Abfallwirtschaftsgesetz 241
Abgeordnete 231ff., 249
Abhöreinrichtungen 271
ABM-Vertrag 358
Abrüstung 358ff.
Abstinenz 65, 73f.
Abtreibung 335
Abwanderung 167
Agglomerationen 330
Agrarprodukte 339
-sektor 157
Agrarstrukturfonds 320
Aids 220
AKP-Staaten 312, 318f.
Aktiengesellschaft 146
Aktionäre 143
Alkohol, Alkoholismus 28, 61ff.
Allein Erziehende 30ff., 178, 331
Allgemeine Erklärung der Menschenrechte 225
Alliierte 216
Alters- und Invalidenversicherung 138
Altersheime 34
Alterssicherung 183, 334
Altersteilzeitarbeit 139
Ältestenrat 234
amnesty international 226
Analphabetismus 332, 337
Angebot und Nachfrage 106, 113ff., 128, 159, 162, 196
Anonyme Alkoholiker 70
Anstalt des öffentlichen Rechts (ARD) 90f.
Antisemitismus 298
Apartheid 298
Arbeiterwohlfahrt 28
Arbeitgeber 137, 144, 177ff., 183ff., 260
-verband 151f.
Arbeitnehmer 137, 144, 170, 177ff., 183, 260, 320
Arbeitsamt 45, 128, 132f.
Arbeitsbeschaffungsmaßnahmen (ABM) 45, 129
Arbeitsförderungsgesetz 181
Arbeitsgemeinschaft der Verbraucherverbände 116
Arbeitsgericht 152, 265
Arbeitskampf 139, 151f.
Arbeitsleben 17, 28, 88, 128
Arbeitslose 128ff.
Arbeitslosenhilfe 129, 178, 183
Arbeitslosenquote 128, 223
-versicherung 177ff.
Arbeitslosigkeit 28, 121, 128ff., 177ff., 209, 274, 294, 327
Arbeitsmarkt 45, 130ff., 181, 306, 335
Arbeitsmigranten 291ff.
Arbeitsniederlegung 144, 152
Arbeitsplätze 45, 123ff., 140, 155ff., 190, 232, 245, 260, 274, 279, 292, 327
Arbeitsproduktivität 159, 168
Arbeitsrecht 266
Arbeitsschutz 127, 148
Arbeitsteilung 35ff., 164
Arbeitswelt 121ff., 137, 142
Arbeitszeit 88, 124, 137ff., 160

Arbeitszeitmodelle 140
Armut 178ff., 185, 325ff. 331ff., 339f., 343
Assimilation 306
Asylbewerber 291, 295ff., 306
Aufenthaltsgenehmigung 291, 296
Aufsichtsratmandate 146
Ausbildung 133ff., 185, 332
Ausbildungsförderung 32
Ausländer, Ausländerin 179, 285ff.
Ausschüsse 233ff., 238, 308, 321
Außenhandel 162, 165
Aussiedler 290f.
Aussperrung 152f.
Auto, Autoverkehr 187ff.
Automation 124
Autonomie 210

Bahn 158, 194ff.
Beamte 175
Bedürfnisse 105ff., 106, 111f.
Behinderte 178, 184, 288, 301
Behörden 11, 31, 51, 98, 204, 238, 265
Benachteiligung 45ff., 229
Berlin-Abkommen 217
Berliner Mauer 217
Beruf 25, 35ff., 252f.
Berufsausbildung 133ff.,171, 274
-berater 132f.
-verbände 132
Berufsschule 133ff.
Besatzungsmacht 216f.
Beschaffungskriminalität 71
Beschäftigungsgarantie 145
Beschäftigungssicherung 170
Betäubungsmittelgesetz 72
Betriebspraktikum 6, 121ff., 133, 135
Betriebsrat 135, 140f., 146ff., 244, 265
Betriebsratswahl 147
Betriebsvereinbarungen 127f.
Betriebsverfassungsgesetz (BetrVG) 142, 146f.
Bildung, Bildungswesen 34, 98, 134ff., 168, 174ff.
Bildungsangebot 88
Bildungseinrichtungen 161, 327
Bildungsurlaub 139
Billiglohnländer 163
Binnenhandel 314
Binnenmarkt 316, 320
Blauhelme 357, 363
Bleiberecht 297
Blockade 239f.
Bodenreformurteil 230
Bosnien-Herzegowina 353, 360
Bourgeoisie 174
Brief-, Post- und Fernmeldegeheimnis 224, 228
Brot für die Welt 341
Bruttosozialprodukt 185, 295, 326ff., 344
Bundesanstalt für Arbeit 181
Bundesausbildungsförderungsgesetz (BAföG) 32, 142
Bundesgrenzschutz 270

Bundeskanzler 228, 232f., 235
Bundesländer 15ff., 45, 58, 72ff., 92, 107, 128, 139, 152, 155ff., 185, 194f., 204ff., 216ff., 223, 226, 230ff., 236, 238, 247ff., 264, 270, 321, 359
Bundesminister 232f.
Bundespräsident 228, 232f., 235, 257
Bundesrat 228ff., 235ff., 264
Bundesregierung 228ff., 232ff., 242, 260
Bundessozialhilfegesetz 178, 184
Bundestag 46, 146, 221, 228ff., 234ff., 244ff., 259f. 264, 312
Bundesvereinigung der Deutschen Arbeitgeberverbände 148
Bundesverfassungsgericht 226ff., 250ff., 312
Bundesversammlung 228, 235
Bundeswahlgesetz 250
Bundeswehr 348, 353
Bündnis für Arbeit 131
Bürgerbegehren 211ff.
-bewegungen 221, 231, 300, 345
-entscheid 211ff., 240f.
-information 28ff., 49
-inititativen 11, 31, 203, 206, 211, 213, 238ff., 260, 296
Bürgerkriege 333
Bürgerliches Gesetzbuch (BGB) 29, 117f., 230, 265, 263
Bürgerwehr 271f.

Cannabis 66
Charta der Vereinten Nationen 361
Charta für ein neues Europa 360
Charta von Paris 359
Computer 17f., 85f., 96f., 110f., 122ff., 139f., 159f., 166f., 170
Crack 65f.

Data Entry 166f.
Datenautobahn 18ff., 96ff.
Demokratie 12ff., 88, 146f., 185, 206, 215, 218, 226ff., 231ff., 240ff., 254ff., 311, 343, 345, 353, 355, 359
Demonstranten, Demonstrationen 219, 238ff., 260, 271, 300
Desintegration 179
Deutsche Demokratische Republik (DDR) 156ff., 175ff., 216ff., 227, 230, 254, 267f., 274, 315
Deutsche Einheit 220ff.
Deutsche Einigung 216ff.
Deutsche Kommunistische Partei (DKP) 226, 256
Deutscher Gewerkschaftsbund (DGB) 125, 139, 147, 179
Dienstleistungen, Dienstleistungssektor 106, 124, 128, 155ff., 164, 260
Diskriminierung 300
Dreiklassenwahlrecht 245
Dritte Programme 90
Dritte Welt 325ff., 337, 341ff.

Drittstaaten 296
Drogen 220, 272, 340
-konsum 65ff.
-kriminilität 279
-kultur 75
-politik 75
Druckindustrie 153
Duales System 91, 133
Durchschnittseinkommen 109

E-Mail 18f.
Ecstasy 57, 66
ECU 318
EDV-Industrie 170
Ehe 224f., 230
Eigenbeteiligung 185
Eigentum 213
Eigentumsordnung 161, 272
Einbürgerung 304f.
Einfuhrerlaubnis 166
Einigungsvertrag 221, 229f.
Einkommen 110, 124, 142ff., 172ff., 332
Einwanderung 304ff.
Einwanderungsgesetz 295
Emanzipation 46
Energieknappheit 344
-politik 196
-verbrauch 198
Enteignung 213
Entlassungen 144, 148
Entwicklungshilfe 327, 343
-länder 327ff.
-politik 344f.
Erbrecht 213
Erdöl 165, 195
-politik 329
-produkte 198
-verbrauch 339
Erholungskuren 184
Erosion 332
Erwerbsleben 31
-tätigkeit 29, 160
Erziehungsgeld 32
Erziehungsmaßnahmen 281
EU-Vertrag 250
Euro-Atlantischer Rat 356
Europäische Atomgemeinschaft (Euratom) 311f.
Europäische Einigung 312
Europäische Freihandelszone (EFTA) 316
Europäische Gemeinschaft (EG) 357
Europäische Gemeinschaft für Kohle und Stahl (EGKS) 310, 312
Europäische Kommission 323
Europäische Menschenrechtskonvention 225ff.
Europäische Union (EU) 128, 139, 165, 217, 295, 307, 311ff., 333, 354ff.
Europäische Verteidigungsgemeinschaft (EVG) 357
Europäische Währungsbank 213
Europäische Währungsunion 320
Europäische Wirtschaftsgemeinschaft (EWG) 311f.

365

Register

Europäische Zentralbank 320
Europäischer Fonds für regionale Entwicklung 319
Europäischer Gerichtshof (EuGH) 225, 357
Europäischer Sozialfonds 319
Europäischer Wirtschaftsraum (EWR) 316
Europäisches Parlament 205, 308, 322
Europäisches Währungssystem 320ff
Europarat 225f., 310ff., 321ff.
Europaverträge 315
Europawahlen 258
EWG-Vertrag 311f.
Exekutive 231
Existenzsicherung 45
Export 163, 166, 190
 -erlöse 341

Facharbeiter 138
Falschgeldkriminalität 279
Familie 25ff., 42ff., 98, 111, 131, 140, 153, 172, 189, 229, 230, 274, 282, 334
Familienberatung 28
 -planung 335, 344
 -politik 25f.
FAO (Ernährungs- und Landwirtschaftsorganisation der UNO) 332f.
Faustrecht 269
FDJ 220
Fernsehen 48, 85ff., 99ff., 271, 275
Flächennutzungsplan 213
 -produktivität 159
 Flexible Arbeitszeit 140
Flüchtlinge 179, 291, 295f., 306, 333, 335f., 353
Föderalismus 235ff.
Folter 227
Forschungsausgaben 190
Französische Revolution (1789) 224f.
Frauen 35ff., 229, 324, 332, 337f.
 -beauftragte 46
 -bewegung 46
 -wahlrecht 247
Freizeit 47ff., 98, 132, 138, 189
 -einrichtungen 33, 49.
Frieden 324, 347ff., 355
Friedensnobelpreis 348
Friedenssicherung 221
 -initiativen 354
 -pflicht 152
 -politik 344f.
Fünf-Prozent-Klausel 231, 251
Fürsorge 142

Gastarbeiter 292ff.
GATT (Allgemeines Zoll- und Handelsabkommen) 164f., 327
Geburtenkontrolle 335
Gehälter 146
Geheimpolizei 218
Geldleistungen 183
Geldwaschanlagen 259
Gemeinde 107, 178, 185, 203ff.
 -rat 207f.
Gemeinsamer Markt 311
Gemeinschaftsbedürfnisse 107ff.

Generationenvertrag 31, 181f.
Genetik 299
Genfer Flüchtlingskonvention 291
Gentechnologie
Gerechtigkeit 267, 272, 275f., 343
Gerichte 31, 215ff., 263ff.
Gerichtsverhandlung 275
Geschlechterrolle 35ff., 142, 264
Gesellschaft 25ff., 35ff., 172ff., 185, 221f., 255, 260, 263ff., 278f., 284
 - ökologische 196
Gesetze 264ff.
Gesetzgebungsverfahren 11, 215, 235
Gesundheitsdienste 335
 -fürsorge 182
 -gefährdung 187, 331
Gewalt 22ff., 25ff., 28, 40, 101f., 227, 240, 263, 271, 273, 279, 300f., 329, 347ff.
Gewaltmonopol 270f.
Gewaltenteilung 218, 231
Gewerbeordnung 146
 -steuer 209
Gewerkschaften 12, 31, 35, 45ff., 124, 131ff., 137ff., 168ff., 172, 185f., 260, 301, 350
Gewinn 144
Glaubensfreiheit 224
Gleichbehandlung 142
Gleichberechtigung 46, 224, 228f., 255, 361
Gleichstellungsbeauftragte 46
Globalisierung 147, 163f., 169
Gothaer Programm 245
Greenpeace 199
Grundgesetz 32, 88, 142, 150, 153, 158, 176ff., 209f., 215ff., 221, 224, 227ff., 236ff., 249, 256f., 267ff., 281
Grundlagenvertrag 230
Grundnahrungsmittel 179
Grundrechte 88ff., 224ff., 238
Grundwerte 255
Güter 106f., 155ff., 164f.

Handelsbeschränkungen 164
Handlungsfreiheit 173, 224
Handwerk 133
Haushalt 29ff., 35ff., 175
 - öffentlicher 185
Heimarbeit 88
Heroin 65f.
Holocaust 19
Homepage 19
Homosexuelle 301, 350
Humanität 284
Huminisierung der Arbeit 123ff.
Hunger (Dritte Welt) 335. 347

Ideologien 347
Imperialismus 328
Import 165
Indianer 298
Industrialisierung 138f., 159, 198
Industrie- und Handelskammer 125
Industrieländer 130, 327ff.
 -zeitalter 97
Industrielle Revolution 122

Inflationsrate 144
Informatik 18ff.
Informationsfreiheit 88f.
 -politik 169f.
 -technologie 18
 -zeitalter 85, 97, 169f.
Infrastruktur 146f., 159, 169
Instanzen 265ff., 277
Integration
 - von Ausländern 292
 - von Behinderten 127
 - westeuropäische 310f.
Interessenkonflikt 150
Interessenvertretung, betriebliche 147
Internationale Arbeitsorganisation (ILO) 338f.
Internationaler Währungsfond (IWF) 164, 327f.
Internet 18
Investitionen, Investoren 143, 190, 341f.
Investitionsklima 295

Jointventure 167
Juden 240, 298, 301, 350
Judikative 231
Jugendamt 28ff., 51
 -arbeitsschutzgesetz 135, 282
 -schutz 63, 101
 -strafrecht 273, 281
 -verbände 52
 -vertretung 135
Jugend- und Auszubildendenvertretung (JAV) 147

Kaffee 339f.
Kairoer Konferenz 335
Kalkulation 114
Kalter Krieg 216, 307, 352f, 358
Kapital 162ff., 341
 -eigner 144
 -flucht 342
Kapitalist 144
Karriere 44
Katalysator 197
Katholiken 240
Kaufkraft 95, 144
Kinder 33ff.
 -beauftragte 214
 -erziehung 29, 43
 -gärten 33f., 171
 -krippen 33
 Kinderarbeit 138ff., 180, 226, 338f.
Kinderhilfsorganisationen 327, 338
Kindesmisshandlung 28
Kirchen 31, 180, 210, 221, 260, 292, 327, 335
Klasse 172ff., 274
Klima 195ff., 344
Koalition 232f., 234
Koalitionsfreiheit 343
Koedukation 38ff.
Kohlendioxid (CO2) 196
Kokain 67, 340
Kollegialprinzip 232
Kolonialismus 298, 328, 349
Kommunale Selbstverwaltung 203ff.
Kommunalpolitik 94, 192, 203ff.
Kommunen 209, 297

Kommunikationstechnologie 160
Kommunismus 174
Konflikte 5, 37, 271f., 288, 336, 347ff.
Konfliktregelung 5ff., 355
Konfrontation 292
Konjunktur 169, 185, 191
Konkurrenz 39, 93, 107, 116, 143, 167f., 236
Konsum 56, 105ff., 130, 159f., 172, 190
Konsumverhalten 111f., 174
Konventionen 311
Konzernbildung 161
Kooperation 17, 39
Krankenversicherung 70, 177ff.
Kriege 347ff.
Kriegsopfer 176
Kriminalität 40
 - organisierte 71, 279
Krisenherde 336
KSZE-Charta 221, 354ff.
Kündigung 142, 149
Kündigungsschutz 88, 265

Laienrichter 265ff.
Länderfinanzausgleich 236
Landesfrauenbeauftragte 46
Landesparlamente 228
Landesregierungen 228, 236
Landflucht 331f.
Landkreise 203
Landtag 244
Landwirtschaft 160
Lebenserwartung 332
Lebensmittelproduktion 332
Legislative 231, 264f.
Legitimation 244
Lehrberufe 133
Lehrfreiheit 228
Lehrstelle, Lehrstellenmarkt 133f., 149
Lehrwerkstatt 135
Leistungsprinzip 142
Listenwahl 250
Lohnausgleich 139, 149
 -forderungen 143
 -nebenkosten 185
Löhne 137ff., 167f., 176
LSD 67
Luftfahrttechnik 169

Maastrichter Vertrag 250, 310ff., 320, 357
Macht 236, 242, 257, 349
Management 168
Markt 105, 113ff.
 -zugang 166
Marktwirtschaft 113ff., 157, 196, 220
 - soziale 155ff., 345
Marshall-Plan 353
Marxismus-Leninismus 218
Massenarbeitslosigkeit 155
Massenentlassungen 148f., 239
Massenkommunikation 86f.
 -protest 219
Massenmedien 85ff., 100, 155, 242, 252, 260, 268, 286
Massenproduktion 190
Massentourismus 60
Medien 24, 40, 86, 98f., 275, 279, 334

-landschaft 104
-nutzung 87
-politik 88
-präsenz 87
-unternehmen 93
Megastädte 330
Mehrheitswahlrecht 251
Mehrparteiensystem 228
Mehrwertsteuer 320
Meinungsfreiheit 88f., 224, 228, 343, 359
Menschenrechte 123, 224ff., 311, 325, 327, 332, 337, 359, 361
Mietvertrag 265
Migration 336
Mikroelektronik 148, 169f.
-prozessoren 124
Militär 31, 354
Militärdoktrin, russische 355
Minderheiten, ethnische 348
Mindesturlaub 139
Misstrauensvotum 234
Mitbestimmung 137ff., 141, 146f., 161, 174ff., 210
Mittelschicht 174
Modernisierung 158, 170, 327
Monokulturen 339
Monopol 115
Montan-Union 310
Montanmitbestimmung 146
Motorisierung 198
Multikulturelle Gesellschaft 306
Multimedia 20ff., 96ff.

Nachbarschaft 221
Nachfrage 106, 113ff., 128, 159
Nachkriegsdeutschland 216ff.
Nachtarbeit 138
Nahverkehrsmittel 271
Nationalfeiertage 228
-hymne 228
Nationalismus 328
Nationalsozialismus, Nationalsozialisten 146, 224, 298, 300ff., 353, 363
Nationalversammlung 146
NATO 217, 310, 312, 354ff.
-Osterweiterung 347
-Russland-Rat 356
Naturschutz 59
Neue Weltwirtschaftsordnung (NWWO) 328
NGO (Non-Governmental Organization) 346
Nikotin 61, 67f.
Nord-Süd-Konflikt 328f., 343
Nordatlantikvertrag 355
Normenkontrolle 216ff.
Notstandsgesetze 230
Notwehr 269

Obdachlosigkeit 178
Oberschicht 174
OECD-Länder 179, 326ff.
Öffentlich-Rechtliche Sendeanstalten 86f.
Öffentlicher Dienst 161
Öffentlicher Personennahverkehr (ÖPNV) 192f.
Öffentliches Recht 264
Öffentlichkeit 22, 86, 108, 234, 242, 250, 264
Öffentlichkeitsarbeit 148

Ökologie 196
Online 19f.
OPEC (Organization of Petroleum Exporting Countries) 329
Opposition(sparteien) 234f., 238, 257ff., 268, 296, 344, 345
Ostblock 353
Osteuropa 290, 347
OSZE 356ff.

Parlament 31, 46, 132, 215ff., 228, 231ff., 234f., 242, 250, 260
Parlamentarischer Rat 227ff., 239
Parteien 11, 31, 35, 45, 51, 90, 123, 172, 183, 203, 206, 210, 219, 229ff., 234, 241f., 243ff., 296, 344
Parteienfinanzierung 258
-gesetz 259
-verdrossenheit 257
Parteiprogramme 255
Patriarchat 29
Personalvertretungsgesetz 147
Persönlichkeitswahl 251
Petitionsrecht 224, 238
Pflegekasse 183
-versicherung 177, 180ff.
Planwirtschaft 157, 160
Pluralismus 91, 261
Politikverdrossenheit 257
Polizei 31, 215ff., 270
Präambel 240
Preisbildung 113ff., 144, 157, 161ff.
Preiswettbewerb 116, 161
Presse 91
Pressefreiheit 228
Printmedien 86
Privatfernsehsender 91
Privatisierung 157, 210
Pro-Kopf-Einkommen 175, 329
Produktionsausfall 151
-kosten 157
Produktivität 159f.
Produktivvermögen 150
Profit 144
Proletariat 174, 218
Protektionismus 165, 329, 342

Qualifikation 17
Qualität 168f.
Quorum 240

Radikalenerlass 230
Rahmenvereinbarungen 146
Rassismus 285ff., 297ff.
Rasterfahndung 271
Rationalisierung 124, 139ff.
Rauschmittel 73
Recht 263ff., 276
Rechtsextremismus 300ff.
Rechtsmittel 266ff.
Rechtsordnung 343
-sprechung 215
Rechtssicherheit 268
Rechtsstaat 220, 231, 239, 263ff., 343, 345
Rechtsweggarantie 268
Reformbedarf 155
Reformprozess 219
Regelarbeitszeit 131
Rehabilitation 73

Religion 28, 172, 359
Renten 31ff., 45, 138, 176, 183, 265
-versicherung 70, 138, 178, 180f.
Rentner 175, 181
Repression 73
Resozialisierung 281f.
Ressourcen 31, 195, 199, 330, 334
Revision 267
Revolution 220, 245
Roboter 122ff., 144
Rohstoff(e) 190, 329, 340, 349
-mangel 159
-preise 143
Roma und Sinti 301, 350
Römische Verträge 217
Rückfallquote 282
Rundfunkräte 91
Russlanddeutsche 291f.
Rüstungskontrolle 358
-produktion 161, 344, 350ff.

Schadstoffe 197
Schleichwerbung 95
Schlichtungsordnung 153
-verhandlungen 151
Schlüsseltechnologien 169
Schöffengericht 265
Schule 5ff., 25ff., 35, 47f., 62f., 88ff., 108f., 132ff., 161 171, 176, 214, 219, 222, 236, 244f., 274, 282
Schüleraustausch 310
Schülervertreter 9ff., 52, 62, 76, 90
Schulgesetze 5ff., 90, 266
Schuman-Plan 310
Schutzzoll 166
Schwarzarbeit 185
Schwellenländer
Schwurgericht 267
SDI 358
SED 217ff.
Selbstbestimmung 46
Selbsthilfe 269, 331, 344, 353
Selbstständige 175
Selbstverantwortung 185
Selbstverteidigung 35ff.
Selbstverwaltung 204ff.
Sicherheitspolitik 354
Slums 33f., 340, 343
Software 96, 101, 167, 279
Solidarität 5, 31
Solidaritätsprinzip 181f., 289
Souveränität 310
Sozialhilfe 151, 161, 176ff., 183, 209, 300
-partner 154
-politik 186, 320
-staat 25, 32, 131, 171ff., 185f., 231
-versicherung 130, 142, 176ff., 295
Soziale Marktwirtschaft 123
Sozialer Wandel 176
Soziales Netz 178
Sozialisation 25
Sozialismus 218ff.
Sozialleistungen 45, 146
Spätaussiedler 290f.
Splitterparteien 251

Staat 31, 90, 108, 185ff., 215ff., 241, 263, 276ff., 282ff.
Staatenbund 236
Staatsgewalt 215ff., 240, 269
Staatsverschuldung 185
Staatsvertrag 221
Start II 358, 360
Steuerbetrug 279
-hinterziehung 185
-system 161
Steuern 108f., 118, 142, 169, 205, 209f., 245, 259, 276, 320, 340
Stilllegung 152, 239
Strafgesetz 269
Strafgesetzbuch 239
Strafprozess 277
Strafvollzug 280ff., 284
Streik 102, 143ff., 157
-recht 152
Streitkräfte 358
Strukturkrise 155
-wandel 159f., 162, 196
Strukturveränderungen 146
Subkultur 283
Subsidaritätsprinzip 181
Subventionen 70. 159, 170
Sucht 61ff.
Sühne 281

Tabakindustrie 69
Tarifautonomie 154, 169
-partner 144
-parteien 153, 161
-verträge 140ff., 151, 185
Technologie 169, 187ff.
Teilzeitarbeit 45, 140f.
Telearbeit 88
Telekommunikation 96
Textilindustrie 164
Therapie 71, 273
Toleranz 19, 299ff.
Tourismus 47f., 286, 297
Transfair 340f.
Transitwege 190
Transrapid 194
Treibhauseffekt 198, 344
Treuhand 157
TV-Anstalten 11, 86
TV-Werbung 95

Überstunden 141
Umsatz 140
Umschuldung 341
Umschulung 45, 129
Umwelt 187ff.
-belastung 339
-politik 146, 162, 196
-probleme 59, 190
-schutz 159, 195ff., 343
-zerstörung 325, 332, 339f.
-verschmutzung 170, 187ff., 199
Umweltschutzorganisationen 118, 197, 199
Uneheliche Kinder 230
Unfallgefahren 192f.
Unfallversicherung 177, 180
Ungleichheit,
- gesellschaftliche 173
- soziale 175
Unterentwicklung 326ff.
Unternehmen, Unternehmer 137ff., 155, 210, 236, 239, 260, 295

Unternehmerverbände 132, 161, 168, 170
Unterschicht 174
Urabstimmung 151, 153
Urbanisierung 330
Urlaub 58ff., 135, 138ff., 154, 185, 260
Urlaubsgeld 139, 178

Vatikan 335
Verbände 12, 210, 238, 242, 260ff
Verbraucher 95, 105ff., 113ff., 160, 198
-verhalten 56
Verbraucherzentrale 116
Verdrängungswettbewerb 191
Vereine 12, 25, 31, 52f., 118, 132, 172, 204, 210, 242, 292, 300
Vereinigungsfreiheit 224, 228
Vereinte Nationen (UN) 123, 179, 199, 225, 334ff., 354, 360ff.
Verfassung 176ff., 215ff., 227ff., 236, 258, 305f.
Verfassungsbeschwerde 238
-organe 228
Verflechtungen 162f.
Verfolgung 335
Verhältniswahlrecht 250
Verhütung 335
Verkehr 187ff., 214, 270f.
Verkehrsplaner 192
-sicherheit 193
-systeme 194

Vermögensbildung 175
Verschuldung 341f.
Versicherungen 160, 177ff., 279
Versicherungspflicht 182
Vertrauensbildung 358
Vertriebene 179
Verwahrlosung 331
Verwaltung, öffentliche 215ff., 279
Verwaltungsgericht 265
Video 103
-spiele 110f.
Vierte Welt 326, 328
Visegrad-Staaten 356
Völkerwanderungen 344
Volksbegehren 211ff.
Volksentscheid 211ff., 240f.
-vertretung 204
Volkshochschule 133
Volkskammer 218ff.
Volkswirtschaft 147, 162, 169
Vorruhestandsgeld 139
Vorurteile 288ff.

Waffenhandel 279, 351
Wahlen 11f., 231, 243ff.
Wahlrecht 35, 305
Währungs-, Wirtschafts- und Sozialunion 217, 221
Währungsreform 217
-union 156
Warnstreik 151
Warschauer Pakt 217, 351, 353, 356

Wehrdienstverweigerung 349, 354
Wehrpflichtnovelle 230
Weihnachtsgeld 178
Weimarer Republik 235
Weiterbildung 45, 129, 136
Weltbank 179
-bevölkerung 333f.
-frieden 361
-wirtschaft 155, 165, 343f.
Welterziehungsorganisation (UNESCO) 361
Weltfrauenkonferenz 338
Weltfrieden 361
Weltgesundheitsorganisation WHO 181f., 361
Welthandel 162, 165, 327
Welthungerhilfe 333, 341
Weltkinderhilfswerk (UNICEF) 341, 361
Weltkindertag 214, 337
Weltmacht 206
Weltmärkte 131, 143, 327
Werbung 94ff., 112f., 198f., 245
Westeuropäische Union 312, 355, 357
Westmächte 227, 236
Wettbewerb 88, 116, 144, 159ff., 167, 185, 236ff.
Wettbewerbsfähigkeit 168ff., 185
Widerstand, gewaltfreier 238ff., 350
Wiedervereinigung 155, 216ff., 238, 352

Wirtschaftskriminalität 278f.
Wirtschaftskrise 144, 164, 274
-ordnung 148
-politik 170, 199
-wachstum 199, 342
-wunder 128, 217
Wochenarbeitszeit 139
Wohlfahrtsverbände 179
Wohlstand 109, 160, 173, 199, 220, 331, 333, 336
Wohngeld 142, 161, 178
World Trade Organization (WTO) 164, 327, 329

Zeitungen, Zeitschriften 85f.
Zensur 88ff.
Zivilcourage 297
Zivildienst 354
Ziviler Ungehorsam 239
Zoll- und Handelsabkommen 327
Zölle 164ff.
Zollfahndung 278
Zuwanderung 297ff., 335
Zwei-Plus-Vier-Vertrag 221, 222
Zweiter Weltkrieg 216, 225, 236, 307, 310f., 326, 328, 350ff.
Zweites Deutsches Fernsehen (ZDF) 90f.
Zweitstimme 249

Bildquellen

Adam Opel AG, Rüsselsheim: 126; AFP infografik: 96, 356; Karikatur Reinhard Alff, Dortmund: 196; Allensbacher Archiv: 213, 223; Foto: amw: 64; Anthony Verlag: 177 (l.); Archiv für Kunst und Geschichte: 29, 127; Archiv Gerstenberg, Wietze: 122 (M. r.); Photo Associated Press: 243, 244 (o.); © Hartmut Schwarzbach/argus Fotoarchiv GmbH: 193 (o.); Christine Aulitzky, Berlin/Stiftung Warentest: 120; BAVARIA: 25 gr. Foto (© Stock Imagery), 155 (© Quill), 307 (© TCL); © Chris Berten: 63, 114 (2); © E. Berten: 105; Big Shots, Aalen: 5; © Bildarchiv Preußischer Kulturbesitz: 122 (o. r. und M. l.); Bilderberg: 56; Lutz Bongarts, Hamburg: 82 (r.); Bundesbildstelle Presse- und Informationsamt der Bundesregierung, Bonn: 250 (u. r. - Foto: Schambeck); Bundeszentrale für gesundheitliche Aufklärung, Köln: 74 (o.); BZ (240/41, 14.10.1994): 271; Cartoon-Caricature-Contor, München: 20 (© Freimut Wössner), 21 (© Cornelia von Seidlein), 34, 117, 145 (© Jupp Wolter), 58 (© P. Großkreuz), 81, 112 (© Erik Liebermann), 100 (© Gerhard Mester), 118 (© Gerald Paulus), 125 (© Reinhold Löffler), 154, 182, 195, 345, 352 (© Horst Haitzinger), 156 (u. r. - © Burkhard Mohr), 177 (© Luis Murschetz), 199 (© Klaus Stuttmann), 230 (© Peter Leger), 251 (© Walter Hanel), 290 (© Ernst Volland), 298 (© Harm Bengen); Karikatur Cork: 104; Das Fotoarchiv Christoph & Mayer: 122 (u.), © Henning Christoph/Das Fotoarchiv: 292; Zeichnung Gertrude Degenhardt: 89; DGB: 301; Foto dpa: 47, 53 (Zentralbild, Berlin), 58, 61, 76 (o.), 92, 101, 137, 152, 156, 192, 193 (u.), 209, 215, 219, 226 (o.), 227 (l.), 235, 239, 240, 245 (u.), 250 (o. l., o. r., u. l.), 270 (o. und u. l.), 274, 282, 287, 321, 332, 348 (1-4), 350, 360; Doran/Network/Focus: 338; © Edition Staeck, Heidelberg: 286; Ellerbrock & Schafft/Bilderberg: 33; © Erich Schmidt Verlag - Zahlenbilder: 140, 146, 154, 160, 165, 167, 175 (2), 179, 181 (3), 182, 205 (3), 216 (l.), 218 (2), 222, 228, 230, 231, 232, 234, 235, 259, 278, 293, 312, 313,

318 (2), 320, 323 (2), 328, 334, 336, 357, 358, 360, 361, 362; Grafik: Anke Feuchtenberger, Oranienburg: 40; © Eduard Fiegel, St. Augustin: 204; © Stuart Franklin/MAGNUM/Focus: 325; G.A.F.F. Fotoagentur: 171; Globus-Kartendienst: 31, 109, 113, 116, 124, 130 (2), 135, 139, 141, 144, 151, 158, 159, 162, 163 (2), 172, 175, 176, 179, 182, 209 (2), 221, 259, 291, 292, 296, 315, 317, 319, 321, 330, 333 (2), 336, 340, 342, 343 (2), 351, 354; © Luke Golobitsch, Bonn: 22; Luftbild: Manfred Grohe, Kirchentellinsfurt: 187; Foto: Matthias Günther, Berliner Zeitung: 303; Dorit Hagen, Berlin: 38; Foto: Heiner Heine/PICTURE PRESS: 333; Stefan Hessheimer, Berlin: 48; Amelie Holtfreter-Glienke, Berlin: 46; IG-Metall: 137, 169; © imu: 340; Internationales Bildarchiv Horst von Irmer: 134; Foto: Gudrun Janssen-Kloster: 280; Karikatur: Harald Juck, Berlin: 77; Jürgens Ost- und Europa-Photo: 203; © Gisela Kaufhold, Blankenfelde: 16; Barbara Klemm, Frankfurter Allgemeine Zeitung: 39; kontrast fotodesign: 177 (r.); © Georg Kumpfmüller/Frankfurt am Main: 35; Zeichnungen Walter Kurowski: 43, 78, 86, 149, 265, 269; Karikatur Cleo-Petra Kurze, Berlin: 108; © Marie Marcks, Heidelberg: 17, 33, 75, 284, 344; Markus/STERN: 14; Foto: Prof. Dr. Werner Mezger, Rottweil: 6; Photo and Copyright Ulf Müller-Moewes, Königswinter: 330; MVP Versuchs- und Planungsgesellschaft für Magnetbahnsysteme mbH, München: 194 (u. l.); © Egon Neumann, Chemnitz: 21; Foto: Jürgen Noga, Bremen: 263; NUR-Touristik, Oberursel: 60 (2); Otto-Versand, Hamburg: 4; Presse- und Informationsamt der Bundesregierung: 100 (o.); Olaf Rademacher/DIE ZEIT: 20; Erich Rauschenbach, Berlin: 13; ROPI: 331; Rodwell C./GAMMA: 347; Burkhard Rothenberg: 84; Foto: Horst Rudel, Stuttgart: 76 (u.); Harald Sattler, Hötzenhain: 115; Schindlerfoto, Oberursel: 180; © Andreas Schoelzel, Berlin: 129 (l.); Wolf Schrader: 73; © Michael Seifert, Hannover: 23; Foto: Joachim Seyferth, Wiesbaden:

194; © Sven Simon: 82 (l.); Friedrich Stachwitz: 50 (o.), 79; © STARK - present, Essen: 19; Foto: Peter Thormann/STERN: 201; Süddeutscher Verlag Bilderdienst: 112, 121 (2); Transfair Siegel: 341; TZ Kretiv-Wettbewerb 1994. Regionalpresse 60327 Frankfurt: 244 (u.); Foto: Ullstein : 227 r. (Peter Sylent), 245 o. (MEDIUM); © Luigi Ungarisch, Offenbach: 57; Verlag H. Vogel: 270 (u. r.); Norbert Vogel: 36, 50 (u.), 80, 142; VW-Fotoservice: 128, 145; WDV/NorbertGuthier: 69; ©Weinberg/Clark/The Image Bank: 85; ·Werbeagentur COMMA: 285; Wolfgang Wiese/DIE ZEIT: 25 (kl. Foto); Zenit: 226 u. (© Dietmar Gust), 129, 156 o. l. (© Paul Langrock), 164 u. (© Ali Paczensky); aus: Der Spiegel 1/91: 202 (o.), 11/92: 202 (u.), 41/93: 195 (o.), 48/93: 212, 5/94: 131, 25/94: 166 (2), 29/94: 110, 41/94: 190, 43/94: 68; nach: Der Spiegel, Nr. 22/1996: 95; aus: Spiegel special Nr. 3/1995, Seite 117, nach: Spiegel special 1/92: 191 aus: Die Woche 40, 30.9.1994: 191; aus einer Eigenanzeige der Wochenzeitung DIE ZEIT, Hamburg 1974: 100, aus: DIE ZEIT v. 28.10.1994: 164 (o.); aus: Festschrift Angelbachtal: 214; aus: Infoset Jugend & Drogen, Bundeszentrale für politische Bildung: 64; aus: Uli Jäger/Volker Matthies: Krieg in der Zweidrittel-Welt, Tübingen 1992: 349; aus: Junge Welt 169/1994: 62; aus: Jungsozialisten Westliches Westfalen, Dortmund: 8; aus: Kunst und Kultur 1/94: 45; aus: Newsweek 22.11.1993: 98; aus: Praxis Politik 3/95: 15; aus: ran Nr. 8/1977: 28; aus: Schad' ums Geld, Edition Löwenzahn: 110 (Karikatur: Much); aus: J. Schmitt-Kilian u. a., Wi(e)der die Ohnmacht, Koblenz 1993: 72, 74 (u.); aus: G. Seyfried und Ziska „Space Bastards": 70; aus: Wirtschaft 7/8: 116

Nicht in allen Fällen war es uns möglich den Rechteinhaber der Abbildungen ausfindig zu machen. Berechtigte Ansprüche werden selbstverständlich im Rahmen der üblichen Vereinbarungen abgegolten.

Hanni Ram 9A